# 친족 · 상속법

—가 족 법—

[제 21 판]

김 주 수
김 상 용 공저

法 文 社

# 제21판 머리말

이 책의 제20판이 출간된 이후 지난 1년 동안 친족상속법 분야에서 적지 않은 수의 새로운 판례가 축적되었다. 또한 친족상속법과 관련된 법령의 개정도 있었는데, 자녀의 인도집행에 관한 대법원예규가 개정되어 자녀의 의사에 반하는 강제집행이 가능하게 되었으며, 민법에 상속권상실선고제도가 도입되어 피상속인의 직계존속에게 부양의무의 중대한 위반 등 법정사유가 있는 경우에는 일정한 범위의 청구인이 상속개시 이후 상속권 상실을 청구할 수 있게 되었다.

최근 우리 사회에서는 세월호, 천안함 사건 등을 계기로 피상속인에 대하여 부양의무를 이행하지 않은 상속인의 상속자격을 제한하여야 한다는 여론이 형성되었는데, 구체적인 실현 방안에 관하여는 여러 가지 의견이 대립하였다. 상속권상실선고제도는 법무부 개정안을 기초로 하여 국회에서 대안으로 마련한 것인데, 적지 않은 문제점을 안고 있어서 후속 개정이 필요할 것으로 보인다. 일례로 상속권상실선고에 관한 제1004조의2 규정에 따르면 피상속인의 직계존속(대개의 경우 부 또는 모)이 피상속인(자녀)에 대해서 부양의무를 이행하지 않았거나 중대한 범죄행위 등을 한 경우에는 상속권을 상실시킬 수 있으나, 자녀가 부모에 대하여 부양의무를 이행하지 않았거나 중대한 범죄행위 등을 한 경우에는 자녀의 상속권을 상실시킬 수 없다. 부부의 일방이 다른 일방에 대하여 이러한 행위를 한 경우도 상속권상실사유에 해당하지 않는다. 이는 중대한 입법의 미비라고 할 수 있을 것이다.

제21판을 준비하면서 친족상속법 분야의 중요 판례는 빠짐없이 반영하였고, 법령이 개정된 부분 역시 교과서의 성격을 벗어나지 않는 범위 내에서 충실하게 해설하였다. 학교에서 법학을 공부하는 학생들뿐만 아니라 실무에 종사하는 분들에게도 이 책이 친족상속법 분야의 유익한 안내서가 될 수 있기를 기대한다.

이번에도 역시 이 책이 출판되기까지 많은 분들의 수고와 협조가 있었다. 법문사 편집부 김제원 이사님과 영업부 유진걸 과장님께 감사의 인사를 드린다. 그리고 바쁜 와중에도 성실하게 교정작업을 도와준 양종찬 변호사에게도 감사의 인사를 전한다. 또한 조판소와 인쇄소에서 이 책의 출판을 위하여 수고하신 모든 분들께도 고개 숙여 인사드린다.

2025년 7월 17일

저 자 김주수<br>김상용

# 제8판 머리말

지난 2005년 3월 2일 가족법 개정안이 마침내 국회에서 통과되었다. 가족법 개정안이 처음으로 국회에 제출된 지 7년만의 일이다. 이 기간 동안 가족법 분야에서는 개정을 둘러싼 논쟁이 치열하게 전개되었다. 이러한 논쟁의 중심에는 호주제 폐지, 친양자제도, 자녀의 성변경 문제가 놓여 있었으며, 그 저변에는 가부장적 가족제도, 부계혈통중심의 가족제도에 대한 가치관의 대립이 자리잡고 있었다. 가족법 개정안이 통과됨으로써 이러한 논쟁은 이제 역사의 뒤안길로 사라지게 되었다. 이로써 우리 가족법은 시행된 지 45년만에 비로소 종법제와 가부장제의 낡은 틀에서 벗어나 보편적인 인권의식에 기초할 수 있게 되었다. 우리는 여기서 역사의 진보를 본다.

가족법 개정안이 통과되어 부분적으로 시행에 들어감에 따라 교과서의 개정도 불가피하게 되었다. 이번 개정판에서는 우선 개정법에 대하여 충실하게 해설하고자 하였으며, 아울러 이전까지의 교과서 내용도 가능한 범위에서 보완, 개선하려고 시도하였다.

개정법 중 호주제 폐지에 관한 부분은 2008년 1월 1일부터 시행되므로, 이번 개정판에서는 호주제에 관한 내용이 삭제되지 않고 남아 있다. 2008년에 새로 나오게 될 개정판에서는 호주제와 관련된 모든 내용이 삭제될 것이며, 호주제 폐지를 이론적으로 뒷받침하기 위한 목적으로 서술했던 서론 중의 많은 부분도 함께 삭제될 것이다.

이번 개정법은 자녀의 복리 향상과 양성평등한 가족제도의 정착을 주요 목표로 하고 있다.

이에 따라 우선 호주제를 폐지하고, 자녀의 姓에 관하여도 부계혈통주의를 완화하였다. 부모가 혼인신고를 할 때 협의하면 혼인중에 태어나는 자녀는 母의 姓을 따를 수 있게 되었고, 자녀의 복리를 위하여 필요하다고 인정되는 경우에는 姓의 변경도 가능하게 되었다.

친권의 행사에 있어서 자녀의 복리를 기준으로 하여야 한다는 규정을 신설하여 자녀복리의 원칙을 강화였으며, 이혼시 양육 및 친권자 결정에 있어서 국가(법원)에 의한 직권적 개입 가능성을 확대하여 국가의 후견적 역할을 강화하였다. 또한 후견제도에 있어서도 후견인변경규정을 신설하여 후견임무에 가장 적합한 사람이 후견인이 될 수 있도록 함으로써 피후견인의 복리를 실현하고자 하였다.

친생부인권을 夫에게만 인정하는 규정은 가부장적일 뿐만 아니라, 자녀의 복리에도 반할 수 있으므로, 母에게도 친생부인권을 인정하여 이와 같은 문제를 해결하고자 하였다.

양자와 친생자 사이의 차별을 철폐하고, 양자가 입양가정에서 친생자와 같이 성장할 수 있는 기반을 마련하기 위한 목적으로 친양자제도가 신설되었다. 친양자는 양부모의 친생자와 같은 신분을 가지므로, 양부모의 姓을 따르며 호적(2008년 1월 1일부터 시행되는 새로운 신분등록부)에도 양친의 친생자로 기재된다. 또한 친양자 입양은 법원의 허가에 의하여 성립하도록 되어 있는데, 이는 양자의 복리를 위하여 국가의 감독기능을 강화한 것으로 이해할 수 있다.

이번 가족법 개정은 세계적으로 공통된 보편적인 인권의식의 확산이라는 맥락에서 이해될 수 있다. 가족 내에서의 양성평등 실현, 금혼범위의 합리적인 축소, 자녀의 복리를 위한 성 변경 가능성, 이혼 후의 양육과 친권문제에 있어서 국가의 후견적 기능강화, 모에 대한 친생부인권의 인정, 친양자제도의 도입 등은 그동안 세계 여러 나라의 가족법에서 예외없이 실현되었던 공통적인 경향이라고 할 수 있다. 세계적으로 공통된 보편적인 인권개념이 존재하고, 이러한 인권개념이 국경을 넘어 각국의 법에 공통적으로 반영된다는 점을 인정한다면, 인권의 문제와 밀접하게 관련되어 있는 가족법 또한 국경을 넘어 공통적인 경향을 추구하지 않을 수 없을 것이다. 이번 개정법은 인간사회에서 보편적으로 인정되는 가치를 우리 사회의 현실을 고려하여 일정한 수준에서 반영한 것이라고 평가할 수 있다.

다른 사회제도와 마찬가지로 가족은 시대에 따라 계속 변화해 왔고, 앞으로도 변화할 것이다. 그러나 가족의 변화가 곧 가족의 해체를 의미하는 것은 아니다. 인간관계가 변화하고 가치관이 변하함에 따라 가족도 변화를 겪게 되겠지만, 가족은 변화된 상태로 인간의 역사와 함께 존속할 것이다. 어떠한 형태로든 가족을 이루어 사는 것은 인간의 본원적 속성에 속한다고 보기 때문이다. 변화하는 가족관계와 가치관에 따라 가족법도 함께 변화해 나갈 것이다. 가족법 개정의 논의과정에서 항상 기억해야 될 점은 사회적 약자의 보호 문제라고 생각한다. 이번과 같은 대규모의 가족법 개정은 당분간 없을 것으로 생각되지만, 부분적인 개정작업은 앞으로도 계속 이어질 것으로 전망된다.

이 책을 출판하는 데 있어서 협조를 아끼지 않으신 배효선 사장님, 교정과 편집을 담당해 주신 김용석 선생, 그리고 성실하게 교정을 보아 준 안문희 선생에게 깊은 감사를 드린다.

2006년 2월 8일

저 자 金疇洙
金相瑢

# 초판 머리말

민법이 시행되던 1960년 1월 1일 전에 김용한 교수와 공저로 집필하였던 '친족상속법'을 내놓은 후 벌써 만 4년이 흘렀다. 그 당시는 민법이 시행되기 전이었고, 또 그 중에서 친족법과 상속법은 처음으로 성문화된 것이어서 완전한 해설서를 쓴다는 것은 어려운 일이었다. 그뿐만 아니라, 그 당시에는 저자의 한 사람인 나 자신의 연구가 부족하여 불완전한 해설서를 감히 내놓았던 것이다. 그 후 4년 동안에 친족법과 상속법에 관련되는 여러 법률이 여러 군데 개정되었고, 최근에는 가사심판법이 제정됨으로써 친족법과 상속법은 그 모습을 달리 하게 되었다. 이러한 여러 가지 사정변경으로 말미암아 책을 다시 쓰지 않을 수 없게 되었을 뿐만 아니라, 민법 시행 후 4년 동안의 법의 운영면을 책에 반영시키기 위해서도, 새로운 해설서가 절실히 요구되게 되었다. 게다가 나 자신으로서도 불완전한 전 저서에서 하루 빨리 벗어나야할 의무감을 지니고 있었다.

이리하여, 이번 저서를 계기로 전 저서와는 체제를 달리하여 친족 중심이 아니라, 가족 중심의 가족법 체제로 바꾸어 보려고 노력하였다. 그러나 탈고를 하고 교정지를 손에 들고 보니, 나 자신의 무능을 다시 새삼스럽게 느끼며, 원고를 다시 쓰고 싶은 심정이 절실하다. 이제 와서 그러한 것이 허용되지 않는 것이 한스럽다. 그러나 전 저서와 비교하면 약간의 전진이 있었다고 자위해 본다.

집필 태도는 전 전서와 대동소이하지만, 우리 자신의 가족법 체계를 완성해 보려고 애를 써 보았다. 그러나 나 자신의 게으름과 무능은 그것을 완성시키지 못하였고, 외국서적에 상당한 정도로 의존하지 않을 수 없게 하였다. 이것을 바탕으로 하여, 다시 연구의 시간을 가짐으로써 새로운 비약을 다짐해 보는 것이다.

가족법의 특수성에 비추어 일반법과 달리 제도적인 면과 사회학적인 면에도 많은 비중을 두었으며, 또 비교법적인 고찰에도 힘써 보았다. 그러나 제한된 지면은 나의 욕망을 다 채워 줄 수는 없었다. 따라서 이러한 면들은 법해석론에 필요한 최소한도에 그쳤다.

일찍이 홀몸이 되시어 저자를 오늘에 이르게 해 주시느라 갖은 고생을 다 하신 어머님께 환갑에 대한 선물로 이 보잘 것 없는 책을 바치고자 한다.

저자는 이 책을 내면서, 은사이신 鄭光鉉 선생님의 學恩에 감사드리며, 또 이 책을 내 주시느라고 애를 쓰신 법문사의 金性洙 사장과 편집부의 제형에게 감사의 뜻을 표한다. 그리고 끝으로 이 책의 색인 작성에 협력해 준 劉弘武 군에게 감사한다.

1964년 2월 8일

金 疇 洙

# 차 례

## 서 론



## 본 론

찾아보기

# 서　　론

1. 가족의 개념
2. 사회의 변동과 가족의 변화
3. 가족법의 의의
4. 가족법의 규율대상
5. 가족법상의 법률행위(신분행위)의 요식성
6. 가족법과 민법총칙
7. 우리 가족제도의 역사
8. 가족법개혁의 요점
9. 가족법의 법원

# 서　　론

## 1 가족의 개념

**1.** 가족이 무엇인가에 대해서는 누구나 답을 가지고 있겠지만, 그 답은 각자의 가치관이나 개인적인 경험 등에 따라 다를 수 있다. 학자들도 '가족이 무엇인가'에 대해서 나름대로의 견해를 제시할 수 있겠지만, 그것 역시 학문분야에 따라, 그리고 각자의 관점에 따라 달라질 수 있다. 결국 가족이 무엇인가에 대해서 모든 사람이 동의하는 답을 찾는다는 것은 쉽지 않다는 것을 알 수 있다. 국어사전에서는 가족을 "부부를 기초로 하여 한 가정을 이루는 사람들"(민중국어사전)이라고 정의하고 있으나, 이러한 개념에 동의하지 않는 사람도 상당히 많을 것이다. 예를 들어서 독신모와 혼인외의 자가 함께 사는 경우에는 "부부를 기초로 한 가정"이 아니기 때문에 가족에 포함되지 않는다고 볼 수 있을 것인가? 가족의 개념과 관련하여서는 이러한 문제가 있기 때문에 여기서는 민법이 규정하는 가족의 범위에 기초하여 서술하는 것으로 그 범위를 한정한다. 2008년 1월 1일부터 시행되고 있는 2005년 개정민법은 제779조(가족의 범위)를 다음과 같이 규정하고 있다.

① 다음의 자는 가족으로 한다.

1. 배우자, 직계혈족 및 형제자매
2. 직계혈족의 배우자, 배우자의 직계혈족 및 배우자의 형제자매

② 제1항 제2호의 경우에는 생계를 같이 하는 경우에 한한다.

이 규정이 민법에서 갖는 의미를 이해하기 위해서는 우선 그 입법이유와 배경을 이해할 필요가 있다.

제정 당시의 민법(1960년부터 시행된 민법. 이하 '원시민법'이라 한다)은 친족편에 '호주와 가족'의 장(제2장)을 두고 있었는데, 여기서 말하는 가족이란 우리가 일반적으로 생각하는 가족의 개념과는 크게 달랐다. 원시민법이 규정하

고 있는 가족의 개념을 이해하기 위해서는 우선 원시민법상 家에 대한 이해가 선행되어야 한다.

원시민법상의 家는 1898년 일본명치민법의 입법자들이 고안해낸 개념으로 일제강점기에 강제로 도입된 것이다. 이와 같은 일본식 가개념은 해방 후에 제정된 민법에서도 그대로 유지되었다. 원시민법이 일본명치민법을 그대로 모방하여 가제도에 관한 규정을 두었기 때문이다. 그러나 일제강점기를 거쳐 원시민법에 규정되어 있었던 가라는 개념은 대부분의 국민에게 생소한 개념이었으며, 그에 대해서 정확하게 이해하고 있는 경우도 거의 없었다. 원래 가라는 개념이 우리의 전통에서 나온 것도 아닐 뿐만 아니라, 현실적인 가족과도 아무런 관련이 없었기 때문이다.

가는 우리가 쉽게 떠올리는 '집'과는 완전히 다른 개념이며, 가문이나 문중 등과도 무관하다. 가는 매우 추상적인 법률상의 개념인데, 누가 그 가에 속하는가는 실제로 함께 사는 것과는 아무 상관이 없었다. 하나의 가는 반드시 호주를 중심으로 하여 구성하도록 되어 있고, 누가 이 가에 속하는가는 민법의 규정에 의해서 정해졌다. 예를 들어서 부가입적(夫家入籍)의 원칙에 따라 아내는 남편의 가에 입적하게 되고원시민법 §826③, 자녀는 부가입적(父家入籍)의 원칙에 의해 아버지의 가에 입적하게 되어 있었다원시민법 §781①. 이와 같은 원리에 의해서 민법상 하나의 家가 성립되고, 이러한 가는 호적에 의해서 표시되었다. 따라서 하나의 가에 속한 호주와 그 외의 사람들(가속, 家屬)은 같은 호적에 기재되었다. 원시민법 친족편 제2장의 '호주와 가족'에서 말하는 가족이란 바로 가속을 의미한다. 즉 하나의 가에 속해 있는 사람들 중에서 호주를 제외한 나머지 사람들을 가족이라고 정의한 것이다. 따라서 현실적으로 함께 사는 친족집단을 가족이라고 생각하는 일반사회의 관념과는 맞지 않는다. 예를 들어서 원시민법에 따르면 차남이나 딸은 혼인 후에 부모를 모시고 살아도 민법상 부모의 가족이 될 수 없다. 차남 이하의 아들은 혼인하면 당연히 분가되어원시민법 §789 본문 부모와 다른 가에 속하게 되므로, 실제로 부모와 함께 사는 경우에도 부모의 가족이 될 수 없었다. 또한 딸은 혼인하면 남편의 가에 입적해야만 하므로원시민법 §826③, 혼인 후 부모를 모시고 사는 경우에도 부모와 같은 가에 속할 수 없고, 따라서 가족이 될 수 없었다. 반면에 장남은 혼인하더라도 부모의 가에 남는 것이 원칙이므로(원시민법 제788조 제1항 단서. 장남은 후에 호주인 父가 사망하면 호주의 지위를 승계할 법정추정호주승계인이므로, 혼인 후에도 계속해서 父의 家에 남도록 한 것이다), 실제로 따로 나가 살아도 부모의 가족이 되었다. 이러한 예를 통해서 알 수 있듯이 원시민법상의 가족이란 함께 사는 친족집단을 의미하는 것이 아니며, 호주를 중심으로 하여 구성된 관념적인 가[1]에 속한 사람들을 의미하는 것이었다. 즉 원시민법상의 가족은 현실생활의 가족과는 무관한 개념이라고 말할 수 있다. 따라서 원시민법이 규정하고 있었던 '호주와 가족'의 장이 삭제된다는 것은 실제로 존재하는 가족에 어떠한 영향도 미치지 않는다. 왜냐하면 원시민법도 현실생활의 가족에 대해서는 아무런 규정도 두고 있지 않았기 때문이다. 호주제가 폐지되기 전인 2008년 이전에도 현실적인 가족(친족)관계는 '호주와 가족'에 관한 조항들에 의해서가 아니라 친족편의 총칙, 혼인, 이혼, 부모와 자, 후견, 친족회, 부양 등의 규정에 의해서 규율되고 있었다. 다른 나라의 민법(가족법)에서 가족에 대한 일반적인 조항(예를 들면 가족의 정의, 가족의 범위 등)을 찾아볼 수 없는 것도 같은 맥락에서 이해될 수 있다. 결국 친족편 제2장 '호주와 가족'의 삭제가 '가족의 상실이나 해체'를 의미한다는 우려는 아무런 근거가 없는 기우에 지나지 않는 것이었다.

그러나 '호주와 가족의 장'을 삭제하는 내용을 담은 민법개정안은 국무회의에서 강력한 비판에 직면하였는데, 그 이유는 2003년 당시 일부 국무위원이

1) 호주제 존치론자들은 가제도가 전통가족제도라고 주장하였으나, 이는 역사에 대한 오해에서 비롯된 것에 지나지 않는다. 몇 가지 예를 들어서 가제도가 전통가족제도라는 주장을 반박한다. 조선시대의 호적제도는 기본적으로 조세징수와 요역수취를 위한 행정적 목적을 가지고 있었으므로, 한 집에 사는 동거인을 파악하여 하나의 호적대장에 기록하였다(오늘날의 가구와 유사하며, 노비라 할지라도 한 집에서 사는 경우에는 같은 호적대장에 기재되었다). 장남이라 할지라도 혼인 후 따로 나가 사는 경우에는 별개의 호를 구성하여 父와 다른 호적대장에 기재되었다(민법의 호주제에서는 장남이 혼인 후 따로 사는 경우에도 여전히 父의 家에 속하며, 같은 호적에 기재되었다). 조선시대에도 양반층을 제외한 양인·천인층에서는 과부가 재혼하는 경우가 있었는데, 이 경우 재혼한 과부는 재혼가정에서 전 남편의 아이를 양육할 수 있었고, 이들은 당연히 하나의 호적대장에 기재되었다(민법의 호주제에서는 이혼 후에 母가 자녀를 양육하는 경우에도 이들은 같은 호적에 기재될 수 없었다. 子는 父家에 입적해야만 했기 때문이다). 이상에서 알 수 있듯이 조선시대에는 관념적인 가제도가 존재하지 않았다. 일제강점기 조선고등법원 판사로서 한국의 상속관습에 대하여 가장 많은 논문을 발표했던 野村調太郎도 이런 사실을 시인한 바 있다. "조선에는 원래 과세의 표준인 호구의 관념은 있었으나 우리의 이른바 家의 관념은 없고 따라서 戶主 또는 戶主權의 관념도 없었던 것 같다. 이는 즉 조선에서는 우리나라 가독상속의 관념이 존재하지 않은 까닭이다. (중략) 근래에 이르러 (일본)민법에서와 동일한 家 및 戶主의 관념이 확립되었고 호주상속을 인정하여 本家, 分家라는 용어까지도 사용하게 되었다." 野村調太郎, "祖上の祭祀と現行の法律", 司法協會雜誌 5권 4호(1926. 4), 4면.

친족편 제2장 '호주와 가족'의 삭제가 '가족의 상실'을 초래한다고 오해하였기 때문이다. 그 결과 "일반인의 법감정과 가족해체 등에 대한 우려를 고려"하여 개정안 제779조에 '가족의 범위'[2)]가 새롭게 규정되었으며, 이렇게 수정된 개정안이 2003년 10월 28일 국무회의를 통과하였다. 그러나 이 개정안은 당시 16대 국회에서 본격적으로 심의되지도 못한 채 16대 국회의 회기만료와 더불어 폐기되고 말았다. 그 후 2004년에 새롭게 구성된 17대 국회에 다시 개정안이 제출되었는데, 이 개정안은 '가족의 범위'와 관련하여 다소 수정된 내용을 담고 있었다.[3)] 2005년 3월 2일에 이 개정안이 거의 그대로 국회에서 통과됨으로써 '가족의 범위'도 원안대로 확정되었다.

2008년 1월 1일부터 시행되고 있는 개정민법 제779조에 따르면 개인을 기준으로 하여 그의 배우자, 직계혈족 및 형제자매는 항상 가족의 범위에 포함된다. 나아가 직계혈족의 배우자(사위, 며느리, 계모, 계부 등), 배우자의 직계혈족(장인·장모, 시부모, 배우자의 자녀), 배우자의 형제자매도 가족의 범위에 포함될 수 있는데, 이러한 사람들은 생계를 같이하는 경우에만 가족의 범위에 포함되는 것으로 본다. 생계를 같이하는 경우란 공동의 가계 내에서 생활하는 것을 의미한다고 해석될 수 있으므로, 동거하며 생활공동체관계에 있는 경우는 물론, 반드시 동거하지 않더라도 공동의 가계에 속한 때에는 이 범주에 포함될 수 있을 것이다(예를 들어 자녀가 학교 기숙사에 들어가 사는 경우에도 부모와 같은 가계에 속하는 경우, 즉 부모로부터 학비·용돈 등을 받아서 생활하는 경우에는 '생계를 같이한다'고 볼 수 있을 것이다).

그러나 개정민법 제779조가 가족의 범위를 위와 같이 규정했다고 해서 가족의 범위에 속하는 사람들 사이에 어떤 새로운 권리의무관계가 발생하는 것은 아니다. 예를 들어서 부양에 관하여 살펴보면, 우선 부부 사이의 부양의무는 민법 제826조 제1항에 규정되어 있다. 부모의 미성년자녀에 대한 부양의무는 친자관계 그 자체에서 발생하는 것으로 이해되며, 기타 친족간의 부양관계는 민법 제974조 이하에 그 근거가 마련되어 있다. 이와 별도로 가족의 범위

2) 가족의 범위에 관한 당시 개정안 제779조는 "부부, 그와 생계를 같이 하는 직계혈족 및 그 배우자, 부부와 생계를 같이 하는 그 형제자매는 가족으로 한다"라고 규정하고 있었다.

3) 개정안 제779조(가족의 범위) ① 다음의 자는 가족으로 한다.

1. 배우자, 직계혈족 및 형제자매
2. 직계혈족의 배우자, 배우자의 직계혈족, 배우자의 형제자매

② 제1항 제2호의 경우에는 생계를 같이 하는 경우에 한한다.

를 규정한다고 해서 가족에 속한 사람들 사이에 특별한 부양관계가 발생하는 것은 아니다.[4] 상속인의 순위와 범위도 민법 제1000조 이하에 규정되어 있고, 가족의 범위에 속하는가는 상속인이 되는 것과 무관하다. 이렇게 볼 때 개정 민법이 '가족의 범위'에 대해서 규정한 것은 법률상 큰 의미를 갖는다고 보기 어렵다. 또한 이와 같은 가족의 개념은 다양한 형태의 가족을 포괄하지 못한다는 비판이 가해질 수 있다. 예를 들어서 어떤 사정(빈곤, 질병 등)으로 부모가 직접 자녀를 양육할 수 없어서 제3자에게 일시적으로 자녀의 양육을 위탁하는 경우가 있는데(가정위탁), 처음의 예상과는 달리 이러한 가정위탁양육이 장기화하는 사례가 적지 않다. 이런 경우에는 위탁부모와 위탁아동 사이에 사실상의 친자관계가 발생하고, 서로 가족의 구성원이라고 생각하게 되는데, 민법에 의하면 이러한 위탁양육관계는 가족에 포함될 수 없다. 현재 국가는 가정위탁보호사업을 보호필요아동의 양육을 위한 대안(아동보호시설에 입소시키는 것에 대한 대안)으로서 적극적으로 지원하고 있는데, 장기간의 위탁양육을 통하여 자연스럽게 형성된 위탁부모와 위탁아동과의 관계가 가족의 범위에서 제외된다는 것은 비판의 소지가 있다고 생각된다.

## 2 사회의 변동과 가족의 변화

(1) 1960년대 이후 본격적으로 시작된 산업화의 진전은 우리 사회를 크게 변화시킨 결정적인 원동력이 되었다. 한마디로 농업중심사회에서 산업사회로의 이행이라고 표현될 수 있는 이러한 생산관계의 변화는 경제분야뿐만 아니라 사회·정치 등 모든 면에서 변화를 몰고 왔다. 또한 이러한 사회구조의 변화는 사람들의 의식에도 일정한 영향을 미쳐 개인주의의 발달과 자의식 성장의 토양을 제공하였다.

몇 가지 통계수치를 통하여 이 기간에 진행된 사회변화를 살펴보면, 우리 사회가 짧은 기간에 얼마나 심대한 변화를 경험하였는지를 알 수 있다.

산업화가 본격적으로 시작되기 이전인 1963년에 농·임·수산업 등 1차산

4) 개정법 제779조 제1항 제1호에 의하면 형제자매는 항상 가족의 범위에 들어가지만, 부양의무는 생계를 같이 하는 경우에만 인정된다(민법 제974조 제3호). 따라서 생계를 같이 하지 않는 형제자매의 경우에는 민법상의 가족이면서도 상호간에 부양의무가 없는 결과가 된다.

업 종사자의 비율은 전체 취업인구의 63%를 차지하였는데, 약 50년이 흐른 2016년에는 4.9%로 줄어들었다. 반면에 광·공·제조업 등 2차산업 종사자의 비율은 1963년에 8.7%에 불과하였으나, 2016년에는 17.2%로 증가하였으며, 사무·관리직 등 3차산업 종사자의 비율은 같은 기간 28.3%에서 77.9%로 뛰어올랐다.

이와 같은 산업화의 진전과 그로 인한 직업구조의 변화는 필연적으로 도시인구의 증가와 농촌인구의 감소라는 결과로 이어졌다. 도시에 새롭게 출현한 공장기업은 값싼 노동력을 대량으로 필요로 하였으며, 이는 농촌인구가 대거 도시로 유입되어 임금노동자로 전화되는 계기를 마련하였기 때문이다. 그 결과 도시에 거주하는 인구의 비율이 1955년에는 24.5%에 머물렀으나, 2020년에 이 수치는 81.4%로 늘었다. 특히 7대 도시(서울, 부산, 대구, 인천, 광주, 대전, 울산)에 거주하는 인구는 전체인구의 43%를 차지하여(2020년 현재) 인구의 대도시 편중 현상을 나타내고 있다.

산업화와 도시화의 물결 속에서 가족의 형태도 영향을 받지 않을 수 없었다. 이러한 사회의 변화는 농촌지역에서 많이 볼 수 있었던 대가족제도의 해체를 촉진하였으며, 도시지역에서는 부모와 자녀 중심의 핵가족이 증가하는 계기를 마련하였다. 대가족제도의 붕괴와 핵가족의 증가현상은 한 가구당 인원수의 변화에서 잘 나타난다. 한 가구당 인원수는 1960년에는 5.6명에 이르렀으나, 2018년에는 2.4명으로 감소하였다. 또한 1~4인으로 구성된 가구의 비율은 1960년에는 35.9%였으나, 2018년에는 94.6%로 늘었다(1인 가구: 29.3%, 2인 가구 27.3%, 3인 가구 21%, 4인 가구 17%). 반면에 5인 이상 가구가 전체에서 차지하는 비율은 1960년에는 49.9%였으나, 2018년에는 5.43%로 줄어들었다. 또한 7인 이상 가구가 전체에서 차지하는 비율은 같은 기간 32.9%에서 0.27%로 줄어들었다. 한편 3세대 이상 가구의 비율은 1960년의 29.27%에서 2018년 4.5%로 감소하여, 부부와 그 자녀로 구성된 핵가족이 중심적인 가족형태로 자리잡았음을 보여주고 있다.

한편 산업화가 동반한 변화의 범위를 한정하여 가족사회학의 관점에서 볼 때, 산업화의 진전은 가족으로부터 노동장소를 분리하는 역사적으로 매우 의미 있는 결과를 초래하였다. 본격적인 산업화 이전 단계의 대표적 가족형태였던 농촌의 대가족은 그 자체로서 하나의 노동 및 생산단위를 이루고 있었다. 그러나 산업화의 진전에 따라 농촌에서 도시로 이주한 사람들 중 많은 수가 임금노동자로 전환함으로써, 노동장소와 가정, 가족과 직업의 분리가 이루어졌으며, 이는 그때까지 사회적 · 법적으로 공고히 유지되었던 가장 중심의 권위주의적 가족제도가 토대를 상실하는 출발점으로 작용하였다.[5)]

(2) 우리 역사에서 부계혈통중심의 가부장제 가족제도는 조선 후기에 성립된 것으로 알려져 있다. 조선왕조는 초기부터 성리학과 종법제의 보급에 힘써왔으나, 그 효과는 조선 중기를 지나 후기에 들어와서야 전국적으로 나타나기 시작하였다. 그 결과 조선 후기에는 부계혈통이 강조되고 아들만이 제사를 모실 수 있게 되었으며, 자녀균분상속제 또한 다소 흔들리게 되어 장남의 상속분이 늘어나는 현상이 나타나기 시작하였다(그 이전에는 혼인 후 사위가 처가에서 거주하는 남귀여가혼이 널리 행하여지고 있었으므로, 부모가 딸과 사위, 외손들과 더불어 사는 경우가 흔히 있었다. 또한 딸과 아들이 돌아가며 제사를 모시는 윤회봉사의 관습이 보편화되어 있었으며, 딸과 아들의 상속분에도 차이가 없었다). 그러나 조선후기사회에서도 장남이 토지와 노비 등 중요한 재산을 독점적으로 상속하는 제도는 존재하지 않았다. 장남이 재산을 단독으로 상속하는 제도는 일제강점기에 도입된 것이다. 일제는 식민통치를 위하여 일본식 가족제도를 우리나라에 강제로 이식하고자 하였는데, 일본민법 규정을 직접 도입하는 방법을 취하는 대신, 조선의 관습을 왜곡하는 방법을 택하였다. 즉 일제는 친족 · 상속에 대해서는 조선의 관습에 따른다고 하여 겉으로는 조선의 관습을 존중하는 듯한 태도를 보이면서(일제는 우리나라를 강점한 후 1912년 3월 18일 조선총독부제령 제7호로 조선민사령을 공포하였는데, 그 제11조에 의하면 친족 · 상속에 관하여는 일본민법을 의용하지 않고 조선의 관습에 의하도록 되어 있었다), 실제로는 명치민법이 규정한 가족제도를 조선의 관습이라고 왜곡하는 수법을 썼던 것이다. 그리하여 일제의 명치민법에 규정되어 있던 호주제가 조선의 관습이라는 탈을 쓰고 식민지 조선의 '법'이 된 것이다. 이에 따라 호주가 사망하면 장남 또는 장손이 호주권과 호주의 전 재산을 상속하게 되었고, 딸은 상속에서 완전히 배제되었다. 조선후기에 성리학과 종법제의 영향을 받아 형성된 부계혈통의식이 온존하는 상태에서 일제의 호주제가 도입되었다는 사실은 그 이

---

5) 이전에 가족을 결합시키는 본질적인 요소로 작용하였던 공동노동은 산업화 사회에서 그 의미를 상실하였다. 가족은 더 이상 노동과 생산의 공동체가 아니라, 부부 사이의 애정을 기초로 휴식과 심리적 만족을 구하는 새로운 장소로서의 기능을 가지게 되었다. 부부의 공동노동과 생산이 본질적인 기초를 이루었던 경제적 공동체로서의 가족에 비하여, 항상 변화 가능한 인간의 애정을 바탕으로 성립된 현대의 혼인에는 불안정성이 내재하게 되었다.

전까지 우리 역사에서 볼 수 없었던 강력한 가부장제의 토대가 마련되었다는 것을 의미한다. 일제에 의하여 호주권이라는 개념이 도입되었고, 호주권과 호주의 전 재산이 부계혈통의 계승자인 장남에게 상속되었으므로, 호주가 된 장남에게는 가를 통솔할 수 있는 법적인 권한뿐만 아니라, 실제로 가족구성원을 통제할 수 있는 물질적 기초가 마련된 것이었다.

호주상속제도를 통하여 토지 등의 중요재산이 장남 등 아들에게 집중되었다는 사실(차남 이하의 아들들은 분가하는 경우에 한하여 호주인 장남에 대해서 재산의 분여를 청구할 수 있었다. 그러나 분가에는 호주의 동의가 필요하였으므로, 호주인 장남이 분가에 동의하지 않으면 분재를 청구할 수 있는 여지도 없었다. 딸에게는 아예 이러한 권리조차 인정되지 않았다)은 여전히 농업이 가장 큰 비중을 차지하고 있었던 당시 사회에서 매우 큰 의미를 갖는 것이었다. 상속을 통한 재산(토지)취득의 기회를 상실한 여성들은 대부분의 경우 아무런 재산도 갖지 못한 상태에서 전적으로 남편에게 생계를 의지하지 않을 수 없게 되었다. 그 당시의 사회 상황에서는 여성이 소득활동을 하여 스스로 재산을 형성할 수 있는 기회가 매우 제약되어 있었기 때문이다(더구나 일제 강점기에 아내는 소위 의용민법 제14조에 의하여 법률상 무능력자로 되어 있었으므로, 스스로 독자적인 법률행위를 할 수도 없었다. 조선민사령은 애초에 제11조에서 능력에 관하여는 ―친족 및 상속에 관해서와 마찬가지로― 일본민법에 의하지 않는다고 정하고 있었으나, 1921년 제령 제14호로 이를 개정하여 능력에 대해서도 일본민법에 따르는 것으로 하였다. 해방 후 대법원은 처의 행위능력을 제한하는 의용민법 제14조에 대하여 적용을 배제하는 판단을 내렸다[6]). 당시 사회에서 여성은 혼인과 동시에 남편(또는 시아버지 등)이 호주인 가에 입적하여 법적으로 호주에 종속된 존재가 되었을 뿐만 아니라, 토지 등 중요한 생산수단을 소유한 호주에게 경제적으로도 예속되지 않을 수 없었다. 이러한 사회에서 가족으로부터의 축출은 곧 생존권의 상실을 의미하였으므로 아내와 자녀 등 가족구성원은 호주인 남편 또는 아버지에게 복종하지 않을 수 없었다. 일제에 의하여 이식된 호주제는 이와 같이 전근대적인 농경사회를 기반으로 하여 강력한 힘을 발휘할 수 있었다. 그러나 산업화 이후 가족원들은 가족 밖에서도 일자리를 찾을 수 있게 되었으며, 스스로 경제력을 갖추게 된 가족원은 자신의 의사에 따라 가족을 떠나 독립된 생계

6) 대법원 1947년 9월 2일 선고 1947년 민상제88호 판결. 이 판결과 관련된 자세한 내용은 양창수, 우리나라 최초의 헌법재판논의 ―처의 행위능력제한에 관한 1947년 대법원판결에 대하여―, 민법연구 제6권(2001), 37면 이하 참조.

를 영위할 수 있게 되었다. 이러한 현상이 농경사회에 기초한 대가족제도의 해체와 가부장제의 동요로 이어졌다는 사실은 어렵지 않게 짐작할 수 있다.

(3) 산업화의 진전과 여성의 교육기회 확대에 힘입어 특히 여성들의 사회진출은 계속 활발하게 이루어져 왔다. 여성이 전체취업인구에서 차지하는 비율은 1960년에 28.8%에 머물고 있었으나, 2015년에는 41.1%로 증가하였다(여성의 취업증가율은 남성의 취업증가율을 상회하고 있으며, 최근에는 고학력 여성의 취업이 증가하는 경향이 나타나고 있다). 이전 시대의 여성들은 직장생활을 일시적인 것으로 생각하고 혼인 또는 출산과 더불어 직업을 포기하는 경향을 보였으나, 많은 수의 현대 여성들, 특히 고학력 여성들은 혼인 후에도 단지 가사와 육아를 전담하는 전업주부로 남기를 원하지 않게 되었다. 이들은 1980년 이후 진행된 산업고도화와 사회민주화 과정 속에서 새로운 의식을 체득하게 되었으며, 직업을 통해서 자아를 실현시키는 평생직장의 개념을 보편적인 가치로 받아들이고 있다. 이러한 변화는 통계에 의해서도 뒷받침되고 있다. 여성취업인구 중 기혼여성이 차지하는 비율은 1980년에는 14.5%에 지나지 않았으나, 2015년에는 58.1%(여기에 배우자와 사별한 경우 6.5%와 이혼한 경우 7.6%를 더하면 이 수치는 72.2%에 이른다)로 증가한 것이다. 이러한 변화는 이제 여성이 가장에 의해서 지배되는 생산공동체로서의 가족에 종속되어 있는 존재를 벗어나서 독자적인 노동력의 주체가 되었다는 사실을 보여주고 있다. 여성의 경제적 독립가능성 및 사회의식의 발달은 가부장적인 가족 내에서의 여성의 역할과 권위주의적인 가족제도에 반기를 들 수 있는 중요한 계기를 마련하였다.

(4) 앞에서 설명한 사회구조의 변화와 의식의 진보는 가족법에도 영향을 미쳐 뚜렷한 발자취를 남기게 되었다.

사회의 변화 속에서 먼저 가부장제 가족제도의 법적 표현인 호주제에 대한 강력한 비판이 제기되었다. 앞에서 본 바와 같이 일제에 의하여 이식된 호주제가 우리나라에서 강력한 영향력을 가질 수 있었던 데에는 크게 두 가지 이유가 있었던 것으로 생각된다. 우선, 일제가 조선을 침탈할 당시에는 조선후기에 성리학과 종법제의 영향을 받아 형성된 부계혈통의식이 온존하고 있었으므로, 맏아들(적장자) 중심의 가족질서를 내세운 호주제에 대한 거부감이 강하지 않았을 것으로 추측된다. 또한 일제는 식민지를 효율적으로 통치하기 위하여 당시의 지배층인 양반계급을 회유할 필요성을 느꼈으며, 특히 사회적으로 영향력을 행사하고 있었던 주요한 양반가문은 집중적인 포섭의 대상이 되었다. 그 당시 양반가문의 대표자로 인식되었던 종손들에 대하여 일제는 호주라는 지위를 부여하여 그 지위를 법적으로 인정해 주었고, 그에 따른 권리(호주권)와 재산의 독점적인 상속권까지도 보장해 주었다. 어차피 사회적 기득권과 재산을 유지하기 위해서 일제와 타협할 수밖에 없었던 양반 기득권층의 상당수는 자신들의 기득권을 보장·강화해 주는 일제에 대하여 저항의 필요성을 느끼지 못했으며, 반대로 일제가 이식한 제도와 이데올로기를 유포하는 역할을 하게 되었다. 이러한 배경 하에서 일제가 이식한 호주제는 자연스럽게 양반지배계급의 문화로 수용, 전파되었으며, 일제 강점기를 거치는 동안 어느덧 우리 민족 고유의 제도인 것으로 오인되었다.

호주제가 일제강점기에 우리사회에 뿌리를 내리고 사회적으로 강력한 영향력을 행사할 수 있었던 또 하나의 이유는 농업이 중심이 되었던 당시의 경제상황에서 찾을 수 있다. 토지가 가장 중요한 생산수단이었던 당시의 사회에서 호주가 농지 등 중요한 재산을 독점적으로 상속했다는 사실은 호주에게 경제력이 집중되었다는 것을 의미한다. 호주상속제도를 통하여 집안에서 경제력을 쥐게 된 호주는 가족구성원을 실질적으로 통제할 수 있게 되었고, 가족원들은 호주의 권한에 복종하지 않을 수 없었다. 산업이 발달하지 않은 당시의 사회에서 가족구성원, 특히 여자들은 직장을 구하는 것이 쉽지 않았으므로, 많은 경우 집안에 머물며 농사일과 가사를 병행하는 것이 보통이었고, 결국 경제력을 쥐고 있는 호주에 종속된 존재에서 벗어날 수 없었다.

오늘날 우리가 살고 있는 사회는 일제가 호주제를 이식했던 당시의 상황과는 비교할 수 없을 정도로 변했다. 민주주의를 기본이념으로 하는 현대사회에서 성리학과 종법제에 기초한 부계혈통주의(이는 곧 여성차별을 의미한다)는 더 이상 보편적인 윤리로 받아들일 수 없게 되었다. 또한 산업화된 사회에서 여성들은 스스로 직업을 가지고 경제적으로 독립할 수 있게 되었다. 이는 곧 호주제를 지탱하고 있던 사회적·경제적 토대가 허물어지고 있음을 의미하는 것이다. 이제 가족은 더 이상 한 사람의 가장과 그에 복종하는 가족원으로 분리되는 권위주의적인 조직이 아니며, 모든 구성원이 독립된 인격체로서 존중되는 새로운 관계로 변화하여야 한다. 이러한 배경 하에서 호주제도의 폐지가 요구된 것은 당연한 시대적 요청이라고 볼 수 있다. 그러나 사회구조의 변화가 자동적으로 낡은 의식의 변화를 가져오는 것은 아니었다. 사회의 민주화가 진전되고 인권의식이 성장하면서 사람들의 의식도 점차 변화하였지만, 시대에 뒤떨어진 사고방식을 전통이라는 미명하에 고집하는 집단은 여전히 남아서 개혁의 흐름을 가로막았다. 2005년 민법개정 이전에도 몇 차례의 민법개정이 있었으나, 호주제도가 폐지되지 못했던 것은 바로 이러한 사회의 세력관계를 반영하는 것이다. 1990년의 민법개정을 통하여 호주의 권리가 상당 부분 삭제되기는 했으나, 호주승계제도와 호주를 중심으로 하는 추상적인 가제도는 여전히 존속하였으며, 호주제로 인한 피해도 끊임없이 발생하였다. 호주승계제도는 부계혈통에 따라 남자에게 우선적인 승계권을 인정함으로써 계속해서 남아선호풍조를 부추기는 역할을 하였으며(1989년에서 1998년까지 평균출생성비는 113.2 : 100을 기록하였다. 2000년에 출생한 남아와 여아의 비율은 110.2 : 100이었으며, 이러한 성비의 불균형은 해마다 약 3만 명 이상으로 추산되는 여아의 낙태를 의미하는 것이다. 셋째 아이의 경우에는 성비의 불균형이 더욱 두드러지게 나타난다. 2000년에는 남아 대 여아의 비율이 143.9 : 100을 기록했으며, 1996년에는 168.3 : 100이라는 수치를 나타냈다), 부계혈통을 계승하는 가를 유지하기 위한 원칙(夫家入籍의 원칙: 혼인하면 아내가 남편의 가에 입적하는 원칙, 父家入籍의 원칙: 자녀가 출생하면 父의 가에 입적하는 원칙)은 끊임없이 여성차별의식을 조장하였다.

2005년 3월에 호주제 폐지를 포함하는 민법개정안이 통과되고, 2008년 1월 1일부터 개정민법이 시행됨에 따라 호주제는 마침내 폐지되었다. 이로써 우리 가족법에 남아있던 대표적인 가부장제의 잔재였던 호주제는 역사의 뒤안길로 영원히 사라지게 되었다. 우리나라에서 헌법이 시행된 지 60여 년 만에 비로소 가족법 분야에서 양성평등이 실현된 것이다(그 후 2011년에는 남아 대 여아의 출생비율이 105.7 : 100을 기록하여 호주제가 폐지된 후 출생성비가 정상화되었음을 보여주고 있다. 이러한 경향은 그 후에도 안정적으로 유지되고 있다. 2018년에 남아 대 여아의 출생비율은 105.4 : 100을 기록했다).

## 3 가족법의 의의

민법 중에서 제2편 물권과 제3편 채권을 재산법이라고 하고, 이와 구별하는 의미에서 제4편 친족과 제5편 상속을 신분법(身分法)이라고 부르던 때도 있었다. 이 신분법이라는 말은 일본의 中川善之助가 만들어낸 것이라고 하는

데, 신분이라는 용어는 봉건사회에서의 사회적 지위를 의미하는 것으로도 쓰이기 때문에 적절한 표현이라고 보기는 어렵다. 이런 이유에서 새로 가족법이라는 말이 사용되기 시작하였다. 이 말은 family law, Familienrecht라는 말의 번역이라고 생각되지만, 실제로 외국에서의 family law 또는 Familienrecht는 우리나라의 친족법에 해당하는 부분만을 의미하기 때문에, 가족법이라는 용어가 친족·상속편을 전부 포괄할 수 있을 것인가에 대해서는 의문이 있을 수 있다. 그러나 상속편도 가족관계·친족관계에서 일어나는 재산의 귀속관계에 대해서 주로 규정하고 있으므로, 가족법 속에 포함되는 것으로 이해하여도 큰 무리는 없을 것이다.[7] 그리고 친족·상속편은 가족관계를 넘은 영역까지도 규율하고 있기 때문에, 가족법이라는 말이 꼭 적합한 것은 아니라는 의문도 있을 수 있다. 그러나 민법 중 친족·상속편은 가족생활관계를 중심으로 규정하고 있기 때문에 가족법이라는 말이 크게 어긋난 표현은 아닐 것이다.

이러한 의미에서 본서에서는 가족법이라는 말을 사용하여 친족·상속편을 해설하고자 한다.

## 4 가족법의 규율대상

여기서는 가족법 중 주로 친족편(법)의 규율대상에 대해서 서술한다. 친족법은 가족형성의 기초가 된다고 일반적으로 일컫는 혼인에 관하여 우선 규정한다('제3장 혼인'. 여기에 해당하는 부분을 혼인법이라고 부를 수 있을 것이다). 혼인법은 혼인의 전단계인 약혼에 대해서 규정한 후 혼인의 성립요건(예컨대 당사자간에 혼인의사의 합치가 있을 것)에 대해서 규정한다. 혼인의 성립요건이 갖추어지지 않은 상태에서 혼인이 성립한 경우에는 혼인무효 또는 취소사유가 되며, 이에 관한 내용이 혼인의 성립요건에 이어서 규정되어 있다. 그 다음에 혼인의 효력이 규정되어 있는데, 혼인의 효력은 일반적 효력(부부간의 동거·협조·부양의무 등)과 재산상의 효력(부부 사이의 재산관계를 어떻게 규율할 것인

---

7) 상속법은 '사람의 죽음을 계기로 하여 생기는 그의 재산의 승계에 관한 법, 즉 재산취득의 한 모습을 규율하는 재산법으로 파악하는 것이 타당하다'는 견해가 있다(郭潤直, 상속법, 53면 이하). 상속법에 가족법과 재산법이 교착하는 면이 있는 것은 부인할 수 없지만, 상속법은 친족법과 밀접한 관계를 가지고 있기 때문에 단순하게 물권법이나 채권법과 같은 재산법으로 파악하는 것은 부당하다.

가)으로 나누어진다. 혼인이 성립된 후 파탄되는 경우를 대비하여 '혼인의 장'에는 이혼에 관한 규정도 포함되어 있다. 즉, 혼인법에는 협의이혼과 재판상 이혼에 관한 규정이 있으며, 이혼의 결과와 관련하여 재산분할, 자녀의 양육 등에 관한 내용도 함께 다루어진다.

친족법은 혼인('제3장 혼인')에 이어서 친자관계에 관하여 규정하고 있는데('제4장 부모와 자'. 이 부분을 친자법이라고 부를 수 있을 것이다), 여기서는 주로 친자관계의 성립과 효과에 관한 내용이 다루어진다. 친자관계에는 친생친자관계와 양친자관계가 있는데, 친족법은 이를 나누어 규정하고 있다. 친생자는 부모와 혈연관계에 있는 자로서 부모의 혼인상태에 따라서 혼인중의 출생자와 혼인외의 출생자로 나누어진다. 양친자관계는 혈연관계가 없으나 입양에 의해서 친자관계가 성립한 경우이다. 민법의 양자제도는 종래의 일반양자와 2008년부터 시행되고 있는 친양자로 나누어져 규정되어 있다. 이 두 제도는 입양의 성립과 효과면에서 상당한 차이가 있다. 친생친자관계이든 양친자관계이든 관계없이 일단 법률상 친자관계가 성립되면 그에 따른 공통적인 효과로서 친권·부양·상속 등이 인정되는데, '부모와 자'의 장에서는 친권에 대하여 상세히 규정하고 있다. 사람은 태어날 때부터 일정한 연령(민법은 이를 성년에 달하는 19세로 규정한다)에 이를 때까지 타인의 보호와 양육을 받아 성장하게 되는데, 민법은 이러한 책임을 일차적으로 부모에게 인정하고 있으며, 이러한 부모의 책임을 친권으로 표현한 것이다. 그러므로 친권의 내용은 주로 자녀의 보호, 양육에 관한 것이며, 이와 함께 재산관리권, 재산상 법률행위의 대리권 및 동의권 등을 포함한다. 부모가 친권을 남용하여 자녀의 복리를 위태롭게 하는 때에는 친권을 상실(또는 친권의 일시 정지, 일부 제한)시킬 필요가 있는데, '부모와 자'의 장에는 이런 경우를 위하여 친권상실선고(친권의 일시 정지, 일부 제한)에 관한 규정이 마련되어 있다.

미성년자를 보호, 양육할 책임이 있는 부모가 사망했거나 친권을 상실하여 더 이상 친권을 행사할 수 없게 된 때에는 친권자를 대신하여 미성년자녀를 보호할 사람이 필요하게 된다. 이러한 경우를 대비하여 친족편 제5장에 후견제도가 마련되어 있다(이에 해당하는 부분을 후견법이라고 부를 수 있을 것이다). 즉 미성년자의 후견인(미성년후견인)은 친권자의 역할을 대신하는 사람으로서 미성년자의 보호, 양육에 관한 임무를 수행하게 된다. 후견의 장에서는 미성년자의 후견인이 될 사람, 후견인의 임무 등에 관하여 규정하고 있으며,

이와 함께 성년자를 위한 후견(성년후견, 한정후견, 특정후견, 임의후견)에 대해서도 규정하고 있다. 미성년후견인은 친권자를 대신하여 피후견인인 미성년자녀의 보호, 양육에 대한 책임을 지게 되지만, 부모인 친권자와는 다르게 취급되는 부분이 있다. 민법은 친권자의 경우와는 달리 후견인에 대해서는 특별한 견제와 감독의 필요성이 있다고 보고, 그 역할을 후견감독인과 가정법원에 맡기고 있다. 예를 들어 친권자가 그 자녀의 부동산을 매도하는 경우에는 독자적으로 할 수 있으나, 미성년후견인이 미성년자인 피후견인의 부동산을 매매하는 계약을 체결할 때에는 후견감독인이 있는 경우에는 그의 동의를 얻어야 한다§950①Ⅳ. 이는 미성년후견인이 자기의 이익을 위하여 피후견인에게 불리한 행위를 하는 것을 후견감독인을 통하여 사전에 저지하겠다는 취지로 볼 수 있다.

친족편의 마지막 장인 제7장에는 친족간의 부양에 관한 규정이 마련되어 있다. 친족 사이의 부양 중 부부간의 부양에 관해서는 혼인의 장에 별도의 규정§826①이 마련되어 있으므로, 여기서는 그 외의 친족 사이의 부양관계에 관하여 다룬다. 부모의 미성년자녀에 대한 부양의무는 출생과 동시에 당연히 발생하는 것으로 보므로, 친족간의 부양에 관한 제7장의 규정이 적용될 여지가 없다고 보는 견해가 유력하다. 성년자인 자녀의 부모에 대한 부양의무는 '제7장 부양' 규정의 적용을 받게 되는데, 주로 문제가 되는 점은 성년자인 자녀의 부모에 대한 부양의무의 수준에 관한 것이다. 즉 성년자인 자녀의 부모에 대한 부양의무의 수준을 부모의 미성년자녀에 대한 부양의무의 수준과 같게 볼 것인가의 문제를 다루게 되며, 이는 국가가 노인부양의 문제에 대해서 어느 정도의 책임을 져야 할 것인가의 문제와 직접적인 관련이 있다.

## 5 가족법상의 법률행위(신분행위)의 요식성

(1) 사람의 가족(친족)관계(예컨대 혼인하였는가, 부모는 누구인가 등)는 사회생활에서 중요한 의미를 가지므로, 가족관계에 변동을 가져오는 가족법상의 법률행위(신분행위)에 대해서는 공시 방법이 마련되어야 한다(예컨대 어떤 사람이 혼인하였다는 사실이 가족관계등록부에 의해서 공시되지 않는다면, 그 사람이 혼인하였는지의 여부를 알 수 없고, 다시 이중으로 혼인하는 것도 막기 어렵다). 가족

법상의 법률행위(신분행위)는 대부분 법적 신고를 필요로 하는 일종의 요식행위로 되어 있는데, 이는 가족관계의 변동을 공시하기 위한 전제가 되는 것이다(예컨대 혼인이 성립하기 위해서는 반드시 혼인신고를 하도록 하고, 이를 등록부에 기록함으로써 혼인사실을 공시하게 된다. 혼인신고를 거치지 않는다면, 이를 가족관계등록부에 기록하여 공시할 방법이 없다).

(2) 혼인 · 입양 · 이혼 · 파양 · 인지 · 한정승인 · 상속포기 등의 신분행위는 법률이 정하는 바에 따라 신고하지 않으면 법률상의 효과가 발생하지 않는다. 예를 들어서, 혼인은 「가족관계의 등록 등에 관한 법률」(이하 '등록법'이라 한다)이 정하는 바에 따라 신고하지 않으면 법률상 성립하지 않는다§812 · 814. 혼인신고를 하지 않으면 사실상의 부부관계가 수십 년간 지속되더라도 법률혼은 성립하지 않으며, 사실혼관계에 그친다. 사실혼관계라 할지라도 사실상의 부부관계는 존재하므로, 학설과 판례는 사실혼을 될 수 있는 한 보호하려는 해석론을 전개하여 왔다. 그러나 혼인신고를 하지 않고 사실혼관계로 남아 있는 한, 법률상의 부부가 아니므로 가족관계등록부(이하 '등록부'라고 한다)에 기록되지 않고 친족관계도 발생하지 않는다. 또한 이러한 사실혼 관계에서 출생한 자녀는 혼인외의 출생자가 된다. 그뿐만 아니라, 사실혼의 배우자는 배우자로서 상속권도 갖지 못한다.

협의이혼을 하려는 부부도 등록법이 정한 바에 따라 이혼신고를 하지 않으면§836 사실상은 혼인관계가 더 이상 존속하지 않는 경우라고 해도 법률상으로는 혼인관계가 계속되고 있는 것이므로, 재혼의 기회가 있더라도 법률혼을 성립시킬 수 없다§810. 임의인지의 경우도 등록법에 정한 바에 따라 신고하지 않으면 효력이 생기지 않는다§859. 인지에 의하여 子는 출생시에 소급하여 인지자의 혼인외의 출생자의 신분을 가지게 되고§860, 그 결과 여러 가지 권리관계에 변동이 생기므로, 등록부에 공시할 필요가 있다. 상속포기나 한정승인을 하려면 상속개시가 있음을 안 날로부터 3개월 내에 가정법원에 신고하여야 하며§1019 · 1030 · 1041, 그렇지 않은 경우에는 단순승인으로 의제된다(그 결과 상속인은 상속재산이 채무초과인 때에도 자기의 고유재산으로 피상속인이 남긴 채무를 변제하여야 한다). 유언은 민법이 정한 방식에 의하지 않은 경우에는 무효가 된다§1060.

(3) 신분행위의 요식성은 공시를 전제로 한 것이고 공시란 결국 제3자를

위한 것이므로, 제3자에게 부정적인 영향을 미치지 않는 범위에서는 신분행위의 요식성도 적당히 완화시켜 해석할 필요가 있다. 사실혼을 예로 들어보면, 그 의미를 간단히 이해할 수 있다. 즉, 사실혼의 부부가 타인에 대하여 법률혼 부부와 동일한 권리를 행사하는 것은 허용되지 않겠지만(예컨대 사실혼 부부의 일방이 다른 사람과 법률혼을 성립시키더라도 사실혼관계에 있던 다른 일방은 중혼취소권을 갖지 못한다), 그 부부 사이에 있어서는 혼인공동생활의 실체가 있는 것이므로 그에 따른 권리의무를 인정하는 것은 무방하다(예컨대 사실혼 부부 사이에도 동거·부양·협조의무가 인정된다).

(4) 신분행위 중 동의행위는 원칙적으로 요식행위가 아니다. 예를 들어서, 혼인은 요식행위이지만 미성년자가 혼인하는 경우에 그 부모가 하는 동의는 요식행위가 아니다. 부모의 동의는 구술로 해도 무방하다. 동의여부에 관한 다툼이 있는 경우에 동의가 있었다는 사실만 증명되면 된다.

## 6 가족법과 민법총칙

(1) 민법의 제1편은 총칙이라는 제목을 붙이고 있으므로, 형식적으로는 민법 전체에 공통적으로 적용되는 통칙인 것으로 보인다. 그러나 자세히 검토하여 보면, 그것은 재산법의 총칙이기는 하나, 가족법의 총칙은 아닌 것을 알게 된다. 이 점을 밝히기 위하여 아래에서 총칙편의 각 규정을 간단히 검토하여 보기로 한다.

(가) 제3조는 "사람은 생존한 동안 권리와 의무의 주체가 된다"고 규정하고 있으나, 상속과 유증에 있어서는 예외적으로 태아의 권리능력을 인정함으로써§1000③·1064, 가족법 분야에서의 예외를 인정하고 있다.

(나) 미성년자·피성년후견인·피한정후견인·피특정후견인에 관한 규정도 거의 재산법상의 제도이다. 다만 가족관계도 재산관계와 분리하여 존재하지 못하므로, 친권·후견 등의 보호기관은 가족법적으로 결정되어 그 범위에서 가족법에도 적용되는 데 지나지 않는다. 즉 재산법에 있어서는 성년자가 되면 피성년후견인(또는 피한정후견인. 다만 피한정후견인은 반드시 행위능력의 제한을 수반하는 것은 아니다)이 아닌 한 행위능력을 가지고 완전한 법률행위를 할 수 있는 반면에, 가족법에 있어서는 입양될 사람은 성년자라고 해도 부모

의 동의를 받아야 한다§871. 물론 가족법에서 성년자도 일정한 법률행위를 할 때 부모의 동의를 얻도록 한 것은 능력보충의 의미를 가지는 것은 아니고, 부모의 의사를 존중한다는 취지이다. 그리고 피한정후견인도 재산법에 있어서는 행위능력이 제한되는 경우가 있지만§13, 가족법에 있어서는 원칙적으로 아무런 제한도 받지 않는다. 피성년후견인은 재산법에 있어서는 능력이 가장 광범위하게 제한되어 원칙적으로 유효한 법률행위를 할 수 없으나§10, 가족법에 있어서는 부모 또는 성년후견인의 동의를 얻으면 의사능력이 있는 한 완전한 법률행위를 할 수 있다(약혼§802, 혼인§808②, 이혼§835, 입양§873, 파양§902, 다만 유언의 경우에는 후견인의 동의가 필요없다§1063).

위에서 살펴본 바와 같이, 결국 가족법상의 법률행위를 할 수 있는 능력(신분행위능력)은 재산법상의 행위능력과는 달리 그 본질상 의사능력을 중심으로 해서 결정되는 것임을 알 수 있다.

(다) 주소, 실종, 물건의 규정은 약간 통치성이 있으나, 법인의 장은 가족법과는 관계가 없다.

(라) 법률행위에 관한 규정도 적용되지 않는다. 다만 선량한 풍속 기타 사회질서에 반하는 법률행위를 무효로 하는 제103조의 규정은 가족법에 적용된다고 보아야 할 것이다.[8)]

(마) 제107조 이하의 의사표시에 관한 규정은 본질적으로 거래 상대방의 보호를 위한 것이므로, 당사자의 의사가 우선적으로 존중되어야 하는 신분행위의 의사표시와는 맞지 않는다. 신분행위에 있어서 비진의의사표시·허위표시·착오로 인한 의사표시는 모두 무효이다(다만 상속의 승인·포기나 유언이 착오에 의한 것인 때에는 제109조에 의해서 취소할 수 있다§1024·1075 참조). 본심이 아닌 신고를 하여 부실한 신분관계가 성립한 경우에는 제107조 본문에 구속되어 움직일 수 없는 것이 아니라 언제나 무효이며, 상대방이 알았거나 알 수 있었을 경우에만 무효가 되는 것이 아니다§107 단서 참조. 그리고 통정한 가장의 혼인신고나 입양신고는 제108조에 의하여 무효가 되는 것이 아니고, 제815조 제1호와 제883조 제1호에 의하여 각각 무효가 되는 것이며, 선의의 제3자에게도 대항할 수 있다§108② 참조. 그리고 다른 사람의 子를 잘못 인지한 경우에는 제862조에 의하여 무효가 되며, 제109조에 의하여 취소할 수 있는 것이 아니

8) 동지: 鄭光鉉, 신친족상속법요론(1962), 475면.

다. 그러므로 선의의 제3자에게도 대항할 수 있고§109② 참조, 또 표의자의 중대한 과실의 유무를 묻지 않는다§109① 단서 참조.

(바) 사기·강박에 의한 신분행위도 취소할 수 있음을 원칙으로 하나, 제110조의 적용에 의한 것은 아니다. 예컨대 사기·강박에 의한 혼인은 제110조에 의하여 취소할 수 있는 것이 아니라, 제816조 제3호에 의하여 취소할 수 있다. 따라서 제110조 제2항·제3항과 같은 제한은 없으며, 또 그 취소권은 총칙편인 제146조에 따라 3년 또는 10년의 기간 경과에 의해서 소멸하는 것이 아니고, 제823조에 의하여 3개월의 기간 경과로 소멸한다. 혼인 이외에 이혼·친생자의 승인·인지·입양에 있어서도 마찬가지이다§838·854·861·884iii 등. 다만 상속의 승인·포기나 유언 등 상속법상의 법률행위는 제110조에 의해서 취소할 수 있다§1024·1075 참조.

신분행위 취소의 효과는 누구에게나 대항할 수 있으며, 취소방법은 재판절차에 의하여야 한다§816·838·884 등. 그리고 취소의 효과는 소급하지 않는 것이 원칙이다§824·897.

(사) 신분행위는 대리를 허용하지 않는 것이 원칙이기 때문에 대리의 규정도 거의 적용될 여지가 없다. 다만, 신분행위에 대해서는, 인지청구의 소§863, 미성년자가 양친이 되는 입양의 취소§885, 미성년자가 동의권자의 동의를 얻지 않고 양자가 되었을 때의 취소§886, 13세 미만자의 입양대락§869②, 파양청구의 소의 제기§906, 상속의 승인·포기§1019·1020 등의 경우에 법정대리를 인정하고 있다. 이러한 예외는 미성년자의 이익을 보호하기 위하여 인정된 것이다.

(아) 조건·기한도 신분행위에는 거의 허용되지 않는다. 예컨대, 졸업과 동시에 결혼하자고 약속하였다고 하더라도, 졸업과 동시에 조건이 성취되거나 기한이 도래하여 자동으로 혼인이 성립하는 것은 아니다. 그러나 약혼의 경우에는 선량한 풍속 기타 사회질서에 반하지 않는 한 조건이나 기한을 붙일 수 있다.

(자) 무효행위의 전환에 관한 규정§138은 신분행위에도 적용된다고 보아야 한다. 판례가 허위의 친생자출생신고에 대하여 입양신고로서의 효력을 인정한 것은 무효행위의 전환을 인정한 사례이다.[9] 무효행위의 추인에 관한 규정(무효행위를 추인할 수 없다는 규정)§139은 신분행위에는 적용되지 않는다고 해석

---

9) 대판 1977. 7. 26, 77다492(판례가족법, 489면).

되고 있다.[10] 이미 존재하는 사실상의 관계를 인정하고 신분의 안정을 꾀하는 것이 가족법의 정신이라는 점을 생각해 볼 때 무효인 신분행위의 추인을 인정하는 것이 타당하다고 본다(신분행위의 특성상 소급효가 인정되어야 할 것이다). 취소의 소급효를 규정한 제141조는 혼인§824과 입양§897에서 명백히 그 적용이 배제되어 있다. 다만 인지의 소급효에는 예외가 있으며§860, 협의이혼과 협의파양의 취소에는 소급효가 있다고 해석하여야 한다.

(차) 기간의 규정은 약간 통칙성이 있으나, 역시 예외가 있다. 즉 혼인성립의 날로부터 200일 후 또는 혼인관계가 종료한 날로부터 300일 내에 출생한 자는 혼인중에 포태한 것으로 추정한다고 할 때에§844②·③, 그 기간은 총칙편에 규정되어 있는 바와 같이 다음 날('익일')부터§157 계산하는 것이 아니고 당일부터 계산하여야 한다.

(카) 소멸시효에 관한 규정도 원칙적으로 가족법상의 권리에는 적용되지 않는다. 가족법상의 권리도 일정한 기간의 경과에 의하여 소멸하는 것이 있으나(예컨대 제823조에 의한 혼인취소청구권), 이것은 재산법상의 시효와는 성질을 달리하는 것이다. 부부간의 권리에 관한 총칙편의 시효규정§180②과 상속재산에 관한 권리에 대한 시효규정§181은 원래 재산권의 소멸시효에 관한 것이며 가족법상의 권리의 소멸시효에 관한 것이 아니다.

(2) 위에서 민법총칙편의 대부분이 재산법의 총칙에 지나지 않음을 밝혔으나, 여기에는 위에서 서술한 제103조의 규정, 주소, 실종, 물건, 무효행위의 전환 및 기간에 관한 규정 이외에 두 개의 예외규정이 있다. 즉 총칙편에 있으면서 가족법에도 적용되어야 하는 규정이 있는데, 그것은 제2조 제1항의 신의성실의 원칙에 관한 규정과 제2조 제2항의 권리남용금지에 관한 규정이다.

## 7 우리 가족제도의 역사

원래 우리 민족의 친족제도는 중국과는 달리 부계혈통만을 일방적으로 중시하는 것이 아니라 부계와 모계를 동등하게 존중하는 고유의 특성을 지니고

10) 대판 1965. 12. 28, 65므61, 집 13권 2집 306면(판례가족법, 54면); 대판 2004. 11. 11, 2004므1484, 판례공보 2004. 12. 15, 2036면.

있었다. 이러한 친족체계를 양측적 친속제도[11]라고 하며, 이와 같은 성격의 친족제도가 형성된 데 결정적인 영향을 미친 것은 우리 민족 고유의 혼인제도인 남귀여가혼(男歸女家婚, 처가살이혼을 말함)이었다.

혼인 후 남자가 처가에서 장인, 장모와 함께 거주하고, 부부 사이에서 태어난 자녀가 외가에서 성장하는 생활관계에서 사위와 장인·장모, 외손과 외조부모 등의 관계는 매우 돈독하게 형성되는 것이 당연했다. 일찍이 이규보(李奎報)는 당시의 고려사회가 중국의 친영례(親迎禮, 시집살이혼을 말함)를 수용하지 않은 채 남귀여가하는 솔서혼을 실시하고 있으니 처부모의 은의(恩義)가 친부모와 다를 바 없다고 하였다.[12] 또한 조선초기 세종·성종 년간의 실록에서는 다음과 같은 기록을 자주 볼 수 있다. "우리나라 풍속에는 중국과 달라 친영(親迎)하는 예식(혼인하면 여자가 남자집에 들어가 시집살이를 하는 혼인방식)이 없으므로, 남자들은 모두 처가를 자기 집이라고 하고, 처의 부모를 아버지 어머니라고 하면서 자기 친부모같이 섬긴다. 이것 또한 강상(綱常)이다.[13]" 강상이란 윤리 도덕적으로 떳떳하다는 말이다. 이것은 남자가 처가살이를 하는 것이 조선 초기의 양반 사대부가문에서 당연시되었음을 의미한다.[14] 대성리학자인 퇴계 이황(1501~1570) 가문의 아들, 손자뿐만 아니라 종손까지도 처가에 거주하였던 사실은 이와 같은 당시의 사회분위기에서 이해될 수 있다. 조선 명종대에 영의정을 역임하였던 박순(1523~1589)의 선대는 호서(湖西) 회덕에서 광주로, 다시 나주로 이주하였는데, 이는 처가를 따라간 것이었다. 남귀여가혼과 이에 따른 구체적인 생활관계는 사위와 아들, 외손과 친손을 동일시하면서 부계와 모계를 동격으로 인정하는 비부계친족체계를 낳았다. 고려시대의 가계보는 父의 8高祖와 母의 8高祖를 모두 합쳐 16祖를 나타내는 것이었는데, 이는 부모의 양계를 동등하게 존중한 것이다. 즉 가계보는 자신의 뿌리를 생각함에 있어 부계와 모계를 동등한 차원에 놓고 동일한 비중으로 다루었던 기록이며, 그러한 의미에서 자신의 뿌리를 부계중심으로 밝히고 있는 족보와는 성격이 크게 다르다.[15] 또한 조선시대에도 15세기 후반

---

11) 노명호, 高麗社會의 兩側的 親屬組織 硏究(서울대학교 대학원 박사학위논문, 1988).

12) 李相國集 卷 37; 이수건, 조선전기의 사회변동과 상속제도, 한국친족제도연구(2000), 80면.

13) 성종실록 권 241, 성종 21년 6월 戊申.

14) 정진영, 우리 전통문화의 이해(2002), 44면.

15) 송준호, 조선사회사연구(1987), 26면. 부계와 모계를 동등하게 취급하는 이와 같은 가

부터 17세기 중엽에 이르는 사이에 출현한 족보는 친손과 외손을 차별 없이 수록하였다. 예를 들어 우리나라 최초의 족보로 일컬어지는 안동권씨 성화보(安東權氏 成化譜, 1476)의 경우도 외손과 친손을 동등하게 기재하였으므로, 권씨는 총 수록인원 9,120명 중 10퍼센트에도 미치지 못하는 867명에 지나지 않는다.[16]

고려 성종 때의 복제(服制)규정에서 중국과 달리 외조부모에 대한 상복을 친조부모에 대한 복제와 같이 자최주년(자최 1년)으로 했던 것도 부계와 모계를 동격으로 인정했던 민족 고유의 친족제도를 반영하는 것이었다.[17] 또 고려시대의 음서제도에 따르면 어떤 남자의 6대조가 벼슬을 했으면 그 남자에게도 벼슬이 주어지는데, 이 6대조가 외가 쪽 조상이라도 벼슬을 받는 데는 지장이 없었다.[18] 이것 역시 부계와 모계를 동격으로 인정하는 양계적 친족관계가 낳은 사회제도였다.

남귀여가혼은 부계와 모계를 동등하게 인정하는 양계적 친족관계의 형성에 기초가 되었을 뿐 아니라 자녀균분상속과 윤회봉사(輪回奉祀)의 관습이 형성되는 데에도 결정적인 영향을 미쳤다.[19] 혼인 후에도 딸이 부모와 함께 살았던 당시 사회에서는 딸이 부모를 봉양하는 경우가 많았으며, 제사도 딸과 아들이 돌아가면서 모셨다(윤회봉사. 돌림제사라고도 한다).[20] 이처럼 딸과 아들

---

계기록은 조선 후기 유학자들에게까지 이어졌다. 星湖 李瀷은 8高祖圖의 성격을 다음과 같이 풀이하고 있다. "무릇 사람이 자식을 기를 때 아들과 딸을 똑같이 사랑하는 것과 마찬가지로 자식의 어버이에 대한 효성에 있어서도 부와 모 사이에 차이가 있을 수 없다. 그렇다면 족보에서 딸자식에 대한 애정을 생각하여 그 딸자식의 자손들까지도 다 수록하는 것과 마찬가지로 어머니에 대한 효성을 생각하여 그 어머니의 선대도 수록하고 할머니에 대한 효성을 생각하여 그 할머니의 선대도 밝히는 것이 자손된 도리가 아니겠는가"(星湖先生全集에 나오는 구절).

16) 정진영, 앞의 책, 164면.

17) 세종대의 한성부윤 高若海는 유교주의에 따른 각종 예제와 의식의 개정논의에서, 사위가 장가간 뒤부터는 처가에 정착하여, 生子, 生女하면서 처부모의 은혜를 흠뻑 받고 그 사위의 자녀는 외조부모의 애호하에서 외가의 3촌·4촌들과 일상생활을 같이 하니 처부모와 친부모, 아들과 딸(사위), 조부모의 입장에서는 아들의 자녀인 친손과 딸의 자손인 외손에 대하여 동일시하였으니 服制만을 굳이 古禮대로 따를 필요가 없다는 논리를 전개하였다. 세종실록 권 48, 세종 12년 6월 庚午.

18) 이이화, 한국사 이야기 5, 최초의 민족통일국가 고려(1999), 110면 이하 참조.

19) 삼국시대와 고려시대를 거쳐 17세기 무렵까지 이어져 내려온 우리 민족 고유의 가족제도는 男歸女家婚, 子女均分相續, 子女輪回奉祀라는 3가지 특징을 가지고 있었다.

20) 중종 12년(1517)에 사대부가일지라도 時祭는 종가가 아니라 맏은 집에서 지내며 忌祭도 가묘를 세운 집 즉 宗家가 곁에 있어도 그 집에서 지내지 않고 支家에서 紙榜을 써서 지냈다는 기록이 있다(중종실록 권 29, 중종 12년 8월 庚戌). 최재석, 한국가족제도사연구, 569면.

을 차별하지 않았고, 딸에 대해서 출가외인이라는 관념도 존재하지 않았으므로,[21] 부모의 재산은 아들과 딸에게 똑같이 상속되는 것이 당연하다고 생각했다(균분상속).[22] 이와 같은 관습이 지배적이었던 당시 사회에서는 딸만 있어도 충분하다고 생각하였고, 반드시 아들이 있어야 한다는 관념은 뿌리를 내리지 못했다.

이처럼 우리 민족은 고려시대는 물론 조선전기까지만 해도 부계와 모계의 양계를 다 같이 존중하고, 딸과 아들, 친손과 외손을 차별하지 않는 친족체계를 유지하고 있었다. 따라서 당시에는 부계친족만의 조직인 문중, 종중과 같은 집단도 없었고, 장자에 의한 상속원칙도 존재하지 않았다.[23] 부계친족집단이나 장자에 의한 가계계승의 원칙이 우리 민족 고래의 전통이라고 주장하는 것은 조선후기를 바라보는 눈으로 민족사 전체를 파악하려는 오류에서 비롯되는 것이다.

이와 같이 부모 양계를 다 같이 존중했던 우리 민족 고유의 친족체계는 17세기 무렵부터 변화를 겪기 시작했다. 17세기는 양계존중에서 부계 일방만의 존중으로 기울어져 가는 친족성격의 전환기라고 할 수 있다. 부계혈통의 존중은 부계친족의 유대 강화와 조직화로 이어졌고, 아들에 의한 가계계승의식을 탄생시켰다.[24] 아들에 의한 혈통계승의식은 필연적으로 첩제도의 도입을 수반하였다. 아들에 의한 가계계승이라는 명분하에 본처가 아들을 낳지 못하는 경우 대를 이을 아들을 얻기 위한 수단으로 첩을 들이는 것이 허용되었기 때문이다. 따라서 원래 고려시대까지 찾아볼 수 없었던 첩제도가 조선시대에 들어와서 본격적으로 출현하는 것은 역사적 우연이 아니며, 이는 남자에 의한 가계계승제도와 불가분의 관계에 있는 것이다.[25] 국가에 의한 첩제도의 공인

---

21) 남귀여가혼이 시행되던 당시에는 딸이 혼인을 하여도 함께 거주하므로 출가외인이라는 의식이 전혀 없었다. 딸에게 아들과 같은 상속분을 준 것은 자신의 재산이 타인에게 넘어가는 것이 아니라는 의식이 전제되었기 때문이다.

22) 경국대전에도 자녀균분상속제도가 규정되어 있다. 조선시대의 자녀균분상속에 관한 논문으로는 최재석, 조선시대의 상속제에 관한 연구 —分財記의 분석에 의한 접근—, 역사학보 53·54(1972); 이광규, 조선왕조시대의 재산상속, 한국학보 제3집(1976) 등이 있다.

23) 최재석, 앞의 책, 358면.

24) 최재석, 앞의 책, 667면.

25) 세종대의 禮曹左參判 權蹈는 "宗子에게 후사가 없으면 그 아우를 세우고 아우가 없으면 첩이 낳은 장자를 세우는 것이 예입니다. 婚義에도 말하기를 경대부는 一妻二妾으로 후사 잇는 것을 넓게 한다고 하였습니다. 이로써 보건대 비록 嫡子가 없더라도 만약 妾産이 있으면 無後라고 할 수 없는 것이며 비록 아우가 있더라도 妾子가 承重하는 것이 명백

은 부계혈통에 의한 가계계승의식이 여성의 지위를 어떻게 저하시켰는지를 보여주는 단적인 예이다. 이와 같은 변화의 중심에는 조선왕조가 중국에서 도입한 종법제가 자리를 잡고 있었다. 조선이 초기에 중국에서 도입한[26] 종법제가 전국에 확산되면서 철저히 남자중심의 가치관과 질서가 뿌리내리게 된 것이다. 종법(宗法)이란 父와 장남을 중심으로 가계를 계승하고 제사를 지내도록 한 것이며, 가부장적 가족질서는 이것이 구체화된 것이다.[27] 조선왕조는 가족질서를 부계(남계)혈통중심으로 재편하기 위하여 처가살이혼(男歸女家婚)을 금지하고, 중국에서 수입한 시집살이혼(親迎禮)을 보급하려고 노력하였다. 그러나 오랜 세월 동안 민족에 뿌리내린 고유한 혼인제도는 쉽게 변하지 않았다.[28] 조선중기까지도 남귀여가혼은 계속되었으며, 시집살이혼은 17·18세기에 이르러서야 비로소 널리 행해지기 시작했다. 이는 곧 부계혈통의 강화와 여성지위의 약화를 의미하는 것이었다. 출가외인이라는 관념이 생겨난 것도 바로 이 무렵이다.

---

합니다"라고 하였는데, 이는 바로 대를 이을 아들을 얻는다는 명분으로 축첩하는 것을 당연하게 보는 시각을 나타내는 것이다. 세종실록 권 64, 세종 16년 癸亥; 김두헌 교수도 조선왕조가 종법제를 도입한 후 대를 이을 아들을 얻기 위한 목적으로 첩제도를 공인하여 사실상 일부다처제를 도입하였는데, 이는 본처가 아들을 낳지 못할 경우 첩에게서 대를 이을 아들을 얻으려는 목적에서 비롯된 것이라고 지적한 바 있다. 김두헌, 조선가족제도연구(1949), 585면 이하 참조.

26) "國俗 無大小宗之制(세종실록 권 41, 세종 10년 9월 癸亥)" 적어도 세종대까지는 우리나라에 대·소종의 제도가 없었다는 기록이며, 이는 종법과 그에 따른 대·소종의 제도가 없었다는 것, 즉 부계의 공동조상의 제사를 위한 부계혈연집단이 존재하지 않았다는 것을 의미한다. 최재석, 앞의 책, 732면.

27) 이순구, 조선초기 주자학의 보급과 여성의 사회적 지위(한국정신문화연구원 석사학위논문, 1985), 4면 이하.

28) 태종 14년(1414) 왕 자신이 우리의 혼인제도가 男往女家여서 웃음거리가 되니 고금의 제도를 참작하여 제도를 정하라고 하였다(태종실록 권 28, 태종 14년 10월 戊子). 그러나 이러한 교시는 사대부 계층에서조차 받아들여지지 않았다; 약 100 여년의 세월이 흐른 중종 11년(1516) 2월 丁巳에 領事 金應箕가 親迎禮 시행의 불가능성에 대해 언급한 사실은 민족 고유의 혼속(남귀여가혼)이 이때까지도 계속해서 시행되고 있음을 보여주고 있다. 즉 친영례가 지극히 아름다운 것은 인정하지만 세종조에 왕실에서 모범을 보여 아래에서 따르도록 해도 소용이 없었고 성종 조에도 시행되지 못하였으니 이는 인정이나 토속에 맞지 않아서 그런 것이므로 시행이 거의 불가능하다고 본 것이다(중종실록 권 24, 중종 11년 2월 丁巳); 조선후기까지도 남귀여가혼은 지속적으로 영향을 미치고 있었다. 17세기 후반 조선후기 실학자인 柳馨遠이 "지금 왕실혼인에는 친영례를 행하지만 사대부 가정에서는 종래의 폐습대로 婿留婦家하기 때문에 처를 얻는다(娶妻)라고 하지 않고 장가간다(入丈)라고 하는데 이는 陽이 도리어 陰을 좇아 크게 남녀의 의리를 잃은 것이다"(磻溪隨錄 續篇 上)라고 언급하여 당시 혼인제도에 대해 개탄하였던 것이 그러한 사실을 보여주고 있다. 이수건, 조선전기의 사회변동과 상속제도, 한국친족제도연구(2000), 85면.

장자에 의한 가계계승관념(아들이 집안의 대를 잇는다는 관념)은 조선이 중국에서 종법제를 도입한 후에야 비로소 우리 민족사에 나타나기 시작했으며, 그 역사는 300년을 넘지 못한다. 반면에 고려시대 이전부터 17세기에 이르기까지 1000년이 넘는 장구한 세월 동안 우리 민족은 고유한 가족제도를 지키고 보존해 왔다. 그렇게 오랜 세월 동안 유지되어 온 전통가족제도에서는 딸과 아들의 차별 없는 상속이 이루어졌고, 딸이 부모를 봉양하였으며, 딸과 아들이 돌아가며 제사를 모셨다(그때까지만 해도 제사는 아들에 의해서 승계되는 것이 아니었다. 한국사회의 전통적인 제례에서는 제사와 가계계승이 별개의 문제로 생각되었던 것이다). 가계계승은 재산상속 및 제사승계와 밀접한 관련을 갖는 것으로서, 딸과 아들이 부모의 재산을 똑같이 나누어 가지고, 제사를 분담하는 풍토에서는 장자에 대한 우대의식이 싹틀 수 없었으며, 아들이 대를 잇는다는 의식도 뿌리를 내릴 수 없었다. 그래서 17세기 이전에는 명문가의 경우에도 무후(無後)가 허다하였던 것이다.[29] 이는 아들에 의한 가계계승의식이 존재하지 않았던 실상을 반영하는 것이다.

장자에 의한 가계계승관념이 양반지배층에서 일반화된 시대는 종법이 확산된 조선후기이며, 당시 가계계승은 제사승계를 통해서 이루어졌다. 장자에 의한 가계계승은 우리의 민족사 전반에 걸쳐 이어졌던 불변의 전통이 아니며, 성리학적 윤리규범과 종법제가 확산되었던 조선후기의 특수한 사회조건에서 나타났던 일시적인 사회현상에 지나지 않는다. 나아가 조선후기에도 가계계승은 어디까지나 제사승계를 통하여 이루어졌을 뿐이며, 호주승계(상속)를 통한 가계계승이라는 관습이나 제도는 존재하지 않았다. 호주상속은 원래 일본 무사계급의 상속제도였다.

일제는 침략 후에 발간한 관습조사보고서에서 조선의 관습을 의도적으로 왜곡하여, 조선에는 제사상속·호주상속·재산상속 등 3종류의 상속형태가

29) 이수건 교수는 이와 관련하여 다음과 같이 서술하고 있다. "17세기를 기준으로 그 이전과 이후의 가계계승과 족보편찬에 있어서 획기적 변화는 무엇보다 종법적 가족제도하에서 장자봉사제와 함께 양자제가 확립됨으로써 비록 아들을 낳지 못한 세대도 양자를 입양하는 데서 세대의 단절 없이 가통이 계속될 수 있었다. 그러니 17세기 이래 최근까지 300년간은 문호를 차린 가계에서는 가통이 계승될 수 있었으나 17세기 이전은 아무리 명문벌족이라 하더라도 無子로 인한 세대단절이 많았다. 그런데 현존 족보상에 고려 또는 조선전기 10代 내지 15代 줄곧 세대가 연접되어 있는 것은 대개 족보 편찬 때 조작, 윤색된 것이다. 유아사망률이 높고 양자를 하지 않던 16세기 이전에는 무자로 인한 가계단절이 많았으니 우리는 조선 전기 족보를 통해 그러한 사실을 확인할 수 있다." 이수건, 한국의 성씨와 족보(2003), 62면.

있다고 발표하였다.[30] 그러나 위에서 본 바와 같이 우리 민족의 상속제도로는 오랜 전통을 가진 재산상속과 조선후기에 성립된 제사승계가 있었을 뿐이며, 일본에서와 같이 호주의 지위가 상속되는 관습은 존재하지 않았다. 조선사회에서 관습상 인정되었다고 일제가 주장했던 호주상속제도는 일본 명치민법의 규정(家督相續制[31])을 그대로 이식한 것에 지나지 않았다. 나아가 일제는 1922년 12월 18일 조선호적령(1923년 7월 1일부터 시행)을 공포하였는데, 이는 1914년에 개정된 일본호적법을 그대로 모방한 것이었다. 조선호적령에서는 '호주상속'이라는 용어를 명시적으로 사용하여 호주가 민법상의 신분으로서 상속된다는 것을 분명히 하고 있다. 호주상속은 父에서 長子로 이어지는 부계혈통의 계승을 목적으로 하는 것이므로, 부계혈통의 계승자격이 있는 남자에게 우선순위가 보장되었다. 따라서 호주인 아버지(또는 할아버지)가 사망할 경우에 어린 아들이나 손자(생후 1달일 수도 있다)가 호주의 지위를 상속하여 호주(가장)가 되는 것이 당연시되었다. 나아가 이제 호주상속을 하는 장남이 유산을 전부 상속하게 되고, 딸들은 상속에서 배제되었다. 일제는 이와 같은 호주상속이 조선의 관습에 따른 것이라고 주장하였으나, 실제로는 일본명치민법의 규정을 그대로 가져온 것에 지나지 않았다. 일제강점기에 자행된 관습의 왜곡과 일본법령의 강제이식에 의해서 호주제를 비롯한 각종 일본제도가 도입되면서 가족제도는 조선후기보다도 더욱 철저하게 부계위주로 재편되었다. 이와 같이 일제강점기를 통하여 변질된 가족제도는 해방 후 제정된 민법에서도 상당부분 그대로 유지되었으며, 그 중심에는 호주제가 있었다. 1990년의 민법개정을 통하여 호주제가 약화되고, 친족의 범위가 양성평등의 원칙에 맞추어 조정

30) 일제는 우리나라를 강점한 후 1912년 3월 18일 제령(制令) 제7호로 조선민사령을 공포하였는데, 그 11호에 의하면 친족·상속에 관하여는 일본민법을 의용하지 않고 조선의 관습에 의하도록 되어 있었다. 일제는 이미 1905년 을사늑약 체결 후 통감부를 설치하고 조선의 민법전 제정을 목표로 민사관습의 조사에 착수한 바 있다. 일제에 의한 관습조사내용은 민법전으로 성문화되지는 못하였으나, 1910년 10월 관습조사보고서로 출간되었다. 그리고 이와 같이 일제에 의해서 조사된 관습은 조선민사령에 의하여 친족·상속에 관한 재판규범이 된 것이다. 일제는 겉으로는 조선의 관습을 존중하는 듯한 태도를 취했으나, 실제로는 일본의 호주제도를 이식하기 위하여 조선의 관습을 왜곡하였다. 이에 대하여는 이상욱, 한국상속법의 성문화과정(경북대 대학원 법학과 박사학위논문, 1986), 24면 이하 참조.

31) 가독상속제도는 무사계급의 단독상속제를 기초로 장남자의 독점상속에 의해 호주권과 가산을 승계하게 함으로써 호주의 절대적인 지배권을 확립하는 것이었다. 김창록, '아시아적 가치'의 자리매김 —한국과 일본의 近現代法史를 중심으로—, 국제지역문제연구 제19권 제1호(2001), 32면; 전봉덕, 호주제도의 역사와 전망, 대한변호사협회지 81호(1982. 10), 31면 이하.

되면서 부계혈통위주, 남자중심의 가족제도에 상당한 변화가 가해진 것은 사실이나, 양성평등한 가족제도와는 여전히 거리가 멀었다. 2005년 3월에 호주제 폐지를 주요 내용으로 하는 민법개정안이 통과되고, 2008년 1월 1일부터 개정민법 중 호주제 폐지에 관한 부분이 시행됨으로써 마침내 가족제도에 있어서의 양성평등이 실현되었다.

1960년 민법전 시행 이후 산업화와 민주화가 진전되면서 인권의식도 차츰 성장하였고, 이러한 흐름 속에서 가족 내에서의 양성평등도 중요한 과제로 떠오르게 되었다. 1960년 민법시행 당시부터 시작된 호주제 폐지 요구[32]가 그로부터 50년 가까운 세월이 흐른 후에 결실을 맺게 된 배경에는 이와 같은 우리 사회의 변화가 자리잡고 있다. 가족법과 가족제도는 그 사회의 현실을 반영하는 것이기 때문이다. 2008년 이후에 비로소 우리의 가족법은 종법제와 일제의 잔재가 제거된 새로운 가족제도를 규정하게 되었다. 부계와 모계, 딸과 아들을 차별하지 않는 새로운 가족제도는 종법제가 도입, 확산되기 이전의 전통적인 가족제도와 유사한 점이 많이 있으며, 이런 관점에서 본다면 전통가족제도의 복원이라는 차원에서 이해될 수도 있을 것이다.

## 8 가족법 개혁의 요점

### 1. 호주제도

위에서 이미 살펴본 바와 같이 2008년 1월 1일부터 호주제가 완전히 폐지되었다. 호주제는 가(家)제도와 호주승계제도 및 호주권으로 구성되어 있었는데, 이는 모두 우리나라의 고유한 제도가 아니며 일제강점기에 관습의 왜곡과 일본법령의 도입에 의해서 강제로 이식된 것이다.

#### (1) 가제도

개정 전 민법상의 家는 함께 사는 가족공동체를 반영하는 것이 아니며, 부계(남계)혈통의 계승자인 호주를 중심으로 하는 추상적인 친족집단을 의미하는 것이었다. 민법상의 家는 부계(남계)혈통을 이어가는 친족집단이라는 성격

32) 예를 들면, 김주수, 호주제도폐지론, 법정(1962. 5).

을 가지고 있었으므로, 가의 구성은 당연히 부계혈통 중심으로 이루어졌다. 부계혈통이란 父에서 아들(일반적으로 장남, 嫡長子), 손자로 이어지는 부계질서를 의미하는 것이다. 따라서 家는 부계혈통의 계승자인 남자를 중심으로 하여 편제되는 것이 원칙이었으며, 부계(남계)혈통의 계승 자격이 없는 여자는 가에서 남자에 부수적인 지위를 가질 수밖에 없다는 특징을 가지고 있었다. 부계(남계)혈통주의에 기초한 가제도는 구체적으로 여러 가지 면에서 양성차별을 야기하였다. 혼인하는 경우 여자인 妻가 남자인 夫의 家에 입적하여 남편(또는 시아버지)이 호주인 가에 속하게 되는 것(夫家入籍의 원칙원시민법 §826③)은 부계(남계)혈통중심으로 구성되는 가제도에서 나오는 당연한 결과였다. 家란 부계(남계)혈통의 계승을 주목적으로 하는 부계(남계)혈연중심의 추상적 친족집단이므로, 부계(남계)혈통의 계승자인 父와 아들은 그 가의 중심적인 지위에 있고, 부계혈통의 계승자격이 없는 여자는 남자가 중심이 된 가에 입적하도록 되어 있었다. 남편이 사망하는 경우에는 부계혈통의 계승자인 아들이 호주승계를 통하여 그 가의 중심이 되며, 이 경우 여성은 나이 어린 아들을 중심으로 하여 구성된 가에 입적하여 아들에 부수적인 지위를 가질 수밖에 없었다. 이와 같이 부계(남계)혈통주의를 기본으로 하는 가에서 여성은 항상 남자의 주변적인 지위에 머물 수밖에 없었다.

자녀가 출생하는 경우 아버지의 가에 입적하는 것(父家入籍의 원칙원시민법 §781①)도 부계혈통주의에 기초한 가제도에서 나오는 당연한 귀결이었다. 부계혈통주의의 관점에서 볼 때 자녀는 부계혈통만을 이어가는 자손이므로, 부계혈통의 계승을 목적으로 하는 부계혈연중심의 친족집단, 즉 父의 家에 입적하는 것을 당연하게 생각하였다.

부모가 이혼하여 자녀가 어머니와 함께 사는 경우에도 자녀는 父의 家에 남아 있을 수밖에 없었다. 또 혼인외의 子가 어머니의 양육을 받으며 함께 거주하는 경우에도 父가 인지(認知)한 이상, 父의 家에 입적해야만 하였다. 가제도의 기본원리인 부계혈통주의에 따라 자녀는 부계혈통을 계승한 친족집단, 즉 父家에 입적해야만 하기 때문이었다. 가는 호적편제의 기준이 되었으므로, 하나의 가에 속한 호주와 그 외의 사람(이들은 원시민법상 '가족'의 신분이었다)은 하나의 호적에 기재되었다(즉 민법상 가는 호적편제의 단위라고 할 수 있었다). 가제도가 폐지됨으로써 가를 기준으로 하여 편제되었던 호적제도 또한 변화하지 않을 수 없었다. 호주제의 폐지와 더불어 2008년 1월 1일부터 시행되고 있는 「가족관계의 등록 등에 관한 법률」은 더 이상 家를 기준으로 하지 않고, 개인별로 정보를 취합하며, 목적에 따라 그 개인에 필요한 증명서를 발급하도록 되어 있다. 이는 가제도의 폐지에 따른 당연한 결과라고 할 수 있다.

### (2) 호주승계제도

개정 전 민법의 호주승계제도란 호주의 지위가 부계혈통에 따라 父에서 아들로 이어지게 하고, 이러한 사항을 호적에 기록함으로써 부계혈통에 의한 가계계승을 법으로 보장하는 것이었다. 즉 호주승계제도는 父로부터 장남, 장손으로 이어지는 부계(남계)중심의 혈통계승의식을 제도화한 것으로서, 부계(남계)혈통중심의 가족질서 확립이 그 목적이라고 할 수 있다. 부계(남계)혈통에 대해서 이처럼 우월한 가치를 부여하는 호주승계제도는 필연적으로 어머니와 딸 등 여성을 차별하는 결과를 낳았다. 호주승계순위에 관한 개정 전 민법 제984조는 이와 같은 남성우월, 여성차별의식을 분명히 드러내고 있었다. 이 규정에 따라, "피승계인의 직계비속남자, 피승계인의 가족인 직계비속여자, 피승계인의 처, 피승계인의 가족인 직계존속여자, 피승계인의 가족인 직계비속의 처"의 순위로 호주의 지위가 승계되었다. 이를 보다 현실감 있게 표현한다면, 호주의 아들(또는 손자), 딸, 아내, 어머니, 며느리 순으로 호주의 지위를 이어받는다는 것이었다(여자가 호주가 되기 위해서는 전호주와 같은 가에 속해 있어야만 한다. 피승계인의 '가족'이라는 의미는 바로 이런 뜻이다. 따라서 혼인하여 남편의 가에 입적한 딸은 당연히 제외되었다). 예를 들어 호주가 사망했을 때 외아들은 이미 사망했으며 그에게 1살 된 아들이 있는 경우(즉 호주의 손자)라면, 1살인 손자가 호주승계를 하게 되어 있었다. 그러면 전호주의 아내(신호주의 할머니)나 전호주의 장성한 딸(신호주의 고모) 그리고 며느리(신호주의 어머니)는 1살 된 남자아이가 호주로 된 家의 가족이 되었다. 호주승계는 이런 식으로 해서 부계혈통의 남자(일반적으로 적장자)에 의한 영속적 가계승계를 도모하였다. 부계혈통을 이어받은 남자 중에서도 적서를 차별하여, 혼인중의 출생자가 우선해서 호주가 되지만원시민법 §985①, 혼인외의 출생자라 할지라도 남자는 여자에 비해서 우선적으로 호주의 지위를 승계하였다원시민법 §984 i. 이러한 법규정은 아들만이 집안의 대를 이을 수 있다는 관념을 조장·확산시키기에 충분한 것이었다(혼인하지 않은 딸도 아들 혹은 손자가 없는 경우에는 호주가 될 수 있었으나, 나중에 혼인하게 되면 어차피 남편 또는 시아버지가 호주로 되어 있는 가에 가족으로 입적해야만 하므로 호주의 지위를 계속 유지한다는 것은 불가능하였다. 즉 딸에 의한 가의 계승은 일시적인 것으로 끝나기 마련이므로, '안정적으로 대를 잇기' 위해서는 반드시 아들이 필요한 구조였다. 입부혼인의 예외는 여기서 굳이 언급할 필요가 없을 것이다). 이와 같은 호주승계제도로 말미암아 우리 사회에는 아들이 있어야 '대를 이을 수 있다'는 의식이 널리 확산되었으며, 아들이 없는 경우에는 '대가 끊어진다'라는 박탈감과 불안심리가 이어져왔다.

이처럼 父에서 장남(嫡長子)으로 이어지는 부계혈통의 계승을 보장하는 호주승계제도는 유교윤리와도 조화되지 않는 것이었다. 민법상의 호주란 가장과 같은 의미라고 볼 수 있는데, 연령에 관계없이 단지 아들이라는 이유로 연장자인 어머니를 제치고 가장이 된다는 것은 일종의 하극상(下剋上)에 해당하기 때문이다. 개정 전 민법이 유교의 근본원리와도 맞지 않는 호주승계제도를 규정했던 이유는, 가계계승은 父에서 아들로 이어져야만 한다는 부계혈통계승의 원리를 적극적으로 수용했기 때문이다. 이 경우 가계계승의 주체인 父와 아들(적장자)은 가족질서의 중심에 있는 자로서 다른 가족원과는 구별되는 지위를 가지게 된다. 이와 같이 그 가에서 가계계승자의 권위를 상징하는 지위가 바로 호주였다. 호주승계제도는 1898년 일본명치민법의 가독상속제[33]를 모델로 한 것으로서 일제강점기에 도입되었는데, 해방 후 제정된 민법에서도 그 골격이 거의 그대로 유지되었다. 1990년 민법개정을 통하여 '호주상속'이 '호주승계'로 바뀌면서 몇 가지 개정이 수반되었으나, 남자에 의한 부계혈통의 계승이라는 본질에는 변함이 없었다. 그러다가 2005년 민법개정을 통하여 호주승계제도는 2008년 1월 1일부터 영구히 민법전에서 사라지게 되었다.

### (3) 호주권

앞에서 본 바와 같이 일제는 우리나라에 호주제도를 이식할 목적으로 전

33) 1898년 일본명치민법은 가독상속인의 순위에 관하여 다음과 같은 규정을 두고 있었다. 피상속인의 가족인 직계비속이 제1순위 상속인이 된다(제970조 제1항). 친등(親等)이 다른 자 사이에서는 최근친을 선순위로 하지만(제970조 제1항 1호), 친등이 동일한 자 사이에서는 남자를 선순위로 한다(제970조 제1항 제1호)고 함으로써 여자를 차별하고 있었다. 친등이 동일한 남자 또는 여자 사이에서는 적출자를 선순위로 한다(제970조 제1항 제2호)고 하여 적서간을 차별하고 있으나, 서자인 남자와 적출의 여자가 있는 경우에는 남자가 선순위로 됨으로써 철저히 남자우위의 승계구조를 취하고 있었다(제970조 제1항 제2호 및 제4호). 그리고 제970조 제1항 제1호-제4호의 규정에 의하여 순위가 동일한 자가 있을 때에는 연장자가 우선하는 것으로 하였다(제970조 제1항 제5호). 따라서 가독상속제는 결국 적장자에 의한 가계승계구도를 확립하기 위한 제도였다고 볼 수 있다.

통적인 관습을 왜곡시켰으며, 그 일환으로 조선이 그 존재를 알지 못했던 호주권을 관습에 포함시켰다. 일제는 관습에 의해서 인정되는 호주의 권리·의무에 대해서 다음과 같이 밝힘[34]으로써, 호주권의 실체를 조작해냈다. 1) 가족의 거소지정권, 2) 가족의 교육·징계·감호권, 3) 가족의 혼인·입양에 대한 동의권, 4) 가족의 서자 입적에 대한 동의권, 5) 가족의 거가에 대한 동의권, 6) 가족의 분가에 대한 동의권, 7) 가족의 재산관리권·처분승낙권, 8) 가족의 금치산·준금치산선고의 청구권 및 그 취소권, 9) 가족의 후견인·보좌인이 될 권리, 10) 친족회에 관한 권리, 11) 가족에 대한 부양의무, 12) 상속에 있어서의 특권이 그것이다.

그러나 일제가 우리의 관습이라고 주장했던 호주의 권리·의무는 실제로는 일본명치민법의 규정을 옮겨온 것에 지나지 않았다. 일본명치민법이 규정하고 있었던 호주의 권리와 의무는 다음과 같았다.

1) 가족에 대한 거소지정권§749, 2) 가족의 입가·거가에 대한 동의권§735·737·738·743, 3) 가족의 혼인·입양에 대한 동의권§750·776·848, 4) 통제에 복종하지 않는 가족에 대한 제재로서의 이적권·복적거절권§741·749·750, 5) 가족에 대한 부양의무§747, 그 밖에 호주에게는 가족의 혼인 또는 입양의 취소권, 금치산·준금치산 선고의 청구권, 가족의 후견인·보좌인이 될 권리 및 친족회에 관한 권리·의무가 있었다.[35]

자세히 살펴보지 않아도 일본명치민법이 규정하고 있던 호주의 권리·의무가 약간의 윤색을 거친 후 거의 그대로 조선의 관습으로 인정되었음을 알 수 있다. 이와 같은 호주권의 내용은 해방 후에 제정된 민법전에서도 찾아볼 수 있다. 민법에서 호주권이 약화된 것은 사실이지만, 그 기본적인 골격은 그대로 유지되었다(가족의 입적·거가에 대한 동의권, 가족의 분가강제권, 가족의 거소지정권, 귀속불명재산에 대한 호주소유추정, 가족의 한정치산·금치산선고에 대한 청구권과 그 취소청구권, 가족의 후견인이 될 권리, 친족회에 대한 권리, 가족의 부양의무 등이 민법에 규정되었다). 호주권은 1990년 민법개정을 통하여 대폭 약화되었으며, 2005년 민법개정에 의해서 완전히 폐지되었다.

---

34) 南雲幸吉, 現行朝鮮親族相續法類集(1939), 86면.
35) 民事法學辭典(上), 大村健助 執筆(1960), 14면.

## 2. 혼 인

민법은 종래 관습상 인정되어 왔던 약혼제도를 성문화하여 약혼을 보다 두텁게 보호하고 있다. 즉 약혼해제사유를 명문화하는 동시에 과실 있는 당사자의 손해배상책임을 규정하고 있다§800~806.

남녀 모두 만 18세에 이르면 부모 등의 동의를 얻어 혼인할 수 있으며, 성년에 달한 자는 부모의 동의 없이 혼인할 수 있다(제808조, 원시민법에 의하면 남자 27세, 여자 23세 미만인 때에는 부모의 혼인 동의가 필요하였으나 1977년 민법일부개정으로 성년에 달한 자는 부모의 동의 없이 혼인할 수 있게 되었다. 2007년 민법일부개정 전에는 남자 만 18세, 여자 만 16세에 이른 때에 혼인할 수 있다고 규정되어 있었으나, 이는 정당한 이유 없이 남녀를 차별하는 것이므로 위와 같이 개정되었다).

1977년 민법일부개정으로 미성년자가 혼인하면 성년에 달한 것으로 보게 되었다§826의2.

민법은 또한 처의 무능력제도와 처의 재산에 대한 夫의 관리·사용·수익권을 폐지하였으며, 일상가사에 관하여 서로 대리권을 가지고 일상가사채무에 대하여 연대책임을 지도록 하였다. 또한 부부는 그 특유재산을 각자 관리·사용·수익할 수 있도록 하였다§827·830~832. 그리고 부부의 누구에게 속하는 것인지 분명하지 아니한 재산은 夫의 특유재산으로 추정하였던 것을 1977년 민법일부개정으로 부부공유로 추정하도록 하였다§830②.

1990년 민법일부개정으로 부부의 동거장소는 부부의 협의에 의하여 정하도록 하고, 협의가 성립되지 않을 때에는 가정법원이 정하도록 하였으며§826②, 부부의 공동생활비용은 부부의 공동부담으로 하였다§833.

민법은 동성동본불혼의 원칙과 남자 위주의 근친혼 금지규정구 §809을 두었는데, 이는 양성평등의 원칙에 반할 뿐 아니라 개인의 인격권과 행복추구권을 침해하는 것이었다. 동성동본불혼 규정은 1997년 헌법재판소의 헌법불합치결정(1997. 7. 16, 95헌가6~13)으로 효력을 상실하였다. 2005년 민법일부개정에 의하여 동성동본불혼의 원칙과 남자본위의 근친혼금지의 규정구 §809은 폐지되고, 양성평등에 입각한 근친혼 금지규정으로 대체되었다. 그리고 실효성이 거의 없는 것으로 비판받아 온 재혼금지기간에 관한 규정구 §811도 삭제되었다.

2011년 민법일부개정에 의하여 부부간의 계약취소권에 관한 제828조가 실효성이 없다는 이유로 삭제되었다. 그리고 중혼취소청구권자의 범위에 관한 제818조가 개정되어 직계비속도 중혼의 취소청구권자에 포함되었다(그 전에 헌법재판소는 민법 제818조가 중혼취소의 청구권자로 4촌 이내의 방계혈족과 직계존속을 규정하면서 직계비속을 제외한 것은 합리적인 이유 없이 직계비속을 차별한 것으로서 평등의 원칙에 위반된다고 판단하였다. 헌재결 2010. 7. 25, 2009헌가8).

## 3. 이 혼

(1) 민법은 구법(일제강점기에 시행되어 1960년 민법시행 전까지 적용되었던 법을 말한다)과 같이 협의이혼제도를 인정하였으나§834, 1977년 민법일부개정으로 가정법원에 의한 협의이혼의사 확인제도를 마련하였다§836. 2007년 민법일부개정을 통하여 협의이혼을 하려는 사람은 가정법원에서 이혼에 관한 안내를 받아야 하며, 이 안내를 받은 날로부터 일정한 기간이 경과한 후에(양육해야 할 자녀가 있는 경우는 3월, 그렇지 않은 경우는 1월) 이혼의사확인을 받을 수 있게 되었다§836의2①·②. 가정법원에서 협의이혼의사의 확인을 받을 때에는 자녀의 양육에 관한 협의서와 친권자결정에 관한 협의서를 제출하여야 한다(당사자 사이에 협의가 되지 않아서 협의서를 제출할 수 없는 경우에는 이에 관한 가정법원의 심판정본을 제출하여야 한다§836의2④·837②).

(2) 민법은 재판상 이혼원인에 있어서는 구법의 열거주의를 지양하고 예시주의를 채용하는 동시에 부부 평등하게 부정행위(不貞行爲)를 이혼원인으로 하였다§840.

(3) 1990년 민법일부개정으로 이혼 후의 자녀양육문제에 관하여는 부부가 협의하여 정하고 협의가 되지 않거나 협의할 수 없는 때에는 가정법원이 당사자의 청구에 의하여 관여할 수 있도록 하였으며§837, 子를 직접 양육하지 않는 父나 모에게 면접교섭권을 인정하였다§837의2. 그뿐만 아니라 재산분할청구권도 인정하였다§839의2. 그 후 2005년 민법일부개정에 의하여 이혼 후의 子의 양육문제와 면접교섭권에 관하여 가정법원이 직권으로 관여할 수 있게 되었다§837·837의2.

(4) 2007년 민법일부개정에 의하여 이혼하려는 당사자(협의이혼의 경우와 재판상 이혼의 경우를 포함한다)는 이혼 후의 자녀양육문제에 대해서 협의하여

가정법원에 협의서(양육자, 양육비용, 면접교섭권에 관한 협의내용을 포함한다)를 제출해야 하며, 협의가 되지 않은 때에는 가정법원이 직권 또는 당사자의 청구에 의해서 이를 결정하게 되었다§836의2④·837④. 친권자 지정에 있어서는 협의이혼의 경우와 재판상 이혼의 경우에 차이가 있는데, 2007년 민법일부개정에 의하여 협의이혼을 하는 때에는 부모가 협의하여 친권자를 정하고, 협의가 되지 않는 때에는 가정법원이 직권 또는 당사자의 청구에 의하여 친권자를 정하게 되었다§909④. 재판상 이혼의 경우에는 종전과 같이 가정법원이 직권으로 친권자를 정한다§909⑤. 2007년 민법일부개정에 의하여 면접교섭권에 관한 규정도 일부 개정되었다. 종전의 제837조의2 제1항은 "자를 직접 양육하지 아니하는 부모 중 일방은 면접교섭권을 가진다"라고 규정하고 있었는데, 이 규정은 2007년 민법일부개정에 의해서 다음과 같이 개정되었다. "자를 직접 양육하지 아니하는 부모의 일방과 자는 상호 면접교섭할 수 있는 권리를 가진다". 이는 자녀를 면접교섭의 객체에서 주체로 승격시켰다는 상징적인 의미를 갖는다. 2016년에 면접교섭권에 관한 규정이 다시 한번 개정되어 자녀를 직접 양육하지 않는 부모의 직계존속(조부모)에게도 면접교섭을 청구할 수 있는 권리가 인정되었다§837의2②.

## 4. 부모와 자

(1) 2005년 민법일부개정으로 子의 성과 본에 대해서 종전과 같이 父의 성과 본을 따르는 것을 원칙으로 하되, 부모가 혼인신고시 모의 성과 본을 따르기로 협의한 경우에는 모의 성과 본을 따르기로 하였다§781①. 그리고 혼인외의 출생자가 인지된 경우, 子는 부모의 협의에 의하여 종전의 성과 본을 사용할 수 있도록 하고, 부모가 협의할 수 없거나 협의가 이루어지지 않는 경우에는 子는 법원의 허가를 받아 종전의 성과 본을 계속 사용할 수 있도록 하였다§781⑤. 子의 복리를 위하여 子의 성과 본을 변경할 필요가 있을 때에는 부, 모 또는 子의 청구에 의하여 법원의 허가를 받아 이를 변경할 수 있도록 하되, 子가 미성년자이고 법정대리인이 청구할 수 없는 경우에는 제777조의 규정에 따른 친족 또는 검사가 청구할 수 있도록 하였다§781⑥.

(2) 종전에는 친생부인의 소의 당사자적격을 夫에게 한정하고 있었으나,

2005년 민법일부개정으로 처(子의 母)도 당사자적격을 가지게 되었다§846. 그리고 종전에는 子의 출생을 안 날로부터 1년 내에 친생부인의 소를 제기하도록 되어 있었는데, 민법개정으로 친생부인의 사유가 있음을 안 날로부터 2년 내에 제기할 수 있게 되었다§847.

2017년 민법일부개정으로 친생부인의 허가 제도가 도입되었다. 이에 따라 혼인관계종료의 날부터 300일 내에 자녀가 출생한 경우에는 친생부인의 소가 아니라 친생부인의 허가를 받아 모의 전 남편과 자녀의 친생자관계를 부인할 수 있게 되었다§854의2. 친생부인의 허가 제도와 더불어 생부가 가정법원의 인지허가를 받아 출생신고를 할 수 있는 인지허가의 청구 제도가 신설되었다§855의2. 이에 따라 혼인관계종료의 날부터 300일 내에 출생한 자녀에 대해서는 생부가 인지의 허가를 받아 출생신고를 할 수 있게 되었고(사전에 친생부인판결이나 친생부인 허가 심판의 확정을 요하지 않는다), 이로써 인지의 효력이 발생하여 생부와 혼인외의 자녀 사이에 부자관계가 창설된다.

(3) 원시민법은 '부모를 위한 양자제도'와 '자녀를 위한 양자제도'를 도입하여 성년에 달하면 기혼·미혼, 자녀의 유무 또는 남녀를 불문하고 호주와 부모의 동의 없이 양자(남녀불문)를 입양할 수 있게 하였다. 양자는 양친과 동성동본일 것을 요하지 않았고, 양자의 수에도 제한을 두지 않았다. 그러나 원시민법은 가부장제가족제도를 완전히 지양하지 못한 결과, 養父와 동성동본이 아닌 자는 호주상속을 할 수 없도록 하고구 §877②, 사후양자구 §867와 유언양자구 §880 등의 제도를 두는 동시에 호주가 된 양자의 파양을 금지하였다구 §898②.

그러나 1990년 민법일부개정으로 위와 같은 가부장적인 규정은 모두 삭제되었으며, 부부가 입양하는 경우에는 부부 쌍방이 평등하게 입양당사자가 되도록 하였다§874. 미성년자가 양자가 될 때에 후견인이 동의하는 경우에는 가정법원의 허가를 받도록 하고§871, 후견인이 피후견인을 양자로 하는 경우에도 가정법원의 허가를 얻도록 하였다§872.

2005년 민법일부개정에 의하여 양자될 자가 15세 미만인 경우에 후견인이 법정대리인으로서 승낙하는 때에는 가정법원의 허가를 받도록 하였다§869 단서. 그리고 양자가 15세 미만인 때에는 입양을 대락한 자가 그에 갈음하여 파양의 협의를 하게 되는데, 이 경우에도 후견인 또는 생가의 다른 직계존속이 협의할 때에는 가정법원의 허가를 받도록 하였다§899②.

일정한 요건을 갖춘 15세 미만인 자에 대하여 가정법원의 허가를 받으면, 친생부모와의 친족관계가 단절되고 가족관계증명서에 양부모의 친생자로 표시되는 친양자제도가 신설되었다§908의2 · 908의8. 그 후 2011년 민법일부개정으로 친양자가 될 수 있는 연령이 상향되어 미성년자는 누구나 친양자입양이 가능하게 되었다.

2011년 민법일부개정으로 양자법이 큰 폭으로 개정되었다(개정 양자법은 2013년 7월 1일부터 시행되고 있다). 개정 양자법의 중요한 특징을 요약하면 다음과 같다. 첫째, 미성년자를 입양할 때에는 반드시 가정법원의 허가를 받도록 하였다§867. 미성년자 입양에 있어서 입양허가제를 도입한 것은 국가가 양자될 아동의 보호를 위하여 적극적으로 개입하겠다는 의지를 표명한 것으로 볼 수 있다. 둘째, 일정한 사유가 있는 경우에는 법정대리인의 승낙(또는 동의)이나 부모의 동의 없이도 가정법원의 허가에 의해서 입양이 가능하게 되었다§869③ · 870① 단서. 이는 아동의 복리실현을 위해서 필요한 경우에는 국가가 입양의 성립을 적극적으로 지원하겠다는 의미로 해석될 수 있다. 셋째, 양자가 미성년자인 경우에는 협의파양을 할 수 없고, 재판상 파양을 통해서만 양친자관계를 해소할 수 있게 되었다§898 단서. 이는 파양 시에도 국가가 아동의 보호를 위하여 직극 개입하여 후견적 역할을 하겠다는 의미로 풀이될 수 있다.

(4) 구법시대에는 모가 친권행사를 할 때에는 친족회의 동의가 필요했다. 이에 대하여 원시민법은 자기의 출생 아닌 자에게 친권을 행사하는 모에 대해서만 친족회의 동의를 요하도록 하고 친생모는 동의가 필요 없도록 하였다§912. 그리고 원시민법에 의하면 부부평등의 원칙에 반하여 그 가에 있는 父가 제1차로 친권자가 되고, 부가 없거나 기타 친권을 행사할 수 없을 때에 한하여 그 가에 있는 모가 제2차로 친권자가 되도록 되어 있었는데, 1977년 민법일부개정 시 이를 개정하여 부모가 공동으로 친권을 행사하도록 하고, 부모의 의견이 일치하지 않는 경우에는 父가 친권을 행사하도록 하였다§909. 이것은 개정 전보다는 일보 진전한 것이기는 하지만, 부모의 의견이 일치하지 않는 경우에 父가 단독으로 친권을 행사하도록 한 것은 문제가 있었다. 그래서 1990년 민법일부개정으로 친권행사에 관하여 부모의 의견이 일치하지 않는 경우에는 당사자의 청구에 의하여 가정법원이 정하도록 하였다§909②. 그리고 원시민법에 의하면 혼인 외의 출생자가 인지된 경우와 부모가 이혼한 경우에

는 父가 당연히 친권자가 되고 모는 친권자가 될 수 없었으나, 1990년 개정으로 부모의 협의로 친권을 행사할 자를 정하고, 협의를 할 수 없거나 협의가 이루어지지 않을 경우에는 당사자의 청구에 의하여 가정법원이 결정하도록 하였다§909④.

2005년 민법일부개정으로 친권에 관한 규정에 있어서 권위적 색채를 불식하는 동시에§909·910, 子의 복리의 원칙이 최우선적으로 고려되고§912, 나아가 이를 실현하기 위한 수단으로서 부모의 자율적 합의에 대한 국가의 감독권한이 강화되었다. 즉 혼인외의 출생자가 인지된 경우와 부모가 협의이혼을 한 경우에는 부모가 협의하여 친권자를 정하도록 하고, 협의가 되지 않은 때에는 가정법원에 친권자의 지정을 청구하도록 의무화하였다§909④. 그리고 혼인의 취소, 재판상의 이혼 또는 인지청구의 소의 경우에는 가정법원이 직권으로 친권자를 지정하도록 하였다§909⑤.

2007년 민법일부개정에 의하여 혼인외의 출생자가 인지된 경우와 부모가 협의이혼을 하는 경우에는 우선 부모가 협의하여 친권자를 정하고, 협의가 되지 않은 때에는 가정법원이 직권 또는 당사자의 청구에 의하여 친권자를 정하게 되었다§909④.

2011년 4월 29일 국회를 통과한 친권법 개정안(시행일 2013. 7. 1)의 핵심적인 내용은 이혼 시 단독친권자로 정해진 부모의 일방이 사망한 경우에 누가 어떻게 자녀의 법정대리인이 되는가에 관한 것이다. 이 문제와 관련하여서는 약 20년 전부터 논쟁이 이어져 왔는데, 해석론으로서는, i) 생존친의 친권이 자동으로 부활한다는 견해(친권자동부활론. 실무의 태도)와 ii) 일단 후견이 개시되고 생존친이 원하는 경우에는 친권자 변경청구를 하여(즉 친권자 변경에 관한 민법규정을 유추적용하여) 친권자가 될 수 있다는 견해가 대립되어 있었다. 그리고 입법론으로는, 이혼 시 단독친권자로 정해진 부모의 일방이 사망한 경우에는 생존친의 친권이 자동으로 부활하는 것이 아니라, 생존친의 청구에 의하여 법원이 생존친을 친권자로 변경할 것인가의 여부를 결정하도록 하자는 내용의 개정안이 제시되어 있었다. 개정법은 위의 입법론을 수용하여 이혼 시 단독친권자로 정해진 부모의 일방이 사망한 경우에는 생존친이 법원의 심판을 거쳐 친권자가 될 수 있게 하는 방안을 채택하였다§909의2①. 이로써 이혼 시 단독친권자로 정해진 부모의 일방이 사망한 경우에 자녀의 양육에 관심이 없는 생존친이 자동으로 친권자가 됨으로써 자녀의 복리가 침해되는 사례를 사전에 예방할 수 있게 되었다.

2013년에 국회에서 통과되어 2014년 9월 29일부터 시행되고 있는 「아동학대범죄의 처벌 등에 관한 특례법」(아동학대처벌법)에 의해서 가정법원이 친권행사를 일시적으로 정지시킬 수 있는 제도가 최초로 도입되었다(피해아동보호명령). 이외에 아동학대처벌법은 친권행사를 일부 제한할 수 있는 규정도 두었다(아동학대처벌법 제47조 제1항 7호). 아동학대처벌법에 이어서 2014년 개정민법도 친권의 일시 정지에 관한 규정§924과 친권의 일부 제한 규정을 도입하였다§924의2.

2021년에 징계권에 관한 민법 제915조가 삭제되었다. 친권자의 징계권 규정은 아동학대 가해자인 친권자의 항변사유로 이용되는 등 아동학대를 정당화하는 데 악용될 소지가 있다는 것이 그 이유이다.

## 5. 후　　견

2011년 민법일부개정으로(법률 제10429호, 공포일자 2011. 3. 7, 시행일 2013. 7. 1) 기존의 금치산·한정치산제도가 폐지되고 그 대신 성년후견·한정후견·특정후견제도 등이 도입되었다(제9조 이하). 기존의 금치산자, 한정치산자라는 용어는 사회에서 부정적으로 인식되어 당사자와 가족에게 수치심과 거부감을 준다는 점에서 문제가 있다는 지적이 있었다. 또한 한정치산·금치산제도는 당사자의 남은 능력을 고려하지 않고 일률적으로 행위능력을 전면적으로 제약한다는 점에서 인권을 침해하는 요소가 있다는 비판을 받았는데, 새로운 제도는 당사자의 능력을 전면적으로 제한하지 않고 남은 능력을 최대한 활용할 수 있도록 한다는 취지에서 고안되었다. 그리고 개정법은 피성년후견인·피한정후견인 등의 요보호성인을 위하여 신상보호를 강화하는 규정을 도입하였다§947의2.

또한 2011년 개정민법은 법정후견인제도를 폐지하고 선임후견인제도를 전면적으로 도입하였다§932, §936. 법정후견인제도에서는 후견인으로서 적합하지 않은 사람이 자동으로 후견인이 되어 피후견인의 복리를 해칠 우려가 있으므로, 법원이 처음부터 개입하여 후견인으로서 적합한 사람을 선임하겠다는 것이 그 취지이다.

2016년 민법일부개정에 의하여 후견인의 결격에 관한 규정이 일부 개정되었다. 개정 전 제937조는 후견인의 결격사유로서 "피후견인을 상대로 소송을 하였거나 하고 있는 자 또는 그 배우자와 직계혈족"을 열거하고 있었는데(제8호), 이에 따르면 피후견인의 직계비속이 후견인이 될 수 없는 경우가 발생하는 문제가 있었다. 예를 들어 갑이 을을 상대로 이혼소송을 하여 혼인이 해소된 후에 을이 성년후견개시심판을 받아 피성년후견인이 된 경우, 갑과 을 사이에서 출생한 자녀 병은 을의 성년후견인이 될 수 없었다. 이러한 문제를 해결하기 위하여 직계혈족 중에서 피후견인의 직계비속은 제외하는 것으로 개정되었다§937 ix.

## 6. 친족과 부양

친족관계에 있어서 원시민법은 대체로 구법을 그대로 이어받아 父系血族은 8촌 이내, 모계혈족은 4촌 이내로 하여 부계와 모계에 차별을 두고, 또한 부족인척(夫族姻戚)은 夫의 8촌 이내의 父系血族과 夫의 4촌 이내의 모계혈족으로 한 데 반하여, 처족인척(妻族姻戚)은 처의 부모에 국한함으로써, 부부간에 차별을 두었다. 그러나 1990년 민법일부개정으로 8촌 이내의 혈족, 4촌 이내의 인척 및 배우자를 친족으로 함으로써 남녀 평등하게 조정되었다§777. 또한 1990년 개정으로 계모자관계와 적모서자관계를 폐지하고, 자매의 직계비속과 직계존속의 자매의 직계비속을 혈족에 포함시켰으며§768, 인척의 계원 중에서 관습상 사돈에 해당하는 '혈족의 배우자의 혈족'을 삭제하였다§775.

그리고 인척관계는 부부의 일방이 사망한 경우 생존배우자가 재혼한 때에만 소멸하도록 하였다§775.

친족간의 부양범위와 관련하여 민법은 경제생활 개별화의 사회추세에 따라 생계를 같이하는 친족간에만 부양의무를 인정하였다§974. 다만, 직계혈족 사이에서는 생계를 같이하지 않는 경우에도 부양의무가 인정된다.

## 7. 상 속

구법시대에는 호주상속에 반드시 재산상속이 수반되었으나, 민법은 제정 당시에 이를 분리하여 호주상속의 경우에만 생전상속이 인정되고, 재산상속에 있어서는 사망으로 인한 상속만을 인정하였다. 그 결과 생전에 호주상속을 하는 경우에는 호주권과 분묘에 속한 1정보 이내의 금양임야, 600평 이내의 묘토인 농지, 족보와 제구의 소유권만을 승계하게 되었다(구민법 제995조 · 제996조, 호주가 사망하여 호주상속과 재산상속이 동시에 개시되는 경우에는 호주가 되는 상속인은 그 고유의 재산상속분에 5할을 가산하여 상속하였다구 §1009①).

호주상속과 재산상속의 분리는 호주권을 약화시키고, 변화하는 사회현실에 맞추어 상속을 재산중심으로 재구성하려는 것이었다. 1990년 민법일부개정에 의하여, 호주상속은 호주승계로 변경되어 상속편에서 친족편으로 이전되었다. 이와 더불어 호주권은 대폭 약화되었으며, 분묘 등의 소유권도 호주가 당연히 승계하는 것이 아니고 제사를 주재하는 자가 승계하는 것으로 되었다§1008의3.

1990년 개정 전에는 호주상속권은 포기할 수 없게 되어 있었으나구 §991 개정법은 호주승계권의 포기를 인정함으로써 강제상속에서 임의승계로 전환하였다.

2005년 민법일부개정에 의하여 2008년 1월 1일부터 호주제도가 폐지됨에 따라 호주승계제도도 폐지되었다.

재산상속에 있어서 구법에서는 피상속인이 호주인 경우에는 직계비속 장남자가 일단 상속하였다가 중자(차남 이하의 아들)들에게 분가할 때 분재하여 주었으므로, 딸과 처는 상속의 여지가 없었다. 피상속인이 가족일 때에는 직계비속자녀가 제1순위 상속인이었기 때문에 처는 자녀가 없는 경우에 한하여 상속하였다. 이에 반하여, 원시민법은 피상속인이 호주이건 가족이건 관계없이 일원적으로 규정하였다. 즉, 직계비속자녀와 처는 동순위로 공동상속인이 되도록 하고, 직계비속이 없을 때에는 처는 직계존속과 동순위로 상속인이 되었다. 직계존속도 없을 때에는 처가 단독으로 상속인이 되었다구 §1000 · 1003. 그리고 家를 같이하지 않는 직계비속여자에게도 비록 상속분에는 차이가 있으나 상속권을 인정하였고구 §1009②, 처에게 夫의 대습상속권을 인정하였다구 §1003②. 그러나 상속분에 있어서 여자는 남자의 2분의 1로 하고, 호적을 같이하지 않는 여자는 남자의 4분의 1로 함으로써 남녀를 차별하고 있었다구 §1009. 1977년 민법일부개정으로 피상속인과 동일가적(호적) 내에 있는 여자의 상속분과 남자의 상속분 사이에 차별을 폐지하였다. 그리고 피상속인의 처의 상속분은 직계비속과 공동으로 상속하는 때에는 동일가적(호적) 내에 있는 직계비속의 상속분의 5할을 가산하고, 직계존속과 공동으로 상속하는 때에는 직계존속의 상속분의 5할을 가산하도록 하였다구 §1009③. 1990년 개정법은 상속인의 범위를 4촌 이내로 축소시키고§1000①iv, 배우자의 상속순위를 부부 평등하게 고쳤다. 즉, 피상속인의 배우자는 피상속인의 직계비속과 동순위로 공동상속인이 되고 직계비속이 없을 때에는 피상속인의 직계존속과 동순위로 공동상속인이 되며, 직계비속도 직계존속도 없는 때에는 단독상속인이 되게 하였다§1003.

원시민법에서는 처에게만 대습상속권이 인정되었는데, 1990년 민법일부개정에 의하여 夫와 처 모두에게 대습상속권이 인정되었다§1003②. 그리고 개정법은 기여분제도§1008의2와 특별연고자에 대한 분여제도§1057의2를 신설하였다. 2005년 민법일부개정에 의하여 기여분권리자에 "상당한 기간 동거, 간호 그 밖의 방법으로 피상속인을 특별히 부양한 자"가 추가되었다.

원시민법은 법정상속분에 있어서 상당히 차별적인 규정을 두고 있었는데, 1990년 민법일부개정에 의하여 완전 균분상속제가 도입되었다. 그 결과 동일가적(호적) 내에 있지 않은 여자에게도 다른 상속인과 동일한 상속분이 보장되었으며§1009①, 夫의 상속분도 처의 상속분과 동일하게 되었다§1009②.

여기서 하나 주목할 것은 상속분에 있어서 구 관습법은 적자(혼인중의 자)와 서자(혼인외의 자)를 차별하였는데, 민법에서는 차별이 없다는 점이다. 이 문제에 대해서는 가치관에 따라 의견의 차이가 있을 수 있으나, 원칙적으로 타당하다고 보아야 할 것이다.

원시민법에는 상속회복청구권의 행사기간이 그 침해를 안 날로부터 3년, 상속이 개시된 날로부터 10년으로 되어 있었는데, 2002년 민법일부개정으로 "상속이 개시된 날로부터 10년"을 "상속권의 침해행위§999②가 있은 날로부터 10년"으로 개정함으로써 진정상속인의 상속회복청구권을 더욱 두텁게 보호하도록 하였다.

원시민법에서는 상속인이 승인 또는 포기하여야 할 기간 내(상속개시 있음을 안 날로부터 3월 내)에 한정승인 또는 포기를 하지 않을 때에는 법정단순승인이 됨으로써 피상속인에게 채무가 많을 경우 상속인에게 뜻하지 않은 피해를 주었는데, 이 규정에 대해서는 1998년 8월 27일 헌법재판소에서 헌법불합치 결정이 선고되었다. 그래서 2002년 민법일부개정으로 상속인이 상속채무가 상속재산을 초과하는 사실을 중대한 과실 없이 제1019조 제1항의 기간 내에 알지 못하고 단순승인(제1026조 제1호와 제2호의 법정단순승인 포함)한 경우에는, 그 사실을 안 날로부터 3개월 내에 한정승인을 할 수 있도록 하였다§1019③.

2022년에는 상속재산이 채무초과인 경우에 미성년자의 법정대리인이 상속포기나 한정승인을 하지 않아서 단순승인이 되어 미성년자인 상속인이 상속채무를 승계함으로써 발생하는 문제점을 해결하려는 취지로 제1019조 제4항이 신설되었다. 이 규정에 따라 이러한 경우에는 미성년자인 상속인이 성년이 된 후 상속채무의 초과사실을 안 날부터 3개월 내에 한정승인을 할 수 있게 되었다.

1977년 민법일부개정으로 유류분제도가 신설되었다§1112~1118 참조. 유류분제도는 일정한 범위의 상속인에 대해서 피상속인의 재산 중 일정한 비율을 확보할 수 있게 함으로써 피상속인의 사후에도 생계의 기초를 유지할 수 있도록 배려하는 것을 목적으로 도입되었다.

# 9 가족법의 법원

## 1. 법원일반

우리나라의 법률에서는 가족법은 친족편과 상속편으로 나누어지고 그것이 민법의 일부를 이루어서 제4편과 제5편으로 되어 있다. 그러나 민법의 제4편과 제5편이 가족법의 전부는 아니다. 실질적 의의에 있어서의 가족법의 범위는 그보다 훨씬 더 넓다. 여기서는 대체로 형식적 의의에 있어서의 가족법, 즉 민법 제4편 친족과 제5편 상속을 중심으로 논하지만, 다른 법률 특히 「가족관계의 등록 등에 관한 법률」(이하 '등록법'이라 한다) · 「가사소송법」 등에 대해서도 언급하게 된다.

## 2. 민법 친족편 · 상속편

민법은 제1편 총칙, 제2편 물권, 제3편 채권, 제4편 친족, 제5편 상속으로 구성되어 있다. 이러한 편별방식을 Pandekten System이라고 하며, 독일민법을 비롯하여 일본민법과 그리스민법 등이 채용하고 있다.

프랑스민법의 이른바 Institutionen System에서는 앞머리에 간단한 총칙을 두고, 이어서 '人'을 다루어 '혼인'에 대하여 규정하고 '부모와 자'의 규정이 다음에 계속되며, 상속법은 재산취득편 중에 편입되어 있다. 스위스민법은 이것을 절충한 형태이다.

이와 같이, 가족법을 민법 중의 일부로 편입하는 입법형식은 프랑스민법 이래 여러 나라에서 널리 채용되고 있으나, 가족법을 단행법으로 하는 나라도 있다. 즉 스웨덴·노르웨이·덴마크·핀란드 등에서는 가족법 내지 혼인법이라고 하는 단행법이 있다.

### 3. 가족관계의 등록 등에 관한 법률

넓은 의미의 가족법에 포함되는 것으로서 민법의 친족편과 가장 밀접한 관련이 있는 것은 2008년 1월 1일부터 기존의 호적법을 대체하여 시행되고 있는 「가족관계의 등록 등에 관한 법률」이다.

#### (1) 호적제도의 유래

국가가 체제를 유지하기 위해서는 조세를 징수하고 요역을 부과하지 않을 수 없었고, 이를 위해서는 호구조사가 필수적이었으므로, 호구조사결과를 문서로 기록하는 호적제도는 원초적인 국가체제가 성립된 고조선시대부터 이미 존재했었던 것으로 추정하고 있다.[36] 그러나 고려시대 이전의 호적 자체가 남아 있는 것은 없고, 단지 이와 관련된 사료를 통하여 호적제도의 존재를 간접적으로 인정할 수 있을 뿐이다. 고려시대에 들어와서 호적제도는 더욱 체계적으로 정비되었으며, 고려가 정립한 호적제도의 기본틀은 그 후 조선후기까지 유지되었다.[37] 오늘날까지 남아 있는 고려시대의 호적을 통해서 당시 호적제도의 구체적인 모습을 살펴볼 수 있다. 고려시대의 호적 또한 전시대와 마찬가지로 국가가 필요로 하는 조세의 징수와 요역의 부과를 위한 기본자료의 획득을 목적으로 하여 작성되었으므로, 호와 구를 조사·기록함에 있어서 호의 대표와 배우자를 비롯하여 동거하는 자녀·형제·조카·사위 등 친족은 물론 노비까지 포함하여 성명과 성(姓)·연령·사회적 신분 등을 기재하고 있었다. 즉 당시의 호적은 현실생활 공동관계를 그대로 반영하고 있었으며, 동시에 사회적 신분을 밝히는 수단으로 기능하고 있었다.

---

36) 최홍기, 한국호적제도사 연구(1997), 7면 이하.
37) 최홍기, 앞의 책, 33면 이하.

조선은 고려시대의 호적제도를 기본적으로 계수하면서 부분적으로 보완・수정하여 세종대(1418~1450)에는 어느 정도 독자적인 체계를 가지게 되었다.[38] 그 후 조선의 호적제도는 성종대(1485년)에 완성된 경국대전에 의해서 확립되었으나, 이 역시 고려의 호적제도에서 완전히 벗어난 것은 아니었다. 조선시대의 호적도 조세징수와 요역부과를 위한 기본자료의 성격을 강하게 띠고 있었으므로, 같은 호 내에서 거주하는 사람을 함께 기재하는 것이 원칙이었다. 따라서 노비, 고공(雇工)이라도 동거하는 경우에는 함께 기재되었지만, 친자식이라도 별거하는 때에는 별개의 호를 구성하였다.[39]

조선의 호적제도는 1894년 갑오경장에 의하여 신분제도가 철폐되고 국가의 모든 제도가 근대적인 것으로 바뀌면서 변화를 겪게 되었다. 조선의 호적제도는 호구조사와 더불어 봉건적 신분을 확인하는 기능을 가지고 있었으나, 1896년 호구조사규칙과 호구조사세칙에 따라 변화된 호적제도는 세금징수를 목적으로 호구를 조사할 뿐, 봉건적 신분의 확인을 목적으로 하지 않았다. 그러나 호구조사규칙과 호구조사세칙 단계에서도 호적편제의 단위는 현실생활공동체인 호(戶)였으며,[40] 이 점에 있어서는 이전의 호적편제방식과 다르지 않았다.[41]

호구조사세칙 제3조는 당시의 호적이 실세의 거주관계를 기준으로 하여 편제되었음을 보여주고 있다. 따라서 호주의 직계존속 및 직계비속이라도 동거하지 않는 경우에는 같은 호적에 기재되지 않았다. 반면에 친족관계가 없는 기구(寄口. 일종의 식객을 말함), 고용인(雇傭人)이라 할지라도 동거하는 경우에는 같은 호적에 기재되었다. 따라서 장남이 父와 함께 살지 않는 경우[42]에는 父와 다른 호적에 기재되며, 후에 호주인 父가 사망해도 父와 같은 호적에 기재되

38) 정광현, 한국친족상속법강의, 34면.

39) 최홍기, 앞의 책, 122면 이하.

40) 최홍기, 앞의 책, 181면은 이에 대해서 다음과 같이 설명하고 있다. "호적에 입적되는 친족관계의 범위는 구제도와 같이 居住單位가 그 기준이 되어 있다. 즉, 父母, 兄弟, 姪孫이라도 分居하고 있으면 원칙적으로 분적하고(세칙 제3조), 동거하고 있으면 親屬뿐만 아니라 寄口, 雇傭人까지 함께 입적하도록 되어 있다."

41) 이승일, 일제시기 朝鮮人의 日本國民化 연구 —戶籍制度를 중심으로—, 한국학논집 제34집(2000년 10월, 한양대학교 한국학연구소), 87면 이하.

42) 조선후기에도 장남이 혼인후에 부모와 함께 사는 경우는 많지 않았다. 대구장적에 나타난 조선후기의 가족형태를 보면 부부와 미혼자녀로 구성된 2세대가족이 대표적이었다. 가족의 평균인원은 3~4인에 지나지 않으며, 6인 이상의 가족은 전체의 10% 정도였다. 최재석, 앞의 책, 448면 이하 참조.

어 있지 않은 장남이 父에 이어서 그 호의 호주로 되는 것은 불가능하였다.[43)]

그 후 일제의 침탈로 통감부가 설치되고 국정운영이 완전히 일본인의 손에 넘어간 후인 1909년에 민적법과 民籍法執行心得이 제정되면서 거주단위를 기준으로 편제되었던 전통적인 호적제도는 폐지되었다. 민적법에 의해서 새로운 호적제도가 시행되면서 호적제도의 목적과 기능은 완전히 바뀌었다. 즉 호적은 호구를 조사, 파악하는 수단으로서보다 오히려 일본명치민법의 家[44)]와 家에 속한 개인의 신분관계를 공시, 증명하는 신분등록제도로서의 체계를 갖추게 되었다.[45)](이와 같은 호적제도 하에서는 호주와 가족이 실제의 동거 여부와 무관하게 같은 호적에 기재될 수 있으므로,[46)] 주민의 주거관계를 파악하는 전통적인 호적의 기능은 당연히 상실된다). 민적법은 그 후 조선호적령이 공포(1922년 12월 18일), 시행(1923년 7월 1일)될 때까지 계속 적용되었다.[47)]

조선호적령은 1914년에 개정된 일본호적법을 그대로 모방한 것이었다. 따라서 조선호적령의 시행은 호적제도가 완전히 일본식으로 바뀌게 되었음을 의미하는 것이다.[48)] 조선호적령에 따른 새로운 호적제도 역시 그 기본적인 틀에 있어서는 민적법에 의한 호적제도와 크게 다르지 않았다. 현실의 주거공동

---

43) 이 경우 사망한 父가 차남 또는 동생(弟)과 함께 살고 있었다면, 父와 같은 호적에 기재되어 있었던 차남이나 동생이 이제 父를 대신하여(新代) 그 호의 호주가 된다(호구조사세칙 제8조). 그러므로 당시의 호적제도에서는 父에서 장남으로 이어지는 부계직계의 호주상속(승계)이라는 제도는 성립할 여지가 없었던 것이다. 다만 갑오개혁 당시부터 이미 일제의 간섭이 있었으므로, 호주조사규칙에서는 호의 대표를 지칭하는 용어로서 전통적인 '主戶' 대신 일본식 용어인 '戶主'를 사용하고 있다는 점에 유의할 필요가 있다.

44) 현행민법상의 家는 바로 일본명치민법(1898)의 가개념을 기초로 한 것이다. 따라서 일본명치민법의 가는 현행민법상의 가와 마찬가지로 부계혈통중심의 추상적인 친족집단이며, 호적편제의 단위였다.

45) 정광현, 앞의 책, 42면 이하.

46) 법률상 一家에 속한 개인이 주거를 달리하고, 각기 독립하여 생계를 유지하여도 법률상 일가라는 것은 변하지 않는다. 野村調太郞, 朝鮮戶籍令義解(1923), 5면.

47) 민적법은 그 외에도 다음과 같은 특징을 가지고 있었다. 민적법이 호구조사규칙과 구별되는 특징 중의 하나는 '本籍' 개념의 도입이다(본적이라는 용어는 민적법 제1조 제2항에 나온다). 本籍이란 家의 소재를 의미하는 것으로서, 가는 법률상의 추상적인 존재이므로 본적지의 설정도 현실의 토지소유와는 무관하다. 즉 특정 가의 본적지를 타인의 소유지에 설정하여도 법률상 아무런 문제가 없다. 立石種一, 民籍講演錄(1918), 3면. 그러나 조선의 전통적인 호의 소재는 호구성원들의 거주지에서 설정된다는 점에서 양자는 구별된다. 이러한 점에서 조선의 전통적인 호와 민법상의 가는 본질적인 차이가 있었다. 이승일, 앞의 논문, 92면 이하. 민적법이 시행되면서 호적에 호주의 四祖(父, 祖, 曾祖, 外祖)와 직업을 기재하는 난이 완전히 폐지되었다. 이것은 봉건적 신분제도가 폐지된 데 따른 당연한 조치라고 볼 수 있다.

48) 박병호, 일제하의 가족정책과 관습형성과정, 서울대학교 법학 33권 2호(1992), 8면 이하.

생활과는 유리된 부계혈통중심의 추상적인 가를 호적편제의 단위로 설정하였으며, 하나의 가에는 반드시 한 명의 호주가 있어서 호적편제의 기준이 되었다. 호적은 친족적 신분관계의 등록을 주된 목적으로 하고 있었으므로, 일정한 가에 속한 구성원 각자의 출생부터 사망시까지 중요한 신분관계의 변동을 기록하는 신분등록부의 성질을 가지고 있었다.

해방 이후 민법 시행과 동시에 1960년 1월 1일 법률 제535호로 호적법이 공포・시행되었는데, 원시민법은 일본의 명치민법(1898년)과 마찬가지로 가제도를 채택하였으므로, 호적법 또한 일제강점기의 틀에서 탈피할 수 없었다. 호적법은 새로 제정된 민법 규정에 맞추기 위해서 다소 변경・보완되었지만, 부계혈통중심의 추상적인 가를 호적편제의 단위로 설정하고, 호주를 중심으로 하여 그 가에 속한 개인의 신분관계를 등록하는 문서라는 점에서는 일제강점기의 호적과 다르지 않았다. 호적법은 그 후 법정분가제도가 마련됨에 따라 1962년 12월 29일에 개정되었으며, 또 그 후에 1963년 7월 21일에 개정되어 재판에 의한 혼인신고제도와 협의이혼신고의 심사제도가 마련되었다. 협의이혼신고의 심사제도는 1977년 민법일부개정으로 가정법원의 이혼의사확인제도가 신설되면서 폐지되었다. 1990년 민법일부개정에 의하여 서양자(婿養子. 혼인과 동시에 사위를 입양하는 제도를 말함), 사후양사, 유언양자, 태아의 호주상속, 강제분가에 관한 민법의 규정이 삭제되었기 때문에 1990년 호적법 개정으로 그에 관한 신고제도가 폐지되었다. 그리고 호주상속제도를 호주승계제도로 고치고, 호주승계도 포기할 수 있게 되었으므로, 그에 따른 신고절차를 정비하였다.

### (2) 호적법의 폐지와 「가족관계의 등록 등에 관한 법률」의 제정 및 시행

2008년 1월 1일부터 호적법이 폐지되고 기존의 호적법을 대체하는 법률로서 「가족관계의 등록 등에 관한 법률」(이하 '등록법'이라 한다)이 시행에 들어갔다. 호주제가 폐지됨에 따라 호주제에 기초하여 제정된 호적법은 존속의 기반을 상실하게 되었으며, 따라서 폐지되지 않을 수 없었다. 이전의 호적제도는 호주를 중심으로 하여 부계혈통 위주로 편제하게 되어 있어서 양성평등의 원칙을 심각하게 침해하고 있었다. 또한 개인의 신분사항 및 가족관계와 관련하여 불필요한 정보까지 공시하도록 하고 있어서 개인의 사생활을 침해한다는 문제가 있었다. 나아가 호주와 가를 기초로 한 호적제도는 입적, 복적 등을 비롯하여 수많은 복잡한 절차를 발생시킴으로써 결국 호적사무를 번거롭게 만드는 결과로 이어졌다. 기존의 호적법이 가지고 있었던 이와 같은 문제점은 새로운 등록법에 의해서 상당 부분 해결되었다. 우선 새로운 가족관계등록부는 더 이상 양성평등의 원칙에 반하는 요소를 포함하고 있지 않다. 또한 가족관계등록사무가 합리화되었고, 개인의 신분과 가족관계에 관한 기록 사항을 필요한 목적에 따라 증명할 수 있게 되었다. 그러나 개인의 사생활을 보호할 수 있는 충분한 장치가 마련되었는가에 대해서는 문제가 제기될 수 있으며, 앞으로 이 부분에 대해서는 보다 심도 있는 논의가 이루어져야 할 것이다(이러한 문제제기에 따라 그 후 가족관계등록법은 개인의 사생활 보호를 강화하는 방향으로 개정되었다. 즉 2009년 개정에 의하여 일부사항의 증명이 가능하게 되었고등 §15②, 증명서의 제출을 요구하는 경우에는 사용목적에 필요한 최소한의 등록사항이 기록된 증명서를 요구하여야 한다는 규정이 추가되었다등 §14⑤. 그러나 개인의 사생활보호와 관련하여 여전히 개선되어야 할 부분이 남아 있다).

### (3) 등록법의 특징

① 관장자의 변경

호적법에 의하면 호적사무의 관장자는 시·읍·면의 장이었는데, 등록법에서는 대법원이 등록사무의 관장자로 규정되었다등 §2. 그러나 대법원장은 등록사무의 처리에 관한 권한을 시·읍·면의 장에게 위임하였으므로등 §3①, 국민의 입장에서는 종전과 같이 시·읍·면의 사무소(가족관계등록관서)에서 등록사무를 볼 수 있다.

② 등록사무처리방식의 변경

호적법에 의하면 본적지 외의 호적관서에 신고가 접수되는 경우에 접수지 관서가 이를 본적지의 호적관서에 송부하면, 본적지의 호적관서가 이를 처리하도록 되어 있었다(본적지 처리원칙). 그러나 가족관계등록사무의 전산화에 따라 이와 같이 번거로운 절차가 더 이상 필요 없게 되었으므로, 등록법에서는 신고를 받은 시·읍·면의 장이 직접 전산으로 입력하여 처리하도록 하였다등 §4.

③ 본적을 대체하는 개념으로서의 등록기준지

호적법상의 본적이란 일제의 영향하에서 1909년에 제정된 민적법에 의해서 도입된 개념으로서, 家의 소재지를 의미하는 것이었다. 호주제의 폐지에 의해서 가제도가 폐지됨으로써 가의 소재를 의미하는 본적 개념도 폐지되지 않을 수 없었다. 그러나 재외국민의 등록사무를 처리하거나 가족관계등록부를 검색하는 경우(등록부의 기록사항에 관한 증명서의 교부를 신청할 때에는 대상자의 성명과 등록기준지를 신청서에 기재하여야 한다등록규칙 §19③)에 본적의 기능을 대체하는 개념이 필요하므로, 새롭게 등록기준지라는 개념이 마련된 것이다. 등록기준지는 개인이 자유롭게 변경할 수 있으며, 가족간에도 동일할 필요가 없다는 점에서 이전의 본적과는 본질적으로 다르다.

④ 개인별 작성

호적법에 의하면 호적은 호주를 기준으로 하여 家별로 편제하도록 되어 있었으나, 가족관계등록부는 가족관계 등록사항에 관한 전산정보자료를 개인별로 구분하여 작성한다등 §9.[49] 호적법 시행 당시에는 전산화가 되기 전까지는 호적용지로 호적원부를 작성하여 보관하였으며, 2002년에 호적전산화가 완료된 후에도 전산호적의 원부가 존재하였다. 그러나 가족관계등록부는 등록사항에 관한 전산정보자료를 개인별로 구분·작성한 전산상의 자료일 뿐이므로, 별도의 원부는 존재하지 않는다. 이런 이유로 가족관계등록부 자체의 열람은 인정되지 않는다.

⑤ 목적에 따른 증명서의 발급

호적법에 의하면 등본과 초본만을 발급받을 수 있었으므로, 가족 및 개인에 관한 불필요한 신분정보가 공개되어 사생활이 침해된다는 문제가 있었다. 등록법은 증명의 목적에 따라 5가지 증명서를 발급할 수 있도록 규정하여, 개인의 정보가 증명의 목적에 따라 필요한 범위 내에서 공시되도록 하고, 불필요한 개인정보의 공개를 방지하고자 하였다. 나아가 2016년 개정법은 개인의 사생활 보호를 더욱 강화하기 위하여 각 증명서의 종류를 다시 일반증명서와 상세증명서로 나누고, 일반증명서에는 필요최소한의 정보만을 기재하도록 하였다등 §14②·③. 또한 일반증명서만으로도 개인의 사생활에 관한 정보가 충분히 보호되지 않는 경우를 대비하여 특정증명서라는 별도의 증명서를 발급할 수 있도록 하였다등 §14⑤. 그리고 일반증명서가 사회에서 보편적으로 통용될

---

49) 대결 2013. 2. 7, 2012스183: 이중가족관계등록부의 폐쇄는 착오된 가족관계등록부를 폐쇄하여야 하고 당사자가 임의로 택일할 수 없다. 따라서 이중가족관계등록부가 이중출생신고에 의하여 작성되었다면 적법한 출생신고에 의하여 작성된 가족관계등록부를 존치시키고 착오로 작성된 가족관계등록부가 폐쇄되어야 한다.

수 있도록 하기 위하여, 상세증명서를 요구하는 경우에는 그 이유를 설명하도록 하였다등 §14⑤. 등록부의 기록사항에 관하여 발급할 수 있는 증명서[50]의 종류와 그 기재사항은 다음과 같다.

㉠ 가족관계증명서: 가족관계증명서는 본인을 기준으로 하여 부모(친양자의 경우 양부모가 부모로 기재된다. 일반양자의 경우에는 원래 친생부모와 양부모가 모두 기재되었으나, 2009년 12월 29일의 법개정에 의하여 2010년 6월 30일부터는 양부모가 부모로 기재된다. 다만, 단독입양한 양부가 친생모와 혼인관계에 있는 때에는 양부와 친생모를, 단독입양한 양모가 친생부와 혼인관계에 있는 때에는 양모와 친생부를 각각 부모로 기록한다. 따라서 가족관계증명서를 보아서는 친생부모와 양부모를 구별할 수 없다), 배우자, 자녀(친생자와 양자를 구별하지 않고 자녀로 기재된다) 등을 나타내는 증명서이다. 가족관계증명서는 부모와 자녀의 관계를 증명할 필요가 있는 경우에 이용될 수 있다. 형제자매관계는 가족관계증명서에 표시되지 않는데, 형제자매관계를 증명할 필요가 있는 경우에는 부모의 가족관계증명서를 발급받아 제출하여야 한다.

가족관계증명서는 원칙적으로 증명서 교부 당시의 유효한 사항만을 모아서 발급하므로, 발급 당시의 상태만이 나타나며, 과거의 사항은 표시되지 않는다(가족관계의 등록 등에 관한 규칙. 이하 '등록규칙'이라 한다. 제21조 제6항. 다만 사망 등의 경우는 예외이다. 제21조 제5항). 즉 본인이 이혼하여 현재 배우자가 없는 경우에는 배우자에 관한 사항은 표시되지 않으므로, 전배우자에 대한 사항은 나타나지 않는다. 따라서 개인의 이혼이나 파양에 관한 사항을 확인하려면 가족관계증명서가 아니라, 혼인관계증명서나 입양관계증명서를 발급받아야 한다. 가족관계증명서에 발급 당시의 상태만이 표시되도록 한 것은 개인의 사생활보호를 위한 조치로서 긍정적인 것으로 평가할 수 있다.

외국인의 경우에는 주민등록번호 대신 외국인등록번호를 기재할 수 있다등 §15① 단서 · 등록규칙 §2ⅳ. 이전에는 가족관계등록부에 외국인 가족의 외국인등록번호를 기록하지 않았기 때문에 외국인 가족의 신분증명에 어려움이 있었다.

---

50) 위에서 언급한 바와 같이 가족관계등록부는 전산정보처리조직에 의하여 개인의 신분에 관한 전산데이터가 조합을 이루어 저장되어 있는 것이며, 원부란 존재하지 않는다. 등록법에 의해서 발급되는 증명서는 법규가 정하는 전산상의 증명서 양식에 그에 해당하는 개인의 전산데이터를 불러내어 화면상에 현출된 것을 인쇄한 것이다. 따라서 원부의 존재를 전제로 하는 등·초본이라는 표현은 등록법에서는 더 이상 적합하지 않으므로, 증명서라는 용어를 사용한 것이다. 가족관계의 등록 등에 관한 법률 해설(법원행정처 2007. 11), 17면.

이러한 문제를 해결하기 위하여 등록법과 등록규칙이 2009년에 개정되었다.

가족관계증명서에는 일반증명서와 상세증명서의 두 종류가 있는데, 일반증명서에는 현재의 혼인관계에서 출생한 자녀만이 표시되고, 전혼 중에 출생한 자녀나 혼인외의 자는 현출되지 않는다. 이것이 상세증명서와의 차이점이다. 상세증명서에는 모든 자녀(현재의 혼인관계에서 태어난 자녀, 전혼 중의 자녀, 혼인외의 자)가 기재된다등 §15② i · 15③ i . 따라서, 예를 들어, 재혼한 여성의 경우에는 전혼에서 낳은 자녀와 재혼하여 낳은 자녀가 동시에 표시되어 재혼의 사실이 곧 드러날 수 있다. 보통 가족관계증명서는 배우자와의 관계나 자녀 중 1인의 관계를 증명하기 위하여 제출되는데, 이런 경우에는 일반증명서를 제출함으로써 증명의 목적을 충분히 달성할 수 있다. 이와 같은 경우에 상세증명서를 제출하게 한다면 증명의 목적과는 무관한 개인의 사생활이 본인의 의사에 반하여 드러나게 되는 문제가 발생한다.

일반증명서만으로는 개인의 사생활 보호에 충분하지 않은 경우가 있을 수 있으므로, 2020년 12월에 등록규칙이 개정되어 가족관계증명서에 기재되는 사항 중 특정사항만이 현출되는 증명서의 발급이 가능하게 되었다(특정증명서)등록규칙 §21의2① · ②. 예를 들어 이전에는 본인과 전혼관계에서 출생한 자녀의 친자관계를 증명하려면 가족관계증명서 중 상세증명서를 제출해야만 했는데, 상세증명서에는 현재의 배우자와 자녀 전부(현재의 혼인관계에서 출생한 자녀와 전혼관계에서 출생한 자녀)가 나타나므로, 여성의 경우에는 증명의 목적과는 무관한 개인의 사생활(재혼 사실)이 쉽게 드러날 수 있었다. 이러한 경우에 이제는 본인과 특정 자녀만이 기재된 특정증명서를 발급받아 제출함으로써 불필요한 사생활의 노출을 막고 증명의 목적도 달성할 수 있게 되었다(예를 들어 직장에서 지원하는 자녀의 대학교육비를 신청하기 위하여 특정 자녀와의 친자관계를 증명할 필요가 있을 때).

㉡ 기본증명서: 기본증명서는 개인의 출생과 사망 등에 관한 기본적인 사실을 증명하는 것을 목적으로 한다. 그러나 2016년 등록법 개정 전의 기본증명서는 '기본'적인 사항이라고 보기에는 너무 많은 개인정보를 담고 있었다(더구나 이러한 정보 중 상당수는 개인의 사생활 보호와 밀접한 관련이 있는 것이다. 예컨대, 기아발견, 인지, 친권, 미성년후견, 국적, 성 · 본 창설 및 변경, 개명, 가족관계등록창설, 성전환 등). 예를 들어, 과거에 미성년자일 때 부모가 이혼하여 친권자로 母가 지정되었다는 사실이나 혼인외의 자로 출생하여 생부로부터 인지

되었다는 사실 등이 기본증명서에 기재되었는데, 취업, 진학 등을 위하여 기본증명서를 제출하는 경우를 생각해보면 이러한 개인 정보의 공시는 불필요할 뿐만 아니라 개인의 사생활을 과도하게 침해하는 것이라고 하지 않을 수 없다.

개정법에 따라 기본증명서도 일반증명서와 상세증명서로 나누어 발급하게 되었다. 일반증명서에는 본인의 등록기준지·성명·성별·본·출생연월일 및 주민등록번호가 기재된다. 상세증명서에는 이외에 기아발견, 인지, 친권·후견, 실종선고취소, 성·본 창설 및 변경, 개명, 가족관계등록창설 등이 기재된다등 §15② ii · 15③ ii. 그러나 기본증명서를 일반증명서와 상세증명서로 나누어 발급하는 것만으로는 개인의 불필요한 신분정보의 노출을 완전히 막을 수 없다. 예를 들어 개명 사실을 증명하려면 상세증명서를 제출하지 않을 수 없는데, 상세증명서에는 본인이 증명을 필요로 하는 사항인 '개명' 이외에도 다양한 개인정보가 함께 기재된다. 이런 경우에 부모의 이혼으로 인한 친권자 지정 등 개명과는 무관한 정보가 함께 현출되어 있는 상세증명서를 제출하는 것은 본인의 의사에 반할 뿐만 아니라 증명의 목적에 비추어 보아도 아무런 유용성이 없는 것이다. 이런 문제를 해결하기 위하여 기본증명서에 기재되는 사항 중 증명의 목적을 위해서 필요한 특정 사항만이 현출되는 특정증명서의 발급이 요청되었는데, 2020년 등록규칙 개정 이전에는 상세증명서의 기재사항 중 현재의 친권·후견에 관한 사항에 대해서만 특정증명서의 발급이 가능하였다. 2020년에 등록규칙이 개정되어 이제는 신청인이 증명을 필요로 하는 사항(예를 들어 인지, 개명과 성·본의 변경, 성별 정정)만을 기재한 특정증명서의 발급이 가능하게 되었다등록규칙§21의2①·③. 이로써 사안에 맞추어 증명의 목적도 달성하고 불필요한 개인정보의 노출도 피할 수 있는 제도가 마련되었으나, 특정증명서의 홍보와 실생활에 있어서의 활용은 여전히 과제로 남아 있다.

㉢ 혼인관계증명서: 혼인관계증명서는 본인의 혼인·이혼 등과 배우자에 관한 사항의 증명을 목적으로 한다. 2016년 개정 전 등록법에 따르면 혼인관계증명서에는 과거의 이혼사실과 전배우자까지 함께 표시되어 본인의 의사와 관계없이 개인의 사생활이 드러난다는 문제가 있었다. 예를 들어, 혼인사실을 증명하여 배우자 수당을 지급받고자 하는 경우에 혼인관계증명서를 제출할 수 있는데, 본인의 과거 이혼사실까지 함께 표시하는 증명서를 제출할 필요는 없을 것이다. 2016년 개정법에 따라 혼인관계증명서도 일반증명서와

상세증명서로 나누어 발급하게 되었으며, 일반증명서에는 현재의 배우자와 혼인에 관한 사항만이 기재되므로, 위와 같은 문제는 더 이상 발생하지 않을 것으로 기대된다(물론 일반증명서가 일반적으로 사용되는 것을 전제로 한다). 과거의 이혼, 혼인취소 등에 관한 사항은 상세증명서에 기재된다등 §15②iii · 15③iii. 과거의 혼인, 이혼 사실을 특정하여 증명할 필요가 있을 때는 혼인관계증명서의 특정증명서를 발급받아 제출할 수 있다등록규칙§21의2① · ④.

㉣ 입양관계증명서: 입양관계증명서는 입양과 관련된 사항의 증명을 목적으로 한다. 여기서 증명의 대상이 되는 입양은 민법에 의한 입양 중 일반입양(친양자입양과 구별되는 개념으로서 기존 민법상의 입양을 일반입양이라고 한다)이다. 등록법이 개정되어 일반양자의 경우에도 가족관계증명서에 친생부모가 기재되지 않고 양부모가 부모로 기재되므로(개정된 등록법은 2010년 6월 30일부터 시행되고 있다), 일반양자의 친생부모를 확인하기 위해서는 입양관계증명서를 보아야 한다.

2016년 개정 전 등록법에 의하면 입양관계증명서에는 현재 유효한 사항만이 아니라 과거의 변동사항(입양 취소, 파양 등)까지도 전부 기재되었으므로, 다른 증명서와 마찬가지로 불필요한 개인 정보 노출의 문제가 발생할 수 있었다. 개정법에 따라 입양관계증명서도 일반증명서와 상세증명서로 나누어 발급하게 되었다. 일반증명서에는 i) 본인의 등록기준지 · 성명 · 성별 · 본 · 출생연월일 및 주민등록번호, ii) 친생부모 · 양부모 또는 양자의 성명 · 성별 · 본 · 출생연월일 및 주민등록번호, iii) 현재의 입양에 관한 사항이 기재된다. 상세증명서에는 이외에 i) 입양이 취소된 경우 '입양' 및 '입양취소', ii) 파양한 경우 '입양' 및 '파양', iii) 양자가 친양자로 입양된 경우 '입양' 및 '입양종료' 등이 기재된다등 §15②iv · 15③iv.

㉤ 친양자입양관계증명서: 친양자입양관계증명서는 친양자의 입양에 관련된 사항의 증명을 목적으로 한다. 친양자는 양부모의 친생자(혼인중의 출생자)와 같은 신분을 가지게 되므로, 친생자와 같이 양부모의 성과 본을 따르고 가족관계증명서의 부모란에도 양부모가 친생부모로 기재된다. 따라서 외부에서 제3자가 친양자의 성명이나 가족관계증명서를 보아도 친양자 입양의 사실을 알 수 없다. 친양자의 친생부모를 확인하기 위해서는 친양자입양관계증명서를 보아야 한다.

2016년 개정 전 등록법에 의하면 친양자입양관계증명서에는 현재 유효한 사항만이 아니라 과거의 변동사항(친양자 입양 취소, 파양 등)까지도 전부 기재되었으므로, 다른 증명서와 마찬가지로 불필요한 개인 정보 노출의 문제가 발생할 수 있었다. 개정법에 따라 친양자입양관계증명서도 일반증명서와 상세증명서로 나누어 발급하게 되었다. 친양자입양관계증명서의 일반증명서에는 ⅰ) 본인의 등록기준지·성명·성별·본·출생연월일 및 주민등록번호, ⅱ) 친생부모·양부모 또는 양자의 성명·성별·본·출생연월일 및 주민등록번호, ⅲ) 현재의 친양자입양에 관한 사항이 기재된다. 상세증명서에는 이외에 ⅰ) 친양자입양이 취소된 경우 '친양자입양' 및 '친양자입양취소', ⅱ) 친양자가 파양한 경우 '친양자입양' 및 '친양자파양' 등이 기재된다등 §15② v·15③ v.

한편 친양자 입양의 경우에는 입양가정의 사생활보호가 특히 중요한 과제가 되므로, 친양자입양관계증명서는 다른 종류의 증명서와는 달리 발급이 더욱 제한되지 않을 수 없다. 이런 취지에서 등록법은 친양자입양관계증명서의 교부를 청구할 수 있는 경우를 한정적으로 열거하고 있다. 즉, ⅰ) 친양자가 성년이 되어 신청하는 경우, ⅱ) 혼인당사자가 민법 제809조의 친족관계를 파악하고자 하는 경우, ⅲ) 법원의 사실조회촉탁이 있거나 수사기관이 수사상 필요에 따라 문서로 신청하는 경우, ⅳ) 그 밖에 대법원규칙등록규칙 §19②으로 정하는 정당한 이해관계가 있는 사람이 신청하는 경우이상 등 §14②, ⅴ) 민법 제908조의4 또는 「국내입양특별법」 제28조, 「국제입양법」 제25조에 따라 입양취소를 하거나 민법 제908조의5에 따라 파양을 할 경우,[51] ⅵ) 친양자의 복리를 위하여 필요함을 구체적으로 소명하여 신청하는 경우이상 등록규칙 §23③.

등록법 제14조 제2항 제1호에 따라 누구나 성년에 이르면 친양자입양관계증명서의 교부를 신청할 수 있으며, 이는 곧 친양자가 자신의 친생부모를 알 수 있게 된다는 것을 의미한다. 이로써 친양자의 친생부모를 알 권리는 실현될 수 있게 된 반면, 친생부모(예컨대 친양자 입양 당시의 미혼모)의 사생활 보호와 관련하여서는 문제가 발생할 가능성도 배제할 수 없게 되었다.

---

51) 2025. 7. 19.부터 시행되는 국내입양특별법에 따르면 파양은 허용되지 않는 것으로 보인다. 국내입양특별법에는 파양에 관한 규정이 없다. 다만 부칙 제17조(파양 청구에 관한 경과조치)는 "이 법 시행 당시 종전의 「입양특례법」에 따라 가정법원에 파양을 청구한 경우에는 종전의 「입양특례법」에 따른다"고 규정하고 있을 뿐이다. 그런데 국내입양특별법에 따라 입양된 아동에 대해서 예외없이 파양을 허용하지 않는다는 것은 입양아동 보호의 관점에서 볼 때 재고의 여지가 있다(2020년에 양부모의 학대로 입양아동이 사망한 '정인이 사건'을 생각해 보라).

⑥ 증명서 교부 청구의 제한

호적법 시행 당시에는 법률의 흠결호 §12 참조에 의하여 본적만 알면 사실상 누구나 제한 없이 호적등·초본을 발급받을 수 있어서 개인의 신분정보가 타인에게 쉽게 유출되는 문제가 있었다. 등록법은 이 점을 개선하기 위하여 증명서의 교부를 청구할 수 있는 사람의 범위를 제한하였다등 §14. 이에 따라 증명서의 교부를 청구할 수 있는 사람은 원칙적으로 본인, 배우자, 직계혈족[52](이하 '본인 등'이라 한다)에 한정된다.[53] 대리인에 의한 청구도 가능하지만, 이 경우에는 본인 등의 위임을 받아야 한다. 이에 대한 예외로서 다음과 같은 경우에는 본인 등이 아닌 경우에도 증명서의 교부를 신청할 수 있다(본인 등의 위임도 필요하지 않다). ⅰ) 국가 또는 지방자치단체가 직무상 필요에 따라 문서로 신청하는 경우, ⅱ) 소송·비송·민사집행의 각 절차에서 필요한 경우, ⅲ) 다른 법령에서 본인 등에 관한 증명서를 제출하도록 요구하는 경우, ⅳ) 그 밖에 대법원규칙으로 정하는 정당한 이해관계가 있는 사람(민법상의 법정대리인, 채권·채무의 상속과 관련하여 상속인의 범위를 확인하기 위해서 등록사항별 증명서의 교부가 필요한 사람, 그 밖에 공익목적상 합리적 이유가 있는 경우로서 대법원예규가 정하는 사람등록규칙 §19②)이 신청하는 경우(이 경우에는 그 근거와 사유를 기재한 신청서 및 정당한 이해관계를 소명하는 자료와 신청인의 신분증명서를 제출하여야 한다등록규칙 §19③ⅳ. 또한 각각의 등록사항별 증명서를 필요로 하는 이유를 밝혀야 한다등록규칙 §22②).

가족관계증명서의 발급에는 보다 엄격한 제한이 가해진다. 즉 본인·배우자·직계혈족 이외의 사람이 가족관계증명서를 교부받고자 하는 경우에는 가족관계증명서가 필요한 이유를 별도로 밝혀야 한다등록규칙 §22③. 따라서 국가기관이나 소송 등의 필요에서 가족관계증명서를 교부받고자 하는 사람은 가족관계증명서가 필요한 이유를 별도로 밝혀야만 한다. 가족관계증명서는 다른 증명서와는 달리 본인 이외의 가족에 관한 신분정보까지 포함하고 있으므로 개인정보보호의 차원에서 그 발급요건을 보다 엄격하게 할 필요가 있기 때문이다.

---

52) 헌법재판소는 형제자매를 증명서 교부의 청구권자로 규정한 것은 개인정보자기결정권을 침해하여 헌법에 위반된다고 선고하였다. 헌재결 2016. 6. 30, 2015헌마924. 이에 따라 형제자매는 증명서 교부 청구권자의 범위에서 제외되었다.

53) 「가정폭력범죄의 처벌 등에 관한 특례법」 제2조 제5호에 따른 피해자 또는 그 대리인은 가정폭력피해자의 배우자 또는 직계혈족을 지정하여 시·읍·면의 장에게 가정폭력피해자 본인의 증명서 교부를 제한하도록 신청할 수 있다(등록법 제14조 제8항).

친양자입양관계증명서의 교부에는 이보다 더욱 엄격한 제한이 가하여지는데, 그 구체적 내용과 이유는 이미 위에서 본 바와 같다.

### (4) 등록법상 신고의 종류

등록법이 가족법상 특히 중요하다고 하는 이유는 가족법상의 행위가 거의 요식행위이며, 요식이란 곧 등록법상의 신고를 하는 것을 의미하기 때문이다.

등록법상의 신고에는 성질을 달리하는 두 가지 종류가 있다. 그중 하나는 창설적 신고라고 하며, 신고의 수리에 의하여 신분관계가 창설되는 것이다. 그러한 신고로는 혼인신고§812·814, 등 §71·72, 협의이혼신고§836, 등 §74, 인지신고§859, §55~60, 입양신고§882, 등 §61·62, 협의파양신고§904, 등 §63~66 등이 있다. 예를 들어, 사실상의 부부관계가 수십 년간 지속되어도 혼인신고가 수리되기 전까지는 부부인 신분관계가 법률적으로 창설되지 않는다§812. 다른 하나는 보고적 신고라고 하며, 법적 효과는 어떤 사실(예컨대 출생 또는 사망)이 발생하거나 판결이 확정되었을 때(예컨대 이혼판결의 확정)에 생기고, 신고는 단지 그러한 사실 또는 재판결과를 보고하는 의미에 그치는 것이다. 그러한 신고로는 출생신고등 §44~54, 재판 또는 유언에 의한 인지신고등 §58·59, 인지된 태아의 사산신고등 §60, 입양취소신고등 §65②, 재판에 의한 파양신고등 §66, 재판에 의한 혼인신고등 §72, 혼인취소신고등 §73, 재판에 의한 이혼신고등 §78, 친권(관리권)의 상실(일시 정지·일부 제한)·사퇴·회복신고등 §79②ⅰ, 친권자 지정 및 변경신고등 §79②ⅱ, 후견개시신고등 §80·82, 후견인경질신고등 §81, 미성년후견종료신고등 §83, 사망신고등 §84~91, 실종선고신고등 §92, 실종선고 취소신고등 §92③, 국적의 상실신고등 §97, 개명신고등 §99, 가족관계등록 창설신고등 §101~103, 등록부의 정정신고등 §104~108 등이 있다. 예컨대, 사람이 출생하면 그 순간에 권리능력을 취득하는 것이며, 출생신고에 의하여 비로소 권리능력을 갖게 되는 것은 아니다§3.

그리고 창설적 신고와 보고적 신고의 성질을 동시에 가지는 신고가 있다. 생부가 혼인외의 자에 대하여 친생자출생신고를 하면 인지의 효력이 생기는데등 §57, 이 경우에는 보고적 신고로서의 출생신고와 창설적 신고로서의 인지신고를 겸하는 것이다.

### (5) 신고와 수리

신고는 원칙적으로 신고사건 본인의 등록기준지 또는 신고인의 주소지나 현재지에서 시·읍·면의 장에게 할 수 있으나등 §3·20, 출생신고는 그 자의 출생지에서 할 수 있고등 §45, 사망신고는 사망지·매장지 또는 화장지에서도 할 수 있다등 §86. 신고는 서면이나 말로 할 수 있으며등 §23, 또한 타인에게 신고서 제출을 위탁하거나 우송할 수도 있는데, 신고인이 생존 중에 우송한 신고서가 그 사망 후에 도달한 때에는 사망시에 신고한 것으로 본다등 §41. 신고서에는 신고인의 서명 또는 기명·날인을 필요로 하는데등 §25, 타인이 대서(代署: 대신 서명)한 경우에도 일단 수리된 이상은 유효하다고 보아야 할 것이다.

신고서가 시·읍·면의 사무소창구에 제출되면, 가족관계등록공무원은 접수한 신고서에 연월일을 기재하고, 신고서가 적법한 것인지를 심사하여 수리 또는 불수리 중 어느 한 쪽을 결정하여야 한다. 수리 여부가 결정될 때까지는 철회할 수 있으나, 일단 수리되면 신고의 효력이 발생하므로,[54] 수리 후에는 철회가 허용되지 않는다.

가족관계등록공무원은 그 신고가 민법과 등록법이 정하는 요건을 구비하였는지 여부와 첨부서류의 유무, 기재사항 등에 대하여 심사(형식적 심사)를 하여야 하지만, 신고내용의 진실성이나 신고인의 진의에 대해서는 심사(실질적 심사)를 할 권한도 의무도 없다.

### (6) 등록부의 정정

가족관계등록부는 가족관계 및 친족적 신분관계를 공증·등록하는 유일한 공부이며, 일단 진실한 것으로 추정되어 강한 증명력이 있으므로, 언제나 진실한 신분관계와 일치될 것이 요청된다. 따라서 보고적 신고인 출생·사망 등에 대해서는 일정한 기간 내에 신고하도록 하고등 §44·84, 그것을 게을리 한 때에는 5만원 이하의 과태료에 처한다등 §122. 창설적 신고를 해야 하는 경우에는 신고하지 않으면 신분관계의 변동은 생기지 않는다(예컨대 혼인신고가 없으면 법률상 혼인이 성립하지 않으므로, 부부가 되는 신분관계의 변동은 생기지 않는다). 그리고 허위의 신고를 한 자에 대해서는 공정증서원본부실기재로서 형벌을 과함으로써형 §228, 등록부기재의 진실을 확보하도록 하고 있다. 그러나 시·읍·면의 장(시·읍·면의 장은 대법원장으로부터 등록사무의 처리에 관한 권한을 위임받아 등록사무를 처리한다등 §3)은 실질적 심사권이 없으므로, 진실과 다른 신고가 수리되어 등록부의 기록이 부실기록이 되는 경우가 적지 않다.

54) 대판 1991. 12. 10, 91므344, 판례월보 200호, 109면.

이러한 부실기록을 진실한 신분관계에 일치하도록 시정하는 것이 등록부의 정정이다.

등록법은 이에 관하여 그 절차를 규정하고 있는데, 등록법이 정하는 정정에는 ① 직권에 의한 정정과 ② 당사자의 신청에 의한 정정이 있다.

(가) 직권에 의한 정정

직권에 의한 정정은 시·읍·면의 장이 단독으로 할 수 있는 경우와 시·읍·면의 장이 감독법원의 허가를 받아서 할 수 있는 경우가 있다.

① 시·읍·면의 장이 단독으로 정정할 수 있는 경우: 시·읍·면의 장의 단순한 잘못에 의한 것이 명백한 경우에는(예컨대 이기할 때 틀린 것이 명백한 도나 시명), 시·읍·면의 장이 직권으로 정정하고 감독법원에 보고하여야 한다등 §18② 단서.

② 시·읍·면의 장이 감독법원의 허가를 받아 정정할 수 있는 경우: 등록부의 기록이 법률상 무효인 것이거나 그 기록에 착오 또는 누락이 있음을 안 때에는 시·읍·면의 장은 지체 없이 신고인 또는 신고사건의 본인에게 그 사실을 통지하여야 한다등 §18① 본문. 위의 통지를 할 수 없을 때나 통지를 하였으나 정정신청을 하는 사람이 없는 때 또는 그 기록의 착오 또는 누락이 시·읍·면의 장의 잘못으로 인한 것인 때에는 시·읍·면의 장은 감독법원의 허가를 받아 직권으로 등록부를 정정할 수 있다등 §18② 본문.

그리고 국가 또는 지방자치단체의 공무원이 그 직무상 등록부의 기록에 착오 또는 누락이 있음을 안 때에는 지체 없이 신고사건의 본인의 등록기준지의 시·읍·면의 장에게 이를 통지하여야 한다. 이 통지를 받았을 때에는 시·읍·면의 장은 위의 규정들에 따라 이를 처리한다등 §18③.

(나) 당사자의 신청에 의한 정정

이것은 두 가지로 나누어진다. 하나는 가정법원의 허가심판에 의한 정정이고, 다른 하나는 확정판결에 의한 정정이다. 전자는 다시 등록법 제104조에 의한 정정과 등록법 제105조에 의한 정정으로 나누어진다.

① 가정법원의 허가심판에 의한 정정: 이 방법은 모두 친족법·상속법상의 신분관계에 중대한 영향을 주지 않는 경우에 이용된다.

㉠ 등록법 제104조에 의한 정정: 이 방법은 정정사항이 원칙적으로 경미하여 친족법·상속법상의 신분관계에 중대한 영향을 미치지 않는 경우에 이용된다가예 232호.[55] 즉, 등록부상의 기재가 법률상 허용될 수 없는 경우[56](예

컨대, 권한 없는 자가 한 등록부의 기록이라든가, 등록부의 기록사항이 아닌 전과관계, 학사, 병사, 사산 등에 관한 기록, 위조 · 변조의 신고서에 의하여 이루어진 등록부의 기록, 신고의무자가 아닌 자의 신고에 의하여 이루어진 등록부의 기록 등뿐만 아니라 등록부의 기록 자체로 보아 당연무효인 등록부 기록 등),[57] 등록부상 기록에 착오가 있는 경우(예컨대, 생존하고 있는데 사망의 기록이 되었을 때), 등록부의 기록에 누락이 있는 경우에는 이해관계인은 사건 본인의 등록기준지를 관할하는 가정법원의 허가를 받아[58] 등록부의 정정을 신청할 수 있다등 §104. 또한 등록부의 기록사항과 관련하여 가사소송법 등에 직접적인 쟁송방법이 없는 경우에도 등록법 제104조에 의한 정정의 대상이 될 수 있다(따라서 등록부의 기록사항 중 출생연월일 · 사망일시는 등록법 제104조에 의한 정정의 대상이 될 수 있다. 가사소송법 등이 사람의 출생시 또는 사망시를 확정하는 직접적인 쟁송방법을 별도로 정하고 있지 않기 때문이다대판 2012. 4. 13, 2011스160).

㉡ 등록법 제105조에 의한 정정: 등록법 제105조는 '신고로 인하여 효력이 발생하는 행위에 관하여 등록부에 기록하였으나 그 행위가 무효임이 명백한 때'의 정정을 규정한다. 즉, 창설적 신고에 기인한 등록부의 기록이 무효인 경우(예컨대, 사망한 후에 혼인신고가 된 경우)에는 신고인 또는 신고사건의

55) 대결 1973. 11. 14, 73마872.

56) 대결 2006. 6. 22, 2004스42(전원합의체)은 "호적법 제120조(등록법 제104조에 해당) 의한 호적정정 절차를 둔 근본적인 취지가 호적의 기재가 부적법하거나 진실에 반하는 것이 명백한 경우에 그 기재 내용을 판결에 의하지 아니하고 간이한 절차에 의하여 사실에 부합하도록 수정할 수 있도록 함에 있다는 점을 함께 참작하여 보면, 구체적인 사안을 심리한 결과 성전환자에 해당함이 명백하다고 증명되는 경우에는 호적법 제120조의 절차에 따라 그 전환된 성과 호적의 성별란 기재를 일치시킴으로써 호적기재가 진정한 신분관계를 반영할 수 있도록 하는 것이 호적법 제120조의 입법 취지에 합치되는 합리적인 해석이라"고 본다. 나아가 이 결정은 "성전환자에 해당함이 명백한 사람에 대하여 호적법 제120조에서 정한 절차에 따라 성별을 정정하는 호적정정이 허가되고 그에 따라 전환된 성이 호적에 기재되는 경우에, 위 호적정정 허가는 성전환에 따라 법률적으로 새로이 평가받게 된 현재의 진정한 성별을 확인하는 취지의 결정이므로 호적정정허가 결정이나 이에 기초한 호적상 성별란 정정의 효과는 기존의 신분관계 및 권리의무에 영향을 미치지 않는다고 해석"하는 것이 타당하다는 견해를 밝히고 있다; 대법원은 성전환자가 혼인중이거나 미성년자녀가 있는 경우 성별정정을 허가할 수 없다고 하였으나(대결 2011. 9. 2, 2009스117 전원합의체), 그 후 태도를 변경하여 현재 혼인 중에 있지 아니한 성전환자에게 미성년 자녀가 있는 경우 가족관계등록부상 성별정정이 허용된다고 판단하였다(대결 2022. 11. 24, 2020스616 전원합의체).

57) 대결 1978. 3. 7, 77스12.

58) 대결 2013. 3. 14, 2013스21: 가족관계등록법 제104조에 따른 등록기록정정의 허부에 관한 결정에 대한 항고는 통상항고로서 그 불복기간의 정함이 없고 불복의 실익이 있는 한 언제든지 이를 제기할 수 있다.

본인은 사건 본인의 등록기준지를 관할하는 가정법원의 허가를 받아 등록부의 정정을 신청할 수 있다.

② 확정판결에 의한 정정:　등록부의 기록이 정정되면 친족법 · 상속법상 중대한 영향을 미치는 사항은 이 방법에 의하여 정정되어야 한다. 여기서 문제되는 것은 등록법 제107조가 '확정판결로 인하여 등록부를 정정하여야 할 때에는 소를 제기한 사람은 판결확정일로부터 1개월 이내에 판결의 등본 및 그 확정증명서를 첨부하여 등록부의 정정을 신청하여야 한다'고 규정할 뿐이고, 어떤 경우가 이에 해당하는가에 대해서는 명시하지 않고 있다는 것이다.

이에 관하여 대법원은 다음과 같은 기준을 제시하고 있다대결 1993. 5. 22, 93스14, 15, 16(전원합의체), 가예 233호.

정정하려고 하는 등록부의 기록사항과 관련된 신분관계의 존부에 관하여 직접적인 쟁송방법이 가사소송법 제2조에 규정되어 있는지의 여부를 기준으로 하여, 위 조항에 규정되어 있는 가사소송사건으로 판결을 받게 되어 있는 사항은 모두 친족법상 또는 상속법상 중대한 영향을 미치는 것으로 보아, 그와 같은 사항에 관하여는 등록법 제107조에 따라 확정판결에 의하여서만 등록부 정정의 신청을 할 수 있고, 가사소송법 제2조에 의하여 판결을 받을 수 없는 사항에 관한 등록부 기록의 정정은 등록법 제104조에 따라 허가를 받아 정정할 수 있다.

그러므로 사람이 사망하였는지의 여부나 사람의 사망한 일시를 확정하는 데 관하여는 가사소송법이나 다른 법률(또는 대법원규칙)에 직접적인 쟁송방법이 규정되어 있지 않으므로, 이와 같은 사항에 관한 등록부 기록의 정정은 등록법 제104조에 따라서 처리되어야 할 것이다.[59]

## 4. 가사소송법

### (1) 서　설

친족 · 상속법상의 분쟁의 처리에서 중요한 지위를 차지하는 것은 가사소송법이다. 1990년에 민법이 일부 개정됨에 따라 관계조문을 정리하면서 가사심판법과 인사소송법이 통합되어 가사소송법이 제정되었다. 가사소송법은 '인

---

59) 한편 대판 2011. 3. 28, 2011스25에 따르면, 가족관계등록창설 허가신청은 가족관계등록이 되어 있지 않은 사람(무등록자) 자신이 신청하는 것이므로(가족관계등록법 제101조), 무등록자가 이미 사망하였다면 가족관계등록창설이 허용되지 않는다고 한다.

격의 존엄과 남녀의 평등을 기본으로 하고 가정의 평화와 친족상조의 미풍양속을 유지·향상하기 위하여 가사에 관한 소송과 비송 및 조정에 대한 절차의 특례를 규정함을 목적으로' 하여 제정되었다가소 §1. 이 목적을 달성하는 수단은 조정과 재판(판결·심판)이며, 이를 실시하는 기관은 가정법원이다.

### (2) 가정법원의 구성

가정법원은 지방법원과 같은 급으로서 여기에는 법관과 조정위원회가 있다. 가사재판에는 단독재판과 합의재판이 있으며 재판은 법관이 한다. 조정위원회는 조정장 1인과 조정위원 2인 이상으로 조직하며가소 §52①, 조정장 또는 조정담당판사는 가정법원장·지원장이 그 법원의 판사 중에서 지정한다가소 §53①.

조정위원은 학식과 덕망이 있는 자로서 매년 미리 가정법원장 또는 가정법원 지원장이 위촉한 자 또는 당사자가 합의에 의하여 선정한 자 중에서 각 사건마다 조정장이 지정한다가소 §53②.

### (3) 재판사항

종전의 가사심판법은 가사재판사항을 갑류·을류·병류로 나누었으나, 가사소송법은 이를 가사소송사건과 가사비송사건으로 대별하고, 성질에 따라 가사소송사건을 가류(6개 항목), 나류(14개 항목), 다류(4개 항목) 사건으로 나누고, 가사비송사건을 라류(48개 항목), 마류(10개 항목) 사건으로 나누어, 이를 가정법원의 전속관할로 하되 가사소송사건과 마류가사비송사건 중 대법원 규칙으로 정하는 사건을 합의부의 사물관할로 하였다가소 §2①, 부칙 §9, 법조 §40①. 그 밖에 가정법원은 다른 법률 또는 대법원규칙에서 가정법원의 권한에 속하게 한 사항에 대하여도 이를 심리·재판하되, 이 사건에 관한 절차는 법률이나 대법원 규칙으로 따로 정하지 않으면 라류가사비송사건의 절차에 의한다가소 §2②·③.[60)]

---

60) 그 밖에 다른 법률에서 가정법원의 권한에 속하게 한 사항으로서는 다음과 같은 것을 생각할 수 있다.

국내입양특별법에 의한 입양허가(제21조), 국제입양에 관한 법률에 의한 입양허가(제12조), 아동복지법 중 친권의 상실선고(제18조)와 후견인의 선임 및 변경(제19조), 보호시설에 있는 미성년자의 후견직무에 관한 법률 중 고아 아닌 자에 대한 후견인 취임에 대한 허가(제3조), 등록법 중 가족관계 등록 창설의 허가(제101조), 위법한 가족관계 등록기록의 정정에 대한 허가(제104조), 무효인 행위의 가족관계등록기록의 정정(제105조), 불복신청에 대한 처분(제109·111조), 시·읍·면의 장의 조치통지의 수리(제110조).

이러한 것을 모두 라류사건으로 하는 것은 성질상 부당하므로 해당 사항의 성격에 따라 그리고 가사소송사건 중 나·다류사건과 마류가사비송사건에 대하여는 조정전치주의에 의하여 조정을 거쳐 재판을 한다가소 §50.

(4) 조정절차

가사소송사건 중 나·다류사건과 마류가사비송사건에 대하여 가정법원에 소를 제기하거나 심판을 청구하고자 하는 자는 먼저 가사조정을 신청하여야 한다가소 §50①. 위의 사건에 관하여 조정을 신청하지 않고 소를 제기하거나 심판을 청구한 때에는, 공시송달의 방법에 의하지 아니하고는 당사자의 일방 또는 쌍방을 소환할 수 없거나 그 사건이 조정에 회부되더라도 조정이 성립될 수 없음이 명백한 것이 아닌 한, 가정법원은 그 사건을 조정에 회부하여야 한다가소 §50②. 조정의 신청은 서면으로 할 수 있는 외에 구술로도 할 수 있다가소 §55·36②. 조정의 목적인 청구의 원인과 동일한 사실관계에 기초하거나 그 당부의 전제가 되는 나류, 다류, 마류 가사사건의 청구는 병합하여 조정신청할 수 있고, 당사자간의 분쟁을 일시에 해결함에 필요한 때에는 당사자는 조정위원회 또는 조정담당판사의 허가를 얻어 조정의 목적인 청구와 관련 있는 민사사건의 청구를 병합하여 조정신청할 수 있다가소 §57·14.

조정장 또는 조정담당판사는 특별한 사정이 없으면 조정을 하기 전에 기한을 정하여 가사조사관에게 사건에 관한 사실의 조사를 하게 하여야 한다가소 §56. 그리고 조정장, 조정담당판사 또는 가사조사관은 사실조사를 위하여 필요한 경우에는 경찰 등 행정기관이나 그 밖에 상당하다고 인정되는 단체 또는 개인에게 사실의 조사를 촉탁하고 필요한 사항을 보고하도록 요구할 수 있다가소 §8.

가사조정사건은 조정위원회가 처리하는 것이 원칙이지만, 조정담당판사는 상당한 이유가 있을 때에는 당사자가 반대의 의사를 명백하게 표시하지 않는 한 단독으로 조정할 수 있다가소 §52②.

조정은 본인 또는 법정대리인이 출석하는 것을 원칙으로 하고 특별한 사정이 있을 때에는 조정장 또는 조정담당판사의 허가를 얻어 대리인을 출석하게 하거나 보조인을 동반할 수 있다. 이때 변호사 아닌 자가 대리인 또는 보조인이 되려면 조정장 또는 조정담당판사의 허가를 얻어야 한다가소 §7. 그리고 조정절차는 공개하지 않는 것을 원칙으로 하며가소 §49, 민조 §20, 조정의 성립은

---

결정하여야 할 것이다.

양 당사자(신청인과 피신청인)의 합의를 기초로 한다.

조정위원회가 조정을 함에 있어서는 당사자의 이익 외에 조정으로 인하여 영향을 받게 되는 모든 이해관계인의 이익을 고려하고, 분쟁의 평화적 · 종국적 해결을 이룩할 수 있는 방안을 마련하여 당사자를 설득하여야 한다가소 §58①. 특히 子의 친권자의 지정과 변경, 양육방법의 결정 등 미성년자인 子의 이해와 직접 관련되는 사항을 조정함에 있어서는 미성년자인 子의 복리를 우선적으로 고려하여야 한다가소 §58②.

이러한 적극적인 설득이 없이는 조정전치주의의 목적, 즉 재판 보다는 될 수 있는 대로 조정에 의하여 분쟁을 해결함으로써 '인격의 존엄과 남녀의 평등을 기본으로 하여 가정의 평화'를 유지 · 향상가소 §1하는 것이 달성되지 않기 때문이다.

조정은 당사자 사이에 합의된 사항을 조서에 기재함으로써 성립한다가소 §59①. 그리고 이러한 조정 또는 확정된 조정을 갈음하는 결정은 재판상 화해와 동일한 효력이 있다가소 §59② 본문. 그러나 당사자가 임의로 처분할 수 없는 사항은 예외이다가소 §59② 단서.☜

☞ 당사자가 임의로 처분할 수 있는 사항은 무엇이며, 당사자가 임의로 처분할 수 없는 사항은 무엇일까. 당사자가 신분관계를 발생 또는 소멸시키기로 하는 합의를 하고 일정한 절차에 따라 신고를 함으로써 그 효과를 생기게 하는 것(혼인의 합의, 이혼의 합의, 입양의 합의, 파양의 합의)과 어떤 사람의 일방적인 의사와 일정한 절차에 의한 신고로써 신분관계가 형성되는 것(임의인지)은 私人의 의사표시만으로 신분관계를 형성할 수 있는 경우이므로, 조정에 의해서 그와 같은 신분관계를 형성할 수 있다고 본다. 다시 말하면, 당사자가 임의로 처분할 수 있는 사항인 것이다. 이에 반하여, 민법이 다만 당사자에게 신분관계의 형성을 목적으로 하는 청구를 법원에 대하여 할 수 있다고 정할 뿐이고, 당사자의 합의나 일방적 의사표시만으로 신분관계를 형성할 수 있는 방법을 규정하지 않은 경우, 즉 혼인 또는 입양의 취소, 협의상 이혼 또는 파양의 취소, 父의 결정, 친생부인, 인지의 취소, 인지에 대한 이의, 친생자관계존부확인 등의 경우에는, 그와 같은 법률효과(신분관계의 형성)는 오직 법원의 재판에 의하여 형성될 뿐이므로, 당사자가 임의로 처분할 수 없는 것이다.[61)]

---

61) 李在性, '가사심판법의 조정화해와 신분행위', 법조, 13권 4호, 12면 이하; 대판 1968. 2. 27, 67므34, 집 16권 1집 민 120면(판례가족법 402면); 대판 1999. 10. 8, 98므1698, 판례

### (5) 재판절차

조정신청에 의하여 조정절차가 개시된 경우에 i) 조정을 하지 않기로 하는 결정이 있거나민조 §26·40, ii) 조정이 성립하지 않은 경우민조 §27, iii) 조정에 갈음하는 결정가소 §49, 민조 §30·32·40에 대하여 이의신청기간 내에 이의신청이 있는 때에는 조정신청을 한 때에 소의 제기 또는 심판청구가 있은 것으로 간주되므로가소 §49, 민조 §36①, 사건은 당연히 소송 또는 심판절차로 이행된다.

수개의 가사소송사건의 청구의 원인이 동일한 사실관계에 기초하거나 한 개의 청구의 당부가 다른 청구의 당부의 전제가 되는 때에는 이를 한 개의 소로 제기할 수 있다. 가사소송사건의 청구와 가사비송사건의 청구가 위와 같은 관계에 있을 때에도 또한 같다가소 §14①. 이러한 사건의 관할법원이 다를 때에는 가사소송사건 중 1개의 청구에 대한 관할권이 있는 가정법원에 소를 제기할 수 있다가소 §14②. 가류 또는 나류 가사소송사건의 소의 제기가 있고 그 사건과 위에서 말한 관계에 있는 다류 가사소송사건 또는 가사비송사건이 각각 다른 가정법원에 계속(係屬)된 때에는 가류 또는 나류 가사소송 사건의 수소법원(受訴法院)은 직권 또는 당사자의 신청에 의하여 결정으로 다류 가사소송사건 또는 가사비송사건을 병합할 수 있다가소 §14③. 청구병합된 사건에 관하여는 1개의 판결로 재판한다가소 §14④.

재판은 조정의 경우와 마찬가지로 본인 또는 법정대리인이 출석하는 것을 원칙으로 하고 특별한 사정이 있을 때에는 재판장의 허가를 받아 대리인을 출석하게 하거나 보조인을 동반할 수 있다. 이때 변호사 아닌 자가 대리인 또는 보조인이 되려면 재판장의 허가를 얻어야 한다가소 §7. 가사재판은 공개하는 것을 원칙으로 한다법조 §57. 종전의 가사심판법에서는 심판의 선고 이외에는 비공개를 원칙으로 하였으나구가심 §14, 가사소송법에서는 이 규정을 삭제함으로써 다른 일반민사재판과 동일하게 공개를 원칙으로 하게 되었다(다만 가사비송절차에서는 심문은 공개하지 않는 것을 원칙으로 한다가소 §34·비송 §13).

가정법원은 가류 또는 나류 가사소송사건을 심리함에 있어서는 직권으로 사실조사 및 필요한 증거조사를 하여야 하며(직권주의의 증진)가소 §17, 변론주의가 제한되어 민사소송법의 청구의 인낙·자백에 관한 원칙이 적용되지 않는다가소 §12. 그리고 언제든지 당사자 또는 그 법정대리인을 신문할 수 있다(직접

---

공보 1999. 11. 15, 2320면.

심리주의의 철저화)가소 §17. 그리고 재판에 있어서도 조정과 마찬가지로 재판장 또는 가사조사관은 사실조사의 촉탁을 할 수 있다가소 §8. 특히 친자관계 소송에 있어서 당사자 또는 이해관계인 사이의 혈족관계의 존부를 확정할 필요가 있는 경우에 다른 증거조사에 의하여 심증을 얻지 못한 때에는 가정법원은 검사를 받을 자의 건강과 인격의 존엄을 해치지 않는 범위 내에서 당사자 또는 관계인에게 혈액채취에 의한 혈액형의 검사 등 유전인자의 검사 기타 상당하다고 인정되는 방법에 의한 검사를 받을 것을 명할 수 있다가소 §29.

가사소송사건의 종국재판은 판결로써 하고가소 §12, 민소 §198, 가사비송사건에 대한 제1심 종국재판은 심판으로써 한다가소 §39①.

판결은 선고로 효력이 발생하며가소 §12, 민소 §205, 심판은 원칙적으로 이를 받을 자가 고지를 받음으로써 효력이 발생한다가소 §40.

가정법원의 판결에 대하여 불복이 있으면 판결정본이 송달된 날로부터 14일 이내나 판결정본송달 전에 항소할 수 있다가소 §19①. 항소법원의 소송절차에는 가정법원의 소송절차에 관한 규정을 준용한다가소 §19②. 항소법원의 판결에 대하여 불복이 있으면 판결정본이 송달된 날로부터 14일 이내나 판결정본 송달 전에 대법원에 상고할 수 있다가소 §20.

심판에 대하여는 대법원규칙에 정함이 있는 경우에 한하여 14일 이내에 즉시항고로써만 불복할 수 있다가소 §43.

신분관계에 관한 사항인 가류 또는 나류 가사소송사건의 청구를 인용한 확정판결은 제3자에게도 효력이 있다(기판력의 절대성)가소 §21①.

### (6) 이행확보

가정법원은 가사소송사건 또는 마류 가사비송사건을 본안사건으로 하여 민사집행법 제276조 내지 제312조의 규정에 의한 가압류 또는 가처분을 할 수 있다가소 §63①. 위의 재판은 담보를 제공하게 하지 않고도 할 수 있다가소 §63②. 또한 가사사건의 소의 제기, 심판청구 또는 가사조정의 신청이 있는 경우에 가정법원, 조정위원회 또는 조정담당판사는 사건의 해결을 위하여 특히 필요하다고 인정할 때에는 직권 또는 당사자의 신청에 의하여 상대방 기타 관계인에 대하여 현상을 변경하거나 물건을 처분하는 행위의 금지를 명할 수 있고, 사건에 관련된 재산의 보존을 위한 처분, 관계인의 감호와 양육을 위한 처분 등 적당하다고 인정되는 처분을 할 수 있다(사전처분)가소 §62①.

가정법원은 양육비를 정기적으로 지급해야 할 의무가 있는 양육비채무자가 정당한 이유 없이 2회 이상 양육비를 지급하지 않은 경우에는 양육비채권자(양육비채권자는 양육비부담조서 등 양육비채권에 관한 집행권원을 가지고 있어야 한다)의 신청에 따라, 양육비채무자(예컨대 父)에 대하여 정기적 급여채무를 부담하는 소득세원천징수의무자(예를 들면, 父가 근로자인 경우, 父에게 매월 임금을 지급하는 회사)에게 양육비채무자(父)의 급여에서 정기적으로 양육비를 공제하여 양육비채권자에게 직접 지급하도록 명할 수 있다(양육비직접지급명령)가소 §63의2.

가정법원은 양육비를 정기금으로 지급하도록 명하는 경우에 그 이행을 확보하기 위하여 직권으로 양육비채무자에게 상당한 담보의 제공을 명할 수 있다(직권에 의한 담보제공명령)가소 §63의3①. 또한 가정법원은 양육비채무자가 정당한 사유 없이 양육비지급의무를 이행 하지 않는 때에는 양육비채권자의 신청에 의하여 양육비채무자에게 상당한 담보의 제공을 명할 수 있다(신청에 의한 담보제공명령)가소 §63의3②. 양육비채무자가 담보제공명령을 받고도 담보를 제공하여야 할 기간 이내에 이를 제공하지 않은 때에는 가정법원은 양육비채권자의 신청에 따라 양육비의 전부 또는 일부를 일시금으로 지급하도록 명할 수 있다(일시금지급명령)가소 §63의3④.

가정법원은 판결·심판·조정조서·조정에 갈음하는 결정 또는 양육비부담조서에 의하여 금전의 지급 등 재산상의 의무, 유아의 인도의무 또는 子와의 면접교섭허용의무를 이행하여야 할 자가 정당한 이유 없이 그 의무를 이행하지 않을 때에는 당사자의 신청에 의하여 일정한 기간 내에 그 의무를 이행할 것을 명할 수 있다가소 §64①.

당사자 또는 관계인이 정당한 이유 없이 혈액형 등의 수검명령가소 §29, 양육비직접지급명령가소 §63의2①, 담보제공명령가소 §63의3①·② 또는 이행명령가소 §64이나 사전처분가소 §62에 위반한 때에는 가정법원, 조정위원회 또는 조정담당판사는 직권 또는 권리자의 신청에 의하여 결정으로 1,000만원 이하의 과태료에 처할 수 있다가소 §67①.[62] 또한 다음과 같은 사유가 있을 때에는 가정법원은 권리자의 신청에 의하여 결정으로 30일의 범위에서 그 의무이행이 있을 때까지 의무자를 감치에 처할 수 있다. i) 가사소송법 제64조에 의하여 금전의 정기적

62) 사전처분 위반을 이유로 한 과태료재판의 신청인도 과태료재판에 대하여 즉시항고를 할 수 있다(대결 2022. 1. 4, 2021정스502).

지급을 명령받은 자가 정당한 이유 없이 3기 이상 그 의무를 이행하지 아니한 때가소 §68①i, ii) 가사소송법 제64조에 의하여 유아의 인도를 명령받은 자가 과태료의 제재를 받고도 30일 이내에 정당한 이유 없이 그 의무를 이행하지 아니한 때가소 §68①ii, iii) 양육비의 일시금 지급명령을 받은 자가 30일 이내에 정당한 사유 없이 그 의무를 이행하지 아니한 때가소 §68①iii, iv) 혈족관계의 확정을 위한 혈액형 등의 수검명령을 받은 자가 과태료의 제재를 받고도 30일 이내에 정당한 이유 없이 그 의무를 이행하지 않은 때가소 §67②.

## 5. 인사소송법의 폐지

인사소송법은 인사사건의 특수성으로 말미암아 보통 일반의 민사소송절차에 의하는 것이 적당하지 않기 때문에 생긴 특별소송법으로서 직권탐지주의와 전면적 해결주의를 그 특수원리로 삼고 있었으나, 1990년 가사소송법의 제정으로 이 법에 흡수 · 통합되었다.

# 본　　론

# 제 1 장
# 혼 인

## 제 1 절 서 설

(1) 일반적으로 혼인은 가족을 형성하는 기초가 되며, 가족은 사회와 국가를 구성하는 기본단위가 된다. 이런 의미에서 국가와 사회는 그 성립의 근간이 되는 혼인제도와 가족을 보호할 필요가 있다고 할 수 있다. 그러나 최근에 이르기까지 우리사회는 가족과 혼인제도의 보호에 거의 관심을 보이지 않았으며, 따라서 시대의 변화에 따른 적절한 가족정책이 수립·추진되지 못하였다. 대표적인 예로서 이혼율의 증가현상은 이혼자녀의 양육문제를 낳았지만, 국가는 이혼 후의 자녀양육을 부모의 개인적인 문제로 여기고 방치하였으며, 그 결과 부모의 이혼 후 자녀의 양육환경이 악화되는 경우가 적지 않게 발생하였다. 이와 같은 사회의 변화에 대응할 수 있는 가족정책을 수립하고, 이를 관철시키기 위하여 노력하는 것은 국가의 과제에 속할 것이다. 2007년에 협의이혼제도가 개정되면서 이혼 시 자녀의 양육사항과 친권에 대해서 결정이 되지 않은 상태에서는 이혼이 이루어질 수 없도록 법이 개정되었다. 이는 국가가 가족문제와 가족정책에 대하여 관심을 가지고 일정하게 개입하기 시작하였음을 보여주는 것이다.

(2) 1960년대 이래 우리사회의 혼인율과 이혼율에는 큰 변화가 있었다. 이러한 수치상의 변화는 우리사회에서 혼인과 이혼을 바라보는 시각이 상당히 변화하였음을 보여주는 하나의 지표라고 할 수 있다. 우선 이혼율의 변화추이를 살펴보면, 1970년에는 조이혼율[1]이 0.4를 기록하였으며, 이 비율은 1980년에는 0.6으로 증가하였다. 1990년에 조이혼율은 1.1에 달하였고, 이 수치는

1) 粗離婚率: 인구 1,000명에 대한 이혼수의 비율.

1995년 1.5, 2000년 2.5를 거쳐 2006년에는 2.6에 이르렀다. 즉 2006년의 이혼율은 지난 1970년과 비교해 볼 때 7배 가까이 증가한 셈이다. 2012년에는 2.3, 2024년에는 1.8의 조이혼율을 기록하여 이혼율이 다소 감소하는 추세에 있음을 보여주고 있다.

구체적인 이혼수를 보면, 1960년 7,016건, 1970년 11,600건, 1980년 23,700건, 1990년 45,700건, 1995년 68,300건, 1998년 116,700건, 1999년 118,000건, 2000년 120,000건, 2006년 125,000건을 기록하였다. 그 후 이혼율은 다소 감소하는 추세를 보여 2012년에는 114,300건, 2024년에는 91,151건을 기록하였다.

2012년에 이혼한 부부 114,316쌍 중 약 절반(52.8%)에게는 미성년자녀가 있었다(자녀 1명: 29,928쌍, 자녀 2명: 26,247쌍, 자녀 3명 이상: 4,142쌍). 2024년에는 이혼한 부부 91,151쌍 중 약 42.8%에게 미성년자녀가 있었다(자녀 1명: 20,578쌍, 자녀 2명: 15,266쌍, 자녀 3명 이상: 3,172쌍). 매해 부모의 이혼을 경험하는 미성년자녀의 수가 상당수에 이르고 있다는 사실은 이혼 후 자녀의 양육과 보호가 매우 중요한 과제임을 상기시켜 주고 있다.

이혼의 종류별로 보면 협의이혼이 큰 비율을 차지하고 있으며, 재판상 이혼이 차지하는 비율은 상대적으로 적다(2024년 통계를 보면 전체 이혼 중 협의이혼이 차지하는 비율은 78%에 이르는 반면, 재판상 이혼의 비율은 22%에 머물고 있다). 협의이혼의 비율이 높고, 이혼하는 부부에게 미성년자녀가 많은 현실을 고려해 볼 때, 협의이혼을 하는 경우에 자녀의 양육문제에 대한 대책마련이 특히 중요한 문제임을 알 수 있다.

한편 인구 1000명당 혼인수(조혼인율)는 1970년에 9.2를 기록하였고, 1980년에는 10.6에 도달하여 최고치를 나타냈다. 그 후 조혼인율은 1990년 9.3, 1995년 8.7, 1998년 8.0, 1999년 7.7, 2000년 7.0, 2006년 6.8, 2012년 6.5를 기록한 데 이어 2018년에는 5.0, 2024년에는 4.4로 줄어들었다. 참고로 구체적인 혼인수를 보면, 1970년 295,100건, 1980년 403,000건, 1990년 399,300건, 1995년 398,500건, 1998년 375,600건, 1999년 362,700건, 2000년 334,000건, 2006년 332,800건, 2012년 327,100건, 2018년 257,700건, 2024년 222,400건의 혼인수를 각각 기록하고 있다.

2023년에 성립한 혼인 중 남녀 모두 초혼의 비율은 78.9%(이 비율은 1996년 85.3%였다)이며, 나머지는 여자초혼+남자재혼(3.9%), 여자재혼+남자초혼(6.1%), 남녀모두 재혼(11.2%)의 경우였다. 이와 같이 재혼의 비율이 전체의 20% 이상을 차지한다는 것은 재혼가정이 마주칠 수 있는 문제들(자녀의 성과 본 변경, 배우자의 자녀를 입양하는 문제, 배우자의 자녀에 대한 친권행사의 문제 등)이 적지 않게 발생할 수 있음을 의미하는 것이다.

혼인의 변화추이와 관련된 또 하나의 특징은 외국인과의 혼인비율이 증가하고 있다는 점이다. 최근 들어 외국인과의 혼인이 차지하는 비율은 전체 혼인 중 약 10%(2023년 10.2%)를 차지하고 있다(2005년 13.6%, 2006년 11.6%, 2012년 8.7%, 2018년 8.8%. 이는 2000년의 3.7%와 비교해 볼 때 큰 폭으로 증가한 것이다). 이러한 변화는 혼인 및 가족과 관련된 국제사법적 문제들이 앞으로 적지 않게 발생할 수 있음을 시사하는 것으로서 이에 대한 대책마련이 필요하다고 생각된다.

이혼율과 혼인율의 변화추이를 살펴보면, 2000년대 초반까지 이혼율은 증가현상을 보이는 반면, 혼인율은 감소하는 추세를 보였음을 알 수 있다. 그러나 2000년대 중반 이후 이혼율과 혼인율이 모두 감소하는 현상이 나타나고 있다.

(3) 혼인은 일반적으로 한 쌍의 남녀가 결합하여 하나의 가족공동체를 형성하는 것이라고 인식되어 왔다. 따라서 동성(同性)간의 결합은 혼인으로 인정되지 못하였으며, 이러한 경향은 오늘날까지도 계속되고 있다. 그러나 외국은 물론 우리사회의 일각에서도 다양한 가족형태의 인정에 대한 요구가 끊임없이 제기되고 있으며, 이러한 요구를 받아들이는 나라가 점차 증가하고 있는 것이 현실이다.[2] 앞으로 우리사회의 대응이 주목되는 부분이다.

(4) 우리의 전통사회에서는 남자가 장가드는 것이 보편적인 풍속이었다. 장가(丈家)란 문자 그대로 남자가 혼인하면 장인, 장모의 집에 들어가 산다는 뜻이다. 즉 우리 민족의 고유한 혼인습속은 처가살이혼이었으며, 이와 같은 혼속은 삼국시대부터 조선중기에 이르기까지 적어도 1000년 이상 지속되었다. 처가살이혼은 가족관계의 형성에 절대적인 영향을 미쳤다. 혼인 후 사위가 장인, 장모와 함께 사는 생활관계에서 사위와 장인, 장모의 관계는 친밀하게 형성되었고, 딸도 당시에는 출가외인이 아니었다. 외손 또한 외조부모의 보살핌을 받으며 성장하였으므로, 친손과 외손의 차별도 존재하지 않았다. 이러한 가족관계에서 딸과 아들을 차별하지 않는 남녀균분상속, 윤회봉사(딸과 아들

2) 김상용 · 안문희, 등록동반자관계는 혼인제도의 대안이 될 수 있는가? 중앙법학 제24집 제3호(2022. 9.), 7면 이하 참조.

이 돌아가며 조상의 제사를 모시는 것)의 전통이 오랜 기간 유지될 수 있었다. 조선왕조가 중국에서 도입하여 보급한 종법제가 17세기를 기점으로 하여 양반 지배층에 실질적인 영향력을 갖게 되면서 처가살이혼은 감소하였고, 대신 시집살이혼이 행해지기 시작했다. 이와 같은 혼인습속의 변화는 가족관계에도 큰 변화를 가져왔다. 딸은 출가외인이라는 관념이 생겼으며, 딸과 아들을 차별하지 않았던 상속제도에서도 점차 아들 우대, 딸 차별의 경향이 나타났다. 이와 함께 딸과 아들이 돌아가며 제사를 지내던 윤회봉사의 관습은 아들, 장남위주의 단독봉사로 대체되기 시작하였다. 부계혈통에 기반한 부계친족의 유대가 강화되면서 모계친족에 대한 경시경향이 생긴 것도 이 무렵부터이다.

(5) 전통적으로 우리나라에서는 혼인식을 거행하면 법률혼으로 인정하였고, 또 혼인식이 없더라도 사실상의 부부에 대해서는 유효한 혼인으로 인정하였다.[3] 그러나 1922년 12월 7일 制令 제13호(조선민사령 중 개정의 건)에 의하여 1923년 7월 1일부터 형식혼주의(혼인신고에 의하여 법률상 혼인이 성립하는 것을 의미함)로 전환한 이래 민법도 이를 답습하고 있다§812. 그런데 우리나라가 채용하고 있는 신고혼주의는 일본의 입법례와 동일한 것으로서, 이와 같은 신고혼주의는 일본의 입법자가 창안한 것이라고 한다.[4] 일본의 입법자가 신고혼주의를 창안한 이유는, 일본에서는 그 전까지 사실혼주의가 행하여졌으므로, 구미제국에서 행하여지는 복잡한 절차(즉 혼인허가장을 받은 후에 교회나 관공서에서 결혼식을 거식하고, 그것을 등록하는 절차)를 규정하더라도 잘 이행되지 않을 것이라고 생각한 데 기인한 것으로 보인다. 이러한 법률혼주의의 채용으로 혼인관계의 개시기와 그 존재가 명확하게 되고, 또 국가가 요구하는 기준에 적합하지 않은 혼인의 성립을 예방할 수 있다. 그러나 반면에 사회적으로 혼인으로 볼 수 있는 결합이 법률적 절차인 신고를 하지 않았다고 하여 법률혼으로 인정되지 않는 불합리한 점이 생기게 된다(즉 사실혼의 발생을 피할 수 없다). 다른 요건은 모두 갖추었는데 혼인신고를 하지 않았다고 하여 그 혼인을 법률혼으로 인정하지 않는 것에 대해서는 입법론적으로 문제가 있다는 비판이 가하여졌다. 그래서 1963년에 이러한 현실적 모순을 시정하기 위하여 '사실상혼인관계존부확인청구'제도를 새로 마련하였다구가심 §2①병류나호(현행가소

3) 朝高判 1917. 4. 27, 민집 4권 348면; 朝高判 1932. 12. 16, 續決議回答輯錄, 74면.
4) 原田慶吉, 日本民法典の史的素描, 1954, 138면 참조.

§2①나류사건 i). 이것은 사실상 혼인관계에 있는 당사자 일방이 고의로 혼인신고에 협력하지 않는 경우는 물론 불가피한 사정으로 인하여 협력할 수 없는 경우(예컨대 부부의 일방이 실종상태에 있거나 장기간 부재중인 경우 혹은 그 밖에 심신의 이상으로 신고에 협력할 수 없는 상태가 계속되고 있는 경우)에 다른 일방이 가정법원에 '사실상혼인관계존부확인청구'에 관한 조정신청을 할 수 있도록 한 것이다. 이리하여 조정이 성립되면 조정을 신청한 자는 조정성립의 날로부터 1개월 이내에 혼인신고를 하여야 한다등 §72. 만약 조정이 성립되지 않고 재판단계로 넘어간 경우에, 재판이 확정되면 소를 제기한 자가 재판의 확정일로부터 1개월 이내에 재판서의 등본과 확정증명서를 첨부하여 혼인신고를 하여야 한다등 §72.[5)]

# 제2절 약 혼

## 1 서 설

약혼이란 장래에 혼인을 성립시키겠다는 당사자(한 쌍의 남녀) 사이의 계약이라고 할 수 있다. 약혼은 단지 장래의 혼인을 예약하는 것에 지나지 않으므로, 당사자 사이에 실질적인 부부공동체가 형성되어 있는 사실혼과는 완전히 구별된다. 또한 약혼은 당사자의 실질적인 의사합치를 요구한다는 점에서 제3자에 의한 대리는 허용되지 않는다.

## 2 약혼의 성립

(1) 약혼은 혼인하려는 양당사자의 합의로 성립한다. 따라서 과거 우리나라에서 볼 수 있었던 이른바 정혼, 즉 부모들이 정한 약혼은 무효이다.

(2) 남녀 모두 만 18세에 달하여야 약혼할 수 있다§801 전단. 종전에는 남자

5) 金疇洙, '재판에 의한 혼인신고와 협의이혼신고의 심사', 사법행정, 1963년 9월호, 47면 참조.

만 18세, 여자 만 16세에 달한 경우에 약혼할 수 있었으나, 2007년 민법일부개정에 의하여 남녀의 차별 없이 만 18세에 이르면 약혼할 수 있게 되었다.[6] 약혼연령미달자의 약혼은 혼인법규정§801 후단에 의한 §808① 단서의 준용에 준하여 취소할 수 있다고 보아야 할 것이다.

(3) 미성년자가 약혼할 때에는 부모[7]의 동의를 얻어야 한다§801 전단. 부모 중 일방이 동의권을 행사할 수 없을 때에는 다른 일방의 동의를 받아야 하며, 부모가 모두 동의권을 행사할 수 없을 때에는 미성년후견인의 동의를 받아야 한다§801 후단에 의한 §808①의 준용. 피성년후견인은 부모 또는 성년후견인의 동의를 받아 약혼할 수 있다§802. 부모 등의 동의를 얻지 않은 약혼은 혼인법규정§816 i에 준하여 취소할 수 있다고 보아야 할 것이다.

(4) 이미 약혼한 자의 이중약혼이나 법률상 또는 사실상 혼인상태에 있는 자의 약혼은 사회질서에 위반되는 행위로서 원칙적으로 무효이다. 다만 현재의 법률혼 또는 사실혼 해소 후에 혼인하겠다는 합의도 구체적인 상황에 따라 사회질서에 위반되지 않는 경우에는 약혼으로서 효력이 인정될 수 있을 것이다. 예를 들어 혼인관계가 파탄되어 사실상 이혼상태가 지속되고 있는 상태에서 이혼절차를 밟은 후에 혼인하겠다는 합의는 약혼으로 인정될 수 있을 것이다. 그러나 이제부터 배우자를 축출한 후에 혼인하겠다는 약속, 병약한 배우자가 사망하면 혼인하겠다는 합의 등은 선량한 풍속 기타 사회질서에 반하는 것으로서 약혼으로 인정될 수 없다.[8] 그러나 후자의 경우에 상대방이 선의인 때에는 대체로 사기로서 불법행위가 성립하므로, 손해배상을 청구할 수 있다.[9]

(5) 약혼당사자들이 법률상 혼인이 금지되는 근친관계에 있고, 혼인하더라도 무효사유에 해당하는 경우에는(예를 들어 8촌 이내의 혈족인 경우, 직계인척인 경우 등) 그 약혼은 불능을 목적으로 하는 것이므로 무효가 된다. 이 경우에도 선의의 상대방은 손해배상을 청구할 수 있다.

---

6) 약혼연령에 관한 개정법률은 2007년 12월 21일부터 시행되고 있다.

7) 부모의 개념에 대해서는 '혼인에 대한 부모동의권' 참조.

8) 대판 1955. 7. 14, 4288민상156, 민집 I 589면(판례가족법, 386면); 대판 1965. 7. 6, 65므12, 집 13권 2집 민 22면(판례가족법, 311면) 참조.

9) 서울가심 1965. ○. ○, 64드○○, 사법행정, 6권 3호, 96면(판례가족법, 7면) 참조.

(6) 약혼에 조건이나 기한을 붙이는 것은 선량한 풍속 기타 사회질서에 반하지 않는 한 무방하다고 본다. 예컨대 동거의 결과 임신을 하게 되면 혼인을 한다는 식의 조건을 붙인 약혼과 같이 해제조건이나 종기를 붙인 약혼은 허용될 수 없는 것이라고 생각되나, 일정한 시기를 붙이는 것은 약혼의 성질상 허용될 수 있다(예를 들어서 군대 제대 후 혼인하겠다는 합의).

(7) 약혼은 당사자의 명시 또는 묵시의 합의에 의해서 성립하며,[10] 의식이나 예물의 교환 등 어떠한 형식도 필요로 하지 않는다.

## 3 약혼의 효과

(1) 당사자는 서로 성실하게 교제하고 가까운 시기에 부부공동체를 성립시킬 의무를 진다. 그렇지만 한 쪽이 이 의무에 위반하더라도 상대방은 손해배상을 청구할 수 있을 뿐 강제이행을 청구할 수는 없다§803. 혼인은 당사자의 자유로운 의사에 따라 이루어져야 하므로, 설령 사전에 혼인을 약속한 경우라고 해도 그 이행을 강제하는 것은 혼인의 본질에 비추어 볼 때 허용될 수 없기 때문이다. 혼인이 유효하게 성립하기 위해서는 혼인신고시에 혼인의사의 합치가 필요하며, 이 요건이 결여된 경우에는 혼인이 무효가 된다는 사실도 약혼의 강제이행이 불가능함을 보여주는 것이다. 그러한 의미에서 일반계약에 있어서의 예약과는 다르다.

(2) 약혼상의 권리도 하나의 권리로서 제3자가 이를 침해하였을 때 불법행위가 성립되어야 할 것은 이론상으로 긍정할 수 있으며, 실제에 있어서도 인정되어야 한다. 다만 어떠한 경우에 이 권리에 대한 제3자의 침해가 있느냐가 문제이다. 예컨대 A남이 B녀와 약혼을 하였는데, C남이 이 사실을 알면서 B녀와 사통하여 자녀를 출산하게 한 경우에는, A남은 C남에게 약혼상의 권리를 침해한 불법행위를 이유로 하여 손해배상을 청구할 수 있다.[11]

---

10) 서울가판 1995. 7. 13, 94드37503. 명시적으로 약혼의 의사를 표시하지 않았다고 해도 약 2년간에 걸친 교제 및 성적 교섭을 통하여 상대방에게 혼인의 성립에 대한 신뢰를 주었다면 당사자 사이에 약혼의 성립을 인정하는 것이 타당하다.

11) 대판 1961. 10. 19, 4293민상531(판례가족법, 379면).

(3) 약혼자 사이에는 친족관계가 발생하지 않는다.

(4) 약혼 중에 출생한 자(子)는 혼인중에 태어난 자가 아니므로 혼인외의 출생자가 된다. 그러나 그 후 약혼당사자가 혼인하면 그 子는 준정(準正)이 되어 혼인중의 출생자가 된다§855②.

## 4 약혼의 해제

**設 例**

세종문화회관 소속 기능직 8등급 공무원으로 재직중인 X가 간호보조원 자격을 취득한 후 방송통신대학 법학과에 재학 중인 여자 Y와 중매로 맞선을 본 후 약혼을 하였다. 그런데 그 후 X가 전주고등학교 부설 방송통신고등학교를 나왔음에도 불구하고 전주고등학교를 졸업하였다고 거짓말을 하고 또 세종문화회관 소속 기능직 8등급 공무원임에도 불구하고 서울시 일반행정직 7급 공무원으로 있는 것처럼 거짓말을 한 것을 알게 된 Y는 1991년 12월 11일경 이를 이유로 X에게 파혼통고를 하였다. 그러자 X는 이 파혼통고는 부당하다는 이유로 손해배상 및 위자료 지급 소송을 제기 하였다. 이에 대하여 Y는 반소를 제기하여 위자료를 지급하라고 요구하였다. 어느 쪽의 청구가 받아들여질 것인가?

### 1. 약혼해제의 요건

앞에서 본 바와 같이 약혼의 강제이행을 청구하는 것은 불가능하며, 따라서 당사자는 언제든지 약혼을 해제할 수 있다. 그러나 정당한 사유 없이 약혼을 해제하는 경우에는 손해배상의 책임을 지게 된다. 약혼해제의 정당한 사유가 있는 경우에는 과실 없는 당사자는 약혼해제에 책임이 있는 상대방에 대하여 약혼해제의 의사표시를 하면서 손해배상을 청구할 수 있다. 민법은 약혼해제의 사유로서 독일, 스위스, 대만의 입법례에 따라 다음과 같이 규정하였다§804.

(가) 약혼 후 자격정지 이상의 형의 선고를 받은 경우

'형의 선고'를 '형의 확정'으로 축소해석하자는 견해가 있으나,[12] 약혼의 해

제는 이혼의 경우와 다르므로, 구태여 그렇게 해석할 필요가 없다.[13)]

(나) 약혼 후 성년후견개시나 한정후견개시의 심판을 받은 경우

(다) 성병, 불치의 정신병 기타 불치의 병질이 있는 경우

1990년 민법의 일부개정 전에는 '폐병'을 예시하고 있었으나, 폐병은 의약의 발달로 불치의 병으로 예시하기에는 적당하지 않아서, 개정법은 이를 삭제하고 '불치의 정신병'으로 대체하였다. 정신병과 기타의 질환은 불치임을 요하는 반면, 성병은 불치임을 요하지 않는다고 해석된다. 따라서 약혼 후 성병에 걸렸으나 현재는 치유된 상태라고 하여도 상대방은 이를 이유로 정당하게 약혼을 해제할 수 있다고 보아야 할 것이다.

(라) 약혼 후 타인과 약혼 또는 혼인을 한 경우

'혼인'에는 사실혼도 포함된다고 본다.

(마) 약혼 후 타인과 간음한 경우

(바) 약혼 후 1년 이상 생사가 불명한 경우

생사불명이란 생존도 사망도 증명할 수 없는 상태를 의미하며, 1년 기간의 기산점은 상대방 약혼자에게 알려져 있는 본인 최후의 생존일자라고 해석한다.

(사) 정당한 이유 없이 혼인을 거절하거나 그 시기를 늦추는 경우

'정당한 이유'란 학업을 마친 후에 혼인하겠다는 경우라든가, 외국에 체류 중 자기 의사에 반하여 귀국에 장애를 받고 있는 경우, 급변한 경제상태의 악화로 즉시 혼인하는 것이 곤란한 경우, 또는 건강이 악화되어 당분간 치료를 요하는 경우 등을 생각할 수 있을 것이다. 혼인거절이나 혼인시기의 지연에 정당한 이유가 있는가의 여부는 사회의 일반적인 관념과 구체적인 사정을 고려하여 결정되어야 한다. 예를 들어서 혼인하기 전에 남자가 여자에게 직장을 그만두고 가사에만 종사할 것을 강요하는 경우에 여자가 혼인을 거절하는 것은 정당한 이유가 있는 혼인거절이라고 볼 수 있을 것이다. 그리고 '혼인'에는 사실혼도 포함된다고 본다.

혼인거절이나 그 시기를 지연하는 데 정당한 이유가 없는 경우에는 약혼 당사자의 일방은 약혼을 정당하게 해제하고 상대방에 대하여 손해배상을 청구할 수 있다.

---

12) 李熙鳳, '신신분법 중의 해석상의 문제', 고시계, 1960년 1월호, 51면.

13) 동지: 鄭光鉉, 신친족상속법요론, 1962, 508면 이하.

(아) 그 밖에 중대한 사유가 있는 경우

제1호에서 제7호까지의 사유가 구체적인 약혼해제의 원인을 규정하고 있는 데 비하여 제8호는 추상적인 약혼해제의 원인을 규정하고 있다. 약혼은 다양한 원인에 의해서 파경에 이를 수 있으므로, 구체적인 사유를 제한적으로 열거하는 것만으로는 실제의 사회생활관계에 적절히 대응할 수 없기 때문이다. 어떤 경우가 약혼을 해제할 수 있는 '중대한 사유'에 해당하는가를 일일이 열거하는 것은 불가능하다. 사회의 일반관념에 비추어 볼 때 당사자에게 약혼을 유지시켜 혼인에 이르도록 요구하는 것이 무리라고 생각되는 정도라면 약혼해제의 중대한 사유가 있다고 보아도 무방할 것이다. 예를 들어서 약혼당시 당사자의 일방이 자신의 학력, 직업, 경력, 재산상태 등 혼인의사 결정에 중대한 영향을 미칠 수 있는 사실을 속인 경우☜, 약혼중의 폭행, 모욕 등은 약혼해제의 중대한 사유에 해당된다고 볼 수 있을 것이다.

설례의 경우 다음에 소개하는 판례에 따르면, Y의 X에 대한 약혼의 해제는 적법하며, 따라서 X는 Y에게 위자료를 지급하는 것이 타당할 것이다대판 1995. 12. 8, 94므1676 · 1683.

☞ 설례와 같은 사안에 대하여 전주지방법원은 여자의 반소를 받아들여 남자는 여자에게 위자료로 300만원을 지급하라고 판결하였다. 이에 대하여 남자는 대법원에 상고하였는데, 대법원은 이 상고를 기각하면서 다음과 같은 요지의 판결을 하였다.

'서로 알지 못하던 원고(남자)와 피고(여자)가 중매를 통하여 불과 10일간의 교제를 거쳐 약혼을 하게 되는 경우에는 서로 상대방의 인품이나 능력에 대하여 충분히 알 수 없기 때문에 학력이나 경력, 직업 등이 상대방에 대한 평가의 중요한 자료가 된다고 할 것인데, 원고가 학력과 직장에서의 직종 · 직급 등을 속인 것이 약혼 후에 밝혀진 경우에는 원고의 말을 신뢰하고 이에 기초하여 혼인의 의사를 결정하였던 피고의 입장에서 보면 원고의 이러한 신의성실의 원칙에 위반한 행위로 인하여 원고에 대한 믿음이 깨어져 원고와의 약혼을 유지하여 혼인을 하는 것이 사회생활관계상 합리적이라고 할 수 없다. 따라서 피고의 원고에 대한 이 사건 약혼의 해제는 적법하고, 원고는 피고에게 위자료를 지급할 의무가 있다'대판 1995. 12. 8, 94므1676 · 1683, 판례공보 1996. 2. 1, 387면.

## 2. 약혼해제의 방법

약혼당사자의 일방은 상대방에 대하여 일방적으로 의사를 표시함으로써 약혼을 해제할 수 있다. 약혼의 해제는 어떠한 형식도 필요로 하지 않으며, 묵시의 의사표시로도 가능하다(더 이상 만나지 않으려는 태도 등). 약혼당사자는 약혼해제의 정당한 사유§804가 없는 경우에도 언제든지 상대방의 동의를 구하지 않고 일방적으로 약혼을 해제할 수 있으며, 다만 이 경우에는 상대방에 대하여 손해배상의 책임을 지게 된다§806. 미성년자와 피성년후견인은 부모 등의 동의를 얻어 약혼해제의 의사표시를 할 수 있다고 해석한다.

상대방에 대하여 약혼해제의 의사표시를 할 수 없는 경우에는 그 해제의 원인(제804조가 규정하는 약혼해제사유)이 있음을 안 때에 약혼이 해제된 것으로 본다. 예를 들어서 약혼당사자의 일방이 약혼 후 1년 이상 생사가 불명한 때에는 약혼은 해제된 것으로 본다§805.

## 3. 약혼해제의 효과

약혼이 상대방의 과실로 인하여 해제된 경우에는 당사자의 일방은 상대방에 대하여 손해배상을 청구할 수 있다§806①. 이 경우에는 가정법원에 우선 조정을 신청하여야 한다가소 §2①다류사건 i · 50. 상대방이 제804조가 규정하는 약혼해제의 사유 중 본인에게 책임을 귀속시킬 수 있는 원인(반면에 예를 들어서 약혼 후 상대방이 불치의 정신병에 걸린 경우는 본인에게 그 책임을 물을 수 없을 것이다)을 제공한 경우에는 약혼해제에 과실이 있다고 볼 수 있다. 약혼당사자 쌍방이 모두 약혼해제에 과실이 있는 경우에는 일반과실상계§396 참조의 규정을 준용하여 구체적인 사정에 따라 배상액수가 감경되거나 또는 면제되는 것으로 해석하는 것이 합리적일 것이다.

약혼당사자 쌍방에게 과실이 없는데, 일방이 약혼을 해제한 경우에는 정당한 사유 없는 약혼해제가 되므로 상대방에 대하여 손해배상의 책임을 진다.

당사자의 합의에 의하여 약혼을 해제한 경우에 손해배상에 대해서 아무런 합의가 없었다면, 손해배상청구권을 포기한 것으로 볼 수 있다.

약혼해제로 인한 손해배상의 범위는 재산상의 손해[14]와 정신적인 고통에 대한 위자료를 포함한다. 재산상 손해배상의 범위는 혼인준비 비용과 혼인의 성립을 믿고 포기한 이익 등 신뢰이익이다. 예를 들어서 약혼식 비용, 청첩장 제작비, 결혼식장 예약비, 신혼여행 예약비 등이 여기에 포함될 것이다.

정신적인 고통에 대한 손해는 부당한 약혼해제로 인한 고통과 한 번 약혼했었다는 사실이 장래 혼인에 장애요소로 작용할 수도 있다는 우려에서 나오는 정신적 고통을 포함할 것이다(약혼 중 당사자가 합의에 의하여 성적 관계를 맺은 경우에 이러한 사실은 정신적인 고통에 대한 손해에 포함되지 않는다고 본다).

재산상의 손해배상청구권은 승계될 수 있으나, 위자료청구권은 원칙적으로 승계되지 않는다. 그러나 위자료청구권도 당사자 사이에 그 배상에 관한 계약이 성립되거나 소가 제기된 경우에는 승계된다§806③. 예를 들어서 약혼당사자의 일방이 정당한 사유 없이 약혼을 해제하였는데, 당사자 사이에 위자료에 대한 합의가 이루어진 후, 계약이 이행되기 전에 다른 일방이 사망한 경우 위자료청구권은 사망한 다른 일방의 상속인에게 상속된다. 당사자 사이에 위자료에 대한 합의가 이루어지지 않아서 다른 일방이 약혼해제로 인한 위자료청구의 소를 제기하였는데, 소송계속 중 사망한 경우에도 위자료청구권은 청구인의 상속인에게 상속된다.[15] 이 경우 상속인은 소송수계의 절차를 밟아야 한다민소 §233.

## 4. 예물의 반환청구권

약혼예물의 법적 성질에 대해서는 '혼인의 불성립을 해제조건으로 하는 증여'라고 보는 것이 일반적이다.[16] 따라서 약혼이 해제되어 혼인의 성립가능

14) 판례는 혼인생활의 준비를 위해 지출한 가구구입비, 전자제품구입비 등 가재도구의 구입비용을 손해로 인정하지 않는다는 입장이다. 혼인준비를 위하여 이와 같은 가재도구를 준비한 당사자에게 그 물건에 대한 소유권이 남아 있기 때문이라는 것이다. 따라서 사실혼관계가 당사자 쌍방의 과실로 약 1개월 만에 해소된 때와 같이 혼인기간이 극히 짧아서 혼인의 불성립에 준하여 볼 수 있는 경우에 가재도구를 준비한 원고가 그 가재도구를 점유하고 있는 피고를 상대로 하여 가재도구의 구입비용에 대하여 손해배상을 청구한 사건에서 그 청구를 기각하였다. 혼인준비를 위하여 구입한 가재도구 등은 여전히 원고의 소유에 속하므로, 소유권에 기초한 반환청구를 할 수는 있어도 손해배상을 청구할 수는 없다는 것이다. 마찬가지 논리로 예복구입비, 예물구입비에 대해서도 원고에게 손해가 발생하였다고 볼 수 없다는 이유로 원고의 손해배상청구를 기각하였다(대판 2003. 11. 14, 2000므1257).

15) 대판 1993. 5. 27, 92므143.

16) 대판 1976. 12. 28, 76므41 · 42, 판례월보 81호, 67면(판례가족법, 14면); 약혼예물에

성이 없어진 경우에는 혼인의 불성립이라는 해제조건이 성취된 것이므로, 증여계약은 효력을 잃게 되고, 이미 증여된 약혼예물 등은 부당이득반환의 법리에 따라 반환되어야 한다. 약혼해제로 인한 예물반환청구는 가정법원의 관할로 보아야 할 것이다가소 §2①다류사건 ⅰ.[17] 일단 혼인이 성립한 경우에는 혼인의 불성립이라는 해제조건은 성취불능이 되었으므로, 혼인이 성립한 후 해소(이혼, 사실혼의 해소 등)된다고 해도 예물 등 기타 증여물(지참금 등)의 반환문제는 생기지 않는다.[18] 이 경우의 혼인은 반드시 법률혼일 필요가 없고 사실혼이라도 무방할 것이다. 예를 들어서 혼인성립 후 1년여 만에 부부 일방(妻)의 유책행위(부정한 행위)로 혼인이 파탄된 경우, 혼인파탄에 책임이 있는 유책배우자도 혼인 전에 받은 예물을 반환할 의무가 없다.[19] 그러나 혼인이 성립한 후 짧은 기간 내에 해소된 경우에는 혼인불성립의 경우에 준하여 약혼예물의 반환청구권을 인정하는 것이 신의칙에 부합할 것이다. 예를 들어, 사실혼관계가 쌍방의 과실로 인하여 1달 만에 해소된 경우, 부부의 일방(妻)이 상대방(夫)에게 아파트구입명목으로 교부한 금전은 형평의 원칙상 전액 반환되어야 한다.[20] 약혼이 해제된 경우에는 이와 같이 예물의 반환문제가 생기지만, 약혼의 해제에 대하여 과실이 있는 유책당사자는 신의칙상 자신이 제공한 예물의 반환을 청구할 수 없다.[21] 만약 쌍방에 과실이 있는 경우라면 쌍방에 과실이 없는 경우에 준하면서 과실상계의 원리를 가미하여 반환의 범위를 결정하여야 할 것이다.

---

관하여는 오종근, 약혼예물에 관한 일고찰, 판례월보 232호(1990. 1), 15-29면 참조.

17) 다만 시부모와 같은 제3자에 대하여 반환을 청구하는 경우(시부모가 약혼, 혼인예물을 점유하고 있는 경우)에는 민사사건으로서 지방법원의 관할이다.

18) 대구지판 1971. 6. 18, 71므152(판례가족법, 20면); 서울민지판 1979. 11. 5, 79가합1733, 법률신문 1325호(판례가족법 추록(Ⅰ), 15면); 대판 1994. 12. 27, 94므895, 판례월보 296호, 152면; 대판 1996. 5. 14, 96다5506, 판례공보 1996. 7. 1, 1859면.

19) 대판 1996. 5. 14, 96다5506; 혼인성립 후 약 2년 10개월 만에 부부 일방(夫)의 유책행위로 인하여 이혼하게 된 경우 다른 일방은 상대방과 그 가족에게 증여한 예단, 예물, 옷값 등의 반환을 청구할 수 없으며, 혼수품 구입비용 및 결혼식장 비용 등에 대한 손해배상을 청구할 수 없다(서울가판 1997. 4. 16, 97르141).

20) 대판 2003. 11. 14, 2000므1257.

21) 이에 따르는 판례: 대판 1976. 12. 28, 76므41, 판례공보 1977. 2. 1, 9835면.

# 제 3 절 혼인의 성립

## 1 서 설

민법이 규정하는 혼인의 성립요건은 형식적 요건과 실질적 요건으로 구별된다. 형식적 요건으로서는 「가족관계의 등록 등에 관한 법률」(이하 '등록법'이라 한다)이 정하는 바에 의하여 신고하는 것이다§812~814.

실질적 요건으로서는 i) 혼인적령에 달하였을 것§807, ii) 부모 등의 동의를 얻을 것§808, iii) 일정한 근친자가 아닐 것§809, iv) 중혼이 아닐 것§810 등이 있다. 그러나 이상의 요건 이외에 당사자간에 혼인의 합의가 있어야 하는 것은 당연하다. 민법은 이를 요건으로 규정하지 않고 있지만, '당사자간에 혼인의 합의가 없는 때'에는 혼인을 무효로 함으로써§815 이를 당연한 것으로 전제한다.

## 2 실질적 요건

혼인이 유효하게 성립하기 위해서는 당사자 쌍방에 다음과 같은 실질적 요건이 갖추어져야 한다.

### 1. 당사자간에 혼인의사의 합치가 있을 것§815 i

**設 例**

① X와 Y는 남녀로서 같이 교제하면서 육체관계를 맺어왔는데, 그 사이에 아들 A를 출산하였다. Y는 초등학교 교사로서 혼인을 하지 않고 혼인외의 자를 출산했다는 사실이 알려지자, 학교에서는 사직을 권고하기에 이르렀다. 다급해진 Y는 X에게 이 사실을 알려서 의논한 결과 실질적으로 부부가 될 의사는 전혀 없으면서 교사직에서 면직당하지 않기 위한 방편으로 혼인신고를 하고(X와 Y는 혼인식을 거행한 사실도 없거니와 부부로서 동거도 하지 않고 있다), A의 출생신고를

마치면 곧 이혼신고를 하기로 합의하였다. 그러나 그 후 Y는 약속을 어기고 이혼신고에 협력하지 않았다. X는 어떻게 할 것인가?

② X와 Y는 혼인식을 거행한 후 동거하면서 그들 사이에 딸 A를 출산하고 X가 태국으로 유학을 떠나면서 승려라는 신분상 혼인한 사실이 알려질 경우에 유학에 지장이 있다는 이유로 혼인신고는 X가 유학기간이 끝나는 8년 후에 하기로 합의하였다. 그러나 X가 유학을 떠난 후 8년이 지나도 돌아오지 않고 또 딸 A의 취학관계로 X・Y 사이의 혼인신고가 필요하므로 Y는 시어머니와 상의하여 X가 두고 간 인장을 이용하여 혼인신고를 하고, 이 사실을 시동생을 통하여 X에게 알렸다. X는 그 후 이에 대하여 아무런 이의가 없다가 그 혼인신고는 혼인의 합의가 없으므로 무효라고 주장하면서 혼인무효확인소송을 제기하였다. 이는 인용될 수 있는가?

### (1) 혼인의사의 정의

우리 사회에서 혼인의사란 일반적으로 부부로서 정신적・육체적으로 결합하여 생활공동체를 형성할 의사라고 정의되고 있다.[22)]

i ) 따라서 육체적 관계를 맺지 않겠다는 의사, 다시 말하면 동거하지 않을 것을 조건으로 하는 혼인은 혼인의사가 없다고 보아야 할 것이다. 물론 어떤 신체적 또는 경제적 사정 등의 이유로 일시적으로 동거하지 않는다는 경우에는 상관없다§826① 단서 참조. 혼인의사를 이렇게 정의한다면, 동성(同性)간에 혼인하겠다는 의사는 유효한 혼인의사로 인정되기 어렵다.[23)] 동성혼(同性婚)을 인정하려면 혼인에 대한 정의를 새롭게 정립하고, 그에 따르는 입법적 조치를 취할 필요가 있을 것이다.[24)] ii ) 당사자 사이에 정신적・육체적 결합을 생기게 할 의사(실질적 혼인의사)없이 어떤 방편을 위해서 혼인신고를 하는 경우, 즉 가장혼인은 혼인의사가 결여되어 있으므로 무효이다.[25)] 이와 관련하여 실질적 의사설과 형식적 의사설의 대립이 있으나, 현재 판례는 실질적 의사설을 취하고 있다. 따라서 실질적으로 부부공동체를 형성하려는 의사 없이 단지 어떤 방편을 위하여 형식적으로 혼인신고를 하는 데에만 합의가 된 결과, 혼

22) 대판 1996. 11. 22, 96도2049; 대판 2010. 6. 10, 2010므574; 대판 1985. 9. 10, 85도1481.
23) 인천지판 2004. 7. 23, 2003드합292(항소).
24) 다만 최근 대법원은 사실혼 배우자에 준하여 동성 동반자에 대해서도 국민건강보험 피부양자 자격을 인정하는 판결을 선고한 바 있다. 대판 2024. 7. 18, 2023두36800 전원합의체.
25) 대판 1996. 11. 22, 96도2049; 대판 2010. 6. 10, 2010므574.

인신고가 이루어지더라도 그 혼인은 무효로 보는 것이다. iii) 혼인의사는 자유롭게 결정되어야 한다. 사기 또는 강박으로 혼인을 한 경우에는 완전한 자유의사에 의한 것이 아니므로 취소문제가 생긴다. iv) 혼인할 의사는 그 성질상 조건부 또는 기한부는 있을 수 없다.[26] v) 민법상 혼인의사의 합치는 혼인신고의 형식으로 표시되기 때문에, 이 요건을 배척하는 것은 혼인의사로서 성립할 수 없다고 본다.[27]

설례 ①의 경우, Y가 교사직에서 면직당하지 않게 할 수단으로 등록부상 부부가 되는 것을 가장하기 위하여 혼인신고를 한 것이고, 당사자 사이에 정신적·육체적 결합을 생기게 할 의사, 즉 혼인의 합의하에 신고한 것이 아니다. 따라서 X·Y 사이의 혼인은 가장혼인으로서 무효이다.[28] 그러므로 X는 Y를 상대로 혼인무효확인소송을 제기할 수 있다.

### (2) 일방적 혼인신고의 효력

혼인성립을 위해서는 당사자 쌍방의 혼인의사가 합치되어야 하므로, 당사자 일방이 일방적으로 혼인신고를 한 경우에는 무효이다. 당사자 일방에 의한 일방적인 혼인신고 후 다른 일방이 이를 추인한 경우에는 무효인 혼인은 유효가 된다고 해석된다.[29]

### (3) 사실혼이 존재하는 경우 일방적 혼인신고의 효력

(가) 사실혼관계에 있는 경우에는 당사자 일방이 일방적으로 혼인신고를 하는 경우에도 혼인은 유효하게 성립한다고 본다. 사실혼 성립 당시 당사자 쌍방에게 존재했던 혼인의사는 그 이후에도 계속해서 존속하고 있다고 추정

---

26) 따라서 장래의 일정한 시기에 또는 장래 일정한 조건이 성취된 때에 혼인한다는 합의는 약혼이지 혼인의 합의는 아니다. 그리고 일정한 시기에 또는 장래 일정한 조건이 성취한 때에 혼인을 해소한다는 합의는 허용되지 않는다. 이러한 합의가 있더라도 혼인의사로서는 무조건·무기한으로 성립한다고 보아야 한다.

27) 이러한 것은 법률적 구속이 생기지 않는 남녀의 결합관계를 원하고 있기 때문에 진정한 혼인을 성립시키려는 의사가 없다고 보아야 한다. 따라서 이 경우에 사실상혼인관계존재확인청구가 있더라도 인정할 수 없을 것이다.

28) 대판 1980. 1. 29, 79므62,63.

29) 대판 1965. 12. 28, 65므61. 그러나 일방적인 혼인신고 후 부부공동생활의 실체 없이 몇 차례의 육체관계를 통하여 자녀를 출산하였다 하여도 무효인 혼인을 추인하였다고 볼 수는 없다(대판 1993. 9. 14, 93므430). 또한 일방적인 혼인신고 후 부부공동생활의 실체가 형성되지 않았다면 설령 다른 일방이 추인의 의사표시를 하였다 해도 무효인 혼인신고가 유효로 된다고 볼 수는 없다. 대판 1991. 12. 27, 91므30 참조.

되므로, 당사자 일방이 일방적으로 혼인신고를 한 경우에도 신고 당시에 실질적으로 당사자 쌍방의 혼인의사가 합치되어 있다고 볼 수 있기 때문이다. 설령 사실혼관계에 있는 부부의 일방(A)이 혼인신고를 할 때 다른 일방(B)이 의사무능력 상태에 있었다고 해도 이전에 B에게 혼인의사가 결여되어 있었다거나 B가 혼인의사를 철회하였다는 등의 사정이 인정되지 않는다면 혼인의사의 존재가 추정되므로, A의 혼인신고에 의해서 유효하게 혼인이 성립한다고 본다대판 2012. 11. 29, 2012므2451.

그러나 당사자 일방이 명백하게 혼인의사를 철회했거나, 당사자 쌍방이 사실혼관계를 해소하기로 합의한 이후에 이루어진 일방적인 혼인신고는 당연히 무효가 된다. 이 경우에는 일방 또는 쌍방에게 혼인의사가 없는 것이 명백하므로, 신고 당시 혼인의사의 합치가 추정될 수 없기 때문이다.[30]☜

(나) 사실혼관계에 있는 당사자의 일방이 일방적으로 혼인신고를 한 경우의 효력과 관련하여 추인이론을 원용하는 판례도 있다.[31] 즉 사실혼의 당사자 일방에 의한 혼인신고 당시에는 혼인의사의 합치가 없었다고 하더라도 그 후에 다른 일방이 무효인 혼인신고를 추인(명시, 묵시를 포함한다. 예를 들어서 일방적인 혼인신고의 사실을 알면서 이의를 제기하지 않고 혼인생활을 계속한 경우에는 무효인 혼인신고를 묵시적으로 추인한 것으로 본다)한 경우에는 혼인신고시로 소급하여 유효하게 된다는 이론이다. 일반적으로 무효인 법률행위의 추인의 효력은 소급하지 않지만, 신분행위의 추인에 있어서는 예외적으로 그 효력이 소급한다고 본다.

설례 ②의 경우, X·Y는 혼인의사가 있었음에도 X가 유학하고 있는 관계로 혼인신고를 하지 않고 있다가 혼인한 지 8년이 지나서 X·Y 사이에서 태어난 A의 학교 입학을 계기로 하여 Y가 일방적으로 혼인신고를 하였다. 그러나 X가 그 후에 아무런 이의를 제기하지 않았던 점에 비추어 볼 때, 당사자 사이에 사실혼관계를 해소하기로 합의하였거나 X가 혼인의사를 철회한 사실이 인정되지 않으므로, X·Y 사이의 혼인의사는 존속하고 있다고 보아야 하며, 따라서 Y의 혼인신고는 유효이다. 그러므로 X의 혼인무효확인의 소는 인용될 수 없다대판 1984. 10. 10, 84므71 참조.

---

30) 대판 1984. 10. 10, 84므71; 대판 2000. 4. 11, 99므1329.
31) 대판 1965. 12. 28, 65므61; 대판 1995. 11. 21, 95므731.

☞ 대판 1963. 11. 7, 63다587, 판례총람 63(판례가족법, 50면)은 '혼인신고에 있어서는 반드시 본인이 호적리(현행법상 가족관계등록공무원)에게 직접 제출하여야만 되는 것이 아니므로 설사 배우자의 일방이 직접 신고를 호적리에게 제출하지 아니하고 타인으로 하여금 이를 제출하게 하였다 하더라도 그 혼인에 있어서 당사자간에 합의가 있는 한 혼인의 효력이 발생하는 것인바 남녀가 혼인식을 올리고 8년간 동거생활을 하여 오다가 혼인신고를 하였고, 신고 후 3년간이나 아무런 이의가 없는 때에는 당사자간에 혼인의 합의가 있었다고 볼 것이므로, 설사 당사자의 일방이 직접 호적리에게 혼인신고를 제출하지 아니하고 그 아버지로 하여금 이를 제출케 하였다 하여도 혼인이 무효라고 할 수 없다'라고 판시하고 있다.

대판 1980. 4. 22, 79므77(판례가족법 추록(Ⅰ), 25면)(판례연구, 金疇洙, 법률신문 1374호)은 '혼인신고는 반드시 본인이 직접 호적공무원에게 제출하여야 하는 것도 아니고 관례에 따라 혼인식을 올리고 부부로서 상당기간 동거하며 그 사이에서 자녀까지 출산하여 혼인의 실체는 갖추었으나 혼인신고만이 되어 있지 않은 관계에서 당사자 일방의 부재 중 혼인신고가 이루어졌다고 하여도 그 당사자 사이에 기왕의 관계를 해소하기로 합의하였거나 당사자의 일방이 혼인의사를 철회하였다는 등의 특별한 사정이 있는 경우를 제외하고는 그 신고에 의하여 이루어진 혼인을 당연히 무효라고 할 수는 없다 할 것이다'라고 판시하고 있다. 타당하다고 하겠다(동지: 대판 1984. 10. 10, 84므71, 판례총람 64-31면(판례연구, 金疇洙, 법률신문 1685호<1987. 6. 1>).

대판 1995. 11. 21, 95므731, 판례공보 1996. 1. 1, 56면은 '부부가 협의이혼을 한 후 처가 일방적으로 혼인신고를 하였더라도 그 사실을 알고 혼인생활을 계속한 경우에는 夫(원고)에게도 처(피고)와 혼인할 의사가 있었다고 할 것이고, 가사 그렇지 않다고 하더라도 원고가 위 혼인신고의 사실을 알고서도 피고와 혼인생활을 계속함으로써 무효인 혼인을 추인하였다'고 판시하고 있다. 이 판결은 사실혼관계가 있는 경우의 일방적 혼인신고의 유효론과 무효인 혼인의 추인이론의 양쪽을 모두 인정하고 있다.

대판 2012. 11. 29, 2012므2451은 '사실혼관계인 피고들 사이에 혼인신고가 이루어질 때에 피고 1이 의사무능력 상태에 있었다 하더라도 그 이전에 피고 1에게 혼인의사가 결여되어 있었다거나 피고 1이 혼인의사를 철회하였다는 등의 사정이 인정되지 아니하므로, 피고 1의 혼인의사의 존재는 추정되고, 따라서 피고 2의 혼인신고에 따른 피고들 사이의 혼인은 유효하다'고 판단하였다.

### (4) 혼인신고에 오류가 있는 경우

혼인에 합의한 당사자가 혼인신고를 하였는데, 어떤 사람의 고의나 잘못으로 다른 사람과 혼인한 것으로 신고서가 작성되어 등록부에 기록된 경우에는 그 다른 사람과의 혼인성립은 인정할 수 없다. 이러한 경우에는 등록부 기록의 착오로 보아 등록법 제104조의 규정에 의하여 가정법원의 허가를 받아서 혼인에 합의한 당사자의 혼인성립으로 정정하면 될 것이다.

### (5) 혼인의사의 존재 시점

혼인할 의사는 신고서면을 작성할 때와[32] 신고가 수리될 때에 모두 존재할 필요가 있다. 따라서 유효하게 작성된 신고서도 제출 전에 일방이 다른 일방에 대해서 또는 다른 사람에게 의뢰하였으면 그 자에게 혼인의사를 철회한 경우에는 물론이고, 가족관계등록공무원에 대하여 혼인의사를 철회하였으므로 수리하지 않도록 말한 경우에는(혼인신고수리불가신고서를 제출한 경우. 가예 제139호), 혼인신고가 수리되더라도 그 혼인은 무효이다.[33]

### (6) 의사능력이 없는 상태에서의 혼인신고

혼인의사의 성립에는 의사능력이 필요하다. 따라서 예컨대, 피성년후견인이 의사능력이 없는 상태에서 한 혼인신고는 성년후견인의 동의가 있었다고 해도 무효이다.

그러나 당시자 사이에 사실상의 부부공동생활관계가 존속하고 있다면 혼인신고서가 당사자 일방에 의하여 작성되어 수리될 때 다른 일방이 의사능력을 잃고 있었더라도, 신고서 수리 이전에 혼인의사를 철회하지 않은 이상, 혼인은 유효하게 성립한다고 보아야 할 것이다.[34]

## 2. 당사자가 혼인적령에 달하였을 것 §807

(1) 남녀 모두 만 18세에 이르면 부모 등의 동의를 얻어 혼인할 수 있다. 종전에는 남자 만 18세, 여자 만 16세에 달한 때에 혼인할 수 있다고 규정되어

32) 다만 당사자 일방이 일방적으로 작성한 신고서라도 다른 일방이 승인하면 그 때부터 유효한 서면이 된다.

33) 이에 따르는 판례: 대판 1983. 12. 27, 83므28, 판례총람, 60-18면 참조.

34) 대판 2012. 11. 29, 2012므2451; 이와 달리 대판 1996. 6. 28, 94므1089, 판례월보 314호, 126면은 사실상의 夫가 뇌졸중으로 의식을 잃고 있는 상태에서 작성된 혼인신고의 수리는 무효라고 판시한 바 있다. 金疇洙, '가족법에 있어서의 남과 여의 대결', 시민과 변호사, 1996년 12월호, 66-67면.

있었으나, 남녀에 따른 혼인적령의 차별은 합리적인 이유가 없는 차별로서 헌법상 정당화되기 어렵다는 비판이 있었다. 이러한 이유에서 2007년 민법일부개정으로 혼인연령이 남녀의 차별 없이 만 18세로 조정되었다(개정된 제807조는 2007년 12월 21일부터 시행되고 있다). 연령은 출생일을 산입하여 계산한다§158. 따라서 예를 들어 2000년 5월 18일에 태어난 사람은 2018년 5월 17일 24시에 만 18세가 된다. 이 혼인적령은 등록부상의 연령에 의해서 결정된다가예 141호.

(2) 혼인적령에 달하지 않은 자의 혼인신고는 수리가 거부될 것이므로§813 참조 실제로 이러한 혼인이 생기는 일은 거의 없을 것이지만, 등록부상의 연월일이 후에 정정되면 그러한 경우가 생길 수 있다.

(3) 혼인적령 미달의 혼인은 각 당사자 또는 그 법정대리인(당사자는 혼인으로 성년자가 되었으므로§826의2, 혼인 전의 친권자는 취소권이 없다)이 취소할 수 있다§816 i · 817. 이 경우에는 가정법원에 우선 조정을 신청하여야 한다가소 §2①나류사건 ii · 50. 혼인적령 미달자가 적령에 달한 후(당사자가 만 18세에 이르렀고, 부모의 혼인동의가 있는 경우)에도 취소할 수 있느냐에 대해서는 명문의 규정이 없어서 문제이나, 동의를 얻어야 할 혼인이 동의를 얻지 않은 경우에 19세에 달한 후에는 취소를 청구할 수 없다는 규정§819을 유추하여 취소를 청구할 수 없고, 혼인중 임신한 때에는 혼인적령 도달 전이라도 취소를 청구할 수 없다고 해석하는 것이 좋을 것이다.

### 3. 부모 등의 동의를 얻을 것§808

#### (1) 부모 동의권의 본질

미성년자도 만 18세에 이른 경우에는 부모 등의 동의를 얻어 혼인할 수 있다. 부모의 혼인동의권은 미성년자녀를 경솔한 혼인결정으로부터 보호하려는 취지에서 인정된 것이므로, 미성년자녀의 보호·감독을 위하여 부모에게 부여된 친권과 본질적인 면에서 다르지 않으며, 따라서 친권의 일부분이라고 볼 수 있다.

민법은 단순히 부모라는 자격으로서 동의권이 있다고 규정하였으므로, 부모인 이상, 예컨대 이혼한 후에도 부모는 동의권을 가진다. 그러나 父 또는 母가 이혼 후 자녀와 교류가 전혀 없어서(양육비도 지급하지 않고 면접교섭도 하지 않은 경우) 사실상 자녀와의 관계가 단절된 경우에도 子에 대한 혼인동의권을 가진다는 것은 문제가 있다. 부모 동의의 성질이 子의 보호에 있는 것이라면, 단순히 부모라는 사실만으로 동의권자의 자격을 인정하는 것은 생각할 여지가 있다. 또한 친권상실선고를 받은 父 또는 母에게까지 자녀의 혼인동의권을 인정할 필요는 없을 것이다. 이러한 의미에서 子의 혼인동의권자는 친권을 가지는 부모에 한정시키는 것이 부모동의의 본질에 부합할 것으로 생각된다. 따라서 입법론으로서는 '부모의 동의'를 '법정대리인의 동의'로 개정하는 것이 타당할 것으로 보인다.[35)]

### (2) 양자가 혼인하는 경우의 동의권자

양자(일반양자)의 경우에는 친생부모와 양부모가 다 있을 때에도 양부모의 동의만으로 충분하다고 해석한다가예 143호. 부모의 혼인동의권을 친권의 특칙이라고 본다면, 양자의 친권자인 양부모가 동의권을 갖는다고 해석하는 것이 타당하다§909① 참조. 양부모가 모두 사망한 경우에는 양자는 누구의 동의를 받아서 혼인할 수 있는가. 양부모가 모두 사망한 후 친생부모가 친권자로 지정된 경우에는§909의2② 친생부모의 동의를 받아야 한다고 해석된다. 반면에 양부모가 모두 사망한 후 미성년후견인이 선임된 경우에는 미성년후견인의 동의를 받아야 할 것이다§909의2③. 계모와 적모에게는 혼인동의권이 인정되지 않는다. 계모자관계와 적모서자관계는 법정모자관계가 아니므로(계부자관계도 이와 같다), 계모와 적모는 법률상 부모로 인정되지 않으며, 따라서 그 사이에 친권이 발생할 여지가 없기 때문이다.

### (3) 부모의 일방이 혼인동의권을 행사할 수 없는 경우

부모의 일방이 동의권을 행사할 수 없는 때에는 다른 일방의 동의만으로 충분하다가예 142호. 부모 중 일방이 동의권을 행사할 수 없는 경우란 부모의 일방이 사망하였을 때, 부모의 일방을 알 수 없는 때(예를 들어 인지되지 않은 혼인외의 子는 父를 알 수 없는 경우에 해당한다), 부모의 일방이 의사표시를 할 수 없는 때(심신상실의 경우, 행방불명된 경우 등)를 말한다. 피성년후견인의 경우에는 의사능력이 회복되어 있을 때 혼인동의권을 행사할 수 있다고 해석할 수도 있으나, 언제 의사능력이 회복될지 예측이 어려운 경우에는 혼인의 자유를

---

35) 金疇洙, '가족법개정안', 민사법개정의견서, 1982, 128면 참조.

제약할 수도 있으므로, 의사표시를 할 수 없는 경우에 포함되는 것으로 해석한다. 부모가 피한정후견인인 경우에는 혼인동의권을 인정해도 무방하다고 본다. 이와 같은 이유로 부모의 일방이 혼인동의권을 행사할 수 없는 경우에는 신고서에 그 사유를 기재하여야 한다.

### (4) 미성년후견인의 동의

만 18세 이상의 미성년자가 혼인할 경우에 부모가 모두 동의권을 행사할 수 없는 때에는 미성년후견인의 동의를 받아야 한다. 종전에는 후견인이 없거나 동의할 수 없는 때에는 친족회의 동의를 받아 혼인할 수 있다는 규정이 있었으나, 2011년 민법일부개정으로 친족회 자체가 폐지되면서 이 규정도 삭제되었다.

### (5) 피성년후견인이 혼인하는 경우의 동의권자

피성년후견인은 부모 또는 성년후견인의 동의를 받아 혼인할 수 있다. 종전에는 금치산자는 부모 또는 후견인이 없거나 동의를 할 수 없을 때에는 친족회의 동의를 얻어 혼인할 수 있다는 규정이 있었으나 2011년 민법일부개정으로 친족회가 폐지되면서 이 규정도 삭제되었다. 피한정후견인은 성년자인 이상 누구의 동의도 필요 없이 혼인할 수 있다.

### (6) 혼인전에 한 혼인동의의 존속 추정

부모의 혼인동의는 혼인신고시에 존재하여야 하지만, 혼인신고 이전(결혼식 전)에 이미 혼인에 동의한 경우에는 혼인신고 당시에도 동의는 존속하고 있다고 보아야 한다. 혼인의 동의는 중대한 사유가 없는 한 함부로 철회할 수 없다고 보아야 할 것이다.[36)]

---

36) 대판 1957. 6. 29, 4290민상233(판례가족법, 30면)은 '당사자 일방 또는 동의권자의 서명날인이 결여되거나 권한 없이 작성된 혼인신고서가 수리된 때에 당사자의 혼인신고의사 및 동의권자의 동의가 있었음이 인정되는 경우에는 혼인은 유효하게 성립되는 것이다. …… 혼인식 당시의 동의가 위 신고 이전에 철회된 사실이 인정되지 못하므로 동의권자 등의 동의가 위 신고당시에 존속한다고 推認되지 않을 수 없다. …… 따라서 위 혼인신고에 있는 …… 동의에 관한 기재부분이 권한 없이 작성된 것이라 할지라도 동의는 원래 요식행위가 아니므로 신고 당시에 동의가 존속하였다고 인정되는 한, 본건 혼인은 결국 유효하게 성립되었다고 아니할 수 없다'라고 판시하고 있다.

(7) 혼인동의의 방식

혼인동의는 요식행위가 아니므로, 일정한 방식을 필요로 하지 않는다. 다만 혼인동의의 표시는 일반적으로 등록법 규정에 따라서 혼인신고서에 동의서를 첨부하든가, 또는 혼인신고에 동의한다는 뜻을 부기하고 서명 또는 기명날인하는 것으로써 한다등 §32. 그러나 이 규정은 혼인신고에 대한 동의를 절차상 명확하게 하려는 취지에서 나온 것일 뿐이며, 혼인신고의 유효요건을 정한 것은 아니다. 따라서 혼인신고서에 부모의 동의가 결여되어 있었다고 해도(동의권 없는 제3자가 권한 없이 동의서를 작성한 경우도 포함) 혼인신고가 수리되었고, 실제로 사전에 동의가 있었다는 사실이 인정된다면 그 혼인신고는 유효하다고 보아야 한다가예 149호.[37)]

(8) 부모가 혼인동의를 거부하는 경우

부모 등의 동의를 얻지 않으면 혼인신고는 수리되지 않으므로, 결국 부모 등이 동의를 거부하면 미성년자 또는 피성년후견인의 혼인은 성립할 수 없다. 여기에서 동의권의 남용 문제가 생각될 수 있다. 민법은 이를 예상하고 있지 않지만, 실제로 있을 수 있는 일이다. 이러한 경우에, 혼인동의의 거부가 현저히 부당하다고 인정되는 경우에는 권리남용의 법리를 적용하여야 할 것이다. 이것은 친권상실선고를 청구한다는 의미는 아니다. 왜냐하면 민법 규정상 동의권자는 친권자가 아니라 부모이며(물론 친권상실선고를 받은 부 또는 모에게는 원칙적으로 혼인동의권을 주지 않는 것이 타당하지만), 친권상실선고를 받은 부모라고 하여 법문상 부모로서 동의권을 행사할 수 없다는 규정은 없으므로, 친권상실선고를 청구하여도 별로 의미가 없기 때문이다. 따라서 민법 제2조 제2항에 의하여 동의의 거부가 동의권의 남용이라는 것을 입증하여 동의를 갈음하는 재판을 청구하여야 할 것이다.[38)] 그러므로 가정법원에 우선 조정을 신청할 수 있다고 본다가소 §12·50. 그러나 이러한 방법은 실제의 적용에 있어서 어려운 점이 예상되므로, 외국의 입법례에 따라 동의권 남용의 경우에 관하여 명문의 규정을 둘 필요가 있을 것이다.[39)]

---

37) 대판 1957. 6. 29, 4290민상233.

38) 반대견해, 주해친족법 1권, 117면.

39) 영국 Guardianship of Infants Act, 1925는 동의가 거절된 경우에는 법원은 청구에 의하여 동의를 면제한다고 규정하고 있다.

### (9) 동의권자의 동의 없는 혼인신고가 수리된 경우

미성년자, 피성년후견인 등이 혼인신고를 할 때 부모 등의 동의가 없다면 그 신고의 수리는 당연히 거부될 것이나§813, 만일 잘못 수리되었다면 당사자 또는 그 법정대리인(당사자는 혼인에 의해서 성년자와 같은 행위능력을 가지게 되므로§826의2, 혼인전의 친권자는 더 이상 법정대리인이 아니며, 따라서 취소권이 없다고 보아야 할 것이다)이 취소할 수 있다§816 i · 817 전단. 이 경우에는 우선 가정법원에 조정을 신청하여야 한다가소 §2①나류사건 ii · §50. 당사자가 만 19세에 달한 후 또는 성년후견종료의 심판이 있은 후 3개월이 경과하거나 혼인중에 임신한 때에는 취소권이 소멸한다§819.

## 4. 일정한 근친자간의 혼인이 아닐 것§809

(1) 동성동본인 혈족 사이의 혼인을 금지하고 있던 개정 전 민법 제809조 제1항은 1997년 7월 헌법재판소의 헌법불합치결정[40]으로 당시 이미 적용이 중지되었고, 1999년 1월 1일부터 효력을 상실하였다. 동성동본인 혈족이란 부계혈족을 의미하는 것이므로, 촌수에 관계없이 동성동본 사이의 혼인을 금지했던 이 조항은 합리적 이유 없이 부계와 모계를 차별함으로써 양성평등의 원칙헌 §11① · 36①에 반하는 것이었다. 또한 이 조항은 아무런 합리적 근거 없이 혼인이 금지되는 범위를 지나치게 넓게 규정하여 혼인의 자유와 혼인상대방을 결정할 수 있는 자유를 침해함으로써 결국 개인의 인격권과 행복추구권을 규정한 헌법이념에 배치되는 것이었다. 1999년부터 효력을 상실한 개정 전 민법 제809조 제1항을 대체할 수 있는 민법개정안(개정안 제809조 제1항은 부계와 모계를 차별하지 않고, 8촌 이내의 혈족 사이에는 혼인할 수 없다고 규정하고 있었다)이 이미 1998년에 국회에 제출되었으나, 민법개정안의 국회통과를 저지하려는 소위 유림과 이에 영합한 국회의원들의 직무유기로 말미암아 2005년 3월 2일에야 국회를 통과하였다(개정민법은 2005년 3월 31일부터 시행되고 있다). 동성동본 사이의 혼인금지를 주장하는 자들은 동성동본의 경우는 모두 한 조상에서 비롯된 혈족이라고 믿고 있는데, 이는 우리 민족의 성관체제가 역사적으로 어떤 과정을 거쳐 형성되었는지에 대해서 제대로 이해하지 못한 데서 비

40) 헌재결 1997. 7. 16, 95헌가6~13.

롯된 것이다. 여기서는 다만 성과 본은 역사적인 변천의 산물이며, 혈연적으로 전혀 무관한 사람들이 오늘날 동성동본으로 묶여있는 경우가 허다하다는 점만을 지적해 둔다.[41]

(2) 민법은 가까운 혈족 및 인척 사이의 혼인을 금지하고 있는데, 그 범위는 다음과 같다.

(가) 8촌 이내의 혈족 사이의 혼인

① 8촌 이내의 혈족 사이에서는 혼인할 수 없다. 혈족에는 자연혈족과 법정혈족(養父母系의 혈족)이 모두 포함된다. 이것은 제777조가 규정하는 혈족의 범위와 일치한다고 보는 것이 좋을 것이다. 즉, 모계혈족에 대해서는 우리 전통적 관습을 고려하여 모계의 父系血族만을 의미하는 것으로 해석하는 것이 타당할 것이다.[42]

자연혈족 사이의 혼인이 금지되는 것은 우생학적 이유와 사회윤리적인 측면을 다 같이 고려한 결과이지만, 법정혈족인 養父母系의 혈족과의 혼인이 금지되는 것은 사회윤리적인 고려에 의한 것이다.

② 개정 전 민법 제809조 제1항은 단지 동성동본인 혈족 사이의 혼인을 금지하고 있었을 뿐이므로, 이성양자(異姓養子)와 양가(養家)의 혈족 사이의 혼인을 금지하는 근거규정이 될 수 없었다. 친양자제도가 도입되기 전에는 민법에 의해서 입양을 하는 경우에 양자의 姓과 本이 변경되는 일이 없었으므로, 양자와 養父 및 양가의 혈족은 동성동본인 혈족에 해당하지 않는 경우가 얼마든지 발생할 수 있는데, 이들 사이의 혼인을 금지하는 근거규정은 존재하지 않았다(현행법에 의하더라도 민법에 의해서 일반입양을 하는 경우에는 양자의 성과 본은 변경되지 않는다. 다만, 친양자입양을 하는 경우에는 양자는 양부모의 성과 본을 따르게 된다). 이들은 법정혈족관계에 있으므로, 설령 혼인하더라도 제815조 제2호에 의해서 그 혼인은 무효가 된다고 해석되었다. 그러나 효력규정에만 규정하고 금지규정에는 규정하지 않은 것은 입법의 불비라는 비판을 피할 수 없었다(제809조는 혼인이 금지되는 범위를 규정한 금지규정이다. 이러한 금지에 위반하여 혼인이 성립된 경우의 효력에 대해서는 제815조, 제816조가 규정하고 있는데, 혼인이 무효가 되는 경우와 취소될 수 있는 경우로 나누어진다. 이런 의미에서 제809조는 금지규정, 제815조 이하는 효력규정이라고 부른다). 그뿐만 아니라 개정

---

41) 정진영, '한국: 성과 본관', 역사비평 통권 53호, 173면 이하 참조.

42) 반대견해, 주해친족법 1권, 121면.

전 민법 제809조 제1항은 부계혈족 사이에는 무제한 혼인을 금지하는 반면, 모계혈족 사이의 혼인금지에 대해서는 규정하지 않음으로써 현저한 불균형과 심각한 입법의 불비상태를 나타내고 있었다. 이러한 문제는 개정법에 의하여 모두 해소되었다.

③ 인지되지 않은 혼인외의 출생자의 경우에는 사실상의 부계혈족(생물학적인 의미에서의 부계혈족)과 어떻게 근친혼을 금지시킬 것인가의 문제가 있다. 예컨대, 父와 인지되지 않은 혼인외의 출생자의 사이, 父의 혼인중의 출생자와 父에 의하여 인지되지 않은 혼인외의 출생자 사이의 혼인을 어떻게 금지시킬 것인가의 문제이다. 이러한 자들은 법률상 혈족이 아니므로, 혼인할 수 있다고 볼 수 있다. 그러나 윤리적, 우생학적 견지에서 볼 때에는 이를 금지하는 것이 바람직하다. 민법상 금지된다고 해석하는 것이 타당하겠지만, 그렇게 해석하더라도 가족관계등록공무원에게 실질적 심사권이 없으므로, 그 효과는 크게 기대할 수 없을 것이다. 그러므로 문제는 신고가 수리된 경우에 당사자가 실체관계를 입증해서 무효로 할 수 있는가 하는 것이다. 민법의 해석으로서는 매우 곤란한 것이라고 볼 수밖에 없으나, '혈족'에는 사실상의 혈족도 포함된다고 해석하여야 할 것이다.[43] 궁극적으로는 입법적인 해결이 필요한 문제이다.

(나) 親養子 입양 성립 전에 8촌 이내의 혈족이었던 자 사이의 혼인

친양자 입양이 확정되면, 입양 전의 친족관계는 종료하게 되지만§908의3②, 입양확정 전에 혼인이 금지되었던 8촌 이내의 혈족은 친양자 입양 성립 후에도 계속해서 혼인이 금지된다. 이는 윤리적, 우생학적 견지에서 당연한 것이다.

(다) 6촌 이내의 혈족의 배우자, 배우자의 6촌 이내의 혈족, 배우자의 4촌 이내의 혈족의 배우자인 인척이거나 이러한 인척이었던 자 사이의 혼인

① 이 규정은 인척이거나 인척이었던 자 사이의 혼인을 사회윤리적 견지에서 금지하는 것이다.

혼인이 금지되는 범위는 인척의 계원에 따라 차이가 있다.

ⅰ) 혈족의 배우자의 경우에는 6촌 이내에서 금지된다. 예컨대, 형제의 처, 고모의 夫, 자매의 夫, 조카의 배우자 등이 이에 해당되는데, 이러한 인척 사이에서 6촌까지 혼인이 금지되므로, 지나치게 넓다고 생각된다. ⅱ) 배우자의 혈족의 경우에는 배우자의 6촌 이내의 혈족까지 혼인이 금지된다. 예컨대, 배우자

43) 반대견해, 주해친족법 1권, 122면.

의 부모, 조부모, 형제자매, 형제자매의 子, 백숙부(伯叔父), 종형제, 고모, 고모의 子 등이 이에 해당되는데, 이러한 인척 사이에 6촌까지 혼인이 금지되므로, 이것 또한 앞의 경우와 마찬가지로 지나치게 넓다고 생각된다. iii) 배우자의 혈족의 배우자의 경우에는, 배우자의 4촌 이내의 혈족의 배우자인 경우에만 혼인이 금지된다. 예컨대, 배우자의 백숙부 또는 형제의 처, 배우자의 고모, 이모 또는 자매의 夫 등이 이에 해당되는데, 이러한 인척 사이에서는 4촌까지 혼인이 금지된다.

이와 같이, 인척의 계원에 따라 차이를 두어 혼인을 금지할 필요는 없다고 보며, 민법이 규정하는 인척의 범위§777에 맞추어서 모든 인척은 4촌 이내에서 혼인이 금지되는 것이 타당하다고 생각한다.

② 제809조 제2항에 의하여 금지되는 혼인은, i) 현재 인척관계에 있는 자(혼인관계가 배우자의 사망으로 종료하고 생존배우자가 재혼하지 않은 경우§775② 참조) 사이와 ii) 현재는 그러한 인척관계가 종료되었지만, 과거에 인척관계가 있었던 자(혼인관계가 이혼, 혼인의 취소 등으로 종료한 경우) 사이이다.

인척관계가 종료되는 경우로서는, 혼인의 취소, 이혼, 부부 일방의 사망 후의 재혼§775 참조 및 친양자의 성립에 의한 인척관계의 종료§908의3② 참조가 있다. 다만, 혼인의 취소에 의한 인척관계의 종료에 대해서는 해석상 문제가 있다. 혼인요건 위반의 경우에는 당사자간에 완전히 혼인할 의사가 있었으며, 사실상으로도 부부공동생활이 있는 것이 보통이므로 제809조 제2항이 적용되어야 할 것이지만, 사기·강박의 경우에는 혼인의사의 결정 자체가 불완전하고 실질적인 부부공동생활도 거의 이루어지지 않았을 가능성이 높기 때문에 제809조 제2항의 적용을 배제하는 것이 타당할 것이다.

**(라) 6촌 이내의 養父母系의 혈족이었던 자와 4촌 이내의 養父母系의 인척이었던 자 사이의 혼인**

입양에 의하여 법정혈족 또는 인척관계가 성립되었던 일정한 범위의 사람 사이에서는 그 관계가 종료된 후에도 사회윤리적 고려에서 혼인을 금지한다.

제809조 제3항에 의하여 혼인이 금지되는 범위는 6촌 이내의 양부모계의 혈족이었던 자와 4촌 이내의 양부모계의 인척이었던 자 사이이다. 즉, 위와 같은 범위에서는 입양관계가 종료된 후에도 혼인이 금지되는 것이다. 이러한 사람들 사이의 혼인은 입양관계가 존속 중인 때에는 제809조 제1항과 제2항의 규정에 의하여 자연혈족과 마찬가지로 금지되지만, 입양관계가 종료된 후

에는 제809조 제1항과 제2항의 경우와는 달리 혼인금지 범위가 축소된다. 양부모계의 친족관계가 종료되는 경우는 입양의 취소 또는 파양이다§776 참조. 다만, 앞에서 이미 본 바와 같이 사기, 강박으로 인한 입양취소의 경우에는 입양의사의 결정 자체가 불완전하고 양부모와의 공동생활도 충분하게 행하여지지 않을 것이기 때문에 제809조 제3항의 적용을 배제하는 것이 타당할 것이다.

(마) 제809조에 위반한 경우의 효과

제809조에 위반되는 혼인신고는 수리되지 않으나, 혼인신고가 잘못 수리된 때에는 혼인이 무효가 되는 경우와 일단 유효하지만 취소될 수 있는 경우로 나누어진다.

① 무효혼(無效婚): ⅰ) 당사자가 8촌 이내의 父系血族 또는 모계혈족인 경우에는 그 혼인은 무효이다. 이 경우 혈족은 자연혈족과 법정혈족(養父母系)을 구별하지 않으며, 친양자의 입양 전의 혈족을 포함한다§815ⅱ 참조.

ⅱ) 당사자간에 직계인척관계(배우자의 직계혈족, 직계혈족의 배우자 등)가 있거나 있었던 때에는 그 혼인은 무효이다§815ⅲ 참조.

ⅲ) 당사자간에 양부모계의 직계혈족관계§815ⅳ 또는 직계인척관계§815ⅲ가 있었던 때에는 그 혼인은 무효이다.

② 취소혼(取消婚): 제815조의 규정에 의하여 혼인의 무효사유에 해당하는 경우를 제외하고 제809조에 위반한 혼인은 당사자, 그 직계존속 또는 4촌 이내의 방계혈족이 그 취소를 청구할 수 있다§816·817 참조. 이 경우에는 우선 조정을 신청하여야 한다가소 §2①나류사건ⅱ·50. 그러나 당사자간에 혼인중 이미 포태한 때에는 그 취소를 청구하지 못한다§820 참조.

## 5. 중혼(重婚)이 아닐 것§810

**設 例**

A와 B는 혼인신고를 하고 그 사이에 딸 1명을 두었다. 그런데 A와 B는 사이가 원만하지 못하여 딸을 출산한 후부터 별거하여 사실상 이혼상태에 있었다. 그런 상태에서 A는 Y를 만나 혼인한 사실을 숨긴 채 결혼식을 올리고 동거하기 시작하였으며, 그 사이에 2남 2녀를 출산하였다. A는 중혼에 대한 Y의 항의를 받고 1975년 1월 30일 자신이 재외국민인 것처럼 가장하여 재외국민취적·호적정정 및 호적정리에 관한 임시특례법에 의한 취적신고를 함으로써 새로운 호적을 편제하게 한

후 1978년 9월 28일 Y와의 혼인신고를 하여 새로운 호적에 등재하게 하였다.

한편 X는 A의 이복동생으로서 A와 Y가 결혼식을 올린 직후부터 약 4년간 Y의 집에서 기거하면서 학교를 다닌 일이 있는 등으로 A · Y의 혼인경위 및 혼인신고경위 그리고 A와 B의 혼인파탄 등을 잘 알고 있으면서도 A와 Y의 혼인에 대하여 별다른 이의를 제기하지 않았다. 그런데 X는 A와 Y가 혼인신고한 후 10년이나 지난 후에 A와 B가 사망하였음에도 불구하고 A · Y 사이의 혼인에 대하여 취소의 소를 제기하였다. 이는 받아들여질 수 있는가?

### (1) 중혼의 의의

민법은 일부일처제의 이상을 견지하고 있으므로, 배우자 있는 자는 중복해서 혼인할 수 없다§810. 중혼이란 법률혼이 이중으로 성립하는 경우를 말하므로, 사실혼관계에 있는 자가 사실혼의 배우자 아닌 자와 혼인신고를 하여 법률혼을 성립시키는 경우는 중혼에 해당하지 않는다. 이 경우 사실혼의 배우자는 사실혼의 부당파기로 인한 손해배상을 청구할 수 있을 뿐이다. 또한 법률혼관계에 있는 자가 사실혼관계[44]를 맺는 경우도 중혼에 해당하지 않는다. 이 경우 법률혼의 배우자는 상대방의 부정한 행위§840 i 를 원인으로 하여 이혼청구를 할 수 있을 뿐이다. 민법이 중혼을 금지한 것은 일부일처제의 이상을 실현하기 위한 것이다. 우리 민족은 원래 고려시대까지만 해도 일부일처제를 유지해 왔으나, 조선시대에 들어와 중국에서 수입한 종법제가 보급되면서 아들에 의한 가계계승의식이 확산되기 시작하였고, 그 결과 양반지배층에서는 대를 이을 아들을 얻기 위하여 첩을 들이는 것이 일반화되었다. 처첩제(妻妾制)란 실제에 있어서 일부다처제와 다를 것이 없는 것으로서 여자의 인격을 모독하는 제도였다.

44) 배우자 아닌 자와 동거하며, 부부와 같이 공동으로 생활하는 경우를 말한다. 그러나 이러한 경우를 사실혼이라고 부를 수 있는가는 의문이다. 사실혼으로 인정되기 위해서는 주관적 요건으로 혼인의사가 있어야 하고 객관적 요건으로 부부공동생활의 실체가 있어야 하는데, 이미 법률혼관계에 있는 자에게 혼인의사가 있다고 인정하기는 어렵기 때문이다. 이미 법률혼관계에 있는 자와 미혼인 자가 서로 혼인의사를 가지고 동거하고 있다고 해도, 이 경우 두 사람간의 혼인의사 합치는 선량한 풍속 기타 사회질서에 반하는 것으로 해석해야 할 것이다. 판례도 '중혼적 사실혼'이라는 표현을 사용하고 있기는 하지만, 이러한 관계를 사실혼으로 인정하여 보호하지는 않는다. 대판 2001. 4. 13, 2000다52943. 보다 자세한 내용은 후술하는 사실혼 부분을 참조.

### (2) 중혼이 성립하는 경우

이미 법률혼상태에 있는 사람이 다시 혼인신고를 하더라도 그 신고는 수리가 거부될 것이므로§813, 중혼이 성립하는 경우는 드물다. 실제로 중혼이 성립하는 경우로는, i) 이혼 후 재혼하였는데, 이혼이 무효가 되었거나 취소된 경우,[45] ii) 국내와 국외에서 이중혼인을 한 경우,[46] iii) 실종(또는 부재)선고 후 재혼하였는데 실종(또는 부재)선고가 취소된 경우, iv) 분단으로 인하여 부부가 이산가족이 되는 바람에 어쩔 수 없이 중혼이 성립한 경우(전형적인 예는 한국전쟁 중에 남편이 북한지역에 아내와 자녀들을 남겨둔 채 월남하여 분단 상황이 장기화되면서 남한에서 다시 혼인을 한 경우이다. 이와 같이 남한에서 이루어진 혼인은 북한에서 성립한 혼인이 해소되지 않은 상태에서 이루어진 것이기 때문에 중혼에 해당한다)[47] 등을 생각할 수 있다.

### (3) 중혼의 효력

중혼이 성립한 경우에는 당사자, 그 배우자, 당사자의 직계혈족, 4촌 이내의 방계혈족 또는 검사가 후혼의 취소를 청구할 수 있다.[48] 이 경우에는 가정법원에 우선 조정을 신청하여야 한다가소 §2①나류사건ii · 50. 그러나 후혼이 취소되기 전에 전혼이 이혼으로 인하여 해소된 경우에는 후혼의 하자는 없어진 것이 되므로 취소할 수 없다고 보아야 할 것이다. 중혼당사자가 사망하여 전혼과 후혼이 모두 해소된 경우에도 후혼을 취소하는 것은 가능하다가소 §24② · ③.[49] 그러나 판례의 태도에 따르면 중혼자가 사망한 후에 전혼의 배우자가 후혼을

---

45) 대판 1994. 10. 11, 94므932; 대판 1991. 5. 28, 89므211; 대판 1987. 2. 24, 86므125; 대판 1987. 1. 20, 86므74; 대판 1984. 3. 27, 84므9; 대판 1964. 4. 21, 63다770 등.

46) 대판 1991. 12. 10, 91므535.

47) 「남북 주민 사이의 가족관계와 상속 등에 관한 특례법」 제6조(중혼에 관한 특례)는 제1항에서 "1953년 7월 27일 한국 군사정전에 관한 협정(이하 "정전협정"이라 한다)이 체결되기 전에 혼인하여 북한에 배우자를 둔 사람이 그 혼인이 해소되지 아니한 상태에서 남한에서 다시 혼인을 한 경우에는 중혼이 성립한다"고 규정하고, 이어서 제2항에서 "제1항의 사유로 중혼이 성립한 경우에는 「민법」 제816조 제1호와 제818조에도 불구하고 중혼을 사유로 혼인의 취소를 청구할 수 없다"고 규정하고 있다. 이 규정은 분단 상황에서 부득이하게 성립한 중혼을 보호하려는 취지에서 마련된 것이다.

48) 남북이산가족의 중혼에 관한 특례에 대하여는 「남북 주민 사이의 가족관계와 상속 등에 관한 특례법」 제6조 참조. 이에 대한 해설로는 김상용, 남북 이산가족 사이의 중혼 등 가족관계 문제 해결, 법무부 공청회 자료집(2010년 11월 22일); 김상용, 家族法研究 IV, 346면 이하.

49) 대판 1991. 12. 10, 91므535; 대판 1991. 2. 12, 90다10827.

취소할 실익은 거의 없다고 볼 수 있다. 이 경우 전혼의 배우자가 후혼을 취소하는 이유는 중혼배우자의 상속권을 중혼자의 사망시로 소급시켜 상실시키려는 데 있음은 의문의 여지가 없다. 즉 전혼의 배우자는 후혼의 배우자에 대하여 상속회복청구권§999을 행사하기 위한 전단계로서 중혼취소청구의 소를 제기하는 것이다. 그러나 판례는 이 경우 제824조를 그대로 적용하여 중혼취소의 효력은 중혼자의 사망시로 소급하여 발생하는 것은 아니라고 해석하고 있다.[50] 따라서 판례와 같은 입장을 취한다면 중혼자의 사망 후에는 상속의 이익과 관련하여 중혼을 취소할 이유는 없다(후혼의 배우자는 중혼취소 후에도 상속권을 잃지 않기 때문이다). ☜

중혼도 판결에 의해서 취소되기 전까지는 유효한 혼인으로 인정되므로, 재판상 이혼원인이 있는 경우 중혼의 일방당사자는 다른 일방을 상대로 하여 이혼청구를 할 수도 있다.[51]

### (4) 실종선고의 취소와 중혼의 성립

배우자의 일방이 실종선고를 받았기 때문에 혼인이 해소되어 다른 일방이 재혼한 후에, 실종선고를 받은 사람이 생존하고 있는 것이 판명됨으로써 실종선고가 취소된 경우에 전후 양혼의 관계를 어떻게 해석할 것인가에 대해서는 견해가 나누어져 있다. 제29조 제1항 단서를 적용하여 후혼의 양 당사자가 선의인 경우에는 전혼은 부활하지 않으나, 후혼의 일방 또는 쌍방의 당사자가 악의이면 전혼은 부활해서 중혼관계가 생긴다는 설, 악의의 재혼은 당연히 효력을 잃는다는 설, 제29조의 적용이 없고 언제나 중혼관계가 된다는 설 등이 있으나, 실종선고를 신뢰한 자를 보호하기 위해서 제1설이 타당하다고 생각한다(가예 제418호).

설례의 경우에 대하여, 판례는 A와 Y의 혼인은 중혼이므로 후혼인 A · Y 사이의 혼인은 취소되어야 한다고 보는 것이 마땅하지만, Y와 그 소생인 2남 2녀는 A의 사망 후 정리된 호적(현행법상 가족관계등록부)을 바탕으로 일가를 이루어 원만하게 가정생활을 하고 있는데, 만약 A · Y 사이의 혼인이 취소되

50) 대판 1996. 12. 23, 95다48308. 이 판결의 태도에 찬성하는 평석으로는, 남효순, 혼인(중혼)취소의 소급효와 재산상의 법률관계: 중혼배우자의 사망 후 취소판결에 의한 후혼생존배우자의 상속인자격 상실 여부, 인권과 정의 제250호(1997. 6); 이에 대하여 혼인취소로 인한 혼인해소의 효과가 사망시에 소급하여 발생하는 것으로 보아야 한다는 반대견해가 있다. 주해친족법 1권, 187면.

51) 대판 1991. 12. 10, 91므344; 가족관계등록예규 제169호 참조.

면 A와의 혼인관계가 해소됨과 동시에 A의 호적에서 이탈하여야 하는 등 신분상·사회생활상 큰 불편과 불이익을 입어야 하는 점, 이에 반하여 X는 이 혼인이 존속하든지 취소되든지 간에 경제적으로나 사회생활상으로 아무런 이해관계를 가지지 않으며, 신분상으로도 별다른 불이익을 입을 것으로 보이지 않는 점, B는 생존하는 동안 Y와 A 사이의 혼인에 대하여 아무런 이의를 제기한 일이 없으며, 현재 생존하고 있는 B 소생의 딸도 다른 친척들과 마찬가지로 Y와 A 사이의 혼인을 인정하고 있는 점, 그리고 A와 B가 이미 사망한 지금에 와서 구태여 Y와 A 사이의 혼인을 취소하여야 할 공익상의 필요도 없는 점 등을 종합적으로 참작한다면 X의 혼인취소청구는 권리본래의 사회적 목적을 벗어난 것으로서 권리의 남용에 해당한다고 판시하고 있다대판 1993. 8. 24, 92므907. 따라서 X의 청구는 인용될 수 없다.

☞ 갑은 재일교포로서 1964. 5. 12. 일본에서 재일교포인 을(원고)과 결혼식을 올리고 1965. 3. 29. 일본법에 따라 혼인신고를 마쳤다. 그러나 갑은 재외공관장에게 혼인사실을 신고하지 않았고, 자신의 본적지인 제주도에도 혼인신고를 하지 않았다(국제사법 제36조는 우리나라 사람들 사이 또는 우리나라 사람과 외국인 사이의 혼인이 외국에서 거행되는 경우 그 혼인방식은 그 혼인거행지의 법에 따라 정하여야 한다는 취지라고 해석되므로, 그 나라의 법이 정하는 방식에 따른 혼인절차를 마친 경우에는 혼인이 유효하게 성립하는 것이고 별도로 우리나라의 법에 따른 혼인신고를 하지 않더라도 혼인의 성립에 영향이 없다. 대판 1994. 6. 28, 94므413).

갑은 1979년경부터 고향인 제주도를 왕래하면서 A(피고)와 동거를 시작하여 그 사이에서 1980. 1. 10. B가 출생하였다. 갑은 본적지의 호적에 을과의 혼인사실이 등재되지 않은 상태를 이용하여 1981. 2. 13. A와의 혼인신고를 하였다(A가 배우자, B가 자녀로 등재됨).

갑이 1989. 8. 9. 사망하자 호적상 아내와 자녀로 등재되어 있던 A와 B는 갑의 소유였던 제주도 소재의 부동산에 대하여 상속분에 따라 상속을 원인으로 하는 소유권 이전등기를 마친 후 점유·사용하였다.

을은 1990. 2.경 갑의 중혼사실을 알게 되자 갑과 A 사이의 혼인이 중혼이라는 이유로 제주지방법원에 혼인취소를 청구하여 1990. 5. 31. 승소판결을 받은 후 항소심과 상고심을 거쳐 1991. 12. 10. 대법원에서 승소판결이 확정되었다대판 1991. 12. 10, 91므535.

그 후 을은 '중혼취소 판결이 확정되어 피고 A는 갑의 사망시에 소급하여 배우자의 자격과 상속인의 자격을 동시에 상실하였으므로, 배우자의 상속분은 을에게만 귀속된다'는 이유로 A를 상대로 상속지분의 반환청구(소유권이전등기말소청구)를 하였다. 이에 대하여 대법원은 다음과 같이 판시하였다대판 1996. 12. 23, 95다48308.

"민법 제824조는 '혼인의 취소의 효력은 기왕에 소급하지 아니한다'고 규정하고 있을 뿐 상속 등에 관해 소급효를 인정할 별도의 규정이 없는바, 혼인 중에 부부 일방이 사망하여 상대방이 배우자로서 망인의 재산을 상속받은 후에 그 혼인이 취소되었다는 사정만으로 그 전에 이루어진 상속관계가 소급하여 무효라거나 또는 그 상속재산이 법률상 원인 없이 취득한 것이라고는 볼 수 없다."

## 6. 여자의 재혼금지기간의 폐지§811

2005년 민법일부개정 전에는 남자가 재혼하는 데에는 아무런 제한이 없었으나, 여자의 경우에는 혼인관계가 종료된 날로부터 6개월이 지나야만 재혼할 수 있다는 제한이 있었다. 여자의 경우에만 6개월의 재혼금지기간을 두었던 표면적인 이유는 이 기간을 지키지 않고 재혼하는 경우 父性이 충돌할 우려가 있다는 것이다(즉 그 여자가 낳은 子가 전남편의 子인지 재혼한 남편의 子인지 명확하게 구별이 되지 않을 가능성이 있다는 것). 이 규정은 제844조와 밀접한 관련이 있었다. 제844조는 혼인성립의 날로부터 200일 후 또는 혼인관계종료의 날로부터 300일 내에 출생한 子는 妻가 혼인중에 포태한 것으로 추정하고 동조②·③, 따라서 夫의 子로 추정된다고 규정하고 있다동조①. 여기서 혼인성립의 날로부터 200일이란 최단 임신기간을 의미하며, 혼인관계종료의 날로부터 300일이란 최장 임신기간을 뜻한다. 즉 혼인한 후 처가 즉시 夫의 子를 포태하였다고 해도 최소한 200일이 지난 후에 子를 출산할 수 있다는 뜻이며(따라서 혼인 후 200일 후에 출생해야만 夫의 子로 추정된다), 혼인관계종료 직전에 夫의 子를 포태한 경우라면 아무리 늦어도 혼인관계종료 후 300일 안에는 子가 태어나야 한다는 의미이다(따라서 혼인종료 후 300일 이내에 태어나야만 전남편의 子로 추정된다). 이 규정에 따르면 예를 들어서 갑(여자)이 1월 1일 을과 사별(또는 이혼)한 후 1달 후인 2월 1일에 병과 재혼하여 10월 1일에 子 정을 출산한 경우, 정은 을과의 전혼관계가 종료한 날로부터 300일(10월 27일) 내이면서 동시에 병과 재혼한 후 200일(8월 19일)이 지나서 태어난 子가 된다. 즉 제844조에 의하면 정은 을의 子로 추정되는 동시에 병의 子로도 추정되므로, 이중의 추정을 받는 지위에 있다(父性推定의 충돌. 이런 경우에는 제845조에 의하여 父를 정하는 소를 제기할 수 있다). 이와 같은 부성추정의 충돌을 피하기 위한 완충기간으로 여자에 대해서만 재혼금지기간을 두었다는 것이 제811조의 표면적인 이유였다. 그러나 재혼금지기간을 위반하여 실제로 부성추정이 충돌하는 경우가 발생한다고 해도 오늘날 발달한 유전자검사 등의 방법을 통해 父를 정하는 데 어려움이 없으므로(가사소송법 제29조 제1항은 "가정법원은 당사자 또는 관계인 사이의 혈족관계의 유무를 확인할 필요가 있는 경우에 다른 증거조사에 의하여 심증을 얻지 못한 때에는 검사를 받을 자의 건강과 인격의 존엄을 해치지 아니하는 범위에서 당사자 또는 관계인에게 혈액채취에 의한 혈액형의 검사 등 유전인자의 검사나 그 밖에 적당하다고 인정되는 방법에 의한 검사를 받을 것을 명할 수 있다"고 규정하고 있다), 이 규정은 실익이 없는 것이었다(또한 재혼 후 혼인신고를 하지 않고 사실혼 상태에 있으면 얼마든지 본조의 적용을 피할 수 있다). 나아가 실제로 재혼금지기간을 위반하여 그 기간 내에 재혼하였다면 부성추정의 충돌은 이미 피할 수 없는 상태이므로, 그 재혼을 취소할 수 있도록 한 것은 부성추정의 충돌을 방지하겠다는 차원을 넘어 재혼금지기간을 위반한 당사자를 징계하겠다는 취지가 담겨있었던 것이었다. 이러한 의미의 징계는 무의미한 것이었으므로, 개정민법은 재혼금지기간에 관한 규정을 삭제하였다.

## 3 형식적 요건

민법이 규정하는 형식적 요건은 「가족관계의 등록 등에 관한 법률」이 정한 바에 따라 신고하는 것이다.

### 1. 혼인신고

혼인은 「가족관계의 등록 등에 관한 법률」에 정한 바에 의하여 신고함으로써 법률상 성립한다§812①, 등 §71.

#### (1) 신고혼주의

민법은 신고함으로써 '그 효력이 생긴다'고 하고 있으나, 당사자가 신고하는 방식에 따라서 혼인의사를 표시하여 이를 합치시킴으로써 혼인이 성립한다고 해석하여야 하기 때문에, 신고는 단순한 유효요건이 아니고 성립요건이다. 그렇기 때문에 혼인신고를 하지 않고 부부관계를 수십 년간 지속해도 법률상의 혼인으로 인정되지 않는다.

### (2) 신고의 절차

당사자 쌍방과 성년자인 증인 2인이 연서하고, 등록법 제71조에 의한 기재사항을 기재한 혼인신고를 본인(당사자)의 등록기준지 또는 주소지나 현재지에서 신고하여야 한다§812②, 등 §20. 다만, 재외국민의 경우에는 재외국민 가족관계등록사무소에서도 할 수 있다등 §20 ① 단서.

(가) 제812조 제2항은 신고는 '서면으로 하여야 한다'고 규정하고 있으나, 등록법 제23조가 신고방법으로 '신고는 서면이나 말로 할 수 있다'고 규정하고 있는 것으로 보아, 구술신고도 가능하다고 해석된다. 말로 신고하려 할 때에는 신고인이 시·읍·면의 사무소에 출석하여 신고서에 기재하여야 할 사항을 진술하여야 한다등 §31①. 그러나 대리인에 이한 구술신고는 허용되지 않는다등 §31③. 시·읍·면의 장은 신고인의 진술을 필기하고 신고의 연월일을 기재하여, 이를 신고인에게 읽어 들려주고 신고인으로 하여금 그 서면에 서명하거나 기명·날인하게 하여야 한다등 §31②.

(나) 문제는 본인의 의뢰에 의하여 타인이 대서(代署: 대신 서명하는 것)한 신고의 효력이다. 등록법 제31조 제3항에서 혼인신고의 경우에는 대리인에 의한 구술신고를 금지하고 있는 것으로 보아서, 대서한 신고는 가족관계등록공무원이 수리를 거부하여야 할 것으로 해석된다. 그러나 대리인에 의한 구술신고에 대한 무효규정이 없기 때문에, 잘못 수리된 이상은 유효하다고 보아야 할 것이다. 당사자간에 혼인의사의 합치가 있고 그 신고가 수리된 이상, 서명이 대서라고 해서 그 효력을 부정하는 것은 너무 지나친 일이기 때문이다.

(다) 혼인신고서에 당사자가 서명날인하면 그 신고서를 가족관계등록공무원에게 제출하는 것은 반드시 본인이 할 필요가 없다. 우송을 할 수도 있고등 §41 참조, 타인에게 위임하여 제출하게 하는 것도 가능하다[52](이 때 신고서 제출

52) 타인에게 위임하여 신고서를 제출하게 하는 경우에는 신고인이 본인의 신분증명서(주민등록증·운전면허증·여권 등)를 제시하거나 신고서에 본인의 인감증명서를 첨부하여야 한다(등록법 제23조 제2항). 우편접수의 경우에는 본인의 인감증명서(또는 신고서의 서명에 대한 공증서)가 첨부되어야 한다(등록규칙 제40조 제4항 단서). 본인의 신분증명서를 제시하지 않거나 본인의 인감증명서가 첨부되지 않은 때에는 신고서를 수리하여서는 아니된다(등록법 제23조 제2항. 등록규칙 제40조 제5항).

을 위임받은 사람은 대리인이 아니며, 使者에 지나지 않는다). 그러나 신고서가 제출될 때에도 당사자의 혼인의사는 존속되어야 한다. 따라서 우송한 신고서가 가족관계등록공무원에 도달하기 전에 당사자의 일방이 사망하면 혼인은 성립하지 않는다고 해석하는 것이 논리적일 것이다. 그러나 등록법은 우리 사회의 실정을 고려하여 제41조에서 "① 신고인의 생존 중에 우송한 신고서는 그 사망 후라도 시·읍·면의 장은 이를 수리하여야 한다. ② 제1항에 따라 신고서가 수리된 때에는 신고인의 사망시에 신고한 것으로 본다"는 규정을 두어 사실혼의 배우자를 보호하기 위한 조치를 취하고 있다. 또한 혼인신고특례법은 "전쟁 또는 사변에 있어서 전투에 참가하거나, 전투수행을 위한 공무에 종사하므로 인하여 혼인신고를 당사자쌍방이 하지 못하고 그 일방이 사망한 경우 혼특 §1"에 "생존하는 당사자가 가정법원의 확인을 얻어 단독으로 혼인신고를 할 수 있다혼특 §2"고 규정하여 예외적으로 사망자와의 혼인신고를 허용하고 있다. 이 규정은 사실혼 관계에 있던 배우자 일방이 전투 등과 관련하여 사망한 경우 생존배우자를 보호하기 위한 조치로서 마련된 것이다. 그러나 이러한 특별한 예외를 제외하고는 사망자와의 혼인신고는 허용되지 않는다.[53)]

### (3) 신고의 수리

(가) 신고는 시·읍·면의 장(실제로는 담당 가족관계등록공무원)이 수리함으로써 완료된다. 혼인신고를 접수한 가족관계등록공무원은 신고서류를 심사하여 수리하기로 결정하면 바로 그 등록관서에서 가족관계등록부에 기록한다(전산입력한다는 의미임. 신고지처리원칙등 §4). 수리는 접수와 구별된다. 접수는 혼인신고의 수령 사실인데 대하여, 수리는 혼인신고가 요건을 갖춘 경우에 가족관계등록공무원이 그 수령을 인용하는 처분이다.[54)] 가족관계등록공무원 또

53) 사망자 사이 또는 생존하는 자와 사망한 자 사이에서는 혼인이 인정될 수 없고, 혼인신고특례법과 같이 예외적으로 특별한 규정이 없는 한 그러한 혼인신고가 받아들여질 수도 없다. 사실혼 배우자의 일방이 사망한 경우에도 생존하는 당사자는 사실상혼인관계존재확인청구의 소를 제기할 수는 있으나, 사망자와의 혼인신고를 하기 위한 목적으로는 이러한 소를 제기할 수 없다(대결 1991. 8. 13, 91스6; 대판 1995. 11. 14, 95므694).

54) 수리된 혼인신고가 가족관계등록부에 기록되는 것은 혼인의 성립요건이 아니다. 따라서 혼인신고가 수리되면 가족관계등록부에 기록되지 않아도 혼인은 이미 유효하게 성립된 것이다(대결 1988. 5. 31, 88스6; 대판 1991. 12. 10, 91므344 참조). 그러나 본적지 처리를 원칙으로 하던 과거의 호적법과는 달리, 등록법 제4조는 신고지 처리원칙을 도입하여 신고를 접수한 등록관서에서 바로 신고사항을 가족관계등록부에 기록(전산입력)하도록 하고 있으므로, 신고가 수리된 때와 가족관계등록부에 기록되는 때는 시간 간격이 생길 여지가 없다.

는 신고를 받은 대사 등은 신고된 혼인이 제807조 내지 제811조(실질적 요건) 및 제812조 제2항(형식적 요건)의 규정, 기타 법령에 위반하지 않은 것을 인정한 후가 아니면 수리해서는 안 된다§813. 여기서 주의하여야 할 것은, 가족관계등록공무원은 형식적 심사권만을 가지고 있을 뿐이고 실질적 심사권은 가지고 있지 않다는 것이다. 그러나 당사자의 일방이 가족관계등록공무원에 대하여 미리 혼인의사를 철회하고 가족관계등록공무원이 심사권한 내에서 그것을 확인할 수 있을 경우에는 수리를 거부하여야 할 것으로 해석된다(혼인신고수리불가신고서를 제출한 경우). 그리고 앞에서 말한 바와 같이 대리서명 문제도 신고서 자체에서 본인의 서명이 아닌 것이 명백한 경우에는 수리를 거부하여야 할 것이다.

(나) 가족관계등록공무원이 부당하게 수리를 거부하면 가정법원에 불복의 신청을 할 수 있다등 §109.

(4) 신고의 효력

법령에 위반되는 혼인신고라도 일단 수리되면 등록부에 혼인이 성립한 것으로 기록되며, 후술하는 바와 같이 무효 · 취소의 문제가 생긴다. 당사자 일방의 서명 · 날인을 결여한 신고라도 일단 수리된 때에는, 당사자 사이에 혼인의사가 있는 한, 혼인은 유효하게 성립한다.[55] 또 혼인신고에 기재된 증인이 미성년자인 때 또는 증인의 기재가 없음에도 신고서가 수리된 경우에도, 당사자 사이에 혼인의사가 있는 한, 그 혼인은 유효하게 성립한 것으로 본다가예 144호. 따라서 이 경우에는 취소문제는 발생할 여지가 없다.

(5) 재외한국인의 혼인신고

(가) 영사혼

외국에 있는 본국민 사이의 혼인은 그 외국에 주재하는 대사 · 공사 또는 영사에게 신고할 수 있다§814①. 그 경우에 신고서 기재사항, 수리의 요건 등은 모두 위에서 설명한 것에 준한다고 해석하여야 할 것이다. 이러한 신고를 수리한 대사 · 공사 또는 영사는 1개월 이내에 외교부장관을 경유하여 그 신고서류를 재외국민 가족관계등록사무소의 가족관계등록관에게 송부하여야 한

55) 대판 1957. 6. 29, 4290민상233(판례가족법, 30면)은 '당사자 일방 또는 동의권자의 기명날인이 결여되거나 권한 없이 작성된 혼인신고서가 수리된 때에 당사자의 혼인신고의사 및 동의권자의 동의 있었음이 인정되는 경우에는 혼인은 성립되는 것이다'라고 판시하고 있다.

다§814②, 등 §36. 신고서류를 송부받은 가족관계등록사무소의 가족관계등록관은 등록부에 혼인신고를 기록하여야 한다.

(나) 직접신고

국내에서 하는 것과 마찬가지로 등록기준지 시·읍·면의 장에게 신고서를 송부함으로써 신고할 수 있다.

(다) 국제사법에 의한 방법

거주하는 외국의 법률이 정하는 방식으로써 혼인을 성립시킬 수 있다국제사법 §63. 이러한 경우에는 그 나라의 법이 정하는 방식에 따른 혼인절차를 마침으로써 혼인이 유효하게 성립한다.[56] 다만 그 후의 절차에 대해서는 등록법에 특별한 규정을 두고 있다등 §36. 즉 당사자는 그 나라의 방식에 의하여 작성된 혼인증서의 등본을 3개월 이내에 그 지역을 관할하는 재외공관의 장에게 제출하여야 하며등 §35①, 재외공관의 장이 그 지역에 없을 때에는 3개월 이내에 등록기준지의 시·읍·면의 장 또는 재외국민 가족관계등록사무소의 가족관계등록관에게 직접 송부하여야 한다등 §35②. 그리고 서류를 수리한 재외공관의 장은 1개월 이내에 외교부장관을 경유하여 이를 재외국민 가족관계등록사무소의 가족관계등록관에게 송부하여야 한다등 §36.. 증서를 송부받은 가족관계등록공무원은 이에 기초하여 등록부에 기록한다. 그러나 이러한 등록법상의 절차를 밟지 않는다고 해도 혼인의 성립에는 영향이 없다.

## 2. 조정·재판에 의한 혼인신고

### (1) 조정에 의한 혼인신고

사실혼이 성립되었다고 볼 수 있는 경우에 당사자의 일방이 혼인신고에 협력하지 않을 때에는 다른 일방은 사실상혼인관계존재확인청구를 하여 법률혼을 성립시킬 수 있다(재판에 의한 혼인신고). 이 경우에는 먼저 조정을 신청하여야 한다가소 §2①나류사건 i·50. 혼인에 관하여 조정이 이루어지면 그 사항을 조서에 기재함으로써 조정은 성립되고, 그 기재는 재판상 화해와 동일한 효력이 있기 때문에가소 §59①·② 본문 혼인은 성립된다. 조정이 성립되면 신청자는 조정성립의 날로부터 1개월 이내에 조정조서를 첨부하여 혼인신고를 하여야 한다등 §72.

---

56) 대판 1994. 6. 28, 94므413, 법원공보 973호, 2105면.

이 제도는 1963년 가사심판법 제정 당시 사실혼관계에 있는 배우자(특히 여성)를 보호할 목적으로 도입된 것이다. 즉 사실혼관계의 존재가 확인되는 경우 일방적인 혼인신고를 가능하게 하여 법률혼을 성립시킴으로써 사실혼의 배우자로 하여금 법률혼에서 인정되는 보호를 받을 수 있도록 하려는 것이다.

사실상혼인관계존재확인청구와 관련하여 쟁점이 되는 것은 과거에 사실혼관계가 존재하였으나, 현재(사실심 변론종결시)는 파탄되어 존재하지 않는 경우에 청구를 인용할 것인가의 문제이다. 만일 법원이 이러한 경우에도 사실상혼인관계존재확인청구를 인용한다면, 이는 과거에 사실혼관계가 존재했다는 이유만으로 당사자 일방의 의사에 반하여 일방적으로 혼인신고를 할 수 있다는 의미가 된다. 이에 대하여 판례는 부정적인 태도를 취하고 있다.[57] 대법원의 태도에 따르면, 현재(사실심 변론종결시)까지도 당사자 사이에 사실혼관계가 존속되고 있으나, 일방이 혼인신고에 협력하지 않는 경우에만 사실상혼인관계존재확인청구의 소를 제기할 실익이 있다. 이러한 대법원의 태도는 사실상혼인관계존재확인청구가 활용될 수 있는 폭을 대폭 좁히는 결과로 이어지고 있다. 현재에도 사실혼관계가 존속되고 있는 경우라면 굳이 사실상혼인관계존재확인청구를 하지 않아도 일방적으로 혼인신고를 함으로써 유효하게 법률혼을 성립시킬 수 있는 방법이 있기 때문이다대판 2000. 4. 11, 99므1329.

### (2) 재판에 의한 혼인신고

조정이 성립되지 않은 경우에는 사실상혼인관계존재확인의 소를 제기할 수 있다가소 §2①나류사건 i. 재판이 확정되면 사실혼관계는 법률혼이 되며, 이러한 효력은 판결의 선고로 생긴다가소 §12, 민소 §205. 그러나 판례는 사실상혼인관계확인청구소송이 승소로 확정되었다고 하여도 그에 기인하여 혼인신고를 하지

---

57) 대판 1977. 3. 22, 75므28; 대판 1998. 7. 24, 97므18; 서울고판 1985. 12. 2, 85르114(확정) 참고. 이전에 나온 서울고판 1971. 11. 30, 71르33은 이에 반대되는 견해를 취하고 있었다. "사실상 혼인관계존재확인을 청구하는 경우에 있어서 혼인의사의 존부는 사실혼의 성립 당시, 즉 사실상 부부 생활 개시 당시를 기준으로 하여야 할 것이며, 당해 사건 변론종결시까지를 기준으로 하여 사실상 혼인관계의 존재유무를 확인한다는 것은 부당하다고 할 것이므로(당사자의 일방이 종래에는 혼인의사를 가졌으나 현재, 즉 사건변론종결시에는 혼인의사가 존속하고 있지 않다는 이유로 사실상 혼인관계존재확인청구를 할 수 없다면 재판에 의한 혼인신고제도의 실효성은 거의 없다고 할 것이기 때문이다), 피청구인에게 현재 혼인의사가 없다고 할지라도 청구인과 피청구인과의 사실혼의 성립 당시에는 피청구인에게도 혼인의사가 있었다"는 이유로 과거에는 사실혼관계가 존재하였으나 현재는 파탄되어 해소된 경우에도 사실상 혼인관계존재확인청구를 인용한 사건이다.

않은 이상 혼인은 성립하지 않는다고 본다.[58] 소를 제기한 자는 재판확정일로부터 1개월 이내에 재판서의 등본과 확정증명서를 첨부하여 혼인신고를 하여야 한다등 §72. 판례는 이 신고를 창설적 신고라고 하고 있으나,☞ 보고적 신고라고 보아야 한다. 그러나 위에서 본 바와 같이, 과거에 사실혼관계가 있었다고 해도 현재 당사자의 일방에게 혼인의사가 없다면, 재판에 의한 혼인신고는 가능하지 않다는 것이 판례의 태도이다.

☞ 대판 1973. 1. 16, 72므25(판례가족법, 324면)는 '청구인이 피청구인을 상대로 한 사실혼관계확인소송이 승소로 확정되었다고 하여도 그에 기인하여 혼인신고를 하지 아니한 이상 민법 제810조 소정의 중혼이 될 수 없고, 따라서 같은 법 제816조 혼인의 취소사유도 되지 않는다'고 판시함으로써 사실상혼인관계존재확인청구가 승소로 확정되었다고 하더라도 혼인의 성립을 인정하지 않고 혼인신고가 있어야 비로소 혼인이 성립되는 것으로 해석하고 있으나, 이 확인의 소는 형성적 확인의 소로 보아, 확인판결이 확정됨으로써 혼인은 성립한다고 보아야 할 것이다. 만약 대판과 같이 신고에 의하여 혼인이 성립한다면, 호적법 제76조의2의 규정에 의한 소를 제기한 자의 일방적 신고에 의해서는 혼인은 유효하게 성립할 수 없게 된다(판례연구, 金疇洙, 경희법학, 11권 1호).

# 제 4 절 혼인의 무효와 취소

## 1 서 설

혼인의 무효와 취소는 혼인의 성립요건이 미비한 상태에서 혼인신고가 수리된 경우에 그 혼인관계를 종료시키는 방법이다. 따라서 혼인의 성립요건이 갖추어진 상태에서 혼인신고가 수리되어 유효하게 성립한 혼인이 이혼에 의해서 해소되는 것과는 구별된다.

혼인의 무효사유가 있는 경우에는 별도의 확정판결이 없어도 처음부터 당연히 무효인 것으로 보는 데 반하여, 혼인에 단지 취소사유가 있는 때에는 취소되기 전까지는 유효한 혼인으로 취급된다. 따라서 취소될 수 있는 혼인관계

---

58) 대판 1973. 1. 16, 72므25.

에 있는 배우자도 재판상 이혼원인이 있는 경우에는 이혼청구를 할 수도 있다.

혼인이 무효 또는 취소되는 경우에는 재산상의 법률행위의 경우와는 달리 원상회복이 불가능하다. 이미 부부로서 공동생활의 실체가 있었고, 특히 그 사이에서 자녀가 태어난 경우에 혼인하기 이전의 상태로 돌아간다는 것은 불가능하기 때문이다. 이런 이유에서 혼인의 무효는 엄격히 제한할 필요가 있으며, 혼인이 취소되는 경우에도 소급효를 인정하지 않는 것이 바람직하다. 민법이 혼인무효의 사유를 당사자간에 혼인의 합의가 없는 때와 일정한 범위의 친족이거나 친족이었던 경우로 제한하고, 혼인취소에 대해서 소급효를 인정하지 않은 것은 이와 같은 배경에서 이해될 수 있다.

## 2 혼인의 무효

### 1. 혼인이 무효가 되는 경우§815

(1) 당사자 사이에 혼인의 합의가 없는 때

당사자 사이에 혼인할 의사가 없으면 설사 혼인신고가 되었다고 하더라도 무효이다. 무효가 되는 구체적인 경우로는 앞에서 본 바와 같이, 다음과 같은 경우를 생각할 수 있다.

① 합의된 내용이 사회통념으로 보아서 부부관계의 본질을 가지지 못하는 것(예컨대 동거하지 않겠다는 혼인, 同性婚 등)

② 어떠한 방편을 위해서 하는 것으로 정신적·육체적 결합을 가질 의사가 없는 것(예컨대 가장혼인)[59)]

③ 당사자의 일방 또는 쌍방이 신고서에 기재된 자와 처음부터 혼인의사가 없고 동거의 사실도 없을 때[60)]

---

59) 대판 2010. 6. 10, 2010므574; 반면에 대판 2021. 12. 10, 2019므11584, 2019므11591은 외국인 배우자와의 동거기간이 40일에 불과하다는 이유로 처음부터 혼인의사가 없었다고 단정할 수는 없으며, 혼인이 성립한 이후에 생긴 사정(예를 들어 가출 등)으로 혼인관계를 소멸시키려면 혼인무효가 아니라 이혼의 문제로 다루어야 한다는 입장이다.

60) 당사자 일방에 의한 일방적인 혼인신고 후 다른 일방이 이를 추인한 경우에는 무효인 혼인은 유효가 된다고 해석된다(대판 1965. 12. 28, 65므61). 그러나 일방적인 혼인신고 후 부부공동생활의 실체 없이 몇 차례의 육체관계를 통하여 자녀를 출산하였다 하여도 무효인 혼인을 추인하였다고 볼 수는 없다(대판 1993. 9. 14, 93므430). 또한 일방적인 혼인신

④ 당사자의 일방 또는 쌍방이 신고의 수리 이전에 혼인의사를 철회하였을 때(혼인신고수리불가신고서를 제출한 경우가예 제139호)

⑤ 당사자의 일방 또는 쌍방의 사망 후에 수리되었을 때[61]

⑥ 심신상실자가 혼인신고 당시에 의사능력을 결여하였을 때(다만 의사능력을 상실하기 전에 사실혼관계에 있었다면 혼인의사가 추정되므로, 유효하게 혼인이 성립할 수 있다. 대판 2012. 11. 29, 2012므2451 참조)

### (2) 혼인신고 없이 등록부에 혼인한 것으로 기재되어 있을 때, 또는 혼인신고를 하지 않은 남녀가 가호적[62]의 취적신고서에 이미 혼인하고 있는 부부인 것처럼 가장신고하여 가호적에 등재되어 있는 때[63]

법률혼이 성립하기 위해서는 혼인신고를 거쳐야만 하므로, 혼인신고를 하지 않은 상태에서 등록부에 부부로 등재되어 있다고 해도 법률상 혼인관계가 인정되지 않는다. 과거에 종종 있었던 예를 들어 본다면, 적법한 혼인신고가 없었음에도 이중호적을 취적하면서 마치 원래의 본적지에서 이미 혼인신고를 마친 법률상 부부인 양 허위의 신고를 하였다면, 그 이중호적의 혼인관계 기재만으로는 혼인으로서의 효력이 발생될 수 없고, 호적상 기재되어 있는 혼인은 무효이다.[64] 또한 북한이탈주민인 남자와 여자가 남한에서 가족관계등록부를 창설하는 과정에서 북한에서 혼인한 것으로 허위로 진술함으로써 가족관계등록부에 부부로 기록된 경우에도 그 혼인은 무효이다. 혼인이 요식행위인 점에서 무효인 것은 당연하다.

---

고 후 부부공동생활의 실체가 형성되지 않았다면 설령 다른 일방이 추인의 의사표시를 하였다고 해도 무효인 혼인신고가 유효로 된다고 볼 수는 없다(대판 1991. 12. 27, 91므30 참조).

61) 예외적으로 당사자 일방의 사망 후에 혼인신고가 수리된 사안에서 구체적인 사정에 비추어 혼인무효확인청구가 권리남용에 해당한다는 이유로 기각된 사례가 있다(대판 1987. 4. 28, 86므130).

62) 1948년 4월 1일 공포된 군정법령 제179호 '호적의 임시조치에 관한 규정'에 의하여 38선 이북지역에 본적을 둔 자에 대한 임시조치로 편제된 호적을 말한다. 1962년의 호적법 개정으로 가호적은 호적으로 되었다(구 호적법 부칙 참조).

63) 대판 1968. 4. 30, 67다499, 판례총람 60면; 대판 1969. 2. 18, 68므19, 집 17권 1집 민 209면; 대판 1970. 7. 28, 70므9, 집 18권 2집 민 255면; 대판 1992. 1. 21, 91므238, 판례월보 261호, 161면.

64) 대결 1998. 2. 7, 96마623; 대판 1992. 1. 21, 91므238; 대판 1970. 7. 28, 70므9.

(3) 당사자간에 8촌 이내의 혈족(이 경우 친양자의 입양 전의 혈족을 포함한다)관계가 있는 때, 당사자간에 직계인척관계가 있거나 있었던 때, 그리고 당사자간에 養父母系의 직계혈족관계가 있었던 때§815 ii · iii · iv

(가) 당사자간에 8촌 이내의 혈족(친양자의 입양 전의 혈족을 포함한다)관계가 있는 때§815 ii[65)]

혈족은 직계혈족과 방계혈족으로 나누어진다. 직계혈족은 직계존속과 직계비속으로 나누어지는 이외에 父系血族과 모계혈족을 포함한다. 방계혈족이란 혈족이 그 공동시조에 의하여 갈라져서 연결되는 혈족으로서 父系와 모계로 크게 나눌 수 있다. 그리고 혈족은 자연혈족과 법정혈족(입양에 의해서 발생한 혈족관계)을 포함한다. 친양자의 경우에는 입양이 성립됨으로써 입양 전의 친족관계는 종료하지만§908의3②, 혼인의 경우에는 혈족관계가 있는 것과 동일하게 다루어진다. 이것은 우생학적 견지에서 규정된 것이다.

(나) 당사자간에 직계인척관계가 있거나 있었던 때§815 iii

직계인척이란 배우자의 직계혈족과 직계혈족의 배우자를 말한다. 즉, 장모, 시아버지, 계모, 계부 등이 직계인척에 해당한다.

(다) 당사자간에 양부모계의 직계혈족관계가 있었던 때§815 iv

양부모계의 8촌 이내의 혈족 사이에도 자연혈족과 마찬가지로 혼인이 금지되고§809①, 그것이 잘못 수리된 경우에는 무효가 된다§815 ii. 그러나 양친자관계가 해소된 후에는 혼인금지범위가 6촌 이내로 축소되며§809③, 그것이 잘못 수리된 경우 직계혈족관계에 있었던 때에 한하여 무효로 한다. 예컨대, 養父와 양자(양딸) 사이나 양모와 양자였던 자 사이의 혼인은 무효이다.

## 2. 혼인무효의 성질

(가) 혼인무효사유가 있는 경우 그 혼인은 당연무효인가, 아니면 혼인무효확인 판결의 확정에 의하여 비로소 소급적으로 무효가 되는가에 대하여 견해

---

65) 헌재결 2022. 10. 27, 2018헌바115은 8촌 이내의 혈족 사이의 혼인을 금지하는 제809조 제1항은 헌법에 합치하지만, 8촌 이내의 혈족 사이의 혼인을 무효로 규정하는 제815조 제2호는 과잉금지원칙에 위배되어 헌법에 합치되지 않는다고 판단하였다(8촌 이내의 혈족 사이의 혼인이라도 일률적으로 무효로 하지 말고, 일정한 범위에서는 혼인취소사유로 규정하면 족하다는 의견으로 보인다). 헌법재판소는 제815조 제2호에 대하여 2024. 12. 31.까지 개선입법을 명하였으나, 시한 내에 개정되지 못하였다.

가 갈리고 있다. 당연무효라고 보는 견해에 따르면 혼인무효사유가 있는 경우 혼인무효확인의 소를 제기할 수 있는 것은 물론, 그러한 소가 제기되지 않은 상태에서도 이해관계인은 다른 소송(예컨대 상속회복청구의 소§999)에서 선결문제로서 혼인의 무효를 주장할 수 있다.[66] 이에 대하여 후자의 견해에 의하면 혼인무효사유가 있어도 일정한 범위의 사람들이 혼인무효확인의 소를 제기하여 혼인무효확인 판결이 확정되기 전까지는 일단 혼인을 유효한 것으로 다루어야 한다. 후자는 특히 소송법학자가 많이 주장하는 것이다.[67]

그러나 민법은 혼인의 취소에 관하여는 소에 의할 것을 명언하면서 무효에 관해서는 아무런 규정이 없다. 그러므로 가사소송법이 인정하는 무효의 소는 확인의 소이며, 일정한 사람이 이 소를 제기하면 가사소송법의 절차에 의하여 판결하여 대세적 효력을 주지만, 그와는 별도로 일반법칙에 따라서 개개의 소송에서 선결문제로서 주장하는 것도 금하는 것은 아니라고 해석하는 것이 민법의 규정에 부합할 것이다.[68] 따라서 혼인무효의 뜻은 아래와 같이 된다.

(나) 무효인 혼인이 등록부에 기재되어 있는 경우에는 혼인무효판결이 확정되기 이전에도 이해관계인은 다른 소(예를 들면 상속회복청구의 소)에서 혼인의 무효를 주장하여, 그것을 그 소에 있어서 주장의 한 근거로 할 수도 있다.

(다) 또한 일정한 범위의 사람들은 당해 혼인 자체가 무효라는 사실을 주장하여 혼인무효의 확인을 청구할 수도 있다. 혼인무효확인의 소는 부부가 같은 가정법원의 관할구역 내에 보통재판적이 있을 때에는 그 가정법원에 대한 소의 제기로써 하여야 한다가소 §2①가류사건ⅰ·22ⅰ. 이 경우의 청구권자는 당사자 및 그 법정대리인 또는 4촌 이내의 친족이다가소 §23. 부부의 일방이 소를 제기하는 경우에는 배우자를 상대방으로 하여야 하며가소 §24①, 제3자가 제기하는 경우에는 부부 쌍방을 상대방으로 하여야 하나, 부부의 일방이 사망한 때에는 생존한 일방을 상대방으로 한다가소 §24②. 부부의 일방이 배우자의 사망 후에

66) 대판 1956. 12. 22, 55다399 참조; 대판 2013. 9. 13, 2013두9564: 대판 2021. 12. 10, 2019므11584, 2019므11591; 혼인무효사유가 있는 경우 혼인무효의 소를 제기할 수 있음은 물론, 이러한 소가 제기되지 않은 상태에서도 이해관계인은 다른 소송에서 선결문제로서 혼인의 무효를 주장할 수 있다.

67) 鄭光鉉, 신친족상속법요론, 517면; 李英燮, 신민사소송법(上), 282면; 李時潤, 민사소송법(전정판), 311면.

68) 동지: 金容漢, 친족상속법론, 170면; 李根植·韓琫熙, 신친족상속법, 102면; 權逸, 한국친족상속법, 82면.

소를 제기할 때와 부부 쌍방이 사망한 후 제3자가 소를 제기하는 경우에는 검사를 상대방으로 할 수 있다가소 §24③.

(라) 1990년 가사소송법 개정 전에는 무능력자는 법정대리인의 동의를 얻어서 소를 제기할 수 있으며구인소 §29①, 법정대리인이 소의 상대방인 경우에는 친족회의 동의를 얻어 소를 제기할 수 있었으나구인소 §29②, 이 규정을 가사소송법에는 두지 않았다. 이에 따라 미성년자는 혼인에 의한 성년의제에 의하여, 한정치산자는 신분행위에 관해서는 행위능력이 있으므로 각각 단독으로 소를 제기할 수 있었으나민소 §55, 금치산자는 법정대리인이 소송을 대리하여야 하였다가소 §23. 그러므로 금치산자는 혼인무효확인의 소를 제기하는 데 문제가 있었다(금치산자의 배우자가 금치산자의 법정대리인이라는 사실이 가장 큰 걸림돌이 되었다).

2013년 7월 1일부터 시행되는 개정 후견법에 따라 이 문제는 다음과 같이 해결되었다. 피한정후견인은 신분행위에 관해서는 행위능력이 있으므로 단독으로 소를 제기할 수 있다고 해석된다민소 §55. 피성년후견인은 법정대리인이 소송을 대리하여야 할 것이지만가소 §23, 민법부칙 제3조, 법정후견인제도가 폐지됨으로써 종전과 달리 피성년후견인의 배우자가 자동으로 성년후견인이 되는 것이 아니므로, 성년후견인이 피성년후견인의 배우자가 아닌 경우에는 혼인무효확인 소송을 대리할 수 있을 것이다. 만약 피성년후견인의 배우자가 성년후견인으로 선임되어 있는 경우라면, 성년후견인을 변경한 후§940 혼인무효확인의 소를 제기하도록 해야 할 것이다(이 경우 후견감독인이 있으면 후견감독인의 동의를 받아야 한다§950①).

한편 2016년에 개정된 민사소송법[69]은 제한능력자의 소송능력에 대하여 다음과 같이 규정하고 있다. 우선 미성년자와 피성년후견인은 법정대리인에 의해서만 소송행위를 할 수 있는 것을 원칙으로 한다. 그러나 미성년자가 독립하여 법률행위를 할 수 있는 경우와 피성년후견인이 민법 제10조 제2항에 따라 취소할 수 없는 법률행위를 할 수 있는 경우에는 그 한도에서 소송능력이 인정된다개정민소 §55①. 그리고 피한정후견인은 한정후견인의 동의가 필요한 행위에 관하여는 대리권 있는 한정후견인에 의해서만 소송행위를 할 수 있다개정민소 §55②. 이 규정에 따르면 제한능력자는 신분관계소송에서 다음과 같은

69) 법률 제13952호. 2016. 2. 3. 공포. 2017. 2. 4. 시행.

소송능력을 갖는 것으로 볼 수 있다. 우선 미성년자와 피성년후견인은 원칙적으로 법정대리인에 의해서만 신분관계에 관한 소송행위를 할 수 있다고 해석된다. 민법상 미성년자와 피성년후견인은 대부분의 신분행위를 할 때 부모나 성년후견인의 동의를 받도록 되어 있기 때문이다(다만 다음과 같은 예외가 있다. 예를 들어 미성년자라도 혼인에 의하여 성년의제가 된 경우에는 독립하여 소송행위를 할 수 있다. 또한 양자가 13세 이상의 미성년자인 경우에 부모의 동의를 받아 파양청구를 하는 것이 원칙이지만, 부모가 사망하거나 그 밖의 사유로 동의할 수 없는 경우에는 동의 없이 파양을 청구할 수 있다§906②). 따라서 피성년후견인의 경우에는 성년후견인이 혼인무효소송을 대리하여야 할 것이다. 다만 피성년후견인의 배우자가 성년후견인으로 선임되어 있는 경우에는 특별대리인의 선임을 신청하여 특별대리인으로 하여금 대리하게 하거나개정민소 §62 성년후견인을 변경하여 변경된 성년후견인이 소송을 대리하도록 하여야 할 것이다§940. 피한정후견인은 신분행위에 있어서는 완전한 행위능력을 갖는다고 해석되므로, 신분관계소송에 있어서는 소송능력에 제한이 없다고 보아야 할 것이다.

이외에 개정법률에 의하면 의사능력이 없는 사람을 상대로 소송행위를 하려고 하거나 의사능력이 없는 사람이 소송행위를 하는 데 필요한 경우에는 수소법원에 특별대리인의 선임을 신청하여 특별대리인으로 하여금 의사무능력자를 대리하게 할 수 있다개정민소 §62의2. 이 규정은 신분관계소송에도 그대로 적용될 수 있을 것이다. 예를 들어 성년후견개시심판을 받지 않은 의사무능력자가 혼인무효확인의 소를 제기할 필요가 있는 경우에는 특별대리인의 선임을 신청하여 특별대리인으로 하여금 혼인무효소송을 대리하게 할 수 있을 것이다.

또한 개정법률에 의하면 미성년자·피한정후견인 또는 피성년후견인이 당사자인 경우, 그 친족, 이해관계인(미성년자·피한정후견인 또는 피성년후견인을 상대로 소송행위를 하려는 사람을 포함한다), 대리권 없는 성년후견인, 대리권 없는 한정후견인, 지방자치단체의 장 또는 검사는 일정한 경우(법정대리인이 없거나 법정대리인에게 소송에 관한 대리권이 없는 경우, 법정대리인이 사실상 또는 법률상 장애로 대리권을 행사할 수 없는 경우, 법정대리인의 불성실하거나 미숙한 대리권 행사로 소송절차의 진행이 현저하게 방해받는 경우)에 소송절차가 지연됨으로써 손해를 볼 염려가 있다는 것을 소명하여 수소법원(受訴法院)에 특별대리인을 선임하여 주도록 신청할 수 있다개정민소 §62. 이 규정도 미성년자와 피성년후견인이 당사자가 되는 신분관계소송에서 적용될 수 있을 것이다. 예를 들어 피성년후견인의 배우자가 성년후견인으로 선임되어 있는데, 피성년후견인이 혼인무효확인의 소를 제기할 필요가 있는 경우에는 특별대리인의 선임을 신청하여 그로 하여금 소송을 대리하도록 할 수 있을 것이다(이런 경우에는 성년후견인을 변경하여 새로 선임된 성년후견인이 혼인무효소송을 대리하는 방법도 가능하다).

혼인무효에 관한 재판은 직권주의적으로 진행되며가소 §17, 판결은 제3자에 대하여도 효력을 미친다가소 §21.

(마) 혼인무효가 판결로 확정되었을 때에는 소를 제기한 자가 판결의 확정일로부터 1개월 이내에 판결의 등본 및 확정증명서를 첨부하여 등록부의 정정을 신청하여야 한다등 §107. 등록법 제105조는 "신고로 인하여 효력이 발생하는 행위에 관하여 등록부에 기록하였으나 그 행위의 무효임이 명백한 때에는 신고인 또는 신고사건의 본인은 등록기준지를 관할하는 가정법원의 허가를 얻어 등록부의 정정을 신청할 수 있다"고 규정하고 있어서, 제3자가 등록부를 정정하려면 판결에 의하여야 하지만, 혼인당사자는 판결 없이도 법원의 허가를 받아 등록부를 정정할 수 있는 것으로 해석할 수 있다. 그러나 판례는 "혼인무효와 같이 관계인들의 신분관계에 중대한 영향을 미칠 사항의 경우에는 확정판결에 의하지 아니하고, 간이한 호적정정(등록부의 정정)의 방법으로 호적을 정리할 수는 없다"는 태도를 취하고 있다.70)

(바) 이혼 후의 혼인무효확인청구

이혼으로 혼인이 해소된 이후에도 과거에 존재하였던 혼인관계의 무효 확인을 구할 이익이 있다는 것이 판례의 태도이다.71) 그 실익의 하나로 혼인무효 판결이 확정되면, 부부의 일방과 일상가사에 관하여 법률행위를 한 제3자는 다른 일방을 상대로 일상가사채무에 대한 연대책임을 물을 수 없게 된다는 점을 들고 있다. 그런데 이러한 결과는 제3자 보호와 거래안전이라는 관점에서 보면 문제가 없는 것은 아니다.

---

70) 대결 1989. 10. 20, 89스4; 대결 1993. 5. 22, 93스14(전원합의체); 대결 1998. 2. 7, 96마623; 그러나 확정된 형사판결(가장혼인을 이유로 유죄판결을 받은 사건)에 의하여 혼인이 무효임이 명백하게 밝혀진 때에는 혼인무효판결을 받지 않더라도 가정법원의 허가를 받아 가족관계등록부를 정정할 수 있다. 대결 2009. 10. 8, 2009스64.

71) 대판 1978. 7. 11, 78므7; 대판 2024. 5. 23, 2020므15896(전원합의체).

### 3. 혼인무효의 효과

(1) 무효혼에서는 아무런 효과도 생기지 않는다(즉, 혼인무효판결이 확정되면 혼인이 처음부터 성립하지 않았던 것과 같은 효과가 발생한다). 즉 무효혼에 의한 상속 등 권리변동은 무효가 되고, 무효인 혼인관계에서 태어난 자녀는 혼인외의 출생자가 된다§855① 후단.

(2) 혼인은 많은 재산관계의 기초가 되는 것이므로, 혼인의 무효에 이와 같은 절대적 효과를 주는 것은 당사자 사이와 당사자 대 제3자 사이의 권리관계의 안전을 해칠 수 있다(예를 들어, 부부는 일상가사에 관한 채무에 대하여 연대책임을 지게 되는데§832, 혼인무효에 의해서 그와 같은 효과도 없어지기 때문에 부부 일방의 자력을 믿고 다른 일방과 거래한 제3자가 손해를 볼 수 있다). 그뿐만 아니라, 무효혼의 출생자는 혼인외의 출생자가 되어 사회적으로 불이익을 입을 수도 있다. 혼인무효의 경우에도, 혼인취소의 경우와 같이 많은 점에서 그 효과를 이혼에 준하게 하는 입법상의 조치가 필요할 것이다.

(3) 혼인이 무효가 된 경우에 당사자의 일방은 과실있는 상대방에 대하여 이로 인한 손해배상을 청구할 수 있으며, 그것은 재산상의 손해와 정신상의 고통을 포함하는 동시에 정신상 고통에 대한 배상청구권은 양도 또는 승계하지 못하는 것은 약혼해제로 인한 손해배상청구권의 경우와 같다§825에 의한 §806의 준용. 이 경우 손해배상청구를 하기 위해서는 가정법원에 우선 조정을 신청하여야 한다가소 §2①다류사건 ii · 50.

(4) 무효로 된 혼인에서 출생한 子의 친권자결정에 관해서는 재판상 이혼의 경우와 마찬가지로 가정법원이 혼인무효의 청구를 인용하는 경우에 직권으로 친권자를 정한다고 해석하여야 할 것이다§909⑤ 참조.[72)]

---

72) 가정법원이 혼인무효의 청구를 심리하여 청구가 인용되는 경우에는 부모에게 친권자 및 양육사항과 면접교섭권에 관하여 협의하도록 권고하여야 한다(가사소송법 제25조 제2항).

## 3 혼인의 취소

취소할 수 있는 혼인도 취소되기 전까지는 유효한 혼인으로 다루어지며, 판결에 의해서 혼인이 취소되면 그 때부터 비로소 취소의 효력이 발생한다. 혼인을 취소하려면 일정한 사유가 있는 경우에 법률에 규정된 취소권자가 혼인취소청구를 하여야 한다. 이 경우 우선 조정을 신청하여야 한다. 부부가 같은 가정법원의 관할 내에 보통재판적이 있을 때에는 그 가정법원에 조정신청을 하여야 한다가소 §2①나류사건 ii · 50 · 22. 조정신청에 의하여 조정절차가 개시된 경우에 i) 조정을 하지 않기로 하는 결정이 있거나민조 §26 · 40, ii) 조정이 성립하지 않은 경우, iii) 조정에 갈음하는 결정가소 §49, 민조 §30 · 32 · 40에 대하여 이의신청기간(2주일) 내에 이의신청이 있는 때에는 사건은 당연히 혼인취소소송으로 이행된다가소 §49, 민조 §36①. 혼인취소의 효과는 소급하지 않는다§824.

### 1. 혼인취소원인과 취소권자 및 상대방

#### (1) 혼인직령 미달의 혼인

혼인적령(만 18세)에 달하지 않은 혼인은 당사자 또는 그 법정대리인이 취소를 청구할 수 있다§817 전단 · 807 · 816 i .

취소의 소의 상대방은 가사소송법에 규정되어 있다가소 §24. 즉 부부의 일방이 소를 제기하는 경우에는 다른 일방의 배우자, 그리고 그가 사망하였을 때에는 검사이다. 이 취소를 할 수 있는 혼인당사자의 연령이 혼인적령에 달하였을 때에는 동의가 없는 혼인의 취소에 관한 제819조를 유추적용하여 취소청구권이 소멸하고, 또 혼인중 포태한 때에는 혼인적령 도달 전이라도 취소를 청구할 수 없다고 보아야 할 것이다.

#### (2) 부모 등의 동의를 얻지 않은 혼인

만 18세에 달한 사람은 혼인할 수 있으나, 반드시 부모, 미성년후견인 등의 동의가 필요하다. 만일 이러한 미성년자가 부모 등의 동의 없이 혼인한 경우에는 당사자 또는 법정대리인이 그 혼인을 취소할 수 있다(당사자는 혼인에 의해서 성년자와 같은 행위능력을 가지게 되므로§826의2, 혼인 전의 친권자는 더 이상 법정대리인이 아니며, 따라서 취소권이 없다고 보아야 할 것이다). 피성년후견인도 스스로 혼인의 의사표시를 할 수 있으나, 역시 여기에는 부모 등의 동의가 필요하다. 피성년후견인이 부모나 성년후견인의 동의를 받지 않고 혼인한 경우에는 당사자 또는 그 법정대리인(성년후견인)이 취소를 청구할 수 있다§817전단·808·816 i. 취소의 상대방은 (1)과 마찬가지다. 당사자가 19세가 된 후 또는 성년후견종료의 심판이 있은 후 3개월이 경과하거나 혼인중에 임신(포태)한 때에는 그 취소를 청구하지 못한다§819.

### (3) 근친혼

근친혼으로서 취소될 수 있는 혼인은 금혼범위§809에서 무효혼이 되는 대상§815ii·iii·iv을 제외한 나머지이다. 인척 중에서는 당사자간에 직계인척관계가 있거나 있었던 자를 제외한 인척, 즉 6촌 이내의 혈족의 배우자, 배우자의 6촌 이내의 혈족, 배우자의 4촌 이내의 혈족의 배우자인 인척이거나 이러한 인척이었던 자 사이의 혼인이 대상이 된다. 양부모계의 혈족이었던 자 중에서는 당사자간에 양부모계의 직계혈족관계가 있었던 자를 제외한 6촌 이내의 양부모계의 혈족이었던 자 사이의 혼인이 대상이 된다. 양부모계의 인척이었던 자 사이에서는 당사자간에 양부모계의 직계인척관계가 있었던 자를 제외한 4촌 이내의 양부모계의 인척이었던 자 사이의 혼인이 대상이 된다.

이러한 자 사이의 혼인은 당사자, 그 직계존속 또는 4촌 이내의 방계혈족이 취소를 청구할 수 있다§817 후단. 2005년 민법일부개정 전의 규정은 취소권자가 8촌 이내의 방계혈족으로 되어 있어서 그 범위가 지나치게 넓었으나, 개정에 의하여 4촌 이내의 방계혈족으로 축소되었다. 소의 상대방은 부부 일방이 제기하는 경우에는 다른 일방이 되고, 그가 사망한 경우에는 검사가 상대방이 된다. 친족이 제기하는 경우에는 부부 쌍방이 상대방이 되고, 부부의 일방이 사망한 때에는 생존배우자가 상대방이 되며, 부부 쌍방이 모두 사망한 때에는 검사가 상대방이 된다가소 §24. 당사자간에 혼인중 이미 포태한 경우에는 취소권은 소멸된다§820. 2005년 민법일부개정 전에는 당사자간에 혼인중 이미 자가 출생한 경우에 취소청구권이 소멸하도록 되어 있었으나, 개정법은 근친혼금지를 완화하는 취지에서 이미 포태한 때에는 취소청구권이 소멸되도록 하였다.

### (4) 중 혼

중혼인 경우에는 당사자 및 배우자(전혼의 배우자, 후혼의 배우자), 직계혈족, 4촌 이내의 방계혈족 또는 검사가 그 취소를 청구할 수 있다§818 전단. 직계혈족이란 직계비속과 직계존속을 말한다. 2011년 민법개정 전에는 직계존속만이 취소권자의 범위에 포함되고, 직계비속은 제외되었으나, 헌법불합치결정을 받아 직계혈족으로 개정되었다.[73] 소의 상대방은 (3)의 경우와 마찬가지이다. 여기에 검사를 취소청구권자로 한 것은, 공익상의 입장에서 중혼은 설사 당사자나 친족이 취소청구권을 행사하지 않더라도 그 존속을 부정하여야 한다는 이유이다. 취소청구권의 소멸기간에 관하여는 규정하는 바 없으므로, 중혼이 존재하는 한 취소청구권은 소멸하지 않는다헌재결 2014. 7. 29, 2011헌바275.[74]

### (5) 악질 등 중대한 사유가 있는 혼인

부부생활의 지속을 불가능하게 할 정도의 중대한 사유가 당사자 일방에게 있는 사실을 알지 못하고 혼인한 때에는 상대방이 그 사유가 있음을 안 날로부터 6월 이내에 취소를 청구할 수 있다§816ii · 822. 이 경우에 취소청구권자에 관하여 규정하는 바가 없으므로, 당사자에 한한다고 해석된다. 따라서 소의 상대방은 (1)의 경우와 마찬가지다.

부부생활을 계속할 수 없는 중대한 사유의 예시로서 민법은 악질을 들고 있다. 성병이나 불치의 정신병 등이 여기서 말하는 악질에 해당한다고 해석할 수 있을 것이다§804 참조. 이외에 어떠한 사유가 중대한 사유에 해당하는가는 구체적인 사정을 고려하여 결정되어야 할 것이나, 사회생활관계상 혼인 전에 당사자 일방에게 그러한 사유가 있음을 알았더라면 상대방이 혼인하지 않았을 것이라고 일반적으로 인정되는 경우에는 중대한 사유가 있다고 판단해도 무방할 것이다(임신불능은 부부생활을 계속할 수 없는 악질 기타 중대한 사유에 해당한다고 볼 수 없다. 대판 2015. 2. 26, 2014므4734: 남편의 무정자증 등을 이유로 아내가 혼인취소청구를 한 사례).

이와 같은 중대한 사유는 혼인 당시 상대방에게 알려져 있지 않아야 한다.

---

73) 헌법재판소는 민법 제818조가 중혼취소의 청구권자로 4촌 이내의 방계혈족과 직계존속을 규정하면서 직계비속을 제외한 것은 합리적인 이유 없이 직계비속을 차별한 것으로서 평등의 원칙에 위반된다고 판단하였다(헌재결 2010. 7. 25, 2009헌가8). 그 후 2011년 12월 29일 민법일부개정안이 국회에서 통과되어 직계비속도 중혼취소의 청구권자에 포함되었다.

74) 다만 예외적으로 중혼취소청구가 권리남용에 해당하는 경우가 있을 수 있다(대판 1993. 8. 24, 92므907: 중혼 성립 후 10여 년 동안 혼인취소청구권을 행사하지 않았다고 해서 권리가 소멸되었다고 할 수는 없으나, 구체적인 사정에 비추어 그 행사가 권리남용에 해당한다는 이유로 혼인취소청구를 기각한 사례).

중대한 사유를 적극적으로 알지 못하게 하였다면 제816조 제3호의 사기에 해당할 것이므로,[75] 여기에서는 중대한 사실을 소극적으로 감춘 경우만이 포함된다고 본다.

사유를 알지 못한 상대방에게 과실이 있는가의 여부는 문제가 되지 않는다고 해석한다. 과실이 있는 경우에는 취소로 인한 손해배상§825에서 과실상계의 문제로 참작하면 족하다(제396조의 유추해석).

### (6) 사기 · 강박에 의한 혼인

사기 또는 강박으로 인하여 혼인의 의사표시를 한 때에는 사기를 안 날 또는 강박을 면한 날로부터 3월 이내에 취소를 청구할 수 있다§816iii · 823.

(가) 사기나 강박으로 혼인의사를 표시한 사람은 그 혼인을 취소함으로써 자신의 진정한 의사에 의하지 않은 혼인관계로부터 벗어날 수 있다.

사기란 혼인의사를 결정시킬 목적으로 혼인당사자의 일방 또는 쌍방에게 허위의 사실을 고지하거나 또는 침묵함으로써 이들을 착오에 빠뜨려 혼인의사를 결정하도록 하는 것을 말한다. 사기자는 혼인의 상대방일 수도 있고 제3자[76]일수도 있다. 제3자에 의해서 사기가 행하여진 경우에 혼인의 상대방이 그것을 알고 있었는지의 여부는 문제되지 않으며, 제110조는 적용되지 않는다. 자신의 배우자를 선택하는 혼인의 중요성에 비추어 볼 때 이것은 당연하다.

사기에 의한 혼인은 당사자의 친척이나 중매인 또는 당사자 자신이 혼인의 성립을 위하여 불리한 사실(예를 들면 심각한 질병)을 감추거나[77] 사실을 과장한 경우 등에 문제가 된다. 사기로 인하여 혼인이 취소되기 위해서는 사기로 인하여 생긴 착오가 일반적으로 사회생활관계에 비추어 볼 때 혼인생활에 미치는 영향이 크고, 당사자가 그러한 사실을 알았더라면 혼인하지 않았을 것이라고 인정되는 경우이어야 할 것이다. 예를 들어 과거의 혼인사실과 자녀가 있다는 사실을 알리지 않은 경우나[78] 혼인 전에 포태하였는데 그 태아가 혼

---

75) 대판 1977. 1. 25, 76다2223.

76) 예를 들면 친척이나 중매인 등. 대판 1977. 1. 25, 76다2223 참조.

77) 혼인의 당사자 일방 또는 제3자가 적극적으로 허위의 사실을 고지한 경우뿐만 아니라 소극적으로 고지를 하지 아니하거나 침묵한 경우도 포함된다. 대판 2016. 2. 18, 2015므654.

78) 혼인 전에 출산경력을 고지하지 않았다고 해서 일률적으로 혼인취소 사유가 된다고 볼 수는 없으며, 구체적인 사정을 고려하여 판단하여야 한다(당사자가 성장과정에서 본인

인할 남자 이외의 다른 남자와의 관계에서 포태되었을 가능성이 있음에도 침묵한 경우 등이 해당될 수 있을 것이다.

강박이란 혼인의사를 결정시킬 목적으로 혼인당사자의 일방 또는 쌍방에게 해악을 고지하여 공포심을 가지게 함으로써 혼인의사를 결정하도록 하는 것을 말한다. 사기의 경우와 마찬가지로 강박자가 혼인의 상대방이든 제3자이든 묻지 않는다.

(나) 취소청구권자는 규정하는 바 없으므로, 사기 또는 강박을 당한 혼인당사자이다. 따라서 당사자의 일방이 사기나 강박을 당한 때에는 그 일방이, 쌍방이 사기나 강박을 당하였으면 쌍방이 모두 취소청구권자가 된다.

## 2. 취소의 방법

혼인취소에 대해서는 조정전치주의가 적용되므로가소 §2①나류사건ii, 혼인을 취소하려면 우선 가정법원에 조정을 신청하여야 한다가소 §50①. 혼인당사자의 일방이 사망한 후에 혼인을 취소하려는 경우에는 조정이 불가능하므로, 조정을 신청할 필요가 없다.[79] 이런 예외적인 사정이 없는 경우에 조정신청을 하지 않고 직접 법원에 혼인취소의 소를 제기하였다면, 가정법원은 그 사건을 직권으로 조정에 회부하여야 한다가소 §50② 본문. 다만 공시송달에 의하지 않고는 당사자를 소환할 수 없거나 조정에 회부되더라도 조정이 성립될 수 없다고 인정할 때에는 예외이다가소 §50② 단서.

조정신청에 의하여 조정절차가 개시된 경우에 i) 조정을 하지 않기로 하는 결정이 있거나민조 §26·40 ii) 조정이 성립하지 않은 경우, iii) 조정을 갈음하는 결정가소 §49, 민조 §30·32·40에 대하여 이의신청기간(2주일) 내에 이의신청이 있는 때에는 사건은 당연히 혼인취소소송으로 이행된다가소 §49, 민조 §36①.

혼인취소는 혼인무효의 경우와는 달리 다른 소송에서 전제문제로서 주장할 수 없다. 취소될 수 있는 혼인도 확정판결 전까지는 유효한 혼인으로 다루어지며, 취소판결의 확정에 의해서 비로소 장래에 향하여 소멸되기 때문이다.

---

의 의사와 무관하게 아동성폭력범죄 등의 피해를 당해 임신을 하고 출산까지 하였으나 이후 그 자녀와의 관계가 단절된 경우, 이러한 사정이 곧바로 혼인취소사유에 해당한다고 보아서는 안 된다고 판단한 사례. 대판 2016. 2. 18, 2015므654).

79) 혼인의 취소는 당사자의 사망에 의하여 혼인이 해소된 경우에도 할 수 있다는 것은 가사소송법 제24조에 의하여 명백하다.

그 판결은 제3자에 대해서도 효력이 있다가소 §21. 재판이 확정된 경우에 소를 제기한 자는 재판의 확정일로부터 1월 이내에 재판서의 등본 및 확정증명서를 첨부하여 그 취지를 신고하여야 하며, 그 소의 상대방도 신고할 수 있다등 §73에 의한 §58의 준용. 조정의 성립만으로는 확정판결의 효력이 생기지 않으므로가소 §59② 단서, 조정의 성립만 가지고는 신고를 할 수 없다(따라서 혼인을 취소한다는 조정은 할 수 없다고 해석된다).[80]

### 3. 혼인취소의 효과

혼인취소의 효력은 취소판결의 확정에 의해서 발생한다. 혼인취소의 효력은 소급하지 않는다§824. 즉 혼인취소의 판결이 확정되면 그 때부터 장래에 향하여 해소되는 것이다.[81] 이 점에서 재산상의 법률행위가 취소되는 경우, 소급해서 무효로 되는 것과 차이가 있다§141. 혼인취소의 효력이 소급하지 않는 결과, 취소된 혼인관계에서 출생(또는 포태)한 子는 혼인취소 후에도 혼인중의 子의 지위를 잃지 않는다. 혼인당사자 일방의 사망 후 혼인이 취소된 경우에도 다른 일방은 이미 취득한 상속권을 잃지 않는다는 것이 판례의 태도이다.[82]

미성년자의 혼인이 성년도달 전에 해소된 때에도 성년의제는 유지된다고 해석되어야 함은 후술하는 바와 같으나, 취소의 경우에도 해소의 경우와 마찬가지로 해석할 것인가의 문제가 있다. 혼인취소의 효과가 소급하지 않는 것과, 성년의제를 소멸시키는 것은 특히 자녀가 있을 경우 부당하게 되는 것을 고려하여(부모가 미성년자인 경우 자기 자녀에 대하여 친권을 행사할 수 없기 때문이다§910 참조), 성년의제는 유지된다고 해석하는 것이 타당할 것이다.

(1) 혼인이 취소되면 이혼의 경우와 같이 혼인관계 및 인척관계는 종료한다§775①.

(2) 손해배상청구권에 관하여는, 혼인무효의 경우와 같이 약혼해제로 인한 손해배상책임에 관한 제806조가 준용된다§825. 손해배상을 청구하기 위해서는 가정법원에 우선 조정신청을 하여야 한다가소 §2①다류사건ii · 50.

80) 대판 1968. 2. 27, 67므34, 집 16권 1집 민 120면(판례가족법, 402면) 참조.
81) 반면에 이혼취소의 경우에는 소급효가 인정되므로, 이혼취소판결이 확정되기 전에 당사자가 혼인을 한 때에는 중혼이 성립한다.
82) 대판 1996. 12. 23, 95다48308.

(3) 재산분할청구권에 대해서는 준용규정이 없으나, 그 권리의 성질에 비추어 볼 때에 혼인취소의 경우에도 유추적용되어야 하며, 가사소송법은 이를 가사비송사건가소 §2①마류사건ⅳ으로 인정하고 있다. 재산분할청구를 하기 위해서는 우선 조정신청을 하여야 한다가소 §50.

(4) 가정법원이 혼인취소청구를 인용할 때에는 미성년자인 子가 있는 경우 직권으로 친권자를 정한다§909⑤.

(5) 2005년 민법일부개정에 의하여 혼인취소의 경우에 가정법원이 직권으로 친권자를 정하는 규정을 신설함에 따라§909⑤, 혼인취소의 경우에 양육과 면접교섭에 관한 사항을 정할 수 있도록 하기 위하여 子의 양육책임에 관한 제837조와 면접교섭권에 관한 제837조의2를 준용하는 규정을 신설하였다§824의2.

이에 따라 혼인취소 후의 자의 양육에 관해서는 제837조가 준용되므로, 우선 당사자가 협의하여 자의 양육자, 양육비용 등 양육에 관한 사항을 정한다. 당사자가 협의하여 정할 수 없는 때에는 가정법원이 당사자의 청구 또는 직권에 의하여 양육에 관한 사항을 정하게 된다가소 §2①마류사건ⅲ. 이 경우에는 우선 조정절차를 밟는다가소 §50.

혼인이 취소된 경우에도 제837조의2가 준용되어 이혼의 경우와 마찬가지로 子를 직접 양육하지 않는 부모 중 일방은 면접교섭권을 가진다. 그러나 가정법원은 子의 복리를 위하여 필요한 때에는 당사자의 청구 또는 직권에 의하여 면접교섭권을 제한하거나 배제할 수 있다.

(6) 혼인의 취소에 소급효를 인정하지 않는 제824조에 따르면, 혼인이 취소되더라도 약혼예물(혼인예물) 등 혼인을 원인으로 하여 얻은 재산상 이익의 반환청구는 인정되지 않는다고 해석된다. 그러나 혼인 당시부터 혼인취소의 원인이 있는 것을 알고 있었던 당사자(예컨대 사기에 의한 혼인의 경우)에 대해서는 예외를 인정하여 혼인을 원인으로 얻은 재산상 이익을 반환하도록 하는 것이 신의칙에 부합한다고 본다.

# 제 5 절 혼인의 효과

## 1 서 설

혼인의 효력은 크게 일반적 효력과 재산상의 효력으로 나누어진다. 혼인의 일반적 효력은 부부 사이에 동거·부양·협조·정조 의무 등이 발생하는 것이다. 혼인의 재산적 효력은 부부 사이의 재산관계에 관한 것으로서 부부가 혼인 전부터 가지고 있던 재산, 혼인중에 취득한 재산을 누구의 소유로 볼 것인가를 정하는 것이다.

혼인의 일반적 효력과 관련하여 민법은 그 동안의 몇 차례 개정을 통해서 부부평등의 원칙을 실현하는 데 이르렀다.

혼인의 재산적 효력과 관련하여 민법은 부부별산제를 채택하고 있다. 이에 따라 혼인 전부터 부부 각자에게 속한 재산과 혼인중에 자신의 명의로 취득한 재산은 부부 각자의 소유로 추정되는데, 주택과 같은 중요한 재산을 남편의 명의로 등기하는 경우가 적지 않은 우리사회의 현실에 비추어 볼 때 문제가 있다. 부부가 협력에 의해서 형성한 재산은 실제로 부부의 공동재산이라고 보는 것이 타당함에도, 민법은 누구의 명의에 의해서 재산을 취득했는가에 따라서 재산의 귀속을 추정하는 태도를 취하고 있으므로, 특히 가사와 육아에 종사한 처의 경우에는 재산형성에 대한 기여를 인정받지 못하기 때문이다. 부부 사이의 실질적인 평등을 실현하기 위해서는 부부별산제의 문제점을 보완할 수 있는 입법적 조치가 필요하다.

## 2 혼인의 일반적 효과

### 1. 친족관계의 발생

부부는 서로 배우자인 신분을 가지고 친족이 된다§777 iii. 그러나 부부 사이에는 부부인 신분에서 생기는 효과 이외에 친족으로서 특별히 인정되는 권리 · 의무는 없다. 따라서 부부를 친족으로 규정하는 것은 불필요하다.

부부는 상대방의 4촌 이내의 혈족과 4촌 이내의 혈족의 배우자 사이에 서로 인척관계가 생긴다§777ⅱ. 1990년 민법의 일부개정 전에는 夫는 처의 부모와, 처는 夫의 8촌 이내의 부계혈족, 4촌 이내의 모계혈족과 친족이 되었으나, 부부평등의 원칙에 따라 위와 같이 개정하였다. 그리고 민법개정 전에는 계모와 전처의 출생자 사이에는 계모자관계, 적모와 혼인외의 출생자 사이에는 적모서자관계가 생겼으나, 1990년 민법의 일부개정으로 폐지되었으며, 현행법상으로는 인척이 되는 데 지나지 않는다.

## 2. 가족관계등록부의 기록

혼인이 성립하면 부부 각자의 가족관계등록부에 혼인사실이 기록되며(전산입력되는 것을 의미), 이에 따라 가족관계증명서의 배우자란에 배우자의 성명, 출생연월일 등이 표시된다. 또한 혼인관계증명서에도 배우자의 성명 등과 혼인신고일이 표시된다.

## 3. 부부의 성

민법은 부부의 성에 관하여 규정하고 있지 않으므로 부부는 각자 혼인 전의 성을 그대로 유지한다고 해석된다. 외국, 특히 서구사회에서는 혼인과 동시에 여자가 자신의 성을 잃고, 夫의 성을 따르도록 법률에 규정되어 있는 것으로 잘못 알고 있는 경우가 있는데, 이는 오해에 불과하다. 서구사회에서도 부부는 혼인 전의 성을 각자 그대로 유지할 수 있으며, 당사자가 원하는 경우 부부의 성을 통일하여 혼인성(婚姻姓)을 쓸 수 있을 뿐이다. 이 경우 妻 또는 夫의 성이 부부공통의 혼인성이 될 수 있다.[83)]

## 4. 동거 · 협조 · 부양의 의무

부부는 동거하며 서로 부양하고 협조하여야 한다§826① 본문. 부부는 정신

---

83) 자세한 내용은 金相瑢, 자녀의 성과 본에 관한 민법개정안의 입법이유, 가족법연구 Ⅱ(2006), 166면 이하 참조.

적·육체적·경제적인 평생에 걸친 협동체이다. 그러므로 동거하며 부양하고 협조하는 것은 그 본질이 요청하는 바로서, 제826조 제1항은 이를 선언한 것이다.

(1) 동거의무

(가) 의 의

동거의무란 동일한 거소에서 부부공동체를 형성하여 생활하는 의무를 말한다. 그러므로 같은 집에서 사는 경우에도 부부로서의 공동생활을 종료하고, 각자의 생활을 엄격히 분리하는 경우에는 동거가 아니라고 보아야 한다.

부부에게는 동거의무가 있으나, 정당한 이유로 일시적으로 동거하지 않는 경우에는 서로 인용하여야 한다§826① 단서. 정당한 이유란 妻 또는 夫의 직업상의 필요(해외근무 등), 건강상의 이유(요양을 위하여 별거하는 경우), 자녀의 교육상의 필요, 그 밖의 사유로 일시적으로 별거하는 것이 합리적인 부부공동생활을 위하여 바람직한 경우(부부 사이에 불화가 있는 경우 조정을 위한 냉각기) 등을 말한다.

부부의 일방이 다른 일방이나 자녀를 폭행하거나 학대하는 경우, 징역형을 살고 있을 때, 이혼소송을 제기하였을 때, 부정(不貞)한 행위를 하고 있을 때에는 다른 일방은 동거의무를 지지 않는다.

동거의 장소는 부부의 협의에 의하여 정한다§826②. 그러나 협의가 이루어지지 않을 경우에는 당사자의 청구에 의하여 가정법원에서 정하게 된다§826② 단서. 1990년 개정 전에는 동거장소는 구민법과 같이 원칙적으로 夫의 주소나 거소이었으며, 처가 친가의 호주나 또는 호주상속인으로서 夫가 처의 가에 입적하였을 때에는 동거는 처의 주소나 거소에서 하도록 되어 있었는데, 부부평등의 원칙에 따라 위와 같이 고쳐졌다.

(나) 동거의무의 불이행

부부의 일방이 정당한 이유 없이 동거에 응하지 않는 경우에는 다른 일방은 동거에 관한 심판을 청구할 수 있으며, 이 경우 먼저 조정을 신청하여야 한다가소 §2①마류사건 i·50. 다만 동거의무에 위반하는 사실의 유무는 형식적으로 판단할 것이 아니라, 부부공동생활의 유지·향상이라는 큰 목적에 비추어 탄력적으로 판단하여야 할 것이다. 즉 정당한 이유로 일시적으로 별거하는 것을 서로 인용하여야 할 경우, 즉 적어도 부득이하다고 인정하는 경우에는 동거의 청구는 성립하지 않는다고 하여야 할 것이다.

그리고 동거를 명하는 심판에 대해서는 직접강제는 물론 간접강제도 허용되지 않는다고 보아야 할 것이다. 그것은 부부공동생활의 본질에 적합하지 않기 때문이다. 그러나 부부의 일방은 동거의무를 이행하지 않는 상대방에 대해서 정신적인 고통에 따른 위자료청구를 할 수 있다.[84] 또한 부당한 동거의무의 위반은 악의의 유기로서 이혼원인이 되며§840ii, 부부의 일방이 정당한 이유 없이 동거청구를 거부하는 경우에는 상대방에 대해서 부양료의 지급을 청구할 수 없다.[85]

### (2) 부양·협조의무

부부공동생활에서 동고동락하고 정신적·육체적·경제적인 각 방면에서 협조하여 원만한 공동생활을 영위하는 의무이다.

#### (가) 부양의무

부부 사이의 부양은 부부공동생활의 유지에 필요한 것을 서로 제공하는 것으로서, 경제적 부양(금전지급과 같은 물질의 제공)과 신체적·정신적 부양(식사준비, 세탁, 청소 등 가사, 육아, 병수발 등)을 모두 포함하는 개념이다. 부부공동생활의 본질에 비추어 볼 때 부부 사이의 부양의무는 상대방의 생활을 자신과 같은 수순으로 보장하는 것이어야 한다. 이 점에서 부부간의 부양의무는 부모의 미성년자녀에 대한 부양의무와 같은 성질을 갖는다. 따라서 배우자와 미성년자녀의 부양을 위하여 필요한 경우에는 자신의 모든 재산을 처분하여 사용해야 한다. 이런 점에서 자신의 생활수준을 유지하면서 여유가 있을 때 비로소 상대방을 지원할 의무가 생기는 친족간의 부양§974 이하과는 그 성질이 다르다.[86] 따라서 부부 사이의 부양은 제1차적 부양의무인 데 반하여 친족 사이의 부양은 제2차적 부양의무라고 할 수 있는 것이다.[87]

부부의 일방이 상대방에 대하여 부양료를 지급하지 않아서 상대방이 빈곤한 생활을 감수하였거나, 빚을 얻어 생활한 경우에는 상대방은 부양의무를 이행하지 않은 일방에 대해서 과거의 부양료를 청구할 수 있다(다만 판례는 부양

84) 대판 2009. 7. 23, 2009다32454.
85) 대판 1991. 12. 10, 91므245.
86) 대판 1976. 6. 22, 75므17은 '일반적으로 부부는 서로 부양의무가 있음은 민법 제974조에 명시되어 있다'고 설시하고 있으나, 민법체계에 대한 오해에서 비롯된 것이다.
87) 金疇洙, '친자간의 부양에 관한 비교법적 고찰', 고황 3권 1호.

권리자(예컨대 처)가 부양의무자(남편)에게 부양의무의 이행을 청구하였음에도 부양의무자가 부양의무를 이행하지 않음으로써 이행지체에 빠진 이후의 것에 대해서만 부양료의 지급을 청구할 수 있을 뿐, 부양의무자가 부양의무의 이행을 청구받기 이전의 부양료의 지급은 청구할 수 없다는 입장이다.[88] 이러한 판례의 태도에 대해서는 다음과 같은 비판이 가해질 수 있다. 혼인의 성립과 동시에 부부 사이에는 상대방을 자기의 생활수준과 같은 정도로 부양해야 할 의무가 발생하게 된다. 부부의 일방이 부양을 필요로 하는 상태에 있을 때에는 특별한 사정이 없는 한(예컨대, 정당한 이유 없이 동거에 응하지 않는 경우) 다른 일방에게는 당연히 상대방 배우자를 부양해야 할 의무가 인정된다. 부부의 일방이 부양청구를 했을 때 비로소 상대방에게 부양의무가 발생하는 것은 아니다. 그리고 부양의무자는 부양의무가 발생한 때로부터 당연히 그에 상응하는 부양료를 지급해야 할 의무가 있다고 보아야 할 것이다. 부양의무의 이행을 청구받기 이전의 부양료에 대해서는 지급의무가 없다는 해석은 합리적인 근거를 찾기 어려울 뿐만 아니라, 부양료를 지급하지 않고 오래 버틸수록 부양의무자에게 유리하게 되어 도덕적 해이를 부추기는 결과가 된다).

부양의무의 불이행은 불법행위가 되어 손해배상청구권의 발생원인이 될 수 있으며, 악의의 유기로서 이혼원인이 될 수도 있다.

그런데 민법은 이와 별도로 부부의 재산상의 효력으로서 '부부의 공동생활에 필요한 비용의 부담은 당사자간에 특별한 약정이 없으면 부부가 공동으로 부담한다'§833고 규정하고 있다. 이 규정은 부부간의 부양의무를 이행하는데 있어서의 기준을 밝힌 것에 불과하다.[89] 특별한 약정이 없더라도 부부의 일방에게 부양능력이 없으면 다른 일방이 생활비를 부담하는 것은 당연하며, 질병 기타 곤란한 경우에는 서로 협조하여야 하는 것이다.

(나) 협조의무

부부는 가족생활공동체의 유지를 위해서 협력하여야 한다. 구체적으로 어떻게 일을 분담할 것인가는 법률에 의해서 정해질 사항이 아니며, 당사자의 합의에 의하여 정하여진다(가사와 육아, 소득활동 등과 관련하여 어떻게 일을 분담

---

88) 대결 2008. 6. 12, 2005스50; 대결 2017. 8. 25, 2014스26; 반면에 대결 1994. 5. 13, 92스21(전원합의체)는 과거의 부양료 청구를 인정하고 있다. 전자는 부부간의 부양에 관한 것이고, 후자는 부모의 미성년자녀에 대한 부양을 다룬 것이다. 부부간의 부양의무와 부모의 미성년자녀에 대한 부양의무는 본질적으로 차이가 없으므로, 판례가 이와 같이 상이한 태도를 보이는 것은 문제가 있다고 생각된다.

89) 대결 2017. 8. 25, 2014스26: 제826조 제1항은 부부간의 부양·협조의무의 근거를, 제833조는 부양·협조의무 이행의 구체적인 기준을 제시한 조항이다. 따라서 제833조에 의한 생활비용청구가 제826조와는 무관한 별개의 청구원인에 기한 청구라고 볼 수는 없다.

할 것인가는 당사자가 의논하여 정하는 것이 바람직하다).

부부의 일방이 정당한 이유 없이 협조의무를 이행하지 않는 경우 다른 일방은 조정 또는 심판에 의하여 그 이행을 청구할 수 있으나, 협조의무의 성질상 강제집행은 허용되지 않는다.

### (3) 부양·협조의무의 불이행

부양·동거·협조의무는 그 성질상 서로 불가분의 관계에 있으므로, 구체적으로 부양의무의 불이행이 있는가의 여부를 판단함에 있어서는 상대방의 태도를 함께 고려하여야 한다. 부부의 일방이 정당한 이유 없이 동거·협조의무의 이행을 거절하면서 부양료 지급을 청구한다면, 다른 일방이 부양료를 지급하지 않아도 부양의무의 불이행이 성립하지 않는다.[90] 혼인관계가 파탄된 경우라 할지라도 혼인파탄에 책임이 없는 배우자는 상대방에 대하여 부양청구를 할 수 있다(그러나 혼인파탄에 주된 책임이 있는 배우자의 부양청구는 신의칙에 반하는 것으로서 인정되지 않는다고 보아야 할 것이다). 이혼소송이 제기된 경우에도 혼인파탄에 책임이 없는 배우자의 부양청구권은 소멸하지 않는다.[91]

부양의 내용, 그 정도와 방법에 대해서는 당사자의 협의가 이루어지지 않는 한, 이상의 여러 사정과 함께 부양권리자의 수요, 부양의무자의 자력, 그 밖의 모든 사정을 고려하여 가정법원의 조정 혹은 심판을 구할 수밖에 없다

가소 §2①마류사건 i ·50·

부부 사이에 서로 부양의무를 면제하는 계약은 혼인의 본질에 반하는 것으로서 무효라고 본다.

### (4) 강제집행

동거의무와 협조의무는 그 성질상 법적인 강제를 할 수 없으나, 부양의무 중에서 경제적 부양의무는 재산상의 급여를 내용으로 하는 것이므로 강제집행이 가능하다. 부양의무가 조정이나 심판에 의하여 금전의 지급을 내용으로 하는 것으로 확정된 경우에 의무자가 정당한 이유 없이 이를 이행하지 않은 때에는 가정법원은 당사자의 신청에 의하여 일정한 기간 내에 그 의무를 이

---

90) 대판 1976. 6. 22, 75므17·18, 판례총람 228-2면은 처가 정당한 이유 없이 별거하면서 夫에 대하여 부양료를 청구한 데 대하여 '청구인(처)이 피청구인(夫)과의 동거의무를 스스로 저버리고 별거하고 있는 경우에는, 청구인은 피청구인에게 부양료청구를 할 수 없다고 할 것이다'라고 판시하고 있다. 동지: 대판 1991. 12. 10, 91므245, 판례월보 260호, 106면.

91) 대결 2023. 3. 24, 2022스771.

행할 것을 명할 수 있고가소 §64, 이 명령에 위반한 때에는 1,000만원 이하의 과태료에 처할 수 있다가소 §67①. 특히 부양료의 정기적인 지급을 명령받은 자가 정당한 이유 없이 3기 이상 그 의무를 이행하지 않은 경우에는 권리자의 신청에 의하여 30일의 범위 내에서 의무이행이 있을 때까지 의무자를 감치에 처할 수 있다가소 §68①.

### 5. 정조의무

부부는 서로 정조를 지킬 의무가 있다. 민법은 부정(不貞)한 행위를 부부평등하게 이혼원인으로 규정함으로써§840 i, 부부에게 동일한 정조의무가 있다는 것을 확인하였다.

### 6. 성년의제

#### (1) 성년의제제도의 의의

미성년자가 혼인하였을 때에는 성년에 달한 것으로 보아 행위능력이 인정된다. 미성년자는 친권 또는 후견에 따라야 하므로, 혼인하더라도 부부 쌍방이 미성년자인 경우에는 부부의 생활이 제3자의 간섭을 받게 되어 혼인생활의 침해가 생길 우려가 있다. 자녀가 있는 경우에도 미성년자인 부모는 스스로 친권을 행사할 수 없게 되고, 그의 친권자나 미성년후견인이 친권을 대행하게 되는데, 직접 자녀를 양육하는 부모가 미성년자라고 해서 친권을 행사할 수 없는 것도 문제이다. 미성년자라 할지라도 이미 성년에 가까운 연령에 이르렀고, 혼인까지 한 경우라면 스스로 행위능력을 갖추고 독립된 생활을 영위하는 것이 바람직하다는 판단에서 1977년 민법개정을 통하여 성년의제 규정이 마련되었다.

#### (2) 성년의제의 적용범위

(가) 혼인을 한 미성년자는 성년자와 같은 행위능력을 가지게 되므로, 친권은 소멸하고 후견은 종료된다. 미성년자도 혼인 후에는 자기의 자녀에 대해서 친권을 행사할 수 있으며(제910조는 적용되지 않는다), 타인의 후견인이 될 수 있다. 소송능력도 인정된다민소 §55. 입양을 하기 위해서는 양부모로서 양자

를 적절히 양육할 수 있는 능력과 환경을 갖출 것이 요구되는데, 일반적으로 19세에 달하지 않은 자에게 그와 같은 조건을 기대하기는 어렵다고 생각되므로, 입양을 할 수 있는 능력은 부정하는 것이 타당할 것이다.

(나) 성년의제는 주로 혼인과 가족생활의 독립을 위하여 도입된 것이므로, 이러한 취지와 관계없는 다른 법률, 예를 들어 공직선거법 제15조(18세 이상의 국민에게 선거권이 있으므로, 17세의 미성년자가 혼인했다고 해도 선거권이 인정되지 않는다), 근로기준법 제64조 이하의 연소근로자보호규정 등에서는 여전히 미성년자로 다루어진다.

(다) 이혼이나 사망 등으로 혼인이 해소되는 경우 성년의제의 효력도 소멸되는가는 해석의 문제이다. 혼인이 해소될 경우 성년의제의 효력이 소멸된다고 해석한다면, 일단 취득한 행위능력을 잃게 되어 거래의 안전을 해칠 수 있고, 혼인중에 출생한 자녀의 친권도 직접 행사할 수 없게 되는 등 혼란이 생길 수 있으므로, 혼인이 해소되더라도 성년의제의 효과는 소멸하지 않는다고 해석하는 것이 타당할 것이다. 혼인이 취소되는 경우에도 이와 마찬가지로 해석한다.

## 3 혼인의 재산적 효과: 부부재산제

혼인 당시 부부 쌍방에게 별다른 재산이 없었으며, 혼인중의 수입도 모두 가족의 부양을 위해서 사용하는 경우라면 부부재산관계에 관한 별도의 규정이 필요하지 않을 수도 있다. 그러나 가족의 부양을 위하여 소비하고 남은 재산이 있는 경우에는 그 재산의 관리와 귀속에 관한 규정이 필요하게 된다. 물론 부부는 합의에 의해서 자신들의 재산관계를 스스로 정할 수 있다. 따라서 국가는 부부간의 재산관계에 관하여 별도의 규정을 마련하지 않고, 이 문제는 당사자인 부부의 자율적인 합의에 맡긴다는 태도를 취할 수도 있다(부부재산계약). 그러나 모든 부부가 재산관계에 관한 합의를 하는 것은 아니므로(국내에서는 물론 외국에서도 부부재산계약이 체결되는 경우는 오히려 예외에 속한다), 부부재산계약이 체결되지 않은 경우에 적용될 수 있는 일반규정이 마련될 필요가 있다. 즉 국가는 부부재산계약의 자유로운 체결가능성을 보장하는 한편, 부부재산계약을 체결하지 않은 부부의 재산관계에 일률적으로 적용될 수 있는 부부재산제도를 제시해야 한다(법정부부재산제).

부부 사이의 재산관계를 어떻게 정할 것인가의 문제와 관련하여 민법은 우선 당사자인 부부의 합의에 맡긴다는 태도를 취하고 있다§829. 그리고 당사자 사이에 부부재산계약이 체결되지 않은 경우에 일률적으로 적용되는 법정부부재산제로서 별산제(別産制. separate system)를 규정하고 있다§830 이하.

## 1. 부부재산계약

각국의 입법례를 보면 한정적 선택주의, 즉 스위스민법이나 독일민법이 인정하는 바와 같이 당사자의 편의와 거래안전의 요청에 따라 법정재산제 이외에 부부재산계약에 의하여 임의로 선택할 수 있는 몇 가지의 전형적 재산제를 열거하고, 당사자는 이 가운데에서 하나를 선택할 수 있는 법제가 있고, 자유선택주의, 즉 프랑스민법과 같이 당사자는 이 가운데에서 하나를 선택하든 또는 민법소정유형 이외의 협정을 하든 자유로이 하는 법제가 있다. 민법은 후자를 채택한 셈이다.

### (1) 계약의 체결과 변경

#### (가) 계약 체결의 당사자와 능력

부부는 합의에 의하여 자유롭게 부부재산계약을 체결할 수 있다. 민법은 계약체결의 당사자를 '부부'라고 하고 있으나, 부부재산계약은 혼인 전에 체결되어야 하므로, 여기서 말하는 부부는 혼인하려는 남녀를 의미한다.

부부재산계약을 체결하는 데 행위능력이 필요한가의 문제가 제기될 수 있는데, 미성년자가 부모 등의 동의를 얻어 혼인하는 경우에는 부부재산계약을 체결할 수 있는 능력이 있다고 보아도 무방할 것이다.

#### (나) 부부재산계약의 변경

부부재산계약은 혼인 전에 체결되어야 효력이 있으며, 혼인중에는 정당한 사유가 있는 경우에 한하여 가정법원의 허가를 받아 변경할 수 있을 뿐이다 §829② 단서, 가소 §2①라류사건vii.[92] 혼인중에 자유롭게 계약을 변경할 수 있도록 하면, 우월한 지위에 있는 부부의 일방이 사회적 약자인 다른 일방에 압력을 가하

---

92) 부부재산약정의 변경을 허가하는 심판은 부부 쌍방의 청구에 의하여야 한다(가사소송규칙 제60조).

여 자신에게 유리한 내용으로 계약을 변경할 위험이 있으므로, 가정법원이 개입하여 이러한 결과를 막겠다는 취지로 해석된다. 이외에도 계약을 변경할 수 있는 두 가지 경우가 있다. 첫째, 부부재산계약에 의하여 부부의 일방이 다른 일방의 재산을 관리하고 있는데, 부적당한 관리로 인하여 그 재산을 위태롭게 한 때에는 다른 일방은 재산관리권을 자신에게 이전하라는 취지의 청구를 법원에 할 수 있다§829③ 전단. 법원이 이 청구를 받아들여 재산관리권을 다른 일방에게 이전하라는 판결을 하면, 그 부분에 대한 부부재산계약이 변경되는 결과가 된다. 이 경우 공유재산에 대해서는 분할을 함께 청구할 수 있다동조③ 후단. 재산관리자의 변경 및 공유재산의 분할청구를 하는 경우에는 우선 조정신청을 하여야 한다가소 §2①마류사건ii · 50. 둘째, 혼인 전에 체결한 부부재산계약에 의하여 혼인중에 재산관리자를 변경하거나 공유재산을 분할하는 것이 가능하다 §829③. 즉 부부재산계약에서 혼인중의 재산관리자 변경이나 공유재산의 분할에 대해서 미리 정해 놓은 경우에는 혼인중에 가정법원의 허가를 얻지 않아도 계약에 따라 관리자변경이나 공유재산의 분할이 가능하며, 이는 곧 부부재산계약의 변경을 의미하는 것이다.

(다) 계약체결의 방식과 등기

민법은 부부재산계약의 방식에 대해서 규정하고 있지 않으므로, 단순히 구술에 의한 방식도 유효하다고 해석한다. 그러나 부부가 부부재산계약을 가지고 부부의 승계인(상속인 또는 포괄적 수증자)이나 제3자에게 대항할 수 있기 위해서는 혼인신고시까지 등기하여야 한다.[93] 예를 들어 부부재산계약에 의하여 부부가 혼인중에 취득한 재산은 모두 공유로 하기로 하였는데(지분은 동일), 이를 등기하지 않았다면 夫가 사망하여 상속이 개시되었을 때, 상속인인 子는 夫 명의의 주택에 대하여 자신의 법정상속분을 주장할 수 있을 것이다(예를 들어 상속인이 妻와 子 1인인 경우, 子는 5분의 2의 상속분을 주장할 수 있다). 그러나 그러한 계약이 등기되어 있었다면 상속인인 子는 夫의 공유지분에 해당하는 부동산의 2분의 1에 대해서만 자신의 법정상속분을 주장할 수 있을 뿐이다. 즉 子는 그 주택의 10분의 2(1/2×2/5)에 대해서만 상속분을 주장할 수

93) 부부재산약정의 등기에 관하여는 남편이 될 사람의 주소지를 관할하는 지방법원, 그 지원 또는 등기소를 관할등기소로 한다비송 §68(이 규정에서 '남편이 될 사람'은 '부부가 될 사람 중 일방'으로 개정되는 것이 타당하다고 본다). 부부재산약정에 관한 등기는 약정자 양쪽이 신청한다. 보다 자세한 내용은 부부재산약정등기규칙 참조.

있다. 부부재산계약이 변경된 경우에도 이를 등기하지 않으면 승계인이나 제3자에게 대항할 수 없다§829④·⑤. 즉 등기는 유효하게 성립한 부부재산계약의 대항요건이다. 부부재산계약은 부부 사이의 기본적인 재산관계를 정하는 것이므로, 가능한 한 명확하게 할 필요가 있다(특히 민법과 같이 특별한 이유가 없는 한 혼인 후의 변경을 인정하지 않는 법제하에서는 명확하게 해야 할 필요성이 더 크다고 볼 수 있다). 따라서 입법론으로서는, 공증방식에 의할 필요까지는 없겠지만 적어도 서면에 의하게 할 필요는 있을 것으로 생각된다.

### (2) 계약의 내용

(가) 부부재산계약의 내용에 대해서 민법은 아무런 규정을 두고 있지 않으므로, 부부는 자유롭게 부부재산에 관한 계약을 체결할 수 있다고 해석된다. 그러나 부부재산계약은 혼인의 본질이나 부부평등, 사회질서에 반하지 않아야 한다. 예를 들어서 부부의 일방(妻)이 다른 일방(夫)의 동의를 얻어야만 재산행위를 할 수 있다는 식의 계약은 허용되지 않는다. 부부재산계약은 부부 사이의 재산에 관한 사항을 정하는 것이므로, 이와 무관한 사항(예를 들어서 가사와 육아를 반씩 분담한다든가 외박을 한 경우 이혼사유가 된다든가 하는 내용)은 부부재산계약에 포함될 수 없으며, 설령 포함된다 하더라도 법적인 효력이 없다.

(나) 부부재산계약은 혼인이 성립하였을 때 효력이 발생하고, 혼인이 종료되면 그 때부터 효력을 잃는다. 따라서 부부재산계약으로 혼인성립 전이나 혼인종료 후의 재산관계를 정할 수는 없다. 예를 들어 이혼시에 재산을 어떻게 나눈다는 식의 내용(이혼시 재산분할에 관한 약정)은 부부재산계약에 포함될 수 없으며, 설령 포함된다 하더라도 효력이 없다고 해석해야 할 것이다.[94] 그리고 부부재산계약의 성질상 원칙적으로 조건부 또는 기한부 계약은 허용되지 않는다고 본다.

### (3) 계약의 종료

부부재산계약의 종료에는 두 가지 경우가 있다. 혼인중의 재산계약의 종료(예를 들어서 법원의 허가를 받아 재산관리자를 변경하고 공유재산을 분할함으로써 부부재산계약이 종료되는 경우)와 혼인관계소멸로 인한 재산계약의 종료이

94) 이와 달리 이혼 시 재산분할의 비율 기타 분할방법을 정할 수 있다고 보는 견해가 있다. 주해친족법 1권, 256면.

다. 사기 또는 강박에 의하여 계약을 체결하였을 때에는 취소할 수 있다고 해석하여야 한다(제816조 제3호의 유추해석). 계약의 결과가 사해행위에 해당되는 경우에는 채권자취소권의 대상이 될 수도 있다§406 참조. 이러한 경우에는 부부재산계약은 효력을 잃고, 법정재산제로 전환된다. 혼인관계소멸로 인한 계약의 종료원인으로는 이혼 또는 혼인의 취소에 의한 경우와 배우자 일방의 사망으로 인한 경우가 있다.

## 2. 법정재산제

부부가 혼인신고 전에 부부재산계약을 체결하지 않은 한, 그 재산관계는 모두 제830조 내지 제833조의 법정재산제에 의한다§829①.

### (1) 재산의 귀속과 관리

**設 例**

A와 Y는 30여 년간 결혼생활을 하여온 부부인데, A는 X은행에 대하여 채무가 있어서 부동산을 다른 데 매도처분하면 무자력자가 되어 X은행에 대한 채무변제가 어려워진다는 것을 알면서 자기의 처인 Y에게 부동산을 매각처분하였다. 이를 알아차린 X은행은 A의 처를 피고로 하여 채권자취소 및 원상회복청구의 소를 제기하였다. 이에 대하여 Y는 30여 년간의 결혼생활을 통하여 내조한 공이 있으므로, 이는 문제의 부동산이 A의 특유재산이라는 추정을 번복할 사유가 되어 공유지분이 인정되어야 한다고 주장한다. 어느 쪽의 주장이 타당한가?

#### (가) 부부별산제

민법은 부부별산제를 채택하여 부부의 일방이 혼인 전부터 가지고 있던 고유재산과 혼인중 자기의 명의로 취득한 재산은 그 특유재산으로 하고(즉 그 개인 소유의 재산으로 한다§830①), 특유재산은 부부가 각자 관리·사용·수익·처분하도록 하였다§831. 그리고 부부의 누구에게 속한 것인지 분명하지 않은 재산은 부부의 공유재산으로 추정된다§830②.

#### (나) 부부재산의 종류

부부재산은 대체로 다음과 같은 세 가지 종류로 나누어 볼 수 있다.

① 명실공히 부부 각자의 소유로 되는 재산: 혼인 전부터 각자가 소유하고 있던 고유재산, 혼인중에 부부의 일방이 상속한 재산이나 제3자로부터

증여받은 재산, 그러한 재산에서 생긴 수익, 각자의 의복 등이 이에 속한다. 이러한 재산은 명의상으로나 실질에 있어서 부부 각자에게 속하는 재산이므로(즉 다른 일방은 이러한 재산의 형성에 기여한 부분이 없다고 본다), 이혼시에도 다른 일방은 이러한 재산에 대하여 분할을 청구할 수 없다. 또한 사망시에는 이러한 재산은 전부 상속재산이 된다(즉 다른 일방은 그 재산을 형성하는 데 구체적으로 기여한 바가 없으므로, 그 재산은 부부의 공유로 인정되지 않는다. 따라서 다른 일방은 상속재산에서 자신의 공유지분을 공제할 것을 주장하지 못한다). 다만, 혼인 전부터 소유하고 있던 고유재산, 부부의 일방이 상속한 재산이나 증여받은 재산이라도 혼인중에 다른 일방이 그 재산의 유지, 증가에 기여하였다면 그러한 부분에 대해서는 재산분할청구가 가능하다고 해석한다.

② 명실공히 부부의 공유에 속하는 재산: 가족공동생활에 필요한 가재도구 등은 부부의 공유(지분은 동등)에 속한다고 보아야 할 것이다.[95] 이러한 공유재산에 대해서는 이혼시 부부는 각자 자신의 지분에 따른 분할을 청구할 수 있다.

③ 명의상으로는 부부 일방의 소유이지만, 실질적으로는 부부의 공동재산이라고 보아야 할 재산: 혼인중에 부부가 협력하여 취득하였으나, 부부 일방의 명의로 되어 있는 재산(주택 등 부동산, 예금, 주식 등)이 여기에 속한다. 그러나 부부별산제의 원칙에 따라 이러한 재산은 명의자의 특유재산(개인소유)으로 추정되며, 부부의 다른 일방은 혼인중 이러한 재산에 대하여 아무런 권리도 주장할 수 없다. 예를 들어서 어떤 부부가 혼인생활 10년 만에 내 집 마련에 성공한 경우를 생각해 본다. 妻는 혼인 후 가사와 육아를 전담하기 위하여 다니던 직장을 그만 두었고, 夫는 혼인 후에도 직장을 다니며 소득활동을 하였다. 주택을 마련하여 夫 명의로 등기를 하면, 부부별산제하에서 이 집은 夫의 단독소유(특유재산)로 되므로, 夫가 원하는 경우 처의 동의 없이도 얼마든지 처분하여 대금을 소비할 수 있다. 즉 그 주택에 대한 처의 권리는 전혀 인정되지 않는 것이다. 그러나 주택을 마련하는 데 협력한 처의 기여도를

95) 민사집행법 제190조는 채무자와 그 배우자의 공유에 속하는 유체동산은 채무자가 점유하거나 그 배우자와 공동점유하는 때에는 같은 법 제189조의 규정에 의하여 압류할 수 있다고 규정하고 있는바, 위와 같은 규정은 부부공동생활의 실체를 갖추고 있으면서 혼인신고만을 하지 아니한 사실혼관계에 있는 부부의 공유 유체동산에 대하여도 유추적용된다(대판 1997. 11. 11, 97다34273). 민사집행법 제221조는 제190조의 규정에 의하여 압류한 유체동산에 관하여 공유지분을 주장하는 배우자는 지분에 상당하는 매각대금의 지급을 요구할 수 있다고 규정하고 있다.

고려해 본다면, 이와 같은 결과는 매우 부당하다는 사실을 알 수 있다. 가사와 육아를 전담하는 아내의 노동과 직장에서 소득활동을 하는 남편의 노동은 비록 종류는 다르지만, 그 가치에 있어서는 동일하게 평가되어야 마땅하다. 이 두 가지 종류의 노동은 가족공동체를 유지하는 데 있어서 다 같이 필수적인 요소이므로, 그중 어느 것이 더 우월하다는 판단을 내릴 수 없기 때문이다. 또한 아내의 가사노동은 가사사용인(파출부)의 노동과도 직접적으로 비교될 수 없는 성질의 것이다. 가사를 돌보고 자녀를 양육하는 가사노동에는 일반노동과 비교될 수 없는 요소 — 헌신과 애정 — 가 스며들어 있기 때문이다(아내이자 어머니인 여성이 불의의 사고로 사망한 경우 가사사용인이 가정에서 그 빈자리를 대체할 수 없다는 사실을 생각해 보면 이 점은 스스로 분명해진다). 이처럼 가사노동의 가치를 인정한다면, 혼인기간 동안 증가한 재산에 대해서도 그에 상응하는 참여(지분)를 인정하는 것이 당연하다.[96] 그러나 부부별산제는 이러한 가능성을 인정하지 않으며, 바로 이런 점에서 부부 사이의 실질적 평등을 실현하지 못한다는 비판을 받고 있는 것이다.

(다) 특유재산에 관한 판례의 태도

판례는 부부가 혼인중에 협력하여 마련한 재산이라도 원칙적으로 명의자로 되어 있는 부부 일방의 특유재산으로 본다는 태도를 취하고 있다. 다만, 재산을 취득할 때 다른 일방이 대가를 부담한 경우와 같이 구체적으로 기여를 했다고 인정되는 경우에는 특유재산의 추정이 번복되어 부부 쌍방의 공유나 다른 일방의 소유로 볼 수 있는 여지가 있다고 한다.[97] 그러나 처의 가사

96) 金疇洙, '부부재산제도에 관하여', 법조, 10권 12호 참조. 가사노동이 경제적 가치=교환가치를 낳지 않으므로, 금전적으로 유상·무상이냐를 논하는 것은 무리이다. 그렇다고 가사노동에 종사한 자의 노력에 대하여 그것을 전적으로 무시하는 것은 허용될 수 없는 일이다. 그렇다면 가정 내에서의 가사노동은 무엇이냐 하는 것이 문제이다. 여기서 말하는 가사노동은 가사작업(요리·육아 등)에 한하지 않고, 가족생활을 유지해 가는 데 필요한 관리운영인 가정관리가 중요한 내용을 이룬다. 가사작업은 타인에게 위탁할 수 있는 면이 있기 때문에 대체성을 갖지만, 가정관리는 비대체적인 동시에 부부의 일방에만 맡겨야 할 것이 아니며, 부부가 대등한 입장에서 협력하여 공동책임으로 수행하여야 할 것이다. 따라서 이 공동책임하에 행하여지고 혼인생활에서 축적되는 이득은 부부 쌍방에 귀속한다고 보아야 할 것이다.

97) 대판 1990. 10. 23, 90다카5624; 대판 1995. 10. 12, 95다25695. 부동산 매입의 주된 자금이 夫의 수입이지만 처의 적극적인 재산증식 노력(처의 부동산 투기)이 있었던 경우, 이를 부부 공유재산으로 볼 여지가 있다고 한 사례; 대판 1992. 8. 14, 92다16171. 처의 자금으로 부동산을 매수하여 夫 명의로 등기한 경우, 夫의 특유재산이라는 추정은 번복되어 처의 소유로 보아야 한다고 한 사례.

노동이나 내조의 공은 구체적인 기여로 볼 수 없으므로, 명의자인 夫의 특유재산이라는 추정을 번복시킬 수 있는 근거가 되지 못한다는 입장이다.[98)]

(라) 판례와 다른 해석론

민법규정의 이러한 결함을 보충하기 위하여 다음과 같이 해석하는 것이 타당할 것이다. 즉 부부의 일방이 혼인 전부터 가진 고유재산은 원칙적으로 특유재산이 되나, 혼인중 자기의 명의로 취득한 재산은 단순히 명의뿐만 아니라 그것을 얻기 위한 대가 등이 자기의 것으로서(즉 배우자의 협력 없이 취득, 유지한 경우), 실질적으로도 자기의 것(앞에서 본 ③에 해당되지 않는다는 것)이라는 점이 증명되지 않으면 특유재산이 되지 않는다. 따라서 대외적으로 추정을 받는 데 불과하게 되며, 다른 일방의 반증으로 이 추정은 깨진다.

설례의 경우, 대법원 판례는 Y가 A와 30여 년간 결혼생활을 하였고 부동산을 형성하는 데 내조의 공헌이 있었다는 사실만으로 그 부동산이 A의 특유재산이라는 추정을 번복할 사유가 되지 못한다고 하여, A와 Y 사이의 매매계약은 그 전부가 사해행위에 해당한다고 판시하고 있다대판 1995. 2. 3, 94다51338. 따라서 판례에 따르면 X의 주장만이 받아들여진다.

☞ 대판 1992. 12. 11, 92다21982(신판례체계, 830-6)는 '부부의 일방이 혼인중에 자기 명의로 취득한 재산은 명의자의 특유재산으로 추정되고, 다만 실질적으로

---

98) 대판 1986. 9. 9, 85다카1337; 대판 1992. 12. 11, 92다21982; 대판 1995. 2. 3, 94다51338. 혼인중 주택을 마련하여 夫 명의로 등기한 부부가 있었는데, 夫가 많은 빚을 지게 되자 처에게 그 주택을 매도하는 계약을 체결하고 소유권이전등기를 하였다. 이 사실을 알게 된 채권자는 채권자취소청구의 소를 제기하였는데, 처는 그 주택의 취득에 대한 자신의 기여를 주장하여 매매계약의 일부만(즉 그 주택의 취득에 대한 夫의 기여부분에 대해서만) 이 취소되어야 한다고 주장하였다. 법원은 이 경우에 주택의 취득에 대한 아내의 기여(30여 년간의 가사노동을 통한 기여)를 인정하지 않았고, 따라서 매매계약 전체가 사해행위에 해당되어 취소되어야 한다는 취지의 판결을 하였다. 이 사례와 같은 경우에 부부가 협의이혼을 하면서 夫가 처에게 이혼시 재산분할의 명목으로 그 주택을 양도하였다면, 이혼시 재산분할에 있어서는 가사노동의 가치가 인정되므로, 분할의 액수가 상당한 범위를 초과하지 않는 한 채권자에 대한 사해행위가 되지 않는다는 것이 판례의 태도이다(대판 2000. 7. 28, 2000다14101). 즉 이 경우에는 처의 가사노동을 평가하여 주택의 취득에 대한 기여를 인정한 것이다. 본질적으로 다를 것이 없는 위의 두 사례에 있어서 이처럼 상반된 결론이 나오는 것은 법체계상의 모순이라고 볼 수 있으며, 이러한 문제점은 시정되어야 할 것이다. 대판 1998. 12. 22, 98두15177; 대판 1998. 6. 12, 97누7707(부동산 매입자금을 마련할 정도의 수입이 없는 처가 부동산을 자신의 명의로 취득한 경우, 이 부동산을 夫가 증여한 것으로 보아 증여세를 부과하고, 전업주부인 처가 夫의 약국경영을 도왔다는 사실만으로는 위의 부동산이 夫의 특유재산이라는 추정을 번복할 수 없다고 한 사례).

다른 일방 또는 쌍방이 그 재산의 대가를 부담하여 취득한 것이 증명된 때에는 특유재산의 추정은 번복되어 다른 일방의 소유이거나 쌍방의 공유라고 보아야 할 것이지만, 재산을 취득함에 있어 상대방의 협력이 있었다거나 혼인생활에 있어 내조의 공이 있었다는 것만으로 위 추정을 번복할 사유가 된다고 할 수 없다'고 판시하고 있다[동지: 대판 1995. 2. 3, 94다51388(법률신문 1995. 3. 20, 2392호)], 대법원은 특유재산의 추정을 번복하기 위해서는 구체적인 재산적 기여를 그 요건으로 하고 있다[대판 1990. 10. 23, 90다카5624(판례월보 244호, 127면); 대판 1992. 8. 14, 92다16171(신판례체계, 830-5); 대판 1995. 10. 12, 95다25695(판례공보 1005호, 3738면)].

그러나 이러한 판례의 태도에 대해서는 찬성하기 어렵다. 처의 가사노동이 있음으로 하여 夫의 노동력이 재생산되는 것이고 夫가 그 노동에 의하여 얻는 수입이 실은 夫만의 노동결과가 아니고 부부의 복합노동의 결과라고 볼 때, 비록 夫의 명의로 수입이 있더라도 이러한 재산은 부부가 협력해서 취득하여 공동생활의 경제적 기초를 구성하는 것이므로, 실질적으로는 부부의 공유에 속한다고 생각하여야 할 것이다. 그리고 이혼 후의 재산분할청구에 있어서는 '가사노동 등으로 내조를 함으로써 夫의 재산의 유지 또는 증가에 기여하였다면 쌍방의 협력으로 이룩된 재산은 재산분할의 대상이 된다'[대결 1993. 5. 11, 93스6(판례월보 276호 195면)]는 대법원판결과도 배치된다고 본다. 그러한 의미에서 앞으로의 판결에서는 '내조의 공'도 재산증가의 기여로 평가될 것으로 전망된다(판례연구, 金疇洙, 판례월보, 1997년 1월호, 8면 이하).

(마) 공유제를 채택하는 경우의 문제점

이와 같이, 별산제는 여러 가지 문제점을 가지고 있기 때문에, 공유제를 채택하면 좋지 않을까라는 생각을 해볼 수 있다. 그러나 공유제에도 다음과 같은 어려운 점이 있음을 지적하지 않을 수 없다. 첫째, 공유제가 항상 처의 경제적 지위를 향상·안정시킨다고 보장할 수 없다. 왜냐하면, 채무도 공유가 되기 때문이며, 그로 말미암아 지위가 저하·불안정하게 될 수 있는 위험성이 있다. 도리어 처가 자기명의의 재산을 가질 때에는 별산제가 지위를 안정시킨다. 둘째, 공유제를 채택하는 경우에도 해결해야 할 법적 문제점이 많이 있다. ⅰ) 공유재산의 범위와 관련하여, 혼인 전부터 가지고 있던 고유재산도 부부의 공유로 할 것인가, 혼인중에 취득한 재산만 공유로 할 것인가, 채무도 공유로 할 것인가 등의 문제가 있다. ⅱ) 공유재산의 공시·성립요건에 대해서는 공유의 표시를 강제하느냐, 그렇지 않으면 표시함이 없이 공유를 인정하느냐

하는 것이 문제이며, 표시하지 않을 경우 거래의 안전에는 지장이 없는가의 문제가 있다. 그리고 강제집행의 형식주의와의 조화도 고려하지 않으면 안 된다. iii) 공유재산의 처분·채무부담행위의 방법에 대해서는 언제나 부부쌍방의 공동행위가 요구되는가, 일방이 단독으로 행한 행위의 효력은 어떻게 되는가 등의 문제가 있다.

이와 같이 볼 때, 공유제에는 적지 않은 난점이 있으므로, 공유제로 바꾼다는 것이 용이하지 않음을 부인할 수 없다. 외국의 입법례를 보면, 우리나라와 같은 순수한 별산제는 거의 없고, 별산제와 공유제의 복합적인 형태를 채용하고 있음을 알 수 있다.[99)]

### (2) 공동생활비용의 부담

(가) 민법은 부부의 공동생활에 필요한 비용의 부담은 당사자간에 특별한 약정이 없으면 부부가 공동으로 부담한다고 규정하고 있다§833. 부부의 공동생활에 필요한 비용이란 부부를 중심으로 하는 가족공동체의 유지에 필요한 비용이다. 가족의 의식주를 해결하기 위한 비용 및 자녀 양육비·교육비 등이 포함된다. 이러한 비용은 부부평등의 원칙에 따라 부부가 공동으로 부담하는 것을 원칙으로 한다. 부부가 공동으로 부담한다는 것은 같은 액수를 부담한다는 뜻은 아니다. 구체적인 조건을 고려하여 부부가 협의로 분담액을 정하게 되지만, 협의가 되지 않을 경우에는 가정법원의 조정·심판에 의하여 결정된다가소 §2①마류사건 i·50. 처가 전업주부이고, 夫가 소득활동에 종사하는 경우에는 夫가 가족생활에 필요한 비용 전액을 부담하여야 한다. 이 경우에도 처는 직접적으로 생활비용을 부담하지는 않지만, 가사와 육아를 통하여 가족에 대한 부양의무를 이행하고 있다고 보아야 한다.

(나) 부부가 별거하는 경우에도 부부 사이의 부양의무는 존속하는 것이 원칙이므로, 공동생활비용을 부담하고 있던 부부의 일방은 다른 일방에게 필요한 생활비를 지급하여야 한다. 그러나 부부의 일방이 정당한 이유 없이 동거의무에 위반하여 별거를 하게 된 경우에는 다른 일방에게도 생활비용을 지급할 의무가 없다고 해석된다. 그러나 별거하고 있는 부부의 일방이 자녀를 양육하고 있는 경우에는 생활비 중 양육비·교육비에 해당하는 부분은 지급하여야 한다.

---

99) 김상용, 가족법연구 III, 226면 이하 참조.

부부간의 공동생활비용 분담에 관한 규정은 사실혼 부부에 대해서도 적용하는 것이 타당할 것이다.

조정이나 심판에 의하여 장래 처에게 지급하기로 되어 있는 공동생활비용 부담에 관한 채무가 있음에도 불구하고, 그 채무자인 夫가 유일한 재산인 토지나 건물을, 위 채무가 지급불능이 되는 것을 알면서 제3자에게 매각한 행위는 사해행위에 해당되어 채권자취소§406의 대상이 된다고 보아야 한다.

### (3) 일상가사대리권과 일상가사비용의 연대책임

**設 例**

X는 밤에 횡단보도를 건너던 중 교통신호를 어기고 달리던 A가 운전하던 차에 치여 입원하게 되었으며, A는 X를 구하지 않고 뺑소니를 쳤다. X는 뇌를 다쳤기 때문에 정신이상증이 생겨서 사리를 판단할 수 없는 상태에 빠졌다. X는 현재 실업자로서 생활비·입원비·자녀교육비 등을 준비해 둔 것이 없기 때문에 당장 필요한 입원비와 치료비·생활비와 자녀교육비 등을 마련하는 것이 큰 문제였다. 뺑소니 친 가해자를 찾기가 어려워졌고, X의 정신이상증이 장기화되었는데, 입원 중에는 면회가 금지되어 있었기 때문에, X의 처 B는 X와 집안일에 대하여 의논할 수 있는 형편이 되지 못하였다. 그래서 B는 하는 수 없이 남편인 X가 소유하고 있는 집과 대지를 매각하여 그 매도대금으로 X의 입원비·생활비·자녀교육비 등에 충당하고 나머지로 대신 들어가 살 집을 매수할 생각으로 그 집과 대지를 Y에게 적정가격으로 매도한 다음 그 대금으로 위의 비용을 충당하고, 집을 줄여서 대신 들어가 살 집을 X의 명의로 구입하였다. 그런데 X는 입원한지 10개월 후 정신이상증이 치유되어 퇴원하였으며, X는 자기와 의논하지 않고 B가 아무 권한 없이 집과 대지를 처분하였다고 Y를 상대로 등기말소청구의 소를 제기하였다. X의 청구는 받아들여질 수 있는가?

#### (가) 의 의

일상가사대리권[100]은 원래 서구사회에서 "夫는 가장이며, 妻는 가사와 육아를 전담한다"는 전통적인 가족관을 전제로 하여 발달된 제도였다. 처는 일상적으로 살림을 하는데 필요한 거래(일상가사의 범위에 속하는 법률행위, 예를 들어 양식, 의복, 연료의 구입, 자녀교육을 위한 계약체결 등)를 실제로 전담하였으

100) 일상가사대리에 관한 상세한 연구는 金疇洙, '일상가사대리권과 가사로 인한 연대책임', 경희법학, 9권 2호 참조.

나, 당시 사회에서 처는 경제적으로 독립하지 못한 상태에 있었고 무자력인 경우가 대부분이었다. 그와 같은 상황에서 처가 체결한 계약에서 발생하는 채무를 모두 처에게 부담시킨다는 것은 현실성이 없었으며, 특히 채권자의 보호가 되지 않았다. 그러므로 처는 가족공동체의 유지를 위하여 필요한 거래에서 夫의 대리인으로서 행위를 하는 것으로 보아서, 그로 인하여 발생한 채무는 夫에게 귀속하도록 하였던 것이다(당시 서구사회에서는 부부의 재산이 법률상 분리되어 있는 경우가 많았으며, 夫는 가족에 필요한 재산의 대부분을 소유하고 있었을 뿐만 아니라, 처의 재산까지도 관리할 수 있었다). 그러나 이와 같은 내용의 일상가사대리권은 명백히 양성평등의 원칙에 반하는 것이었고, 따라서 개정되지 않을 수 없었다. 개정의 결과 부부는 누가 주로 가사를 돌보는가에 상관없이 각자 일상가사대리권을 가지고, 일상가사의 범위에서 이루어진 법률행위로 인하여 발생한 채무에 대해서는 연대해서 책임을 지게 되었다(물론 그러한 법률행위에서 발생한 권리도 부부 쌍방에게 귀속한다고 보아야 한다).[101]

우리나라에서도 1960년에 민법이 시행되기 이전(일제강점기와 해방 후 민법 시행 이전)에는 서양과 마찬가지로 일상가사에 관한 처의 법률행위로 인하여 발생한 채무에 대해서는 夫가 책임을 지도록 되어 있었다.[102] 그러나 현행민법은 부부평등의 원칙에 입각하여 부부는 일상가사에 관하여 서로 대리권이 있고§827①, 부부의 일방이 일상가사에 관하여 제3자와 법률행위를 한 때에는 다른 일방은 이로 인한 채무에 대하여 연대책임을 지도록 하였다§832 본문.

일상가사대리권과 일상가사에 대한 연대책임은 부부공동생활의 실질에 기초한 것이므로, 그 성질상 사실혼 부부에게도 적용된다고 해석하는 것이 타당하다.[103]

(나) 일상가사의 범위

민법은 일상가사의 범위에 속하는 행위에 대해서 열거하고 있지 않으므로, 어떠한 행위가 일상가사에 포함되는가는 해석에 의해서 결정될 수밖에 없다. 일상가사의 범위에 포함되는 것으로 인정되기 위해서는 그 행위가 가족의 생활을 위해서 필요한 것으로서 그 가족의 경제상태와 생활수준에 비추어 적절한 것이어야 한다. 즉, 일상가사란 부부의 공동생활에서 필요로 하는 통상

---

101) 스웨덴혼인법 · 네덜란드신혼인법 · 프랑스민법(제220조) 및 일본민법(제761조) 등이 부부의 연대책임제를 채용하고 있다.

102) 舊慣調査決議 大正10(1921). 8. 6 및 17, 民事慣習回答彙集부록, 14면.

103) 대판 1980. 12. 23, 80다2077.

의 사무를 말하며, 그 내용·정도 및 범위는 그 부부공동체의 생활정도와 그 부부의 생활장소인 지역적 사회의 관습 내지 일반견해에 의하여 결정된다. 따라서 이를 개별적으로 인정함에 있어서는, 부부의 사회적 지위·직업·재산·수입능력 등 현실적 생활상태를 고려하여 가사처리자의 주관적 의사와 함께 객관적으로 결정하여야 한다.[104)]

이와 같은 기준에 따라 판례·학설을 중심으로 일상가사에 속하는 사무를 일단 제시해 보면 아래와 같다. 다만, 위에서 본 바와 같이 일상가사의 범위는 개별 가족의 구체적 생활관계, 경제상태에 따라 다를 수 있다는 점을 염두에 두어야 한다.

① 일상가사의 범위에 들어가는 것으로 볼 수 있는 경우: 가족공동생활에 필요한 사무, 즉 가족의 부양과 관련된 사무는 원칙적으로 모두 일상가사의 범위에 포함된다고 보아야 할 것이다. 가족의 부양과 관련된 사무란 기본적으로 가족의 의식주를 해결하기 위한 것을 말한다. 양식·의복의 구입, 주택의 임차, 집세·방세의 지급 내지 수령, 연료구입, 가재도구의 구입, 전기·가스·수도공급계약 체결 및 비용지급 등이 이에 속한다. 자녀와 배우자의 치료를 위한 의료계약체결 및 비용지급(입원치료의 경우도 포함된다고 해석한다), 자녀양육 및 교육비 등도 일상가사의 범위에 속한다고 볼 수 있다.

금전차용행위는 그 목적에 따라 일상가사의 범위에 속하는가의 여부가 결정될 것이다. 가족의 공동생활을 위하여 필요한 양식이나 물건을 조달하기 위해서 금전을 차용한 경우 그 행위는 일상가사에 속한다고 보아야 할 것이다 (이러한 취지에서 가족생활에 필요한 가재도구를 할부로 매입하는 행위도 일상가사에 속하는 법률행위라고 볼 수 있다). 가족의 생활을 위하여 필수적인 주거공간을 마련하기 위해서 주택을 임차 또는 매입하려고 하는데, 자금이 부족하여 금전을 차용하였다면 이러한 행위는 일상가사의 범위에 속한다고 볼 수 있다.[105)]

---

104) 본서의 견해에 따른 판례: 대판 1997. 11. 28, 97다31229, 판례공보 1998. 1. 1, 77면; 대판 2000. 4. 25, 2000다8267, 판례공보 2000. 6. 15, 1287면. 판례는 이를 다음과 같이 표현한다. "일상의 가사에 관한 법률행위라 함은 부부의 공동생활에서 필요로 하는 통상의 사무에 관한 법률행위를 말하는 것으로, 그 구체적인 범위는 부부공동체의 사회적 지위·직업·재산·수입 능력 등 현실적 생활 상태뿐만 아니라 그 부부의 생활 장소인 지역 사회의 관습 등에 의하여 정하여지나, 당해 구체적인 법률행위가 일상의 가사에 관한 법률행위인지 여부를 판단함에 있어서는 그 법률행위를 한 부부공동체의 내부 사정이나 그 행위의 개별적인 목적만을 중시할 것이 아니라, 그 법률행위의 객관적인 종류나 성질 등도 충분히 고려하여 판단하여야 한다."

판례는 처가 남편명의로 분양받은 45평형 아파트의 분양금을 납입하기 위한 명목으로 금전을 차용하여 분양금을 납입하였고, 그 아파트가 남편의 유일한 부동산으로서 가족들이 거주하고 있는 경우, 그 금전차용행위는 일상가사에 해당한다고 보고 있다.[106)]

② 일상가사의 범위에 포함된다고 볼 수 없는 경우: 금전차용행위는 그 목적에 따라 일상가사의 범위에 속하는가의 여부가 결정되는데, 이런 취지에 따라서 가족공동생활상의 필요와 관계없이 금전을 차용한 행위는 일상가사의 범위에 들어가지 않는다고 해석한다. 예를 들어서 당해 가족의 생활수준 및 경제상태에 비추어 볼 때 적절하지 않은 대규모 주택의 매입을 위한 금전차용, 고급승용차를 구입하기 위한 금전차용 등은 일상가사에 포함된다고 볼 수 없다.[107)]

판례는 "부인이 교회에의 건축헌금, 가게의 인수대금, 장남의 교회 및 주택임대차 보증금의 보조금, 거액의 대출금에 대한 이자지급 등의 명목으로 금원을 차용한 행위는 일상가사에 속한다고 볼 수는 없으며, 주택 및 아파트 구입비용 명목으로 차용한 경우 그와 같은 비용의 지출이 부부공동체를 유지하기 위하여 필수적인 주거공간을 마련하기 위한 것이라면 일상의 가사에 속한다고 볼 여지가 있을 수 있으나, 그 주택 및 아파트의 매매대금이 거액에 이르는 대규모의 주택이나 아파트라면 그 구입 또한 일상의 가사에 속하는 것이라고 보기는 어렵다"고 판시하고 있다.[108)]

가옥의 임대, 순수한 직업상(사업상)의 사무[109)] 등도 일상가사에 포함되지 않는다. 배우자의 물건을 처분하는 행위도 원칙적으로 일상가사에 포함되지 않는다고 보아야 할 것이다. 만일 배우자의 물건을 일방적으로 처분하는 행위가 일상가사대리권에 의해서 가능하다고 해석한다면 부부별산제의 취지가 크게 손상될 것이다. 다만 예외적으로 가족공동체가 곤경에 처한 긴급한 상황에서 상대방 배우자의 동의를 구할 수 없는 경우라면(예를 들어서 자녀가 병원에 입원하여 급히 수술비가 필요한데, 夫는 가출하여 소식이 없고, 달리 수술비를 마련할

---

105) 대판 1999. 3. 9, 98다46877, 판례공보 1999. 4. 15, 637면.
106) 대판 1999. 3. 9, 98다46877, 판례공보 1999. 4. 15, 637면.
107) 대판 1997. 11. 28, 97다31229, 판례공보 1998. 1. 1, 77면.
108) 대판 1997. 11. 28, 97다31229, 판례공보 1998. 1. 1, 77면.
109) 대판 2000. 4. 25, 2000다8267: 妻가 사업상의 필요에 의해 부담한 채무라면 일상가사로 인한 채무라고 볼 수 없으므로 夫에게 연대책임을 물을 수 없다.

길이 없어서 夫 소유의 골동품을 매도한 경우), 배우자의 물건을 처분하는 행위도 그 목적과 당시의 처한 상황을 고려하여 일상가사의 범위에 포함되는 것으로 해석해야 할 것이다.

(다) 배우자 명의의 재산을 매도하거나 담보에 제공하는 행위

판례는 부부의 일방이 다른 일방 명의의 재산(부동산)을 매도하거나 담보에 제공하는 행위는 그 목적과 관계없이 일상가사에 포함되지 않는다는 전제에 서 있다.[110] 그러나 부부의 일방(일반적으로 처)이 다른 일방(夫)으로부터 대리권을 수여받지 않고 다른 일방 명의의 부동산을 매도하거나 담보로 제공한 경우(즉 처가 무권대리행위를 한 경우), 거래의 안전을 보호할 목적으로 판례는 처의 일상가사대리권을 기초로 하여 민법 제126조를 적용하는 해석론을 전개해 왔다.[111] 이러한 법리를 적용함에 있어서 판례는, 특히 夫가 처에게 그러한 권한을 주었다고 상대방이 믿을 만한 정당한 사유("상대방이 夫가 妻에게 그 행위에 대한 대리의 권한을 주었다고 믿었음을 정당화할 만한 객관적인 사정"이라는 표현도 사용하고 있으나 같은 의미로 해석된다)가 있는지의 여부를 중요한 판단의 기준으로 삼고 있다. 즉, 객관적으로 상대방의 입장에서 볼 때 "夫가 처에게 그 행위에 관한 대리권을 수여했다"고 믿을 수 있을 만한 사정이 존재한다고 인정된다면, 夫가 처의 행위에 대해서 책임을 져야 된다는 것이다. 따라서 구체적 사정에 비추어 볼 때 위와 같은 사정이 있었다고 인정되는 경우에는 민법 제126조가 적용되어 거래의 상대방이 보호될 수 있으나,[112] 반대의 경우에는 부부 일방의 무권대리행위가 되므로 다른 일방은 책임을 지지 않는다.[113] ☜

☞ 예를 들어서 대판 1967. 8. 29, 67다1125는 夫가 직장관계로 별거중에 처가 보관중인 夫의 인장을 사용하여 夫의 부동산에 저당권을 설정하고, 저당권자가 그

---

110) 판례는 "부부간의 일상가사대리권은 부부가 공동체로서 가정생활상 항시 행하여지는 행위에 한하는 것"이라고 정의한다. 대판 1966. 7. 19, 66다863; 대판 1985. 3. 26, 84다카1621; 대판 1993. 9. 28, 93다16369.

111) 대판 1967. 8. 29, 67다1125; 대판 1968. 8. 30, 68다1051; 대판 1981. 6. 23, 80다609; 대판 1987. 11. 10, 87다카1325; 대판 1995. 12. 22, 94다45098.

112) 그 외에 夫가 처에게 대리권을 수여했다고 상대방이 믿을 만한 정당한 사유가 인정된 경우: 대판 1967. 8. 29, 67다1125; 대판 1968. 8. 30, 68다1051; 대판 1981. 6. 23, 80다609; 대판 1987. 11. 10, 87다카1325; 대판 1995. 12. 22, 94다45098 등.

113) 그 외에 표현대리의 성립을 부정한 판례: 대판 1969. 6. 24, 69다633; 대판 1971. 1. 29, 70다2738; 대판 1981. 8. 25, 80다3204; 대판 1984. 6. 26, 81다524.

부동산을 경락 취득한 것에 대하여, "비록 夫가 자기의 처에게 저당권설정에 관한 권한을 수여한 사실이 없다손 치더라도, 부부 사이에는 일상의 가사에 관하여 대리권이 있는 것이므로, 위 처의 행위는 권한 밖의 법률행위를 한 경우에 해당한다고 할 수 있을 것이요, 저당권을 취득한 상대방이 위에서 본 바와 같이 처에게 그러한 권한이 있다고 믿을 만한 정당한 사유가 있다면, 본인되는 夫는 처의 행위에 대하여 책임을 져야 되는 것이다"라고 판시하고 있다.

반면에 대판 1968. 11. 26, 68다1727은 "민법 제827조 제1항의 규정상 부부는 일상의 가사에 관한 한, 서로 대리할 권한을 가지는 것이라 할지라도, 일반사회의 통념상 남편이 아내에게 자기 소유의 부동산을 타인에게 근저당권의 설정 또는 소유권이전 등에 관한 등기절차를 이행케 하거나, 그 각 등기의 원인되는 법률행위를 함에 필요한 대리권을 수여하는 것은 이례에 속하는 것이니만큼, 아내가 특별한 수권 없이 남편 소유의 부동산에 관하여 위와 같은 행위를 하였을 경우에, 그것이 민법 제126조 소정의 표현대리가 되려면, 그 아내에게 그 행위에 관한 대리의 권한을 주었다고 믿었음을 정당화할 만한 객관적인 사정이 있었어야 하는 것이라고 할 것이다"라고 판시하여, 이 건에 대해서는 표현대리를 부정하고 있다.

(라) 대리권 없이 배우자를 대리하여 보증계약을 체결하는 행위

판례는 부부의 일방이 대리권 없이 다른 일방을 대리하여 자신의 채무나 타인의 채무를 연대보증한 경우에도 위와 같은 법리를 적용하여, 부부의 일방이 다른 일방에게 그 행위에 관한 대리권을 주었다고 상대방이 믿었음을 정당화할 만한 객관적인 사정이 있어야 한다고 설시하고 있다.[114)]

대판은 남편이 자신의 사업상의 채무에 대하여 처 명의로 연대보증약정을 한 행위를 일상가사대리권을 넘는 표현대리행위라고 인정한 원심판결을 파기하고 다음과 같이 판시하고 있다.

"부부간에 서로 일상가사대리권이 있다고 하더라도, 일반적으로 처가 남편이 부담하는 사업상의 채무를 남편과 연대하여 부담하기 위하여 남편에게 채권자와의 채무부담약정에 관한 대리권을 수여한다는 것은 극히 이례적인 것이라 할 것이고, 채무자가 남편으로서 처의 도장을 쉽사리 입수할 수 있었으며, 채권자도 이러한 사정을 쉽게 알 수 있었던 점에 비추어 보면, 채무자가 채권자를 자신의 집 부근으로 오게 한 후 처로부터 위임을 받았다고 하여 처

114) 그와 같은 사정을 인정할 수 없다는 이유로 제126조의 표현대리의 성립을 부정한 사례: 대판 1998. 7. 10, 98다18988; 대판 1997. 4. 8, 96다54942.

명의의 채무부담약정을 한 사실만으로는 채권자가 남편에게 처를 대리하여 채무부담약정을 할 대리권이 있다고 믿은 점을 정당화할 수 있는 객관적인 사정이 있었다고 할 수 없다고 할 것이다."[115]

"타인의 채무에 대한 보증행위는 그 성질상 아무런 반대급부 없이 오직 일방적으로 불이익을 입는 것인 점에 비추어 볼 때, 남편이 처에게 타인의 채무를 보증함에 필요한 대리권을 수여한다는 것은 사회통념상 이례에 속하는 것이므로, 처가 특별한 수권 없이 남편을 대리하여 위와 같은 행위를 하였을 경우에 그것이 민법 제126조 소정의 표현대리가 되려면 처에게 일상 가사대리권이 있었다는 것만이 아니라 상대방이 처에게 남편이 그 행위에 관한 대리의 권한을 주었다고 믿었음을 정당화할 만한 객관적인 사정이 있어야 한다".[116]

(마) 판례의 태도에 대한 비판

판례는 부부의 일방이 다른 일방 명의의 부동산을 처분한 경우 그 목적과 관계없이 일상가사의 범위에 포함되지 않는 것으로 보고 있으나, 부부의 일방이 그와 같은 행위를 한 목적과 처분 당시의 구체적 상황을 고려하여 당해 행위가 일상가사에 관한 법률행위에 해당되는가의 여부를 판단해야 할 것이다(앞에서 본 바와 같이 금전차용행위의 경우에는 그 목적에 따라 일상가사의 범위에 속하는가의 여부가 결정되는데, 부부의 일방이 다른 일방 명의의 부동산을 처분한 경우에도 이와 유사한 법리가 적용되는 것이 타당하다고 본다). 즉 부부의 일방이 다른 일방의 재산을 처분하는 행위는 원칙적으로 일상가사에 포함되지 않는다고 해석하더라도, 예외적으로 가족공동체의 유지를 위해서 긴급한 사정이 있는 경우에는 처분의 목적을 고려하여 그러한 행위도 일상가사에 관한 법률행위로 보는 것이 타당할 것이다. 예를 들어서 夫가 의식불명 상태로 장기간 입

115) 대판 1997. 4. 8, 96다54942, 판례공보 1997. 5. 15, 1393면.

116) 대판 1998. 7. 10, 98다18988, 판례공보 1998. 8. 15, 2101면. 이와 다른 견해로 취한 하급심 판결이 있다. 서울고판 1972. 9. 21, 72나286(판례가족법, 135면)(판례연구, 金疇洙, 사법행정, 1973년 8월호). 이 판결은 대판과는 다른 견해를 가지고, 夫가 처소유의 부동산을 차용금의 담보로 하여, 그에 관하여 가등기 및 근저당권설정등기를 한 데 대하여 다음과 같이 판시하고 있다. "소외 夫가 원고(처)소유 부동산을 차용금의 담보로 하여 그에 관하여 가등기 및 근저당권설정등기를 경료한 행위가 민법 제827조의 가사대리권의 범위 내에 속한다고 볼 수 없으며, 또 동조 소정의 가사대리권을 넘은 민법 제126조의 표현대리를 인정하려면, 그 가사대리권을 넘은 권한 외의 법률행위가 가사대리권의 범위 내에 속한다고 믿을 만한 상당한 이유가 있을 때 비로소 민법 제126조를 준용하여 표현대리를 인정할 것이다."

원해 있는 상태에서 妻가 가족공동체를 유지하기 위하여 반드시 필요한 생활비, 입원비 등을 마련할 목적으로 夫 명의의 부동산을 처분했다면, 그러한 행위는 일상가사에 관한 것으로 보아서 처에게 대리권이 있다고 해석하는 것이 타당할 것이다. 이러한 관점에서 본다면 다음과 같은 판례대판 1970. 10. 30, 70다1812의 태도에는 문제가 있다고 생각된다.

> "원고(夫)는 정신이상으로 10개월 동안이나 입원하였고, 입원중에는 아내와의 면회가 금지되어 있음이 엿보이므로 만일 당시 원고가 사리를 판단할 능력이 없어서 가사상담에 응할 처지가 못되었고 또 그 입원전후에 입원비나 가족들의 생활비, 교육비 등을 준비 내지 강구하여 둔 바가 없었다고 하면 그 아내가 원고 소유인 가옥과 대지를 권원없이 매도하였다 하여도 이 경우에 처에게 원고의 가사대리권이 있고 그 매도대금이 적정가격으로서 이로써 입원비, 생활비, 교육비 등에 충당하고 나머지로써 대신 들어가 살 집을 매수할 생각으로 이를 매도하고 그렇게 실지 지출하였다고 하면 이러한 사유는 매수인이 알았건 몰랐건 간에 객관적으로 보아서 처에게 원고의 대리권이 있다고 믿을 만한 정당한 사유가 된다고 할 것이다."

위와 같이 夫가 정신이상으로 10달 이상 처와 면회가 금지되어 있는 상황에서 처에게 대리권을 수여한다는 것은 객관적으로 불가능한 일인데, 이런 경우에도 상대방의 입장에서 夫가 처에게 대리권을 수여했다고 믿었음을 정당화할 만한 객관적인 사정이 존재했다고 볼 수는 없기 때문이다. 따라서 위와 같은 사례에서는 처의 처분행위가 긴급한 상황에서 이루어졌고, 가족공동체의 유지를 위하여 반드시 필요한 행위였다는 점을 고려하여, 그 행위 자체로서 일상가사에 관한 법률행위에 해당한다고 해석하는 것이 오히려 논리적으로 타당할 것으로 생각된다. 즉, 이러한 경우에는 일반적으로 夫는 처에게 뒷일을 부탁하고, 특별한 사정이 없는 한, 일상가사의 처리는 물론 비상의 가사에 대해서도 그 처리를 위탁하고 또한 夫의 재산에 대하여도 관리를 위탁하는 것이 보통일 것이다. 그러므로 뒷일을 부탁받은 처의 권한은 확대되어 비상가사처리권한이 주어졌다고 보아야 한다.[117] 따라서 이러한 경우에 가족공동생활의 유지를 위하여 夫 소유의 부동산을 처분하거나 거기에 저당권을 설

---

117) Egger, *Kommentar zum Schweizerischen ZGB*, II Band, S. 238; 비상가사대리권을 인정하기 어렵다는 견해로는 주해친족법 1권, 242면.

정하는 행위는 그 자체로서 일상가사의 범위 내라고 보아야 하는 것이다.

(바) 일상가사대리권과 제126조의 표현대리와의 관계

많은 학설과 판례는 부부간의 일상가사의 범위를 넘는 夫 또는 처의 법률행위에 대하여 제126조의 표현대리의 적용을 인정하여야 한다고 한다.[118] 그러나 거래의 제3자로부터 본 사회통념에 기초한 일반적·추상적인 일상가사의 범위와 부부 측에서 본 당해 가족공동체의 개별적·구체적인 일상가사의 범위가 어긋날 경우에 일반적·추상적인 일상가사의 범위 내에서 상대방의 신뢰가 보호되는 데 그친다고 보아야 할 것이다(예를 들어서 오늘날 가정에서 세탁기를 할부로 구입하는 행위는 일반적으로 일상가사에 포함된다고 볼 수 있다. 그런데 처 갑이 남편 을의 명의로 세탁기를 할부로 구입하는 계약을 체결하였는데, 현재 그 부부의 경제상태에 비추어 보면 세탁기의 교체는 일상가사의 범위에 포함된다고 보기 어려운 형편이다. 갑이 할부대금을 지급하지 못하자 채권자는 을에 대하여 할부대금의 지급을 청구하였다. 을은 세탁기의 할부구입은 자신이 알지 못하는 사이에 이루어진 것이므로, 갑의 무권대리행위로서 자신은 책임이 없다고 주장한다. 이런 경우에 채권자는 세탁기의 할부구입행위가 오늘날 일반적·추상적인 일상가사의 범위 내에 속한다고 주장하여 표현대리의 성립을 주장할 수 있을 것이다). 즉 앞에서 말한 일반적·추상적인 일상가사의 범위 내에서만 표현대리의 규정이 유추적용되고, 그 밖의 행위에 대해서는 별도의 대리권의 수여가 있는 경우에 한하여 그것을 기초로 하여 제126조의 표현대리가 적용되어야 한다고 본다(따라서 위에서 본 판례 중에서 1970. 10. 30, 70다1812 사건에 대하여는 대법원이 夫 소유의 부동산처분에 대하여 일상가사의 범위가 확대된다고 보지 않고, 夫가 처에게 대리권을 주었다고 믿을 만한 정당한 사유가 있다고 보는 것은 찬성할 수 없다).[119]

설례의 경우와 같은 사안에 대하여, 판례는 일상가사의 범위를 넘는다는 전제에 서서, 그와 같은 사정이 있다면 피고가 그러한 사유를 알았건 몰랐건 간에 객관적으로 보아서 아내인 B에게 남편의 대리권이 있다고 믿을 만한 정당한 사유가 된다고 판시하여 표현대리를 적용하여 그 성립을 인정하고 있다.

그러나 사견으로는 위에서 이미 본 바와 같이, 남편 X가 교통사고로 정신이상증을 일으켜서 면회가 금지되어 있는 상황에서 아내의 권한은 확대되어 비상가사처리권한이 주어졌다고 보아서 남편 X의 부동산에 대한 아내 B의

118) 金容漢, 친족상속법론, 185면; 李根植·韓琫熙, 신친족상속법, 116면; 郭潤直, 민법총칙, 440면; 전게의 대판들.

119) 동지: 서울고판 1972. 9. 21, 72나286(전게).

처분행위는 일상가사의 범위 내라고 보는 것이 타당하다고 생각한다. 따라서 남편 X의 등기말소청구는 받아들여질 수 없다고 보아야 한다.

(사) 일상가사대리권의 성질

부부간에 서로 일상가사대리권을 인정하고, 일상가사로 인한 채무를 부부의 연대책임으로 규정한 것은 부부일방의 가사처리행위는 부부를 중심으로 하는 가족공동체를 위하여 행하여지는 것이기 때문이다. 예를 들어서 처가 쌀을 외상으로 구입하는 행위는 가족 전체의 생활을 위한 것이며, 자기 자신만을 위한 것이 아니다. 그러나 이와 같은 가족공동체는 법인이 아니므로, 배우자의 행위는 실질적으로는 가족공동체를 위한 것이지만, 형식적으로는 자기 또는 다른 일방의 명의로 하지 않을 수 없다. 따라서 일상가사대리권을 일종의 법정대리라고 볼 수도 있다. 그러나 그 행위의 효과가 귀속하는 효과면에서 볼 때(일상가사에 관한 법률행위로 인하여 발생한 채무에 대해서 부부는 연대책임을 진다), 단순한 법정대리로는 보기 어려우므로, 일종의 '대표'라고 보는 것이 좋을 것이다.

(아) 일상가사대리권과 현명주의

일상가사대리는 이론적으로 말한다면, 그것에 의하여 권리의무의 귀속을 받는 자(부부의 일방 또는 쌍방)의 이름으로 하여야 하겠지만, 그 법률행위가 일상가사에 관한 것인 경우에는 부부가 연대책임을 지는 것은 민법의 명문으로 명백하므로, 보통의 대리의 경우와 같이 현명주의는 엄격하게 요구되지 않는다고 본다. 따라서 실제적으로는 행위의 상대방이 일상가사에 관한 것이라는 점을 알기만 하면 된다고 보아야 할 것이다. 다만 근대적 거래의 형식적 획일성의 요청에서, 실질적으로는 부부의 공유에 속하는 것이라도 명의상은 夫에 속하는 재산에 대해서 처가 그것을 처분할 경우에는 반드시 夫의 명의로 하여야 한다.

(자) 일상가사대리권의 제한

부부 중 일방이 무절제한 소비생활을 하는 경우에도 일상가사대리권이 그대로 인정된다면, 다른 일방은 그로 인하여 불이익을 입을 수 있다. 이런 경우를 대비하여 제827조는 일상가사대리권을 제한할 수 있음을 규정하고 있다. 그러나 일상가사대리권을 전부 부정하는 것은 규정에도 반할 뿐 아니라, 부부생활의 본질에 비추어 보아도 허용될 수 없다고 해석된다. 일상가사대리권을 제한하는 경우에는 금액의 한도를 정하거나(예를 들어서 동네 식료품가게에서 한 달에 외상으로 살 수 있는 한도액을 미리 정해놓는 것), 또는 살 수 있는 물건의 종류를 제한하는 것(예를 들어서 술은 외상으로 살 수 없도록 하는 것)과 같이 제한의 범위를 특정하여야 한다. 제3자(거래의 상대방)가 제한을 알지 못하는 경우에는 그 제한을 한 배우자는 제3자에게 대항할 수 없으므로, 일상가사대리권을 제한하고자 하는 배우자는 제3자에게 그 사실을 통지하여야 한다.

혼인관계가 파탄되어 부부가 별거하고 있는 경우에는 일상가사대리권도 축소되거나 또는 아예 소멸된다고 해석해야 할 것이다. 그러나 그러한 사정을 모르고 거래한 제3자를 보호할 필요가 있으므로, 일반적 · 객관적으로 보아서 일상가사의 범위 내에 속하는 것으로 인정될 수 있는 행위에 대해서는 표현대리의 법리를 적용할 수 있다고 해석하는 것이 타당할 것이다.

(차) 일상가사에 관한 채무에 대한 부부의 연대책임

부부의 일방이 일상가사에 관한 법률행위를 하여 채무가 발생한 경우에는 부부쌍방이 상대방에 대하여 연대책임을 진다§832.

부부의 일방이 일상가사에 관하여 법률행위를 하였다면(예를 들어서 외상으로 쌀을 산 경우), 이는 가족공동체 전체를 위하여 한 것이므로, 그러한 법률행위에서 생긴 채무에 대해서는 가족이 연대책임을 부담한다고 볼 수도 있다. 그러나 법인이 아닌 가족이 채무를 부담한다는 것은 불가능하므로, 가족공동체를 꾸려나가는 실질적인 주체인 부부가 연대채무를 부담하도록 한 것이다.

이 연대책임은 연대채무를 부담한다는 뜻이지만, 부부공동생활의 일체성에서 제413조 이하의 연대채무보다 더욱 밀접한 부담관계에 있다고 본다. 부부는 동일한 내용의 채무를 병존적으로 부담하고, 제3자와의 관계에서는 부담부분에 관한 연대채무의 규정§418② · 419 · 421의 적용은 없고, 따라서 일방은 다른 일방의 채권으로 무제한으로 상계할 수 있으며, 면제의 효과는 전면적으로 생기고, 또 일방의 채무의 시효소멸은 다른 일방의 채무도 소멸시키게 된다. 그리고 이 연대책임은 혼인해소 후에도 존속하지만, 이 경우에는 혼인공동생활이 종료하므로 보통의 연대채무로 돌아간다고 본다.

일상가사에 관한 법률행위의 효과는 부부쌍방에게 귀속하므로, 부부는 그 법률행위에서 발생한 채무에 대해서 연대책임을 질뿐만 아니라, 권리도 취득한다고 보아야 한다. 예를 들어서 부부의 일방이 주택임대차계약을 체결한 경우에 주택임차는 일상가사의 범위에 포함되므로, 차임지급 채무에 대해서 부부쌍방이 연대책임을 지는 것은 당연하다. 그러나 이와 함께 주택임대차계약의 당사자가 아닌 다른 일방에게도 임차권이 귀속한다고 해석하는 것이 타당하다.

부부의 연대책임은 미리 제3자에 대하여 책임을 지지 않는다는 것을 명시한 경우에 한하여 생기지 않는다§832 단서. 명시를 해야 할 제3자는 부부의 일방과 일상가사에 관하여 거래를 하는 개개의 상대방이며, 불특정의 일반인을 상대로 면책의 명시를 할 수는 없다. 명시의 방식은 따로 필요로 하지 않으나, 채무의 종류·액수 등을 명시하지 않으면 면책의 효과는 주장할 수 없다고 본다. 면책의 범위를 사전에 개별적·구체적으로 명시하는 것은 매우 어렵겠지만, 그렇다고 요건을 완화하는 것은 규정의 취지에 어긋나는 결과를 가져온다.

(카) 부부재산계약과 일상가사대리권

부부재산계약으로 일상가사대리권과 일상가사에 대한 연대책임을 일반적으로 배제할 수 있느냐가 문제이다. 일상가사에 관한 부부의 연대책임은 혼인의 본질에서 나오는 것이므로, 부부재산계약에 의해서도 완전히 배제할 수는 없다고 해석한다.

## 제 6 절 혼인의 해소

### 1 서 설

혼인은 배우자의 사망이나 이혼에 의하여 해소된다. 혼인의 해소란 일단 완전히 유효하게 성립한 혼인이 종료되는 것을 말하며, 이런 의미에서 혼인의 성립에 하자가 있어서 혼인이 취소에 의하여 종료되는 경우와는 다르다. 이혼과 사망은 다 같이 혼인해소의 사유로서 혼인관계를 종료시키지만, 이혼은 인척관계까지 소멸시키는 데 반하여, 배우자 사망의 경우에는 인척관계는 당연히 소멸하지 않고, 생존배우자가 재혼한 때에 소멸한다는 차이가 있다§775.

## 2 사망에 의한 혼인의 해소

### 1. 혼인효력의 소멸과 생존배우자의 상속

(1) 사망으로 인하여 혼인이 해소되면, 부부라는 신분관계가 소멸함으로써 동거·부양·협조의 의무와 정조의무는 소멸하고 재혼도 자유로이 할 수 있으며, 부부재산제의 구속도 없어지고 부부재산계약도 효력을 잃는다. 그러나 소급적인 소멸의 효과는 없으므로, 이미 발생한 일상가사로 인한 연대책임에는 영향이 없다.

(2) 그리고 생존배우자는 사망자의 재산상의 권리와 의무를 상속하게 된다§1003.

### 2. 친족관계

부부 일방의 사망에 의해서 혼인은 해소되지만, 혼인에 의하여 발생되었던 친족관계인 인척관계는 당연히 소멸하지 않는다. 즉 부부의 일방이 사망한 경우에 생존배우자와의 인척관계는 당연히 소멸하지는 않으며, 생존배우자가 재혼한 때에 한하여 소멸된다§775.

## 3 실종선고와 혼인관계

(1) 실종선고는 사망을 의제하기 때문에§28 혼인도 또한 실종기간이 만료한 때에 해소된다. 그러나 문제는 그 실종선고가 취소되었을 때에 일어난다§29① 본문.

(2) 민법은 실종선고의 취소에 관하여 "실종선고 후 그 취소 전에 선의로 한 행위의 효력에 영향을 미치지 아니한다"라고 규정하고 있으므로§29① 단서, 실종선고 후 그 취소 전에 재혼을 하였을 경우에 재혼의 양 당사자가 선의이면, 즉 재혼시에 실종자의 생존을 모르고 있었다면 재혼은 실종선고의 취소에

의하여 영향을 받지 않고 유효한 혼인으로서 성립한다. 그러나 재혼당사자의 쌍방 또는 일방이 악의였다 하더라도 그 혼인을 당연히 무효인 것으로 할 수 없다. 다만 전혼이 부활하는 결과 후혼이 중혼이 되는 것은 면하지 못하므로, 전혼에는 이혼의 원인이 생기고§840 i 후혼은 취소할 수 있는 것으로 되는 것 뿐이다§810·816 i ·818 전단. 그러면 재혼당사자 쌍방이 선의였던 경우에 전혼의 운명은 어떻게 되는가. 이 문제에 관해서는, i) 실종자가 사망하지 않았다면 전혼은 소멸하지 않았던 것이 되므로 실종선고의 취소 후에도 전혼은 당연히 존속하고, 후혼도 신고에 의하여 성립하고 있으므로 불가피하게 중혼이 발생하게 된다는 견해와,[120] ii) 민법이 선의의 행위는 효력을 잃지 않는다고 규정하고 있는 이상 후혼은 완전히 유효한 것으로 보아야 하며, 중혼으로서 취소할 수 있다고 해석하는 것은 불합리하다는 견해가 있다. 전자의 견해에 의하면 선의자나 악의자나 차별이 없게 된다. 악의의 재혼은 중혼으로서 취소되어도 할 수 없겠지만, 선의의 재혼까지도 중혼으로서 취소되는 것은 실종선고취소에 관한 민법규정의 취지에 어긋난다고 생각된다. 따라서 전혼의 부활을 인정하지 않는 것이 타당하다.[121]

(3) 잔존배우자가 다른 일방의 배우자의 실종선고 후 그 취소 전에 다른 자와 선의의 사실혼관계에 들어갔을 경우에는 혼인은 부활한다고 볼 수밖에 없을 것이다. 또 실종선고취소 후에 사실혼을 파기하는 것은 불법행위도 의무불이행도 되지 않는다고 보아야 할 것이다. 사실혼당사자가 악의인 경우에 혼인이 부활하는 것은 선의의 경우와 다르지 않으나, 악의의 당사자는 선의의 상대방에 대하여 사실혼의 부당파기 혹은 사기에 의한 사실혼으로서 책임을 지지 않으면 안 된다.

(4) 민법은 실종에 관하여 총칙편에 3개의 규정만을 두고 있으므로, 친족편·상속편의 규정과 관련하여 의문점이 생기는 것을 피할 수 없다. 적어도 혼인에 관해서는 친족편 중에 특별규정을 두는 것이 필요하다고 생각된다.

(5) 실종선고에 의하지 않고 사망의 인정이 관청·공서(公署)에 의하여 이루어지고, 이에 의하여 등록부에 사망의 기록이 된 경우(인정사망)등 §87에도

120) 高翔龍, 민법총칙(1999), 115면.

121) 가족관계등록예규 제418호(중혼에 관한 가족관계등록사무 처리지침); 구호예 제600호 참조.

물론 혼인은 해소된다. 이 경우에 그 다른 일방의 배우자가 재혼을 하고 그 후에 사망이 인정된 배우자의 생존이 판명되었을 때에는 실종선고 취소의 경우와 같이 취급하는 것이 좋을 것이다.

## 4 이혼총설

인간의 생활에 있어서 혼인관계의 파탄은 피할 수 없는 현상이다. 거의 모든 나라들이 이혼제도를 인정하고 있는 것은 이혼이 피할 수 없는 사회현상이라는 점을 보여주는 것이다. 또한 혼인의 자유와 관련하여 볼 때 이혼의 자유 또한 인간의 기본권에 속하는 것으로서 당연히 보장되어야 한다.

우리나라의 이혼법은 서양에서 발달된 이혼법의 영향을 받아서 제정되었으므로, 우리의 이혼법을 체계적으로 이해하기 위해서는 서양의 이혼법에 대한 약간의 설명이 필요하다.

외국(서양)에서 이혼법이 변화해 온 흐름을 살펴보면 크게 유책주의(혼인파탄에 대하여 부부의 일방 또는 쌍방에게 책임이 있는 경우에만 이혼이 가능하다는 원칙)에서 파탄주의(혼인파탄에 대한 책임과는 관계없이 혼인이 파탄되었다는 객관적인 사실만 있으면 이혼이 허용된다는 원칙)로 발전하여 왔음을 알 수 있다. 과거 70년대 중반까지만 해도 이혼의 요건과 관련하여 유책주의 이혼원인(그 대표적인 것이 간통이다)이 지배적인 흐름을 형성하고 있었으나, 그 후 파탄주의 이혼원인 및 당사자의 합의에 의한 이혼제도가 본격적으로 도입되기 시작하여 이제는 하나의 대세를 이루고 있다. 이러한 경향은 이혼 자체에 대한 국가의 개입이 줄어들고 있다는 사실을 의미한다. 반면에 이혼의 결과와 관련하여 살펴보면 국가의 개입은 오히려 크게 증가하고 있음을 알 수 있다. 특히 이혼 후의 자녀 양육 및 전배우자에 대한 부양, 재산분할 등과 관련하여 국가는 사회적 약자를 보호하는 차원에서 적극적으로 개입하고 있으며, 이러한 후견적 활동을 통하여 이혼이 사회적 약자인 배우자(대부분의 경우 처)와 자녀에게 가혹한 결과가 되지 않도록 배려하고 있다. 이와 같은 국가의 후견적 활동과 관련하여서는 특히 재판 외에 조정을 활성화하려는 시도가 두드러지게 나타난다.

서구 여러 나라의 이혼법이 이와 같은 방향으로 발전하게 된 데에는 나름대로의 이유가 있다. 서구 사회에서도 여전히 혼인은 사회의 기본단위를 이루는 가족의 기초가 되는 제도로서 보호받고 있으며, 따라서 국가는 혼인의 해소를 무조건 쉽게 허용하지는 않는다는 기본 입장을 취하고 있다(서구에 속한 많은 나라들이 우리와 같은 협의이혼제도를 여전히 도입하고 있지 않다는 사실에서 이러한 태도를 읽을 수 있다). 그러나 부부관계가 완전히 파탄되어 회복될 가능성이 없는 때에는 이혼을 허용하지 않는다는 것이 무의미하므로(실제 생활의 영역에서 이미 존재하지 않는 혼인관계를 법의 영역에서만 존속되고 있다고 주장하는 것은 무의미하기 때문이다), 이런 경우에는 혼인을 합리적으로 해소할 수 있는 길을 열어 주는 것이 오히려 바람직하다는 결론에 이르게 되었다. 이러한 맥락에서 상대방 배우자의 유책행위를 재판과정에서 주장, 증명하는 데 성공해야만 비로소 이혼이 가능한 유책주의 이혼법을 넘어서, 혼인관계가 실제로 파탄된 경우에는 그 원인과 관계없이 이혼이 허용될 수 있다는 파탄주의 이혼법이 도입되기에 이르렀다. 또한 당사자들이 스스로 혼인관계의 해소에 합의하는 경우에는 혼인관계가 파탄된 것으로 보아 이혼을 허용해도 무방하다는 태도가 서서히 자리를 잡고 있다. 그러나 파탄주의 이혼법의 시행은 혼인관계의 파탄에 책임이 없는 배우자에게 가혹한 결과(특히 경제적인 측면에서)를 초래할 가능성이 있으므로, 사회적·경제적으로 약자의 처지에 있는 배우자에 대한 이혼 후의 부양문제를 고려하지 않을 수 없었다. 또한 합의에 의한 이혼은 당사자에게 이혼의 자유를 최대한 보장하는 제도로서 인정될 수 있지만, 그에 상응하는 당사자의 책임이 요구되었다. 따라서 합의에 의한 이혼을 하는 경우에는 이혼의 결과 — 친권, 자녀의 양육, 면접교섭권 및 양육비, 재산분할, 전배우자에 대한 부양 등 — 와 관련된 문제에 대해서도 당사자 사이에 합의가 도출되어야 한다는 요구가 전제로서 받아들여지게 되었다. 그러나 이혼에 직면한 당사자들이 이혼의 결과와 관련된 문제에 대하여 스스로 합의를 이끌어낸다는 것은 결코 쉽지 않은 일이기 때문에 필요에 따라서는 국가가 조정 또는 재판의 형태로 개입하여 그와 같은 문제들을 해결할 수 있도록 한 것이다. 이와 같은 이혼법의 발전은 사회환경과 의식의 변화를 반영하는 것으로서 그 기본 방향에 있어서 타당하다는 평가를 내릴 수 있다.

한편 우리나라의 이혼제도를 살펴보면, 위에서 살펴본 외국 이혼법의 발전 경향이 우리 이혼법에도 일정 부분 반영되고 있음을 알 수 있다. 2007년에 개정된 이혼법[122]은 이른바 "숙려기간"을 도입하여 협의이혼을 하려는 부부

122) 2007. 12. 21 공포, 법률 제8720호. 개정민법은 2008년 6월 22일부터 시행되고 있다.

로 하여금 이혼과 자녀양육 문제에 대해서 다시 한 번 고려할 수 있는 기회를 제공하고, 자녀의 양육사항에 대한 협의를 의무화함으로써 이혼 후의 자녀양육 문제에 대하여 결정이 되지 않은 상태에서는 이혼이 이루어질 수 없도록 하였다. 한편, 종전의 협의이혼제도는 서구에서도 유례가 없을 정도로 당사자에게 폭넓은 이혼의 자유를 허용하였던 반면, 그에 따르는 어떠한 책임도 요구하지 않았다. 즉 자녀양육 등 이혼의 결과와 관련하여 실제로 아무런 합의가 없어도 이혼의사만 합치되면 간단하게 이혼할 수 있도록 되어 있었다. 그와 같은 이혼제도 하에서는 경솔한 이혼이 가능했을 뿐 아니라, 사회적 약자인 자녀의 복리가 고려될 수 있는 여지가 없었다. 결국 종전의 협의이혼제도는 현대 이혼법의 경향 — 파탄된 혼인관계의 해소를 허용하되, 이혼의 결과와 관련해서는 사회적 약자를 보호하는 차원에서 국가가 개입하는 — 과도 동떨어져 있다는 비판을 피할 수 없었다. 위에서 본 협의이혼제도에 관한 개정민법 규정은 이러한 배경에서 마련된 것이다.[123]

다음으로 재판상 이혼제도와 관련하여 살펴보면, 현행법의 재판상 이혼원인은 대체로 유책주의의 기조 위에 서 있음을 알 수 있다. 물론 민법 제840조 제6호에 의해서 반드시 배우자의 유책사유가 없어도 이혼이 가능한 경우가 있기는 하지만(예를 들면 불치의 정신병), 이는 예외에 속하는 경우일 뿐이다. 특히 유책배우자(혼인파탄에 책임이 있는 배우자)의 이혼청구를 원칙적으로 배척하는 판례의 태도를 볼 때(약간의 예외를 제외하면), 현행법의 재판상 이혼원인은 기본적으로 유책주의에 입각해 있으며, 예외적으로 일정한 경우에 한하여 파탄주의(무책주의)가 인정된다고 보는 편이 타당할 것이다. 유책배우자의 이혼청구권을 부정함으로써 파탄주의의 확대를 경계하는 학설과 판례의 태도는 혼인제도를 보호하고 사회적 약자인 배우자(많은 경우 처)의 부양청구권을 보호한다는 관점에서 설명되어 왔다. 이러한 설명에는 분명히 나름대로의 타당성이 있으나, 사회의 변화와 발전속도를 고려해 보면 언젠가는 수정이 필요한 시기가 오리라고 생각한다. 오늘날의 사회에 있어서는 부부 사이의 실질적인 관계에 보다 중요한 가치가 주어지는 반면, 혼인이라는 법제도 자체에 대해서 일반인이 느끼는 가치의 비중은 점점 줄어들고 있다. 지난 80년대 중반 이후 증가 경향을 보이고 있는 이혼율은 바로 이러한 경향을 뒷받침하고 있

123) 법무부 가족법개정특별분과위원회에서는 2003년부터 협의이혼제도의 개정안 마련에 착수하였으며, 완성된 개정안을 2006년에 국회에 제출하였다.

는 현상으로 평가될 수 있을 것이다. 혼인제도를 보호하기 위해서 유책배우자의 이혼청구를 부정한다는 태도는 결국 혼인관계를 파탄시킨 배우자를 그 의사에 반하여 평생 법률상의 혼인관계에 묶어둠으로써 제재를 가하겠다는 의도로 풀이될 수도 있다. 그러나 이러한 평생에 걸친 제재와 징계가 과연 현대 가족법의 기본 이념과 조화될 수 있는가에 대한 문제를 접어두더라도, 실제 생활에 있어서 이미 파탄되어 존재하지 않는 혼인관계를 법의 영역에서만 존속하게 한다고 해서 혼인제도의 보호라는 기본목적이 달성될 수 있을 것인가는 의문이다. 또한 유책배우자의 이혼청구를 배척함으로써 법률상의 혼인관계가 유지되고, 따라서 상대방 배우자(일반적으로 사회적 약자인 처)의 부양청구권이 보장된다는 논리도 다시 한 번 생각해 볼 필요가 있을 것이다. 단지 상대방 배우자의 부양청구권을 보장하기 위한 목적이라면 이미 형해화된 혼인관계를 형식적으로 유지하기보다는 오히려 파탄된 혼인관계의 해소를 허용하되, 이혼 후에도 전배우자(유책배우자)에 대한 부양청구권을 혼인중과 같은 수준으로 보장해 주는 편이 타당할 수도 있기 때문이다.

우리 사회의 현실과 법감정을 고려해 볼 때 당장 유책주의를 파탄주의로 대체하는 것은 기대하기 어렵겠지만, 장래 파탄주의가 점차 확산될 가능성은 높을 것으로 전망된다.[124)]

## 5 협의상 이혼

### 1. 서 설

위에서 간단히 소개한 바와 같이 협의이혼제도는 2007년 민법일부개정에 의해서 큰 폭으로 개정되었다. 여기서는 우선 개정의 이유를 이해하기 위하여 종전의 협의이혼제도가 가지고 있었던 문제점과 협의이혼제도의 역사적 전개 과정을 살펴본다.

124) 최근에 유책주의를 완화하는 기조를 보인 대법원판결이 나와서 주목을 받고 있으나, 이것이 파탄주의로의 전환을 의미하는 것은 아니다. 대판 2009. 12. 24, 2009므2130; 대판 2015. 9. 15, 2013므568 전원합의체.

### (1) 개정 전 협의이혼제도의 문제점

종전의 협의이혼제도에서는 부부가 이혼에 합의하는 경우 법원의 협의이혼의사확인 절차를 거쳐 신고에 의하여 간단히 혼인관계를 해소시킬 수 있었다. 이와 같은 협의이혼제도는 부부의 자율적 합의에 절대적인 비중을 두는 제도로서 자녀에 대한 정서적 배려, 이혼 후의 양육문제 등도 모두 부모의 자율적 판단에 맡긴다는 태도를 취하고 있었다. 이러한 이혼제도에서는 자녀의 양육사항 등에 대해서 부모가 협의하지 않고도 얼마든지 이혼이 가능하였기 때문에 이혼 후 자녀양육의 공백상태가 발생할 수 있었으며, 전반적으로 자녀의 양육환경이 악화될 우려가 있었다. 혼인관계가 실제로 파탄되어 회복 불가능한 상태에 있는지, 혹은 회복의 가능성이 있는지에 대해서도 객관적으로 검토될 수 있는 기회가 없었다. 이와 같이 당사자에게 이혼의 가능성을 무조건 그리고 무제한 인정하고 있는 입법례는 서구사회에서도 찾아보기 어렵다(서구사회에서도 다른 나라에 비하여 이혼의 자유가 넓게 인정되고 있는 스웨덴에서도 16세 미만의 자녀가 있는 경우에는 6개월의 숙려기간을 거쳐야만 이혼할 수 있다. 이러한 숙려기간을 둔 목적은 이혼을 원하는 부부 자신과 16세 미만의 자녀를 위하여 성급한 이혼을 방지한다는 데 있다).

### (2) 협의이혼제도의 역사적 전개과정

기독교가 지배한 중세 유럽에서 이혼이 허용되지 않았던 것과는 달리 우리나라에서는 고대나 고려시대에는 이혼과 재혼이 상대적으로 자유로웠다.[125] 부부가 합의한 경우나 부부 중 일방이 부부의 도리를 저버린 경우에는 이혼이 가능하였다. 이는 조선시대에 여성의 재혼이 금지되고 수절이 강요되었던 것과는 대조적인 양상이다. 조선시대에 들어와 성리학과 종법제가 보급되기 시작하면서 여성의 지위는 크게 저하되었으며, 소위 칠거지악(七去之惡)[126]에 의하여 일방적으로 처를 축출하는 것이 가능하게 되었다. 물론 이에 대한 예외로서 삼불거(三不去)[127]라는 것이 있었는데, 칠거에 해당되더라도

---

125) 정형지, 우리나라 여성들은 어떻게 살았을까 1(1999), 73면; 고려시대에는 왕의 부인 중에도 재혼녀가 있었다. 충숙왕비인 수비 권씨는 전형이라는 사람과 이혼하고 왕비가 되었으며, 충렬왕의 세 번째 부인인 숙창원비도 과부였는데, 왕과 재혼하였다. 정진영, 우리 전통문화의 이해(2002), 23면 이하.

126) 시부모에게 불순한 것, 아들을 낳지 못하는 것, 음란한 행위를 하는 것, 질투가 심한 것, 나쁜 질병이 있는 것, 남을 험담하여 구설수에 오르는 것, 도둑질을 하는 것.

127) 갈 곳이 없는 경우, 시부모 상(喪)을 함께 치른 경우, 조강지처(糟糠之妻).

삼불거의 사유가 있으면 처를 축출할 수 없었다.[128] 그러나 실제로 조선시대에 양반층에서는 이혼이 거의 이루어지지 않았는데, 그 이유는 나라에서 이혼을 억제했기 때문이었다.[129] 이외에 서민층에서 일종의 협의이혼으로서 사정파의(事情罷議: 부부 쌍방이 이혼을 원하는 경우에 부부가 그 사정을 이야기하고 이별인사를 하여 서로 응낙하는 방식으로 이혼이 이루어진다)라는 관습이 있었으나, 실제에 있어서는 남편에 의한 일방적인 기처(棄妻)에 지나지 않았다.[130]

일제강점기에 들어와 우리나라의 이혼제도는 근본적인 변화를 겪게 된다. 일제는 처음에는 협의이혼의 관습을 인정하지 않았으나(1914년 4월 9일자 정무총감 회답), 1년 후에 입장을 번복하여 조선에 협의이혼의 관습이 있다고 하였다(1915년 4월 19일자 정무총감 회답).[131] 그 후 일제는 1922년에 조선민사령을 개정하여제령 13호 제11조 제2항에 "협의이혼은 이를 시장 · 구청장 또는 읍면장에게 신고함으로써 그 효력이 생긴다"는 규정을 추가하였으며, 이에 따라 1923년 7월 1일부터 우리나라에서 협의이혼제도가 시행되었다. 일제는 협의이혼제도가 조선의 관습에 의한 것이라는 태도를 취하였으나, 실제로 이 제도는 당시 일본명치민법의 규정§808과 동일한 것으로서 관습을 가장하여 일본민법을 이식한 것이라고 보는 것이 사실에 부합한다(사실 일제는 많은 일본민법 규정을 조선의 관습이라고 왜곡하여 우리나라에 강제로 이식하였다. 호주제도 그 예의 하나이다).[132] 따라서 일제강점기에 우리나라에서 관습이라는 명목으로 시

128) 물론 삼불거에 해당하는 경우에도 나쁜 병에 걸렸다거나 간통을 한 경우, 시부모에 대하여 불효를 한 때에는 처를 축출하는 것이 가능했다.

129) 조선시대에 나라가 이혼을 억제한 이유는 정절이데올로기와 관련이 있다. 남편의 사망 후에도 정절을 지키게 하려면 재혼을 금지할 수밖에 없었는데, 재혼이 금지된 사회에서 이혼한 여성은 사회적으로 큰 문제가 되기 때문이다(예를 들면, 누가 이들을 부양할 것인가). 또한 양반층에 있어서의 혼인이란 가문과 가문의 결합이었기 때문에 가문에 수치가 될 수 있는 이혼을 피하려는 경향이 있었다. 정진영, 앞의 책, 31면.

130) 정광현, 한국가족법연구(1967), 99면; 김두헌, 한국가족제도연구(1969), 524면; 이태영, 한국이혼연구(1969), 7면.

131) 이승일, 일제시대 친족관습의 변화와 조선민사령 개정에 관한 연구, 한국학논집 제33집(1999), 176면 이하.

132) 김주수, 혼인법연구(1969), 159면. 일제당국은 조선시대에 서민층에서 사정파의가 행하여졌다는 사실을 근거로 하여 협의이혼의 관습이 있었다고 인정한 것으로 보인다. 그러나 사정파의에서 부부의 합의란 명목에 지나지 않았으며, 실제로는 남편의 일방적 의사에 의한 기처(棄妻)가 행하여졌을 뿐이다. 따라서 조선시대에 실질적인 의미에서의 협의이혼이 시행되고 있었다고는 볼 수 없다. 일제는 우리나라에 일본민법상의 협의이혼제도를 도입하면서, 이는 일본민법의 규정을 가져오는 것이 아니라 조선의 관습을 따르는 것이라는 태도를 취했으나, 실제로는 일본민법을 적용하기 위하여 겉으로만 관습을 내세운 것에 지나지 않았다. 일제는 친족 · 상속 분야에 있어서는 한국인들의 감정을 무마하기 위하여 조

행된 협의이혼제도의 본질을 이해하기 위해서는 일본명치민법의 협의이혼제도에 대해서 살펴볼 필요가 있다.

일본은 1898년 민법전제정 당시 협의이혼제도를 창안하였다. 즉, 일본의 협의이혼제도는 일본의 전통도 아니고, 외국법을 계수한 것도 아니며, 당시 입법자의 창안에 의한 것이었다.[133] 그 이전에 일본에서는 남편이 처를 강제로 축출하는 방식으로 이혼이 행하여졌으며, 처가 남편에 대하여 이혼을 청구하는 것은 허용되지 않았다. 즉, 명치유신 전까지 일본에서는 '축출이혼'이 행하여졌을 뿐이다.[134]

남편의 전권에 의한 '축출이혼'이 행하여졌던 일본이 민법전 제정 당시에 협의이혼제도를 창안한 이유는, 부부의 자유로운 협의에 따른 이혼이라는 미명하에 실제로는 봉건시대와 다름없이 남편에 의한 축출이혼을 가능하게 하려는 데 있었다고 볼 수 있다. 실제로 일본에서는 협의이혼이라는 미명하에 남편에 의한 축출이혼이 행하여지는 경우가 상당히 많았다고 보고되었다.[135]

이러한 사정은 일제강점기의 우리나라에서도 다르지 않았다. 부부의 실질적인 평등이 실현되어 있지 않았던 당시 사회에서 협의이혼은 남편이 처를 일방적으로 축출하는 수단으로 악용되는 경우가 적지 않았다.

해방 이후 제정된 민법은 위에서 본 조선민사령의 규정을 답습하여(즉 결과적으로 일본민법전의 규정을 모방하여) 협의이혼제도를 규정하였다. 이에 대해서는 정일형 의원 등 33인의 의원이 협의이혼제도의 문제점을 완화할 수 있는 내용을 담은 수정안을 제출하였으나,[136] 이 수정안은 부결되었다.

민법전이 시행된 이후에도 협의이혼제도에 대한 문제제기와 개정논의가

---

선의 관습에 의한다는 태도를 취하였으나, 실제로는 일본민법규정을 조선의 관습이라고 왜곡하는 방식으로 친족·상속 분야에 있어서도 일본민법규정을 이식하였다.

133) 原田慶吉, 日本民法典の史的素描(1954), 138면.

134) 穗積重遠, 親族法(1933), 364면 이하; 高柳眞三, 明治民法以前の離婚法. 家族問題と家族法 III(1958), 118면 이하.

135) 青山道夫, 改訂家族法論 I(1971), 121면; 湯澤擁彦, 家庭事件の法社會學(1968), 66면.

136) 이 수정안은 협의이혼제도의 문제점을 다음과 같이 지적하였다. 협의이혼제도는 "경제적·사회적 강자인 夫가 약자인 처를 일방적으로 축출하는 데에 이용되고 있으며, 합의만 있으면 이유는 고사하고 일시적인 감정으로 인하여 협의이혼신고 일통을 구청장, 시장, 면장에게 제출하면 부부라는 신성하고 중대한 관계는 소멸되고 만다. 서구제국의 협의이혼은 그 절차와 조건을 매우 복잡하게 하고 또 제한하여 경솔하고 일방적 강제적인 협의이혼을 방지하고 있으며, 그중 白耳義(벨기에: 저자 주)의 협의이혼절차는 참으로 복잡하다(중략)." 제안자 대표 정일형 민법수정안 16~18면; 정광현, 한국가족법연구(1967) 부록, 123~124면.

계속해서 이어졌다.[137] 그 성과로서 호적법 제79조의2로 협의이혼신고의 심사제도가 신설되었다("협의이혼신고는 그 서면의 진정성립의 여부를 확인한 후에 수리하여야 한다." 이 규정은 1963년 10월 1일부터 시행되었다). 그러나 이 제도만으로는 충분한 실효를 거둘 수가 없었기 때문에 1977년 민법개정을 통하여 협의이혼의사확인제도가 도입되었다. 즉 협의이혼을 하기 전에 부부가 함께 법원에 출석하여 실제로 이혼의사가 있는지의 여부를 확인받도록 하는 장치가 마련된 것이다§836①.

이상에서 본 바와 같이 협의이혼제도의 모태는 일본민법상의 협의이혼제도에서 찾을 수 있다. 일본민법상의 협의이혼제도가 일제강점기를 통해서 우리나라에 이식되었으며, 같은 내용의 규정이 해방 후에 제정된 민법전에 자리를 잡은 것이다. 애초에 협의이혼제도가 도입된 목적은 부부의 협의에 따른 자유로운 이혼을 보장하는 것과는 거리가 멀었다. 오히려 협의라는 명목하에 남편에 의한 일방적인 이혼을 가능하게 하는 수단으로 악용되는 경우가 많았다. 이러한 문제점을 외면할 수 없었기에 1963년과 1977년 두 차례에 걸쳐 협의이혼제도가 부분적으로 수정, 보완된 것이다. 그러나 이 개정은 협의라는 미명하에 이루어지는 일방적인 축출이혼을 방지하는 데 초점을 두고 있었으므로, 협의이혼에 따른 자녀의 양육문제 등에 대해서는 아무런 해결책을 제시하지 못했다는 한계를 안고 있었다. 2007년 11월에 국회를 통과하여 2008년 6월 22일부터 시행되고 있는 협의이혼에 관한 개정민법은 무엇보다도 이혼 후의 자녀양육의 문제를 해결하기 위하여 마련된 것이다.

## 2. 협의이혼의 요건

부부는 협의에 의하여 이혼할 수 있다§834. 이혼하려는 이유, 혼인파탄의 원인이나 경위 등은 문제가 되지 않는다. 다만 협의이혼이 유효하게 성립하기 위해서는 다음과 같은 실질적 요건과 형식적 요건이 필요하다.[138]

---

137) 가사심판법을 제정하기 위하여 마련된 '가정법원설치요강'(16면)은 다음과 같이 보고하고 있다. "전국의 이혼통계를 보면 재판이혼은 협의이혼의 2%에 불과하다. 협의이혼 제도에서 협의라는 미명하에 아내가 하등의 위자료나 자녀의 부양료도 받지 못하고 이혼당하는 경우가 허다하다. 그러므로 협의이혼시에는 (중략) 가정법원 또는 거주관할법원의 확인을 받는 제도를 신설하여 약자인 여성의 권리를 보호하여야 한다."

138) 협의이혼의 외국입법례에 관하여는 金疇洙, 혼인법 연구, 155면; 金疇洙, '협의이혼에 관하여', 경희법학, 10권 1호(1972) 참조.

### (1) 실질적 요건

#### (가) 당사자 사이에 이혼의사의 합치가 있을 것

협의이혼이 성립되기 위해서는 무엇보다도 당사자 사이에 이혼의사의 합치가 있어야 한다. 이혼의사의 합치는 궁극적으로 이혼신고의 방식으로 표시된다. 이와 관련하여 이혼의사의 합치를 어떻게 해석할 것인가의 문제가 제기된다. 당사자 사이에 혼인관계를 실제로 해소시키려는 의사가 있을 때 이혼의사의 합치가 있다고 보아야 할 것인가(실질적 의사설), 아니면 혼인공동체를 해소할 의사는 없어도 단지 이혼신고를 하는 데 합의가 있으면 이혼의사의 합치를 인정할 것인가(형식적 의사설)의 문제이다. 이러한 견해의 대립은 가장이혼의 효력과 관련하여 중요한 의미를 갖는다. 실질적 의사설에 의하면 가장이혼은 무효가 되고, 형식적 의사설에 의하면 가장이혼도 유효하다고 보아야 하기 때문이다. 종전의 판례는 실질적 의사설에 입각하여 가장이혼을 무효라고 판단하였다.[139] 그러나 최근의 판례는 형식적 의사설을 취하여 가장이혼의 효력을 인정하고 있다.[140]

이혼의사는 신고서를 작성하는 때뿐만 아니라 신고서가 수리되는 때에도 존재해야만 한다. 따라서 신고서의 제출 전에 당사자의 일방이 다른 일방이나 가족관계등록공무원에 대하여[141] 이혼의사의 철회를 표시한 경우에는 설령

---

139) 대판 1961. 4. 27, 4293민상536은 '서자를 적자로 하기 위한 형식상 이혼신고를 하였다 하여도 신고 당시에 당사자의 쌍방에 이혼의 뜻이 없었을 경우에는 그 이혼은 그 효력이 생기지 아니한다'라고 판시하고, 대판 1967. 2. 7, 66다2542는 '혼인의 파탄이란 사실도 없이 부부가 종전과 다름없이 동거생활을 계속하면서, 통모하여 형식상으로만 협의이혼 신고를 하고 있는 것이라면, 신분행위의 의사주의적 성격에 비추어, 이는 무효한 협의이혼이다'라고 판시하고 있다.

140) 대판 1993. 6. 11, 93므171은 '협의이혼에 있어서의 이혼의 의사는 법률상의 부부관계를 해소하려는 의사를 말한다 할 것이므로, 일시적으로나마 그 법률상의 부부관계를 해소하려는 당사자간의 합의하에 협의이혼신고가 된 이상, 그 협의이혼에 다른 목적이 있다 하더라도 양자간에 이혼의 의사가 없다고는 말할 수 없고 따라서 그 협의이혼은 무효로 되지 아니한다'라고 판시하였다; 대판 1997. 1. 24, 95도448; 대판 2017. 9. 12, 2016두58901: 피상속인(남편) 전처소생 자녀와의 상속분쟁을 피할 목적으로 피상속인이 사망하기 7개월 전에 조정에 의한 이혼을 하고 그에 따른 재산분할을 한 이후에도 계속해서 사실혼 부부로 생활한 경우, 가장이혼으로 볼 수 없다고 판단하였다. 따라서 이 경우 재산분할로 취득한 재산은 증여세의 과세대상이 되지 않는다. 다만 재산분할청구제도의 취지에 비추어 재산분할이 상당한 정도를 초과하는 경우에는 그 부분에 한하여 증여세를 부과할 수 있다..

141) 등록규칙 제80조는 "이혼의사의 확인을 받은 당사자가 이혼의사를 철회하고자 하는 경우에는 이혼신고가 접수되기 전에 자신의 등록기준지, 주소지 또는 현재지 시·읍·면의 장 또는 가족관계등록관에게 이혼의사확인서등본을 첨부한 이혼의사철회서를 제출하여야 한다"고 규정하고 있다.

그 후에 신고서가 수리되었다고 해도 이혼의사의 합치를 결여한 것으로서 무효가 된다.

(나) 피성년후견인은 부모 또는 성년후견인의 동의를 얻을 것

이혼의사의 합치에는 의사능력이 필요하다. 피성년후견인도 의사능력이 회복되어 있는 때에는 부모 또는 성년후견인의 동의를 받아서 협의이혼을 할 수 있다§835 · 808②. 종전에는 금치산자에게 부모 또는 후견인이 없거나 동의할 수 없을 때에는 친족회의 동의를 받아 이혼할 수 있었으나구 §835 · 808② · ③, 개정법에 의하여 친족회가 폐지됨으로써 이 규정도 삭제되었다.

(다) 이혼에 관한 안내를 받을 것

협의이혼을 신청한 부부(협의이혼의사의 확인을 신청한 부부)는 가정법원이 제공하는 이혼에 관한 안내를 받을 의무가 있다§836의2①. 이혼에 관한 안내에는 이혼절차, 이혼의 결과(재산분할 · 친권 · 양육 · 양육비 · 면접교섭 등), 이혼이 자녀에게 미치는 영향 등 이혼에 관한 전반적 설명이 포함된다. 이와 같은 안내는 이혼을 하려는 부부에 대하여 개별적으로 상담원에 의해서 이루어지는 것이 바람직하다. 이혼에 관한 안내를 하는 과정에서 상담원이 당해 부부에 대하여 본격적인 상담의 필요성이 있다고 판단하는 경우에는 법원은 당해 부부에 대하여 전문상담원(법원 외부의 전문상담기관과 법원에 속한 가사조사관 등을 포함하게 될 것이다)의 상담을 받을 것을 권고할 수 있다.[142] 이는 권고에 그치므로, 당사자인 부부가 법원의 권고에 따라 상담을 받아야 할 의무가 생기는 것은 아니다. 즉 안내 이외의 상담을 받을 것인지의 여부는 당사자인 부부의 의사에 달려있다. 안내를 받은 부부는 이 날로부터 일정한 기간이 경과한 후(양육하여야 할 자녀가 있는 경우는 3개월, 그렇지 않은 경우는 1개월[143])에 법원에서 이혼의사의 확인을 받을 수 있다. 그러므로 안내를 받은 날은 이른바 '이혼숙려기간'의 기산점이 된다.

142) 법원사무관 또는 가사조사관은 협의이혼안내서 및 이혼신고서를 신청당사자 쌍방에게 교부한 후 이혼절차, 이혼의 결과(재산분할, 친권, 양육권, 양육비, 면접교섭권 등), 이혼이 자녀에게 미치는 영향 등을 안내하여야 한다. 법원사무관 또는 가사조사관은 이혼하려는 부부에게 상담위원의 상담을 받을 것을 권고할 수 있고, 미성년인 자가 있는 경우에는 양육과 친권자결정에 관하여 상담위원의 상담을 받도록 권고하여야 한다. 가족관계등록예규 제551호(협의이혼의 의사확인사무 및 가족관계등록사무 처리지침) 제4조 제1항.

143) 이혼에 관한 안내를 받은 날이 미성년인 자녀가 성년 도달 전 1개월 이내에 해당하는 경우 1개월이 지난 후로 확인기일을 지정하고, 성년 도달 전 1개월 후부터 3개월 이내 사이에 해당하는 경우 성년에 달한 날 이후로 확인기일을 지정한다. 가족관계등록예규 제551호 제1조 제2항.

(라) 안내를 받은 날로부터 일정한 기간(숙려기간)이 경과한 후에 이혼의사의 확인을 받을 것

① "양육하여야 할 子"가 있는 경우: 법원에서 이혼에 관한 전반적인 안내를 받은 부부는 일정한 기간이 경과한 후에 법원으로부터 이혼의사의 확인을 받을 수 있는데, 그 기간은 양육하여야 할 자녀가 있는가의 여부에 따라 다르다. 여기서 "양육하여야 할 子"란 일반적으로 미성년자녀(포태중인 자 포함)를 의미하는 것이다. 그런데, "미성년의 子"라는 표현 대신 굳이 "양육하여야 할 子"라는 용어를 선택한 이유는 미성년의 자녀 중에서도 부모에게 양육해야 할 의무가 없는 경우가 있을 수 있다는 고려에서였다. 예컨대, 甲이란 부부가 그 사이에서 출생한 친생자 乙을 丙이라는 부부에게 일반입양(친양자에 대비되는 개념으로서의 일반양자를 말한다)시킨 경우가 그에 해당한다. 甲 부부가 친생자 乙을 일반입양시킨 경우에도 乙은 甲 부부의 친생자인 신분을 그대로 유지하고, 甲 부부의 가족관계증명서에도 계속해서 자녀로 현출된다(또한 이들의 관계는 입양관계증명서에도 표시된다). 그러나 양자의 경우에는 양부모가 친권자로 되고§909① 후단, 따라서 양자를 양육할 의무도 양부모에게 있으므로, 이러한 민법규정에 따라 실제로 丙 부부가 양자 乙을 보호, 양육하고 있는 경우에는 甲 부부에게는 등록부상 "미성년인 子"는 있으나 "양육하여야 할 子"는 없는 결과가 된다.

"양육하여야 할 子"가 있는 경우에는 안내를 받은 날로부터 3개월이 지나야 이혼의사의 확인을 받을 수 있다. "양육하여야 할 子"에는 부부의 친생자, 양자가 포함되는 것은 물론이고, 부부일방의 자녀이지만 이제까지 부부가 공동으로 양육하여 온 자녀도 포함된다고 해석하여야 할 것이다. 이 규정은 자녀의 복리를 위하여 신설된 것이므로, 반드시 부부 공동의 자녀가 아니라고 해도 부모의 이혼으로 인하여 영향을 받게 되는 자녀가 있는 경우에는 적용된다고 해석하는 것이 타당하다. 3개월의 기간 동안 부부는 자녀의 양육, 친권 등에 관한 사항에 대하여 협의할 수 있으며, 필요하다고 판단하는 때에는 전문상담원의 도움을 받을 수도 있다. 협의이혼의사의 확인을 신청한 부부는 법원에서 협의이혼의사확인을 받기 전까지 양육사항에 대한 협의서, 친권자 결정에 대한 협의서 등을 제출해야 하므로§836의2④,[144] 위의 기간은 이러한 협

144) 미성년인 자녀가 있는 경우 그 자녀의 양육과 친권자결정에 관한 협의서 또는 가정법원의 심판정본 및 확정증명서를 제출하지 아니한 때에는 담당 판사는 차회 기일까지 제

의를 하는 시간으로 이용될 수 있다.

② "양육하여야 할 子"가 없는 경우: 양육하여야 할 자녀가 없는 부부는 안내를 받은 날로부터 1개월이 경과하면 법원에서 이혼의사의 확인을 받을 수 있다. 이 경우 부부는 자녀의 양육 등과 관련하여 협의할 의무가 없으므로, 1개월의 기간은 이혼 자체에 대해서 재고하는 시간이라는 의미를 갖는다.

③ 숙려기간에 대한 예외의 인정: 부부일방의 폭력 등으로 인하여 혼인의 지속이 다른 일방 배우자에게 참을 수 없는 고통이 된다고 판단되는 경우에는 법원은 재량에 의하여 숙려기간을 단축 또는 면제할 수 있다§836의2③. 여기서 규정하는 '폭력'은 하나의 예시이므로, 그 외에도 혼인의 지속이 다른 일방 배우자에게 참을 수 없는 고통이 된다고 인정될 때에는 숙려기간이 단축 또는 면제될 수 있다.[145] 이 규정은 숙려기간의 적용이 오히려 부작용을 낳을 수 있는 경우가 있음을 전제로 하여, 제도의 탄력적인 운용을 위하여 마련된 것이다.

(마) 양육사항 및 친권자 결정에 관한 협의서 등을 제출할 것

양육하여야 할 자녀가 있는 부부는 이혼의사확인신청과 동시 또는 이혼의사확인기일까지 자녀의 양육사항(양육자·양육비용·면접교섭에 관한 사항§837②) 및 친권자결정에 관한 협의서를 제출하여야 한다§836의2④. 부부가 이러한 사항에 대하여 스스로 협의하지 못한 경우에는 법원에 이에 대한 결정을 청구하여 법원의 심판을 받은 다음 그 심판정본을 제출하여야 한다.[146] 당사자가 제

---

출할 것을 명하고 이에 불응하는 경우 '불확인'으로 처리한다. 한편 미성년인 자녀의 양육과 친권자결정에 관한 가정법원의 심판절차가 계속 중임을 확인한 때에는 그 심판정본 및 확정증명서를 제출할 수 있는 기회를 준다. 가정법원의 심판종료 후 지정한 확인기일까지 협의서 또는 가정법원의 심판정본 및 확정증명서를 제출하지 아니하면 담당 판사는 '불확인'으로 처리한다. 따라서 위와 같은 경우에는 협의이혼은 불가능하게 된다. 가족관계등록예규 제551호 제12조.

145) 가정폭력 등으로 인하여 혼인의 지속이 일방 배우자에게 참을 수 없는 고통이 되는 경우에는 부부가 협의에 의하여 이혼할 가능성이 높지 않으므로, 이 규정의 의의는 크다고 보기 어렵다. 가정폭력 등으로 인하여 그와 같이 심각한 사태가 발생한 때에는 형사법절차에 의하여 가해자를 구속시키고 재판상 이혼원인이 있음을 이유로 하여 재판상 이혼을 하는 것이 합리적이다. 외국에서도 가정폭력은 끊임없이 사회적인 문제가 되고 있으나, 이혼절차에 있어서 이와 같은 예외규정을 두지 않은 이유는 바로 이런 점에서 찾을 수 있다.

146) 미성년인 자녀가 있는 부부(포태중인 자를 포함하되, 숙려기간 이내에 성년에 도달하는 자녀는 제외)는 미성년인 자녀의 양육과 친권자결정에 관한 협의서 1통과 그 사본 2통 또는 심판정본 및 확정증명서 각 3통을 제출하여야 한다. 부부가 함께 출석하여 신청을 하고 이혼에 관한 안내를 받은 경우 협의서는 확인기일 1개월 전까지 제출할 수 있고, 심판정본 및 확정증명서는 확인기일까지 제출할 수 있다. 가족관계등록예규 제551호 제2조

출한 양육사항 및 친권자결정에 관한 협의서의 내용이 자녀의 복리에 반하는 경우 법원은 보정을 명할 수 있으며, 필요에 따라서는 직권으로 이를 정할 수도 있다§837③ · 909④. 그러나 실무상 가정법원이 직권으로 양육사항 및 친권자에 관하여 정하는 경우는 거의 없으며, 당사자가 보정에 성실하게 응하지 않는 경우에는 협의이혼의사의 확인을 하지 않음으로써(불확인 처리) 간접적으로 당사자의 보정을 촉구하는 데 그친다.[147] 즉, 양육사항 및 친권자에 대한 협의가 자녀의 복리에 반하는데도 당사자가 가정법원의 보정명령에 불응하는 경우에는 가정법원은 확인서 및 양육비부담조서를 작성하지 않으므로등규 §78① 단서, 사실상 협의이혼은 불가능하게 된다.

이에 따라 자녀의 양육사항 및 친권자에 관하여 정하지 않은 상태에서는 협의이혼이 이루어질 수 없게 된다. 제836조의2 제3항에 의하여 숙려기간이 단축 또는 면제되는 경우에도 제836조의2 제4항 규정의 적용을 피할 수는 없으므로, 제836조의2 제3항에 해당하는 특별한 사정이 있는 경우에도 자녀의 양육사항과 친권자결정에 관한 협의서 또는 이에 관한 법원의 심판정본을 제출해야 한다고 해석된다.

(바) 양육비부담조서를 작성할 것

가정법원은 협의상 이혼절차에서 미성년자녀의 양육과 친권자결정에 관한 당사자의 협의내용을 확인한 후, 그중 양육비부담에 관한 부분에 대해서는 양육비부담조서를 작성하여야 한다§836의2⑤.[148] 이렇게 작성된 양육비부담조서는 가사소송법§41에 의한 집행권원이 되므로,[149] 양육비부담조서에 의해서 양육비지급의 의무를 부담하는 부모의 일방이 양육비를 지급하지 않는 경우에는 다른 일방은 별도의 재판절차를 거칠 필요 없이 곧바로 강제집행을 신청할 수 있다(가사소송법에 의한 양육비 이행확보수단의 구체적인 내용에 관하여는 후술하는 해당 부분 참조).

양육비부담조서는 협의이혼신고 다음날부터 미성년자녀가 성년에 이르기

---

제3항. 부부 중 일방이 외국에 있거나, 교도소에 수감 중인 경우에는 신청서 제출 당시에 제출하여야 한다.

147) 가족관계등록예규 제551호 제13조.

148) 이 규정은 2009년 5월 8일 민법개정에 의하여 신설된 것이며, 2009년 8월 9일부터 시행되고 있다. 이 규정이 신설된 배경에 대하여는 김상용, 이혼제도 개선을 위한 하나의 대안, 가족법연구 제15권 2호(2001), 27면 이하 참조.

149) 양육비부담조서에는 가사소송법 제41조에 의한 집행력이 부여되므로, 양육비부담조서를 집행권원으로 한 모든 종류의 강제집행이 가능하다.

전날까지의 기간에 해당하는 양육비에 한하여 작성한다.[150]

양육비부담조서는 비양육친이 양육친에게 양육비를 지급하기로 협의가 된 경우뿐만 아니라, 양육친이 양육비를 전액 부담하고 비양육친에게 양육비를 청구하지 않기로 하는 협의가 이루어진 때에도 작성하여야 할 것이다.

### (2) 형식적 요건

협의이혼도 혼인과 마찬가지로 신고에 의하여 성립한다§836①. 당사자간에 이혼의 합의가 있더라도 협의이혼신고서를 제출하여 수리되지 않는 한, 혼인은 해소되지 않는다.[151] 그 성격은 혼인신고의 경우와 마찬가지다. 그 신고방식도 혼인신고에 준한다. 즉 등록법에 정한 바에 의하여 당사자 쌍방과 성년자인 증인 2인이 연서한 서면으로 하여야 한다§836②. 그러나, 협의이혼신고서에 가정법원의 협의이혼의사확인서 등본을 첨부한 경우에는 성년자인 증인 2인의 연서가 있는 것으로 본다는 규정이 신설되었으므로등 §76, 2008년부터는 협의이혼을 할 때 이혼신고서에 증인을 기재할 필요가 사실상 없게 되었다.

이혼신고의 경우에는 혼인신고의 경우와 달리, 가정법원의 확인을 받아야 한다. 이를 위하여 우선, 협의이혼을 하려는 부부는 두 사람이 함께 등록기준지 또는 주소지를 관할하는 가정법원에 출석하여 협의이혼의사확인신청서를 제출하여야 한다등록규칙 §73①.[152] 앞에서 본 바와 같이, 협의이혼의사확인 신청을 한 부부는 우선 법원에서 제공하는 이혼에 관한 안내를 받아야 하며, 이 날로부터 일정한 기간(숙려기간)이 경과한 후 가정법원에 직접 출석하여 이혼의사의 확인을 받아야 한다.[153] 가정법원은 이혼의사를 확인할 때 부부 사이에 양육하여야 할 자녀가 있는지의 여부와 자녀의 양육사항 및 친권자 결정에 관한 협의서를 확인하여야 한다. 가정법원은 이러한 협의서의 내용을 실질

---

150) 가족관계등록예규 제551호 제9조 제3항; 자녀가 성년에 이르는 전날까지 양육비 지급을 명하는 재판이 확정된 후, 법률의 개정으로 성년에 이르는 연령이 20세에서 19세로 변경된 경우, 양육비지급의 종료 시점은 개정된 민법 규정에 따라 자녀가 19세에 이르기 전날까지라고 보아야 한다. 대결 2016. 4. 2, 2016으2.

151) 대판 1983. 7. 12, 83므11, 판례총람 88-9면.

152) 다만 부부 중 한쪽이 재외국민이거나 수감자로서 출석하기 어려운 경우에는 다른 쪽이 출석하여 제출할 수 있다(등록규칙 제73조 제2항).

153) 가정법원은 부부 양쪽을 출석시켜 그 진술을 듣고 이혼의사의 유무를 확인하여야 한다(등록규칙 제74조 제1항). 부부 중 어느 한쪽이 재외국민이거나 수감자로서 출석하기 어려운 경우에는 관할 재외공관이나 교도소(구치소)의 장에게 이혼의사의 확인을 촉탁하여 그 회보서의 기재로써 당사자의 출석·진술을 갈음할 수 있다(등록규칙 제74조 제2항).

적으로 심사, 검토해야 하며, 협의서의 내용이 자녀의 복리에 반한다고 판단되는 경우에는 당사자에게 보정을 명할 수 있다. 당사자가 가정법원의 보정명령에 불응하는 경우 가정법원은 확인서를 작성하지 않으므로 협의이혼은 불가능하게 된다. 가정법원이 미성년자녀의 양육과 친권자결정에 관한 협의를 확인하면 양육비부담조서를 작성하여야 한다(재외국민의 협의이혼절차에 관하여는 등록규칙 제75조 이하 참조).

이혼신고는 가정법원의 확인을 받은 날(가정법원으로부터 확인서등본을 교부 또는 송달받은 날)로부터 3개월 이내에 확인서의 등본을 첨부하여 등록기준지 또는 주소지 관할 시(구)·읍·면사무소에서 하여야 하며,[154] 위의 기간이 경과한 때에는 가정법원의 확인은 그 효력을 잃는다등 §75②·③. 이혼신고서는 부부 중 일방이 제출할 수 있다등록규칙 §79. 만약 확인이 없는 신고가 수리된 때에는 그 이혼은 무효로 보아야 할 것이다.

### 3. 협의이혼의 무효와 취소

**設 例**

남편 Y는 채권자에 의해서 강제집행을 당할 위험성이 많기 때문에 채권자의 집행을 면하기 위해서 재산의 일부에 대하여 재산분할을 하여 아내인 X의 명의로 소유권을 이전하고, 협의이혼신고를 하였다. 그러나 그 이혼은 가장신고였으며, X·Y 모두가 신고당시에는 이혼을 진정으로 할 의사가 없었을 뿐만 아니라 별거도 하지 않았다. 얼마 후에 X가 다시 Y에게 혼인신고를 하자고 하니까 Y는 이를 거절한다. X는 Y에 대하여 이혼무효확인의 소를 제기하였다. 이는 받아들여질 수 있는가?

#### (1) 협의이혼의 무효

(가) 민법에는 협의이혼의 무효에 관한 규정이 없으나, 가사소송법 제2조 제1항 가류사건 제2호가 이혼무효의 소에 대하여 규정하고 있다. 협의이혼이 무효가 되는 경우는 이혼신고가 수리되었으나 당사자 사이에 이혼의사의 합

154) 미성년자녀가 있는 경우 이혼신고를 할 때 협의서등본 또는 심판정본 및 그 확정증명서를 첨부하여 친권자지정 신고를 하여야 하며, 태아를 포태 중인 때에는 이혼신고시가 아니라 태아의 출생 후 출생신고를 할 때에 협의서등본 또는 심판정본 및 그 확정증명서를 첨부하여 친권자지정 신고를 하여야 한다. 가족관계등록예규 제551호 제23조 제4항.

치가 없는 때이다. 협의이혼이 무효가 되는 경우를 구체적으로 살펴보면, 유효하게 이혼신고서를 작성하였으나 수리 전에 일방이 이혼의사를 철회한 경우(당사자는 법원에서 협의이혼의사의 확인을 받은 후에도 이혼의사를 철회할 수 있다),[155] 심신상실자가 이혼신고시에 의사능력을 결여한 경우 등이다.[156] 가장이혼과 관련하여 판례는 종전에는 실질적 의사설에 따라 무효라는 입장을 취하였으나, 최근에는 형식적 의사설에 따라 형식적인 이혼의사의 합치가 있으므로 무효가 아니라는 입장을 취하고 있다.[157]

(나) 이혼무효를 주장하는 방법에 대해서는 가사소송법 제22조 내지 제25조에 규정하고 있으며, 그것은 혼인무효의 경우와 같다가소 §21①. 즉 그 판결은 제3자에 대해서도 효력을 미치며, 소의 성질도 혼인무효의 소와 마찬가지로 이해하여야 할 것이다.[158] 다만 효력이 선의의 제3자에게까지 미침으로써 뜻하지 않는 손해를 입힐 염려가 있다. 예컨대, 이혼을 전제로 한 재산분할은 당연히 효력을 잃는 것이라고 해석된다. 그 효과는 절대적이므로 분할의 대상이 된 재산을 양도받은 제3자에게 미친다(예를 들어 처가 이혼할 때 재산분할의 명목으로 받은 부동산을 제3자에게 매도하였는데, 이혼이 무효가 되어 夫가 매수인에 대하여 그 부동산의 반환을 청구하는 경우).[159] 특히 부부관계와 밀접하게 맺어지는 재산관계에 대해서는 입법론으로서 고려의 여지가 있다.

(다) 이혼무효가 판결로 확정되었을 때에는 소를 제기한 자가 판결의 확정일로부터 1월 이내에 판결의 등본 및 확정증명서를 첨부하여 등록부의 정정을 신청하여야 한다등 §107.

---

155) 대판 1994. 2. 8, 93도2869; 이혼의사의 확인을 받은 당사자가 이혼의사를 철회하고자 하는 경우에는 이혼신고가 접수되기 전에 자신의 등록기준지, 주소지 또는 현재지 시·읍·면의 장 또는 가족관계등록관에게 이혼의사확인서등본을 첨부한 이혼의사철회서를 제출하여야 한다(등록규칙 제80조 제1항 본문). 그러나 이혼의사의 확인을 받은 부부 중 일방이 먼저 이혼신고를 접수한 경우에는 그 이혼신고를 수리하여야 한다(등록규칙 제80조 제2항).

156) 의사능력이 있을 때 협의이혼신고서를 작성하였다면, 그 후 일방이 의사능력을 잃었다고 해도 다른 일방이 일방적으로 이혼신고를 함으로써 이혼이 유효하게 성립한다는 견해가 있다. 주해친족법 1권, 311면.

157) 대판 1993. 6. 11, 93므171: "일시적으로나마 그 법률상의 부부관계를 해소하려는 당사자간의 합의하에 협의이혼신고가 된 이상, 그 협의이혼에 다른 목적이 있다 하더라도 양자간에 이혼의 의사가 없다고는 말할 수 없고 따라서 그 협의이혼은 무효로 되지 아니한다."

158) 鄭光絃박사는 혼인무효의 경우와 마찬가지로 형성의 소로 보고 있다(동, 신친족상속법요론, 51면).

159) 반대견해, 주해친족법 1권, 317면.

설례의 경우와 같은 사안에 대하여, 판례는 "일시적으로나마 그 법률상의 부부관계를 해소하려는 당사자간의 협의하에 협의이혼신고가 된 이상, 그 협의이혼에 다른 목적이 있다 하더라도 양자간에 이혼의 의사가 없다고는 말할 수 없고, 따라서 그 협의이혼은 무효로 되지 아니한다"대판 1993. 6. 11, 93므171라고 판시하고 있다.

따라서 설례에서는 판례에 따르면 X의 이혼무효확인의 소는 받아들여지지 않는다. 그러나 실질적으로 부부관계를 해소할 의사 없이 하나의 방편으로 가장이혼한 이 건에 대하여 형식적 의사설에 입각하여 이혼무효를 인정하지 않는 것에 대하여는 찬성하기 어렵다. 가장이혼의 경우에는 이혼신고가 있으면 그 이혼은 일단 유효한 것으로 추정되어야 하나, 그 추정은 합리적이며 강력한 반증이 있으면 번복될 수 있다고 보아야 할 것이다.

(2) 협의이혼의 취소

(가) 배우자나 제3자의 사기나 강박에 의하여 이혼의사를 표시한 자는 이혼취소청구의 소를 제기할 수 있다§838.[160)]

(나) 사기란 허위의 사실을 고지하여 착오에 빠뜨리는 것이며, 강박이란 해악을 고지하여 공포심을 가시게 하는 것을 말한다.☞ 취소권은 당사자가 사기를 안 날 또는 강박을 면한 날로부터 3개월을 경과하면 소멸한다§839에 의한 §823의 준용. 사기·강박에 의한 이혼의 취소에는 민법총칙의 규정이 적용되지 않으므로, 사기·강박에 의한 이혼의 취소는 제3자에게 대항할 수 있다. 또한 제3자의 사기나 강박으로 인하여 이혼한 경우 상대방 배우자가 선의라고 해도 이혼을 취소할 수 있다§110②·③ 참조.

☞ 대판 1971. 9. 28, 71므34(판례가족법, 174면)는 청구인이 살림에 보탬을 주고자 직물장사를 하다가 실패하여 그로 인한 빚이 약 400만원에 달하여 많은 채권자들로부터 그 변제독촉에 몹시 시달리게 되자, 이와 같은 심한 성화를 면하기 위해서는 일시적이나마 가장이혼을 하였다가 사태가 수습된 뒤 다시 혼인신고를 하면 된다는 피청구인의 꾐에 넘어가 이혼을 한 사건에 대하여 "사기로 인한 이혼의 의사표시는 취소할 수 있다"고 판시하고 있다. 그 밖에 사기로 인한 의사표시로서 취소를 인정한 사례로서 대판 1977. 4. 12, 76므37(판례가족법, 174면) 등이 있다.

---

160) 대판 1987. 1. 20, 86므86.

(다) 이혼을 취소하려면 먼저 가정법원에 조정을 신청해야 한다가소 §2①나류사건iii · 50. 조정신청에 의하여 조정절차가 개시된 경우에 i) 조정을 하지 않기로 하는 결정이 있거나민조 §26 · 40, ii) 조정이 성립하지 않은 경우, iii) 조정을 갈음하는 결정가소 §49, 민조 §30 · 32 · 40에 대하여 이의신청기간(2주일) 내에 이의신청이 있는 때에는 사건은 당연히 이혼취소소송으로 이행된다가소 §49, 민조 §36①. 청구인은 사기 또는 강박에 의하여 이혼의사를 표시한 부부의 일방이며, 피청구인은 다른 일방이다. 상대방이 되어야 할 다른 일방이 청구 전에 사망한 경우에는 검사를 상대로 하여 청구할 수 있다가소 §24③. 그리고 이 이혼취소의 소는 형성의 소이며, 혼인취소와 같이 가사소송법에 의한다가소 §22~25.

(라) 이혼취소의 재판이 확정된 경우에는 소를 제기한 자는 재판의 확정일로부터 1개월 이내에 재판서 등본 및 확정증명서를 첨부하여 그 취지를 신고하여야 한다등 §78에 의한 §58의 준용. 조정의 성립만으로는 확정판결로 볼 수 없다(즉 이혼취소는 조정으로 할 수 없고, 판결에 의하여야 한다)가소 §59② 단서.[161]

(마) 혼인취소의 경우와 달리 이혼취소에는 소급효가 인정되므로, 취소판결 전에 다른 일방이 재혼을 했다면 중혼이 되어 취소사유가 된다.[162]

(바) 피성년후견인이 부모 또는 성년후견인의 동의를 얻지 않은 경우의 협의이혼에 대해서는 취소규정이 없으므로, 이 이혼신고가 수리된 이상 이혼은 계속해서 유효하다고 본다. 물론 피성년후견인이 이혼의 의사표시를 할 때 의사능력이 없었다면 그 협의이혼은 무효가 된다.

## 4. 협의이혼의 예약

혼인중의 당사자가 장래 협의이혼을 하기로 약정하는 것을 협의이혼의 예약이라고 한다. 이 예약은 가사조정의 조항에서 정하는 경우와 조정 외에서 당사자가 계약을 맺는 경우가 있다. 예약이 되었더라도 이를 강제하거나 그 위반에 대하여 제재를 가할 수 있는 방법은 없으며, 또한 협의이혼이 유효하게 성립하기 위해서는 신고서를 작성할 때뿐만 아니라, 신고서가 수리될 때에도 이혼의사의 합치가 있어야만 하므로, 설령 당사자 사이에서 이혼을 하기로 미리 약속하였다고 해도 법적인 효력은 없다.[163] 다만 협의이혼을 하기로 약

161) 대판 1968. 2. 27, 67므34, 집 16권 1집 민 120면 참조.
162) 대판 1984. 3. 27, 84므9; 대판 1994. 10. 11, 94므932.

정하고, 이를 전제로 하여 재산분할에 대하여 협의하는 것은 선량한 풍속 기타 사회질서에 반하지 않으므로§103, 유효하다.[164] 그리고 협의이혼의 예약이 있었다는 사실은 재판상 이혼에 있어서 혼인파탄의 여부와 관련하여 고려사항이 될 수 있는 경우가 있을 것이다.

## 5. 사실상의 이혼

### (1) 의 의

형식적으로는 법률혼 상태가 유지되고 있으나, 부부가 이혼에 합의하고 별거하여 부부공동생활의 실체가 존재하지 않는 상태를 사실상의 이혼이라고 말한다. 따라서 장래 이혼할 것을 약속하고 별거한 경우에는 사실상의 이혼에 포함되지만, 유기에 의한 부부관계의 단절이나 부부간의 분쟁을 냉각시키기 위한 별거는 이에 포함되지 않는다.[165] 사실상의 이혼이 성립하기 위해서는 어떠한 특별한 방식이 필요 없고, 다만 당사자의 의사능력과 당사자 사이의 의사합치가 있으면 되는 것이다. 그러나 사실상의 이혼 상태가 아무리 오랜 기간 지속되더라도 이혼신고가 없는 한 법률상의 혼인은 해소되지 않는다.

그러나 단지 형식적으로만 혼인관계가 존속하고 있을 뿐, 당사자 사이에 이혼의 합의가 있고 부부공동생활이 존재하지 않는 사실상의 이혼 상태에 대해서 혼인의 효력에 관한 규정을 그대로 적용하는 것은 문제가 있다.[166]

### (2) 효 과

이혼합의라는 당사자의 의사와 부부공동생활의 실체가 존재하지 않는다

---

163) 또한 이혼의 예약만으로는 재판상 이혼사유도 될 수 없다. 대판 1996. 4. 26, 96므226은 "이혼 합의사실의 존재만으로는 이를 민법 제840조 제6호의 재판상 이혼사유인 혼인을 계속할 수 없는 중대한 사유에 해당한다고 할 수 없다"고 판시하였다.

164) 대판 2003. 8. 19, 2001다14061, "아직 이혼하지 않은 당사자가 장차 협의상 이혼할 것을 약정하면서 이를 전제로 하여 위 재산분할에 관한 협의를 하는 경우에 있어서는, 특별한 사정이 없는 한, 장차 당사자 사이에 협의상 이혼이 이루어질 것을 조건으로 하여 조건부 의사표시가 행하여지는 것이라 할 것이므로, 그 협의 후 당사자가 약정한 대로 협의상 이혼이 이루어진 경우에 한하여 그 협의의 효력이 발생하는 것이지, 어떠한 원인으로든지 협의상 이혼이 이루어지지 아니하고 혼인관계가 존속하게 되거나 당사자 일방이 제기한 이혼청구의 소에 의하여 재판상 이혼(화해 또는 조정에 의한 이혼을 포함한다)이 이루어진 경우에는, 위 협의는 조건의 불성취로 인하여 효력이 발생하지 않는다고 보아야 할 것이다."

165) 대판 2022. 3. 31, 2019므10581 참조.

166) 서울가심 1965. 5. 30, 65드○○, 법률신문 637호(판례가족법, 157면).

는 사실을 고려하여 혼인의 효력에 관한 규정이 적용될 수 있는 범위를 정하는 것이 타당할 것이다. 이렇게 본다면 혼인의 효력에 관한 규정 중 부부의 공동생활을 전제로 하는 규정은 사실상의 이혼상태에 있는 부부에게 적용하지 않는다고 해석하는 것이 타당하다고 생각된다.

(가) 부부 사이의 동거·부양·협조 의무와 정조의무는 소멸하고,[167] 부부재산제도 소멸한다. 혼인생활비용의 부담문제도 없어지고§833, 일상가사대리권과 일상가사채무에 대한 연대책임도 없어진다고 해석한다§827·832. 그러나 사실상의 이혼상태를 알지 못하는 선의의 제3자에 대해서는 대항할 수 없을 것이다.

사실상의 이혼상태에 있는 경우에도 자녀의 양육자를 지정할 필요성이 인정된다.[168] 이 경우 법원은 민법 제837조에 준하여 양육에 관한 사항을 정할 수 있다. 또한 사실상의 이혼상태에서 자녀의 양육에 관한 협의가 이루어진 경우에도 후에 이를 변경할 수 있다고 보아야 할 것이다.

(나) 사실상의 이혼 상태에서도 가족관계등록부는 변동 없이 그대로 유지되므로, 등록부에 기초한 혼인관계는 사실상의 이혼에 의해서 영향을 받지 않는다. 그러므로 사실상의 이혼상태에 있다고 해도 재혼할 수 없고, 재혼하면 중혼이 된다.

사실상의 이혼상태를 알지 못하는 선의의 제3자에 대해서는 사실상의 이혼의 효과(일상가사로 인한 연대책임의 면제 등)를 주장할 수 없다고 보아야 할 것이나, 악의의 제3자와 과실 있는 선의의 제3자에게는 주장할 수 있다고 하여야 할 것이다.

(다) 사실상의 이혼중에 태어난 자녀는 일단 혼인중의 자의 신분을 갖는다§844①·② 참조. 그러나 모가 사실상의 이혼 후에 임신하여 출산한 자녀는 모의 남편의 친생자로서 추정이 미치지 않는다고 해석된다(친생추정이 미치지 않는 자).[169]

---

167) 대판 1972. 1. 31, 71도2259; 대판 1977. 10. 11, 77도2701; 대판 1997. 11. 11, 97도2245; 대판 2000. 7. 7, 2000도868.

168) 부부의 동거·부양·협조 또는 생활비용의 부담에 관한 처분으로 구할 수 있다는 것이 실무의 태도이다. 법원실무제요 가사(Ⅱ), 515면.

169) 따라서 이러한 자녀에 대해서는 친생부인의 소가 아니라 친생자관계부존재확인의 소를 제기할 수 있다(후술하는 교과서 해당 부분 참조). 친생자관계부존재확인판결이 확정되면 자녀의 신분은 모의 혼인외의 자로 변경된다.

(라) 사실상의 이혼에 의해서는 등록부에 아무런 변화도 생기지 않으므로, 등록부상의 신분에 기초한 신분관계에는 변동이 없다. 즉 친족관계는 그대로 존속한다§775 참조. 친권에도 영향을 주지 않는다고 보아야 하므로, 사실상의 이혼상태에서는 부모의 일방을 친권자로 정할 수 없다. 다만, 별거로 인하여 친권행사에 관한 부부의 의견이 일치하지 않는 경우에는 당사자의 청구에 의하여 가정법원이 그 행사방법을 정할 수 있다. 또한 단독친권의 행사가 가능하게 되는 경우가 생길 수 있다(예컨대, 사실상 이혼상태에서 부모의 일방이 소재불명인 경우 등§909③).

(마) 사실상 이혼중에 당사자 일방이 사망한 경우에는 다른 일방은 배우자로서 상속권을 갖는다는 것이 판례의 태도이다.[170] 법문의 해석으로서는 가능하지만, 실제로는 형평에 반하는 결과가 생길 수 있다. 사실상의 이혼상태에 있던 배우자가 상속인으로서 권리를 주장하는 것은 신의칙에 반하는 권리행사로서 허용되지 않는다고 보아야 할 것이다.

(바) 사실상의 이혼상태를 해소하고 혼인상태로 복귀하는 것은 무방하나, 복귀를 원하지 않는 당사자에게 있어서는 사실상의 이혼상태가 이혼사유가 될 수 있다.[171]

## 6 재판상 이혼

### 1. 서 설

(1) 현행 협의이혼제도가 당사자에게 이혼의 자유를 거의 무제한 허용하고 있는 것과는 대조적으로 재판상 이혼제도는 이혼의 가능성을 상당히 제한하고 있다. 민법 제840조 제1호에서 제4호까지의 이혼원인이 유책주의(부부의 일방 또는 쌍방이 혼인파탄에 책임이 있는 경우에만 이혼이 허용된다는 원칙)에 기초하고 있으며, 제6호 사유(기타 혼인을 계속하기 어려운 중대한 사유)도 몇 가지 예외(예를 들면 불치의 정신병)를 제외하고는 실질적으로 유책주의의 기조에 서있기 때문이다. 이러한 경향은 유책배우자(혼인파탄에 주된 책임이 있는 배우

170) 대판 1969. 7. 8, 69다427(판례가족법, 704면).

171) 서울가심 1965. 5. 30, 65드○○(판례가족법, 237면)(판례연구, 金疇洙, 사법행정, 6권 11월호).

자)의 이혼청구를 원칙적으로 허용하지 않는 학설과 판례의 태도를 통해서 더욱 분명히 드러난다. 재판상 이혼원인은 이처럼 유책주의에 근거하고 있으므로, 실제로 혼인관계가 완전히 파탄된 경우라 할지라도 당사자의 유책사유가 증명되지 않는다면 이혼은 원칙적으로 허용되지 않는다. 혼인관계는 반드시 당사자의 유책행위에 의해서만 파탄되는 것은 아니며, 결정적인 유책행위가 없는 경우에도 다양한 경로를 거쳐 파탄에 이를 수 있다. 그러나 이러한 경우에는 당사자 일방에게 혼인관계를 파탄시킨 책임을 물을 수 없으므로, 당사자 사이에 이혼의 합의가 이루어지지 않는다면 재판을 통한 이혼은 어렵게 된다. 또한 혼인파탄에 주된 책임이 있는 배우자(유책배우자)는 상대방 배우자의 의사에 반하여 원칙적으로 이혼청구를 할 수 없으므로 실제로 부부가 별거하여 상당한 기간(예를 들면 10년 이상)이 경과하여도 재판을 통하여 이혼을 하기는 어렵다(다만 최근의 판례는 유책주의의 엄격성을 완화하는 경향을 보이고 있다대판 2009. 12. 24, 2009므2130; 대판 2010. 6. 24, 2010므1256).

(2) 위에서 본 바와 같이, 제840조는 상대적 이혼원인§vi을 규정하고 있으므로, 제1호 내지 제5호의 사유는 절대적 또는 구체적 이혼원인이라고 할 수 있으며, 제6호의 사유는 상대적 또는 추상적 이혼사유라고 할 수 있다. 제1호 내지 제5호의 이혼원인은 모두 혼인을 계속하기 어려운 중대한 사유라고 볼 수 있는 전형적인 것이므로(다만 제1호는 제841조의 규정에 의한 제한이 있다), 그중 어느 사유에 해당되는 것이 인정되면 이혼청구가 인용되어야 한다.

(3) 이혼청구권을 어떻게 보느냐 하는 소권론상의 문제가 있다. 즉 제840조 제1호 내지 제5호의 원인의 각각에 대하여 이혼청구권이 성립하느냐, 그렇지 않으면 제1호 내지 제6호를 포함하여 한 개의 이혼청구권이 성립하느냐 하는 것이다. 이 문제에 대하여 판례는 '민법 제840조의 이혼원인은 각각 독립된 이혼청구원인이므로, 법원은 원고가 주장한 이혼원인에 관해서만 판단하여야 하며, 원고가 주장하지 않은 이혼원인에 관하여는 판단을 할 필요가 없고, 그 원인에 의하여 이혼을 명하여서는 안 된다'는 태도를 취하고 있다.[172] 즉 판례는 제840조가 규정하는 6개의 재판상 이혼원인이 각각 별개의

---

172) 대판 1963. 1. 31, 62다812; 대판 2000. 9. 5, 99므1886은 '원고가 이혼청구를 구하면서 제840조 각호 소정의 수 개의 사유를 주장하는 경우 법원은 그중 어느 하나를 받아들여 원고의 청구를 인용할 수 있는 것이다. 이와 달리 법원은 각 이혼원인을 판단함에 있어 원

독립된 이혼사유를 구성한다는 입장에 서 있다(소위 독립설). 이에 따르면 이혼원인 상호간의 전환은 가능하지 않다. 그러므로 예를 들어서 원고가 배우자의 부정한 행위를 원인으로 이혼을 청구하였는데, 부정한 행위가 인정되지 않는다면 법원은 이혼청구를 기각해야 하며, 다른 이혼원인(예를 들어서 '혼인을 계속하기 어려운 중대한 사유')을 근거로 하여 이혼판결을 할 수는 없다.

그러나 제840조 제1호 내지 제5호의 구체적 사유는 '혼인을 계속하기 어려운 중대한 사유'를 예시한 것으로 보아야 할 것이다. '예시'한다는 의미는, 첫째는 제1호 내지 제5호의 사유의 하나에 해당하는 사실이 있으면 그 자체로서 '혼인을 계속하기 어려운 중대한 사유'가 있다고 할 수 있다는 것이고, 둘째는 제1호 내지 제5호에 직접 해당하지 않는 사유라도 '혼인을 계속하기 어려운 중대한 사유'가 있으면 제6호에 규정하는 상대적 이혼원인이 있는 것으로 판단할 수 있다는 것이다(독립예시설). 그러므로 원고가 제6호를 원용하여 이혼을 청구한 경우, 법원은 제1호 내지 제5호에 해당하는 사유가 있는 것을 이유로 이혼을 명할 수 있다고 보아야 한다(또한 원고가 제1호 사유를 원용하여 이혼을 청구하였으나 이를 증명하지 못한 경우에도, 법원에서 제6호 사유가 있음을 인정하는 경우에는 이에 근거하여 이혼판결을 할 수 있다고 본다).

## 2. 이혼원인

### (1) 배우자의 부정한 행위§840 i

#### (가) 의 의

부정한 행위란 배우자로서의 정조의무에 충실하지 않은 모든 행위를 포함하는 것으로서 간통보다 넓은 개념으로 이해되고 있다.[173)]

#### (나) 부정한 행위가 되기 위한 요건

일반적으로 부정한 행위로 인정할 수 있기 위해서는 간통을 추인(推認)할 만한 사유, 즉 이성과 같은 방에서 밤을 지낸 경우, 처가 子를 출산하였는데

---

고가 주장하는 이혼원인 중 제1호 내지 제5호 사유의 존부를 먼저 판단하고, 그것이 인정되지 않는 경우에 비로소 제6호의 원인을 최종적으로 판단할 수 있는 것이라는 주장은 독자적인 견해에 불과하여 받아들이지 않는다'라고 판시하고 있다.

173) 대판 1993. 4. 9, 92므938; 대판 1992. 11. 20, 92므68은 고령으로 성교능력이 없어도 다른 이성과 동거한 사실은 부정행위에 해당한다고 판시하고 있다; 대판 1990. 7. 24, 89므1115, 부정행위에 해당하지 않는다고 한 사례; 대판 1987. 5. 26, 87므5.

夫가 그 子의 父가 아니라는 것이 증명된 경우, 夫가 처에게 성병을 감염시킨 경우, 성매매를 한 경우 등과 같이, 외형적으로 혼인의 순결에 반하는 사실이 있고, 내심으로 자유로운 의사에 기초해야 한다.[174] 그러므로 강간 등의 피해자에 대해서 부정한 행위가 인정되지 않는 것은 당연하다. 그러나 자기의 과실, 즉 과음 등으로 인하여 무의식상태를 자초한 상황에서 저지른 행위는 부정행위가 된다고 보아야 할 것이다.

(다) 부부에게 평등한 이혼원인

부정한 행위는 夫의 경우와 처의 경우에 차이가 있을 수 없다. 즉 처에 대하여 부정한 행위가 되는 정도의 행위는 모두 夫에 대해서도 마찬가지로 부정한 행위가 되는 것이다. 그리고 부정한 행위는 단지 1회뿐인 것이건 계속적인 것이건 묻지 않는다.

(라) 혼인중의 행위

부정한 행위로서 이혼원인이 되기 위해서는 혼인중의 행위이어야 한다. 따라서 혼인 전의 행위는 설령 약혼단계에서의 교제(성적인 교섭)라고 해도 부정한 행위로서 이혼사유에 해당하지 않는다.[175] 그러나 혼인 전부터 행하여지고 있던 첩관계라도 혼인 후까지 계속 이어지는 경우에는 설사 다른 일방의 배우자가 그 첩관계를 알고 혼인하였더라도 부정한 행위가 되는 것은 당연하다.

(마) 사전동의나 사후용서에 의한 이혼청구권의 소멸

부정한 행위를 이유로 하는 이혼청구권은 다른 일방이 사전동의나 사후용서를 한 때에는 소멸한다§841.

① 사전동의: 배우자의 부정행위에 대하여 사전에 동의한 자는 이혼을 청구하지 못한다. 부정한 행위에 스스로 동의한 자는 자신의 배우자로서의 권리(배우자의 정조를 독점할 수 있는 권리)가 훼손된다는 사실을 미리 알고 이를 승인한 것이므로, 사후에 상대방의 부정행위를 이유로 하여 이혼청구를 한다는 것은 사리에 맞지 않기 때문이다. 상대방이 부정한 행위를 하더라도 이의가 없다는 의사가 명백하고 적극적으로 표시되지 않은 한, 동의의 존재를 인정할 수 없다. 다만 표시의 방식에 대해서는 법률에서 정하는 바가 없으므로, 명시이건 묵시이건 묻지 않는다(대판 1997. 2. 25, 95도2819는 "당사자가 더 이상 혼인관계를 지속할 의사가 없고 이혼의사의 명백한 합치가 있는 경우에는 비록 법률

---

174) 대판 1976. 12. 14, 76므10.
175) 대판 1991. 9. 13, 91므85.

적으로는 혼인관계가 존속한다 하더라도 상대방의 간통에 대한 사전 동의라고 할 수 있는 종용에 관한 의사표시가 그 합의 속에 포함되어 있는 것으로 보아야 하고, 이혼 의사의 명백한 합의가 있었는지 여부는 반드시 서면에 의한 합의서가 작성된 경우뿐만 아니라, 당사자의 언행 등 여러 가지 사정으로 보아 혼인당사자 쌍방이 더 이상 혼인관계를 유지할 의사가 없었던 사정이 인정되고, 어느 일방의 이혼요구에 상대방이 진정으로 응낙하는 언행을 보이는 사정이 인정되는 경우에도 그와 같은 의사의 합치가 있었다고 인정할 수 있다"고 하고 있다).

부부 사이에 이혼의사의 합치가 있고 별거하여 사실상 이혼상태에 있었다면, 이는 부정행위에 대한 사전동의가 있었던 것으로 해석될 수 있다.[176]

첩계약에 대한 처의 동의는 선량한 풍속에 반하는 것으로서 무효이므로, 설령 처가 부첩관계에 동의했다고 해도 이혼청구권은 소멸하지 않는다.[177]

동의의 존재는 재판에서 피고가 주장, 입증해야 할 사항에 속한다. 그러나 법원은 혼인을 유지시키기 위하여 직권으로 이 점에 관한 증거조사를 하여 당사자가 주장하지 않은 동의의 사실을 인정하여 이혼청구를 기각할 수 있다 가소 §17.

② 부정행위에 대한 사후용서: 배우자의 부정행위를 용서한 때에는 이혼청구권이 소멸한다. 여기서 용서란 배우자의 일방이 상대방의 부정행위를 알면서도 혼인관계를 지속시킬 의사로 악감정을 포기하고, 상대방에게 그 행위에 대한 책임을 묻지 않겠다는 뜻을 표시하는 일방행위라고 해석된다. 용서를 할 시기는 부정한 행위가 완성된 후이다. 용서의 방식에는 제한이 없으므로, 명시적으로는 물론 묵시적으로도 할 수 있다. 그러나 감정을 표현하는 어떤 행동이나 의사의 표시가 용서로 인정되기 위해서는, 배우자의 부정행위를

---

176) 대판 2000. 7. 7, 2000도868은 '혼인 당사자가 더 이상 혼인관계를 지속할 의사가 없고 이혼의사의 합치가 있는 경우에는 비록 법률적으로 혼인관계가 존속한다고 하더라도 간통에 대한 사전 동의인 종용에 해당하는 의사표시가 그 합의 속에 포함되어 있는 것으로 보아야 할 것이고, 그러한 합의가 없는 경우에는 비록 잠정적·임시적·조건적으로 이혼의사가 쌍방으로부터 표출되어 있다고 하더라도 간통 종용의 경우에 해당하지 않는다'라고 판시하고 있다. 대판 1972. 1. 31, 71도2259; 대판 1977. 10. 11, 77도2701; 대판 1989. 9. 12, 89도501은 '배우자를 상대로 이혼심판청구를 한 것은 부정행위에 대한 사전동의라고 볼 수 없다'고 판시하고 있다.

177) 대판 1998. 4. 10, 96므1434는 '소위 첩계약은 선량한 풍속 기타 사회질서에 반하는 것으로서 무효이므로, 처가 장래의 부첩관계에 대하여 동의하는 것 역시 그 자체가 선량한 풍속에 반하는 것으로서 무효이다'라고 판시하고 있다. 대판 1971. 3. 23, 71므3은 사전동의가 있으면 축첩이 이혼사유가 되지 않는다는 취지로 판시하고 있으나, 오늘날의 관점에서 볼 때 설득력이 없는 판결로서 더 이상 유지될 수 없을 것이다.

확실하게 알면서 자발적으로 한 것이어야 하고, 부정행위에도 불구하고 혼인관계를 지속시키려는 진실한 의사가 명백하고 믿을 수 있는 방법으로 표현되어야 한다.[178)]

용서의 사실은 이혼재판에서 피고가 주장하고 입증할 사실에 속하는 것이라는 점과, 법원이 이혼청구를 기각하기 위하여 직권으로 증거조사를 하여 당사자가 주장하지 않는 용서의 사실을 인정할 수 있는 점은 '사전동의'의 경우와 마찬가지다. 용서는 이혼이 청구된 후에 하더라도 제2심의 구술변론의 종결 이전이면 이혼청구권을 소멸시킨다. 이 점이 기간의 경과에 의한 이혼청구권의 소멸과 다르다.

(바) 기간의 경과에 의한 이혼청구권의 소멸

배우자의 부정행위를 이유로 하는 이혼청구권은 다른 일방이 그 사실을 안 날로부터 6개월이 경과하면 소멸한다. 또한 부정행위가 있은 날로부터 2년이 경과한 때에는 다른 일방이 부정행위를 알았는지의 여부와 관계없이 이혼청구권은 소멸한다$_{§841}$. 즉 이혼청구권을 소멸시키기 위하여 경과하여야 할 기간에는 두 가지가 있다.

하나는 6개월의 단기로써 만료하며, 이혼청구권자가 부정한 행위의 사실을 안 날부터 기산한다. 이혼원인이 발생한 날로부터 6개월 내에 법원에 이혼청구를 하면 청구 후의 기간의 경과는 문제되지 않는다. 만약 6개월 후에 청구하면 청구인이 자기가 부정행위의 사실을 안 날부터 청구시까지 아직 6개월이 경과하지 않았다는 사실을 주장하고 증명하여야 할 것이다. 부정한 행위의 사실을 안다고 하기 위해서는 단지 이혼청구권 발생의 원인인 사실의 존재를 알면 된다. 자기가 그것으로써 이혼청구권을 취득한 것을 인식할 필요는

---

178) 이러한 법리에 따라 대판 1991. 11. 26, 91도2409는 단순한 외면적인 용서의 표현이나 용서를 하겠다는 약속만으로는 용서를 하였다고 인정하기 어렵다고 본다. 즉, "용서해 줄 테니 자백하라"고 말한 것만으로는 배우자의 부정행위를 용서한 때에 해당한다고 볼 수 없다는 입장이다. 대판 2000. 7. 7, 2000도868; 대판 1973. 3. 13, 73도227은 '배우자의 부정행위를 이유로 하여 이혼청구를 한 배우자의 일방이 소의 계속중에 상대방과 동침한 사실이 있다고 해도, 그와 같은 사실만으로는 상대방의 부정행위를 용서한 것으로 볼 수 없다'고 판시하고 있으며, 대판 1999. 8. 24, 99도2149의 '배우자의 부정행위를 알고 난 후 그 상대방으로부터 배우자를 더 이상 만나지 않겠다는 합의각서를 받은 경우, 부정행위의 용서라고 볼 수 있다'고 해석한 사례가 있다. 대판 1999. 5. 14, 99도826; 대판 1971. 2. 23, 71므1은 '배우자가 타인과 수년간 동거하고 있는 사실을 알면서 특별한 의사표시나 행동을 하지 않은 경우, 그러한 사정만으로는 배우자의 부정행위를 묵시적으로 용서하였다고 볼 수 없다'고 판시하고 있다.

없다.

다른 하나는 2년의 경과로 말미암아 비로소 이혼청구권을 소멸시키는 것이다. 6개월의 기간은 이혼청구권자가 부정한 행위가 있음을 안 날부터 기산하여야 하지만, 2년의 기간은 부정행위의 사실이 있은 날부터 기산하며, 이혼청구권자가 부정한 행위의 사실을 알았느냐의 여부는 묻지 않는다.

이 두 종류의 기간 내에 이혼청구를 하면 되며, 일단 이혼을 청구한 후(조정신청 후)에 기간이 만료되더라도 이혼청구권은 소멸하지 않는다.

계속적인 간통행위(축첩)의 경우에는 간통이 지속되는 한 부정한 행위를 이유로 하는 이혼청구권은 소멸하지 않는다.[179] 즉 배우자의 축첩을 안 날로부터 6개월이 경과하였거나, 축첩을 시작한 날로부터 2년이 경과하였다고 해서 이혼청구권이 소멸하는 것은 아니다. 이 경우에는 계속적인 간통행위가 종료한 때로부터 기간이 기산된다고 해석해야 한다.

(2) 배우자의 악의의 유기§840 Ⅱ

악의의 유기란 정당한 이유 없이 동거·부양·협조의무를 이행하지 않는 것을 말한다.[180] 악의의 유기에 해당하는가의 여부를 판단함에 있어서는 당사자의 의사가 고려되어야 한다. 즉, 악의의 유기로 인정되기 위해서는 부부공동생활체를 폐지할 의사를 가지고 배우자로서의 의무이행을 거부하여야 한다.[181] 예를 들어서 상대방을 내쫓거나 두고 나가버리는 것,[182] 상대방으로 하여금 나갈 수밖에 없게 만든 다음 돌아오지 못하게 하는 것 등이 유기에 해당된다. 따라서 직업상의 이유라든가 치료를 위하여 부득이 별거하는 경우는 악의의 유기에 해당하지 않는다.[183] 상대방의 학대를 피하여 가출한 경우도 물론 악의의 유기에 해당하지 않는다.[184]

179) 대판 1998. 4. 10, 96므1434, 夫가 다른 여자와 부첩관계를 계속 유지하는 상태가 이혼청구 당시까지 존속되고 있는 경우에는 기간 경과에 의하여 이혼청구권이 소멸할 여지는 없다.

180) 대판 1998. 4. 10, 96므1434는 '민법 제840조 제2호 소정의 배우자가 악의로 다른 일방을 유기한 때라 함은 배우자가 정당한 이유 없이 서로 동거, 부양, 협조하여야 할 부부로서의 의무를 포기하고 다른 일방을 버린 경우를 뜻한다'라고 판시하고 있다. 대판 1986. 5. 27, 86므26.

181) 대판 1986. 6. 24, 85므6; 대판 1986. 8. 19, 86므75.

182) 대판 1985. 7. 9, 85므5; 대판 1984. 7. 10, 84므27.

183) 징역형 집행기간 동안 동거를 하지 못한 경우도 이런 의미에서 악의의 유기에 해당한다고 보기는 어렵다(대구고판 1966. 10. 21, 66르161(확정)). 다만 '혼인을 계속하기 어려운 중대한 사유가 있을 때'에 해당하는 경우가 있을 수 있다.

악의의 유기 상태가 이혼청구시점까지 계속되고 있는 한 이혼청구권은 소멸되지 않는다.[185]

### (3) 배우자 또는 그 직계존속에 의한 심히 부당한 대우§840 iii

부부의 일방이 배우자 또는 그 직계존속으로부터 육체적·정신적 학대, 모욕 등을 받았고,[186] 이러한 상태에서 혼인생활을 계속하는 것이 당사자에게 심한 고통이 되는 경우에는 "부당한 대우"로서 이혼원인이 된다. 판례는 "배우자로부터 심히 부당한 대우를 받았을 때라 함은 혼인관계의 지속을 강요하는 것이 참으로 가혹하다고 여겨질 정도의 폭행이나 학대 또는 중대한 모욕을 받았을 경우를 말한다"고 정의하고 있다.[187] 어느 정도의 행위가 심히 부당한 대우에 해당하는가의 문제는 사회의 일반관념과 당사자 개인의 감정 및 의사를 고려하여 판단해야 할 것이다.

판례의 태도를 살펴보면 배우자에 의한 심히 부당한 대우에 해당하는 경우로서, 배우자에 대한 학대와 모욕,[188] 배우자의 결백을 알면서도 간통죄로 고소하고 제3자에게 거짓진술을 부탁한 행위,[189] 지참금을 가져오지 않았다는 이유로 처를 구타한 행위,[190] 夫의 직장생활을 심하게 방해한 경우,[191] 처의 夫에 대한 폭행과 모욕,[192] 7년간 계속된 처에 대한 욕설과 폭행[193] 등이 있다.[194] 배우자의 혼인의무위반 사실(예를 들면 부정한 행위)에 대한 반작용으

---

184) 대판 1990. 3. 23, 89므1085; 대판 1990. 8. 10, 90므408; 대판 1969. 12. 9, 69므31; 서울가판 1993. 4. 8, 92드66545(확정).

185) 대판 1998. 4. 10, 96므1434는 '악의의 유기를 원인으로 하는 재판상 이혼청구권이 법률상 그 행사기간의 제한이 없는 형성권으로서 10년의 제척기간에 걸린다고 하더라도 배우자가 악의로 다른 일방을 유기하는 것이 이혼청구 당시까지 존속되고 있는 경우에는 기간 경과에 의하여 이혼청구권이 소멸할 여지는 없다'고 판시하고 있다.

186) 대판 1971. 7. 6, 71므17(판례가족법, 202면).

187) 대판 1981. 10. 13, 80므9; 대판 1986. 6. 24, 85므6, 신판례체계, 840-35면; 대판 1999. 11. 26, 99므180; 대판 1999. 2. 12, 97므612, 판례공보 1999. 4. 15, 661면; 대판 2004. 2. 27, 2003므1890, 판례공보 2004. 4. 1, 551면.

188) 대판 1990. 11. 27, 90므484; 대판 1990. 3. 27, 89므808.

189) 대판 1990. 2. 13, 88므504.

190) 대판 1986. 5. 27, 86므14.

191) 대판 1986. 3. 25, 85므72.

192) 대판 1985. 11. 26, 85므51.

193) 대판 1983. 10. 25, 82므28.

194) 한편, 심히 부당한 대우에 해당되지 않는다고 한 판례로는 대판 1999. 11. 26, 99므180(이 판결은 가부장적 사고방식에 기초한 것으로서 부당하다), 대판 1989. 10. 13, 89므785, 대판 1986. 9. 9, 86므68, 대판 1986. 9. 9, 86므56, 대판 1982. 11. 23, 82므36, 대판 1981.

로 약간의 부당한 행위(구타 등)를 한 경우는 심히 부당한 대우에 해당하지 않는다고 보는 것이 일반적인 판례의 경향이다.

배우자의 직계존속으로부터의 심히 부당한 대우의 정도에 대해서는 위에 말한 기준 이외에 그 직계존속과 공동생활을 하고 있느냐의 여부를 고려하여 결정하여야 할 것이다. 이 이혼원인은 시부모와의 상호관계가 밀접한 우리나라의 가정생활과 친족관계에서 나온 것이다.

### (4) 자기의 직계존속에 대한 배우자의 심히 부당한 대우§840 iv

심히 부당한 대우의 의미는 위에서 본 바와 같다. 직계존속에 대한 심히 부당한 대우를 이유로 이혼청구가 인용된 사례로는 대판 1986. 5. 27, 86므14(처가 지참금을 많이 가지고 오지 않았다는 이유로 처를 계속 구타, 폭행하였을 뿐 아니라, 이를 나무라는 장인을 한번 밟아주겠다고 벼르다가 술을 먹고 손전등과 등산용 야전삽을 들고 장인 집에 들어가 잠자고 있던 장인에게 삽을 휘두르며 위협하고, 멱살을 잡아 흔드는 등 행패를 부린 경우) 등이 있다. 한편, 직계존속에 대한 심히 부당한 대우에 해당되지 않는다고 본 사례로는 대판 1986. 2. 11, 85므37(처가 오랫동안 수모를 당하면서도 시어머니를 모시고 혼인관계의 회복을 위하여 노력해 왔는데, 夫는 불륜관계를 계속하며 처에게 욕설과 폭행을 행하고, 시어머니 역시 며느리의 다리를 깨물고 치마를 당기는 상태에서 이를 벗어나려고 시어머니의 머리채를 잡아당긴 행위는 시어머니의 학대와 불법한 폭행을 모면하기 위한 행위라 할 것이므로, 배우자의 직계존속에 대한 심히 부당한 대우라고 볼 수 없다) 등이 있다. 직계존속에 대한 심히 부당한 대우에 해당하는가의 여부는 그 행위 자체만을 놓고 볼 것이 아니라, 그 행위에 이르게 된 과정과 동기 등을 종합적으로 고려하여 판단하여야 할 것이다.

### (5) 배우자의 3년 이상의 생사불명§840 v

3년 이상 생사불명인 것과 현재도 생사불명일 것을 필요로 한다. 생사불명이란 생존도 사망도 증명할 수 없는 경우이다. 3년이란 기간의 기산점은 남아 있는 배우자가 생사불명된 배우자의 생존을 확인할 수 있는 마지막 날이 될 것이다(예를 들어서 가출한 夫가 마지막으로 소식을 보내온 날). 생존은 확인되어 있으나 가출하여 부재인 경우에는 유기의 문제가 된다. 그리고 본호에 의한 이혼은 실종선고에 의한 혼인해소와는 아무런 관계가 없다. 이 경우의 이혼방

---

10. 13, 80므9 등이 있다.

법은 재판상 이혼에 의하는 것 이외에는 방법이 없다. 이혼판결은 공시송달민소 §194과 결석재판이라는 절차를 밟아서 행하여진다. 이혼판결이 확정된 후에 생환하더라도 실종선고가 취소된 경우와는 달리 혼인은 당연히 부활하는 것이 아니다.

(6) 기타 혼인을 계속하기 어려운 중대한 사유§840 vi

(가) 이른바 상대적·추상적 이혼원인이며, 무엇이 이에 해당하는가는 구체적인 경우에 법원이 판단하게 될 것이다. "혼인을 계속하기 어려운 중대한 사유"가 있다고 인정되기 위해서는 혼인관계가 심각하게 파탄되어 혼인공동체의 회복이 불가능할 정도에 이른 사실이 있어야 하고, 이 경우 혼인생활의 계속을 강제하는 것이 당사자 일방에게 참을 수 없는 고통이 되어야 한다.[195] 이 경우 혼인파탄의 원인이 당사자 일방의 유책행위에 있을 필요는 없다.[196]

대판 1991. 7. 9, 90므1067은 '혼인을 계속하기 어려운 중대한 사유라 함은 혼인의 본질에 상응하는 부부공동생활관계가 회복할 수 없을 정도로 파탄되고, 그 혼인생활의 계속을 강제하는 것이 일방 배우자에게 참을 수 없는 고통이 되는 경우를 말하며, 이를 판단함에 있어서는 혼인계속의 의사유무, 파탄의 원인에 관한 당사자의 책임유무, 혼인 생활의 기간, 자녀의 유무, 당사자의 연령, 이혼 후의 생활보장 기타 혼인관계의 제반사정을 두루 고려하여야 한다'고 판시하고 있다(동지: 대판 1999. 2. 12, 97므612; 1999. 11. 26, 99므180; 2000. 9. 5, 99므1886; 2002. 3. 29, 2002므74; 2005. 12. 23, 2005므1689). 이 판결은 본서의 견해에 따른 것이다(金疇洙, 주석친족·상속법(제2전정판), 1992년, 269면 참조).

(나) 구체적으로 혼인을 계속하기 어려운 중대한 사유에 해당하는 사례를 유형별로 살펴보면, 우선 배우자의 범죄(강간, 강제추행 등 파렴치범죄)[197]를 들 수 있으며, 육체적 파탄원인으로서 합리적 이유 없는 성관계 거부,[198] 성적불

---

195) 대판 2002. 3. 29, 2002므74는 "민법 제840조 제6호 소정의 이혼사유인 '혼인을 계속하기 어려운 중대한 사유가 있을 때'라 함은 부부간의 애정과 신뢰가 바탕이 되어야 할 혼인의 본질에 상응하는 부부공동생활관계가 회복할 수 없을 정도로 파탄되고 그 혼인생활의 계속을 강제하는 것이 일방 배우자에게 참을 수 없는 고통이 되는 경우를 말한다"고 하고, 대판 1991. 7. 9, 90므1067은 이에 덧붙여 "이를 판단함에 있어서는 혼인계속의사의 유무, 파탄의 원인에 관한 당사자의 책임유무, 혼인생활의 기간, 자녀의 유무, 당사자의 연령, 이혼후의 생활보장, 기타 혼인관계의 제반사정을 두루 고려하여야 한다"고 한다.

196) 대판 1970. 2. 24, 69므13, 집 18권 1집 민 170면(판례가족법, 210면)(판례연구, 金疇洙, '민법 840조 6호의 성격', 법조, 1970년 8월호).

197) 대판 1974. 10. 22, 74므1, 강간 등 파렴치범죄; 대판 1983. 11. 22, 83므32, 강제추행.

능(부부 중에 성기능의 장애가 있거나 부부간의 성적인 접촉이 부존재하더라도 부부가 합심하여 전문적인 치료와 조력을 받으면 정상적인 성생활로 돌아갈 가능성이 있는 경우에는 그러한 사정은 일시적이거나 단기간에 그치는 것이므로 그 정도의 성적 결함만으로는 '혼인을 계속하기 어려운 중대한 사유'가 될 수 없으나, 그러한 정도를 넘어서서 정당한 이유 없이 성교를 거부하거나 성적 기능의 불완전으로 정상적인 성생활이 불가능하거나 그 밖의 사정으로 부부 상호간의 성적 욕구의 정상적인 충족을 저해하는 사실이 존재하고 있다면, 이는 '혼인을 계속하기 어려운 중대한 사유'가 될 수 있다대판 2010. 7. 15, 2010므1140),[199] 부당한 피임, 성병의 감염 등을 들 수 있다. 윤리적 · 정신적 파탄원인으로서는 불치의 정신병(장기간 지속된 회복불가능한 조울증),[200] 신앙의 차이로 인한 갈등,[201] 지나친 신앙생활,[202] 알코올 중독,[203]

---

198) 대판 2002. 3. 29, 2002므74.

199) 대판 1966. 1. 31, 65므65, 집 14권 1집 민 59면(판례가족법, 225면)은 사실혼해소로 인한 위자료청구에 대하여 '성기능이 불완전함에도 불구하고 이를 은폐한 채 청구인과 형식상 혼례식을 거행하고 젊은 부부로서 신혼생활(약 6개월간)을 하는 동안 한 번도 성교관계가 없었다면 설령 소론과 같이 임신이 가능하다 하더라도 정상적인 성생활을 원하는 청구인으로서는 정신상 고통을 받았음은 사리의 당연한 바라 할 것이다'라고 판시하고 있다. 이 사건은 사실혼관계의 정당한 해소의 사유로서 '성기능의 불완전'을 인정하고 있지만, 이혼원인으로서도 당사자의 연령 기타의 사정에 따라서 인정될 수 있을 것이다.

200) 서울지판 1960. 7. 25, 4293민제555; 제주지판 1963. 7. 9, 63가합19; 서울가심 1965. 3. 9, 64드571; 동 1964. 9. 29, 64드391; 동 1965. 2. 29, 64드443(이상 판례가족법, 226~228면); 대판 1991. 1. 15, 90므446(정신분열증 · 망상증)(판례월보 249호, 121면); 대판 1991. 12. 24, 91므627(정신분열증)(판례월보 260호, 116면) (판례연구, 金疇洙, 판례월보 1993년 1월호); 대판 1997. 3. 28, 96므608 · 615(중증의 조울증)(판례공보 1997. 5. 1, 1230면). 그러나 약간의 정신분열증이나 가벼운 정신병 증세 또는 우울증세에 대해서는 이혼을 인정하지 않고 있다(대판 1971. 10. 12, 71므32)(판례가족법, 229면); 대판 1995. 5. 26, 95므90(가벼운 정신병 증세); 대판 2004. 9. 13, 2004므740(가벼운 정신병); 대판 1995. 12. 22, 95므861(우울증세)(법원공보 1996. 2. 15, 544면). 정신병에 걸린다는 것은 본인의 책임이 아니나, 배우자가 불치의 정신병에 걸렸을 경우에, 건강한 배우자의 비참과 고뇌는 상상을 초월하는 것이다. 정신병에 걸린 배우자를 위하여 일생을 희생시키는 것은 미덕이라고는 하겠지만, 이를 법률상 모든 사람에게 강제한다는 것은 불가능하다. 그러나 우리나라의 경우와 같이 정신병자의 생활보장이 되어 있지 않은 실정에서 배우자 일방이 정신병에 걸렸다고 하여 이를 '혼인을 계속하기 어려운 중대한 사유'라고 하여 이혼을 인정하는 것은 인도주의에 반한다. 따라서 이상론으로서는 정신질환자의 생활보장의 대책이 확립된 다음에 정신병이 이혼원인으로 인정되는 것이 바람직하다. 그러나 그 대책이 확립될 때까지 건강한 배우자의 희생을 강요한다는 것도 또한 인도주의에 반한다. 그러므로 불치의 정신병으로서 건강한 배우자의 일생을 희생시키기에는 가혹하다고 판단될 때에는 이혼이 허용될 수밖에 없다고 본다.

201) 대판 1970. 2. 24, 69므13.

202) 서울가심 1965. 7. 13, 64드610(판례가족법, 238면); 대판 1989. 9. 12, 89므51(신판례체계, 840-73면); 대판 1996. 11. 15, 96므851(법원공보 1997. 1. 1, 81면).

203) 서울고판 1987. 4. 20, 87르15(확정).

도박,[204] 장기간 지속된 사실상의 별거,[205] 혼인 전 부정으로 인한 부부간의 갈등,[206] 자녀에 대한 학대, 夫의 가부장적 태도[207] 등을 들 수 있다. 끝으로 경제적 파탄원인으로서 지나친 계로 인한 가사소홀과 채무부담,[208] 낭비[209]나 불성실[210] 또는 지나친 사치 등이 구체적인 경우에 따라 혼인을 계속하기 어려운 중대한 사유가 될 수 있을 것이다.

반면에 혼인을 계속하기 어려운 중대한 사유에 해당하지 않는 사례로서는, 성기능불완전(심인성 음경발기부전증, 무정자증으로 생식불능이고 성적 기능이 다소 원활하지 못한 경우),[211] 일시적 성기능 장애, 부부 사이에 단기간 성적 접촉이 없는 경우,[212] 회복가능한 정신질환,[213] 가정생활과 양립될 수 있는 신앙생활,[214] 교리에 따라 일요일 오후에 교회에 나가고 제사에 참여하지 않은 경우,[215] 임신불능[216] 등이 있다. 또한 단순히 부부간에 한 때 이혼하기로 합의한 사실이 있으나 그 밖에는 특별한 사유가 없을 때에는 합의하였다는 사실만 가지고 혼인을 계속하기 어려운 중대한 사유에 해당한다고 할 수 없다.[217]

---

204) 대판 1991. 11. 26, 91므559.

205) 대판 1991. 1. 11, 90므552, 법원공보 891호.

206) 대구고판 1978. 5. 19, 77르11, 법률신문 1225호(판례가족법 추록(Ⅰ), 56면).

207) 대판 2000. 9. 5, 99므1886.

208) 대판 1966. 1. 31, 65므50.

209) 서울지판 1962. 1. 16, 4294민제116(판례가족법, 243면); 서울가심 1965. 2. 9, 64드302(판례가족법, 244면).

210) 서울가심 1971. 8. 31, 71드208(판례가족법, 244면); 동 1971. 8. 31, 71드2558(판례가족법, 246면).

211) 대판 1982. 11. 23, 82므36, 판례월보 150호, 68면; 대판 1993. 9. 14, 93므621·638(신판례체계, 840-116면)은 夫의 심인성음경발기부전증에 대하여 이혼을 인정하지 않고 있다.

212) 대판 2009. 12. 24, 2009므2413.

213) 대판 1995. 12. 22, 95므861, 우울증; 대판 1995. 5. 26, 95므90, 회복가능하거나 증상이 가벼운 정신병.

214) 대판 1981. 7. 14, 81므26; 서울고판 1990. 2. 23, 89르3755(확정).

215) 서울가심 1988. 10. 10, 87드6835(확정).

216) 대판 1991. 2. 26, 89므365·367.

217) 대판 1996. 4. 26, 96므226, "혼인생활 중 부부가 일시 이혼에 합의하고 위자료 명목의 금전을 지급하거나 재산분배를 하였다고 하더라도 그것으로 인하여 부부관계가 돌이킬 수 없을 정도로 파탄되어 부부 쌍방이 이혼의 의사로 사실상 부부관계의 실체를 해소한 채 생활하여 왔다는 등의 특별한 사정이 없다면 그러한 이혼 합의사실의 존재만으로는 이를 민법 제840조 제6호의 재판상 이혼사유인 혼인을 계속할 수 없는 중대한 사유에 해당한다고 할 수 없다"; 대판 1962. 11. 1, 62다531, 판례총람 100면(판례가족법, 251면); 동 1962. 12. 27, 62다691, 집 10권 4집 민 371면(판례가족법, 251면); 동 1965. 7. 27, 65므21(판례가족법, 253면); 동 1967. 12. 26, 67므32, 법률신문 755호(판례가족법, 253면); 동 1975. 4. 8, 74므28(판례연구, 金疇洙, 법률신문 1108호<1975. 5. 19>)(판례가족법, 253면); 대판 1981.

(다) "기타 혼인을 계속하기 어려운 중대한 사유"는 다른 일방이 이를 안 날로부터 6월, 그 사유가 있은 날로부터 2년을 경과하면 이혼청구권이 소멸한다§842.

이 규정의 취지는, 제840조 제6호가 정하는 이혼사유(기타 혼인을 계속하기 어려운 중대한 사유)가 있는 경우 다른 일방은 그 사실을 안 날로부터 6월, 그 사유가 있은 날로부터 2년 내에 이혼을 청구해야 하며, 이 기간이 경과하면 이혼청구권이 소멸한다는 의미로 이해된다.

그러나 제840조 제6호가 파탄주의에 입각한 이혼원인이라는 점을 상기한다면, 이 사유에 근거한 이혼청구권이 제척기간의 경과로 소멸한다는 것은 이해하기 어렵다. 현재 혼인관계가 회복할 수 없을 정도로 파탄되어 있으면 이혼을 인용한다는 것이 파탄주의의 내용인데, 혼인의 파탄상태가 일정한 기간 지속되었다고 해서 이혼청구를 부정한다는 것은 파탄주의와 모순되기 때문이다. 따라서 제842조는 사실상 불필요한 규정이라고 볼 수 있다. 제840조 제6호가 정하는 이혼사유가 존속하는 한, 이혼청구권은 소멸되지 않는다고 해석하는 것이 타당하다.[218)]

### (7) 유책배우자의 이혼청구권

**設 例**

X(夫)와 Y(처)는 1979년 11월경 결혼식을 올리고, 1980년 3월 7일 혼인신고를 마친 법률상 부부로서 1980년 10월 29일 둘 사이에서 딸이 태어났는데, X는 그 무렵부터 Y에 대하여 싫증을 느끼고 A와 깊은 관계를 맺으면서 가정생활에 소홀해지기 시작하였다. X는 이를 나무라는 Y에 대하여 폭언・폭행을 하여 불화가 깊어지던 중, 1982년 2월 중순경 군의관으로 입대하였다. 그 후 X는 Y가 찾아올 때마다 여러 사람들 앞에서 폭언으로 모욕하면서 공공연히 이혼을 요구하고 생활비도 거의 주지 않으면서 부대에서 외출할 때에는 Y 대신에 A를 만나는 생활을 계속

---

10. 13, 80므9(신판례체계, 840-2면); 대판 1982. 12. 28, 82므54(신판례체계, 840-11면); 대판 1991. 11. 22, 91므23(신판례체계, 840-104면); 대판 1996. 4. 26, 96므226(법원공보 1996. 6. 5, 1722면).

218) 서울고판 1972. 9. 5, 71르71(판례가족법, 261면)은 제842조를 적용하고 있다(판례연구, 金疇洙, 법률신문 1195호<1977. 3. 14>). 대판 1987. 12. 22, 86므90, 신판례체계, 840-62면은 제6호의 사유가 계속되는 한 제척기간은 적용되지 않는다고 한다(동지: 대판 1996. 11. 8, 96므1243, 판례공보 1996. 12. 15, 3577면; 대판 2001. 2. 23, 2000므1561, 판례공보 2001. 4. 15, 779면).

> 하였다. 같은 해 5월경 X는 근무지인 논산 연무대 근처에 방을 얻어 A와 동거를 시작하였고, 그곳에 찾아간 Y를 심하게 구타하였다. X는 1983년 4월경에는 Y와 같이 돈을 모아 사들인 아파트를 처분하여 그 대금 중 500만원을 Y에게 주면서 협의이혼할 것을 요구하였다. 그러나 Y는 협의이혼을 거절하고 X를 상대로 이혼청구를 하는 한편 X와 A를 간통죄로 고소하였다. X는 그제서야 그 잘못을 뉘우치고 Y와 혼인생활을 계속하겠다고 하면서 고소를 취소해 줄 것을 요구하였으나, Y는 X를 용서하지 않았으며 끝내 고소를 취소하지 않았다. 그 결과 X는 간통죄로 징역 1년 6월의 형을 선고받아 1984년 6월 1일 가석방으로 출소할 때까지 복역하였으며, 그로 인하여 의사자격까지 박탈되었다. 한편, 위 이혼청구는 X와 Y에 대한 송달이 되지 않아서 재판부에서 Y에 대하여 공시송달로 X의 주소를 보정할 것을 명하였으나, 그 주소가 보정되지 않음으로써 각하되었다. X는 가석방 이후에 Y를 찾아갔으나 Y와 그 가족들은 X를 냉대하여 집안에 들어오지도 못하게 함으로써 X와 Y는 지금까지 별거하고 있다. 이런 상태에서 마침내 X는 Y에 대하여 이혼청구를 하였다. 이는 받아들여질 수 있는가?

(가) 학설과 판례의 기본입장

혼인관계가 회복될 수 없을 정도로 파탄된 경우에 혼인파탄에 주된 책임이 있는 유책배우자가 제840조 제6호(기타 혼인을 계속하기 어려운 중대한 사유)를 근거로 하여 이혼청구를 할 수 있는가. 파탄주의에 충실한 태도를 취한다면 이런 경우에도 이혼청구가 가능하다고 해석해야 할 것이다. 원래 파탄주의란 혼인이 파탄된 경우 그 원인을 묻지 않고 이혼을 허용하는 것이기 때문이다. 그러나 현재의 학설과 판례는 유책배우자의 이혼청구를 원칙적으로 배척한다는 입장을 취하고 있다. 그 논거로서는, 유책배우자의 이혼청구가 무제한 인정될 경우 사회적 약자인 배우자(처)가 희생될 수 있다는 점(특히 배우자에 대한 부양청구권의 상실)과 스스로 혼인을 파탄시킨 배우자가 이혼이라는 법적 이익을 주장하는 것은 신의칙에 반한다는 점을 들 수 있다. 이러한 학설과 판례의 태도는 파탄주의에 대하여 상당한 제한을 가하는 것이라고 볼 수 있다.

(나) 구체적 사례

① 유책배우자의 이혼청구를 배척한 사례:　위에서 본 바와 같이 유책배우자의 이혼청구는 원칙적으로 인정되지 않는다. 종래 대법원은 유책배우자의 이혼청구에 대해서 엄격히 이를 배척하는 태도를 유지해 왔다(다만 최근에 들어와 유책배우자의 이혼청구와 관련하여 종래 취해왔던 태도를 완화하는 경향이

나타나고 있다). 유책배우자의 이혼청구를 기각한 판례를 살펴보면 다음과 같다. 처가 집을 나와 다른 남자와 동거하며 아들을 낳았고, 夫와의 별거기간이 28년에 이른 경우에도 유책배우자인 처의 이혼청구는 인용되지 않는다.[219] 제1심판결 선고 전까지 간통죄의 고소가 취소되지 않아 유죄판결이 선고되었다고 해도 간통하여 혼인생활을 파탄에 빠지게 한 유책배우자의 이혼청구가 인용되어야 하는 것은 아니다.[220] 夫가 다른 여자와 동거하면서 처와 장기간 별거하여 혼인이 파탄된 경우, 그 책임은 전적으로 夫에게 있는 것이므로, 夫는 혼인파탄의 유책배우자로서 이혼청구를 할 수 없다. 그 사이 처가 극심한 생활고를 견디지 못해 다른 남자와 일시적으로 동거하였고, 그 관계에서 子를 출산한 사실이 있다고 해도 그 책임 역시 처를 유기한 채 다른 여자와 계속 동거한 夫에게 있다.[221] 혼인관계가 20여년에 걸친 별거로 파탄에 이르러 더 이상 혼인을 계속하기 어려운 상태에 있다고 해도, 그 파탄의 원인이 축첩이나 처에 대한 유기에 있는 경우 유책배우자인 夫의 이혼청구는 인정되지 않는다.[222] 처가 夫에게 여러 차례 욕을 하고 夫의 직장으로 찾아가 행패를 부리거나 직장으로 전화를 하여 비방하였다고 해도 夫가 다른 여자와 가까이 지내면서 처와의 재화합을 위한 노력을 전혀 하지 않는 등 혼인파탄에 주된 책임이 있는 경우에는 夫의 이혼청구는 기각된다.[223] 夫와 시부모의 냉대를 이기지 못하여 가출한 처에 대한 夫의 이혼청구는 기각된다.[224] 夫가 처를 학대하여 집에서 쫓아낸 후 주소를 알면서도 공시송달의 방법에 의하여 이혼판결을 받아 이혼신고를 하고, 그 사이에 다른 여자와 동거하면서 두 아들까지 출산한 경우, 처가 집을 나온 후에 다른 남자와 같은 방에서 동거하였다 하더라도 夫의 이혼청구는 인용되지 않는다.[225] 이혼합의와 위자료지급, 별거의 계속 등으로 혼인관계가 회복하기 어려운 상태에 이른 경우에도 부정행위와 불성실한 생활 등으로 스스로 혼인을 파탄시킨 夫가 이혼을 청구할 수는 없다.[226] 축첩을 한 夫가 처의 투서에 의해서 권고사직을 하게 되었다고 해도

219) 대판 2004. 9. 24, 2004므1033.

220) 대판 1993. 11. 26, 91므177.

221) 대판 1993. 3. 9, 92므990; 대판 1991. 2. 26, 89므365; 대판 1990. 4. 24, 89므1214; 대판 1990. 3. 27, 89므235.

222) 대판 1989. 10. 24, 89므426.

223) 대판 1989. 10. 13, 89므785.

224) 대판 1989. 6. 27, 88므740.

225) 대판 1987. 9. 29, 87므22.

처를 상대로 이혼청구를 할 수 없다.[227]

② 기존 판례의 입장을 완화한 사례

㉠ 2009년 이후 판례의 태도: 2009년 이후 대법원은 유책주의의 기조를 다소 완화하는 태도를 보인 판결을 선고하여 주목을 받은 바 있다.[228] 이 판결의 사실관계를 요약해 보면 다음과 같다. 갑(처, 원고)과 을(夫, 피고)은 혼인하여 두 자녀를 둔 부부인데, 을은 혼인 후 음주와 외박이 잦았으며, 갑은 이를 견디지 못하고 가출하여 12년째 별거하고 있다. 갑은 가출한 지 10년이 되는 해에 다른 남자와 동거를 하게 되었으며, 그 사이에서 장애아를 출산하였다. 이런 상태에서 갑은 "장애아의 치료를 위해서는 혼인을 하여 가족관계등록부에 자녀를 기록하는 것이 필요하다"는 이유로 이혼청구를 하였다.

대법원은 혼인파탄에 대한 갑과 을의 책임이 경합한다는 점, 피고 을이 혼인관계의 유지를 희망하고 있으나 형식적인 혼인관계의 존속은 원고인 갑에게 참을 수 없는 고통이 될 것이라는 점, 혼인관계의 파탄에 대한 원고 갑의 유책성이 반드시 원고의 이혼청구를 배척하지 않으면 안 될 정도로 중대한 것이라고 단정할 수 없다는 점 등을 들어 원고의 이혼청구를 인용하였다. 이 판결에서 대법원이 유책배우자의 이혼청구와 관련하여 종래 취해왔던 태도를 다소 완화한 것은 사실이나, 이 판결이 유책주의에서 파탄주의로 이행하는 전환점이 될 것이라고 평가할 수는 없다.[229]

㉡ 2015년 전원합의체 판결의 태도: 이러한 흐름 속에서 대법원은 2015년에 유책배우자의 이혼청구와 관련하여 전원합의체 판결을 선고하였는데(대판 2015. 9. 15, 2013므568 전원합의체), 이 판결에서도 유책배우자의 이혼청구는 원칙적으로 허용하지 않는다는 입장을 다시 확인하였다. 다만 유책배우자의 이혼청구라고 할지라도 예외적으로 허용될 수 있는 경우를 다음과 같이 정리하였다.

i ) 상대방 배우자도 혼인을 계속할 의사가 없어 일방의 의사에 의한 이혼

---

226) 대판 1986. 2. 25, 85므79.

227) 대판 1965. 9. 21, 65므37.

228) 대판 2009. 12. 24, 2009므2130. 그 후에 나온 대판 2010. 6. 24, 2010므1256도 이러한 흐름을 이어간 판례라고 평가할 수 있다(夫가 가출하여 다른 여자와 사실혼관계를 맺고 3명의 자녀를 낳았으며, 처와 46년간 별거하여 오다가 처에게 이혼청구를 한 사건에서 대법원은 원고인 夫의 청구를 인용하였다).

229) 대판 2010. 12. 9, 2009므844는 종래 판례의 태도를 답습하여 유책배우자의 이혼청구를 배척하였다.

내지 축출이혼의 염려가 없는 경우.

ii) 혼인생활의 파탄에 대한 유책성이 그 이혼청구를 배척해야 할 정도로 남아 있지 아니한 특별한 사정이 있는 경우로서 ① 이혼을 청구하는 배우자의 유책성을 상쇄할 정도로 상대방 배우자 및 자녀에 대한 보호와 배려가 이루어진 경우, ② 세월의 경과에 따라 혼인파탄 당시 현저하였던 유책배우자의 유책성과 상대방 배우자가 받은 정신적 고통이 점차 약화되어 쌍방의 책임의 경중을 엄밀히 따지는 것이 더 이상 무의미할 정도가 된 경우.[230)]

그리고 이 사건의 사실관계를 이러한 법리에 비추어 볼 때 유책배우자인 원고의 이혼청구는 기각하는 것이 타당하다고 보았다. 이 판결의 사실관계는 다음과 같다.

「원고(夫)와 피고(妻)는 1976. 3. 9. 혼인신고를 마친 법률상 부부로서 그 사이에 성년인 자녀 3명을 두고 있다. 원고는 2000. 1.경 집을 나와 원고의 딸을 출산한 소외인과 동거하고 있다. 피고는 원고가 집을 나간 후 혼자서 세 자녀를 양육하였다. 피고는 직업이 없고 원고로부터 생활비로 지급받은 월 100만원 정도로 생계를 유지하였는데 그나마 2012. 1.경부터는 원고로부터 생활비를 지급받지 못하고 있다. 피고는 원심 변론종결 당시 만 63세가 넘는 고령으로서 위암 수술을 받고 갑상선 약을 복용하고 있는 등 건강이 좋지 아니하며 원고와의 혼인관계에 애착을 가지고 혼인을 계속할 의사를 밝히고 있다.」

대법원은 이러한 사실관계에서는 다음과 같은 점에서 유책배우자인 夫의 이혼청구를 인용할 수 없다고 본 것이다. ① 夫의 일방적인 의사에 의한 축출이혼을 허용하는 결과가 될 수 있다는 점, ② 그 동안 夫가 자녀의 양육비와 처의 부양료를 제대로 지급하지 않은 사실에 비추어 볼 때 夫의 유책성을 상쇄할 정도로 상대방 배우자 및 자녀에 대한 보호와 배려가 이루어졌다고 볼 수 없는 점, ③ 원고와 피고의 별거기간은 약 14년~15년 정도인데, 이 정도 기간의 경과로는 혼인파탄 당시 현저하였던 유책배우자의 유책성과 상대방

230) 또한 "이와 같이 유책배우자의 이혼청구를 예외적으로 허용할 수 있는지를 판단할 때에는, 유책배우자의 책임의 태양·정도, 상대방 배우자의 혼인계속의사 및 유책배우자에 대한 감정, 당사자의 연령, 혼인생활의 기간과 혼인 후의 구체적인 생활관계, 별거기간, 부부간의 별거 후에 형성된 생활관계, 혼인생활의 파탄 후 여러 사정의 변경 여부, 이혼이 인정될 경우의 상대방 배우자의 정신적·사회적·경제적 상태와 생활보장의 정도, 미성년 자녀의 양육·교육·복지의 상황, 그 밖의 혼인관계의 여러 사정을 두루 고려하여야 한다"고 설시하였다.

배우자가 받은 정신적 고통이 점차 약화되어 쌍방의 책임의 경중을 엄밀히 따지는 것이 더 이상 무의미할 정도가 되었다고 볼 수 없다는 점 등이다.

(다) 유책배우자의 이혼청구를 인용하는 예외적인 경우

유책배우자의 이혼청구는 원칙적으로 배척되지만, 상대방에게도 이혼의사가 있다고 인정되는 경우라든가 부부 쌍방에게 혼인파탄의 책임이 있는 경우 등에는 예외적으로 인용된다. 위에서 본 2015년 대법원 전원합의체 판결에 의하여 이러한 예외는 더욱 폭넓게 인정되기에 이르렀다. 이는 결과적으로 파탄주의가 관철되는 영역이 그만큼 더 넓어졌다는 것을 의미한다.

① 상대방에게도 이혼의사가 인정되는 경우(상대방에게도 이혼의사가 있으나 표면적으로만 이혼을 거부하는 경우): 상대방에게도 이혼의사가 있다고 인정되지만, 단지 오기나 반감 등의 이유에서 표면적으로만 이혼을 거부하고 있을 뿐, 실제로는 혼인생활을 계속할 의사가 없다는 사실이 객관적으로 명백히 드러나는 경우에는 유책배우자의 이혼청구라고 해도 이를 배척할 이유가 없다.☞ 이런 경우에도 유책배우자라는 이유만으로 이혼청구를 배척한다면, 법이 상대방의 사적인 복수심을 충족시켜 주는 수단으로 이용되는 결과가 되기 때문이다.

예를 들어서 피고인 夫가 원고인 처와의 부부관계를 유지할 생각은 없으나 원고가 다른 사람과 혼인하지 못하게 하기 위하여 이혼할 수 없다고 진술하였다면, 피고는 실제로는 원고와의 혼인을 계속할 의사가 전혀 없으면서도 오기나 보복적인 감정에서 표면상으로만 이혼을 거부하고 있는 것이 명백하므로, 원고인 처가 유책배우자라고 해도 이혼청구가 인용된다.[231)]

한편, 상대방에게 혼인생활을 계속할 의사가 없음이 객관적으로 명백히 드러난 것으로 볼 수 없다고 한 판례로는 다음과 같은 것이 있다. 이혼에 따른 위자료나 재산분할에 관하여 피고가 제시하는 금액에 동의하면 이혼하겠다고 진술하였다고 하더라도, 이러한 사정만으로는 피고가 혼인을 계속할 의사가 없음이 객관적으로 명백한데도 오기나 보복적 감정에서 유책배우자인 원고의 이혼청구에 응하지 않는 것이라고 단정할 수는 없다.[232)] 유책배우자의 이혼청구에 대하여 상대방이 반소청구로 이혼을 구하는 경우에도 혼인생활의 파탄에 주된 책임이 있는 배우자의 이혼청구는 인용되지 않는다.[233)] 피고가

231) 대판 1996. 6. 25, 94므741.
232) 대판 1999. 10. 8, 99므1213.

원고를 간통죄로 고소한 적이 있다는 사실만으로는 이혼의사가 객관적으로 명백하다고 볼 수 없다.[234] 夫의 간통을 추궁하는 처를 시아버지가 폭행하자, 처가 남편과 시아버지를 고소하였고, 부부가 이혼하기로 합의하고 위자료까지 지급되었다 해도 처의 이혼의사가 객관적으로 명백하다고 할 수 없다.[235] 따라서 이와 같은 경우에는 유책배우자의 이혼청구는 모두 배척된다.

그러나 최근의 대법원 판례는 "상대방 배우자의 혼인계속의사를 인정하려면 소송 과정에서 그 배우자가 표명하는 주관적 의사만을 가지고 판단할 것이 아니라, 혼인생활의 전 과정 및 이혼소송이 진행되는 중 드러난 상대방 배우자의 언행 및 태도를 종합하여 그 배우자가 악화된 혼인관계를 회복하여 원만한 공동생활을 영위하려는 노력을 기울임으로써 혼인유지에 협조할 의무를 이행할 의사가 있는지 객관적으로 판단하여야 한다"고 함으로써 상대방 배우자의 혼인계속의사를 엄격하게 해석하려는 태도를 보이고 있다대판 2022. 6. 16, 2021므14258. 이에 따르면 설령 상대방 배우자가 소송과정에서 일관되게 혼인관계를 지속할 의사를 밝힌다고 해도, 혼인관계의 회복을 위하여 적극적으로 협조하는 태도를 보이지 않는다면 혼인계속의사를 인정할 수 없어서 유책배우자의 이혼청구가 인용될 수 있다고 한다.[236] 이러한 대법원의 태도는 앞에서 본 2015년 전원합의체 판결에 이어 유책배우자의 이혼청구를 허용하는 범위를 더욱 확장하는 것으로 볼 수 있으며,[237] 향후 사실상 파탄주의를 대폭 수용하는 결과로 이어질 것으로 전망된다.

☞ 이 견해에 따른 판례: 대법원판결은 피청구인이 이혼청구를 하는 한편 청구인을 간통죄로 고소하여 청구인이 유죄판결을 받아 복역 후 출소하였으나, 이혼심판청구는 주소가 보정되지 않아 각하됨으로써 이혼이 안 되었기 때문에 청구인이 이혼을 청구한 사안에서, 피청구인이 내심으로는 청구인 夫와의 혼인을 계속할 의

---

233) 대판 1998. 6. 23, 98므15, 22: 유책배우자의 본소청구를 배척하고 상대방 배우자의 반소청구에 따라 이혼을 명한 사건.

234) 대판 1997. 5. 16, 97므155.

235) 대판 1991. 11. 22, 91므23.

236) 다만 이혼에 불응하는 상대방 배우자가 혼인의 계속과 양립되기 어려워 보이는 언행을 하더라도, 그 이혼거절의사가 이혼 후 자신 및 미성년자녀의 생활보장에 대한 우려에서 기인한 것으로 볼 여지가 있는 때에는 혼인계속의사가 없다고 쉽게 단정하여서는 안 된다고 한다.

237) 대판 2022. 6. 16, 2022므10109; 대판 2022. 6. 16, 2019므14477; 대판 2022. 7. 28, 2021므1112 역시 이러한 태도를 취하고 있다.

사가 없으면서 오로지 "오기나 보복적 감정에서 표면적으로 이혼에 불응하고 있을 뿐이며, 실제에 있어서는 혼인의 계속과는 도저히 양립할 수 없는 행위를 하는 등, 이혼의 의사가 객관적으로 명백한 경우"(대판 1987. 4. 14, 86므28(판례연구, 金疇洙, 판례월보 1987년 10월호); 대판 1987. 9. 22, 86므87; 대판 1988. 2. 9, 87므60; 대판 2004. 2. 27, 2003므1890)에는 유책배우자의 이혼청구를 인용하고 있다.

설례의 경우와 같이, Y가 내심으로 남편 X와 혼인을 계속할 의사가 없으면서 오로지 오기나 보복적 감정에서 표면적으로 이혼에 불응하고 있을 뿐이며, 실제에 있어서는 혼인의 계속과는 도저히 양립할 수 없는 행위를 하는 등 이혼의 의사가 객관적으로 명백한 경우에는 비록 혼인의 파탄에 관하여 전적인 책임이 있는 배우자의 이혼청구라 할지라도 이를 인용한다는 것이 판례의 태도이다대판 1987. 4. 14, 86므28.

② 부부 쌍방에게 혼인파탄의 책임이 있는 경우: 혼인파탄의 책임이 부부 쌍방에게 있는 경우가 있다. 이런 경우 혼인파탄에 대한 원고의 책임이 피고의 책임보다 가볍다면 원고의 이혼청구를 인용해도 무방하다.[238] 또한 혼인파탄에 대한 원고의 책임과 피고의 책임이 비슷한 경우에도 이혼청구를 인용하는 것이 타당할 것이다.[239]

③ 다른 원인으로 혼인이 파탄된 후 원고에게 유책행위가 있었던 경우: 유책배우자의 이혼청구를 배척하는 이유 중 하나는 스스로 혼인을 파탄시킨 후에 이혼을 청구하는 자에게 이혼이라는 법적인 이익을 줄 수 없다는 점에 있다. 그렇다면 이미 다른 사유로 혼인이 파탄된 이후에 일방 배우자가 유책행위를 했다고 해도, 이를 이유로 하여 이혼청구를 배척하는 것은 타당하지 않다고 볼 수 있다.[240] 예를 들어서 부부가 이혼에 합의한 후 별거하다가 夫가 다른 여자와 동거하게 된 경우에 夫의 유책행위를 이유로 하여 夫의 이혼청구를 기각하는 것은 타당하지 않다.[241]

238) 대판 1994. 5. 27, 94므130, 법원공보 971호, 1829면.

239) 대판 1986. 3. 25, 85므85, 판례월보 188호, 121면(판례연구, 金疇洙, 법률신문 1649호 <1986. 8. 25>); 대판 1998. 7. 14, 98므282, 법률신문 1998. 8. 31; 대판 2021. 3. 25, 2020므14763; 대판 2021. 8. 19, 2021므12108; 대판 2022. 4. 14, 2021므15398.

240) 대판 2004. 2. 27, 2003므1890, 판례공보, 2004. 4. 1, 551면.

241) 대판 1964. 4. 28, 63다740, 판례총람 101면(판례가족법, 230면); 동 1970. 2. 24, 69므13, 집 18권 1집 민 170면(판례가족법, 219면). 대판 1987. 12. 22, 86므90, 신판례체계, 840-62면은 夫의 다른 여자와의 동거가 배우자와 사이에 이혼합의가 있은 후의 일이라면 夫를 유책배우자라고 할 수 없다고 판시하고 있다.

④ 혼인생활의 파탄에 대한 유책성이 이혼청구를 배척해야 할 정도로 남아 있지 아니한 특별한 사정이 있는 경우(대판 2015. 9. 15, 2013므568 전원합의체)

㉠ 유책배우자의 유책성을 상쇄할 정도로 상대방 배우자 및 자녀에 대한 보호와 배려가 이루어진 경우: 예를 들어 유책배우자가 별거기간 동안 배우자의 부양료와 자녀의 양육비를 충분히 지급한 경우를 상정할 수 있을 것이다. 그러나 이러한 사정이 있는 경우에 유책배우자의 이혼청구가 허용된다면, 자력이 있는 유책배우자만이 이혼청구를 할 수 있다는 비판을 받을 여지가 있다.

㉡ 기간의 경과에 따라 유책배우자의 유책성과 상대방 배우자가 받은 정신적 고통이 약화된 경우: 세월의 흐름에 따라 혼인파탄 당시 현저하였던 유책배우자의 유책성과 상대방 배우자가 받은 정신적 고통이 점차 약화되어 쌍방의 책임의 경중을 엄밀히 따지는 것이 더 이상 무의미할 정도가 된 경우를 말한다. 어느 정도의 기간이 경과하였을 때 이러한 사정이 인정될 수 있는지 분명하지 않다는 점에서 명확성을 결여한 기준이라는 비판을 받을 수 있다(대판 2015. 9. 15, 2013므568 전원합의체는 별거기간이 14년~15년인 경우에 이러한 요건을 충족시키지 못한다고 보았다. 반면에 대판 2010. 6. 24, 2010므1256은 별거기간이 46년에 이르는 경우에 이러한 요건이 충족되었다고 보고 유책배우자의 이혼청구를 인용하였다).

## 3. 재판상 이혼의 절차

### (1) 조정에 의한 이혼

가사소송법은 재판상 이혼에서도 조정전치주의를 채용하고 있으므로, 이혼을 하려고 하는 자는 우선 가정법원에 조정을 신청하여야 한다가소 §2①나류사건ⅳ·50.

만약 이혼사건에 대하여 조정을 신청하지 아니하고 소를 제기한 경우에는 배우자의 생사가 분명하지 않은 것§840ⅴ을 이혼원인으로 하는 경우와 같이 공시송달에 의하지 아니하고는 당사자의 일방 또는 쌍방을 소환할 수 없는 경우나, 조정에 회부되더라도 조정이 성립할 수 없다고 인정되는 경우를 제외하고는 가정법원은 그 사건을 조정에 회부하여야 한다가소 §50②. 그리하여 당사자 사이에 이혼의 합의가 성립하여 그것을 조서에 기재한 때에는 그 기재는 재판상 화해와 동일한 효력이 생겨가소 §59② 본문, 혼인은 해소된다. 조정을 신청한 자는 조정성립의 날로부터 1월 이내에 이혼신고를 하여야 하는데등 §78에 의한 §58의 준용, 그것은 보고적 신고이다.

### (2) 재판에 의한 이혼

(가) 조정신청에 의하여 조정절차가 개시된 경우에 i) 조정을 하지 않기로 하는 결정이 있거나민조 §26·40, ii) 조정이 성립하지 않은 경우, iii) 조정에 갈음하는 결정가소 §49, 민조 §30·32·40에 대하여 이의신청기간(2주일) 내에 이의신청이 있는 때에는 사건은 당연히 이혼소송으로 이행된다가소 §49, 민조 §36①.[242]

소의 상대방이 다른 일방의 배우자인 것은 당연하다. 상대방이 생사불명인 경우에는 공시송달절차에 의하여 송달된다민소 §194.[243]

(나) 1990년 가사소송법 개정 전에는 무능력자는 법정대리인의 동의를 얻어서 이혼청구를 할 수 있으며구인소 §29①, 법정대리인이 소의 상대방인 경우에는 친족회의 동의를 얻어 이혼청구를 할 수 있었으나구인소 §29②, 이 규정을 가사소송법에는 두지 않았다. 이에 따라 미성년자는 혼인에 의한 성년의제에 의하여, 한정치산자는 신분행위에 관해서는 행위능력이 있으므로 각각 단독으로 이혼청구를 할 수 있었으나민소 §55, 금치산자는 법정대리인이 소송을 대리하여야만 하였다구 가소 §23. 그러므로 금치산자는 이혼청구를 하는 데 문제가 있었다(금치산자의 배우자가 금치산자의 법정대리인이라는 사실이 가장 큰 걸림돌이 되었다).[244]

이 문제와 관련하여 2011년 민법일부개정 전에 판례대판 2010. 4. 8, 2009므3652; 대판 2010. 4. 29, 2009므639; 대결 1987. 11. 23, 87스18는 다음과 같은 해석론을 전개하여 문제

---

242) 대판 1969. 8. 19, 69므18, 집 17권 3집 민 28면은 "어떠한 일이 있어도 피청구인과 이혼하지 아니하겠다는 취지의 각서를 피청구인에게 써 준 일이 있었다 하더라도 그와 같은 의사표시는 신분행위의 의사결정을 구속하는 것으로서 공서양속에 위배하여 무효라고 할 것이며, 따라서 그 후에 발생한 원판결이 인정한 사실을 이유로 청구인이 피청구인을 상대로 이혼청구를 할 수 없다고는 할 수 없을 것이다"라고 판시하고 있다.

243) 관할에 관하여는 가사소송법 제22조 1-3호, 제13조 제2항 참조. 국제재판관할에 관하여는 국제사법 제2조, 대판 2021. 2. 4, 2017므12552(원고와 피고의 국적과 주소지가 모두 캐나다인 사건에 대하여 국제사법 제2조를 근거로 대한민국법원의 국제재판관할권을 인정한 사례) 참조.

244) 해석론으로서는 특별대리인을 선임하여 해결한다는 견해가 있었다. 대결 1987. 11. 23, 87스18은 "의사능력이 없는 금치산자는 법정대리인이나 친족회의 동의를 얻어서도 스스로 소송행위를 할 수 없는 것이고 따라서 법정대리인이 대리하지 않는 한 소송을 할 수 없는 경우에는 법정대리인의 대리를 인정하여야 할 것이며, 그 경우 법정대리인이 없거나 대리권을 행사할 수 없는 때에는 당사자는 민사소송법 제62조의 규정에 의하여 특별대리인을 신청할 수 있다"는 논리를 전개하고 있다.

의 해결을 시도한 바 있다(관련 민법조문은 2011년 민법일부개정 전의 것임): 예를 들어 부부인 갑과 을 중에서 일방인 갑이 금치산선고를 받은 경우에는 을이 후견인이 되었으므로구 §934, 을이 부정행위를 하거나 갑을 유기하는 경우에도 갑은 법정대리인을 통하여 유책배우자인 을에게 재판상 이혼청구를 할 수 없다는 문제가 있었다(배우자 을이 갑의 법정대리인으로서 갑을 대리하여야 하는데, 을이 청구의 상대방이 되었기 때문이다). 이런 경우에는 '법정대리인이 대리권을 행사할 수 없는 경우'에 해당하여 특별대리인을 선임할 수 있다는 해석이 가능하다민소 §62. 따라서 갑의 父나 母 등이 특별대리인이 되어 을을 상대로 재판상 이혼청구를 할 수 있다고 본다. 또한 갑이 금치산선고를 받은 때에는 법률규정에 의하여 일단 을이 법정후견인이 되지만, 을이 갑을 유기하는 등의 사정이 있는 경우에는 후견인변경 사유에 해당하므로§940, 갑의 父나 母 등의 친족은 후견인변경청구를 하여 스스로 후견인이 될 수도 있다. 이러한 후견인변경절차를 통하여 후견인이 된 갑의 父나 母 등은 친족회의 동의를 얻어 이혼소송을 할 수 있다고 보았다구 §950①ⅳ.

2013년 7월 1일부터 개정 후견법이 시행됨에 따라 위와 같은 경우는 다음과 같은 해석론에 따라 해결이 가능할 것이다. 피한정후견인은 신분행위에 관해서는 행위능력이 있으므로 단독으로 이혼청구를 할 수 있다고 해석된다민소 §55. 피성년후견인은 법정대리인이 소송을 대리하여야 할 것이지만가소 §23, 민법부칙 §3, 법정후견인제도가 폐지됨으로써 종전과 달리 피성년후견인의 배우자가 자동으로 성년후견인이 되는 것이 아니므로, 성년후견인이 피성년후견인의 배우자가 아닌 경우에는 이혼소송을 대리할 수 있을 것이다. 만약 피성년후견인의 배우자가 성년후견인으로 선임되어 있는 경우라면, 성년후견인을 변경한 후§940 이혼청구의 소를 제기하도록 해야 할 것이다(이 경우 후견감독인이 있으면 후견감독인의 동의를 받아야 한다§950①).

한편 2016년에 개정된 민사소송법[245]은 제한능력자의 소송능력에 대하여 다음과 같이 규정하고 있다. 우선 미성년자와 피성년후견인은 법정대리인에 의해서만 소송행위를 할 수 있는 것을 원칙으로 한다. 그러나 미성년자가 독립하여 법률행위를 할 수 있는 경우와 피성년후견인이 민법 제10조 제2항에 따라 취소할 수 없는 법률행위를 할 수 있는 경우에는 그 한도에서 소송능력

245) 법률 제13952호. 2017. 2. 4. 시행.

이 인정된다민소 §55①. 그리고 피한정후견인은 한정후견인의 동의가 필요한 행위에 관하여는 대리권 있는 한정후견인에 의해서만 소송행위를 할 수 있다민소 §55②. 이 규정에 따르면 미성년자라고 해도 독립하여 이혼소송을 할 수 있는 것으로 해석된다. 미성년자가 혼인을 한 경우에는 성년자와 같은 행위능력이 인정되기 때문이다(성년의제§826의2). 반면에 피성년후견인은 성년후견인에 의해서만 이혼소송을 할 수 있다고 해석된다. 그리고 피한정후견인은 신분행위에 있어서는 완전한 행위능력을 갖는다고 해석되므로, 이혼소송을 하는 데 제한이 없다고 보아야 할 것이다.

이외에 개정법률에 의하면 의사능력이 없는 사람을 상대로 소송행위를 하려고 하거나 의사능력이 없는 사람이 소송행위를 하는 데 필요한 경우에는 수소법원에 특별대리인의 선임을 신청하여 특별대리인으로 하여금 의사무능력자를 대리하게 할 수 있다민소 §62의2. 이에 따라 성년후견개시심판을 받지 않은 의사무능력자가 이혼소송을 할 필요가 있는 경우에는 특별대리인의 선임을 신청하여 특별대리인으로 하여금 이혼소송을 대리하게 할 수 있을 것이다.

또한 개정법률에 의하면 미성년자·피한정후견인 또는 피성년후견인이 당사자인 경우, 그 친족, 이해관계인(미성년자·피한정후견인 또는 피성년후견인을 상대로 소송행위를 하려는 사람을 포함한다), 대리권 없는 성년후견인, 대리권 없는 한정후견인, 지방자치단체의 장 또는 검사는 일정한 경우(법정대리인이 없거나 법정대리인에게 소송에 관한 대리권이 없는 경우, 법정대리인이 사실상 또는 법률상 장애로 대리권을 행사할 수 없는 경우, 법정대리인의 불성실하거나 미숙한 대리권 행사로 소송절차의 진행이 현저하게 방해받는 경우)에 소송절차가 지연됨으로써 손해를 볼 염려가 있다는 것을 소명하여 수소법원(受訴法院)에 특별대리인을 선임하여 주도록 신청할 수 있다민소 §62. 예를 들어 피성년후견인의 배우자가 성년후견인으로 선임되어 있는데, 피성년후견인이 이혼소송을 제기할 필요가 있는 경우에는 특별대리인의 선임을 신청하여 그로 하여금 이혼소송을 대리하도록 할 수 있을 것이다(이런 경우에는 성년후견인을 변경하여 새로 선임된 성년후견인이 이혼소송을 대리하는 방법도 가능하다).

(다) 이 판결은 선고로 그 효력이 생긴다가소 §12, 민소 §205. 그러나 판결에 대하여 불복이 있으면 판결정본이 송달된 날로부터 2주일 이내나 판결정본의 송달 전에 항소법원에 항소할 수 있다가소 §19①. 항소법원에서는 가정법원의 소송절차에 따라서 재판한다가소 §19②. 항소법원은 항소가 이유 있는 경우라도 제

1심판결을 취소하거나 변경하는 것이 현저히 사회정의와 형평의 이념에 맞지 아니하거나, 가정평화와 미풍양속을 유지하기에 적합하지 않다고 인정할 때에는 항소를 기각할 수 있다가소 §19③. 항소법원의 판결에 대하여 불복이 있으면 판결정본이 송달된 날로부터 2주일 이내나 판결정본의 송달 전에 대법원에 상고할 수 있다가소 §20.

이혼판결이 확정되면 혼인은 해소되며, 그 효력은 제3자에게도 미친다가소 §21①.[246] 소를 제기한 자는 판결이 확정된 날로부터 1개월 이내에 재판서의 등본과 그 확정증명서를 첨부하여 이혼신고를 하여야 한다등 §78 · 58. 이것은 보고적 신고이다.

## 7 이혼의 효과

이혼으로 인하여 혼인은 해소되고, 부부 사이의 권리의무노 소멸한다. 그러나 이혼은 자녀양육의 문제와 재산분할의 문제를 남긴다. 이혼은 자녀에게 큰 영향을 미치므로, 자녀양육의 문제를 어떻게 해결할 것인가는 이혼법에 주어진 중요한 과제이다. 또한 이혼 후의 생활보장과 관련하여 적절한 재산관계의 청산도 중요한 의미를 갖는다. 아래에서는 이러한 문제들에 대해서 설명한다.

### 1. 일반적 효과

(1) 이혼에 의하여 부부관계는 소멸한다. 즉 부부 사이의 정조의무, 동거 · 부양 · 협조의 의무, 부부재산관계 등 혼인에 의하여 부부 사이에 생긴 모든 권리의무는 소멸한다.

(2) 이혼사실은 당사자의 가족관계등록부에 기록되지만(전산으로 입력된다는 의미이다. 그러나 가족관계등록부는 원부가 존재하지 않으므로 그 자체의 열람은

246) 다만, 확정된 이혼판결이 재심에 의하여 취소되는 경우가 있을 수 있다(대판 1994. 10. 11, 94므932). 대판 1991. 5. 28, 89므211은 '허위주소신고에 기한 부적법 공시송달을 이유로 한 재심청구가 받아들여져 이혼판결이 취소된 경우 이혼 후에 성립한 혼인은 중혼으로서 취소사유가 된다'고 판시하고 있으며, 대판 1992. 5. 26, 90므1135는 '재심소송의 제1심 계속중 청구인이 사망한 경우, 청구인의 상속인이 아니라 검사가 청구인의 지위를 수계하며, 심리결과 재심사유가 있다면 재심대상심판을 취소하여야 한다'고 하였다.

불가능하다), 가족관계증명서에는 단지 현재 배우자가 없는 것으로 표시될 뿐 이혼사실은 나타나지 않는다(가족관계증명서는 현재의 상태만을 나타내기 때문이다. 따라서 가족관계증명서를 보아서는 타인의 이혼사실을 알 수 없다). 과거의 이혼사실과 전배우자의 성명은 당사자의 혼인관계증명서(상세증명서)에 기재된다(그러나 혼인관계증명서의 일반증명서에는 현재의 혼인관계와 배우자의 인적사항만이 기재되며, 과거의 이혼사실과 전배우자의 성명은 표시되지 않는다가예 제498호 §5).

(3) 혼인에 의하여 배우자의 혈족과의 사이에 생긴 인척관계는 이혼에 의하여 소멸된다§775①.

(4) 재혼이 가능하게 된다. 다만 이혼에 의하여 인척관계가 소멸한 6촌 이내의 혈족의 배우자, 배우자의 6촌 이내의 혈족 및 배우자의 4촌 이내의 혈족의 배우자와는 재혼하지 못한다§809②.

## 2. 자녀에 대한 효과

이혼에 따른 자녀의 양육과 보호문제는 그 부모 본인들뿐만 아니라 사회적인 문제이기도 하다. 따라서 자녀보호에 관해서는 특별한 대책이 필요하다.

(1) 자녀의 양육문제

(가) 서 언

부모의 이혼에 의하여 이제까지의 부모와 자녀의 공동생활은 더 이상 유지될 수 없으므로, 자녀의 공동양육은 어렵게 된다. 그래서 자녀의 복리에 직접 영향을 미치는 자녀의 양육을 어떻게 할 것인가는 중요한 문제이다.[247)]

(나) 이혼 후의 양육사항을 정하는 방법

① 부모의 협의: 이혼을 하려는 부부(협의이혼과 재판상 이혼을 포함한다)는 미성년자녀의 양육에 관한 사항을 우선 협의에 의하여 정할 수 있다§837①. 이혼 후 자녀의 양육에 관한 사항이 원만하게 실행되기 위해서는 무엇보다도 당사자인 부모의 협력이 필요한데, 양육에 관한 당사자의 합의는 이러한 협력을 위한 중요한 기초가 된다. 이러한 이유에서 이혼 후의 양육사항은 1차적으

247) 이혼 후의 양육자 결정에 있어서의 민법이 갖는 문제점에 대해서는, 金相瑢, '이혼후의 양육자 및 친권자 결정에 있어서의 민법이 갖는 몇 가지 문제점', 사법행정, 1996년 8월호, 12면 이하 참조.

로 부모가 협의에 의해서 정하도록 한 것이다.

부모가 협의에 의하여 정하여야 할 사항으로는, i) 양육자의 결정(이혼 후에 누가 자녀를 양육할 것인가), ii) 양육비용의 부담(양육비용을 어떻게 부담할 것이며, 양육비는 어떤 방식으로 언제 지급되도록 할 것인가), 면접교섭권의 행사 여부 및 그 방법(자녀를 양육하지 않는 부 또는 모는 자녀와 면접교섭을 할 것인가, 면접교섭을 하는 경우에는 어떤 방법(횟수, 면접교섭의 장소, 날짜, 지속시간 등)으로 할 것인가) 등이다§837②. 이러한 사항에 대하여 협의된 내용은 궁극적으로 서면으로 작성되어 법원에 제출되어야 한다§836의2④.

② 법원의 개입

㉠ 법원의 보정명령: 자녀의 양육사항에 대한 부모의 협의가 자녀의 복리에 반한다고 판단되는 경우(예를 들어서 양육비를 지급하지 않기로 하거나 또는 정해진 양육비 액수가 부모의 재산, 수입상태에 비추어 부당하게 소액인 경우 등)에는 법원은 부모에게 협의사항에 대한 보정을 명할 수 있다§837③. 이 경우 법원은 부모에게 구체적인 사정에 맞는 대안을 제시하여 부모로 하여금 자녀의 복리에 반하는 협의내용을 수정하도록 할 수 있을 것이다.[248]

㉡ 법원의 직권에 의한 결정: 부모가 법원의 보정명령을 받아들이지 않는 경우, 법문에 따르면 법원은 직권으로 자녀의 양육에 관한 사항을 정할 수 있다(예컨대, 당사자의 협의서에 의하면 이혼 후 母가 子 1인을 양육하고 父는 월 50만원을 양육비로 지급하기로 되어 있는데, 법원이 모든 사정을 종합적으로 고려해 볼 때 협의된 양육비 액수가 부족한 것으로 판단되어 보정을 명하였으나, 父의 반대로 협의에 의한 보정이 불가능한 경우 법원은 직권으로 양육비의 액수를 70만원으로 정할 수 있다). 이 때 법원은 자녀의 의사 등 자녀의 복리에 관계되는 사항을 종합적으로 고려하여 양육에 관한 사항을 정한다. 자녀의 정확한 의사를 알기 위하여 법원은 자녀의 의견을 들을 수 있다(가사소송규칙 제18조의2, 제100조: 이 규정에 의하면 자녀가 13세 이상인 경우에 의견을 듣도록 되어 있으나, 13세 미만의 자녀라 할지라도 자기의 의견을 밝힐 수 있는 경우에는 그 의견을 들어 참고할 필요가 있다). 이혼에 직면한 부부는 자신들의 문제에 몰두하는 경향이 있으므로, 양육사항에 대한 부모의 합의가 항상 자녀의 복리에 부합한다고 보기는

---

248) 서울가정법원은 2012년 5월 30일 부부의 소득합계액, 자녀의 나이, 거주지역 등에 따라 비양육친이 분담해야 할 양육비를 표준화한 양육비 산정기준을 제정하여 공표하였다. 서울가판 2012. 8. 10. 2011르3849, 2012르427은 위의 양육비산정 기준표에 따라 양육비를 결정한 예를 보여주고 있다.

어렵다. 따라서 국가(법원)가 개입하여 양육에 대한 협의의 내용을 구체적으로 검토, 심사해야 할 필요성과 정당성이 인정된다. 국가는 부모의 이혼이라는 위기상황에서 자녀의 복리를 실현해야 할 의무가 있기 때문이다. 제837조 제3항은 이러한 국가의 의무를 구체화한 것이라고 볼 수 있다.

㉢ 실무의 태도: 그러나 실무상 협의이혼절차에서 가정법원이 직권으로 양육사항에 관하여 정하는 경우는 거의 없으며, 당사자가 보정에 성실하게 응하지 않는 경우에는 이혼의사의 확인을 하지 않음으로써(불확인 처리. 등록규칙 제78조 제1항) 간접적으로 당사자의 보정을 촉구하는 데 그치는 것이 보통이다.[249] 즉, 양육사항 및 친권자에 대한 협의가 자녀의 복리에 반하는 데도 당사자가 가정법원의 보정명령에 불응하는 경우에는 가정법원은 이혼의사확인서 및 양육비부담조서를 작성하지 않으므로, 사실상 협의이혼은 불가능하게 된다.

㉣ 양육비부담조서의 작성: 가정법원은 자녀의 양육에 관한 협의서('자의 양육 및 친권자결정에 관한 협의서')에 대하여 검토와 보정을 마친 후, 양육비부담조서를 작성하여야 하며§836의2⑤, 이렇게 작성된 양육비부담조서는 가사소송법§41에 의한 집행권원이 된다.[250] 따라서 양육비부담조서에 의하여 양육비를 지급하기로 한 부모의 일방(예컨대 父)이 양육비를 지급하지 않는 경우에는 자녀를 양육하는 부모의 다른 일방(예컨대 母)은 별도의 재판절차를 거치지 않고 곧바로 강제집행을 신청할 수 있다(가사소송법에 의한 양육비 이행확보수단의 구체적인 내용에 관하여는 후술하는 해당 부분 참조).

③ 양육사항에 관한 협의가 되지 않은 경우: 부모가 협의하여 양육에 관한 사항을 정할 수 없는 경우에는 어떻게 문제를 해결할 것인가? 2007년에 개정된 협의이혼제도의 특징 중 하나는 자녀의 양육사항에 관하여 정하여 지지 않은 상태에서는 이혼이 불가능하다는 점이다. 다만, 양육사항에 관하여 협의가 되지 않는 경우에 문제를 해결하는 방법은 협의이혼의 경우와 재판상 이혼의 경우에 차이가 있다.

---

249) 가족관계등록예규 제551호 제13조.

250) 이 규정은 2009년 5월 8일 민법 일부개정에 의하여 신설된 것으로서 2009년 8월 9일부터 시행되고 있다. 이 규정이 도입되기 전에는 협의이혼절차에서 당사자가 양육비용의 부담에 관하여 협의서를 제출하고 법원의 확인까지 받아도 집행력이 인정되지 않았다. 따라서 협의에 의하여 이혼 후 자녀의 양육비를 지급하기로 한 부모가 자발적으로 의무를 이행하지 않는 경우에는 집행권원을 받기 위하여 다시 재판절차를 거쳐야만 하는 문제가 있었다.

㉠ 협의이혼의 경우: 부부가 협의이혼을 하려고 하는데 양육사항에 관하여 협의가 되지 않은 때에는 이혼의사의 확인 전에 먼저 법원에 양육에 관한 심판을 청구하여 이에 관한 결정을 받아야 한다. 협의이혼을 하는 경우에는 이혼의사 확인시까지 양육사항에 관한 협의서나 가정법원의 심판정본을 반드시 제출해야만 하므로§836의2④, 당사자가 스스로 양육사항에 대하여 협의하지 못한 때에는 법원에 심판을 청구하여 양육사항에 관한 결정을 받을 필요가 있다. 협의이혼을 하려는 부부가 이혼의사확인 시 양육사항에 관한 협의서나 가정법원의 심판정본 중 어느 하나를 제출하지 않는 경우에는 법원은 이혼의사의 확인을 거부할 것이므로, 협의이혼은 불가능하게 된다.[251] 여기서 제기될 수 있는 의문은, 당사자가 양육사항에 관한 협의서나 법원의 심판정본을 제출하지 않은 경우에 법원이 이혼의사의 확인절차에서 직권으로 양육에 관한 사항을 결정할 수 있는가 하는 점이다. 제837조 제4항 규정의 법문("양육에 관한 사항의 협의가 이루어지지 아니하거나 협의할 수 없는 때에는 가정법원은 직권으로 또는 당사자의 청구에 따라 이에 관하여 결정한다")만을 놓고 보면, 이런 경우에 법원이 직권으로 양육에 관한 사항을 정할 수 있다는 해석이 가능한 것으로 보인다. 그러나 제837조 제4항 규정에 의해서 법원이 "직권으로" 양육에 관한 사항을 결정할 수 있는 경우는 재판상 이혼을 하는 때에 한정된다고 보아야 할 것이다. 협의이혼에 있어서의 확인절차는 재판절차가 아니므로, 당사자가 양육에 관한 협의서를 제출하지 않은 경우에 법원이 직권으로 양육에 관한 심판을 할 수 있다는 것은 절차상으로 무리가 따르는 것으로 보인다. 또한 협의이혼을 하려는 부부는 법원에서 이혼의사의 확인을 받을 때 어차피 자녀의 양육사항에 관한 협의서나 가정법원의 심판정본을 제출해야만 하므로, 양육사항에 관하여 협의를 하지 못한 부부는 스스로 가정법원에 양육사항에 관한 심판을 청구할 것이다. 이러한 규정체계를 볼 때, 법원이 굳이 확인절차에서 직권으로 양육사항에 관하여 결정해야할 필요성은 없다고 생각된다.[252] 현재 실무에서는 당사자가 협의서를 제출하지 않은 경우 속행 기일을

251) 가족관계등록예규 제551호 제12조.

252) 법무부 가족법개정특별분과위원회에서는 개정안을 마련할 때 이러한 점을 충분히 고려하여 협의이혼의 경우에는 가정법원이 "직권으로" 양육사항에 대해서 정할 수 있는 가능성을 규정하지 않았다. 법무부 개정안 제837조 제4항: "양육에 관한 사항의 협의가 이루어지지 아니하거나 협의할 수 없는 때에는 당사자는 가정법원에 이에 관하여 결정할 것을 청구할 수 있다. 이 경우에는 가정법원은 제3항의 사항을 참작하여 양육에 필요한 사항을 정한다." 한편 법무부 개정안은, 재판상 이혼의 경우에는 협의이혼의 경우와 달리 당사

지정하고, 제2회 기일에도 제출하지 않으면 불확인 처리를 한다.[253)]

㉡ 재판상 이혼의 경우: 재판상 이혼의 경우에도 우선 당사자가 협의하여 양육에 관한 사항을 정한다. 당사자 사이에 협의가 이루어지지 않거나 협의할 수 없는 때에는(예컨대 생사불명이나 불치의 정신병 같은 것을 이유로 하는 이혼의 경우) 가정법원이 당사자의 청구 또는 직권에 의하여 양육에 관한 사항을 정하게 된다§837④.[254)] 이 경우에는 우선 조정절차를 밟는다가소 §2①마류사건iii · 50. 법원이 양육에 관한 사항을 정할 때에는 자녀의 의사 등 자녀의 복리에 관계되는 사항을 종합적으로 고려하여야 한다§837③ 참조.

④ 공동양육 · 제3자에 의한 양육: 자녀의 양육자와 관련하여, 부모 중 일방을 양육자로 정하는 것이 보통이지만, 부모가 공동양육을 원하고 그에 따르는 능력(특히 자녀의 양육에 관하여 협력할 수 있는 능력)이 뒷받침된다면 공동양육도 이론상 가능하다(독일 등 유럽국가에서는 이혼 후에도 공동양육을 하는 경우가 적지 않다.[255)] 최근에는 부모가 일정한 기간(예를 들면 1주일 중 모가 4일, 부가 3일) 동안 자녀를 번갈아 가며 양육하는 공동양육의 형태가 확산되는 추세에 있다. 국내에서도 실무상 이혼 후의 공동양육이 인정되는 경우가 있다. 대판 2013. 12. 26, 2013므3383, 3390 및 대판 2020. 5. 14, 2018므15534는 부모가 자녀의 양육에 관하여 협력할 수 있는 능력을 갖추지 못한 경우에는 공동양육이 적합하지 않다고 판단하였다).[256)] 형제자매를 부모가 나누어서 양육하는 것은 일반적으로 자녀복리의

---

자가 양육에 관한 협의서나 심판정본을 제출하여야 할 의무가 없는 점을 고려하여 법원이 직권으로 양육에 관한 사항을 정할 수 있도록 규정하였다. 제843조의2(직권에 의한 양육자 등의 결정): "가정법원은 양육자 결정 및 양육비용의 부담에 관하여 당사자의 청구가 없는 경우에는 직권으로 이를 정한다." 국회 법사위에서 대안을 제안하면서 이러한 개정안의 내용에 수정을 가하였는데, 이는 개정안의 체계와 내용에 대한 이해의 부족에서 비롯된 것으로 보인다.

253) 가족관계등록예규 제551호 제12조.

254) 가정법원이 미성년자인 자의 친권자 지정, 양육과 면접교섭권에 관한 사항을 직권으로 정하는 경우 子가 13세 이상인 때에는 그 子의 의견을 들어야 한다. 다만, 子의 의견을 들을 수 없거나 子의 의견을 듣는 것이 오히려 子의 복리를 해할 만한 특별한 사정이 있는 경우에는 그러하지 아니하다(가사소송규칙 제18조의2); 가정법원이 양육비용의 분담을 정하는 경우, 자의 복리를 위하여 청구에 구애받지 않고 직권으로 양육비용의 분담에 관한 기간을 정할 수 있다. 대결 2022. 11. 10, 2021스766.

255) 이혼후의 공동친권에 관하여는 김상용, 이혼후의 공동친권 - 그 가능성과 한계 -, 가족법연구 I(2002), 200면 이하 참조.

256) 대판 2020. 5. 14, 2018므15534는 이혼 후 공동양육의 요건으로 다음과 같은 점을 들고 있다: 부모가 공동양육을 받아들일 준비가 되어 있는지, 양육에 대한 가치관에 현저한 차이가 없는지, 부모가 서로 가까운 곳에 살고 있고 양육환경이 비슷하여 자녀에게 경제적 · 시간적 손실이 적고 환경적응에 문제가 없는지, 자녀가 공동양육의 상황을 받아들일

관점에서 볼 때 바람직하지 않다.[257] 양육자의 변경은 가능하나, 자녀의 건강한 성장을 위해서는 양육환경이 안정될 필요가 있으므로, 불가피한 경우에만 고려되어야 한다. 부모가 자녀를 직접 양육할 수 없는 경우에는 조부모 등 제3자를 양육자로 정하는 것도 가능하다.

(다) 양육사항의 변경

자녀의 양육에 관한 사항이 부모의 협의나 법원의 조정, 심판에 의해서 정해진 경우에도 자녀의 복리를 위하여 필요하다고 인정되는 때에는 언제든지 변경될 수 있다. 협의나 심판의 내용이 애초에 자녀의 복리에 부합하지 않았던 경우는 물론, 예상하지 못한 사정이 발생하여 변경이 불가피하게 되는 경우나 세월이 흘러 처음의 협의나 심판이 변화된 사정에 맞지 않는 경우 등이 모두 정당한 변경 사유가 된다.[258] 청구권자는 부, 모, 자녀 및 검사이고, 법원은 청구가 없어도 직권으로 개입하여 양육에 관한 사항을 변경할 수 있다§837⑤.[259]

안정적인 양육환경의 조성은 자녀의 정서적 안정과 발달에 매우 중요한 요소이므로, 양육자의 변경과 같은 중요한 양육사항의 변경은 불가피한 경우로 한정하는 것이 바람직하다. 그러나 양육자가 자녀양육을 게을리 한다든가,

---

이성적 · 정서적 대응능력을 갖추었는지; 한편 국내 판결에 나타난 공동양육의 유형으로는 다음과 같은 것이 있다. 부모를 공동양육자로 지정하고 母가 주된 양육자로서 6박 7일간, 父가 보조 양육자로서 1박 2일간 각 양육하는 것으로 한다. 수원지판 2013. 7. 4, 2012르2144-1, 2151-1.

257) 대결 2013. 1. 25, 2012스173은 부모와의 유대관계, 양육기간, 자녀의 심리적 안정감 등을 고려하여 형과 동생의 양육자를 각각 부와 모로 따로 정하였다.

258) 대결 2022. 11. 10, 2021스766 참조.

259) 대판 1985. 2. 26, 84므86, 판례총람 93-837-14면은 양육자변경의 필요성 여부에 대하여 다음과 같이 판시하고 있다. "이혼당시 생후 7월이었던 유아의 양육자가 협정에 의하여 母로 지정되었고, 母는 현재까지 재혼도 하지 않은 채 子를 양육하고 있는 반면에 父는 재혼하여 일남을 출산하였다면, 위 유아가 아직 5세의 어린 나이인 이상, 그 유아를 父와 계모의 재혼가정에서 자라게 하는 것보다는 계속하여 생모 슬하에서 양육받게 하는 것이 합리적이므로, 양육자를 父로 변경할 필요성이 없다"; 대결 1998. 7. 10, 98스17 · 18, 판례공보 1998. 9. 1, 2731면은 "혼인이 파탄된 상태에서 부부가 협의이혼하기로 하면서 부부 일방이 미성년자인 자녀들의 양육비조로 임차보증금반환채권 중 일부를 양육자에게 귀속시키기로 하는 취지의 협정이 이루어진 후 양육비용의 부담에 대한 협의가 되지 아니한 것을 전제로 양육비 부담에 관한 심판을 구하는 경우, 그와 같은 양육비 부담에 관한 심판청구는 당사자 사이에 협의에 의하여 정한 子의 양육에 관한 사항 중 양육비 부담 부분의 변경을 구하는 취지로 보아야 할 것이고, 법원으로서는 당사자가 협의하여 정한 사항이 민법 제837조 제2항이 정하는 그 子의 연령, 부모의 재산상황 기타 사정 등 제반사정에 비추어 부당하게 결정되었는지 여부를 살펴 그와 같이 인정되는 경우에는 언제든지 이를 변경할 수 있다"고 판시하고 있다; 대결 2006. 4. 17, 2005스18 · 19.

질병 등 불가피한 사유로 양육을 할 수 없게 되는 경우 등에는 양육자의 변경이 불가피하게 된다.[260] 또한 이혼 전에 협의로 정한 양육비 액수가 적절하지 않아서 이를 변경할 필요가 있는 때에도 양육사항에 관한 변경이 있을 수 있다.[261] 양육비 액수를 변경할 필요가 있는지의 여부를 판단하는 기본적인 기준은 역시 자녀의 복리가 되어야 한다. 따라서 양육비채무자가 양육비의 감액을 청구한 경우에는 자녀의 복리를 기준으로 하여 양육비감액이 자녀에게 미치는 영향 등을 고려하여 판단하여야 할 것이다(일반적으로 양육비를 감액하는 조치는 자녀의 복리에 반할 가능성이 높다).[262] 양육비부담조서가 작성된 후에도
§836의2⑤ 미성년자녀의 양육비부담에 관한 사항은 자녀의 복리를 위하여 필요한 경우 변경이 가능하다.

(라) 양육의 개념 · 양육비청구권의 성질

① 양육의 개념: 양육은 자녀에 대한 사실상의 양육(예를 들어서 음식을 제공하고 목욕을 시키는 것 등), 교육, 양육과 교육을 위한 거소지정, 부당하게 子를 억류하는 자(者)에 대한 인도청구권, 방해배제청구권 등을 포함하는 개념이라고 이해되고 있다.[263] 그러나 양육에 필요한 비용의 부담은 양육권의 개념에 포함되지 않으므로, 자녀를 양육하지 않는 부모는 자녀의 양육비를 지급할 의무가 있다.[264] 따라서 母가 子를 양육하고 있는 경우 양육자인 母는 子의 父에 대하여 양육비의 지급을 청구할 수 있다(판례는 자녀의 양육비 결정과 관

---

260) 양육자변경심판은 부모 중 일방이 다른 일방을 상대로 하여 청구한다. 부모 아닌 사람이 子를 양육하고 있을 때에는 그 사람을 공동상대방으로 하여 子의 인도를 청구할 수 있다(가사소송규칙 제99조).

261) 대결 1998. 7. 10, 98스17 · 18은 "당사자 사이에 협의에 의하여 정한 子의 양육에 관한 사항 중 양육비 부담 부분의 변경을 구하는 심판청구가 있는 경우 법원은 당사자가 협의하여 정한 사항이 민법 제837조 제2항이 정하는 그 자의 연령, 부모의 재산상황 기타 사정 등 제반 사정에 비추어 부당하게 결정되었는지 여부를 살펴 그와 같이 인정되는 경우에는 언제든지 이를 변경할 수 있다"고 판시하고, 대결 1992. 12. 30, 92스17은 "이혼의 당사자가 자의 양육에 관한 사항을 협의에 의하여 정하였더라도 필요한 경우 가정법원은 당사자의 청구에 의하여 언제든지 그 사항을 변경할 수 있는 것이며, 이는 당사자 사이의 협의가 재판상 화해에 의한 경우에도 마찬가지이다"라고 판시하고 있다. 대판 1991. 6. 25, 90므699는 "당사자가 협의하여 그 자의 양육에 관한 사항을 정한 후 가정법원에 그 사항의 변경을 청구한 경우에 있어서 가정법원은 당사자가 협의하여 정한 사항이 제반 사정에 비추어 부당하다고 인정되는 경우에는 그 사항을 변경할 수 있는 것이고 협의 후에 특별한 사정변경이 있는 때에 한하여 변경할 수 있는 것은 아니다"라고 판시하고 있다.

262) 대결 2019. 1. 31, 2018스566.

263) 대판 1985. 2. 26, 84므86.

264) 대판 1986. 6. 10, 86므46, 양육비에는 교육비가 포함된다.

련하여, 법원으로서는 자녀의 양육비 중 양육자가 부담해야 할 양육비를 제외하고 상대방이 분담해야 할 적정 금액의 양육비만을 결정하는 것이 타당하다는 입장을 취하고 있다대판 2020. 5. 14, 2019므15302. 예를 들어 자녀의 양육비로 매월 100만 원이 필요한데 부모의 분담비율이 같고 모가 자녀를 양육하고 있다면, 법원은 부에게 매월 50만원의 양육비 지급을 명하는 것이다. 그러나 이러한 판례의 태도는 자녀를 사실상 양육하는 모의 수고와 노동의 가치를 고려하지 않는다는 점에서 문제가 있다).[265]

② 양육비청구권의 성질: 위의 경우 母가 父를 상대로 양육비를 청구하는 것은 부양권리자인 子를 대리하여 하는 것으로 보아야 할 것이다.[266] 그러나 판례는 이와 달리 양육비 청구권을 양육친이 비양육친에 대하여 갖는 권리로 보고, 당사자의 협의나 법원의 심판에 의하여 구체적인 청구권의 내용과 범위가 확정된 경우(예컨대 비양육친은 자녀가 성년자가 될 때까지 양육비로 매월 50만원을 지급한다), 이행기에 도달한 양육비채권은 완전한 재산권(손해배상청구권)으로서 권리자의 의사에 따라 포기, 양도 또는 상계의 자동채권으로 하는 것이 가능하다는 입장을 취하고 있다대판 2006. 7. 4, 2006므751[267](이 판결의 구체

265) 대결 1994. 5. 13, 92스21(전원합의체)은 "부모 중 어느 한쪽만이 자녀를 양육하게 된 경우에 양육하는 일방은 상대방에 대하여 현재 및 장래에 있어서의 양육비 중 적정 금액의 분담을 청구할 수 있음은 물론이고, 부모의 자녀양육의무는 특별한 사정이 없는 한 자녀의 출생과 동시에 발생하는 것이므로 과거의 양육비에 대하여도 상대방이 분담함이 상당하다고 인정되는 경우에는 그 비용의 상환을 청구할 수 있다고 보아야 한다"고 판시하고 있다. 부모 사이의 양육비 분담과 관련하여 대판 1992. 1. 21, 91므689는 "모에게 전혀 수입이 없어 양육비를 분담할 형편이 못되는 것이 아닌 이상 실제로 양육을 담당하는 모도 그 비용의 일부를 부담하도록 하였다 하여 이를 경험칙과 논리칙에 어긋나는 판단이라고 할 수는 없다"는 취지로 판시하고 있다; 대판 2012. 1. 27, 2011므1482: 母가 법원에 의하여 양육자로 지정되었더라도 실제로 양육을 하지 않은 이상 자녀의 父에 대하여 양육비 청구를 할 수 없다.

266) 대판 1992. 1. 21, 91므689는 "청구인(母)과 피청구인(父) 사이에 자녀의 양육에 관하여 특정 시점까지는 피청구인이 양육비의 일부를 부담하면서 청구인이 양육하기로 하고, 그 이후는 피청구인이 양육하도록 인도하기로 하는 의무를 부담하는 소송상의 화해가 있었다면, 이 화해조항상의 양육방법이 그 후 다른 협정이나 재판에 의하여 변경되지 않는 한 위 특정 시점 이후에는 청구인에게는 사건본인들을 양육할 권리가 없고, 그럼에도 불구하고 이들을 피청구인에게 인도함이 없이 스스로 양육하였다면, 이는 피청구인에 대한 관계에서는 위법한 양육이라고 할 것이니 위 화해에 갈음하여 새로운 양육방법이 정하여지기 전에는 피청구인은 청구인에게 그 위법한 양육에 대한 양육비를 지급할 의무가 있다고 할 수 없다"는 취지로 판시하고 있으나, 양육비지급청구권은 子의 권리이므로, 부모 사이에 이루어진 합의와 다르게 양육이 이루어지고 있다는 이유로 子의 부양청구권을 부정하는 태도는 법리적으로 타당하지 못할 뿐만 아니라, 자녀의 복리에도 반하는 것이다; 위의 대판과 같은 취지, 대결 2006. 4. 17, 2005스18・19.

267) 이 판결에 대한 연구로는 김형석, 양육비청구권을 자동채권으로 하는 상계, 가족법연구 제21권 제3호(2007. 11), 237면 이하.

적인 사안을 보면, 子의 양육자인 父가 母에게 위자료 및 재산분할로 5,800만원을 지급해야 할 채무가 있는데, 父가 양육비채권을 자동채권으로 하여 위의 채무를 상계하겠다는 주장을 하자, 대법원은 양육비채권 중 이미 이행기에 도달한 부분에 대하여 상계가 가능하다고 판단하였다). 그러나 이러한 판례의 태도에 대해서는 의문이 있다. 부모는 자녀가 태어난 때로부터 당연히 자녀를 부양할 의무를 부담하는데, 이는 자녀의 입장에서 보면 출생시부터 부모에 대하여 부양청구권을 갖는다는 것을 의미한다. 부모와 자녀가 동거하는 경우에는 부모는 자녀에 대한 보호와 교양(즉 실제의 양육)을 통하여 이와 같은 부양의무를 이행하는 것이 보통이다. 즉, 이런 경우 부양의무는 자녀의 생활에 필요한 금전을 지급하는 방식으로 이루어지지 않으며, 금전의 지급은 자녀에게 주는 용돈의 수준을 넘지 않는다. 그러나 부모가 이혼하였거나 별거하고 있는 경우 또는 처음부터 혼인하지 않았기 때문에 자녀가 부모의 일방과 함께 사는 경우에는 부모가 부양의무를 이행하는 방식도 달라질 수밖에 없다. 이 경우 자녀를 양육하지 않는 부모의 일방은 자녀의 양육에 필요한 금전을 지급함으로써 자신에게 주어진 부양의무를 이행한다. 자녀의 입장에서 보면, 자신을 직접 양육하지 않는 부모에 대한 부양청구권은 양육에 필요한 금전의 지급을 청구하는 형식으로 나타날 수밖에 없다. 이렇게 본다면, 양육비청구권은 자녀가 자신을 직접 양육하지 않는 부모에 대하여 갖는 부양청구권에서 비롯되는 것이며, 그 본질은 자녀의 부모에 대한 부양청구권임을 알 수 있다.[268] 다만 권리행사의 문제에 있어서 일반적으로 양육친이 비양육친에 대하여 양육비의 지급을 청구하는 이유는, 자녀가 미성년자이기 때문에 양육친이 법정대리인(또는 법정소송담당)으로서 자녀를 대리하여 하는 것으로 이해되어야 한다.[269] 이렇게 이해한다면, 친권자가 본래 자녀에게 속한 양육비채권을 자동채권으로 하여, 자신에 대한 위자료 및 재산분할청구권을 상계할 수는 없을 것이다(즉, 상계적상은 처음부터 존재하지 않는 것이 된다).

양육자가 제3자일 경우에는 부모 쌍방에 대하여 양육비를 청구할 수 있다.[270] 이 경우에도 양육자는 자녀를 대리하여 양육비를 청구하는 것으로 보

268) 대판 1972. 7. 11, 72므5는 미성년자녀가 법정대리인의 대리에 의하지 않고도 부양의무자인 부에 대하여 직접 부양료를 청구할 수 있다고 한다. 이는 양육비청구권이 자녀의 부모에 대한 권리임을 전제로 한 것으로 이해된다.

269) 같은 취지 임종효, 양육비청구권에 관한 기초 이론 및 실무상 쟁점, 사법논집 제51집(2011), 254면 이하.

아야 할 것이다.

(마) 양육비의 이행확보 방법

양육비채권자가 양육비에 관한 심판이나 판결, 양육비부담조서§836의2⑤ 등의 집행권원을 받은 경우에도 양육비채무자가 스스로 양육비를 지급하지 않는 사례는 얼마든지 있을 수 있다. 이런 경우 종래의 법제도에서는 우선 민사집행법에 의하여 강제집행을 할 수 있었는데, 적지 않은 시간과 비용이 소요될 뿐만 아니라 정기적으로 지급되는 소액의 양육비를 받아내기 위한 방법으로는 효율성이 현저하게 떨어진다는 비판이 있었다. 양육비확보를 위한 또 다른 방법은 가사소송법에 규정되어 있는데, 가정법원은 당사자(양육비채권자)의 신청이 있는 경우 양육비채무자에 대하여 일정한 기간 내에 양육비지급의무를 이행할 것을 명할 수 있고(이행명령)가소 §64,[271] 양육비채무자가 정당한 이유없이 이 명령에 위반한 경우에는 직권 또는 권리자의 신청에 의하여 결정으로 1,000만원 이하의 과대료에 처할 수 있다가소 §67①. 또한 양육비의 정기적 지급을 명령받은 자가 정당한 이유 없이 3회 이상 그 의무를 이행하지 아니한 때에는 30일의 범위 내에서 의무이행이 있을 때까지 의무자를 감치할 수 있나가소 §68. 그러나 이러한 종래의 가사소송법상의 제도들도 양육비의 적정한 확보에 별 도움이 되지 못한 것이 사실이다. 이혼가정 등 한부모가정에서 사라는 미성년자녀의 양육비를 적정하고 신속하게 확보하는 것은 자녀의 복리와 직결되는 중요한 문제이므로, 이 문제의 해결을 위하여 많은 논의가 있었으며,[272] 그 결과 간이한 방법으로 양육비를 효율적으로 확보할 수 있는 여러가지 새로운 제도들이 가사소송법에 도입되었다(신설된 규정들은 2009년 11월 9일부터 시행되고 있다). 아래에서(①-④) 가사소송법에 새로 도입된 제도들에 대하여 간단하게 설명한다.

① 양육비직접지급명령가소 §63의2: 가정법원은 양육비를 정기적으로 지급해야 할 의무가 있는 양육비채무자가 정당한 이유 없이 2회 이상 양육비를 지급하지 않은 경우에는 양육비채권자(양육비채권자는 양육비부담조서 등 양육비 채권에 관한 집행권원을 가지고 있어야 한다)의 신청에 따라, 양육비채무자(예

---

270) 대결 2021. 5. 27, 2019스621 참조.

271) 이행명령에는 특별한 사정이 없는 한 의무이행의 기간을 정하여야 한다. 대결 2017. 11. 20, 2017으519.

272) 가사소송법에 새로 도입된 제도들의 기초를 제공한 논문으로는 김상용, 독신모가정에 대한 지원방안, 가족법연구 Ⅱ, 215면 이하 참조.

컨대 父)에 대하여 정기적 급여채무를 부담하는 소득세원천징수의무자(예를 들면, 父가 근로자인 경우, 父에게 매월 임금을 지급하는 회사)에게 양육비채무자(父)의 급여에서 정기적으로 양육비를 공제하여 양육비채권자에게 직접 지급하도록 명할 수 있다. 예를 들어서, 이혼 후 양육비부담조서에 의하여 매월 자녀의 양육비로 50만원을 지급해야 할 의무가 있는 父가 2회 이상 양육비를 지급하지 않은 경우, 가정법원은 양육비채권자의 신청에 의하여 父가 급여를 받는 회사에 대해서 매월 50만원을 父의 월급에서 공제하여 양육비채권자에게 직접 지급하도록 명할 수 있다. 이렇게 되면, 별도의 번거로운 집행절차를 거치지 않아도 매월 양육비가 정기적으로 지급될 수 있으므로, 장래에 양육비를 안정적으로 확보하는 데 매우 유용하다. 소득세원천징수의무자가 정당한 이유 없이 직접지급명령에 위반한 때에는 가정법원은 직권 또는 양육비채권자의 신청에 의하여 결정으로 1,000만원 이하의 과태료에 처할 수 있다가소 §67①.

② 담보제공명령가소 §63의3①·②: 가정법원은 양육비를 정기금으로 지급하도록 명하는 경우에 그 이행을 확보하기 위하여 직권으로 양육비채무자에게 상당한 담보의 제공을 명할 수 있다(직권에 의한 담보제공명령)가소 §63의3①. 또한 가정법원은 양육비채무자가 정당한 사유 없이 양육비지급의무를 이행하지 않는 때에는 양육비채권자의 신청에 의하여 양육비채무자에게 상당한 담보의 제공을 명할 수 있다(신청에 의한 담보제공명령)가소 §63의3②. 위에서 본 양육비직접지급명령제도는 양육비채무자가 정기적으로 임금을 받는 근로자인 경우에만 그 이용이 가능하다. 그러므로, 예를 들어서, 자영업자인 양육비채무자(예컨대 父)가 양육비의 지급의무를 이행하지 않고 있으며, 재산을 도피시킬 우려가 있다고 해도 양육비직접지급명령제도는 아무런 도움이 되지 않는다. 담보제공명령제도는 이런 경우를 대비하여 마련된 것이다. 이와 같은 경우 가정법원은 양육비채무를 담보하기 위하여 양육비채무자에게 담보의 제공을 명할 수 있다. 그러나 법원이 양육비채무자에게 담보를 제공하게 한다고 해도, 이것이 곧 정기적인 양육비의 지급을 보장하는 것은 아니다. 양육비채무자가 법원의 명령에 따라 담보를 제공한 후에도 양육비를 지급하지 않는 경우에 양육비채권자가 효율적으로 양육비를 확보할 수 있는 방법이 강구되어야 한다. 우선 해석론으로 이 문제의 해결책을 모색해 본다. 법원의 담보제공명령이 있는 경우에 담보의 제공은 원칙적으로 금전 또는 법원이 인정하는 유가증권을 공탁하는 방법으로 한다가소 §63의3⑥에 의한 민소 §122의 준용. 이에 따라 일반적으로

양육비채무자는 법원이 정한 일정한 액수의 금전을 공탁하게 될 것이다. 한편 양육비채권자는 담보물(공탁된 금전 등)에 대하여 질권자와 같은 권리를 가지게 되므로가소 §63의3⑥에 의한 민소 §123의 준용, 이행기가 도래한 양육비채권의 한도에서 법원에 직접 공탁금의 출급을 청구할 수 있다는 해석이 가능하다(직접출급청구)행정예규 제952호. 예를 들어서, 법원의 담보제공명령에 의하여 양육비채무자가 1,000만원을 공탁한 후에 월 50만원으로 정해진 양육비를 2회 지급하지 않았다면, 양육비채권자는 지연된 양육비 100만원의 한도에서 가정법원에 직접 공탁금의 출급을 청구할 수 있을 것이다.[273]

다음으로 법제도의 보완을 통한 해결책을 생각해 본다. 양육비의 안정적인 지급을 보장하기 위해서는 법원이 양육비채무자에게 담보의 제공을 명할 수 있을 뿐만 아니라, 양육비채무자가 양육비를 지급하지 않는 경우에는 제공된 담보물(공탁된 금전 등)로부터 양육비가 정기적으로 지급되도록 할 필요가 있다. 예컨대, 양육비부담조서에 의해서 양육비채무자인 父가 매월 25일에 50만원의 양육비를 지급하도록 정하여져 있는데 실제로 지급을 하지 않고 있다면, 법원은 정해진 양육비지급일에 제공된 담보물로부터 50만원의 양육비가 정기적으로 양육비채권자에게 지급되도록 명할 수 있어야 할 것이다.

양육비채무자가 담보를 제공하여야 할 기간 내에 담보를 제공하지 아니한 때에는 가정법원은 양육비채권자의 신청에 의하여 양육비의 전부 또는 일부를 일시금으로 지급하도록 명할 수 있다가소 §63의3④. 양육비채무자가 양육비의 일시금 지급명령을 받고도 30일 이내에 정당한 이유 없이 그 의무를 이행하지 않는 때에는 가정법원은 양육비채권자의 신청에 의하여 결정으로 30일의 범위 내에서 의무이행이 있을 때까지 양육비채무자를 감치에 처할 수 있다가소 §68. 또한 양육비채무자가 정당한 이유 없이 담보제공명령에 위반한 때에는 가정법원은 직권 또는 양육비채권자의 신청에 의하여 결정으로 1,000만원 이하의 과태료에 처할 수 있다가소 §67①.

③ 재산명시가소 §48의2 · 재산조회가소 §48의3: 가정법원은 미성년 자녀의 양육비(재산분할, 부양료) 청구사건을 위하여 특히 필요하다고 인정하는 때에는

273) 양육비채권자(피공탁자)는 담보권을 실행하기 위하여 직접출급청구를 하는 것 이외에 질권실행을 위한 압류를 할 수 있다. 즉, 양육비채권자는 이행기가 도래한 양육비채권을 가지고 민사집행법 제273조에 규정된 채권에 대한 강제집행절차에 따라 양육비채무자(공탁자)의 공탁금회수청구권을 압류하여 추심명령이나 확정된 전부명령을 얻어 공탁금출급청구를 할 수 있다.

직권 또는 당사자의 신청에 의하여 당사자에게 재산상태를 명시한 재산목록을 제출하도록 명할 수 있다(재산명시)가소 §48의2. 재산명시명령을 받은 당사자는 가정법원이 정한 상당한 기간 이내에 자신이 보유하고 있는 재산과 과거 일정한 기간 동안 처분한 재산의 내역을 명시한 재산목록을 제출하여야 한다가소규 §95의4① 본문. 재산명시명령을 받은 당사자가 정당한 사유 없이 재산목록의 제출을 거부하거나 거짓의 재산목록을 제출한 때에는 1,000만원 이하의 과태료에 처한다가소 §67의3. 또한 가정법원은 재산명시절차를 거쳤음에도 당사자가 재산목록의 제출을 거부하거나 제출된 재산목록만으로는 미성년 자녀의 양육비(재산분할, 부양료) 청구사건의 해결이 어렵다고 인정하는 때에는 직권 또는 당사자의 신청에 의하여 당사자 명의의 재산에 관하여 조회할 수 있다(재산조회)가소 §48의3. 가정법원은 개인의 재산과 신용정보에 관한 전산망을 관리하는 공공기관・금융기관・단체 등에 대하여 당사자 명의의 재산을 조회함으로써 당사자의 자발적 협조 없이도 당사자의 재산내역을 발견・확인할 수 있다. 가정법원으로부터 재산조회를 요구받은 기관 등은 정당한 사유 없이 조회를 거부하지 못한다가소 §48의3②, 민집 §74④. 재산조회를 요구받은 기관・단체의 장이 정당한 사유 없이 거짓자료를 제출하거나 자료제출을 거부한 때에는 1,000만원 이하의 과태료에 처한다가소 §67의4.

④ 그 밖의 개정사항: 종전에는 판결・심판・조정조서 또는 조정을 갈음하는 결정에 위반하여 양육비를 지급하지 않는 경우에 가사소송법상의 이행명령을 할 수 있었으나, 개정에 의하여 양육비부담조서상의 양육비지급의무가 이행되지 않는 경우에도 이행명령을 할 수 있게 되었다가소 §64①.[274] 양육비채무자가 정당한 이유 없이 이행명령에 위반하는 때에는 직권 또는 권리자의 신청에 의하여 결정으로 1,000만원 이하의 과태료에 처할 수 있게 되었는데가소 §67①, 이는 종전의 과태료 상한액 100만원과 비교하면 대폭 인상된 것이라고 볼 수 있다. 양육비의 정기적 지급을 명령받은 자가 정당한 이유 없이 3회 이상 그 의무를 이행하지 않은 경우에 30일의 범위 내에서 의무이행이 있을 때까지 의무자를 감치에 처할 수 있는 것은 종전과 다름이 없다가소 §68. 다만, 양육비부담조서에 의한 양육비지급의무를 이행하지 않은 양육비채무자도

---

274) 대결 2025. 5. 23, 2025으517. 이행명령은 판결, 심판, 조정조서, 조정을 갈음하는 결정 또는 양육비부담조서에 의하여 확정된 의무 중 이행명령을 할 때까지 의무자가 이행하지 않은 의무의 전부 또는 일부에 대하여만 할 수 있을 뿐이다.

감치에 처해질 수 있다는 것이 새로운 점이다.

⑤ 양육비이행법에 의한 양육비 이행확보 방법: 최근에 양육비이행법(양육비 이행확보 및 지원에 관한 법률)이 개정되면서 다음과 같은 규정이 신설되었다. ⅰ) 여성가족부장관은 양육비채무불이행으로 인하여 가사소송법에 따른 일시금 지급명령 또는 이행명령을 받았음에도 불구하고 양육비채무를 이행하지 않는 양육비채무자에 대하여 법무부장관에게 출국금지를 요청할 수 있다§21의4. ⅱ) 여성가족부장관은 양육비채무자가 양육비채무불이행으로 인하여 일시금 지급명령 또는 이행명령을 받았음에도 불구하고 양육비채무를 이행하지 않는 경우에는 양육비채권자의 신청에 의하여 양육비채무자에 관한 일정한 정보(성명, 나이, 직업, 주소, 근무지 등)를 공개할 수 있다§21의5. ⅲ) 여성가족부장관은 양육비채무자가 양육비채무불이행으로 인하여 일시금 지급명령 또는 이행명령을 받았음에도 불구하고 양육비채무를 이행하지 않는 경우에는 지방경찰청장에게 해당 양육비채무자의 운전면허의 효력을 정지시킬 것을 요청할 수 있다§21의3.[275] 이외에 양육비채권자는 일정한 요건이 충족되는 경우 양육비이행관리원의 장에게 양육비의 선급을 신청할 수 있다(양육비 선지급)§21의6-§21의15.

(바) 양육에 관한 사항 이외의 부모의 권리의무

협의나 재판에 의하여 양육에 관한 사항이 정해진 경우에 이는 그 밖의 부모의 권리의무에는 변경을 가져오지 않는다§837⑥. 따라서 부모의 일방이 양육자로 정해진 경우 양육에 관한 권리는 그 일방이 행사하게 되지만, 다른 일방이 부모로서 가지는 그 밖의 권리의무는 그대로 유지된다. 예를 들어서 이혼 후 모가 양육자로, 부가 친권자로 정해진 경우에는 모는 사실상 자를 양육하고, 양육과 관련된 권리(양육 및 교육에 필요한 거소지정, 부당하게 자녀를 억류하는 자에 대한 인도청구, 양육권 방해에 대한 방해배제청구 등)를 행사할 수 있지만, 이러한 사항을 제외한 친권의 나머지 부분(재산관리권, 재산상 법률행위에 대한 대리권 및 동의권)은 친권자인 父가 행사한다(이런 경우 자녀를 양육하는 모는 대리권과 동의권이 없어서 실제 생활에서 큰 불편을 겪을 수 있다. 따라서 모가 양육자로 지정된 때에는 그에 수반하여 대리권과 동의권까지 인정할 필요가 있다). 그

---

275) 이외에 감치명령 결정을 받았음에도 불구하고 정당한 사유 없이 감치명령 결정을 받은 날부터 1년 이내에 양육비 채무를 이행하지 아니한 사람은 1년 이하의 징역 또는 1천만원 이하의 벌금에 처할 수 있다(양육비이행법 제27조 제2항).

러므로 예를 들어 친권자인 父가 마음대로 子를 데려갔다면 母는 양육권자로서 父에 대하여 子의 인도를 청구할 수 있다.[276] 父와 子 사이의 부양의무와 상속권도 그대로 존속하며, 미성년자인 子가 혼인할 때에는 모뿐만 아니라 父의 동의도 얻어야 한다.

(사) 양육권과 친권의 분리

민법은 이혼 후 양육에 관한 사항의 결정과 친권자 결정을 분리하여 각각 다른 조문에서 규정하고 있다. 이는 이혼 후 부모와 자녀의 관계를 정함에 있어서 친권과 양육권이 분리되어 각각 다른 부모의 일방에게 속할 수 있다는 현행법의 태도를 나타내는 것이다대판 2012. 4. 13, 2011므4719. 부모가 자녀에 대하여 부담하는 양육·보호책임을 이처럼 분리하여 규정한 데에는 역사적인 이유가 있다. 이혼 후에도 父가 자녀에 대한 고유의 권한인 친권(가부장권)을 그대로 보유하는 것을 원칙으로 하고, 예외적으로 모가 父에 비하여 자녀의 양육에 보다 적합한 조건을 갖추고 있다고 인정되는 제한된 경우(예를 들면 자녀가 유아인 경우)에 한하여 단지 사실상의 양육만을 허용하려는 태도가 이미 로마법 시대로부터 확립되어 그 맥을 이어 왔다. 1921년 12월 1일부터 우리에게 적용되기 시작한 친권에 관한 일제의 민법 규정은 이혼 후에도 父가 계속하여 친권을 보유하도록 규정하여, 친권이 자녀에 대한 父의 지배권임을 분명히 나타내고 있었다. 이러한 규정은 해방 후의 민법 제정에도 영향을 미쳐, 민법도 역시 이혼후의 양육권과 친권을 분리하고, 이혼 후에 친권은 언제나 父에게 귀속되도록 규정했던 것이다. 그러나 1990년 민법개정으로 모도 이혼 후에 친권자가 될 수 있게 됨에 따라 애초에 양육권과 친권을 분리한 민법의 태도는 이제 그 근거를 상실하게 되었다. 따라서 친권으로 일원화시키는 것이 바람직하다.[277]

(아) 양육자 지정의 기준

가정법원이 양육자를 정하는 경우에는 부모의 양육적합성,[278] 자녀의 의사, 자녀의 유대관계, 양육의 계속성 등을 종합적으로 고려하여야 한다.[279] 그

276) 대판 1985. 2. 26, 84므86.

277) 상세한 것은 金相瑢, '이혼후의 양육자 및 친권자 결정에 있어서 민법이 갖는 몇 가지 문제점', 사법행정, 1996년 8월호, 12면 이하 참조.

278) 모가 외국인이어서 한국어 능력이 부족하다는 이유만으로 양육적합성이 떨어진다고 판단하는 것은 타당하지 않다. 대판 2021. 9. 30, 2021므12320, 12337.

279) 대판 2012. 4. 13, 2011므4719은 부모가 이혼하는 경우에 부모 중에서 친권자 및 양육자를 정함에 있어서는 "미성년인 자의 성별과 연령, 그에 대한 부모의 애정과 양육의사

러나 이 계속성의 원칙을 지나치게 강조하여 누가 이혼 전에 양육을 담당하였는가의 문제에만 초점을 맞춘다면, 다른 중요한 기준들을 간과할 수 있다. 계속성의 원칙은 하나의 부수적인 기준으로서 부모 쌍방이 다른 부분에서 비슷한 조건을 갖추고 있는 경우에 한하여 중요한 판단기준이 되어야 한다. 판례를 살펴보면 계속성의 원칙에 근거하여 양육자를 지정하는 경향이 있음을 알 수 있는데,[280] 이 원칙의 안이한 적용은 경계되어야 할 것이다. 한편, 유책배우자의 양육자 지정과 관련하여 살펴보면, 유책배우자가 반드시 자녀의 양육자로서 부적합하다고 추정되지는 않으나, 혼인을 파탄시킨 유책행위가 자녀에게도 해로운 영향을 미칠 수 있다고 판단되는 경우(예를 들면 배우자에 대한 폭력행사 등)에는 자녀복리의 관점에서 고려되어야 한다.☞

☞ 처가 夫를 상대로 이혼과 위자료 및 재산분할청구를 하면서 두 아들에 대해서 맏아들은 父로, 둘째 아들은 母로 친권자 및 양육자로 지정해 줄 것을 청구한데 대하여 서울가정법원은 이를 인용하였으나, 夫가 이에 불복하여 항소한 데 대하여 서울고법은 이를 변경하여 夫를 친권자 및 양육자로 지정하면서 다음과 같이 판시하고 있다. "원고와 피고 사이의 자녀인 사건 본인들은 현재 모두 미성년자(맏아들 A는 10세, 둘째 아들 B는 5세)인 사실을 인정할 수 있는바, 이와 같은 사건 본인들의 나이, 부모들의 가정환경, 원고와 피고의 사건 본인들에 대한 애정의 정도, 원·피고의 별거 이후 2년 이상의 기간 동안 사건 본인들을 피고가 양육하여 왔고, 사건 본인 A는 현재 피고의 주소지에서 학교에 다니고 있어 지금에 이르러 이들의 생활환경이 바뀐다면 새로운 환경에의 적응을 위하여 드는 노력이 적지 않고, 그들의 정서나 심리에 미치는 영향도 지대할 것이라는 점, 원·피고의 경제력 등 이 사건 변론에 나타난 여러 사정을 종합하면, 비록 피고가 원고와의 관계에 있어서는 혼인관계를 파탄에 이르게 한 유책배우자라 하더라도, 사건 본인

---

의 유무는 물론, 양육에 필요한 경제적 능력의 유무, 부 또는 모와 미성년인 자 사이의 친밀도, 미성년인 자의 의사 등의 모든 요소를 종합적으로 고려하여 미성년인 자의 성장과 복지에 가장 도움이 되고 적합한 방향으로 판단하여야 한다"고 한다(대판 2020. 5. 14, 2018므15534). 이러한 원칙은 가사소송법 제62조 제1항에 따른 자의 양육에 관한 사전처분을 할 때에도 적용되어야 한다. 대결 2008. 11. 24, 2008스104.

280) 서울고판 1994. 6. 7, 93르1022; 대판 2008. 5. 8, 2008므380; 대판 2010. 5. 13, 2009므1458, 1465; 대판 2021. 9. 30, 2021므12320, 12337. 별거 이후 재판상 이혼에 이르기까지 상당 기간 부모의 일방이 미성년자녀를 안정적으로 양육해온 경우, 상대방을 친권자 및 양육자로 지정하는 것이 정당화되기 위해서는 상대방을 친권자 및 양육자로 지정하는 것이 현재의 양육 상태를 유지하는 경우보다 미성년자녀의 성장과 복지에 더 도움이 된다는 점이 명백하여야 한다.

들에 대하여는 현재 상태를 그대로 유지하여 아버지인 피고가 사건 본인들에 대해 친권을 행사하고 양육하는 것이 사건 본인들의 원만한 성장과 복지를 위하여 바람직하다고 인정되므로 피고를 사건 본인들의 친권행사자 및 양육자로 지정하되, 다만 원고는 매월 마지막 토요일 오후 4시부터 다음 날인 일요일 오후 7시까지 피고의 주소지로 사건 본인들을 방문하여 만날 수 있고, 방학기간중인 매년 1월과 8월 중에는 원고가 희망하는 각 1주일간 원고의 주소지 또는 원고가 책임질 수 있는 장소에서 사건 본인들과 동거할 수 있도록 함이 상당하다 할 것이다"라고 판시하고 있다(서울고판 1994. 6. 7, 93르1022·1039, 법률신문 1994. 7. 7). 그러나 이 판결에서 유책배우자인 夫를 친권자 및 양육자로 지정한 것에 대해서는 검토를 요한다.

### (2) 자녀의 친권자 결정

부모가 이혼을 하게 되면, 子에 대한 공동양육이 어렵게 되므로 子에 대한 공동친권은 단독친권으로 변경되는 것이 보통이며, 따라서 부모 중 어느 한 쪽을 친권자로 정하게 된다(그러나 이론상으로는 이혼 후의 공동친권도 가능하며, 실무상으로도 이혼 후의 공동친권이 인정되는 사례가 있다대판 2012. 4. 13, 2011므4719).

#### (가) 협의이혼의 경우

① 부모의 협의에 의한 결정: 협의이혼을 하려는 부모는 우선 협의에 의해서 친권자를 정할 수 있다. 친권자에 관한 부모의 협의가 자녀의 복리에 반하는 경우에는 법원은 보정을 명하거나 직권으로 친권자를 정한다§909④(다만 실무상 법원이 직권으로 친권자를 정하는 경우는 거의 없으며, 당사자가 보정에 응하지 않는 경우에는 협의이혼의사를 확인하지 않으므로, 사실상 협의이혼은 불가능하게 된다. 가족관계등록예규 제551호 제13조 참조). 이는 양육사항에 관한 당사자의 협의가 자녀의 복리에 반하는 경우에 법원이 취하는 조치와 같다§837③. 당사자가 협의에 의해서 친권자를 정하지 못하는 경우에는 법원에 친권자의 지정을 청구하여 심판을 받아야 한다. 제836조의2 제4항 규정에 의하면 협의이혼을 하려는 부부는 이혼의사확인시까지 친권자결정에 관한 당사자의 협의서 또는 가정법원의 심판정본을 제출해야만 하므로, 이러한 요건이 충족되지 않으면 법원은 이혼의사의 확인을 거부할 것이며, 따라서 협의이혼은 성립될 수 없다.

② 부모의 협의가 이루어지지 않은 경우: 제909조 제4항은 협의이혼의 경우에 친권자를 결정하는 방법에 대해서 규정하고 있는데(재판상 이혼의 경우에 친권자를 결정하는 방법은 제909조 제5항에 규정되어 있다), 부모가 협의로 친

권자를 정하지 못한 경우에는 가정법원이 “직권으로 또는 당사자의 청구에 따라” 친권자를 지정하도록 하고 있다. 그러나 여기서 가정법원이 “직권으로” 친권자를 정할 수 있다는 부분은 조문의 체계상 불필요할 뿐만 아니라 협의이혼절차와도 조화가 되지 않는다고 생각된다. 우선 조문의 체계와 관련하여 볼 때, 제836조의2 제4항 규정에 의하면 협의이혼을 하려는 당사자는 이혼의사확인시까지 친권자결정에 관한 협의서 또는 가정법원의 심판정본을 제출해야만 하므로, 협의로 친권자를 결정하지 못한 때에는 스스로 법원에 친권자지정에 관한 심판을 청구할 것이다. 따라서 가정법원이 굳이 “직권으로” 개입하여 친권자를 결정할 필요가 없다. 또한 협의이혼의 경우 가정법원이 확인절차에서 “직권으로” 친권자결정에 관한 심판을 할 수 있는가도 의문이다. 원래 법무부 가족법개정특별분과위원회의 개정안은 이러한 점을 고려하여 제909조 제4항(전단)을 다음과 같이 규정하고 있었다. “혼인외의 자가 인지된 경우와 부모가 이혼하는 경우에는 부모의 협의로 친권자를 정하여야 하고, 협의할 수 없거나 협의가 이루어지지 않는 경우에는 당사자는 가정법원에 그 지정을 청구하여야 한다.” 즉, 협의이혼의 경우에 가정법원이 직권으로 친권자를 결정할 수 있는 가능성은 규정되어 있지 않았다. 그런데, 국회 법사위에서 대안을 제안하면서 이를 수정하여 현재의 규정과 같이 법원이 직권으로 친권자를 정할 수 있게 되었다(“혼인외의 자가 인지된 경우와 부모가 이혼하는 경우에는 부모의 협의로 친권자를 정하여야 하고, 협의할 수 없거나 협의가 이루어지지 않는 경우에는 가정법원은 직권으로 또는 당사자의 청구에 따라 친권자를 지정하여야 한다”). 이는 개정안의 조문체계에 대한 오해에서 비롯된 오류라고 생각된다.

부모의 협의로 친권자를 정할 경우 단독친권으로 하든 공동친권으로 하든 자유로이 결정할 수 있다고 보아야 할 것이다.

(나) 재판상 이혼의 경우

재판상 이혼의 경우에는 가정법원이 직권으로 친권자를 정한다§909⑤. 가정법원은 부모에게 미성년자인 자녀의 친권자로 지정될 사람에 관하여 미리 협의하도록 권고하여야 한다가소§25①. 친권자와 양육자를 각각 달리할 수 있다(예를 들어 母는 양육자로, 父는 친권자로 정해질 수 있다).

(다) 친권자의 변경

일단 친권자가 정하여졌더라도 子의 복리를 위하여 친권자를 변경할 필요가 있는 경우에는, 가정법원은 子의 4촌 이내의 친족의 청구에 의하여 친권자

를 다른 일방으로 변경할 수 있다§909⑥, 가소 §2①마류사건ⅴ·50·

### (3) 면접교섭권[281)]

#### (가) 의의와 입법취지

1990년의 민법개정에 의해서 면접교섭권제도가 새로 도입되었다. 1990년 민법개정 전에도 직접적인 규정은 없었지만, 서울고판은 면접교섭권을 인정하는 판결을 한 적이 있다.☞

☞ 서울고판 1987. 2. 23, 86르313: 청구인 X(처)와 피청구인 Y(夫)는 부부였으나, X가 Y를 상대로 이혼 및 위자료를 청구하면서, X와 Y 사이에 출생한 子 A의 양육자를 X로 지정해 달라는 청구를 서울가정법원에 냈다. 이에 대하여 서울가정법원은 X의 청구를 받아들여 이혼 및 위자료 청구를 인용하고 또 A의 양육자로 X를 지정하였다. 그러나 Y는 이에 불복하여 서울고등법원에 항소를 제기하였다. 이에 대하여 서울고등법원은 원심판의 이혼 및 위자료 부분에 대한 피청구인의 항소를 기각하고, 원심판의 양육자지정 부분을 다음과 같이 변경하였다. "청구인을 청구인과 피청구인 사이에 태어난 청구외 A의 양육자로 지정하되, 다만 피청구인은 위 A가 성년에 달할 때까지 그 주소에서 A의 학교 방학기간중인 매년 1월과 8월의 첫 일요일부터 토요일까지 1주일간씩을 위 A와 동거하고, 월 셋째 일요일을 기하여 피청구인이 청구인의 주소지로 위 A를 방문하며, 매년 설날과 추석날에는 위 A를 피청구인의 가에 보내어 차례 및 성묘에 참례하게 한다."

면접교섭권은 이혼 후에도 자녀와 부모(자녀를 직접 양육하지 않는 부모의 일방)의 관계가 계속 유지될 수 있도록 뒷받침하는 제도로서 궁극적으로 자녀의 정서안정과 원만한 인격발달을 통한 복리실현을 목적으로 한다. 많은 외국의 입법례가 공통적으로 면접교섭권을 규정하고 있는 것도 이러한 이유에 근거하는 것이다. 또한 이혼 후 자녀를 직접 양육하지 않는 부모의 입장에서도 면접교섭을 통하여 자녀를 정기적으로 만나 성장하는 모습을 지켜보면서 정서적인 만족을 얻을 수 있다. 이렇게 본다면 면접교섭권은 자녀와 부모 모두를 위한 제도라고 볼 수 있을 것이다. 그러나 현대친자법의 기본이념이 자녀의 복리실현에 있다는 점을 고려해 보면, 면접교섭권도 주로 자녀의 복리실현을 위한 제도로 이해하는 것이 타당할 것이다. 그런데 2007년 개정 전의 민법은 면접

---

281) 면접교섭권에 관한 상세한 연구는 金相瑢, 면접교섭권, 가족법연구 I (2002), 43면 이하 참조.

교섭권을 명백히 부모의 일방적인 권리로 규정하고 있어서(개정 전 민법 제837조의2 제1항: 子를 직접 양육하지 아니하는 부모 중 일방은 면접교섭권을 가진다), 면접교섭권의 주된 목적인 자녀의 복리실현과는 모순되는 태도를 취하고 있었다. 이 규정에 대해서는 많은 비판이 가하여졌는데, 그 주된 근거는 "자녀의 복리가 최고의 원칙으로 자리 잡은 현대친자법의 발전경향에 비추어 볼 때, 여전히 부모 중심의 낡은 사고에 머물러 있다"는 것이었다. 이러한 비판은 상당한 공감을 얻었으며, 그 결과 2007년 민법일부개정에 의해서 제837조의2 제1항은 다음과 같이 개정되었다. "子를 직접 양육하지 아니하는 부모의 일방과 子는 상호 면접교섭할 수 있는 권리를 가진다."[282] 개정된 규정은 자녀를 면접교섭권의 단순한 객체에서 주체로 승격시켰다는 상징적인 의미를 갖는다.

(나) 면접교섭권의 성질

우리보다 먼저 면접교섭권 제도를 도입했던 외국에서도 면접교섭권은 이혼 시 양육권을 갖지 못한 부모의 심리적 욕구를 만족시키기 위한 제도로서 출발하였다. 그러나 1970년대 이후 축적된 아동심리학 분야의 연구성과는 법학에도 영향을 미쳐 면접교섭권에 대한 이해를 새롭게 하는 데 중요한 계기를 제공하였다. 자녀의 복리에 대한 새로운 이해는 이혼 후 자녀에게 양쪽 부모와의 관계를 계속해서 유지·발전시킬 수 있는 조건이 마련될 때에 최대한의 심리적 안정이 보장될 수 있다는 인식을 가져왔으며, 이는 면접교섭권에 대한 기본적인 이해에도 영향을 미치게 되었다.

① 자녀의 권리로서의 면접교섭권: 면접교섭에 있어서 자녀의 복리가 강조되면서 면접교섭권을 자녀의 권리로 파악하려는 경향이 나타난 것은 자연스러운 귀결이었다. 1980년대 이후 적지 않은 외국의 입법례가 면접교섭권을 자녀의 권리로 선언[283]함으로써, 자녀는 이제 부모가 갖는 면접교섭권의 단순한 객체에 머물지 않고 스스로 권리의 주체로 떠오르게 되었다. 이와 같은 개정의 흐름 속에서 면접교섭권은 자녀의 권리로 새롭게 자리매김 되었고, 이는 원래 부모만의 권리로 규정된 면접교섭권의 법구조를 근본적으로 변화시키는 출발점이 되었다. 면접교섭권의 법적 성질과 관련된 이러한 변화와 발전은 궁극적으로 자녀의 복리를 실현시키기 위한 노력의 소산이며, 그 기본

282) 김상용, 면접교섭권(가족법연구 I), 48면에서 제시되었던 개정안이 수용된 것임.

283) 스웨덴에서는 1983년에 이러한 방향의 법개정이 이루어졌다. Schwab/Henrich(Hrsg.), *Entwicklungen des europäischen Kindschaftsrechts*(1996), S. 113.

방향에 있어서 타당하다고 평가할 수 있을 것이다. 그러나 면접교섭권을 자녀의 권리로서 이해한다고 하여도 이는 부모의 권리를 배제한다는 의미는 아니다. 자녀와 부모의 상호 협력과 이해는 면접교섭권의 성공적인 실행을 위한 기본적인 요소이므로, 부모도 또한 면접교섭의 주체로서 인정될 필요가 있다. 이러한 점에서 부모와 자녀를 함께 면접교섭권의 주체로 인정한 개정민법규정은 기본적인 방향에 있어서 바람직하다는 평가를 받을 수 있다.

면접교섭권이 부모와 자녀 모두의 권리라고 해도 부모의 이익과 자녀의 복리가 충돌하는 경우에는 친자법의 일반원칙에 따라 자녀의 복리가 우선하게 될 것이다. 자녀와 관련된 다른 모든 법적 결정에 있어서와 마찬가지로 면접교섭권의 허용과 행사의 범위를 판단함에 있어서도 자녀의 복리가 최고의 기준이 되어야 하기 때문이다.

이제 면접교섭권은 민법상 자녀의 권리로 규정되었지만, 이 권리의 구체적 실현방식은 여전히 문제로 남아 있다. 양육권을 갖지 못한 부모의 일방이 자녀와의 면접교섭을 원하는 데 양육친이 이를 방해하는 경우, 비양육친에게는 가정법원에 청구하여 면접교섭권을 실현시킬 수 있는 길이 열려 있다. 그러나 면접교섭권의 행사를 위하여 부모에게 인정되는 이와 같은 청구권을 자녀에게 그대로 인정하기는 어렵다. 만일 자녀에게 이러한 청구권이 인정된다면, 이는 자녀가 심판의 당사자로서 양육자인 父 또는 母를 상대로 다툴 수 있는 가능성을 열어주는 결과가 될 것이다. 그러나 자녀가 자신을 양육하는 부모를 상대로 하여 법원에서 다툰다는 것은 자녀의 복리라는 관점에서 보아도 결코 바람직스럽지 못하다. 이론상으로는 특별대리인을 선임하여 자녀를 대리하도록 하는 방법을 생각해 볼 수 있겠으나§921 참조, 실제에 있어서 이러한 방법은 자녀의 복리에 반하는 결과를 초래할 가능성이 높다. 그렇다면 자녀의 면접교섭권은 어떠한 방식으로 실현될 수 있을 것인가? 자녀의 면접교섭권은 재판을 통해서보다는, 아동복지기관의 상담과 지원활동에 의해서 실현될 수 있는 가능성이 높다고 생각된다.[284] 자녀가 비양육친과의 면접교섭을 원하고 있으나, 양육친은 이에 반대하고 있고 비양육친은 적극적인 조치를 취하지 못하고 있는 경우,[285] 아동복지기관에 의한 상담과 지원가능성이 자녀에게 권리

284) 물론 이를 위해서는 그 전제로서 이러한 상담과 지원활동을 감당할 수 있는 유능한 전문인력의 확보가 요구된다.

285) 비양육친이 자녀와의 면접교섭을 완강히 거부하는 경우에 子의 면접교섭권을 관철

로서 보장되어 있다면 면접교섭권이 실현되는 데 큰 도움이 될 것이다.[286] 자녀와의 상담을 통해서 면접교섭이 필요하다고 인정되면 상담기관은 부모와의 상담을 통하여 면접교섭이 자녀에게 미치는 긍정적인 영향, 부모와 자녀의 관계단절이 자녀의 성장·발달에 초래하게 될 부정적 효과 등에 대해서 종합적으로 설명하고, 부모를 설득함으로써 면접교섭을 실현시킬 수 있을 것이다.

또한 면접교섭권이 민법상 자녀의 권리로 규정되어 있다는 것은 상담기관이 부모의 합의를 유도하는 과정에서도 유용한 근거로서 활용될 수 있을 것이다. 즉 면접교섭권은 부모뿐만 아니라 자녀의 권리이기도 하며, 이를 실현시키는 것은 부모로서의 당연한 의무와 책임에 속한다는 사실을 인식시킬 수 있는 법적인 근거로 활용될 수 있다.

② 부모 이외의 제3자와의 면접교섭권: 그러나 2007년 개정민법이 면접교섭권을 자녀의 권리로 규정하였다고 해도, 자녀와 부모 이외의 제3자(예컨대 조부모) 사이에 면접교섭이 허용되지 않는 것은 개정 전과 다를 바 없었다. 개정된 제837조의2 제1항이 "子를 직접 양육하지 아니하는 부모의 일방과 子는 상호 면접교섭할 수 있는 권리를 가진다"라고 규정한 결과, 면접교섭권은 부모와 자녀 사이에서만 인정될 수 있는 권리라는 한계에서 벗어나지 못하였기 때문이다. 따라서, 예를 들어, 이혼 후 父가 양육자 및 친권자가 되어 실제로는 조부모가 자녀를 양육해 왔는데, 갑자기 父가 사망하여 母가 친권자가 된 후, 직접 자녀를 양육하면서 조부모와 자녀 사이의 교류를 방해하는 경우에도, 조부모에게는 면접교섭을 청구할 권리가 인정되지 않았다. 그러나 이에 대해서는 자녀의 정서적 안정과 인격의 원만한 성장을 위해서 조부모 등 자녀와 유대관계가 있는 사람들에게도 필요한 경우에는 자녀와 면접교섭을 할 수 있는 가능성이 인정되어야 한다는 주장이 계속 제기되었으며, 하급심에서 일부 반영되기도 하였다.[287] 이러한 추세에 따라 2016년 민법일부개정(2017. 6.

---

시키는 것은 현실적으로 거의 불가능하다. 그러나 이러한 경우가 존재할 수 있다는 가능성이 子의 면접교섭권 자체를 부정할 수 있는 논거가 될 수는 없다. 왜냐하면 이러한 가능성은 父 또는 母가 면접교섭권을 행사하는 경우에도 똑같이 일어날 수 있기 때문이다. 즉 자녀가 父 또는 母와의 면접교섭에 절대로 응하지 않겠다는 확고한 태도를 보이고 있는 때에도 부모의 면접교섭권은 관철되기 어렵기 때문이다. 그러나 이러한 가능성이 있다고 해서 부모의 면접교섭권 그 자체가 부정될 수는 없는 것이다.

286) 1998년 독일친자법 개정과 더불어 개정된 독일사회법은 면접교섭권의 주체인 자녀에게 면접교섭권의 행사와 관련하여 아동복지기관에서 상담 및 지원을 받을 수 있는 권리를 인정하고 있다(독일사회법 제8편 제18조 제3항 1, 2문).

3. 시행)에 의하여 부모 아닌 제3자(조부모)에게 면접교섭권을 인정하는 규정이 신설되었다(제837조의2 제2항: 자를 직접 양육하지 아니하는 부모 일방의 직계존속은 그 부모 일방이 사망하였거나 질병, 외국거주, 그 밖에 불가피한 사정으로 자를 면접교섭할 수 없는 경우 가정법원에 자와의 면접교섭을 청구할 수 있다. 이 경우 가정법원은 자의 의사, 면접교섭을 청구한 사람과 자의 관계, 청구의 동기, 그 밖의 사정을 참작하여야 한다). 여기서 자녀를 직접 양육하지 않는 부모 일방이 자녀를 면접교섭할 수 없는 "불가피한 사정"의 예로서 법제처 해설은 부모 일방의 중환자실 입원, 군복무, 교도소 수감 등을 들고 있다. 부모의 소재불명이 "불가피한 사정"에 해당하는지는 법문상 명확하지 않으나, 규정의 취지를 고려해 보면 포함되는 것으로 보아야 할 것이다. 그런데 이 규정에 따르면 자녀를 직접 양육하지 않는 부모의 일방이 자녀에게 애정이 없어서 면접교섭을 회피하는 경우에는 조부모도 손자녀와의 면접교섭을 청구할 수 없는 것으로 해석된다(조부모가 손자녀와의 면접교섭을 청구하려면, 자녀를 직접 양육하지 않는 부모 일방에게 자녀를 면접교섭할 수 없는 '불가피한 사정'이 있어야 하기 때문이다). 그러나 자녀를 직접 양육하지 않는 父 또는 母의 의사와 관계없이 조부모가 손자녀와의 면접교섭을 원하는 경우도 있을 수 있으므로, 조부모가 면접교섭을 청구할 수 있는 요건을 이와 같이 제한할 필요는 없다고 생각된다(가정법원은 조부모와 자녀의 면접교섭이 자녀의 복리에 부합하는가의 여부를 고려하여 면접교섭의 허용여부를 판단할 것이기 때문이다). 따라서 "그 밖에 불가피한 사정으로 자를 면접교섭할 수 없는 경우"는 "그 밖의 사정으로 자를 면접교섭할 수 없거나 면접교섭하지 아니하는 경우"로 수정하는 것이 바람직하다고 본다.

한편 면접교섭을 청구할 수 있는 제3자의 범위를 부모 일방의 직계존속(조부모)으로 한정한 것은 개정법의 한계로 지적될 수 있다(예컨대 형제자매, 이모 등에게는 여전히 면접교섭권이 인정되지 않는다).

(다) 면접교섭의 결정방식

면접교섭권의 구체적인 행사방법과 범위를 정하는 방식은 협의이혼과 재판상 이혼에 따라 차이가 있다.

---

287) 수원지결 2013. 6. 28, 2013브33은 "민법상 명문으로 형제에 대한 면접교섭권을 인정하고 있지는 아니하나 형제에 대한 면접교섭권은 헌법상 행복추구권 또는 헌법 제36조 제1항에서 규정한 개인의 존엄을 기반으로 하는 가족생활에서 도출되는 헌법상의 권리로서 특별한 사정이 없는 한 부모가 이혼한 전 배우자에 대한 적대적인 감정을 이유로 자녀들이 서로 면접교섭하는 것을 막는 것은 부모의 권리남용이고, 형제가 서로를 정기적으로 면접교섭하는 것을 간절히 원하고 있다"는 이유로, 형제간의 면접교섭을 인정하였다.

① 협의이혼의 경우: 협의이혼을 하는 경우에는 당사자가 면접교섭권의 행사여부 및 그 방법에 대하여 협의를 하여 이혼의사확인 기일 1개월 전까지 협의서를 가정법원에 제출하여야 한다§836의2④ · 837②. 여기서 협의를 하는 당사자는 일반적으로 부모라고 생각할 수 있으나, 2007년 민법일부개정에 의하여 자녀도 면접교섭권을 가지게 되었다는 점을 감안할 때, 자녀도 협의의 당사자로 보는 것이 타당할 것이다(가사소송규칙 제99조, 제100조에 의하면, 자녀의 양육에 관한 처분 및 친권자 지정과 관련하여 자녀가 13세 이상인 때에는 법원이 심판에 앞서 그 자녀의 의견을 들어야 한다. 또한 입양에 있어서도 당사자가 될 수 있는 연령이 13세라는 점을 감안해 본다면, 자녀가 면접교섭권에 관한 협의의 당사자가 되기 위해서는 13세 이상이어야 한다는 해석이 가능할 수도 있을 것이다. 그러나 반드시 13세에 이르지 않은 경우라고 해도 자신의 의사를 명확하게 표명할 수 있는 상태에 있는 자녀의 경우에는 협의의 당사자로 보아서 그 의견을 존중하여야 할 것이다).

자녀를 양육하지 않게 될 부모의 일방(비양육친)과 자녀가 면접교섭권을 행사하지 않겠다는 의사를 표시하여, 그와 같은 내용으로 협의가 이루어진 경우에는 협의서에 면접교섭권을 행사하지 않는다는 취지를 기재하여야 할 것이다. 비양육친과 자녀가 면접교섭권을 행사하기로 하는 협의가 이루어진 경우에는 면접교섭의 일시, 횟수, 장소, 면접교섭의 지속시간 등에 대한 자세한 사항이 협의서에 기재되어야 할 것이다. 면접교섭에 관한 협의가 자녀의 복리에 반하는 것으로 판단되는 때에는 가정법원은 보정을 명할 수 있으며, 법문상으로는 직권으로 정하는 것도 가능하다§837③ (예를 들어서 초등학생인 자녀와 같은 도시에 거주하는 비양육친이 특별한 사정이 없는데도 6개월에 한 번 면접교섭을 하기로 한 협의에 대하여, 법원은 면접교섭의 횟수를 늘리라는 취지로 보정을 명할 수 있을 것이다. 또한 이런 경우에 법원의 보정명령에도 불구하고 당사자가 이에 따르지 않으면, 법원이 직권으로 정하는 것도 법문상으로는 가능하게 보인다. 그러나 실무상으로는 법원이 직권으로 정하는 경우는 거의 없으며, 당사자가 보정에 응하지 않으면 협의이혼의사의 확인을 하지 않음으로써 사실상 보정을 촉구하는 데 그친다. 가족관계등록예규 제551호 제13조).

협의이혼을 하려는 부부가 면접교섭의 행사여부 및 그 방법에 대하여 협의를 하지 못한 때에는 가정법원에 청구하여 심판을 받은 다음 이혼의사확인시까지 법원에 그 심판정본을 제출하여야 한다§836의2④.

② 재판상 이혼의 경우: 협의이혼의 경우와 마찬가지로 재판상 이혼의 경우에도 우선 당사자가 협의하여 면접교섭권의 행사여부 및 그 방법을 정한

다. 협의된 내용이 자녀의 복리에 반하는 경우에 가정법원이 보정을 명하거나 직권으로 정할 수 있는 것도 협의이혼의 경우와 같다(다만 위에서 본 바와 같이 협의이혼의 경우에는 법원은 보정을 명하는 데 그치고 직권으로 정하지 않는다는 것이 실무의 태도이다)§837③. 협의이혼의 경우와 차이가 나는 점은 재판상 이혼의 경우에는 당사자가 면접교섭에 대하여 협의를 하지 못한 때에는 당사자의 청구가 없어도 가정법원이 직권으로 이에 관하여 결정할 수 있다는 것이다§837④.

면접교섭권에 대한 법원의 결정과정에서 고려되어야 할 가장 중요한 기준은 자녀의 복리이다. 연령과 그 밖의 구체적인 상황에 따른 차이는 있으나, 자녀의 정서적 안정과 인격의 성장을 위해서는 이혼 후에도 양쪽 부모와의 관계가 계속해서 유지되는 것이 일반적으로 바람직하다. 그러나 법원은 이러한 일반적·추상적 기준에 의거하여 안이한 심판을 해서는 안 되며, 개별적인 사안에 따라 구체적으로 자녀의 복리를 실현할 수 있는 결정을 내려야 한다. 법원이 이와 같이 각각의 자녀에 적합한 결정을 내리기 위해서는 무엇보다도 자녀의 의사와 희망을 고려하여야 한다. 자녀를 면접교섭권의 주체이자 한 당사자로 본다면, 면접교섭권의 심판절차에 있어서도 자녀의 의사는 부모의 의사와 같은 비중으로 존중되고 고려되어야 할 것이다. 또한 면접교섭권에 대한 법원의 결정이 무리 없이 실현될 수 있기 위해서도 법원은 자녀가 동의하는 해결책을 찾아내야만 한다. 이러한 여러 가지 필요를 충족시키기 위해서는 법원에 의한 자녀의 의견청취가 요청된다(법원에 의한 자녀의 의견청취를 규정하고 있는 가사소송규칙 제99조, 제100조는 이러한 배경 하에서 이해될 수 있다. 이에 따르면 자녀의 양육에 관한 처분 및 친권자 지정과 관련하여 자녀가 13세 이상인 때에는 법원이 심판에 앞서 그 자녀의 의견을 들어야 한다. 그러나 13세 미만의 자녀라고 해도 자신의 의사를 표명할 수 있는 상태에 있다면, 그 의사를 들어 결정에 반영하여야 할 것이다).

(라) 면접교섭권의 구체적 실현형태

당사자가 협의에 의하여 면접교섭권의 구체적 실행 방법과 범위에 대하여 정하지 못한 경우에는 가정법원이 당사자의 청구(협의이혼의 경우) 또는 직권에 의하여(재판상 이혼의 경우) 이를 정한다. 이 때 법원의 결정은 여러 가지 요소들 — 자녀의 연령, 자녀의 부모에 대한 관계, 이혼한 부모 상호간의 관계, 자녀의 의사와 희망 및 그 밖의 외적인 요소(면접교섭권자의 주거와 자녀의 주거 사이의 원근) — 에 따라 매우 다양한 내용을 포함하게 될 것이다.

면접교섭권에 대한 법원의 처분은 필요 이상으로 친권 및 양육권을 침해하는 것이 되어서는 안 된다. 즉 면접교섭권은 이혼 후 자녀를 양육하지 않는 부모의 일방과 자녀 사이의 관계유지를 주된 목적으로 하고 있으나, 이는 양육자인 父 또는 모에 의한 자녀 양육의 안정성을 해칠 정도가 되어서는 안 된다.

면접교섭권의 결정에 있어서 고려되어야 할 또 하나의 원칙은 부모간의 갈등이 심할수록 면접교섭의 구체적 실행에 관한 결정은 자세하고 명확해야 한다는 것이다. 면접교섭의 기일, 장소, 자녀의 인도시간 등 모든 사항이 쌍방에게 명확해야만 마찰가능성이 줄어들기 때문이다.

① 면접교섭의 횟수와 지속시간: 면접교섭의 횟수와 관련하여 정형화된 공식은 있을 수 없으나, 비양육친과 자녀의 신뢰관계를 유지·발전시키기 위해서는 최소한 1달에 한 번의 면접교섭이 필요하다고 일반적으로 인정되고 있다. 상황에 따라 가능하다면 2주일에 1회의 면접교섭이 보다 이상적인 방식일 것이다. 면접교섭권의 목적 달성을 위해서는 짧은 주기로 반복되는 정기적인 면접교섭이 가장 주효한 것으로 평가되고 있기 때문이다. 특히 어린 아동의 경우에는 짧은 간격의 주기적인 만남(최소 2주일에 한 번)을 통해서만 감정적인 유대관계를 지속시킬 수 있는 것으로 알려져 있다. 반면에 어린 자녀는 자신을 직접 양육하는 부모의 일방 및 친숙한 거주공간과 장시간 떨어져 있는 경우 심리적 불안감을 느낄 수 있으므로 1회 면접교섭의 지속시간은 3~4시간을 넘지 않는 것이 바람직하다. 그러나 자녀의 연령이 높아지고 비양육친과의 신뢰관계가 안정되면, 만남의 횟수를 줄이면서 1회의 면접교섭 시간을 연장하는 것이 가능하다.[288] 또한 이러한 단계에 이르면 평소에 정기적으로 행하여지는 면접교섭 외에 자녀의 방학기간을 이용한 장기간의 면접교섭도 자녀의 복리에 부합할 수 있다. 비양육친과 함께 하는 일상생활의 경험은 유대관계의 발전에 도움이 될 수 있기 때문이다. 그러나 이 경우에도 1회에 장기간 지속되는 면접교섭은 양육친에 의한 양육관계의 안정성과 계속성을 침해하지 않는 범위 내에서만 허용되어야 할 것이다.

오랜 기간의 관계 단절로 인하여 비양육친과 자녀 사이가 소원하게 된 경

288) 예를 들면 1달에 한 번의 주말을 비양육친과 함께 보내는 방식. 서울가정법원은 비양육친이 父일 경우 자녀의 나이를 초등학교 입학(남아 기준) 또는 10세 전후(여아 기준)로 나누어 그 이전까지는 당일로 면접교섭을 하도록 하고 그 이후에는 1박 2일로 면접교섭을 하는 것으로 조정안을 제시하기도 한다(서울가판 2002느단4909사건, 2002느단3331사건).

우에 면접교섭을 재개할 필요가 있다면, 직접적인 면접교섭 이전에 우선 편지(메일) 교환 등의 방법으로 준비단계를 거치는 것이 바람직할 것이다. 이러한 과정이 순조롭게 진행되면 다음 단계에서는 1회 면접교섭의 시간을 순차적으로 조금씩 늘려 나가는 것이 필요하다.

② 면접교섭의 장소: 면접교섭에 적합한 장소로는 우선 면접교섭권자인 비양육친의 주거 공간(또는 기타 면접교섭권자가 책임질 수 있는 장소)을 들 수 있다. 비양육친의 주거가 면접교섭의 장소로 사용되면, 자녀는 면접교섭을 통하여 비양육친의 평소 생활 모습을 경험할 수 있는 기회를 가지게 되고, 이를 통하여 비양육친에 대한 이해를 보다 넓힐 수 있기 때문이다. 그러므로 이러한 장소 선택은 비양육친과 자녀 사이의 관계를 유지·발전시킴으로써 궁극적으로 자녀의 복리를 실현한다는 면접교섭권의 목적과도 부합되는 것이다. 만일 면접교섭의 장소를 양육친의 주거로 제한하게 되면, 이는 결국 양육자에 의한 면접교섭의 감독을 허용하는 결과가 될 것이며, 궁극적으로 비양육친과 자녀의 자연스러운 만남을 통한 관계의 유지·발전이라는 면접교섭권의 취지는 달성되기 어려울 것이다.[289] 물론 자녀의 복리를 위하여 필요하다면 예외적으로 비양육친의 주거 공간 이외의 다른 장소가 지정될 수 있을 것이다. 면접교섭시 자녀의 복리를 위하여 제3자의 참여가 필요한 경우가 주로 이러한 예외를 구성할 것이다(예를 들면 자녀가 어린 유아인 경우, 장기간의 관계단절 후 면접교섭을 시작하는 단계에 있을 때, 양육친이 비양육친을 매우 불신하는 경우, 자녀가 비양육친의 새로운 배우자에 대하여 심한 반감을 품고 있는 경우 등).

③ 자녀를 데려오고 데려다 주는 문제: 어린 자녀를 양육자로부터 데려오고 면접교섭이 끝난 후 다시 데려다 주는 것은 기본적으로 면접교섭권자인 비양육친의 의무에 속한다. 양육자 측에서는 면접교섭 시간에 맞추어 자녀가 외출할 수 있도록 준비를 해주는 것으로 면접교섭에 협력해야 할 자신의 의무를 이행한다. 물론 예외적인 상황에서는(예를 들어 비양육친의 거동이 불편한 경우) 양육자가 비양육친에게 자녀를 데려다 주고 데려오는 의무를 부담하게

289) 양육자의 주거가 면접교섭의 장소로 지정된다면 면접교섭시에 전배우자와의 만남이 불가피하게 되는데, 이혼 후에도 여전히 부모 사이에 알력과 갈등이 남아 있는 경우, 이는 면접교섭권의 원활한 실행에 방해 요소로 작용할 가능성이 높다. 또한 면접교섭을 계기로 부모 사이의 갈등이 표면화된다면, 이는 결국 자녀의 정서에 부정적인 영향을 미치게 된다. 이러한 사정을 고려한다면 비양육친이 양육친의 주소로 자녀를 방문하여 만날 수 있다는 내용의 결정은 문제가 있다고 생각한다. 예를 들면 서울고판 1987. 2. 23, 86르313; 1994. 6. 7, 93르1022 참조.

될 것이다. 또한 경우에 따라서는(예컨대, 양육자와 비양육친이 다른 도시에 거주하는 경우) 양육자가 비양육친에게 자녀를 데려다주고, 면접교섭이 끝난 후 비양육친이 양육자에게 자녀를 데려오는 것과 같이 역할을 분담할 수도 있다.

④ 면접교섭시 양육자 또는 제3자의 참여 및 감독: 자녀의 양육자는 원칙적으로 면접교섭시에 동석할 것을 요구할 수 없다. 그러나 자녀의 복리를 위해서 필요한 경우에 법원은 예외적으로 면접교섭시 양육자 또는 제3자(양육자가 신뢰할 수 있는 인물, 예를 들면 친족 등)의 동석을 명하는 처분을 할 수 있다고 해석해야 할 것이다(물론 이러한 처분은 면접교섭권의 제한을 의미하므로 자녀의 복리를 위해서 필요한 경우에 한하여 인정된다). 구체적으로는 자녀가 유아인 경우, 장기간의 관계 단절로 자녀와 비양육친의 관계가 소원해진 경우 등이 여기에 해당될 수 있을 것이다. 특히 문제가 될 수 있는 경우는 면접교섭권자인 비양육친에게 자녀학대의 전력이 있는 때이다. 이 경우 법원에는 면접교섭의 배제 또는 제3자의 감독을 통한 제한이라는 두 가지 선택 가능성이 주어지는데, 비양육친과의 만남이 자녀에게 공포심과 불안감만을 가져오는 때에는 제3자가 동반하는 면접교섭도 허용되어서는 안 될 것이다. 그러나 면접교섭권자인 비양육친에게 단지 혐의만 있는 경우에는(자녀학대, 성적 추행 또는 자녀 납치의 가능성) 제3자의 동석을 조건으로 하는 면접교섭이 하나의 내안으로 고려될 수 있을 것이다.

⑤ 편지·전화 또는 선물을 통한 면접교섭 방법: 면접교섭에는 비양육친과 자녀의 직접적인 만남뿐만 아니라 편지(메일)나 전화(혹은 인터넷 통신)와 같은 통신수단을 통한 교섭도 포함된다. 이 부분에 대하여 당사자 사이의 합의나 법원의 결정이 없는 경우, 비양육친은 적절한 범위 내에서 전화 등의 통신수단을 이용하여 자녀와 접촉할 수 있는 권리를 가진다. 이 때 전화의 횟수, 통화시간 등은 자녀의 연령 및 기타 상황(양육친의 양육권 및 사생활 침해 등)을 고려하여 볼 때 적절한 범위를 초과하지 않는 정도이어야 한다. 이 문제에 대하여 양육자와 면접교섭권자인 비양육친의 의견이 일치되지 않는 경우에는 당사자의 청구에 의하여 법원이 결정하게 된다. 전화 횟수와 지속시간 등(편지의 횟수를 포함하여)을 법원이 엄격하게 정하는 것은 면접교섭권에 대한 일종의 제한을 의미하므로, 자녀의 복리를 위해서 필요한 경우에 한하여 인정되어야 할 것이다. 면접교섭권자인 비양육친은 자녀에게 적절한 수준의 선물을 할 수도 있지만, 선물의 액수와 종류를 결정하는 데 있어서는 일정한

제한이 따른다고 보아야 할 것이다. 자녀양육은 원칙적으로 양육자의 전권사항이므로, 특별한 선물(고가의 선물, 전자오락기, 반려동물 등)을 할 때에는 사전에 양육친의 동의를 구하는 것이 필요하다고 생각된다.

⑥ 자녀의 신상에 대한 정보청구권: 자녀를 직접 양육하지 않는 부모의 일방은 양육친에 대하여 자녀의 신상과 관련된 정보의 제공을 청구할 수 있다. 물론 이 권리도 면접교섭권의 한 부분이므로, 자녀의 복리를 위해서 필요한 경우에는 제한 또는 배제될 수 있을 것이다. 자녀의 신상에 대한 정보청구권은 면접교섭권자인 비양육친이 다른 방법으로는 자녀와 접촉할 수 없는 경우에 면접교섭을 대체하는 기능을 가진다고 볼 수 있다. 예를 들면 자녀가 모든 종류의 면접교섭(직접적인 만남은 물론 전화 또는 편지를 통한 연락까지도)을 거부하는 경우가 여기에 해당할 수 있을 것이다. 또한 자녀와 면접교섭권자인 비양육친의 주거가 상당히 떨어져 있어서(예를 들면 자녀 또는 면접교섭권자가 외국에 거주하는 경우) 정기적인 만남이 불가능한 경우에도 이러한 방법이 하나의 대안으로 사용될 수 있을 것이다.

자녀의 신상에 대한 사항이란 자녀의 성장·발달과 관련된 것으로서 비양육친이 관심을 갖는 부분을 의미한다(건강상태, 학교생활, 교우관계, 장래의 희망 등). 물론 비양육친이 관심을 가지는 자녀의 신상에 대한 모든 정보가 제공되어야 하는 것은 아니며, 그 범위와 수준은 면접교섭권의 목적(자녀의 복리를 위하여 비양육친과 자녀의 관계를 유지·발전시키는 것)에 비추어 결정되어야 한다.

자녀의 신상에 관한 정보는 필요한 상황이 발생한 경우(예를 들어 자녀가 아픈 경우)뿐만 아니라, 일반적인 상황에서도 정기적으로 제공될 수 있다. 예를 들면 자녀의 사진이나 성적표 사본을 우송받는 것 등이 여기에 해당할 수 있을 것이다.

(마) 면접교섭권의 제한·배제 및 변경

① 기본 원칙: 제837조의2 제3항에 따라 가정법원은 자의 복리를 위하여 필요한 때에는 당사자의 청구 또는 직권에 의하여 면접교섭을 제한·배제·변경할 수 있다. 면접교섭권의 주된 목적은 비양육친과 자녀의 정기적인 교류를 통하여 자녀의 복리를 실현하는 데 있으므로, 면접교섭권의 행사가 구체적인 경우에 자녀의 복리를 침해한다면 당연히 제한 또는 배제되어야 한다. 이렇게 본다면 이 규정은 면접교섭권자인 부모의 권리남용으로부터 자녀를 보호하기 위한 규정이라고 정의할 수 있을 것이다.

면접교섭의 제한 또는 배제를 결정하는 데 있어서 중요한 기준은 자녀의 복리이다. 자녀의 복리에 부합하는 판단을 내리기 위해서는 자녀가 현재 가지고 있는 주관적 의사(단기적·주관적 복리의 관점)와 장기적으로 볼 때 자녀를 위하여 객관적으로 필요하다고 생각되는 비양육친과의 관계지속(장기적·객관적 복리의 관점)이라는 두 가지 요소가 균형 있게 고려되어야 한다.[290] 이러한 두 가지 관점에 입각해서 판단한다면 면접교섭의 배제 결정은 자녀의 복리를 지키기 위해서 불가피한 경우에만 내려져야 한다고 볼 수 있다. 즉 면접교섭의 제한이라는 방법만으로는 자녀의 복리를 지킬 수 없을 때에 한하여 최후의 수단으로서 면접교섭의 배제가 고려될 수 있을 것이다. 또한 면접교섭을 배제하는 경우에도 무기한으로 하기보다는 일정한 기간을 정하는 것이 바람직하며, 이 기간이 경과하면 당사자의 청구 또는 직권에 의해서 다시 면접교섭의 허용여부를 판단할 필요가 있다고 생각된다. 면접교섭의 배제 사유가 소멸하면 법원은 당사자의 청구 또는 직권으로 이전의 심판을 변경할 수 있다.

② 구체적 사례: 아래에서는 면접교섭이 배제될 수 있는 대표적 사례들에 대해서 서술한다. 그러나 여기에서 나열하는 사례는 하나의 추상적인 기준에 지나지 않으므로, 실제의 사안이 이에 해당한다고 해서 자동적으로 면접교섭이 배제된다는 의미는 아니다. 실제로 면접교섭이 배제되어야 하는가의 여부는 개개 사안의 구체적 상황을 종합적으로 고려하여 개별적으로 결정되어야 한다. 그러므로 다음에서 제시하는 여러 가지 사례는 단지 하나의 기준으로 참고될 수 있을 뿐이다.

㉠ 자녀가 면접교섭을 거부하는 경우: 자녀의 의사는 면접교섭의 성공적 실행을 위하여 반드시 존중되어야 할 중요한 고려요소이다. 그러므로 자녀가 면접교섭의 거부 의사를 표시하는 경우, 법원은 우선 그 이유를 조사할 필요가 있다. 조사결과 자녀의 거부의사에 정당한 이유가 결여되어 있다고 판단된다면(예를 들어 자녀의 의사가 양육친의 부당한 영향에 의하여 형성된 경우), 법원은 자녀와 양육친을 함께 설득하여 면접교섭에 대한 거부의사가 번복될 수 있도록 시도해야 할 것이다. 이러한 모든 노력이 있었음에도 자녀의 거부의사에 변함이 없다면, 면접교섭의 성공적 실행은 실제로 불가능하다. 자녀의 확고한 거부의사가 설령 양육친의 부당한 영향에 의해서 형성된 것이라고 할지

290) 대결 2021. 12. 16, 2017스628 참조.

라도, 이는 하나의 사실로서 있는 그대로 인정되어야 한다. 이러한 경우에 자녀의 의사를 무시한 채 면접교섭을 강제한다면, 결국 자녀의 복리를 해치는 결과로 이어질 수 있기 때문이다. 따라서 이런 경우 법원은 면접교섭을 배제하는 결정(경우에 따라서는 기한부 배제도 가능)을 할 수밖에 없을 것이다.

㉡ 면접교섭권자의 자녀학대: 면접교섭권자인 비양육친이 자녀를 학대할 위험성이 있는 경우(신체와 정신에 대한 학대, 성폭행 등)에는 자녀를 보호하기 위하여 면접교섭이 배제될 수밖에 없다. 이 경우에도 제3자의 감독하에 이루어지는 면접교섭의 가능성이 고려될 수는 있겠지만, 자녀가 원하지 않는다면 이러한 방법에 의한 면접교섭도 배제된다고 보는 것이 타당하다. 면접교섭권자가 과거에 자녀를 학대했던 사실(설령 장래에는 그러한 사실이 반복될 가능성이 없다고 해도)도 경우에 따라서는 면접교섭의 배제를 정당화시킬 수 있을 것이다. 이러한 경우의 면접교섭은 자녀로 하여금 과거에 학대당한 경험을 떠올리게 함으로써 정서적 불안을 초래할 수 있기 때문이다.

㉢ 자녀에 대하여 의도적으로 부당한 영향을 미치는 경우: 면접교섭시 면접교섭권자인 비양육친이 자녀에게 양육친에 관한 부정적인 이야기를 하여 자녀와 양육친 사이에 갈등을 야기하는 경우에도 면접교섭이 배제될 수 있다. 면접교섭권자의 이러한 행위로 말미암아 자녀의 양육친에 대한 신뢰가 사라지게 되면, 이는 결국 양육의 안정성을 해치는 결과로 이어지기 때문이다. 면접교섭권자가 중요한 자녀양육의 문제에 대하여 양육권자와 상반된 태도를 취함으로써 자녀를 혼란과 갈등에 빠뜨리는 경우에도 역시 같은 이유로 면접교섭의 배제가 가능할 것이다.

㉣ 면접교섭권자의 질병: 면접교섭권자의 특정한 질환으로 인하여 면접교섭이 오히려 자녀에게 해가 될 수 있는 경우(정신질환, 전염병, 알콜중독, 마약중독 등)에도 면접교섭의 배제가 고려될 수 있다.[291] 물론 면접교섭의 배제요건을 충족시키기 위해서는 면접교섭권자의 질병이 구체적으로 자녀의 복리를 위태롭게 할 수 있다는 점이 입증되어야 할 것이다.

㉤ 장기간의 관계단절: 장기간의 교류단절로 인하여 면접교섭권자인 비양육친과 자녀 사이의 관계가 소원해진 경우에 면접교섭이 배제될 수 있는지

---

291) 모가 정신질환을 앓고 있고, 아직 완치되지 않은 상태에서 子를 일방적으로 데려가려고 하는 과정에서 子를 양육하는 시어머니를 직접 폭행한 사례에서 서울가심 2001. 8. 1, 2001느단3029는 모의 면접교섭청구를 기각하였다.

의 여부가 문제로 될 수 있다.[292] 이 문제도 역시 하나의 기준에 의하여 일률적으로 해결될 수 있는 성질의 것이 아니며, 개개의 사안에 따르는 구체적 사정(특히 자녀의 심리 상태 등)을 고려하여 결정되어야 한다. 예를 들어 면접교섭권자와의 갑작스러운 만남이 자녀가 극복하기 어려운 혼란과 갈등을 일으킬 것이라고 예견되는 경우에는 면접교섭이 배제되어야 할 것이다. 그러나 다른 사정을 충분히 조사, 고려하지 않고 장기간의 관계단절이라는 사실만을 가지고 당연히 면접교섭의 배제라는 결론을 이끌어내는 태도는 일반화되기 어렵다고 생각된다. 장기간의 관계단절 후에도 면접교섭의 재개가 허용될 수 있다고 판단되는 경우에는 자녀가 겪을 혼란을 최소화하기 위하여 세심한 주의(면접교섭의 횟수나 장소 등과 관련하여)를 기울일 필요가 있다. 처음에는 면접교섭의 횟수를 적게 하고 장소도 자녀가 신뢰할 수 있는 친숙한 공간(예를 들면 자녀가 신뢰하는 친척의 집, 유치원 등. 면접교섭권자의 거주지와 같이 낯선 장소는 자녀에게 불안감을 심어줄 수 있다)으로 하는 것이 바람직하다. 또한 필요하다면 자녀가 신뢰하는 제3자(친척 어른, 교사 등)가 동석하여 분위기를 안정시킴으로써 자녀와 면접교섭권자인 비양육친의 만남이 성공적으로 이루어지도록 지원하는 방법도 생각해 볼 수 있을 것이다.

ⓗ 기타 면접교섭의 배제가 가능한 경우: 면접교섭권자인 비양육친이 우범지역, 성매매 지역 등 자녀의 복리를 해칠 수 있는 환경으로 자녀를 인도하는 경우도 면접교섭의 배제 사유가 될 수 있다. 면접교섭권자가 면접교섭시 자녀가 보는 곳에서 전배우자와 끊임없이 다투는 등 면접교섭을 갈등 연장의 수단으로 악용하는 것이 명백한 경우에도 면접교섭이 배제될 수 있을 것이다. 그 밖에 면접교섭권자가 당사자의 합의 또는 법원의 심판에 의해서 정해진

292) 특히 자녀의 출생 전에 부모가 이미 별거 또는 이혼하여 자녀가 비양육친을 전혀 알지 못하는 경우 또는 자녀가 계부나 계모를 친부모와 같이 따르고 있는 경우에 문제가 된다. 서울가정법원 1990드76647호 양육자지정사건에서는 자녀(딸)가 만 1살이 되는 해에 부모가 이혼하여 모가 딸을 양육해 왔는데, 모가 재혼한 후 그 夫(계부)와 딸 사이에 친자간과 다름없는 유대관계가 형성된 경우(딸은 계부를 친아버지로 알고 따르며 동거하고 있다), 생부의 면접교섭을 배제하는 심판을 한 바 있다; 그러나 서울가판 1999. 12. 2, 99드단40411은 子가 태어난 지 1개월 후부터 모와 父가 별거하였고, 그 후 父는 재혼하여 현재 9세인 子는 자신을 양육해 온 계모를 친어머니로 알고 있는 사건에서 "생모의 면접교섭권을 전면적으로 배제할 사유가 없으므로 자에 대한 면접교섭권은 보호받아야 할 것이나, 부모의 감정상태, 재산관계, 직업, 생활정도, 자의 연령, 현재의 양육관계 등 제반사정을 종합하면, 자녀가 어느 정도 성장한 후인 2003년 3월부터 월 1회 면접교섭하는 것이 합당하다"고 하였다; 서울가결 2009. 4. 10, 2009브16: 자녀들이 계모를 친생모로 알고 있으나, 베트남인인 친생모의 면접교섭권을 인정한 사례.

면접교섭의 범위와 행사방법을 무시함으로써 자신의 의무를 심각하게 위반하는 경우, 면접교섭권자가 자녀와의 면접교섭을 납치의 기회로 이용할 가능성이 있는 경우 등에도 면접교섭의 배제가 고려될 수 있다.[293] 면접교섭의 배제는 원칙적으로 자녀의 양육비 지급을 강제하기 위한 압박 수단으로 사용되어서는 안 될 것이다. 그러나 면접교섭권자에게 능력이 있는데도 양육비를 지급하지 않는 경우에 이 사실을 알게 된 자녀가 면접교섭을 거부한다면(면접교섭권자가 자신에 대하여 더 이상 애정이 없다고 믿은 나머지), 이는 면접교섭의 배제 사유를 충족시킬 수 있을 것이다. 면접교섭이 자녀의 양육자에게 심각한 심리적 부담을 가져온다는 사정(노이로제 현상, 전배우자에 대한 분노의 폭발, 공포심 유발 등)만으로는 원칙적으로 면접교섭의 배제가 정당화될 수 없다. 양육친도 자녀의 복리실현을 위하여 면접교섭에 협력할 의무를 부담하므로, 자신의 감정을 스스로 통제하지 못한다는 이유를 들어 면접교섭의 배제를 청구하는 것은 부당하다고 생각되기 때문이다. 그러나 이러한 양육친의 감정과 태도가 자녀에게 영향을 미쳐서 자녀 자신이 면접교섭을 완강히 거부하는 현상이 나타날 수 있으며, 이러한 상황의 진전은 사실상 누구도 저지하기 어려운 것이다. 이런 경우에는 면접교섭이 성공적으로 실행될 수 없기 때문에 그 이유의 타당성과는 관계없이 결국 면접교섭의 배제가 불가피하게 된다. 이처럼 양육친이 자녀를 통하여 자신의 의사를 간접적으로 실현시키는 것은 결과에 있어서 부당하다고 생각되지만, 이와 같이 형성된 사실적 관계에 법이 적극적으로 개입하여 수정을 시도한다는 것은 현실적으로 무리한 일이다. 면접교섭권자가 교도소에서 복역중인 사실만을 가지고 면접교섭의 배제라는 결론을 이끌어내는 것은 문제가 있으나, 면접교섭을 위하여 교도소에 출입하는 것이 자녀에게 악영향을 미친다고 판단되는 경우에는 배제가 고려될 수 있을 것이다. 면접교섭권자가 혼인파탄에 주된 책임이 있는 유책배우자인 경우에 그 사실만으로 면접교섭이 배제된다고 볼 수는 없다. 그러나 혼인파탄의 구체적 원인이 자녀의 복리와 관련해서도 문제가 되는 경우(예를 들어 배우자와 자녀에 대한 폭력행사 등)에는 면접교섭의 배제 사유로 고려될 수 있다.[294]

293) 부모의 일방이 면접교섭권을 행사하기 위하여 자녀를 데리고 갔다가 면접교섭 기간 종료 후에도 양육친에게 인도하지 않은 경우에는 구체적인 사정에 따라 미성년자약취죄가 성립할 수도 있다. 대판 2021. 9. 9, 2019도16421.

294) 父가 자녀 앞에서 모를 심하게 구타한 일이 있어서 이혼 후에도 모와 子가 여전히 父에 대하여 공포심을 가지고 있는 경우에 서울가정법원은 월 1회, 4시간 이내의 면접교섭을

(바) 면접교섭권의 이행확보문제

면접교섭권의 행사방법과 범위가 당사자의 협의, 법원의 조정 또는 심판에 의해서 확정된 경우에도 당사자, 즉 양육자나 자녀 또는 면접교섭권을 갖는 비양육친은 실제로 면접교섭을 거부함으로써 그 실행을 사실상 방해할 수 있다.[295] 부모간의 다툼으로 인하여 자녀의 복리가 희생되는 사태가 용인되어서는 안 될 것이다. 그러므로 여기서 구체적인 권리로서 성립한 면접교섭권이 형해화되는 것을 막기 위하여 강제집행을 통한 실현 또는 이행확보의 문제가 제기된다. 과거에는 이에 관한 명문규정이 없어서 문제가 있었으나,[296] 2005년에 일부개정된 가사소송법은 면접교섭권의 이행확보를 위한 근거규정을 마련하였다. 이에 의하면, "판결·심판·조정조서·조정에 갈음하는 결정 또는 양육비부담조서에 의하여 금전의 지급 등 재산상의 의무, 유아의 인도의무 또는 자(子)와의 면접교섭허용의무를 이행하여야 할 자가 정당한 이유 없이 그 의무를 이행하지 아니한 때에는" 가정법원은 당사자의 신청에 의하여 일정한 기간 내에 그 의무를 이행할 것을 명할 수 있으며가소 §64, 이에 위반한 경우에는 직권 또는 권리자의 신청에 의하여 결정으로 1000만원 이하의 과태료에 처할 수 있다가소 §67①. 그러나 권리자의 신청에 의하여 결정으로 30일의 범위 내에서 그 의무이행이 있을 때까지 의무자를 감치에 처할 수 있다는 규정가소 §68은 면접교섭의 경우에는 적용되지 않는다. 면접교섭에 협력해야 할 의무자는 자녀를 양육하고 있는 부 또는 모인데, 면접교섭에 협력하지 않는다는 이유로 이러한 양육친을 감치에 처하게 되면 양육의 공백사태가 발생하여 자녀의 복리를 해치는 결과가 되기 때문이다.

---

허용하면서 장소는 모의 감시가 가능한 곳으로 한정하고, 면접교섭 중 父가 모나 子를 폭행하는 경우 면접교섭의 배제를 청구할 수 있는 것으로 하였다(서울가결 1996. 5. 15, 95브107).

295) 양육친이 면접교섭을 방해하는 경우에 면접교섭권자는 양육비의 지급을 거절하는 방법으로(양육친을 압박하기 위한 수단으로) 대응할 수 있을 것인가? 양육의무는 친자관계에서 발생하는 당연한 의무이므로, 양육친의 방해로 면접교섭을 할 수 없다고 해서 면접교섭권자가 양육비지급의무를 면할 수 있는 것은 아니다. 만일 이런 경우에 면접교섭권자가 양육비지급의무를 면할 수 있다면, 이는 직접적으로 자녀의 복리를 해치는 결과가 될 것이다.

296) 子가 유아인도청구의 대상이 될 수 있는 유아이고, 子가 면접교섭을 거부하지 않는데, 양육자가 면접교섭에 반대하고 있는 경우 법원이 가사소송법의 규정을 유추적용하여 이행명령을 한 사례들이 있다. 예를 들면 서울가결 2001. 5. 30, 2001즈단633; 2002. 11. 26, 2002즈기356 등. 이런 경우 이행명령의 주문은 "…사건의 심판(또는 조정에 갈음하는 결정조서)에 기한 의무의 이행으로서 신청인에게 사건본인의 면접교섭을 위하여 사건본인을 ○○년 ○월 ○일 ○○시에 인도하라"는 방식으로 표현된다.

개정된 가사소송법 규정이 적용될 수 있는 경우는 면접교섭의 당사자 가운데 양육자가 면접교섭을 방해하는 때로 한정된다. 즉 자녀나 비양육친(면접교섭권자)이 면접교섭을 거부하는 경우에는 가사소송법상의 이행명령제도가 사용될 수 없으며, 그 외의 다른 강제집행방법도 고려될 수 없다. 예를 들어서 자녀가 면접교섭을 거부한다고 해서 과태료나 감치에 처한다는 것은 생각할 수도 없거니와, 명확한 자녀의 의사에 반하여 면접교섭권자에게 자녀를 강제로 인도하는 방법도 고려의 여지가 없다(최근 유아인도를 명하는 재판의 집행에 관한 예규가 개정되어 의사능력 있는 자녀의 의사에 반하는 직접 강제가 가능하게 되었으나 재판예규 1894호(재특 82-1) §2, 이는 면접교섭의 경우에는 적용될 수 없다고 보아야 할 것이다).[297] 이러한 강제집행 방법은 설령 가능하다고 해도 자녀의 심리에 심각한 부담을 안겨주기 때문에 자녀의 복리를 해치는 것은 물론이고, 결과적으로도 면접교섭의 목적에 반하기 때문이다. 또한 면접교섭을 거부하는 비양육친에 대해서도 이를 강제할 수 있는 방법이 없는데, 설령 이러한 것이 가능하다고 하더라도 실제에 있어서는 아무런 의미가 없을 것이다. 자발적인 면접교섭의 의사가 없는 비양육친으로 하여금 강제로 자녀를 만나게 하는 것이 자녀에게 이로울 까닭이 없기 때문이다.

면접교섭에 관한 심판이 진행되는 동안 자녀와 면접교섭권자가 전혀 만날 수 없다면 경우에 따라서는(심판이 비교적 장기간 진행되고 자녀가 유아인 경우) 이 두 사람 사이의 관계가 매우 소원해질 수도 있다. 따라서 이런 경우에는 법원이 사전처분제도 가소 §62를 적절히 활용하여 자녀와 비양육친의 관계가 단절 없이 유지될 수 있도록 배려할 필요가 있다고 생각된다.[298]

(사) 재판상 이혼에의 준용과 사실혼에의 유추적용

면접교섭권의 규정은 재판상 이혼에 준용되며 §843, 혼인의 취소 또는 인지

297) 김상용, 자녀의 인도청구에서 직접강제의 허용 여부에 관한 소고 - 자녀의 의사에 반하는 강제집행의 허용 여부를 중심으로 -, 중앙법학 제26집 제3호(2024. 9.), 24면 이하 참조.

298) 부모가 이혼하지 않는 상태에서 父가 자녀를 양육하며 모와 자녀가 만나지 못하게 방해하고 있는 경우에 서울가결 1994. 7. 20, 94브45는 부부간의 협조의무를 규정한 민법 제826조를 적용하거나 민법 제837조의2를 유추적용하여 모는 그 자녀들을 면접교섭할 수 있는 권리를 행사할 수 있다고 판시하였다. 또한 대결 1993. 8. 11, 93즈4; 서울가결 2003. 1. 2, 2002즈기548 등도 사전처분으로 면접교섭을 인정하였다. 이와 같은 취지에서 대결 2020. 5. 28, 2020으508은 면접교섭을 명하는 심판이 확정되기 전에도 집행력이 있는 가집행선고부 심판에 의하여 이행명령을 할 수 있다고 판단하였다. 심판이 확정될 때까지 면접교섭을 할 수 없다면 지나치게 장기간이 소요되어 자녀의 복리에 반하기 때문이다.

에 의하여 부모 중 일방이 친권자가 되는 경우에도 준용된다가소 §2①마류사건iii. 그리고 사실혼해소의 경우와 별거의 경우에도 유추적용되어야 할 것이다.

### 3. 자녀의 신분관계

부모의 이혼에 의하여 子의 신분은 영향을 받지 않는다. 즉 부모의 子에 대한 친족관계는 소멸하지 않으며, 혼인중에 처가 포태한 夫의 子는 이혼 후에 출생하더라도 부모의 혼인중의 출생자인 신분을 갖는다§844②.

### 4. 재산분할청구권[299)]

**設 例**

Y(夫)는 외과전문의로서 A 대학병원에 근무하고 있으며, X(처)는 전업 주부로서 집안일과 육아에 전념해 왔다. Y의 수입으로 아파트를 구입하여 Y명의로 소유권등기가 되어 있다. 그런데 Y는 주사가 심하여 술만 마시면 X를 마구 구타하여 상처가 아물 날이 없다. X · Y는 결혼한 지 20년이 되었으며 그 사이에 딸 B가 있다. X는 Y의 폭력을 더 이상 참을 수 없어서 Y에게 협의이혼하고 재산을 분할해 줄 것을 요구하였으나, Y가 이에 응하지 않아서, X는 가정법원에 이혼, 재산분할 및 위자료 청구를 하면서, Y 명의의 아파트에 대해서 X에게 적어도 2분의 1의 권리가 있다는 점, Y가 앞으로 받게 될 퇴직금에 대해서도 권리가 있다는 점, 그리고 X는 병약하여 이혼 후 돈을 벌기 위한 노동을 할 수 없으므로 이혼 후의 부양청구권이 있다는 점이 고려되어야 한다고 주장한다. 재산분할을 함에 있어서 이러한 점들이 고려될 수 있는가?

#### (1) 의의와 근거

재산분할청구권이란 이혼을 한 당사자의 일방이 다른 일방에 대하여 재산

299) 재산분할제도에 대해서는, William Seagle, "Alimony," *Encyclopedia of the Social Sciences*, Vol. Ⅰ, p. 643 et seq.; Bradway, "Why pay Alimony," *Selected Essays on Family Law*, p. 1046 et seq.; Dagget, "Division of Property upon Dissolution of Marriage," *Selected Essays on Family Law*, p. 1059 seq.; Müller-Freienfels, *Ehe und Recht*, 1962, S. 183f.; 人見康子, '財産分與・慰藉料', 家族問題と家族法Ⅲ, 離婚; 尾高都茂子, '離婚と扶養', 同上; 中川 淳, '財産分與制度の性質', 家族法大系Ⅲ, 離婚; 韓琫熙, '財産分與制度論', 法曹 12권 8・9호; 이화숙, 비교부부재산관계법(2000) 참조.

분할을 청구할 수 있는 권리를 말한다. 구체적으로 그 의의와 근거를 살펴보면 다음과 같다.

(가) 부부재산관계의 청산

부부가 이혼하는 경우에는 혼인생활 중에 협력하여 이룬 재산에 대해서도 적절한 청산이 필요하다. 부부가 혼인중에 공동의 노력으로 이룩한 재산은 실질적으로 부부의 공동재산이라고 볼 수 있는데, 우리사회에서는 이러한 재산을 부부 일방의 명의로 취득하는 경우가 적지 않다. 이와 같은 사정을 고려하지 않고 부부가 공동으로 형성한 재산을 이혼시 단지 재산의 명의에 따라 귀속시킨다면, 이는 실질적인 부부재산관계에 부합하지 않는 부당한 결과가 될 것이다. 혼인중에 취득한 재산이 부부 일방의 특유재산으로 되어 있는 경우에도 다른 일방이 이러한 재산의 형성에 기여한 부분이 있다면 이를 실질적인 공동재산으로 보아서 이혼할 때에는 기여도에 따라 적절히 분할하는 것이 타당하다. 이러한 의미에서 재산분할청구권은 이혼시 부부재산관계의 실체에 부합하는 청산을 가능하게 하는 제도라고 볼 수 있다.

(나) 이혼 후의 부양

또한 재산분할청구권은 이혼 후 전배우자에 대한 부양적 요소를 포함하고 있다. 혼인생활이 상당한 기간 지속되었고 부부의 일방(일반적으로 처)이 직업을 포기하고 오랜 기간 가사와 육아에 종사하였다면, 이혼 후 즉시 새로운 직업을 구하여 경제적으로 자립하기는 쉽지 않다. 그렇다면 이와 같은 전배우자는 이혼 후 경제적인 빈곤을 감수할 수밖에 없게 되는데(자녀를 양육하는 경우라면 빈곤은 더욱 심화될 것이다), 이러한 결과는 혼인의 본질에 비추어 보아도 부당하다. 전배우자는 가족을 위하여 혼인중 직업을 포기하고 가사와 육아에 종사하였는데(구체적으로는 부부간의 협조의무를 이행한 것이다), 결과적으로 이로 인하여 경제적 능력을 상실하게 되었고, 이혼 후에는 빈곤층으로 전락할 위기에 처하게 되었기 때문이다. 혼인중 부부의 일방이 가족을 위하여 가사노동에 전념한 결과 경제적 자립능력을 상실하게 되었다면, 경제적으로 여유가 있는 다른 일방은 적어도 전배우자가 경제적으로 자립할 수 있을 때까지 금전적으로 지원함으로써 혼인중의 가사와 육아로 인한 희생(경제적 자립능력 상실)에 대해서 보상하는 것이 타당하다. 많은 나라의 입법례가 이혼 후 전배우자에 대한 부양의무를 인정하고 있는 것은 이러한 배경에서 이해될 수 있다. 재산분할청구권제도 역시 이혼 후 전배우자에 대한 부양이라는 요소를 포함하고 있다고 보아야 한다(구체적으로 재산분할의 액수와 비율을 정할 때 고려되어야 할 것이다).

(다) 재산분할청구권 제도의 도입과 개정

① 재산분할청구권 제도의 도입: 위와 같은 취지에서 입법론으로 주장되어 오던 재산분할청구제도가 1990년 민법개정으로 신설되었다§839의2. 이 규정은 다음과 같이 규정하고 있다. "① 협의상 이혼한 자의 일방은 다른 일방에 대하여 재산분할을 청구할 수 있다. ② 제1항의 재산분할에 관하여 협의가 되지 아니하거나 협의할 수 없는 때에는 가정법원은 당사자의 청구에 의하여 당사자 쌍방의 협력으로 이룩한 재산의 액수 기타 사정을 참작하여 분할의 액수와 방법을 정한다. ③ 제1항의 재산분할청구권은 이혼한 날부터 2년을 경과한 때에는 소멸한다." 그리고 이 규정을 재판상 이혼의 경우에 준용하고 있으며§843, 혼인취소의 경우에도 준용한다가소 §2①마류사건ⅳ.

② 재산분할청구권 보전을 위한 사해행위취소권 제도의 신설: 그 후 2007년 민법일부개정에 의하여 제839조의3으로 재산분할청구권의 보전을 위한 규정(재산분할청구권 보전을 위한 사해행위취소권)이 신설되었다(이 규정은 2007년 12월 21일부터 시행되고 있다). 이 규정의 구체적 내용은 다음과 같다. "① 부부의 일방이 다른 일방의 재산분할청구권 행사를 해함을 알면서도 재산권을 목적으로 하는 법률행위를 한 때에는 다른 일방은 제406조 제1항을 준용하여 그 취소 및 원상회복을 가정법원에 청구할 수 있다. ② 제1항의 소는 제406조 제2항의 기간 내에 제기하여야 한다." 이 규정은 예컨대, 夫가 부정한 행위로 혼인관계를 파탄시킨 후, 처가 이혼 및 재산분할청구를 하려고 하자, 재산분할의 목적이 되는 재산을 미리 처분하는 경우에 처의 재산분할청구권을 보전하기 위한 목적으로 도입된 것이다.

(라) 재산분할청구권의 성질

재산분할청구권은 자기가 재산형성에 협력한 몫을 되돌려 받는 것이며, 그 외에 이혼 후 부양료의 성격도 있기 때문에, 혼인관계의 파탄에 책임이 있는 유책배우자에 대한 손해배상청구권과는 이론적으로 별개의 것이다. 재산분할청구권의 근거에 대해서는 법이론상으로 공유이론이나 명의신탁이 주장될 수도 있겠으나, 현행민법의 소유권제도나 부부재산제의 체계상 법률의 규정에 의한 채권으로 보아도 무방할 것이다.

### (2) 이혼하기 전에 한 재산분할협의의 법적 성질과 그 효력

부부가 장차 협의이혼하기로 약정하면서 이를 전제로 하여 재산분할에 관한 협의를 하였다면, 협의이혼을 조건으로 하여 재산분할에 관한 의사표시를 한 것으로 볼 수 있다. 그러므로 당사자가 약정대로 협의이혼을 한 경우에 한하여 재산분할에 관한 협의의 효력이 발생한다. 만약 당사자가 협의이혼을 하지 않고 혼인관계를 유지했거나, 당사자의 일방이 재판상 이혼청구를 하여 재판상 이혼(화해 또는 조정에 의한 이혼 포함)이 이루어졌다면, 협의이혼을 조건으로 한 재산분할협의는 조건의 불성취로 인하여 효력이 발생하지 않는다.[300] 따라서 새로운 협의가 이루어지지 않는 한 당사자의 일방은 다른 일방을 상대로 하여 새로이 재산분할청구를 하여야 하며, 협의이혼을 조건으로 하여 이루어진 협의내용의 이행을 청구할 수는 없다.

### (3) 재산분할계약의 해제와 취소

협의이혼을 할 때에 한 서면에 의하지 않은 재산분할계약을 민법 제555조에 의하여 해제할 수 있는가라는 문제가 있을 수 있는데, 그것은 재산분할의 성질과 증여의 성질이 관계되는 문제이다. 증여와 재산분할과는 표면상으로는 비슷한 성질을 가진 것처럼 보이지만, 양자는 별개의 성질을 가지는 것이다. 즉 전자는 사적 자치의 범위에 속하는 재산법상의 법률행위로서 무상의 출연을 목적으로 하는 이른바 은혜적 성질을 갖고 있는 것인 데 반하여, 후자는 배우자 일방이 청구를 하게 되면 다른 일방은 협의에 응해야 하는 것을 원칙으로 하는 친족법상의 법률행위이며, 더욱이 그것은 부부재산관계의 실질적 청산을 기본적인 성질로 하고 있다. 따라서 재산분할계약에 증여규정을 적용할 수는 없다고 보아야 한다.

과거에는 이혼 전에 부부관계가 이미 파탄되어 있는 경우에 한 증여계약(실질적으로는 재산분할계약인 경우가 흔히 있다)이 제828조에 의하여 취소될 수 있는가 하는 점이 문제가 될 수 있었으나,[301] 2011년 민법개정에 의해서 제828조가 삭제됨으로써 더 이상 문제가 되지 않는다(즉, 사기, 강박 등 일반적인 취소사유가 없는 한 취소할 수 없다).

---

300) 대판 2000. 10. 24, 99다33458, 판례공보 2000. 12. 15, 2383면; 대판 2001. 5. 8, 2000다58804, 판례공보 2001. 7. 1, 1344면; 대판 2003. 8. 19, 2001다14061, 판례공보 2003. 9. 15, 1859면.

301) 대판 1979. 10. 30, 79다1334(판례가족법 추록(Ⅰ), 35면).

### (4) 재산분할청구권의 행사

재산분할을 할 것인가의 여부와 그 액수 및 방법은 우선 당사자가 협의 또는 조정에 의하여 정하게 되는데가소 §2①마류사건ⅳ·50, 이 경우에 그 액수와 방법에 대해서는 기준이 없다. 이러한 협의가 되지 않거나 협의를 할 수 없는 때에는 당사자의 청구에 의하여 가정법원이 "당사자 쌍방의 협력으로 이룩한 재산의 액수 기타 사정을 참작하여 분할의 액수와 방법을 정하는" 심판을 한다§839의2②. 이 기준은 재판상 이혼에도 준용된다.

가정법원이 재산분할의 액수와 방법을 정하는 경우에도 확실한 기준은 존재하지 않으며, 실제로는 법관의 재량에 의해서 결정된다고 볼 수 있다. 이와 같은 일반적·추상적 규정은 법의 예측가능성을 떨어뜨리고, 결과적으로 법적 불안정을 초래할 수 있다는 점에서 문제가 있다. 부부가 혼인중에 취득한 재산은 부부 공동의 노동과 협력에 의한 것이므로, 혼인이 종료하는 경우 원칙적으로 부부의 일방은 다른 일방이 혼인중에 취득한 재산의 절반에 대하여 분할을 청구할 수 있도록 하는 것이 타당하다고 생각된다.[302]

### (5) 재산분할청구에서 고려될 수 있는 기준

#### (가) 부부재산관계의 정산

혼인중에 부부 공동의 협력에 의해서 취득한 재산은 부부 일방의 명의로 되어 있는 특유재산이라고 해도 분할의 대상이 된다. 이러한 재산은 형식적으로는 부부 일방의 특유재산이지만, 실질적으로는 부부의 공동재산이라고 보아야 하므로, 혼인관계가 종료될 때에는 재산형성에 대한 기여도에 따라 분할되는 것이 타당하다.[303] 또한 혼인중에 부부공동의 협력에 의해서 취득한 재산이 아니라도(예를 들어서 부부 일방이 상속받은 재산, 증여받은 재산 등), 그 재산의 유지와 증가에 기여한 바가 있다면, 위와 같은 취지에서 그 부분에 대해서는 분할을 청구할 수 있다고 보아야 한다. 이러한 취지에서 재산분할시 고

302) 국민연금법(제64조 제2항), 공무원연금법(제45조 제2항), 사립학교교직원연금법(제42조)은 연금의 균등분할을 원칙으로 정하고 있다(예컨대 국민연금법 제64조 제2항은 "분할연금액은 배우자였던 자의 노령연금액 중 혼인기간에 해당하는 연금액을 균등하게 나눈 금액으로 한다"고 규정하고 있다). 다만 당사자의 협의나 법원의 심판에 따라 연금의 분할에 관하여 별도로 결정된 경우에는 그에 따른다(국민연금법 제64조의2, 공무원연금법 제46조, 사립학교교직원연금법 제42조).

303) 재산분할비율은 개별재산에 대한 기여도에 의해서 정해지는 것이 아니라, 전체재산에 대한 기여도 기타 모든 사정을 고려하여 정해지는 것이다. 대판 2006. 9. 14, 2005다74900.

려되어야 할 기준을 제시해 보면 다음과 같다.

① 가사노동에 의한 협력: 부부의 일방(예를 들어서 처)이 가사와 육아를 전담하고, 다른 일방(夫)이 소득활동을 담당한 경우에 이혼시 처는 혼인중에 夫의 명의로 취득한 재산(夫의 특유재산)에 대하여 분할을 청구할 수 있다. 가사와 육아를 전담하는 아내의 노동과 직장에서 소득활동을 하는 남편의 노동은 비록 종류는 다르지만, 그 가치에 있어서는 동일하게 평가되어야 마땅하다. 이 두 가지 종류의 노동은 가족공동체를 유지하는 데 있어서 다 같이 필수적인 요소이므로, 그중 어느 것이 더 우월하다는 판단을 내릴 수 없기 때문이다. 또한 가사노동은 가사사용인(파출부)의 노동과도 직접적으로 비교될 수 없는 성질의 것이다. 가사를 돌보고 자녀를 양육하는 가사노동에는 일반노동과 비교될 수 없는 요소 — 헌신과 애정 — 가 스며들어 있기 때문이다(아내이자 어머니인 여성이 불의의 사고로 사망한 경우 가사사용인이 가정에서 그 빈자리를 대체할 수 없다는 사실을 생각해 보면 이 점은 스스로 분명해진다). 이처럼 가사노동의 가치를 인정한다면, 혼인기간 동안 증가한 재산에 대해서도 그에 상응하는 지분을 인정하는 것이 당연하다. 판례도 재산형성에 대한 가사노동의 기여를 인정하여 재산분할에서 고려해야 할 기준으로 삼고 있다.[304]

② 혼인파탄의 책임: 혼인파탄에 주된 책임이 있는 유책배우자라 할지

---

304) 대결 1993. 5. 11, 93스6: 재산분할제도는 부부가 혼인중에 취득한 실질적인 공동재산을 청산·분배하는 것을 주된 목적으로 하는 것이므로 부부가 이혼할 때 쌍방의 협력으로 이룩한 재산이 있는 한, 처가 가사노동을 분담하는 등의 방법으로 夫의 재산의 유지 또는 증가에 기여하였다면 쌍방의 협력으로 이룩된 재산은 재산분할의 대상이 된다; 대판 1994. 10. 25, 94므734: 부동산의 매수대금 중 일부가 夫의 상속재산을 처분한 대금으로 충당되었다 하더라도 처가 그 부동산을 취득하고 유지하는 데 가사노동 등을 통하여 상당한 정도로 기여하였다면 그 부동산은 재산분할의 대상이 된다; 대판 1994. 5. 13, 93므1020: 재산분할의 대상으로 삼은 부동산이 혼인 전에 夫의 부모로부터 증여받은 특유재산이라 할지라도 다른 일방이 적극적으로 그 특유재산의 유지에 협력하여 그 감소를 방지하였거나 그 증식에 협력하였다고 인정되는 경우에는 재산분할의 대상이 될 수 있는 것이고, 처는 가사를 전담하는 외에 24시간 개점하는 잡화상연쇄점을 경영할 당시 그 경리업무를 전담하면서 夫와 함께 잡화상 경영에 참여하여 가사비용의 조달에 협력하여 특유재산의 감소방지에 일정한 기여를 하였으므로, 夫의 특유재산에 대하여 재산분할을 청구할 수 있다; 대판 1994. 12. 2, 94므1072는 가사노동의 가치를 소득활동에 비하여 낮게 평가하고 있다. "재산분할대상인 건물의 형성에 관한 처의 기여행위가 가사를 전담하는 뒷바라지에 불과하고 별다른 경제적 활동은 없었다는 사정 등을 함께 고려하면, 재산분할로 夫에 대하여 처에게 그 건물의 2분의 1 지분 소유권이전등기를 명한 것은 과다한 것으로서 형평의 원칙에 현저하게 반한다"; 서울고판 1999. 8. 25, 98르3832는 평생 가사노동에 종사한 처에 대하여 1/3의 재산분할을 인정하고 있다.

라도 재산형성에 대하여 기여한 부분이 있다면 재산분할을 청구할 수 있다. 이혼시 재산분할청구권제도는 혼인중 부부 공동의 노력으로 이룩한 재산에 대하여 자신이 기여한 부분을 돌려받는다는 취지로 이해되고 있으므로, 유책배우자도 자신의 기여에 따라 재산분할청구를 할 수 있다.[305]

③ 퇴직금

㉠ 판례의 태도: 퇴직금은 혼인중에 제공한 근로에 대한 대가가 유예된 것이므로, 부부가 혼인중에 공동의 협력으로 이룩한 재산이라고 볼 수 있다(夫가 혼인중에 근로를 제공하여 임금을 받고 처가 가사노동을 통하여 夫의 근로를 뒷받침하는 경우 夫가 받는 임금이 부부 공동의 협력에 의한 것으로서 부부의 실질적인 공동재산이라고 보는 논리와 같다). 따라서 부부 중 일방이 이미 퇴직금을 받아서 가지고 있는 경우에 이혼 시 다른 일방이 퇴직금을 재산분할의 대상으로 삼을 수 있다는 점에는 처음부터 의문이 없었다.[306] 그러나 장래에 받게 될 퇴직금이 재산분할이 대상이 되는가에 대해서는 판례는 부정적인 태도를 취하고 있었다. 즉, 종래의 판례는 장래에 퇴직금을 받을 가능성이 있다는 사정만으로는 장래의 퇴직금을 재산분할의 대상이 되는 재산에 포함시킬 수 없으며, "기타 사정"으로 참작될 수 있을 뿐이라고 하였다.[307] 그러나 2014년 전원합의체 판결에 의해서 이러한 판례의 태도는 변경되었으며, 이제 상래의 퇴직

305) 대결 1993. 5. 11, 93스6: 혼인중에 부부가 협력하여 이룩한 재산이 있는 경우에는 혼인관계의 파탄에 대하여 책임이 있는 배우자라도 재산의 분할을 청구할 수 있다. 다만, 처가 돈을 가지고 가출하여 낭비하면서 부정한 행위를 하였다면, 이와 같은 사정은 재산분할의 액수와 방법을 정하는 데 있어서 참작할 사유는 될 수 있다; 서울가심 1991. 11. 12, 91느4431.

306) 대판 1995. 3. 28, 94므1584; 대판 2011. 7. 14, 2009므2628(명예퇴직금도 분할대상이 된다).

307) 대판 1995. 5. 23, 94므1713, 부부의 일방이 이혼 당시 직장에 근무하고 있는 경우 퇴직일과 수령할 퇴직금이 확정되었다는 등의 특별한 사정이 없다면, 장차 퇴직금을 받을 개연성이 있다는 사정만으로 장래의 퇴직금을 청산의 대상이 되는 재산에 포함시킬 수 없고, 장래 퇴직금을 받을 개연성이 있다는 사정은 민법 제839조의2 제2항 소정의 분할의 액수와 방법을 정하는 데 필요한 기타 사정으로 참작되면 족하다; 대판 1997. 3. 14, 96므1533; 대판 1998. 6. 12, 98므213; 대결 2000. 5. 2, 2000스13, 재판상 이혼을 전제로 한 재산분할에 있어 분할의 대상이 되는 재산과 그 액수는 이혼소송의 사실심 변론종결일을 기준으로 하여 정하여야 하고, 그 당시 직장에 근무하는 부부 일방의 퇴직과 퇴직금이 확정된 바 없으면 장래의 퇴직금을 분할의 대상이 되는 재산으로 삼을 수 없음이 원칙이지만, 그 뒤에 부부 일방이 퇴직하여 퇴직금을 수령하였고 재산분할청구권의 행사기간이 경과하지 않았으면 수령한 퇴직금 중 혼인한 때로부터 사실심 변론종결일까지 제공한 근로의 대가에 해당하는 퇴직금 부분은 분할의 대상인 재산이 된다; 대결 2002. 8. 28, 2002스36.

금(퇴직급여채권)[308]도 재산분할의 대상에 포함시킬 수 있게 되었다(대판 2014. 7. 16, 2013므2250 전원합의체: "비록 이혼 당시 부부 일방이 아직 재직 중이어서 실제 퇴직급여를 수령하지 않았더라도 이혼소송의 사실심 변론종결 시에 이미 잠재적으로 존재하여 그 경제적 가치의 현실적 평가가 가능한 재산인 퇴직급여채권은 재산분할의 대상에 포함시킬 수 있으며, 구체적으로는 이혼소송의 사실심 변론종결 시를 기준으로 그 시점에서 퇴직할 경우 수령할 수 있을 것으로 예상되는 퇴직급여 상당액의 채권이 그 대상이 된다"). 부부의 일방이 이혼 시 이미 연금을 수령하고 있는 경우에는 그 연금도 재산분할의 대상에 포함될 수 있다(대판 2014. 7. 16, 2012므2888 전원합의체: "재산분할제도의 취지에 비추어 허용될 수 없는 경우가 아니라면, 이미 발생한 공무원 퇴직연금수급권도 부동산 등과 마찬가지로 재산분할의 대상에 포함될 수 있다고 봄이 상당하다. 그리고 구체적으로는 연금수급권자인 배우자가 매월 수령할 퇴직연금액 중 일정 비율에 해당하는 금액을 상대방 배우자에게 정기적으로 지급하는 방식의 재산분할도 가능하다.").[309]

ⓛ 퇴직급여채권의 분할: 법원은 재산분할청구 사건에서 여러 사정(혼인생활의 과정과 기간, 퇴직급여의 형성 및 유지에 대한 양 당사자의 기여 정도 등)을 고려하여 예상퇴직급여 채권을 재산분할 대상에 포함시켜 재산분할의 액

308) 퇴직수당채권(이혼소송의 사실심 변론종결 시를 기준으로 그 시점에서 퇴직할 경우 수령할 수 있을 것으로 예상되는 퇴직수당 상당액의 채권. 퇴직수당이란 공무원이 1년 이상 재직하고 퇴직하거나 사망한 경우에 지급하는 수당을 말한다. 공무원연금법 제28조, 제62조)도 재산분할의 대상이 된다(대판 2019. 9. 25, 2017므11917). 다만 퇴직수당채권에 대해서는 이혼배우자의 분할연금청구권에 관한 공무원연금법 제45조가 적용되지 않으므로, 이혼한 날부터 2년이 경과한 때에는 분할청구를 할 수 없고(민법 제839조의2 제3항), 이혼배우자가 직접 공무원연금공단에 청구하여 분할된 액수를 수령할 수도 없다.

309) 상대방 배우자가 이미 수령하고 있는 연금이 재산분할의 대상이 되는 경우에 분할권리자가 취득하는 정기금채권의 성격에 관하여는 다음과 같은 점이 문제가 되었다. 즉 위의 판결 당시에는 연금의 일정 비율을 정기적으로 지급하는 방식의 재산분할에 의하여 분할권리자가 취득하는 정기금채권은 공무원 퇴직연금수급권 그 자체는 아니었다. 공무원연금법 제32조(현행 제39조)에 따라 급여를 받을 권리는 양도, 압류하거나 담보로 제공할 수 없기 때문이다. 따라서 분할권리자가 직접 공무원연금공단으로부터 일정 비율의 연금을 지급받을 수는 없었다(대판 2014. 1. 23, 2013다71180 참조). 그러나 2016. 1. 1.부터 시행되는 개정된 공무원연금법에 의하여 이혼 후 전 배우자의 퇴직연금을 분할한 일정한 금액의 연금(분할연금)을 공무원연금공단으로부터 직접 받을 수 있게 되었다(제46조의3 이하). 이 규정은 2016. 1. 1. 이후 이혼한 사람에 대해서만 적용된다. 공무원연금법 부칙(2015. 6. 22. 법률 제13387호) 제2조 제1항. 그 후 공무원연금법은 2018. 3. 20. 법률 제15523호로 다시 전부 개정되어(2018. 9. 21.부터 시행) 분할연금에 관한 제46조의3부터 제46조의5는 제45조부터 제47조가 되었는데, 그 내용은 동일하다. 또한 개정된 법률의 부칙 제4조 제1항도 "제45조부터 제48조까지의 개정규정은 2016년 1월 1일 이후에 이혼한 사람부터 적용한다"고 정하고 있다.

수와 방법을 정할 수도 있고, 재산분할 대상에 포함시키지 않고 이혼당사자들이 공무원연금법§45에서 정한 분할연금청구권에 관한 규정을 따르도록 할 수도 있다.310) 퇴직급여채권을 이혼 시 재산분할의 대상에 포함시켜 청산, 분배한 경우에는 이혼배우자는 나중에 세월이 흘러 배우자였던 사람이 퇴직연금을 수령하게 된 때에도 분할연금을 청구할 수 없다(예를 들어 공무원 A와 배우자 B가 이혼할 때 A의 적극재산 3억원에 A의 퇴직급여채권 1억원을 재산분할의 대상에 포함시켜서 각각 2억원씩 분할하였다면, 그 후 세월이 흘러 A가 퇴직연금을 수령하게 되었다고 해도 B는 분할연금을 청구할 수 없다). 반면에 퇴직급여채권을 이혼 시 재산분할의 대상에 포함시키지 않은 경우에는 이혼배우자(분할연금청구권자)는 배우자였던 사람이 퇴직연금을 수령하게 되는 등 공무원연금법 제45조 제1항의 요건(혼인기간이 5년 이상이었을 것, 전 배우자가 퇴직연금을 수령할 것, 분할연금청구권자가 65세에 이르렀을 것)이 갖추어 졌을 때 공무원연금공단에 분할연금의 지급을 청구할 수 있다(위의 예에서 A와 B의 혼인기간이 5년 이상이었고 이혼할 때 퇴직급여채권을 재산분할의 대상에 포함시키지 않았다면, 세월이 흘러 A가 퇴직연금을 수령하게 되고, B가 65세에 이르면 B는 공무원연금공단에 분할연금의 지급을 청구할 수 있다).

㉢ 연금분할의 비율: 분할연금액은 배우자였던 자의 퇴직연금액 중 혼인기간(배우자가 공무원으로서 재직한 기간 중의 혼인기간)311)에 해당하는 연금액을 균등하게 나눈 금액으로 한다(균등분할의 원칙. 공무원연금법 제45조 제2항. 이외에 사립학교교직원연금법 제42조, 국민연금법 제62조 제4항, 군인연금법 제22조 제2항도 균등분할의 원칙을 정하고 있다).312) 다만 당사자의 협의나 법원의 재판에 따라 연금의 분할비율에 관하여 별도로 결정된 경우에는 그에 따른다(공무원연금법 제46조, 사립학교교직원연금법 제42조, 국민연금법 제64조의2 제1항, 군인연

310) 대판 2019. 9. 25, 2017므11917.

311) 혼인기간에서 별거, 가출 등의 사유로 인하여 실질적인 혼인관계가 존재하지 않았던 기간은 제외된다(공무원연금법 제45조 제1항, 국민연금법 제64조 제1항, 사립학교교직원 연금법 제42조). 헌재결 2016. 12. 29, 2015헌바182 참조; 분할연금을 청구한 사람과 공무원이었던 전 배우자가 혼인과 이혼을 두 차례 이상 반복하다가 분할연금제도 시행 후에 최종 이혼한 경우, 특별한 사정이 없는 한 분할연금제도 시행 전의 혼인기간을 분할연금제도 시행 후의 혼인기간과 합산하여야 한다. 대판 2020. 4. 29, 2019두44606.

312) 예를 들어 갑은 30년간 공무원으로 재직하였는데, 그중 전 배우자 을과의 혼인기간은 20년에 이른다고 가정해 보자. 갑이 퇴직한 후 월 300만원의 퇴직연금을 수령하게 되었다면, 을은 혼인기간 20년에 해당하는 연금액 200만원을 균등하게 나눈 금액인 100만원을 공무원연금공단으로부터 직접 수령할 수 있다.

금법 제23조).[313] 예를 들어 당사자의 협의나 법원의 재판으로 공무원인 갑과 배우자 을의 퇴직연금 분할비율이 6 : 4로 결정된 경우, 그 후에 공무원연금법 제45조 제1항이 규정하는 세 가지 요건이 갖추어진 때부터 3년 내에 을이 분할연금을 청구하면 공무원연금공단은 갑과 을에게 각각 이 비율에 따라 연금을 지급한다(갑이 공무원으로 재직한 기간 내내 을과 혼인관계를 유지하였고 갑의 퇴직연금액이 월 300만원이라면 갑에게 180만원, 을에게 120만원을 지급한다). 당사자는 협의 또는 조정으로 퇴직연금 중 일부에 관하여도 별도의 분할비율을 정할 수 있다. 예를 들어 갑은 을과 혼인한 후 20년간 공무원으로 재직하였는데, 퇴직 후 이혼을 하게 되었다. 갑이 퇴직 후 월 200만원의 퇴직연금을 수령하고 있다면, 갑과 을은 협의 또는 조정에 의하여 갑의 퇴직연금 중 재직기간 10년에 해당하는 부분에 대해서는 6 : 4의 비율로 분할하기로 정할 수 있다. 이 경우 갑의 퇴직연금은 재직기간 10년에 해당하는 부분에 대해서는 6 : 4(갑 60만원, 을 40만원), 나머지 부분에 대해서는 균등한 비율(갑 50만원, 을 50만원)로 분할된다. 또한 당사자는 퇴직연금 중 일부에 관하여만 분할하고 나머지는 포기하기로 하는 협의나 조정을 할 수도 있다. 위의 예에서 갑과 을은 갑의 퇴직연금 중 재직기간 10년에 해당하는 부분에 대해서만 분할하고, 나머지 부분에 대한 분할연금 수급권은 포기한다는 내용의 협의나 조정을 할 수도 있다. 이런 경우 을은 매월 50만원의 분할연금(별도의 분할비율을 정하지 않았으므로)을 수령하게 될 것이다.[314] 여기서 당사자의 협의나 법원의 재판으로 연금의 분할비율을 별도로 정할 수 있는 시기가 문제가 될 수 있다. 즉 연금의 분할비율을 별도로 정하려면 반드시 이혼 시 재산분할절차에서 하여야 하는 것인지, 아니면 이혼 후 세월이 흘러 배우자였던 자가 연금을 수령하게 되어 이혼

313) '연금의 분할에 관하여 별도로 결정된 경우'라고 보기 위해서는, 협의상 또는 재판상 이혼에 따른 재산분할절차에서 이혼당사자 사이에 연금의 분할 비율 등을 달리 정하기로 하는 명시적인 합의가 있었거나 법원이 이를 달리 결정하였음이 분명히 드러나야 한다. 이와 달리 이혼당사자 사이의 협의서나 조정조서 등을 포함한 재판서에 연금의 분할비율 등이 명시되지 않은 경우에는, 재산분할절차에서 이혼배우자가 자신의 분할연금 수급권을 포기하거나 자신에게 불리한 분할비율 설정에 동의하는 합의가 있었다거나 그러한 내용의 법원 심판이 있었다고 단정해서는 안 된다(대판 2019. 6. 13, 2018두65088). 즉 이혼 시 재산분할절차에서 연금의 분할비율 등에 관하여 명시적으로 정한 바가 없는 경우에는 공무원연금법 제45조에 따른 원칙으로 돌아가서 이혼배우자에게 균등한 비율의 분할연금 수급권이 인정된다고 보아야 한다.

314) 퇴직연금의 분할에 관한 이와 같은 법리는 퇴직연금일시금의 분할에도 그대로 적용된다. 대판 2023. 11. 30, 2022두62284.

배우자가 공무원연금공단에 분할연금을 청구한 때에도 연금의 분할비율을 별도로 정할 수 있는지가 문제될 수 있다. 공무원연금법 제46조("제45조 제2항(균등분할의 원칙)에도 불구하고 제839조의2 또는 제843조에 따라 연금분할이 별도로 결정된 경우에는 그에 따른다")에 충실하게 해석하면 협의상 또는 재판상 이혼에 따른 재산분할절차에서만 연금의 분할비율을 별도로 정하는 협의나 재판을 할 수 있다고 보아야 할 것이다. 제839조의2는 협의이혼 시 재산분할청구권에 관한 규정이고, 제843조는 재판상 이혼에 따른 재산분할청구권에 제839조의2를 준용하는 규정인데, 제839조의2 제3항에 의하면 협의이혼 시 재산분할청구권은 이혼한 날부터 2년을 경과한 때에는 소멸하도록 되어 있다. 연금분할비율을 별도로 정하는 것은 제839조의2 또는 제843조에 따른 재산분할절차에서 이루어져야 한다는 것이 공무원연금법 제46조의 취지이므로, 연금분할 비율을 별도로 정하기 위한 청구도 제839조의2 제3항에 의한 제척기간(이혼한 날부터 2년) 내에 이루어져야 할 것이다. 따라서 이혼 시 재산분할절차에서 연금분할 비율에 대하여 정할 것을 청구하지 않아서[315] 별도로 정하여진 바가 없다면 세월이 흘러 이혼배우자에게 분할연금 수급권이 발생하였을 때 그 비율은 공무원연금법 제45조 제2항이 정하는 원칙에 따라 균등분할이 될 것이며, 장래 발생하게 될 연금의 균등분할이 부당하다고 느끼는 배우자는 미리 이혼에 따른 재산분할절차에서 협의나 재판을 통하여 별도의 분할비율을 정하여야 할 것이다.

㉣ 분할연금청구권의 제척기간: 부부의 일방이 이혼 시 아직 연금을 수령하고 있지 않은 경우에는 장래에 일정한 요건이 갖추어 진 때에 연금의 분할을 청구할 수 있다. 예를 들어 공무원연금법에 따르면 혼인기간이 5년 이상이었던 사람은 전 배우자가 연금을 지급받기 시작하고 본인(연금의 분할을 청구하는 사람. 분할연금청구권자)이 65세에 이르면, 그 때부터 3년 내에 분할연금을 청구할 수 있다§45.[316] 따라서 제839조의2 제3항에 따른 재산분할청구권의 제척기간(이혼한 날부터 2년)이 경과한 후에도 공무원연금법에 따른 연금의 분할청구는 가능하다(경우에 따라서는 이혼 후 10년, 20년 이상의 기간이 경과한 시

315) 제839조의2 제1항에 따라 협의상 이혼한 자의 일방은 다른 일방에 대하여 연금의 분할비율을 별도로 정할 것을 청구할 수 있으며, 이 청구권은 이혼한 날부터 2년을 경과하면 소멸한다(제839조의2 제3항).

316) 공무원연금법에 의하면 배우자였던 사람이 퇴직연금 대신 퇴직연금일시금을 청구할 경우에는 동법 제49조에 따라 퇴직연금일시금의 분할을 청구하여 지급받을 수도 있다.

점일 수도 있다). 사립학교교직원연금법§42, 국민연금법§64, 군인연금법§22에도 이와 같은 취지의 규정이 있다. 다만 위에서 본 바와 같이 이혼 시에 퇴직급여채권을 재산분할의 대상에 포함시켜 청산, 분배를 한 경우에는 그 후에 세월이 흘러 전 배우자가 연금을 수령하게 되는 등 위에서 본 세 가지 요건이 충족된다고 해도 분할연금을 청구할 수 없다.

㉤ 분할연금 수급권의 적용대상: 2016년 1일 1일부터 시행되고 있는 개정된 공무원연금법에 따라 이혼배우자는 위에서 본 세 가지 요건이 갖추어진 경우 배우자였던 사람의 퇴직연금을 분할한 일정한 금액의 연금(분할연금)을 공무원연금공단에 직접 청구하여 수령할 수 있게 되었다§45. 이 규정은 개정법률 시행일인 2016년 1월 1일 이후에 이혼한 사람에 대해서만 적용된다(공무원연금법 부칙 제4조 제1항. 법률 제15523호, 2018. 3. 20.).[317] 따라서 2016년 1월 1일 전에 이미 이혼한 사람은 그 이후에 개정법률 제45조 제1항 제2호(배우자였던 사람이 퇴직연금을 수령할 것), 제3호(이혼배우자가 65세에 이르렀을 것)의 요건을 갖추게 되더라도 위 부칙조항의 제한에 따라 분할연금을 지급받을 수 없다. 그러나 2016년 1월 1일 이후에 이혼한 사람이라면 그 전에 개정법률 제45조 제1항의 다른 요건(제2호, 제3호)을 이미 충족하고 있는 경우에도 분할연금수급권자에 해당하여 공무원연금공단으로부터 직접 분할연금을 지급받을 수 있다. 따라서 2016년 1월 1일 전에 이미 이혼한 사람은 2016년 1월 1일 이후에 퇴직연금에 대하여 재산분할 합의를 하거나 법원의 재판이 있었다는 사정만으로 개정법률에 따른 분할연금수급권자가 될 수는 없다(예를 들어 퇴직공무원인 갑과 배우자인 을이 2015년 5월 1일에 이혼한 후 2016년 5월 1일에 퇴직연금의 분할에 대하여 합의를 하였거나, 을이 법원에 퇴직연금의 분할을 청구하여 연금의 분할

317) 대판 2019. 10. 31, 2018두32200; 사립학교교직원연금법에 따른 분할연금수급권에 관한 규정(제42조 제1항)도 2016년 1월 1일 이후 이혼한 사람에 대해서만 적용된다(사립학교교직원연금법 부칙 제2조 제1항. 법률 제13561호, 2015. 12. 15.); 국민연금법에 따른 노령연금분할에 관한 규정은 1999년 1월 1일부터 시행되었는데(1998년 개정법률 제57조의2 제1항. 현행 제64조), 부칙 제10조(법률 제5623호, 1998. 12. 31.)에 따르면 1999년 1월 1일 개정법률 시행 전에 제57조의2 제1항의 개정규정에 의한 분할연금의 지급사유(혼인기간이 5년 이상인 자가 다음 각호의 1에 해당하게 되는 때에는 그때부터 그가 생존하는 동안 배우자이었던 자의 노령연금을 분할한 일정한 금액의 연금을 지급받을 수 있다. 1. 노령연금수급권자인 배우자와 이혼한 후 60세가 된 때, 2호-4호 생략)가 발생한 자에 대하여는 개정법률 시행일 이후의 노령연금 급여분부터 개정법률 제57조의2 및 제57조의3의 분할연금에 관한 규정을 적용하도록 되어 있다. 따라서 국민연금법에 따른 노령연금분할수급권은 1999년 1월 1일 이전에 이혼한 사람에 대해서도 적용될 수 있다.

에 관한 심판이 확정되었다고 해도, 을은 공무원연금공단에 직접 분할연금을 청구하여 수령할 수 없다. 이러한 경우에는 일단 갑이 매월 연금 전액을 수령한 후 협의나 심판에 의하여 정해진 분할금액을 을에게 지급하는 방식을 취할 수밖에 없을 것이다. 반면에 갑과 을이 2016년 5월 1일에 이혼하였다면, 갑이 이미 이혼 전에 퇴직하여 연금을 받고 있었던 경우에도 을이 65세에 이르면 갑의 퇴직연금을 분할한 일정한 금액의 연금을 공무원연금공단에 직접 청구하여 수령할 수 있다).

④ 다른 일방의 특유재산: 혼인중에 부부 공동의 협력에 의해서 이룩한 재산은 부부의 실질적인 공동재산이라고 보아야 하므로, 그러한 재산이 부부 중 일방의 특유재산으로 되어 있다고 해도 당연히 분할의 대상이 된다.[318] 판례에 따라서는 "부부 일방의 특유재산은 원칙적으로 분할의 대상이 되지 아니하나 특유재산일지라도 다른 일방이 적극적으로 그 특유재산의 유지에 협력하여 감소를 방지하였거나 증식에 협력하였다고 인정되는 경우에는 분할의 대상이 될 수 있다"대결 2002. 8. 28, 2002스36; 대판 1998. 2. 13, 97므1486는 태도를 취하는 경우가 있으나, 이러한 태도는 재산분할청구권제도의 근본취지와 모순되는 것이다. 재산분할청구권제도는 혼인중에 부부가 협력하여 이룩한 재산이 있을 경우 그 재산이 상대방 배우자의 특유재산으로 되어있다 하더라도 그에 대하여 당연히 분할을 청구할 수 있다는 취지에서 마련된 것이기 때문이다. 다만, 위의 판례에서는 특유재산이라는 용어가 구체적으로 부부 일방이 혼인 전부터 가지고 있던 고유재산, 혼인중 상속이나 증여 등을 통하여 취득한 재산 등만을 가리키는 의미로 사용된 것으로 보인다(그렇다면 이는 특유재산이라는 용어에 대한 오해에서 비롯된 것이라고 볼 수 있다). 부부의 일방이 혼인 전부터 가지고 있던 고유재산, 상속이나 증여에 의해서 취득한 재산 또는 이러한 재산을 기초로 하여 형성한 재산이라고 해도 다른 일방이 재산의 유지와 감소방지에 기여한 경우에는 재산분할의 대상이 된다.[319]

제3자 명의의 재산이더라도 그것이 부부 중 일방에 의하여 명의신탁된 재산이거나 또는 부부의 일방이 실질적으로 지배하고 있는 재산으로서 부부 공

318) 대판 1999. 6. 11, 96므1397.

319) 대판 1993. 6. 11, 92므1054; 대판 1994. 5. 13, 93므1020; 대판 1994. 10. 25, 94므734; 대판 1994. 12. 13, 94므598; 대판 1996. 2. 9, 94므635; 대판 1998. 4. 10, 96므1434, 부부 중 일방이 상속받은 재산이거나 이미 처분한 상속재산을 기초로 형성된 부동산이더라도 이를 취득하고 유지함에 있어 상대방의 가사노동 등이 직·간접으로 기여한 것이라면 재산분할의 대상이 된다; 서울가판 2001. 7. 25, 2000드합6063, 증여받은 재산이 분할의 대상이 된다고 본 사례.

동의 협력에 의하여 형성된 것이라면 이 역시 재산분할의 대상이 된다고 해석하는 것이 타당하다(다만 직접 제3자 명의의 재산에 대하여 분할을 명할 수는 없으므로, 그 가액을 산정하여 이를 분할의 대상으로 삼거나 또는 다른 재산을 분할함에 있어서 그 가액을 참작하는 방법으로 재산분할의 대상에 포함시켜야 할 것이다).[320] 부부의 일방이 제3자와 합유하고 있는 재산도 재산분할의 대상에 포함된다. 다만, 합유재산(또는 그 지분)은 임의로 처분하지 못하므로 이를 직접 재산분할의 대상으로 삼을 수는 없다. 그러므로 그 지분의 가액을 산정하여 이를 분할의 대상으로 삼거나 또는 다른 재산을 분할함에 있어서 그 지분을 참작하는 방법으로 재산분할의 대상에 포함시켜야 한다.[321]

⑤ 채무

㉠ 원칙: 부부의 일방이 혼인중 제3자에 대하여 부담한 채무는 일상가사에 관한 법률행위로 인한 채무(부부 공동생활관계에서 필요한 비용 등을 조달하는 과정에서 부담한 채무대판 2013. 6. 20, 2010므4071, 4088 전원합의체)를 제외하고는 원칙적으로 개인채무로서 재산분할에서 고려되지 않는다. 그러나 부부의 실질적인 공동재산(재산분할의 대상이 되는 재산)의 형성에 수반하여 부담한 채무인 경우에는 청산의 대상이 된다(그 채무로 인하여 취득한 재산이 현재 남아 있는가는 문제가 되지 않는다).[322]

---

320) 대판 1993. 6. 11, 92므1054; 대판 1998. 4. 10, 96므1434; 대판 2009. 11. 12, 2009므2840, 2857; 한편 대판 2011. 3. 10, 2010므4699, 4705, 4712은 부부의 일방이 실질적으로 혼자서 지배하고 있는 주식회사(이른바 '1인 회사') 소유의 재산을 바로 재산분할의 대상에 포함시킬 수 있는가에 대하여 다음과 같이 판시하였다. "부부의 일방이 실질적으로 혼자서 지배하고 있는 주식회사(이른바 '1인 회사')라고 하더라도 그 회사 소유의 재산을 바로 그 개인의 재산으로 평가하여 재산분할의 대상에 포함시킬 수는 없다. 주식회사와 같은 기업의 재산은 다양한 자산 및 부채 등으로 구성되는 것으로서, 그 회사의 재산에 대하여는 일반적으로 이를 종합적으로 평가한 후에야 1인 주주에 개인적으로 귀속되고 있는 재산가치를 산정할 수 있을 것이다. 따라서 그의 이혼에 있어서 재산분할에 의한 청산을 함에 있어서는 특별한 사정이 없는 한 회사의 개별적인 적극재산의 가치가 그대로 1인 주주의 적극재산으로서 재산분할의 대상이 된다고 할 수 없다."

321) 대판 2009. 11. 12, 2009므2840, 2857.

322) 대판 1993. 5. 25, 92므501; 대판 1999. 6. 11, 96므1397, 부동산에 대한 임대차보증금반환채무는 특별한 사정이 없는 한 혼인중 재산의 형성에 수반한 채무로서 청산의 대상이 된다; 대판 1995. 10. 12, 95므267; 설령 그 채무로 인하여 취득한 특정 적극재산이 남아있지 않더라도 그 채무부담행위가 부부 공동의 이익을 위한 것으로 인정될 때에는 혼인중의 공동재산의 형성·유지에 수반한 것으로 보아 재산분할에 있어서 청산의 대상이 된다. 대판 2006. 9. 14, 2005다74900; 대판 2010. 4. 15, 2009므4297; 사실혼관계에 있는 부부의 일방이 혼인 중 공동재산의 형성에 수반하여 채무를 부담하였다가 사실혼이 종료된 후 채무를 변제한 경우 변제된 채무는 특별한 사정이 없는 한 청산의 대상이 된다. 대판 2021. 5. 27,

㉡ 재산분할에서 채무를 고려하는 방법: 부부의 일방이 청산의 대상이 되는 채무를 부담하고 있는 경우에는 이를 고려하여 재산분할의 비율 또는 액수를 정해야 하는데, 금전의 지급을 명하는 방식의 경우에는 채무액을 재산가액으로부터 공제한 잔액을 기준으로 하여 지급액을 산정하여야 한다(예를 들어서 재산가액이 1억원, 청산의 대상이 되는 채무가 4천만원인데, 재산의 절반에 대해서 분할을 명한다면 1억원에서 4천만원을 뺀 나머지인 6천만원을 기준으로 하여 그 절반인 3천만원의 지급을 명한다). 또한 목적물의 지분을 취득시켜 공유로 하는 경우에는[323] 상대방의 취득비율을 줄이는 방식으로 분할비율을 조정하여야 한다. 예를 들어서 재산분할의 대상이 되는 夫 명의의 아파트 가액이 1억원인데, 이 아파트를 취득하기 위하여 夫가 은행에서 4천만원의 대출을 받은 경우, 처에게 夫와 동등한 공유지분을 취득시키는 심판을 한다면, 처의 지분은 1/2이 아니라 3/10으로 조정되는 것이 타당하다.[324]

부부 공동의 채무를 부부의 일방(처)에게 귀속시킨다는 취지의 원심판결이 확정된다고 하더라도 이로 인하여 그 채무 중 다른 일방(夫)이 부담하여야 할 부분이 그 일방(처)에게 면책적으로 인수되는 법률적 효력은 발생하지 않는다고 보아야 할 것이다.[325]

㉢ 채무초과인 경우: 종전의 판례는 분할의 대상이 되는 총 재산가액에서 부부의 일방이 혼인 중 공동재산의 형성에 수반하여 부담한 채무를 공제하면 남는 금액이 없는 경우에는 상대방의 재산분할청구는 받아들여질 수 없다고 보았다(예를 들어서 혼인중 주택을 마련하여 夫의 명의로 등기하였는데, 夫가 주택매입 대금 전액을 금융기관에서 대출받은 경우를 생각해 볼 수 있다).[326]

그러나 최근에 나온 판례(대법원 2013. 6. 20, 2010므4071, 2010므4088 전원합의

---

2020므15841(예를 들어 사실혼 부부의 일방인 A가 재산분할의 대상이 된 부동산(가액 1억원)을 취득하면서 4천만원을 대출받은 경우, 이 채무 4천만원은 청산의 대상이 된다. 따라서 금전의 지급을 명하는 방식으로 재산분할을 하는 경우 분할비율이 대등하다면 상대방 B에게 3천만원의 지급을 명하게 될 것이다. 만약 A가 사실혼 종료 후(재산분할 전에) 다른 금융기관에서 대출을 받아 위 채무 4천만원을 변제하였다면, 이것 역시 청산의 대상이 된다. 따라서 B는 위의 경우와 마찬가지로 3천만원을 지급받을 수 있을 뿐이다).

323) 대판 1997. 7. 22, 96므318, 민법 제839조의2의 규정에 의한 재산분할사건은 가사비송사건으로서, 법원은 당사자 쌍방의 일체의 사정을 참작하여 분할의 액수와 방법을 정할 수 있는 것이므로, 가사소송규칙 제98조에 불구하고 당사자 일방의 단독소유인 재산을 쌍방의 공유로 하는 방법에 의한 분할도 가능하다.

324) 대판 1994. 12. 2, 94므1072.

325) 대판 1999. 11. 26, 99므1596.

326) 대판 1997. 9. 26, 97므933; 대판 2002. 9. 4, 2001므718.

체 판결)는 이와 다른 태도를 취하여 주목을 받고 있다. 이 판결에 의하면 소극재산의 총액이 적극재산의 총액을 초과하여 재산분할을 한 결과가 결국 채무의 분담을 정하는 것이 되는 경우에도 법원은 그 채무의 성질, 채권자와의 관계, 물적 담보의 존부 등 일체의 사정을 참작하여 이를 분담하게 하는 것이 적합하다고 인정되면 재산분할청구를 받아들일 수 있다고 한다. 이에 따르면 재산분할청구를 한 부부 일방이 채무초과인 상태이고(적극재산보다 소극재산이 더 많은 상태), 상대방도 채무초과인 경우에도 채무를 분할(분담)하는 방식으로 재산분할청구가 인정될 수 있다. 예를 들어서 A가 B를 상대로 재산분할청구를 하였는데, A에게는 적극재산 1억과 소극재산(채무) 3억이 있으며(-2억), B에게는 적극재산 2억과 소극재산 3억이 있는 경우(-1억), 법원은 B에게 A의 채무 중 5천만원을 분담하라는 재산분할심판을 할 수 있다. 또한 B가 채무초과인 상태이기는 하지만 적극재산을 보유하고 있으므로, 적극재산 2억 중 5천만원을 지급하라는 방식으로 분할을 명할 수도 있다. 한편 부부에게 적극재산이 전혀 없고 채무만 있는 경우에도 채무를 분할하는 방법으로 재산분할이 가능하다. 예컨대 A에게 적극재산은 전혀 없고 소극재산만 3억이 있고, B에게도 적극재산은 없고 소극재산만 1억이 있는 경우에도 법원은 B에게 A의 채무 중 1억을 분담하라는 재산분할심판을 할 수 있다(이 경우 병존적 채무인수의 효력이 발생한다). ☜

이 판결은 재산분할 청구인과 상대방의 사정을 종합적으로 판단하여 구체적인 사안에 따라 가장 적합한 재산분할의 방법을 정하겠다는 취지로 이해되며, 개개의 사안에 따라 유연하게 판단할 수 있는 길을 열었다는 점에서 의의가 있다고 생각된다.

☞ 대법원 2013. 6. 20, 2010므4071, 2010므4088 전원합의체 판결(요지)

“민법도 재산분할에 관하여 “이혼한 자의 일방은 다른 일방에 대하여 재산분할을 청구할 수 있다”고 하고, 나아가 “가정법원은 당사자의 청구에 의하여 당사자 쌍방의 협력으로 이룩한 재산의 액수 기타 사정을 참작하여 분할의 액수와 방법을 정한다”고 규정하고 있을 뿐(제839조의2 제1항 및 제2항), 분할대상인 재산을 적극재산으로 한정하고 있지 않다. 따라서 이혼 당사자 각자가 보유한 적극재산에서 소극재산을 공제하는 등으로 재산상태를 따져 본 결과 재산분할청구의 상대방이 그에게 귀속되어야 할 몫보다 더 많은 적극재산을 보유하고 있거나 소극재산의 부담이 더 적은 경우에는 적극재산을 분배하거나 소극재산을 분담하도록 하는 재산분할은 어느 것이나 가능하다고 보아야 하고, 후자의 경우라고 하여 당연히 재산분할청구가 배척되어야 한다고 할 것은 아니다. 그러므로 소극재산의 총액이 적극재산의 총액을 초과하여 재산분할을 한 결과가 결국 채무의 분담을 정하는 것이 되는 경우에도 법원은 그 채무의 성질, 채권자와의 관계, 물적 담보의 존부 등 일체의 사정을 참작하여 이를 분담하게 하는 것이 적합하다고 인정되면 그 구체적인 분담의 방법 등을 정하여 재산분할청구를 받아들일 수 있다 할 것이다. 그것이 부부가 혼인 중 형성한 재산관계를 이혼에 즈음하여 청산하는 것을 본질로 하는 재산분할제도의 취지에 맞고, 당사자 사이의 실질적인 공평에도 부합한다.

이와 달리 부부의 일방이 청산의 대상이 되는 채무를 부담하고 있어 총 재산가액에서 채무액을 공제하면 남는 금액이 없는 경우에는 상대방의 재산분할청구는 받아들여질 수 없다고 한 대법원 1997. 9. 26. 선고 97므933 판결, 대법원 2002. 9. 4. 선고 2001므718 판결 등은 위 견해에 저촉되는 범위에서 이를 모두 변경한다."

다수의견에 대한 보충의견(일부 요지)

"채무에 대한 재산분할을 인정할 경우에는 판결에서 어떤 방식으로 그 분담을 명할 것인가 하는 소송실무적 문제에 직면하게 된다. 재산분할 판결에서 채무의 인수를 명한들 제3자인 채권자에 대한 관계에서 직접적으로 효력이 생기는 것도 아니고, 채무부담의 차이에 상응한 금전지급을 명한다고 하더라도 상대방은 대개 이미 채무초과 상태이니 즉시 집행하여 권리를 실현할 수 있을 것으로 기대하기 어렵다는 한계가 있다. 그러나 다수의견에서 적시한 바와 같은 채무의 성질, 채권자와의 관계, 물적 담보의 존부뿐만 아니라 적극재산과 채무의 연관성, 채무의 변제기, 이혼 당사자의 경제적 활동능력 등 여러 사정을 감안하면, 구체적 사건에서 채무의 인수를 명하는 방식이나 금전지급을 명하는 방식 또는 그 혼합적 형태 등 다양한 방법으로 적합한 재산분할 방식을 찾을 수 있을 것이고, 이야말로 비송사건에서 발휘될 수 있는 유연한 판단을 위한 여유 공간이다.

재산분할의 판결에서 채무의 인수를 명한 경우에도 그것이 바로 면책적 채무인수의 효과를 생기게 하지는 못하지만, 적어도 제3자를 위한 계약 또는 병존적 채무인수의 효과는 생길 수 있다(대법원 2010. 5. 13. 선고 2009다10522 판결 등 참조). 어차피 채무자의 무자력으로 자기 채권의 현실적 만족을 얻지 못하고 있는 채권자로서는 가능한 자기 채권의 만족 가능성을 넓히려고 할 것이므로 중첩적 채무인수의 가능성을 외면할 리 없다."

⑥ 기타 고려되어야 할 점

㉠ 장래의 수입, 자격증 등: 현재는 분할의 대상이 되는 재산이 거의 없으나, 앞으로 상대방에게 수입이 예상되는 경우에는 그와 같은 사정을 고려하

여 재산분할의 액수와 방법을 정하여야 할 것이다. 예를 들어서 부부의 일방이 물심양면으로 지원하여 다른 일방이 전문의 자격[327]을 취득하게 되었으나, 그 이후 곧 이혼하게 된 경우에는 다른 일방의 장래의 수입을 고려하여 분할급의 방식으로 재산분할을 명하는 것이 타당하다.[328]

㉡ 재산분할로 임대차의 목적물인 부동산의 소유권이 이전되는 경우: 부부의 일방이 재산분할의 명목으로 임대차의 목적물인 부동산의 소유권을 다른 일방에게 이전하는 경우, 그 부동산이 주거용 건물로서 주택임대차보호법에 따라 임대인의 지위가 당연히 승계되는 등의 특별한 사정이 없는 한, 당해 부동산에 대한 임대차보증금반환채무가 당연히 다른 일방에게 면책적으로 인수되는 것은 아니다.[329]

㉢ 이혼과 혼인이 수차례 반복된 경우의 재산분할: 부부 사이에 혼인과 이혼이 몇 차례에 걸쳐 반복되었고, 각각의 협의이혼 후에 재산분할을 하지 않았을 뿐만 아니라 이혼에 따른 별거기간이 비교적 단기인 경우 이전의 각 혼인기간 중에 부부의 협력에 의하여 이룩한 재산은 모두 분할의 대상이 될 수 있다고 보아야 할 것이다(또한 법률혼과 사실혼이 혼재되어 있었던 경우에는 특별한 사정이 없는 한, 전 기간 동안 쌍방의 협력에 의하여 이룩한 재산이 모두 재산분할의 대상이 된다). 이 경우 재산분할청구권에 관한 제척기간의 규정은 적용되지 않는다.[330]

㉣ 재산분할 후 재산분할대상 재산이 새로이 발견된 경우: 재산분할재판에서 분할대상인지의 여부가 심리되지 않은 재산이 재판 확정 후 추가로 발견된 경우에는 이에 대하여 추가로 재산분할청구를 할 수 있다.[331] 다만 추가로 재산분할청구를 하는 경우에도 역시 이혼한 날부터 2년 이내라는 제척

---

327) 서울가판 1991. 6. 13, 91드1220(확정)은 夫가 혼인중에 처의 내조로 전문의 자격을 취득한 것을 재산분할의 요소로서 고려하고 있다.

328) 판례는 夫가 박사학위를 소지한 경제학교수인 경우, 장래 예상되는 夫의 수입을 민법 제839조의2 제2항이 규정하는 "기타 사정"으로 참작할 수 있다는 태도이다(대판 1998. 6. 12, 98므213).

329) 대판 1997. 8. 22, 96므912.

330) 대판 2000. 8. 18, 99므1855는 "원·피고 사이에 13년 남짓 동안 법률혼과 사실혼이 3회에 걸쳐 계속 이어지다가 파탄되었고 그 각 협의이혼에 따른 별거기간이 6개월과 2개월 남짓에 불과한 경우에 마지막 사실혼의 해소에 따른 재산분할을 함에 있어서는 그에 앞서 이루어진 이혼에 따른 재산분할 문제를 정산하였다거나 이를 포기하였다고 볼 만한 특별한 사정이 없는 한 그 각 혼인 중에 쌍방의 협력에 의하여 이룩한 재산은 모두 청산의 대상이 될 수 있다고 보는 것이 상당하다"고 판시하고 있다.

331) 대판 2003. 2. 28, 2000므582.

기간을 준수하여야 한다.[332)]

㉤ 혼인파탄 후에 취득한 재산이 분할대상이 되는가의 여부: 별거 이후 부부 일방이 자신의 명의로 취득한 재산이라 할지라도 다른 일방이 그 재산의 형성에 기여하였다면 분할의 대상이 된다.[333)] 그러나 혼인생활의 파탄 후에 부부의 일방이 자신의 명의로 되어 있는 부동산을 담보로 하여 금전을 차용한 경우 그 채무가 일상가사에 관한 것이라거나 공동재산의 유지와 관련된 것이라는 점을 증명하지 못하는 한 청산의 대상이 되지 않는다.[334)]

(나) 이혼 후의 부양

민법은 이혼 후의 부양에 대하여 명문의 규정을 두고 있지 않지만, 이혼한 배우자 일방의 생활이 곤궁해질 때에 다른 일방이 그 여력이 있는 한도에서 그를 부양하는 것은 인도적인 책무로 보아야 하기 때문에, 혼인의 사후적 효과로서 이를 "기타 사정"으로서 고려할 수 있다고 해석해야 할 것이다. 그러나 이혼 후 모가 성년자녀와 함께 사는 경우 자녀에 대한 부양의무는 재산분할에 있어서 고려의 대상이 되지 않는다는 것이 판례의 태도이다.[335)]

(다) 이혼으로 인한 위자료

끝으로, 판례는 이혼시 재산분할은 부부가 혼인중에 가지고 있었던 실질상의 공동재산을 청산하여 분배함과 동시에 이혼 후에 상대방의 생활유지에 이바지하는 데 있지만, 분할자의 유책행위로 인하여 이혼하게 됨으로써 입게 되는 정신적 손해(위자료)를 배상하기 위한 급부로서의 성질도 가지고 있다고 판시하고 있다.[336)] 이론상으로 본다면, 우리 민법상 위자료청구는 제806조와 제843조에 따라 별도로 청구할 수 있게 되어 있고, 또 위자료는 손해배상으로

---

332) 대결 2018. 6. 22, 2018스18. 청구인은 재산분할심판청구를 한 후 이혼한 날부터 2년이 경과한 후에 청구취지 변경신청서를 제출하여 분할대상 재산을 추가하는 취지로 청구취지를 확장하였다. 이 청구취지 변경신청은 이혼한 날부터 2년이 경과한 후에 제출되었으므로, 그 부분에 대하여는 이미 제척기간이 경과하였다.

333) 서울가판 2000. 7. 6, 98드96753은 "별거 이후 처가 계속하여 夫의 부모들을 병구완하면서 봉양하고, 6명의 자녀들을 교육시켜, 혼인시키는 등의 내조를 하였다면, 별거 이후 夫가 자신의 명의로 취득한 재산이라고 해도 처가 그 재산의 형성, 유지, 증식과정에 기여한 것으로 보아서 분할의 대상이 된다"고 판시하고 있다.

334) 서울가판 2000. 7. 6, 98드96753.

335) 대판 2003. 8. 19, 2003므941은 "父가 성년 자녀에게 부양의무를 진다 하더라도 이는 어디까지나 父와 자녀 사이의 법률관계일 뿐, 이를 원고와 피고의 이혼으로 인하여 피고가 원고에게 지급할 위자료나 재산분할의 액수를 정하는 데 참작할 사정으로 볼 수는 없다"고 한다.

336) 대판 2001. 5. 8, 2000다58804; 대결 2024. 10. 8, 2023스637은 부모간에 양육비의 분담 범위를 정할 때에도 재산분할의 내용을 고려할 필요가 있다고 본다.

서 인정되는 것인 데 반하여 재산분할은 청산적 성격 내지 부양적 요소를 갖는 것이므로, 위자료청구와 재산분할청구는 별개의 제도로 보는 것이 우리민법체계와 부합하는 것이 아닌가 생각된다. 다만, 판례가 이러한 태도를 취하는 이유는 재산분할에 포함되는 요소를 넓게 인정함으로써 혼인중 재산형성에 기여한 배우자를 보호하려는 데 있는 것으로 보인다.[337)]

설례의 경우, X의 이혼청구는 충분히 인용될 수 있다고 보며§840ⅲ, 재산분할청구에서 고려될 수 있는 기준이 문제된다.

부부재산관계의 청산에 있어서 부부의 일방이 소득활동을 하는 경우에는 다른 일방의 가사노동 등이 협력이 되므로대결 1993. 5. 11, 93스6, X의 가사노동이 평가되어 Y의 특유재산에 대하여 X는 분할청구를 할 수 있다. 분할의 비율에 대해서는 설례와 비슷한 사안에 대하여 남편의 특유재산의 2분의 1을 인정한 판결이 있다대판 2001. 5. 8, 2000다58804.

Y의 장래의 퇴직금(퇴직급여채권)도 재산분할의 대상에 포함될 수 있다. 장래의 퇴직금은 재산분할의 대상이 되는 재산에 포함될 수 없고, "기타 사정"으로 참작될 수 있을 뿐이라는 종래의 판례는 변경되었다대판 2014. 7. 16, 2013므2250 전원합의체.

이혼 후의 부양료에 대해서는 혼인의 사후적 효과로서 이를 "기타의 사정"으로서 고려할 수 있다고 보는데, 판례도 "이혼에 있어서 재산분할은 이혼 후에 상대방의 생활유지에 이바지하는 데 있다"고 하고 있다헌재결 1997. 10. 30, 96헌바14 전원재판부.

판례는 재산분할에 위자료의 성격도 있다고 보고 있으므로, 재산분할의 액수를 정할 때 X에 대한 위자료를 포함시킬 수 있다대판 2001. 5. 8, 2000다58804.

### (6) 재산분할의 비율

현재 실무에서는 재산분할의 대상이 되는 재산을 확정한 다음, 이러한 재산의 취득경위 등 여러 가지 사정을 종합적으로 고려하여 일괄적으로 분할의 비율을 정하는 것으로 보인다(대판 2002. 9. 4, 2001므718: 민법 제839조의2 제2항의 취지에 비추어 볼 때, 재산분할비율은 개별재산에 대한 기여도를 일컫는 것이 아니라 기여도 기타 모든 사정을 고려하여 전체로서의 형성된 재산에 대하여 상대방 배우자로부터 분할받을 수 있는 비율을 일컫는 것이라고 봄이 상당하므로, 법원이 합

337) 보다 자세한 내용은, 김상용, 2000년대 민사판례의 경향과 흐름: 가족법, 민사판례연구 XXXIII(2011), 572면 참조.

리적인 근거 없이 분할대상 재산들을 개별적으로 구분하여 분할비율을 달리 정하는 것은 허용될 수 없다). 예를 들어 혼인중에 부부 공동의 협력으로 취득한 재산과 부부의 일방이 상속이나 증여에 의해서 취득한 재산이 있는 경우 이 두 가지 종류의 재산에 대해서 별도로 분할의 비율을 정하지 않고, 일괄적으로 분할의 비율을 정하는 것이다. 다만 퇴직연금에 대해서는 별도의 분할비율을 정하는 것이 판례의 태도이다대판 2014. 7. 16, 2012므2888 전원합의체. 사견으로는 퇴직연금수급권뿐만 아니라 혼인전부터 부부의 일방이 가지고 있던 고유재산, 혼인중에 상속이나 증여 등에 의해서 취득한 재산과 같이 상대방 배우자의 기여 없이 취득한 재산에 대해서도 별도의 분할비율을 인정하는 것이 합리적이라고 본다.

### (7) 재산분할청구권의 포기

재산분할청구권은 이혼의 성립에 의해서 비로소 발생하는 권리이므로, 혼인이 해소되기 전에 미리 포기하는 것은 그 성실상 원칙적으로 허용되지 않는다고 보아야 할 것이다.[338] 또한 혼인해소 전에 재산분할청구권의 포기를 허용하면 사회적 약자인 배우자가 희생될 염려가 있으므로, 원칙적으로 이를 허용하지 않는 것이 타당하다.[339]

이혼 후에 협의 또는 심판에 의하여 구체화되지 않은 재산분할청구권을 포기하는 행위는 사해행위 취소의 대상이 되지 않는다(대판 2013. 10. 11, 2013다7936: 이혼으로 인한 재산분할청구권은 이혼을 한 당사자의 일방이 다른 일방에 대하여 재산분할을 청구할 수 있는 권리로서 협의 또는 심판에 의하여 그 구체적 내용이 형성되기까지는 그 범위 및 내용이 불명확 · 불확정하기 때문에 구체적으로 권리가 발생하였다고 할 수 없으므로, 협의 또는 심판에 의하여 구체화되지 않은 재산분할청구권은 채무자의 책임재산에 해당하지 아니하고, 이를 포기하는 행위 또한 채권자취소권의 대상이 될 수 없다).

### (8) 재산분할청구권과 채권자대위권

재산분할청구권을 보전하기 위하여 채권자대위권§404을 행사할 수 있는가

338) 대결 2016. 1. 25, 2015스451. 다만, 혼인이 파탄에 이른 당사자가 협의이혼을 할 것을 약정하면서 이를 전제로 하여 재산분할에 대하여 협의한 결과 재산분할청구권을 포기하기로 합의하였다면, 이는 협의이혼절차가 유효하게 이루어질 것을 조건으로 하는 조건부 의사표시로서 유효하다고 볼 수 있는 여지가 있다. 서울가판 1996. 3. 22, 96느2350, 법률신문 1996. 4. 25.

339) 대판 2003. 3. 25, 2002므1787.

의 문제가 있다. 재산분할청구권은 협의 또는 심판에 의하여 구체적 내용이 형성될 때까지는 그 범위와 내용이 명확하게 확정된 것이 아니므로, 협의 또는 심판에 의하여 구체적 내용이 형성되기 전에는 재산분할청구권을 보전하기 위하여 채권자대위권을 행사할 수 없다고 해석하는 것이 판례의 태도이다.[340)]

또한 이혼 후 협의 또는 심판에 의하여 구체화되지 않은 재산분할청구권을 채권자가 대위하여 행사하는 것도 허용되지 않는다고 보아야 할 것이다.[341)]

#### (9) 재산분할청구권과 채권자취소권

##### (가) 재산분할이 사해행위취소의 대상이 되는가의 여부

채무초과 상태에 있는 채무자가 이혼시 배우자에게 재산분할로 일정한 재산을 양도함으로써 결과적으로 일반 채권자에 대한 공동담보를 감소시키는 결과로 되어도, 재산분할이 상당한 범위를 벗어나지 않는다면, 사해행위로서 취소되지 않는다. 재산분할의 대상이 되는 재산은 실질적으로 부부의 공동재산이라고 볼 수 있으며, 배우자가 재산분할을 통하여 받게 되는 재산은 자신이 기여한 몫을 돌려받는 것과 같으므로, 재산형성에 대한 기여에 상당하는 재산분할은 책임재산을 감소시키는 결과가 된다고 볼 수 없기 때문이다. 다만, 재산분할이 상당한 범위를 초과하는 경우 그 초과부분은 사해행위에 해당하여 취소의 대상이 될 수 있다. 이 때 채무자의 재산분할이 상당한 범위를 초과하는지의 여부는 재산분할의 일반원칙(부부의 실질적 공동재산의 청산, 이혼 후의 부양 등)에 따라 판단하되, 이혼한 당사자 일방(재산분할청구권자)의 이익과 채권자의 이익을 비교·형량하여 그 재산분할이 채권자에 대한 관계에서도 상당한 것인지를 함께 고려하여야 한다.[342)] 재산분할이 상당한 정도를 초

340) 대판 1999. 4. 9, 98다58016은 "처가 夫를 상대로 이혼 및 재산분할, 위자료 청구를 하여 소송이 계속되어 있는 상태에서 夫에 대한 자기의 채권(재산분할청구권)을 보전하기 위해 夫의 제3자에 대한 권리를 대위 행사한 경우, 재산분할청구권은 협의 또는 심판에 의하여 그 구체적 내용이 형성되기까지는 그 범위 및 내용이 불명확·불확정하기 때문에 구체적으로 권리가 발생하였다고 할 수 없으므로 이를 보전하기 위하여 채권자대위권을 행사할 수 없다"고 하였다. 또한 "위자료 청구권은 금전채권으로서 당해 채권의 채무자인 夫의 무자력이 인정되어야만 비로소 대위에 의해 보전될 권리적격이 있다고 할 수 있으므로, 夫의 무자력이 인정되지 않는 한 보전의 필요성이 없다"고 하였다.

341) 대결 2022. 7. 28, 2022스613: 이혼으로 인한 재산분할청구권은 행사상의 일신전속성을 가지므로, 채권자대위권의 목적이 될 수 없고 파산재단에도 속하지 않는다; 이혼으로 인한 재산분할청구권은 파산재단에 속하지 않으므로, 파산관재인이 절차를 수계할 수 없다. 대판 2023. 9. 21, 2023므10861, 2023므10878.

342) 대판 1984. 7. 24, 84다카68; 대판 2000. 9. 29, 2000다25569; 대판 2013. 2. 28, 2012다

과한다는 사실은 채권자가 입증해야 한다.[343]

(나) 재산분할청구권의 보전을 위한 사해행위취소권

위에서 본 바와 같이 재산분할청구권의 보전을 위한 채권자취소권 규정이 신설되었다§839의3.[344] 이 규정은 부부의 일방(예컨대 처)이 이혼 및 재산분할청구를 준비하는 단계에 있거나 또는 이미 이혼 및 재산분할청구를 하여 소송이 계속되어 있는 상태에서 부부의 다른 일방(예컨대 夫)이 상대방 배우자의 재산분할청구권 행사를 해하기 위하여 자신의 재산을 처분한 경우에 그 상대방 배우자를 구제하기 위한 목적으로 도입된 것이다.

이 규정이 신설되기 전에도, 당사자의 협의나 법원의 심판에 의해서 재산분할의 액수와 범위가 구체적으로 형성된 때에는 재산분할청구권을 보전하기 위하여 채권자취소권을 행사할 수 있었으며, 이 점에 대해서는 의문이 없었다. 그러나 그와 같은 단계에 이르기 전에, 예를 들면 부부의 일방이 이혼 및 재산분할청구를 하여 소송이 계속되어 있는 상태에서 상대방이 재산분할의 대상이 되는 재산을 처분하는 경우, 원고가 재산분할청구권을 피보전채권으로 하여 채권자취소권을 행사할 수 있는가에 대해서는 의문이 있었다. 사해행위 당시에 아직 성립하지 않은 채권에 대해서 예외적으로 채권자취소권을 인정하는 대법원판례의 법리(채권자취소권에 의하여 보호될 수 있는 채권은 원칙적으로 사해행위라고 볼 수 있는 행위가 행하여지기 전에 발생된 것임을 요하지만, 그 사해행위 당시에 이미 채권 성립의 기초가 되는 법률관계가 발생되어 있고, 가까운 장래에 그 법률관계에 기하여 채권이 성립되리라는 점에 대한 고도의 개연성이 있으며, 실제로 가까운 장래에 그 개연성이 현실화되어 채권이 성립된 경우에는, 그 채권도 채권자취소권의 피보전채권이 될 수 있다는 대판 2002. 4. 12, 2000다43352)를 원용한다면, 이혼소송이 계속되어 있는 상태나 또는 그 전 단계에서도 재산분할청구권을 피보전채권으로 하는 채권자취소권의 행사가 가능하다고 해석할 수 있는 여지가 있었다.[345] 그러나 재산분할청구권을 보전하기 위한 채권자대위

---

82084(또한 이 판결은 '부부 일방의 상대방에 대한 금전의 지급이 협의이혼신고를 하기 약 6개월 전에 이루어졌다는 사정만으로 이를 이혼에 따른 재산분할이 아니라고 단정할 수는 없다'고 판시하였다) 등 참조.

343) 대판 2001. 5. 8, 2000다58804; 대판 2001. 2. 9, 2000다63516; 대판 2000. 9. 29, 2000다25569; 대판 2000. 7. 28, 2000다14101.

344) 이 규정의 신설 배경과 의의에 대해서는 윤진수, 민법개정안 중 부부재산제에 관한 연구, 가족법연구 21권 1호(2007), 116면 이하 참조.

345) 이러한 태도를 취한 하급심판결로는 인천지판 1996. 12. 18, 96가합4356(항소).

권의 행사와 관련된 대법원의 태도[346]("재산분할청구권은 협의 또는 심판에 의하여 그 구체적 내용이 형성되기까지는 그 범위 및 내용이 불명확·불확정하기 때문에 구체적으로 권리가 발생하였다고 할 수 없으므로 이를 보전하기 위하여 채권자대위권을 행사할 수 없다")에 따른다면, 이혼이 성립되기 전에는 재산분할청구권은 채권으로서 성립된 것이 아니므로, 재산분할청구권을 피보전권리로 하는 채권자취소권이 인정된다고 해석하기에 어려운 점이 있었다.

2007년 민법일부개정에 의하여 이러한 해석론상의 어려움이 입법적으로 해결되었다. 즉 제839조의3 규정이 신설됨으로써 이제 당사자의 협의나 법원의 심판에 의하여 재산분할청구권의 구체적 내용이 형성되기 전에도 재산분할청구권을 보전하기 위한 채권자취소권의 행사가 가능하다는 것이 명문으로 인정된 것이다.

제839조의3은 "부부의 일방이 다른 일방의 재산분할청구권 행사를 해함을 알면서도 재산권을 목적으로 하는 법률행위를 한 때"에 다른 일방이 채권자취소권을 행사할 수 있다고 규정하고 있으므로, 상대방 배우자가 채권자취소권을 행사하기 위한 요건으로서 사전에 이혼청구나 재산분할청구가 있을 것을 요하지 않는다. 구체적인 사실관계에 있어서 부부의 일방이 자신의 법률행위로 인하여 상대방 배우자[347]의 재산분할청구권 행사를 해할 수 있다는 점을 알았는가의 여부가 문제가 될 것이다(예를 들어서 부정한 행위를 한 남편이 처가 곧 이혼소송을 제기하면서 재산분할청구를 할 것이라고 예상하고, 자신의 유일한 재산인 주택을 친구에게 매각처분한 경우라면, 처는 제839조의3 규정에 따라 재산분할청구권을 피보전권리로 하는 채권자취소청구의 소를 제기할 수 있을 것이다).

제839조의3 규정에 의하면 재산분할청구권의 보전을 위한 채권자취소청구의 소는 가정법원에 제기하도록 되어 있는데가소 §2①다류사건iv, 이는 가정법원에서 재산분할청구의 소와 채권자취소청구의 소를 병합하여 심리할 필요성을 고려한 것이다.

### (10) 재산분할산정의 시기와 방법

재판상 이혼시의 재산분할의 대상이 되는 재산과 그 액수는 이혼소송의 사실심 변론종결일을 기준으로 하여 정한다는 것이 판례의 태도이나,[348] 사정

346) 대판 1999. 4. 9, 98다58016.

347) 재산분할청구를 할 수 있는 사람은 누구나 원고가 될 수 있다. 따라서 사실혼 배우자도 재산분할청구권을 보전하기 위하여 사해행위취소청구의 소를 제기할 수 있다고 보아야 할 것이다.

348) 대판 2000. 9. 22, 99므906; 대결 2000. 5. 2, 2000스13; 부부의 일방이 혼인관계 파탄

에 따라서는 별거시를 기준으로 할 수도 있을 것이다(특히 피고가 뚜렷한 이유 없이 이혼 전에 재산을 고의로 감소시킨 경우에는 기준시기를 별거시로 할 필요가 있다). 협의이혼의 경우에는 협의이혼이 성립한 시점(이혼신고일)을 기준으로 하나,[349] 역시 사정에 따라서는 별거일을 기준으로 할 필요가 있을 것이다.

지급방법은 금전지급이나 현물분할의 방식으로 한다.[350] 현물급부의 경우에는 물건의 특정으로써 족하며, 그 평가액까지 정할 필요는 없을 것이다.[351] 금전지급의 경우 일시급으로 할 것인지 분할급으로 할 것인지는 구체적인 사정을 고려하여 정할 수 있다. 이혼 당시에는 재산분할의 대상이 되는 재산이 거의 없으나, 장래 수입이 예상되는 경우에는 정기급으로 하는 것이 적당하다고 볼 수 있다. 의무자가 정기적으로 임금을 받는 근로자인 경우에는 매월 지급할 액수를 정하는 데 문제가 없으나, 수입이 불규칙한 자영업자 등의 경우에는 지급액수를 정하는 데 어려움이 있을 수 있다. 이런 경우에는 일단 기준이 되는 수입액을 정한 다음 이를 기초로 하여 매월 지급할 액수를 정한다. 정기급으로 정한 경우에는 그 후의 사정변경(의무자의 경제사정이 악화되고 권리자에게는 여유가 생긴 경우 등)을 이유로 이혼시의 협의나 심판의 변경 또는 취소를 청구할 수 있을 것이다§978 참조.

당사자의 일방이 특정한 방법으로 재산분할을 청구하더라도 법원은 이에 구속되지 않고 타당하다고 인정되는 방법에 따라 재산분할을 명할 수 있다.[352] 그러나 재산분할심판은 재산분할에 관하여 당사자 사이에 협의가 되지 않거나 협의할 수 없는 때에 하는 것이므로§843 · 839의2②, 당사자 쌍방이 재산 중 일부를 분할하는 방법에 대하여 합의를 하였고, 그것이 그 일부 재산과 나머

---

이후에 취득한 재산이라도 그것이 혼인관계 파탄 이전에 쌍방의 협력에 의하여 형성된 유형 · 무형의 자원에 기한 것이라면 재산분할의 대상이 된다. 대판 1999. 6. 11, 96므1397; 대판 2019. 10. 31, 2019므12549, 12556; 그러나 혼인관계가 파탄된 이후 변론종결일 사이에 생긴 재산관계의 변동이 부부 중 일방에 의한 후발적 사정에 의한 것으로서 혼인 중 공동으로 형성한 재산관계와 무관하다는 등 특별한 사정이 있는 경우에는 그 변동된 재산은 재산분할 대상에서 제외하여야 한다. 대판 2013. 11. 28, 2013므1455, 1462.

349) 대판 2006. 9. 14, 2005다74900.

350) 서울가심 1993. 4. 15, 92느3175(확정)는 분할의 대상이 되는 재산의 형태와 그 이용상황 등에 비추어 현물분할과 금전지급 중 적당한 방법을 선택한다는 기준을 제시하고 있다.

351) 반면에 판례는 분할의 대상이 되는 재산의 가액을 정할 필요가 있다고 본다. 대결 2002. 8. 28, 2002스36; 대판 2024. 5. 30, 2024므10370: 재산분할액 산정의 기초가 되는 재산의 가액은 반드시 시가감정에 의하여 인정하여야 하는 것은 아니지만, 법원은 객관적인 자료에 의하여 개개의 공동재산의 가액을 정하여야 한다.

352) 대판 2010. 12. 23, 2009므3928.

지 재산을 적정하게 분할하는 데 지장을 가져오는 것이 아니라면, 법원은 당사자의 합의를 최대한 존중하여 재산분할을 명하는 것이 타당하다.[353]

법원이 재산분할로서 금전의 지급을 명하는 판결을 한 경우 상대방은 금전지급채무에 관한 판결이 확정된 다음날부터 이행지체책임을 지게 된다대판 2001. 9. 25, 2001므725.

재산분할을 정기급으로 하는 경우에 의무자가 이를 이행하지 않는 경우에는 민사집행법에 의한 강제집행 이외에 가사소송법이 정하는 이행명령의 방법을 사용할 수 있다.[354] 즉 당사자의 신청에 의하여 가정법원이 의무자에게 일정한 기간 내에 의무를 이행할 것을 명하고가소 §64, 이 명령에 위반하면 1,000만원 이하의 과태료에 처할 수 있다가소 §67①. 또한 명령을 받은 자가 정당한 이유 없이 3기 이상 의무를 이행하지 않은 때에는 권리자의 신청에 의하여 가정법원이 결정으로 30일의 범위 내에서 의무이행이 있을 때까지 의무자를 감치에 처할 수 있다가소 §68①ⅰ.

재산분할청구권은 이혼이 성립한 때에 비로소 발생하는 것이므로, 당사자가 이혼소송과 병합하여 재산분할청구를 하여, 법원이 이혼과 동시에 재산분할을 명하는 판결을 한 경우에도 이혼판결이 확정되지 않은 상태에서는 가집행이 허용되지 않는다.[355]

### (11) 재산분할청구권과 재산분할의무의 상속성

재산분할청구권과 재산분할을 하여야 할 의무가 상속이 되는가의 문제가 있다.[356] 이 문제는 경우에 따라서 나누어 볼 수 있다.

#### (가) 소송 중에 부부의 일방이 사망한 경우(판례의 태도)

부부의 일방이 다른 일방을 상대로 이혼 및 재산분할청구를 하여 소송이

---

353) 그 경우 법원이 아무런 합리적인 이유를 제시하지 아니한 채 그 합의에 반하는 방법으로 재산분할을 하는 것은 재산분할사건이 가사비송사건이고, 그에 관하여 법원의 후견적 입장이 강조된다는 측면을 고려하더라도 정당화되기 어렵다(대판 2021. 6. 10, 2021므10898).

354) 이행명령은 권리의 존부를 확정하기 위한 절차가 아니라 이미 확정되어 있는 권리를 실현하기 위한 절차의 일부라는 점에서는 민사집행법에 따른 강제집행과 다르지 않다. 따라서 가사소송법 제64조에 규정된 이행명령으로 판결, 심판, 조정조서 등에 따라 확정되어 있는 의무의 내용을 변경하거나 의무자에게 새로운 의무를 창설할 수 있는 것은 아니다. 대결 2016. 2. 11, 2015으26.

355) 대판 1998. 11. 13, 98므1193; 대판 2014. 9. 4, 2012므1656.

356) 이 문제에 관하여는 황경웅, 재산분할청구권의 상속성, 중앙법학 9집 2호(2007. 8), 489면 이하 참조.

계속중인데, 원고가 사망하였다면, 이혼소송은 종료된다. 이혼청구권은 일신전속권이므로, 상속될 수 없기 때문이다. 판례는 이혼소송에 부대한 재산분할청구 역시 이혼소송의 종료와 동시에 종료된다는 입장이다. 재산분할청구권은 이혼의 성립을 전제로 하여 인정되는 권리이므로, 원고의 사망으로 이혼소송이 종료된 경우에는 재산분할청구권이 발생하였다고 볼 수 없다는 것이 그 이유이다.[357]

(나) 관련 논의

판례의 논리를 따른다면 이혼 후에 전배우자가 재산분할청구를 한 상태에서 사망한 경우에는 재산분할청구권은 상속된다고 보아야 할 것이다.[358] 나아가 재산분할청구권이 이혼의 성립을 전제로 하여 인정되는 권리라고 한다면 이혼 후에는 권리로서 형성되어 있다고 보아야 할 것이고, 따라서 이혼 후 2년간의 제척기간이 경과하기 전에 당사자가 행사하지 않고 사망하였다면 그 상속인에게 상속된다는 논리도 성립할 수 있을 것이다.[359] 다른 한편, 재산분할청구권은 협의 또는 심판에 의하여 구체적 내용이 형성되기까지는 그 범위 및 내용이 불명확·불확정하기 때문에 구체적인 권리로서 성립된 것이라고 볼 수 없다는 입장[360]에서는 이혼 후에 전배우자가 재산분할을 청구하여 심판이 계속되어 있는 상태에서 사망한 경우에도 재산분할청구권은 상속되지 않는다는 결론에 이르게 될 것이다.

(다) 정 리

재산분할청구권의 상속성과 관련하여서는 위에서 본 바와 같이 다양한 견해가 있을 수 있으나, 다음과 같은 요건이 갖추어진 경우에 그 상속성을 인정하는 것이 합리적이라고 생각한다. 즉, 이혼이 성립한 것을 전제로 하여, 당사자 사이에 재산분할에 관한 협의가 이루어졌거나 재산분할청구를 한 후에 청구권자가 사망한 때에는 재산분할청구권이 상속된다고 보아야 할 것이다. 어떤 경우이든 재산분할청구권의 요소 중에서 부양적 요소에 해당하는 부분은 상속되지 않는다고 보아야 할 것이다. 따라서 청구의 내용이 부양적 요소를

357) 대판 1994. 10. 28, 94므246.

358) 대결 2009. 2. 9, 2008스105 참조.

359) 서울가심 2010. 7. 13, 2009느합289: 이혼 확정 후 어느 일방이 사망하였더라도 다른 일방은 사망한 자의 상속인들을 상대로 재산분할을 청구할 수 있다(즉 재산분할의무의 상속성을 인정하고 있다).

360) 대판 1999. 4. 9, 98다58016.

포함하고 있는 것이 명백할 경우에는 의무자는 감액을 청구할 수 있다고 해석하는 것이 타당할 것이다. 재산분할의무에 대해서도 재산분할청구권의 경우와 마찬가지로 해석하는 것이 타당할 것이다. 즉, 이혼이 성립한 것을 전제로 하여, 당사자 사이에 재산분할에 관한 협의가 이루어졌거나 재산분할청구가 있은 후에 청구의 상대방이 사망한 때에는 재산분할의무가 상속된다고 보아야 할 것이다. 따라서 이런 경우에는 재산분할의무는 피청구인의 상속인에게 승계되므로, 재판상 청구가 이루어진 때에는 상속인에 의한 소송수계가 허용되어야 한다.[361]

### (12) 재산분할청구권의 양도성

재산분할청구권이 채권 양도의 대상이 되는가의 문제가 있다. 재산분할청구권은 이혼의 성립에 의하여 비로소 발생하는 권리이므로, 이혼 성립 전에 재산분할청구권을 양도하는 것은 허용되지 않는다. 나아가 재산분할청구권은 협의 또는 심판에 의하여 구체적 내용이 형성되기까지는 그 범위 및 내용이 불명확・불확정하기 때문에 구체적인 권리로서 성립된 것으로 볼 수 없다는 입장에서는, 이혼이 성립된 후에도 협의나 심판에 의해서 확정되지 않은 재산분할청구권은 양도할 수 없다고 해석된다(예컨대 이혼이 성립한 후 재산분할청구를 하였으나, 아직 심판이 확정되지 않는 경우).[362]

### (13) 재산분할로 인하여 취득한 재산에 대한 과세

이혼 시 재산분할은 혼인중에 형성된 실질적인 공동재산에 대한 청산과 이혼 후의 부양이라는 측면에서 인정되는 것이므로, 무상의 재산증여와는 무관하다. 따라서 재산분할로 취득한 재산에 대하여 증여세를 부과할 수 없다.[363]

재산분할에 따른 부동산 소유권의 이전은 취득세의 비과세대상을 한정적으로 규정한 지방세법 제110조 제4호의 '공유권의 분할로 인한 취득'에 해당하지 않으며, 지방세법 제105조 제1항의 부동산 취득에 해당하므로, 취득세의

---

361) 대결 2009. 2. 9, 2008스105 참조; 대결 2018. 6. 22, 2018스18(원심결정 창원지결 2018. 2. 22, 2017브26) 참조.

362) 대판 2017. 9. 21, 2015다61286. "당사자가 이혼이 성립하기 전에 이혼소송과 병합하여 재산분할의 청구를 한 경우에, 아직 발생하지 아니하였고 그 구체적 내용이 형성되지 아니한 재산분할청구권을 미리 양도하는 것은 성질상 허용되지 아니하며, 법원이 이혼과 동시에 재산분할로서 금전의 지급을 명하는 판결이 확정된 이후부터 채권 양도의 대상이 될 수 있다."

363) 헌재결 1997. 10. 30, 96헌바14; 대판 1997. 11. 28, 96누4725.

부과는 타당하다는 것이 판례의 입장이다.[364] 또한 같은 판례에 따르면 이혼에 따른 재산분할을 원인으로 한 부동산이전등기는 지방세법 제128조의 등록세 비과세대상에 포함되지 않고, 지방세법 제131조 제1항 제5호의 공유물 분할에도 해당하지 않으므로, 등록세를 부과하는 것이 타당하다고 한다.

반면에 양도소득세와 관련하여 판례는, 이혼시 재산분할은 실질적으로 공유물분할에 해당하는 것이므로, 재산분할의 방편으로 행하여진 자산의 이전에 대하여는 공유물분할에 관한 법리가 준용되어야 한다고 한다. 따라서 재산분할에 의해서 이루어지는 자산의 이전은 양도소득세의 과세대상이 되는 유상양도에 포함된다고 볼 수 없으므로, 양도소득세를 부과할 수 없다는 입장이다.[365]

위와 같은 법리는 사실혼 해소 시 재산분할로 인하여 취득한 재산에 대해서도 적용될 수 있을 것이다.[366]

### (14) 법원의 직권에 의한 조사

재산분할사건에 있어서 법원은 당사자의 주장에 구애받지 않고 재산분할의 대상이 무엇인지 직권으로 사실조사를 하여 포함시키거나 제외시킬 수 있다.[367] 재산분할사건은 가사비송사건에 해당하고가소 §2①마류사건ⅳ, 가사비송절차에 관하여는 가사소송법에 특별한 규정이 없는 한 비송사건절차법 제1편의 규정을 준용하고 있다가소 §34.[368] 그런데 비송사건절차에 있어서는 민사소송의 경우와 달리 당사자의 변론에만 의존하지 않고, 법원이 자기의 권능과 책임으로 재판의 기초가 되는 자료를 수집하여 판단의 근거로 삼을 수 있기 때문이다(직권탐지주의)비송 §11. 따라서 원고가 특정의 재산을 분할대상으로 포함시켰

364) 대판 2003. 8. 19, 2003두4331.

365) 대판 1998. 2. 13, 96누14401. 또한 재산분할로 취득한 부동산을 다시 양도하여 그 양도차익을 계산하는 경우, 취득가액은 최초의 취득시를 기준으로 정하여야 하며, 재산분할에 따른 소유권이전시를 기준으로 할 것은 아니다(대판 2003. 11. 14, 2002두6422); 재산분할금을 지급하기 위하여 부동산을 처분하는 경우에 그 처분에 관하여 부과될 양도소득세 상당액을 분할대상재산의 가액에서 미리 공제할 수는 없다(대판 1994. 12. 2, 94므901).

366) 대판 2016. 8. 30, 2016두36864 참조.

367) 대판 1996. 12. 23, 95므1192; 대판 1997. 12. 26, 96므1076; 대판 2023. 12. 21, 2023므11819.

368) 대판 2023. 11. 2, 2023므12218. 가사소송법은 가사비송사건의 심판청구 취하에 있어서 상대방의 동의 필요 여부에 관하여 특별한 규정을 두고 있지 않다. 또한 비송사건절차법은 '소취하에 대한 동의'에 관한 민사소송법 제266조 제2항을 준용하지 않는다. 따라서 상대방이 있는 마류 가사비송사건인 재산분할심판 사건의 경우 심판청구의 취하에 상대방의 동의를 필요로 하지 않는다.

다가 종전의 주장을 철회한 경우에도 법원은 원고의 주장에 구애받지 않고 재산분할의 대상이 무엇인지 직권으로 사실조사를 하여 포함시킬 수 있다.[369]

### (15) 재산명시가소 §48의2 · 재산조회가소 §48의3

가정법원은 재산분할, 부양료 및 미성년 자녀의 양육비 청구사건을 위하여 특히 필요하다고 인정하는 때에는 직권 또는 당사자의 신청에 의하여 당사자에게 재산상태를 명시한 재산목록을 제출하도록 명할 수 있다(재산명시)가소 §48의2. 재산명시명령을 받은 당사자는 가정법원이 정한 상당한 기간 이내에 자신이 보유하고 있는 재산과 과거 일정한 기간 동안 처분한 재산의 내역을 명시한 재산목록을 제출하여야 한다가소규 §95의4① 본문. 재산명시명령을 받은 당사자가 정당한 사유 없이 재산목록의 제출을 거부하거나 거짓의 재산목록을 제출한 때에는 1,000만원 이하의 과태료에 처한다가소 §67의3. 또한 가정법원은 재산명시절차를 거쳤음에도 당사자가 재산목록의 제출을 거부하거나 제출된 재산목록만으로는 재산분할, 부양료 및 미성년 자녀의 양육비 청구사건의 해결이 어렵다고 인정하는 때에는 직권 또는 당사자의 신청에 의하여 당사자 명의의 재산에 관하여 조회할 수 있다(재산조회)가소 §48의3. 가정법원은 개인의 재산과 신용정보에 관한 전산망을 관리하는 공공기관·금융기관·단체 등에 대하여 당사자 명의의 재산을 조회함으로써 당사자의 자발적 협조 없이도 당사자의 재산내역을 발견·확인할 수 있다. 가정법원으로부터 재산조회를 요구받은 기관 등은 정당한 사유 없이 조회를 거부하지 못한다가소 §48의3②, 민집 §74④. 재산조회를 요구받은 기관·단체의 장이 정당한 사유 없이 거짓자료를 제출하거나 자료제출을 거부한 때에는 1,000만원 이하의 과태료에 처한다가소 §67의4.

### (16) 즉시항고 및 가집행 선고

재산분할청구사건은 마류 가사비송사건으로서 즉시항고의 대상에 해당한다(청구인과 상대방은 심판을 고지 받은 날로부터 14일 내에 즉시항고를 할 수 있다 가소 §43⑤·가소규§94). 가사소송법은 "재산상의 청구 또는 유아의 인도에 관한 심판으로서 즉시항고의 대상이 되는 심판에는 담보를 제공하게 하지 아니하고 가집행할 수 있음을 명하여야 한다"고 규정하고 있으나가소 §42①, 재산분할의 방법으로 금전의 지급을 명한 부분은 가집행선고의 대상이 될 수 없다고 해

369) 대판 1995. 3. 28, 94므1584.

석된다. 재산분할로 금전의 지급을 명하는 경우에도 그 판결 또는 심판이 확정되기 전에는 금전채권의 발생이 확정되지 않은 상태에 있다고 보기 때문이다(대판 2014. 9. 4, 2012므1656은 이혼이 먼저 성립한 후에 재산분할로 금전의 지급을 명하는 경우에도 동일한 법리가 적용된다고 본다).

(17) 재산분할청구권의 소멸

재산분할청구권은 2년의 제척기간[370]으로 소멸한다§839의2③.[371] 다만 분할연금의 청구에 대해서는 관련법령에 별도의 규정이 있다. 예를 들어 국민연금법에 따르면 혼인기간(배우자의 국민연금 가입기간 중의 혼인기간)이 5년 이상이었던 사람은 전 배우자가 연금을 지급받기 시작하고 본인(분할연금을 청구하는 사람)이 60세에 이르면, 그 때부터 5년 이내에 분할연금을 청구할 수 있다§64. 따라서 제839조의2 제3항에 따른 재산분할청구권의 제척기간(2년)이 경과한 후에도 국민연금법에 따른 연금(노령연금)의 분할청구는 가능하다(경우에 따라서는 이혼 후 수십 년이 경과한 때일 수도 있다). 공무원연금법§46의3, 사립학교교직원 연금법§42, 군인연금법§22에도 각각 이와 같은 취지의 규정이 있다.

(18) 사실혼해소의 유추적용

재산분할청구권의 규정은 부부공동생활의 실질에 기초한 것이므로, 사실혼해소의 경우에도 유추적용되어야 할 것이다.[372] 그러나 중혼적 사실혼에는 적용되지 않는다.[373]

## 5. 손해배상청구권

재판상 이혼[374]의 경우에 이혼피해자가 과실 있는 상대방에 대하여 재산

370) 이 기간은 재판 외에서 권리를 행사하는 것으로 족한 기간이 아니라, 그 기간 내에 재산분할심판 청구를 하여야 하는 출소기간이다. 이 제척기간은 법원에 재산분할심판을 청구하는 청구인의 권리에 대하여 적용된다. 따라서 청구인의 지위에서 대상 재산에 대해 적극적으로 재산분할을 청구하는 것이 아니라, 이미 제기된 재산분할청구 사건의 상대방 지위에서 분할대상 재산을 주장하는 경우에는 제척기간이 적용되지 않는다. 대결 2022. 11. 10, 2021스766; 대결 2022. 6. 30, 2020스561; 대판 2023. 12. 21, 2023므11819.

371) 2년의 제척기간 내에 재산의 일부에 대해서만 재산분할을 청구한 경우 청구 목적물로 하지 않은 나머지 재산에 대해서는 제척기간을 준수한 것으로 볼 수 없으므로, 재산분할청구 후 제척기간이 지나면 그때까지 청구 목적물로 하지 않은 재산에 대해서는 청구권이 소멸한다. 대결 2018. 6. 22, 2018스18.

372) 대판 1995. 3. 10, 94므1379 · 94므1386, 법원공보 990호, 1613면.

373) 대결 1995. 7. 3, 94스30, 법원공보 999호, 2987면.

상의 손해와 정신상의 고통에 대한 손해배상청구권을 행사할 수 있는 것은 약혼해제의 경우와 같다§843에 의한 §806의 준용.[375] 이혼으로 인한 위자료청구권은 이혼에 이르기까지 발생한 일련의 개별적 유책행위를 전체로서 불법행위로 파악하여 이혼시점에서 확정된다대판 2024. 10. 25, 2024므11526, 2024므11533. 이혼으로 인한 위자료청구에 대해서도 과실상계§763에 의한 §396의 준용의 규정이 준용된다.[376] 이와 같은 맥락에서, 부부 쌍방이 혼인파탄에 비슷한 정도의 책임이 있는 경우에는 그중 일방이 위자료를 청구할 여지가 없다.[377] 이혼을 원인으로 하는 손해배상청구(상대방 배우자에 대한 손해배상청구와 제3자에 대한 손해배상청구를 포함한다)는 가정법원의 전속관할에 속한다대판 2008. 7. 10, 2008다17762. 손해배상청구를 하기 위해서는 가정법원에 먼저 조정신청을 하여야 한다가소 § 2①다류사건 ii·50. 반면에 이혼과 무관하게 부부공동생활 중에 발생한 개별적 유책행위에 대해서 불법행위로 인한 손해배상을 청구하는 경우에는 민사사건으로서 지방법원의 관할이 된다대판 2021. 11. 25, 2021다253154, 253161.

---

374) 대판 1987. 5. 26, 85므41. 재판상 화해로 이혼한 경우에도 위자료 청구가 가능하다.

375) 대판 1968. 3. 5, 68므5, 판례총람, 109면은 “불법행위를 원인으로 하는 위자료청구에 있어서 법원은 피해자에게 과실이 있는 때에 손해배상의 전액을 참작하여야 할 뿐 아니라, 피해자에게 중대한 과실이 있을 때에는 배상책임까지 면하게 할 수 있다고 할 것이며, 이는 재판상 이혼청구와 동시에 제기되는 위자료청구에 있어서도 같이 처리하여야 할 것이므로, 이혼청구가 인용되는 경우에 있어서도 청구인에게 중대한 과실이 있으면 법원은 위자료청구부분에 관하여서는 피청구인의 배상책임을 면하게 할 수 있다”고 판시하고 있다. 대판 1969. 8. 19, 69므17, 집 17권 3집 민 25면은 “배우자의 직계존속으로부터 심히 부당한 대우를 받은 것을 이유로 한 이혼판결이 없는 한, 단순히 그 직계존속으로부터 심히 부당한 대우를 받았다는 이유만으로서는 위자료를 청구할 수 없다”고 판시하고 있다. 대판 1994. 4. 26, 93므1273·1280, 판례월보 288호, 178면은 위자료청구에 관하여 “이 사건 혼인의 파탄에는 원고와 피고 쌍방에게 각각 그 설시와 같은 귀책사유가 있고, 그 정도를 비교하여 볼 때 어느 쪽에게 더 무거운 책임이 있다고 하기 어려울 정도로 쌍방의 책임정도가 대등하다고 판단하여 피고의 위자료청구를 기각한 것은 정당한 것으로 수긍이 간다”고 판시하고 있다.

376) 대판 1968. 3. 5, 68므5는 “이혼청구가 인용되는 경우에 있어서도 청구인에게 중대한 과실이 있으면 법원은 위자료청구부분에 관하여서는 피청구인의 배상책임을 면하게 할 수 있다고 할 것이므로, 원판결이 청구인의 이혼청구를 인용하면서 청구인에게 중대한 과실이 있다고 하여 위자료청구에 관하여서는 피청구인의 배상책임을 면하게 한 조치가 이혼에 있어서의 위자료에 관한 법리를 오해한 위법이 있다고 할 수 없다”고 판시하고 있다.

377) 대판 1994. 4. 26, 93므1273; 대판 2024. 6. 27, 2023므16678. 혼인파탄에 관한 부부 쌍방의 책임정도가 대등한 경우, 상대방 배우자에게 혼인파탄에 대한 손해배상의무가 처음부터 성립하지 않는다고 본다. 이 경우 상대방 배우자와 부정행위를 한 제3자에게도 손해배상책임이 인정되지 않는다.

## 6. 제3자의 불법행위책임

(1) 기혼여성에 대한 강간 또는 강간미수는 동시에 夫에 대해서도 독자적인 불법행위를 성립시킨다.[378] 그 여성에게 夫가 있다는 것을 가해자가 알고 있느냐의 여부는 묻지 않는다고 보아야 할 것이다.

(2) 배우자의 일방과 부정한 행위를 한 자(제3자)는 다른 일방의 배우자에 대하여 불법행위책임을 진다[379](다만, 배우자의 자녀에 대한 관계에서는 원칙적으로 불법행위책임을 지지 않는다[380]). 그러나 부부관계가 이미 파탄되어 회복될 수 없는 상태에 있었던 경우에는 그러하지 아니하다(즉, 부부관계가 이미 파탄되어 회복될 수 없는 상태에 있었다면 제3자가 배우자의 일방과 부정한 행위를 하더라도 불법행위를 구성하지 않으며, 따라서 다른 일방의 배우자에 대하여 손해배상책임을 지지 않는다. 대판 2014. 11. 20, 2011므2997 전원합의체; 대판 2023. 12. 21, 2023다265731[381]). 부정행위 당시 부부관계가 이미 회복될 수 없을 정도로 파탄되어 있었다는 점에 대해서는 이를 주장하는 제3자 증명책임을 부담한다는 것이 판례의 태도이다대판 2024. 6. 27, 2022므13504, 2022므13511. 제3자의 불법행위책임이 인정되기 위해서는 반드시 부정행위로 인하여 혼인관계가 파탄에 이를 필요까지는 없다(제3자가 부부의 일방과 부정행위를 한 경우, 그로 인하여 부부관계가 파탄되어 이혼에 이르지 않았다고 해도, 부부의 다른 일방은 그와 관계없이 불법행위로 인한 손해배상청구를 할 수 있으며, 이런 경우에는 민사사건으로서 지방법원의 관

378) 대판 1965. 11. 9, 65다1582 · 1583, 집 13권 2집 민 217면은 처에 대한 강간미수행위에 대하여 남편의 정신적 안정을 손상한 것이 되므로 남편에 대하여 불법행위가 성립한다고 판시하고 있다.

379) 대판 1967. 4. 25, 67다99(판례가족법, 79면)는 본처의 첩에 대한 손해배상청구권을 인정하고 있다; 이 청구는 가정법원의 전속관할이다. 대판 2008. 7. 10, 2008다17762; 대판 2014. 5. 16, 2013다101104; 부정행위를 한 부부의 일방과 제3자가 다른 일방의 배우자에 대하여 부담하는 불법행위책임은 공동불법행위책임으로서 부진정연대채무 관계에 있다. 대판 2015. 5. 29, 2013므2441.

380) 대판 2005. 5. 13, 2004다1899; 반면에 대판 2004. 4. 16, 2003므2671은 배우자 있는 여성과 부정행위를 하여 혼인관계를 파탄에 이르게 한 자에 대하여 상대방 여성의 자녀 및 시어머니에 대한 불법행위책임을 인정하여 위자료의 지급을 명하였다. 자세한 내용은 민사판례연구회(편), 2000년대 민사판례의 경향과 흐름, 596면 이하 참조.

381) 부부의 일방과 부정행위를 한 제3자가 부부공동생활 파탄의 원인을 제공한 경우라 하더라도, 부부공동생활이 파탄되어 회복할 수 없는 상태에 이른 후에 이루어진 부정행위는 불법행위를 구성하지 않는다(그러나 부부관계의 파탄 전에 이루어진 부정행위, 즉 부부관계를 파탄시킨 원인이 된 일련의 부정행위는 불법행위를 구성한다).

할이 된다). 부정행위를 한 부부의 일방과 제3자는 공동불법행위책임을 부담하므로, 부정행위를 한 부부의 일방이 배우자에게 공동불법행위로 인한 손해배상금을 지급한 경우 그 변제의 효력은 제3자에게도 미친다(부진정연대채무 대판 2015. 5. 29, 2013므2441; 대판 2024. 6. 27, 2023므12782. 따라서 부정행위를 한 부부의 일방과 제3자는 각자 위자료 전부에 대해서 책임을 부담하는 것이 원칙이다. 이와 달리 부부의 일방과 제3자가 각각 부담해야 할 위자료 액수를 다르게 산정할 수 있다는 의견이 있다 대판 1992. 2. 11, 91다34233; 대판 2001. 2. 9, 2000다60227 참조). 그러나 책임이 성립하기 위해서는 배우자가 있는 것을 부정행위의 상대방이 알고 있어야 할 것이다. 판례는 축첩을 한 夫의 손해배상의무를 인정하면서, 다만 처가 첩관계를 용서한 때에는 손해배상청구권의 포기라고 해석될 여지가 있다고 해석한다.[382)]

(3) 제3자가 배우자의 일방과 합세하여 혼인관계(사실혼관계 포함)에 부당하게 개입함으로써 혼인을 파탄에 이르게 하였다면, 이러한 행위도 다른 일방의 배우자에 대해서 불법행위가 될 수 있다.[383)] 여기에서 제3자의 간섭은 고의가 있어야 할 뿐만 아니라 어느 정도 이상으로 적극적이어야 할 것이다.

# 제 7 절 사 실 혼

## 1 서 설

**設 例**

① B가 일용품을 외상으로 구입하였을 때, A는 그 채무에 대하여 책임을 져야 하는가?

382) 대판 1998. 4. 10, 96므1434는 "소위 첩계약은 본처의 동의 유무를 불문하고 선량한 풍속에 반하는 사항을 내용으로 하는 법률행위로서 무효일 뿐만 아니라 위법한 행위이므로, 부첩관계에 있는 夫 및 첩은 특별한 사정이 없는 한 그로 인하여 본처가 입은 정신상의 고통에 대하여 배상할 의무가 있고, 이러한 손해배상책임이 성립하기 위하여 반드시 부첩관계로 인하여 혼인관계가 파탄에 이를 필요까지는 없다. 한편, 본처가 장래의 부첩관계에 대하여 동의하는 것은 그 자체가 선량한 풍속에 반하는 것으로서 무효이나, 기왕의 부첩관계를 용서한 때에는 그것이 손해배상청구권의 포기라고 해석되는 한 그대로의 법적 효력이 인정될 수 있다"고 판시하고 있다.

383) 대판 1970. 4. 28, 69므37, 판례총람, 934-12면(판례가족법, 307면).

① B가 일용품을 외상으로 구입하였을 때, A는 그 채무에 대하여 책임을 져야 하는가?

② A·B 사이에 불화가 있어서 A가 집을 나가버렸다. B는 A에 대하여 혼인신고의 제출을 청구할 수 있는가? 그것이 안 될 경우 위자료나 재산분할을 청구할 수 있는가? 이 경우 혼인예약불이행으로 인한 손해배상과 불법행위로 인한 손해배상 사이에 어떤 차이가 있는가?

A는 B에 대하여 약혼예물의 반환을 청구할 수 있는가?

③ 사실혼관계의 존속 중에 출생한 C에 대하여 A는 인지를 거부한다. C는 A에 대하여 어떻게 인지청구를 할 수 있는가?

④ 공장에서 일하고 있던 A가 폭발사고로 사망하였다. B와 C는 A의 사용자인 D에 대하여 어떤 청구를 할 수 있는가?

## 1. 사실혼의 의의

사실혼이란 사실상 부부로서 혼인생활을 하고 있으면서 단지 혼인신고를 하지 않았기 때문에 법률혼으로 인정되지 않는 부부관계를 말한다.[384] 즉 사실혼으로 인정되기 위해서는 당사자간에 혼인의사의 합치가 있어야 하고, 부부공동생활의 실체가 존재해야만 한다. 그러므로 당사자간에 장래 혼인하자는 의사의 합치만 있을 뿐, 부부공동생활의 실체가 없는 약혼과는 본질적으로 다르다. 또한 혼인의사 없이 금전적 지원을 대가로 성적 관계만을 지속하는 첩관계와도 구별된다.

민법은 사실혼에 관한 규정을 두고 있지 않으나(가사소송법 제2조 제1항 나류사건 제1호와 등록법 제72조에 사실상혼인관계존부확인청구와 관련된 규정이 있을 뿐이다), 학설과 판례는 사실혼에 대해서 일정한 법적 효과를 인정해 왔다. 비록 혼인신고라는 형식적인 요건을 갖추지는 않았으나, 실제로 존재하는 사실상의 혼인관계를 법적으로 보호할 필요성이 있었기 때문이다. 그러므로 사실혼에 있어서는 법이 어느 범위에서 사실혼관계를 인정하고, 사실상의 배우자를 보호할 것인가의 문제가 주로 다루어진다.

---

384) 사실혼에 관한 연구는 金疇洙, 혼인법연구, 16면 이하; 金疇洙, '사실혼보호의 비교법적 고찰', 연세행정논총, 12집(1986), 211면 이하 참조.

### 2. 사실혼의 법적 구성

과거의 판례는 사실혼관계를 '혼인예약'이라고 하여, 이를 부당하게 파기한 자는 예약의무불이행으로 인한 손해배상의 책임을 지도록 하였다.[385] 그러나 사실혼을 혼인예약이라고 하는 것은 그 실체에 반할 뿐만 아니라, 사실혼의 부부와 제3자와의 사이에 문제가 생긴 경우에 그 어느 쪽의 보호를 결여하는 결과를 가져온다. 그래서 근래의 학설은 사실혼을 준혼(準婚)관계로 보는 입장을 취하고 있다. 이에 따라 판례도 사실혼이 부당하게 파기된 경우에는 불법행위로 인한 손해배상을 청구할 수 있다는 태도를 취하게 되었다.[386]

## 2 사실혼의 성립요건

사실혼으로 인정되기 위해서는 주관적으로 당사자 사이에 혼인의사가 있고, 객관적으로 부부공동생활의 실체가 존재하여야 한다.[387]

### 1. 주관적 요건

사실혼으로 인정되기 위해서는 당사자 사이에 혼인의사가 있어야 한다.[388] 그러므로 단순한 사통관계, 첩관계 등은 사실혼으로 인정될 수 없다.[389] 당사

---

385) 朝高判 昭和11(1936). 2. 26, 민집 22권 21면(판례가족법, 12면); 대판 1960. 8. 18, 4292민상995, 집 8권 민 123면(판례가족법, 302면).

386) 대판 1994. 11. 4, 94므1133; 대판 1989. 2. 14, 88므146.

387) 대판 2001. 4. 13, 2000다52943; 대판 2001. 1. 30, 2000도4942; 대판 1998. 12. 8, 98므961; 대판 1987. 2. 10, 86므70.

388) 대판 1983. 9. 27, 83므22는 "혼인의 합의란 법률혼주의를 택하고 있는 우리나라 법제하에서는 법률상 유효한 혼인을 성립케 하는 합의를 말하는 것이므로, 양성간의 정신적, 육체적 관계를 맺는 의사가 있다는 것만으로 혼인의 합의가 있다고는 할 수 없다"라고 해석하여, 혼인의사는 혼인신고를 거쳐 법률상으로도 부부가 되겠다는 의사라고 판시하고 있다. 사실혼관계가 객관적으로 성립한 경우에는 혼인의사의 존재가 추정된다(대판 2000. 4. 11, 99므1329).

389) 대판 1986. 3. 11, 85므89; 대판 1984. 8. 21, 84므45는 "남녀 사이에 간헐적 정교관계가 있었던 경우, 그 사이에 子가 태어났다 하더라도 서로 혼인의사의 합치가 있었거나 혼인생활의 실체가 존재한다고 보이지 않으므로, 사실혼 관계가 성립되었다고 볼 수 없다"고 판시하고 있다.

자간에 사회적·실질적으로 부부가 되겠다는 의사가 결여되어 있기 때문이다. 결혼식을 올렸거나 결혼사진을 촬영한 것, 상당한 기간의 동거 등은 혼인의사를 쉽게 인정할 수 있게 하는 사정이지만, 사실혼의 성립요건은 아니다.

### 2. 객관적 요건

당사자 사이에 부부공동생활의 실체가 존재해야 한다.[390] 법이 사실혼에 대해서 일정한 효과를 인정하는 주된 이유는 이와 같이 사실상 존재하는 부부관계를 보호할 필요가 있기 때문이다.

## 3 사실상혼인관계존부확인청구

사실혼이 성립되었다고 볼 수 있는 경우에 당사자의 일방이 혼인신고에 협력하지 않을 때에는 다른 일방은 사실상혼인관계존재확인청구를 하여 법률혼을 성립시킬 수 있다(재판에 의한 혼인신고). 이 경우 먼저 조정을 신청하여야 한다가소 §2①나류사건 i·50. 조정이 성립되면 조정을 신청한 자가 혼인신고를 하여야 한다. 또한 사실혼관계의 존재를 인정하는 재판이 확정되면 재판을 청구한 자가 혼인신고를 하여야 한다등 §72.

### 1. 제도의 취지와 연혁

이 제도는 1963년 가사심판법 제정 당시 사실혼관계에 있는 배우자를 보호할 목적으로 도입된 것이다(당시 사실혼관계에 있던 배우자, 특히 여성이 일방적으로 축출되어 보호를 받지 못하는 경우가 적지 않았기 때문이다). 즉 사실혼관계의 존재가 확인되는 경우 일방적인 혼인신고를 가능하게 하여 법률혼을 성립시킴으로써 사실혼의 배우자로 하여금 법률혼에서 인정되는 보호를 받을 수 있도록 하려는 것이다.

---

390) 대판 2001. 1. 30, 2000도4942; 대판 1998. 12. 8, 98므961은 당사자가 결혼식을 올리고 신혼여행을 다녀온 후 헤어졌다면 약혼의 단계는 이미 지났다고 할 수 있으나, 부부공동생활을 하는 데까지 이르지 못하였다면 사실혼으로서는 아직 완성되지 않았다고 본다.

## 2. 과거에 사실혼관계가 존재한 경우 청구의 인용 여부

사실상혼인관계존재확인청구와 관련하여 쟁점이 되는 것은 과거에 사실혼관계가 존재하였으나, 현재(사실심 변론종결시)는 파탄되어 존재하지 않는 경우에 청구를 인용할 것인가의 문제이다. 만일 법원이 이러한 경우에도 사실상혼인관계존재확인청구를 인용한다면, 이는 과거에 사실혼관계가 존재했다는 이유만으로 당사자 일방의 의사에 반하여 일방적으로 혼인신고를 할 수 있다는 의미가 된다. 이에 대하여 판례는 부정적인 태도를 취하고 있다.[391] 대법원의 태도에 따르면, 현재(사실심 변론종결시)까지도 당사자 사이에 사실혼관계가 존속되고 있으나, 일방이 혼인신고에 협력하지 않는 경우에만 사실상혼인관계존재확인청구의 소를 제기할 실익이 있다. 이러한 대법원의 태도는 사실상혼인관계존재확인청구가 활용될 수 있는 폭을 대폭 좁히는 결과로 이어지고 있다. 현재에도 사실혼관계가 존속되고 있는 경우라면 굳이 사실상혼인관계존재확인청구를 하지 않아도 일방적으로 혼인신고를 함으로써 유효하게 법률혼을 성립시킬 수 있는 방법이 있기 때문이다.[392]

따라서 설례 ②의 경우, 판례의 태도에 따르면 B의 A에 대한 사실상혼인관계존재확인청구는 인용되지 않는다.

## 3. 사실상혼인관계존재확인 판결의 효력

사실상혼인관계존재확인청구제도가 실효를 거두기 어려운 또 하나의 이유는 사실혼관계에 있었던 당사자의 일방이 사실혼관계존재확인청구의 소를

---

391) 대판 1977. 3. 22, 75므28; 대판 1998. 7. 24, 97므18, 서울고판 1985. 12. 2, 85르114(확정) 참조. 이전에 나온 서울고판 1971. 11. 30, 71르33은 이에 반대되는 견해를 취하고 있었다. "사실상혼인관계존재확인을 청구하는 경우에 있어서 혼인의사의 존부는 사실혼의 성립 당시, 즉 사실상 부부 생활 개시 당시를 기준으로 하여야 할 것이며, 당해 사건 변론종결시까지를 기준으로 하여 사실상 혼인관계의 존재유무를 확인한다는 것은 부당하다고 할 것이므로(당사자의 일방이 종래에는 혼인의사를 가졌으나 현재, 즉 사건변론종결시에는 혼인의사가 존속하고 있지 않다는 이유로 사실상 혼인관계존재확인청구를 할 수 없다면 재판에 의한 혼인신고제도의 실효성은 거의 없다고 할 것이기 때문이다), 피청구인에게 현재 혼인의사가 없다고 할지라도 청구인과 피청구인과의 사실혼의 성립 당시에는 피청구인에게도 혼인의사가 있었다"는 이유로 과거에는 사실혼관계가 존재하였으나 현재는 파탄되어 해소된 경우에도 사실상 혼인관계존재확인청구를 인용한 사건이다.

392) 대판 2000. 4. 11, 99므1329.

제기한 후 판결이 확정되기 전에 다른 일방이 타인과 혼인신고를 할 수 있다는 점에 있다.[393)]

이와 같은 이유에서 사실혼관계존재확인의 소가 제기되어 판결이 확정되기 이전에 피고가 타인과 혼인신고를 하는 경우가 있을 수 있는바, 이 경우 소를 제기한 원고는 확정판결에 기초하여 혼인신고를 할 수 있을 것인가의 문제가 있다. 여기서 쟁점이 되는 사항은 사실혼관계존재확인의 확정판결에 의하여 법률혼이 성립하는가(따라서 그 후의 혼인신고는 보고적 신고가 되며, 확정판결에 의하여 성립한 법률혼은 중혼이 된다), 아니면 사실혼관계존재확인의 확정판결이 있더라도 이에 기초하여 혼인신고를 해야만 비로소 법률혼이 성립하는가(이에 의하면 판결에 기인한 혼인신고는 창설적 신고가 되며, 이미 피고가 타인과 혼인신고를 마친 상태이므로 혼인신고 자체가 수리되지 않을 것이다)이다. 판례는 이 신고를 창설적 신고로 본다.[394)] 따라서 사실혼관계존재확인청구소송이 승소로 확정되었다고 하여도 그에 기인하여 혼인신고를 하지 않은 이상 법률혼은 성립하지 않았다고 보는 것이다(다만, 과거에 사실혼관계가 존재했다고 해도 사실혼관계가 이미 파탄되어 현재 존재하지 않는 경우에는 사실상혼인관계존재확인청구를 인용하지 않는 오늘날 판례의 태도에 비추어 보면, 이러한 논의는 더 이상 실익이 없다).

## 4. 사실상혼인관계존재확인청구 제도의 새로운 기능

실제로 사실상혼인관계존재확인청구제도는 사실혼부부의 일방이 사망한 경우에 과거의 사실혼관계를 확인하기 위한 목적으로 이용되는 빈도가 높다. 공무원연금법, 산업재해보상보험법 등 각종 연금관련법에서 사실상의 배우자를 수급권자로 규정하고 있는 경우가 많이 있으므로, 사실혼부부의 일방이 사망했을 때 다른 일방이 유족급여 등을 청구하는 경우가 적지 않다. 이러한 경우 해당기관은 급여를 청구한 자가 망인과 사실상 혼인관계에 있었는지의 여부를 확인한 후 급여를 지급해야 하는데, 그 사실을 확인할 수 없다는 이유로 급여

393) 이를 막기 위하여 사실혼관계존재확인청구의 소를 제기한 후 판결이 확정되기 전까지 피고와 타인과의 혼인신고를 금지하는 혼인금지가처분제도의 활용을 생각해 볼 수 있고, 실제로 이러한 사례도 있으나(서울가결 1964. 5. 24, 64즈98; 서울가결 1983. 3. 21, 83즈216), 이로써 충분한 실효를 거두기는 어렵다고 생각된다.

394) 대판 1973. 1. 16, 72므25.

의 지급을 보류하는 경우가 있을 수 있다. 이러한 경우 급여를 청구한 자는 자신이 수급권자라는 사실을 증명하기 위하여 망인과의 사이에 사실상 혼인관계가 존재하였다는 사실의 확인을 구하는 소를 제기할 수 있다.[395] 이 경우 제864조, 제865조 제2항을 유추적용하여 사실혼 배우자의 일방이 사망한 사실을 안 날로부터 2년 내에 검사를 상대로 하여 소를 제기할 수 있다고 해석한다.[396]

사망한 자와의 혼인은 원칙적으로 불가능하므로, 사망한 사실혼의 배우자와의 혼인신고를 목적으로 하는 사실상혼인관계존재확인청구는 받아들여지지 않는다.[397]

## 5. 재판절차

조정이 성립되면 조정을 신청한 자가 1개월 이내에 혼인신고를 하여야 한다등 §72. 이것은 보고적 신고로 보아야 할 것이다. 조정신청에 의하여 조정절차가 개시된 경우에 i) 조정을 하지 않기로 하는 결정이 있거나민조 §26 · 40, ii) 조정이 성립하지 않은 경우, iii) 조정에 갈음하는 결정가소 §49, 민조 §30 · 32 · 40에 대하여 이의신청기간(2주일) 내에 이의신청이 있는 때에는 사건은 당연히 사실상혼인관계존재확인 소송으로 이행된다가소 §49, 민조 §36①.

재판에 의하여 사실혼관계의 존재가 확인되어 재판이 확정되면, 재판을 청구한 자가 재판의 확정일로부터 1월 이내에 재판서의 등본과 확정증명서를 첨부하여 혼인신고를 하여야 한다등 §72.

---

395) 대판 2022. 3. 31, 2019므10581; 대판 1995. 3. 28, 94므1447은 "과거의 사실혼관계가 생존하는 당사자와 사망자와 제3자 사이의 현재적 또는 잠재적 분쟁의 전제가 되어 있어 그 존부확인청구가 이들 수많은 분쟁을 일거에 해결하는 유효 적절한 수단일 수 있는 경우에는 확인의 이익이 인정될 수 있다"고 판시하고, 대판 1995. 11. 14, 95므694는 "사실혼 기간 중 망인 명의로 취득한 재산이 원고와의 공유임을 주장하기 위한 전제로서 사실혼관계의 존재확인이 필요하다는 원고의 주장에 대하여 앞으로 그러한 재산에 대한 공유관계를 주장하게 될 소송절차 안에서 그 주장의 전제가 되는 망인과의 사실혼관계 존재를 주장 · 입증할 수 있으므로 그로써 충분하다"는 이유로 사실혼관계존재확인청구를 기각하였다.

396) 대판 1983. 3. 8, 81므76.

397) 대판 1995. 11. 14, 95므694; 대결 1991. 8. 13, 91스6.

## 4 사실혼의 효과

사실혼관계의 부부도 실질적으로 부부공동생활을 한다는 점에서는 법률혼의 부부와 차이가 없다. 따라서 부부의 실질적 공동생활을 전제로 하는 부부 사이의 권리의무관계는 사실혼부부에게도 적용된다고 보아야 할 것이다. 그러나 혼인신고를 전제로 하여 인정되는 효과는 사실혼부부에게는 적용될 수 없다고 해석한다.

### 1. 신분적 효과

혼인의 신분적 효과는 부부 사이의 실질적인 공동생활을 전제로 하여 인정되는 것이므로, 사실혼관계에서도 인정되는 것이 타당하다. 따라서 사실혼의 부부 사이에는 동거·부양·협조의무가 있으며, 정조의 의무도 인정된다.[398]

사실혼부부의 관계는 제3자에 대해서도 보호되어야 한다. 사실혼의 夫를 살해한 사는 사실혼의 처와 그 사이에 태어난 자녀의 물질적·정신적 손해를 배상할 책임이 있다.[399] 같은 이유에서 사실상 혼인관계에 있는 배우자도 상대방 배우자가 제3자의 불법행위로 인하여 상해를 입은 경우에는 자기가 받은 정신적 고통에 대한 위자료를 청구할 수 있다.[400] 또한 사실혼관계에 부당하게 간섭하여 파탄시킨 자는 손해배상의 책임을 져야 한다.[401]

### 2. 재산적 효과

사실혼의 부부도 일상가사에 대하여 서로 대리권이 있고, 일상가사에 관한 법률행위로 인한 채무에 대해서는 연대책임을 진다고 보아야 한다.[402] 부부공동생활을 위하여 사실혼부부의 일방이 주택을 임차한 경우 다른 일방은

---

398) 사실혼의 처와 성관계를 가진 자에 대하여 사실혼의 夫는 불법행위로 인한 손해배상청구를 할 수 있다. 대판 1961. 10. 19, 4293민상531.

399) 대판 1967. 1. 31, 66다2216.

400) 대판 1969. 7. 22, 69다684, 집 17권 2집 민 354면(판례가족법, 344면).

401) 대판 1970. 4. 28, 69므37.

402) 대판 1980. 12. 23, 80다2077.

그로 인한 채무에 대해서 연대책임을 지게 되지만 반면에 임차권도 취득한다고 해석해야 한다. 부부간의 일상가사대리권이나 일상가사채무에 대한 연대책임이 사실혼부부에게도 인정된다고 해석하는 이유는 이 제도들이 부부의 실질적인 공동생활을 전제로 하고 있기 때문이다.

사실혼부부가 혼인 전부터 가지고 있던 고유재산과 사실혼 중 자신의 명의로 취득한 재산은 각자의 특유재산이 된다.[403)]

사실혼부부 중 누구에게 속한 것인지 분명하지 않은 재산이 공유로 추정되는 것도 법률혼의 부부와 같다.[404)]

부부공동생활비용은 당사자간에 특별한 약정이 없으면 사실혼부부가 공동으로 부담한다고 해석한다.

부부재산계약을 체결할 수는 있으나, 다만 등기는 할 수 없으므로 제3자에게 대항할 수 없다.

설례 ①의 경우, A · B는 사실혼관계이지만, 법률상의 부부와 마찬가지로 일상가사대리권과 일상가사로 인한 채무에 대한 연대책임에 관한 규정§832이 유추적용되므로대판 1980. 12. 23, 80다2077, A는 연대채무를 부담하게 된다.

### 3. 신고를 전제로 하는 효과

혼인의 효과 중에서 혼인신고를 전제로 하는 것은 사실혼에는 인정될 수 없다. 사실혼에 의해서는 등록부의 변동이 일어나지 않으므로, 사실혼관계에 있는 자가 혼인하더라도 법률상 중혼이 성립하지 않는다. 미성년자가 사실혼관계를 맺었다고 하여 성년에 달한 것으로 볼 수 없다§826의2 참조. 사실혼 배우자 및 그 혈족 사이에는 친족관계가 발생하지 않는다대판 2003. 12. 12, 2003도4533. 또한 사실혼의 배우자에게는 배우자의 상속권도 인정되지 않는다.[405)] 이것은 실

403) 대판 1994. 12. 22, 93다52068은 "사실혼관계에 있는 부부의 일방이 사실혼중에 자기명의로 취득한 재산은 그 명의자의 특유재산으로 추정되나 실질적으로 다른 일방 또는 쌍방이 그 재산의 대가를 부담하여 취득한 것이 증명된 때에는 특유재산의 추정은 번복되어 그 다른 일방의 소유이거나 쌍방의 공유라고 보아야 할 것이다"라고 판시하고 있다.

404) 대판 1997. 11. 11, 97다34273은 "민사집행법 제190조는 채무자와 그 배우자의 공유에 속하는 유체동산은 채무자가 점유하거나 그 배우자와 공동점유하는 때에는 같은 법 제189조의 규정에 의하여 압류할 수 있다고 규정하고 있는바, 위와 같은 규정은 부부공동생활의 실체를 갖추고 있으면서 혼인신고만을 하지 아니한 사실혼관계에 있는 부부의 공유유체동산에 대하여도 유추적용된다"고 판시하고 있다.

405) 대판 1969. 7. 8, 69다427; 대판 1999. 5. 11, 99두1540; 대판 1993. 7. 27, 93누1497; 헌

제에 있어서 가장 곤란한 문제로서 사실혼부부에게도 상속권을 주는 입법조치가 필요하다.[406)]

## 4. 사실혼부부 사이에서 출생한 자녀의 법적 지위

(1) 사실혼관계에서 포태, 출생한 子는 혼인외의 출생자가 된다. 모자 사이의 친자관계는 출생에 의해서 당연히 발생하며, 별도의 인지를 필요로 하지 않는다고 해석한다.[407)] 부자간의 법적 친자관계는 인지가 없는 한 발생하지 않는다. 그러므로 父의 인지가 없는 한, 사실혼부부 사이에서 출생한 子는 모의 성과 본을 따르고§781③, 모의 친권에 따르게 된다§909①. 子와 모 및 모의 혈족 사이에는 서로 부양관계가 발생하고§974 이하, 상속권이 인정된다§1000. 父가 인지하면 부자간에 법적 친자관계가 발생하므로§855, 인지된 혼인외의 자는 원칙적으로 父의 성과 본을 따르게 된다§781① 본문. 그러나 인지된 자는 부모의 협의 또는 법원의 심판에 의하여 인지 전에 사용하던 성과 본을 계속 사용할 수 있다§781⑤. 父가 인지하는 경우에는 부모의 협의로 친권자를 정하되, 협의할 수 없거나 협의가 이루어지지 않는 경우에는 가정법원은 당사자의 청구 또는 직권으로 친권자를 정한다. 다만, 부모의 협의에 의한 친권자결정이 자녀의 복리에 반한다고 판단되는 경우에는 가정법원은 보정을 명하거나 직권으로 친권자를 정한다§909④. 재판에 의한 인지의 경우에는 가정법원이 직권으로 친권자를 정한다§909⑤. 子의 복리를 위하여 친권자를 변경할 필요가 있는 경우에는 子의 4촌 이내의 친족의 청구에 의하여 친권자를 다른 일방으로 변경할 수 있다§909⑥.

(2) 사실혼 중에 포태하여 혼인이 성립한 날부터 200일이 되기 전에 출생한 자녀라도 사실혼 성립의 날부터 200일 후에 출생한 때에는 친생자의 추정

---

재결 2014. 8. 28, 2013헌바119; 헌재결 2024. 3. 28, 2020헌바494, 2021헌바22.

406) 鄭光鉉박사와 金容漢교수는 사실혼부부도 법률상 부부와 동일한 상속권을 인정하는 것이 좋다고 주장한다(鄭光鉉, 전게서, 154면; 金容漢, 전게서, 203면). 그러나 민법상에서는 상속관계 획일성의 요청으로 보아 어려울 것이며, 입법적 조치 없이는 불가능하다고 본다(동지: 李根植 · 韓琫熙, 전게서, 130면); 이 문제와 관련된 최근의 연구로는 윤진수, 사실혼배우자 일방이 사망한 경우의 재산문제, 저스티스 제100호(2007. 10), 5면 이하; 金相瑢, 사실혼 배우자의 상속권에 관한 시론, 중앙법학 제9집 제2호(2007. 9), 511면 이하; 박종용, 사실혼배우자의 보호, 가족법연구 제21권 제3호(2007. 11), 139면 이하.

407) 대판 1967. 10. 4, 67다1791; 대판 1980. 9. 9, 80도1731.

을 받는다고 해석하여야 할 것이다.

불법행위로 인한 손해배상청구에 있어서 판례는 父에 의하여 인지가 되지 않은 사실혼의 子에 대해서도 제752조에 의한 위자료청구권을 인정하고 있다.[408]

설례 ③의 경우, B는 C의 법정대리인으로서 A를 상대로 인지청구의 소를 제기할 수 있으며, 인지판결이 확정되면 C는 출생시로 소급하여 A의 자녀(혼인외의 자)의 신분을 갖게 된다.

## 5. 민법 이외의 법률에서의 효과

(1) 각종 연금(보험)관계법령에서 사실혼의 배우자를 법률혼의 배우자와 같이 취급하여 제1순위 수급권자로 규정하는 경우가 있다. 근로기준법시행령 제48조는 유족범위의 제1순위로 되어 있는 배우자에 "사실상 혼인관계에 있던 자"를 포함시키고 있다. 그 외에도 공무원연금법§3①iii㉮, 군인연금법§3①iv㉮, 사립학교교직원연금법§2①ii㉮, 선원법시행령§29i, 산업재해보상보험법§5iii·63①·64①ii, 국민연금법§3②도 각각 "사실상 혼인관계에 있던 자"를 배우자에 포함시키고 있다.[409] 또한 국민건강보험 업무처리 지침에 따라 사실혼 배우자도 인우보증서를 제출하면 피부양자에 포함되는 것으로 해석되어 건강보험제도의 혜택을 받을 수 있다.[410]

(2) 사실혼의 배우자와 법률혼의 배우자가 경합하는 경우에 누가 수급권자가 되는가의 문제가 있을 수 있다. 이에 대하여 판례는, 법률혼이 사실상 이혼상태에 있는 경우와 같이 예외적인 사정이 없는 한, 법률혼의 배우자가 유족으로서 연금수급권을 가진다는 태도를 취하고 있다.[411] 이러한 판례의 태도는 중혼적 사실혼이 사실혼으로서 보호받지 못하는 것과 같은 맥락에서 이해될 수 있다.[412]

---

408) 대판 1975. 12. 23, 75다413(판례가족법, 610면).

409) 중혼적 사실혼 관계에 있던 자는 원칙적으로 제외된다. 다만 법률혼이 사실상 이혼상태에 있었던 경우에는 예외적으로 수급권자가 될 수 있을 것이다.

410) 최근 대법원은 동성의 동반자에 대해서도 사실혼 배우자에 준하여 국민건강보험 피부양자 자격을 인정해야 한다고 판단하였다(대판 2024. 7. 18, 2023두36800 전원합의체).

411) 대판 1993. 7. 27, 93누1497; 대판 2007. 2. 22, 2006두18584; 대판 2022. 3. 31, 2019므10581.

412) 중혼적 사실혼이 정당한 사실혼관계로 인정되지 않고 법의 보호를 받지 못하는 이유는 일부일처제를 취하는 우리 법제하에서 선량한 풍속 기타 사회질서에 반한다고 보기

(3) 한편, 과거에 중혼적 사실혼관계에 있었다고 해도 법률혼이 해소되면 일반적인 사실혼관계로 전환된다고 보아야 하므로, 중혼적 사실혼관계에 있었던 배우자도 법률혼이 해소된 후에는 "사실상 혼인관계에 있던 자"로서 군인연금을 받을 수 있다대판 2010. 9. 30, 2010두9631. 예컨대 갑은 을과 법률상 혼인한 후 다시 병과 사실혼관계를 맺고 중혼적 사실혼관계를 유지해 왔는데, 을이 사망하여 법률혼이 해소되었다면, 갑과 병과의 사실혼은 일반적 사실혼이 되어 법의 보호를 받을 수 있다. 이런 상태에서 갑이 사망하였다면 병은 군인연금법이 규정하는 "사실상 혼인관계에 있던 자"로 인정되어 유족연금을 받을 수 있다.

(4) 형부와 처제가 사실혼관계에 있다가 형부의 사망으로 사실혼이 해소된 경우에 처제는 공무원연금법이 규정하는 "사실상 혼인관계에 있던 자"에 해당하여 유족연금을 받을 수 있다대판 2010. 11. 25, 2010두14091. 원래 관습법상으로 형부와 처제간의 혼인은 금지되지 않았고, 현행법상으로도 형부와 처제간의 혼인은 취소사유에 지나지 않는다는 점에 비추어 볼 때, 형부와 처제간의 사실혼이 선량한 풍속 기타 사회질서에 반하는 관계라고 보기는 어렵다. 따라서 형부와 처제간의 사실혼을 법률상 보호받을 수 있는 사실혼관계라고 판단한 판례의 태도는 타당하다(판례의 사실관계를 보면, 언니가 남편과 두 명의 자녀를 두고 사망하자 동생이 그 집에 들어가 언니가 남긴 가족을 보살핀 경우임을 알 수 있다).[413]

설례 ④의 경우, B는 A의 사고로 인한 사망으로 산업재해보상보험법에 의한 유족급여를 받을 수 있다동법 §5iii · §63①ii, 동시행령 §2. 그러나 B는 사실혼의 처로서 A에 대한 상속권이 없으므로 상속에 의한 손해배상청구권은 없으며, 제752조에 의한 위자료청구와 부양료청구권 상실로 인한 손해배상청구권을 행사할 수 있을 뿐이다. 그리고 C는 제752조에 의하여 위자료청구를 할 수 있을 뿐만 아니라 인지판결이 확정되면 인지의 소급효에 의하여 A의 상속인이 됨으로써 A가 사망 전에 취득한 불법행위로 인한 손해배상청구권(위자료청구권 및 재산상의 손해배상청구권)을 상속하여 A의 사용자인 D에 대하여 손해배상

---

때문이다. 다만, 판례는 성폭력범죄의 처벌 및 피해자보호 등에 관한 법률 제7조 제5항의 "사실상의 관계에 의한 친족"에 중혼적 사실혼으로 인하여 형성된 인척도 해당된다고 본다(대판 2002. 2. 22, 2001도5075).

413) 자세한 내용은, 김상용, 형부와 처제간의 사실혼은 법률상 보호받을 수 있는가?, 법률신문 2011. 9. 5. 참조.

청구를 할 수 있다대판 1977. 7. 12, 76다2608.

## 5 사실혼의 해소

법률혼의 경우와 달리 사실혼관계에 있는 당사자는 언제든지 자유롭게 사실혼을 해소할 수 있다. 즉 사실혼은 당사자 쌍방의 합의에 의해서 해소될 수 있을 뿐만 아니라, 당사자 일방의 일방적인 파기에 의해서도 해소될 수 있다. 사실혼 당사자 일방이 사망했을 때 사실혼이 해소되는 것은 법률혼의 경우와 같다.

### 1. 일방 당사자의 사망에 의한 사실혼의 해소

사실혼관계에 있었던 일방 당사자의 사망으로 사실혼이 해소되는 경우에는 생존배우자가 사실혼으로 인하여 형성된 생활공동체를 유지할 수 있는 범위에서 법률관계의 존속을 인정할 필요가 있다. 대표적으로 들 수 있는 것은 생존배우자의 거주권 확보 문제이다. 즉 사망한 배우자가 생전에 임차한 주택에서 생존배우자가 계속 거주할 수 있도록 보장하는 것이 필요하다. 주택임대차보호법은 사실혼배우자에게 임차권과 채권적 전세권의 승계를 인정하고 있다동법 §9 · 12.

사실혼 배우자에게는 상속권이 인정되지 않는다. 그러나 특별연고자에 대한 상속재산분여의 규정§1057의2에 의하여 상속인부존재의 경우에는 사실혼배우자는 피상속인과 생계를 같이 하고 있던 자로서, 상속재산의 전부 또는 일부를 분여 받을 수 있다.

### 2. 합의에 의한 사실혼의 해소

사실혼관계는 당사자의 합의에 의해서 해소될 수 있으며, 이 경우 재산분할 등의 문제에 대해서도 협의할 수 있다. 재산분할에 대하여 협의가 되지 않은 경우에는 일방이 재산분할청구를 할 수 있다. 일단 사실혼을 해소하기로 합의하였는데, 일방이 공동생활을 계속하려고 할 때에는 다른 일방은 가정법원에 사실상혼인관계부존재확인 청구를 할 수 있을 것이다가소 §2①나류사건 i.[414)]

## 3. 사실혼의 일방적 해소

### (1) 사실혼의 일방적 해소와 손해배상책임

법률혼과는 달리 사실혼은 당사자 일방의 의사에 의해서 일방적으로 해소될 수 있다. 사실혼 해소의 정당한 사유가 없는데 사실혼을 일방적으로 파기한 일방 당사자는 상대방에 대하여 불법행위로 인한 손해배상의 책임을 진다.[415] 사실혼관계를 준혼관계로 볼 때 이러한 판례의 태도는 타당하다고 본다.

상대방의 유책사유로 사실혼관계가 파탄된 경우에 다른 일방이 사실혼을 해소하면서 손해배상을 청구할 수도 있다.

### (2) 사실혼해소의 사유

사실혼해소의 정당한 사유가 있는가의 여부는 이혼원인에 준해서 판단할 수 있을 것이다. 예를 들어서 폭행,[416] 부정행위대판 1967. 1. 24, 66므39, 성적 불능대판 1966. 1. 31, 65므65, 악의의 유기대판 1998. 8. 21, 97므544; 대판 1992. 2. 14, 91누4904 등은 사실혼해소의 정당한 사유가 된다. 그러나 임신불능대판 1960. 8. 18, 59다995은 사실혼 해소의 정당한 사유가 될 수 없다.

### (3) 사실혼의 해소와 위자료청구

사실혼의 부당파기로 인한 손해배상에는 재산상의 손해[417]와 정신상의 고통에 대한 위자료가 포함된다. 위자료 액수를 정함에 있어서는 불법행위의 정도, 당사자의 사회적 지위, 재산, 동거생활의 기간 등 제반사정을 참작하여야 한다.[418]

---

414) 사실혼관계를 파탄시킨 일방 배우자가 사실혼관계부존재확인청구를 한 사례(대구지판 1972. 10. 27, 72드179)에서 법원은 "신의성실의 원칙 및 권리남용금지의 원칙에 비추어 허용될 수 없다"는 이유로 청구를 기각한 바 있다. 이러한 판례의 태도에 대해서는 사실혼의 법리를 오해한 것이라는 비판이 가해질 수 있다. 즉 사실혼은 법률혼과는 달리 당사자 일방의 의사만으로도 자유롭게 해소할 수 있고, 유책자는 다만 상대방에 대하여 손해배상의 책임을 지는 데 그치는 것이므로, 유책자가 제기한 사실혼관계부존재확인의 소라고 해서 기각할 이유는 없다(판례연구, 金疇洙, 법률신문 995호<1973. 1. 15>).

415) 대판 1994. 11. 4, 94므1133; 대판 1989. 2. 14, 88므146.

416) 대판 1983. 9. 27, 83므26; 대판 1984. 9. 25, 84므77.

417) 재산적 손해에는 사실혼관계의 성립유지와 인과관계 있는 모든 손해가 포함된다(대판 1989. 2. 14, 88므146; 대판 1984. 9. 25, 84므77).

418) 대판 1998. 8. 21, 97므544는 '사실혼관계의 부당파기로 인한 위자료의 액수산정은 반드시 증거에 의하여 입증할 수 있는 성질의 것이 아니므로 법원은 유책행위에 이르게

제3자(예를 들어 시어머니)가 사실혼부부의 일방과 합세하여 사실혼을 파탄시킨 경우에는 양자가 함께 손해배상책임을 지게 된다.[419)]

사실혼관계 부당파기로 인한 위자료청구권의 소멸시효의 기산점과 관련하여, 판례는 夫의 부정행위로 사실혼관계가 파탄된 시점이 아니라, 처가 사실혼관계존재확인의 소를 제기하여 패소판결이 선고된 시점이라고 본다.[420)]

설례 ②의 경우, 사실혼해소에 대하여 정당한 이유가 없다면 B는 A에 대하여 위자료청구와 재산분할청구를 할 수 있다. 손해배상청구의 경우, 혼인예약불이행에 의한 책임을 묻든 불법행위로 인한 책임을 묻든 상관없다는 것이 판례의 태도인데, 양자는 소멸시효에서 다소의 차이가 있으나§162·766, 배상의 범위는 같다§393·763. 그리고 약혼예물의 반환에 관해서는 A·B 사이에 사실혼의 성립으로 해제조건이 성취불능이 되었으므로 반환청구가 인정될 수 없다.

### (4) 사실혼 해소와 재산분할청구

사실혼관계가 일방적으로 파기된 경우에도 재산분할청구권에 관한 규정이 유추적용된다.[421)] 분할의 대상이 되는 재산과 액수는 사실혼이 해소된 날을 기준으로 하여 정한다.[422)] 사실혼 관계가 해소된 때부터 2년의 제척기간이 경과하면 재산분할청구권은 소멸한다. 이 기간은 출소기간이므로, 그 기간 내에 법원에 재산분할심판 청구를 하여야 한다.[423)]

---

된 경위와 정도, 파탄의 원인과 책임, 당사자의 연령·직업·가족상황과 재산상태 등 여러 가지 사정을 참작하여 경험칙에 반하지 않는 범위 내에서 직권에 의하여 액수를 결정할 것이다'라고 판시하고 있다.

419) 대판 1983. 9. 27, 83므26; 대판 1970. 4. 28, 69므37.

420) 대판 1998. 7. 24, 97므18은 "주민등록상 부부로 등재되어 혼인신고가 있었던 것으로 오인하고 있던 중, 夫의 부정행위에 의하여 사실혼관계가 파기되고 처가 사실상 혼인관계존재확인의 소에서 패소한 경우, 사실혼관계 부당파기로 인한 위자료 청구권의 소멸시효 기산점은 夫의 부정행위가 있었던 시점이 아니라, 사실혼관계존재확인청구에 대한 패소판결 선고시로 본다"고 판시하고 있다.

421) 대판 1995. 3. 10, 94므1379; 대판 1995. 3. 28, 94므1584.

422) 대판 2023. 7. 13, 2017므11856, 2017므11863. 사실혼 해소 이후 재산분할 청구사건의 사실심 변론종결 시까지 발생한 사정은 그로 인한 이익이나 손해를 일방에게 귀속시키는 것이 부부 공동재산의 공평한 청산·분배에 현저히 반하는 결과를 초래할 때에 한하여 분할대상 재산의 가액 산정에 참작할 수 있다; 대판 2024. 1. 4, 2022므11027. 재산분할의 대상이 되는 재산과 액수는 사실혼 관계가 해소된 날을 기준으로 산정하여야 하므로, 원심까지 제출된 자료 중 사실혼 해소 시점과 가장 가까운 제1심 법원의 감정촉탁결과에 따라 재산분할을 명하여야 한다.

423) 대결 2022. 6. 30, 2020스561.

(가) 중혼적 사실혼과 재산분할청구

중혼적 사실혼의 경우에는 재산분할청구가 인정되지 않는다.424) 예를 들어 갑(처)이 가출한 상태에서 을(夫)이 다른 여자 병과 혼인할 의사로 동거하였는데, 을의 폭행, 부정행위 등을 이유로 을과 병의 관계가 파탄에 이른 경우에도, 대법원은 사실혼 해소를 원인으로 하는 병의 손해배상 및 재산분할 청구를 배척하였다.425) 중혼적 사실혼이 법적으로 보호받을 수 있는 경우는 법률혼이 사실상 이혼상태에 있는 때, 즉 당사자 사이에 이혼의 합의가 있고 별거하여 부부공동생활의 실체가 존재하지 않는 경우인데,426) 위의 사례에서는 당사자 사이에 이혼의 합의 없이 일방이 가출한 경우이므로, 사실상 이혼상태에 있지 않다고 판단한 것이다. 따라서 위와 같은 경우에는 정당한 사실혼관계로 인정되지 않으므로, 재산분할청구도 허용되지 않는다는 것이 판례의 태도이다.

그런데 그 후 대법원은 다른 사건대판 2009. 12. 24, 2009다64161에서 법률혼 부부의 일방이 가출하여 행방불명된 경우에 사실상 이혼상태에 있음을 인정하고, 그러한 상태에서 다른 일방이 사실혼관계에 들어간 때에는 보호받을 수 있는 중혼적 사실혼이 성립한다고 판시하였다. 즉, 법률혼 부부의 일방(갑)이 가출하여 행방불명된 상태에서 다른 일방(을)이 병과 사실혼관계에 들어간 사건에서 갑과 을이 사실상 이혼상태에 있다는 전제하에, 을과 병 사이에 성립한 중혼적 사실혼에 대해서는 이를 사실혼으로 인정하여 법률혼에 준하는 보호를 할 필요가 있다고 보았다(중혼적 사실혼관계에 있는 자를 부부운전자한정운전 특별약관상의 '사실혼관계에 있는 배우자'에 해당한다고 한 사례). 이는 사실상 이혼의 요건을 완화한 것으로 볼 수 있는데, 이러한 법리에 따른다면 앞에서 본 사건대판 1996. 9. 20, 96므530의 경우에도 재산분할청구와 손해배상청구를 인정하는 것이 타당할 것이다.

사견으로는, 중혼적 사실혼의 경우에도 선의의 당사자(상대방이 법률혼 상

---

424) 대결 1995. 7. 3, 94스30은 "법률혼이 사실상 이혼상태에 있는 경우가 아닌 한, 법률상 배우자 있는 일방인 청구인이 상대방에게 그와의 사실혼 해소를 이유로 재산분할을 청구하는 것은 허용되지 않는다"고 판시하고, 대판 1995. 9. 26, 94므1638은 "법률혼 부부의 일방이 집을 나가 장기간 돌아오지 않는 상태에서, 부부의 다른 일방이 제3자와 혼인의 의사로 실질적인 혼인생활을 하고 있다고 하더라도, 특별한 사정이 없는 한 이를 사실혼으로 인정하여 법률혼에 준하는 보호를 허여할 수는 없다"고 판시하고 있다. 대판 2001. 4. 13, 2000다52943.

425) 대판 1996. 9. 20, 96므530.

426) 대판 1993. 7. 27, 93누1497; 대판 2007. 2. 22, 2006두18584 참조.

태에 있다는 사실을 알지 못했거나 또는 사실상 이혼상태에 있다고 믿은 경우)에 대해서는 재산분할청구권이 인정되어야 한다고 본다.[427)]

(나) 사망으로 인한 사실혼 해소와 재산분할청구

사실혼관계가 부부 일방의 사망으로 해소된 경우에는 생존 배우자는 재산분할청구권을 갖지 못한다는 것이 판례의 태도이다대판 2006. 3. 24, 2005두15595. 법률혼에 있어서도 부부일방의 사망으로 혼인이 해소된 경우에 생존 배우자는 재산분할청구권을 갖지 못하고, 단지 상속권만을 가질 수 있을 뿐인데, 사망으로 인한 사실혼 해소의 경우에 생존 배우자에게 재산분할청구권을 인정한다면, 이는 법률혼의 배우자 보다 사실혼의 배우자를 더욱 강하게 보호하는 결과가 되어 부당하다는 것이 그 이유이다.[428)]

반면에 사실혼 부부의 일방(갑)이 의식불명에 빠진 상태에서 다른 일방(을)이 사실혼 해소를 주장하며 재산분할심판청구를 한 이후, 의식불명 상태에 있던 사실혼 부부의 일방(갑)이 사망한 경우에는 재산분할이 허용된다대결 2009. 2. 9, 2008스105. 사실혼관계는 당사자의 일방적 의사에 의하여 언제든지 해소될 수 있는 것이며, 상대방이 그 의사표시를 수령할 것을 요건으로 하지 않는다. 따라서 사실혼 부부의 일방(갑)이 의식불명 상태에 있는 경우에도 다른 일방(을)은 사실혼을 일방적 의사에 의하여 파기할 수 있고, 이로써 사실혼은 해소된다고 보아야 한다. 그리고 사실혼의 해소에 의하여 사실혼 부부관계에 있었던 일방(을)은 상대방(갑)에 대하여 재산분할청구권을 가지게 되고, 반면에 상대방(갑)은 재산분할의무를 부담하게 되는데, 이 경우에는 상대방(갑)이 사망하였으므로, 그의 상속인(병, 정)에게 재산분할의무가 승계된다. 그러므로 사실혼 부부관계에 있었던 일방(을)은 상대방(갑)의 상속인(병, 정)에 대하여 재산분할청구를 할 수 있다(갑의 상속인 병, 정에 의한 소송수계가 허용된다).

위에서 본 2009년의 대법원결정과 2006년의 대법원판결을 비교해 볼 때, 사실혼의 해소와 관련하여 현재 대법원이 취하는 법리는, 결코 의도한 것은 아니라고 할지라도, 결과적으로는 사실혼 배우자의 생명이 위독한 상황에서 다른 일방 배우자에게 사실혼을 해소하고 재산분할심판청구를 하도록 강요하

---

427) 중혼적 사실혼의 경우에도 일반적으로 재산분할청구를 인정해야 한다고 보는 견해가 있다. 주해친족법 1권 549면.

428) 사망으로 인한 사실혼 해소의 경우에도 생존배우자에게 재산분할청구권을 인정해야 한다는 취지의 논문으로는 박인환, 사망에 의한 사실혼의 해소와 재산분할의 유추, 가족법연구 제21권 제3호(2007. 11), 161면 이하.

는 것이 되고 있다. 이러한 법상태는 바람직하다고 볼 수 없으므로, 궁극적으로는 사실혼이 일방의 사망에 의하여 해소된 경우에도 생존 사실혼 배우자를 보호할 수 있는 해결책(해석론 또는 입법론)이 마련되어야 할 것이다.

## 6 子의 양육문제

사실혼이 해소되는 경우 子의 양육문제에 대해서는 제837조가 유추적용되어야 할 것이다(다만, 법원이 직권으로 양육사항을 정하는 것은 불가능하다. 사실혼의 해소는 공시되지 않기 때문이다). 따라서 부모가 협의하여 양육자 및 양육비용의 부담 등 양육에 관련된 사항을 정할 수 있고, 협의가 되지 않는 경우에는 당사자의 청구에 의하여 가정법원이 정한다고 해석하여야 한다(이와 견해를 달리하는 판례[429]가 있으나 부당하다). 子의 양육에 관한 사항을 정하는 것은 이혼의 경우(법률혼의 해소)와 사실혼이 해소되는 경우에 차이가 있을 수 없기 때문이다. 만일 사실혼이 해소되는 경우에 子의 양육에 관한 사항을 협의나 심판에 의해서 정할 수 없다고 해석한다면, 이는 子의 복리에 현저히 반하는 해석론으로서 비판받아 마땅하다. 면접교섭권의 규정§837의2도 사실혼해소의 경우에 당연히 유추적용된다고 해석하여야 할 것이다.

429) 대판 1979. 5. 8, 79므3(판례연구, 金疇洙, 법률신문 1343호).

# 제 2 장
# 부모와 자

## 제 1 절 친자관계

### 1 제도적 의의

친자관계는 혼인관계와 더불어 가족관계의 기초가 된다. 일반적으로 친자관계라고 할 때 혈연에 의한 친자관계만을 생각하는 경우가 많으나(친생친자관계), 친자관계는 반드시 혈연에 기초하는 것만은 아니며, 당사자의 의사에 의해서 발생할 수도 있다(입양에 의한 친자관계, 법정친자관계). 이러한 의미에서 친자관계란 혈연적 관계만을 의미하는 것이 아니라, 사회적 관계, 사실적 관계까지 포함하는 것이다.

친생자는 부모의 혼인중에 태어났는가의 여부에 따라 혼인중의 출생자와 혼인외의 출생자로 나누어진다. 중국에서 수입된 종법제의 영향하에 처첩제(妻妾制)가 보편화되었던 조선시대에는 혼인외의 출생자(서자)가 많이 출생하였으며, 사회적으로 큰 차별을 받았다. 그러나 오늘날에는 적어도 법의 영역에서는 혼인중의 출생자와 혼인외의 출생자 사이의 차별은 사라졌다고 할 수 있다. 호주제가 폐지되기 전에는 호주승계의 순위에 있어서 차별이 있었으나 구 §985①, 2008년부터 호주제가 폐지되면서 이러한 차별도 사라졌다.

당사자의 의사에 의해서 친자관계가 성립하는 양친자관계도 역사적으로 많은 변천을 겪었다. 아들에 의해서 대를 잇는다는 의식이 양반지배층에서 보편화되었던 조선중기 이후에는 가계계승을 목적으로 양자를 삼는 경우가 많았다. 따라서 양반지배층에서는 동성동본인 자(同宗之子)만을 양자로 들이는 것이 원칙이었다. 그러나 당시에도 일반 서민층에서는 가계계승과 관계없이 부모가 없는 아이를 입양하여 키우면서 자신의 성을 따르게 하는 경우가 많았다. 즉 조선시대에도 모든 양자가 가계계승을 위해서 이루어진 것은 아니었으며, 양자가 양친의 성을 따르는 경우가 적지 않았던 것이다. 오늘날에는 입양의 목적이 보호를 필요로 하는 아동에게 건강하게 성장할 수 있는 가정환경을 제공한다는 점에 초점이 맞추어지고 있다. 입양제도가 이러한 목적에 부응하기 위해서는 무엇보다도 양자와 친생자 사이의 모든 차별이 철폐되어야 한다. 2008년부터 친양자제도가 시행되기 전까지는 민법에 의해서 입양하는 경우 양자가 양친의 성을 따를 수 없었고, 양자라는 사실이 호적에 기재되어 공시됨으로써 양자와 친생자 사이에 상당한 차별이 있었다. 2008년부터 친양자제도가 시행됨에 따라 친양자로 입양하는 경우에는 더 이상 이와 같은 문제가 발생하지 않는다.

나아가 입양의 목적이 보호를 필요로 하는 아동에게 건강하게 성장할 수 있는 가정환경을 제공하는 데 있다면, 입양을 희망하는 사람이 이와 같은 환경을 갖추고 있는지에 대해서 사전에 국가가 개입하여 심사하는 제도를 마련해야 할 것이다. 종전에는 민법상의 일반양자로 입양하는 경우에는 당사자의 합의와 등록법이 정하는 신고에 의해서 입양이 성립하고, 국가기관(법원)은 그 입양이 양자될 아동의 복리실현에 기여할 수 있는지에 대하여 전혀 심사하지 않아서 문제가 있었다(한편 2008년부터 시행되고 있는 친양자 입양의 경우에는 가정법원의 허가에 의해서 입양이 성립하므로, 입양의 동기, 양부모될 사람들의 양육능력 등이 사전에 검증될 수 있었다). 2013년 7월 1일부터 개정 양자법이 시행됨에 따라 이러한 문제는 해결되었다. 개정법에 의하면 일반양자의 경우에도 미성년자를 입양하는 때에는 반드시 사전에 가정법원의 허가를 받아야 한다.

민법상 친자관계의 중요한 효과는 친권·부양·상속 등이다. 이 중에서 특히 친권은 친자관계에 대한 사회의 의식변화를 나타내는 하나의 지표가 된다. 과거에 친권이 가부장권의 일부에 지나지 않는 것으로 인식되던 때에는 친권은 오로지 父에게만 속하는 것으로 규정되었다. 이와 같은 법상태는 일제강점기를 거쳐 해방 후 1977년 민법개정 전까지 그대로 유지되었다. 이와 같은 관계에서 친권은 子에 대한 父의 지배권에 지나지 않았으므로, 자녀의 복리는 거의 고려될 여지가 없었을 뿐만 아니라, 母의 의사 또한 완전히 무시될 수밖에 없었다. 그러나 친자법의 영역에서 자녀의 복리가 우선되어야 한다는 의식이 확산되고, 부부평등 의식이 보편화되면서 친권법에도 많은 변화가 찾아왔다. 친권행사에 있어서 부모의 의사가 동등한 비중을 차지하게 되었고,

자녀의 복리가 우선적으로 고려되어야 한다는 점이 부각되기 시작했다. 이러한 변화는 여전히 진행중에 있으며, 앞으로 입법과 개정을 통하여 지속적으로 반영될 것으로 전망된다.

## 2 민법과 친자관계

민법은 친자관계의 성립(어떠한 사람들 사이에 친자관계가 존재하는가)과 그 효과(친자관계가 있는 사람들 사이에는 어떠한 법률적 효과가 생기는가)에 관하여 규정하고 있다.

먼저 친자관계의 성립과 관련하여 보면, 민법상 친자관계에는 친생친자관계와 법정친자관계가 있다. 부모와 자녀의 관계가 혈연에 기초하고 있는 경우가 친생친자관계이며, 혈연에 의하지 않고 당사자의 의사에 기초한 경우, 즉 양친자관계가 법정친자관계이다. 친생자는 부모와 혈연관계에 있는 子로서 부모의 혼인상태에 따라서 혼인중의 출생자와 혼인외의 출생자로 나누어진다.

계모자와 적모서자관계(갑과 을은 부부인데, 남편 갑이 외도를 하여 병과의 관계에서 정을 출산하였다면, 갑의 혼인외의 출생자 성과 갑의 처 을의 관계가 적모서자관계이다. 이 경우 정의 법률상 모는 병이다)도 과거에는 법정모자관계로 되어 있었으나, 1990년 민법일부개정으로 폐지되었다.[1] 이러한 친자관계는 당사자의 의사와 관계없이 발생한다는 점에서 문제가 있었다. 또한 적모서자관계는 부계적 봉건사회에 있어서의 첩제도의 잔존물로서 처의 인격을 모욕하는 것이었다.

## 3 친자의 성(姓)과 본(本)

### (1) 부부 별성(別姓)의 원칙

민법은 부부의 성에 관하여 아무런 규정도 두고 있지 않으므로, 혼인 후에도 부부는 각자 본래의 성을 그대로 유지한다. 그러므로 그 사이에서 태어난 자녀가 부모 중 누구의 성을 따를 것인가에 대해서는 법규정이 필요하다.

---

1) 대판 2017. 12. 22, 2017다360, 377.

### (2) 부계혈통주의 - 부성(父姓)우선의 원칙

子는 父의 성과 본을 따르는 것을 원칙으로 하되, 부모가 혼인신고를 할 때 모의 성과 본을 따르기로 협의한 경우에는 모의 성과 본을 따른다§781①.[2] 혼인당사자가 협의하여 자녀는 모의 성과 본을 따른다는 합의가 이루어진 경우에는 혼인신고서에 이에 관한 협의서를 첨부하여 제출하여야 한다(혼인신고 이후에는 협의서를 제출할 수 없다).[3] 혼인신고시에 이러한 협의서가 제출된 경우, 혼인신고의 수리 이후에는 혼인당사자들의 합의에 의해서 그 협의내용을 철회할 수 없다. 혼인신고시에 협의서를 제출하지 않았던 당사자들이 子의 출생신고를 할 때 비로소 모의 성과 본을 따르기로 하는 협의서를 제출하는 경우에는 수리되지 않는다.

### (3) 父가 외국인인 경우

父가 외국인인 때에는 모의 성과 본을 따를 수 있다§781②. 외국인 父와 한국인 모 사이에서 태어난 子는 부모의 협의에 의하여 모의 성을 따를 수 있다. 1997년에 개정된 국적법이 부모양계혈연주의를 채택함으로써동법 §2, 국제혼인을 한 부부 사이에서 태어난 자는 일단 이중국적자가 된다. 子가 출생시 외국인인 父의 성을 따랐는데 후에 모의 국적인 한국국적을 선택한 경우에는 (子는 만 22세가 되기 전까지 하나의 국적을 선택해야 한다동법 §12.) 子는 父의 성을 계속 유지할 수도 있고, 원하는 경우에는 모의 성을 따라 성을 변경할 수 있다가예 제518호 §14①.

### (4) 父를 알 수 없는 子

父를 알 수 없는 子는 모의 성과 본을 따른다§781③. 父를 알 수 없는 子의 뜻에 대해서 가족관계등록예규 제102호는 "모가 父라고 인정할 사람을 알 수 없는 子를 의미한다"[4]고 하여 父의 인지를 받지 못한 자라도 사실상의 父를

---

2) 개정 전 민법 제781조 제1항 본문 중 "子는 父의 성과 본을 따르고" 부분은 헌법재판소에 의해서 헌법에 위반된다는 판단을 받았다. 헌재결 2005. 12. 22, 2003헌가5, 6(병합).

3) 혼인신고시 이러한 협의를 하지 않았던 부부가 이혼 후 동일한 당사자끼리 다시 혼인하는 경우에도 위의 협의를 할 수 있다. 결과적으로 전혼에서 태어난 子는 父의 성과 본을 따랐으나, 후혼에서 출생한 子는 혼인신고시의 협의에 의하여 母의 성과 본을 따르는 경우가 생길 수 있다. 즉 이러한 경우 같은 부모 사이에서 출생한 자녀의 성과 본이 달라질 수 있다. 가족관계등록예규 제518호 제3조 참조.

4) "민법 제781조 제3항의 부를 알 수 없는 자녀란 모가 부라고 인정할 사람을 알 수 없는 자녀를 말하므로, 혼인외의 자라도 부의 성과 본을 알 수 있는 경우에는 부의 성과 본

알 수 있는 경우에는 父의 성과 본을 따르도록 하고 있으나, 그 父와 子 사이에 부자관계가 법률적으로 발생하지 않는데, 성만 父의 성을 따르게 하는 것은 수긍이 되지 않는다.

### (5) 부모를 알 수 없는 자의 성본 창설

부모를 알 수 없는 자는 다음과 같은 방법으로 성과 본을 창설한다. '부모를 알 수 없는 자'란 등록법 제52조가 규정한 기아이거나, 그 이외에 부모를 알 수 없는 고아 등을 말한다. 기아의 경우에는 시·읍·면의 장이 가정법원의 허가를 얻어 기아의 성과 본을 창설하고 이름과 등록기준지를 정하여 직권으로 가족관계등록부에 기록하여야 한다§781④, 가소 §2①라류사건ⅳ, 등 §52③. 기아 아닌 고아 등의 경우에는 본인 또는 법정대리인(「보호시설에 있는 고아의 후견직무에 관한 법률」에서 후견직무를 행할 사람으로 지정된 사람 및 법원의 선임후견인 등이 포함된다)이 가사소송법에 따라 관할 가정법원(지방법원 및 지원)에 성·본의 창설허가를 신청한다. 신청인이 가정법원에서 성·본의 창설허가를 받으면, 신청인은 허가재판서 등본을 첨부하여 가족관계등록창설허가를 받아 시(구)·읍·면의 장에게 가족관계등록창설신고를 한다가예 제105호.

그 후에 고아나 기아가 부 또는 모를 찾은 경우에는 부 또는 모의 성과 본을 따를 수 있다. 부 또는 모가 기아를 찾은 때에는 1개월 이내에 출생의 신고를 하고 등록부의 정정을 신청하여야 한다등 §53①. 이 경우에는 시·읍·면의 장이 이를 확인하여야 한다등 §53②. 기아 아닌 고아 등이 부모를 찾은 경우에는 등록법 제104조에 따른 등록부정정절차를 취하여야 한다가예 제105호 참조.

### (6) 혼인외의 자가 인지된 경우

혼인외의 출생자가 인지된 경우에는 민법 제781조 제1항 본문의 규정에 따라 원칙적으로 부의 성과 본을 따른다. 다만, 인지신고시 부모가 협의하여 종전의 성과 본을 계속 사용하기로 하는 협의서를 제출한 경우에는 인지된 子는 종전의 성과 본을 계속 사용할 수 있다§781⑤ 본문. 다만, 부모가 협의할 수 없거나 협의가 이루어지지 아니한 경우에는 子는 가정법원의 허가를 받아[5]

---

을 따라 가족관계등록을 할 수 있다. 그러나 그 자녀가 인지되기 전에는 가족관계등록부상 부란에 부의 성명을 기록할 수 없다."

5) 가사소송법 제2조 제1항 나목(1) 제5호. 이 경우 시·읍·면의 장은 가족관계등록부상의 자녀의 성과 본을 인지신고의 효력에 따라(민법 제781조 제1항 본문) 일단 부의 성과 본으로 변경하여 기록한다. 그 후 종전의 성과 본을 계속해서 사용하는 것을 허가한다는

종전의 성과 본을 계속 사용할 수 있다§781⑤ 단서, 가소 §2①라류사건ⅴ.[6)]

2008년 이전에는 부계혈통주의에 따라, 인지되지 않은 혼인외의 출생자는 모의 성과 본을 따르고, 생부가 인지한 경우에는 父의 성과 본을 따르도록 되어 있었다구 §781. 따라서 혼인외의 출생자로 태어난 자녀가 오랜 기간 모의 성을 사용해 온 경우에도 생부가 인지하면 자동으로 父의 성을 따르게 되어 성이 변경되었다. 그러나 자신의 의사와 관계없이 성이 바뀐 사람은 개인적으로도, 사회적으로도 정체성을 상실하게 되고 큰 어려움과 불편을 겪게 된다. 부계혈통주의에 따른 인지의 효과로 인하여 본인의 의사와 무관하게 성이 변경되는 개인은 결국 인격권과 인권을 침해당하는 것이라고 볼 수 있다. 이러한 문제점을 해결하기 위하여 개정민법은 혼인외의 출생자가 인지된 경우에도 인지 전에 사용했던 성을 유지할 수 있는 길을 마련하였다.

### (7) 자의 성본 변경

#### (가) 청구권자와 입법취지

子의 복리를 위하여 필요한 때에는 법원[7)]의 허가를 받아 子의 성과 본을 변경할 수 있다§781⑥ 본문, 가소 §2①라류사건ⅵ.[8)] 청구권자는 父, 모 또는 子이지만, 子가 미성년자이고 법정대리인이 청구할 수 없는 경우에는 제777조의 규정에 따른 친족 또는 검사가 청구할 수 있다§781⑥ 단서. 성년자가 된 子는 본인이 청구할 수 있다. 재판을 청구한 당사자는 재판확정일로부터 1월 이내에 재판서의 등본 및 확정증명서를 첨부하여 성·본 변경신고를 하여야 한다등 §100. 이 규정은 주로 재혼가정에서 자라는 자녀들이 실제로 父의 역할을 하고 있는 계부와 성이 달라서 고통을 받는 경우에 문제를 해결하기 위하여 도입된 것

---

취지의 '종전의 성과 본 계속사용허가심판서' 등본 및 확정증명서를 첨부하여 성·본 계속사용신고가 있는 경우에는 부의 성과 본을 따라 변경한 자녀의 성과 본을 다시 인지 전의 성과 본으로 변경·기록한다. 가족관계등록예규 제518호 제8조 제3항.

6) 법원은 부, 모 및 子가 13세 이상인 때에는 그 子의 의견을 들을 수 있다(가사소송규칙 제59조의2 제1항).

7) 관할법원은 사건본인(성과 본을 변경할 子)의 주소지의 가정법원이다(가사소송법 제44조 제1호). 가정법원 및 가정지원이 설치되지 않은 지역은 해당 지방법원 및 지방법원 지원이 관할법원이 된다.

8) 개명허가의 기준에 관한 판례로는 대결 2005. 11. 16, 2005스26 참조; 자녀의 성과 본이 모의 성과 본으로 변경되었을 경우, 성년인 그 자녀는 모가 속한 종중의 공동선조와 성과 본을 같이 하는 후손으로서 종중의 구성원이 된다. 반면에 모의 성과 본을 따르게 된 자녀는 더 이상 父의 성과 본을 따르지 않으므로, 父가 속한 종중에서 탈퇴하게 된다. 대판 2022. 5. 26, 2017다260940.

이다. 그러나 반드시 재혼가정이 아니더라도 子의 복리를 위하여 성의 변경이 가능한 경우가 있을 수 있다. 예를 들어서 父의 파렴치한 범죄행위나 가정폭력 등을 이유로 부모가 이혼한 경우에 子가 父의 성을 계속해서 사용하는 것을 거부하고 모의 성을 따르고자 하는 경우도 있을 수 있다. 이러한 때에도 子의 복리를 고려하여 성의 변경이 가능하다.

(나) 성본 변경의 판단기준

제781조 제6항은 "자의 복리를 위하여 자의 성과 본을 변경할 필요가 있을 때"에 법원의 허가를 받아 자의 성과 본을 변경할 수 있다고 추상적으로 규정하고 있으므로, 법원의 판단기준으로 제시되어 있는 자녀의 복리를 구체적으로 어떻게 해석할 것인가의 문제가 제기된다.[9] 여러 가지 세부적인 기준의 제시가 가능하겠지만, 우선 자녀와 父의 관계를 판단의 기준으로 삼는 방법을 생각해 볼 수 있다. 자녀와 父의 관계가 안정적으로 유지되고 있는 경우(父가 자녀와 정기적으로 면접교섭을 하고, 양육비도 정기적으로 지급하는 등 父로서의 책임과 의무를 성실하게 이행하는 경우)에는 이와 같은 관계를 보호하는 것이 일반적으로 자녀의 복리에 적합할 것이다. 이런 경우에 자녀의 성을 변경하는 것은 안정적으로 유지되고 있던 부자관계를 훼손시킬 수 있으며, 이는 결국 자녀의 복리를 해치는 결과로 이어지기 때문이다. 반면에 부가 자녀와의 교류를 단절시키고, 양육비도 지급하지 않는 경우라면, 실제로 아버지의 역할을 하고 있는 계부의 성을 따를 수 있도록 허용하는 것이 자녀의 복리에 적합한 결정이 될 것이다. 자녀가 재혼가정에서 성장한 기간과 재혼가정에 대해서 실제로 느끼는 귀속감의 정도 역시 고려되어야 할 요소라고 할 수 있다. 이와 관련하여 자녀가 장기간 계부의 성을 사실상 사용해 왔다는 사실은 성변경을 정당화시키는 사유가 될 수 있다. 자녀의 의사도 중요한 고려요소이지만, 자녀의 연령 및 정신적인 성숙도에 따라 고려의 비중을 조정할 필요가 있을 것이다.[10]

9) 대결 2009. 12. 11, 2009스23; 성·본 변경허가 심판은 라류 가사비송사건으로서 가정법원은 청구인의 주장에 구애되지 않고 직권으로 탐지한 자료에 따라 자녀의 복리에 적합한지를 최우선적으로 고려하여 그 허가 여부를 판단하여야 한다. 대결 2022. 3. 31, 2021스3.

10) 법원은 子의 성과 본의 변경허가청구가 있는 경우 부, 모 및 子가 13세 이상인 때에는 그 子의 의견을 들을 수 있다. 부모 중 子와 성과 본이 동일한 사람의 사망 그 밖의 사유로 의견을 들을 수 없는 경우에는 子와 성과 본이 동일한 최근친 직계존속의 의견을 들을 수 있다(가사소송규칙 제59조의2 제2항; 부모(비양육친)의 동의는 성·본 변경허가의 요건이 아니다. 따라서 부모 중 일방(양육친)이 성·본 변경을 희망하고 다른 일방(비양육친)이 그에 동의를 하였더라도, 그 사정만으로는 성·본 변경허가의 요건을 충족하였다고 보기 어렵다. 대결 2022. 3. 31, 2021스3).

(다) 자의 성본 변경과 친양자 입양의 관계

개정민법은 친양자제도를 새롭게 도입하여 2008년 1월 1일부터 시행하고 있는데§908의2 이하, 원래 민법에 규정되어 있던 일반입양과는 달리 친양자 입양을 하는 경우에는 양자가 양친의 성을 따르게 된다. 따라서 子의 성변경을 원하는 경우에는 친양자 입양을 하면 되는데, 굳이 이와 별도로 성변경 조항이 필요한가라는 의문이 제기될 수도 있다. 그러나 친양자 입양의 효과로서 子의 성이 변경되는 것과는 별도로 성변경에 관한 규정이 필요한 경우가 있을 수 있다. 첫째, 민법상 일반양자로 자를 입양하는 경우에는§866 이하 양자가 양친의 성을 따를 수 없다는 문제가 있는데, 이 경우에 당사자가 원한다면 제781조 제6항에 의하여 법원의 허가를 받아 양자의 성을 변경하는 것이 가능해진다. 친양자 입양을 하는 경우에는 입양 전의 친족관계가 종료되므로§908의3②, 예컨대 계부가 배우자의 자를 친양자로 입양하는 경우 子와 父 사이는 물론 子와 부계친족간의 친족관계까지 모두 소멸된다. 그러나 당사자가 이러한 결과까지 원하지 않는 경우가 있을 수 있으므로, 당사자의 선택에 따라 계부가 배우자의 子를 민법상의 일반입양 규정§866 이하에 의하여 입양하는 한편, 법원의 허가를 받아 子가 양부인 계부의 성을 따를 수 있는 길을 열어주는 것이다. 이러한 방법은 친양자 입양과 일반입양을 절충한 형태라고 볼 수 있다. 둘째, 부모가 이혼한 후 모가 친권자로서 자를 양육하고 있는 경우에 자녀가 모의 성을 따르기를 원하는 경우가 있을 수 있다(예를 들어 父가 모와 자를 심하게 학대하여 이혼한 경우, 父가 파렴치한 범죄를 한 경우 등). 이와 같은 경우에는 자녀의 의사와 장래 등 자녀의 복리를 종합적으로 고려하여 상당한 이유가 있다고 인정되면 자녀가 모의 성을 따를 수 있도록 허용하는 것이 타당할 것이다.

## 제2절 친 생 자

### 1 서 설

부모와 자녀의 관계가 혈연에 기초하고 있는 경우가 친생친자관계이며, 혈연에 의하지 않고 당사자의 의사에 기초한 친자관계, 즉 법정친자관계(양친자관계)와 구별된다. 친생자는 부모와 혈연관계에 있는 子로서 혼인중의 출생자와 혼인외의 출생자로 나누어진다.

혼인중의 출생자는 다시 친생자의 추정을 받는 혼인중의 출생자와 친생자의 추정을 받지 않는 혼인중의 출생자로 나누어진다. 여기서 친생자의 추정을 받는다고 할 때에는 그 子가 母의 夫의 친생자로서 추정된다는 의미이다. 일반적으로 처가 혼인중에 포태하여 출산한 子는 그 남편의 子일 것으로 생각되지만, 항상 그렇다고 볼 수는 없다. 만약 처가 혼인중에 포태하여 낳은 子가 夫 이외의 제3자의 子인 경우가 생긴다면, 夫는 친생부인의 소를 제기하여 혈연과 일치되지 않는 부자관계를 소멸시킬 수 있다(자녀가 혼인관계종료의 날부터 300일 내에 출생한 경우에는 친생부인의 허가를 청구할 수도 있다§854의2). 친생자의 추정을 받지 않는 혼인중의 출생자(예를 들어서 처가 혼인 전에 포태하여 혼인중에 출산한 子)에 대해서는 夫는 물론 이해관계인은 누구나 친생자관계부존재확인의 소를 제기할 수 있다.

혼인외의 출생자는 부모가 혼인하지 않은 상태에서 출생한 子이다. 혼인외의 출생자는 친자관계의 발생에 있어서 혼인중의 출생자와 차이가 있다. 즉 모와의 사이에서는 출산과 동시에 친자관계가 발생하지만, 生父와의 관계에서는 친자관계가 발생하지 않는다. 生父와 혼인외의 출생자의 친자관계는 별도의 인지에 의해서 발생한다. 인지는 생부가 언제든지 임의로 할 수 있으며, 子나 모의 동의를 필요로 하지 않는다. 생부가 스스로 인지하지 않는 경우에는 子가 생부를 상대로 인지청구의 소를 제기할 수 있다. 이와 같이 인지를 통하여 혼인외의 출생자와 생부와의 친자관계는 출생시로 소급하여 발생하게 된다. 생부가 아닌 자가 혼인외의 출생자를 인지한 경우에는 인지무효의 소나 인지에 대한 이의의 소 등을 제기하여 혈연과 일치하지 않는 친자관계를 제거할 수 있다.

## 2 혼인중의 출생자

### 1. 혼인중의 출생자의 의의

혼인중의 출생자란 법률혼관계에 있는 부부 사이에서 태어난 子이다. 혼인중의 출생자에는 생래(生來)의 혼인중의 출생자(출생시부터 혼인중의 출생자의 신분을 취득하는 子)와 준정(準正)에 의한 혼인중의 출생자(제855조 제2항, 출생시에는 혼인외의 출생자였으나, 부모의 혼인과 父의 인지에 의해서 혼인중의 출생자의 신분을 취득하는 자)가 있다. 생래의 혼인중의 출생자에는 '친생자의 추정을 받는 혼인중의 출생자'와 '친생자의 추정을 받지 않는 혼인중의 출생자' 및 '친생자의 추정이 미치지 않는 子'가 있다. 혼인중의 출생자가 되기 위해서는 母가 혼인한 후에 출생해야 한다. 포태의 시점이 혼인 전이라도 상관없으나, 이러한 子는 친생자의 추정을 받지 못한다. 또한 혼인관계종료의 날로부터 300일 내에 출생한 자녀는 비록 혼인종료 후에 출생했지만 혼인중의 출생자의 신분을 갖는다§844①·③.

## 2. 친생자의 추정을 받는 혼인중의 출생자

### (1) 친생자 추정을 받기 위한 요건

자녀가 夫(자녀를 출산한 母의 남편을 의미한다)의 친생자의 추정을 받기 위해서는 다음의 요건을 갖추어야 한다. 母가 혼인중에 임신한 자녀이어야 한다. 혼인중의 임신여부를 직접 증명하는 것은 쉽지 않으므로, 민법은 혼인중의 임신여부를 판단할 수 있도록 일정한 기간을 제시하고 있다. 즉, 혼인성립의 날로부터 200일(최단 임신기간) 후, 혼인관계종료의 날로부터 300일(최장 임신기간) 이내에 출생한 자녀는 모가 혼인중에 임신한 것으로 추정한다§844.[11]

11) 자녀가 모의 남편의 친생자로 추정되는가의 여부는 임신한 때를 기준으로 한다. 제844조 제1항은 "아내가 혼인중에 임신한 자녀는 남편의 자녀로 추정한다"고 규정함으로써 출생시와 관계없이 포태시를 기준으로 하여 친생추정의 여부를 결정한다는 점을 분명히 하고 있다. 다만 제844조 제2항과 제3항은 포태시를 분명하게 판단하는 데 어려움이 있을 수 있다는 전제하에 혼인성립의 날부터 200일(최단임신기간) 후에 출생한 자녀와 혼인관계종료의 날부터 300일(최장임신기간) 내에 출생한 자녀는 혼인 중에 임신한 것으로 추정하고 있을 뿐이다. 즉 제844조 제2항과 제3항은 혼인중의 임신여부를 판단함에 있어서 하나의 기준이 되는 기간을 제시하고 있을 뿐이며, 이 기간 내에 자녀가 출생하지 않았다고 해서 당연히 친생추정이 배제되는 것은 아니다. 즉 제844조 제2항과 제3항이 제시하는 기간은 혼인중의 임신여부를 간이하게 판단할 수 있도록 도와주는 하나의 보조적인 기준일 뿐이며, 절대적인 기준이라고 할 수 없다. 따라서 이 기간 내에 자녀가 출생하지 않았다고 해도, 모가 혼인 중에 임신하였다는 사실을 증명할 수 있다면 제844조 제1항에 의해서 당연히 남편의 친생자로 추정된다고 보아야 한다. 예를 들어 아내가 혼인성립의 날부터 190일 만에 자녀를 출산한 경우, 이 자녀는 제844조 제2항에 따르면 남편의 친생자로 추정을 받지 않지만, 포태의 시점이 혼인중이라는 사실을 증명하면 제844조 제1항에 의해서 남편의 친생자로 추정을 받게 되는 것이다. 요컨대, 친생추정의 대원칙은 '혼인 중에 아내가 임

따라서 혼인성립의 날로부터 200일 후, 혼인관계종료의 날로부터 300일 이내에 출생한 자녀는 원칙적으로 '친생자의 추정을 받는 혼인중의 출생자'의 신분을 갖는다.

여기서 혼인성립의 날이란 혼인신고의 날을 의미한다고 해석할 수 있다. 그러나 다른 한편 사실혼 성립의 날도 포함한다고 넓게 해석하는 것도 가능하다.[12] 따라서 혼인신고일로부터 200일이 되기 전에 출생한 子일지라도 그 전에 사실혼이 선행하여 출생일이 사실혼성립의 날로부터 200일 후라면, 친생자의 추정을 받는다고 해석할 수 있다.[13]

200일 또는 300일의 기간은 날로써 계산하고, 그 당일부터 계산하여야 한다§157 참조.

### (2) 친생자 추정의 효과

아내가 혼인 중에 임신하여 출산한 자녀는 그 남편의 친생자로 추정되므로, 출생과 동시에 그 사이에 부자관계가 발생한다.[14] 이로써 자녀에게는 출생과 동시에 법률상의 母가 확정될 뿐만 아니라 법률상의 父도 정해진다(제844조는 모의 혼인중의 임신이라는 사정에 기초하여 모가 낳은 자녀를 그 남편의 자녀로 추정함으로써 자녀의 출생과 동시에 그의 법률상이 아버지를 정하는 것을 목적으로 한다). 설령 아내가 남편이 아닌 제3자와의 관계에서 자녀를 임신하여 출산하였다고 해도 이러한 친생추정의 효과에는 변함이 없다. 다만 이와 같이 혈연의 진실에 반하는 부자관계가 성립한 경우에는 원칙적으로 자녀의 모 또는 그 남편만이 친생부인의 소를 제기할 수 있고,[15] 친생부인판결이 확정되면

---

신한 자녀는 남편의 친생자로 추정한다'(제844조 제1항)는 것이며, 제844조 제2항과 제3항이 제시하는 기간은 혼인중의 임신여부를 판단함에 있어서 하나의 보조적인 기준에 지나지 않는다. 따라서 이와 달리 친생추정 여부는 자녀의 출생시를 기준으로 하여야 한다는 견해에는 동의할 수 없다(윤진수, 친생추정에 관한 민법개정안, 가족법연구 제31권 1호, 11면).

12) 대판 1963. 6. 13, 63다228; 서울가판 1995. 8. 3, 95드409 참조.

13) 그러므로 이 경우 부자관계를 소멸시키려면 夫가 친생부인의 소를 제기하여야 한다. 이와 반대로 법률상의 父가 子를 양육할 의사가 없고, 生父가 子를 인지하여 양육할 의사가 있는 경우에는 엄격하게 혼인신고일로부터 200일을 기산하는 편이 오히려 子의 이익에 부합한다는 견해도 있다. 이렇게 해석하는 경우 子는 친생추정을 받지 않게 되므로 生父 등 이해관계인이 기간에 관계없이 친생자관계부존재확인의 소를 제기할 수 있으며, 판결이 확정되면 인지를 할 수 있기 때문이다.

14) 법원행정처, 『법원실무제요 가사 [II]』(2010), 58면, 61면 이하, 66면.

15) 대판 2000. 8. 22, 2000므292; 대판 1997. 2. 25, 96므1663, 친생자관계부존재확인의 소로써 다툴 수 없다.

자녀의 출생시로 소급하여 부자관계가 소멸하게 된다. 따라서 아내가 혼인 중에 임신, 출산한 자녀와 그 남편 사이에 혈연관계가 없다고 해서 처음부터 아예 부자관계가 발생하지 않는 것은 아니다. 다만 자녀가 혼인관계종료의 날부터 300일 내에 출생한 경우에는 모 또는 모의 전 남편은 친생부인의 소가 아니라 친생부인의 허가 청구를 할 수 있으며§854의2, 심판이 확정되면 친생부인의 효력이 발생한다.

### 3. 친생자의 추정을 받지 않는 혼인중의 출생자

혼인이 성립한 날로부터 200일이 되기 전에 출생한 子는 친생자의 추정을 받지 못한다. 따라서 요건이 엄격한 친생부인의 소가 아니라 요건이 완화된 친생자관계부존재확인의 소에 의해서 등록부상의 부자관계를 제거할 수 있다. 즉, 이해관계인은 누구나 소를 제기할 수 있으며, 소를 제기할 수 있는 기간(제소기간)도 제한되어 있지 않다(소의 상대방이 될 수 있는 사람이 모두 사망하여 없는 경우에 한하여, 사망을 안 날로부터 2년 내에 검사를 상대로 하여 소를 제기할 수 있다는 제한이 있을 뿐이다).

### 4. 친생자의 추정이 미치지 않는 子

**設 例**

X와 A는 1931년 5월 30일 혼인신고를 마친 법률상의 부부였는데, 1980년 2월 29일 법원에서 이혼판결을 받아 같은 해 3월 11일 이혼신고가 이루어졌다. 그런데 A는 1941년 10월경 가출하여 B와 동거를 시작하였으며, 그 이후로는 X와 별거중이었는데, 1944년 1월 15일 Y를 출산하였다. 이에 대하여 X는 Y를 상대로 친생자관계부존재확인의 소를 제기하였다. 그러나 이에 대하여 Y는 자신이 A와 X의 법률상 부부관계가 계속중에 포태한 子이니 제844조 제1항의 규정에 의하여 친생자로 추정되므로, 이러한 경우에는 제847조 제1항의 규정에 따라 친생부인의 소에 의하여야 한다고 다툰다. 어느 쪽의 주장이 타당한가?

### (1) 친생자의 추정이 미치지 않는 子의 법리

부부가 별거하여 처가 夫의 子를 포태할 가능성이 전혀 없는 상황(사실상의 이혼상태가 장기간 지속되고 있는 경우 등)에서 子를 출산한 경우에도 제844조에 의하면 그 子는 夫의 친생자로 추정된다(혼인성립의 날로부터 200일 후에 태어났기 때문이다). 따라서 이러한 子와 법률상의 父 사이의 부자관계는 친생부인의 소에 의해서만(자녀가 혼인관계종료의 날부터 300일 내에 출생한 경우에는 친생부인의 허가청구를 할 수도 있다§854의2) 소멸될 수 있는 것으로 일단 해석된다. 그 결과 夫(또는 母)만이 친생부인의 소를 제기할 수 있으며, 소를 제기할 수 있는 기간도 제한된다. 그러나 위와 같은 상태에서는 처가 낳은 子가 夫의 친생자가 아니라는 사실이 객관적으로 명백하므로, 굳이 이와 같이 엄격하게 해석할 필요는 없을 것이다. 따라서 처가 夫의 子를 포태할 수 없는 것이 객관적으로 명백한 별거상태에서 포태하여 출산한 子는 夫의 친생자로서 추정이 미치지 않는다는 해석론이 전개되어 왔으며,[16] 판례에도 반영되기에 이르렀다.[17]

부부가 별거하여 처가 夫의 子를 포태할 가능성이 전혀 없는 경우에만 친생추정이 미치지 않는다고 해석하므로, 부부가 1년에 한 번 정도 만나는 관계에서 子가 태어난 경우에도 그 子는 夫의 친생자로 추정된다고 본다.[18]

친생자의 추정이 미치지 않는 子에 대해서는 夫(또는 母)가 친생부인의 소를 제기할 수 있을 뿐만 아니라(제척기간의 경과 후에는 夫나 母도 친생자관계부존재확인의 소를 제기할 수 있다), 이해관계인은 누구나 친생자관계부존재확인의 소를 제기할 수 있다. 그리고 등록부상의 父 또는 母가 친생부인의 소를

16) 鄭光鉉, 신친족상속법요론, 200면; 金容漢, 친족상속법론, 212면; 李根植·韓琫熙, 신친족상속법, 136면.

17) 대판 1983. 7. 12, 82므59(전원합의체); 이전의 판례(대판 1968. 2. 27, 67므34)는 "법률상 부부관계가 계속중에 妻가 포태한 子는 夫의 子로 추정되고, 부부가 사실상 이혼하여 여러 해에 걸쳐 별거 생활을 하던 중에 子를 포태한 경우에도 위 추정은 번복되지 않는다" 고 하여 사실상 이혼상태에서 포태한 子도 친생추정을 받는 것을 전제로 하여 친생부인의 소에 의하지 않으면 친생자인 신분을 부인할 수 없다고 하였으나, 위의 전원합의체 판결에 의해서 폐기되었다.

18) 대판 1990. 12. 11, 90므637. 혼인한 후 夫가 다른 여자와 첩관계를 맺고 평소에 처와는 별거하고 있었으나, 처가 夫의 부모를 모시고 사는 관계로 1년에 한 번 정도로 찾아와 만났다면, 이 부부 사이는 처가 夫의 자식을 포태할 수 없음이 객관적으로 명백할 정도로 동서의 결여가 있다고는 할 수 없으므로, 처가 혼인중에 포태하였음이 명백한 子는 夫의 친생자로 추정된다.

제기하여 판결이 확정되지 않더라도 子는 생부를 상대로 인지청구의 소를 제기할 수 있다.

설례의 경우, X와 A의 사실상 이혼상태에서 A가 Y를 포태하여 출산하였으므로 친생자의 추정이 미치지 않는다고 보아야 한다. 따라서 판례에 따르면 친생부인의 소에 의할 것이 아니며, 친생자관계부존재확인의 소로써 다툴 수 있다. 설례의 경우 Y가 친생자추정을 받게 되어 친생부인의 소로써 다투어야 한다면 이미 제척기간이 경과되었기 때문에 X·Y 사이의 친자관계가 영구화되어 진실에 반하는 결과를 가져오게 된다.

### (2) 판례와 학설

#### (가) 판례의 태도

현재 판례는 부부가 별거하여 처가 夫의 子를 포태하는 것이 객관적으로 불가능한 상황에서 포태한 子에 대해서는 친생추정이 미치지 않는 것으로 본다. 예를 들면 부부가 사실상 이혼상태에 있거나 夫가 장기간 교도소에 있을 때 처가 子를 포태한 경우가 이에 해당할 수 있다. 따라서 객관적으로 이와 같은 별거상태가 존재하지 않는 한, 父와 子의 혈연(유전자형)이 배치된다든가 夫가 생식불능이라든가 하는 사정이 있다고 해도 처가 혼인중에 포태한 子는 친생추정을 받게 된다. 따라서 이러한 경우에는 친생부인의 소를 제기하여야 하며, 친생자관계부존재확인의 소에 의하여 친생자관계의 부존재확인을 구하는 것은 부적법하다고 본다.[19] 최근에 대법원은 전원합의체판결을 통하여 이러한 법리를 재차 확인하였다.[20]☜

#### (나) 학설 - '혈연진실주의'와 '가정의 평화' 및 '자녀의 복리'

'친생자의 추정이 미치지 않는 子'의 법리를 위와 같은 경우(혈연·유전자형의 배치 등)에까지 확대하여 적용하자는 견해도 있으나,[21] 이는 지나치게 혈연

---

19) 대판 2012. 10. 11, 2012므1892: 피고(아들)의 모는 남편 A와의 혼인 중에 피고를 임신, 출산하였다. 피고의 모는 피고를 출산한 후 2년쯤 지난 시점에서 남편 A와 이혼하였다. 이혼 후 피고의 양육은 A가 맡았으며, A는 원고와 재혼한 후에도 계속해서 피고를 양육하였다. A는 원고와 약 50년간 혼인관계를 유지하다가 사망하였다. 원고는 A의 사망 후 피고를 상대로 친생자관계부존재확인의 소를 제기하였다(유전자검사 결과 피고(아들)와 A 사이에는 친생자관계가 성립할 수 없다는 결과가 나왔다). 1심(수원지판 2011. 8. 12, 2010드단17939)과 항소심(수원지판 2012. 4. 10, 2011르2031)은 친생자관계부존재확인청구를 인용하였으나, 대법원은 종래의 판례에 따라 각하하였다.

20) 대판 2019. 10. 23, 2016므2510 전원합의체; 대판 2021. 9. 9, 2021므13293.

21) 中川善之助, 親族法, 350면 이하.

진실주의에 경도된 주장이라고 생각된다. 아내가 혼인 중에 포태한 자녀를 남편의 친생자로 추정하고, 이러한 신분을 가지는 자녀에 대해서는 원칙적으로 요건이 엄격한 친생부인의 소에 의해서 부자관계를 소멸시킬 수 있도록 민법이 규정한 이유는 혈연진실주의뿐만 아니라 가정의 평화와 자녀의 복리(자녀의 신분 안정)도 보호하고자 하는 데 있다.

① 가정의 평화: 아내가 혼인 중에 제3자와의 혼외관계에서 자녀를 임신하여 출산한 경우에 남편이 이러한 사실을 알면서도 아내와 협의하여 가정을 유지하고 자녀를 양육하기로 결정할 수 있는데, 제3자(자녀의 생부)가 친생자관계부존재확인의 소를 제기한다면 그 때까지 지키고자 했던 가정의 평화(사생활 보호)는 더 이상 유지될 수 없게 될 것이다. 만약 부자간에 혈연(유전자형)이 배치된다는 이유만으로 친생추정이 미치지 않는다고 해석한다면 이와 같은 사태는 얼마든지 발생할 수 있다.[22] 이러한 해석론은 일방적으로 혈연주의에 경도된 것으로서 민법이 보호하고자 하는 또 다른 법익인 가정의 평화를 고려하지 않았다는 비판을 피하기 어렵다. 한편 '가정의 평화'라는 관점에서만 본다면 부부가 이미 이혼한 경우와 같이, 지켜야 할 가정의 평화가 더 이상 존재하지 않는 경우에는 부자간에 혈연(유전자형)이 배치되는 경우에도 친생추정이 미치지 않는 것으로 해석하여 친생자관계부존재확인청구를 인용해도 무방할 것으로 보인다. 그러나 부부의 혼인관계가 해소된 경우에도 '자녀의 복리(자녀의 지위 안정)'라는 또 다른 법익의 보호가 문제로 등장하는 사안이 있을 수 있다.

② 자녀의 복리: 실제로 1990년대 이후 혼인관계가 파탄되거나 해소된 사안에서 부자간에 혈연(유전자형)이 배치되는 경우에도 친생추정이 미치지 않는다는 법리를 적용하여 친생자관계부존재확인청구를 인용한 하급심 판결이 상당수 발견된다.[23] 이미 혼인관계가 파탄되거나 해소된 경우에는 가정의 평화라는 법익의 보호가 더 이상 문제되지 않으므로, 혈연진실주의를 우선하여 법률상의 父와 자녀 사이에 혈연(유전자형)이 배치되는 경우에도 친생추정

---

22) 창원지판 2015. 4. 10, 2014드단21841: 부자간에 혈연(유전자형)이 배치되는 경우에 친생추정이 미치지 않는다는 법리를 전개하면서 생부가 제기한 친생자관계부존재확인청구를 인용하였다(판결이 선고될 때까지 모와 그의 남편이 자녀를 양육하고 있었던 사례이다).

23) 서울가판 1995. 5. 30, 94드61789; 2005. 6. 16, 2005르47; 2014. 5. 14, 2013드단306810; 2015. 7. 21, 2014드단310144; 2016. 9. 21, 2015르1490 판결 등; 자세한 내용은 김상용, 가족법과 혈연진실주의, 법철학연구 제22권 제1호(2019), 173면 이하 참조.

이 미치지 않는 것으로 해석하고 친생자관계부존재확인청구를 인용하는 것으로 보인다.[24] 그러나 혼인관계는 이미 해소되었지만, 자녀의 복리(자녀의 지위 안정)라는 또 다른 법익의 보호가 문제되는 사안도 있을 수 있다. 또한 자녀가 성년이 되어 많은 재산을 가진 생부를 상대로 인지청구를 할 목적으로 자신을 양육해준 법률상의 父에 대해서 친생자관계부존재확인청구를 하는 경우와 같이 신의칙에 반하여 일방적으로 부자관계를 소멸시키려는 사례도 있을 수 있다. 이렇게 본다면 혈연(유전자형)이 배치되는 경우에도 친생추정이 미치지 않는 것으로 보는 법리는 혼인관계가 파탄 또는 해소되었을 뿐만 아니라, 친생자관계부존재확인청구가 인용되더라도 자녀의 복리를 침해하지 않고 부자관계를 훼손하지 않는 경우에만 제한적으로 적용되어야 할 것으로 생각된다. 혼인관계가 파탄되거나 해소되었다고 해서 다른 법익에 대한 고려 없이 단지 혈연(유전자형)이 배치된다는 이유로 친생자관계부존재확인청구를 인용하는 것은 또 다른 법익의 침해 문제를 낳을 수 있기 때문이다.

한편 대판 2000. 1. 28, 99므1817은 "호적상의 부모의 혼인중의 자로 등재되어 있는 자라 하더라도 그의 생부모가 호적상의 부모와 다른 사실이 객관적으로 명백한 경우에는 그 친생추정이 미치지 아니한다고 봄이 상당하고, 따라서 그와 같은 경우에는 곧바로 생부모를 상대로 인지청구를 할 수 있다"고 판시하고 있으나, 이는 '친생자의 추정이 미치지 않는 子'의 법리에 대한 오해에서 비롯된 것으로 보인다.[25]

☞ 대판 2019. 10. 23, 2016므2510 전원합의체는 "모가 혼인 중에 임신하여 자녀를 출산하였다면 그 자녀와 모의 남편 사이에 혈연관계가 없는 경우에도 그 자녀는 모의 남편의 친생자로 추정된다"고 판단하였다. 따라서 이러한 자녀에 대해서는 원칙적으로 모 또는 모의 남편만이 그 사유 있음을 안 날(자녀와 모의 남편 사이에 혈연관계가 없다는 사실을 안 날)부터 2년 내에 친생부인의 소를 제기할 수 있을 뿐이며, 친생자관계부존재확인의 소를 제기할 수 없다.

이 판결의 사실관계를 간단히 정리하면 다음과 같다(이 판결은 아내가 남편의 동의를 받아 제3자의 정자를 이용하여 임신, 출산한 자녀의 지위에 대해서도 판단

24) 해석론으로는 김주수, "친생부인의 소와 친생자관계부존재확인의 소에 관한 일고찰", 법률연구 제3집(1983), 268면 참조.

25) 자세한 내용은 金相瑢, '허위의 친생자 출생신고에 의하여 입양의 효력이 발생한 경우 양자의 인지청구 허용여부', 가족법연구 14호(2000) 참조.

하고 있으나, 이에 관한 법리는 후술하는 인공수정자 부분에서 다루기로 한다).

「원고 A(남편)와 B(아내)는 1985년 혼인신고를 마친 부부인데, 혼인 후 오랜 기간 자녀가 생기지 않자 병원에서 진단을 받은 결과 A가 무정자증이라는 사실을 알게 되었다. A의 무정자증으로 인하여 임신이 불가능함을 알게 된 A와 B는 제3자로부터 정자를 제공받아 시험관시술을 통해 자녀를 갖기로 합의하였다. 이 합의에 따라 B는 인공수정을 통하여 1993년에 딸 C를 임신, 출산하였다. 그 후 B는 1997년 혼외관계에서 아들 D를 임신, 출산하였으며, A는 D를 자신의 자녀로 출생신고한 후 양육하여 왔다. 그러나 그 후 A와 B의 관계가 파탄되자(A와 B는 2015년에 조정을 통하여 이혼하였다) A는 2013년에 C와 D를 상대로 친생자관계부존재확인의 소를 제기하였다(C와 D는 A를 친아버지로 알고 지냈으나, A와 B의 관계가 파탄될 무렵 A와 B가 다투는 소리를 듣고 자신들이 A와 혈연관계가 없다는 것을 알게 되었다). 유전자검사결과 A와 C 및 A와 D 사이에는 유전학적으로 친자관계가 있다고 볼 수 없다는 결과가 나왔다.」

원심(서울가판 2016. 9. 21, 2015르1490)은 부자간에 혈연(유전자형)이 배치되는 경우에도 친생추정이 미치지 않는다는 법리를 전개하며 A와 D 사이에 친생자관계가 존재하지 않음을 확인하였다.[26](“동서의 결여로 부(夫)의 자를 포태할 수 없는 것이 외관상 명백한 사정이 있는 경우에 그 추정이 미치지 않는다고 해석하면서도, 이와 달리 보다 더 과학성 및 객관성이 담보되는 유전자검사 등에 의하여 부의 자가 아니라는 점이 명백히 밝혀진 경우까지 그 추정이 미친다고 할 합리적인 이유가 없는 점 등을 종합하면, 부부 사이의 동서의 결여뿐만 아니라 유전자형 배치의 경우에도 친생자 추정의 효력은 미치지 않는다고 봄이 타당하다.”)

이에 대해서 대법원은 “친생추정에 관한 민법 제844조 제1항의 문언과 체계, 민법이 혼인 중 출생한 자녀의 법적 지위에 관하여 친생추정 규정을 두고 있는 기본적인 입법 취지와 연혁, 헌법이 보장하고 있는 혼인과 가족제도, 사생활의 비밀과 자유, 부부와 자녀의 법적 지위와 관련된 이익의 구체적인 비교 형량 등을 종합하면, 혼인 중 아내가 임신하여 출산한 자녀가 남편과 혈연관계가 없다는 점이 밝혀졌더라도 친생추정이 미치지 않는다고 볼 수 없다”고 판단하였다.[27] 이 판결은 종래 대법원 판례의 태도에 따라 ‘친생추정이 미치지 않는 자’의 법리는 부부가

26) 다만 이 사안에서 원심은 A와 D 사이에 친생자관계는 존재하지 않지만 양친자관계가 성립한 것으로 보고, 파양사유가 없다는 이유로 A가 제기한 친생자관계부존재확인의 소를 각하하였다. 그러나 A가 자신의 혼인중의 자의 지위를 갖는 D를 입양할 수 있다는 논리는 민법상 친생추정의 원칙과 입양의 요건에 대한 근본적인 오해에서 비롯된 것이다.

27) 원심과 대법원이 취한 법리에 관한 자세한 분석은 김상용, 친생추정에 관한 법리의 검토－하급심 판결에 나타난 법리를 중심으로－, 중앙법학 제21집 제3호(2019), 57면 이하 참조.

장기간 별거하여 아내가 남편의 자녀를 임신하는 것이 객관적으로 불가능한 상황에서 임신, 출산한 자녀에 대해서만 적용될 수 있음을 재확인하였다는 점에 의미가 있다. 1990년대 이후 적지 않은 하급심 판결들이 부자간에 혈연이 배치되는 사안에 대해서도 '친생추정이 미치지 않는 자'의 법리를 적용함으로써 대법원 판례와 배치되는 태도를 취해왔는데, 이는 실무상의 혼란을 야기하고 판결의 예측 가능성을 떨어뜨리는 요인이 되었음을 부인할 수 없다. 위 대법원 전원합의체 판결에 의해서 적어도 실무상으로는 '친생추정이 미치지 않는 자'의 법리를 둘러싼 논란은 종식될 것으로 보인다.

## 5. 父를 정하는 訴

(1) 2005년 민법일부개정에 의하여 재혼금지기간의 규정구 §811이 삭제되었기 때문에, 재혼한 여자가 해산한 경우, 출생의 날이 후혼성립의 날로부터 200일 후이고, 또한 전혼의 종료의 날로부터 300일 내일 수가 있다. 제844조는 혼인성립의 날로부터 200일 후 또는 혼인관계종료의 날로부터 300일 내에 출생한 子는 처가 혼인중에 포태한 것으로 추정하고, 따라서 夫의 子로 추정된다고 규정하고 있다. 예를 들어서 갑(여자)이 1월 1일 을과 사별(또는 이혼)한 후 1달 후인 2월 1일에 병과 재혼하여 10월 1일에 子 정을 출산한 경우, 정은 갑·을 간의 전혼관계가 종료한 날로부터 300일(10월 27일) 내이면서 동시에 갑과 병이 재혼한 후 200일(8월 19일)이 지나서 태어난 子가 된다. 즉 제844조에 의하면 정은 을의 子로 추정되는 동시에 병의 子로도 추정되므로, 이중의 추정을 받는 지위에 있다(父性推定의 충돌). 이와 같은 경우에는 당사자의 청구에 의하여 가정법원이 子의 父를 결정한다§845. 이 경우에는 우선 조정을 신청하여야 하며가소 §2①나류사건 v · 50, 조정이 성립되지 않으면 판결로써 한다가소 §49, 민조 §36.

(2) 父를 정하는 소를 제기할 수 있는 사람은 子, 모, 모의 배우자, 모의 전배우자이다가소 §27①. 子가 제기하는 경우에는 모, 모의 배우자 및 전배우자를 상대방으로 하고, 모가 제기하는 경우에는 배우자 및 전배우자를 상대방으로 한다가소 §27②. 모의 배우자가 제기하는 경우에는 모 및 그 전배우자를 상대방으로 하며, 전배우자가 제기하는 경우에는 모 및 그 배우자를 상대방으로 한다가소 §27③. 상대방이 될 사람 중에 사망한 자가 있을 때에는 생존자를 상대

방으로 하고, 생존자가 없는 때에는 검사를 상대방으로 하여 소를 제기할 수 있다가소 §27④.

(3) 판결의 효력은 제3자에게도 미친다가소 §21. 이와 같이 대세적 효력을 가지므로, 확정판결 후에는 친생부인의 소를 제기할 수 없다. 소를 제기한 자는 판결확정의 날로부터 1월 이내에 등록부의 정정을 신청하여야 한다등 §107. 조정의 성립만으로는 父를 정하는 효력은 생기지 않는다가소 §59② 단서.

(4) 처가 중혼하여 중복하는 두 개의 혼인에 관하여 친생자추정을 받는 子를 낳으면, 그 子는 두 사람의 夫의 子로서 추정될 수밖에 없다. 민법은 이 경우에 父를 정하는 방법에 관하여 규정하는 바 없으나, 제845조 및 동조에 관한 가사소송법 제27조의 규정을 준용하여야 할 것이다. 그러나 실제에 있어서는 중혼의 일방이 추정을 받지 않는 상태에 있는 경우가 많을 것이다.

## 6. 친생부인의 소

친생자의 추정을 받는 혼인중의 출생자는 원칙적으로 친생부인의 소에 의해서 친생자임을 부인할 수 있다. 다만 자녀가 혼인관계종료의 날부터 300일 내에 출생한 경우에는 친생부인의 허가를 받아 친생자관계를 부인할 수 있다 §854의2.

### (1) 의 의

제844조 제1항에 의해서 처가 혼인중에 임신한 자녀는 그 남편의 자녀로 추정되어 그 사이에 법률상의 부자관계가 발생한다. 그러나 이와 같은 방식의 친생자추정은 진실의 혈연관계와 일치하지 않는 법률상의 부자관계를 발생시킬 수 있는 가능성을 내포하고 있다(예를 들면 혼인기간 중에 처가 혼외관계에서 임신하여 子를 출산한 경우를 생각해 볼 수 있다. 이런 경우에도 혼인성립일로부터 200일 후에 子가 출생하였다면, 이 子는 원칙적으로 夫(모의 남편)의 친생자로 추정된다). 그러므로 이처럼 법규정에 의한 친생자추정과 현실이 일치하지 않는 경우를 대비하여 각국의 입법례는 모의 남편과 자녀 사이의 법률상 친자관계를 소멸시킬 수 있는 제도를 마련해 두고 있다. 민법도 이런 취지에서 진실의 혈연관계와 일치하지 않는 친자관계의 부인권을 夫와 子의 모에게 인정하고 있다.

2005년 민법개정 전까지는 夫에게만 친생부인권이 인정되었다. 이러한 민법의 태도는 여러 가지 관점에서 해석될 수 있었다. 우선 이와 같이 소를 제기할 수 있는 사람(제소권자)의 범위를 제한한 이유는 가정의 평화를 지키기 위한 의도로 풀이될 수 있다. 만일 이해관계있는 제3자(예를 들면 子의 生父)에게 친생부인권을 제한 없이 허용할 경우에는 부부의 사생활이 침해되고, 가정의 평화가 위태롭게 되며, 子의 복리 또한 희생될 수 있기 때문이다(예를 들어 夫가 처의 간통사실을 알면서도 이를 용서하고 妻가 낳은 子를 자신의 자식으로 받아들여 양육하고 있는 경우를 생각해 볼 수 있다. 이러한 경우에는 세월이 흐름에 따라 이들 사이에 실질적인 친자관계가 발생할 수 있다. 만일 이러한 상태에서 子의 生父가 법원에 친생부인의 소를 제기한다면, 이를 통하여 모의 사생활, 가정의 평화, 子의 복리 등은 더 이상 지켜질 수 없을 것이다). 그러나 다른 한편, 夫에게만 원고적격을 인정한 민법의 태도는 가부장적인 의식에서 비롯되었다는 비판을 피할 수 없었다. 가정의 평화를 위해서 원고적격을 제한해야 할 필요성을 인정하더라도 이미 지켜야 할 가정이 존재하지 않는 경우(예를 들어서 처가 혼인중에 夫 아닌 제3자의 子를 포태, 출산하여 부부가 이혼한 경우)까지도 夫에게만 친생부인권을 인정할 필요는 없다. 즉 경우에 따라서는 모에게도 독자적인 친생부인권이 인정될 필요가 있다. 예를 들어 남편 갑으로부터 학대를 받던 아내 을이 사회에서 자신을 이해해주는 남자 병을 알게 되어 교제하던 중 그 사이에서 子 정이 태어나는 경우를 생각해 볼 수 있다. 정이 자신의 친생자가 아니라는 사실을 알게 된 갑은 을을 상대로 이혼소송을 제기하였다. 이혼으로 부부관계가 해소된 후 을은 병과 혼인하여 정을 양육하면서 새로운 가정을 이루었다. 그러나 갑은 친생부인의 소를 제기하지 않았기 때문에 정은 여전히 갑의 子로 되어 있다(갑에게는 친생부인의 소를 제기할 의무가 없다). 갑이 친생부인권을 행사하지 않은 이유는 여러 가지가 있을 수 있다. 을과 병에 대한 복수심이 그 원인일 수도 있고, 무관심과 냉담의 결과일 수도 있다(이 경우 갑은 굳이 시간과 비용을 들여가면서 소송을 하려고 하지 않을 것이다). 그러나 그 동기가 무엇이든 갑이 친생부인의 소를 제기하지 않는 한, 정은 을과 병의 친생자인 신분을 가질 수 없으며, 이는 결국 이들 가족의 화합과 안정을 방해하는 결과로 이어지게 된다. 이러한 경우에는 모 자신의 이익은 물론 子의 복리를 위해서도 모에게 친생부인권을 인정하는 것이 타당하다. 이런 취지에서 2005년 민법 개정에 의하여 모에게도 친생부인권이 인정된 것이다.

### (2) 절차와 부인권자

친생부인을 하기 위해서는 우선 가정법원에 조정을 신청하여야 하며가소 §2①나류사건vi·50, 조정이 성립되지 않으면 판결로써 한다가소 §49, 민조 §36. 이 소는 원칙적으로 夫 또는 처(子의 모)[28]만이 제기할 수 있고§846, 다만 예외로서 夫 또는 처가 피성년후견인인 경우에는 그의 성년후견인이 성년후견감독인의 동의를 받아 친생부인의 소를 제기할 수 있다(성년후견감독인이 없는 경우에는 가정법원에 그 동의를 갈음하는 허가를 청구할 수 있다§940의4 참조)§848①. 성년후견인이 친생부인의 소를 제기하지 않은 경우에는 피성년후견인인 夫 또는 처는 성년후견종료의 심판이 있은 날부터 2년 내에 친생부인의 소를 제기할 수 있다§848②. 그리고 夫 또는 처가 유언으로 친생부인의 의사를 표시한 때에는 유언집행자는 친생부인의 소를 제기하여야 한다§850. 夫가 子의 출생 전에 사망하거나 夫 또는 처가 친생부인의 사유가 있음을 안 날로부터 2년 내에 사망한 경우에는, 夫 또는 처의 직계존속이나 직계비속에 한하여 그 사망을 안 날로부터 2년내에 친생부인의 소를 제기할 수 있다§851.

위에서 본 바와 같이 2005년의 민법일부개정 전에는 夫만이 친생부인의 소를 제기할 수 있었다. 그러나 2005년의 민법일부개정에 의하여 이제 처도 친생부인의 소를 제기할 수 있는 원고적격을 가지게 되었다.[29] 子와 生父에게는 친생부인권이 인정되지 않는다.[30]

### (3) 소의 상대방

친생부인의 소의 피고는 부부 중 일방 또는 子[31]§847①(夫가 소를 제기할 때에는 처, 즉 子의 모나 子를 상대로 할 수 있으며, 처 즉 子의 모가 소를 제기할 때에는

---

28) 대판 2014. 12. 11, 2013므4591: 민법 제846조, 제847조 제1항에서 정한 친생부인의 소의 원고적격이 있는 처는 子의 생모에 한정되고, 夫(친생부인의 대상인 子의 가족관계등록부상 父)와 재혼한 처는 포함되지 않는다.

29) 母의 친생부인권에 대해서는 金相瑢, '母의 친생부인권', 법조, 2001년 10월호, 85면 이하 참조.

30) 자녀의 친생부인권에 관하여는 김상용, 자녀의 친생부인권에 관한 소고, 중앙법학 제22집 제4호(2020), 7면 이하 참조; 생부의 친생부인권에 관하여는 김상용, 생부(미혼부)의 권리에 관한 소고-자녀의 출생신고와 친생부인권을 중심으로-중앙법학 제22집 제1호(2020), 155면 이하 참조.

31) 친생부인의 소가 제기될 때에 子가 어린 경우가 많은데, 이와 같이 子가 제한능력자인 때에는 夫나 처(子의 모)를 피고로 할 수 있다. 夫나 처가 없는 경우에는 가정법원이 선임한 특별대리인이 피고가 된다. 夫나 처가 없는 때란 夫나 처가 사망했거나 행방불명된 경우 등이다. 특별대리인은 민사소송법 제62조 제1항에 의하여 선임할 수 있다.

夫나 子를 상대로 할 수 있다. 물론 부부가 이혼한 후에도 친생부인의 소를 제기할 수 있는데, 이 경우에는 전남편이나 전처, 또는 子를 상대로 소를 제기하게 된다)이나, 상대방이 될 자가 모두 사망한 때에는 그 사망을 안 날로부터 2년 내에 검사를 상대로 하여 친생부인의 소를 제기할 수 있다§847②.

子가 사망한 후에도 그 직계비속이 있는 때에는 그 모를 상대로, 그 모가 없으면 검사를 상대로 하여 친생부인의 소를 제기할 수 있다§849. 子가 직계비속 없이 사망한 경우에는 친생부인의 소를 제기할 실익이 없으나, 직계비속을 남기고 사망한 경우에는 부인의 소를 제기할 필요가 있다. 그 직계비속이 장래 상속인이 될 수 있을 뿐만 아니라(사정에 따라서 대습상속을 하는 경우도 있을 수 있고, 본위상속도 가능하다), 혈연관계를 명확하게 정리할 필요가 있기 때문이다. 입법론적으로 볼 때, 이 경우 처에게도 친생부인권이 인정되었으므로 피고적격에 '父'를 추가하여야 할 것이다.

### (4) 제소기간

2005년 민법일부개정 전의 제847조는 "부인의 소는 子 또는 그 친권자인 母를 상대로 하여 그 출생을 안 날로부터 1년 내에 제기하여야 한다"라고 되어 있었다. 따라서 子의 출생 즉시 子의 출생을 안 때(부부가 정상적인 생활을 하고 있을 때에는 출생 즉시 子의 출생을 아는 것이 보통이다)에는 子가 1세가 되면 그 후에는 자기의 子가 아님이 분명할 경우에도 친생부인의 소를 제기할 수 없었다. 헌법재판소는 1997년에 "자의 출생을 안 날로부터 1년 내"에 친생부인의 소를 제기하여야 한다는 개정 전의 민법 제847조 제1항에 대해서 夫의 인격권 및 행복추구권 등을 침해한다는 이유로 헌법불합치결정을 선고하면서,[32] 개정될 때까지 그 적용을 중지시킨 바 있다. 개정된 제847조 제1항은 "그 사유가 있음을 안 날(즉 그 子가 夫의 친생자가 아니라는 사실을 안 날)로부터 2년내에" 친생부인의 소를 제기할 수 있도록 하여,[33] 위헌의 소지를 없앴

32) 헌재결 1997. 3. 27, 95헌가14(병합).

33) 국회에 제출되었던 원래의 개정안 제847조(친생부인의 소)는 제1항에서 '부인의 소는 夫 또는 妻가 다른 일방을 상대로 하여 그 사유가 있음을 안 날로부터 1년 내, 그 子가 출생한 날로부터 5년 내에 제기하여야 한다'고 규정하여 5년이라는 절대적 제척기간을 두고 있었다. 그러나 5년의 절대적 제척기간이 혈연의 진실에 반하는 부자연스러운 부자관계의 성립과 유지를 강제한다는 비판이 제기되어 개정안에서 삭제되었으며, 사유를 안 날로부터 1년으로 정해졌던 상대적 제척기간은 2년으로 수정되었다. 즉, 친생부인권의 행사여부를 결정할 수 있는 숙려기간이 보다 길게 인정된 것이다.

다. 친생부인의 소가 제기되었을 때 당사자 사이에 다툼이 없다면 제척기간의 경과여부를 정밀하게 검토할 필요 없이 청구를 인용할 수 있을 것이며, 다툼이 있는 경우에는 원고 측에서 사유를 안 날로부터 2년이 경과하지 않았다는 점을 증명하여야 할 것이다.

### (5) 승인에 의한 친생부인권의 상실

子의 출생 후에 친생자임을 승인한 때에는 친생부인권은 소멸한다§852. 2005년의 민법일부개정 전에는 친생부인소송종결 후에도 친생자의 승인을 할 수 있었으나구 §853, 이 규정은 삭제되었다.

친생자의 승인이 사기 또는 강박으로 인하여 이루어진 경우에는 취소할 수 있다§854. 그런데 친생자의 추정을 받는 子에 대해서는, 친생부인의 소를 제기하려는 경우에도 夫가 출생신고는 하여야 하므로등 §47, 출생신고를 하였다고 해서 승인이 되는 것은 아니다. 승인은 묵시로도 되나, 성질상 명확하여야 한다.

### (6) 재 판

원고는 친생자로 추정받는 子와 夫 사이에 친생자관계가 없다는 사실을 주장하고 증명해야만 한다. 포태기간으로 추정되는 기간 동안의 별거사실, 夫의 생식불능, 친자관계가 존재하지 않음을 증명하는 유전자감정결과 등이 친생부인의 근거가 될 수 있다. 夫와 子 사이에 친자관계가 존재하지 않는다는 사실만 주장하고 입증하면 되며, 그 子의 父가 누구인가를 증명할 필요는 없다.

### (7) 판결의 효력

친생부인의 판결이 확정되면 법률상의 부자관계는 자녀의 출생 시로 소급하여 소멸하며, 자녀는 모의 혼인외의 출생자가 된다.[34] 그 효과는 형성적인 것이며, 제3자에 대해서도 효력을 가진다가소 §21. 친생부인의 판결이 확정되기 전에는 누구도 夫와 친생자의 추정을 받는 子 사이에 친자관계가 존재하지 않음을 주장할 수 없다. 따라서 生父라 할지라도 친생부인의 판결이 확정되기 전에는 子를 인지할 수 없다.[35]

조정의 성립만으로는 친생부인의 효력이 생기지 않는다(즉 친생부인의 효력

34) 이시윤, 신민사소송법(2019), 209면. 친생부인청구는 소급적 형성의 소로서 소급적으로 권리를 변동시키는 것이다.

35) 대판 1978. 10. 10, 78므29.

이 발생하기 위해서는 반드시 친생부인의 판결을 받아야 한다. 따라서 친생부인의 조정은 할 수 없다고 보아야 할 것이다)가소 §59② 단서.[36]

(8) 등록부의 정정절차

판결이 확정되면 그 子는 모의 혼인외의 출생자가 되므로, 등록부의 정정을 할 필요가 있다등 §107. 친생부인의 소를 제기한 자는 판결이 확정된 날로부터 1개월 이내에 친생부인판결의 등본 및 확정증명서를 첨부하여 시·읍·면 사무소에 가족관계등록부 정정신청을 하여야 한다.[37]

## 7. 친생부인의 허가청구

(1) 의 의

혼인관계종료의 날부터 300일 내에 출생한 자녀도 모의 전 남편의 친생자로 추정된다(즉 모의 전 남편의 친생자의 추정을 받는 혼인중의 출생자의 신분을 갖는다§844①·③). 따라서 종래에는 그 자녀와 모의 남편간의 친생자관계를 부인하려면 제846조에 의하여 친생부인의 소를 제기해야만 하였다. 그러나 2017년에 신설된 제854조의2 규정에 따라 혼인관계종료의 날부터 300일 내에 출생한 자녀의 경우에는 친생부인의 허가 심판을 통하여 친생자관계를 부인할 수 있게 되었다. 다만 자녀의 출생신고를 한 경우에는 친생부인의 허가를 청구할 수 없다(이 경우에는 친생부인의 소를 제기하여야 한다).

(2) 입법 배경

2015년 헌법재판소는 구민법 제844조 제2항 중 "혼인관계종료의 날로부터 300일 내에 출생한 자"에 관한 부분이 모가 가정생활과 신분관계에서 누려야 할 인격권 및 행복추구권, 개인의 존엄과 양성의 평등에 기초한 혼인과 가족생활에 관한 기본권을 침해한다고 판단하여, 헌법불합치결정을 선고하였다(헌재결 2015. 4. 30, 2013헌마623). 사안의 개요는 다음과 같다: 갑(모)이 을(전 남편)과 이혼한 후 약 8개월 만에 병(동거남)과의 사이에서 포태한 자녀 정을 출산하였는데, 당시 시행되던 법률(민법, 가족관계등록법)에 따르면 정은 전 남편

36) 대판 1968. 2. 27, 67므34, "친생부인의 조정이 성립되었다고 하여도, 이는 본인이 임의로 처분할 수 없는 사항에 관한 것이라 할 것이므로, 친생부인의 효력이 발생되지 않는다."

37) 친생부인판결이 확정된 경우의 가족관계등록부 정정절차에 관하여는 가족관계등록예규 제239호 참조.

을의 친생자로 추정되어 일단 을의 자녀로 출생신고를 한 후 친생부인의 소를 거쳐야만 생부 병이 인지를 할 수 있었다. 이에 갑은 "혼인종료 후 300일 내에 출생한 자를 전 남편의 친생자로 추정하는 민법 제844조로 인하여 모의 기본권(모가 가정생활과 신분관계에서 누려야 할 인격권, 혼인과 가족생활에 관한 기본권)이 침해된다"고 주장하면서 헌법소원심판을 청구하였다. 헌법재판소는 심판대상조항에 대해서 헌법불합치 결정을 하였으나, 법률의 공백상태가 발생하는 것을 막기 위해 해당 부분이 개정될 때까지 계속 적용을 명하였다. 이 헌법재판소 결정에 따라 법무부가 개정안을 마련하여 국회에 제출하였고,[38] 이를 기초로 한 대안이 국회를 통과하여 2017년 10월 31일 공포되었다(2018년 2월 1일 시행. 이에 따라 제844조가 개정되었고, 제854조의2와 제855조의2가 신설되었다).

### (3) 친생추정에 관한 개정민법의 기본방향

위 헌법재판소 결정은 혼인관계종료 후 300일 내에 출생한 자녀가 전 남편의 친생자가 아님이 명백하고 생부가 그 자녀를 인지하려는 경우에도, 모가 그 자녀를 일단 전 남편의 자녀로 출생신고한 후 친생부인의 소를 제기해야만 하는 방식의 문제점을 지적하고, 이에 대한 개선을 요구하였다. 개정법은 이 문제를 해결하기 위하여 다음과 같은 방식을 채택하였다. i) 우선 혼인관계종료의 날부터 300일 내에 출생한 자녀는 모가 혼인중에 임신한 것으로 추정하여 전 남편의 친생자로 추정한다(제844조 제1항 · 제3항. 이 점에 있어서 개정법은 개정 전과 달라진 것이 없다). ii) 혼인관계종료의 날부터 300일 내에 출생한 자녀는 전 남편의 친생자로 추정되지만, 혼인중에 출생한 자녀[39]와는 달리 친생부인의 소가 아니라 친생부인의 허가를 받아 친생자관계를 부인할 수 있다(제854조의2 제1항 본문). iii) 혼인관계종료의 날부터 300일 내에 출생한 자녀에 대해서 출생신고가 된 경우에는 친생부인의 허가를 청구할 수 없다(제854조의2 제1항 단서. 일단 자녀의 출생신고가 이루어진 경우에는 친생부인의 소를 제기해야만 한다). 즉 모(母)나 모의 전 남편이 친생부인의 허가 심판을 청구하려는 경우에는 자녀의 출생신고를 미루어야 하며, 법원에서 친생부인의 허가

---

38) 법무부안에 대한 해설은 윤진수, 친생추정에 관한 민법개정안, 가족법연구 제31권 제1호, 1면 이하 참조.

39) 다만 혼인중에 출생한 자녀의 경우에도 혼인성립의 날부터 200일이 되기 전에 출생한 자는 친생자의 추정을 받지 않으므로, 친생자관계부존재확인의 소를 제기할 수 있다.

심판이 확정된 후에야 비로소 출생신고를 할 수 있다.

### (4) 절차와 청구인

친생부인의 허가 심판은 가사비송사건가소 §2① ii 가. 라류 7의2으로서 가사소송사건인 친생부인소송에 비하여 절차가 간이하다고 설명되고 있으나, 친생자관계의 부인이라는 중요한 문제를 다루는 재판이라는 점을 고려해 볼 때 친생부인소송과 본질적인 차이가 있을 것으로 기대하기는 어렵다. 청구인은 모 또는 모의 전 남편이며, 자녀는 사건본인이다(라류 가사비송사건의 성질상 청구의 상대방은 존재하지 않으며, 조정전치주의도 적용되지 않는다. 관할법원은 자녀의 주소지의 가정법원이다). 친생부인의 허가 심판은 자녀의 출생신고 전에만 청구할 수 있으므로, 사건본인인 자녀는 생년월일, 성별, 출생시 체중, 출생장소 등에 의해서 특정된다. 제854조의2 제2항은 가정법원이 허가 심판을 할 때 고려해야 할 사항으로 "혈액형 검사, 유전인자의 검사 등 과학적 방법에 따른 검사결과 또는 장기간의 별거 등 그 밖의 사정"을 들고 있으나, 여기서 '장기간의 별거'는 예시로서 불필요할 뿐만 아니라 적절하지도 않다.[40)]

친생부인을 허가하는 심판에 대하여는 모 또는 모의 전 남편이 즉시항고를 할 수 있다가소규 §61의2. 친생부인의 허가 심판을 하는 경우에는 가정법원이

---

40) 개정법에 따르면 부부가 장기간 별거하여 모가 전 남편의 자를 포태하는 것이 객관적으로 불가능한 상황에서 자를 출산한 경우에도(혼인관계종료 후 300일 이내에 출산한 경우) 일단 전 남편의 자로 추정되지만(전 남편의 친생자로 추정되는 혼인중의 자의 신분을 갖는다), 친생부인의 허가(모나 모의 전남편) 또는 인지의 허가(생부)를 받아 친생자관계를 부인할 수 있다. 그러나 이러한 규정은 기존에 확립된 법리와 조화되지 않는다는 문제가 있다. 기존의 법리에 따르면 장기간의 별거 등으로 모가 남편의 자를 포태하는 것이 불가능한 상황에서 자를 출산한 경우 친생추정이 미치지 않는 것으로 보아서, 생부와 같은 이해관계인도 친생자관계부존재확인의 소를 제기할 수 있다. 즉 친생자의 추정이 미치지 않는 자에 대해서는 생부가 자와 모의 전 남편을 상대로 친생자관계부존재확인의 소를 제기할 수 있으며, 판결이 확정되면 인지(이미 자의 출생신고가 이루어진 경우) 또는 출생신고를 할 수 있다. 그런데 개정법에 의하면 이와 같이 친생자의 추정이 미치지 않는 자도 일단 친생자의 추정을 받는 혼인중의 출생자로 인정될 뿐 아니라, 모나 모의 전 남편이 혼인중의 자로 출생신고를 한 경우에는 친생부인의 소를 통하지 않으면 친생추정을 배제할 수 없게 된다. 이런 경우 생부는 친생자관계부존재확인의 소를 제기할 수 없으므로, 결국 자력으로(모나 모의 전 남편이 친생부인의 소를 제기해 주지 않으면) 인지를 하는 길이 봉쇄된다. 친생자의 추정이 미치지 않는 자에 대해서 생부가 인지할 수 있는 기회를 오히려 더 제한하는 입법은 그 필요성을 인정하기도 어렵고, 어떤 합리적인 근거도 찾을 수 없다. 또한 장기간의 별거 등 그 밖의 사정에 비추어 전 남편의 자녀가 아님이 명백한 경우라면 어차피 유전자검사를 통해서도 모의 전 남편과 자녀 사이에 부자관계가 없다는 사실이 명백하게 밝혀질 것이므로 굳이 이런 규정을 둘 필요도 없다. 자세한 내용은 김상용, 법무부 친생추정조항 개정안에 대한 비판적 고찰, 중앙법학 제19집 제3호, 113면 이하 참조.

모의 전 배우자와 그 성년후견인(성년후견인이 있는 경우에 한정한다)의 진술을 들을 수 있다가소 §제45조의8.

### (5) 친생부인 허가 심판의 효력

친생부인 허가 심판의 효력은 친생부인 판결의 효력과 다르지 않다. 따라서 심판의 확정에 의해서 친생부인의 효력이 발생하고, 자녀는 모의 혼인외의 자가 된다. 친생부인의 허가 심판이 확정되면 모는 그 자녀를 혼인외의 자로 출생신고하여야 한다. 출생신고가 되면 생부가 인지할 수 있다.

제854조의2 제3항은 친생부인의 허가를 받은 경우 제844조 제1항 및 제3항의 친생추정이 미치지 않는다고 규정하는데, 이는 달리 표현하면, 혼인관계종료의 날부터 300일 내에 출생한 자녀는 일단 전 남편의 혼인중의 자가 되지만, 친생부인의 허가 심판이 확정되는 경우에는 '친생자의 추정이 미치지 않는 자'의 신분으로 변경된다는 것이다. '친생자의 추정이 미치지 않는 자'란 혼인중에 포태된 자녀이지만, 동거의 결여로 인하여 아내가 남편의 자녀를 임신할 수 없는 객관적인 상황에서 임신, 출산한 자녀를 말한다(자세한 내용은 해당 부분 설명 참조). '친생자의 추정이 미치지 않는 자'는 일단 혼인중의 자의 신분을 갖는 자녀로서 혼인외의 자와는 개념상 명확히 구별된다. 따라서 혼인관계종료의 날부터 300일 내에 출생한 자녀가 친생부인의 허가 심판이 확정되면 '친생자의 추정이 미치지 않는 자'가 된다는 제854조의2 제3항은 입법상의 중대한 오류라고 하지 않을 수 없다.

### (6) 출생신고와의 관계

제854조의2 규정에 따라 모나 모의 전 남편이 친생부인의 허가를 청구하려는 경우에는 자녀의 출생신고를 미루어야 하며, 법원에서 친생부인의 허가 심판이 확정된 후에야 비로소 출생신고를 할 수 있다. 그런데 이러한 규정은 가족관계등록법의 출생신고 규정과 조화될 수 없다는 점에서 문제가 있다.[41] 가족관계등록법 제44조 제1항에 따르면 출생신고는 자녀의 출생 후 1개월 이내에 하도록 되어 있는데, 제854조의2에 따라 친생부인의 허가 심판이 확정된

---

41) 이러한 규정은 "아동은 출생 후 즉시 등록되어야 한다(The child shall be registered immediately after birth)"는 유엔아동권리협약의 규정(제7조 제1항)과도 정면으로 배치된다는 점에서 그 심각성이 더욱 크다. 김상용, 친생추정에 관한 2017년 개정민법 규정의 문제점, 법학논문집, 제42집 제1호, 168면; 정현수, 개정 친생추정제도에 대한 평가, 법학연구 제28권 제2호, 50면.

후에 비로소 출생신고를 하여야 한다면 이 기간 내에 출생신고가 이루어지는 것은 사실상 불가능하기 때문이다.[42] 친생부인의 허가 청구를 하기 전에도 출생신고를 할 수는 있으나, 이 경우에는 모의 전 남편을 자녀의 아버지로 하여 출생신고를 하여야 하므로, 자녀의 가족관계등록부에 모의 전 남편이 아버지로 기록되며, 모나 모의 전 남편은 친생부인의 허가 청구를 할 수 없게 되고, 친생부인의 소를 제기하여야 한다(즉 개정 전과 아무런 차이가 없게 된다).

제854조의2 규정에 따라 혼인관계 종료의 날부터 300일 내에 자녀가 태어난 경우, 이제 모는 그 자녀를 전 남편의 자녀로 출생신고 하지 않은 상태에서 친생부인의 허가 심판을 통하여 그 자녀와 전 남편 사이의 친생자관계를 부인할 수 있게 되었다. 이러한 개정을 통하여 모의 기본권 침해의 문제는 해결되었는지 모르겠으나, 아동의 기본권 침해라는 새로운 문제가 발생하였음을 간과하여서는 안 될 것이다.[43] 법무부와 국회에서 이 문제를 인식하지 못하고 친생부인의 허가 규정을 신설하였다면, 법체계 전반에 대한 이해가 부족한 상태에서 새로운 제도를 설계하였다는 비판을 피할 수 없을 것이다. 한편 법무부와 국회가 친생부인의 허가 규정과 가족관계등록법의 출생신고 기간이 조화될 수 없다는 사실을 알면서도 이와 같은 개정을 강행하였다면, 아동의 복리에 대한 기본 인식이 결여되어 있다는 비판을 피해갈 수 없을 것이다.

한편 2023년에 가족관계등록법이 개정되어 출생통보제[44]가 도입되면서

---

42) 친생부인의 허가 심판을 받으려면 유전자검사결과를 제출해야 하는데, 검사기관에 따라 차이는 있지만 국립대학병원의 경우에는 검사결과가 나올 때까지 보통 15일에서 20일 정도가 걸린다고 한다. 또한 친생부인의 허가 심판에 대해서는 즉시항고가 가능하므로(가사소송규칙 제61조의2), 즉시항고 기간이 경과하여야 심판이 확정된다(즉시항고 기간은 즉시항고를 할 수 있는 자(예컨대 전 남편)와 청구인(예컨대 모)이 심판을 고지받은 날부터 14일이다. 가사소송법 제43조 제5항, 가사소송규칙 제31조). 즉시항고 기간이 경과하여 친생부인의 허가 심판이 확정되면 비로소 자녀의 출생신고를 할 수 있게 되는데, 위와 같은 과정을 고려해 볼 때 법원에서 아무리 신속하게 심판을 한다고 해도 자녀가 출생한 날부터 1개월 내에 출생신고를 마친다는 것은 사실상 불가능하다. 실제로 서울가정법원의 경우에는 친생부인의 허가 청구가 있은 때부터 심판이 나올 때까지 보통 2-3개월 정도가 걸린다고 한다. 친생부인의 허가 심판이 친생자관계의 부인이라는 중요한 문제를 다루는 재판이라는 점을 고려해 볼 때 이 정도의 기간이 걸리는 것 자체를 문제 삼을 수는 없다고 본다. 문제의 본질은 친생부인의 허가라는 제도 자체가 출생신고 기간의 위반을 전제로 하여 설계되었다는 점이다.

43) 헌재결 2023. 3. 23, 2021헌마975는 태어난 즉시 출생등록될 권리를 인간의 기본권으로 인정하였다.

44) 가족관계등록법 제44조의3 - 제44조의5(법률 제19547호. 2023. 7. 18. 개정. 2024. 7.

친생부인의 허가 청구에 관한 제854조의2 규정은 사실상 사문화될 운명에 놓여 있다. 출생통보제가 시행되면 출생신고의무자인 부모가 출생신고 기간 내에 출생신고를 하지 않은 경우에도 새로 마련된 시스템에 의해 다음과 같이 출생등록이 이루어진다. 즉, ① 자녀가 의료기관에서 출생한 경우 의료기관의 장은 출생일부터 14일 이내에 건강보험심사평가원에 출생정보(모의 성명, 주민등록번호, 자녀의 성별, 출생연월일시 등)를 제출 → ② 건강보험심사평가원은 지체 없이 시·읍·면의 장에게 출생사실을 통보 → ③ 출생통보를 받은 시·읍·면의 장은 출생신고가 되었는지 확인하고, 출생신고 기간인 1개월이 지나도록 출생신고가 되지 않으면 신고의무자에게 7일 이내에 출생신고를 할 것을 최고 → ④ 최고기간 내에 출생신고를 하지 않는 경우 감독법원의 허가를 받아[45] 직권으로 가족관계등록부에 출생을 기록.

이와 같은 절차를 통해 일단 자녀의 출생등록이 이루어지면, 법원은 친생부인의 허가 심판을 할 수 없게 된다. 제854조의2 규정에 따르면 친생부인의 허가 심판은 출생신고가 되기 전까지만 할 수 있기 때문이다. 그런데 위와 같은 절차를 거쳐 직권으로 출생등록이 이루어지는 경우에는 제844조에 의하여 모의 전 남편이 자녀의 부(父)로 기록되므로, 모는 개정 전과 같이 친생부인의 소를 제기할 수밖에 없게 된다. 이렇게 되면 2017년 민법일부개정에 의해서 친생부인의 허가 청구를 도입한 취지는 사실상 몰각될 것이다.

## 3 혼인외의 출생자

혼인외의 출생자는 부모가 혼인하지 않은 상태에서 출생한 子이다. 혼인외의 출생자는 친자관계의 발생에 있어서 혼인중의 출생자와 차이가 있다. 즉 모와의 사이에서는 출산과 동시에 친자관계가 발생하지만, 生父와의 관계에서는 친자관계가 발생하지 않는다. 生父와 혼인외의 출생자의 친자관계는 별도의 인지에 의해서 발생한다. 인지는 생부가 언제든지 임의로 할 수 있으며,

---

19. 시행).

45) 가족관계등록규칙 제38조의4 제2항에 따라 출생신고의무자가 민법 제854조의2에 따른 친생부인의 허가 청구 등이 제기되었음을 소명한 경우에는 시·읍·면의 장은 감독법원에 허가신청을 하지 않는다. 따라서 이런 경우에는 직권에 의한 출생등록은 이루어지지 않는다.

子나 모의 동의를 필요로 하지 않는다. 생부가 스스로 인지하지 않는 경우에는 子가 생부를 상대로 인지청구의 소를 제기할 수 있다. 이와 같이 인지를 통하여 혼인외의 출생자와 생부와의 친자관계는 출생시로 소급하여 발생하게 된다. 생부가 아닌 자가 혼인외의 출생자를 인지한 경우에는 인지무효의 소나 인지에 대한 이의의 소 등을 제기하여 혈연과 일치하지 않는 친자관계를 제거할 수 있다. 혼인외의 子도 그 부모가 후에 혼인하는 경우에는 준정에 의해서 혼인중의 子의 신분을 가지게 된다.

## 1. 인 지

### (1) 인지의 의의

인지란 혼인외의 출생자의 생부나 생모가 이를 자기의 子로 승인하고 법률상의 친자관계를 발생시키는 단독의 요식행위이다(혈연관계를 증명하기 위한 유전자검사결과를 제출할 필요도 없다). 인지권자가 스스로 이러한 의사를 표시하는 경우를 임의인지라고 하고, 소송에 의하여 강제로 인지의 효과가 발생하는 경우를 강제인지(재판상 인지)라고 한다.

인지에 의하지 않으면 혼인외의 출생자와 생부 사이에는 법률상의 부자관계가 발생하지 않는다.[46] 따라서 사실상 부자관계라는 것이 명백한 경우에도 인지가 없으면 친자관계에서 발생하는 효과, 즉 부양·친권·상속 등의 문제는 생길 여지가 없다.[47]

혼인외의 출생자와 생모간의 친자관계는 해산에 의해서 당연히 발생하므로, 별도의 인지가 필요하지 않다. 기아와 같은 경우에는 모의 인지가 필요하겠지만, 이 경우에도 인지에 의해서 비로소 모자관계가 발생하는 것은 아니며, 모자관계를 확인하는 의미에 그친다. 제855조에서 생모가 인지할 수 있다는 것도 이러한 의미로 해석된다.[48]

---

46) 대판 1984. 9. 25, 84므73; 대판 2024. 11. 28, 2022도10272. 인지되지 않은 혼인외의 출생자가 범인인 생부를 도피시킨 행위에 대해서는 형법 제151조(범인은닉과 친족간의 특례) 제2항을 적용할 수 없다.

47) 대판 1981. 5. 26, 80다2515.

48) 대판 1967. 10. 4, 67다1791; 대판 1980. 9. 9, 80도1731; 대판 1986. 11. 11, 86도1982, 판례연구, 金疇洙, '모의 인지', 법조, 17권 5호, 55면 이하.

### (2) 임의인지

**設例**

A는 외국에 거주하면서 X와 혼인하고 살아왔으나 자식이 없자 B와 한국에서 혼인신고를 하고 (중혼)관계를 맺었다. 그러나 B와의 관계에서도 역시 자식이 없어서 다시 C와 첩관계를 맺었다. C가 Y를 출산하였다는 소식을 들은 A는 C로 하여금 Y를 자신의 친생자로 출생신고하게 하였다. 그런데 Y가 출생한 지 약 1년이 지난 후 A는 Y가 자기를 전혀 닮지 않았다는 사실을 알게 되었다. 또한 A는 자신의 신체적 결함으로 인하여 자식을 낳기가 어렵다는 것을 알고 있었기 때문에 Y가 자기의 자식이 아닐지도 모른다는 의심을 품게 되었다. A는 한국에 출장 나온 길에 Y와 C를 같이 데리고 병원에 가서 혈액검사를 받았는데, A와 C는 모두 A형이고 Y는 AB형으로 판명되어 A와 Y 사이의 부자관계가 성립하지 않는다는 결론을 통보받았다. A는 그 후 X에게 모든 재산을 유증한다는 공정증서를 작성한 후 사망하였다. Y는 자신이 A의 아들로서 상속인임을 전제로 유류분반환 청구를 하였다. 이에 대하여 X는 이해관계인으로서 Y를 상대로 친생자관계부존재확인의 소를 제기하였다. 이는 받아들여질 수 있는가?

父 또는 모가 스스로 하는 인지를 임의인지라고 한다.

(가) 인지권자

인지는 父(또는 모)만이 할 수 있다§855① 전단. 인지는 사실의 승인이므로 의사능력을 필요로 한다. 피성년후견인은 성년후견인의 동의를 받아 인지할 수 있다§856.

(나) 피인지자(인지를 받는 자)

① 혼인외의 출생자: 인지될 수 있는 자는 혼인외의 출생자이다. 그러나 다른 사람의 친생자로 추정받고 있는 경우에는 가족관계등록부상의 父(또는 母)에 의해서 친자관계가 부인된 후가 아니면 생부가 인지할 수 없다.[49] 친생자의 추정을 받지 않는 혼인중의 출생자의 경우에는 친생자관계부존재확인의 소에 의해서 등록부상의 父와 子 사이에 친자관계가 존재하지 않는다는 것이 확정된 후가 아니면 인지신고가 수리되지 않는다. 다른 사람이 이미 인지한 경우에는 인지에 대한 이의의 소를 제기하여 판결이 확정된 다음에 인지할 수 있다. 인지될 子가 미성년자이든 성년자이든 본인의 의사를 묻지 않고 인

49) 대판 1968. 2. 27, 67므34.

지할 수 있다. 그러나 인지는 친자관계를 발생시키는 중대한 행위이므로, 인지될 子에게 판단능력이 있는 경우에는 그 의사를 묻는 것이 타당할 것이다.[50]

② 사망한 자의 인지: 사망한 子를 인지하는 것은 원칙적으로 허용되지 않는다. 인지라는 제도의 원래 목적은 혼인외의 子와 생부 사이에 친자관계를 발생시킴으로써 父로 하여금 子에 대하여 부모로서의 의무를 이행하게 하고, 이를 통하여 子의 복리를 실현하고자 하는 데 있다. 따라서 子가 이미 사망한 후의 인지란 子의 복리라는 관점에서 볼 때 아무런 의미가 없다고 할 수 있다. 반대로 父가 인지권을 남용하여 상속의 이익을 꾀할 가능성이 매우 높을 것이다(나이 어린 혼인외의 출생자가 교통사고를 당하여 불법행위로 인한 손해배상청구권을 취득하고 사망한 경우, 손해배상청구권은 직계존속에게 상속된다). 그러나 예외적으로 사망한 子에게 직계비속이 있는 경우에는 인지가 가능하다. 이러한 경우에는 사망한 子의 직계비속이 선순위 상속인이 되므로, 사망한 子를 인지한 부모는 상속인이 될 수 없다. 사망한 子를 인지할 때 그 직계비속의 승낙을 얻을 필요가 없으나, 역시 인지권 남용의 문제가 생길 수 있다.

사망한 子를 인지한 경우에는 그 子의 출생시부터 父와의 사이에 친자관계가 존재했던 것으로 되므로, 인지자와 사망한 子(피인지자)의 직계비속 사이에 혈족관계가 인정되고, 그들간에 상속, 부양 등의 법률효과가 발생한다.

③ 포태중인 자의 인지: 포태중인 子도 인지될 수 있다§858. 子의 출생 전에 父가 사망할 가능성이 있을 때에 父에게 태아를 인지할 수 있도록 허용하는 것은 父뿐만 아니라, 子와 母에게도 유리하다고 할 수 있다. 父의 사후에 인지청구의 소를 제기하는 번거로움을 피할 수 있기 때문이다. 인지신고서에는 그 취지, 모의 성명 및 등록기준지를 기재하여야 한다등 §56. 태아인지의 신고가 있더라도 등록부의 기록은 출생신고 후에 이루어진다.[51]

(다) 인지의 방식

인지는 등록법상의 신고를 필요로 하는 요식행위이다.[52] 따라서 신고하지

---

50) 김상용, 생부의 인지에 대한 자녀와 모의 동의권, 自律과 正義의 民法學(梁彰洙 교수 古稀기념논문집, 2021), 78면 이하.

51) 태아인지 신고와 같은 특종신고는 가족관계등록부에 기록이 되지 않으며, 시·읍·면의 장이 접수순서에 따라 특종신고서류편철장에 편철하여 보존한다. 또한 태아인지 신고서가 접수되면, 특종신고서류 등 전산접수장에도 접수에 관한 기록을 하여, 전국 어느 등록관서에서도 태아인지 신고사실을 전산상으로 확인할 수 있다. 따라서 인지된 태아의 출생신고서가 접수된 경우에는 태아인지 신고 관련정보를 전산접수장에서 쉽게 조회할 수 있으며, 이에 따라 정확한 가족관계등록부의 기록이 이루어질 수 있다(등록규칙 제69조 참조).

않는 한, 인지의 의사표시는 법률상 효력이 없다. 인지는 유언에 의해서도 할 수 있다§859②. 유언에 의한 인지의 경우에는 유언의 효력이 발생한 때, 즉 유언자가 사망한 때에 인지의 효력이 발생한다§1073①. 유언집행자는 취임일로부터 1월 이내에 인지에 관한 유언서등본 또는 유언녹음을 기재한 서면을 첨부하여 신고하여야 한다§859② 후단, 등 §59. 그런데 이 경우의 신고는 출생신고와 마찬가지로 보고적 신고로서 생전 인지신고와 같은 창설적 효력을 가지는 것은 아니다. 그러므로 이 신고가 없더라도 유언에 의한 인지는 유효하다.

(라) 인지신고 이외의 신고와 인지의 효력

父가 혼인외의 출생자에 대하여 친생자출생신고를 한 때에는 그 신고는 인지신고의 효력이 있다등 §57①.

따라서 父가 처 이외의 다른 여자와의 관계에서 출생한 子를 처와의 관계에서 태어난 친생자로 출생신고하였을 때에도, 혼인중의 출생자는 되지 않지만 인지의 효력은 발생한다. 부모의 혼인이 무효가 되면 그 혼인에서 태어난 子는 혼인외의 출생자가 되지만§855① 후단, 출생신고가 있었을 때에는 인지의 효력이 있다.[53)]

(마) 인지허가 심판에 따른 인지

① 의의: 제844조 제1항 및 제3항에 따라 혼인관계종료의 날부터 300일 내에 출생한 자녀는 모의 전 남편의 친생자로 추정된다. 종래에는 이런 경우 모나 모의 전 남편이 친생부인의 소를 제기할 수 있었으며, 친생부인판결이 확정되어 그 자녀의 신분이 혼인외의 자로 변경되면 생부가 인지를 할 수 있었다. 그러나 2017년 민법개정에 의하여 신설된 제855조의2에 따라 혼인관계종료의 날부터 300일 내에 출생한 자녀의 경우에는 친생부인소송이나 친생부인의 허가 심판을 거치지 않아도 생부는 인지허가의 심판을 받아 인지할 수 있게 되었다. 다만 모나 모의 전 남편이 자녀의 출생신고를 한 경우에는 생부는 인지의 허가를 청구할 수 없다(이 경우에는 모나 모의 전 남편이 친생부인의 소를 제기하여야 하며, 판결이 확정되면 생부가 인지할 수 있다. 즉 개정 전과 다름이 없다).

② 절차와 청구인: 인지허가의 심판은 라류 가사비송사건가소 §2① ii 가. 라류 7의3이다. 청구인은 생부이며, 자녀는 사건본인이다(라류 가사비송사건의 성질

---

52) 신고가 수리되면 혼인신고의 경우와 마찬가지로 등록부에 기록되지 않더라도 효력이 생긴다고 보아야 한다.

53) 대판 1971. 11. 15, 71다1983.

상 청구의 상대방은 존재하지 않으며, 조정전치주의도 적용되지 않는다. 관할법원은 자녀의 주소지의 가정법원이다). 인지허가의 심판은 자녀의 출생신고 전에만 청구할 수 있으므로, 사건본인인 자녀는 생년월일, 성별, 출생시 체중, 출생장소 등에 의해서 특정된다. 혈액형검사나 유전자검사 등 과학적 증명방법은 부자관계를 증명할 수 있는 가장 유력한 간접증명의 방법이다대판 2002. 6. 14, 2001므1537. 인지를 허가하는 심판에 대하여는 모 또는 모의 전 남편이 즉시항고를 할 수 있다가소규 §61의2. 가정법원은 인지의 허가 심판을 하는 경우에는 모의 전 배우자와 그 성년후견인(성년후견인이 있는 경우에 한정한다)에게 의견을 진술할 기회를 줄 수 있다가소 §제45조의8.

③ 인지허가 심판의 효력: 인지허가의 심판이 확정되는 경우 친생부인의 효력이 발생하여 혼인관계종료의 날부터 300일 내에 출생한 자녀는 모의 혼인외의 자가 된다(인지허가 심판에 의해서 친생부인의 효력이 발생하는 것은 현행 법체계와 조화되지 않는다는 문제가 있다).[54] 인지의 허가를 받은 생부는 가족관계등록법 제57조 제1항에 따라 출생신고를 할 수 있으며, 이로써 인지의 효력이 발생하여 부자관계가 창설된다.[55]

그런데 제855조의2 제3항은 생부가 인지허가의 심판을 받아 출생신고를 하는 경우에는 친생추정이 미치지 아니한다고 규정하고 있다. 이는 달리 표현하면, 인지의 허가를 받은 생부가 출생신고를 하는 경우 그 자녀는 '친생자의 추정이 미치지 않는 자'가 된다는 것이다. '친생자의 추정이 미치지 않는 자'란 자녀가 혼인중의 자의 신분을 가지고 있을 때에만 사용할 수 있는 개념이다. 생부가 인지의 허가를 받아 가족관계등록법 제57조 제1항에 따른 출생신고를 하는 경우에는 인지의 효력이 발생하고, 이로써 생부와 자녀 사이에 부자관계가 창설되는 것인데, 제855조의2 제3항은 인지허가 심판에 따른 생부의 출생신고에 의해서 그 자녀가 '친생자의 추정이 미치지 않는 자'가 된다고 규정한다.[56] 이는 입법상의 중대한 오류이다.

---

54) 김상용, 친생추정에 관한 2017년 개정민법 규정의 문제점, 법학논문집 제42집 제1호, 180면.

55) 가족관계등록법 제57조 제1항: 부(父)가 혼인외의 자녀에 대하여 친생자출생의 신고를 한 때에는 그 신고는 인지의 효력이 있다.

56) 윤진수, 친족상속법 강의(제2판), 160면은 "이러한 경우에 친생추정이 미치지 않는다는 것은 출생시에 일단 친생추정이 성립하지만, 인지신고가 있거나 친생부인의 허가가 있으면 친생추정이 깨어진다는 의미로 이해하여야 할 것이다"라고 서술하고 있으나, 이렇게 해석할 수 있는 근거가 없다. 또한 "인지신고에 의해서 친생추정이 깨어진다"는 것은 논리

④ 출생신고와의 관계: 혼인관계종료의 날부터 300일 내에 출생한 자녀는 혼인중의 자의 신분을 가지므로§844①·③, 모나 모의 전 남편은 1개월 내에 출생신고를 해야 할 의무가 있다가족관계등록 §44·46②. 그런데 이 규정에 따라 출생신고가 이루어진 경우에는 생부가 인지의 허가를 받아 출생신고를 할 수 있는 기회는 사실상 봉쇄된다(자녀의 출생신고가 이루어진 경우에는 생부는 인지의 허가청구를 할 수 없다§855의2① 단서). 생부가 인지의 허가를 청구하여 심판이 확정될 때까지는 통상 1개월 이상의 기간이 걸릴 것으로 예상되기 때문이다. 결국 제855조의2 제3항에 따라 생부가 인지의 허가를 받아 출생신고를 하려면, 그 전제로서 가족관계등록법이 정한 1개월의 출생신고 기간 내에 모나 모의 전 남편이 출생신고를 하지 않아야 한다. 결과적으로 제855조의2는 가족관계등록법에 따른 출생신고 기간 내에 정상적으로 출생신고가 이루어진 경우에는 적용될 수 없는 규정이다. 다른 말로 표현하면, 출생신고에 관한 규정의 위반을 전제로 해서만 실제로 활용될 수 있는 규정이다. 이는 출생신고에 관한 현행법 규정의 위반을 조장하는 것이며, 결과적으로 아동의 기본권을 침해한다는 점에서 위헌의 소지가 있는 것으로 보인다. 이 규정의 배경에는 출생신고 기간은 굳이 준수하지 않아도 무방하다는 안이한 사고방식이 깔려 있다. 아동의 기본적 권리인 출생등록권을 무시하는 규정이 법무부에 의해서 마련되어 아무런 논란 없이 국회를 통과하였다는 사실에서 아동의 인권에 대한 국가기관의 낮은 인식수준을 확인할 수 있다.

한편 2023년에 가족관계등록법이 개정되어 출생통보제(가족관계등록법§44의3-§44의5)가 도입되면서 인지의 허가 청구에 관한 제855조의2 규정은 사실상 활용 가능성이 대폭 축소되었다고 볼 수 있다. 출생통보제가 시행되면 출생신고 의무자인 부모가 출생신고 기간 내에 출생신고를 하지 않은 경우에도 새로 마련된 시스템에 의해 일정한 기간 내에 직권으로 출생등록이 이루어진다. 이

---

적으로도 성립할 수 없다. 인지에 갈음하는 출생신고에 의해서는 혼인외의 자와 생부 사이에 부자관계가 창설되는 효력이 발생하며, 친생부인의 효력이 발생하는 것이 아니다. 생부가 인지에 갈음하는 출생신고를 하려면, 그 전제로서 그 자녀는 이미 혼인외의 자의 신분을 가지고 있어야만 한다(즉 생부는 혼인외의 자에 대해서만 인지에 갈음하는 출생신고를 할 수 있다). 따라서 혼인관계종료의 날부터 300일 내에 출생한 자는 일단 친생자의 추정을 받지만, 인지허가의 심판에 의해서 친생부인의 효력이 발생하여 혼인외의 자의 신분으로 변경되고, 그 후에 생부가 인지에 갈음하는 출생신고를 하면 부자관계가 창설되는 것으로 이해될 수밖에 없다. 즉 인지에 갈음하는 출생신고에 의해서 친생부인의 효력이 발생하는 것이 아니라 인지허가의 심판에 의해서 친생부인의 효력이 발생하는 것이다.

와 같이 일단 자녀의 출생등록이 이루어지면, 법원은 인지허가의 심판을 할 수 없게 된다. 제855조의2 규정에 따르면 인지허가의 심판은 출생신고가 되기 전까지만 할 수 있기 때문이다. 일단 이렇게 출생등록이 되면 모나 모의 전 남편이 친생부인의 소를 제기해야만 하며, 판결이 확정되어야 생부가 인지할 수 있다(즉 개정 전과 다름이 없다).

☞ 등록법에 따르면 혼인중의 자의 경우에는 부 또는 모가 출생신고를 하여야 하고, 혼인외의 자의 경우에는 모가 출생신고를 하여야 한다(제46조 제1항, 제2항). 따라서 이 규정만 놓고 보면 혼인외의 자의 생부는 아예 출생신고를 할 수 없는 것으로 보이기도 한다. 그러나 등록법은 제57조(친생자출생의 신고에 의한 인지) 제1항에서 "부가 혼인 외의 자녀에 대하여 친생자출생의 신고를 한 때에는 그 신고는 인지의 효력이 있다"고 규정함으로써 생부가 출생신고를 할 수 있는 근거를 마련해 두었다. 여기서 부(父)란 혼인외의 자의 생부를 의미하는 것이기 때문이다. 원칙적으로 생부와 혼인외의 자 사이의 법률상 부자관계는 인지에 의해서 발생하지만, 출생신고가 되어 있지 않은 혼인외의 자를 바로 인지하는 것은 가능하지 않으므로, 이러한 자녀에 대해서는 생부가 출생신고를 할 수 있도록 하고, 출생신고에 의해서 인지의 효력이 발생하도록 한 것이다.

그러나 생부가 모의 인적사항(성명·등록기준지·주민등록번호)을 알 수 없어서 출생신고서에 기재하지 않은 경우에는 출생신고가 수리되지 않는다. 생부가 모의 인적사항을 알지 못하는 경우에는 가정법원의 확인을 받아 출생신고를 할 수 있다(등록법 제57조 제2항).[57] 예를 들어 자녀를 양육하고 있는 생부가 출산 직후 가출하여 소재불명인 모의 인적사항을 알지 못하는 경우(모의 성명·등록기준지·주민등록번호의 전부 또는 일부를 알지 못하는 경우)에는 가정법원의 확인을 받아 출생신고를 할 수 있다.

한편 생부가 아닌 남자와 혼인관계에 있는 여자가 생부와의 관계에서 자녀를 출산한 경우에는 생부는 그 자녀의 출생신고를 할 수 없다(모의 인적사항이 전부 알려져서 혼인상태에 있음이 명백한 경우를 전제로 한다). 이런 경우 그 자녀는 제844조에 따라 모의 남편의 친생자로 추정되어 그 사이에 부자관계가 발생하며, 모와 그 남편 사이에 출생한 혼인중의 자의 신분을 갖기 때문이다. 예를 들어 A와

57) 등록법 제57조 제2항은 2021년에 개정되었다. 개정 전 규정에 대한 하급심의 해석론에 대해서는 강한 비판이 제기된 바 있으며(자세한 내용은 김상용, 생부(미혼부)의 권리에 관한 소고-자녀의 출생신고와 친생부인권을 중심으로-, 중앙법학 제22집 제1호(2020), 157면 이하 참조), 이에 따라 대법원은 위 규정에 대한 해석론을 정립하였는데(대결 2020. 6. 8, 2020스575), 2021년에 개정된 등록법 제57조 제2항은 이러한 학설과 판례를 반영한 것이다.

혼인관계에 있는 B가 C와의 관계에서 자녀 D를 출산한 경우에는 D는 A와 B의 혼인중의 자의 신분을 가지므로, A 또는 B가 출생신고를 하여야 하며(등록법 제46조 제1항), 생부인 C는 출생신고를 할 수 없다. 그러나 B가 가출하여 A와 별거하고 있는 상태에서 C와 일시적으로 동거하던 중에 임신, 출산을 하게 되었고, 출산 직후 소재불명이 되었다면 모인 B가 출생신고를 할 것을 기대하기는 어렵다. 또한 이런 경우에 또 다른 출생신고 의무자인 A가 출생신고를 할 리도 만무하다. 생부인 C가 D를 양육하고 있어도 C는 현행법상 D의 출생신고를 할 수 있는 지위에 있지 않다(생부가 등록법 제57조에 의해서 출생신고를 할 수 있는 경우는 모의 인적사항을 알지 못하여 모가 특정되지 않은 경우인데, 이 경우에는 모가 특정되어 있고 가족관계등록부의 혼인관계증명서를 통하여 혼인상태에 있음이 드러나 있기 때문이다). 따라서 이러한 상황이 발생하면 실제로 D의 출생신고를 하는 것은 매우 어렵게 된다. 헌법재판소는 이러한 법상태가 인간의 기본권인 '태어난 즉시 출생등록될 권리'를 침해한다고 판단하고(헌재결 2023. 3. 23, 2021헌마975), 개선입법을 명하였다. 이를 계기로 가족관계등록법이 개정되어 이른바 '출생통보제'[58]가 도입되었다가족관계등록 §44의3~44의5. 이에 따라 출생신고의무자인 부모가 출생신고 기간(자녀의 출생일부터 1개월) 내에 출생신고를 하지 않은 경우에는 새로 마련된 시스템에 의해 다음과 같이 출생등록이 이루어진다. 즉, ① 자녀가 의료기관에서 출생한 경우 의료기관의 장은 출생일부터 14일 이내에 건강보험심사평가원에 출생정보(모의 성명, 주민등록번호, 자녀의 성별, 출생연월일시 등)를 제출 → ② 건강보험심사평가원은 지체 없이 시·읍·면의 장에게 출생사실을 통보 → ③ 출생통보를 받은 시·읍·면의 장은 출생신고가 되었는지 확인하고, 출생신고기간인 1개월이 지나도록 출생신고가 되지 않으면 신고의무자에게 7일 이내에 출생신고를 할 것을 최고 → ④ 최고기간 내에 출생신고를 하지 않는 경우 감독법원의 허가를 받아 직권으로 가족관계등록부에 출생을 기록. 출생통보제의 도입과 시행에 따라  자녀가 의료기관에서 출생한 경우에는 빠짐없이 출생등록이 이루어질 수 있을 것으로 기대되기도 하지만, 구체적인 성과는 미지수로 남아 있다(의료기관의 장은 자녀의 출생일부터 14일 이내에 건강보험심사평가원에 출생정보를 제출할 의무가 있으나, 이를 강제할 방법은 없다. 즉 이에 위반하는 경우의 처벌규정은 존재하지 않는다).

그런데 위와 같은 절차를 거쳐 직권으로 출생등록이 이루어지는 경우에는 제844조에 따라 일단 등록부에는 A가 D의 父로 기록되는 것은 피할 수 없다. C와 D 사이에 법적인 부자관계를 형성하려면, 친생부인소송을 통하여 A와 D 사이의 부자관계를 소멸시킨 후 C가 D를 인지하여야 할 것이다. 그런데 현행법상 친생부

---

58) 법률 제19547호. 2023. 7. 18. 개정. 2024. 7. 19. 시행.

인의 소를 제기할 수 있는 사람은 A와 B로 한정되어 있어서 C는 또 다른 난관에 봉착할 수 있다. 이러한 경우에는 예외적으로 생부에게도 친생부인의 소를 제기할 수 있는 원고적격이 인정될 필요가 있을 것이다.[59)]

한편 출생통보제의 도입에 따라 자녀가 의료기관에서 출생하는 경우에는 부 또는 모가 출생신고를 하지 않아도 직권으로 가족관계등록부에 자녀의 출생이 기록되고, 이와 함께 모의 성명, 주민등록번호 등도 기록된다. 모의 가족관계등록부에도 자녀에 대한 기록이 남게 되므로, 모가 출산사실을 알리고 싶지 않은 사정이 있다면(예컨대 미혼모 등), 처음부터 의료기관에서 출산하는 것을 기피할 가능성도 배제할 수 없을 것이다. 이런 경우 임신여성은 사회에서 고립된 출산을 하게 될 가능성이 높고, 이는 결국 산모와 영아의 건강과 생명을 위협하는 요인이 될 수 있다. 외국에서는 이러한 사태를 방지하기 위해 익명출산(프랑스), 신뢰출산(독일) 등의 제도를 도입하였으며,[60)] 이를 통하여 모의 익명성을 일정하게 보장하면서 의료와 상담서비스를 제공함으로써 산모 및 영아의 건강과 생명을 보호하려는 시도를 하고 있다. 우리사회에도 이러한 외국의 제도를 모델로 하여 이른바 '보호출산제'가 도입되었다.[61)] 이에 따라 임신여성은 의료기관에서 출산을 하는 경우에도 제한된 범위 내에서 익명성을 유지하는 것이 가능하게 되었다(모의 신상에 대한 정보는 기록되어 보관되며, 자녀의 청구가 있는 경우 모의 동의를 받아 공개하는 것이 원칙이다. 생부의 기록이 보존되어 있는 경우에는 생부의 동의도 필요하다).

### (3) 인지의 무효와 취소

#### (가) 인지의 무효

① 인지가 무효가 되는 경우: 민법에는 인지의 무효에 관한 규정이 없으나, 가사소송법 제26조 제1항과 제28조는 인지무효의 소에 관해서 규정하고 있다. 이론상 인지가 무효가 될 수 있는 경우는 다음과 같다.

㉠ 의사가 결여된 인지: 인지자에게 의사능력이 결여되어 있을 때의 인지는 무효이다. 생부 또는 생모 아닌 자가 그 명의를 모용(冒用: 타인의 이름을 마치 자기 이름처럼 사용하는 일)하여 한 인지신고도 무효이다. 생모가 임의로

---

59) 김상용, 생부(미혼부)의 권리에 관한 소고－자녀의 출생신고와 친생부인권을 중심으로－, 중앙법학 제22집 제1호(2020) 참조.

60) 자세한 내용은 김상용·안문희, 베이비박스, 익명출산, 신뢰출산-끝나지 않는 논쟁, 중앙법학 제25집 제1호(2023) 참조.

61) 위기 임신 및 보호출산 지원과 아동 보호에 관한 특별법(법률 제19816호. 2023. 10. 31. 제정. 2024. 7. 19. 시행).

생부의 친생자로 출생신고한 경우에도 생부는 인지무효청구를 할 수 있으나,[62] 그 판결의 효력은 재판상 인지청구에 미치지 않는다(즉 이런 경우 혼인외의 子는 인지무효판결이 확정된 후에도 생부를 상대로 재판상 인지청구를 할 수 있다).

㉡ 사실에 반하는 인지: 생부 아닌 자가 자신이 생부라고 칭하고 한 인지는 무효이다.[63] 그러나 친생자가 아닌 자에 대한 인지라도 인지신고 당시 당사자 사이에 입양의사의 합치가 있고 기타 입양의 실질적 성립요건이 모두 구비된 경우라면 입양의 효력이 있는 것으로 해석할 수 있다.[64] 처가 혼인 전에 다른 남자와의 관계에서 출산한 혼인외의 출생자에 대하여 夫가 친생자출생신고를 한 경우, 입양의 요건이 갖추어져 있다면 입양의 효력이 인정될 수 있다.[65]

② 인지무효의 소: 인지의 무효는 혼인무효나 이혼무효의 경우와 같이 당연무효이므로, 인지무효판결이 있기 전에도 다른 소에서 선결문제로서 주장할 수 있다.[66] 그러나 등록부의 정정을 위해서는 인지무효의 소를 제기하여 확인판결을 받아야 한다. 인지무효의 소는 가정법원에 제기하여야 하며가소 §2①가류사건ⅲ, 조정을 거치지 않는다. 확인소송이지만 판결의 기판력은 제3자에게도 미친다가소 §21①. 원고가 될 수 있는 자는 당사자 및 그 법정대리인 또는 4촌 이내의 친족이다가소 §28에 의한 §23의 준용. 인지무효의 소의 상대방은, 인지자가 제기하는 경우에는 子, 子가 제기하는 경우에는 인지자, 제3자가 제기하는 경우에는 인지자와 子이다(일방이 사망하였을 때에는 다른 일방만을 상대로 한다). 상대방이 될 사람이 모두 사망하였을 때에는 검사를 상대방으로 한다가소 §28에 의한 §24의 준용.

(나) 인지에 대한 이의

혼인외의 子의 생부가 아닌 사람이 이를 인지한 경우에는 子 및 이해관계인이 인지에 대한 이의의 소를 제기하여 사실에 반하는 부자관계를 제거할 수 있다. 친생자가 아닌 자를 혼인외의 출생자로 오해하여 친생자로 출생신고한 경우 인지의 효력이 발생하지만등 §57, 이와 같은 친자관계를 제거하기 위해서는 인지에 대한 이의의 소가 아니라, 친생자관계부존재확인의 소를 제기하여야 한다는 것이 판례의 태도이다.[67]

---

62) 대판 1999. 10. 8, 98므1698.
63) 대판 1976. 4. 13, 75다948; 대판 1992. 10. 23, 92다29399.
64) 대판 1992. 10. 23, 92다29399.
65) 대판 1990. 7. 27, 89므1108 참조.
66) 대판 1976. 4. 13, 75다948; 대판 1992. 10. 23, 92다29399.
67) 대판 1993. 7. 27, 91므306.

제소권자는 子 및 이해관계인이다. 여기서 子란 인지된 자이며, 子가 제한능력자(미성년자, 피성년후견인)인 경우에는 법정대리인이 대리하여 소를 제기할 수 있다민소 §55, 민법부칙 §3. 그러나 법정대리인이 父인 경우에는 자신을 상대로 하여 소를 제기하게 되어 이해가 상반되므로, 친권자인 父가 가정법원에 子의 특별대리인의 선임을 청구하여야 한다§921①, 민소 §62. 이해관계인이란 사실에 반하는 인지가 형식상 존재하기 때문에 불이익을 받는 지위에 있는 자를 의미한다. 父가 인지자인 경우 子의 모, 父의 처 등은 당연히 이해관계인이 될 것이다. 인지에 의하여 새로운 상속권자가 출현함으로써 상속권을 상실하거나 상속분이 감소하는 자는 이해관계인의 대표적인 경우라고 할 수 있다. 그 밖에 피인지자에 대하여 부양의무를 부담하게 되는 자, 그 子를 인지하려는 사실상의 생부 등이 이해관계인에 해당될 것이다. 인지자인 父가 이해관계인으로서 인지에 대한 이의의 소를 제기할 수 있는가의 문제가 있으나, 가사소송법이 별도로 인지무효의 소를 규정하고, 인지자 자신도 무효의 소를 제기할 수 있도록 한 취지가소 §28에 의한 §23의 준용에 비추어 볼 때, 인지자인 父는 이해관계인에 포함되지 않는 것으로 해석한다.[68]

소의 상대방은, 子가 원고인 경우에는 인지자이며, 인지자가 사망한 경우에는 검사가 된다. 이해관계인이 원고인 경우에는 인지자 및 子의 쌍방이 상대방이 되고, 일방이 사망한 경우에는 생존자, 쌍방이 모두 사망한 경우에는 검사가 상대방이 된다.

인지에 대한 이의의 소는 임의인지만을 대상으로 하여 제기할 수 있으며, 재판상 인지의 경우에는 재심에 의해서 확정판결을 취소하는 방법에 의해서만 인지의 효력을 소멸시킬 수 있다.[69]

인지에 대한 이의의 소를 제기할 때에는 사전에 가정법원에 조정을 신청하여야 한다가소 §2①나류사건viii · 50.

인지에 대한 이의의 소는 인지신고 있음을 안 날로부터 1년 내에 제기하여야 하며, 인지자가 사망하여 검사를 상대로 하는 경우에는 사망을 안 날로부터 2년 내에 하여야 한다.[70]

---

68) 대판 1969. 1. 21, 68므41, 집 17권 1집 민 74면(판례가족법, 437면).

69) 대판 1981. 6. 23, 80므109.

70) 제864조는 父 또는 모가 사망한 때에는 그 사망을 안 날로부터 2년 내에 검사를 상대로 인지에 대한 이의의 소를 제기할 수 있다고 하고 있는데, 子가 소를 제기하는 경우에 인지자인 父가 사망하면 본조에 의하여 검사를 상대방으로 하게 되지만, 제3자가 소를 제

인지에 대한 이의의 판결이 확정되면, 이에 근거하여 등록부를 정정한다등 §107. 조정의 성립만으로는 등록부를 정정할 수 없다가소 §59② 단서.

(다) 인지무효의 소와 인지에 대한 이의의 소의 관계

위에서 본 바와 같이, 민법은 인지에 대한 이의의 소를 규정하고 있는데 §862, 가사소송법은 인지에 대한 이의 이외에 인지무효에 대해서 규정하고 있다가소 §2①가류사건ⅲ. 그런데 이 두 개의 소가 어떻게 다른 것인지가 매우 의문이다. 인지에 대한 이의도 결국 무효를 주장하는 것으로 생각되므로 실질적으로 차이가 없는 것이라고 보아야 할 것이다. 다만 인지에 대한 이의의 소와 인지무효의 소는 원고적격과 소를 제기할 수 있는 기간에 차이가 있다. 인지에 대한 이의의 소를 제기할 수 있는 사람은 子 및 이해관계인이므로 생부에게도 원고적격이 인정되는 데 반하여 인지무효의 소는 당사자, 법정대리인, 4촌 이내의 친족이 원고가 될 수 있으므로 생부는 제외된다. 또한 인지무효의 소는 원칙적으로 제기할 수 있는 기간에 제한이 없는 데 반하여, 인지에 대한 이의의 소는 인지신고가 있음을 안 날로부터 1년 내에 제기하여야 한다. 그런데 가사소송법이 인지무효를 재판사항으로 하고가소 §2①가류사건ⅲ, 인지에 대한 이의를 조정사항으로 한 것은가소 §2①나류사건ⅷ · 50 납득이 잘 되지 않는다. 요컨대 이 두 개의 소는 본질적으로 같은 것이므로, 입법론으로서는 어느 하나로 일원화시키는 것이 좋을 것이다.[71]

설례의 경우에, 판례는 이해관계인인 X(A의 처)의 친생자관계부존재확인의 소를 인용하였다대판 1993. 7. 27, 91므306. 그러나 이러한 해석은 인지에 대한 이의의 소의 규정에 배치되므로 찬성하기 어렵다. 현행법에는 인지의 방식으로 인지신고에 의하는 방법과 생부의 친생자출생신고의 방법이 있는데, 어느 쪽으로 하든 인지의 효력이 발생한다§859①, 등 §57. 이러한 인지에 대하여 그 무효를 다투기 위해서는 인지에 대한 이의의 소를 제기하는 것이 순리라고 생각한다. 이렇게 해석할 경우 설례에서는 이미 제척기간이 경과되었기 때문에 X의 청구는 인용되어서는 안 될 것이다.

---

기하는 경우에는 인지자인 父(또는 母)가 사망하더라도 子가 생존하고 있을 때에는 본조에 의하여 검사를 상대로 할 것이 아니고 子를 상대로 할 것이며, 子도 사망한 경우에 비로소 검사를 상대로 하여야 한다.

71) 법무부 민법개정안의 원안에 따르면, 인지에 대한 이의의 소와 인지무효의 소를 일원화하여, 제862조를 인지무효의 소로 하여 제척기간을 삭제하도록 하고 있었으나, 확정된 개정안은 이를 채택하지 않았다.

(라) 인지의 취소

일단 인지를 한 경우에는 이를 취소할 수 없으나, 사기·강박 또는 중대한 착오로 인하여 인지한 경우에는 취소할 수 있다§861. 여기서 사기란 인지할 의사를 결정시킬 목적으로 인지자에게 허위의 사실을 고지하여 착오에 빠뜨림으로써 인지할 의사를 결정시키는 것을 말한다. 강박이란 해악을 예고하여 공포심을 불러일으킴으로써 인지할 의사를 결정시키는 것이다. 사기 또는 강박에 의해서 인지를 한 자는 사기자 또는 강박자가 누구인가에 관계없이 취소할 수 있다. 중대한 착오란 그러한 착오가 없었다면 인지하지 않았을 것이라는 정도의 착오를 말한다. 취소를 하려면 사기나 착오를 안 날 또는 강박을 면한 날로부터 6월 이내에 가정법원에 취소를 청구하여야 한다§861.

인지를 취소하려면 우선 가정법원에 조정을 신청하여야 한다가소 §2①나류사건 vii·50. 조정신청에 의하여 조정절차가 개시된 경우에 i) 조정을 하지 않기로 하는 결정이 있거나민조 §26·40, ii) 조정이 성립하지 않은 경우, iii) 조정을 갈음하는 결정가소 §49, 민조 §30·32·40에 대하여 이의신청기간(2주일) 내에 이의신청이 있는 때에는 사건은 당연히 인지취소소송으로 이행되며가소 §49, 민조 §36①, 인지취소청구를 인용하는 판결에 의하여 인지취소의 효력이 생긴다가소 §12, 민소 §205. 인지취소 판결의 효력은 제3자에게도 미친다가소 §21. 인지취소의 소의 원고는 인지자이며, 피고는 子가 될 것이다. 조정의 성립만으로는 인지취소의 효력이 생기지 않는다(따라서 인지를 취소한다는 조정은 할 수 없다고 보아야 할 것이다)가소 §59② 단서.

인지취소의 판결이 확정되면 인지는 처음부터 무효가 되며, 그 효력은 누구에게나 미친다가소 §21. 따라서 인지에 의하여 발생한 친자관계는 처음부터 없었던 것으로 되므로, 이에 기초한 모든 효과(준정, 친족관계의 발생 등)도 소급하여 소멸한다.

(4) 강제인지(재판상 인지)

**設 例**

A(혼인외의 출생자의 생모)는 1969년 8월 10일경 Y(혼인외의 출생자의 생부)를 알게 되어, 그 무렵부터 A의 숙소인 거창·대구 등지에서 Y와 수시로 동침하다가, 1974년 11월 4일 그들 사이에서 X(혼인외의 출생자)를 출산하였다. 그 후 A는 1975년 10월 18일 Y로부터 30만원을 수령하면서 X가 Y의 子가 아님을 분명히

> 하고, 인지청구를 하지 않기로 약속하였다. 그 후 X가 자라서 성년이 되어 Y를 상대로 인지청구를 하였다. Y는 이에 대하여 A가 법정대리인으로서 인지청구를 하지 않기로 하였으므로, 인지청구는 금반언의 원칙에 반하고, 인지청구권 포기 후에 한 것이기 때문에 부당하다고 주장한다. 어느 쪽의 주장이 타당한가?

(가) 인지청구의 소의 성질

父(또는 母)가 임의로 인지하지 않을 때에는 혼인외의 출생자가 인지청구의 소를 제기할 수 있으며§863, 판결이 확정되면 인지의 효력이 발생한다(재판에 의한 인지 또는 강제인지). 인지청구를 인용하는 판결에 의해서 혼인외의 출생자와 父 사이에 비로소 법률상의 친자관계가 창설된다는 점과 이 판결은 제3자에 대해서도 효력이 있다는 점가소 §21에 비추어 볼 때, 인지청구의 소는 형성의 소라고 보아야 할 것이다. 다만 母에 대한 인지청구의 소는 확인의 소이다.[72]

(나) 인지청구권의 포기

인지청구권은 일신전속권으로서 포기할 수 없으며, 설령 포기하더라도 그 효력이 인정되지 않는다. 따라서 사실상의 父와 혼인외의 子(또는 子의 모) 사이에 상당한 금전을 받고 그 대가로 인지청구권을 포기하는 재판상 화해나 조정이 이루어진 경우에도 혼인외의 출생자가 후에 인지청구의 소를 제기하는 데는 아무런 문제가 없다. 또한 실효의 법리도 적용되지 않으므로, 혼인외의 출생자는 성년이 된 후 상당한 세월이 흐른 뒤에도 인지청구의 소를 제기할 수 있다.[73]

설례의 경우, 판례는 인지청구권과 관련하여 금반언의 원칙 및 권리포기 등의 법리가 적용될 수 없으며, 법정대리인 A가 X의 일신전속적인 권리에 대하여 임의로 한 의사표시의 효력이 X에 미칠 수도 없다는 이유로, Y의 주장을 인정하지 않고 있다대판 1982. 3. 9, 81므10.

(다) 인지청구절차와 당사자

① 조정의 신청: 인지청구의 소를 제기하기 위해서는 우선 가정법원에 조정을 신청하여야 한다가소 §2①나류사건ix · 50. 조정이 성립되면 재판상 화해와 동

72) 대판 1967. 10. 4, 67다1791, 집 15권 3집 민 184면(판례가족법, 423면)은 父의 인지는 형성적인 것으로 보고, 모의 인지는 확인적인 것으로 본다.

73) 대판 2007. 7. 26, 2006므2757, 2764; 대판 2001. 11. 27, 2001므1353; 대판 1999. 10. 8, 98므1698; 대판 1987. 1. 20, 85므70; 대판 1982. 3. 9, 81므10(판례연구, 金疇洙, 사법행정, 1984년 9월호).

일한 효력이 있으므로가소 §59② 본문, 조정을 신청한 자가 1월 이내에 인지신고를 하여야 한다등 §58. 이 신고는 보고적 신고이다. 조정이 성립되지 않으면 소를 제기할 수 있다.

② 당사자: 재판의 경우에 i) 인지청구의 소를 제기할 수 있는 자는 혼인외의 출생자, 그의 직계비속, 혼인외의 출생자 또는 그 직계비속의 법정대리인이다§863. 태아에게는 인지청구권이 없으며, 이를 대리할 법정대리인도 인정되지 않으므로, 모도 태아를 대리하여 인지청구의 소를 제기할 수 없다. 직계비속은 혼인외의 출생자가 사망한 경우에 한하여 인지청구의 소를 제기할 수 있다고 해석된다. 혼인외의 출생자 또는 그의 직계비속이 제한능력자(미성년자, 피성년후견인)인 경우에는 그 법정대리인이 소를 제기할 수 있다.[74] 子를 대리할 모가 제한능력자(미성년자, 피성년후견인)인 경우에는 모의 법정대리인이 갈음하여 소를 제기할 수 있다. ii) 피고는 父 또는 母§863이다. 父 또는 母가 피성년후견인인 경우에도 소의 상대방은 부 또는 모가 되지만, 성년후견인이 父 또는 母를 대리한다민소 §55.[75] 상대방이 성년후견개시의 심판을 받지는 않았으나 의사무능력자인 경우에는 청구인은 민사소송법 제62조의2 규정에 의하여 특별대리인의 선임을 신청할 수 있다민소 §62의2에 의한 62의 준용.[76] 父 또는 母가 사망한 후에는 검사를 상대로 하여 소를 제기할 수 있다§864.

③ 인지청구를 할 수 있는 자와 그 절차: 子가 친생자의 추정을 받고 있는 때에는 자기의 생부를 알고 있는 경우에도 인지청구의 소를 제기할 수 없다(이런 경우에는 夫 또는 母가 친생부인의 소를 제기하여 친생부인의 판결이 확정된 후에야 子는 비로소 생부를 상대로 인지청구를 할 수 있다대판 1968. 2. 27, 67므34 참조). 그러나 친생자의 추정을 받지 않는 혼인중의 출생자는 법률상의 父의 子로 등록부에 기록되어 있는 경우에도 사전에 친생자관계부존재확인의 소를 제기할 필요 없이 생부를 상대로 인지청구의 소를 제기할 수 있다(친생추정이 미치

74) 이 경우 법정대리인이 子 또는 직계비속을 대리하여 소를 제기하는 것이 원칙이지만, 실무상으로는 법정대리인이 원고로서 인지청구의 소를 제기해도 인용된다. 이 경우 자는 사건본인이 된다. 서울가판 2015. 7. 3, 2015드단21748 참조.

75) 소송에 관하여 대리권 있는 성년후견인이 상대방의 소 또는 상소 제기에 관하여 소송행위를 하는 경우에는 후견감독인으로부터 특별한 권한을 받을 필요가 없다(민소 제56조 제1항). 또한 피성년후견인이 당사자인 경우 피성년후견인을 상대로 소를 제기하려는 사람은 일정한 사유가 있는 경우 수소법원에 특별대리인의 선임을 신청할 수도 있다(민소 제62조 제1항).

76) 대결 1984. 5. 30, 84스12 참조.

지 않는 子도 마찬가지로 해석해야 할 것이다대판 1981. 12. 22, 80므103). 타인의 혼인외의 출생자에 대하여 허위의 친생자출생신고를 하여 입양의 효력이 발생한 경우, 그 子는 생부를 상대로 하여 인지청구를 할 수 없다고 보아야 할 것이다.[77] 친생자관계부존재확인의 판결이 확정된 경우에도 그 판결의 기판력은 인지청구에는 미치지 않으므로, 혼인외의 출생자는 인지청구를 할 수 있다.[78] 같은 취지에서, 모가 임의로 생부의 친생자로 출생신고를 한 경우에 생부가 인지무효의 소를 제기하여 승소판결이 확정되었다고 해도 그 판결의 기판력은 인지청구에는 미치지 않는다. 따라서 그와 같은 경우에도 子는 인지청구를 할 수 있다.[79] 생부 아닌 사람에 의해서 인지된 자는 그 인지의 무효를 주장하고 생부에 대하여 인지를 청구할 수 있다(사전에 인지에 대한 이의의 소나 인지무효의 소를 제기할 필요가 없다).

다른 한편 재판상 인지에 의하여 父와 자녀 사이에 친생자관계가 창설된 경우에는 친생자관계부존재확인의 소로써 당사자 사이에 친생자관계가 존재하지 않는다고 다툴 수는 없다.[80] 재판상 인지에 의하여 일단 친생자관계가 창설된 경우에는 그 판결에 대한 재심의 소로써 다툴 수 있을 뿐이다.

(라) 소의 제기기간

父가 생존하는 동안에는 기간의 제한 없이 인지청구를 할 수 있다. 인지청구권의 포기가 인정되지 않기 때문에, 권리실효의 법리가 적용될 여지가 없다는 것이 판례의 태도이다.[81] 그러나 父(또는 母)가 사망하여 상대방이 없을 때에는, 그 사망을 안 날로부터 2년 내에 한하여 검사를 상대로 인지청구의 소를 제기할 수 있다§864. 여기서 '사망을 안 날'은 사망이라는 객관적인 사실을 안 날을 의미한다. 따라서 사망자가 생부(또는 생모)라는 사실을 알지 못했다고 해도 사망이라는 객관적 사실을 안 날로부터 2년이 경과하면 인지청구의 소를 제기할 수 없다.[82]

법정대리인인 모가 인지청구의 소를 제기하는 경우에는 모가 父의 사망을 안 날부터 2년을 기산한다. 子가 미성년자인 동안에 법정대리인인 모가 子를

77) 판례는 이와 반대의 태도를 취하고 있다. 대판 2000. 1. 28, 99므1817, 판례연구, 金相瑢, 법률신문, 2000. 10. 30.
78) 대판 1982. 12. 14, 82므46, 판례월보 154호, 62면.
79) 대판 1999. 10. 8, 98므1698, 판례공보 1999. 11. 15, 2320면.
80) 대판 2015. 6. 11, 2014므8217.
81) 대판 2001. 11. 27, 2001므1353, 판례공보 2002. 1. 15, 172면.
82) 대판 2015. 2. 15, 2014므4871.

대리하여 인지청구의 소를 제기하지 않은 경우(또는 소를 제기하였으나 제척기간의 경과로 각하된 경우)에는 子가 성년자가 된 후 父의 사망을 안 날로부터 2년 내에 인지청구의 소를 제기할 수 있다고 해석하는 것이 타당하다(성년자가 되기 전에 父의 사망을 알았다면 성년자가 된 날로부터 2년 내에 소를 제기하여야 할 것이다).[83]

父가 사망한 후에 혼인외의 출생자와 父 사이의 친자관계를 발생시키는 방법은 父의 사망을 안 날로부터 2년 이내에 검사를 상대로 인지청구의 소를 제기하는 것뿐이며, 생모가 혼인외의 출생자를 상대로 하여 친생자관계존재확인의 소(사망한 父와 子 사이에 친생자관계가 존재한다는 확인을 구하는 소)를 제기하는 것은 허용되지 않는다.[84]

(마) 부자관계의 증명

혼인중의 출생자의 경우에는 친생추정을 위한 규정이 있어서 포태 시점에 따라 일률적으로 夫의 친생자라는 신분을 가지게 된다. 이와 달리 혼인외의 출생자와 생부 사이의 친자관계를 추정할 수 있게 하는 법조항은 존재하지 않는다. 따라서 인지청구의 소를 제기한 혼인외의 출생자와 父로 추정되는 자(피고) 사이에 부자관계가 존재한다는 것은 여러 가지 간접사실에 의해서 증명될 수밖에 없다. 이와 같은 입증책임은 일단 청구인에게 있다. 그러나 당사자의 입증이 충분하지 못할 때에는 법원이 직권으로 사실조사 및 필요한 증거조사를 하여 친자관계의 존부를 판단하여야 한다.[85]

친자관계의 존재를 증명하는 데 있어서는 다음과 같은 사실들이 중요한 의미를 갖는다. 子를 포태할 무렵에 모와 父(정확하게 표현하면 父로 추정되는 자) 사이에 정교관계가 있었는가,[86] 다른 남자와의 정교 가능성이 존재하는가, 父가 청구인을 자기의 子로 믿었음을 추측하게 하는 언동이 존재하는가(예를 들어 子의 출산비를 지급하고 이름을 지어준 것, 子의 학비, 생활비 등을 지급한 것 등),[87] 혈액형검사 또는 유전자검사의 결과 父와 子 사이에 친자관계를

83) 대판 2024. 2. 8, 2021므13279. 종래 판례(대판 1977. 3. 22, 76므261(판례가족법 446면); 대판 1977. 6. 24, 77므7)는 이와 달리 만 17세, 15세의 자녀에게 신분행위를 할 수 있는 의사능력이 있다고 보고 父의 사망을 안 날부터 1년 내에 인지청구의 소를 제기하지 않으면 제척기간의 경과로 인지청구권이 소멸한다고 해석하였다.

84) 대판 1997. 2. 14, 96므738.

85) 대판 1985. 11. 26, 85므8.

86) 대판 1982. 12. 14, 82므46; 대판 1995. 2. 28, 94므475.

87) 대판 1986. 7. 22, 86므63; 대판 1999. 10. 8, 98므1698(판례연구, 金疇洙, 판례월보 199호).

배제하거나 긍정하는 요소가 있는가.[88)]

오늘날 혈액형검사나 유전자검사 등과 같은 과학적 증명방법은 가장 유력한 간접증명의 방법이라고 할 수 있다.[89)]

가정법원은 검사를 받을 자의 건강과 인격의 존엄을 해하지 않는 범위 내에서 당사자 또는 관계인에게 혈액채취에 의한 혈액형의 검사 등 유전인자의 검사 기타 상당하다고 인정되는 방법에 의한 검사를 받을 것을 명할 수 있다가소 §29. 나아가 수검명령의 이행을 확보하기 위하여 당사자 또는 관계인이 정당한 이유 없이 위 수검명령에 위반할 경우 가정법원은 직권 또는 권리자의 신청에 의하여 결정으로 1,000만원 이하의 과태료에 처할 수 있다가소 §67①. 그리고 수검명령을 받은 자가 위의 제재를 받고도 정당한 이유 없이 다시 수검명령을 위반한 때에는 가정법원은 결정으로 30일의 범위 내에서 의무이행이 있을 때까지 위반자를 감치에 처할 수 있다가소 §67②.

(바) 모에 대한 인지청구

법규정에 의하면 혼인외의 출생자는 모에 대해서도 인지청구를 할 수 있는 것으로 되어 있다. 그러나 이 경우에도 모자관계는 출생에 의하여 당연히 발생한다는 전제하에서 이해하여야 한다.[90)] 그러므로 父에 대한 인지청구의 소가 형성의 소라면 모에 대한 경우에는 확인의 소인 것이다. 이와 같은 의미에서 모에 대해서는 인지청구의 소를 제기하지 않고, 친생자관계존재확인의 소를 제기할 수도 있다.[91)]

(사) 등록법에 의한 신고

인지의 재판이 확정된 경우에는 소를 제기한 자는 재판의 확정일로부터 1월 이내에 재판서의 등본 및 그 확정증명서를 첨부하여 그 취지를 신고하여야 하며, 신고서에는 재판확정일을 기재하여야 한다등 §58. 이것은 보고적 신고이다.

---

88) 대판 1985. 11. 26, 85므8.

89) 대판 2002. 6. 14, 2001므1537.

90) 대판 1992. 2. 25, 91다34103은 "생모와 자 간의 친자관계는 자연의 혈연으로 정해지는 것이어서 상속을 원인으로 한 지분소유권확인청구에 친자관계존재확인청구가 반드시 전제되어야 하는 것은 아니다"라고 판시하고, 대판 1992. 7. 10, 92누3199는 "생모와 자간의 친자관계는 자연의 혈연으로 정해지므로, 반드시 호적부의 기재나 법원의 친생자관계존재확인판결로써만 이를 인정하여야 한다고 단정할 수는 없다"라고 판시하고 있다.

91) 대판 2018. 6. 19, 2018다1049 참조.

### (5) 인지의 효과

인지의 효력은 혼인외의 출생자와 父(또는 母) 사이에 친자관계를 발생시키는 것이다. 즉, 인지에 의해서 비로소 부자 사이에 법률상 권리의무가 발생하게 된다.

#### (가) 효력발생시기

인지의 효력은 子의 출생시로 소급하여 발생한다§860 본문. 따라서 인지된 子는 태어날 때부터 인지자(父)와의 사이에 친자관계가 있었던 것으로 된다. 그러므로 예를 들어서 부양의 문제에 관하여 본다면, 부모는 子의 출생시부터 당연히 부양의무를 분담하는 것이 원칙이므로, 인지 전에 모가 자신의 부담부분을 초과하여 양육비를 분담하였다고 인정되는 부분에 대해서는 父에 대해서 과거의 양육비도 청구할 수 있다.[92] 판례는 과거의 부양료의 구상을 인정하지 않았으나, 이를 변경하여 인정하게 되었다.[93]

인지의 소급효는 특히 상속과 관련하여 큰 의미가 있다. 父의 사후에 혼인외의 출생자가 인지청구의 소를 제기하여§864 인지판결이 확정된 경우에 인지의 소급효에 의하여 그 子는 父의 사망시에 상속권을 취득한 것으로 되는데, 다른 공동상속인(예를 들어서 피상속인인 父의 배우자, 혼인중의 子 등)이 상속재산을 아직 분할, 처분하지 않은 경우에는 이들을 상대로 하여 자신의 상속권을 주장할 수 있다(상속재산분할청구를 할 수 있다§1013). 또한 다른 공동상속인들이 상속재산을 이미 분할, 처분을 한 경우에는 자신의 상속분에 상당하는 가액의 지급을 청구할 수 있다§1014. 이와 같은 효과는 인지의 소급효를 전제로 하지 않고는 불가능한 것이다.

사망한 子를 인지하는 경우§857에도 그 子가 출생한 때로부터 친자관계가 발생한다. 태아를 인지한 경우§858에도 그 효력은 출생시부터 발생한다. 다만 태아의 출생 전에도 불법행위로 인한 손해배상청구§762, 상속§1000③, 유증§1064 등에 있어서는 부자관계가 있는 것으로 인정된다. 그러나 태아가 사산된 경우에는 이러한 효과가 생기지 않는다.

---

92) 대결 2023. 10. 31, 2023스643.

93) 대결 1994. 5. 13, 92스21(전원합의체), 법원공보 970호, 1694면; 판례에 따르면 과거의 양육비청구권의 소멸시효는 자녀가 성년이 된 때부터 진행한다. 이에 따라 과거의 양육비청구권은 자녀가 성년이 된 때부터 10년이 경과하면 시효로 소멸한다(대결 2024. 7. 18, 2018스724 전원합의체).

(나) 효력에 대한 제한

인지의 소급효에는 제3자가 이미 취득한 권리를 해하지 못한다는 제한이 있다§860 단서. 여기서의 제3자란 일단 인지자와 인지를 받은 子 이외의 사람을 의미한다고 해석되나, 이에 국한되는 것은 아니다. 제3자에 포함되지 않는 중요한 예외로서 피인지자의 공동상속인 등을 들 수 있다. 제1014조는 "상속개시 후 인지에 의하여 공동상속인이 된 자가 상속재산의 분할을 청구한 경우에 다른 공동상속인이 이미 분할 기타 처분을 한 때에는 그 상속분에 상당한 가액의 지급을 청구할 권리가 있다"고 규정하고 있는데, 이는 인지의 소급효에 의하여 상속인이 된 피인지자가 다른 공동상속인을 상대로 자신의 상속분의 반환을 청구할 수 있다는 것을 의미한다. 즉, 다른 공동상속인들이 상속재산을 그대로 보유하고 있는 경우에는 상속재산의 분할을 청구할 수 있으며, 이미 분할, 처분한 때에는 자신의 상속분에 상당하는 금전의 지급을 청구할 수 있다는 의미이다. 피인지자는 인지의 소급효에 의해서 상속권을 취득하게 되지만, 그 결과 다른 공동상속인은 이미 취득한 상속권을 침해받게 된다. 그러나 다른 공동상속인들은 자신들이 제860조 단서가 규정하는 제3자에 해당한다는 점을 들어 피인지자의 청구를 물리칠 수 없다. 제1014조 규정에 의해서 피인지자의 공동상속인은 제860조 단서가 규정하는 제3자에 포함되지 않는다고 해석되기 때문이다. 민법이 사후인지청구제도§864를 인정한 가장 중요한 이유가 피인지자에게 상속권을 보장하려는 데 있다는 점을 상기한다면, 이와 같은 규정체계는 쉽게 이해될 수 있을 것이다. 그러나 공동상속인이 이미 상속재산을 제3자에게 처분한 경우(예를 들어서 상속부동산을 제3자에게 매도하여 매매를 원인으로 하는 소유권이전등기가 경료된 경우)라면, 피인지자는 제3자를 상대로 하여 자신의 상속분에 상당하는 상속재산의 반환(구체적으로 등기말소청구의 소의 형식으로 제기된다)을 청구할 수 없다. 이 경우 상속부동산을 매수한 자는 제860조 단서가 규정하는 제3자에 해당하므로, 인지의 소급효에 의해서 상속권을 취득한 피인지자는 그의 권리를 침해할 수 없기 때문이다.

피인지자보다 후순위 상속인도 제860조 단서가 규정하는 제3자에 포함되지 않는다. 예를 들어서 사실혼관계에 있던 부부 사이에서 子가 출생하였으나, 미처 출생신고를 하지 못한 상태에서 父가 사망한 경우를 생각해 볼 수 있다. 子가 父의 사후에 인지청구의 소를 제기하여 인지판결이 확정되는 경우, 이 子는 상속개시시(父의 사망시)에 소급하여 상속권을 가지게 된다. 만일 그 사이에 사망한 父의 모가 직계존속으로서 재산을 상속하였다면(예를 들어서 父 명의의 부동산에 대하여 상속을 원인으로 하여 자신의 명의로 소유권이전등기를 한 경우), 피인지자는 피상속인인 父의 모(즉 자신의 조모)를 상대로 하여 상속재산의 반환을 청구할 수 있다(제999조의 상속회복청구권). 조모는 피상속인의 직계존속으로서 피상속인의 직계비속인 피인지자보다 후순위 상속인이므로, 선순위 상속인인 직계비속의 출현으로 인하여 상속개시시에 소급하여 상속권을 잃게 되기 때문이다.[94] 그러나 이 경우에도 조모가 이미 상속부동산을 제3자에게 매도하여 소유권이전등기가 경료되었다면, 피인지자는 그 제3자를 상대로 하여 상속재산의 반환을 청구할 수 없다. 이 경우에는 피인지자는 제1014조에 따라 조모를 상대로 하여 가액의 지급을 청구할 수 있는 데 그친다.

(다) 인지받은 子의 친권

혼인외의 자의 친권에 관한 규정은 2005년과 2007년 민법일부개정으로 다음과 같이 개정되었다. 혼인외의 출생자가 생부의 인지를 받기 전에는 모가 친권자가 되지만§909①, 생부의 인지를 받게 되면 부모가 협의하여 친권자를 정하여야 하고 협의할 수 없거나 협의가 이루어지지 않는 경우에는 가정법원은 직권 또는 당사자의 청구에 의하여 친권자를 지정하여야 한다(임의인지의 경우에는 절차상 법원이 직권으로 개입하여 친권자를 지정하는 것이 불가능하다. 따라서 임의인지의 경우에 '법원이 직권으로 친권자를 지정하여야 한다'는 부분은 무의미할 뿐만 아니라 입법상의 오류이다[95]). 다만, 부모의 협의가 子의 복리에 반하는 경우에는 가정법원은 보정을 명하거나 직권으로 친권자를 정한다§909④(협의이혼의 경우에는 법원이 이혼의사확인절차에서 친권에 관한 부모의 협의를 심사하여 보정을 명하는 것이 가능하지만 임의인지의 경우에는 절차상 법원이 개입할 수 있는 여지가 없다). 재판상 인지의 경우에는 가정법원이 직권으로 친권자를 정한다§909⑤.

(라) 인지받은 子의 성과 본

2005년 민법일부개정에 의하여 인지된 子의 성과 본에 관하여 새로운 규정이 신설되었으며, 이 규정은 2008년부터 시행되고 있다. 종전의 민법규정에

---

94) 대판 1974. 2. 26, 72다1739; 대판 1993. 3. 12, 92다48512.

95) 원래 법무부 가족법개정특별분과위원회에서 마련한 개정안은 "혼인외의 자가 인지된 경우와 부모가 이혼하는 경우에는 부모의 협의로 친권자를 정하여야 하고, 협의할 수 없거나 협의가 이루어지지 아니하는 경우에는 당사자는 가정법원에 그 지정을 청구하여야 한다. 다만, 전단의 규정에 의한 부모의 협의가 자의 복리에 반하는 경우에는 가정법원은 보정을 명하거나 직권으로 친권자를 정한다"고 되어 있었다. 그런데 국회 법사위에서 대안을 제시하면서 법무부 개정안을 수정하는 과정에서 오류가 발생한 것이다.

의하면 인지되지 않은 혼인외의 子는 모의 성과 본을 따르고, 생부가 인지한 경우에는 부계혈통주의에 따라 父의 성과 본을 따르도록 되어 있었다구 §909④. 이에 따라 생부가 인지한 子는 자신의 의사와는 관계없이 성과 본의 변경을 겪지 않을 수 없었다. 그러나 2005년 개정민법은 혼인외의 子가 인지된 경우에도 인지 전에 사용했던 성을 유지할 수 있는 길을 마련하였다§781⑤.[96] 개정민법은 여전히 부계혈통주의를 채택하고 있으므로, 혼인외의 子가 인지되면 父의 성을 따르는 것이 원칙이다. 그러나 혼인외의 子의 부모가 협의하면, 子는 인지되기 전에 사용하던 성을 그대로 유지할 수 있다(이 경우 부모는 인지신고를 할 때 '子가 종전의 성과 본을 계속 사용한다'는 취지의 협의서를 제출하여야 한다가예 616호 §8①). 그러나 생부는 인지신고를 하기 전에 모와 子의 성에 관하여 협의할 의무가 없으므로,[97] 이러한 협의를 거치지 않고 인지신고를 하는 경우에는 인지된 子의 성은 父의 성을 따라 변경된다(이러한 결과는 개정법의 취지를 상당히 퇴색시키는 것이라고 볼 수 있다. 물론 이런 경우에는 子가 법원에 대하여 종전의 성을 유지할 수 있도록 허가를 구하는 심판을 청구할 수 있다§781⑤ 단서, 가예 616호 §8③. 그러나 이와 같이 번거로운 절차를 거치지 않도록 하려면, 생부가 혼인외의 자를 임의로 인지하는 경우에는 사전에 子의 성에 관하여 모와 협의하도록 의무화하는 것이 바람직하다[98]).

부모 사이에 협의가 이루어지지 않았거나 협의할 수 없는 때(예를 들어서 모가 이미 사망한 경우 등)에는 인지된 子의 성이 본인의 의사에 반하여 父의 성으로 변경되는 결과로 이어질 수 있는데, 이런 경우에는 子(또는 자녀의 법

96) 개정민법 제781조 제5항: 혼인외의 출생자가 인지된 경우 자는 부모의 협의에 따라 종전의 성과 본을 계속 사용할 수 있다. 다만, 부모가 협의할 수 없거나 협의가 이루어지지 아니한 경우에는 자는 법원의 허가를 받아 종전의 성과 본을 계속 사용할 수 있다.

97) 현행법에 의하면 부모는 인지된 자의 성에 대하여 협의할 의무가 없으며, 子가 인지 전의 성을 유지하고자 하는 경우 그 취지와 내용을 인지신고서에 기재하도록 하고 있을 뿐이다(등록법 제55조 제1항 제4호).

98) 이를 위하여 생부가 인지신고서를 제출한 때에는 이를 접수한 담당공무원이 수리하기 전에 子와 모에게 그 사실을 통지하도록 의무화할 필요가 있다. 이 때 子의 성에 대해서 부모가 협의하여 정할 수 있다는 점과 협의가 되지 않거나 협의할 수 없는 경우에는 법원에 심판을 청구하여 종전의 성을 유지할 수 있다는 사실을 함께 알려야 할 것이다. 인지신고서가 제출되었다는 사실이 子와 모에게 통지된 날로부터 일정한 기간(예를 들면 1개월)을 정하여 그 기간 내에 협의하도록 의무화하고, 기간이 경과된 경우에는 협의가 되지 않은 것으로 처리하는 방안도 생각해 볼 수 있다. 협의가 되지 않은 경우에 子가 인지 후에도 종전의 성을 유지하려고 한다면, 이 기간 내에 법원에 심판을 청구하도록 하고, 이 경우 법원은 담당공무원에게 심판청구의 사실을 통지하여 심판이 있을 때까지 인지신고를 수리하지 않도록 할 필요가 있다.

정대리인)가 법원에 대하여 종전의 성을 유지할 수 있도록 허가를 구하는 심판을 청구할 수 있다§781⑤ 단서, 가소 §2①라류사건 v. 그 후 법원에서 종전의 성과 본을 계속해서 사용하는 것을 허가한다는 취지의 심판을 받으면, 인지 전에 사용하던 성과 본을 회복할 수 있다.[99)]

子가 재판상 인지를 청구한 경우에도 판사는 부모에 대하여 子의 성에 대하여 협의하도록 권고하고, 협의의 결과를 판결에 기재할 필요가 있을 것이다. 협의가 이루어지지 않거나 협의할 수 없는 때(사후인지청구의 경우 등)에는 법원은 子의 청구에 의하여 종전의 성을 그대로 유지할 것인가의 여부를 결정하고, 그 결과를 판결에 기재한다. 이 경우 법원은 자녀의 의사와 연령, 종전의 성을 사용한 기간 등을 종합적으로 고려하여 판단하여야 할 것이다.

(마) 인지받은 子의 양육

인지된 혼인외의 자의 양육과 면접교섭에 관하여는 제837조 및 제837조의2 규정이 준용된다§864의2. 이에 따라 子의 양육에 관하여는 우선 부모가 협의하여 정할 수 있다. 양육에 관한 부모의 협의는 양육자·양육비용·면접교섭권에 관한 사항을 포함하여야 한다. 양육에 관한 부모의 협의가 자의 복리에 반하는 경우에는 가정법원은 보정을 명하거나 직권으로 자의 의사·연령과 부모의 재산상황 그 밖의 사정을 참작하여 양육에 필요한 사항을 정한다(협의이혼의 경우에는 이혼의사의 확인절차가 있으므로, 법원이 이혼의사의 확인절차에서 양육에 관한 부모의 협의를 심사하여 보정을 명하는 것이 가능하지만, 임의인지의 경우에는 양육에 관한 부모의 협의를 심사할 수 있는 절차상의 기회가 없으므로, 법원이 개입할 수 있는 여지가 없다). 양육에 관한 사항의 협의가 이루어지지 않거나 협의할 수 없는 때에는 가정법원이 당사자의 청구 또는 직권에 의하여 양육에 관한 사항을 정한다(재판상 인지의 경우에는 법원이 직권으로 양육에 관한 사항을 정하는 것이 가능하지만, 임의인지의 경우에는 당사자의 청구가 없으면 법원이 개입할 수 있는 여지가 없다). 가정법원은 子의 복리를 위하여 필요하다고 인정하는 경우 당사자의 청구 또는 직권에 의하여 면접교섭을 제한하거나 배제할 수 있다.

(바) 인지받은 子의 등록부

혼인외의 자가 인지되기 전에는 가족관계증명서의 부모란에 母만 기재되지만, 인지된 후에는 父가 함께 기재되며, 부모의 혼인여부는 표시되지 않으므로, 혼인외의 출생자라는 사실은 나타나지 않는다. 인지된 사실은 혼인외의

---

99) 가족관계등록예규 제616호 제8조 제3항.

자의 기본증명서(상세증명서)에 기재된다(기본증명서의 일반증명서에는 기재되지 않는다). 따라서 인지된 혼인외의 자의 가족관계증명서를 보면 인지된 사실을 알 수 없으나, 기본증명서의 상세증명서를 보면 인지의 사실을 알 수 있게 된다.

## 2. 준 정

### (1) 의 의

혼인외의 출생자의 부모가 子의 출생 후 혼인하면 그 子는 혼인중의 출생자의 신분을 가지게 된다. 이와 같이 혼인외의 출생자가 부모의 혼인에 의해서 혼인중의 출생자가 되는 것을 준정이라고 한다.

### (2) 준정의 종류

민법은 "혼인외의 출생자는 그 부모가 혼인한 때로부터 혼인중의 출생자로 본다"§855②고 하여 '혼인에 의한 준정'만을 규정하고 있으나, '혼인중의 준정'과 '혼인해소 후의 준정'도 인정하는 것이 타당하다.

'혼인에 의한 준정'이란 혼인 전에 출생하여 父로부터 인지를 받은 子가 부모의 혼인에 의해서 준정되는 것이다.

'혼인중의 준정'이란 혼인외의 출생자가 부모의 혼인중에 父로부터 인지되어 준정되는 것이다.

'혼인해소 후의 준정'이란 혼인외의 출생자가 부모의 혼인 전이나 혼인중에 인지되지 않고 있다가 혼인해소 후에 인지됨으로써 준정되는 것이다.

'혼인중의 준정'이나 '혼인해소 후의 준정'의 경우에도 혼인외의 출생자는 부모가 혼인한 때로부터 혼인중의 출생자의 신분을 취득한다고 본다.

사망한 子도 준정에 의하여 혼인중의 子의 신분을 취득할 수 있다. 사망한 子의 준정이 문제되는 것은 사망한 혼인외의 출생자에게 직계비속이 있는 경우이다§857. 父로부터 인지를 받은 혼인외의 출생자가 직계비속을 남기고 사망한 후, 그 부모가 혼인하면 부모가 혼인한 때로부터 그 子는 그 부모의 혼인중의 출생자로서의 신분을 취득한다.

# 4 친생자관계존부확인의 소

**設 例**

X는 A와 혼인신고를 하면서 A와 합의하여 A와 다른 남자(사망) 사이에서 출생한 Y를 자기의 친생자로 출생신고를 하였다. 세월이 흐른 후 A와 협의이혼을 한 X는 Y가 자기 친생자가 아니라는 이유로 가정법원에 친생자관계부존재확인의 소를 제기하였다. 이는 받아들여질 수 있는가?

## 1. 의 의

친생자관계존부확인의 소란 특정인 사이에 친생자관계가 존재하는지의 여부에 대하여 확인을 구하는 소라고 할 수 있는데,[100] 여기서 친생자관계란 생물학적인 의미의 친생자관계가 아니라 법률상의 친생자관계를 의미한다. 이 점은 오해가 없도록 명확하게 이해하여야 할 것이다. 법률상의 친생자관계는 혼인외의 子와 生父와의 관계를 제외하면 출생에 의해서 당연히 발생하는 것이므로(모와 자녀 사이의 법률상 친생자관계는, 혼인중의 자이든 혼인외의 자이든 관계없이, 출산에 의해서 당연히 발생한다. 법률상의 부자관계 역시, 모가 혼인 중에 임신하여 자녀를 출산한 경우에는, 자녀의 출생과 더불어 당연히 발생한다. 제844조), 어떠한 사정에 의해서 등록부의 기록이 법률상의 친생자관계와 다르게 되어 있다고 해도 자녀의 출생과 더불어 성립한 법률상의 친자관계는 이에 의해서 영향을 받지 않는다(예를 들어 부부인 A와 B가 혼인 중에 갑을 출산하였는데, 병원의 실수로 갑이 C와 D 부부에게 인도되어 C와 D 부부의 친생자로 출생신고가 되고, 등록부에 그렇게 기록이 되어도 출생에 의해서 발생한 갑의 법률상 친자관계는 영향을 받지 않는다. 즉 등록부의 기록과 관계없이 갑의 법률상 부와 모는 A와 B이다).[101]

100) 친생자관계존부확인의 소에 대해서는 金疇洙, '친생부인의 소와 친생자관계부존재확인의 소에 관한 일고찰', 법률연구, 제3집(1983), 255면 이하 참조.

101) 북한주민인 자녀가 남한에서 사망한 父와의 친생자관계존재확인을 청구하여 대법원에서 판결이 확정된 바 있다(대판 2013. 7. 25, 2011므3105). 북한주민인 자녀는 혼인중의 자인데, 父가 6.25 전쟁 중에 월남하여 남한에서 새로 취적한 호적에는 자녀로 기재되어 있지 않았던 사안이다. 원고인 북한주민인 자녀와 남한에서 사망한 父 사이에는 출생 시에 법률상의 친생자관계가 발생하여 존재하고 있었으므로, 그 확인을 구하기 위하여 친생자

당사자는 언제든지 등록부상의 친생자관계가 법률상의 친생자관계와 일치하지 않는다는 사실을 주장하여 확인을 구하는 소를 제기할 수 있으며, 판결에 의해서 등록부의 기록을 정정할 수 있다(위의 예에서 갑은 C와 D를 상대로 친생자관계부존재확인의 소를, A와 B를 상대로 친생자관계존재확인의 소를 제기하여 확정판결을 받아 A와 B의 자녀로 등록부의 기록을 정정할 수 있다).

## 2. 소의 제기절차

친생자관계존부확인의 소는 父를 정하는 소§845, 친생부인의 소§846 · 848 · 850 · 851, 인지에 대한 이의의 소§862 및 인지청구의 소§863의 목적과 저촉되지 않는 다른 사유를 원인으로 하여 등록부상의 기록을 정정함으로써 신분관계를 명확히 할 필요가 있는 경우에 제기할 수 있다. 따라서 원고가 친생자관계존부확인의 소를 제기하였는데, 위에서 열거한 소를 제기해야 하는 사건에 해당하기 때문에 허용되지 않는 경우(예를 들어서 친생자의 추정을 받는 혼인중의 출생자에 대해서는 친생부인의 소를 제기하여야 하는데, 친생자관계부존재확인의 소를 제기한 경우), 또는 그 반대의 경우(예를 들어서 혼인외의 출생자가 父의 사망 후에 부자관계를 창설하기 위해서는 검사를 상대로 하여 인지청구의 소를 제기해야 하는데, 친생자관계존재확인의 소를 제기한 경우)에는 법원은 석명권을 행사하여 원고에게 청구취지를 시정하도록 할 필요가 있다.

친생자관계의 존부를 확인하려면 가정법원에 소를 제기하여야 한다가소 §2① 가류사건ⅳ. 소를 제기하기 전에 조정을 거치지 않으며, 제소기간에는 제한이 없다.

## 3. 친생자관계존부확인의 소를 제기할 수 있는 구체적인 경우

(1) 허위의 친생자 출생신고에 의해서 등록부상 친자관계로 기재되어 있는 경우에 친생자관계부존재확인의 소를 제기할 수 있다.[102] 예를 들어 父가 다른 여자와의 관계에서 출생한 혼인외의 출생자를 처와의 관계에서 태어난

---

관계존재확인의 소를 제기한 것이다. 이와 같이 법률상의 친생자관계가 이미 존재하지만 등록부에 기록이 되어 있지 않은 경우에는 친생자관계존재확인의 소를 제기하여야 하며, 친생자관계의 창설을 목적으로 하는 인지청구의 소를 제기하는 것은 부적법하다(대결 2024. 6. 13, 2024스536 참조).

102) 대결 1967. 7. 18, 67마332; 대판 1984. 9. 25, 84므73; 대판 1984. 5. 15, 84므4.

혼인중의 출생자인 것처럼 출생신고를 한 경우, 子는 등록부상의 모를 상대로 하여 친생자관계부존재확인의 소를 제기할 수 있다(이 경우 父는 피고가 되지 않는다). 이 경우 반대로 처가 夫의 혼인외의 출생자를 상대로 하여 친생자관계부존재확인의 소를 제기할 수도 있다. 그러나 당사자간에 양친자관계를 창설하려는 의사가 있고 그 밖에 입양의 실질적 요건을 갖춘 경우에 입양의 방편으로 허위의 친생자 출생신고를 하였다면, 파양의 원인이 없는 한 친생자관계부존재확인의 소를 제기해도 확인의 이익이 없다는 이유로 각하된다.[103)]

(2) 제844조 규정에 의하여 친생자의 추정을 받는 子는 친생부인의 소에 의해서만 친자관계가 부인될 수 있으나, 친생자의 추정을 받지 않는 혼인중의 출생자(혼인성립의 날로부터 200일이 되기 전에 출생한 子)에 대해서는 친생자관계부존재확인의 소를 제기할 수 있다.[104)] 법률혼이 성립하기 전에 이미 사실혼이 존재하고 있었던 경우, 사실혼 성립의 날로부터 200일 후에 태어난 子에 대해서는 친생자관계부존재확인의 소에 의할 수 없고 친생부인의 소에 의하여야 한다고 해석할 수 있다.[105)]

(3) 친생자의 추정이 미치지 않는 子(혼인이 성립한 날로부터 200일 후에 태어났기 때문에 형식적으로는 친생자의 추정을 받으나, 실제로는 부부가 별거하여 처

---

103) 대판 1991. 12. 13, 91므153, 판례월보 280호, 112면은 "의부가 재혼한 처의 子를 입양하기로 그 대락권자인 생모(처)와 합의하여 그 입양신고의 방편으로 친생자로서의 출생신고를 한 경우에는 출생신고에 의하여 입양의 효력이 있게 되고, 그 양친자관계를 해소하여야 하는 등의 특단의 사정이 없는 한 친생자관계의 부존재확인을 구할 이익이 없다"고 판시하고 있다. 대판 2001. 8. 21, 99므2230, 판례공보 2001. 10. 1, 2073면은 "친생자 출생신고가 입양의 효력을 갖는 경우, 養親부부 중 일방이 사망한 후 생존하는 다른 일방이 사망한 일방과 양자 사이의 양친자관계 해소를 위한 재판상 파양에 갈음하는 친생자관계부존재확인의 소를 제기할 이익이 없다"고 판시하고 있다.

104) 그러나 판례는 친생자의 추정을 받는 子에 대해서 친생자관계부존재확인의 소를 제기하여 판결이 확정된 경우 당연무효가 되는 것은 아니며, 판결의 기판력은 제3자에게도 미친다는 입장을 취하고 있다(대판 1992. 7. 24, 91므566). 이러한 판례의 태도는 친생부인의 소의 출소기간이 경과한 사건에 대해서 친생자관계부존재확인의 소를 제기하여 문제를 해결할 수 있는 가능성을 제공하고 있다.

105) 대판 1963. 6. 13, 63다228 참조. 반대견해: 서울가판 일자미상, 2000드단102315는 혼인신고 전에 사실혼이 선행했다고 해도 혼인신고일로부터 200일이 되기 전에 출생한 子는 친생추정을 받지 않는 것으로 판단한다. 법률상의 父가 子를 양육할 의사가 없고, 生父가 子를 인지하여 양육할 의사가 있는 경우에는 엄격하게 혼인신고일로부터 200일을 기산하는 편이 오히려 子의 이익에 부합하는 경우가 있다고 보기 때문일 것이다. 이렇게 해석하는 경우 子는 친생추정을 받지 않게 되므로 生父 등 이해관계인이 기간에 관계없이 친생자관계부존재확인의 소를 제기할 수 있으며, 판결이 확정되면 인지를 할 수 있다.

가 夫의 子를 포태할 가능성이 전혀 없는 상태에서 포태되어 태어난 혼인중의 출생자)에 대해서는 친생자관계부존재확인의 소를 제기할 수 있다.[106] 친생자의 추정이 미치지 않는 子도 역시 등록부상의 父를 상대로 하여 친생자관계부존재확인의 소를 제기할 수 있다.[107]

(4) 甲 부부 사이에서 출생한 혼인중의 출생자인데, 乙 부부 사이에서 태어난 子로 등록부상 기록이 되어 있는 경우에는(예를 들어서 병원에서 신생아가 바뀐 경우. 서울지법 1996. 9. 18, 94가합101443 참고), 甲 부부에 대하여 친생자관계존재확인청구를 할 수 있다(그 전에 또는 동시에 乙 부부에 대하여 친생자관계부존재확인청구를 하는 것이 필요할 것이다).

(5) 혼인외의 출생자의 경우 부자관계를 창설하기 위해서는 인지청구의 소를 제기하여야 하며, 친생자관계존재확인의 소에 의할 수 없다.[108] 인지되지 않은 혼인외의 출생자와 생부 사이에는 법률상의 친자관계가 존재하지 않으므로, 형성판결인 인지판결을 통하여 부자관계를 창설하는 것이 원칙이기 때문이다. 친생자관계존재확인의 소는 법률상 친자관계가 존재하고 있으나 어떤 사정으로 등록부에 기록되어 있지 않은 경우에 이미 존재하는 법률상 친자관계의 확인을 구하는 소이므로, 인지를 거치지 않아서 법률상의 친자관계가 존재하지 않는 상태에서 혼인외의 자가 생부를 상대로 하여 친생자관계의 존재 확인을 구하는 것은 논리적으로도 모순된다.[109]

(6) 父가 자기의 혼인외의 출생자로 오해하여 인지의 의사로서 출생신고를 한 경우(등록법 제57조의 규정에 의하여 인지의 효력이 발생한다), 이해관계인

106) 대판 1983. 7. 12, 82므59; 대판 1988. 5. 10, 88므85.

107) 대판 1988. 5. 10, 88므85.

108) 대판 1997. 2. 14, 96므738; 대판 2022. 1. 27, 2018므11273.

109) 창원지판 2015. 1. 16, 2014드단21506은 혼외관계에서 자녀를 임신하여 출산한 모가 그 자녀와 생부를 상대로 친생자관계존재확인청구의 소를 제기한 사안에서 "피고들 사이에 친생자관계가 존재함이 명백하며, 원고는 그 확인을 구할 이익이 있다"는 이유로 청구를 인용하였으나, 이는 생물학적인 친자관계와 법적인 친자관계를 혼동한 데서 비롯된 것으로 보인다. 친생자관계존재확인의 소는 법률상 이미 존재하고 있는 친자관계의 확인을 구하는 소이며, 생물학적인 친자관계의 존재 확인을 구하는 소가 아니다. 생물학적으로는 친생자관계가 있으나 법적인 친자관계가 성립하지 않은 경우에는 법률상의 친자관계를 창설하는 절차를 거쳐야 하며, 그 방법은 형성적 효력을 발생시키는 인지판결에 의하는 것이 원칙이다; 이시윤, 신민사소송법, 2019. 206면. 확인의 소는 기존의 권리관계를 대상으로 하는 것이므로, 새로운 권리관계의 창설을 구하는 형성의 소와 구별된다.

은 친생자관계부존재확인의 소를 제기할 수 있다는 것이 판례의 태도이다(이에 대하여 인지에 대한 이의의 소로써 다투어야 한다는 반대의견이 있다).[110]

(7) 양친자관계의 존부를 확인할 필요가 있는 경우에도 친생자관계존부확인의 소에 준하여 양친자관계존부확인의 소를 제기할 수 있다.[111]

(8) 북한에서 부모의 혼인 중에 출생한 자녀이지만, 남한의 가족관계등록부에 부(父)에 관한 기록이 없거나 사실과 다르게 기록되어 있는 경우, 친생자관계존재확인의 확정판결을 받아 등록법 제107조에 따른 등록부 정정을 신청할 수 있다.[112]

설례의 경우, X가 A의 子 Y를 입양하기로 하고 법정대리인인 생모 A와 합의하여 입양신고의 방편으로 친생자출생신고를 한 경우에는 출생신고에 의하여 입양의 효력이 발생한다. 따라서 이러한 경우에는 그 양친자관계를 해소하여야 하는 등의 특단의 사정이 없는 한 친생자관계부존재확인을 구할 이익이 없으므로, X의 청구는 인용될 수 없다.[113]

### 4. 당사자 적격

친생자관계존부확인의 소는 父를 정하는 소§845, 친생부인의 소§846·848·850·851, 인지에 대한 이의의 소§862, 인지청구의 소§863의 규정에 의해서 원고적격이 인정되는 사람이 제기할 수 있다. 따라서 夫 또는 처, 夫 또는 처의 성년후견인, 夫 또는 처의 유언집행자, 夫 또는 처의 직계존속 및 직계비속, 父 또는 母, 子, 子의 법정대리인, 子의 직계비속 및 기타 이해관계인이 친생자관계존부확인의 소를 제기할 수 있다.

子가 친생자관계존재확인의 소를 제기하는 경우 부모가 생존해 있다면 부모 쌍방을 공동피고로 하여야 한다. 마찬가지로 부모가 子를 상대로 친생자관

110) 金疇洙, 친생자출생신고에 의한 인지의 효력을 다투는 방법, 판례월보 286호.

111) 대판 1993. 7. 16, 92므372는 "실정법상 소송유형이 규정되어 있는 경우에 한하여 신분관계존부확인에 관한 소송을 제기할 수 있는 것은 아니며, 소송유형이 따로 규정되어 있지 아니하더라도 법률관계인 신분관계의 존부를 즉시 확정할 이익이 있는 경우라면 일반 소송법의 법리에 따라 그 신분관계존부확인의 소송을 제기할 수 있는 것으로 보아야 한다"고 판시하고 있다.

112) 대결 2024. 6. 13, 2024스536.

113) 대판 1991. 12. 13, 91므153.

계존재확인의 소를 제기할 때에도 부모 쌍방이 공동원고가 되어야 한다.

실제로는 친자관계가 없음에도 등록부상에는 부모로 기록되어 있는 경우에 子가 친생자관계부존재확인의 소를 제기할 때에는 등록부상의 부모 쌍방을 피고로 하여야 한다. 그러나 부모 중 일방과 친자관계가 있는 경우에는 다른 일방만을 상대로 하여 친생자관계부존재확인의 소를 제기하여야 한다(父가 다른 여자와의 관계에서 태어난 혼인외의 출생자를 처와의 관계에서 낳은 혼인중의 子로 출생신고한 경우).

제3자가 이해관계인으로서 친생자관계부존재확인의 소를 제기하는 경우에는 부모와 子 모두를 피고로 한다.[114] 그러나 부모 중 일방과 子 사이에 친자관계가 존재하는 경우에는 친자관계가 없는 다른 일방과 子만을 상대로 하여 친생자관계부존재확인의 소를 제기하여야 한다(예를 들어서 모자는 친생자관계이나, 등록부상의 父와 子 사이에는 친자관계가 없는 경우).[115]

친생자관계존부확인의 소를 제기할 수 있는 이해관계인의 범위와 관련하여, 종전의 판례는 제777조에 의한 친족이라면 누구나 원고로서 친생자관계존부확인의 소를 제기할 수 있는 소송상의 이익이 있다는 입장을 취하고 있었으나,[116] 이러한 판례의 태도는 변경되었다.[117] 변경된 판례에 따르면 제777조에 따른 친족이라는 사실만으로 당연히 친생자관계존부확인의 소를 제기할 수는 없으며, 친족이라는 신분관계가 있어도 이해관계인[118]에 해당되어야만 친생자관계존부확인의 소를 제기할 수 있다.

---

114) 대판 1987. 5. 12, 87므7; 대결 1983. 9. 15, 83즈2; 대판 1970. 3. 10, 70므1. 그러나 이 사안은 이해관계있는 제3자가 친생자관계부존재확인을 청구한 것인데, 이 경우 子의 생모와는 모자관계가 존재하므로 부자만이 피고적격이 있다고 보아야 하며, 父는 사망하였으므로 子만이 피고적격이 있는 것이다. 그럼에도 불구하고 子의 생모도 피고적격이 있다고 본 이 판결의 판시는 찬성할 수 없다; 친생자관계존부 확인소송은 그 소송물이 일신전속적인 것이므로, 제3자가 친자 쌍방을 상대로 제기한 친생자관계 부존재확인소송 계속 중 친자 중 어느 일방이 사망하였을 때에는 생존한 사람만 피고가 되고, 사망한 사람의 상속인이나 검사가 그 절차를 수계할 수 없다. 이 경우 사망한 사람에 대한 소송은 종료된다. 대판 2018. 5. 15, 2014므4963.

115) 대판 1971. 7. 27, 71므13, 판례연구, 金疇洙, 법률신문, 1123호, 1975. 9. 8.

116) 대판 1981. 10. 13, 80므60(전원합의체); 대판 1983. 3. 8, 81므77; 대판 1967. 9. 19, 67므22.

117) 대판 2020. 6. 8, 2015므8351 전원합의체.

118) 이해관계인이란 특정인들 사이에 친생자관계의 존부를 확인하는 판결이 확정됨으로써 일정한 권리를 얻거나 의무를 면하는 등 법률상 이해관계가 있는 제3자로서 상속이나 부양 등에 관한 자신의 권리나 의무, 법적 지위에 구체적인 영향을 받게 되는 경우라야 한다.

친생자관계존부확인의 소를 제기할 수 있는 기간에는 제한이 없으나, "당사자의 일방이 사망한 때에는 그 사망을 안 날로부터 2년 내에 검사를 상대로 하여 소를 제기할 수 있다."(제865조 제2항. 이 규정은 2005년 민법일부개정에 의하여 1년에서 2년으로 연장되었다).[119] 그러나 이해관계인이 소를 제기하는 때에는 부모와 子 쌍방을 상대로 하고, 일방이 사망한 경우에는 생존자를 상대로 하면 되므로, 부모와 子 중의 일방이 사망한 경우에는 검사를 피고로 할 필요가 없다(부모가 사망한 경우에도 子가 있으면 子를 상대로 하여 소를 제기할 수 있다). 따라서 검사를 상대로 하여 친생자관계존부확인의 소를 제기하는 것은 피고가 될 사람(부모와 子)이 모두 사망한 경우에 한정된다.[120] 부모와 子 쌍방이 모두 사망한 경우에는 '당사자 쌍방 모두가 사망한 사실을 안 날로부터 2년 내'에 검사를 상대로 하여 친생자관계존부확인의 소를 제기할 수 있다.[121] '사망을 안 날'은 사망이라는 객관적인 사실을 안 날을 의미한다. 따라서 사망자와의 사이에 친생자관계가 존재한다는 사실 또는 존재하지 않는다는 사실을 알지 못했다고 해도 사망이라는 객관적 사실을 안 날로부터 2년이 경과하면 친생자관계존부확인의 소를 제기할 수 없다(대판 2015. 2. 15, 2014므4871).

친생자관계존부확인소송에는 직권주의가 적용되므로가소 §17, 법원은 당사자의 입증이 충분하지 못한 때에는 직권으로 필요한 사실조사 및 증거조사를 하여야 한다대판 2010. 2. 25, 2009므4198. 예를 들어서, 법원은 직권으로 당사자에 대하여 유전자검사를 받을 것을 명할 수 있다(수검명령)가소 §29·67.

---

119) 대판 2014. 9. 4, 2013므4201: 친생자관계존부 확인소송은 그 소송물이 일신전속적인 것이지만, 당사자 일방이 사망한 때에는 일정한 기간 내에 검사를 상대로 하여 그 소를 제기할 수 있으므로(민법 제865조 제2항), 당초에는 원래의 피고적격자를 상대로 친생자관계존부 확인소송을 제기하였으나 소송계속 중 피고가 사망한 경우 원고의 수계신청이 있으면 검사로 하여금 사망한 피고의 지위를 수계하게 하여야 한다. 그러나 그 경우에도 가사소송법 제16조 제2항을 유추적용하여 원고는 피고가 사망한 때로부터 6개월 이내에 수계신청을 하여야 하고, 그 기간 내에 수계신청을 하지 않으면 그 소송절차는 종료된다고 보아야 한다. 이와 같은 법리는 친생자관계존부 확인소송 계속 중 피고에 대하여 실종선고가 확정되어 피고가 사망한 것으로 간주되는 경우에도 마찬가지로 적용된다.

120) 대판 1981. 7. 28, 80므19; 대판 1983. 3. 8, 81므77.

121) 대판 2004. 2. 12, 2003므2503 참조.

### 5. 판결의 효력과 등록부의 정정절차

판결의 효력은 제3자에게도 미친다가소 §21. 친생자관계의 존부확인과 같이 가사소송법의 가류 가사소송사건에 해당하는 청구는 성질상 당사자가 임의로 처분할 수 없는 사항을 대상으로 하는 것이므로, 이에 대하여 조정이나 재판상 화해가 성립되더라도 효력이 있을 수 없다.[122] 따라서 당사자 사이에 친생자관계가 없음을 확인한다는 조정이나 재판상 화해가 성립된 경우라고 해도 후에 인지청구의 소를 제기하는 데는 아무 문제가 없다.

판결이 확정되면 소를 제기한 자는 판결의 확정일로부터 1개월 이내에 판결의 등본과 확정증명서를 첨부하여 등록부의 정정을 신청하여야 한다등 §107.[123]

## 5 인공수정자 · 체외수정자

### 1. 인공수정의 의의

인공수정이란 남녀간의 자연적 성교섭에 의하지 않고, 인공적으로 기구를 사용하여 정액을 여성의 체내에 주입함으로써 정자와 난자를 결합(수정)시켜 포태를 하게 하는 것을 말한다. 이러한 수단을 사용하여 태어난 자가 인공수정자이다.[124] 영국의 외과의사 존 헌터John Hunter, 1728~1793가 인공수정을 처음 시도한 이래, 오늘날은 세계적으로 널리 실시되고 있으며, 그 출생아도 상당수에 이르고 있다. 이렇게 되자 인공수정은 법률문제로서도 매우 중요한 문제로 제기되고 있다. 그래서 여러 나라에서는 법률의 개정이나 특별법의 입안이

---

122) 대판 1999. 10. 8, 98므1698; 대판 2007. 7. 26, 2006므2757, 2764.

123) 친생자관계부존재확인판결이 확정된 경우 가족관계등록관서는 친생자관계부존재가 확인된 자녀의 가족관계등록부에 친생자관계가 부존재하는 부 또는 모의 특정등록사항을 말소한 후 그 가족관계등록부를 폐쇄한다. 이와 같이 가족관계등록부가 폐쇄된 자녀에게 진정한 출생신고의무자가 있는 경우 출생신고를 다시 하여 가족관계등록부를 새롭게 작성하여야 한다. 자세한 내용은 「친자관계의 판결에 의한 가족관계등록부 정정절차 예규」(가족관계등록예규 제300호) 참조.

124) 梁壽山, '夫의 동의하에 제3자의 정액을 인공수정하여 출생한 子의 친생부인', 사법행정, 1986년 2월호 · 3월호; 金疇洙, '인공수정자와 체외수정자의 윤리적 · 법적 제문제', 법률신문, 1628호 · 1629호(1986년) 참조.

시도되었다. 즉 스웨덴인공수정법안(1947년), 미국 뉴욕 주의 가족관계법개정안, 버지니아·인디애나·위스콘신·미네소타 각 주의 인공수정법안(모두 1948년~1949년), 덴마크인공수정법안(1954년) 등이 있다. 그 후 1960년대에 미국의 조지아 주(1964년), 오클라호마 주(1967년), 캔사스 주(1968년), 아칸소 주(1969년), 캘리포니아 주(1969년), 노스캐롤라이나 주(1971년), 뉴욕 주(1974년) 등에서 제정법이 탄생하여, 夫의 동의가 있는 AID 출생자는 배우자간의 친생자와 동일한 지위를 인정하였다. 그리고 혼인중의 출생자와 혼인외의 출생자의 평등화를 꾀하는 입법이 미국통일친자법Uniform Parentage Act, 1973으로 제정되었는데, 그 법에서 夫의 동의하에 처가 낳은 인공수정자는 夫의 친생자와 동일하게 다루도록 되어 있고동법 §5, 정자제공자는 원칙적으로 생부로 취급되지 않으며, 시술기록이나 서류의 비밀유지를 규정하였다. 그리고 부모의 혼인관계는 법적 친자관계에 영향을 미치지 않도록 규정하였다. 이 법은 1975년 캘리포니아 주에 의하여 계수된 이래 25개 주가 같은 취지의 입법을 하였다. 그 후 1984년에 스웨덴인공수정법이 제정되어 1984년부터 시행되고 있다.

## 2. 인공수정의 종류

인공수정에는 세 가지가 있다. 첫째는, 夫의 정액을 사용하여 시술하는 인공수정AIH이다. 이것은 夫에게 불임원인이 있지만 수정능력은 있는 경우에 사용하는 방법이다. 둘째는, 제3자의 정액을 사용하는 인공수정AID이다. 이것은 夫에게 불임원인이 있는 것이 분명할 때에 사용하는 방법이다. 법률적인 관점에서는 AIH(Artificial Insemination by Husband)에는 별로 문제가 없으나, AID(Artificial Insemination by Donor)는 사회적으로나 법률적으로 어려운 문제를 안고 있다. 셋째는, 독신여성이 정자를 제공받아 인공수정의 시술을 받는 경우이다. 그리고 최근에는 체외수정과 관련된 문제가 발생하고 있다.

## 3. 인공수정자(人工授精子)의 법적 지위

### (1) AIH에 의한 인공수정자

夫의 정액에 의하여 처가 포태·해산한 인공수정자는 통상의 경우의 子와 동일하게 다루어야 할 것이다.[125] 따라서 출생이 언제냐에 따라서 '친생자의 추정을 받는 혼인중의 출생자' 혹은 '친생자의 추정을 받지 않는 혼인중의 출생자'가 된다.

문제가 되는 것은, 최근에 볼 수 있게 된 냉동보존된 정액에 의한 인공수정의 경우이다. 夫가 사망한 후에 냉동보존되었던 夫의 정액을 사용한 인공수정자(夫의 사후 300일 이상이 된 후에 출생한다)의 법적 지위는 어떻게 되는가 하는 것이 문제이다.

서울가정법원은 이러한 경우에 子의 인지청구를 인용하는 판결을 한 바 있다.[126] 혼인외의 자는 생부의 사망을 안 날로부터 2년 내에 인지청구를 할 수 있다는 제864조에 근거하여 인지청구를 인용한 것이다. 자녀의 복리를 고려한다면 불가피한 판결이라고 볼 수 있으나, 법리상으로는 검토해야 할 점이 남아 있다고 생각된다.

한편 인지판결이 확정된다고 해도 이러한 자녀가 사망한 父의 상속인이 될 수는 없다. 인지의 소급효에 관한 규정§860과 태아의 상속능력에 관한 규정§1000③은 父의 사망시에 이미 출생해 있었던 자녀나 태아로서 포태되어 있었던 자녀에 대해서만 적용되는 것이므로, 이와 같이 父의 사망시에 태아로서도 존재하지 않았던 자녀에게는 적용될 여지가 없기 때문이다.

### (2) AID에 의한 인공수정자

#### (가) 夫의 동의가 있는 경우

夫의 동의하에 제3자의 정액을 사용하여 인공수정을 한 때에는 夫의 子로 추정받는 혼인중의 출생자가 된다고 해석하는 것이 타당하다.[127] 이론적으로는 혼인의 시기에 따라서 '친생자의 추정을 받지 않는 혼인중의 출생자'가 되는 경우도 생각할 수 있지만, 실제로는 혼인한 후 여러 해가 지나서 시술이 행하여지는 것이 보통이기 때문에 문제가 될 여지가 없다. 이 인공수정자에 대하여 夫가 친생부인의 소를 제기할 수 있는가 하는 문제가 있는데, 시술에

125) 서울가판 2011. 6. 22, 2009드합13538.

126) 서울가판 2015. 7. 3, 2015드단21748.

127) 대판 2019. 10. 23, 2016므2510 전원합의체; 친생자의 추정이 미치지 않는 子의 범위를 夫의 子를 포태할 수 없는 것이 객관적으로 명백한 별거상태(예컨대 국외체류·장기격리·생사불명·사실상의 이혼 등)에 있는 경우뿐만 아니라, 생식불능 등으로 포태가능성이 완전히 존재하지 않는 경우까지 포함시키는 견해에 의하면, 인공수정자는 夫의 子로 추정될 수 없다는 해석이 나올 수 있다. 따라서 이와 같이 해석할 때에는 이해관계인은 누구나 인공수정자에 대하여 친생자관계부존재확인의 소를 제기할 수 있게 된다(이러한 태도를 취한 판결: 서울가판 2002. 11. 19, 2002드단53028).

동의한 夫가 나중에 변심하여 친생부인권을 행사한다는 것은 금반언의 원칙(신의칙)에 반하기 때문에, 이는 부정하여야 할 것이다.[128]☞

이와 같이 夫의 혼인중의 출생자로 추정되기 때문에, 이해관계인이 친생자관계부존재확인의 소를 제기할 수 없다.[129] 夫의 혼인중의 출생자로 추정되는 결과, 인공수정자가 후에 정자제공자에 대하여 인지청구를 하는 것도 허용되지 않는다.[130] 같은 이유에서 정자제공자도 자기의 정자를 이용하여 출생한 인공수정자를 인지할 수 없다.

최근에는 위와 같은 법리를 확인하는 대법원 전원합의체 판결이 나오기도 했다(대판 2019. 10. 23, 2016므2510 전원합의체: "친생자와 관련된 민법 규정, 특히 친생추정 규정의 문언과 체계, 민법이 혼인중 출생한 자녀의 법적 지위에 관하여 친생추정 규정을 두고 있는 기본적인 입법 취지와 연혁, 헌법이 보장하고 있는 혼인과 가족제도 등에 비추어 보면, 아내가 혼인중 남편이 아닌 제3자의 정자를 제공받아 인공수정으로 자녀를 출산한 경우에도 친생추정 규정을 적용하여 인공수정으로 출생한 자녀가 남편의 자녀로 추정된다고 보는 것이 타당하다.").

☞ 독일에서는 인공수정에 동의한 夫가 후에 친자관계를 소멸시킬 수 있는 권리가 판례상 인정되고 있었다(1983. 4. 7, BGHZ 87, 169f. 참조). 당시 독일법원은 인공수정자에 대한 夫의 친자관계부인권은 당사자의 합의에 의해서 포기될 수 없는 성질의 것이라고 판단하였다. 그 이유는 이런 경우 친자관계를 소멸시킬 수 있는 권리는 夫의 인격권에서 파생되는 것인데, 이는 계약에 의해서 구속될 수 없는 성질의 것이기 때문이라고 하였다. 이러한 판례의 태도는 학자들의 강력한 비판을 피할 수 없었다. 인공수정에 동의한 夫가 후에 친자관계를 부인하는 것은 독일민법 제242조가 의미하는 권리남용에 해당한다는 것이 그 주된 이유였다. 왜냐하면 이 경우 子의 출생은 전적으로 인공수정에 대한 夫의 동의에 기인한 것이기 때문이다. 독일법원의 태도에 대한 비판과 더불어 인공수정자와 관련된 문제를 입법적으로 해결하기 위한 필요성도 강조되었다. 인공수정에 동의한 夫의 친자관계부인권을 배제하는 내용을 명문으로 규정하여 인공수정자의 복리와 법적 지위의 안정을 도모한다는 것이 그 취지였다. 이러한 입법시도는 몇 차례의 좌절을 겪었으나, 지난 2002년 마침내 결실을 이루게 되었다. 2002년 2월 1일 자녀권리향상에 관한

---

128) 동지: 대판 2019. 10. 23, 2016므2510 전원합의체; 서울가심 1983. 7. 15, 82드5110·83드1266(판례월보 159호, 51면); 서울가심 1983. 7. 15, 82드5134(판례월보 160호, 31면); 서울가판 2011. 6. 22, 2009드합13538.

129) 서울고판 1986. 6. 9, 86르53, 법률신문 1643호.

130) 서울가판 2011. 6. 22, 2009드합13538.

법률이 독일연방의회에서 통과되어 같은 해 4월 12일부터 시행에 들어간 것이다. 이에 따라 독일민법은 제1600조 제2항에서 "부모가 제3자의 정자를 이용한 인공수정에 동의하여 子가 출생한 경우, 부 또는 모에 의한 부자관계의 부인은 배제된다"는 취지의 규정을 두게 되었다. 이러한 내용의 입법은 현재 독일 내에서 광범한 지지를 받고 있으며, 이를 통하여 인공수정자의 법적 지위가 안정될 수 있는 기초가 마련되었다고 볼 수 있다

우리의 경우에도 인공수정자에 대해서 친생부인의 소나 친생자관계부존재확인의 소를 제기할 수 없다고 보아야 한다. 夫가 친생부인의 소를 제기하여 부자관계를 소멸시킨다든가 혹은 친생자추정이 되지 않는 것으로 해석하여 친생자관계부존재확인의 소를 제기할 수 있다고 한다면 인공수정자는 혼인중의 출생자의 신분에서 모의 혼인외의 출생자의 신분으로 변경된다. 그리고 父에 대한 부양청구권을 상실하게 된다. 그뿐만 아니라 상속권도 잃게 된다. 인공수정자의 입장에서 볼 때에는 분명히 이익보다는 손실이 많다. 우리 민법이 친생부인권에 대하여 단기간의 제척기간(친생부인의 사유가 있음을 안 날로부터 2년 내)§847을 둔 것이라든가, 원칙적으로 夫 또는 처에게만 친생부인권을 준 것이라는가§846, 또 子의 출생 후에 친생자임을 승인한 자는 다시 친생부인의 소를 제기할 수 없다는 규정§852 등을 볼 때 친생부인권이 혈연의 절대존중에 기초를 둔 것이라고 보기 힘들며, 도리어 혈연관계의 확립보다는 子의 지위보호에 비중을 두고 있다고 생각된다.

인공수정에 동의한 夫의 이익과 인공수정자의 이익을 형량할 때, 인공수정자의 보호에 비중을 두는 것이 타당하다고 생각된다. 夫가 일단 동의한 이상 그것이 금반언의 원칙(신의칙)에 반한다고 보는 것은 충분한 근거가 있으며, 반면에 인공수정자는 夫의 동의에 의하여 출생한 子이므로(夫의 동의가 없었으면 출생하지 않았을 것이다) 마땅히 그 모의 夫인 父에 대하여 법적인 책임을 물을 수 있다고 하여야 할 것이다.

(나) 夫의 동의가 없는 경우

인공수정의 시술을 할 때에는 의사가 반드시 夫의 동의서를 요구하므로 夫의 동의 없이 시술이 행하여지는 경우는 거의 없다고 생각되지만(스웨덴인공수정법 제2조는 夫의 서면동의서를 절대요건으로 규정하고 있다), 만약 子가 夫의 동의 없이 인공수정으로 태어났다면, 그 子는 사정에 따라 친생자추정을 받는 혼인중의 출생자, 추정을 받지 않는 혼인중의 출생자, 추정이 미치지 않는 子가 될 것이다. 夫는 친생부인의 소를 제기할 수 있으며, 친생자추정을 받지 않거나 추정이 미치지 않는 子일 경우에는 이해관계인이 친생자관계부

존재확인의 소를 제기할 수 있다고 해석하여야 할 것이다. 그러나 처의 이러한 행위는 이혼원인으로서의 부정행위는 되지 않는다. 다만 제840조 제6호의 한 요소가 될 수는 있을 것이다.

### (3) 독신여성이 AID에 의하여 인공수정자를 출산한 경우

독신여성이 제3자의 정자를 제공받아 子를 낳은 경우에는, 그 子는 그 여자의 혼인외의 출생자가 된다.[131]

## 4. 체외수정 · 대리출산

1978년 영국의 의사 스텝토Patrick Christopher Steptoe, 1913~1988에 의하여 인류최초의 체외수정자가 탄생한 후, 우리나라에서도 1985년 10월 12일에 최초로 태어났다. 이른바 '시험관아기'라는 것이다. 체외수정은 처에게 불임원인이 있는 경우에 그 치료법으로서, 처의 난자와 夫의 정자를 체외(시험관)에서 수정시켜 처의 자궁에 착상시킨 다음 성장 · 출생하게 하는 것을 말한다. 이와 같은 배우자간의 체외수정은 AIH와 같으므로, 법률적으로는 큰 문제가 없다. 다만 체외수정상태에서 父가 사망하였을 경우에, 이 수정란을 태아로 보아서 상속권을 인정할 것인가 하는 문제가 있다.

그러나 夫와 그의 처 사이의 체외수정란을 제3자인 여성의 자궁에 착상시켜서 출생시킬 경우에 상정할 수 있는 법률적인 문제는 적지 않다. 이 때 제3자인 여성을 '대리모'라고 한다. 이러한 경우에 우선 모자관계가 문제되는데, 대리모와 난자제공자 두 사람 중에서 어느 쪽이 모인가 하는 점이 문제이다. AID의 법리에 따르면, 해산한 모, 즉 대리모가 체외수정자의 모가 된다고 보아야 할 것이다.[132] 그러나 이와 같이 되면, 난자제공자인 처와 夫의 의사와는

131) 스웨덴인공수정법 제2조는 "인공수정시술은 혼인중의 여성 혹은 혼인유사의 관계에 있는 여성에 대해서만 행할 수 있다"고 규정하고 있다.

132) 서울가정법원 2018. 5. 9, 2018브15 결정. 독일민법 제1591조는 자녀를 출산한 여성이 자녀의 모가 된다고 규정하고 있다. 대판 2025. 4. 24, 2022므15371은 이러한 법리를 다시 확인하였으나, 민사소송법 제1조 제2항에 따른 소권남용의 법리를 적용하여 친생자관계존재확인의 소를 기각하였다(갑 · 을 부부와 대리모계약을 체결한 A(원고)가 병(피고)을 낳아 8,000만원을 받고 갑 · 을 부부에게 인도하였으며, 갑 · 을 부부는 병을 친생자로 출생신고한 후 10년 이상 양육해 왔는데, A는 갑 · 을 부부를 협박하여 이미 5억원 이상을 받아냈고, 그 후에도 계속해서 돈을 요구하며 친생자관계존재확인의 소를 제기한 사안이다). 한편 친생자관계부존재확인소송에서 소권남용의 법리를 배척한 판례로는 대결 2004. 6. 24, 2004므405 참조.

반대되는 결과가 되기 때문에 법률적으로는 어려운 문제가 생긴다. 현재 미국에서는 대리모계약이 성행하고 있는데, 난자제공자인 처와 대리모 사이에 체결된 계약의 법률적 성질은 어떠한 것인가 하는 문제가 있다. 그러나 우리나라의 경우 이러한 계약은 현행법상 선량한 풍속 기타 사회질서에 반하는 법률행위로서 무효가 될 것이다§103 참조.[133)]

대리모가 포태중에 모체의 건강상의 이유로 임신중절을 하여야 할 경우에 그 결정권에 대하여 난자제공자와의 경합이 생기는가의 여부도 문제이다. 그리고 대리모가 일방적으로 인공임신중절을 시킨 경우에, 난자제공자는 대리모에 대하여 법적 책임을 물을 수 있는가 하는 문제가 있다. 그 밖에 출생한 체외수정자에게 장애가 있는 경우에 子의 인도문제를 둘러싸고 분쟁이 발생할 여지도 있다.

수정란의 냉동보존이 가능해졌기 때문에 발생하는 법률적 문제도 작은 문제는 아니다. 즉 냉동보존기간에 부부가 사망한다든가 이혼한 경우에 수정란의 지위가 문제된다.

그 밖에도 처의 난자에 夫가 아닌 제3자의 정자를 체외에서 수정시킨 다음 그것을 처 또는 제3의 여성의 체내에 착상시켜 성장시키는 경우, 처가 아닌 제3의 여성의 난자에 夫의 정자를 체외에서 수정시킨 후 그것을 처·난자제공자인 여성·전혀 다른 여성 등의 체내에 착상시켜 성장시키는 경우 또는 제3의 여성의 난자에 제3의 남성의 정자를 체외에서 수정시킨 후 그것을 처의 체내에 착상시키는 경우 등에는 더욱 곤란한 문제를 야기하게 될 것이다.

# 제3절 양 자

## 1 양자제도

### 1. 양자제도의 의의와 변천

오늘날 입양제도의 목적은 보호가 필요한 아동에게 정신적·육체적으로

133) 같은 취지, 서울가정법원 2018. 5. 9, 2018브15 결정; 대판 2025. 4. 24, 2022므15371.

건강하게 성장할 수 있는 가정을 마련해 주는 데 있다. 즉 입양제도는 보호필요아동을 위한 사회정책적 수단으로 이해되고 있는 것이다. 이와 같은 입양제도의 목적이 달성되기 위해서는 그 전제로서 적어도 다음과 같은 몇 가지 요건이 충족되어야 한다. 첫째, 입양아동이 모든 면에서 친생자와 차별받지 않고 입양가정에서 성장할 수 있는 조건이 마련되어야 한다. 2008년부터 친양자제도가 시행되기 전까지는 민법에 의해서 입양하는 경우 양자가 양친의 성을 따를 수 없었고, 양자라는 사실이 호적에 기재되어 공시됨으로써 양자와 친생자 사이에 상당한 차별이 있었다. 2008년부터 친양자제도가 시행됨에 따라 친양자로 입양하는 경우에는 더 이상 이와 같은 문제가 발생하지 않는다. 둘째, 입양을 희망하는 사람이 양육에 필요한 능력과 자질을 갖추고 있는지의 여부가 국가에 의해서 사전에 충분히 검증되는 것이 필요하다. 종전에는 민법상의 일반양자로 입양하는 경우에는 당사자의 합의와 등록법상의 신고에 의해서 간단히 입양이 성립하였으므로, 양부모가 될 사람이 양육에 필요한 조건을 갖추고 있는지의 여부가 전혀 검증되지 않았다. 이러한 법제도에서는 입양이 악용될 가능성을 배제할 수 없었으며, 실제로 입양되어 학대받는 아동들의 사례가 계속해서 보고되었다. 이러한 문제를 해결하기 위하여 양자법이 개정되었다. 2013년 7월 1일부터 시행되고 있는 개정법에 의하면 일반양자의 경우에도 미성년자(또는 피성년후견인)를 입양하는 때에는 사전에 가정법원의 허가를 받아야만 한다(한편, 2008년부터 시행되고 있는 친양자 입양의 경우에는 이미 입양허가제가 도입되어, 가정법원이 입양의 동기, 양부모될 사람들의 양육능력 등을 사전에 심사하고 있다).

우리나라의 입양제도를 역사적으로 고찰해 보면, 원래 우리 민족에게는 대를 잇기 위해서 양자를 들이는 관습이 없었다는 사실을 알 수 있다. 고려사회에는 반드시 아들이 있어야 한다는 관념이 존재하지 않았으며, 따라서 고려인들은 굳이 아들을 얻기 위하여 첩을 두거나 대를 이을 목적으로 양자를 들일 필요성을 느끼지 못했다. 그러므로 고려시대에는 원래 첩제도가 없었고, 가계계승을 목적으로 양자를 들이는 제도도 존재하지 않았다. 고려시대에도 양자제도는 법으로 인정되고 있었지만, 이것은 어디까지나 불우한 아동을 거두어 은혜를 베푸는 수단이었을 뿐이며, 가계계승을 목적으로 한 것은 아니었다. 따라서 양친과 성이 다른 이성양자(異姓養子)를 들이는 것은 당연한 것으로 생각되었으며, 양자는 양친의 성을 따를 수 있었고, 양친의 사후에 제사를 주재하였다. 고려사회의 정신적 기초가 불교였다는 점은 이러한 역사적 사실을 이해하는 데 도움이 될 것이다.

고려를 멸망시킨 조선은 중국에 대해서 사대정책을 취하였으며, 불교를 배척하고 당시 중국의 통치이념이었던 유교(성리학)와 종법제를 적극적으로 수용하였다. 이에 따라 조선왕조는 아들만이 제사를 주재할 수 있도록 하고, 제사의 승계를 통하여 가계가 계승되도록 함으로써 아들만이 대를 이을 수 있다는 관념을 우리 역사상 처음으로 도입하였다. 그리고 대를 잇기 위한 아들을 얻기 위한 목적으로 첩제도를 공인하여 사실상 일부다처제를 도입하였는데, 이는 본처가 아들을 낳지 못할 경우 첩에게서 대를 이을 아들을 얻으려는 목적에서 비롯된 것이었다. 또한 처와 첩으로부터 아들을 얻지 못한 경우에는 남자아이를 입양하여 제사의 주재자로 삼아 대를 잇도록 하였는데, 이 경우에는 엄격한 제한이 부과되고 있었다. 우선 양부와 성과 본이 다른 아이는 양자가 될 수 없었는데, 대를 잇는 것이 입양의 목적이었으므로, 성이 다른 아이는 부계혈통을 이을 수 없다는 것이 그 이유였다. 따라서 양자가 될 아이는 양부와 동성동본이어야 하고 양부의 子의 항렬에 해당되는 경우(예를 들면 양부의 남동생의 아들, 즉 조카)로 한정되었다. 또한 그 당시의 입양목적에 비추어 볼 때 당연한 결과로서 양자는 한 명으로 제한되었으며, 여자아이는 양자가 될 수 없었다.

그러나 조선이 중국에서 도입한 성리학과 종법제가 과도기를 거쳐 실제로 조선 사회전반에 영향을 미치게 된 것은 조선중기 이후였다. 조선은 건국초기부터 유교이념에 따라 전통적인 가족제도를 변화시키려고 노력했지만, 오랜 기간을 거쳐 민족에 뿌리내린 가족제도는 쉽게 변하지 않았기 때문이다. 따라서 적어도 조선중기까지는 딸이 있는 경우 대를 잇기 위하여 양자를 들이는 예는 거의 찾아볼 수 없었다. 그 때까지만 해도 제사는 아들에 의해서 승계되는 것이 아니었으며, 따라서 제사승계를 통한 가계승계의식도 지배적인 것이 아니었다. 유교를 조선사회에 이식하고자 했던 통치자들의 의도는 조선중기를 거쳐 후기에 들어 와서야 서서히 실현되기 시작하였다. 조선후기에 접어들면서 적장자(嫡長子)에 의한 제사승계관행이 굳어지게 되고, 아들이 없는 경우 양자를 들여 대를 잇게 하는 관행이 자리잡게 되었다. 성이 다른 아이를 양자로 삼아 양부의 성을 따르게 하는 것은 원칙적으로 금지되었다. 당시 사회를 지배하고 있던 유교의 영향하에서 성은 부계혈통의 표식으로서 변할 수

없는 것으로 관념되었고, 성을 바꾼다는 것은 '천지 음양이 전도'되는 것으로 생각되었던 것이다.134)

그러나 조선시대에도 일반서민층에서는 이성양자를 들이는 경우가 끊이지 않았다. 이들은 양친의 성을 따르고, 양친을 봉양했을 뿐만 아니라, 양친의 사후에는 재산을 상속하고 제사를 모셨다. 당국이나 예가(禮家)도 서민들의 이성양자는 금하지 않았으며, 이를 용인하였다.135)

일제는 침략 직후 발간한 관습조사보고서에서 이성불양(異姓不養)의 원칙이 조선의 관습이라고 밝혔는데, 조선후기까지도 일반서민층에서 성이 다른 아이를 양자로 받아들이는 관습이 남아 있었고, 조정에서도 실질적으로 이를 용인하였던 사실에 비추어 보면, 일제에 의하여 확정된 조선의 관습이란 유교이념에 충실하였던 일부 양반층에서만 통용되던 것이었음을 알 수 있다. 그러나 일제가 입양에 관한 관습을 일단 이와 같이 정하게 됨에 따라 성이 다른 아이의 입양은 금지되고, 무효로 될 수밖에 없었다.

그 후 일제는 1940년 2월 11일부터 시행한 조선민사령 제4차 개정을 통하여 한국인의 성을 전부 일본식으로 바꾸게 함과 동시에 이성양자를 허용하였다. 이러한 일제의 조치는 동화정책의 일환으로 이루어진 것이었다. 당시 일제가 이성양자를 허용한 이유는 일본인 가정에서 한국인 아이를 입양할 수 있도록 하여 일본과 조선의 '동화'를 촉진하는 데 그 목적이 있었다.

해방 후 1960년 1월 1일부터 시행된 민법전에 의하면 성이 다른 아이를 입양하는 것은 허용되었으나, 성이 다른 아이를 입양할 경우 양자는 양친의 성을 따를 수 없게 되었다. 조선후기 사회에서 유교이념에 충실했던 일부 양반층에서 성립된 소위 '성불변의 원칙'이 가족법의 원칙으로 자리를 잡게 된 것이다.

2005년의 민법일부개정에 의하여 친양자제도가 신설되었다(제908조의2~제908조의8. 이 조항들은 2008년 1월 1일부터 시행되고 있다). 친양자제도는 양자와 친생부모와의 관계가 완전히 단절되고, 입양아동이 법적으로뿐만 아니라 실제생활에 있어서도 마치 '양친의 친생자와 같이' 완전히 입양가족의 구성원으로 흡수·동화되는 제도로 이해된다(서구에서는 '완전양자'라는 표현이 보편화되어 있다. 친양자는 완전양자의 우리식 표현이라고 볼 수 있다). 그러므로 양자는 마치 양친의 친생자인 것처럼 양친의 성과 본을 따를 뿐 아니라, 등록부에도

134) 박병호, 異姓繼後의 실증적 연구, 서울대 법학 제14권 제1호(1973. 6), 85면.
135) 이병수, 우리나라의 異姓不養考, 법사학연구 제6호(1981), 135면.

양친의 친생자로 기록된다. 친양자제도의 도입으로 인하여 양자와 친생자 사이의 법적인 차별이 완화될 것으로 전망된다.

2008년 1월 1일부터 친양자제도가 시행되면서, 민법상의 양자제도는 일반양자(종래 민법상의 양자제도)와 친양자로 이원화되었다. 이 두 가지 양자제도는 성립요건과 효과면에서 상당한 차이가 있는데, 당사자는 각자의 사정을 고려하여 자신들에게 적합한 방식을 선택할 수 있다.

## 2. 현대 양자법의 경향

현대 양자법의 경향은 입양의 성립요건과 효과라는 두 가지 점으로 나누어 볼 수 있다. 성립요건에 대해서 보면, 이른바 계약형 양자법에서 선고(허가)형 양자법으로 변하고 있다. 선고(허가)형 양자법에서는 입양은 양친과 양사 사이의 사적인 신분상의 계약이 아니며, 국가기관의 선고(허가)에 의하여 성립한다. 국가기관이 입양에 관여하는 이유는 적절한 감독을 통하여 양자의 복리를 실현하려는 데 있다. 외국에서의 미성년양자는 대부분 선고(허가)형이다. 우리의 경우 개정 전의 민법상 일반입양은 당사자 간의 합의와 입양신고만으로 간단하게 성립하는 계약형이었는데(반면에 친양자 입양은 처음부터 선고형으로 도입되었다), 국가가 입양에 개입하고 감독할 여지가 없다는 점에서 문제가 있었다. 그러나 2013년 7월 1일부터 시행되는 개정법에 의하면 일반입양의 경우에도 미성년자(또는 피성년후견인)를 입양할 때에는 반드시 가정법원의 허가를 받아야만 하므로, 이러한 문제가 해결되었다.

입양의 효과에 대해서 보면, 현대 양자법은 이른바 불완전양자에서 완전양자full adoption로 변하고 있다. 완전양자제도는 입양아동이 법적으로뿐만 아니라 실제생활에 있어서도 마치 '양친의 친생자와 같이' 입양가족의 구성원으로 완전히 편입, 동화되는 제도로 이해된다. 민법상의 일반양자제도와 달리 입양 후에는 입양 전의 친족관계가 소멸하고, 양자는 양부모의 성을 따르며 신분증명서에도 양친의 친생자로 기재된다. 미성년자, 특히 부모가 없는 아동을 위해서는 최선의 대안이라고 평가할 수 있다. 우리는 개정민법상의 친양자제도에 의해서 완전양자제도를 도입하였다. 즉 친양자(친생자와 같은 양자라는 뜻)는 완전양자의 우리식 표현이라고 볼 수 있다.

### 3. 개정 양자법

2011년 12월 29일 양자법 개정안[136]이 국회를 통과하였다(시행일 2013. 7. 1). 개정 양자법의 중요한 특징을 요약, 정리하면 다음과 같다. 첫째, 일반양자의 경우에도 미성년자를 입양할 때에는 반드시 가정법원의 허가를 받도록 하였다§867. 미성년자 입양에 있어서 입양허가제를 도입한 것은 국가가 양자될 아동의 보호를 위하여 적극적으로 개입하겠다는 의지를 표명한 것으로 볼 수 있다. 둘째, 일정한 사유가 있는 경우에는 법정대리인의 승낙(또는 동의)이나 부모의 동의 없이도 가정법원의 허가에 의해서 입양이 가능하게 되었다§869③·§870① 단서. 이는 아동의 복리실현을 위해서 필요한 경우에는 국가가 입양의 성립을 적극적으로 지원하겠다는 의미로 해석될 수 있다. 셋째, 양자가 미성년자인 경우에는 협의파양을 할 수 없고, 재판상 파양을 통해서만 양친자관계를 해소할 수 있게 되었다§898 단서. 이는 파양 시에도 국가가 아동의 보호를 위해서 적극 개입하여 후견적 역할을 하겠다는 의미로 풀이될 수 있다. 아래에서는 개정 양자법의 내용을 반영하여 일반양자에 대하여 설명한다.

## 2 입양의 성립요건

입양이 성립하기 위해서는 실질적 요건과 형식적 요건이 함께 구비되어야 한다(여기서의 입양이란 일반입양을 의미한다).

### 1. 실질적 요건

#### (1) 당사자 사이에 입양의 합의가 있을 것§883 i

(가) 입양이 성립하기 위해서는 우선 당사자 사이에 입양의사의 합치가 있어야 한다. 입양의사란 실질적으로 친자관계를 형성하려는 의사(당사자 사이에 실제로 양친자로서의 생활관계를 형성한다는 의사)를 말한다. 따라서 단순히 어떠한 방편을 위해서 하는 입양(가장입양)은 실질적인 입양의사를 결여하는

---

136) 법률 제11300호, 공포일자 2012. 2. 10, 시행일 2013. 7. 1.

것으로서 무효이다.[137)]

(나) 입양의사는 자유롭게 결정되어야 한다. 사기 또는 강박으로 입양의 의사표시를 한 때에는 완전한 자유의사에 의한 것이 아니므로, 취소의 문제가 생긴다§884ⅲ.

(다) 입양의사는 그 성질상 조건부 또는 기한부는 있을 수 없다.

(라) 입양당사자 자신의 독립의사에 의한 것이 원칙이다. 다만 피성년후견인은 성년후견인의 동의를 얻어야 입양당사자가 될 수 있다§873①. 그러나 이러한 원칙에는 중대한 예외가 있다. 그것은 양자가 될 자가 13세 미만인 경우에는 법정대리인의 대락에 의해서만 입양이 성립될 수 있다는 것이다§869②. 13세 미만의 어린 아동의 경우에는 스스로 입양의 의사를 표시하기 어렵기 때문이다.

(마) 입양의사는 신고서면을 작성할 때와 신고가 수리될 때에 모두 존재하여야 한다. 따라서 유효하게 작성된 신고서도 제출 전에 일방이 입양의사를 철회하면 수리되더라도 무효이다.

(2) 양친은 성년자일 것§866

(가) 성년자는 누구든지 입양을 할 수 있다. 입양을 하기 위해서는 기혼자일 필요가 없으며, 자녀의 유무도 문제가 되지 않는다. 부부가 입양을 하는 경우에는 부부가 모두 성년에 달해 있어야 한다§874 참조. 혼인에 의해서 성년에 달한 것으로 보는 경우에는§826의2 입양능력이 없다고 해석하는 것이 타당할 것이다. 양부모가 될 자가 만 19세가 되지 않은 경우에는 부모로서의 양육능력을 갖추고 있다고 보기 어렵기 때문이다.

(나) 이에 위반한 신고는 수리되지 않으나§881, 잘못 수리되면 취소할 수 있다§884ⅰ.

### (3) 가정법원의 허가를 받을 것§867

(가) 의 의

개정 전에는 일반양자의 입양은 당사자의 합의와 신고만으로 간단하게 성립하였으므로(계약형 입양), 입양의 성립에 국가기관(법원)이 후견적 개입을 하지 않는다는 문제가 있었다. 국가기관이 입양에 관여하지 않는다는 것은 국가가 양자될 아동의 보호를 포기한다는 의미로 해석될 수 있으며, 이는 유엔아

---

137) 대판 1995. 9. 29, 94므1553, 1560, 법원공보 1004호, 3625면은 고소사건으로 인한 처벌을 면하기 위한 가장입양은 무효라고 한다.

동권리협약 제21조에 위반되는 사항이기도 하다(또한 미성년자 입양에 법원 등 국가기관의 허가를 받도록 하는 것은 선진국의 보편적인 입법례이기도 하다). 종전과 같은 입양방식을 그대로 유지하는 경우에는 양자될 아동의 복리가 위태롭게 되는 것을 막을 수 없을 뿐만 아니라(예컨대, 아동 성폭행전과가 있는 자도 미성년자를 입양할 수 있다), 다른 목적을 위해서 입양제도를 남용하는 경우(예컨대, 세 자녀 이상의 가구에 대한 아파트 특별분양 혜택을 노리고 가장입양하는 경우)에도 사전에 이를 저지할 방법이 없었다. 이러한 문제점에 대한 인식이 확산되면서, 당사자의 합의와 신고만으로 간단하게 성립하는 일방양자의 입양방식을 개정해야 한다는 사회적 공감대가 형성되었고, 그 대안으로서 법원의 입양허가제가 도입된 것이다.

(나) 법원의 허가

① 개정법에 의하면 미성년자를 입양하는 경우에는 반드시 법원의 허가를 받아야 한다§867①, 가소규 §2①v. 일반입양이 성립하기 위해서는 실질적 요건(입양의 합의, 양부모는 성년자일 것 등)과 형식적 요건(제878조에 의한 입양신고)이 갖추어져야 하는데, 법원의 허가는 입양의 실질적 요건의 하나이다(법원은 입양의 허가를 할 때 그 외의 실질적 요건이 구비되어 있는가를 심사한 후 문제가 없다고 판단되는 경우에만 입양의 허가를 하여야 할 것이다). 따라서 입양당사자는 가족관계등록공무원에게 입양신고서를 제출할 때 법원이 발급한 입양허가서를 반드시 첨부하여야 한다. 이 요건을 결여한 때에는 입양신고가 수리되더라도 그 입양은 무효이다§883ii(예컨대 법원의 입양허가를 받지 않고 위조된 입양허가서를 제출하여 입양신고가 수리된 경우).

② 가정법원은 양자가 될 미성년자의 복리를 위하여 그 양육 상황, 입양의 동기, 양부모의 양육능력, 그 밖의 사정을 고려하여 입양의 허가를 하지 아니할 수 있다§867②.

가정법원은 양자될 아동의 복리를 기준으로 하여 입양의 허가여부를 결정하여야 한다. 미성년 양자의 복리는 양부모에 의해서 좌우된다고 해도 과언이 아니므로, 특히 양부모의 양육능력, 양육환경 등에 대해서는 면밀한 검증이 이루어질 필요가 있다. 가정법원은 경찰청장에 대하여 양부모가 될 사람의 범죄경력자료를 요청할 수 있고, 시장·군수·구청장에 대하여 양부모가 될 사람의 주소지 및 가족관계 등을 확인하기 위한 주민등록표 등본·초본을 요청할 수 있다. 또한 양부모가 될 사람의 소득을 확인하기 위하여 국세청장에 대하여 근로소득자료 및 사업소득자료를 요청할 수 있다(이외에도 양부모가 될 사람이 양육능력과 관련된 질병이나 심신장애를 가지고 있는지 확인하기 위하여 「의료법」에 따른 의료기관의 장 또는 「국민건강보험법」에 따른 국민건강보험공단의 장에 대하여 진료기록자료를 요청할 수 있다)가소 §45의9②. 또한 법원은 입양될 아동의 의사를 참고할 필요가 있는데, 법관이 직접 아동의 의사를 청취할 수도 있고, 경우에 따라서는 전문가(예컨대 소아정신과 전문의 등)의 의견을 받아 보는 것도 도움이 될 것이다(연령과 관계없이 아동이 자신의 의사를 표현할 수 있는 능력이 있을 때에는 그 의사를 파악하여 참고하는 것이 바람직하다.[138] 가사소송법은 양자가 될 사람이 13세 이상인 경우에는 그의 의견을 들어야 한다고 규정하고 있다가소 §45의9①).

(4) 입양의 의사표시가 있을 것§869

(가) 양자가 될 사람(미성년자)이 13세 이상인 경우에는 법정대리인의 동의를 받아 입양의 승낙을 할 것§869①

개정법은 입양당사자가 되어 스스로 입양의 의사표시를 할 수 있는 연령을 13세로 낮추었다. 따라서 13세가 되면 스스로 입양의 의사표시를 할 수 있으나, 성년자가 되기 전까지는 부족한 판단능력을 보충하는 의미에서 법정대리인의 동의를 받도록 하였다§869①, 가소규 §62의7①iii.

입양은 미성년 아동의 삶에 중대한 영향을 미치는 행위이므로, 본인의 의사를 존중하는 것이 중요하다. 종전에는 미성년자는 15세가 되어야 입양당사자로서 스스로 입양의 의사표시를 할 수 있었으나구 §869 본문, 개정법의 입법자는 우리사회에서 아동의 정신적 성숙도 등을 고려해 볼 때 입양당사자가 될 수 있는 연령을 13세로 낮추어도 무방하다고 판단한 것이다.

(나) 양자로 될 사람이 13세 미만인 경우에는 법정대리인이 갈음하여 입양의 승낙을 할 것§869②

① 입양의 대락: 민법상 입양이 성립하기 위해서는 당사자 사이에 입양의사의 합치가 있어야 한다. 입양은 일종의 신분행위이므로, 양자가 되고자 하는 사람과 입양을 하려는 사람은 스스로 입양의 의사표시를 해야만 한다(혼인의 의사표시가 대리될 수 없는 것과 같다). 그러나 양자가 될 자가 의사능력이 없는 어린 아이라면(실제로 이런 경우가 대부분이다), 스스로 입양의 의사를 표시하는 것은 불가능하다. 그러므로 양자가 될 자에게 스스로 입양의 의사표

138) 대결 2021. 12. 23, 2018스5 전원합의체.

시를 하도록 요구한다면, 실제로 입양은 거의 성립할 수 없을 것이다. 이런 이유에서 입양의 경우에는 신분행위의 일반원칙에 대한 예외로서 대락(일종의 대리)을 허용하지 않을 수 없다. 따라서 민법은 양자될 자가 13세 미만인 경우에는 법정대리인이 입양을 대락하도록 하고, 13세에 달하면 스스로 입양의 의사표시를 할 수 있는 것으로 하였다(즉 양자가 될 아동은 13세에 이르면 스스로 입양당사자가 될 수 있다. 다만, 이 경우에는 법정대리인, 부모 등의 동의가 필요하다).

② 대락권자: 대락권자는 입양될 아동의 법정대리인(친권자 또는 미성년후견인)이다. 부모가 공동친권자인 경우에는 부모 쌍방이 공동으로 대락하여야 하며, 일방이 대락하지 않으면 입양은 성립하지 않는다. 부모의 일방이 다른 일방의 의사에 반하여 공동명의로 대락을 한 경우에는 입양은 무효가 된다(제920조의2는 부모의 일방이 다른 일방의 의사에 반하여 한 공동명의의 법률행위도 선의의 상대방에게는 효력이 생긴다고 규정하고 있으나, 이는 재산행위에 대한 규정이며, 입양의 경우에는 적용되지 않는다고 보아야 한다).

친권을 상실한 부모는 더 이상 법정대리인이 아니므로, 대락권자가 아니지만, 친권 중에서 재산관리권만을 상실한 부모§925에게는 대락권이 인정된다. 입양대락은 자녀의 신분사항에 관한 것이기 때문이다. 같은 이유에서 재산관리권만을 가지는 미성년후견인§946은 입양을 대락할 수 없다. 친권이 일시 정지§924되어 있는 부모도 입양을 대락할 수 없다. 친권이 일부 제한§924의2되어 있는 부모의 경우에는 친권이 제한되어 있는 범위에 따라 입양을 대락할 수 있는가의 여부가 결정된다. 예컨대 재산관리에 한정하여 친권이 제한되어 있는 부모는 입양을 대락할 수 있을 것이지만, 입양의 승낙 또는 동의에 관하여 친권이 제한되어 있는 부모는 입양을 대락할 수 없다.

친권자가 미성년자인 경우(예컨대 미성년자인 미혼모)에는 스스로 친권을 행사하지 못하고 그의 친권자가 친권을 대행하게 된다§910. 따라서 이런 경우에는 입양될 자의 조부모가 입양을 대락하게 된다. 미성년자인 친권자에게 부모(친권자)가 없는 경우에는 미성년후견인이 친권을 대행하게 되므로§948, 친권자의 미성년후견인이 입양을 대락하게 된다.

부모가 이혼하여 일방만이 친권자인 경우에는 친권자인 일방이 입양을 대락하고, 친권자 아닌 다른 일방은 부모로서 입양에 동의하게 된다§870①. 따라서 자녀의 입양에 관하여 부모 쌍방의 의사가 모두 고려된다(인지된 혼인외의

출생자의 경우에도 같다).[139]

미성년후견인이 피후견인을 입양하고자 할 때에는 가정법원에 특별대리인의 선임을 청구하여§921① · 949의3, 가정법원에서 선임한 특별대리인이 피후견인의 법정대리인으로서 입양을 대락할 수 있을 것이다.[140] 다만 후견감독인이 있는 경우에는 후견감독인이 입양을 대락할 수 있다고 해석된다(따라서 이때에는 특별대리인의 선임을 청구할 필요가 없다).

개정 전에는 후견인이 법정대리인으로서 대락할 때에는 가정법원의 허가를 받아야 한다는 규정이 있었으나구 §869 단서, 이 규정은 삭제되었다. 개정법에 의하면 미성년자를 입양하는 경우에는 항상 가정법원의 허가를 받아야 하기 때문이다.

③ 위반의 효과: 이 규정에 위반한 입양은 무효이다§883 ii. 대락은 일종의 대리이므로, 대락권이 없는 자가 한 대락은 일종의 무권대리라고 볼 수 있다. 그러므로 子가 13세에 달하여(즉, 스스로 입양당사자가 될 수 있는 연령에 이르러) 무효인 입양을 추인하면, 그 입양은 소급하여 유효가 된다고 해석할 수 있다.[141]

(다) 입양 동의 또는 승낙의 철회권 보장§869⑤ · 870③

법정대리인이 입양에 동의하거나 승낙한 경우에도 가정법원의 허가가 있기 전에는 이를 철회할 수 있다§869⑤. 동의 또는 승낙을 철회할 수 있는 기간은 일종의 '입양숙려기간'으로서 설정된 것인데, 이 제도는 친생부모(특히 미혼모)의 자기 결정권(스스로 자녀를 양육하겠다는 결정을 하는 경우에는 이러한 의사를 최대한 존중하고, 양육을 지원하여야 함)을 존중하겠다는 취지에서 도입된 것이다.

---

139) 양자법 개정 전에도 가족관계등록예규는 법정대리인이 15세 미만의 양자될 자에 갈음하여 입양의 승낙을 하는 경우에는 부모 등의 동의가 필요하다고 보았다. 즉, 이혼 후 모가 친권자로 되어 있는 경우라면, 15세 미만의 子가 입양될 때 친권자인 모의 입양승낙 외에 친권자 아닌 父의 입양 동의가 필요하다고 해석하였다(가예 129호 제3조 제3항).

140) 법원실무제요 가사 Ⅱ, 292면; 주해친족법 1권, 719면.

141) 본서의 의견에 따르는 판례, 대판 1990. 3. 9, 89므389. 생후 3개월 된 기아를 경찰서에서 인도받아 양육하다가 자신의 친생자로 출생신고를 한 경우, 경찰서장은 후견인이 아니므로 법정대리인의 대락이 없어서 무효라고 볼 수도 있으나, 그 子가 15세가 된 후 입양이 무효임을 알면서도 양친이 사망할 때까지 아무런 이의를 제기하지 않았다면, 묵시적으로 입양을 추인한 것으로 보는 것이 타당하다. 대판 1997. 7. 11, 96므1151은 "부모를 알지 못하는 아이를 데려가 키우면서 자신의 친생자로 출생신고를 한 경우, 子가 15세 이후에도 계속하여 양모를 어머니로 여기고 생활하는 등 입양의 실질적인 요건을 갖춘 이상, 子는 15세가 된 이후에 양모가 한 입양에 갈음하는 출생신고를 묵시적으로 추인하였다고 보는 것이 타당하고, 일단 추인에 의하여 형성된 양친자관계는 파양에 의하지 않고는 해소시킬 수 없다"고 판시하고 있다.

(라) 법정대리인의 동의나 승낙 없이 입양이 가능한 경우§869③

① 의의: 자녀의 법정대리인이 자신의 의무는 이행하지 않으면서 정당한 이유 없이 입양의 동의나 승낙을 거부하여 입양이 불가능하게 되는 경우가 있다. 자녀의 복리를 위하여 입양이 반드시 필요하다고 판단되는 경우에 법정대리인이 자녀를 보호, 양육할 의사도 없으면서 정당한 이유 없이 입양에 반대하여 입양이 성립되지 못한다면, 자녀의 복리가 회복불가능하게 침해될 수 있다(자녀는 안정된 가정에서 성장할 수 있는 기회를 영구적으로 상실하게 될 수도 있다). 이런 경우에 법원이 법정대리인의 승낙(또는 동의) 없이도 입양을 허가할 수 있는 규정을 두는 것은 비교법적으로 고찰해 볼 때 보편적인 경향에 속한다.[142)]

개정법에 의하면, 법정대리인이 정당한 이유 없이 입양의 동의나 승낙을 거부하는 경우에는 가정법원은 법정대리인의 동의나 승낙이 없이도 입양을 허가할 수 있다(같은 취지의 규정이 친양자 입양의 경우에도 도입되었다. 제908조의2 제2항 제1호). 이 규정이 도입됨으로써 장기간 위탁가정에서 성장하여 위탁부모와의 사이에서 사실상의 친자관계가 형성된 위탁아동이나 아동보호시설에서 양육되고 있으면서 입양의 기회가 있는데도 법정대리인의 동의나 승낙이 없어서 입양되지 못하는 아동들이 입양될 수 있는 길이 열리게 되었다.

② 가정법원이 법정대리인의 동의나 승낙 없이 입양을 허가할 수 있는 경우: 가정법원은 입양을 허가하기 전에 입양의 실질적 요건이 모두 갖추어져 있는가를 심사하고, 문제가 없는 때에만 입양의 허가를 할 것이다. 실질적 요건 중에서 가장 중요한 것은 입양의 합의인데, 양자가 될 아동이 미성년자인 때에는 법정대리인의 동의를 받아 스스로 입양의 의사표시를 하거나(13세 이상인 경우) 법정대리인이 아동을 대리하여 입양의 의사표시를 하게 되어있다(13세 미만인 경우). 그러므로, 13세 미만의 미성년자가 스스로 입양의 승낙을 하거나 13세 이상의 미성년자가 법정대리인의 동의 없이 입양의 의사표시를 한 경우에는 실질적 요건을 갖추지 못한 것이 되므로, 법원은 입양의 허가를 하지 않을 것이다. 그런데 개정법에 의하면 가정법원은 예외적으로 다음과 같은 경우에는 법정대리인의 동의나 승낙이 없어도 입양을 허가할 수 있다.

㉠ 법정대리인이 정당한 이유 없이 동의 또는 승낙을 거부하는 경우§869③i:

---

142) 독일민법 제1748조, 스위스민법 제265조의c, 오스트리아민법 제181조, 프랑스민법 제348조의7 등.

법정대리인이 자신의 의무는 이행하지 않으면서, 입양이 아동의 복리를 위하여 필요하다고 객관적으로 판단되는 경우에도 동의나 승낙을 거부하는 경우가 여기에 해당한다(예컨대, 장기간 피후견인의 보호와 양육에 아무런 관심을 보이지 않았던 미성년후견인이 입양의 대가로 금품을 요구하면서 동의나 승낙을 거부하는 경우). 미성년자의 법정대리인에는 친권자와 미성년후견인이 있는데, 친권자가 입양의 동의나 승낙을 거부하는 때에는 제870조 제2항의 사유가 있어야만 법원은 친권자의 동의나 승낙 없이도 입양의 허가를 할 수 있다. 제870조 제2항의 사유란 "부모가 3년 이상 자녀에 대한 부양의무를 이행하지 아니한 경우"와 "부모가 자녀를 학대 또는 유기하거나 그 밖에 자녀의 복리를 현저히 해친 경우"인데, 개정법이 친권자와 미성년후견인을 구별하여 친권자에 대해서만 이와 같이 구체적인 사유를 요건으로 한 이유는 부모인 친권자의 동의나 승낙 없이 입양이 이루어지는 경우를 엄격하게 제한하겠다는 의미로 풀이될 수 있다. 예컨대, 삼촌인 미성년후견인이 조카(5세)인 피후견인을 1년간 위탁가정에 맡겨두고 아무런 관심을 보이지 않았는데, 위탁부모가 피후견인(위탁아동)을 입양하고 싶다고 하자 입양의 승낙을 거부하는 경우라면 법원은 미성년후견인의 승낙 없이 입양을 허가할 수 있을 것이다(물론 다른 사정을 종합하여 고려해 볼 때 입양이 해당 아동의 복리실현에 기여할 수 있을 것으로 판단되는 경우를 상정하는 것이다). 그러나 법정대리인이 친권자인 경우에는 위와 같은 사정이 있다고 해도 법원은 친권자의 승낙 없이 입양을 허가하기 어렵다고 보아야 할 것이다(친권자가 부모로서 3년간 부양의무를 이행하지 않은 경우에 해당하지 않고, 위탁가정에 자녀를 맡겨두고 1년간 연락을 하지 않은 것을 학대나 유기 등으로 판정하기도 어렵기 때문이다).

㉡ 법정대리인의 소재불명 등의 사유로 동의나 승낙을 받을 수 없는 경우 §869③ii: 법정대리인의 동의나 승낙을 받을 수 없는 경우란 소재불명 외에도 장기간의 의식불명, 불치의 정신질환 등을 들 수 있다. 이런 경우에 법정대리인의 동의나 승낙을 받을 수 없어서 입양의 성립이 지연된다면 아동의 복리는 회복될 수 없을 정도로 침해될 수 있으므로, 예외적으로 법정대리인의 동의나 승낙이 없이도 법원의 허가를 통하여 입양이 성립될 수 있도록 한 것이다.

③ 법정대리인의 심문 §869④: 법정대리인이 입양의 동의나 승낙을 거부하는 경우에는 법원은 우선 그 이유를 정확하게 파악하여야 한다. 아동의 복리를 기준으로 하여 판단해 볼 때 법정대리인의 동의 또는 승낙 거부에 정당한

이유가 있다고 판단되는 때에는 법원은 입양을 허가하지 않을 것이다. 반면에 법정대리인이 정당한 이유 없이 동의나 승낙을 거부하고 있다고 판단되는 경우에는 법원은 법정대리인의 동의나 승낙 없이 입양을 허가할 수 있다. 법정대리인의 동의 또는 승낙 거부에 "정당한 이유"가 있는가의 여부를 판단하려면 가정법원이 법정대리인으로부터 사실을 확인하고 의견을 듣는 절차가 필요할 것이다. "가정법원이 법정대리인을 심문하여야 한다"는 것은 이러한 의미로 이해될 수 있다.[143)]

### (5) 양자가 될 자(미성년자)는 부모의 동의를 받을 것§870①

#### (가) 입양의 실질적 요건으로서의 부모의 동의§870① 본문

미성년자가 양자가 될 때에는 연령에 관계없이 부모의 동의를 받아야 한다(성년자가 양자가 되는 경우도 마찬가지이다. 제871조). 양자가 될 아동이 13세 이상인 때에는 스스로 입양의 의사표시를 하지만, 법정대리인과 부모의 동의를 받아야 하며, 양자가 될 아동이 13세 미만인 때에는 법정대리인이 입양의 승낙을 하지만, 이에 더하여 부모의 동의가 있어야 한다. 부모가 혼인중인 때에는 예외적인 사정이 없는 한 친권자로서 입양의 동의나 승낙을 하게 되므로, 이와 별도로 부모로서의 동의를 요구할 필요는 없다. 그러나 부모가 이혼하여 일방이 친권자가 아닌 경우[144)]와 같이 부모가 친권자로서 입양의 동의나 승낙을 할 수 없는 때에는 부모의 신분에서 자녀의 입양에 대하여 의사를 표시할 수 있는 기회가 보장되어야 한다. 부모의 의사를 묻지 않고 자녀를 입양시키는 것은 부모의 권리를 침해하는 것일 뿐만 아니라, 자녀의 복리를 위

143) '심문'이라 함은 당사자, 이해관계인, 그 밖의 참고인(이하 '당사자'라고만 한다)에게 적당한 방법으로 서면 또는 말로 개별적으로 진술할 기회를 주는 것을 뜻한다(이시윤, 신민사소송법, 11판, 309면). 한편, 개정 친권법에 의하여 새로 도입된 민법 제909조의2(친권자의 지정 등) 제3항 후단은 "이 경우 생존하는 부 또는 모, 친생부모 일방 또는 쌍방의 소재를 모르거나 그가 정당한 사유 없이 소환에 응하지 아니하는 경우를 제외하고 그에게 의견을 진술할 기회를 주어야 한다"고 규정되어 있다. 당사자의 의견을 구하는 방법과 관련하여, 제909조의2 제3항에서 정한 바와 같이 당사자에게 의견진술의 기회를 주는 방식과 제869조 제3항에서 정한 바와 같이 당사자를 심문하는 방식이 존재할 수 있다. 당사자에게 의견을 진술할 기회를 주는 방식은 당사자의 절차적 기본권을 보장하려는 입장에서 나오는 것인 반면, 가정법원이 당사자를 심문하는 방식은 직권주의의 발로라고 이해할 수 있을 것이다.

144) 인지된 혼인외의 자도 부모의 일방이 친권자가 아닌 경우가 있을 수 있다(민법 제909조 제4항). 혼인외의 자를 인지하지 않은 생부는 법률상의 부모에 해당하지 않으므로, 입양의 동의권이 인정되지 않는다.

하여도 바람직하지 않기 때문이다. 이러한 이유에서 개정법은 법정대리인의 입양 동의나 승낙과는 별도로 부모의 동의를 입양의 요건으로 규정하였다.

계모(계부)는 법률상 부모가 아니므로 동의권이 없다.

(나) 부모의 동의가 필요하지 않은 경우§870① 단서

개정법은 부모의 동의가 없어도 법원이 입양의 허가를 할 수 있는 경우를 규정하고 있다. 첫째, 부모가 법정대리인으로서 입양의 동의를 하거나 입양을 승낙한 경우이다§870①i. 예컨대, 부모가 친권자로서 입양의 동의(자녀가 13세 이상인 경우)를 하거나 입양을 승낙(자녀가 13세 미만인 경우)한 경우에는 이미 자녀의 입양에 대해서 찬성하는 의사를 표시한 것이므로, 이와 별도로 부모의 신분에서 다시 동의를 할 필요는 없다. 이런 경우에도 부모의 동의를 요건으로 한다면, 부모에게 동일한 의사표시를 이중으로 요구하는 것이 되어 불합리하다. 둘째, 부모가 친권상실선고를 받은 경우이다§870①ii. 부모에게 입양 동의권을 인정하는 이유는 본질적으로 자녀를 부적절한 입양에서 보호하려는 데 있으므로, 부모의 입양 동의권은 실질적으로 친권의 일부라고 볼 수 있다. 따라서 법원에서 친권상실선고를 받은 부모에 대해서는 입양의 동의권을 인정하지 않는 것이 타당하다. 셋째, 부모의 소재를 알 수 없는 등의 사유로 동의를 받을 수 없는 경우이다§870①iii. 부모가 자녀를 위탁가정이나 아동보호시설에 맡기고 나서 연락이 단절되는 경우가 적지 않다. 이런 경우에 자녀의 입양을 희망하는 사람이 있어도 부모의 입양 동의를 받을 수 없어서 입양이 좌절되는 사례가 종종 있다. 개정법은 이런 점을 고려하여 부모의 소재불명 등의 사유(장기간의 의식불명, 불치의 정신질환 등으로 의사표시를 할 수 없는 상태에 있는 경우 등)로 입양의 동의를 받을 수 없는 경우에는 부모의 동의가 없이도 입양이 성립할 수 있게 하였다.

(다) 부모가 동의를 거부하더라도 입양의 허가를 할 수 있는 경우§870②

부모가 부모로서의 의무를 이행하지 않아서 자녀의 복리가 위태롭게 된 경우에는 부모가 입양의 동의를 거부하더라도 법원은 입양의 허가를 할 수 있다. 개정법은 '부모가 의무를 이행하지 않아서 자녀의 복리가 위태롭게 된 경우'의 구체적인 예로서 두 가지를 들고 있다. 첫째, 부모가 3년 이상 자녀에 대한 부양의무를 이행하지 않은 경우이다§870②i. (부모가 자녀를 부양할 자력이 있음에도 불구하고 고의로 부양의무를 이행하지 않은 경우를 의미한다고 해석해야 할 것이다. 따라서 부모에게 자녀를 부양할 의사는 있지만, 자력이 없어서 부득이하게

부양을 하지 못한 경우는 제1호 사유에 해당하지 않는다고 보아야 할 것이다). 둘째, 부모가 자녀를 학대 또는 유기하거나 그 밖에 자녀의 복리를 현저히 해친 경우이다§870②ii.

부모로서의 의무를 이행하지 않아서 자녀의 복리를 위태롭게 한 부모가 입양의 동의를 거부하는 것은 동의권의 남용이라고 볼 수 있다. 따라서 이런 경우에는 부모의 권리(동의권)를 존중하기보다는 아동의 복리를 우선하여 부모가 동의를 거부하더라도 입양이 성립될 수 있도록 한 것이다. 법원은 부모가 동의를 거부하는 이유, 동기 등 제반 사정(학대, 유기가 있었는가의 여부 등)을 정확하게 파악하기 위하여 부모로부터 사실을 확인하고 그 의견을 들어야 한다(심문하여야 한다)§870② 2문.

(라) 입양 동의의 철회권 보장§870③

부모가 입양에 동의한 경우에도 가정법원의 허가가 있기 전에는 언제든지 동의를 철회하여 입양의 성립을 저지할 수 있다§870③. 동의를 철회할 수 있는 기간은 일종의 '입양숙려기간'으로서 설정된 것인데, 이 제도는 친생부모(특히 미혼모가 미성년자인 경우)의 자기 결정권(스스로 자녀를 양육하겠다는 결정을 하는 경우에는 이러한 의사를 최대한 존중하고, 양육을 지원하여야 함)을 존중하겠다는 취지에서 도입된 것이다.

(마) 위반의 효과

이에 위반한 신고는 수리가 거부되나§881, 잘못 수리되면 취소할 수 있다§884①i.

(6) 양자가 될 성년자는 부모의 동의를 받을 것§871

(가) 성년자 입양 요건으로서의 부모의 동의§871①

미성년자뿐만 아니라 성년자도 양자가 될 때에는 부모의 동의를 받아야 한다. 미성년자와 성년자를 구별하여 성년자가 양자가 될 때에는 부모의 동의를 요하지 않는 것으로 규정할 수도 있으나, 우리사회의 법감정(또는 정서)에 비추어 볼 때 자녀가 부모의 의사를 묻지 않고 양자가 되는 것은 바람직하지 않다고 생각되어 성년자 입양의 경우에도 부모의 동의를 요건으로 하였다. 그러나 이 경우에도 소재불명 등의 사유로 부모의 동의를 받을 수 없는 경우에는 부모의 동의 없이 입양이 이루어질 수 있다§871① 단서.

(나) 부모의 동의를 갈음하는 심판§871②

성년자 입양의 경우에도 부모가 정당한 이유 없이 동의를 거부하는 경우를 상정할 수 있다. 예컨대, 자녀가 미성년자일 때 양육의무를 이행하지 않았던 부모가 성년자가 된 자녀의 입양을 반대하는 경우이다.[145] 이런 경우에는 양자가 될 성년자 또는 양부모가 될 사람의 청구에 따라 가정법원은 부모의 동의를 갈음하는 심판을 할 수 있으며, 이로써 부모의 동의 없이 입양이 성립할 수 있게 된다. 미성년자 입양의 경우에 부모가 정당한 이유 없이 동의를 거부하는 때에는 가정법원은 부모의 동의 없이 입양의 허가를 함으로써 입양이 성립하게 할 수 있다. 그러나 성년자 입양은 가정법원의 허가를 요하지 않으므로(성년자 입양은 당사자의 합의와 신고만으로 성립한다. 즉 법원이 개입하지 않는 계약형 입양방식을 취한다), 법원이 부모의 동의 없이 입양을 허가하는 방식을 취할 수 없고, 별도로 당사자의 청구에 의하여 부모의 동의를 갈음하는 심판을 하여야 한다. 이 경우에도 법원은 부모가 입양의 동의를 거부하는 이유, 동기 등을 정확하게 파악하기 위하여 부모로부터 사실을 확인하고 그 의견을 들어야 한다(심문하여야 한다)§871② 2문.

(다) 위반의 효과

이에 위반한 입양신고는 수리되지 않으나§881, 잘못 수리되면 취소할 수 있다§884① 1.

### (7) 피성년후견인이 입양당사자가 되려면 성년후견인의 동의를 받을 것§873

(가) 성년후견인의 동의§873①

개정 후견법은 금치산, 한정치산제도를 폐지하고, 그 대신 성년후견, 한정후견, 특정후견 등의 제도를 새로 도입하였다. 이 중에서 “질병, 장애, 노령, 그 밖의 사유로 인한 정신적 제약으로 사무를 처리할 능력이 지속적으로 결여된” 것으로 인정되어 성년후견개시의 심판을 받은 사람이 피성년후견인이다§9①. 피성년후견인은 일반적으로 성년후견인의 동의를 받아 신분행위(가족법상의 법률행위)를 할 수 있다(예컨대 피성년후견인은 성년후견인 또는 부모의 동의를 받아 약혼이나 혼인을 할 수 있다§802·808. 반면에 피한정후견인과 피특정후견인은 신분행위에 있어서는 능력의 제한을 받지 않는다). 입양도 일종의 신분행위이

145) 예컨대, 부모가 어린 자녀를 두고 떠나서 위탁부모가 자녀를 사실상 양육하였고, 세월이 흘러서 위탁부모가 성년이 된 자녀를 입양하려고 하자 부모가 나타나 입양에 반대하는 경우를 생각할 수 있다. 이외에도 이혼 후 자녀를 직접 양육하지 않은 부 또는 모가 양육비도 지급하지 않고 면접교섭도 하지 않았는데, 자녀를 양육해 온 계부(또는 계모)가 성년이 된 자녀를 입양하려고 하자 이에 반대하는 경우 등을 상정해 볼 수 있다.

므로 피성년후견인이 입양에 관한 행위(본인이 양자가 되거나 입양을 하는 경우)를 할 때에는 성년후견인의 동의를 받아야 한다. 또한 성년자가 양자가 될 때에는 부모의 동의를 받아야 하므로§871, 피성년후견인도 양자가 되려면 성년후견인의 동의 외에 부모의 동의도 받아야 한다.

(나) 가정법원의 허가§873②에 의한 §867의 준용

피성년후견인은 "사무를 처리할 능력이 지속적으로 결여된 사람"이므로, 양자가 되거나 입양을 할 때 경솔한 판단을 할 가능성이 있다. 물론 피성년후견인을 경솔한 판단으로부터 보호하기 위하여 성년후견인과 부모의 동의를 요건으로 하였으나, 이것만으로 피성년후견인이 충분히 보호된다고 보기는 어렵다(예컨대, 성년후견인이 피성년후견인을 자기의 양자로 입양시킨 후, 상속을 받으려는 경우도 있을 수 있다). 이런 이유에서 개정법은 피성년후견인이 입양을 하거나 양자가 될 때에는 반드시 가정법원의 허가를 받도록 하였다가소규 §2①vi(미성년자 입양과 마찬가지로 가정법원의 허가를 받아 입양신고를 함으로써 입양이 성립한다).

(다) 동의권자가 정당한 이유 없이 동의를 거부하는 경우의 입양 허가§873③

성년후견인이 정당한 이유 없이 동의를 거부하는 경우에는(피성년후견인이 입양을 하는 것에 대해서 동의를 거부하는 경우와 피성년후견인이 양자가 되는 것에 대해서 동의를 거부하는 경우) 가정법원은 성년후견인의 동의 없이 입양을 허가할 수 있다. 객관적으로 입양이 피성년후견인의 복리 실현에 기여할 것으로 판단되는 경우에도 성년후견인이 동의를 거부한다면, 이는 동의권의 남용에 해당할 수 있다. 이런 경우에는 가정법원은 성년후견인의 동의권을 존중하기보다는 피성년후견인의 복리를 우선하여 성년후견인이 입양에 반대하는 경우에도 입양의 허가를 할 수 있다.

부모가 정당한 이유 없이 피성년후견인의 입양에 관한 동의를 거부하는 경우에도 동일한 법리가 적용된다(피성년후견인은 성년자이므로, 양자가 되는 경우에는 제871조 제1항에 따라 부모의 동의가 필요하다). 따라서 부모의 동의거부가 동의권의 남용에 해당한다고 판단되는 때에는 법원은 부모의 동의가 없어도 입양의 허가를 할 수 있다.

가정법원은 성년후견인 또는 부모가 동의를 거부하는 이유, 동기 등 제반 사정을 정확하게 파악하기 위하여 성년후견인 또는 부모를 심문하여야 한다§873③ 후단.

(라) 위반의 효과

본조에 위반한 입양은 수리되지 않으나§881, 잘못 수리되면 취소할 수 있다 §884① i·

### (8) 배우자 있는 자는 공동으로 양자를 하여야 하며, 양자가 될 때에는 다른 일방의 동의를 얻을 것[146] §874

(가) 부부공동입양의 원칙

배우자 있는 자가 입양을 할 때에는 배우자와 공동으로 하여야 하는데, 이를 부부공동입양의 원칙이라고 한다. 기혼자가 입양을 하는 경우에는 부부 쌍방이 양부모가 되어 양자를 양육하는 것이 바람직하므로, 부부 쌍방을 입양당사자로 한 것이다.

부부의 일방이 양자가 될 때에는 다른 일방의 동의를 얻어야 한다. 부부의 일방이 양자가 되면 다른 일방과 양부모 사이에는 직계인척으로서 친족관계가 발생하는 등 신분관계에 많은 변동이 생기므로 다른 일방의 동의를 받도록 하는 것이 타당하다.

(나) 부부의 일방에게 공동입양을 할 수 없는 사정이 있는 경우

부부의 일방에게 공동입양을 할 수 없거나 양자가 되는 데 동의를 할 수 없는 사정이 있는 경우(부부의 일방이 의사능력이 없거나 장기간 행방불명인 경우)에 다른 일방이 단독으로 입양을 하거나, 양자가 될 수 있는가에 대해서는 해석이 갈릴 수 있으나,[147] 긍정해도 좋을 것으로 생각된다.[148]

(다) 배우자의 자녀를 입양하는 경우

상대방 배우자의 혼인중의 출생자를 양자로 하는 경우(처가 전혼관계에서 출산한 子를 夫가 입양하는 경우 및 그 반대의 경우)에도 부부가 공동으로 하여야 하는가의 문제가 있다. 이런 경우에는 양자가 될 子와 부부의 일방 사이에는 이미 친생자관계가 있으므로, 다른 일방이 단독으로 입양할 수 있다고 해석하는 것이 타당하다가예 130호 §6. 그러나 부부 일방의 혼인외의 출생자를 입양하는 경우에는 부부가 공동으로 할 수 있다(자기의 혼인외의 출생자도 입양할 수 있

---

146) 상세한 것에 대해서는 金疇洙, '부부공동입양제도에 관하여', 사법행정, 1963년 5월호 참조. 외국입법례에 대해서는 金疇洙, '부부공동입양의 성립과 해소', 경희대학교논문집, 3집(1964) 참조.

147) 부정적인 견해, 朴秉濠, '개정양자제도의 관견', 월간고시, 1990년 3월호, 63면; 朴秉濠, 가족법, 181면.

148) 같은 취지: 대판 1998. 5. 26, 97므25.

다)가예 130호 §1. 입양에 의해서 혼인외의 출생자는 혼인중의 출생자의 신분을 취득하게 되기 때문이다.

(라) 배우자 있는 자가 양자가 되는 경우

부부의 일방이 양자가 되는 경우에는 다른 일방의 동의를 받아야 한다. 상대방 배우자의 부모의 양자가 되는 경우에도 배우자의 동의를 받아야 한다고 해석된다.

(마) 위반의 효과

이 규정에 위반한 입양신고는 수리가 거부될 것이지만§881, 일단 수리되면 배우자가 취소를 청구할 수 있다§884① i · 888. 그러나 공동으로 할 수 없거나 동의를 할 수 없는 정당한 사유가 있어서 단독으로 한 경우에는 취소청구를 할 수 없다고 보아야 할 것이다. 배우자의 일방에 기타의 무효 · 취소원인이 있을 때에도 역시 그 입양은 무효 내지는 취소될 수 있다고 해석된다.

(9) 양자는 양친의 존속 또는 연장자가 아닐 것§877

(가) 자기의 존속은 입양하지 못한다. 여기서 존속은 직계와 방계를 모두 포함한다. 직계존속은 부모 · 조부모 등이므로 연장자일 수밖에 없지만, 방계존속(예컨대 숙부)은 반드시 연장자가 아닐 수도 있다. 그러나 연장자가 아니라고 해도 존속은 입양할 수 없다. 존속만 아니면 되므로, 같은 항렬에 있거나(형제자매) 손자항렬에 있는 자도 연장자가 아닌 한 입양할 수 있다대결 2021. 12. 23, 2018스5 전원합의체.[149)]

연장자만 아니면 입양할 수 있으므로, 동갑이라 할지라도 하루라도 빨리 출생한 자는 자신보다 늦게 태어난 자를 입양할 수 있다. 비속이라도 자신보다 나이가 많은 자는 양자로 할 수 없다. 양자로 되는 자는 성년자이든 미성년자이든 관계없으며, 양친보다 연장자만 아니면 된다.

입양당사자가 부부인 경우에는 부부쌍방에 대하여 이 요건이 충족되어야 한다.

(나) 이 규정에 위반한 입양신고는 수리되지 않으나§881, 잘못 수리되면 무효이다§883 ii.

149) 대판 1991. 5. 28, 90므347: 민법은 존속 또는 연장자를 양자로 하지 못하도록 규정하고 있을 뿐 소목지서를 요구하고 있지는 아니하므로 재종손자를 사후양자로 선정하는 행위가 위법하다고 할 수 없다; 호적선례 2-139: 손자항렬에 있는 자도 민법상의 입양요건을 갖추면 자로 입양할 수 있으나 손자로 입양할 수는 없으며, 양자의 호적상 부모란에는 친생부모와 양친의 성명을 아울러 기재하여야 한다; 호적선례 1-140: 외손자라 할지라도 양자 금지규정이 없으므로 양자로 할 수 있다.

(10) 양자의 재입양 허용 여부(제2의 입양)

(가) 타인의 양자로 되어 있는 자를 다시 입양할 수 있는가의 문제가 제기될 수 있다. 예를 들어 갑 부부의 양자 을을 갑 부부와 을 사이의 양친자관계가 해소되지 않은 상태에서 다시 병 부부가 입양할 수 있는가 하는 것이다. 제1의 양친자관계가 해소되지 않은 상태에서 다시 제2의 입양이 성립할 수 있다면, 입양으로 인한 친족관계가 상당히 복잡해지는 문제가 생길 수 있다. 즉, 만일 을에게 친생부모가 생존해 있다면, 을에게는 친생부모와 제1의 입양으로 인한 종전의 양친 갑 부부, 제2의 입양으로 인한 양부모 을 부부 등이 모두 부모의 신분을 가지게 된다. 일반양자의 경우에는 입양에 의해서 종전의 친족관계가 소멸되지 않으므로, 이와 같은 결과가 발생한다고 해석할 수밖에 없다. 이러한 이유에서 일반양자로 입양된 자를 다시 입양하려고 하는 경우에는 파양에 의해서 종전의 양친자관계를 해소시킨 후 입양하는 것이 타당하다고 생각한다.[150] 다만, 양친의 배우자가 양자를 입양하는 경우(A의 양자를 그 배우자 B가 입양하는 경우)에는 이미 존재하는 양친자관계를 해소하지 않고도 제2의 입양이 가능하다고 보아야 할 것이다가예 130호 §2.[151]

(나) 일반양자로 입양된 자를 친양자로 입양하는 경우에는 종전의 양친자관계를 해소하지 않고도 친양자 입양이 가능하다고 볼 수 있다. 민법 부칙(2005. 3. 31) 제5조에 의하면 일반양자를 친양자로 다시 입양하는 것은 가능하다. 이 경우 자신이 입양한 자를 다시 친양자로 입양하는 것과 타인의 양자를 친양자로 입양하는 것이 모두 가능하다고 보아야 할 것이다. 일반양자를 친양자로 입양하는 경우 부모의 동의권과 관련하여 해석상의 문제가 있을 수 있다. 민법 제908조의2 제1항 제3호에 의하면, "친양자로 될 자의 친생부모가 친양자 입양에 동의"하도록 되어 있는데, 이에 따르면 양부모는 동의권을 갖지 못한다. 양친은 어차피 양자의 친권자로서 입양동의권(또는 승낙권)을 가지므로민 §908의2 ① ⅳ · ⅴ, 이와 별도로 동의권을 갖지 못한다고 해도 문제가 될 것은 없다. 다만, 이렇게 해석할 경우 양친 부부가 이혼한 후에 양모가 친권자가 되고 양부는 친권자가 아닌 경우에 양모의 의사만에 의해서 양부가 모르

150) 반대 의견. 주해친족법 1권, 718면은 13세 미만의 아동이 재입양되는 경우 현재의 양부모가 친권자로서 입양을 대락하고, 친생부모가 입양에 동의를 해야 한다고 본다.

151) 의정부지판 2012. 1. 19, 2011르695; 대판 2014. 7. 24, 2012므806은 갑이 허위의 친생자출생신고에 의해서 A를 입양한 후, 갑과 동거하는 을과 A 사이에 입양신고에 의해서 양친자관계가 성립한 경우, 갑과 A와의 양친자관계는 그대로 존속한다고 한다.

는 사이에 양자가 친양자로 입양되는 사례가 생길 수 있다. 이런 경우까지 고려한다면 일반양자가 친양자로 입양되는 경우 양친의 동의도 필요하다고 넓게 해석할 수도 있을 것이다(민법 제908조의2 제1항 3호가 규정하는 친생부모는 친양자 입양전의 부모를 의미하는 것으로 해석한다). 다만 위와 같은 사례에서 이혼 후 양부가 양자의 양육에 관심을 보이지도 않았으면서(양육비도 지급하지 않고 면접교섭도 하지 않은 경우) 정당한 이유 없이 동의를 거부하는 경우에는 동의권의 남용으로 보아서 양부의 동의 없이도 친양자 입양이 가능하다고 보아야 할 것이다.

## 2. 형식적 요건

**設 例**

A는 1967년 12월 5일에 X와 혼인신고를 마치고 부부가 되었으나 사이가 좋지 않아 별거하던 중 1992년 말경 B·C사이에서 태어난 당시 5개월 된 Y를 입양하기로 하고 B·C로부터 입양승낙을 받았다. A는 Y를 자신의 집에 데려와 양육하다가 1995년 7월 20일 자기와 X 사이에서 태어난 친생자로 출생신고를 하였다. 그 후 A는 1998년 2월 9일에 사망하였으며, X는 자기 호적에서 Y를 제적하고 A의 상속인으로서의 자격을 부인하기 위하여 Y를 상대로 친생자관계부존재확인의 소를 제기하였다. 이는 받아들여질 수 있는가?

### (1) 입양신고

(가) 개정 전과 마찬가지로 일반양자의 입양은 「가족관계의 등록 등에 관한 법률」에서 정한 바에 따라 신고함으로써 그 효력이 생긴다§878(신고는 입양의 성립요건이다. 법문상으로는 "신고함으로써 그 효력이 생긴다"라고 되어 있으나 신고에 의해서 입양이 성립한다는 점에는 의문이 없다). 다만, 개정법에 의하면 미성년자 입양의 경우(피성년후견인이 입양을 하거나 양자가 되는 경우도 같다)에는 입양신고 전에 법원의 허가를 받아야 한다는 점이 다를 뿐이다. 따라서 입양신고를 할 때 법원의 입양허가서를 첨부하여야 한다. 개정 전에는 입양신고서에 성년자인 증인 2인의 연서가 있어야 했지만구 §878②, 개정법은 이를 요건으로 하지 않았다. 개정법에 의하면 미성년자 입양의 경우 법원의 허가를 받아야 하므로, 굳이 증인이 필요하지 않다고 본 것이다[152](성년자 입양의 경우에도

증인의 서명이 실질적인 의미를 갖는다고 보기는 어렵다). 다만, 개정 전과 마찬가지로 당사자(양자가 될 사람과 양친이 될 사람) 쌍방의 서명(또는 기명날인)은 필요할 것이며, 양자가 13세 미만인 경우에는 법정대리인이 자녀에 갈음하여 서명하게 될 것이다.

친양자 입양의 경우에는 법원의 허가심판에 의하여 입양이 성립하지만(따라서 친양자 입양신고는 보고적 신고이다),[153] 일반양자의 경우에는 가정법원의 허가를 받아 신고를 함으로써 입양이 성립한다는 점에서 차이가 있다(창설적 신고).

(나) 입양신고는 서면으로 하는 것이 일반적이겠지만, 말(구술)로도 할 수 있다고 보아야 할 것이다등 §23. 신고서는 우송해도 되고, 다른 사람에게 제출을 위탁해도 된다. 신고인의 생존 중에 우송한 신고서는 사망 후에 도착하더라도 수리하여야 하며, 사망시에 신고한 것으로 본다등 §41. 외국에서 입양신고를 하는 경우에는 혼인신고에 관한 제814조의 규정을 준용한다§882.[154]

### (2) 허위의 출생신고에 의한 입양의 성립

#### (가) 우리사회의 현실과 판례의 형성

그동안 우리사회에서는 입양을 할 때 입양신고를 하지 않고, 친생자로 출생신고를 하는 경우가 많았다. 2008년에 친양자제도가 도입, 시행되기 전까지는 민법에 의해서 입양을 하는 경우에 양자가 양친의 성을 따를 수 없었으므로, 당사자의 의사와는 관계없이 양자라는 사실이 외부에 드러나게 되어 양자의 복리에 반하는 결과로 이어질 수 있었기 때문이다. 또한 구 「입양촉진 및 절차에 관한 특례법」에 의해서 입양을 하는 경우에는 양친이 원하는 경우 양자가 양친의 성을 따를 수 있었지만구 입양특례 §8①, 호적에 양자라는 사실이 기재되었는데, 입양 당사자들은 이러한 기록이 남는 것을 원하지 않는 경우가

---

152) 협의이혼신고를 할 때에는 당사자 쌍방과 성년자인 증인 2인의 연서가 필요한 것으로 되어 있지만(민법 제836조 제2항), 협의이혼신고서에 가정법원의 협의이혼의사확인서 등본을 첨부한 경우에는 성년자인 증인 2인의 연서가 있는 것으로 본다는 규정이 신설되었으므로(가족관계의 등록 등에 관한 법률 제76조), 협의이혼을 할 때에도 이혼신고서에 증인을 기재할 필요가 사실상 없게 되었다.

153) 2011년에 개정된 입양특례법(현 국내입양에 관한 특별법)도 입양허가제를 도입하였는데, 친양자 입양의 경우와 마찬가지로 가정법원의 심판에 의하여 입양이 성립하는 것으로 되어 있다(구 입양특례법 제15조. 현 국내입양에 관한 특별법 제26조).

154) 등록법 제34조(외국에서 하는 신고)·제35조(외국의 방식에 따른 증서의 등본)·제36조(외국에서 수리한 서류의 송부) 및 가족관계등록예규 제486호(외국에 거주하고 있는 한국인의 가족관계등록신고절차 등에 관한 사무처리지침) 참조.

많았다. 그간 우리사회의 현실과 법제도를 고려해 볼 때 양자를 친생자와 구별하지 않고 차별 없이 키우겠다는 생각을 가진 양부모들이 입양신고를 기피하고, 허위로 친생자 출생신고를 하는 경향을 비난할 수는 없었다. 이러한 사회현실을 고려하여 허위의 친생자출생신고에 의해서 친생자관계는 생길 수 없지만, 양친자관계는 발생한다고 해석하는 학설과 판례가 형성되었다. 판례는 처음에는 허위의 친생자 출생신고에 대하여 입양의 효력발생을 인정하였으나,[155] 그 후 태도를 바꾸어 이를 부정하였다가,[156] 전원합의체판결을 통하여 다시 인정하게 되었다.[157] 이에 따라 당사자간에 입양의사의 합치가 있고, 그 밖에 입양의 실질적 요건을 갖춘 경우에는 입양의 방편으로 허위의 친생자 출생신고를 한 때에도 입양의 효력이 인정된다.[158] 반면에 입양의사 및 기타 입양의 실질적 요건(판례는 입양의 실질적 요건으로서 민법이 규정하는 실질적 요건 이외에, 양친자 사이에 사실상의 친자관계가 형성되었을 것, 즉 '양육·감호 등 양친자로서의 신분적 생활사실이 수반되어야 할 것'을 요건으로 들고 있다)을 갖추지 못한 경우에는 친생자 출생신고가 있었다고 해도 입양의 성립이 인정되지 않는다.[159]

(나) 친생자관계부존재확인청구의 허용 여부

허위의 친생자 출생신고에 의해서 양친자관계가 성립된 때에는 파양의 사유가 없는 한, 친생자관계부존재확인의 소를 제기해도 확인이 이익이 없다는 이유로 각하된다는 것이 판례의 태도이다.[160] 따라서 양친자의 일방이 사망한 후에는 친생자관계부존재확인의 소를 제기해도 당연히 각하된다(예를 들어서

155) 대판 1947. 11. 25, 4280민상126.

156) 대판 1967. 7. 18, 67다1004(판례연구, 金疇洙, 법률신문, 116호(1975. 7. 21)).

157) 대판 1977. 7. 26, 77다492.

158) 그러나 대판 1995. 1. 24, 93므1242는 입양의사를 비롯하여 입양의 실질적 요건을 모두 갖추었다고 해도, 입양하려는 자를 자신과 내연관계에 있는 남자의 호적에 자신을 생모로 하는 혼인외의 자로 출생신고를 하게 한 경우, 양친자관계의 성립을 부정한다. 같은 취지: 대판 1984. 11. 27, 84다458; 반면에 대판 2018. 5. 15, 2014므4963은 이와 유사한 사안에서 양친자관계의 성립을 인정하였다; 2013년 7월 1일부터 시행되는 개정법에 의하면 미성년자를 입양하는 경우에는 반드시 가정법원의 허가를 받아 입양신고를 하여야 한다. 즉 가정법원의 허가는 입양의 실질적 요건이며, 이를 결여한 경우에는 입양은 무효가 된다. 그렇다면 개정법 시행 이후에 가정법원의 허가를 받지 않고 허위의 친생자출생신고를 한 경우에는 입양의 효력이 인정될 수 있을 것인가. 가정법원의 허가를 받지 않은 경우에는 입양이 무효라는 점에 비추어 볼 때 부정적으로 해석될 가능성이 높다고 생각된다.

159) 대판 1984. 5. 15, 84므4.

160) 대판 1994. 5. 24, 93므119.

양친 부부 중 남편이 사망한 후 그 처가 사망한 남편과 양자 사이의 양친자관계를 해소시키기 위하여 재판상 파양에 갈음하는 친생자관계부존재확인의 소를 제기한 경우).[161] 양친자의 일방이 사망한 경우에는 파양이 불가능하기 때문이다.

(다) 무효인 입양의 추인

친생자로 출생신고를 할 당시에 입양의 실질적 요건을 갖추지 못하였다면 입양의 효력이 발생하지 않지만, 그 후에 입양의 실질적 요건을 갖추게 된 때에는 출생신고를 한 때로 소급하여 입양의 효력이 인정된다. 예를 들어서 입양의 방편으로 친생자출생신고를 할 당시에는 법정대리인의 대락이 없어서 입양의 효력이 인정될 수 없었다고 해도, 子가 13세에 달하여(즉, 스스로 입양당사자가 될 수 있는 연령에 이르러) 무효인 입양을 추인하면, 그 입양은 소급하여 유효가 된다고 해석할 수 있다.[162] 이와 같이 허위의 친생자 출생신고에 대해서 입양의 효력을 인정하는 이유는 사실상의 가족생활을 통해서 이미 실제로 형성되어 있는 양친자관계를 보호하기 위한 것이다. 그러므로 민법이 규정하는 입양의 실질적 요건을 모두 갖추고 입양의 방편으로 허위의 친생자 출생신고를 한 경우라고 해도 양부모가 실제로 子를 양육하지 않아서 사실상의 양친자관계가 형성되어 있지 않은 때에는 입양의 효력을 인정할 필요가 없다(양모와 양자 사이에 일정한 기간 관계가 단절되었다고 해도 양모가 양부와 공동으로 양자를 양육한 적이 있고, 양자가 성년이 된 후 양모와의 관계가 회복되어 양친자로서 관계를 유지한 경우에는 입양의 효력이 인정될 수 있다. 대판 2020. 5. 14, 2017므12484). 이와 같은 취지에서 판례는, 법정대리인의 대락을 받지 않고 입양의 방편으로 허위의 친생자 출생신고를 하였으나 양부모가 실제로 子를 양육하고 있지 않은 경우, 대락권자가 무효인 입양을 추인하였다고 해도 입양의 효력은 인정되지 않는다고 판시하였다.[163]

161) 대판 2001. 8. 21, 99므2230.

162) 대판 1990. 3. 9, 89므389는 "기아로 발견된 유아를 경찰서장으로부터 인도받아 친생자로 출생신고하고 양육한 경우, 경찰서장은 대락권자가 아니므로 입양의 무효사유에 해당한다고 볼 수 있으나, 아이가 15세가 된 이후에 그와 같은 사정을 알면서도 양친자관계를 유지하였다면 무효인 입양을 묵시로 추인하였다고 볼 수 있다. 무효인 신분행위를 추인하는 경우 그 효력은 소급한다고 해석하는 것이 타당하므로, 무효인 입양을 추인한 때에도 출생신고시로 소급하여 입양의 효력이 발생한다. 보호시설에 있는 고아의 경우에는 보호시설에 있는 고아의 후견직무에 관한 법률 제2조에 의하여 후견인의 직무를 행하는 자, 즉 보호시설의 장이 대락권자가 된다"고 판시하고 있다. 대판 1997. 7. 11, 96므1151.

163) 대판 2000. 6. 9, 99므1633은 "당사자간에 무효인 신고행위에 상응하는 신분관계가 실질적으로 형성되어 있지 않은 경우에는 무효인 신분행위에 대한 추인의 의사표시만으로 그 무효행위의 효력을 인정할 수 없다"고 판시하고, 또한 판례는 같은 취지에서 양모와 대

(라) 허위의 출생신고에 의해서 입양의 효력이 발생한 경우 파양 방법

위에서 본 바와 같이, 허위의 친생자 출생신고에 의해서 입양의 효력이 발생한 경우에는 파양의 사유가 없는 한 친생자관계부존재확인청구는 허용되지 않는다.[164] 그렇다면 파양의 사유가 존재하는 경우에는 친생자관계부존재확인청구를 인용할 수 있을 것인가. 이에 대하여 판례는 종전에는 부정적인 태도를 취하였으나 근래에 들어와서는 이를 긍정하는 태도를 보이고 있다. 즉 허위의 친생자 출생신고에 의하여 입양의 효력이 발생하였으나, 재판상 파양 사유가 있는 경우에는 '재판상 파양에 갈음하는 친생자관계부존재확인청구'에 의하여 양친자관계를 해소할 수 있다고 한다.[165] 그런데 이러한 판례의 태도는 양자의 복리라는 관점에서 볼 때 문제가 없는 것은 아니다. 왜냐하면, 양자가 미성년자인 경우에는 파양 이후에 어떻게 아동을 양육하고 보호할 것인가의 문제가 파양절차에서 함께 다루어질 필요가 있는데, 친생자관계부존재확인소송에서는 이러한 문제가 자녀복리의 관점에서 심도 있게 다루어지는 데 한계가 있기 때문이다.[166]

허위의 친생자 출생신고에 의해서 입양의 효력이 발생한 경우에 파양의 사유가 있다면, 우선 양친자관계존재확인판결을 받아 등록부의 기록을 양친자관계로 변경한 후에 파양의 절차를 밟는 것이 원칙이라고 생각된다.[167]

---

락권자 사이에 입양의 합의가 이루어졌으나, 양모가 입양의사를 철회한 후에 대락권자가 일방적으로 입양신고를 한 사례에서, 양모와 양자 사이에 실질적인 양친자관계가 존재하지 않는다면, 양모가 무효인 입양신고를 추인하였다는 사실만으로는 무효인 입양신고가 유효한 것으로 되지는 않는다고 판시하고 있다(대판 1991. 12. 27, 91므30).

164) 대판 1988. 2. 23, 85므86; 대판 1990. 7. 27, 89므1108.

165) 대판 2001. 8. 21, 99므2230; 대판 2023. 9. 21, 2021므13354.

166) 대판 1989. 10. 27, 89므440. 허위의 친생자출생신고에 의해서 양친자관계가 발생한 경우에는 파양사유가 있다고 하더라도 당사자간에 협의상 파양의 신고가 있거나 재판상 파양의 판결이 있기 전에는 파양의 효력이 생길 수 없다. 한편 대판 1993. 2. 23, 92다51969는 당사자 사이에 입양의사의 합치가 있고 기타 입양의 실질적 성립요건이 모두 구비되어 입양의 효력이 인정되는 경우에도 친생자관계부존재확인의 확정판결이 있는 경우에는 그 확정일 이후부터는 양친자관계의 존재를 주장할 수 없다고 한다. 같은 맥락에서 '파양에 의하여 양친자관계를 해소할 필요가 있는 등 특별한 사정이 없는 한' 친생자관계부존재확인청구는 인용될 수 없다는 판례를 근거로 파양에 의하여 양친자관계를 해소할 필요가 있는 경우에는 친생자관계부존재확인청구의 확인의 이익이 있는 것으로 보아서 청구취지의 변경 없이 바로 인용하여도 된다는 견해도 있으며, 가사단독 재판부의 실무도 청구인용 판결을 하고 있다는 보고가 있다. 박정화, '親生子關係存否確認訴訟의 심리에 관하여,' 실무연구-법관 가사재판실무연구 모임 자료집 Ⅷ, 서울가정법원, 2002 참조. 최근에 들어 대법원도 이와 같은 태도를 취하고 있다. 대판 2001. 8. 21, 99므2230; 대판 2009. 4. 23, 2008므3600.

167) 가족관계등록예규 제301호 제6조(허위의 출생신고로 기록한 친생자관계를 양친자관

설례의 경우, A가 Y를 입양신고 대신에 친생자로 출생신고를 한 것이 입양으로서의 효력이 인정되는가가 문제이다. A는 배우자 X가 있으므로 X와 공동으로 하여야 하는데, 설례에서는 A가 단독으로 Y에 대하여 출생신고를 하였으므로 일단 배우자 공동입양에 관한 규정§874에 위반하였다고 볼 수 있다(다만 배우자와 공동으로 할 수 없는 사유가 있을 때에는 단독으로 입양할 수 있다고 해석된다). 제874조의 규정에 위반하였다면 X는 A와 Y 사이의 입양을 취소할 수 있으나§888, 그 사유가 있은 것을 안 날로부터 6월, 그 사유가 있었던 날부터 1년을 경과하면 취소청구권이 소멸하므로§894, 설례에서는 이미 취소권이 소멸되었다. 따라서 X는 A와 Y 사이의 입양을 취소할 수 없다. 그 결과 허위의 친생자 출생신고에 의하여 A와 Y 사이에는 양친자관계가 성립되었으므로, X의 친생자관계부존재확인청구는 인용될 수 없다. 또한 양친자의 일방이 사망한 경우에는 파양도 불가능하므로, A가 사망한 설례의 경우에는 A와 Y 사이의 파양도 고려될 여지가 없다. 다만, X가 모르는 사이에 A가 친생자 출생신고를 한 경우, X와 Y 사이에는 입양의 합의가 없으므로 그 관계에서는 입양이 무효가 된다.[168] 따라서 X는 자기와 Y 사이에 친생자관계가 존재하지 않는다는 이유로 친생자관계부존재확인의 소를 제기할 수 있다.

## 3 입양의 무효와 취소

### 1. 입양의 무효

#### (1) 입양무효의 원인

##### (가) 당사자 사이에 입양의 합의가 없는 경우§883 i

당사자 사이에 입양의사의 합치가 없는 경우에는 입양신고가 수리되었다고 해도 무효이다. 예를 들어서, 양친이 의사무능력자인 경우의 입양행위(부부공동입양에 있어서 일방의 의사무능력도 포함한다. 다만 개정법에 의하여 미성년자가 양자가 되는 경우, 피성년후견인이 입양당사자가 되는 경우에는 가정법원의 허가를 받아야 하므로, 이런 사례가 발생할 가능성은 많지 않을 것이다), 어떤 방편을 위

계로 정정하기 위하여는 양친자관계존재 확인판결이 있어야 하며, 파양판결 등으로 가족관계등록부를 정정할 수 없다) 참조; 가족관계등록선례 200905-1.

168) 대판 1998. 5. 26, 97므25.

한 가장입양,[169] 조건부 입양, 당사자들이 모르는 사이에 제3자가 입양신고를 한 경우(개정법에 의하여 입양허가제가 도입되었으므로, 이런 사례가 발생하는 경우는 거의 없을 것으로 생각된다),[170] 일방이 입양의사를 철회한 후에 이루어진 입양신고(개정법에 의하면 양자가 될 사람이 13세 미만인 경우에는 법정대리인이 그를 갈음하여 입양의 승낙을 하게 되어 있고, 법정대리인은 가정법원의 허가가 있기 전까지 입양의 승낙을 철회할 수 있다. 따라서 가정법원의 허가가 있은 후에는 입양의 승낙을 철회할 수 없다고 해석된다. 그러므로 설령 법정대리인이 가정법원의 허가가 있은 후에 입양의 승낙을 철회한다고 주장하더라도, 양친이 될 사람은 일방적으로 입양신고를 하여 입양을 성립시킬 수 있다고 보아야 한다. 미성년자 입양의 경우에 양친이 될 사람이 가정법원의 입양 허가가 있은 후에도 입양신고 전까지 입양의사를 철회할 수 있는가. 이미 입양의사가 없는 사람이 양친이 되는 것은 자녀의 복리를 위해서도 바람직하지 않을 뿐만 아니라, 법규정상으로도 이를 막을 근거가 없으므로, 긍정해야 할 것이다. 또한 13세 이상의 미성년자가 법정대리인과 부모의 동의를 받아서 입양의 승낙을 한 경우에도 입양신고 전까지는 승낙을 철회할 수 있다고 해석된다§869⑤의 반대해석. 이 경우에도 역시 법정대리인과 부모의 동의가 필요할 것이다. 성년자 입양의 경우에는 입양신고 전까지 입양의사를 철회할 수 있으며, 일방이 입양의사를 철회한 후에 입양신고가 이루어지면 무효가 된다),[171] 양친자의 일방이 사망한 후에 이루어진 입양신고(다만 우송의 경우에는 특칙이 있다)[172] 등은 무효이다. 또한 부부 중 일방(夫)이 다른 일방(妻)이 모르는 사이에 입양신고를 한 경우, 양자와 다른 일방(妻) 사이에는 입양의 합의가 없으므로 그 관계에서는 입양은 무효가 된다.[173] 입양의 방편으로 허위의 친생자 출생신고를 한 경우 입양의 합의와 기타 입양의 실질적 성립요건이 갖추어져 있으면 입양의 효력이 인정되

---

169) 대판 1995. 9. 29, 94므1553, 1560은 "입양신고가 고소사건으로 인한 처벌 등을 모면하게 할 목적으로 호적상 형식적으로만 입양한 것처럼 가장하기로 하여 이루어진 것일 뿐 당사자 사이에 실제로 양친자로서의 신분적 생활관계를 형성한다는 의사의 합치는 없었던 것이라면, 이는 당사자간에 입양의 합의가 없는 때에 해당하여 무효라고 보아야 할 것이다"라고 판시하고 있다.

170) 대판 1991. 12. 27, 91므30, 판례월보 261호, 158면은 제3자가 입양신고를 한 사건에 대하여 "입양 등의 신분행위에 당사자간에 있어서 무효인 신고행위에 상응하는 신분관계가 실질적으로 형성되어 있지 않고 또 앞으로도 그러할 가망이 없는 경우 무효인 신분행위에 대한 추인의 의사표시만으로 무효행위의 효력을 인정할 수 없다"고 판시하고 있다(판례연구, 金疇洙, 법률신문 1992. 9. 14, 2153호). 동지: 대판 2004. 11. 11, 2004므1484.

171) 대판 1991. 12. 27, 91므30.

172) 대결 1981. 6. 11, 80스10.

173) 대판 1998. 5. 26, 97므25.

지만, 양육을 통하여 사실상의 양친자관계가 형성되어 있지 않으면 입양신고의 효력이 인정되지 않는다.[174] 양부모가 동성애자라는 이유만으로 그 입양이 선량한 풍속에 반하여 무효라고 할 수 없다.[175] 1915년 4월 1일 이후에는 이성양자(異姓養子)가 법률상 허용되지 않았으므로 이성양자는 무효가 되었으나, 1940년 2월 11일 이후에는 조선민사령 제11조의2 제1항에 의해서 이성양자가 허용되었으므로, 그 후에 이루어진 이성양자 입양은 무효가 아니다.[176]

(나) 가정법원의 허가를 받지 않고 입양신고를 한 경우§883 ii

① 미성년자를 입양하는 경우에는 가정법원의 허가를 받아야 하는데, 가정법원의 허가 없이 입양신고가 수리된 때에는 그 입양은 무효이다(제867조 제1항 위반. 예컨대 입양신고 시 가정법원의 허가서를 위조하여 제출한 경우)

② 피성년후견인이 입양을 하거나 양자가 되는 경우에도 가정법원의 허가가 필요한데가소규 §2①vi, 가정법원의 허가 없이 입양신고가 수리된 때에는 그 입양은 무효이다(제873조 제2항 위반).

(다) 대락권자의 승낙이 없는 때§883 ii

13세 미만인 자가 양자가 될 경우에 법정대리인의 승낙을 받지 않은 입양은 무효이다(제869조 제2항 위반).[177] 다만, 양자가 13세에 달한 후에도 사실상의 양친자관계를 유지하며 무효인 입양을 명시적 또는 묵시적으로 추인한 때에는 신고시로 소급하여 입양의 효력이 인정된다.[178]

---

174) 대판 2000. 6. 9, 99므1633은 "당사자가 입양의 의사로 친생자 출생신고를 하고 거기에 입양의 실질적 요건이 구비되어 있다면 그 형식에 다소 잘못이 있더라도 입양의 효력이 발생하고, 이 경우의 허위의 친생자 출생신고는 법률상의 친자관계인 양친자관계를 공시하는 입양신고의 기능을 하게 되는 것인데, 입양의 실질적 요건이 구비되어 있다고 하기 위해서는 입양의 합의가 있을 것, 15세 미만자는 법정대리인의 대락이 있을 것, 양자는 양부모의 존속 또는 연장자가 아닐 것 등 민법 제883조 각 호 소정의 입양의 무효사유가 없어야 함은 물론 감호·양육 등 양친자로서의 신분적 생활사실이 반드시 수반되어야 하는 것으로서, 입양의 의사로 친생자 출생신고를 하였다 하더라도 위와 같은 요건을 갖추지 못한 경우에는 입양신고로서의 효력이 생기지 않는다"라고 판시하고 있다.

175) 대판 2014. 7. 24, 2012므806.

176) 대판 1994. 5. 24, 93므119(전원합의체). 판례평석, 윤진수, '민법시행 전에 이성양자가 허용되었는지 여부 및 민법시행 전 입양의 요건에 대한 민법의 소급적용', 판례월보 314호(1996. 11).

177) 대판 2000. 6. 9, 99므1633, 인지되지 않은 혼인외의 子가 친권자인 생모의 승낙 없이 허위의 친생자 출생신고의 방법으로 입양된 경우.

178) 대판 1990. 3. 9, 89므389; 대판 1997. 7. 11, 96므1151; 대판 2014. 7. 24, 2012므806.

(라) 양자가 양친의 존속이거나 연장자인 때§883 ii

양자가 양친의 존속이거나 연장자인 입양은 무효이다(제877조 위반).[179)]

### (2) 입양무효의 성질과 무효의 소

입양무효의 성질은 혼인무효의 성질과 같다.[180)] 따라서 당연무효로서 당사자와 제3자는 입양무효확인판결이 없어도 다른 소송에서 선결문제로서 입양의 무효를 주장할 수 있으며, 이와 별도로 입양무효확인의 소를 제기할 수도 있다가소 §2①가류사건 v. 이 재판은 직권주의적으로 진행되며가소 §17, 확정판결은 제3자에게도 효력이 있다가소 §21. 제소권자는 혼인무효의 경우와 마찬가지로 당사자 및 그 법정대리인 또는 4촌 이내의 친족이다.[181)] 피고는 양친자의 일방이 소를 제기하는 때에는 양친자의 다른 일방이 되며,[182)] 다른 일방이 사망한 때에는 검사이다. 제3자가 소를 제기하는 때에는 양친자 쌍방을 상대방으로 하고, 양친자의 일방이 사망한 때에는 생존자를 상대방으로 한다. 양친자 쌍방이 모두 사망한 때에는 검사를 상대방으로 한다가소 §31에 의한 §23·24의 준용. 협의파양으로 양친자관계가 해소된 이후에도 입양무효확인의 소를 제기할 수 있다.[183)]

판결이 확정되면 소를 제기한 자는 판결의 확정일로부터 1월 이내에 판결의 등본 및 확정증명서를 첨부하여 그 취지를 신고하여야 한다등 §107.

## 2. 입양의 취소

입양을 취소하려면 법률에 정해진 취소원인이 있는 경우에 일정한 범위의 취소청구권자가 우선 가정법원에 조정을 신청하여야 한다가소 §2①나류사건 x·50. 취소의 방법은 혼인취소의 경우와 같다.

---

179) 양손입양(양자가 아닌 양손으로 입양하는 것. 입양하는 사람은 양부모가 아니라 양조부가 된다)도 무효라는 것이 판례의 기본입장이다. 대판 1988. 3. 22, 87므105.

180) 대판 2013. 9. 13, 2013두9564: 혼인무효사유가 있는 경우 혼인무효의 소를 제기할 수 있음은 물론, 이러한 소가 제기되지 않은 상태에서도 이해관계인은 다른 소송에서 선결문제로서 혼인의 무효를 주장할 수 있다.

181) 법원실무제요 가사(1), 550면은 그 밖의 사람도 확인의 이익이 있으면 입양무효의 소를 제기할 수 있다고 본다.

182) 양자가 미성년자인 경우에는 특별대리인(민소 제62조)을 선임하여 소송행위를 대리하게 할 필요가 있을 것이다.

183) 대판 1995. 9. 29, 94므1553, 1560.

(1) 입양의 실질적 요건을 갖추지 못한 경우

입양요건을 결여한 경우로서 다음과 같은 때에 취소를 청구할 수 있다(입양의 실질적 요건을 갖추지 못한 경우 중에서 무효사유는 제883조에 규정되어 있으므로, 이것을 제외한 나머지 경우가 취소사유가 된다).

(가) 미성년자가 입양을 하였을 때§884① i · 866

취소권자는 양부모, 양자와 그 법정대리인 또는 직계혈족이나§885, 양부모가 성년이 되면 취소청구권이 소멸한다§889.

(나) 13세 이상의 미성년자가 법정대리인의 동의 없이 입양을 승낙한 경우§884① i · 869①

취소권자는 양자 또는 동의권자이나§886 전단, 그 사유가 있음을 안 날로부터 6월, 그 사유가 있은 날로부터 1년을 경과하면 취소청구권이 소멸한다§894. 또한 양자가 성년이 된 후 3개월이 지나거나 사망한 경우에도 취소청구권은 소멸한다§891①.

(다) 법정대리인의 소재불명 등을 이유로 동의 또는 승낙을 받을 수 없다고 하여 법원이 법정대리인의 동의 또는 승낙 없이 입양의 허가를 하였는데, 사실은 법정대리인이 동의 또는 승낙을 할 수 있는 상태에 있었던 경우§884① i · 869③ii

취소권자는 양자 또는 동의권자이나§886 전단, 그 사유가 있음을 안 날로부터 6월, 그 사유가 있은 날로부터 1년을 경과하면 취소청구권이 소멸한다§894. 또한 양자가 성년이 된 후 3개월이 지나거나 사망한 경우에도 취소청구권은 소멸한다§891①.

(라) 미성년자가 부모의 동의를 받지 않고 양자가 된 경우§884① i · 870①

다만 부모가 친권상실선고를 받은 경우나 부모의 소재불명 등의 사유로 동의를 받을 수 없었던 경우에는 취소할 수 없다.

취소권자는 양자 또는 동의권자이나§886 전단, 그 사유가 있음을 안 날로부터 6월, 그 사유가 있은 날로부터 1년을 경과하면 취소청구권이 소멸한다§894. 또한 양자가 성년이 된 후 3개월이 지나거나 사망한 경우에도 취소청구권은 소멸한다§891①.

(마) 성년자가 부모의 동의를 받지 않고 양자가 된 경우§884① I · 871①

다만 부모의 소재불명 등의 사유로 동의를 받을 수 없었던 경우에는 취소할 수 없다.

취소권자는 동의권자이나§886 후단, 그 사유가 있음을 안 날로부터 6월, 그 사유가 있은 날로부터 1년을 경과하면 취소청구권이 소멸한다§894. 또한 양자가 사망한 경우에도 취소청구권은 소멸한다§891②.

(바) 피성년후견인이 성년후견인의 동의를 받지 않고 양자가 되거나 입양을 한 경우§884① I·873①

취소권자는 피성년후견인 또는 성년후견인이나§887, 그 사유가 있음을 안 날로부터 6월, 그 사유가 있은 날로부터 1년을 경과하면 취소청구권이 소멸한다§894. 또한 성년후견개시의 심판이 취소된 후 3개월이 경과한 경우에도 취소청구권은 소멸한다§893.

(사) 부부공동입양의 원칙에 위반한 경우와 배우자 있는 사람이 다른 일방의 동의를 받지 않고 양자가 된 경우§884① i ·874

취소권자는 배우자이나§888, 그 사유가 있은 것을 안 날로부터 6월, 그 사유가 있은 날로부터 1년을 경과하면 취소청구권이 소멸한다§894. 그러나 공동으로 할 수 없거나 동의를 할 수 없는 정당한 사유가 있어서 단독으로 한 경우에는 취소청구를 할 수 없다고 보아야 할 것이다.

(아) 양부모의 일방에게만 취소사유가 있는 경우

양친이 되는 부부의 일방과 양자 사이에 취소사유가 있는 경우(예를 들어서 양모가 미성년자인 경우) 입양전체가 취소될 수 있는지 아니면 취소사유가 있는 입양당사자와의 관계에서만 취소될 수 있는지의 문제가 있다. 당사자의 의사와 양자의 복리라는 관점을 고려해 볼 때 취소사유가 있는 입양당사자와의 관계에서만 취소될 수 있다고 해석하는 것이 타당할 것이다.

(2) 양친자의 일방에게 악질 등 중대한 사유가 있음을 알지 못한 때§884① ii

입양 당시에 양친자의 일방(양부모와 양자 중 어느 한쪽)에게 악질(惡疾) 기타 중대한 사유가 있음을 알지 못한 때에는 취소할 수 있다.

양친자의 일방에게 불치의 정신병 등과 같이 치유 불가능한 질병이 있거나 폭행성향, 성도착 증세 등 정상적인 양친자관계를 형성, 유지하기 곤란한 성향이 있음을 알지 못한 때에는 입양을 취소할 수 있다. 일반적인 사회생활관계에 비추어 볼 때 그러한 사유를 알았더라면 양자가 되거나 입양을 하지 않았을 것이라고 인정될 수 있는 경우가 여기에 해당될 것이다. 취소청구권자는 양친자의 일방이나, 그 사유가 있음을 안 날로부터 6개월을 경과하면 취소청구권이 소멸한다§896.

### (3) 사기 또는 강박으로 인하여 입양의 의사표시를 한 경우§884①iii

사기 또는 강박으로 인하여 입양의 의사표시를 한 때에는 혼인의 경우와 마찬가지로 취소할 수 있다. 취소권자는 사기 또는 강박으로 인하여 입양을 한 자이나, 사기를 안 날 또는 강박을 면한 날로부터 3월을 경과한 때에는 취소청구권은 소멸한다§897에 의한 §823의 준용. 대판 2010. 3. 11, 2009므4099.

### (4) 입양취소 심판과 양자의 복리§884②

입양 취소의 경우에는 제867조 제2항이 준용된다. 따라서 가정법원은 입양의 취소 사유가 있는 경우에도 양자가 된 미성년자(또는 양자나 양부모가 된 피성년후견인)의 복리를 위하여 입양을 취소하지 않는 편이 낫다고 인정하는 때에는 입양취소청구를 기각할 수 있다.

### (5) 입양취소의 신고

재판이 확정되면 소를 제기한 자는 판결의 확정일로부터 1월 이내에 판결의 등본 및 확정증명서를 첨부하여 그 취지를 신고하여야 한다등 §65에 의한 §58의 준용. 이 신고서에는 재판확정일을 기재하여야 한다등 §58②. 이 경우 소의 상대방도 재판서의 등본 및 확정증명서를 첨부하여 그 취지를 신고할 수 있다등 §58③.

## 3. 입양의 무효와 취소의 효과

(1) 입양취소의 효력은 입양신고시로 소급하지 않는다§897에 의한 §824의 준용. 입양으로 인하여 발생한 친족관계는 무효나 취소로 인하여 소멸한다§776. 양자의 가족관계증명서 부모란에는 양부모가 부모로 기재되지만, 입양이 무효 또는 취소된 경우에는 친생부모가 부모로 기재된다. 입양의 무효나 취소 사실은 가족관계증명서에 기재되지 않으므로, 가족관계증명서를 보아서는 과거의 입양사실을 알 수 없다. 입양의 무효나 취소 사실은 입양관계증명서의 상세증명서에 기재된다.

(2) 입양이 무효 또는 취소가 된 경우에 당사자의 일방은 과실 있는 상대방에 대하여 이로 인한 손해배상을 청구할 수 있다. 손해배상의 범위에는 재산상의 손해뿐만 아니라 정신상의 고통에 대한 배상도 포함된다. 정신상의 고

통에 대한 배상청구권은 원칙적으로 양도 또는 승계할 수 없다§897에 의한 §806의 준용. 손해배상청구를 하기 위해서는 먼저 가정법원에 조정을 신청하여야 한다가소 §2①다류사건iii · 50.

(3) 민법은 입양을 원인으로 하여 생긴 재산상의 이익의 처분에 대하여 규정하는 바 없으나, 입양당시 그 취소원인이 있는 것을 알고 있었던 당사자는 입양에 의하여 얻은 이익을 전부 반환하여야 한다고 보아야 할 것이다. 이에 대해서는 입양취소의 효력이 소급하지 않는다는 것을 근거로 하여, 입양으로 인하여 생긴 재산상의 이익을 반환할 필요가 없다는 견해도 있을 수 있다.[184]

## 4 입양의 효과

### (1) 양부모의 친생자와 같은 지위

(가) 양자는 입양된 때부터 양부모의 친생자[185]와 같은 지위를 가진다§882의2①. 이 규정은 개정법에 의해서 새로 신설된 것으로서 일반입양의 효력에 관한 실무와 학설의 태도를 입법화한 것이다. 즉, 일반양자는 부양, 친권, 상속

184) 주해친족법 1권, 847면. 입양이 취소되더라도 양친자관계에서 받은 상속재산 등을 부당이득으로 반환할 의무가 없다고 한다.

185) 제882조의2 제1항은 "양자는 입양된 때부터 양부모의 친생자와 같은 지위를 가진다"라고 규정하고 있는데, 친생자에는 혼인중의 출생자와 혼인외의 출생자가 모두 포함되므로, '혼인중의 출생자'와 같은 지위를 갖는다고 표현하는 것이 보다 정확할 것이다(혼인외의 자의 친생부 또는 친생모도 자신의 혼인외의 자를 입양할 수 있는데, 입양을 통하여 혼인외의 자는 혼인중의 자의 신분을 취득한다는 이익이 있기 때문이다. 즉 현재의 학설과 실무는 일반양자가 혼인중의 자의 신분을 취득한다고 보는 데 이의가 없다. 가족관계등록예규 제130호 1: 입양은 혼인중의 출생자와 같은 신분을 취득하게 하는 창설적 신분행위이므로 자신의 친생자녀라도 혼인중의 출생자가 아닌 사람은 입양할 수 있을 것이나 혼인중의 출생자에 대해서는 이러한 가족관계를 창설할 필요가 없으므로 이혼한 모가 전혼중에 출생한 혼인중의 자를 입양할 수는 없다). 그런데 개정법이 '혼인중의 출생자' 대신 '친생자'라는 용어를 선택한 데에는 친양자와 구별하기 위한 의도가 있었던 것으로 보인다(친양자 입양의 효력에 관한 제908조의3 제1항은 "친양자는 부부의 혼인중 출생자로 본다"라고 규정하고 있다). 일반양자와 친양자가 모두 양부모의 '혼인중의 출생자'의 신분을 갖는다면 일반양자와 친양자가 효력면에서 무슨 차이가 있는가 하는 의문이 제기될 수 있기 때문이다. 그러나 제882조의2 제2항에서 일반양자는 입양 전의 친족관계가 소멸하지 않는 '불완전양자'라는 점이 분명히 나타나 있으므로(반면에 친양자는 입양 전의 친족관계가 소멸하는 '완전양자'이다) 굳이 '혼인중의 출생자'라는 표현을 피해서 '친생자'라는 용어를 택할 필요는 없었다고 생각된다.

등에 있어서 친생자와 비교하여 차별을 받지 않는다. 다만 양친자관계는 파양에 의해서 해소될 수 있다는 점이 친생자관계와 다를 뿐이다.

(나) 양자와 양부모 및 그 혈족·인척 사이의 친계와 촌수는 입양한 때로부터(입양신고일로부터) 혼인중의 출생자와 동일한 것으로 본다§772①. 양자의 배우자, 직계비속과 그 배우자는 양자의 친계를 기준으로 하여 촌수를 정하게 된다§772②.

(다) 양자와 양부모 사이에는 서로 부양관계와 상속관계가 생긴다. 양자와 양부모의 혈족 사이에도 서로 부양관계, 상속관계가 생긴다.

(라) 양자는 친생부모의 친권을 벗어나서 양부모의 친권에 따른다§909① 후단. 夫가 처의 친생자를 단독 입양한 경우에는(반대의 경우도 마찬가지) 양부와 생모가 공동친권자가 된다.

### (2) 입양 전의 친족관계의 존속

일반양자로 입양된 경우에는 양자의 입양 전의 친족관계는 그대로 유지된다§882의2②[186](이 점에 있어서 일반입양은 친양자 입양과 본질적으로 차이가 있다). 따라서 일반양자에게는 양부모와 친생부모가 모두 법률상 부모가 되며, 양부모가 사망했을 때뿐만 아니라 친생부모가 사망한 경우에도 상속인이 된다. 반대로 양자가 직계비속 없이 사망한 경우에는 친생부모와 양부모가 모두 공동상속인이 된다. 예를 들어서 양자가 양부모로부터 재산을 상속한 후 직계비속 없이 사망한 경우에 친생부모와 양조부모가 있다면, 양자가 양부모로부터 상속한 재산은 양자의 친생부모에게 상속된다(입양 후 오랜 세월이 흐르는 동안 양자와 친생부모 사이에 아무런 교류가 없었다고 해도 결과는 다르지 않다). 일반양자의 경우에 발생할 수 있는 이러한 결과는 상당히 문제가 있다고 생각된다.

### (3) 양자의 성과 본

(가) 개정 양자법은 종전과 마찬가지로 일반양자의 성과 본에 관한 규정을 두지 않았다(종래의 학설과 실무에 의하면, 일반양자의 경우에는 입양에 의해서 성과 본이 변경되지 않는다. 즉 일반양자는 양친의 성과 본을 따를 수 없다). 그런데 개정법은 "양자는 입양된 때부터 양부모의 친생자와 같은 지위를 갖는다"라고 규정하고 있으므로, 양자의 성과 본도 양부모의 성과 본을 따라 변경되어

---

186) 제882조의2 제2항도 실무상으로 이미 해결되어 있는 문제를 명문화한 것에 지나지 않는다. 따라서 제882조의2 규정의 신설에 의해서 실무상 변화되는 것은 없다.

야 하는 것이 아닌가 하는 의문이 제기된다. 이 점에 대해서는 해석이 갈릴 여지가 있다고 생각된다. 제882조의2 제1항의 규정만을 본다면 양자는 당연히 양부모의 성과 본을 따라야 하는 것으로 해석될 수 있는 여지가 있다(친생자는 부 또는 모의 성과 본을 따르기 때문이다). 그러나 제2항을 함께 고려하여 해석해 본다면, 일반양자의 성과 본은 변경되지 않는다고 해석할 수도 있다. 일반양자는 입양 후에도 친생부모와의 친족관계를 그대로 유지하기 때문이다.

(나) 입법과정에서 있었던 논의를 같이 살펴보면, 일반양자의 성과 본은 변경되지 않는다고 해석하는 것이 입법자의 의사에 부합하는 것으로 보인다. 원래 법무부에서 마련한 개정안 제882조의2에는 제3항으로서 "양자는 양부 또는 양모의 성과 본을 따른다. 다만, 양자는 양부모의 동의를 받아 종전의 성과 본을 계속 사용할 수 있다"는 규정이 있었으나,[187] 국회의 논의과정에서 이 조항은 삭제되었다. 친양자와 달리 일반양자의 경우에는 입양 후에도 친생부모와의 친족관계가 존속하므로, 양부모의 성과 본을 따르는 것을 원칙으로 하는 것이 타당하지 않다고 보았기 때문이다. 이런 점들을 종합해 보면, 개정법에서도 일반양자의 성과 본은 변경되지 않는다고 해석하는 것이 타당하다고 생각된다. 그러므로 양자가 양부모의 성과 본을 따르고자 하는 경우에는 제781조 제6항에 의하여 가정법원의 허가를 받아 성·본을 변경하는 방법을 이용해야 할 것이다(결국 이 점에 있어서도 개정 전과 차이가 없다).

(다) 국내입양특별법에 의한 입양의 경우에는 양자는 친양자의 지위를 가지게 되므로§25, 양친의 성과 본을 따라 성과 본이 변경된다. 그러나 국내입양특별법에 의해서 입양할 수 있는 아동은 그 요건이 정해져 있으므로§13, 당사자가 원한다고 해서 모든 아동을 이 법에 의해서 입양할 수 있는 것은 아니다. 예를 들어 재혼가정에서 夫가 처의 자녀를 입양하려고 하는 경우에는 민법에 의할 수밖에 없으며(이 경우 당사자는 일반입양과 친양자입양 중 하나를 선택할 수 있다), 「국내입양특별법」을 이용할 수 없다.

### (4) 등록부의 기록

양자의 가족관계증명서 부모란에는 양부모를 부모로 기재한다. 다만, 단독입양한 양부가 친생모와 혼인관계에 있는 때에는 양부와 친생모를, 단독입양한 양모가 친생부와 혼인관계에 있는 때에는 양모와 친생부를 각각 부모로

187) 법무부, 제3기 가족법개정특별분과위원회 회의록(2011), 511면.

기록한다. 입양관계증명서에는 친생부모 · 양부모 · 양자의 성명과 입양신고일 등이 기재된다. 양부모의 가족관계증명서 자녀란에는 친생자와 양자의 구별 없이 모두 자녀로 기재된다(양자라는 사실은 표시되지 않는다).

## 5 사실상의 양자

당사자 사이에 입양의사의 합치가 있고 실제로 양친자관계가 형성되어 있으나, 입양신고가 되지 않아 법률상으로는 입양이 성립하지 않은 경우를 사실상의 양자라고 한다.

사실상의 양친자관계가 성립한 경우에 입양신고를 강제할 수는 없으나 부당하게 파기한 사람이 손해배상의 책임을 면할 수 없다는 것은 사실혼의 경우와 같다. 이 경우 손해배상청구권의 본질은 불법행위에 의한 것이다.

사실상의 양친자관계가 아무리 오랫동안 계속되어도 입양신고가 없는 한, 법률상의 양친자관계는 성립하지 않는다. 따라서 법률상 입양의 효과인 친생자와 같은 지위의 취득§882의2, 혼인중의 출생자와 같은 친계와 촌수의 발생§772, 등록부의 변동, 양부모가 친권자가 되는 것§909① · ⑤, 양친 및 양가의 친족과의 사이에 상속관계가 생기는 것 등은, 모두 등록부의 기록을 기초로 해서 획일적으로 인정되어야 할 사항이므로, 사실상의 양자에 유추할 수는 없다. 그러나 친권자는 보호 · 교양의 임무를 위임하였다고 보아야 할 것이다. 따라서 양육비용은 실제로 자녀를 양육하는 사실상의 양친이 부담한다고 보는 것이 타당할 것이다. 당사자 사이에서는 물론 경우에 따라서는 양친의 혈족과의 사이에도 부양의무가 생긴다고 보는 것이 타당할 것이다.

판례는 사실상의 양자에 대해서도 제752조에 의한 생명침해로 인한 위자료청구권을 인정하고 있다.[188] 그리고 사실상의 양친이 사망하였는데 상속인이 없는 경우에 사실상의 양자는 특별연고자로서 양친의 재산에 대하여 분여를 청구할 수 있다§1057의2.

188) 대판 1975. 12. 23, 75다413.

# 6 파 양

## 1. 일 반 론

양친자관계는 파양에 의해서만 해소된다.[189] 입양에 의해서 발생한 친족관계는 당사자의 사망으로 인하여 해소되지 않는다. 파양의 방법에는 협의상 파양과 재판상 파양이 있다. 완전양자제도(우리의 친양자제도)를 도입한 외국의 경우와 비교해 볼 때 민법상의 파양은 매우 간단하다고 할 수 있다. 완전양자제도에 의하면 양자는 양부모의 친생자로 출생한 것과 마찬가지로 취급되므로, 부모가 자신의 친생자와 친자관계를 해소하는 것이 불가능하듯이 양친자관계의 해소도 허용되지 않는다는 논리가 가능하다. 이런 이유에서 스위스민법은 입양 이후에 발생한 사유로 인한 파양을 아예 허용하지 않는다. 프랑스민법도 완전양자의 경우 원칙적으로 파양을 인정하지 않는다(양부모가 양자를 학대하는 경우에도 파양은 가능하지 않다. 이런 경우에는 양부모의 친권을 박탈하는 방법으로 문제를 해결한다. 요컨대 친생친자관계와 하등 다를 것이 없다). 독일민법에 의하면 파양 자체가 불가능하지는 않으나, 자녀의 복리를 위하여 매우 예외적인 경우(독일 법원은 양부가 양자를 성추행한 경우에 양자의 복리를 위하여 파양을 선고한 바 있다)에만 제한적으로 인정된다(이런 이유로 독일에서의 평균 파양률은 0.5%에 지나지 않는다). 특히 양친의 이익을 위한 파양사유는 인정되지 않으며, 따라서 양자가 패륜행위를 하더라도 양친은 이를 이유로 파양청구를 할 수 없다. 이러한 독일민법의 태도는 완전양자제도의 도입에 따른 당연한 귀결이라고 이해되고 있다. 즉 친생자의 패륜행위를 이유로 부모가 친자관계의 소멸을 청구할 수 없는 것과 같은 이치로 생각되는 것이다.

양자제도는 입양아동의 복리를 실현하기 위한 제도이므로, 파양의 문제에

189) A가 허위의 친생자출생신고를 하여 A와 미성년자 B 사이에 양친자관계가 성립한 후에 A와 동거하는 C가 입양신고를 하여 B를 입양한 경우에도 A와 B 사이의 양친자관계가 당연히 해소되는 것은 아니다(대판 2014. 7. 24, 2012므806); 대판 1979. 9. 11, 79므35·36은 양부모가 이혼하여 양모가 양부의 家를 떠났을 경우에는, 양부관계는 존속하지만 양모자관계는 소멸된다고 판시하였으나, 이것은 잘못된 해석이다(판례연구, 金疇洙, 법률신문 1980. 6. 9, 1351호). 그래서 대판 2001. 5. 24, 2000므1493(전원합의체), 판례공보 2001. 7. 1, 1392면은 위 판례를 폐기하고 양부모가 이혼하여 양모가 양부의 家를 떠났을 경우, 양모자관계는 소멸하지 않는다고 판시하였다.

있어서도 양자의 복리가 최고의 기준이 되어야 한다. 그러므로 적어도 미성년 양자가 파양되는 경우에는 파양이 그 아동의 복리를 위하여 필요한 것인가의 여부가 법원과 전문기관에 의해서 신중하게 판단되어야 할 것이다. 이런 취지에서 개정 양자법은 미성년자의 파양에 있어서 협의파양제도를 폐지하고 재판상 파양으로 일원화하였다.

## 2. 개정 양자법에 의한 파양법의 변화

### (1) 미성년자 파양의 경우 재판상 파양으로 일원화

양자법이 개정되기 전에는 양자가 미성년자인 경우에도 당사자의 합의와 신고만으로 간단하게 협의파양을 할 수 있었다. 양자가 미성년자인 경우에는 파양이 자녀의 복리에 미치는 영향, 파양 후 자녀의 보호, 양육 등 장래의 문제가 함께 고려되어야 하는데, 협의파양과 같이 파양을 할 때 국가기관(법원)이 개입하지 않는 법체계하에서는 이러한 점이 고려될 여지가 없었다. 이러한 문제를 해결하기 위하여 개정 양자법은 미성년 양자의 파양에 있어서 협의파양제도를 폐지하고 재판상 파양으로 일원화하였다.

### (2) 재판상 파양원인의 정비

재판상 파양원인 중 시대에 뒤떨어지고, 현대 양자법의 이념과 괴리가 있는 규정(예컨대, 개정 전 제905조 제1호: 가족의 명예를 오독하거나 재산을 경도한 중대한 과실이 있는 때)은 삭제하고, 양자를 위한 파양사유(개정민법 제905조 제1호: 양부모가 양자를 학대, 유기하거나 그 밖에 양자의 복리를 현저히 해친 경우)와 양부모를 위한 파양사유(개정민법 제905조 제2호: 양부모가 양자로부터 심히 부당한 대우를 받은 경우)를 추가하였다.

## 3. 협의상 파양

### (1) 양자가 미성년자(또는 피성년후견인)인 경우 협의파양 불가§898

개정법상 파양에는 협의상 파양과 재판상 파양의 두 종류가 있다. 이 점은 개정 전과 다르지 않다. 개정 전과 크게 차이가 나는 점은 개정법에 의하면 양자가 미성년자인 때에는 협의파양을 할 수 없다는 것이다(양자가 피성년후견인인 경우에도 협의파양을 할 수 없다§898 단서. 다만 양부모가 피성년후견인인 경우에는 협의파양을 할 수 있다. 이 경우에는 성년후견인의 동의가 필요하다). 양자가 미성년자인 경우에는 협의파양을 할 수 없고, 재판상 파양만을 할 수 있도록 한 이유는 미성년자인 양자를 보호하려는 데 있다(양자가 피성년후견인인 경우에 협의파양을 할 수 없도록 한 이유도 같다). 양자가 미성년자인 경우에는 파양절차에서 파양 이후 양자의 보호와 양육의 문제가 함께 다루어져 대안이 마련되어야 하며, 그렇지 않을 경우에는 양자는 파양 이후 보호의 공백상태에 처할 수도 있다. 그런데 협의파양의 경우에는 당사자(양자와 양부모)의 합의와 신고만으로 간단하게 양친자관계가 해소되므로, 파양된 아동의 보호와 양육의 문제가 함께 다루어질 수 있는 여지가 없다. 결국 파양절차에서 미성년자인 양자를 충실히 보호하기 위해서는 협의파양을 폐지하고 재판상 파양으로 일원화하는 것이 불가피하다(따라서 개정법에 의하면 협의파양은 양자가 성년자인 경우에 한하여 이용할 수 있으며, 당사자의 합의와 신고에 의하여 성립한다§904에 의한 §878의 준용).

(2) 실질적 요건

(가) 당사자 사이에 파양의사의 합치가 있을 것

파양당사자는 원칙적으로 양친자이며, 입양당사자가 아니었던 양친의 배우자(배우자 없는 자가 단독입양하였으나 그 후 혼인한 경우)는 파양당사자가 될 수 없다. 파양의사는 무조건 · 무기한이어야 하며, 어떤 방편을 위한 가장파양은 무효이다. 파양의사는 파양신고서가 작성될 때와 신고가 수리될 때에 다 같이 존재하여야 하며, 수리 이전에 일방이 의사를 철회하면 가족관계등록공무원이 착오로 수리하더라도 무효가 된다. 사기 또는 강박에 의해서 파양의 의사를 표시한 때에는 취소사유가 된다.

(나) 양자가 미성년자 또는 피성년후견인이 아닐 것

개정법에 의하면 양자가 미성년자 또는 피성년후견인인 경우에는 협의파양을 할 수 없다§898 단서. 따라서 협의파양은 양자가 성년자(피성년후견인이 아닌 성년자)인 경우에 한하여 이용할 수 있을 뿐이다. 양부모가 피성년후견인인 경우에는 성년후견인의 동의를 받아 파양을 협의할 수 있다§902(물론 의사능력이 회복되어 있을 것을 전제로 한다. 성년후견인의 동의가 있어도 파양 협의를 할 때 피성년후견인에게 의사능력이 없었다면 파양의 합의가 없는 것으로서 무효가 된다).

(다) 양부모는 각자 단독으로 파양할 수 있는가

협의파양의 당사자인 양친이 부부인 경우에 입양의 경우와 마찬가지로 공동으로 하여야 할 것인가에 대하여 규정하는 바 없으므로 해석상 문제이다(재판상의 경우도 포함). 명문의 규정이 없으므로 반대해석으로서 각자 단독으로 파양할 수 있다고 해석하는 것도 가능하다. 개정법에 의하여 양자가 성년자인 경우에만 협의파양이 가능하게 되었으므로, 협의파양을 하는 경우에 양자의 복리는 더 이상 크게 문제가 되지 않을 것으로 생각된다. 따라서 양자의 복리를 고려하여 부부공동파양의 원칙을 반드시 고수하기보다는 구체적인 사정에 따라 단독파양을 인정해도 무방할 것이다(예컨대 양부모가 장기간 별거하는 경우 등).[190] 반면에 양자가 미성년자인 경우에 재판상 파양을 할 때에는 양자의 복리를 고려하여 양친은 원칙적으로 공동으로 파양을 하여야 한다고 해석하는 것이 타당할 것이다.[191] 그러나 부부의 일방이 사망했을 때에는 생존한 다른 일방은 단독으로 파양할 수 있으며, 이혼한 경우에도 각자 단독으로 파양할 수 있다. 또한 부부의 일방이 표시불능인 경우에는 다른 일방만이 단독으로 파양할 수 있다고 해석하는 것이 좋을 것이다.

양자에게 배우자가 있는 경우에 협의파양을 할 때에 배우자의 동의가 필요한가의 문제가 있는데, 입양의 경우와 마찬가지로 제874조 제2항을 유추하여 배우자의 동의가 필요하다고 보아야 할 것이다. 양자의 배우자와 양부모사이에는 친족관계가 생기는데, 양자의 일방적인 의사로 이러한 친족관계가 소멸되는 것은 바람직하지 못하기 때문이다.

(3) 형식적 요건

협의상의 파양은 등록법에 정한 바에 의하여 신고함으로써 그 효력이 생긴다§904에 의한 §878의 준용.

(가) 신고는 서면 또는 말(구술)로 할 수 있으며등 §23, 신고서에는 당사자 쌍방의 서명이 필요하다고 해석된다(다만 증인 2인의 연서는 더 이상 필요하지 않다§904에 의한 §878의 준용.) 타인이 대서(代署)한 신고서가 수리된 경우에는 혼인·이혼·입양의 경우와 마찬가지로 해석하면 된다.

(나) 가족관계등록공무원은 파양이 제898조(양자가 미성년자 또는 피성년후

190) 이에 대하여 양친이 이혼여부를 불문하고 공동으로만 협의파양을 할 수 있다는 이견이 있다. 박병호, 가족법, 193면; 박동섭, 친족상속법, 331면.

191) 대판 2001. 8. 21, 99므2230 참조.

견인인 경우에는 협의파양을 할 수 없다)와 제902조(양부모가 피성년후견인인 경우에는 성년후견인의 동의를 받아 협의파양을 할 수 있다) 및 기타 법령에 위반하지 않는가를 확인한 후가 아니면 수리할 수 없다§903. 그러나 수리되면 취소의 규정이 없으므로 파양의사의 합치가 존재하는 한, 계속해서 유효하다고 보아야 한다.

#### (4) 협의상 파양의 무효와 취소

(가) 협의상 파양도 그 무효와 취소의 이론은 혼인·협의이혼·입양 등과 그 구조가 같다. 즉 i) 의사무능력자의 파양행위, ii) 어떤 방편을 위한 가장파양(판례는 가장이혼의 경우에는 유효한 것으로 본다),[192] iii) 조건부파양, iv) 당사자가 모르는 사이에 제3자가 한 파양, v) 신고가 수리되기 전에 파양의사를 철회한 경우에는 그 파양은 무효이다. 그리고 그 무효의 주장에 관하여는 이혼의 경우와 마찬가지로 다루어야 한다가소 §31에 의한 §23·24의 준용.

(나) 사기 또는 강박으로 인하여 파양의 의사표시를 한 경우에는 사기 또는 강박을 당한 자가 파양의 취소를 청구할 수 있다. 취소권은 사기를 안 날 또는 강박을 면한 날로부터 3월 이내에 행사하여야 한다§904에 의한 §823의 준용. 취소의 방법은 이혼의 취소의 경우와 같다가소 §2①나류사건xi·50. 취소의 효과는 소급한다.

이외에 미성년자인 양자가 협의파양을 한 경우, 피성년후견인인 양부모가 성년후견인의 동의 없이 협의파양을 한 경우 등에는 취소규정이 없다. 위에서 본 바와 같이 일단 신고가 수리되면 파양의사의 합치가 존재하는 한, 계속해서 유효하다고 보아야 할 것이다.

### 4. 재판상 파양

#### (1) 파양절차와 청구권자

민법에 규정된 파양원인이 있는 경우에는 재판상 파양을 청구할 수 있다. 파양원인에 관하여 민법은 이혼원인과 마찬가지로 상대적 또는 추상적 파양원인을 규정하고 있다(제905조 제4호: "그 밖에 양친자관계를 계속하기 어려운 중

192) 법원실무제요 가사 I, 554면은 가장이혼에 관한 판례가 형식적 의사설에 가깝다는 것을 근거로 가장파양도 유효로 볼 수 있을 것이라고 한다.

대한 사유가 있는 경우"). 재판상 파양도 재판상 이혼의 경우와 마찬가지로 조정절차가 선행하여가소 §2①나류사건xii·50, 조정이 성립하면 파양의 효력이 생긴다가소 §59② 본문. 조정신청에 의하여 조정절차가 개시된 경우에 i) 조정을 하지 않기로 하는 결정이 있거나민조 §26·40, ii) 조정이 성립하지 않은 경우, iii) 조정을 갈음하는 결정가소 §49, 민조 §30·32·40에 대하여 이의신청기간(2주일) 내에 이의신청이 있는 때에는 사건은 당연히 파양소송으로 이행되며가소 §49, 민조 §36①, 파양을 인용하는 판결에 의하여 파양의 효력이 생긴다가소 §12, 민소 §205.

(가) 양자가 13세 미만인 경우

양자가 13세 미만인 때에는 입양을 대락한 사람(입양 시의 법정대리인)이 양자를 갈음하여(대리하여) 파양청구를 할 수 있다§906① 본문.[193] 입양을 대락한 사람이 없는 경우(입양 당시의 법정대리인이 이미 사망하였든가 소재불명인 경우 등)에는 제777조에 의한 양자의 친족(생가의 친족만을 의미하는가 또는 양가의 친족까지 포함하는가의 문제가 있을 수 있으나, 굳이 제한하여 해석할 이유가 없으므로 둘 다 포함한다고 해석해도 무방하다고 생각된다.[194] 친족이 파양청구를 하는 경우에는 사전에 가정법원의 허가를 받아야 하므로, 파양청구권의 남용을 우려할 필요는 없을 것이다)이나 이해관계인(입양기관의 장, 아동보호전문기관의 장 등 아동과 관련된 기관의 장 등을 상정할 수 있다. 예컨대, 양자가 학대를 받은 경우에는 아동학대방지전문기관인 아동보호전문기관이 개입하게 되는데, 학대사건을 조사한 결과 양자의 보호를 위하여 파양이 불가피하다고 판단하는 때에는 아동보호전문기관의 장이 파양청구를 할 수 있을 것이다[195])이 가정법원의 허가를 받아 파양을 청구할 수 있다§906① 단서, 가소규 §2①viii. 친족이나 이해관계인이 파양청구를 하는 경우에는 사전에 가정법원의 허가를 받도록 되어 있는데, 이는 친족 등이 파양청구권을

---

193) 입양을 대락한 사람은 자신의 이름으로(즉 당사자로서) 파양청구를 할 수 있다. 법원실무제요 가사(Ⅱ), 93면 이하; 이와 달리 대락자는 양자를 대리하여 파양청구의 소를 제기하는 것이라는 견해가 있다. 박동섭, 가사소송(상), 373면; 입양을 대락한 사람이 재판상 파양을 청구한 후 사망한 경우에는 친족이나 이해관계인이 가정법원의 허가를 받아 소송절차를 승계할 수 있다(가소 제16조 제1항). 법원실무제요 가사(Ⅱ), 97면.

194) 개정 전 법에 의하면 입양을 승낙한 자가 사망 기타 사유로 파양청구를 할 수 없는 때에는 "생가의 직계존속"이 가정법원의 허가를 받아 파양청구를 할 수 있다(제906조에 의한 제899조의 준용). 개정법은 파양청구권자로서 "제777조에 따른 양자의 친족"이라고만 규정하고 있으므로(일반양자에게는 생가의 친족과 양가의 친족이 모두 법률상 친족에 해당한다), 이 경우 "친족"을 굳이 생가의 친족으로 제한하여 해석할 이유는 없다고 본다.

195) 2010년에 접수된 아동학대사례 중 양부모가 양자를 학대한 사건은 25건이다. 보건복지부/중앙아동보호전문기관, 전국아동학대현황보고서(2010), 220면. 2014년의 경우에는 34건으로 집계되었다. 전국아동학대현황보고서(2015), 117면.

남용할 가능성을 차단하기 위한 것이다. 입양을 대락한 사람(입양 시의 법정대리인)이 있으나 양자에게 관심이 없어서 파양원인이 있음에도(예컨대 양자가 학대를 받고 있는 경우) 파양청구를 하지 않는 경우도 있을 수 있다. 이런 경우에는 검사가 파양청구를 할 수 있도록 하여§906④, 양자의 보호에 공백이 생기지 않도록 하였다.

양부모가 파양청구를 하는 경우에는 민사소송법 제62조(또는 민법 제921조)에 의하여 특별대리인을 선임하여 양자를 대리하도록 하여야 할 것이다(또한 입양을 대락한 사람이 피고인 양자를 대리하는 방법도 생각해 볼 수 있을 것이다). 부부로서 공동으로 입양한 경우에는 파양청구를 할 때에도 부부가 공동으로 하여야 할 것이다.[196] 그러나 양부모가 이혼한 경우에는 각자 단독으로 파양의 소를 제기할 수 있다(배우자의 동의를 얻어 양자가 된 자는 파양청구를 할 때에도 배우자의 동의를 얻어야 할 것이다).

(나) 양자가 13세 이상의 미성년자인 경우

양자가 13세 이상의 미성년자인 경우에는 입양에 동의하였던 부모의 동의를 받아 파양을 청구할 수 있다§906②.[197] 13세 이상의 미성년자인 양자는 스스로 파양을 청구할 수 있으나, 입양 당시 입양에 동의했던 부모의 동의를 받아야 한다(부모가 법정대리인으로서 입양에 동의하거나 승낙했던 경우에는 부모로서의 동의를 갈음한 것으로 보므로, 이 경우에도 파양청구를 할 때에는 부모의 동의를 받아야 한다. 그러므로, 예컨대, 갑과 을 사이에서 태어난 병이 입양될 때 갑과 을은 이혼하여 갑은 친권자로서 입양을 승낙하고, 을은 부모로서 입양에 동의하였다면, 병이 파양청구를 할 때에도 갑과 을 두 사람의 동의가 모두 필요하다). 입양에 동의하였던 부모가 사망, 소재불명 등의 사유로 파양에 동의할 수 없는 경우에는 양자는 부모의 동의 없이 파양청구를 할 수 있다. 미성년자인 양자가 부모 등(부모 또는 입양 시 입양에 동의했던 법정대리인 등)의 동의 없이 독자적으로 파양청구를 할 수 있게 하면 양자를 경솔한 판단으로부터 보호하기 어려운 것이 아닌가 라는 문제가 제기될 수 있다. 그러나 재판상 파양의 경우에는 법원의 후견적 개입에 의하여 미성년자인 양자를 경솔한 판단으로부터 보호할 수

---

196) 대판 2001. 8. 21, 99므2230은 양친이 부부인 경우 파양을 할 때에도 부부가 공동으로 하여야 한다고 해석할 여지가 있다고 한다. 특히 양자가 미성년자인 경우에는 양자제도를 둔 취지에 비추어 그와 같이 해석하여야 할 필요성이 크다고 본다.

197) 특별대리인이 파양청구의 소의 제기와 개별적인 소송행위를 대리하여야 한다는 견해가 있다. 법원실무제요 -가사 II-(2010), 96면.

있을 것으로 생각되므로, 입양에 동의했던 부모가 파양에 동의할 수 없는 때에는 동의 없이 파양청구를 할 수 있게 한 것이다.[198] 입양에 동의했던 부모가 정당한 이유 없이 동의를 거부하는 경우도 생각할 수 있는데, 이런 경우는 제906조 제4항 규정에 의해서 해결할 수 있다(양자의 복리를 위하여 필요하다고 판단되는 경우에는 검사가 파양을 청구할 수 있다).

양부모가 파양청구를 하는 경우에 13세 이상의 미성년자인 양자는 입양에 동의했던 부모의 동의가 없어도 소의 상대방이 될 수 있다고 해석된다(이 경우에도 민사소송법 제62조 또는 민법 제921조에 의하여 특별대리인을 선임하여 양자를 대리할 수 있다).

(다) 양자 또는 양부모가 피성년후견인인 경우

양부모나 양자가 피성년후견인인 경우에는 성년후견인의 동의를 받아 파양을 청구할 수 있다§906③. 피성년후견인이 입양을 하거나 양자가 되는 때와 마찬가지로 파양청구를 하는 경우에도 성년후견인의 동의가 필요하다. 파양

198) 양자가 13세 이상인 경우에는 스스로 파양의 당사자가 되지만, 미성년자인 양자가 파양절차에서 자신의 입장과 의견을 얼마나 표명하고 반영시킬 수 있을 것인가는 의문이 아닐 수 없다. 이러한 문제점을 해결하기 위해서 현행법상으로는 민사소송법 제62조에 의하여 특별대리인을 선임하는 방법을 생각해 볼 수 있다. 입법론으로는 파양과 같이 자녀와 관련된 재판절차에서 자녀를 위한 절차보조인을 선임할 수 있는 제도를 도입하는 방안을 생각해 볼 수 있다. 법원은 파양절차에서 양자의 복리를 위하여 필요하다고 판단하는 경우 아동문제에 대하여 전문적인 지식과 경험을 갖춘 전문가(예를 들면, 입양기관의 사회복지사)를 양자의 절차보조인으로 선임할 수 있으며, 이렇게 선임된 절차보조인은 파양절차에서 양자를 대리하게 된다. 절차보조인은 양자와의 대화를 통하여 양자의 과거 경험, 파양에 관한 의사, 장래의 희망 등을 파악할 수 있으며, 이러한 사항을 법원에 충실하게 전달하는 역할을 하게 된다. 또한 절차보조인은 입양가정과 양친자관계에 대하여 조사한 결과를 바탕으로 하여 법원에 의견서를 제출할 수도 있으며, 양부모와 양자 사이를 중재하는 역할을 할 수도 있다. 나아가 파양에 의하여 양친자관계가 해소되는 경우에는 양자에게 실제로 양육자와 법정대리인이 없는 상태가 발생할 수도 있는데, 이러한 점도 사전에 조사하여 법원에 보고함으로써 파양 후 자녀의 양육과 보호에 공백상태가 생기지 않도록 예방하는 조치를 취할 수도 있다(예를 들어서, 파양 후 자녀를 양육할 사람이 없고, 법정대리인이 될 사람도 없는 경우에는 법원에 이러한 사실을 보고하여 파양과 동시에 후견인을 선임하도록 하고, 적당한 위탁가정이나 그룹 홈, 아동보호시설 등을 찾아서 아동과 연결하는 조치를 취할 필요가 있다). 이러한 절차보조인 제도는 아동권리협약 제12조의 규정에 부합하는 것이기도 하다. 이미 여러 나라가 이러한 취지에 공감하여 절차보조인제도를 도입, 운용하고 있는데, 상당한 효과를 거두고 있는 것으로 보고되고 있다. 독일의 절차보조인제도에 관하여는 Menne, Der Anwalt des Kindes-Zur eigenständigen Vertretung von Kindern in familienrechtlichen Verfahren im deutschen, schweizerischen und östereichischen Recht, in: Lebendendige Familienrecht(Festschrift für R. Frank, 2008), S. 433 ff; 김상용, 독일가정법원의 기능과 역할, 가족법연구 제22권 제3호(2008), 128면 이하 참조.

사유가 있음에도 성년후견인이 정당한 이유 없이 동의를 거부하여 파양청구를 할 수 없는 경우를 상정할 수 있는데, 이런 경우에는 제906조 제4항에 의하여 검사가 파양청구를 할 수밖에 없을 것이다.

피성년후견인인 양부모나 양자를 상대로 파양청구의 소가 제기된 경우에는 성년후견인의 동의가 없어도 소의 상대방이 될 수 있다고 해석된다. 이 경우에는 성년후견인이 피성년후견인을 대리하여야 할 것이다(성년후견인이 양부모 또는 양자로서 파양청구를 한 경우에는 민사소송법 제62조에 의하여 특별대리인을 선임하여 피성년후견인을 대리하여야 할 것이다).

(라) 검사의 파양청구권

검사는 미성년자나 피성년후견인인 양자를 위하여 파양을 청구할 수 있다 §906④. 미성년자이거나 피성년후견인인 양자의 복리를 위하여 파양이 불가피하다고 판단되는 상황에서도(예컨대, 양부모가 미성년자이거나 피성년후견인인 양자를 학대, 유기, 방임하여 파양이 필요하다고 판단되는 경우) 입양 당시의 법정대리인이 없거나, 혹은 관심이 없어서 파양청구를 하지 못하는 경우가 생길 수 있다(또한 양자의 친족이 있으나 무관심하여 파양청구를 하지 않는 경우 등이 있을 수 있다). 개정법은 이런 경우에 검사가 파양청구를 할 수 있게 함으로써 국가가 미성년자인 양자(또는 피성년후견인인 양자)의 복리를 위하여 적극적으로 개입할 수 있는 근거를 마련하였다.

(마) 제3자의 파양청구 배제

파양청구권자는 양친자에 한정되므로, 원칙적으로 제3자에게는 파양청구권이 없다.[199] 다만 양자의 복리를 위하여 다음과 같은 예외가 인정된다. 양자가 13세 미만인 경우에 대락권자(입양 당시의 법정대리인)가 파양청구를 할 수 없는 경우에는 양자의 친족이나 이해관계인이 가정법원의 허가를 받아 파양청구를 할 수 있다§906① 단서. 또한 검사도 미성년자나 피성년후견인인 양자를 위하여 파양을 청구할 수 있다§906④.

(2) 파양원인

(가) 양부모가 양자를 학대 또는 유기하거나 그 밖에 양자의 복리를 현저히 해친 경우§905 i

제1호는 양자를 위한 파양원인으로서 양부모가 양자의 복리를 해친 경우

199) 대판 1983. 9. 13, 83므16.

이다. 양부모에 의한 신체적 학대(성추행 등), 과도한 징계, 적절한 의식주를 제공하지 않고 양자를 방임하는 것, 양자에게 범죄를 교사하는 것, 양친 자신이 범죄행위로 인하여 장기간 복역해야 하기 때문에 양자를 양육할 수 없는 사정, 양친이 약물중독 등으로 양자를 양육할 수 없는 경우 등이 이 사유에 해당할 수 있다. 양자의 복리를 현저히 해치는 사유는 반드시 양부모의 고의나 과실에 기인할 필요는 없다. 파양사유로 인정되기 위해서는 그 사유가 양자의 양육기반을 위태롭게 할 정도로 '현저'해야 하며(다른 수단에 의해서는 양자의 복리를 지킬 수 없는 경우이어야 한다), 사안에 따라서는 어느 정도 반복, 지속될 필요가 있을 것이다.

(나) 양부모가 양자로부터 심히 부당한 대우를 받은 경우§905 ii

제2호는 양부모를 위한 파양원인으로서 양자가 양부모에 대하여 패륜행위를 하는 등 심히 부당한 대우를 한 경우이다.[200] '심히 부당한 대우'란 자녀로서 양친에게 가해서는 안 되는 신체·정신에 대한 학대, 방임, 모욕 등을 의미한다.

(다) 양부모나 양자의 생사가 3년 이상 분명하지 않은 경우§905 iii

제3호는 3년 이상의 생사불명을 양부모와 양자에게 공통된 파양원인으로 규정하고 있다. 개정 전의 규정은 양자의 생사불명만을 파양원인으로 규정하고 있었는데, 이것은 양부모의 이익에 치우친 것이므로 바로 잡은 것이다. 생사불명이란 생존도 사망도 증명할 수 없는 상태를 말하며, 양부모나 양자의 고의나 과실에 기인할 필요는 없다.

(라) 그 밖에 양친자관계를 계속하기 어려운 중대한 사유가 있는 경우§905 iv

제4호는 이른바 추상적 파양원인을 규정한 것이다. 불치의 정신병, 상습적인 범죄행위, 장기간의 교류단절로 인한 양친자관계의 파탄[201] 등 일반적인 사회생활관계에 비추어 양친자관계를 유지하기 어렵다고 판단되는 사유가 여기에 해당될 것이다.[202]

---

200) 양자의 배우자에 의한 부당한 대우는 파양사유가 되지 않는다고 본다(대판 2013. 6. 13, 2011므3518).

201) 춘천지판 2008. 1. 24, 2006르236; 반면에 서울가판 2008. 5. 23, 2007드단103409은 양부(원고)가 양모와 이혼하면서 양자(피고)가 양모와 함께 나간 후 십 수년간 양부에게 연락 없이 지내왔다는 사정만으로는 양친자관계를 계속하기 어려운 중대한 사유가 있다고 보기 어렵다고 판단하였다.

202) 대판 2013. 6. 13, 2011므3518: 피고(양자)와 그의 배우자가 원고(양모) 등을 상대로 수차례에 걸쳐 고발이나 소송을 제기하였고, 일련의 법적 분쟁이 시작된 후부터 3년간 피

이상 (가), (나) 및 (라)의 파양원인은 다른 일방이 이를 안 날로부터 6월, 그 사유가 있은 날로부터 3년을 경과하면 파양청구권이 소멸한다§907.

(마) 유책당사자의 파양청구

이혼의 경우와 마찬가지로 유책당사자가 파양청구를 할 수 있는가 하는 것이 문제이다. 이혼의 경우와 마찬가지로, 고의나 과실로 양친자관계를 스스로 파탄에 이르게 한 자의 파양청구는 허용되지 않는다고 해석하는 것이 타당할 것이다.[203]

## 5. 파양의 효과

(1) 파양에 의하여 입양으로 인한 친족관계는 소멸한다§776. 양친의 일방이 사망하여 생존한 양친이 단독으로 파양하였을 경우 양친족관계는 전체적으로 소멸하는가. 즉 예를 들어 양부의 사망 후 양모가 파양한 경우에 사망한 양부의 혈족(예컨대 양조부모)과 양자와의 친족관계도 소멸하는가의 문제이다. 이를 긍정하는 견해도 있을 수 있으나, 사망한 양친과 양자 사이에는 파양의 효력이 미칠 수 없을 뿐만 아니라,[204] 구체적인 경우에 있어서 사망한 양친의 혈족과 양자의 의사에 반하는 경우도 있을 수 있으므로, 분리해서 보는 것이 타당하다. 양부모가 이혼한 후[205] 양부모의 일방이 단독으로 양자와 파양한 경우에도 다른 일방과 양자 사이의 양친자관계는 그대로 존속된다.

(2) 파양된 경우 양자의 가족관계증명서 부모란에는 더 이상 양부모는 기재되지 않으며, 친생부모만이 기재된다. 가족관계증명서에는 파양사실은 기재되지 않으므로, 가족관계증명서를 보아서는 과거의 파양사실을 알 수 없다. 파양에 관한 사항은 입양관계증명서(상세증명서)에 기재된다.

(3) 입양으로 인하여 양친과의 사이에서 발생한 법률효과, 즉 부양·상

---

고(양자)가 원고(양모)에게 연락 한번 하지 않고 지냈다고 해도 원·피고 사이의 양친자관계가 실질적으로 파탄되었다고 보기 어려운 사정이 있다면 양친자관계를 계속하기 어려운 중대한 사유가 있다고 볼 수 없다.

203) 대판 2002. 12. 26, 2002므852. 양자를 양친자관계의 파탄에 주된 책임이 있는 유책당사자로 보기 어렵다는 이유로 양모의 파양청구를 기각한 사례.

204) 대판 2001. 8. 21, 99므2230.

205) 대판 2001. 5. 24, 2000므1493(전원합의체). 양부모가 이혼하여 양모가 夫의 家를 떠난다고 해서 양친자관계가 해소되는 것은 아니다.

속 · 친권관계 등은 소멸한다.

(4) 종래에는 양자가 미성년자이면 친생부모의 친권이 당연히 부활한다고 해석되었다.[206] 그러나 양자의 친생부모가 친권자로서 역할을 할 수 없는 경우도 있으므로(입양 후에 양자와 친생부모의 관계가 완전히 단절된 경우도 있을 수 있고, 심지어 친생부모를 찾을 수 없는 경우도 있다. 또한 친생부모가 자녀에 대해서 아무런 관심이 없거나 자녀를 양육할 수 없는 상태에 있는 경우도 있다), 구체적인 사정을 고려하지 않고 친생부모가 자동으로 친권자가 된다고 보는 해석론은 파양된 미성년자의 복리에 반한다는 비판이 있었다. 이 문제는 2013년 7월 1일부터 시행되는 개정 친권법에 의하여 입법적으로 해결되었다. 즉, 개정 친권법에 따르면 미성년자가 파양된 경우에는 친생부모의 친권이 자동으로 부활하지 않으며, 친생부모는 가정법원의 심판을 거쳐 친권자로 지정될 수 있다(입양이 취소되거나 파양된 경우 또는 양부모가 모두 사망한 경우 친생부모 일방 또는 쌍방, 미성년자, 미성년자의 친족은 그 사실을 안 날부터 1개월, 입양이 취소되거나 파양된 날 또는 양부모가 모두 사망한 날부터 6개월 내에 가정법원에 친생부모 일방 또는 쌍방을 친권자로 지정할 것을 청구할 수 있다§909의2②, 가소규 §2①ix).

(5) 재판상 파양을 한 경우에 당사자의 일방이 과실 있는 상대방에 내하여 이로 인하여 발생한 손해배상을 청구할 수 있는 것은 약혼해제의 경우와 같다§908에 의한 §806의 준용. 이 경우 손해배상청구를 하기 위해서는 가정법원에 먼저 조정신청을 하여야 한다가소 §2①다류사건iii · 50.

## 7 친양자(親養子)

### 1. 친양자제도의 특징

#### (1) 효과상의 특징 - 완전양자Full Adoption

친양자제도는 그 효과면에서 보면 입양아동이 법적으로뿐만 아니라 실제 생활에 있어서도 마치 '양친의 친생자와 같이' 입양가족의 구성원으로 완전히 편입, 동화되는 제도로 이해된다[207](외국에서는 '완전양자'라는 표현이 보편화되

206) 가족관계등록예규 제286호 제11조 제2항; 호적선례 200512-2.

어 있다. 친양자는 완전양자의 우리식 표현이라고 볼 수 있다). 그러므로 입양 전의 친족관계는 친양자 입양이 법원에 의하여 선고된 때로부터 종료되고§908의3, 양자는 마치 양친의 친생자인 것처럼 양친의 성과 본을 따를 뿐 아니라, 가족관계증명서에도 양친의 친생자로 기재된다. 가부장제의 부활론자들은 이와 같은 친양자제도의 효과가 부계혈통을 왜곡하는 것이라고 주장하였으나, 이는 현대 양자법의 기본이념을 이해하지 못한 데서 나온 오해에 지나지 않는다. 오늘날 입양은 보호필요아동에게 따뜻한 가정에서 성장할 수 있는 기회를 제공하는 사회정책적인 제도로 이해될 뿐, 더 이상 대를 잇기 위한 수단으로 인식되지 않는다. 이처럼 입양을 아동의 복리실현을 위한 제도로서 이해한다면, 양자가 입양가정에서 정신적·신체적으로 건강하게 성장할 수 있는 최상의 조건이 입양을 통해서 마련되어야 한다는 데 의문이 있을 수 없다. 이를 위해서는 무엇보다도 양자가 입양가정에서 성장하면서 가족구성원으로서 동질감을 느낄 수 있어야 하며, 가족에 대한 지속적인 소속감을 지닐 수 있어야 한다. 이와 같은 조건을 충족시키기 위해서는 실제생활에 있어서뿐만 아니라 법적으로도 양자가 입양가정에 완전히 동화되어 양부모와 양자 사이에 친부모, 자녀 사이와 다름없는 관계가 형성, 발전되어야 한다. 예를 들어 양자가 양친과 같은 성을 쓸 수 없다면, 주위의 편견에 시달리게 될 뿐만 아니라 양자 자신도 가족에 대한 소속감과 동질감을 형성, 발전시키는 데 큰 어려움을 겪게 될 것이다. 이러한 과정에서 양자의 복리가 침해될 수 있으며, 나아가 양친자관계 또한 안정되지 못하고 파탄에 이르게 될 가능성도 있다. 입양제도의 목적이 양자의 복리실현에 있다는 기본전제에 동의한다면, 누구도 이러한 결과에 이르는 것을 원하지는 않을 것이다. 입양과 관련된 법제도와 서비스가 우리와 비교되지 않을 정도로 발달된 선진국(이런 나라들은 모두 완전양자제도를 도입하였다)에서도 입양이 실패하는 사례가 종종 보고되고 있으며,[208] 이러한 사실은 우리에게도 시사하는 바가 적지 않다. 법적인 면에서 양자와 친생자의 차별을 모두 철폐하고 입양아동이 친생자와 같은 조건에서 성장할 수 있는 환경을 조성하는 데 많은 노력을 기울인 사회에서도 입양의 성공이 어려운 과제라면, 양자가 입양가정에 적응, 동화되는 것 자체가 제도상 불가능한 사

207) 즉 양자는 양부모의 자녀로 출생한 것처럼 다루어진다. 이런 점에 비추어 친양자입양은 '제2의 출생'으로 이야기 되기도 한다.

208) Paulitz, *Adoption*(2000), S. 157ff.

회에서는 입양의 성공 가능성이 더욱 희박해질 수밖에 없을 것이다. 결국 친양자제도가 도입되기 전의 양자법은 입양의 성공가능성을 저해하는 하나의 장애 요소가 되고 있다는 평가를 피할 수 없었다. 아동의 인격과 복리를 존중하여 입양아동이 중심이 된 양자법을 마련하고자 하다면 친양자제도의 도입은 피할 수 없는 선택이다.

### (2) 절차상의 특징 - 선고(허가)형 양자제도

친양자는 법원의 선고(허가)에 의해서 성립한다. 입양의 목적이 보호필요아동에게 입양가정에서 건강하게 성장·발달할 수 있는 기회를 제공하는 데 있다면, 입양이 성립하기 전에 국가(법원)가 양부모가 될 사람의 양육능력, 자질, 양육환경 등을 검증하는 절차를 거치는 것은 필수적이다. 2005년 민법개정에 의하여 친양자제도가 도입되기 전까지(친양자제도는 2008년 1월 1일부터 시행되었다) 민법상의 양자제도는 입양을 양친과 양자 사이의 사적인 신분계약으로 규정하고 있었다. 따라서 당사자 사이에 입양의사가 합치되고, 그 밖의 입양요건이 구비된 경우에는 입양신고만으로 입양이 성립하였다(앞에서 본 바와 같이 2013년 7월 1일부터 시행되는 개정 양자법에 의하면 일반양자의 경우에도 미성년자가 입양되는 때에는 반드시 가정법원의 허가를 받아야 한다). 이러한 제도 하에서는 개별적인 입양이 실제로 입양아동의 복리실현에 기여할 수 있는지의 여부를 사전에 심사·평가하는 절차를 거치지 않고 입양이 이루어졌으므로, 양자의 복리가 침해되는 사례가 발생하는 것을 막을 수 없었다. 이러한 사태를 막기 위하여 2005년 개정법은 친양자 입양을 당사자의 사적인 계약으로 하지 않고, 자녀의 복리를 위하여 반드시 법원의 선고(허가)에 의하여 성립하도록 하였다§908의2. 이는 국가가 당연히 부담하는 아동보호의무를 구체화시킨 것으로 볼 수 있다. 이로써 청구된 친양자 입양이 실제로 입양아동의 복리에 기여할 수 있는지의 여부가 사전에 법원에 의하여 심사될 수 있는 제도적 장치가 마련되었다.

## 2. 친양자 입양의 요건§908의2

### (1) 3년 이상 혼인중인 부부로서 공동으로 입양할 것§908의2① i 전단

친양자로 입양하기 위하여는 친양자 입양 청구 시 부부가 혼인한 지 3년

이 넘어야 한다. 양자가 건강하게 성장하기 위해서는 입양가정의 안정이 필수적으로 요구되는데, 혼인기간이 3년 이상 지속된 경우에는 그 가정이 비교적 안정되어 있을 것으로 보는 것이다. 민법상의 일반양자에 있어서와 마찬가지로 부부는 공동으로 입양의 당사자가 된다. 부부 중의 일방이 의사표시를 할 수 없는 상태에 있는 경우에는 다른 일방의 의사만으로 친양자 입양을 청구할 수 있을 것인가의 문제가 제기될 수 있다. 자녀에게 안정된 양육환경을 제공해야 한다는 친양자 제도의 취지에 비추어 보면, 일단 부정적으로 해석하는 것이 타당할 듯이 보인다.[209] 그러나 구체적인 경우에 따라서는 입양을 허용하는 편이 자녀의 복리에 기여할 가능성도 있으므로, 법원에서 구체적인 사정을 고려하여 결정하는 것이 합리적이라고 생각된다.[210]

### (2) 부부의 일방이 배우자의 친생자를 친양자로 하는 경우의 예외 §908의2① i 후단

(가) 부부의 일방이 배우자의 친생자를 친양자로 입양하는 경우에는 1년 이상의 혼인지속기간이 요구되며, 이 경우에는 부부공동입양의 원칙이 적용되지 않는다. 따라서 부부의 일방은 배우자의 친생자를 단독으로 입양할 수 있다.

(나) 부부의 일방이 배우자의 친생자를 입양하는 경우는 배우자에게 전혼에서 출생한 子 또는 혼인외의 子가 있는 때이다. 이와 같은 경우에는 혼인과 더불어 배우자의 자녀와 함께 가족공동생활을 시작하는 것이 보통이므로, 혼인한 지 3년이 넘어야 비로소 친양자 입양을 청구할 수 있다고 하면 당사자에게 지나치게 오랜 기간을 기다리게 하는 결과가 될 수 있다. 이 경우의 공동생활기간은 일종의 시험동거기간과 같은 성격을 띠게 되는데, 일정한 기간의 시험양육을 거친 후에 입양을 허가하는 외국의 입법례[211]와 비교해 보아도 3년이란 기간은 지나치게 길다고 할 수 있다. 이러한 이유에서 배우자의 자녀를 입양하는 경우에는 혼인지속기간을 1년으로 단축한 것이다.

---

209) 법원실무제요 가사(II), 297면.

210) 다만 현행법상 독신자는 친양자 입양을 할 수 없으며 일반양자 입양을 할 수 있을 뿐이다. 헌재결 2013. 9. 26. 2011헌가42는 이 규정이 독신자의 평등권을 침해하지 않는다고 판단하였다.

211) 예를 들면 독일민법(제1744조. Staudinger/Frank, BGB(2001), §1744 Rn. 5 참조)은 상당한 기간(보통의 경우 약 1년)의 양육을 거쳐서 입양이 가능하도록 규정하고 있으며, 프랑스민법(제345조 제1항)은 6개월, 스위스민법(제264조)은 2년 이상의 양육을 입양의 요건으로 하고 있다. 이러한 동거(시험양육)기간은 일종의 숙려기간과 같은 성격을 갖는 것이다.

(다) 부부의 일방이 배우자의 친생자를 친양자로 입양할 때에는 단독으로 할 수 있다. 부부의 일방이 배우자의 친생자를 입양하는 경우에는 배우자와 子 사이에는 이미 친생친자관계가 성립되어 있으므로, 굳이 친양자 입양이라는 절차를 거칠 필요가 없기 때문이다. 다만, 예를 들어서 夫가 처의 혼인외의 자를 친양자로 입양한 경우에는 子가 양부에 대해서는 혼인중의 출생자인 신분을 가지게 되고, 모에 대해서는 여전히 혼인외의 자로 남는다는 문제가 생길 수 있으나, 개정민법은 제908조의3 제1항에서 "친양자는 부부의 혼인중 출생자로 본다"라고 규정함으로써 입법적으로 이 문제를 해결하였다.

### (3) 친양자로 될 자가 미성년자일 것 §908의2① ii

개정 전에는 15세 미만인 아동만이 친양자로 입양될 수 있었는데, 개정법에 따르면 미성년자는 연령에 관계없이 친양자가 될 수 있다(개정법이 시행되는 2013년 7월 1일부터는 19세에 달하면 성년자가 되므로,[212] 19세 미만인 자는 친양자 입양이 가능하게 된다). 개정 전에 친양자가 될 수 있는 연령을 15세로 제한한 것은 외국의 입법례와 비교해 볼 때 낮은 편에 속한다는 비판이 있었다.[213] 친양자 입양이 청구된 경우 가정법원은 구체적인 사안에 따라 여러 사정을 종합적으로 고려하여 그 사안에 가장 적합한 판단을 함으로써 자녀의 복리를 실현할 수 있을 것이다. 따라서 친양자로 입양될 수 있는 연령의 범위를 확대한다고 해서 문제가 될 것은 없다.

### (4) 친양자로 될 자의 친생부모가 친양자 입양에 동의할 것 §908의2① iii 전단

(가) 친생부모의 동의

친양자로 입양되기 위해서는 친생부모의 동의가 있어야 한다. 친양자로 될 자의 친생부모가 친권자인 경우에는 법정대리인으로서 입양의 동의 §908의2① iv 나 승낙 §908의2① v 을 하게 될 것이므로, 이와 별도로 부모의 신분에서 동의를 할 필요는 없다고 해석하여야 할 것이다 §870① i · 908의8 참조. 그러나 예를 들어서 부모

---

212) 민법 일부개정법률(법률 제10429호. 공포일 2011. 3. 7. 시행일 2013. 7. 1) 제4조(성년): 사람은 19세로 성년에 이르게 된다.

213) 독일민법과 스위스민법에 의하면 미성년자는 누구나 완전양자로 입양될 수 있다. 프랑스민법은 15세를 입양가능연령으로 규정하고 있으나, 이에 대한 폭넓은 예외를 인정하여 규정의 경직성을 완화하고 있다. 프랑스민법 제345조 참조. 또한 완전양자제도의 도입을 의무화한 유럽양자협약도 입양가능연령을 18세로 규정하고 있다. 金疇洙, '양자제도의 비교법적 고찰', 한국가족법과 과제(1993), 612면 참조.

가 이혼하여 모가 친권자로 정해진 상태에서 子를 양육하고 있다가 친양자 입양을 승낙하거나 동의하는 때에는 父는 친권자가 아니므로 법정대리인으로서 동의나 승낙을 하지 못한다. 이런 경우 父에게 법정대리인으로서의 승낙권이나 동의권은 없다고 해도 子가 친양자 입양이 되는 때에 부모로서 의사를 표시할 수 있는 기회는 있어야 할 것이므로, 父에게 동의권을 인정한 것이다.

(나) 친생부모의 동의를 요하지 않는 경우§908의2①iii 후단

친양자 입양 당시 부모가 친권상실선고를 받았거나 소재를 알 수 없는 경우 또는 그 밖의 사유로 동의를 할 수 없는 경우에는 친생부모의 동의 없이 친양자 입양이 가능하다.[214] '그 밖의 사유로 동의할 수 없는 경우'란 부모가 장기간 의사표시를 할 수 없는 상태에 있는 경우(의식불명 등), 장기간 행방불명인 경우 등을 말한다.

개정 전에는 "부모의 친권이 상실되거나 사망 그 밖의 사유로 동의할 수 없는 경우에는" 친생부모의 동의 없이도 친양자 입양이 가능하다고 규정되어 있었다. 그런데 개정법에서 친생부모의 동의를 요하지 않는 사유로서 "사망"이 빠진 이유는, 사망에 의해서 권리능력이 소멸하므로 동의와 같은 의사표시를 할 수 없는 것은 당연하기 때문이다.

(다) 법원이 부모의 동의 없이 친양자 입양을 허가할 수 있는 경우§908의2② ii · iii

① 3년 이상 부양의무를 이행하지 않고 면접교섭을 하지 않은 경우: 친생부모가 자신에게 책임이 있는 사유로 3년 이상 자녀에 대한 부양의무를 이행하지 않고, 또 면접교섭도 하지 않은 경우에는 가정법원은 친생부모의 동의 없이 친양자 입양을 허가하는 심판을 할 수 있다. 이 요건을 충족시키려면, 우선 3년 이상 부양의무를 이행하지 않고, 면접교섭도 하지 않은 것에 대한 책임이 친생부모에게 있어야 한다. 즉, 위와 같은 의무를 이행하지 않은 것에 대해서 친생부모에게 비난가능성이 있어야 한다(친생부모가 자력이 있음에도 불구하고 부양을 하지 않았고, 자녀가 부모와의 면접교섭을 원하는 데도 부모가 이를 거부한 경우). 또한 친생부모가 3년 이상 부양의무를 이행하지 않았을 뿐만 아니라, 같은 기간 동안 자녀와 면접교섭도 하지 않았어야 한다. 그러므로, 예를 들어서, 이혼 후 자녀를 직접 양육하지 않은 부나 모가 경제력이 없어서 양육

---

214) 그리고 개정법은 "부모의 친권이 상실되거나"를 "부모가 친권상실의 선고를 받거나"로 대체함으로써 친양자 입양에 대하여 동의권을 갖지 못하는 부모는 제924조에 의해서 친권상실선고를 받은 부모라는 점을 명확하게 하였다.

비를 지급하지 못했다고 해도, 정기적으로 면접교섭을 한 경우에는 그의 동의 없이 친양자 입양청구를 인용해서는 안 된다. 반대로 이혼 후 자녀를 직접 양육하지 않은 부나 모가 양육비는 정기적으로 지급하였지만, 양육친의 방해 등으로 인하여 자녀와 면접교섭을 하지 못한 경우도 위와 같다(이혼 후 양육친이 자녀를 데리고 잠적하여 부양의무와 면접교섭의무를 이행하지 못하는 경우도 생각해 볼 수 있다). 친양자 입양이 성립하면 친생부모와의 친족관계는 소멸하므로, 친생부모의 동의 없이 친양자 입양청구가 인용될 수 있는 경우를 되도록 엄격하게 정하겠다는 취지라고 볼 수 있다.

② 자녀를 학대 또는 유기하거나 자녀의 복리를 현저히 해친 경우:

친생부모가 자녀를 학대 또는 유기하거나 그 밖에 자녀의 복리를 현저히 해친 경우에는 가정법원은 친생부모의 동의 없이 친양자 입양청구를 인용할 수 있다. 친생부모가 이와 같이 학대 등으로 자녀의 복리를 심각하게 침해하고도 입양의 동의를 거부하는 것은 권리(동의권)의 남용에 해당하므로, 이런 경우에는 부모의 권리를 존중하기보다는 자녀의 복리를 우선하여 입양이 성립할 수 있도록 지원하는 것이 타당하다. 위와 같은 경우에도 친생부모에게 동의권을 인정한다면, 입양의 동의를 거부함으로써 친양자 입양의 성립을 저지하는 것이 가능하게 되는데, 이는 결국 자녀의 복리가 회복될 수 없을 정도로 침해되는 것을 방관하는 결과가 되기 때문이다.

③ 동의권자의 심문: 가정법원이 친생부모의 동의 없이 친양자 입양을 허가하는 경우에는 친생부모를 심문하여야 한다§908의2② 후단.

(라) 혼인외의 자의 생부의 동의권

인지되지 않은 혼인외의 자와 생부 사이에는 법률상 친족관계가 없으므로, 이 경우의 생부는 개정법 제908조의2 제1항 제3호가 규정하는 '친양자로 될 사람의 친생부모'에 포함되지 않는다. 따라서 인지되지 않은 혼인외의 자가 친양자로 입양될 때에는 친권자인 모의 동의(친양자로 될 자가 13세 이상인 경우) 또는 승낙(친양자로 될 자가 13세 미만인 경우)만 있으면 되며, 생부의 동의는 필요하지 않다고 해석된다.

(마) 친생부모가 사망한 경우

친양자 입양 당시 부모의 일방이 사망하여 다른 일방의 승낙 또는 동의만으로 친양자 입양이 가능한 경우(또는 부모 쌍방이 모두 사망하여 미성년후견인의 승낙 또는 동의만으로 친양자 입양이 가능한 경우도 있을 수 있다)에는 사망한 부모 일방의 직계존속(즉 친양자로 될 자의 조부모 등)에게 친양자 입양에 관한 재판 과정에서 의견을 진술할 수 있는 기회를 제공할 필요가 있을 것이다. 가사소송규칙은 친양자 입양에 관한 심판을 하기 전에 가정법원이 친양자로 될 자의 친생부모 등의 의견을 들어야 한다고 규정하고 있다가소규 §62의3①. 친양자로 될 자의 친생부모가 사망했거나 그 밖의 사유로 의견을 들을 수 없는 경우에는 최근친 직계존속(동순위가 수인일 때에는 연장자)의 의견을 들어야 한다가소규 §62의3②. 그러나 친양자 입양은 오로지 친양자로 될 자의 복리라는 관점에서 결정되어야 하므로, 직계존속의 의견은 단지 하나의 참고자료로서 고려되어야 하며, 절대적인 비중을 두어서는 안 될 것이다.

(바) 친양자가 다시 입양되는 경우의 동의권자

어느 부부(또는 미혼모)의 친생자가 다른 부부에게 일반양자로 입양된 후 다시 다른 부부에게 친양자로 입양될 경우에 누가 부모로서 동의권을 갖는가의 문제가 생길 수 있다. 일반양자로 입양된 경우에는 친생부모와의 친족관계가 소멸하지 않으므로, 친생부모와 양부모가 모두 동의권을 갖는다고 해석할 수 있을 것이다(친생부모의 입장에서는 친양자 입양에 의하여 자녀와의 친족관계가 소멸되므로, 친양자 입양에 대하여 중대한 이해관계가 있다[215]). 반면에 어느 부부(또는 미혼모)의 친생자가 다른 부부에게 친양자로 입양된 후 다시 다른 부부에게 친양자로 입양될 경우에는 양부모의 동의만으로 입양이 가능하다는 해석이 나올 수 있다. 친양자로 입양된 경우에는 친생부모와의 친족관계는 소멸하므로, 친생부모는 부모로서의 동의권을 갖지 못한다는 해석이 가능하다(이에 대하여 친양자로 입양된 자를 다시 친양자로 입양을 하려면 일단 친양자 관계를 파양하여 친생부모와의 친족관계를 회복시킨 후 친생부모의 동의를 얻어서 입양해야 한다는 의견이 있을 수 있다[216]). 친양자의 양부모가 모두 사망한 때에는 다른 부부가 그 아이를 다시 친양자로 입양할 수 있는데, 이런 경우에 친생부모에게 동의권이 없다는 것은 명백하다. 이런 점에 비추어 볼 때 친양자로 입양된 자녀가 다시 친양자로 입양되는 경우에는 양부모의 동의만으로 가능하다고 해석할 수 있다. 문제는 가정법원이 자녀의 복리의 원칙에 따라 얼마나 충실하게 판단을 하는가에 달려있다.

---

215) 대구지법 가정지원심판 2009. 12. 4, 2009느단496. 양부모가 일반양자를 친양자로 입양하는 경우에도 친생부모의 동의가 필요하다고 해석된다.

216) 독일민법 제1742조는 이러한 태도를 취하고 있다. 반대의견 Staudinger/Frank, § 1742 Rn. 3ff.

(사) 동의의 상대방

친생부모가 입양에 동의할 때 양친이 될 사람이 누구인지 알지 못하는 경우에도 그 동의는 유효하다고 보아야 할 것이다. 그리고 아직 양부모가 될 사람이 정해져 있지 않는 상태에서의 친생부모의 입양동의도 유효할 것인가의 문제가 있으나, 입양기관을 통한 입양에 있어서는 이와 같은 경우가 보통일 것이고, 또 가정법원의 심판에 의하여 입양이 확정되므로 긍정적으로 해석하여야 할 것이다.[217)]

### (5) 친양자가 될 사람이 13세 이상인 경우에는 법정대리인의 동의를 받아 입양을 승낙할 것 §908의2① iv

친양자가 될 미성년자가 13세 이상인 경우에는 입양당사자가 되어 스스로 입양의 의사표시를 할 수 있지만, 여기에는 법정대리인의 동의가 필요하다. 개정 전에는 15세 미만인 아동만이 친양자가 될 수 있고, 양자될 자가 15세 미만인 때에는 언제나 법정대리인이 입양의 승낙을 하게 되어 있으므로, 친양자가 될 자가 스스로 입양의 의사표시를 할 수 있는 여지는 없었다. 그러나 개정법에 의하면 양자가 될 자가 13세 이상인 때에는 입양당사자가 되어 스스로 입양의 의사표시를 할 수 있고 §869① · 908의8 참조, 또 19세가 될 때까지는 친양자 입양이 가능하므로, 13세 이상 19세 미만의 미성년자는 법정대리인의 동의를 받아 친양자 입양의 의사표시를 할 수 있게 한 것이다.

### (6) 친양자가 될 사람이 13세 미만인 경우에는 법정대리인이 입양을 승낙할 것 §908의2① v

친양자가 될 아동이 13세 미만인 경우에는 법정대리인이 갈음하여(대리하여) 친양자 입양의 의사표시를 한다. 입양은 신분행위이므로 당사자가 의사표시를 하는 것이 원칙이지만, 자녀가 13세 미만인 경우에는 스스로 의사표시를 할 수 있는 능력이 부족한 것으로 보아서 법정대리인이 자녀를 갈음하여 입양의 의사표시를 하도록 한 것이다. 위에서 언급한 바와 같이 개정법은 양자가 될 아동이 입양당사자가 될 수 있는 연령을 13세로 규정하였으므로, 친양자 입양에 있어서도 양자가 될 아동이 13세 미만인 때에는 스스로 입양의 승낙을 할 수 없고, 법정대리인이 대리하여 입양의 승낙을 한다.

---

217) Frank, Grenzen der Adoption, S. 156f; 이와 반대로 무효라고 보는 견해가 있다. 주해친족법 1권, 894면.

### (7) 법원이 법정대리인의 동의나 승낙 없이 친양자 입양을 허가할 수 있는 경우§908의2②

일반입양의 경우와 마찬가지로 친양자 입양에 있어서도 법정대리인이 정당한 이유 없이 동의 또는 승낙을 거부하는 경우에는 가정법원은 법정대리인의 동의 또는 승낙이 없이도 친양자 입양을 허가하는 심판을 할 수 있다.

(가) 법정대리인이 자신의 의무를 이행하지 않아서 미성년자의 복리가 침해되는 상태에 있고, 객관적으로 친양자 입양이 미성년자의 복리에 기여할 것으로 판단되는 경우에도 동의나 승낙을 거부한다면, 가정법원은 법정대리인의 동의(친양자가 될 자가 13세 이상인 경우)나 승낙(친양자가 될 자가 13세 미만인 경우)이 없어도 친양자 입양청구를 인용할 수 있다.

(나) 법정대리인이 친권자인 때에는 제908조의2 제2항 제2호(친생부모가 자신에게 책임이 있는 사유로 3년 이상 자녀에 대한 부양의무를 이행하지 아니하고 면접교섭을 하지 아니한 경우) 또는 제3호의 사유(친생부모가 자녀를 학대 또는 유기하거나 그 밖에 자녀의 복리를 현저히 해친 경우)가 인정되는 경우에 한하여 가정법원은 법정대리인(친권자)의 동의나 승낙 없이 친양자 입양청구를 인용할 수 있다§908의2② i 후단. 법정대리인이 친권자인 경우에는 그의 동의나 승낙 없이 친양자 입양청구가 인용될 수 있는 경우를 보다 엄격하게 제한하고, 또한 명확하게 하려는 의도라고 풀이할 수 있을 것이다.

(다) 가정법원이 법정대리인의 승낙 없이 친양자 입양을 허가하는 경우에는 법정대리인을 심문하여야 한다§908의2② 후단.

### (8) 가정법원의 허가§908의2

(가) 친양자를 입양하려는 사람은 위에서 열거한 요건을 갖추어 가정법원[218]에 친양자 입양을 청구하여야 한다§908의2①, 가소 §2①라류사건xii. 가정법원은 이러한 요건들이 갖추어져 있는가의 여부를 심사할 뿐만 아니라, 친양자로 될 자의 복리를 위하여 양육상황, 친양자 입양의 동기,[219] 양친의 양육능력 등 입양가정의 환경을 심사한다§908의2③. 법원은 친양자 입양이 자녀의 복리에 기여

218) 관할법원은 친양자가 될 자(사건본인)의 주소지의 가정법원(가정법원 및 가정지원이 설치되지 아니한 지역은 해당 지방법원 및 지방법원 지원)이다.

219) 대판 2010. 12. 24, 2010스151은 외조부모가 손자녀를 친양자로 입양하기 위하여 친양자 입양청구를 한 사건에서 "주된 동기가 사건본인의 복리가 아니라 생모의 재혼을 용이하게 하려는 것이어서 친양자 입양이 생모의 복리를 실현하기 위한 방편에 불과하다"는 이유로 청구를 기각하였다.

할 것이라고 판단되는 경우에는 친양자 입양을 허가하는 심판을 하며, 그러한 확신에 이르지 못한 때에는 청구를 기각해야 한다. 법원은 필요하다고 인정되는 경우 재판과정에서 친양자로 될 아동 등 관계인과 전문가의 의견을 청취할 수 있을 것이다.[220]

(나) 제908조의2 제3항에서 규정하는 '양육상황'이란 친양자로 될 자의 현재의 양육상황과 입양 후에 예상되는 양육상황을 다 같이 의미하는 것으로 볼 수 있다. 요컨대 자녀 복리의 관점에서 볼 때 입양 전에 비해서 입양 후의 양육상황이 자녀에게 보다 안정되고 유리한 성장환경을 제공할 수 있어야 한다. 법원은 현재의 양육상황만이 아니라, 장기적인 관점에서 적어도 친양자로 될 자가 성년에 이를 때까지의 양육상황을 고려하여, 청구된 친양자 입양이 자녀의 정서적·신체적 발달에 기여할 수 있을 것인지의 여부를 판단하여야 할 것이다. '양부모의 양육능력'은 포괄적인 의미를 갖는 것으로 이해된다. 우선 양부모가 될 사람은 양자를 자기의 친자식처럼 받아들여 양육하겠다는 정신적인 준비가 되어 있어야 한다. 또한 양자의 성장에 필수적인 안정되고 위생적인 주거환경을 제공할 수 있어야 하며, 부양능력이 있어야 한다.

(9) 친양자 입양신고

친양자 재판이 확정된 경우에 친양자입양을 청구한 자는 재판의 확정일부터 1개월 이내에 재판서의 등본 및 확정증명서를 첨부하여 입양신고를 하여야 한다등 §67. 신고서에는 재판확정일을 기재하여야 한다. 이 신고는 보고적 신고로 보아야 할 것이다(친양자 입양은 허가심판이 확정된 때 성립한다). 친양자의 입양을 허가하는 심판에 대하여는 친양자로 될 자의 친생부모, 후견인 등이 즉시항고를 할 수 있다가소규 §62의5.

## 3. 친양자 입양의 효력§908의3

(1) 친양자 제도의 근본 목적은 양자와 친생자 사이에 존재할 수 있는 모든 종류의 차별을 없애고 양자에게 친생자와 같은 양육환경을 만들어 주는

220) 가사소송규칙 제62조의3 제1항은 친양자가 될 사람이 13세 이상인 경우에는 친양자가 될 사람의 의견을 들어야 한다고 규정하고 있다. 그러나 친양자가 될 아동이 13세 미만인 경우에도 입양과 관련하여 자신의 의사를 표명할 수 있는 때에는 그 의견을 듣는 것이 타당하다고 생각된다. 대결 2021. 12. 23, 2018스5 전원합의체 참조.

데 있다. 이런 의미에서 친양자는 마치 양친의 가정에서 출생한 것처럼 다루어져야 하며, 친양자 입양을 '제2의 출생'이라고 부르는 이유도 여기에 있다. 따라서 "친양자는 부부의 혼인중 출생자로 본다"§908의3①는 규정은 친양자 입양의 근본 취지를 나타내고 있는 것으로 볼 수 있다. 이에 따라 친양자는 양친의 성을 따르게 된다. 민법 제781조에 의하면 子는 父의 성과 본을 따르되, 다만 부모가 혼인신고시 모의 성과 본을 따르기로 협의한 경우에는 모의 성과 본을 따르게 되는데, 친양자에 대해서도 이 규정이 그대로 적용된다. 즉 혼인신고시 부모(양친)가 별도의 협의를 하지 않은 경우에는 양부의 성을 따르고, 모의 성을 따르기로 협의한 때에는 양모의 성을 따른다. 친양자는 마치 양부모 사이에서 태어난 것과 같은 신분을 가지므로 이와 같이 해석하는 것은 당연하다.

(2) 친양자와 양부모의 친족 사이에도 당연히 친족관계가 발생하며, 부양·상속 등의 효과가 따른다.

(3) 친양자는 가족관계증명서에 양친의 친생자로 기재되며, 입양관계증명서에도 양자라는 사실이 나타나지 않으므로, 외부에 양자라는 사실이 공시되지 않는다. 친양자 입양 사실은 친양자입양관계증명서를 통해서만 알 수 있으나, 친양자입양관계증명서의 교부는 엄격히 제한되므로, 친족이라 할지라도 교부를 청구할 수 없다. 등록법상 친양자입양관계증명서의 교부를 청구할 수 있는 경우는 다음과 같다. i) 친양자가 성년이 되어 신청하는 경우,[221] ii)

---

221) 프랑스에는 완전양자와 보통양자의 두 가지 입양제도가 있는데, 완전양자에 의해서 입양하는 경우에는 양자가 성년자가 된 후에도 자신의 입양사실을 모를 수 있으며, 입양사실을 아는 경우에도 자신의 친생부모를 아는 것은 제도상으로 거의 불가능하다. 프랑스에서는 양자가 혼인할 때에도 자신의 입양 전의 출생기록이 기재된 출생기록부를 제출할 필요가 없으므로, 제도상으로는 자신의 입양사실을 알게 될 기회가 존재하지 않는다. 양자가 자신의 입양사실을 알고 있다면 성년이 된 이후 입양심판기록 등이 기록된 출생기록부 사본의 열람을 청구할 수 있다. 나아가 양자는 입양심판등본을 청구할 수도 있는데, 입양심판등본에는 입양에 동의한 사람(일반적으로 생모)의 성명이 나와 있다. 그러나 프랑스에서는 입양에 동의하여 자녀를 입양기관에 인도하는 사람의 익명성이 보장되고, 대부분의 입양이 익명으로 이루어지므로, 양자가 후에 자신의 출생기록부나 입양심판기록 등을 열람해 보아도 자신의 친생부모를 알 수 없는 경우가 대부분이다. 독일에는 완전양자제도만이 인정되고 있으며, 양자의 출생기록부에는 양친만이 기재된다. 양친과 양자의 동의가 없으면 입양을 드러낼 수 있는 서류는 공개될 수 없다. 그러나 양자는 16세가 되면 친생부모의 성명과 주소가 기록되어 있는 문서를 열람할 수 있으며, 혼인할 때에는 친생부모가 기재되어 있는 증명서를 제출해야만 한다. 그러나 독일신분등록법개정안은 혼인할 때 친생부모

혼인당사자가 민법 제809조의 친족관계를 파악하고자 하는 경우☜, iii) 법원의 사실조회촉탁이 있거나 수사기관이 수사상 필요에 따라 문서로 신청하는 경우이상 등 §14②, iv) 민법 제908조의4 또는 국내입양특별법 제28조, 국제입양법 제25조에 따라 입양취소를 하거나 민법 제908조의5에 따라 파양을 할 경우, v) 친양자의 복리를 위하여 필요함을 구체적으로 소명하여 신청하는 경우, vi) 그 밖의 대법원예규가예 제545호 §3가 정하는 정당한 이유가 있는 경우이상 등록규칙 §23③.

☞ 등록법 제14조(증명서의 교부 등) 제2항 제2호는 "혼인당사자가 민법 제809조의 친족관계를 파악하고자 하는 경우" 친양자입양관계증명서의 교부를 청구할 수 있다고 규정하고 있다. 또한 등록법 제71조(혼인신고의 기재사항 등) 제4호에 의하면 혼인신고서에는 "민법 제809조 제1항에 따른 근친혼에 해당되지 아니한다는 사실"을 기재하여야 한다. 이와 같은 법규정의 구조를 체계적으로 분석해 보면 다음과 같은 해석이 가능하다: 「우선 혼인당사자는 누구나 민법 제809조 제1항(8촌 이내의 혈족(친양자의 입양 전의 혈족을 포함한다) 사이에서는 혼인하지 못한다)의 근친혼에 해당하지 않는다는 사실을 기재하여야 하는데, 친양자의 경우에는 입양전의 친족관계까지 파악하여 근친혼에 해당하지 않는다는 사실을 기재할 필요가 있다. 그리고 입양전의 친족관계를 파악하여 근친혼에 해당하지 않는다는 사실을 증명하기 위해서는 친양자입양관계증명서를 제출해야만 한다.」 만일 이러한 해석대로라면 누구나 혼인신고 전에 자신이 친양자로 입양되었는가를 확인하고, 친양자로 입양된 사실이 확인된 경우에는 혼인신고시에 친양자입양관계증명서를 제출해야 한다는 결론으로 이어지게 된다. 즉 민법 제809조가 금지하는 8촌 이내의 혈족간의 혼인을 방지하기 위하여 혼인시 친양자입양 여부를 반드시 확인하게 하고, 친양자로 입양된 경우에는 혼인신고시 친양자입양관계증명서를 제출하도록 한다는 취지로 해석될 수 있다. 등록법이 취하고 있는 이러한 태도는 개정 전의 독일신분등록법의 규정을 기초로 한 것으로 보인다(왜냐하면 이러한 태도를 취하였던 입법례는 독일신분등록법이 유일하기 때문이다). 개정 전의 독일신분등록법에 의하면 출생증명서와 구별되는 혈통증명서가 발급될 수 있었는데, 양자의 경우에는(독일은 완전양자제도만을 인정하고 있으며, 입양 후 친생부모와의 관계가 유지되는 일반양자제도는 폐지되었다) 혈통증명서에 친생부모와 양부모가 다 같이 기재되었다. 양자가 혼인하는 경우에는 반드시 혈통증명서를 제출하도록 되어 있

---

가 기재되어 있는 증명서를 제출해야 한다는 규정을 삭제하였다. Helms, *Die Feststellung der biologischen Abstammung*(1999), S. 165ff.

었는데, 이는 근친간의 혼인을 방지하기 위한 취지라고 이해되었다. 따라서 독일에서는 양자가 늦어도 혼인시에는 자신의 입양사실을 알게 될 수밖에 없었다(양부모가 사전에 입양사실을 알리지 않았다면 혼인시 입양사실을 알게 된 양자는 그로 인하여 큰 충격을 받을 수도 있었다). 독일에서는 2009년 1월 1일부터 개정된 신분등록법[222]이 시행되고 있는데, 개정법에 의하여 혈통증명서는 폐지되었다. 유럽에서 혈연의식이 가장 강한 독일이 혈통증명서를 폐지한 이유는 다음과 같이 정리될 수 있다: 독일에서는 지난 수십 년간 혼인할 때 혈통증명서를 제출하도록 요구해 왔지만, 이를 통하여 근친혼을 막은 사례는 단 한 건도 없었다. 또한 유럽 전체에서 혈통증명서를 발급하는 나라는 독일 이외에는 한 나라도 없다. 개정된 독일신분등록법의 이와 같은 태도 변화는 우리에게도 시사하는 바가 크다. 우리 사회의 현실에 비추어 볼 때 혼인시 의무적으로 친양자 입양여부를 확인하도록 하고, 친양자로 입양된 경우 친양자입양관계증명서를 제출하도록 한다면, 친양자 제도의 이용가능성은 현격히 줄어들 것이다. 친양자입양의 사실이 아무리 늦어도 양자의 혼인시에 알려진다면, 이러한 상황을 우려하는 양부모가 친양자입양을 기피할 것이 분명하기 때문이다. 혼인시 친양자입양관계증명서를 요구하는 유일한 목적은 근친혼의 방지에 있는데, 독일에서 지난 수십 년간 이러한 제도를 시행하여 왔으나, 단 한 건의 근친혼 방지사례도 없었다는 사실은 이 제도가 실효성이 없다는 것을 실증하고 있다. 이러한 점을 고려해 볼 때 혼인시 의무적으로 친양자 입양관계증명서를 제출하도록 하는 제도는 도입하지 않는 것이 바람직하다고 생각된다.[223]

(4) 친양자는 마치 양부모의 가정에서 출생한 친생자와 같은 신분을 가지게 되므로, 입양 전의 친족관계는 종료하는 것이 원칙이다§908의3② 전단. 다만 부부의 일방이 배우자의 친생자를 단독으로 입양한 경우에는 예외가 인정된다§908의3② 후단. 이러한 경우에는 배우자 및 그 친족과 친생자 사이의 친족관계는 소멸하지 않는다. 예를 들어서 夫가 처의 친생자(전혼관계에서 출생한 자 또는 인지된 혼외자)를 친양자로 입양하였다면, 친양자로 입양된 子와 생부 및 생부의 친족간의 친족관계는 소멸한다. 그러나 모자관계 및 모의 친족에 대한 子의 친족관계는 소멸하지 않는다.

222) Personenstandsrechtsreformgesetz vom 19. 2. 2007.

223) 자세한 내용은 Rainer Frank · 김상용, 신분등록제도의 개선방향 — 독일의 신분등록제도를 참고하여 —, 가족법연구 II(2006), 280면 이하 참조.

### 4. 친양자 입양의 취소§908의4①

(1) 친양자로 입양된 자의 친생부모가 자신에게 책임이 없는 사유로 인하여 친양자 입양에 동의를 할 수 없었던 경우에는 친양자 입양의 사실을 안 날로부터 6개월 내에 친양자 입양의 취소를 청구할 수 있다[224)]§908의4①, 가소 §2①나류사건xiii. 예를 들어서 자녀가 실종되어 찾고 있었는데, 그 사이에 자녀가 아동보호시설에 있다가 친양자로 입양된 경우를 생각해 볼 수 있다(아동보호시설의 장이 자녀의 후견인으로서 친양자 입양에 승낙하여 친양자 입양이 청구된 경우). 이러한 경우에는 친생부모의 친권이 소멸된 것으로 볼 수 없으므로, 친생부모가 법정대리인으로서 입양대락을 해야 하는데, 이러한 승낙 없이 친양자 입양이 성립되었으므로 그 입양은 무효라고 볼 수도 있다. 그러나 제908조의4 제2항은 "친양자 입양에 관하여는 제883조(입양무효의 원인), 제884조(입양취소의 원인)를 적용하지 아니한다"라고 규정함으로써 이러한 해석가능성을 차단하고 있다. 이와 같은 경우에 친양자 입양의 무효청구가 가능하다면 오랜 세월이 흘러서 양친과 친양자 사이에 사실상의 친자관계가 형성된 후에도 언제든지 양친자관계가 소멸될 수 있으므로, 입양의 무효에 관한 규정은 친양자 입양에 적용되지 않도록 한 취지라고 이해된다. 이러한 경우에는 친생부모가 친양자 입양의 사실을 안 날로부터 6개월 내에 가정법원에 친양자 입양의 취소를 청구할 수 있을 뿐이다. 물론 친생부모가 오랜 세월이 흐른 후에 친양자 입양의 사실을 알게 되었다면, 그로부터 6개월 내에 한하여 친양자 입양의 취소를 청구할 수 있다고 해도, 그로 인하여 입양이 취소되는 경우에는 양부모와 양자 사이에 이미 형성된 사실상의 친자관계가 소멸될 수 있다(이러한 결과는 구체적인 사정에 따라 친양자의 복리에 반할 가능성도 있다). 이런 경우에 친양자 입양의 취소청구를 받은 가정법원은 취소사유가 있다고 인정되더라도, 친양자로 된 자의 복리를 위하여 '그 양육상황, 친양자 입양의 동기, 양친의 양육능력, 그 밖의 사정을 고려하여' 친양자 입양의 취소가 적당하지 않다고 인정되는 경우에는 취소청구를 기각할 수 있다§908의6에 의한 §908의2③의 준용. 법원은 친양자로

224) 취소청구의 상대방은 양친자 쌍방이며, 그중 일방이 사망한 때에는 생존자를 상대방으로 한다. 관할법원은 양부모 중 1인의 주소지의 가정법원, 양부모가 모두 사망한 때에는 그중 1인의 최후 주소지의 가정법원(가정법원 및 가정지원이 설치되지 아니한 지역은 해당 지방법원 및 지방법원 지원)이 된다.

된 子의 복리를 고려하여 친양자 입양의 취소가 친양자로 된 자의 양육환경 및 장래에 미칠 영향을 세심하게 검토한 후 취소여부를 결정하여야 할 것이다. 현재의 양육상황과 취소 후에 예상되는 양육상황을 비교하여 취소 후의 양육상황이 현저히 악화될 우려가 있는 경우(장·단기적 영향을 균형있게 고려해야 할 것이다)에는 취소청구를 기각하는 것이 타당할 것으로 생각된다.

(2) 친양자 입양 취소의 소는 입양 당시 동의를 할 수 없었던 친생부 또는 친생모가 제기할 수 있다. 취소의 상대방은 양친자 쌍방이며, 일방이 사망한 경우에는 생존한 사람을 상대방으로 한다. 상대방이 될 사람이 모두 사망한 경우에는 검사를 상대방으로 한다가소 §31에 의한 §24의 준용. 친양자 입양 취소청구를 할 때는 먼저 가정법원에 조정을 신청하여야 한다가소 §50. 그러나 친양자 입양은 재판에 의해서만 취소될 수 있으므로,[225] 여기서 조정이 갖는 의미는 제한적일 수밖에 없다. 예컨대 친생부모가 친양자 입양에 동의하여 친양자 입양 취소 청구를 하지 않는다는 식의 조정은 가능하나, 친양자 입양을 취소한다는 조정은 할 수 없다.

(3) 일반양자의 취소에 관한 규정은 친양자에 대해서는 적용되지 않는다 §908의4②. 일반입양의 취소 사유는, i) 입양의 실질적 요건을 갖추지 못한 경우 §884①i. (입양의 실질적 요건을 갖추지 못한 경우 중에서 무효사유는 제883조에 규정되어 있으므로, 이것을 제외한 나머지 경우가 취소사유가 된다), ii) 입양 당시 상대방에게 악질 등 중대한 사유가 있음을 알지 못했던 경우§884①ii, iii) 사기 또는 강박으로 인하여 입양의 의사표시를 한 경우§884①iii로 나누어지는데, 이러한 규정들은 모두 친양자에 대해서는 적용되지 않는다.

(4) 친양자 입양의 취소의 효력은 소급하지 않는다§908의7②.[226] 취소의 결과 친양자 입양에 의해서 발생한 친족관계는 소멸하고, 입양 전의 친족관계가 부활한다§908의7①. 이에 따라 子는 친생부모의 성과 본을 따르게 된다. 그러나 친생부모의 친권은 자동으로 부활하지 않으며, 친생부모는 가정법원의 심판을 거쳐 친권자로 지정될 수 있다(입양이 취소되거나 파양된 경우에는 친생부모 일방

225) 이런 의미에서 친양자 입양 취소의 소는 형성적 성질을 갖는 것으로 이해된다.

226) 개정법 제908조의7(친양자 입양의 취소·파양의 효력) ① 친양자 입양이 취소되거나 파양된 때에는 친양자관계는 소멸하고 입양 전의 친족관계는 부활한다.
② 제1항의 경우에 친양자 입양의 취소의 효력은 소급하지 아니한다.

또는 쌍방, 미성년자, 미성년자의 친족은 그 사실을 안 날부터 1개월, 입양이 취소되거나 파양된 날부터 6개월 내에 가정법원에 친생부모 일방 또는 쌍방을 친권자로 지정할 것을 청구할 수 있다§909의2②, 가소규 §2①ix).

(5) 친양자 입양취소의 재판이 확정된 경우 소를 제기한 자는 재판의 확정일로부터 1개월 이내에 재판서의 등본 및 확정증명서를 첨부하여 입양취소의 신고를 하여야 한다등 §70.

## 5. 친양자의 파양§908의5, 가소 §2①나류사건 xiv

### (1) 외국의 입법례

친양자는 양부모의 친생자로 출생한 것과 마찬가지로 취급되므로, 친양자제도의 본질에 비추어 본다면 파양은 친양자제도와 모순되는 것이라고 할 수 있다. 부모가 자신의 친생자와 친사관계를 해소하는 것이 불가능한 원리가 친양자관계에도 그대로 적용되어야 하기 때문이다. 이런 이유에서 완전양자제도를 도입한 외국의 입법례를 보면 파양을 아예 인정하지 않는 경우가 적지 않나. 예를 들면 스위스민법은 입양 이후에 발생한 사유로 인한 파양을 아예 허용하지 않는다.[227] 독일민법에 의하면 파양 자체가 불가능하지는 않으나,[228] 자녀의 복리를 위하여 매우 예외적인 경우[229]에만 제한적으로 인정된다.[230] 특히 양친의 이익을 위한 파양사유는 인정되지 않으며, 따라서 양자가 패륜행위를 하더라도 양친은 이를 이유로 하여 파양청구를 할 수 없다.[231]

---

227) Hegnauer, *Grundriss des Kindesrechts*(1999), S. 99; 프랑스민법도 완전양자의 경우 파양을 인정하지 않는다. 프랑스민법 제359조 참조. 양친이 양자를 학대하는 경우 등에는 양친의 친권을 상실시키는 것으로 문제를 해결한다. 친권이 상실되어도 친족관계는 존속하므로 양친자간의 부양·상속관계는 계속 유지된다.

228) 독일민법 제1763조. 이에 따르면 양자가 미성년자인 동안에는 자녀의 복리를 위해서 반드시 필요하다고 인정되는 경우 후견법원은 직권으로 양친자관계를 해소시킬 수 있다.

229) 독일 법원은 양부가 양자를 성추행한 경우에 양자의 복리를 위하여 파양을 선고한 바 있다. AG Hechingen, DAVorm 1992, 1360.

230) 이런 이유로 독일에서의 평균 파양률은 0.5%에 지나지 않는다. Paulitz, *Adoption*(2000), S. 54 참조.

231) BT-Drucks. 7/3061, S. 26f. 이 점에 있어서는 일본민법도 같은 태도를 취하고 있다. 일본민법 제817조의 10 참조. Staudinger/Frank, *BGB*(2001), §1763 Rn. 7에 의하면 양자가 양친의 일방을 살해한 경우도 그 자체로서는 파양사유가 되지 않는다고 본다. 다만 생존한 양친의 다른 일방이 그 사건으로 인하여 양자를 더 이상 양육할 수 없는 심리상태에 이른 경우에는 자녀의 복리를 위하여 중대한 사유가 있는 것으로 인정되어 파양이 인

### (2) 양부모를 위한 파양사유

이러한 외국의 입법례와 달리 2005년 개정법[232]은 양친의 이익을 위한 파양 가능성(제908조의5 제1항 제2호: 양자가 패륜행위를 한 경우)을 규정하고 있다. 이 규정은 친양자제도의 본질에서 다소 벗어난 것이라고 볼 수도 있으나, 친자관계를 바라보는 우리사회의 정서를 고려하여 도입된 것으로 보인다. 그러나 친양자제도의 본질에 비추어 볼 때 패륜행위로서 파양이 인정되기 위해서는 양친에 대한 양자의 반인륜적 행위가 매우 심각한 정도에 이르러야 할 것이다. 예를 들어서 친양자가 양친을 살해하려다가 미수에 그친 경우, 친양자가 양친의 일방을 살해한 경우 등은 패륜행위로서 파양사유가 될 수 있을 것이다. 그러나 친양자가 양친이 기대한 대로 성장하지 않고 문제를 일으키거나 반항을 하는 정도로는 패륜행위로서 파양사유에 해당한다고 보기 어려울 것이다.

### (3) 친양자를 위한 파양사유

이외에도 민법은 친양자를 위한 파양사유를 규정하고 있다. 즉 '양친이 친양자를 학대 또는 유기하거나 그 밖에 친양자의 복리를 현저히 해하는 때'§908의5① i에는 파양을 청구할 수 있다. 양친에 의한 신체적 학대(성추행 등), 과도한 징계, 적절한 의식주를 제공하지 않고 양자를 방임하는 것, 양자에게 범죄를 교사하는 것, 양친 자신이 범죄행위로 인하여 장기간 복역해야 하기 때문에 양자를 양육할 수 없는 사정, 양친이 약물중독 등으로 양자를 양육할 수 없는 경우 등이 이 사유에 해당할 수 있다. 그러나 양친의 이혼은 파양사유가 되지 않으며, 친생자의 경우와 마찬가지로 다만 이혼 후의 양육과 친권자 결정의 문제를 낳을 뿐이다. 또한 양친의 경제적 상황이 악화되었다는 사실만으로는 파양사유에 해당한다고 보기 어려울 것이다. 친양자의 복리를 현저히 해하는 사유는 반드시 양친의 고의나 과실에 기인할 필요는 없다. 파양사유로 인정되기 위해서는 그 사유가 친양자의 양육기반을 위태롭게 할 정도로 '현저'해야 하며(다른 수단에 의해서는 양자의 복리를 지킬 수 없는 경우이어야 한다), 사안에

---

정될 수 있다.

232) 개정법 제908조의5(친양자의 파양) ① 양친, 친양자, 친생의 부 또는 모나 검사는 다음 각 호의 어느 하나의 사유가 있는 경우에는 가정법원에 친양자의 파양을 청구할 수 있다.
1. 양친이 친양자를 학대 또는 유기하거나 그 밖에 친양자의 복리를 현저히 해하는 때
2. 친양자의 양친에 대한 패륜행위로 인하여 친양자관계를 유지시킬 수 없게 된 때
② 제898조 및 제905조의 규정은 친양자의 파양에 관하여 이를 적용하지 아니한다.

따라서는 어느 정도 반복, 지속될 필요가 있을 것이다.[233)]

### (4) 양부모 일방에게만 파양사유가 있는 경우

양부모 중 일방에게만 파양사유가 있는 경우(예를 들어서 양부가 친양자를 학대하는 경우)에 그 일방에 대해서만 파양을 청구할 있는가의 문제가 제기될 수 있다. 양부모의 다른 일방이 친양자를 양육하는 데 문제가 없고 그 사이에 실질적인 친자관계가 형성되어 있다면, 파양사유가 있는 양부모의 일방에 대해서만 파양청구를 하는 것도 가능하다고 보아야 할 것이다(예를 들어서 양모가 친양자를 학대하는 양부를 상대로 하여 이혼청구를 하면서 동시에 파양청구를 하는 경우도 생각해 볼 수 있다).[234)]

양부모가 이혼한 후에는 각자 단독으로 파양청구를 할 수 있다. 양부모의 일방이 사망한 경우에도 생존한 양친은 단독으로 파양을 할 수 있다.[235)]

### (5) 파양청구권자

파양청구권자는 양친, 친양자, 친생의 부 또는 모 및 검사이다§908의5①. 친양자가 미성년자인 경우에는 특별대리인민소 §62을 선임할 필요가 있을 것이다. 파양청구를 하려고 할 때 친양자가 13세 미만이고, 입양 당시 친생부모가 없어서 후견인이 법정대리인으로서 대락한 경우에는 입양 당시의 법정대리인에게도 파양청구권이 인정되어야 할 것이다.[236)]

양친이 파양청구를 할 때에는 친양자를 상대방으로 하고, 친양자가 파양을 청구할 때에는 양친을 상대방으로 한다가소 §31에 의한 24의 준용. 상대방이 될 사람이 사망한 경우에는 검사를 상대방으로 한다는 가사소송법 제24조 제3항 규정은 원칙적으로 준용되지 않는다. 양친 또는 친양자가 사망하여 양친자관계가 해소된 후에는 원칙적으로 친양자 파양을 청구할 수 없기 때문이다.[237)]

---

233) 양부모 중 일방에게만 이러한 사유가 있어도 쌍방에 대해서 파양청구를 할 수 있다. 법원실무제요 가사(Ⅱ), 99면.

234) 반대의견, 홍창우, 민법상 친양자 제도에 관하여, 인권과 정의 381호, 60면.

235) 배우자의 자녀를 친양자로 입양한 경우(배우자의 자녀를 친양자로 입양하는 경우에는 부부가 공동으로 입양하지 않고, 단독으로 입양하게 된다. 제908조의2 제1항 1호 단서)에도 단독으로 파양할 수 있는가의 문제가 있다. 부부가 이혼하기 전까지는 단독으로 파양할 수 없다고 보아야 할 것이다. 반대의견, 주해친족법 1권, 923면.

236) 반대의견, 주해친족법 1권, 922면.

237) 다만 양친 쌍방의 사망 후에도 친양자의 형제자매나 그 밖의 친족이 "친양자의 복리를 현저히 해하는 때"에는 예외적으로 파양을 허용하는 것이 타당하다고 보는 입장(김주수 · 김상용, 주석민법 친족 3, 364)에서는 검사를 상대방으로 한다는 규정의 준용도 가

친생의 부 또는 모나 검사가 파양청구를 할 때에는 양친과 친양자 모두를 상대방으로 한다. 어느 한쪽이 사망한 경우에는 그 생존자를 상대방으로 한다는 가사소송법 제24조 제2항 규정은 원칙적으로 준용되지 않는다. 양친과 친양자 중 어느 한쪽이 사망한 경우에는 친양자관계가 해소되어 원칙적으로 파양을 청구할 수 없기 때문이다.

(6) 파양의 기준

가정법원은 위에서 본 두 가지 파양사유 중 하나가 있다고 판단되는 경우에는 파양청구를 인용한다. 그러나 파양사유가 인정되는 경우에도 친양자의 복리를 위하여 그 양육상황, 파양의 동기, 양친과 친생부모의 양육능력 그 밖의 사정을 고려하여 적당하지 않다고 인정되는 경우에는 파양청구를 기각할 수 있다§908의6에 의한 §908의2③ 준용.

(7) 협의파양의 배제

친양자의 본질에 비추어 볼 때 협의파양은 인정될 수 없다. 제898조는 친양자의 파양에 적용하지 않는다는 제908조의5 제2항 규정은 이를 확인하는 의미로 이해된다. 친양자 입양에 대해서 협의파양을 인정하지 않은 것이 입법의 미비라는 주장이 제기된 바 있었으나,[238] 이는 친양자제도에 대한 오해에서 비롯된 것에 불과하다. 입양이 양친과 양자 사이의 계약을 통해서 성립하는 경우에는 그 계약이 양친자관계의 기초가 되므로, 계약이 갖는 일반적 성질에 따라 그 해소도 어느 정도 자유로울 수 있다. 따라서 당사자의 합의에 의한 계약의 해소, 즉 입양관계의 해소도 가능할 수 있다.[239] 그러나 허가형 양자제도하에서 양친자관계는 당사자들의 합의만으로 성립할 수 없으며, 반드시 국가(법원)의 허가를 필요로 한다. 이러한 제도하에서 계약은 더 이상 양친자관계의 기초가 될 수 없으며, 국가의 허가라는 요소가 입양성립의 본질적 구성요소가 된다. 따라서 일단 국가의 허가에 의해서 입양이 성립한 이상 이와 같은 양친자관계는 당사자의 합의만으로는 해소될 수 없으며, 반드시 국가

---

능할 것이다.

238) 2002년 1월 30일 한국가정법률상담소에서 주최한 친양자제도에 관한 공청회에 참석한 국회의원들 중 일부가 그러한 의문을 제기한 바 있다.

239) 독일도 계약형 양자제도를 취하고 있던 당시(1976년 양자법개정 이전)에는 당사자의 합의에 의한 양친자관계의 해소를 인정하고 있었으나, 이 때에도 파양계약은 반드시 후견법원의 인준과 법원의 확인을 거쳐야만 하였다.

(법원)에 의한 허가를 필요로 하게 된다. 즉 허가형 양자제도를 취한 법체계에서는(계약형 양자제도와 비교하여 볼 때) 파양절차 또한 엄격하게 될 수밖에 없으며,[240] 이러한 결과는 친양자제도의 취지에 부합되는 것이기도 하다. 그러므로 2005년 개정민법이 당사자의 협의에 의한 파양 가능성에 대해서 규정하지 않는 것은 개정양자법의 체계에 부합하는 것이며, 입법의 미비라고 볼 수 없다.

(8) 파양의 효과 - 입양 전 친족관계의 부활

친양자관계가 파양된 때에는 친양자 입양으로 인하여 발생한 친족관계는 소멸하고 입양 전의 친족관계가 부활한다§908의7①. 그 결과 친생부모가 子의 친권자가 되고, 子의 성도 친생부모를 따라 변경되지 않을 수 없다. 그러나 이러한 결과는 현실적으로 적지 않은 문제를 야기할 수 있다. 통계를 살펴보면 우리사회에서 입양되는 자녀의 친생부모는 그 상당수가 독신모라는 사실을 알 수 있다.[241] 이들은 대부분 스스로 자녀를 양육할 수 있는 능력이 없기 때문에 자녀양육을 포기한다. 친양자 입양이 파양된 경우(입양 직후이거나 상당한 시간이 흐른 후이거나에 관계없이), 이들이 자녀를 스스로 양육할 수 있는 능력과 환경을 갖추고 있을 것으로 기대하기는 어렵다(친생부모를 찾는 것 자체가 불가능한 경우도 있을 수 있다). 이러한 사정을 고려해 보면 친양자관계가 해소된 후 친생부모의 친권이 자동으로 부활한다는 것은 결국 자녀를 보호의 공백상태에 방치하는 결과가 될 수 있다. 종전에는 이와 다른 해석론을 전개할 수 있는 근거가 없어서 미성년자가 파양된 경우 아동의 보호에 공백이 생길 수 있다는 비판이 있었다. 이러한 비판을 수용하여 2013년 7월 1일부터 시행되는 개정 친권법은 이 문제를 입법적으로 해결하였다. 즉, 개정법에 따르면 친양자가 파양된 경우에는(친양자 입양이 취소된 경우도 같다) 친생부모의 친권이 자동으로 부활하지 않으며, 친생부모는 가정법원의 심판을 거쳐 친권자로

240) 1976년에 개정된 독일양자법은 파양의 가능성을 제한함으로써 양친자관계의 존속기반을 강화하는 데 중점을 두고 있었다. BT-Drucks. 7/3061, S. 25ff.

241) 보건복지부 통계에 따르면 입양아동의 약 90%는 독신모가 낳은 자녀들이다. 2000년 입양아동수: 4,046명, 독신모 자녀: 3,706명, 2001년 입양아동수: 4,206명, 독신모 자녀: 3,862명, 2002년 입양아동수: 4,059명, 독신모 자녀: 3,708명, 2005년 입양아동수: 3,562명, 독신모 자녀: 3,164명, 2008년 입양아동수: 2,556명, 독신모 자녀: 2,170명, 2009년 입양아동수: 2,439명, 독신모 자녀: 2,121명, 2010년 입양아동수: 2,475명, 독신모 자녀: 2,166명, 2011년 입양아동수: 2,464명, 독신모 자녀: 2,262명, 2012년 입양아동수: 1,880명, 독신모 자녀: 1,744명.

지정될 수 있다(입양이 취소되거나 파양된 경우에는 친생부모 일방 또는 쌍방, 미성년자, 미성년자의 친족은 그 사실을 안 날부터 1개월, 입양이 취소되거나 파양된 날부터 6개월 내에 가정법원에 친생부모 일방 또는 쌍방을 친권자로 지정할 것을 청구할 수 있다§909의2②, 가소규 §2①ix).

### (9) 파양에 따른 친양자의 성과 본 변경

한편 친양자관계가 해소되는 경우 그 효력으로서 자녀는 자신의 의사와 관계없이 자동적으로 친생부모의 성과 본을 따르게 되어 결과적으로 성의 변경을 겪게 된다(실제로 친생부모를 알지 못하는 경우에는 친생부모의 성을 따르를 수 없는 경우도 생길 수 있다). 파양 후 실제로 친생부모로부터 양육을 받을 수 있다면 별 문제가 없겠으나, 우리사회의 입양현실에 비추어 볼 때 이런 경우는 지극히 예외에 속한다고 보아야 할 것이다. 친생부모가 실제로 子를 양육할 수 없는 상황에서, 성만 친생부모를 따라 변경하도록 한다면, 이는 오히려 당사자인 자녀에게 정체성의 혼란만을 야기하는 가혹한 결과가 될 것이다. 그러므로 이런 경우에는 가정법원이 객관적인 사정(양친의 성을 사용한 기간, 자의 연령, 파양의 원인 등) 및 자녀의 의사와 희망 등을 고려하여 파양을 선고하면서 동시에 자녀에게 양친의 성을 그대로 유지할 수 있도록 허가해 줄 수 있는 여지를 남겨 놓는 것이 합리적인 해결책이라고 생각된다.[242)]

### (10) 파양신고

친양자 파양의 재판이 확정된 경우 소를 제기한 자는 재판의 확정일로부터 1개월 이내에 재판서의 등본 및 확정증명서를 첨부하여 파양신고를 하여야 한다등 §69.

## 6. 준용규정과 부칙

(1) 개정민법 제908조의8은 "친양자에 관하여 이 관에 특별한 규정이 있는 경우를 제외하고는 그 성질에 반하지 아니하는 범위 안에서 양자에 관한 규정을 준용한다"고 규정하고 있다. 이에 따르면 우선, 친양자에 관한 친족편 제4장 제2절 제4관에 일반양자에 관한 규정을 적용하지 않는다는 명문의 규

---

242) 독일민법 제1765조 제2항 참조; 金相瑢, 친양자제도의 개선을 위한 의견, 가족법연구 I(2002), 161면 이하.

정이 있는 경우에는, 일반양자에 관한 규정의 적용이 당연히 배제된다. 여기에 해당되는 일반양자에 관한 규정은 입양무효에 관한 제883조, 입양취소에 관한 제884조, 협의파양에 관한 제898조, 재판상 파양에 관한 제905조 등이다. 그러므로 친양자 입양에 대해서는 입양무효확인청구는 인정되지 않는다.[243) 친양자 입양의 취소에 관해서는 별도의 규정이 있으며§908의4, 일반양자에 관한 취소규정은 적용되지 않는다. 위에서 본 바와 같이 친양자의 파양에 대해서도 별도의 규정이 있으며, 일반양자에 적용되는 협의상 파양이나 재판상 파양의 규정은 적용되지 않는다. 다음으로, 명문의 규정으로 적용을 배제하지 않는 경우에도 일반양자에 관한 규정 중에서 친양자의 성질에 반하거나 친양자 규정과 모순되는 규정은 친양자에 적용될 수 없다. 이러한 점을 고려해 보면 일반양자에 관한 규정 가운데 친양자에 준용될 수 있는 규정은, 제869조 제5항(법정대리인은 법원의 입양허가가 있기 전까지 입양의 동의 또는 승낙을 철회할 수 있다는 규정), 제870조 제1항 제1호(부모가 법정대리인으로서 입양에 동의하거나 승낙한 경우에는 부모로서 다시 입양에 동의를 할 필요가 없다는 규정), 제870조 제3항(부모는 법원의 입양허가가 있기 전까지 입양의 동의를 철회할 수 있다는 규정) 제877조(존속을 양자로 할 수 없다는 규정), 제906조 제3항(양부모나 양자가 피성년후견인인 경우에는 성년후견인의 동의를 받아 파양을 청구할 수 있다는 규정)에 한정될 것으로 보인다.[244)]

(2) 한편 개정민법 부칙(2005년 3월 31일 법 7427) 제5조는 "종전의 규정에 의하여 입양된 자를 친양자로 하려는 자는 제908조의2 제1항 제1호 내지 제4호의 요건을 갖춘 경우에는 가정법원에 친양자 입양을 청구할 수 있다"고 규정하여 종전에(즉, 친양자제도가 시행되기 전에) 일반양자로 입양한 경우에도 2008년부터 친양자제도가 시행되면 다시 친양자로 입양할 수 있는 길을 열어 두었다. 일반양자와 친양자는 효력면에서 큰 차이가 있으므로, 과거에 친양자제도가 없어서 일반양자로 입양할 수밖에 없었던 경우에는 다시 친양자로 입

243) 따라서 당사자 사이에 입양의 합의가 없었던 경우(제883조 제1호), 법정대리인의 대락이 없었던 경우, 존속이나 연장자를 입양한 경우 등(제883조 제2호)에도 친양자 입양은 무효로 되지 않는다. 가정법원의 허가심판을 받지 않았는데 친양자 입양신고가 된 경우는 친양자 입양의 무효사유가 아니고, 친양자 입양이 성립하지 않은 것으로 보아야 한다. 친양자 입양은 가정법원의 허가심판의 확정에 의해서 성립하기 때문이다. 같은 취지, 주해친족법 1권, 917면; 반면에 무효사유라는 의견으로는, 박동섭, 친족상속법 320면.

244) 제907조(파양청구권의 소멸)도 준용된다고 보는 견해가 있다. 주해친족법 1권, 926면.

양할 수 있는 기회를 주는 것이 타당하다. 나아가 2008년 1월 1일부터 친양자제도가 시행된 이후에도 일반양자로 입양했다가 후에 다시 친양자로 입양하기를 원하는 경우가 있을 수 있는데, 당사자가 원하고 요건이 갖추어져 있다면 이를 허용하는 것이 타당하다고 생각된다.

제 3 장

# 친 권

## 1 친권제도

가부장제 가족제도하에서 자녀는 가장인 아버지의 권위에 절대 복종해야만 하는 대상에 지나지 않았으며, 가족 내에서 하나의 독립된 인격체로서 인정되지 않았다. 이러한 관계는 법에도 그대로 반영되어, 1960년에 시행된 원시민법에 의하면 아버지만이 미성년자인 자녀의 친권자가 되고, 아버지가 없거나 친권을 행사할 수 없는 경우에만 어머니가 친권자가 될 수 있었다(이는 일제 강점기에 적용되었던 일본민법의 친권규정과 동일한 내용이다). 즉 친권이란 아버지의 자녀에 대한 지배권을 의미하였던 것이다. 그 후 1977년에 개정된 민법은 혼인중에는 부모가 공동으로 친권을 행사하도록 하여, 친권이 가부장권의 일부라는 낡은 사고를 부분적으로 수정하는 데 성공하였다. 그러나 부모의 의견이 일치하지 않는 경우에는 아버지가 친권을 행사하도록 함으로써, 여전히 가부장적 가치관에서 벗어나지 못하고 있었다(이러한 민법의 태도는 이혼 후 친권이 항상 자동적으로 아버지에게 귀속하도록 하였던 당시의 법규정에서도 분명히 드러난다). 1990년 개정민법은 친권행사에 관하여 부모의 의견이 일치하지 않는 경우에는 당사자의 청구에 의하여 가정법원이 결정한다는 규정을 새롭게 도입하여, 친권이 아버지의 자녀에 대한 지배권이 아니라, 자녀의 보호와 교양을 위한 부모 모두의 의무인 동시에 권리라는 사고가 자리잡는 계기가 되었다(1990년 개정민법에 의하여 어머니도 이혼 후 자녀의 친권자가 될 수 있게 되었다). 나아가 2005년 개정민법은 제912조에서 "친권을 행사함에 있어서는 자의 복리를 우선적으로 고려해야 한다"는 규정을 신설하여,[1] 친권이 더 이

1) 2011년 친권법 개정(시행일: 2013. 7. 1)에 의하여 제912조에는 제2항이 신설되었다: 가정법원이 친권자를 지정함에 있어서는 자의 복리를 우선적으로 고려하여야 한다. 이를 위하여 가정법원은 관련분야의 전문가나 사회복지기관으로부터 자문을 받을 수 있다.

상 부모의 자녀에 대한 지배권이 아니며, 자녀의 복리실현을 위하여 부모에게 인정된 부모의 의무인 동시에 권리(의무권)라는 점을 분명히 하고 있다. 이제 지배와 복종으로 표상되던 부모와 자녀의 관계는 각자 독립된 인격체로서 서로의 의사를 존중하는 민주적인 가족관계로 새롭게 설정될 것으로 보인다. 이러한 변화는 부모의 권위만이 강조되고 자녀는 지배의 대상으로 인식되었던 시대가 서서히 막을 내리면서, 자녀의 복리가 중심적 가치로 떠오르는 전환기가 도래하였음을 예고하고 있다. 이와 같이 친권의 개념이 변화하게 된 배경에는 사회구조 및 의식의 변화, 그리고 이로 인하여 초래된 가부장제 가족제도의 붕괴가 자리잡고 있다. 가족제도의 변화에는 항상 그에 앞선 사회구조와 의식의 변화가 있기 마련이며, 가족법의 개정은 바로 이러한 변화를 반영하는 것이다.

## 2 친권관계

### 1. 친 권 자

#### (1) 친권공동행사의 원칙

(가) 부모가 혼인중인 때에는 공동으로 친권을 행사해야 하며, 어느 일방이 단독으로 친권을 행사해서는 안 된다.[2] 부모의 의견이 일치하지 않는 경우에는 당사자의 청구에 의하여 가정법원이 결정한다§909②. 부모의 일방이 친권을 행사할 수 없을 때에는 다른 일방이 단독으로 친권을 행사한다§909③.

(나) 부모가 친권을 공동으로 행사해야 한다는 것은 친권의 행사가 부모 공동의 의사에 기인해야 한다는 뜻이며, 행위 자체가 반드시 부모쌍방의 명의로 되어야 한다는 의미는 아니다. 예를 들어서 父의 명의만으로 子의 부동산을 매매하더라도 母의 동의가 있으면 유효하다. 그러나 다른 일방의 동의를 얻지 않는 경우에는 부모의 일방이 법정대리인으로서 행한 대리나 동의의 효과는 생기지 않는다. 즉 부모의 일방이 단독명의나 쌍방명의로 친권을 행사한 경우, 그것이 대리행위이면 무권대리행위로서 적법한 추인이 없는 이상 효력

2) 친권자(부모) 중 일방이 다른 일방의 동의 없이 자녀를 데리고 가출한 행위가 형법상 미성년자 약취죄(제287조)에 해당할 수 있는가에 대하여는 대판 2013. 6. 20, 2010도14328 (전원합의체) 참조.

이 생기지 않는다. 다만 제920조의2 규정[3])은 거래의 상대방을 보호하기 위하여 이에 대한 예외를 인정하고 있다. 즉, 부모의 일방이 부모공동명의로 子를 대리하거나 子의 법률행위에 동의한 때에는 다른 일방의 의사에 반하는 때에도 효력이 있다. 그러나 상대방이 악의인 때에는 효력이 생기지 않는다. 이 규정의 목적은 거래의 안전을 보호하는 데 있으므로, 상대방의 선의뿐만 아니라 무과실도 요구된다고 해석하는 것이 타당하다. 상대방의 악의·과실은 행위의 무효를 주장하는 자가 증명하여야 한다.

부모의 일방이 다른 일방의 동의를 얻지 않고 단독명의로 子를 대리하여 법률행위를 한 경우에는 일반적인 무권대리행위가 되며, 적법한 추인이 없는 이상 효력이 생기지 않는다. 다만 상대방이 선의·무과실이면 표현대리의 보호를 받을 수 있는 경우가 있을 것이다§126 참조. 동의행위이면 적법한 추인이 없는 한, 子의 행위는 취소할 수 있다§5②.

(다) "부모의 일방이 친권을 행사할 수 없을 때"란 사실상 행사할 수 없는 경우와 법률상 행사할 수 없는 경우 모두를 포함하는 의미로 이해된다. 부모의 일방이 사실상 친권을 행사할 수 없는 경우로는 장기부재, 심신상실, 중병에 걸린 때 등을 생각할 수 있다. 법률상 친권을 행사할 수 없는 경우로는 친권상실선고를 받은 경우, 친권의 일시정지 선고를 받은 경우§924, 친권의 일부제한의 선고를 받은 경우§924의2,(이 경우에는 친권이 제한된 범위 내에서는 친권을 행사할 수 없다), 친권행사금지가처분결정을 받은 경우와 성년후견개시 심판을 받은 경우를 포함한다. 한정후견개시 심판을 받은 부모는 친권(子의 재산관리권, 재산상 법률행위의 대리권 및 동의권)을 행사할 수 있다고 볼 것인가. 피한정후견인은 원칙적으로 행위능력을 유지하고, 법원이 한정후견인의 동의를 받아야 하는 법률행위의 범위를 정한 경우에 한하여 그 범위 내에서만 행위능력이 제한된다§13①. 이러한 점을 고려한다면 피한정후견인은 행위능력이 제한되지 않는 범위에서는 子의 재산관리권, 재산상 법률행위의 대리권 및 동의권을 행사할 수 있다는 해석이 가능하다(이러한 해석이 개정 후견법의 이념에 부합하는 것이기도 하다). 그러나 다른 한편 부모가 한정후견개시의 심판을 받았다는 사실은 "질병, 장애, 노령 그 밖의 사유로 인한 정신적 제약으로 사무를 처리할 능력이 부족한" 상태에 있다는 것을 의미하므로, 자녀의 복리를 고려한

3) 제920조의2 규정에 대한 비판적 의견으로는, 오종근, 민법 제920조의2(공동친권자의 일방이 공동명의로 한 행위의 효력)에 대한 검토, 가족법연구 11호(1997).

다면 한정후견개시의 심판을 받은 부모는 子의 재산관리권, 재산상 법률행위의 대리권 및 동의권을 행사할 수 없다고 보는 것이 타당하다는 견해도 있을 수 있다. 2011년 개정민법의 이념과 체계를 고려한다면 전자로 해석하는 것이 타당하다고 생각된다. 다만 어느 쪽으로 해석하든 자녀의 신분행위에 대해서는 친권을 행사할 수 있다고 해석해야 할 것이다(예컨대 13세 미만의 자녀가 입양되는 경우에는 친권자로서 입양의 승낙을 할 수 있다).

### (2) 부모가 이혼하였을 때의 친권자

#### (가) 이혼 시 친권자를 정하는 방법

2005년 개정민법은 이혼시 친권자 결정과 관련하여 협의이혼§909④의 경우와 재판상 이혼§909⑤의 경우를 나누어서 규정하고 있다. 협의이혼 시 친권자 결정에 관한 제909조 제4항은 2007년 민법일부개정에 의하여 다음과 같은 내용으로 개정되었다. 협의이혼을 하려는 부모는 우선 협의에 의해서 친권자를 정할 수 있다. 친권자에 관한 부모의 협의가 자녀의 복리에 반하는 경우에는 법원은 보정을 명하거나 직권으로 친권자를 정한다§909④ 단서. 이혼 후에 누가 자녀의 친권자가 될 것인가는 당사자인 부모가 협의하여 정하는 것이 가장 바람직하지만, 협의에 의한 결정이 자녀의 복리에 반하는 경우도 있을 수 있으므로, 법원이 당사자의 협의를 실질적으로 심사, 검토하여 필요한 경우에는 보정을 명하거나 직권으로 정할 수 있도록 한 것이다(그러나 앞에서 본 바와 같이 실무상 법원이 직권으로 정하는 경우는 거의 없으며, 당사자가 보정에 응하지 않을 경우 협의이혼의사를 확인하지 않음으로써 간접적으로 보정을 촉구하는 데 그친다). 당사자가 협의에 의해서 친권자를 정하지 못하는 경우에는 법원에 친권자의 지정을 청구하여 심판을 받아야 한다. 제836조의2 제4항 규정에 의하면 협의이혼을 하려는 부부는 이혼의사확인 시까지 친권자결정에 관한 당사자의 협의서 또는 가정법원의 심판정본을 제출해야만 하므로, 이러한 요건이 충족되지 않으면 법원은 이혼의사의 확인을 거부할 것이며, 따라서 협의이혼은 성립될 수 없다.

한편, 제909조 제4항은, 협의이혼의 경우에 부모가 협의로 친권자를 정하지 못한 때에는 가정법원이 "직권으로 또는 당사자의 청구에 따라" 친권자를 지정한다고 규정하고 있다. 그러나 여기서 가정법원이 "직권으로" 친권자를 정할 수 있다는 부분은 조문의 체계상 불필요할 뿐만 아니라 협의이혼절차와도 조화가 되지 않는다. 우선 조문의 체계와 관련하여 볼 때, 제836조의2 제4항 규정에 의하면 협의이혼을 하려는 당사자는 이혼의사확인 시까지 친권자 결정에 관한 협의서 또는 가정법원의 심판정본을 제출해야만 하므로, 협의로 친권자를 결정하지 못한 때에는 스스로 법원에 친권자 지정에 관한 심판을 청구할 것이다. 따라서 가정법원이 굳이 "직권으로" 개입하여 친권자를 결정할 필요가 없다. 또한 협의이혼의 경우 가정법원이 확인절차에서 "직권으로" 친권자결정에 관한 심판을 하는 것이 가능한지도 의문이다. 원래 법무부 가족법개정특별분과위원회의 개정안은 이러한 점을 고려하여 제909조 제4항(전단)을 다음과 같이 규정하고 있었다. "혼인외의 자가 인지된 경우와 부모가 이혼하는 경우에는 부모의 협의로 친권자를 정하여야 하고, 협의할 수 없거나 협의가 이루어지지 않는 경우에는 당사자는 가정법원에 그 지정을 청구하여야 한다." 즉, 협의이혼의 경우에 가정법원이 직권으로 친권자를 정할 수 있는 가능성은 규정되어 있지 않았다. 그런데, 국회 법사위에서 대안을 제안하면서 이를 수정하여 현재의 규정과 같이 법원이 직권으로 친권자를 정할 수 있게 되었다("혼인외의 자가 인지된 경우와 부모가 이혼하는 경우에는 부모의 협의로 친권자를 정하여야 하고, 협의할 수 없거나 협의가 이루어지지 않는 경우에는 가정법원은 직권으로 또는 당사자의 청구에 따라 친권자를 지정하여야 한다"). 이는 개정안의 조문체계에 대한 오해에서 비롯된 오류라고 생각된다.

재판상 이혼의 경우에는 가정법원이 직권으로 친권자를 정한다§909⑤. 이 규정의 문언을 살펴보면 재판상 이혼의 경우에는 친권자 결정에 있어서 부모의 협의가 배제되는 듯한 느낌을 받게 된다. 재판상 이혼의 경우에도 당사자인 부모들이 친권자에 대하여 협의할 수 있다면 협의된 내용을 가정법원에 제출할 수 있도록 하고, 법원이 이러한 합의를 심사·검토한 결과, 자녀의 복리를 위하여 필요하다고 판단되는 경우에는 보정을 명하거나 직권으로 이와 다른 결정을 내릴 수 있다고 규정하는 것이 바람직하다고 생각된다.[4)]

법원이 친권자를 정함에 있어서는 부모의 양육적합성, 자녀와의 유대관계(친밀도), 자녀의 의사, 양육의 안정성(계속성) 등을 종합적으로 고려하여 자녀

---

4) 2007년에 개정된 가사소송법 제25조는 제1항에서 다음과 같이 규정하여, 이러한 문제를 해결하려는 시도를 하고 있다. "가정법원은 미성년자인 자녀가 있는 부부의 혼인의 취소나 재판상 이혼의 청구를 심리할 때에는 그 청구가 인용될 경우를 대비하여 부모에게 다음 각 호의 사항에 관하여 미리 협의하도록 권고하여야 한다. 1. 미성년자인 자녀의 친권자로 지정될 사람 2. 미성년자인 자녀에 대한 양육과 면접교섭권."

의 복리에 가장 적합한 결정을 내려야 한다.[5)]

당사자의 협의나 법원의 심판에 의해서 친권자가 정해지는 경우, 부모의 일방이 단독친권자로 정해지는 것이 일반적이지만, 이론상 공동친권도 가능하다(최근에는 실무에서 공동친권을 인정하는 사례가 늘고 있다. 대판 2012. 4. 13, 2011므4719: 이혼 후 부모를 공동친권자로, 모를 양육자로 지정한 사례).[6)]

친권자와 양육자를 각각 달리할 수 있다(예를 들어 모는 양육자로, 父는 친권자로 정해질 수 있다). 일단 친권자가 정하여졌더라도 자의 복리를 위하여 친권자를 변경할 필요가 있는 경우에는, 가정법원은 子의 4촌 이내의 친족의 청구에 의하여 친권자를 다른 일방으로 변경할 수 있다§909⑥, 가소 §2①마류사건 v · 50·

(나) 친권자를 정하지 않은 상태에서 이혼 불가

2005년 민법개정 전에는 "부모가 이혼한 경우에는 부모의 협의로 친권을 행사할 자를 정하고 협의할 수 없거나 협의가 이루어지지 아니하는 경우에는 당사자의 청구에 의하여 가정법원이 이를 정한다"구 §909④고 되어 있었다. 따라서 당시에는 부모가 이혼할 때 친권자에 대해서 협의할 의무가 없었고, 협의가 되지 않은 경우에도 가정법원에 지정을 청구해야 할 의무도 없었다. 즉, 친권자를 정하지 않은 상태에서 이혼하는 것이 얼마든지 가능하였는데, 이는 결국 자녀를 친권의 공백상태에 방치하는 결과를 가져왔다. 이러한 문제를 해결하기 위하여 2005년과 2007년 두 차례에 걸쳐 이혼 후의 친권자 결정에 관한 민법규정이 개정되었으며, 그 결과 위에서 본 바와 같이 친권자를 정하지 않은 상태에서는 이혼을 할 수 없게 되었다.[7)]

---

5) 대판 2010. 5. 13, 2009므1458, 1465 참조.

6) 이혼 후의 공동친권은 대부분의 유럽국가들과 미국 등지에서 바람직한 제도로 평가되어, 그 활용도가 계속 증가하는 추세에 있다. 부모의 이혼으로 인하여 자녀가 겪는 정서의 불안과 심리적 갈등을 최소화시킬 수 있는 가장 좋은 방법은 이혼 후에도 자녀에게 양쪽 부모와의 관계를 계속 유지 · 발전시킬 수 있는 기회를 제공하는 것이다. 자녀의 복리에 대한 이와 같은 새로운 이해는 입법뿐만 아니라 법적용에도 영향을 미쳐, 서구사회에서 이혼후의 공동친권이 하나의 대안으로서 자리잡는 데 크게 기여하였다.

이혼 후의 공동친권은 성공적으로 실행될 경우, 자녀에게 유익할 뿐만 아니라, 부모에게도 단독양육에서 오는 과중한 부담을 덜어주고 심리적인 상실감을 해소시켜 주는 등의 많은 장점을 가지고 있는 제도이다. 그러나 이혼 후의 공동친권이 가지는 이러한 장점이 곧 이 제도가 모든 이혼가족에게 적합한 친권형식이라는 사실을 의미하지는 않는다. 이혼 후의 공동친권이 성공적으로 실행되기 위해서는 무엇보다도 이혼 후에도 자녀의 문제와 관련하여 서로 의사를 교환하고 협력할 수 있는 부모의 의지와 성숙한 이성적 판단능력이 요구된다. 즉 배우자 차원에서의 갈등을 부모로서의 역할 수행과 분리하여 사고할 수 있는 높은 수준의 자세를 갖추는 것이 필수적이다(자세한 내용은 金相瑢, '이혼후의 공동친권', 가족법연구 I(2002) 참조).

### (3) 단독친권자의 사망 및 입양 취소, 파양, 양부모 사망의 경우

#### (가) 친권자동부활의 배제(법원의 심판을 통한 친권자 지정)

① 이혼 시 단독친권자로 정해진 부모의 일방이 사망한 경우에 누가 어떻게 자녀의 법정대리인이 되는가의 문제와 관련하여서는 약 20년 전부터 논쟁이 이어져왔다. 해석론으로는, i) 생존친의 친권이 자동으로 부활한다는 견해(친권자동부활론. 종전 실무의 태도)[8]와 ii) 일단 후견이 개시되고 생존친이 원하는 경우에는 친권자 변경청구를 하여(즉 친권자 변경에 관한 민법규정을 유추적용하여) 친권자가 될 수 있다는 견해[9]가 대립되어 있었다. 그리고 입법론으로는, 이혼 시 단독친권자로 정해진 부모의 일방이 사망한 경우에는 생존친의 친권이 자동으로 부활하는 것이 아니라, 생존친의 청구에 의하여 법원이 생존친을 친권자로 변경할 것인가의 여부를 결정하도록 하자는 내용의 개정안이 제시되어 있었다.[10]

2011년 개정 친권법(2013. 7. 1. 시행)은 위의 입법론을 수용하여 이혼 시 단독친권자로 정해진 부모의 일방이 사망한 경우에는 생존친이 법원의 심판을 거쳐 친권자가 될 수 있게 하는 방안을 채택하였다§909의2①.[11]

② 단독친권자가 사망한 경우에 생존친이 자동으로 친권자가 되는 것으로 보는 종전의 실무(친권자동부활론)는 여러 가지 문제를 야기하고 있다. '친권자동부활론'에 내재해 있는 근본적인 문제는 이혼 시 친권자로 지정되지 않은 부모의 일방(생존친)이 예외 없이 친권자로서 적합하다고 본다는 점이다. 그러나 현실에 있어서의 생존친은 친권자로서 적합하지 않은 경우가 적지 않다.

---

7) 재판상 이혼의 경우에 법원은 당사자의 청구가 없어도 직권으로 친권자 및 양육자를 정하여야 한다. 따라서 법원이 이혼판결을 선고하면서 미성년자녀의 친권자 및 양육자를 정하지 않았다면, 재판의 누락이 있다고 해석된다. 재판을 누락한 경우에 그 부분 소송은 원심에 계속 중이라고 보아야 하므로, 민사소송법 제212조에 따라 원심이 계속하여 재판하여야 한다. 대판 2015. 6. 23, 2013므2397.

8) 조대현, 개정민법상의 친권자 - 새로운 이론정립 시급하다 -, 법률신문 1991. 1. 28; 법원행정처, 법원실무제요: 가사(1994), 777면; 양수산, 친권자와 친권행사자, 가족법연구 제10호(1996), 331면 이하; 구 가족관계등록예규 제286호 제10조.

9) 김주수. 친족상속법(제5전정판, 2000), 307면 이하; 김상용, 소위 친권행사자론에 대한 비판적 고찰, 가족법연구 제11호(1997), 253면 이하.

10) 김상용, "친권자동부활론"에 대한 비판적 고찰, 법학논문집 제32집 제2호(2008), 43면 이하.

11) 위의 입법론은 김상희 의원안(2009년 1월 22일 발의)과 정부안(2010년 2월 11일 법무부 발의)에 반영되었으며, 그 주요 내용은 다시 법사위 대안으로 수용되었다. 그 후 법사위 대안이 2011년 4월 29일 국회를 통과하여 개정법률이 되었다.

혼인중에 배우자나 자녀에 대하여 상습적으로 폭행을 한 경우와 같이 처음부터 친권자로서 적합하지 않은 경우도 있고, 이혼 후에 재혼하여 새로운 가정을 꾸리게 된 결과 전혼 중에 출생한 자녀의 친권자로서 역할을 할 수 없는 상태에 있는 경우도 있다. 또한 이혼 후 장기간 연락을 하지 않았던 생존친이 갑자기 나타나 자녀의 양육에는 관심을 보이지 않고, 자녀가 상속한 재산만을 노리는 경우도 적지 않다. 이러한 구체적 사정을 고려하지 않고 생존친의 친권을 자동으로 부활시키는 경우에는 자녀의 복리가 회복불가능하게 침해될 수 있다. 이것은 단순한 우려를 넘어 이미 현실이 되었으며, 개정 친권법은 바로 이러한 폐해를 막기 위한 목적으로 마련된 것이다.

③ 그런데 이혼 시 단독친권자로 정해진 부모의 일방이 사망한 경우 이외에도 이와 유사한 상황이 발생할 수 있다면, 이러한 경우까지도 아울러 규율할 수 있는 규정을 마련하는 것이 필요할 것이다. 예를 들어서, 양자가 파양된 경우 또는 입양이 취소된 경우에는 친생부모가 다시 친권자가 된다는 해석이 가능한데,[12] 이러한 경우에도 동일한 문제가 생길 수 있다. 입양 후에 양자와 친생부모의 관계가 완전히 단절된 경우도 있을 수 있고, 심지어 친생부모를 찾을 수 없는 경우도 있다. 이러한 사정을 고려하지 않고 양자가 파양된 경우 또는 입양이 취소된 경우에는 당연히 친생부모의 친권이 부활한다고 보는 해석론은 자녀의 복리를 침해할 우려가 다분하다. 이러한 이유에서 개정 친권법은 양자가 파양된 경우나 입양이 취소된 경우(일반양자와 친양자를 모두 포함한다) 또는 양부모가 모두 사망한 경우(일반양자의 경우만 해당된다)에도 당연히 친생부모의 친권이 부활하는 것으로 하지 않고, 청구에 의하여 법원이 친생부모의 일방 또는 쌍방을 친권자로 지정할 수 있도록 하였다§909의2②.

(나) 개정법 규정 해설[13]

① 단독친권자가 사망한 경우§909의2①: 제909조 제4항부터 제6항까지의 규정[14]에 따라 단독 친권자로 정하여진 부모의 일방이 사망한 경우(아래에서

12) 가족관계등록예규 제286호 제11조 제2항; 호적선례 200512-2. 다만, 양부모가 모두 사망한 경우에는 친생부모의 친권이 부활하는가, 아니면 후견이 개시되는가에 대해서는 실무의 태도가 명확하지 않은데, 해석론으로는 후견이 개시된다고 보는 견해가 있다. 김주수 · 김상용, 친족 · 상속법(2011), 420면.

13) 김상용, "친권자동부활론"에 대한 비판적 고찰, 법학논문집 제32집 제2호(2008); 김상용, 2011년 가족법의 개정동향, 법조 2011년 12월호.

14) 제909조 제4항부터 제6항까지의 규정에 따라 부모의 일방이 단독친권자로 정해지는 경우는 다음과 같다. i) 혼인외의 자가 인지된 경우에 부모의 협의 또는 법원의 심판에 의하

는 편의상 이혼 시 단독친권자로 지정된 부모의 일방이 사망한 경우를 예로 들어 설명한다) 생존하는 부 또는 모, 미성년자, 미성년자의 친족은 그 사실을 안 날부터 1개월, 사망한 날부터 6개월 내에 가정법원에 생존하는 부 또는 모를 친권자로 지정할 것을 청구할 수 있다§909의2①, 가소규 §2①ix.

청구권자의 범위가 비교적 넓게 규정되어 있지만, 실제로 대부분의 경우에는 생존하는 부모의 일방(이하 생존친이라고 한다)이 자신을 친권자로 지정해 달라는 취지의 청구를 하게 될 것이다. 생존친이 친권자가 될 의사가 없어서 스스로 청구를 하지 않는다면, 다른 청구권자가 친권자 지정의 청구를 한다고 해도 법원에서 기각될 가능성이 높기 때문이다§909의2④ 참조. 종래 법원의 실무에 의하면 단독친권자가 사망한 경우에 아무런 절차도 거치지 않고 당연히 생존친이 친권자가 되었지만, 개정법은 생존친이 반드시 친권자 지정의 심판을 거쳐야만 친권자가 될 수 있게 하였다. 이는 생존친이 자녀의 친권자로서 적합한가의 여부를 검증하는 절차를 도입하였다는 의미로 풀이된다.[15)]

② 입양 취소, 파양 또는 양부모가 모두 사망한 경우§909의2②

㉠ 일반양자의 경우: 입양이 취소되거나 파양된 경우 또는 양부모가 모두 사망한 경우 친생부모 일방 또는 쌍방, 미성년자, 미성년자의 친족은 그 사실을 안 날부터 1개월, 입양이 취소되거나 파양된 날 또는 양부모가 모두 사망한 날부터 6개월 내에 가정법원에 친생부모 일방 또는 쌍방을 친권자로 지정할 것을 청구할 수 있다(다만, 친양자의 양부모가 사망한 경우에는 그러하지 아니하다).

일반양자의 경우 양부모가 친권자가 되지만§909① 2문, 양자와 친생부모와의 친족관계는 소멸하지 않는다. 따라서 친양자의 경우와는 달리, 양부모가 모두 사망한 경우에는 친생부모의 친권이 부활한다는 해석이 나올 수 있는 여지가 있다. 일반양자가 파양된 경우 또는 입양이 취소된 경우에 관하여 실무는 친

---

여 부모의 일방이 단독친권자로 지정될 수 있다(제909조 제4·5항). ii) 부모가 이혼하는 경우나 혼인이 취소되는 경우에 부모의 협의나 법원의 심판에 의하여 부모의 일방이 단독친권자로 지정될 수 있다(제909조 제4·5항) iii) 위와 같은 사유로 부모의 일방이 단독친권자로 지정된 후에 친권자변경청구에 의하여 다른 일방이 단독친권자가 될 수 있다(제909조 제6항).

15) 친권자 지정심판을 하는 경우에 미성년자녀가 13세 이상인 때에는 법원은 미성년자녀의 의견을 들을 수 없거나 의견을 듣는 것이 오히려 미성년자녀의 복리를 해할만한 특별한 사정이 없는 한 그 미성년자녀의 의견을 들어야 한다(가소규 제65조의2에 의한 제65조 제4항의 준용). 생존친 등의 청구에 따른 친권자 지정심판에 대해서는 미성년자녀와 미성년자녀의 부모 및 친족이 즉시항고를 할 수 있다(가소규 제67조 제1항 제4호).

생부모가 다시 친권자가 된다는 태도를 취하고 있었다.[16] 그러나 구체적인 사정을 고려하지 않고 친생부모의 친권이 당연히 부활한다고 보는 해석론은 자녀의 복리를 침해하는 결과로 이어질 수 있다(입양 후에 양자와 친생부모의 관계가 완전히 단절된 경우도 있을 수 있고, 심지어 친생부모를 찾을 수 없는 경우도 있다. 또한 친생부모가 자녀에 대해서 아무런 관심이 없거나 자녀를 양육할 수 없는 상태에 있는 경우도 있다). 이러한 이유에서 개정법은 양부모가 모두 사망한 경우, 입양이 취소되거나 파양된 경우에도 단독친권자가 사망한 경우와 마찬가지로, 당연히 친생부모의 친권이 부활하는 것으로 하지 않고, 제909조의2 제2항의 경우와 같이 일정한 기간 내에 청구에 의하여 법원이 친생부모의 일방 또는 쌍방을 친권자로 지정할 수 있도록 하였다가소규 §2①ix.

㉡ 친양자의 경우: 친양자로 입양된 때에는 친생부모와의 친족관계가 소멸하므로§908의3②, 친양자의 양부모가 사망한 때에는 친생부모의 친권이 부활하지 않는다. 따라서 이 경우에는 제909조의2 제2항 본문의 적용이 없이 후견이 개시되며, 친권자가 유언으로 미성년후견인을 선임하지 않는 경우에는§931 가정법원이 직권으로 또는 미성년자, 친족, 이해관계인, 검사, 지방자치단체의 장의 청구에 의하여 미성년후견인을 선임한다§932①. 반면에 친양자 입양이 취소되거나 파양된 때에는 입양 전의 친족관계가 부활하므로, 친생부모의 친권이 부활한다는 해석이 나올 수 있다. 그러나 제909조의2 제2항에 따라 친양자 입양이 취소되거나 파양된 경우에도 친생부모의 친권은 당연히 부활하지 않으며, 법원의 심판을 받아서 친권자로 지정될 수 있을 뿐이다.

③ 친권자 지정 청구가 없는 경우의 미성년후견인 선임§909의2③

㉠ 법원에 의한 미성년후견인의 선임: 제909조의2 제1항과 제2항의 기간 내에 친권자 지정의 청구가 없을 때에는 가정법원은 직권으로 또는 미성년자, 미성년자의 친족, 이해관계인, 검사, 지방자치단체의 장의 청구에 의하여 미성년후견인을 선임할 수 있다. 친권자 지정의 청구가 없으면, 가정법원은 친권자를 지정할 수 없으므로, 위의 청구기간이 경과함으로써 자녀에게는 친권자가 없는 상태가 확정된다. 미성년자녀에게 친권자가 없는 경우에는 후견이 개시되어야 하는데§928, 개정법은 이런 경우에 가정법원이 미성년후견인을 선임하는 것으로 규정하였다.[17]

---

16) 가족관계등록예규 제286호 제11조 제2항; 호적선례 200512-2.

17) 개정 친권법은 개정 후견법과 같이 2013년 7월 1일부터 시행되었는데, 개정 후견법에

청구권자 중에 이해관계인이 포함되어 있는데, 친권자가 없는 아동을 직접 보호하고 있는 위탁부모, 가정위탁지원센터의 장, 아동복지시설의 장 등이 여기에 해당될 수 있을 것이다.

㉡ 부모의 의견청취: 가정법원이 미성년후견인을 선임할 때에는 특별한 사정(소재불명, 소환불응 등)이 없는 한 생존친(단독친권자가 사망한 경우), 친생부모의 일방 또는 쌍방(양부모가 사망한 경우 또는 입양이 취소되거나 파양된 경우)에게 의견을 진술할 기회를 주어야 한다§909의2③ 후단.[18] 이것은 부모의 의사를 존중한다는 취지에서 규정된 것이다. 그러나 실제로 생존친이나 친생부모가 단독친권자 또는 양부모의 사망(또는 입양의 취소, 파양) 사실을 알면서도 친권자 지정을 청구하지 않는다면, 자녀에 대해서 관심이 없는 경우가 대부분일 것이므로, 부모의 의견을 듣는 것에 대하여 큰 의미를 부여하기는 어렵다. 다만, 가정법원이 생존친이나 친생부모의 의견을 듣기 위해서 소환을 하는 경우에 생존친 등은 이를 계기로 하여 단독친권자의 사망 사실(또는 양부모의 사망 사실 등)을 처음 알게 될 수도 있으며, 법원에서 자신이 친권자가 되기를 원한다는 의견을 적극적으로 진술할 가능성도 배제할 수는 없다. 이런 경우 가정법원은 제909조의2 제4항에 의하여 미성년후견인의 선임청구를 기각하고 생존친(또는 친생부모)을 친권자로 지정할 수 있다.

④ 친권자 지정 청구 또는 후견인 선임 청구의 기각§909의2④

㉠ 친권자 지정 청구의 기각: 가정법원은 친권자 지정 청구가 있는 경우에도 생존친(단독친권자가 사망한 경우)이나 친생부모(양부모가 사망한 경우 또는 입양이 취소되거나 파양된 경우)의 양육의사, 양육능력, 미성년자녀의 의사 등을 종합적으로 고려하여 생존친이나 친생부모를 친권자로 지정하는 것이 자녀의 복리에 반한다고 판단하는 때에는 청구를 기각할 수 있다. 만일 가정법원이 단독친권자의 사망 후 생존친을 친권자로 지정하는 것이 자녀의 복리에 반한다고 판단하여 청구를 기각하였다면 직권으로 미성년후견인을 선임하

---

의해서 법정후견인제도는 폐지되고 선임후견인제도가 전면 도입되었다. 즉, 후견개시 사유가 있는 때에는 항상 가정법원이 개별적으로 후견인을 선임하게 된다. 그러므로 개정 친권법도 개정된 후견규정에 따라 친권자 지정의 청구기간 내에 청구가 없는 경우(즉 친권자가 없는 것으로 확정된 경우)에는 가정법원이 직권으로 또는 청구에 의하여 후견인을 선임하는 것으로 규정하였다.

18) 법원이 미성년후견인의 선임을 심판하는 경우에 미성년자가 13세 이상인 때에는 법원은 미성년자의 의견을 들을 수 없거나 의견을 듣는 것이 오히려 미성년자의 복지를 해할만한 특별한 사정이 없는 한 그 미성년자의 의견을 들어야 한다(가소규 제65조 제4항).

여야 한다. 양부모의 사망 등을 이유로 친생부모의 일방이 친권자 지정 청구를 하였는데 청구를 기각할 때에는 가정법원은 직권으로 미성년후견인을 선임할 수 있고, 이론상으로는 친생부모의 다른 일방을 친권자로 지정하는 것도 가능할 것이다(친생부모의 쌍방이 친권자 지정 청구를 하였는데, 가정법원이 청구를 기각한 경우에는 미성년후견인을 선임하여야 한다. 경우에 따라서는 자녀의 복리에 반하지 않는 한, 친생부모 중 일방만을 친권자로 지정하는 것도 가능할 것이다).

㉡ 후견인 선임 청구의 기각: 친권자 지정의 청구기간 내에 청구가 없어서 미성년후견인의 선임이 청구된 경우에도 가정법원은 자녀의 복리를 고려하여 미성년후견인의 선임청구를 기각할 수 있다. 이 경우에 가정법원은 직권으로 생존친(단독친권자가 사망한 경우)이나 친생부모의 일방 또는 쌍방(양부모가 사망한 경우 또는 입양이 취소되거나 파양된 경우)을 친권자로 지정하여야 한다. 이 규정은 생존친 등이 친권자 지정의 청구기간 내에 청구를 하지 않아서 후견인 선임 청구가 있은 때에도 가정법원이 생존친 등(친권자 지정 청구를 하지 않은 생존친, 친생부모의 일방 또는 쌍방)을 친권자로 지정할 수 있다는 의미이다. 이 규정에 의하여, 생존친(또는 친생부모의 일방 또는 쌍방)이 단독친권자의 사망(또는 양부모의 사망, 입양의 취소 또는 파양) 사실을 알지 못했기 때문에 친권자 지정의 청구기간 동안 청구를 하지 못하였고, 그 후 후견인 선임 청구가 있었으나, 가정법원이 생존친 등을 소환하여 의견을 들어본 결과 생존친 등의 부모가 친권자가 될 의사가 있으며, 이들을 친권자로 지정하는 것이 자녀의 복리에 반하지 않는 것으로 판단되는 경우에는 후견인 선임 청구를 기각하고 직권으로 생존친 등의 부모를 친권자로 지정할 수 있게 되었다. 이는 친권자 지정의 청구기간 내에 청구가 없어서 후견인 선임 청구가 있었던 경우에도 부모를 친권자로 지정하는 것과 후견인을 선임하는 것을 비교하여 자녀의 복리에 유리한 쪽으로 결정할 수 있게 하기 위한 규정이다.

⑤ 임시로 법정대리인의 임무를 수행할 대행자의 선임§909의2⑤

㉠ 의의: 개정법에 의하면 단독친권자가 사망하거나 양부모가 사망한 경우(또는 입양이 취소되거나 파양된 경우)에는 일단 친권자가 없는 상태가 되지만, 그렇다고 하여 당연히 후견이 개시되어 법정후견인이 정해지는 것은 아니며, 법원에서 친권자를 새롭게 지정하거나 미성년후견인을 선임하게 된다(다만, 친권자가 사망하기 전에 유언으로 미성년후견인을 지정한 경우에는 일단 바로 후견이 개시된다고 해석된다§931). 이와 같은 법규정하에서는 법원이 친권자를 지

정하거나 미성년후견인을 선임할 때까지는 자녀에게 법정대리인이 없는 공백 상태가 발생하게 된다. 비록 그 기간이 비교적 단기간이라고 할지라도 미성년자녀에게 법정대리인이 없는 상태가 지속되면 자녀의 복리가 침해될 우려가 있다(예컨대 미성년자녀를 위하여 상속재산인 예금을 인출하거나 의료행위에 동의해야 하는 경우가 생길 수 있는데, 법정대리인이 없다면 이러한 행위가 어려울 수 있다). 이러한 점을 고려하여 개정법은 법원에 의하여 친권자가 지정되거나 미성년후견인이 선임되기 전까지의 기간 동안 임시로 법정대리인의 임무를 대행할 사람을 선임할 수 있는 근거 규정을 두었다.

㉡ 임시 대행자의 권한 제한: 임시로 법정대리인의 임무를 수행할 대행자로 선임된 사람에 대해서는 민법 제25조(부재자의 재산관리인의 권한에 관한 규정)와 제954조(법원의 후견사무에 관한 처분)의 규정이 준용된다. 그러므로 대행자로 선임된 사람은 미성년자녀의 재산을 관리하는 행위만을 할 수 있을 뿐이며, 처분권을 갖지 못한다. 대행자로 선임된 사람이 미성년자녀의 재산을 처분하려면 법원의 허가를 받아야 한다§25의 준용, 가소규 §2①ⅳ. 법원은 미성년자녀, 후견감독인 또는 제777조의 규정에 의한 친족 기타 이해관계인, 검사, 지방자치단체의 장의 청구에 의하여 대행자가 관리하는 미성년자녀의 재산상황을 조사하고, 재산관리나 그 밖에 대행자가 법정대리인으로서 임무를 수행하는 데 필요한 처분을 명할 수 있다§954의 준용, 가소규 §2①xiii.

⑥ 미성년후견인이 선임된 후의 친권자 지정§909의2⑥

단독친권자의 사망이나 양부모의 사망(또는 입양의 취소, 파양) 후 친권자 지정 청구가 없었거나 청구가 있었으나 가정법원이 청구를 기각한 때에는 미성년후견인이 선임되는데, 미성년후견인이 선임된 경우에도 일정한 요건(예컨대, 미성년후견인의 선임 후 사정이 변경되어 부모가 자녀를 양육할 수 있게 되었고, 자녀도 부모가 친권자가 되는 것을 원하는 때)이 충족되는 때에는 청구에 의하여 가정법원이 생존친(이혼 시 단독친권자로 정해진 부모의 일방이 사망한 경우) 또는 친생부모의 일방 또는 쌍방(양부모가 사망한 경우, 입양이 취소되거나 파양된 경우)을 친권자로 지정할 수 있다가소규 §2①x. 이 경우 친권자 지정의 심판이 확정되면 후견은 종료된다. 이 규정은 자녀의 양육, 보호에 대한 1차적 책임이 부모에게 있다는 전제하에, 일단 미성년후견인이 선임된 경우에도 부모를 친권자로 지정하는 것이 자녀의 복리에 유리하다고 판단되는 때에는 부모에게 다시 한 번 친권자가 될 수 있는 기회를 부여하겠다는 취지로 풀이된다.

(다) 개정 친권법의 의의

개정법은 친권이 부모의 절대적인 권리가 아니라, 자녀의 보호와 양육을 위한 부모의 의무이자 책임으로서의 성격이 더 강하다는 점을 확인해 주었다. 또한 자녀의 보호를 위하여 필요한 경우에는 국가가 적극적으로 후견적 역할을 해야 할 의무가 있다는 것을 분명히 했다는 점에서 그 의미를 찾을 수 있다. 2011년 개정 친권법은 우리사회에서 친권을 바라보는 관념이 변화하고 있음을 보여주는 하나의 징표라고 할 수 있을 것이다.

(4) 혼인외의 출생자의 친권자

(가) 인지되지 않은 혼인외의 자에 대해서는 모가 단독친권자가 된다. 혼인외의 子가 인지되는 경우에 친권자를 정하는 방법은 2005년과 2007년 민법 일부개정에 의해서 새롭게 규정되었다. 우선, 임의인지의 경우, 즉 父가 스스로 인지하는 경우에는 부모의 협의로 친권자를 정하여야 한다. 이 경우 단독친권으로 하든 공동친권으로 하든 자유로이 정할 수 있다고 보아야 할 것이다. 그러나 부모가 협의를 할 수 없거나(예컨대 의사능력이 없는 경우) 협의가 이루어지지 않은 경우에는 가정법원은 직권 또는 당사자의 청구에 의하여 친권자를 지정하여야 한다(임의인지의 경우에는 절차상 법원이 직권으로 개입하여 친권자를 지정하는 것이 불가능하다. 따라서 임의인지의 경우에 '법원이 직권으로 친권자를 지정하여야 한다'는 부분은 무의미할 뿐만 아니라 입법상의 오류이다[19]). 다만, 부모의 협의가 子의 복리에 반하는 경우에는 가정법원은 보정을 명하거나 직권으로 친권자를 정한다§909④(협의이혼의 경우에는 법원이 이혼의사확인절차에서 친권에 관한 부모의 협의를 심사하여 보정을 명하거나 직권으로 친권자를 정하는 것이 가능하지만, 임의인지의 경우에는 절차상 법원이 개입할 수 있는 여지가 없다). 즉, 임의인지의 경우에 친권자를 정하는 방법은 협의이혼의 경우와 동일하다. 재판상 인지의 경우에는 가정법원이 직권으로 친권자를 정한다§909⑤. 즉, 재판상 인지의 경우에 친권자를 정하는 방법은 재판상 이혼의 경우와 동일하다.

(나) 생부의 인지 후 단독친권자로 정해진 부모의 일방이 사망한 경우에

19) 원래 법무부 가족법개정특별분과위원회에서 마련한 개정안은 "혼인외의 자가 인지된 경우와 부모가 이혼하는 경우에는 부모의 협의로 친권자를 정하여야 하고, 협의할 수 없거나 협의가 이루어지지 아니하는 경우에는 당사자는 가정법원에 그 지정을 청구하여야 한다. 다만, 전단의 규정에 의한 부모의 협의가 자의 복리에 반하는 경우에는 가정법원은 보정을 명하거나 직권으로 친권자를 정한다"고 되어 있었다. 그런데 국회 법사위에서 대안을 제시하면서 법무부 개정안을 수정하는 과정에서 오류가 발생한 것이다.

는 위에서 본 개정 친권법의 규정이 적용된다§909의2①·③~⑥. 따라서 생존친은 자동으로 친권자가 될 수 없으며, 법원의 심판을 거쳐 친권자로 지정될 수 있을 뿐이다.

### (5) 혼인이 취소된 경우의 친권자

혼인이 취소된 경우에도 재판상 이혼의 경우와 마찬가지로 가정법원이 직권으로 친권자를 정한다§909⑤. 혼인이 무효가 된 경우에 대하여는 민법에 규정이 없으나, 가사소송법 제25조에 의하여 이혼의 경우와 동일하게 다루어진다.

### (6) 조정 또는 심판에 의한 친권자의 변경

(가) 친권자의 변경이란 제909조 제4항과 제5항에 의하여 일단 정해진 친권자를 조정 또는 심판에 의하여 다른 일방으로 변경하는 것을 말한다. 부모의 협의나 가정법원의 심판에 의하여 친권자가 정해졌지만, 그 후 子의 복리에 비추어 볼 때 부적당하다고 인정되는 경우에는, 가정법원은 4촌 이내의 친족의 청구에 의하여 친권자를 다른 일방으로 변경할 수 있다§909⑥. 2005년 개정민법은 종전의 법규정과는 달리 당사자의 협의에 의한 친권자변경을 인정하지 않는다. 친권자의 변경은 자녀에게 많은 영향을 미치는 사안이므로, 부모의 협의만으로는 충분하지 않으며 국가(법원)가 개입하여 친권자의 변경이 자녀의 복리에 미칠 영향을 검토한 후 결정하겠다는 취지로 이해된다. 친권자변경의 경우에도 당사자의 합의는 존중되는 것이 바람직하므로, 부모가 협의할 수 있는 때에는 협의된 내용을 가정법원에 제출할 수 있도록 하고, 법원이 이를 충분히 고려하여 결정할 필요가 있다고 생각된다.

(나) 친권자의 변경을 청구할 수 있는 자는 4촌 이내의 친족이다. 친권자가 되려는 부 또는 모, 현재의 친권자, 그 밖의 子의 4촌 이내의 친족은 子의 복리를 위하여 필요하다고 인정될 때에는 가정법원에 친권자의 변경을 청구할 수 있다§909⑥, 가소 §2①마류사건 v·

가정법원은 친권자의 변경이 子의 복리를 위하여 필요한가의 여부를 구체적, 종합적으로 판단하여 결정하여야 한다. 예컨대, 양육환경, 양육의 계속성, 부모의 양육의사, 부모와 자녀의 친밀도, 子의 희망, 子의 연령, 친권자의 재혼, 친권자에 대한 합의, 친권과 양육권의 분속에 의한 불편, 친권자의 소재불명, 양육의 포기 등이 고려사항이 될 것이다. 단독친권자를 공동친권자로 변경할 수 있으며, 그 반대의 경우도 가능하다.

(다) 친권자의 변경은 그 횟수에 제한이 없다. 그러나 친권자를 자주 변경하는 것은 양육의 안정성을 흔들리게 할 수 있으므로, 불가피한 사정이 없는 한 피하는 것이 바람직하다. 친권자변경의 청구를 하지 않는다는 합의는 강행법규에 반하기 때문에 무효이다.

### (7) 양자의 친권자

(가) 양자는 양부모가 혼인중에는 양부모의 공동친권에 따른다§909① 후단. 양부모의 일방이 사실상 또는 법률상 친권을 행사할 수 없는 경우에는 다른 일방의 친권에 따른다. 양부모의 일방이 법률상·사실상 친권을 행사할 수 없는 경우나 양부모의 일방이 사망한 경우에 다른 일방이 단독친권자가 되는 것은 혼인중의 출생자의 경우와 같다. 그리고 양부모가 이혼하는 경우, 혼인이 무효가 되거나 취소되는 경우에 양자의 친권자를 정하는 방법도 혼인중의 출생자의 경우와 같다.

(나) 입양이 취소되거나 파양된 경우 또는 양부모가 모두 사망한 경우에는 친생부모의 친권이 자동으로 부활하지 않는다. 친생부모는 법원의 심판을 거쳐 친권자로 지정될 수 있을 뿐이다§909의2②~⑥(자세한 내용은 위에서 본 개정 친권법 해설 부분 참조).

(다) 부부의 일방이 배우자의 子를 입양한 경우와 같이 부모의 일방은 양친이고 다른 일방은 친생친인 경우에 누가 친권자가 되는가의 문제가 있다. 이런 경우 양친과 친생친이 공동친권자가 된다고 해석하는 것이 타당하다. 왜냐하면 제909조 제1항 후단은 양친과 친생친이 공동생활을 하고 있지 않는 것을 전제로 한 것인데 반하여, 제909조 제2항의 혼인중의 부모의 공동친권은 모든 경우를 포괄하는 규정으로 해석되기 때문이다.

양친과 친생친이 공동친권자가 된 후에 양친과 친생친이 이혼하였을 경우에 친권자는 누가 될 것인가의 문제가 있다. 민법규정을 문리적으로 해석한다면, 양친과 친생친이 공동으로 친권을 행사한 것은 두 사람이 혼인하고 있었기 때문이며, 혼인이 해소되면 양친의 친권이 친생친의 친권에 우선한다는 제909조 제1항 후단의 원칙에 의하여 당연히 양친이 단독친권자가 된다고 볼 수도 있을 것이다. 그러나 혼인하여 공동친권자가 된 이상은 친권자의 지위에서 양친과 친생친 사이에 우열을 인정해서는 안 되므로, 일반적인 이혼의 경우와 마찬가지로 제909조 제4항과 제5항에 따라 친권자를 정하는 것이 타당할 것이다.

양친과 친생친이 공동친권자가 된 후에 일방이 사망한 때에는 다른 일방이 단독친권자가 된다§909③. 양친과 친생친이 공동친권자가 된 후에 양자와 양친이 파양을 하면 친생친이 단독친권자가 된다.

### (8) 친권자 아닌 부모의 면접교섭권

친권자가 아닌 부모도 子의 보호·교양에 지장이 없는 한, 子와의 면접교섭권을 가진다§837의2.

### (9) 친권행사능력

친권의 내용은 신분과 재산에 걸치는 광범한 것이므로 친권을 행사하려면 재산상의 행위능력이 있어야 한다. 따라서 피성년후견인·미혼의 미성년자는 친권을 행사할 수 없다고 해석된다. 부모가 피한정후견인인 경우에 친권(子의 재산관리권, 재산상 법률행위의 대리권 및 동의권)을 행사할 수 있다고 볼 것인가의 문제가 있다(종래에는 한정치산자는 획일적으로 행위능력이 부정되었으므로, 친권자가 될 수 없다고 해석되었다). 피한정후견인은 원칙적으로 행위능력을 유지하고, 법원이 한정후견인의 동의를 받아야 하는 법률행위의 범위를 정한 경우에 한하여 그 범위 내에서만 행위능력이 제한된다§13①. 이러한 점을 고려한다면 피한정후견인은 행위능력이 제한되지 않는 범위에서는 子의 재산관리권, 재산상 법률행위의 대리권 및 동의권을 행사할 수 있다는 해석이 가능하다. 그러나 다른 한편 부모가 한정후견개시의 심판을 받았다는 사실은 "질병, 장애, 노령 그 밖의 사유로 인한 정신적 제약으로 사무를 처리할 능력이 부족한" 상태에 있다는 것을 의미하므로, 자녀의 복리를 고려한다면 한정후견개시의 심판을 받은 부모는 子의 재산관리권, 재산상 법률행위의 대리권 및 동의권을 행사할 수 없다고 보는 것이 타당하다는 견해도 있을 수 있다. 사견으로는 전자의 해석이 2011년 개정 후견법의 이념 및 체계와 부합한다고 생각한다. 다만, 어느 견해에 의하든 피한정후견인은 자녀의 신분에 관한 사항에 있어서는 친권을 행사할 수 있다고 보아야 할 것이다.

### (10) 계모·적모의 친권행사규정 삭제

계모자관계와 적모서자관계는 1990년 민법의 일부개정으로 삭제되었기 때문에 적모와 계모는 夫의 혼인외의 출생자와 전처의 출생자에 대하여 친권자가 될 자격이 없다.

### 2. 친권에 따르는 자

(1) 친권에 따르는 자는 미성년자인 子 — 친생자와 양자 — 이다§909①.

(2) 미성년자도 혼인하면 성년에 달한 것으로 보므로§826의2, 친권에 따르지 않는다. 일단 성립한 혼인이 취소, 이혼, 일방의 사망 등에 의하여 해소되더라도, 다시 친권에 따르지 않는다고 해석하여야 할 것이다.

## 3 친권의 효력(내용)

친권은 子의 양육과 재산에 관한 사항을 포괄하는 것이다. 친권의 효력으로서 子의 양육과 관련된 사항으로는 보호·교양의 권리의무§913 및 여기서 파생되는 거소지정권§914, 子의 인도청구권 등이 있다. 친권의 효력 중 子의 재산에 관한 것으로는 子의 재산관리권, 법정대리권 및 동의권 등이 있다§916·920. 이와 같은 친권의 효력은 子의 건강한 성장과 재산의 보전을 위하여 인정되는 것이므로, 친권자인 부모는 그러한 목적의 범위 내에서 친권을 행사하여야 한다.

### 1. 친권행사 및 친권자 지정의 기준

(1) 子의 복리를 위한 친권행사

친권은 부모의 절대권이 아니라, 자녀의 복리실현을 위하여 법률에 의하여 부모에게 인정된 실정법상의 의무인 동시에 권리이다. 따라서 부모는 子의 복리에 적합하도록 친권을 행사할 의무를 부담하며, 위와 같은 의무에 위반하는 때에는 아동보호의 의무를 지고 있는 국가가 개입하여, 경우에 따라서는 친권을 상실시킴으로써 자녀를 보호하고 있다. 이러한 제도적 장치는 '친권행사의 유일한 기준은 子의 복리'라는 원칙에 의하여 뒷받침되고 있다. 현대친권법의 이와 같은 발전방향에 발맞추어, 2005년 개정민법은 "친권을 행사함에 있어서는 子의 복리를 우선적으로 고려하여야 한다"는 규정을 신설하였다§912. 개정민법은 이로써 현대친자법의 중심이념을 명문으로 선언한 것이다.

### (2) 친권자 지정의 기준

2011년 개정 친권법은 제912조에 제2항을 추가하여 법원이 친권자를 지정함에 있어서 우선적으로 고려해야 할 기준으로 자녀의 복리를 규정하였다. 위에서 본 바와 같이, 개정 전의 제912조는 "친권을 행사함에 있어서는 자의 복리를 우선적으로 고려하여야 한다"고 규정하고 있었고, 이는 '자녀의 복리'가 친권행사의 기준이라는 원칙을 선언하였다는 의미를 갖는다. 그런데 자녀의 복리는 부모가 친권을 행사하는 경우뿐만 아니라, 법원이 친권자를 지정할 때에도 존중해야 할 가장 중요한 원칙이므로, 개정 전의 제912조는 이러한 점에서 미흡한 규정이라는 지적이 있었다.[20] 개정법은 이러한 비판을 수용하여 제912조의 제2항으로 "가정법원이 친권자를 지정함에 있어서는 자(子)의 복리를 우선적으로 고려하여야 한다. 이를 위하여 가정법원은 관련 분야의 전문가나 사회복지기관으로부터 자문을 받을 수 있다"[21]는 규정을 추가하였다. 이 규정은 '자녀의 복리'가 친권행사에 있어서는 물론 친권자 지정에 있어서도 우선적으로 고려되어야 할 기준이라는 원칙을 선언하였다는 점에서 의미가 있다.

## 2. 子의 신분에 관한 권리 · 의무

### (1) 보호 · 교양

친권자는 子를 보호하고 교양할 권리 · 의무가 있다§913. 친권자는 子를 신

---

20) 김상용, 친권 · 후견법 개정안에 대한 몇 가지 의견, 법조 통권 504호(1998. 9.), 174면. 가사소송법 제58조(조정의 원칙) 제2항은 조정과 관련하여 다음과 같이 규정하고 있다. "자녀의 친권을 행사할 사람의 지정과 변경, 양육방법의 결정 등 미성년자인 자녀의 이해(利害)에 직접적인 관련이 있는 사항을 조정할 때에는 미성년자인 자녀의 복지를 우선적으로 고려하여야 한다."

21) 가정법원이 친권자를 지정할 때에는 관련분야의 전문가(예컨대 소아정신과전문의, 아동심리학자 등)나 사회복지기관(가족과 아동의 문제에 대하여 상담과 조사의 경험이 있는 사회복지기관)으로부터 자문을 받을 수 있다. '자녀의 복리'란 추상적인 기준이며, 구체적으로 세분화하면 부모의 양육적합성, 자녀의 의사, 양육의 계속성 등으로 나누어 볼 수 있다. 그러므로 가정법원은 이러한 기준에 따라 부모 중 누가 친권자로서 적합한가(또는 공동친권이 가능한가)를 판단하여야 한다. 그런데, 가정법원 판사는 이러한 분야에 대해서 전문지식이 없는 경우가 보통이므로, 위와 같은 기준에 따라 친권자를 결정하는 데 어려움을 겪을 수 있다(예컨대, 판사가 어린 자녀의 의사를 정확하게 파악하는 것은 쉽지 않다). 이런 경우에 판사가 관련 분야 전문가의 도움을 받을 수 있다면(예컨대, 전문가의 의견서 또는 감정서를 받아보고, 의문점에 대해서 함께 의논을 할 수 있다면), 자녀의 복리에 부합하는 결정을 내리는 데 도움이 될 것이다. 제912조 제2항 2문 규정은 이러한 취지에서 규정된 것이지만, 체계상으로는 가사소송법(규칙) 등에 규정하는 것이 바람직하다고 본다.

체적·정신적으로 건강하게 양육해야 할 의무와 권리가 있으며, 이것이 바로 친권의 본질적 내용이다(이에 근거하여 친권자는 미성년자녀의 신상보호에 관하여 포괄적인 결정권을 갖는 것으로 해석된다. 그 한 예로서 의료행위에 대한 동의권을 들 수 있다). 친권은 일차적으로 子를 건강하게 양육해야 할 부모의 의무이자 책임이라고 이해할 수 있으며, 이차적으로 부모가 이러한 의무를 이행하는 데 있어서 방해받지 않을 권리가 있다는 점에서 권리라는 성질을 갖는다. 이러한 의미에서 부모는 자신의 의무인 친권을 포기하거나 사퇴할 수 없다. 또한 부모의 친권행사가 子의 건강한 양육이라는 본래의 취지에 반하여 오히려 子의 복리를 침해하는 경우에는 국가에 의한 친권의 박탈이 가능하다§924 참조.

만약 子가 제3자에게 불법행위를 하였는데 책임능력이 없다면 친권자는 감독의무자로서 손해배상의 책임을 진다§755·753. 한편 불법행위를 한 미성년자가 책임능력이 있는 경우에는 친권자는 감독의무위반과 손해의 발생 사이에 상당인과관계가 있는 경우에 한하여 일반불법행위자로서 손해배상책임을 진다.[22] 종전의 판례는 제755조를 근거로 하여 책임능력 있는 미성년자의 가해행위에 대한 감독의무자의 책임도 인정할 수 있다고 하였으나, 이는 폐기되었다.

### (2) 거소지정

(가) 친권자가 미성년의 子를 적절하게 보호·교양하기 위해서는 子에게 적당한 거소를 지정, 제공할 필요가 있다§914. 즉 친권자의 거소지정권은 子의 보호·교양을 위해서 필수적으로 요구되는 권리인 동시에 보호·교양권에 부수되는 권리라고 할 수 있다. 거소지정권은 친권의 일부이므로 부모가 혼인중인 때에는 부모가 공동으로 행사하여야 한다§909② 본문.

친권자의 거소지정권은 구체적으로 부모의 집이나 기숙사 등을 지정하는 방식으로 행사될 것이며, 그 거소는 보호·교양의 목적을 달성하는 데 적당한 곳이어야 한다. 거소지정권을 남용하여 子의 복리를 해치는 곳에 거소를 지정하는 경우에는 친권상실·정지§924 또는 친권일부제한§924의2의 원인이 될 수 있다.

(나) 子가 친권자의 거소지정에 따르지 않는 경우 친권자는 친권의 남용이 되지 않는 범위 내에서 적당한 강제와 징계수단 등을 사용하여 子를 거소에 데려올 수 있다. 또한 자녀가 거주하는 곳을 관리하는 자에 대하여 자녀의

---

22) 대판 1994. 2. 8, 93다13605(전원합의체); 친권자가 아닌 비양육친은 미성년자녀에 대하여 감독의무를 부담하지 않으므로, 원칙적으로 미성년자녀의 불법행위에 대하여 손해배상책임을 지지 않는다. 대판 2022. 4. 14, 2020다240021.

인도청구를 할 수 있을 것이다. 그러나 지정한 장소에 거주를 명하는 판결을 구하는 소를 제기하는 것은 허용되지 않는다고 해석되며, 설령 그와 같은 판결이 있다고 해도 그에 의하여 강제집행을 하는 것은 가능하지 않을 것이다.

### (3) 징 계

2021년 민법일부개정으로 징계권에 관한 민법 제915조가 삭제되었다. 이 규정이 친권자의 아동학대를 정당화하는 데 악용될 소지가 있다는 것이 그 이유이다(법제처). 그러나 징계권에 관한 규정이 친권자에 의한 아동학대를 정당화하는 데 악용되었다고 보기는 어렵다. 이 규정이 존속할 당시에도 친권자는 친권의 남용이 되지 않는 범위 내에서 자녀를 징계할 수 있는 것으로 보았고, 2015년에 신설된 아동복지법 제5조 제2항(아동의 보호자는 아동에게 신체적 고통이나 폭언 등의 정신적 고통을 가하여서는 아니된다)의 취지에 비추어 징계의 수단으로서 체벌은 금지되는 것으로 해석되었기 때문이다.

징계권에 관한 규정이 삭제된 상태에서 친권자가 친권의 행사로서 자녀를 징계하는 것은 완전히 금지되는가. 징계의 사전적 의미는 "허물이나 잘못을 뉘우치도록 나무라며 경계함"(표준국어대사전)이다. 친권자인 부모가 자녀를 양육하면서 친권의 행사로서 자녀의 허물이나 잘못을 나무라는 것은 당연한 일이라고 할 수 있다. '징계'라는 용어에 대한 거부감 때문에 징계라는 단어를 쓰지 않는다고 해도, 부모가 자녀를 키우면서 나무라고 필요한 경우에 적절한 벌을 주는 것은 피할 수 없다.[23] 그렇다면 친권자인 부모는 친권의 행사로서 자녀에게 어떠한 종류의 제재를 가할 수 있는가. 예를 들어 게임을 금지시키거나 휴대폰의 사용을 금지하는 행위, 외출을 제한하거나 용돈을 삭감하는 행위, 티브이 시청을 금지하는 것 등은 자녀에 대한 일종의 징계(벌)라고 할 수 있지만, 친권행사의 범위에 속한다고 볼 수 있을 것이다.[24]

이러한 점에 비추어 본다면 막연히 징계권 규정을 삭제하는 데 그칠 것이 아니라, 친권행사의 방법으로서 신체적 폭력이나 정신적 고통을 주는 행위는

---

23) 독일민법 제1631조 제2항은 자녀의 신체에 대한 폭력과 정신적 고통을 주는 행위를 금지하지만, 이 규정이 자녀에 대해서 어떠한 징계도 할 수 없음을 의미하지는 않는다(§ 1631 Abs. 2 spricht kein allgemeines „Bestrafungsverbot" aus. MüKoBGB/Huber BGB § 1631 Rn. 26).

24) MüKoBGB/Huber BGB § 1631 Rn. 5, 26. 물론 자녀에 대한 제재가 친권의 남용에 해당하는 때에는 친권상실, 친권 일시 정지의 원인이 될 수 있으며(제924조), 경우에 따라서는 불법행위로 인한 손해배상책임을 발생시킬 수도 있다(제750조).

금지된다는 취지의 규정을 두었다면 좋았을 것으로 생각된다(독일민법 제1631조 제2항, 오스트리아민법 제137조 제2항 참조).

### (4) 영업허락

친권자는 법정대리인으로서 미성년자에게 특정한 영업을 허락할 수 있다 §8①. 여기서 영업이란 널리 영리를 목적으로 하는 사업을 말한다. 친권자가 영업을 허락하는 데에는 아무런 제한이 없다. 친권자는 영업의 허락을 취소 또는 제한할 수 있으나, 이로써 선의의 제3자에게 대항하지 못한다§8②.

### (5) 子의 인도청구권

친권자는 일정한 거소를 지정하여 子를 보호·교양해야 할 의무와 권리가 있으므로, 제3자가 부당하게 子를 억류하여 친권행사를 방해하는 경우에는 子의 인도를 청구할 수 있다.

제3자가 정당한 권한에 의하여 子를 보호하고 있는 때(예를 들어서 「아동학대범죄의 처벌 등에 관한 특례법」 제12조에 의하여 아동학대전담공무원이 학대받는 아동을 부모로부터 격리, 보호하는 경우)에는 친권자는 子의 인도를 청구할 수 없다고 해석된다. 이런 경우에 친권자가 子의 인도청구권을 행사하는 것은 친권의 남용에 해당된다. 따라서 이런 경우에 시·도지사 또는 시장·군수·구청장 등은 가정법원에 대하여 피해아동보호명령을 청구할 수 있으며아동학대처벌 §47, 가정법원은 친권자의 부당한 인도청구로부터 자녀를 보호하기 위하여 친권행사의 정지, 제한 등 필요한 조치를 취할 수 있다.

子가 자신의 자유로운 의사에 따라 제3자의 거주지에 머물고 있는 경우에는 子의 복리를 기준으로 하여 인도청구의 허용여부를 결정해야 할 것이다.[25] 子 스스로 선택한 결정이라고 해도 장·단기적으로 보아서 子의 성장·발달에 부정적인 영향을 미칠 것이라고 판단되는 경우에는 친권자의 인도청구를 허용해야 할 것이다.

유아[26]인도의 조정이 성립되거나 심판이 확정된 경우 어떤 방법으로 이행을 확보할 수 있을 것인가의 문제가 있다.[27] 인도의무자가 정당한 이유 없이

25) 대판 1979. 7. 10, 79므5.

26) 가사소송법 제64조는 유아의 인도라는 용어를 사용하고 있으나, 친권에 기초한 자녀의 인도청구는 자녀가 미성년자인 경우에는 연령과 관계없이 할 수 있는 것이므로, 자녀의 인도라는 용어로 대체되어야 할 것이다. 유아는 생후 1년부터 6세까지의 어린아이를 의미하는 단어이다.

인도의무를 이행하지 않는 경우에는 가정법원이 당사자의 신청에 의하여 그 의무를 이행할 것을 명할 수 있고가소 §64, 이에 위반한 때에는 직권 또는 권리자의 신청에 의하여 결정으로 1000만원 이하의 과태료에 처할 수 있다가소 §67. 나아가 유아의 인도를 명령받은 자가 이러한 제재를 받고도 30일 이내에 정당한 이유 없이 그 의무를 이행하지 아니한 때에는 30일의 범위 내에서 그 의무이행이 있을 때까지 의무자를 감치에 처할 수 있다가소 §68.

법원이 자녀의 인도를 명하는 심판을 하였으나, 자녀가 거부하는 경우 집행관은 자녀의 의사에 반하여 직접강제를 할 수 있는가. 종래 대법원은 이 문제에 관하여 다음과 같은 태도를 취하고 있었다: 의사능력이 없는 유아의 경우 유체동산인도청구권의 집행절차민집 §257에 준하여 강제집행을 할 수 있으나, 유아가 의사능력이 있는 경우에 유아 자신이 인도를 거부하는 때에는 집행을 할 수 없다구 재판예규 §917-2호.

이 예규에 따라 의사능력이 있는 자녀가 인도를 거부하는 때에는 국내사건이든 헤이그 국제아동탈취협약에 따른 국외사건이든 관계없이 전부 집행불능으로 처리되었다. 그런데 최근에 대법원은 의사능력이 있는 자녀가 인도를 거부하는 때에도 강제집행이 가능하도록 예규를 제·개정하였다. 우선 「헤이그 국제아동탈취협약에 따른 아동반환청구 사건의 집행에 관한 예규」(재판예규 1869호, 2024. 4. 1. 시행)를 제정하여 자녀의 의사에 반하는 강제집행도 가능하게 하였다.[28] 이어서 2025년에는 「유아인도를 명하는 재판의 집행에 관한 예규」를 개정하여(재판예규 1894호, 2025. 2. 1. 시행) 국내사건에 있어서도 자녀의 의사에 반하는 강제집행이 가능하게 되었다.

위와 같은 내용의 새로운 재판예규에 대해서는 다음과 같은 비판이 가능하다. 자녀의 의사에 반하는 강제집행의 허용 여부는 그 집행이 자녀의 복리실현에 기여할 수 있는가에 따라서 결정되어야 할 것이다. 자녀의 인도집행에 있어서는 감수성이 예민한 미성년자녀가 그 대상이므로, 그의 의사를 무시한

---

27) 조정의 성립이나 심판 확정 전에도 사전처분(가소 제62조)이나 가처분(가소 제63조)에 의해서 자녀의 인도를 구할 수 있다. 이와 같은 취지에서 대결 2020. 5. 28, 2020으508은 유아인도의 조정이나 심판이 확정되기 전에도 집행력이 있는 가집행선고부 심판에 의하여 이행명령을 할 수 있다고 판단하였다. 심판이 확정될 때까지 아무런 조치도 취할 수 없다면 지나치게 장기간이 소요되어 자녀의 복리에 반하기 때문이다.

28) 대결 2025. 5. 26, 2025그514은 이 예규에 의하여 집행관이 주거지뿐만 아니라 아동의 학교에서도 인도 집행을 실시할 수 있다고 보았다.

채 강제력을 사용하여 친권자가 지정한 거소에 데리고 와서 그곳에서 거주하도록 강제하는 것은 또 다른 문제의 시발점이 될 수 있다. 따라서 자녀가 친권자의 의사에 반하여 자신이 원하는 곳에서 거주한다고 해도 현재의 상태가 안정되어 있고, 자녀의 복리를 위태롭게 하지 않는다면, 그 의사에 반하는 강제집행은 허용되지 않는다고 보아야 할 것이다(예를 들어 이혼 시 부가 친권자 및 양육자로 지정되었는데, 자녀가 현재 모와 함께 거주하면서 그 상태에 만족하고 있고 부에게 돌아가길 원하지 않는 경우). 반면에 자녀복리의 관점에서 볼 때 자녀의 인도가 필요한 상황이라면, 자녀의 의사에 반한다고 해도 강제력을 사용하여 집행을 하는 것은 불가피하다. 예를 들어, 자녀 갑이 사교에 빠져 스스로 사교집단에서 거주하고 있다면, 갑의 부모는 친권자로서 갑의 인도를 청구할 수 있는데, 이러한 경우에는 갑이 거부하더라도 강제집행을 할 수 있어야 한다.

이와 같이 자녀의 거부 의사에도 불구하고 강제력을 사용하여 강제집행을 하는 것은 구체적인 상황에 따라서 자녀의 복리를 침해할 수도 있고, 반대로 자녀의 복리실현에 기여할 수도 있다.[29] 이러한 점에 비추어 보면 자녀가 인도를 거부하는 경우에도 예외 없이 집행을 할 수 있다고 규정하는 새로운 재판예규의 태도는 재고될 필요가 있다고 본다. 자녀에 대한 직접강제는 자녀복리의 관점에서 정당화될 수 있는 경우에만 허용된다고 규정하는 독일법의 태도[30]는 우리에게 시사하는 바가 적지 않다.

### (6) 보호 · 교양에 필요한 비용부담

子의 보호 · 교양은 친권자의 의무이자 권리이지만, 보호 · 교양에 필요한 비용의 부담은 친권의 귀속과 관계없이 부모의 몫이다. 따라서 이혼 후 친권자로 지정되지 않은 부모의 일방도 보호 · 교양에 필요한 비용은 당연히 분담해야 한다. 부모는 子의 출생과 더불어 子에 대한 부양의무를 지게 되고, 보호 · 교양에 필요한 비용의 부담은 부양의무에서 비롯되는 것이기 때문이다. 보호 · 교양에 필요한 비용은 부모 각자의 수입과 자력, 기타 사정을 고려하여 적절히 분담하여야 한다. 이혼 후 부모의 일방이 친권자로서 子를 양육하고 있는 경우라면 子를 보호, 교양하기 위하여 들이는 수고를 고려하는 것이 타

29) 김상용, 자녀의 인도청구에서 직접강제의 허용 여부에 관한 소고, 중앙법학 제26집 제3호(2024. 9.), 7면 이하 참조.

30) 독일 가사 및 비송사건 절차법 제90조 제2항 2문.

당하므로, 子를 양육하지 않는 다른 일방의 부담부분을 높일 필요가 있다. 부모에게 자력이 없는 경우에는 다른 부양의무자가 보호·교양에 필요한 비용을 부담하여야 한다§974 참조. 입양제도의 취지에 비추어 볼 때 양자에 대한 부양의무는 일차적으로 양부모에게 있다고 보는 것이 타당하다(일반양자의 경우. 친양자의 경우에는 친생부모와의 친족관계가 소멸하므로, 친생부모의 부양의무는 소멸한다).

(7) 신분상의 행위에 대한 대리권과 동의권

(가) 신분상의 행위에 대해서는 법률에 특별한 규정이 있는 경우를 제외하고는, 친권자도 이를 대리할 권한이 없다. 법률이 정하는 예외는 다음과 같다.

① 인지청구의 소§863

② 미성년자가 양친(養親)이 되는 입양의 취소§885

③ 미성년자가 동의권자의 동의를 얻지 않고 양자가 되었을 때의 취소§886·869①·870①

④ 13세 미만자의 입양대락§869②·908의2①v 및 파양청구§906

⑤ 상속의 승인·포기§1019·1020

민법은 혼인적령에 미달한 경우와 부모 등의 동의를 얻지 않은 혼인에 대하여 법정대리인이 취소할 수 있도록 규정하고 있다§816 i·817 전단. 그러나 1977년 민법의 일부개정으로 성년의제제도가 신설되었으므로§826의2, 혼인성립 후에는 친권자가 있을 수 없다. 따라서 혼인 당시 친권자였던 부모에게는 취소권이 없다고 보아야 할 것이다.

그 밖에도 가사소송법의 규정에 의하여 친권자는 법정대리인으로서 다음의 소를 제기할 수 있다.

i) 혼인무효 및 이혼무효의 소가소 §23, ii) 인지무효의 소가소 §28에 의한 §23의 준용, iii) 입양무효 및 파양무효의 소가소 §31에 의한 §23의 준용.

(나) 신분상의 행위에 대한 동의는 친권자의 자격으로 하기보다는 부모의 신분으로서 하는 경우가 대부분이다.

## 3. 子의 재산에 대한 권리의무

친권자는 미성년자인 子의 법정대리인으로서§911 子의 재산관리와 子의 재산상의 법률행위를 대리한다.

(1) 재산관리

(가) 미성년의 子도 상속·유증·증여 등에 의해서 재산을 취득하는 경우가 있으며, 자신이 제공한 근로의 대가로 재산을 취득하는 경우도 있다. 이와 같이 미성년의 子가 자기의 명의로 취득한 특유재산은 친권자가 관리한다§916. 재산의 관리란 재산의 보존·이용·개량을 목적으로 하는 행위이나, 관리의 목적을 달성하기 위한 범위 내에서는 처분행위도 할 수 있다. 예를 들어서 친권자는 子가 소유하는 가옥을 임대하여 차임을 받을 수 있으며, 재산가치가 하락할 우려가 있는 물건이나 주식 등을 매각할 수도 있다. 子의 채권을 추심할 수도 있으나, 子의 임금은 대리하여 받을 수 없다고 해석된다근기 §68 참조.

재산관리는 '자기의 재산에 관한 행위와 동일한 주의'로써 하여야 한다§922. 이 주의의무는 선량한 관리자의 주의의무보다 낮다. 후견인에 비하여 주의의무를 가볍게 한 것은, 부모의 애정을 담보로 한 것이라고 할 수 있다. 친권자가 이 정도의 주의를 하지 않아서 子에게 손해를 주면 손해배상의 책임을 진다. 이 책임은 불법행위상의 책임이라고 보는 것이 좋을 것이다. 부적당한 관리는 경우에 따라 대리권과 재산관리권의 상실원인이 된다§925.

(나) 재산관리권이 제3자에 의해서 침해되었을 때에는 친권의 침해가 있는 것이 되므로, 친권자는 침해자에 대하여 방해배제청구를 할 수 있다. 또한 예를 들어서 제3자가 권한 없이 子의 소유물을 점유하고 있는 경우와 같이 子의 물권이 침해되고 있는 때에는 친권자는 子를 대리하여 물권적 청구권을 행사할 수도 있다.

(2) 친권자의 재산수익권

(가) 친권자의 재산관리권에 수익권이 포함되는가에 대해서는 해석상 문제가 있다. 민법은 이에 대하여 명문의 규정을 두고 있지 않다. 그런데 "子의 재산으로부터 수취한 과실은 그 子의 양육·재산관리의 비용과 상계한 것으로 본다"§923② 본문는 규정에 비추어 수익의 잉여는 친권자의 소득으로 된다고 해석하는 견해가 있다.[31] 그러나 오늘날의 친권의 이론으로 보아서 그 의미를 제한하여 해석할 필요가 있다. 즉 수익과 관리비용·양육비용이 계산상 명백

31) 鄭光鉉, 신친족상속법요론, 257면.

히 되어서 수익의 잉여가 있을 때에는 반환되어야 한다. 그러나 이러한 비용을 명확하게 계산하는 것은 실제로 불가능에 가까운 일이므로, 수익과 비용의 불균형이 현저하지 않은 한, 상계한 것으로 보아도 무방할 것이다.

(나) 미성년자의 재산 자체로써 양육·관리비용에 충당할 수 있는가 하는 것도 문제이다. 보통의 양육비용은 친권자의 자력으로 하는 것이 원칙이나, 특별히 비용이 많이 들어가는 입원비나 교육비와 같은 특별한 양육·양육비를 위해서는 子의 재산 자체를 처분해도 무방하다고 보아야 할 것이다. 그리고 친권자가 곤궁하여 자기자력이 없는 경우에는 위와 같은 사정이 없이도 子의 재산을 처분할 수 있다고 보아야 할 것이다.[32]

### (3) 子에 대한 대리권과 동의권

(가) 친권자는 미성년인 子의 재산에 관한 법률행위에 대하여 그 子를 대리한다§920 본문.[33] 친권상실선고를 받은 부모§924나 재산관리권이 없는 친권자는 대리권을 갖지 못한다§925·927. 재산에 관한 법률행위란 子에게 속한 재산에 대한 법률행위뿐만 아니라 널리 子의 재산에 영향을 미치는 법률행위를 포함한다고 해석한다. 제920조는 명백히 '재산에 관한 법률행위'라고 하고 있으므로 친권자의 법정대리는 재산행위에 국한되며, 신분상의 행위는 원칙적으로 포함하지 않는다. 재산행위라도 친권자가 관리권을 갖지 않는 재산, 즉 친권자가 子에게 처분을 허락한 재산§6, 영업을 허락한 경우의 영업재산§8, 제3자가 무상으로 子에게 수여하여 친권자의 관리를 배제한 재산§918① 등에 대해서는 친권자의 대리권이 인정되지 않는다.

(나) 친권자의 대리행위가 子의 행위를 목적으로 하는 채무를 부담할 경우에는 子의 동의를 얻어야 한다§920 단서. 이것은 子의 자유를 지키기 위하여 친

---

32) 子의 재산처분이 적당한 범위를 넘으면 친권의 남용 또는 부적당한 관리의 문제가 된다; 대판 2022. 11. 17, 2018다294179.

33) 대판 1962. 9. 20, 62다333은 "친권을 행사하는 부친은 미성년자인 아들의 법정대리인이 되며, 그 법정대리인은 미성년자의 승낙을 받을 필요없이 법정대리인의 이름으로 법률행위를 할 수 있음은 물론 미성년자 본인 이름으로 법률행위를 한 경우에도 법정대리인이 그 행위를 한 이상 미성년자에게 대하여 법률행위의 효과가 발생한다"고 한다; 대판 1975. 6. 24, 74다1929는 친권자 본인이 부상을 입어 손해배상에 관하여 가해자 측과 합의를 하는 경우 특별한 사정이 없는 한 미성년자인 자녀들의 고유의 위자료에 관하여도 그 친권자가 법정대리인으로서 함께 합의하였다고 본다; 대판 1976. 9. 28, 75다1877은 친권자가 그 친권에 따르는 미성년자들과 공동피고로 되고 있는 경우에 소송대리를 위임할 때 어느 특정한 미성년자를 위하여서는 소송대리를 위임하지 않는다는 특단의 의사표시가 없는 한 모든 미성년자 피고를 위하여 소송대리를 위임한다고 보는 것이 타당하다고 한다.

권자의 대리권에 가해진 제한이므로, 만약 동의를 얻지 않고 친권자가 법률행위를 하면 그것은 무권대리가 된다. 상대방에게 子의 동의를 얻은 것으로 믿을 만한 정당한 이유가 있을 때에는 권한을 넘는 표현대리가 성립할 수 있다§126.

(다) 子의 행위를 목적으로 하는 채무는 주로 근로를 제공하는 채무인데 근로기준법은 이와 관련하여 몇 가지 제한규정을 두고 있다. 즉 친권자는 미성년자인 子를 대리하여 근로계약을 맺을 수 없다근기 §67①. 그리고 미성년자는 독자적으로 임금을 청구할 수 있으므로근기 §68 친권자는 子를 대리하여 임금을 받을 수 없다고 해석된다. 친권자가 미성년자를 대리하여 체결한 계약은 무효라고 보기보다는 子나 친권자가 해지할 수 있다고 해석하는 것이 子의 이익에 부합할 것이다.

(라) 미성년자인 子가 의사능력이 있으면 친권자의 동의를 얻어서 스스로 재산행위를 할 수 있다§5~8 · 140 · 141. 그러나 권리만을 얻거나 의무만을 면하는 행위는 단독으로 할 수 있다§5① 단서. 친권자의 동의를 얻지 않은 미성년자의 재산행위는 취소할 수 있다§5② · 140~142. 미성년인 子가 근로계약을 체결할 때에도 친권자의 동의가 필요하다고 해석해야 할 것이다. 친권자는 근로계약이 미성년자에게 불리하다고 인정되는 경우 이를 해지할 수 있다근기 §67②.

(마) 친권자가 자신의 이익을 위하여 대리권을 남용한 경우에도 그 대리행위의 효력에는 영향이 없으므로, 子는 큰 손해를 입을 수 있다. 그러므로 친권자와 거래한 상대방이 그러한 사정을 알았거나 알 수 있었을 경우에는 제107조 제1항 단서의 취지를 유추하여 대리행위의 효력을 부인하는 것이 타당하다.[34] 그러나 그에 따라 외형상 형성된 법률관계를 기초로 하여 새로운 법률상 이해관계를 맺은 선의의 제3자에 대하여는 대항할 수 없다고 해석된다(제107조 제2항의 유추적용).[35] 예를 들어 미성년자 갑의 단독친권자인 모 을이 사실혼 배우자인 병에게 갑 소유의 부동산을 증여하였고, 병은 이러한 사정을 알지 못하는 제3자 정에게 그 부동산을 매도하고 소유권이전등기를 해

34) 대판 1997. 1. 24, 96다43928은 법정대리인인 친권자가 子의 유일한 재산을 그 사실을 아는 제3자에게 증여한 행위는 친권의 남용으로서 그 효과는 子에게 미치지 않는다고 판시하고 있다; 대판 1981. 10. 13, 81다649; 대판 2011. 12. 22, 2011다64669; 대판 2009. 1. 30, 2008다73731은 피상속인 명의의 토지가 명의신탁된 것이었을 가능성이 있다는 점을 고려하여, 친권자(피상속인의 처)가 미성년자인 딸과 공동으로 상속받은 토지를 피상속인의 형에게 증여한 행위가 친권의 남용에 해당하지 않는다고 판시하였다.

35) 대판 2018. 4. 26, 2016다3201. 제3자가 악의라는 사실에 관한 주장 · 증명책임은 무효를 주장하는 자에게 있다.

준 경우, 갑은 을의 병에 대한 증여행위가 무효임을 들어 정에 대하여 등기말소청구를 할 수 없다.

### (4) 친권대행

(가) 친권자는 그 친권에 따르는 子(미성년인 子)에 갈음하여 그 子(미성년인 子가 낳은 혼인외의 출생자)에 대한 친권을 행사한다§910. 이 규정이 적용될 수 있는 경우는 미성년자가 혼인하지 않은 상태에서 혼인외의 출생자를 낳은 때이다.[36] 미성년자도 혼인한 경우에는 성년자로 의제되므로§826의2, 스스로 친권을 행사할 수 있으며, 따라서 친권의 대행은 불필요하다. 미성년인 子의 부모가 혼인중인 때에는 부모가 공동으로 친권을 대행한다. 친권대행자가 사망하면 미성년인 子를 위해서 후견이 개시되고, 미성년후견인이 친권을 대행하게 된다§948①. 미성년인 子(혼인외의 子를 낳은)가 사망하는 경우에는 친권이 소멸되므로, 친권의 대행도 종료하고, 혼인외의 출생자를 위하여 후견이 개시된다.

(나) 미성년인 子가 스스로 자신의 혼인외의 출생자의 대리행위를 한 경우에는 무권대리가 되며, 경우에 따라서는 표현대리가 될 것이다.

(다) 친권대행자가 친권을 남용하여 자의 복리를 현저히 해치거나 해칠 우려가 있을 때 또는 부적당한 관리로 인하여 子의 재산을 위태롭게 한 때에는 친권상실에 관한 규정§924·925을 준용하여 대행권의 상실 또는 대리권·관리권의 상실선고를 청구할 수 있다고 해석된다. 자의 복리를 위하여 필요하다고 인정되는 경우에는 대행권의 일시 정지나 일부 제한의 선고도 청구할 수 있을 것이다§924·924의2의 유추적용.

### (5) 제3자에 의한 관리권의 배제

(가) 제3자가 무상으로 子에게 재산을 수여하고 친권자의 관리에 반대하는 의사를 표시한 때에는 친권자는 그 재산을 관리하지 못한다§918①. 제3자(예를 들어서 조부모)가 미성년자에게 재산을 증여하고자 하는데, 친권자에 대한 신뢰의 부족 등을 이유로 그 재산에 대한 친권자의 관리를 배제하려고 하는

---

36) 보통은 미성년자인 미혼모가 자를 출산한 경우에 친권자인 미혼모의 부모가 친권을 대행하는 사례를 생각해 볼 수 있다. 물론 미성년자인 생부가 자를 인지하는 경우에는 생부의 친권자도 대행자가 될 수 있다. 이런 경우에는 모와 부의 친권자가 공동으로 친권을 대행하는 상황이 발생하게 될 것이다. 만약 친권을 대행하는 과정에서 의견이 일치되지 않는다면 당사자의 청구에 의하여 가정법원이 정한다고 해석할 수밖에 없을 것이다(제909조 제2항 단서의 유추적용).

경우가 있을 수 있다. 이런 경우에는 제3자의 의사를 존중할 필요성도 있고, 또 제3자의 의사대로 해주는 것이 子에게도 이익이 될 수 있으므로 친권자의 관리권을 배제할 수 있도록 한 것이다.

여기서 제3자란 친권자와 미성년인 子 이외의 사람을 말하며,[37] 무상의 수여는 증여§554와 유증§1074을 의미한다.

(나) 제3자가 子에게 재산을 증여하겠다는 의사표시를 할 때 그 재산에 대해서는 친권자의 관리를 배제한다는 의사를 표시하여야 한다. 이러한 의사를 반드시 친권자에 대해서 표시할 필요는 없다. 친권자가 장래에 그 재산의 관리권을 취득하게 될 경우를 대비하여 관리를 배제한다는 의사를 표시하는 것도 가능하다(예를 들어서 조부모가 손자녀에게 유증을 할 때, 사별한 후 이미 재혼한 손자녀의 모는 수증재산에 대하여 관리권을 갖지 못한다는 의사를 표시하는 것).

제3자가 친권자의 관리권을 배제한다는 의사표시와 함께 子에게 재산을 증여한 경우, 친권자는 그 재산에 대하여 관리권§916과 대리권·동의권§920 및 처분권을 갖지 못한다. 이런 경우에 친권자가 子를 대리하여 처분행위를 하더라도 무권대리가 되므로, 子(본인)에게 효력이 생기지 않는다.[38]

(다) 子에게 재산을 증여하면서 친권자의 관리를 배제하는 의사를 표시한 제3자는 그 재산을 관리할 관리인을 지정할 수 있다. 자기 자신을 관리인으로 지정하는 것도 가능하다.

관리인 지정은 계약으로도 할 수 있으나, 단독행위일 수도 있다. 단독행위의 경우에는 지체 없이 거절하는 것을 해제조건으로 지정된 자에게 관리권을 발생시키는 것으로 해석하여야 한다. 이 지정은 수여행위와 별도로 해도 무방할 것이다. 관리인의 관리가 부적당한 경우에는 그 지정을 해지하고 다시 다른 사람을 지정할 수 있다. 지정된 관리인은 그 재산의 관리에 관하여 법정대리인으로서 권리와 의무를 가진다. 관리인은 선량한 관리자의 주의의무를 진다고 해석된다.

---

37) 그러나 부모가 공동친권자인 경우에 그중의 일방이 미성년인 자에게 재산을 증여하면서 다른 일방의 관리권을 배제하는 것은 가능하다고 보아야 할 것이다(예컨대 모가 자신의 사망을 예견하고 자녀에게 재산을 증여하면서, 친권자의 다른 일방인 父의 관리권을 배제하는 경우).

38) 부동산에 관하여는 이를 등기하지 아니하면(처분제한의 등기) 선의의 제3자에게 대항할 수 없다고 보아야 할 것이다. 동산의 경우에는 제249조가 규정하는 선의취득의 요건이 갖추어져 있다면 반환을 청구할 수 없을 것이다.

(라) 제3자가 친권자의 관리권을 배제하면서 관리인을 지정하지 않은 경우, 제3자가 지정한 관리인의 권한이 소멸하였거나 관리인을 개임할 필요가 있는데 제3자가 다시 관리인을 지정하지 않은 경우에는, 재산의 수여를 받은 子 또는 제777조 규정에 의한 친족의 청구에 의하여 가정법원이 관리인을 선임한다§918②·③, 가소 §2①라류사건 xv. 가정법원이 선임한 관리인의 직무권한·담보제공의무·보수청구권에 대해서는 부재자의 재산관리인에 관한 규정§24~26이 준용된다§918④. 또한 그 권한이 종료하였을 때에는 위임종료시의 처리의무§691와 위임종료시의 대항요건§692에 관한 규정이 준용된다§919.

(마) 무상으로 子에게 재산을 수여한 제3자가 친권자의 관리에 반대하는 의사표시를 하지 않을 때에는 친권자가 그 재산을 관리할 수 있다. 그러나 제3자는 친권자의 수익권을 부정할 수 있으며, 이 경우에는 친권자는 그 재산으로부터 수취한 과실을 子의 양육·재산관리비용과 상계할 수 없다§923② 단서. 따라서 양자(兩者)를 정확하게 계산하여야 한다. 그리고 친권자가 제3자로부터 무상으로 수여받은 子의 재산을 관리하는 경우에는 선량한 관리자의 주의로써 하여야 한다고 해석된다.

### (6) 재산관리권의 종료

(가) 친권자의 권한이 소멸한 때(子가 성년자가 된 때, 친권자가 친권상실선고를 받은 때 등)에는 그 동안 子의 재산을 관리하면서 생긴 수입과 지출 등을 정확하게 계산하고, 현재의 재산상황(자녀에게 귀속되어야 할 재산과 그 액수)을 확정하여 보고해야 하며§923①, 자녀에게 귀속되어야 할 재산을 인도하거나 이전하여야 한다.[39] 子의 재산으로부터 수취한 과실은 子의 양육, 재산관리비용과 상계한 것으로 본다§923② 본문. 子의 재산에서 생긴 수익과 양육비용 등을 정확하게 계산하여 비교하는 것은 일반적인 친자관계에서 실제로 기대하기 어려우므로, 양자를 상계한 것으로 보아서 친자관계의 실정에 부합하도록 한 것이다.

(나) 관리권이 종료하였을 때의 처리의무와 관리권종료의 대항요건은 위

39) 따라서 친권자가 자녀의 재산관리권에 의하여 자녀에게 지급되어야 할 금전을 대리수령한 경우, 재산관리권이 소멸하면 그 금전을 자녀(또는 그의 법정대리인)에게 반환하여야 한다. 대판 2022. 11. 17, 2018다294179은 자녀의 친권자에 대한 반환청구권은 재산적 권리로서 일신전속적인 권리라고 볼 수 없으므로, 자녀의 채권자가 그 반환청구권을 압류할 수 있다고 한다.

임종료시의 처리의무§691와 대항요건§692의 규정이 준용된다§919.

### (7) 이해상반행위

**設 例**

① A·B 부부에게는 18세의 子 C가 있다. C는 조부 D로부터 부동산을 증여받아 C 앞으로 소유권이전등기가 되어 있다. A는 중소기업을 경영하고 있는데, 자금이 부족하여 C의 부동산에 근저당권을 설정하여 은행으로부터 돈을 융자받으려 한다. 이러한 경우 이해상반행위로서 특별대리인의 선임이 필요한가? 특별대리인을 선임하지 않고 근저당권을 설정하면 그 효력은 어떻게 되는가? 그리고 B와 특별대리인과는 어떤 관계에 있는가?

② C의 父 A는 C의 대학입학에 필요한 비용으로 쓰기 위하여 C의 부동산에 가등기담보를 설정하여 돈을 빌렸다. 이러한 경우에도 이해상반행위가 되는가?

③ C의 父 A는 자기가 경영하는 기업의 자금에 충당하기 위하여 A·B가 대리하여 C 소유의 부동산을 매각처분하였다. 이것은 이해상반행위가 되는가? 이 경우 A만이 대리하고, B는 전혀 관여하지 않았다면 그 매매는 유효한가?

#### (가) 입법취지

친권자와 친권에 따르는 子 사이에 이해가 충돌하는 경우에는 친권자에게 공정한 친권행사를 기대하기 어렵다. 친권자가 자기의 이익을 위하여 子의 이익을 희생시킬 가능성이 있기 때문이다. 이와 같은 이유에서 친권에 따르는 자녀 사이에 이해가 대립하는 때에도 친권자의 공정한 친권행사를 기대하기는 어렵다. 친권자가 특정한 자녀를 위하여 다른 자녀의 이익을 희생시킬 가능성을 배제할 수 없기 때문이다. 그러므로 민법은 이러한 경우에 친권자가 가정법원에 특별대리인의 선임을 청구하도록 하여§921, 가소 §2①라류사건xvi, 특별대리인이 친권자와 거래하도록 하였다.

#### (나) 이해상반행위

① 이해상반행위의 의의: 제921조에서 말하는 이해상반행위에는 크게 다음의 두 가지 경우가 포함된다.

첫째, 친권자와 친권에 따르는 子 사이에 이해가 충돌하는 경우이다. 친권자와 미성년자인 子가 각각 당사자의 일방이 되어서 하는 법률행위뿐만 아니라 친권자를 위해서는 이익이 되고, 미성년자를 위해서는 불이익한 행위가 여기에 해당된다(예를 들어서 친권자가 자기를 위하여 본인 명의로 타인으로부터 금전을 차용함에 있어 미성년자인 子의 소유부동산에 저당권을 설정한 행위대판 1971. 7. 27, 71다1113).

둘째, 친권에 따르는 子 상호간에 이해가 충돌하는 경우이다. 친권에 따르는 자녀들이 각각 당사자의 일방이 되어서 하는 법률행위 뿐 아니라 子 일방을 위해서는 이익이 되고 다른 子에게는 불이익이 되는 경우가 여기에 해당된다(예를 들어서 친권자가 미성년자인 子 일방을 위하여 그 자의 명의로 타인으로부터 금전을 차용하면서 다른 미성년자인 子의 소유부동산에 저당권을 설정하는 행위대판 1976. 3. 9, 75다2340). 그러나 이 경우 이해상반행위의 당사자는 모두 친권에 따르는 미성년인 子이어야 한다. 이미 성년이 된 子와 친권에 따르는 미성년인 子 사이에 이해가 상반되는 경우에는 친권자는 대리권에 제한을 받지 않고 미성년인 子를 대리하여 법률행위를 할 수 있다(그러므로 친권자가 성년자인 子를 위하여 그 자의 명의로 타인으로부터 금전을 차용하면서 미성년자인 子의 법정대리인으로서 그의 소유부동산에 저당권을 설정하였다면 이 경우는 이해상반행위에 해당하지 않는다).

이해상반행위는 계약은 물론 단독행위일 수도 있으며(예를 들어서 친권자인 모와 미성년자인 子가 공동상속인인 경우, 모 자신은 상속을 승인하면서 子를 대리하여서는 상속을 포기하는 행위),[40] 신분행위(예를 들어서 부모가 미성년의 子를 상대로 친생자관계부존재확인의 소를 제기하는 경우나 양친이 양자를 상대로 파양청구를 하는 경우)나 소송행위도 포함된다.[41] 그리고 이해상반되는 행위에 대하여 동의를 하는 경우에도 적용된다고 보아야 할 것이다.

② 이해상반행위에 관한 학설과 판례의 태도: 이해상반되는 행위이냐의 여부는 전적으로 그 행위 자체를 객관적으로 관찰하여 판단하여야 하며, 그 행위를 한 친권자의 의도, 동기나 연유 등을 고려하여서는 안 된다("이해상반행위란 행위의 객관적 성질상 친권자와 그 子 사이 또는 친권에 따르는 수인의 子 사이에 이해의 대립이 생길 우려가 있는 행위를 가리키는 것으로서 친권자의 의도나 그

40) 다만, 대판 1989. 9. 12, 88다카28044는 공동상속인인 친권자가 자신의 상속포기와 동시에 자신의 친권에 따르는 수인의 子를 대리하여 상속을 포기한 사안에 대하여 "성년이 되어 친권자의 친권에 복종하지 아니하는 자와 친권에 복종하는 미성년자인 자 사이에 이해상반이 되는 경우가 있다 하여도 친권자는 미성년자를 위한 법정대리인으로서 그 고유의 권리를 행사할 수 있을 것이므로 그러한 친권자의 법률행위는 이해상반행위에 해당한다고 할 수 없다"고 판시하였다.

41) 이 경우에는 민소 제62조 규정에 의해서 특별대리인을 선임하는 것도 가능하다. 법원실무제요 가사(Ⅱ), 322면.

행위의 결과 실제로 이해의 대립이 생겼는가의 여부는 묻지 아니한다." 대판 2002. 1. 11, 2001다65960; 대판 1994. 9. 9, 94다6680). 이를 학설상 형식적 판단설(외형적 판단설, 객관적 판단설 내지 추상적 판단설이라고도 한다. 판례의 기본입장이다)이라고 한다. 예를 들어 친권자가 미성년자인 자의 대학입학금을 마련하기 위하여 친권자인 본인 명의로 금전을 차용하는 계약을 체결하면서 자를 대리하여 자의 부동산에 저당권을 설정하였다면, 이는 이해상반행위에 해당된다. 반면에 친권자가 자기의 사업자금을 마련할 목적으로 미성년자인 자를 대리하여 자의 명의로 금전을 차용하는 계약을 체결하면서 자의 부동산에 저당권을 설정하였다면, 이는 이해상반행위가 되지 않는다(또한 친권자가 자기의 사업자금을 마련하기 위하여 미성년자인 자를 대리하여 子 소유의 부동산을 매각한 경우에도, 이는 이해상반행위에 해당하지 않는다). 형식적 판단설이 실질적으로 이해가 상반되는가를 묻지 않고, 단지 행위의 객관적 성질에 따라 이해상반여부를 판단하는 이유는, 사정을 알지 못하는 상대방이 예측하지 못한 손해를 입지 않도록 하기 위한 것이다(즉 거래의 안전에 중점을 둔 것이다).

이와 달리, 행위의 형식 여하를 불문하고 친권자가 그 행위를 한 의도, 동기, 결과 등을 고려하여 실질적으로 이해상반행위를 판단하여야 한다는 견해가 있는데, 이를 학설상 실질적 판단설[42](구체적 판단설이라고도 한다)이라고 한다. 이 견해에 의하면 친권자가 자기의 사업자금을 마련하기 위하여 미성년자인 자를 대리하여 子 소유의 부동산을 매각한 경우도 이해상반행위에 해당한다. 간단히 말하면, 형식적 판단설은 거래의 안전을 중요시하는 반면, 실질적 판단설은 미성년자녀의 이익을 보호하는 데 중점을 둔 견해라고 볼 수 있다.

위의 두 견해 이외에, 기본적으로 형식적 판단설의 입장에 서면서도 실질적 관계를 어느 정도 고려하여 이해상반여부를 판단해야 한다는 견해가 있다(이를 '실질관계를 고려한 형식적 판단설' 또는 '실질관계 객관적 고려설'이라고 한다).[43] 이 견해에 의하면, 예컨대, 친권자가 제3자의 채무를 담보하기 위하여 친권자 자신과 미성년인 子의 공유 부동산을 담보로 제공한 경우에는 이해상반행위가 될 수 있다고 한다. 왜냐하면, 채권자가 먼저 子의 공유지분에 관한 저당권을 실행하는 때에는 자의 공유지분에 해당하는 경매대금이 변제에 충

42) 김유미, 민법 제921조의 이해상반행위에 관한 몇 가지 문제, 가족법학논총(박병호교수 환갑기념 논문집), 1991, 517면 이하.

43) 李均龍, 제3의 채무를 담보하기 위한 물상보증행위와 이해상반행위 등, 민사판례연구 XVI(1994), 278면 이하; 윤용섭, 친권과 후견, 민사판례연구 XVII(1996), 576면 이하.

당되는 한도에서 친권자의 책임이 경감되고, 친권자의 공유지분에 관한 저당권이 실행되는 경우에는 친권자와 미성년인 자 사이에 구상관계가 생기므로 친권자와 자 사이에 이해의 충돌이 행위 자체의 외형상 객관적으로 예상되기 때문이라고 한다. 2000년대에 들어와서 이 견해를 따른 대법원 판결이 나오기도 했다대판 2002. 1. 11, 2001다65960.

③ 이해가 상반되는 것으로 인정되는 사례: i ) 친권자가 자기의 채무를 위하여 미성년자인 子의 부동산을 담보로 제공한 행위대판 1971. 7. 27, 71다1113, ii ) 친권자가 미성년자를 대리하여 한 상속재산분할협의(대판 1993. 4. 13, 92다54524, "공동상속인인 친권자와 미성년인 수인의 子 사이에 상속재산분할협의를 하게 되는 경우에는 미성년자 각자마다 특별대리인을 선임하여 각 특별대리인이 각 미성년자인 子를 대리하여 상속재산분할의 협의를 하여야 한다. 만약 친권자가 수인의 미성년자의 법정대리인으로서 상속재산분할협의를 한 것이라면, 이는 민법 제921조에 위반된 것으로서 이러한 대리행위에 의하여 성립된 상속재산분할협의는 피대리자(미성년자인 子) 전원에 의한 추인이 없는 한 무효이다"), iii ) 친권자인 모가 사신이 연대보증한 채무의 담보로 자신과 子의 공유인 토지 중 자신의 공유지분에 관하여는 공유지분권자로서, 子의 공유지분에 관하여는 그 법정대리인의 자격으로 각각 근저당권설정계약을 체결한 경우(대판 2002. 1. 11, 2001다65960, 채권자가 채권의 만족을 얻기 위하여 이 사건 토지 중 子의 공유지분에 관한 저당권의 실행을 선택한 때에는 그 경매대금이 변제에 충당되는 한도에 있어서 친권자인 모의 책임이 경감되고, 채권자가 모에게 연대보증책임을 물어서 변제를 받은 때에는, 모는 채권자를 대위하여 위 토지 중 子의 공유지분에 대한 저당권을 실행할 수 있는 것으로 되므로, 친권자인 모와 子 사이에 이해의 충돌이 행위 자체의 외형상 객관적으로 당연히 예상된다. 그러므로 친권자인 모가 子를 대리하여 이 사건 토지 중 子의 공유지분에 관하여 근저당권설정계약을 체결한 행위는 이해상반행위로서 무효라고 보아야 한다. 이 판결은 '실질관계를 고려한 형식적 판단설'에 따라 판단하고 있다), iv ) 양모가 미성년의 양자를 상대로 한 소유권이전등기청구소송을 제기하는 행위(대판 1991. 4. 12, 90다17491은 이 경우 "양자의 친생부모는 양자의 친권자가 되지 못하므로 특별대리인을 선임하여 소송을 수행하게 하여야 한다"고 하였다[44]), v ) 친권자인 모가 미성년자인 子를 대리하여 子의 토지(父로부터 상속받은 토지)를 자신(모)의 동생에게 명의신탁하여 이전등기를 마쳤다가 명의회복을 하는 과

---

44) 법원실무제요 가사(Ⅱ), 321면은 이해상반행위가 소송행위인 경우에는 민사소송법 제62조에 따라 특별대리인을 선임하는 것이 바람직하다고 한다.

정에서 모 자신의 명의로 소유권이전등기를 마친 행위(이는 결국 미성년자의 법정대리인이 그 미성년자의 재산을 자신에게 처분한 행위에 해당하므로, 친권자와 그 子 사이에 이해가 상반되는 행위이다. 대판 2013. 1. 24, 2010두27189), vi) 친권자가 자기의 채무에 관하여 미성년자인 子를 대리하여 중첩적(병존적) 인수계약을 한 행위, vii) 친권자의 채무에 관하여 미성년자인 子를 연대채무자로 한 행위, viii) 친권자가 자기의 채무를 子에게 전가하기 위하여 子를 대리하여 한 경개(更改)계약, ix) 합명회사사원이 자기의 친권에 따르는 미성년자를 그 회사에 새로 입사시키는 행위에 대하여 동의를 한 행위, x) 子를 대리하여 子의 대금채권을 포기하고 그 채무자의 친권자에 대한 채권을 면제시킨 행위, xi) 친권자와 수인의 미성년자녀가 공유물분할소송의 피고가 된 경우에 친권자가 미성년자녀의 법정대리인으로서 소송행위를 한 경우(대판 2024. 7. 11, 2023다301941. 이런 경우에는 미성년자 마다 특별대리인을 선임하여 그 특별대리인이 미성년자를 대리하여 소송행위를 하여야 한다) 등은 이해상반행위가 된다.

④ 이해가 상반되지 않는 것으로 인정된 사례: i) 친권자인 모가 자기 오빠의 제3자에 대한 채무의 담보로 미성년자인 子의 부동산에 근저당권을 설정한 행위(대판 1991. 11. 26, 91다32466은 "모가 친정오빠의 채무를 담보하기 위하여 모와 子의 공유인 부동산에 근저당권을 설정함으로써 친권자인 모와 미성년자인 子가 같이 물상보증인이 되었다 하더라도 위 근저당권설정 행위를 이해상반행위라고 할 수는 없다"는 취지로 판시하였다. 그러나 대판 2002. 1. 11, 2001다65960이 따른 '실질관계를 고려한 형식적 판단설'에 의하면 이 사안은 이해상반행위에 해당한다고 보아야 할 것이다: 채권자가 채권의 만족을 얻기 위하여 子의 공유지분에 관한 저당권의 실행을 선택한 때에는 그 경매대금이 변제에 충당되는 한도에서 친권자인 모의 책임이 경감되고, 친권자의 공유지분에 관한 저당권이 실행되는 경우에도 친권자와 미성년의 子 사이에 구상관계§482② iv가 생겨 친권자와 子 사이에 이해가 대립된다고 할 수 있으므로, 친권자인 모가 子를 대리하여 모와 子의 공유인 부동산 중 子의 공유지분에 관하여 근저당권설정계약을 체결한 행위는 이해상반행위로서 무효라고 보는 것이 타당할 것이다.), ii) 친권자인 모가 자신이 대표이사로 있는 주식회사의 채무보증을 위하여 자신과 미성년자인 子의 공유재산을 담보로 제공한 행위(대판 1996. 11. 22, 96다10270[45])은 "모가 회사의 대표이사로서 그 주식의 66% 정도를 소유하는 대주주이고 모의 이 사건 각 부동산에 대한 근저당권설정행위가 회

45) 이 판결에 대한 평석으로는 윤진수, 친권자와 자녀 사이의 이해상반행위 및 친권자의 대리권 남용, 민사재판의 제문제 11권(2002. 12), 733면 이하.

사의 채무를 담보하기 위한 것으로서 미성년자인 원고들에게는 불이익만을 주는 것이라는 점을 감안하더라도, 위 근저당권설정행위는 그 행위의 객관적 성질상 회사의 채무를 담보하기 위한 것으로서 친권자로서 원고들의 법정대리인인 모와 그 子인 원고들 사이에 이해의 대립이 생길 우려가 있는 이해상반행위라고 볼 수 없다"고 판시하여 실질적으로 친권자와 子 사이에 이해가 상반되는 경우라고 해도 객관적·형식적으로 보아서 이해가 대립되지 않는다고 판단되는 때에는 이해상반행위에 해당되지 않는다는 태도를 취하고 있다. 그러나 이 판결 역시 위에서 본 대판 1991. 11. 26, 91다32466과 같은 문제점을 안고 있으며(즉, '실질관계를 고려한 형식적 판단설'에 의하면 이해상반행위에 해당한다고 볼 수 있다), 채권자가 먼저 子의 공유지분에 관한 저당권을 실행하는 때에는 子의 공유지분에 해당하는 매각대금이 변제에 충당되는 한도에서 친권자의 책임이 경감되고, 친권자의 공유지분에 관한 저당권이 실행되는 경우에도 친권자와 미성년의 子 사이에 구상관계가 발생하므로 친권자와 子 사이에 이해가 대립된다는 비판을 피하기 어려울 것이다) 등이 있다.[46] ⅲ) 친권자가 성년자인 子의 채무를 담보하기 위하여 미성년자인 子의 부동산에 근저당권을 설정한 행위대판 1976. 3. 9, 75다2340, ⅳ) 夫가 사망하여 친권자인 모가 미성년자인 자 및 성년자인 자와 함께 공동상속인이 된 후 친권자 자신이 상속을 포기하면서 미성년자인 자를 대리하여 상속을 포기함으로써 성년자인 자가 단독으로 상속을 받게 한 행위대판 1989. 9. 12, 88다카28044. 그 외에 대판 1998. 4. 10, 97다4005는 "법정대리인인 친권자가 부동산을 미성년자인 子에게 명의신탁하는 행위는 친권자와 자 사이에 이해상반되는 행위에 속한다고 볼 수 없으므로, 이를 특별대리인에 의하여 하지 아니하였다고 하여 무효라고 볼 수는 없다"고 하였다.

(다) 이해상반행위의 효력

친권자와 子 사이에 이해가 상반되는 행위를 특별대리인에 의하지 않고 친권자가 스스로 대리한 경우에는 무권대리행위로서 무효가 된다.[47] 다만, 본인의 추인이 있으면 유효로 된다고 해석하는 것이 타당할 것이다.[48] 추인은 성년에 달한 子 본인이 하는 것이 원칙이다(적법하게 선임된 특별대리인에게도

46) 또한 대판 2002. 2. 5, 2001다72029는 "전 등기명의인이 미성년자이고 당해 부동산을 친권자에게 증여하는 행위가 이해상반행위라고 하더라도 일단 친권자에게 이전등기가 경료된 이상, 특별한 사정이 없는 한, 그 이전등기에 관하여 필요한 절차를 적법하게 거친 것으로 추정된다"라고 하여, 子가 친권자에게 부동산을 증여할 때 특별대리인에 의하지 않았기 때문에 이전등기가 무효라는 점은 무효를 주장하는 측에서 입증해야 한다는 취지로 판시하였다(같은 취지, 대판 1996. 4. 9, 96다1139).

47) 대판 1964. 8. 31, 63다547.

48) 대판 2001. 6. 29, 2001다28299.

추인권이 있느냐의 문제가 제기될 수 있을 것이다. 일반적으로 특별대리인에 대한 신뢰가 높지 않은 우리사회의 현실을 고려해 본다면 부정적으로 해석하는 것이 타당할 것이다). 추인은 무권대리행위를 한 친권자 또는 상대방에 대하여 하여야 하지만, 그 방식에는 제한이 없다.

미성년자인 子가 이해상반되는 친권자의 동의를 얻어서 스스로 행한 법률행위는 동의를 얻지 않은 행위와 마찬가지이므로, 취소할 수 있다고 해석된다.

(라) 특별대리인의 선임

친권자와 미성년의 子 사이 또는 친권에 따르는 미성년자인 자녀들간에 이해가 상반되는 경우에는 친권자의 청구에 의하여 가정법원이 특별대리인을 선임한다(후견인과 피후견인, 수인의 피후견인 사이의 이해가 상반되는 경우도 같다 §949의3. 다만, 후견감독인이 있는 경우에는 그러하지 아니하다) 가소 §2①라류사건 x vi. 친권자의 일방만이 이해가 상반되는 경우에는 특별대리인을 선임하여 다른 일방의 친권자와 특별대리인이 공동으로 子를 대리하는 것이 타당할 것이다. 가정법원이 제921조 규정에 의하여 특별대리인을 선임할 때에는 특별대리인의 대리권행사에 관하여 필요한 제한을 가할 수 있다 가소규 §68. 또한 가정법원은 언제든지 선임한 특별대리인을 개임할 수 있다 가소규 §68의2. 특별대리인은 처리하여야 할 특정의 법률행위에 대하여 개별적으로 선임되어야 한다.[49] 특별대리인은 미성년자인 子의 이익을 대리할 수 있어야 하므로, 그에 적합한 능력과 인품을 갖춘 사람이 선임되어야 할 것이다. 그러나 가사소송의 실무 관행을 보면 특별대리인 제도가 형식화되어 실제로 미성년 자녀의 이익을 보호하는 데 미흡하다는 점을 알 수 있다(대부분의 경우 신청인이 추천하는 사람이 특별대리인으로 선임되고 있으며, 선임된 특별대리인이 변론기일에 출석하지 않는 경우도 많고, 출석해도 상대방의 주장을 다투거나 반대의 증거를 제출하는 경우는 거의 없다고 한다). 이러한 문제점을 해결하기 위해서는 특별대리인이 子를 대리하여 법률행위를 할 때 가정법원의 허가를 받도록 하는 방안 등을 생각해 볼 수 있을 것이다.

이외에도 子의 보호를 위해서는 친권자와 子의 이해가 상반되는 경우뿐만

49) 대판 1996. 4. 9, 96다1139, "특별대리인은 이해가 상반되는 특정의 법률행위에 관하여 개별적으로 선임되어야 하는바, 따라서 특별대리인선임신청서에는 선임되는 특별대리인이 처리할 법률행위를 특정하여 적시하여야 하고, 법원도 그 선임 심판시에 특별대리인이 처리할 법률행위를 특정하여 이를 심판의 주문에 표시하는 것이 원칙이며, 특별대리인에게 미성년자가 하여야 할 법률행위를 무엇이든지 처리할 수 있도록 포괄적으로 권한을 수여하는 심판을 할 수는 없다."

아니라, 친권자의 근친과 자 사이에 이해가 상반되는 때에도 친권을 제한할 필요가 있다고 생각된다.

설례에 대해서 보기로 하자.

설례 ①의 경우, 판례는 친권자가 자기의 채무를 위하여 미성년자인 子의 부동산을 담보로 제공한 행위는 이해상반행위로 보고 있다대판 1971. 7. 27, 71다1113. 따라서 이러한 경우에는 친권자가 가정법원에 특별대리인의 선임을 청구하여야 한다. 만약 A가 특별대리인을 선임하지 않고 위와 같은 행위를 하였을 경우에는 무권대리가 되며, 본인인 C가 성년자가 되어 추인하면 유효가 된다대판 1964. 8. 31, 63다547. 그리고 선임된 특별대리인은 공동친권자의 한 사람인 B와 공동하여 대리하게 된다.

설례 ②의 경우, 이해가 상반되느냐의 여부는 친권자가 금전을 차용하는 동기나 연유 등을 고려하지 않고 당해 행위 자체에 대하여 판단하여야 하므로, C의 대학 입학비용에 쓰기 위하여 가등기담보를 설정하는 것도 역시 이해상반행위가 된다.

설례 ③의 경우, 子의 재산을 매각하여 그 대금을 부모의 채무변제에 충당하는 등 부모의 이익을 위하여 사용할 목적으로 그 재산을 처분하였더라도 이해상반행위가 되지 않는다. 다만 친권남용으로서 친권상실의 원인이 될 수 있는 경우가 있을 것이다.

A가 단독명의로 대리행위를 하였다면, 그것은 무권대리로서 B의 추인이 없는 이상 효력이 생기지 않는다. 다만 상대방이 선의 · 무과실이면 표현대리의 보호를 받을 수 있는 경우가 있을 것이다§126.

# 4 친권의 소멸

## 1. 친권의 소멸

친권의 소멸에는 자연적 사실에 의한 소멸, 친권자의 의사에 의한 상실(즉 대리권 · 관리권의 사퇴) 및 친권자의 의사에 의하지 않는 상실(즉 외부로부터의 박탈) 등이 모두 포함된다. 소멸원인을 열거해 보면 다음과 같다.

(1) 친권이 절대적으로 소멸하는 경우

(가) 子가 사망(실종선고도 포함)한 때

(나) 子가 성년자가 된 때

(다) 子가 혼인한 때§826의2

(2) 친권이 상대적으로 소멸하는 경우(다른 사람이 친권자가 되거나 후견이 개시되는 경우)

(가) 친권자가 사망(실종선고도 포함)한 때

(나) 子가 다른 사람의 양자가 되었을 때§909①(친생부모의 친권은 소멸하고, 양부모가 친권자가 된다)

(다) 부모의 이혼 후(혼인이 무효 또는 취소된 경우 포함) 부모 중 일방만이 친권자가 된 때§909④·⑤(다른 일방의 친권은 소멸한다)

(라) 생모의 친권에 따르고 있던 혼인외의 출생자가 생부의 인지를 받은 후 생부가 친권자가 된 때§909④(생모의 친권은 소멸한다)

(마) 입양이 무효 또는 취소되거나 또는 양자가 파양되었을 때(양부모의 친권은 소멸한다. 친생부모 등은 가정법원에 친생부모의 일방 또는 쌍방을 친권자로 지정할 것을 청구할 수 있다§909의2②)

(바) 친권자가 심판으로 변경된 때§909⑥

(사) 친권자가 친권을 행사할 수 없게 된 때

ⅰ) 법률상 불능의 경우로서 친권자가 성년후견개시의 심판을 받은 경우. 친권자가 한정후견개시의 심판을 받은 경우에는 재산상의 법률행위능력이 제한되는 범위 내에서만(피한정후견인이 한정후견인의 동의를 받아야 하는 법률행위의 범위) 대리권·관리권이 소멸된다고 해석된다(그러나 미성년자의 신분에 관한 사항에 있어서는 친권이 소멸하지 않는다). ⅱ) 사실상의 불능으로서 소재불명 등 친권을 행사할 수 없는 중대한 사유가 있는 경우§927의2①ⅳ, 대판 1956. 8. 11, 56다289 참고.

(아) 친권자가 대리권과 재산관리권의 상실선고를 받거나§925, 대리권과 재산관리권을 사퇴한 때§927①(이 경우에는 친권 중에서 재산에 관한 부분만 소멸한다)

(자) 친권자가 친권의 일부 제한의 선고를 받았을 때§924의2

2014년 민법개정에 의해서 친권의 일부 제한 규정이 도입되었다. 그런데 개정민법상 친권의 일부 제한이란 실질적으로 친권의 일부 상실에 해당하는 것으로 보인다. 개정민법이 친권의 일부 제한에 기간에 관한 규정을 두지 않고, 또 친권 일부 제한의 사유가 소멸한 경우에 실권회복의 선고를 받도록 한 것을 보면§926, 민법상 친권의 일부 제한은 본질적으로 친권의 일부 상실과 같은 의미로 해석된다.

(차) 친권자가 친권상실의 선고를 받았을 때§924

## 2. 친권의 상실[50)]

**設 例**

A는 18세의 미성년자인 子 X의 모로서 X의 父 B가 사망한 후 단독친권자로서 X가 父 B로부터 상속한 재산을 관리하고 있었다. 그런데 A는 그의 오빠인 C의 사업을 위하여 C가 Y로부터 돈을 빌리는데 A와 X의 공유인 부동산에 근저당권을 설정하였고, Y도 그와 같은 사정을 잘 알고 있었다. X는 성년이 된 후 Y를 상대로 근저당권설정등기말소청구를 하였다. X의 청구는 받아들여질 수 있는가?

(1) 의 의

민법상의 친권은 자녀의 복리실현을 위하여 법률에 의해서 부모에게 인정된 실정법상의 의무인 동시에 권리이다. 따라서 부모는 자녀의 복리에 적합하게 친권을 행사할 의무를 부담하며, 이러한 의무에 위반하여 자녀의 복리를 위태롭게 할 때에는 아동의 보호의무를 지고 있는 국가가 개입하여 필요한 조치를 취해야만 한다. 부모로부터 친권을 박탈하는 친권상실선고는 국가가 취할 수 있는 조치 가운데 가장 강력한 수단이라고 할 수 있을 것이다. 부모의 친권을 상실시키는 경우에는 후견이 개시되어 미성년후견인이 子의 보호와 교양을 맡게 되는데, 子의 양육에 적합한 능력과 자질을 갖춘 미성년후견인을 찾기란 쉬운 일이 아니다. 따라서 부모의 친권을 상실시키고 후견이 개시되는 것이 子의 성장과 발달에 더 유리한가, 아니면 부모의 친권을 유지하는 것이 子의 복리 실현에 도움이 되는가의 여부를 비교, 형량하여 친권상실 여부를 결정할 필요가 있다.

50) 친권상실제도의 문제점에 대해서는, 김유미, '현행 친권상실선고제도의 문제점과 대응책', 가족법연구 11호(1997. 12); 金相瑢, '친권상실제도의 문제점', 가족법연구 I(2002); 윤진수, 현소혜, '부모의 자녀 치료거부 문제 해결을 위한 입법론', 법조 제680호.

### (2) 친권상실의 원인

민법에 따르면 가정법원은 부 또는 모가 친권을 남용하여 자녀의 복리를 현저히 해치거나 해칠 우려가 있는 경우에 친권의 상실을 선고할 수 있다§924①. 즉 친권상실의 원인은 '친권의 남용'과 그로 인한 '자녀의 복리침해'라고 할 수 있다. 이 규정은 2014년에 개정되었는데(2015년 10월 16일 시행), 개정 전 제924조는 "부 또는 모가 친권을 남용하거나 현저한 비행 기타 친권을 행사시킬 수 없는 중대한 사유"를 친권상실의 원인으로 규정하고 있었다. 개정 전과 후의 규정을 비교해 보면, 개정 전에는 '친권의 남용', '현저한 비행', '기타 친권을 행사시킬 수 없는 중대한 사유' 가 각각 독립적인 친권상실사유를 구성하여 이 중 어느 하나에 해당하면 친권상실이 가능하였으나(물론 이러한 각각의 사유로 인하여 자녀의 복리가 침해되었을 때 친권상실의 사유가 되는 것으로 이해된다), 개정법에 따르면 '친권의 남용'과 그로 인한 '자녀의 복리침해'라는 두 가지 요건이 충족되는 경우에 친권상실선고를 할 수 있다. 결과적으로 개정법에 의해서 친권상실이 인정되는 범위는 더 축소되었다. 개정법에 의하면 부 또는 모에게 '현저한 비행'(예컨대 살인죄로 장기간 교도소에 복역하는 경우. 특히 자녀의 모(또는 부)가 자녀의 부(또는 모)를 살해한 경우)이나 '친권을 행사시킬 수 없는 중대한 사유'(예컨대 불치의 정신병으로 친권을 행사할 수 없는 상태가 계속되는 경우)가 있어도 친권의 남용에는 해당하지 않는다면 친권상실선고를 할 수 없기 때문이다. 결국 개정법은 개정 전의 친권상실사유 중에서 '현저한 비행'과 '친권을 행사시킬 수 없는 중대한 사유'를 대안 없이 삭제한 결과를 가져왔는데, 이러한 결과는 개정 전보다 더 후퇴한 것이라는 비판을 받을 수 있다.[51]

한편 아동복지법 제18조에 따르면 가정법원은 "아동의 친권자가 그 친권을 남용하거나 현저한 비행이나 아동학대, 그 밖에 친권을 행사할 수 없는 중대한 사유가 있는" 경우에 친권상실선고를 할 수 있다아동복지 §18①. 즉 아동복지법상의 친권상실규정은 개정 전의 민법규정과 같이 '친권의 남용', '현저한 비행', '그 밖에 친권을 행사할 수 없는 중대한 사유'를 각각 독립된 친권상실 사유로 규정하고 있다. 이 규정에 의하면 친권자의 현저한 비행이 있고, 이로 인하여 자녀의 복리가 침해되는 경우에는 친권의 남용이 없어도 친권상실이 가능하다. 그러므로 비록 2014년 개정민법에 따르면 친권자의 현저한 비행은

51) 자세한 내용은 김상용, 아동학대방지와 피해아동보호를 위한 친권법의 개정, 중앙법학 제20집 제3호(2018), 105면 이하 참조.

친권남용에 해당하지 않는 한 자녀의 복리를 침해하는 경우에도 친권상실사유가 되지 않지만, 이와 같은 경우에는 아동복지법에 의해서 여전히 친권상실선고가 가능하다. 따라서 민법개정에 의해서 본질적으로 달라지는 것은 없다. 즉, 친권자의 현저한 비행이 있고, 그로 인하여 자녀의 복리가 침해되는 경우에는 비록 친권의 남용이 없다고 해도 민법개정 전과 다름없이 아동복지법에 의해서 친권을 상실시킬 수 있다. 친권자에게 '친권을 행사할 수 없는 중대한 사유'가 있는 경우도 마찬가지다. 예컨대 친권자가 불치의 정신병이 장기화되어 친권을 행사할 수 없는 상태에 있다면, 개정민법에 의할 경우에는 친권의 남용이 없으므로 친권상실사유에 해당하지 않으나, 아동복지법에 따라서 친권상실선고가 가능하다.

(가) 친권의 남용으로 인한 자녀의 복리침해

친권의 남용이란 친권 본래의 목적인 자녀의 복리실현에 현저히 반하는 방식으로 친권을 행사하는 것(적극적 남용. 예컨대 징계권 남용으로 인한 아동학대)은 물론, 의도적으로 친권을 행사하지 않아서 자녀의 복리를 해치는 것(소극적 남용. 예컨대 방임)까지를 포괄하는 개념이다.[52] 다만 친권남용의 결과로서 친권상실을 초래하면 子의 보호는 대개 후견에 맡겨지게 되므로, 판례는 될 수 있는 대로 子를 부모의 보호 밑에 두려는 입장에서 남용 정도를 높이 해석하려고 하는 경향이 있다.

친권의 남용으로 인정되기 위해서는 친권자의 고의 또는 과실이 요구된다.[53] 부모로서의 의무를 게을리 하여 子의 복리를 위태롭게 한 때에는 당연히 과실이 인정된다고 보아야 할 것이다. 예를 들어, 친권(징계권) 남용으로

---

52) 대판 1997. 1. 24, 96다43928. 친권자인 모가 미성년자인 子의 법정대리인으로서 子의 유일한 재산을 아무런 대가도 받지 않고 증여하였고 상대방이 그 사실을 알고 있었던 경우, 그 증여행위는 친권의 남용에 의한 것이므로 무효이다. 같은 취지: 대판 1981. 10. 13, 81다649; 대판 1991. 11. 26, 91다32466은 "미성년자의 친권자인 모가 미성년자에게는 오로지 불이익만을 주는데도 자기 오빠의 사업을 위하여 미성년자 소유의 부동산을 제3자에게 담보로 제공하였고, 제3자도 그와 같은 사정을 잘 알고 있었다고 하더라도, 그와 같은 사실만으로 모의 근저당권 설정행위가 바로 '친권을 남용한 경우'에 해당한다고는 볼 수 없다"고 하고 있으나 법리상 설득력이 없다고 생각된다; 대판 1979. 7. 10, 79므5, 친권자인 生父가 생모와 혼인외의 출생자를 유기하여 오다가 생모가 생부를 상대로 양육비 청구를 하자 이에 대항하기 위하여 유아인도청구를 하는 것은 친권의 남용이다; 대전지법 강경지판 1997. 7. 11, 96가합525. 친권자인 모가 미성년자인 子의 의사에 반하여, 자를 현실적으로 양육하고 있는 조모를 상대로 父의 사망으로 지급된 보험금 중 子의 몫의 반환을 구하는 소송을 제기하는 것은 친권남용에 해당하므로 그 행위의 효과가 본인인 子에게는 미치지 않는다.

53) 반대의견: 최진섭, 친권상실에 관한 비교법적 연구, 가족법연구 10호(1996).

인한 신체적·정신적 학대, 필요한 의료행위에 대한 동의거부, 자녀의 취학거부, 자녀를 범죄나 성매매 등으로 유도하는 것, 자녀와 친밀한 유대관계에 있는 제3자(예를 들면 조부모)와의 만남을 금지하는 것, 친권자의 이익을 위하여 子의 재산을 처분하는 행위[54] 등이 친권의 남용에 해당된다. 친권자로서의 의무를 해태하여 子를 방임하는 것도 친권의 남용에 해당된다(소극적 남용). 예를 들어 자녀에게 적절한 음식과 의복을 제공하지 않는 것 등은 방임으로서 친권의 남용에 포함된다.[55]

부 또는 모가 친권을 남용하는 것만으로는 친권상실의 사유가 되지 않으며, 그 정도가 심각하여 자녀의 복리를 현저히 해치거나 해칠 우려가 있어야 한다. 아직까지 자녀의 복리가 침해되지는 않았으나 그러한 우려가 있는 경우에는 바로 친권을 상실시키기보다는 우선 친권을 정지시키는 조치를 취하는 것이 바람직하다.

(나) 현저한 비행

2014년 민법일부개정 전에는 '현저한 비행'이 친권상실의 사유로 규정되어 있었으나, 개정법은 이를 삭제하였다. 그 결과 친권자의 현저한 비행이 있어도 친권의 남용에 해당하지 않는 경우에는 자녀의 복리를 해치거나 해칠 우려가 있어도 그 자체로서는 친권의 상실사유가 되지 않는 것으로 해석된다. 개정민법은 친권상실의 요건으로 친권의 남용 및 그로 인한 자녀의 복리침해(또는 침해의 우려)를 요구하고 있기 때문이다. 그러나 아동복지법은 여전히 '현저한 비행'을 독립된 친권상실사유로 규정하고 있다. 이에 따라 친권자가 자녀를 유기하고 양육비도 지급하지 않으며, 자기의 이익을 위하여 자녀의 재산을 처분하려는 경우에는 현저한 비행이 있는 것으로 인정되어 친권상실의 사유가 된다.[56] 개정민법에 따르더라도 이와 같은 경우에는 친권의 남용에 의

54) 대판 1991. 12. 10, 91므641, 夫와 자녀들을 두고 가출한 후 자녀들을 찾아오지 않았던 모가 夫의 교통사고에 대한 보상금을 전부 수령하여 소비한 경우 친권상실의 사유가 된다; 서울고결 1996. 7. 16자, 95브8, 이혼 후 자녀를 돌보지 않았던 생모가 친권자인 父의 사망 후 자동으로 친권자가 되어 백부가 제기한 소유권이전등기청구소송에서 자녀의 의사에 반하여 자백하는 내용의 답변서를 제출하여 그 결과 패소되게 함으로써, 부동산 중 자녀의 지분권을 잃게 하는 결과를 낳게 하고, 그 후에도 자녀의 의사와는 달리 자녀를 대리하여 자녀와 공동상속인인 계모를 상대로 상속부동산에 관한 공유물분할청구소송을 제기함으로써 자녀의 주거생활의 안정과 생계 및 자녀와 계모가 함께 누려오던 화목한 가정생활을 위협하는 등 자녀의 의사와 복리에 반하는 방향으로 자의적으로 친권을 행사한 경우 친권의 남용으로서 친권상실의 사유가 된다.

55) 대판 2020. 9. 3, 2020도7625.

한 자녀의 복리침해로 인정되어 친권상실의 사유가 될 수 있을 것이다. 친권자의 상습적인 도박, 범죄 등도 현저한 비행에 해당되어 친권상실의 사유가 될 수 있다(개정민법에 의하면 이러한 행위는 그 자체로는 친권의 남용에 해당하지 않으므로 친권상실의 원인이 될 수 없을 것이다). 부모의 간통은 일률적으로 현저한 비행으로 보기 어렵다.[57] 단순히 친권자에게 간통 등의 비행이 있다는 사실만으로 친권상실을 인정해서는 안 되며, 자녀의 복리를 고려하여 다른 사람으로 하여금 친권을 행사하게 하거나 또는 후견을 개시시키는 것이 보다 낫다고 인정되는 경우에 비로소 친권상실을 선고해야 할 것이다.[58] 개정민법에 따르면 부 또는 모의 간통은 그 자체만으로는 처음부터 친권상실의 사유가 될 수 없다. 개정민법은 친권남용에 따른 자녀의 복리침해를 친권상실의 요건으로 규정하고 있는데, 간통 그 자체는 친권의 남용과 무관하기 때문이다. 사회적으로 사실혼관계로 인정되는 경우에는 현저한 비행이라고 볼 수 없다(개정민법에 따르면 부 또는 모가 사실혼관계를 형성하는 것 자체는 친권의 남용에 해당하지 않으므로, 친권상실의 사유가 되지 않는다).[59]

과거에 현저한 비행에 해당하는 사실이 있었다고 해도 이미 그와 같은 사유가 소멸하여 현재는 친권상실의 원인이 존재하지 않고, 자녀의 보호·교양에 힘쓰고 있다면 과거의 사정을 이유로 하여 친권을 상실시킬 수 없다.[60] 친

56) 대판 1968. 9. 17, 68므27; 대판 1968. 12. 6, 68므39.

57) 대결 1993. 3. 4, 93스3. “친권자에게 간통 등의 비행이 있어 자녀들의 정서나 교육 등에 악영향을 줄 여지가 있다 하더라도 친권의 대상인 자녀의 나이나 건강상태를 비롯하여 관계인들이 처해 있는 여러 구체적 사정을 고려하여 비행을 저지른 친권자를 대신하여 다른 사람으로 하여금 친권을 행사하거나 후견을 하게 하는 것이 자녀의 복리를 위하여 보다 낫다고 인정되는 경우가 아니라면 섣불리 친권상실을 인정하여서는 안 된다”; 대판 1963. 9. 12, 63다197. 夫가 행방불명이 되어 생활난이 극심해지자 타인과 혼인한 경우는 친권상실의 사유에 해당하지 않는다; 대판 1959. 4. 16, 58다659. 부재자인 夫의 재산을 자녀교육 및 생계유지를 위하여 임대한 경우, 과거에 다른 남자들과 관계를 가졌다고 하더라도 친권상실의 사유가 되지 않는다; 창원지법심판 1996. 8. 16, 95느211. 친권자인 모가 절도 등의 범행을 저질렀으나 子의 양육을 소홀히 하였다고 볼 사정이 없고, 과거의 불륜관계도 이미 정리된 경우 친권상실의 사유가 없다; 대구지법심판 1989. 6. 15, 88드11383. 夫가 교통사고로 사망한 후 다른 남자와 불륜관계를 맺고 夫의 사망으로 인한 손해배상금 중 자신의 몫을 낭비하였으나, 현재는 그와 같은 관계를 정리하고 혼자 살고 있는 경우 친권상실의 사유가 존재하지 않는다.

58) 이에 따르는 판례: 대결 1993. 3. 4, 93스3, 판례월보 276호 194면.

59) 대판 1963. 9. 12, 63다197, 판례총람 220-1면; 대판 1963. 9. 12, 63다218, 판례총람 250면(판례가족법, 560면).

60) 대판 1957. 2. 21, 4289민상645(판례가족법, 562면); 대판 1959. 4. 16, 4291민상659, 판례총람, 250면(판례가족법, 561면); 대판 1959. 4. 16, 4291민상81, 집 7권 민 75면(판례가족

권상실선고를 받았다고 해도 후에 그 원인이 소멸한 경우에는 친권의 회복을 청구할 수 있도록 한 제926조와 같은 취지이다.

(다) 그 밖에 친권을 행사시킬 수 없는 중대한 사유

개정민법에 의하면 친권자에게 "친권을 행사할 수 없는 중대한 사유"가 있어도 친권의 남용이 없는 한(설령 자녀의 복리가 침해된다고 해도), 그 자체로는 친권상실사유가 되지 않는다. 예를 들어 친권자의 소재불명, 의식불명 등으로 친권을 행사할 수 없는 상태가 장기간 지속되어도 이를 친권의 남용으로 볼 수는 없으므로, 친권상실을 선고할 수는 없다. 그러나 위에서 본 바와 같이 아동복지법은 "친권을 행사할 수 없는 중대한 사유"를 독립된 친권상실사유로 규정하고 있으므로, 객관적인 사정에 비추어 볼 때 친권자에게 자녀의 적절한 보호와 교양을 기대할 수 없고, 그로 인하여 자녀의 복리가 현저히 침해되거나 침해될 우려가 있는 경우에는 친권을 상실시킬 수 있다.

친권자의 고의나 과실 유무는 묻지 않는다. 예를 들어 사실상 이혼 후 父가 子를 양육하다가 사망하였는데, 모는 이미 다른 남자와 사실혼관계에 들어가 두 아이를 낳아 양육하고 있어서 자녀들을 돌볼 수 없는 경우에는 친권을 행사시킬 수 없는 중대한 사유가 있다고 볼 수 있다.[61] 그 외에도 친권자의 행방불명, 장기간의 의식불명, 중병 등은 "친권을 행사할 수 없는 중대한 사유"의 예가 될 것이다§927의2①ⅳ 참조(단독친권자에게 이러한 사유가 있는 때에는 친권의 소멸 사유가 되어 새로 친권자를 지정할 수 있다). 하급심에서 문제가 된 사례를 살펴보면, 어린 자녀가 보는 앞에서 모를 폭행하여 사망하게 한 父의 친권을 상실시킨 사안,[62] 이혼 후 모가 자녀들에게 전혀 연락을 한 적이 없고, 친권상실심판 청구 당시까지 주소도 알 수 없어 공시송달로 진행한 사안,[63] 모가 몰래 주택 전세보증금을 반환받고, 자녀들을 놀이터에 남겨둔 채 가출한 뒤 전혀 연락이 없었고, 친권상실심판 청구서 부본 및 기일소환장을 송달받고도 출석하지 않은 사안[64] 등이 있다. 이외에 부(父)에 의한 자녀의 강제추행, 강간 등의 사건에 있어서도 하급심 법원은 '친권을 행사시킬 수 없는 중대한 사유'가 있는 것으로 판단하여 친권상실선고를 해왔다.[65]

---

법, 561면).

61) 서울가심 1991. 7. 24, 91느2498.

62) 서울가심 2002. 12. 30, 2002느합92.

63) 서울가심 2002. 5. 31, 2002느합10.

64) 서울가심 2002. 2. 25, 2002느합5.

(라) 아동학대

아동복지법은 아동학대를 독립된 친권상실사유로 규정하고 있다아동복지 §18①. 아동학대는 위에서 본 친권상실사유 중 어느 하나에 의해서 발생하게 되므로, 굳이 별도의 독립된 친권상실사유로 규정할 필요가 없다고 볼 수도 있다(예를 들어 의료행위에 대한 동의거부나 방임은 친권의 남용에 해당하고, 자녀에 대한 폭행, 살인미수, 강제추행, 강간 등은 현저한 비행 또는 그 밖에 친권을 행사시킬 수 없는 중대한 사유에 해당한다). 그러나 아동학대가 심각한 사회문제로 부각되고 있는 우리사회의 현실에 비추어 볼 때 아동학대를 독립된 친권상실사유로 규정하는 것은 선언적 의미가 있다고 생각된다.

아동학대란 신체적 학대뿐 아니라 정서적 학대, 방임 등을 포함하는 넓은 개념이다. 학대는 반드시 장기간 반복적으로 행하여질 것을 요하지 않는다. 단 1회의 학대라도 자녀의 복리를 현저히 해치거나 해칠 우려가 있는 경우에는 친권상실이 가능하다

(3) 친권상실선고의 청구

(가) 청구권자 및 상대방

개정민법에 의하면 자녀, 자녀의 친족, 검사 또는 지방자치단체의 장은 친권상실선고를 청구할 수 있다§924①. 개정 전에는 자녀의 친족과 검사가 청구권자로 규정되어 있었는데, 자녀와 지방자치단체의 장이 추가되었다. 미성년자녀를 친권상실선고의 청구권자로 규정한 것에 대해서 큰 의미를 부여하기는 어렵다. 아동학대가 심각하여 자녀가 스스로 친권상실선고를 청구해야 할 상태에 이르렀다면, 우리법체계상 이미 아동학대전담공무원이나 사법경찰관이 개입하여 사건을 조사하고 친권의 제한이나 정지 등 필요한 조치를 취하게 된다아동학대처벌법 §11 이하. 따라서 굳이 미성년자녀가 스스로 친권상실선고를 청구해야만 할 필요가 있는 경우는 상정하기 어렵다[66](어차피 의사능력이 없는 어

65) '현저한 비행 기타 친권을 행사시킬 수 없는 중대한 사유'에 해당한다고 본 심판도 있다(예컨대 서울가심 2015. 7. 20, 2014느합30218 등). 그러나 대부분의 심판은 '친권을 행사시킬 수 없는 중대한 사유'가 있다고 보았다(예컨대, 서울가심 2014. 5. 26, 2014느합30022: "친권자는 자를 보호하고 교양할 권리와 함께 이를 이행하여야 할 의무가 있다고 할 것인데, 상대방은 스스로 친권자임을 포기하고 친딸인 사건본인들에게 위와 같은 반인륜적인 범죄행위를 저질렀으므로, 상대방에게는 사건본인들에 대한 친권을 행사시킬 수 없는 중대한 사유가 있다고 봄이 상당하다.").

66) 민법개정에 의해서 자녀가 친권상실선고 등의 청구권자로 규정되기 전에, 이미 아동학대처벌법에 의하면 아동이 친권행사의 정지나 제한 등의 청구를 할 수 있었지만(아동학

린 자녀는 스스로 청구를 할 수도 없고, 설령 의사능력이 있는 자녀라고 해도 스스로 법원에 친권상실선고를 청구하는 것은 기대하기 어렵다. 현행법상 미성년자녀에게는 소송능력이 인정되지 않기 때문이다민소 §55. 따라서 미성년자녀가 청구인이 된다고 해도 실제에 있어서는 특별대리인을 선임하여 소송행위를 대리하도록 하여야 할 것이다민소 §62. 그렇다면 민사소송법상 특별대리인의 선임을 신청할 수 있는 이해관계인이 직접 친권상실선고를 청구할 수 있도록 하는 편이 오히려 합리적일 것으로 보인다). 또한 자녀가 부모를 상대로 친권상실선고를 청구하는 경우에는 심판과정에서 부모와 자녀 사이에 대립관계가 형성되는데, 이는 자녀에게 부담을 줄 수 있을 뿐 아니라, 정서에도 부정적인 영향을 미칠 수 있다. 한편 지방자치단체의 장은 이전부터 아동복지법상 친권상실선고의 청구권자로 규정되어 있었는데아동복지 §18, 그 동안 친권상실선고를 청구한 사례가 거의 없는 것으로 알려져 있다. 이런 이유로 아동복지법에서 지방자치단체의 장을 친권상실선고의 청구권자로 규정한 것은 사실상 무의미하다는 평가를 받아왔다. 개정민법에 의해서 지방자치단체의 장이 새로 친권상실선고의 청구권자로 규정되었으나, 큰 변화를 기대하기는 어렵다고 생각된다.

또한 「아동복지법」 제18조 제1항에 의하여 시 · 도지사, 시장 · 군수 · 구청장도 친권행사의 제한 또는 친권상실선고를 청구할 수 있다(아동복지시설의 장 및 「초 · 중등교육법」에 따른 학교의 장은 시 · 도지사, 시장 · 군수 · 구청장 또는 검사에게 친권행사의 제한 또는 친권상실의 선고를 청구하도록 요청할 수 있다아동복지 §18②). 또한 「아동 · 청소년의 성보호에 관한 법률」에 의하면, 아동 · 청소년대상 성범죄 사건을 수사하는 검사는 그 사건의 가해자가 피해아동 · 청소년의 친권자나 후견인인 경우에 법원에 친권상실선고 또는 후견인 변경 결정을 청구하여야 한다§14①. 아동학대처벌법에도 같은 취지의 규정이 있다§9.

친권상실선고를 청구하고자 하는 경우에는 먼저 조정을 신청하여야 한다가소 §2①마류사건vi · 50. 친권상실선고의 청구권을 포기하는 계약은 무효이다(친권은 당사자가 임의로 포기하거나 사퇴할 수 있는 것이 아니고, 친권 등의 상실선고청구권의 포기도 허용되지 않는다대판 1977. 6. 7, 76므34).

청구의 상대방은 친권자이다가소규 §101.

---

대처벌법 제47조 제1항), 실제로 아동이 이러한 청구를 한 사례는 없었다. 2015, 2016 전국아동학대현황보고서 참조.

(나) 사전처분

친권(또는 친권 중 법률행위의 대리권 및 재산관리권) 상실에 관한 심판청구 또는 조정의 신청이 있는 경우에 가정법원·조정위원회 또는 조정담당판사는 사건의 해결을 위하여 특히 필요하다고 인정한 때에는 직권 또는 당사자의 신청에 의하여 상대방 기타 관계인에 대하여 현상을 변경하거나 물건을 처분하는 행위의 금지를 명할 수 있고, 사건에 관련된 재산의 보존을 위한 처분, 관계인의 감호와 양육을 위한 처분 등 적당하다고 인정되는 처분을 할 수 있다가소 §62①. 가정법원이 할 수 있는 사전처분에는 친권행사의 정지가 포함된다. 가정법원이 사전처분으로 친권행사를 정지시키는 때에는 심판의 확정시까지 친권을 행사할 대행자를 지정하여야 한다가소규 §102.[67] 이 처분에 대해서는 즉시항고할 수 있다가소 §62④.

(다) 친권상실선고의 심판

친권상실선고의 심판은 형성적이며, 심판의 확정에 의하여 친권박탈의 효과가 생긴다. 친권상실선고는 친권의 일시 정지§924, 친권의 일부 제한§924의2, 법률행위의 대리권·재산관리권의 상실선고§925 등과 같은 조치에 의해서는 자녀의 복리를 충분히 보호할 수 없는 경우에만 할 수 있다§925의2①. 친권상실선고를 청구하였는데, 친권의 일시 정지나 일부 제한으로 자녀를 보호할 수 있다고 판단되는 때에는 법원은 친권상실선고 대신 친권의 일시 정지나 일부 제한을 선고할 수 있을 것이다.[68] 이와 마찬가지로 친권상실선고를 청구하였는데, 대리권·재산관리권 상실의 사유만이 인정되는 경우에는 친권상실선고 대신 법률행위의 대리권·재산관리권의 상실선고를 할 수 있다. 그러나 이와 반대로 친권의 일시 정지 또는 친권의 일부 제한을 청구한 경우에 법원이 친

---

67) 실무상으로는 심판이 효력이 발생할 때까지 친권자의 직무집행을 정지하고, 청구인을 그 대행자로 선임하는 내용의 사전처분을 신청하는 경우가 많다고 한다. 친권대행자가 재산의 유지·관리의 범위를 넘는 처분행위를 하려는 때에는 법원의 허가가 필요하다고 해석된다. 서울가정법원은 서울가심 2002. 8. 19, 2002느합35에서 한정승인신고 심판청구가 통상의 사무를 넘는 행위 혹은 처분행위에 해당한다고 판단하여 위 사건의 사전처분사건인 서울가결 2002. 11. 13, 2002즈기701에서 친권자의 직무집행을 정지하고 청구인을 대행자로 선임하면서 동시에 "청구인이 친권대행자로서 사건본인들의 상속한정승인신고, 심판청구를 대리함을 허가한다"는 주문을 내기도 하였다. 송현경, '친권상실에 관한 소고', 재판자료, 가정법원사건의 제문제 101집(2003년).

68) 대결 2018. 5. 25, 2018스520: 모의 사망 후 자녀의 외조부가 자녀의 (父)를 상대로 친권상실선고를 청구한 사안에서 친권 중 보호·교양권, 거소지정권, 징계권, 기타 양육과 관련된 권한을 제한하는 심판을 하였다.

권상실선고의 사유가 있다고 판단하여 친권상실선고를 할 수는 없을 것이다. 마찬가지로 법률행위의 대리권·재산관리권의 상실선고를 청구한 경우에 친권상실선고를 할 수는 없다.[69] 자녀가 2인 이상 있는데, 그중 1인의 자녀에 대해서만 친권상실사유가 있는 경우에는 그 자녀에 대한 친권에 한하여 상실선고를 청구할 수 있다. 친권상실선고의 심판에 대해서는 상대방(친권상실선고를 받은 친권자)이 즉시항고를 할 수 있다가소규 §103.

(4) 친권상실심판의 효과

친권상실을 선고한 심판이 확정되면, 당해 친권자의 친권은 소멸한다. 공동친권자인 부모의 일방이 친권상실선고를 받은 때에는 다른 일방이 단독친권자가 된다. 공동친권자인 부모 쌍방이 모두 친권상실선고를 받으면, 후견이 개시된다. 이 경우 법원은 직권으로 미성년후견인을 선임하여 자녀의 보호에 공백이 생기지 않도록 한다§932②. 단독친권자가 친권상실선고를 받은 경우에 다른 부 또는 모가 생존하고 있다면, 생존하는 부 또는 모, 미성년자, 미성년자의 친족은 그 사실을 안 날로부터 1개월, 단독친권자가 친권상실선고를 받은 날로부터 6개월 내에 가정법원에 생존하는 부 또는 모를 친권자로 지정할 것을 청구할 수 있다§927의2①에 의한 §909의2①의 준용.

미성년자인 子가 혼인할 때 친권을 상실한 부모에게는 혼인동의권§808을 인정하지 않는 것이 타당할 것이다.

친권상실선고의 결과 후견이 개시되는 경우에는(예컨대, 공동친권자인 부모가 모두 친권상실선고를 받은 경우, 부모 중 일방의 사망 후 생존친이 단독친권자가 되었는데, 친권상실선고를 받은 경우 등), 가정법원은 직권으로 미성년후견인을 선임한다§932②.

(5) 신 고

친권 또는 법률행위의 대리권 및 재산관리권 상실의 재판이 확정된 때에는 재판을 청구한 자는 재판의 확정일로부터 1월 이내에 재판서의 등본 및 확정증명서를 첨부하여 그 취지를 신고하여야 한다등 §79에 의한 §58의 준용.

설례를 보기로 하자.

첫째, X의 친권자인 A가 자기 오빠의 제3자에 대한 채무를 담보하기 위하

69) 법원실무제요 가사(Ⅱ), 564면.

여 A와 X의 공유인 부동산에 근저당권을 설정하는 행위가 친권자와 그 子 사이에 이해상반되는 행위라고 볼 수 있는가 하는 것이 문제인데, 판례는 이를 부정하고 있다대판 1991. 11. 26, 91다32466. 따라서 이 판례의 태도에 따르면, A의 대리행위는 무권대리가 되지 않으므로, X에게 효력이 미친다. 그러나 채권자가 채권의 만족을 얻기 위하여 子의 공유지분에 관한 저당권의 실행을 선택한 때에는 그 경매대금이 변제에 충당되는 한도에서 친권자인 모의 책임이 경감되고, 친권자의 공유지분에 관한 저당권이 실행되는 경우에도 친권자와 미성년의 子 사이에 구상관계§482②ⅳ가 생겨 친권자와 子 사이에 이해가 대립된다고 할 수 있으므로, 친권자인 모가 子를 대리하여 모와 子의 공유인 부동산 중 子의 공유지분에 관하여 근저당권설정계약을 체결한 행위는 이해상반행위로서 무효라고 보는 것이 타당할 것이다대판 2002. 1. 11, 2001다65960 참조.

둘째로 A의 위와 같은 행위가 친권남용이 되느냐 하는 것이 문제인데, 이에 대해서도 판례는 친권을 남용한 경우에 해당하지 않는다고 하고 있다대판 1991. 11. 26, 91다32466. 따라서 판례에 따르면 X의 청구는 받아들여질 수 없다. 그러나 이러한 판례의 태도는 설득력이 없다고 생각된다. Y가 그러한 사정을 알았거나 알 수 있었을 경우에는 친권남용에 해당한다고 보아야 한다. A의 행위가 친권남용에 해당된다면, 그 효력은 子 X에게 미치지 않는다대판 1981. 10. 13, 81다649.

## 3. 친권의 일시 정지

### (1) 아동학대처벌법에 의한 친권행사의 정지

친권의 일시 정지란 친권자가 친권을 보유하고 있으나 그 행사를 일시적으로 정지시키는 것을 말한다. 2013년에 국회에서 통과되어 2014년 9월 29일부터 시행되고 있는 「아동학대범죄의 처벌 등에 관한 특례법」(이하 '아동학대처벌법'이라고 한다)에 의해서 가정법원이 친권행사를 일시적으로 정지시킬 수 있는 제도가 최초로 도입되었다(피해아동보호명령)아동학대처벌법 §47①ⅶ.

판사는 직권 또는 피해아동, 그 법정대리인, 변호사, 시·도지사 또는 시장·군수·구청장의 청구에 따라 친권행사의 정지 명령을 할 수 있다. 피해아동보호명령에 의한 친권행사의 정지 기간은 1년을 초과할 수 없으며, 피해아동의 보호를 위하여 그 기간의 연장이 필요하다고 인정하는 경우에는 6개월 단위로 그 기간을 연장할 수 있다(연장된 기간은 피해아동이 성년에 도달하는 때를 초과할 수 없다)동법 §51. 법원은 피해아동보호명령 이외에도 보호처분동법 §36①iii 또는 임시조치동법 §19①iv에 의해서 친권행사를 정지시킬 수 있다.

친권의 일시 정지란 친권자가 친권을 보유하고 있으나 그 행사가 일시적으로 정지된다는 점(따라서 친권의 일시 정지보다는 '친권행사'의 일시 정지라는 표현이 더 정확하다고 볼 수 있다. 이런 이유에서 아동학대처벌법에서는 친권행사의 정지라는 용어를 사용하고 있다. 반면에 개정민법에서는 친권의 일시 정지라는 용어를 쓰고 있다)에서 친권 자체를 박탈하는 친권상실과 구별되며, 친권상실과 비교하여 볼 때 법원에서도 비교적 부담 없이 취할 수 있는 조치라고 생각된다.

### (2) 민법에 의한 친권의 일시 정지

아동학대처벌법에 이어서 2014년 개정민법(시행일 2015년 10월 16일)도 친권의 일시 정지에 관한 규정을 도입하였다(가정법원은 부 또는 모가 친권을 남용하여 자녀의 복리를 현저히 해치거나 해칠 우려가 있는 경우에는 자녀, 자녀의 친족, 검사 또는 지방자치단체의 장의 청구에 의하여 그 친권의 상실 또는 일시 정지를 선고할 수 있다§924①). 가정법원은 친권의 일시 정지를 선고할 때 자녀의 상태 등을 고려하여 2년을 초과하지 않는 범위에서 그 기간을 정하여야 한다(이 기간은 2년의 범위 내에서 1회 연장할 수 있다). 이 기간이 경과하면 친권자는 다시 친권을 행사할 수 있게 되며, 이와 별도로 실권회복의 선고를 청구할 필요가 없다.

아동학대사건에 대해서는 아동학대처벌법이 우선 적용되므로아동학대처벌법 §3, 민법에 따라 친권의 일시 정지를 선고하는 경우는 상대적으로 적을 것으로 예상된다.

### (3) 친권 일시 정지의 효과

(가) 아동학대처벌법에 따라 가정법원이 피해아동보호명령 또는 임시조치로써 친권의 행사를 정지시키는 경우에 당해 친권자는 법원이 정한 기간 동안 친권을 행사할 수 없게 된다. 공동친권자 중 부모 일방의 친권행사가 정지되면 다른 일방이 단독으로 친권을 행사한다. 공동친권자인 부모 쌍방의 친권행사가 모두 정지되거나 단독친권자의 친권행사가 정지되어 친권을 행사할 사람이 없게 되는 때에는,[70] 가정법원은 친권행사가 정지되는 기간 동안 시·

---

70) 예컨대 부모의 일방이 사망하여 다른 일방이 단독친권자가 되었는데, 친권행사의 정지 명령을 받은 경우이다. 이혼 시 단독친권자로 지정된 부 또는 모의 친권행사가 정지된

도지사 또는 시장・군수・구청장, 아동권리보장원의 장, 아동보호전문기관의 장 및 가정위탁지원센터의 장으로 하여금 임시로 후견인의 임무를 수행하게 하거나 그 임무를 수행할 사람을 선임하여야 한다아동학대처벌법 §23・47⑤.

(나) 민법에 의해서 친권의 일시 정지를 선고한 심판이 확정되는 경우에도 효과는 다르지 않다. 당해 친권자는 법원이 정한 기간 동안 친권을 행사할 수 없게 된다.[71] 공동친권자인 부모의 일방이 친권의 일시 정지 선고를 받은 때에는 다른 일방이 단독으로 친권을 행사한다. 공동친권자인 부모 쌍방이 모두 친권의 일시 정지 선고를 받으면, 후견이 개시된다§928. 이 경우 법원은 직권으로 미성년후견인을 선임하여 자녀의 보호에 공백이 생기지 않도록 한다§932②.

이혼 시 단독친권자로 지정된 부 또는 모가 친권의 일시 정지 선고를 받은 경우에는, 이혼 시 친권자로 지정되지 않은 부 또는 모, 미성년자, 미성년자의 친족은 그 사실을 안 날로부터 1개월, 단독친권자가 친권의 일시 정지 선고를 받은 날로부터 6개월 내에 가정법원에 이혼 시 친권자로 지정되지 않은 부 또는 모를 친권자로 지정할 것을 청구할 수 있다§927의2①에 의한 §909의2①의 준용. 이 기간 동안 친권자 지정의 청구가 없는 경우에는 가정법원은 직권으로 또는 청구에 의하여 미성년후견인을 선임할 수 있다§927의2①에 의한 §909의2③의 준용. 그리고 친권자가 지정되거나 미성년후견인이 선임될 때까지 자녀의 보호에 공백이 생기는 것을 막기 위하여 가정법원은 그 임무를 대행할 사람을 선임할 수 있다§927의2①에 의한 §909의2④의 준용.

단독친권자가 친권의 일시 정지 선고를 받은 경우에 다른 부 또는 모가 없다면(예컨대 부가 사망하여 모가 단독친권자가 되었는데, 모가 친권의 일시 정지

---

경우에는 민법에 따라 다른 일방이 친권자 지정청구를 할 수 있다고 해석된다.

71) 친권의 일부 정지가 가능하다고 보는 견해가 있다. 윤진수, 친족상속법 강의(2018), 253면. 그런데 제924조로부터 친권의 일부 정지도 가능하다고 해석하는 입장에서는, 동조로부터 친권의 일부 상실도 가능하다는 해석을 배제할 수 없을 것이다. 제924조는 친권 상실과 친권의 일시 정지에 관하여 동일한 내용을 규정하고 있기 때문이다(가정법원은 부 또는 모가 친권을 남용하여 자녀의 복리를 현저히 해치거나 해칠 우려가 있는 경우에는 자녀, 자녀의 친족, 검사 또는 지방자치단체의 장의 청구에 의하여 그 친권의 상실 또는 일시 정지를 선고할 수 있다). 그런데 제924조의 개정 전후를 막론하고 이제까지 친권의 상실은 당연히 친권의 전부 상실로 이해되었고, 이 규정으로부터 친권의 일부 상실이 가능하다는 해석은 하지 않았다. 이런 식으로 확대해석을 할 수 있는 근거가 없었기 때문이다. 그런데 동일한 내용의 규정으로부터 친권의 일시 정지의 경우에는 친권 일부의 일시 정지도 가능하다고 해석한다. 친권 상실과 일시 정지에 관한 규정은 동일한 내용으로 되어 있는데, 무슨 근거에 의해서 친권 상실의 경우에는 전부 상실만 가능하고 일시 정지의 경우에는 일부 정지도 가능하다고 해석하는지 그 근거를 제시하여야 할 것이다.

선고를 받은 경우), 법원은 직권으로 미성년후견인을 선임하여야 한다§928 · 932②.

## 4. 친권의 일부 제한

### (1) 아동학대처벌법에 의한 친권행사의 제한

아동학대처벌법은 친권행사의 정지와 더불어 친권행사를 제한할 수 있는 규정을 두었다(피해아동보호명령)아동학대처벌법 §47①vii.. 이전부터 아동복지법에 친권행사의 제한이 규정되어 있었으나아동복지 §18, 그 내용이 불명확하여 실제로 거의 활용되지 못하였다. 아동학대처벌법에 의한 친권행사의 제한이란 친권자가 친권을 보유하고 있으나 그중 일부(예컨대 거소지정권, 의료행위에 대한 동의권 등)의 행사를 정지시키는 것을 말한다. 친권행사의 정지는 친권을 전면적으로 정지시키는 것인데 반하여 친권행사의 제한은 친권의 일부를 정지시킨다는 점에서 차이가 있다. 법률전문가가 아니면 친권행사의 제한을 청구할 때 친권을 어느 범위에서 제한시켜야 할 것인가에 대해서 판단하는 데 어려움이 있을 수 있다. 이러한 기술적인 어려움을 피하기 위하여 일시적으로 친권을 전부 정지시키는 효력을 갖는 친권행사의 정지가 실무상 더 많이 활용될 것으로 예상된다(물론 이론상으로는 친권행사의 제한으로 자녀의 보호라는 목적을 달성할 수 있는 경우에는 친권행사를 전면적으로 정지시키는 조치를 취해서는 안 된다. 친권에 대한 제한은 자녀의 복리실현을 위해서 필요한 최소한에 그쳐야 하기 때문이다§925의2 참조).

판사는 직권 또는 피해아동, 그 법정대리인, 변호사, 시 · 도지사 또는 시장 · 군수 · 구청장의 청구에 따라 친권행사의 제한을 명할 수 있다. 피해아동보호명령에 의한 친권행사의 제한 기간은 1년을 초과할 수 없으며, 피해아동의 보호를 위하여 그 기간의 연장이 필요하다고 인정하는 경우에는 6개월 단위로 그 기간을 연장할 수 있다(연장된 기간은 피해아동이 성년에 도달하는 때를 초과할 수 없다)아동학대처벌법 §51. 이 기간이 경과하면 친권의 일부에 대하여 행사가 제한되어 있었던 친권자는 다시 친권을 행사할 수 있게 되며, 이와 별도로 실권회복의 선고를 청구할 필요가 없다. 법원은 피해아동보호명령 이외에도 보호처분동법 §36①iii 또는 임시조치동법 §19①iv에 의해서 친권행사를 제한할 수 있다.

### (2) 민법에 의한 친권의 일부 제한

(가) 의 의

아동학대처벌법에 이어서 2014년 개정민법도 친권의 일부 제한 규정을 도입하였다(가정법원은 거소의 지정이나 그 밖의 신상에 관한 결정 등 특정한 사항에 관하여 친권자가 친권을 행사하는 것이 곤란하거나 부적당한 사유가 있어 자녀의 복리를 해치거나 해칠 우려가 있는 경우에는 자녀, 자녀의 친족, 검사 또는 지방자치단체의 장의 청구에 의하여 구체적인 범위를 정하여 친권의 일부 제한을 선고할 수 있다§924의2). 그런데 민법에 의한 친권의 일부 제한에는 기간에 관한 규정이 없다. 개정민법이 친권의 일부 제한에 기간에 관한 규정을 두지 않고, 또 친권 일부 제한의 사유가 소멸한 경우에 실권회복의 선고를 받도록 한 것을 보면 §926, 민법상 친권의 일부 제한은 본질적으로 친권의 일부 상실이라고 해석된다.[72] 그러나 문언상으로 친권의 일부 제한을 친권의 일부 상실과 같은 의미로 이해하기는 어렵다. 일반적으로 권리행사의 제한이란 권리를 보유하고 있으나 그 행사가 제한된다는 의미로 이해되며, 권리 자체의 상실과는 본질적으로 다르다(예컨대 소유권의 상실과 제한이 다름은 명백하다). 친권의 일부 제한으로 친권의 일부를 상실시킨다는 의도였다면 명백하게 '친권의 일부 상실'이라는 용어를 선택했어야 할 것이다.

(나) 친권의 일부 제한의 원인

① 가정법원이 친권의 일부 제한을 선고하려면, 친권자가 친권을 행사하는 것이 곤란하거나 부적당한 사유가 있어 자녀의 복리를 해치거나 해칠 우려가 있어야 한다. 구체적으로 어떤 경우가 "친권자가 친권을 행사하는 것이 곤란하거나 부적당한 사유"에 해당하는지는 명확하지 않다. 예를 들어 친권을 행사하는 것이 곤란한 경우로서 친권자가 의사능력이 없거나 소재불명인 때를 상정할 수 있을 것이다. 그러나 이러한 사정이 있다면 친권의 일부를 제한시킬 것이 아니라 친권행사를 전면적으로 정지시키는 것이 타당할 것으로 생각된다. 왜냐하면 이러한 사정이 있는 때에는 친권자는 어차피 친권의 일부만을 행사할 수 없는 것이 아니라 친권의 행사 자체가 불가능하기 때문이다. 따라서 친권자가 친권을 행사하는 것이 곤란하다는 이유로 친권의 일부를 제한해야 하는 사례는 별로 없을 것으로 보인다.

---

72) 자세한 내용은 김상용, 아동학대방지와 피해아동보호를 위한 친권법의 개정, 중앙법학 제20집 제3호(2018), 109면 이하 참조.

친권을 행사하기 곤란한 경우란 객관적으로 볼 때 친권을 행사할 수 없는 사정이 있는 때라고 해석되므로, 친권자의 고의나 과실은 요구되지 않는다고 생각된다.[73] 따라서 이 사유는 2014년 개정 전 제924조에 규정되어 있었던 "친권을 행사시킬 수 없는 중대한 사유"와 본질적으로 차이가 없는 것으로 보이기도 한다.

② 친권을 행사하는 것이 부적당한 사유의 적절한 예를 찾는 것도 쉽지 않아 보인다. 친권 일부 제한의 사유로서 친권자가 자녀의 치료를 위하여 필요한 의료행위를 거부할 의도를 가지고 의료계약을 해지하거나, 거소지정권 또는 자녀의 인도청구권을 주장하는 경우를 들기도 한다.[74] 그러나 친권자의 위와 같은 행위는 전부 친권자의 의사에 기인한 것으로서 친권의 남용에 해당하는 것이며, 이와 별도로 친권을 행사하는 것이 곤란하거나 부적당한 사유가 있다고 보기는 어렵다고 생각된다.

③ 한편 우리 사회에서도 이혼 후에 부모 쌍방이 공동친권자로 지정되는 사례가 증가하고 있는데, 이런 경우에 공동친권자인 부모 쌍방이 각각 친권을 행사할 수 있는 범위가 문제될 수 있다. 부모가 혼인중과 마찬가지로 자녀와 관련된 모든 사안에 있어서 공동으로 친권을 행사하는 것은 사실상 불가능에 가깝기 때문이다. 따라서 이혼 후에 부모 쌍방이 공동친권자로 남는 경우에도 구체적인 친권의 행사 범위에 대해서는 별도로 정할 필요가 있다. 이런 경우에 친권 일부 제한의 규정에 근거하여 공동친권자 중 일방의 친권행사의 범위를 제한할 수 있는가의 문제가 제기될 수 있다. 문제가 되는 것은 이혼 후 자녀를 직접 양육하지 않는 친권자에게 친권을 행사하는 것이 곤란하거나 부적당한 사유가 있다고 볼 수 있는가이다. 또한 이러한 친권자가 제한 없이 친권을 행사하면 자녀의 복리를 해치거나 해칠 우려가 있다고 볼 수 있는가의 문제도 있다. 자녀를 직접 양육하지 않는 친권자의 친권 행사를 적절한 범위에서 제한해야 할 합리적인 이유는 일반적으로 인정될 수 있을 것이다(이혼 후에 모든 사안에 대해서 공동으로 친권을 행사하는 것은 사실상 불가능에 가깝기 때문이다). 따라서 이러한 친권자에게 친권의 일부를 행사하기 곤란한 사정이 있다고 보아도 크게 문제는 없을 것으로 생각된다. 그러나 이러한 경우에 자

73) 주해친족법 제2권, 1140면 이하는 "외적 · 객관적인 상황만을 평가의 대상으로 하고 친권자의 귀책사유는 문제삼지 않는 것으로 해석해야 한다"고 한다.

74) 윤진수 · 현소혜, 부모의 자녀 치료거부 문제 해결을 위한 입법론, 법조, 2013. 5.(680호), 84면.

녀를 양육하지 않는 친권자의 친권행사를 제한하지 않으면 자녀의 복리를 해치거나 해칠 우려가 있는가의 여부를 판단하는 것은 쉽지 않을 것이다. 당사자 사이에 자녀를 직접 양육하지 않는 친권자의 친권 일부를 제한해도 좋다는 합의가 있다면 조정 또는 심판에 의해서 친권의 일부(예컨대 거소지정권)를 제한해도 무방하다고 생각된다.[75]

### (3) 친권의 일부 제한의 효과

(가) 아동학대처벌법에 따라 가정법원이 피해아동보호명령 또는 임시조치로써 친권의 행사를 제한하는 경우에 당해 친권자는 법원이 정한 기간 동안 친권의 행사가 제한된 범위에서는 친권을 행사할 수 없게 된다. 공동친권자 중 부모 일방의 친권행사가 제한되면 친권이 제한된 범위에서는 다른 일방이 단독으로 친권을 행사한다. 공동친권자인 부모 쌍방의 친권행사가 동일한 범위에서 동시에 제한된 경우에는, 가정법원은 친권행사가 제한되는 기간 동안 특별시장·광역시장·특별자치시장·도지사·특별자치도지사·시장·군수·구청장 및 아동복지전담기관의 장으로 하여금 임시로 후견인의 임무를 수행하게 하거나 그 임무를 수행할 사람을 선임하여야 한다아동학대처벌법 §23·47⑤. 이 경우 임시로 수행하는 후견인의 임무는 친권이 제한된 범위로 한정된다.

(나) 민법에 의해서 친권의 일부 제한을 선고한 심판이 확정되는 경우에는 아동학대처벌법에 의해서 친권행사가 제한되는 경우와 효과면에서 차이가 있다. 친권이 제한된 범위에서[76] 당해 친권자가 친권을 행사할 수 없게 되는 점은 같지만, 그 기간은 정해져 있지 않다. 친권자가 제한된 범위의 친권을 다시 행사하려면 가정법원에 실권회복의 선고를 청구하여야 한다§926.

공동친권자인 부모의 일방이 친권의 일부 제한 선고를 받은 때에는 친권이 제한된 범위에서는 다른 일방이 단독으로 친권을 행사한다. 공동친권자인 부모 쌍방이 모두 동일한 범위에서 친권의 일부 제한 선고를 받으면, 친권이 제한된 범위에 한정하여 후견이 개시된다§928. 이 경우 법원은 직권으로 미성년후견인을 선임하여 자녀의 보호에 공백이 생기지 않도록 한다§932②.

이혼 시 단독친권자로 지정된 부 또는 모가 친권의 일부 제한 선고를 받은 경우에는, 이혼 시 친권자로 지정되지 않은 부 또는 모, 미성년자, 미성년

75) 엄경천, 친권의 본질에 관한 검토, 가족법연구 30권 1호(2016), 164면 참조.

76) 친권이 제한되는 범위는 신상에 관한 결정으로 한정된다는 해석이 있으나(주해친족법 2권, 1140면), 그와 같이 제한하여 해석할 근거는 없는 것으로 보인다.

자의 친족은 그 사실을 안 날로부터 1개월, 단독친권자가 친권의 일부 제한 선고를 받은 날로부터 6개월 내에 가정법원에 이혼 시 친권자로 지정되지 않은 부 또는 모를 친권자로 지정할 것을 청구할 수 있다§927의2①에 의한 §909의2①의 준용. 이 경우 새로 지정된 친권자는 기존의 친권자의 친권이 제한된 범위에서만 친권을 행사할 수 있다§927의2① 단서. 이 기간 동안 친권자 지정의 청구가 없는 경우에는 가정법원은 직권으로 또는 청구에 의하여 미성년후견인을 선임할 수 있다§927의2①에 의한 §909의2③의 준용. 이 경우 새로 선임된 미성년후견인은 친권이 제한되어 있는 범위에서만 임무를 수행할 수 있다§927의2① 단서. 그리고 친권자가 지정되거나 미성년후견인이 선임될 때까지 자녀의 보호에 공백이 생기는 것을 막기 위하여 가정법원은 그 임무를 대행할 사람을 선임할 수 있다§927의2①에 의한 §909의2⑤의 준용. 이 경우에 선임된 대행자는 친권이 제한된 범위에서만 임무를 수행할 수 있다.

단독친권자가 친권의 일부 제한 선고를 받은 경우에 다른 부 또는 모가 없다면(예컨대 부의 사망으로 모가 단독친권자가 된 경우), 법원은 직권으로 미성년후견인을 선임하여야 한다§928 · 932②. 이 경우에 선임된 미성년후견인은 친권이 제한된 범위에서만 임무를 수행할 수 있다§946.[77)]

## 5. 대리권과 재산관리권의 상실

### (1) 대리권 · 관리권 상실의 원인

법정대리인인 친권자가 부적당한 관리로 인하여 子의 재산을 위태롭게 한 때에는 자녀의 친족, 검사 또는 지방자치단체의 장의 청구에 의하여 가정법원이 법률행위의 대리권과 재산관리권의 상실을 선고할 수 있다§925. 2014년 개정민법에 의해서 친권의 일부상실(민법은 친권의 일부 제한§924의2이라는 용어를 쓰고 있으나, 그 본질이 친권의 일부 상실이라는 점은 위에서 본 바와 같다. 예를 들어 자녀의 수술에 대한 동의를 거부하는 친권자에 대하여 친권 중 자녀의 거소지정권

77) 예를 들어 단독친권자인 모의 친권 중에서 양육권을 제한한 경우라면(이 경우 모에게는 재산관리권과 법정대리권이 남는다), 미성년후견인으로 선임된 조부는 자녀의 양육에 관한 사항(보호 · 교양권, 거소지정권 등)에 대해서만 후견인의 임무를 수행할 수 있으며, 모에 대하여 양육비를 청구하는 것도 가능하다(대결 2021. 5. 27, 2019스621: 민법 제924조의2에 따른 친권의 일부 제한으로 미성년자녀에 대한 양육권한을 갖게 된 미성년후견인도 민법 제837조를 유추적용하여 비양육친을 상대로 가사소송법 제2조 제1항 제2호 (나)목 3)에 따른 양육비심판을 청구할 수 있다).

및 의료행위에 대한 동의권을 제한(상실)시켜서 병원에 입원하게 하여 자녀에게 필요한 수술을 시행하게 하는 것)도 가능하게 되었는데, 법률행위의 대리권과 재산관리권 상실 역시 친권의 일부 상실에 해당한다.

법률행위의 대리권과 재산관리권만을 상실시키려면 친권자가 子의 재산을 제대로 관리하지 못하여 위태롭게 만든 사실이 있거나 그럴 우려가 있어야 한다. 예를 들어 친권자가 자기의 이익을 위하여 子의 재산을 소비하거나, 子의 재산으로 투기를 하는 경우 등이다. 그러나 생활능력이 없는 친권자가 자신과 子의 생활에 필요한 비용을 마련하기 위하여 子의 재산을 처분하였다면 대리권·관리권 상실의 원인이 된다고 보기는 어려울 것이다.[78] 부모의 이혼 후 친권자로 지정된 父가 子를 양육하여 오다가 사망한 후 모가 친권자로 지정되었는데, 모가 다른 남자와 동거하고 있는 등의 사정에 비추어 볼 때 子의 재산을 위태롭게 할 우려가 있다고 판단되는 경우 대리권 및 관리권 상실의 원인이 될 수 있다.[79] 친권자가 子를 양육하는 데에는 문제가 없으나 재산관리능력이 부족하여 子의 재산을 위태롭게 할 가능성이 있는 때에도 대리권 및 관리권을 상실시킬 수 있을 것이다.

### (2) 대리권·관리권 상실선고의 청구

청구권자는 자녀의 친족, 검사 또는 지방자치단체의 장이다. 자녀는 친권의 전부 상실을 청구할 수 있는 반면§924, 친권의 일부 상실에 해당하는 대리권과 재산관리권의 상실은 청구할 수 없는데, 이러한 규정체계는 균형이 맞지 않는 것으로 보인다.

대리권·관리권 상실선고를 청구하는 경우에는 우선 가정법원에 조정을 신청하여야 한다가소 §2①마류사건ⅵ·50. 청구의 상대방은 부적당한 관리로 인하여 子의 재산을 위태롭게 한 친권자이다가소규 §101①. 대리권·관리권 상실선고의 청구가 있는 경우에도 가정법원은 사전처분을 할 수 있다가소 §62①.

대리권·관리권 상실선고에 대해서는 상대방인 친권자가 즉시항고를 할 수 있다가소규 §103.

### (3) 대리권·관리권 상실선고의 효력

대리권·관리권 상실 심판의 확정에 의해서 친권자는 법률행위의 대리권

78) 대판 1962. 9. 20, 62다287 참고.
79) 서울가심 1994. 8. 31, 94느3190.

과 재산관리권을 상실한다. 그러나 子의 신분에 관한 사항에 대해서는 계속해서 친권자의 신분을 유지하므로, 子를 보호·교양할 의무와 권리가 있다(친권의 일부상실).

공동친권자인 부모 쌍방이 모두 대리권·재산관리권을 상실한 경우에는 법원은 직권으로 미성년후견인을 선임하여야 한다§928·932②. 이 경우에 선임된 미성년후견인은 대리권·재산관리권의 범위에 한정하여 임무를 수행할 수 있다.

공동친권자인 부모의 일방이 대리권·관리권을 상실한 경우에는 신분에 관한 사항에 대해서는 부모가 공동으로 친권을 행사하고, 재산에 관한 사항에 대해서는 다른 일방이 단독으로 친권을 행사하게 될 것이다.

이혼 시 단독친권자로 지정된 부 또는 모가 대리권·재산관리권을 상실한 경우, 친권자로 지정되지 않은 부 또는 모, 미성년자, 미성년자의 친족은 그 사실을 안 날로부터 1개월, 단독친권자가 대리권·재산관리권의 상실선고를 받은 날로부터 6개월 내에 가정법원에 친권자로 지정되지 않은 부 또는 모를 대리권·재산관리권의 범위에 한정하여 친권자로 지정할 것을 청구할 수 있다§927의2①에 의한 §909의2①의 준용. 이 기간 동안 친권자 지정의 청구가 없는 경우에는 가정법원은 직권으로 또는 청구에 의하여 미성년후견인을 선임할 수 있다§927의2①에 의한 §909의2③의 준용. 그리고 친권자가 지정되거나 미성년후견인이 선임될 때까지 자녀의 보호에 공백이 생기는 것을 막기 위하여 가정법원은 그 임무를 대행할 사람을 선임할 수 있다§927의2①에 의한 §909의2⑤의 준용. 이 경우에 선임된 대행자는 대리권·재산관리권의 범위에 한정하여 임무를 수행할 수 있다.

단독친권자가 대리권·재산관리권의 상실선고를 받은 경우에 다른 부 또는 모가 없다면(예컨대 부의 사망으로 모가 단독친권자가 되었는데, 모가 대리권·재산관리권의 상실선고를 받은 경우), 법원은 직권으로 미성년후견인을 선임하여야 한다§928·932②. 이 경우에 선임된 미성년후견인은 대리권·재산관리권의 범위에 한정하여 임무를 수행할 수 있다.

## 6. 친권자의 동의를 갈음하는 재판

### (1) 아동학대처벌법상 친권자의 의사표시를 갈음하는 결정

부모가 자녀의 건강, 생명 등을 지키기 위하여 필요한 의사표시(예컨대 수술에 대한 동의)를 해야 하는 상황임에도 이를 거부하여 자녀의 복리가 회복불가능할 정도로 침해되는 사례가 있다. 이런 경우에 법원이 친권자를 갈음하여 의사표시를 할 수 있다면, 문제를 신속하게 해결할 수 있을 것이다(예컨대 부모가 자녀의 수술에 대한 동의를 거부하고 있는 경우에 가정법원이 친권자의 동의를 갈음하는 결정을 함으로써 바로 수술에 착수할 수 있다). 이러한 취지에서 가정법원이 '친권자의 의사표시를 갈음하는 결정'을 할 수 있는 제도가 아동학대처벌법에 도입되었다(피해아동보호명령)아동학대처벌법 §47①ix. 물론 위와 같은 경우에는 친권행사의 일부(예컨대 의료행위에 대한 동의권)를 제한하고 그 부분에 대해서 임시후견인을 선임하여 문제를 해결하는 방법도 가능하다. 그러나 1회의 의사표시에 의해서 문제를 해결할 수 있는 경우라면 가정법원이 직접 친권자의 의사표시를 갈음하는 결정을 하는 편이 더 간단하다(법원이 친권행사를 제한하는 경우에는 친권이 제한된 부분에 대해서 미성년후견인을 선임하여 그로 하여금 의사표시를 하게 하여야 한다).

#### (2) 민법상 친권자의 동의를 갈음하는 재판

2014년 개정민법도 위와 같은 취지의 규정을 도입하였다(친권자의 동의를 갈음하는 재판: 가정법원은 친권자의 동의가 필요한 행위에 대하여 친권자가 정당한 이유 없이 동의하지 아니함으로써 자녀의 생명, 신체 또는 재산에 중대한 손해가 발생할 위험이 있는 경우에는 자녀, 자녀의 친족, 검사 또는 지방자치단체의 장의 청구에 의하여 친권자의 동의를 갈음하는 재판을 할 수 있다§922의2). 아동학대처벌법에 의한 '친권자의 의사표시를 갈음하는 결정'과 차이가 나는 점은 자녀의 재산에 중대한 손해가 발생할 위험이 있는 경우에도 가정법원이 친권자의 동의를 갈음하는 재판을 할 수 있다는 점이다.

### 7. 친권상실선고 등의 판단기준

#### (1) 친권에 대한 개입의 최소화

친권상실선고는 친권의 일시 정지, 친권의 일부 제한, 대리권·재산관리권의 상실선고 또는 그 밖의 다른 조치에 의해서는 자녀의 복리를 충분히 보호할 수 없는 경우에만 할 수 있다§925의2①.

자녀의 복리를 위해서 친권에 대한 상실, 정지 등의 조치가 불가피한 경우에도 그 정도는 필요한 최소한에 그쳐야 한다는 원칙을 선언한 규정이다. 친권은 부모의 의무일 뿐 아니라 권리이기도 하므로, 자녀의 복리를 위해서 필요한 정도를 넘어서 친권에 대한 조치를 취하는 것은 부모의 권리를 침해하는 것이 된다. 또한 필요 이상으로 부모의 친권을 상실, 정지, 제한하는 것은 자녀의 복리에도 반할 수 있다(자녀는 가능한 한 부모의 보호와 양육을 받으며 성장하는 것이 바람직하다고 보기 때문이다).

이와 같은 취지에서 친권의 일시 정지, 친권의 일부 제한, 대리권·재산관리권의 상실 선고는 동의를 갈음하는 재판 또는 그 밖의 다른 조치에 의해서는 자녀의 복리를 충분히 보호할 수 없는 경우에만 할 수 있다§925의2②. 동의를 갈음하는 재판은 친권 자체를 지속적으로 정지, 제한, 상실시키는 조치가 아니므로(법원이 친권자를 갈음하여 1회의 동의를 하는 것으로 그 목적을 달성한다), 친권의 일시 정지 등과 비교하여 볼 때 친권에 대한 침해의 정도가 가장 약하기 때문이다.

그러나 가정법원이 항상 먼저 친권에 대한 개입의 정도가 약한 조치를 취하고 나서, 자녀의 보호를 위하여 효과가 없다고 판단되는 경우에 비로소 다음 단계로서 보다 강한 조치를 위하여야 하는 것은 아니다. 이런 점에서 본조는 다분히 이념적이고 선언적인 의미의 규정이라고 볼 수 있다. 법원은 구체적인 사정을 고려하여 친권에 대한 개입의 정도가 약한 조치를 취하는 것이 효과가 없을 것으로 판단되는 때에는 곧바로 강한 조치를 취하여야 한다.[80]

### (2) 그 밖의 다른 조치

제925조의2에서 규정하는 '그 밖의 다른 조치'가 무엇을 의미하는지는 명확하지 않다. 다만 이 조항에 열거되어 있는 조치들 이외에 자녀의 복리를 보호하기 위하여 취해질 수 있는 조치라는 점만을 알 수 있을 뿐이다. 예를 들면, 아동학대처벌법에 규정되어 있는 '접근 행위의 제한'아동학대처벌법 §47①ii, '주거지로부터의 퇴거 등 격리 조치'아동학대처벌법 §47①i 등을 들 수 있을 것이다. 그러나 이러한 조치들은 친권행사의 정지나 제한 등의 조치와 동시에 취해질 가능성이 높으므로(피해아동보호명령은 병과될 수 있다아동학대처벌법 §47②),[81] 반드

80) 이와 관련된 독일민법의 태도는 다음과 같다. 일반적으로 가정법원은 부모의 권리를 강하게 제한하는 조치(예컨대 친권의 상실)를 취하기에 앞서 우선 온건한 조치를 취하는 것이 바람직하다고 설명되고 있다. 그러나 법원이 항상 온건한 조치를 취하고 나서 효과가 없는 경우에 단계적으로 보다 강한 조치를 취해야 하는 것은 아니다. 구체적인 사정을 고려하여 온건한 조치가 효과가 없을 것으로 판단되는 때에는 곧바로 부모의 권리를 강하게 제한하는 조치를 취하여야 한다. BT-Drucks. 16/6815, S. 11.

81) 예컨대, 친권자가 자녀를 학대하여 격리조치를 취한 경우에도 친권자가 자녀의 인도청구권을 행사할 수 있기 때문에 친권행사의 정지 조치가 함께 이루어져야만 자녀 보호의 효과를 거둘 수 있다.

시 이러한 조치를 취하고 나서 효과가 미흡한 경우에 비로소 다음 단계의 조치를 취하여야 하는 것은 아니다. 중요한 것은 구체적 사정하에서 자녀의 보호를 위하여 가장 효과적인 조치가 신속하게 취해져야 한다는 점이며, 제925조의2 규정의 해석론을 전개함에 있어서도 항상 이 점을 유의할 필요가 있다.

## 8. 친권상실선고 등을 받은 부모의 권리와 의무

친권이 상실, 일시 정지, 일부 제한되거나 대리권·재산관리권이 상실된 경우에도 부모의 자녀에 대한 그 밖의 권리와 의무는 변경되지 않는다§925의3. 부모가 친권을 상실한 경우에도 부모와 자녀의 친자관계 그 자체는 변함없이 존속하는 것이므로, 친자관계에서 발생하는 권리의무는 영향을 받지 않는다. 예를 들어 부모는 자녀에 대한 부양의무를 면할 수 없고, 부모와 자녀의 상속관계도 영향을 받지 않는다. 친권의 일부(예컨대 거소지정권)가 제한된 경우에는 부모는 그 외의 범위에서는 친권을 행사할 수 있다. 대리권·재산관리권의 상실선고를 받은 부모도 자녀의 신분에 관해서는 친권을 보유하고 있으므로, 그 행사에 제한을 받지 않는다.

## 9. 실권회복

子의 복리 또는 子의 재산을 위태롭게 했던 원인이 소멸된 때에는 친권이나 대리권·관리권이 다시 회복될 수 있다. 친권상실, 친권의 일시 정지§924, 친권의 일부 제한§924의2, 대리권·관리권의 상실§925 원인이 소멸하면 친권자 본인, 자녀, 자녀의 친족, 검사 또는 지방자치단체의 장이 실권회복의 심판을 청구할 수 있다§926(친권이 일시 정지된 경우에는 정지 기간이 경과하면 자동으로 친권을 행사할 수 있게 되지만, 기간이 경과하기 전이라도 친권의 정지 사유가 소멸한 때에는 실권회복청구를 하여 다시 친권을 행사할 수 있을 것이다. 그런데 친권의 일시 정지란 친권 자체를 상실하는 것이 아니므로, 친권이 일시 정지되었던 친권자에게 실권의 회복이라는 용어가 적합한 것인지에 대해서는 의문이 있다). 이 경우 우선 가정법원에 조정을 신청하여야 한다가소 §2①마류사건vi·50. 청구의 상대방은 친권(친권의 일부가 제한된 경우에는 친권의 일부), 법률행위의 대리권, 재산관리권을 행사하거나 이를 대행하고 있는 자이다가소규 §101②.

실권회복선고의 심판에 대해서는 자녀, 자녀의 친족, 검사 또는 지방자치단체의 장이 즉시항고를 할 수 있다가소규 §103.

실권회복선고의 심판이 확정되면 친권상실자와 대리권·관리권의 상실자는 그 때부터 친권 또는 대리권·관리권을 회복한다. 친권이 일시 정지되어 있었던 친권자는 다시 친권을 행사할 수 있게 되고, 친권이 일부 제한되어 있었던 친권자는 제한되어 있던 부분에 대해서도 친권을 행사할 수 있게 된다. 이로써 미성년후견이 개시되어 있었던 경우에는 후견은 종료한다.82)

실권회복선고의 심판이 확정된 때에는 가정법원은 지체 없이 子의 등록기준지의 가족관계등록공무원에게 등록부의 기록을 촉탁하여야 한다가소 §9, 가소규 §5①ⅰ. 또한 실권회복선고의 심판을 청구한 자는 재판의 확정일로부터 1개월 이내에 재판서의 등본 및 확정증명서를 첨부하여 취지를 신고하여야 한다등 §79에 의한 §58의 준용.

## 10. 대리권·관리권의 사퇴와 회복

### (1) 대리권·관리권의 사퇴

친권자는 정당한 사유가 있는 경우 가정법원의 허가를 받아 법률행위의 대리권과 재산관리권을 사퇴할 수 있다§927①, 가소 §2①라류사건xvii. 예를 들어 장기간의 국외 체류, 중병 등으로 인하여 친권자가 子의 재산을 관리할 수 없는 경우에는 대리권·관리권 사퇴의 정당한 사유가 있다고 볼 수 있다.

친권자의 일방이 대리권·관리권을 사퇴한 경우에는 다른 일방이 단독으로 재산에 관한 친권을 행사하고, 단독친권자가 대리권·관리권을 사퇴한 때에는 후견이 개시되어 미성년후견인이 子의 재산을 관리한다.83)

가정법원이 친권자의 법률행위의 대리권과 재산관리권의 사퇴를 허가하는 심판을 한 경우에는 법원사무관 등은 지체 없이 당사자 또는 사건본인의 등록기준지의 등록사무를 관장하는 자에게 통지하여야 한다가소규 §7①ⅳ.

대리권·관리권 사퇴의 허가를 받은 자는 재판의 확정일로부터 1개월 이내에 재판서의 등본과 확정증명서를 첨부하여 신고하여야 한다등 §79에 의한 §58의

82) 보다 자세한 내용은 후술하는「11. 친권상실과 친권자의 지정 등 중 (7) 친권을 상실했던 부모가 친권을 회복한 경우」참조.

83) 보다 자세한 내용은 후술하는「11. 친권상실과 친권자의 지정 등 중 (4) 단독친권자가 법률행위의 대리권과 재산관리권만을 상실(사퇴)한 경우」참조.

준용.

### (2) 대리권 · 관리권의 회복

대리권과 관리권 사퇴의 사유가 소멸한 경우, 즉 대리권 · 관리권을 사퇴한 친권자가 다시 子의 재산에 관하여 친권을 행사할 수 있게 된 때에는 가정법원의 허가를 받아 사퇴한 권리를 회복할 수 있다§927②, 가소 §2①라류사건 xvii. 이 경우에도 가정법원은 등록사무를 관장하는 자에게 통지하여야 한다가소규 §7①ⅳ. 대리권 · 관리권을 회복한 때에도 사퇴의 경우와 마찬가지로 허가서의 등본을 첨부하여 그 취지를 신고하여야 한다.

이로써 친권자는 대리권 · 관리권을 행사할 수 있게 되고, 후견이 개시되어 있었던 경우에는 후견은 종료된다.[84)]

## 11. 친권상실과 친권자의 지정 등

### (1) 단독친권자가 친권을 상실한 경우§927의2① i

#### (가) 의　의

2011년 친권법 개정(시행일: 2013. 7. 1) 전에 실무가 취했던 태도에 의하면, 이혼 등으로 인하여 단독친권자로 정해진 부모의 일방[85)]이 사망한 경우뿐만 아니라 친권상실선고를 받은 경우에도 다른 일방의 친권이 자동으로 부활하는 것으로 되어 있었다(아래에서는 편의상 이혼 시 단독친권자로 지정된 부모의 일방이 친권상실선고를 받은 경우를 예로 들어 설명한다).[86)] 그러나 단독친권자가 친권상실선고를 받은 경우에 다른 부모의 일방이 자동으로 친권자가 된다면, 자녀의 복리라는 관점에서 볼 때 단독친권자가 사망한 경우와 동일한 문제가 발생할 수 있다. 이혼 시 친권자로 지정되지 않은 부모의 일방이 언제나 친권

---

84) 보다 자세한 내용은 후술하는 「11. 친권상실과 친권자의 지정 등 중 (7) 친권을 상실했던 부모가 친권을 회복한 경우 (다), (라)」 참조.

85) 제909조 제4항부터 제6항까지의 규정에 따라 부모의 일방이 단독친권자로 정해지는 경우는 다음과 같다. i) 혼인외의 자가 인지된 경우에 부모의 협의 또는 법원의 심판에 의하여 부모의 일방이 단독친권자로 지정될 수 있다(제909조 제4 · 5항). ii) 부모가 이혼하는 경우나 혼인이 취소되는 경우에 부모의 협의나 법원의 심판에 의하여 부모의 일방이 단독친권자로 지정될 수 있다(제909조 제4 · 5항). iii) 위와 같은 사유로 부모의 일방이 단독친권자로 지정된 후에 친권자변경청구에 의하여 다른 일방이 단독친권자가 될 수 있다(제909조 제6항).

86) 구가족관계등록예규 제286호 제10조.

자로서 적합하다고는 볼 수 없기 때문이다. 즉, 이혼 시 단독친권자로 정해진 부모의 일방이 사망한 경우이든 친권상실선고를 받은 경우이든 구체적인 사정에 대한 고려 없이 다른 부모의 일방이 자동으로 친권자가 되게 하는 것은 자녀의 복리를 위태롭게 할 수 있다는 점에서 본질적으로 차이가 없다. 그러므로 개정법은 이혼 시 단독친권자로 정해진 부모의 일방이 친권상실선고를 받은 경우에도 다른 일방의 친권이 자동으로 부활하는 것으로 하지 않고, 청구에 의하여 법원이 새로 친권자를 지정하도록 하였다§927의2①에 의한 §909의2①·③~⑤의 준용.

(나) 친권자의 지정

① 친권자 지정 청구: 단독친권자가 친권상실선고를 받은 경우 이혼 시 친권자로 지정되지 않은 부 또는 모, 미성년자녀 및 그 친족은 친권상실선고의 심판이 확정된 것을 안 날로부터 1개월, 심판의 확정일로부터 6개월 내에 가정법원에 이혼 시 친권자로 지정되지 않은 부 또는 모를 친권자로 지정할 것을 청구할 수 있다§927의2①에 의한 §909의2①의 준용.

② 청구 기각과 미성년후견인 선임: 가정법원은 친권자 지정 청구가 있은 경우에도 자녀의 복리를 위하여 필요하다고 판단하는 때(즉 이혼 시 친권자로 지정되지 않은 부 또는 모를 친권자로 지정하는 것이 자녀의 복리를 위하여 적절하지 않다고 인정하는 경우)에는 그 청구를 기각할 수 있으며, 이때에는 직권으로 미성년후견인을 선임하여야 한다§927의2①에 의한 §909의2④의 준용.

(다) 미성년후견인의 선임

① 친권자 지정 청구가 없는 경우: 위의 기간 내에 친권자 지정 청구가 없으면, 가정법원은 직권 또는 청구(청구권자는 미성년자녀, 미성년자녀의 친족, 이해관계인, 검사, 지방자치단체의 장이다)에 의하여 미성년후견인을 선임할 수 있다. 이 경우에는 이혼 시 친권자로 지정되지 않은 부 또는 모에게 의견을 진술할 기회를 주어야 한다§927의2①에 의한 §909의2③의 준용.

② 미성년후견인 선임 청구의 기각과 친권자 지정: 친권자 지정 청구가 없어서 미성년후견인의 선임 청구가 있은 경우에도 가정법원은 자녀의 복리를 고려하여 적당하지 않다고 판단하는 때에는 그 청구를 기각할 수 있으며, 이 경우에는 이혼 시 친권자로 지정되지 않은 부 또는 모를 친권자로 지정하여야 한다§927의2①에 의한 §909의2④의 준용. 예컨대, 이혼 시 친권자로 지정되지 않은 부 또는 모가 단독친권자의 친권상실을 알지 못하여 청구기간 내에 친권자

지정 청구를 하지 못하였기 때문에 그 기간이 경과한 후 후견인 선임 청구가 있었으나, 가정법원이 이혼 시 친권자로 지정되지 않은 부 또는 모를 친권자로 지정하는 것이 자녀의 복리를 위하여 유리하다고 판단할 때에는 후견인 선임 청구를 기각하고 부 또는 모를 친권자로 지정할 수 있다.

(라) 임시 대행자의 선임

단독친권자가 친권을 상실한 후 새로 친권자가 지정되거나 미성년후견인이 선임될 때까지의 기간 동안에는 자녀에게 법정대리인이 없는 상태가 발생하여 불이익이 생길 우려가 있으므로, 가정법원은 임시로 법정대리인의 임무를 수행할 사람을 선임할 수 있다§927의2①에 의한 §909의2⑤의 준용. 이 경우 법정대리인의 임무를 대행하는 사람(대행자)에 대해서는 민법 제25조와 제954조가 준용된다. 따라서 대행자는 원칙적으로 미성년자녀의 재산을 관리하는 행위(구체적으로는 보존행위, 이용행위, 개량행위)만을 할 수 있을 뿐이며, 미성년자녀의 재산을 처분하려면 법원의 허가를 받아야 한다§25의 준용, 가소규 §2①ⅳ. 법원은 미성년자녀, 후견감독인 또는 제777조의 규정에 의한 친족 기타 이해관계인 등의 청구에 의하여 대행자가 관리하는 미성년자녀의 재산상황을 조사하고, 재산관리나 그 밖에 대행자가 법정대리인으로서 임무를 수행하는 데 필요한 처분을 명할 수 있다§954의 준용, 가소 §2①라류사건xxii의11.

### (2) 단독친권자의 친권이 일시 정지된 경우§927의2① i의2

친권의 일시 정지란 친권자가 친권을 보유하고 있으나 일정한 기간 동안 친권 전부를 행사할 수 없는 상태를 말한다. 친권자가 친권을 전면적으로 행사할 수 없다는 점에서는 친권상실과 차이가 없으므로, 단독친권자의 친권이 일시 정지되면 그 기간 동안에는 자녀의 법정대리인이 없는 것과 같은 상태가 된다(엄밀하게 말하면 법정대리인이 존재하나 임무를 수행할 수 없는 상태가 된다). 따라서 이 경우에도 단독친권자가 친권을 상실한 경우와 같은 규정이 적용된다(제909조의2 제1항 및 제3항부터 제5항까지의 규정이 준용된다§927의2①). 즉, 단독친권자가 친권의 일시 정지를 선고받는 경우 이혼 시 친권자로 지정되지 않은 부 또는 모 등의 청구권자는 친권의 일시 정지 심판이 확정된 것을 안 날로부터 1개월, 심판의 확정일로부터 6개월 내에 친권자 지정 청구를 할 수 있다. 위의 기간 내에 친권자 지정 청구가 없으면 가정법원은 직권 또는 청구에 의하여 미성년후견인을 선임할 수 있다. 또한 가정법원은 친권자가 새로 지정되거나 미성년후견인이 선임될 때까지 임시로 법정대리인의 임무를 수행할 사람을 선임할 수 있다.

아동학대처벌법에 의해서도 부모의 친권행사를 정지시키는 조치가 이루어지고 있는데, 그 기간은 비교적 단기(예컨대 2개월)로 정해지는 경우가 많다. 이와 같이 친권의 정지 기간이 단기간으로 정하여지는 경우에 친권자를 새로 지정하거나 미성년후견인을 선임하는 것은 쉽지 않을 것이므로, 임시로 법정대리인의 임무를 수행할 사람을 선임하여 문제를 해결하게 될 것이다(아동학대처벌법에 의하면 가정법원은 단독친권자의 친권을 정지시키는 경우 임시로 후견인의 임무를 수행할 사람을 선임할 수 있다아동학대처벌법 §23).

### (3) 단독친권자의 친권 일부가 제한된 경우927의2① i의3

민법상 친권의 일부 제한은 친권의 일부 상실을 의미한다(반면에 아동학대처벌에 의한 친권행사의 제한이란 친권자가 친권을 보유하고 있으나 그 중 일부의 행사를 정지시키는 것을 말한다). 단독친권자의 친권이 일부 제한되면 그 범위에서는 자녀에게 법정대리인이 없는 것과 같은 상태가 되므로, 이 경우에도 제909조의2 제1항 및 제3항부터 제5항까지의 규정이 준용된다§927의2①. 따라서 단독친권자가 친권 일부 제한의 선고를 받는 경우 이혼 시 친권자로 지정되지 않은 부 또는 모 등의 청구권자는 친권의 일부 제한 심판이 확정된 것을 안 날로부터 1개월, 심판의 확정일로부터 6개월 내에 친권이 제한된 범위에 한정하여 친권자 지정 청구를 할 수 있다. 위의 기간 내에 친권자 지정 청구가 없으면 가정법원은 직권 또는 청구에 따라 친권이 제한된 범위에 한정하여 미성년후견인을 선임할 수 있다. 또한 가정법원은 친권자가 새로 지정되거나 미성년후견인이 선임될 때까지 친권이 제한된 범위에 한정하여 임시로 법정대리인의 임무를 수행할 사람을 선임할 수 있다.

그런데 가정법원이 단독친권자의 친권이 제한된 범위에 한정하여 다른 부 또는 모를 새로 친권자로 지정하는 경우에는 친권이 부모에게 각각 나누어져 귀속하는 결과가 된다. 즉, 일종의 공동친권이 성립하는데, 부모가 친권행사와 관련하여 협력할 수 있는 능력과 자세를 갖추고 있지 않은 경우에는 분쟁이 발생할 가능성이 높을 것이다. 단독친권자의 친권이 일부 제한된 경우에 그 범위에 한정하여 친권자를 새로 지정할 때에는 이러한 점을 감안하여야 할 것으로 생각된다(예컨대, 친권의 공동행사가 어려울 것으로 예상되는 경우에는 친권자 지정 청구를 기각하고 적당한 미성년후견인을 선임하는 것도 방법이 될 수 있을 것이다).

### (4) 단독친권자가 법률행위의 대리권과 재산관리권만을 상실(사퇴)한 경우§927의2① ii · iii

(가) 친권자의 지정

① 이혼 등으로 인하여 단독친권자로 정해진 부모의 일방이 제925조에 따라 친권 중 법률행위의 대리권과 재산관리권만을 상실한 경우나 제927조 제1항에 의하여 법률행위의 대리권과 재산관리권을 사퇴한 경우에는 그 부분에 대해서만 친권자가 새로 지정되거나 또는 후견이 개시되어 미성년후견인이 선임된다§927의2① 단서.

② 이 경우에도 제909조의2 제1항 및 제3항부터 제5항까지의 규정이 준용되는 결과, 우선 가정법원은 법률행위의 대리권과 재산관리권 부분에 대해서 이혼 시 친권자로 지정되지 않은 부 또는 모를 친권자로 지정할 수 있다§927의2①에 의한 §909의2①의 준용(즉, 이혼 시 친권자로 지정되지 않은 부 또는 모, 미성년자, 미성년자의 친족은 단독친권자가 법률행위의 대리권과 재산관리권을 상실하거나 스스로 사퇴한 것을 안 날로부터 1개월, 상실 또는 사퇴의 날로부터 6개월 내에 가정법원에 이혼 시 친권자로 지정되지 않은 부 또는 모를 대리권 · 관리권 부분에 관한 친권자로 지정할 것을 청구할 수 있다).

그러므로 이 경우에는 친권이 분속되어 법률행위(재산행위)의 대리권과 재산관리권 부분은 새로 친권자로 지정된 부 또는 모에게 귀속하고, 양육(신상)에 관한 부분(보호 · 교양의 권리의무, 거소지정권 등)은 이혼 시 친권자로 지정되었던 부 또는 모에게 귀속한다. 이는 이혼 시 부모의 일방을 양육자로, 다른 일방을 친권자로 정한 것과 같은 결과가 된다. 따라서 법률행위의 대리권과 재산관리권 부분에 대해서 친권을 갖는 부모의 일방은 자녀의 양육에 관한 사항에 대해서는 친권을 행사할 수 없다(예컨대 거소지정권 등은 양육사항에 관한 친권을 갖는 부 또는 모가 결정한다).

③ 제909조의2 제1항이 정하는 기간 내에 법률행위의 대리권과 재산관리권 부분에 관한 친권자 지정 청구가 있었던 때에도 가정법원은 자녀의 복리를 고려하여 청구를 기각할 수 있으며, 이 경우에는 직권으로 이 부분에 관한 미성년후견인을 선임하여야 한다§927의2①에 의한 §909의2④의 준용. 예컨대 이혼 시 친권자로 지정되지 않은 부 또는 모에게 재산관리능력이 없다고 판단되는 경우(예

를 들어 신용불량, 개인파산 등)에는 친권자 지정 청구를 기각하여야 할 것이다.

(나) 미성년후견인의 선임

① 만약 제909조의2 제1항이 정하는 기간 내(여기서는 단독친권자가 법률행위의 대리권과 재산관리권을 상실하거나 스스로 사퇴한 것을 안 날로부터 1개월, 상실 또는 사퇴의 날로부터 6개월)에 법률행위의 대리권과 재산관리권 부분에 관하여 친권자를 새로 지정해 달라는 청구가 없으면, 가정법원은 직권 또는 청구에 의하여 미성년후견인을 선임할 수 있다. 이 경우에는 이혼 시 친권자로 지정되지 않은 부 또는 모에게 의견을 진술할 기회를 주어야 한다§927의2①에 의한 §909의2③의 준용.

② 제909조의2 제1항이 정한 기간 내에 법률행위의 대리권과 재산관리권 부분에 관한 친권자 지정 청구가 없어서 미성년후견인의 선임청구가 있은 경우에도 가정법원은 자녀의 복리를 고려하여 그 청구를 기각하고 이혼 시 친권자로 지정되지 않은 부 또는 모를 그 부분에 대한 친권자로 지정할 수 있다§927의2①에 의한 §909의2④의 준용. 예컨대 이혼 시 친권자로 지정되지 않은 부 또는 모가 어떤 사정(장기간의 해외 근무 등)으로 청구기간 내에 친권자 지정 청구를 하지 못하였으나, 미성년후견인을 선임하는 것보다는 부 또는 모를 친권자로 지정하여 재산을 관리하게 하는 편이 낫다고 판단되는 경우이다.

(다) 임시 대행자의 선임

단독친권자가 친권 중 법률행위의 대리권과 재산관리권을 상실하거나 사퇴한 경우에는 이 부분에 대하여 새로 친권자가 지정되거나 미성년후견인이 선임될 때까지의 기간 동안에는 자녀의 법률행위를 대리하고 재산을 관리할 사람이 없는 상태가 발생하여 불이익이 생길 우려가 있다. 그러므로, 가정법원은 직권으로 또는 미성년자녀, 그 친족, 이해관계인, 검사, 지방자치단체의 장의 청구에 의하여 임시로 이 부분에 관하여 법정대리인의 임무를 대행할 사람을 선임할 수 있다§927의2①에 의한 §909의2⑤의 준용. 이 경우 법정대리인의 임무를 대행하는 사람(대행자)에 대해서는 민법 제25조와 제954조가 준용된다.

### (5) 소재불명 등 친권을 행사할 수 없는 중대한 사유가 있는 경우§927의2①ⅳ

(가) 의 의

개정법은 단독친권자의 소재가 불명한 경우 등 친권을 행사할 수 없는 중대한 사유가 있는 때(예컨대, 장기간 의식불명 상태인 때 등)에는 친권이 소멸한 것으로 의제하여 새로 친권자를 지정하거나 미성년후견인을 선임할 수 있도록 규정하고 있다. 개정 전에는 친권자의 소재불명 등 친권을 행사할 수 없는 중대한 사유가 있는 경우에 친권이 소멸하는 것으로 보는 규정이 없었으며, 다만 학설과 판례상으로만 친권이 소멸한다고 해석되고 있었을 뿐이다.[87] 개정법은 이 점을 명문화하여 친권자가 사실상 친권을 행사할 수 없는 경우를 친권소멸의 원인으로 규정한 것이다.

(나) 친권자의 지정

① 이에 따라 이혼 등으로 인하여 단독친권자로 정해진 부모의 일방이 소재불명 등의 사유로 친권을 행사할 수 없게 된 때에는 다른 부모의 일방, 미성년자녀, 미성년자녀의 친족은 그 사실을 안 날부터 1개월, 그 사실이 발생한 날부터 6개월 내에 이혼 시 친권자로 지정되지 않은 부 또는 모를 친권자로 지정해 줄 것을 청구할 수 있다§927의2①에 의한 §909의2①의 준용.

② 가정법원은 자녀의 복리를 고려하여 이혼 시 친권자로 지정되지 않은 부 또는 모를 친권자로 지정해 달라는 청구를 기각할 수 있으며, 이 경우에는 직권으로 미성년후견인을 선임하여야 한다§927의2①에 의한 §909의2④의 준용.

(다) 미성년후견인의 선임

① 제909조의2 제1항이 정한 청구기간 내에 친권자 지정 청구가 없는 때에는 가정법원은 직권으로 또는 미성년자녀, 그 친족, 이해관계인, 검사, 지방자치단체의 장의 청구에 의하여 미성년후견인을 선임할 수 있다. 이 경우 이혼 시 친권자로 지정되지 않은 부 또는 모에게 의견을 진술할 수 있는 기회를 주어야 한다§927의2①에 의한 §909의2③의 준용.

② 또한 제909조의2 제1항이 정한 친권자 지정의 청구기간 내에 청구가 없어서 미성년후견인의 선임청구가 있은 경우에도 가정법원은 자녀의 복리를 고려하여 그 청구를 기각하고 이혼 시 친권자로 지정되지 않은 부 또는 모를 친권자로 지정할 수 있다§927의2①에 의한 §909의2④의 준용.

(라) 임시 대행자의 선임

단독친권자가 소재불명 등으로 친권을 행사할 수 없게 된 경우에 새로 친

---

87) 미성년자의 친권자가 모두 장기간 행방불명인 경우에는 친권자가 없는 때에 해당하여 후견이 개시되므로, 민법에 정해진 후견순위에 따라 후견인으로 될 자가 친권자의 행방불명을 증명하는 서면(예컨대 행방불명으로 직권말소된 주민등록표 등본 또는 이·통·반장 작성의 확인서 등)을 첨부하여 후견개시신고를 하여야 한다. 대판 1956. 8. 11, 4289민상289. 가족관계등록예규 제310호.

권자가 지정되거나 미성년후견인이 선임될 때까지의 기간 동안에는 자녀에게 법정대리인이 없는 상태가 발생하여 불이익이 생길 우려가 있으므로, 가정법원은 직권으로 또는 청구에 의하여 임시로 법정대리인의 임무를 대행할 사람을 선임할 수 있다§927조의2①에 의한 §909의2⑤의 준용. 이 경우 법정대리인의 임무를 대행하는 사람(대행자)에 대해서는 민법 제25조와 제954조가 준용된다.

(6) 양부모가 친권을 상실한 경우

(가) 미성년후견인의 선임

양부모 쌍방이 친권상실선고를 받은 경우는 후견개시의 사유가 되므로, 친생부모가 친권자 지정 청구를 할 수 있는 여지가 없다(따라서 양부모가 모두 친권상실선고를 받은 경우에는 제909조의2 제2항이 준용되지 않는다). 이 경우 가정법원은 직권으로 또는 미성년자녀, 미성년자녀의 친족, 이해관계인, 검사, 지방자치단체의 장의 청구에 의하여 미성년후견인을 선임할 수 있다§932①. 가정법원이 미성년후견인을 선임할 때에는 친생부모에게 의견을 진술할 기회를 주어야 한다§927의2①에 의한 §909의2③의 준용.

(나) 친생부모의 친권자 지정 불가

양부모가 모두 친권상실선고를 받은 경우에 제909조의2 제4항을 준용할 수 있는가에 대해서는 의견이 갈릴 수 있다. 제909조의2 제4항을 기계적으로 준용하면, 가정법원은 미성년자녀의 복리를 고려하여 미성년후견인의 선임청구를 기각할 수 있으며, 이 경우에는 직권으로 친생부모의 일방 또는 쌍방을 친권자로 지정하여야 한다. 즉, 가정법원은 친생부모의 양육의사, 양육능력, 자녀의 의사, 미성년후견인으로 선임될 사람의 자질과 능력 등을 종합적으로 고려하여 친생부모를 친권자로 지정하는 것이 미성년후견인을 선임하는 것보다 자녀의 복리에 유리하다고 판단하는 때에는 후견인 선임 청구를 기각하고 친생부모의 일방 또는 쌍방을 친권자로 지정할 수 있다고 해석된다. 그러나 이러한 결과는 양자의 경우에는 양부모가 친권자가 된다는 민법규정§909① 2문과 모순되므로, 양부모가 모두 친권상실선고를 받은 경우에는 제909조의2 제4항이 준용되지 않는다고 해석하는 것이 타당하다고 본다(양부모 쌍방의 친권이 일시 정지되거나 제한된 경우도 이와 같다). 양자의 친권자로 친생부모를 지정해야만 할 사정이 있다면, 파양을 한 후에 친생부모를 친권자로 지정하는 것이 합리적이라고 생각한다.[88)]

(다) 임시 후견 대행자의 선임

가정법원은 양부모가 모두 친권상실선고를 받은 경우에 바로 미성년후견인을 선임하기 어려운 사정이 있다면, 임시로 미성년후견인의 임무를 대행할 사람을 선임할 수 있다§927의2①에 의한 §909의2⑤의 준용. 미성년후견인의 임무를 대행하는 사람에 대해서는 제25조와 제954조가 준용되므로, 미성년자녀의 재산을 처분할 때에는 법원의 허가를 받아야 하며, 그 밖에 후견사무와 관련하여 법원의 감독을 받아야 한다.

(라) 양부모가 친권 중 법률행위의 대리권과 재산관리권 부분만을 상실하거나 사퇴한 경우

양부모가 친권 중 법률행위의 대리권과 재산관리권 부분만을 상실하거나 사퇴한 때에는 가정법원은 직권으로 또는 청구에 의하여 그 부분에 관한 미성년후견인을 선임할 수 있다§927의2①에 의한 §909의2③의 준용. 이 경우에도 제909조의2 제4항의 준용여부가 문제로 될 수 있다. 제909조의2 제4항의 준용을 긍정한다면, 가정법원은 자녀의 복리를 위하여 미성년후견인의 선임청구를 기각하고, 친생부모의 일방 또는 쌍방을 법률행위의 대리권과 재산관리권에 관한 친권자로 지정할 수 있게 될 것이다. 그러나 양부모와 친생부모에게 친권이 분할하여 귀속되는 것은 자녀의 복리라는 관점에서 볼 때 문제의 소지가 있다고 생각되므로(친생부모와 양부모 사이에 친권행사를 둘러싼 다툼이 발생할 수 있기 때문이다. 또한 친생부모의 일방 또는 쌍방이 법률행위의 대리권과 재산관리권에 관한 친권자로 지정되는 것은 양자의 경우 양부모가 친권자가 된다는 규정과도 맞지 않는다), 제909조의2 제4항은 준용되지 않는다고 해석하는 것이 타당하다고 본다.

(마) 양부모의 소재불명 등

양부모에게 소재불명 등 친권을 행사할 수 없는 중대한 사유가 있는 경우에도 친권이 소멸된 것으로 의제되므로, 가정법원은 직권으로 또는 청구에 의하여 미성년후견인을 선임할 수 있다§927의2①에 의한 §909의2③의 준용. 이 경우에도 제909조의2 제4항의 준용여부가 문제될 수 있으나, 위에서 본 바와 같은 이유에

88) 양자가 양부모의 상속인의 지위를 유지하기 위하여 파양을 하지 않는 경우도 생각해 볼 수 있으나, 양부모가 친권상실선고를 받았고 친생부모가 친권자가 될 수 있는 경우라면, 파양을 한 후 친생부모를 친권자로 지정하는 것이 정도(正道)라고 생각된다. 이와 달리 양부모 쌍방이 친권상실선고를 받은 경우에 친생부모를 친권자로 지정할 수 있다는 반대 견해가 있다. 주해친족법 2권, 1165면.

서 부정적으로 해석하는 것이 타당하다고 생각한다(즉 가정법원은 친생부모를 친권자로 지정할 수 없다고 해석된다). 가정법원은 미성년후견인이 선임될 때까지의 기간 동안 임시로 법정대리인의 임무를 수행할 대행자를 선임할 수 있다§927의2①에 의한 §909의2⑤의 준용.

(7) 친권을 상실했던 부모가 친권을 회복한 경우§927의2②i · ii

(가) 미성년후견인이 선임되어 있었던 경우

이혼 시 단독친권자로 지정된 부 또는 모가 친권상실선고를 받아서 미성년후견인이 선임되어 있는 경우에 실권회복의 선고를 받았다면, 그 부 또는 모는 당연히 친권자가 되고, 후견은 종료한다고 해석하여야 할 것이다(친권의 일시 정지 선고, 친권의 일부 제한 선고를 받은 경우도 마찬가지이다. 친권의 일부 제한 선고를 받은 경우에는 친권이 제한된 범위에 한정하여 미성년후견이 개시되는데, 친권자가 실권회복선고를 받으면 그 부분에 대해서도 친권을 행사할 수 있게 된다). 실권회복선고를 받았다는 것은 친권자의 지위를 회복하였다는 뜻이므로, 이 경우에는 가정법원이 친권자를 새로 지정할 여지가 없다고 본다(제927조의2 제2항을 문리해석하면 이 경우에도 가정법원은 실권회복선고를 받은 부 또는 모를 새로 친권자로 지정할 수 있는 것으로 되지만, 이는 실권회복선고의 효력과 모순되는 해석이다).

(나) 부모의 다른 일방이 친권자로 지정되어 있었던 경우

부모의 다른 일방이 친권자로 지정되어 있었던 경우에는 실권회복선고를 받은 부 또는 모를 새로 단독친권자로 지정하는 것도 가능하고(이 경우 기존의 친권자의 친권은 소멸한다), 기존의 친권자를 그대로 유지하면서 추가로 친권자를 지정하는 것도 가능할 것이다(이 경우 부모는 공동친권자가 된다. 친권이 일부 제한되어 있었던 경우에는 그 부분에 한정하여 공동친권이 성립할 것이다). 공동친권이 성립하는 경우에는 부모 쌍방이 친권행사와 관련하여 협력할 수 있는 의사와 능력을 갖추고 있는가에 대하여 면밀한 검토가 이루어져야 할 것이다.

(다) 법률행위의 대리권과 재산관리권 부분에 대해서 미성년후견인이 선임되어 있었던 경우

이혼 시 단독친권자로 지정된 부 또는 모가 친권 중 법률행위의 대리권과 재산관리권의 상실선고를 받아서(법률행위의 대리권과 재산관리권을 사퇴한 경우를 포함한다) 그 부분에 대하여 미성년후견인이 선임되어 있는 경우에 실권회복의 선고를 받았다면, 그 부 또는 모는 당연히 법률행위의 대리권과 재산관리

권 부분에 대해서도 친권자가 되고, 후견은 종료한다고 해석하여야 할 것이다.

(라) 법률행위의 대리권과 재산관리권 부분에 대하여 부모의 다른 일방이 친권자로 지정되어 있었던 경우

부모의 다른 일방이 법률행위의 대리권과 재산관리권 부분에 대하여 친권자로 지정되어 있었던 경우에는 실권회복선고를 받은 부 또는 모를 새로 이 부분에 대하여 단독친권자로 지정할 수도 있고(이 경우 실권회복선고를 받은 부모의 일방이 자녀의 단독친권자가 되며, 부모의 다른 일방이 법률행위의 대리권과 재산관리권 부분에 대해서 가지고 있던 친권은 소멸한다), 기존의 친권자를 그대로 유지하면서 추가로 친권자를 지정하는 것도 가능할 것이다(이 경우 부모는 법률행위의 대리권과 재산관리권 부분에 한하여 공동친권자가 된다).

(8) 소재불명이었던 부 또는 모가 나타난 경우§927의2②iii

(가) 미성년후견인이 선임되어 있었던 경우

단독친권자에게 소재불명 등 친권을 행사할 수 없는 중대한 사유가 있어서 미성년후견인이 선임되었는데, 그 후 다시 친권을 행사할 수 있게 된 경우(소재불명이었던 부 또는 모가 나타난 경우 등)에는 가정법원은 청구에 의하여 친권자를 새로 지정할 수 있다(소재불명이었던 부 또는 모가 나타나 친권을 다시 행사할 수 있게 되었다고 해도, 이로써 당연히 후견이 종료되는 것은 아니므로, 이 경우에는 법원이 친권자를 새로 지정할 필요가 있다. 또한 소재불명이었던 부 또는 모가 다시 친권을 행사하는 것이 자녀의 복리의 관점에서 문제가 없는가의 여부도 판단되어야 한다). 이 경우에는 친권자 지정의 심판이 확정되면 후견은 종료한다.

(나) 부모의 다른 일방이 친권자로 지정되어 있었던 경우

이 경우에 부모의 다른 일방이 친권자로 지정되어 있었다면, 법원은 다시 친권을 행사할 수 있게 된 부 또는 모를 새로 단독친권자로 지정할 수도 있고(이 경우 기존의 친권자의 친권은 소멸한다), 기존의 친권자를 그대로 유지하면서 추가로 친권자를 지정할 수도 있다(공동친권). 자녀의 복리를 위하여 필요하다고 판단되는 경우에는 친권자 지정 청구를 기각하여 기존의 단독친권을 그대로 유지하는 것도 가능할 것이다.

(9) 친권을 상실했던 양부모가 친권을 회복한 경우§927의2②

(가) 친권상실선고를 받아서 미성년후견인이 선임되어 있었던 경우

양부모 쌍방이 친권상실선고를 받아서 미성년후견인이 선임되어 있는 경

우에 양부모의 일방 또는 쌍방이 실권회복의 선고를 받았다면, 실권회복선고를 받은 양부모는 당연히 친권자가 되고, 후견은 종료한다고 해석하여야 할 것이다.

(나) 대리권·관리권 상실선고를 받아서 미성년후견인이 선임되어 있었던 경우

양부모 쌍방이 법률행위의 대리권과 재산관리권의 상실선고를 받아서(법률행위의 대리권과 재산관리권을 사퇴한 경우를 포함한다) 그 부분에 대하여 미성년후견인이 선임되어 있는 경우에 양부모의 일방 또는 쌍방이 실권회복의 선고를 받았다면, 실권회복선고를 받은 양부모는 당연히 법률행위의 대리권과 재산관리권 부분에 대해서도 친권자가 되고, 후견은 종료한다고 해석하여야 할 것이다.

(다) 소재불명 등의 사유로 미성년후견인이 선임되어 있었던 경우

양부모 쌍방에게 소재불명 등 친권을 행사할 수 없는 중대한 사유가 있어서 미성년후견인이 선임되었는데, 그 후 양부모의 일방 또는 쌍방이 다시 친권을 행사할 수 있게 된 경우에는 가정법원은 청구에 의하여 양부모의 일방 또는 쌍방을 새로 친권자로 지정할 수 있다. 이 경우에는 친권자 지정의 심판이 확정되면 후견은 종료한다.

## 제 4 장
# 후　　견

## 1 후견제도

### 1. 후견제도의 의의

미성년자는 성년자가 될 때까지 타인의 보호와 양육을 받으며 생활하게 되는데, 이러한 보호와 교양의 책임은 일차적으로 부모인 친권자에게 맡겨져 있다. 그러나 만일 부모인 친권자가 사망하거나 친권을 상실하게 된다면(친권의 일시 정지, 일부 제한의 선고를 받은 경우를 포함한다), 미성년자녀는 보호의 공백상태에 처하게 되어 자녀의 복리가 위태롭게 된다. 민법은 이런 경우를 위하여 미성년자를 위한 후견제도를 두었다. 친권자인 부모 쌍방이 모두 사망하거나 친권을 상실하는 경우에는(친권이 일시 정지되거나 일부 제한된 경우를 포함한다) 후견이 개시되어 후견인이 친권자의 역할을 대신하게 된다(친권이 일부 제한된 경우에는 미성년후견인의 임무는 친권이 제한된 부분에 한정된다). 한편 성년자가 된 후에도 일반적인 사회생활에 필요한 판단능력 등을 갖추지 못한 경우(피성년후견인 · 피한정후견인 · 피특정후견인 등)에는 역시 타인의 보호가 필요하게 되는데, 민법은 이러한 경우에도 후견이 개시될 수 있게 하였다.

### 2. 개정 전 규정의 문제점

#### (1) 금치산자 · 한정치산자 제도의 한계

종전(2013년 7월 1일부터 시행되는 개정법 이전의 제도를 말함)의 한정치산자 · 금치산자를 위한 후견제도는 주로 부족한 재산상의 법률행위능력을 보충하는 데 그 주된 목적이 있었다. 따라서 신상보호(요양, 치료, 거주 · 이전, 면접교섭)에 관한 규정이 불충분하여(금치산자 후견의 경우에만 후견인에게 요양, 감호의 임무를 부여하고 있었을 뿐이다구 §947), 요보호성인의 신상에 관한 보호가 미흡하다는 점이 지적되었다. 또한 한정치산자·금치산자 제도는 당사자의 남아있는 능력(잔존능력)을 고려하지 않고 획일적으로 행위능력을 제한함으로써 인권을 침해하는 요소가 있다는 비판을 받았다.

### (2) 법정후견인 제도의 문제점

(가) 미성년자를 위한 후견의 경우에는 친권자가 유언으로 후견인을 지정할 수 있었고, 이러한 유언이 없는 때에는 민법이 정하는 순서에 따라서 후견인이 되었는데(법정후견인구 §932·935), 후견인이 될 사람의 자질과 능력이 전혀 고려되지 않는다는 문제가 있었다. 법정후견인이 될 수 있는 사람이 없는 때에는 피후견인의 친족 등의 청구에 의하여 법원이 후견인을 선임하였는데(선임후견인구 §936), 이 경우에도 미성년자를 책임지고 보호·교양할 수 있는 적당한 사람을 찾아서 후견인으로 선임하는 것은 기대하기 어려웠다. 결국 민법상 후견제도가 있어도 친권자가 없는 미성년자녀는 보호의 공백상태에 처하게 될 가능성이 매우 높았다.

(나) 한정치산·금치산자를 위한 후견제도에도 역시 같은 문제가 있었다. 한정치산·금치산선고를 받게 되면 기혼자의 경우에는 배우자가 후견인이 되고, 배우자가 없는 경우에는 직계혈족 또는 3촌 이내의 방계혈족이 민법이 정하는 순서에 따라서 후견인이 되었지만(법정후견인구 §933·934. 법정후견인이 될 사람이 없는 경우에는 법원에서 후견인을 선임하였다. 선임후견인구 §936), 법규정에 의하여 자신의 의사나 능력과는 무관하게 자동으로 후견인이 된 사람들이 많은 수고와 어려움을 감내해야 하는 후견인의 의무를 얼마나 충실하게 이행할 것인가에 대해서는 의문이 있었다. 이들이 후견임무를 게을리 한다고 해도 이를 강제할 방법이 없었고, 제재조치로서 후견인을 변경한다고 해도 한정치산자·금치산자의 복리를 실현할 수 있는 뚜렷한 대안이 있는 것도 아니었다.

## 3. 후견법의 개정

2011년 2월 18일에 후견법 개정안[1]이 국회를 통과하였다. 개정법에 의해

1) 법률 제10429호, 공포일자 2011. 3. 7, 시행일 2013. 7. 1.

서 기존의 금치산·한정치산제도가 폐지되고 그 대신 성년후견·한정후견·특정후견제도 등이 도입되었다§9 이하. 기존의 금치산자, 한정치산자라는 용어는 사회에서 부정적으로 인식되어 당사자와 가족에게 수치심과 거부감을 준다는 점에서 문제가 있다는 지적이 있었다. 또한 한정치산·금치산제도는 당사자의 남은 능력을 고려하지 않고 일률적으로 행위능력을 전면적으로 제약한다는 점에서 인권을 침해하는 요소가 있다는 비판을 받았는데, 새로운 제도는 당사자의 능력을 전면적으로 제한하지 않고 남은 능력을 최대한 활용할 수 있도록 한다는 취지에서 고안되었다. 그리고 개정법은 피성년후견인·피한정후견인 등의 요보호성인을 위하여 신상보호를 강화하는 규정을 도입하였다§947의2.

또한 개정법은 법정후견인제도를 폐지하고 선임후견인제도를 전면적으로 도입하였다§932·936. 법정후견인제도에서는 후견인으로서 적합하지 않은 사람이 자동으로 후견인이 되어 피후견인의 복리를 해칠 우려가 있으므로, 법원이 처음부터 개입하여 후견인으로서 적합한 사람을 선임하겠다는 것이 그 취지이다.

## 4. 법정후견인제도의 폐지와 남은 과제

법정후견인제도를 폐지한 개정법의 의도는 다음과 같다. 법정후견인제도에 의하는 경우 후견인으로서 적합하지 않은 사람이 자동으로 후견인으로 되어 피후견인의 복리를 해칠 우려가 있으므로, 법원이 처음부터 개입하여 후견인으로서 적합한 사람을 선임하겠다는 것이다. 문제는 후견이 개시되는 모든 경우에 있어서 법원이 후견인으로서 적합한 사람을 찾아내어 선임할 수 있겠는가 하는 점이다. 아마도 법원으로서는 우선 피후견인의 친족 중에서 가장 적당하다고 판단되는 사람을 후견인으로 선임하려고 할 것이다. 그러나 친족 중에서 후견인으로서 적당한 사람을 찾는 것이 언제나 쉬운 일은 아니며, 때로는 불가능한 경우도 있을 수 있다. 특히 피후견인에게 재산이 없는 때에는 후견인은 아무런 이익도 없이 후견임무를 수행해야 하므로, 후견인으로 선임되는 것을 기피할 수도 있다. 선임후견인제도가 제대로 기능을 하기 위해서는 사전에 충실한 준비가 있어야 한다. 개인 중에서 후견인으로 선임할 만한 사람을 구하는 것이 어렵다면, 결국 국가가 나서서 이 문제를 해결할 수밖에 없을 것이다. 후견을 위한 전문국가기관을 설치하고, 전문후견인을 양성하여 이들로 하여금 후견인의 임무를 수행하게 한다면, 후견인으로 적합한 사람을 구하지 못하여 법원에서 후견인을 선임하지 못하는 곤혹스러운 상황을 타개할 수 있을 것이다. 이런 경우 국가기관이 후견인이 되고, 국가기관에 속한 전문후견인은 후견인의 임무를 위임받아 후견임무를 수행하게 될 것이다.[2)]

## 2 미성년자 후견의 개시

### 1. 후견개시의 원인

미성년자를 위한 후견은 다음의 세 가지 경우에 개시된다§928.

#### (1) 미성년자에 대하여 친권자가 없을 때

부모가 공동으로 친권을 행사하는 때에는 일방이 사망하거나 친권을 상실하더라도 다른 일방이 친권을 행사하므로 후견은 개시되지 않는다(부모 쌍방이 동시에 사망하거나 친권을 상실하면 후견이 개시된다). 따라서 친권자가 없는 것으로 볼 수 있는 경우는 단독친권자가 사망한 때, 단독친권자가 친권상실선고를 받은 때 또는 단독친권자가 성년후견개시의 심판을 받은 때 등이다. 그러나 이혼 등으로 인하여 단독친권자로 정해진 부모의 일방이 사망하거나 친권상실선고를 받은 경우(성년후견개시의 심판을 받은 경우도 포함된다고 해석된다)에 부모의 다른 일방이 생존해 있을 때에는 일정한 기간 내에 친권자 지정청구를 할 수 있으므로§909의2① · 927의2①, 당연히 후견이 개시되는 것은 아니다. 이 기간 내에 친권자 지정 청구가 없는 경우에 비로소 가정법원은 미성년후견인을 선임할 수 있다§909의2③ · 927의2①, 가소 §2①라류사건xiii의ii.

단독친권자에게 소재불명 등 사실상 친권을 행사할 수 없는 중대한 사유가 있는 경우(심신상실, 장기부재)도 친권자가 없는 때에 해당한다§927의2① iv.[3)] 이

2) 독일민법은 자연인을 후견인으로 선임하는 것을 우선으로 하고 있으나(독일민법 제1791조의a 제1항, 제1791조의b 제1항), 현실은 이와 정반대로 나타나고 있다. 친권상실로 인하여 후견이 개시되는 대부분의 경우에 가정법원은 아동청을 후견인으로 선임하고 있다. 자연인 중에서 후견인이 될 적당한 사람을 구하는 것이 쉽지 않기 때문이다. 아동청이 아동의 후견인이 되는 때에는 아동청 소속의 직원에게 위임하여 후견인의 임무를 수행하게 한다(독일사회법 제8장 제55조 제2항 1문).

경우에도 부모의 다른 일방이 생존해 있을 때에는 일정한 기간 내에 친권자 지정 청구를 할 수 있으므로§909의2①·927의2①, 당연히 후견이 개시되는 것은 아니다. 이 기간 내에 친권자 지정 청구가 없는 경우에 비로소 가정법원은 미성년후견인을 선임할 수 있다§909의2③·927의2①,[4] 가소 §2①라류사건xiii의ii.

미성년자의 친권자가 친권을 행사할 수 없는 경우라도(혼인하지 않은 미성년자가 子를 출산한 경우) 친권대행자§910가 있는 때에는 후견이 개시되지 않는다.

양자의 친권자는 양부모가 되므로, 친생부모의 친권은 소멸한다. 따라서 친권자인 양부모가 모두 사망한 경우에는 친권자가 없는 상태가 되지만, 당연히 후견이 개시되는 것은 아니며, 친생부모 등이 일정한 기간 내에 친권자 지정 청구를 하지 않은 경우에 비로소 법원은 미성년후견인을 선임할 수 있다(일반양자의 경우. 이와 달리 친양자의 양부모가 모두 사망한 때에는 바로 후견이 개시되며, 친생부모가 친권자 지정 청구를 할 수 있는 여지가 없다§909의2②, 가소 §2①라류사건xiii의ii.). 입양이 취소되거나 파양된 경우에도 이와 같다.

법원이 사전처분으로가소 §62① 친권행사를 정지시키는 때에는 후견이 개시되지 않으며, 심판의 확정시까지 친권을 행사할 대행자를 지정한다가소규 §102①.

### (2) 친권자가 친권의 전부 또는 일부를 행사할 수 없을 때

(가) 단독친권자가 친권의 일시 정지§924 선고를 받은 경우에는 친권의 정지 기간 동안 친권자가 없는 것과 같은 상태가 되므로(친권자가 친권을 보유하고 있으나 행사할 수 없는 상태가 된다), 후견이 개시된다. 이 경우 가정법원은 직권으로 미성년후견인을 선임하여야 한다§932② 그러나 이혼 등으로 인하여 단독친권자로 정해진 부모의 일방이 친권의 일시 정지 선고를 받은 경우에

---

3) 법원행정처, 가족관계등록실무[Ⅱ](2018), 106면은 "친권자가 없는 경우라 함은 공동친권자가 모두 사망하거나 공동친권자가 모두 친권상실선고를 받는 등 법적으로 친권자가 없는 경우, 소재불명, 정신적 장애로 인해 사실상 친권자가 없는 경우"를 말한다고 설명하고 있다. 그러나 법원은 친권자의 소재불명을 친권자가 없는 경우에 해당하지 않는 것으로 보아서 후견개시의 사유가 될 수 없다는 태도를 보이고 있다(대구가법 2016. 9. 27, 2016느단100177; 대구가법 2017. 5. 29, 2016브1037; 대결 2017. 9. 26, 2017스561). 이러한 법원의 태도에 대한 비판은 김상용, 위탁아동의 친권과 후견-보호의 공백에 처한 아동들-, 중앙법학 제19권 제4호(2017) 참조.

4) 종전의 판례는 미성년자의 친권자가 모두 장기간 행방불명인 경우에는 친권자가 없는 때에 해당하여 후견이 개시되므로, 민법에 정해진 후견순위에 따라 후견인으로 될 자가 친권자의 행방불명을 증명하는 서면(예컨대 행방불명으로 직권말소된 주민등록표 등본 또는 이·통·반장 작성의 확인서 등)을 첨부하여 후견개시신고를 하여야 한다고 해석하였다(가예 제310호. 대판 1956. 8. 11, 4289민상289).

부모의 다른 일방이 생존해 있는 때에는 일정한 기간 내에 친권자 지정 청구를 할 수 있으므로§909의2①·927의2①, 당연히 후견이 개시되는 것은 아니다. 이 기간 내에 친권자 지정 청구가 없는 경우에 비로소 가정법원은 미성년후견인을 선임할 수 있다§909의2③·927의2①, 가소 §2①라류사건xiii의ii.

(나) 단독친권자가 친권의 일부 제한§924의2의 선고를 받은 경우에는 친권이 제한된 범위에 한정하여 후견이 개시된다. 가정법원은 친권의 일부 제한의 선고를 할 때 직권으로 미성년후견인을 선임하여야 한다§932②. 그러나 이혼 등으로 인하여 단독친권자로 정해진 부모의 일방이 친권의 일부 제한의 선고를 받은 경우에 부모의 다른 일방이 생존해 있는 때에는 일정한 기간 내에 친권이 제한된 범위에 한정하여 친권자 지정 청구를 할 수 있으므로§909의2①·927의2①, 당연히 후견이 개시되는 것은 아니다. 이 기간 내에 친권자 지정 청구가 없는 경우에 비로소 가정법원은 미성년후견인을 선임할 수 있다§909의2③·927의2①, 가소규 §2①ix.

#### (3) 친권자가 법률행위의 대리권 및 재산관리권을 행사할 수 없을 때

단독친권자가 대리권 및 재산관리권을 상실했거나§925 사퇴한 경우§927①에는 이 부분에 대해서 친권자가 없는 것이 되어 후견이 개시될 수 있다§928·946. 그러나 이혼 등으로 인하여 단독친권자로 정해진 부모의 일방이 대리권 및 재산관리권을 상실했거나 사퇴한 경우에 부모의 다른 일방이 생존해 있을 때에는 일정한 기간 내에 대리권 및 재산관리권 부분에 대해서 친권자 지정 청구를 할 수 있으므로§909의2①·927의2①ii·iii, 당연히 후견이 개시되는 것은 아니다. 이 기간 내에 친권 중 대리권 및 재산관리권 부분에 대해서 친권자 지정 청구가 없는 경우에 비로소 가정법원은 미성년후견인을 선임할 수 있다§909의2③·927의2①, 가소 §2①라류사건xiii의ii.

### 2. 후견개시의 시기와 신고

후견개시의 시기는 지정후견인§931이 있는 경우에는 친권자가 사망한 때이다. 반면에 지정후견인이 없는 경우에는 가정법원이 미성년후견인을 선임한 때부터 후견이 개시된다§932. 후견이 개시되면 후견인은 취임일로부터 1개월 내에 후견개시신고를 하여야 한다등 §80. 유언으로 후견인을 지정한 경우에는 지정에 관한 유언서, 그 등본 또는 유언녹음을 기재한 서면을 신고서에 첨부하여야 하며, 후견인선임의 재판이 있었을 경우에는 재판서의 등본을 신고서에 첨부하여야 한다등 §82.

## 3 미성년자 후견인

### 1. 미성년후견인의 수

미성년후견인은 미성년자를 위한 후견임무를 집행하는 기관으로서 1인이어야 한다§930①. 1인이 아니면 책임이 분산되어 사무가 지체된다는 것이 그 이유이다. 1인의 미성년후견인이 수인의 피후견인을 후견하는 것은 무방하다. 다만 입법론으로서는 후견인을 1인에 한정하는 것은 문제의 여지가 있다고 본다. 구체적인 상황을 고려하여 다수의 미성년후견인이 공동으로, 또는 각자의 영역을 나누어 분산하여 후견임무를 수행할 수 있도록 하는 것이 바람직하다고 생각된다.

미성년후견인이 될 수 있는 자는 자연인에 한한다(제930조 제3항의 반대해석).

### 2. 미성년후견인의 순위

미성년자의 후견인은 제1순위가 지정후견인, 제2순위가 선임후견인이다.

#### (1) 지정후견인

##### (가) 유언에 의한 미성년후견인의 지정

미성년자의 친권자는 유언으로 미성년후견인을 지정할 수 있으며§931①, 이와 같이 지정된 미성년후견인(지정후견인)은 제1순위 후견인이 된다. 미성년자에 대하여 친권을 행사하는 부모만이 유언으로 미성년후견인을 지정할 수 있으므로, 친권상실(친권의 일시 정지) 등의 이유로 친권을 행사할 수 없는 부모는 미성년후견인을 지정할 수 없다(친권의 일부가 제한된 부모는 유언으로 미성년후견인을 지정할 수 있는가. 제931조에서 “미성년자에게 친권을 행사하는 부모”란 친권 전부를 행사하는 부모를 의미한다고 보아야 할 것이다. 따라서 친권의 일부를 행사할 수 없는 부모는 유언으로 미성년후견인을 지정할 수 없다고 해석된다). 즉 친권의 상실, 일시 정지, 일부 제한의 선고를 받은 경우, 법률행위의 대리권과 재산관리권을 상실하였거나 사퇴한 경우, 성년후견개시의 심판을 받은 경우에는 부모라고 해도 유언으로 후견인을 지정할 수 없다.

친권을 행사하는 부모가 유언으로 미성년후견인을 지정할 수 있는 경우는 현재 친권을 행사하는 父 또는 모가 사망함으로써 친권자가 없게 되는 때이다(즉 단독친권자가 사망하는 경우). 2011년 개정 친권법에 의하면 이혼 등으로 인하여 단독친권자로 지정된 부모의 일방이 사망하면 부모의 다른 일방이 생존해 있는 경우에도 일단 친권자가 없는 상태가 되므로(생존친이 자동으로 친권자가 되지 않으므로, 일단 친권자가 없는 상태가 되어 후견개시의 요건이 충족된다), 단독친권자는 유언으로 미성년후견인을 지정할 수 있다.

법률행위의 대리권과 재산관리권이 없는 친권자는 미성년후견인을 지정할 수 없다§931① 단서. 왜냐하면 이 경우에는 친권 중 대리권과 재산관리권 부분에 관하여 이미 후견이 개시되어 있을 것이고, 친권자가 사망하면 대리권과 재산관리권에 관한 미성년후견인은 피후견인의 신분에 대해서도 임무를 수행하게 되기 때문이다. 다만 이러한 결과가 자녀의 복리에 반하는 경우에는 후견인변경청구§940를 할 수 있을 것이다.

미성년후견인의 지정은 반드시 유언으로 하여야 하며, 민법이 규정한 유언의 방식에 따라야 한다. 미성년후견인을 지정하는 유언의 효력은 유언자의 사망시에 발생하므로, 지정된 사람은 이 때 후견인에 취임한다. 지정후견인은 이 날(후견인 취임일)로부터 1개월 이내에 지정에 관한 유언서, 그 등본 또는 유언녹음을 기재한 서면을 첨부하여 후견개시의 신고를 하여야 한다등 §80 · 82.

(나) 유언에 의한 미성년후견인의 지정 후의 친권자 지정

유언으로 미성년후견인이 지정된 경우에도 법원은 청구에 의하여 후견을 종료시키고 생존친을 친권자로 지정할 수 있다§931②, 가소 §2①라류사건xvii의iii. 미성년자녀의 보호와 양육의 책임은 1차적으로 부모에게 있으므로, 단독친권자가 사망하기 전에 유언으로 후견인을 지정했다고 해도, 생존친이 친권자가 되기를 원하고 또 그에 적합한 능력과 자질을 갖추고 있는 경우에는 친권자로 지정될 수 있는 기회를 열어 주는 것이 바람직할 것이다. 제931조는 사망한 친권자의 유언에 의한 미성년후견인 지정을 일단 유효한 것으로 하되, 다른 한편으로는 생존친이 친권자로 될 수 있는 가능성을 열어 둠으로써 구체적인

사정에 따라 자녀의 복리실현에 유리한 쪽을 선택할 수 있게 하였다는 점에서 환영할 만하다. 이 규정에 의해서 가정법원은 자녀의 복리를 고려하여 지정후견인과 생존친 중에서 자녀의 법정대리인으로서 보다 더 적합한 사람을 선택할 수 있게 되었다.

### (2) 선임후견인

(가) 미성년자에 대하여 후견개시사유가 발생하였으나, 단독친권자가 사망하기 전에 유언으로 미성년후견인을 지정하지 않은 경우에는 가정법원이 직권으로 또는 미성년자, 친족, 이해관계인, 검사, 지방자치단체의 장의 청구에 의하여 후견인을 선임하여야 한다§932, 가소 §2①라류사건xviii. 그러나 단독친권자가 사망한 때(친권의 상실, 일시 정지, 일부 제한의 선고 또는 대리권·재산관리권 상실의 선고를 받은 때)에도 생존친이 있는 경우에는 일정한 기간 내에 가정법원에 친권자 지정 청구를 할 수 있으므로, 이 기간 동안 청구가 없는 경우에 비로소 가정법원은 미성년후견인을 선임하게 된다§909의2①·③, 가소 §2①라류사건xiii의ii.

미성년후견인이 있었으나 사망, 결격§937, 사임§939 등의 이유로 없게 된 경우에도 법원이 후견인을 선임한다.

청구권자로서 이해관계인이 규정되어 있는데, 이해관계인이란 피후견인의 재산이 관리되는 데에 법률상 이해관계가 있는 사람(채권자 등), 아동복지시설의 장 등을 말한다.

(나) 친권자가 대리권 및 재산관리권을 사퇴한 경우에는 지체 없이 가정법원에 미성년후견인의 선임을 청구하여야 한다§932③. 예컨대 부모의 일방이 사망하여 다른 일방이 단독친권자가 된 경우에 그 친권자가 대리권 및 재산관리권을 사퇴하면, 대리권 및 재산관리권 부분에 대해서는 미성년후견이 개시될 수밖에 없으므로, 대리권 및 재산관리권을 사퇴한 친권자로 하여금 미성년후견인의 선임을 청구하도록 한 것이다. 친권자가 대리권 및 재산관리권을 사퇴할 때에는 반드시 가정법원의 허가를 받도록 되어 있으므로§927①, 가정법원이 직권으로 미성년후견인을 선임할 수 있도록 규정을 보완할 필요가 있을 것이다. 한편 이혼 시 단독친권자로 지정된 부모의 일방이 대리권 및 재산관리권을 사퇴하였는데, 이혼 시 친권자로 지정되지 않은 부모의 다른 일방이 있다면, 일정한 기간 내에 가정법원에 대리권 및 재산관리권에 한정하여 친권자 지정 청구를 할 수 있으므로, 이 기간 동안 청구가 없는 경우에 비로소 가

정법원은 미성년후견인을 선임하게 된다§909의2①·③, §927의2①.

(다) 법원은 심판에 의하여 미성년후견인을 선임한다가소 §2①라류사건xviii. 미성년후견인을 선임할 때에는 미성년후견인이 될 사람의 의견을 들어야 한다가소규 §65①. 가정법원이 미성년후견인을 선임한 때에는 미성년후견인에 대하여 그 후견사무 또는 후견감독사무에 관하여 필요하다고 인정되는 사항을 지시할 수 있다가소규 §65③. 선임후견인은 선임일에 취임하며, 취임일로부터 1월 이내에 후견인선임의 재판서의 등본을 첨부하여 후견개시신고나 후견인경질신고를 하여야 한다등 §80·81·82②.

### (3) 그 밖에 특별법에 의한 미성년후견인

(가) 시·도지사 또는 시장·군수·구청장, 아동복지시설의 장 및 학교의 장은 친권자 또는 후견인이 없는 아동을 발견한 경우 그 아동의 복리를 위하여 필요하다고 인정할 때에는 법원에 후견인의 선임을 청구할 수 있다아동복지 §19.[5]

(나) 국가나 지방자치단체가 설치·운영하는 보호시설에 있는 미성년자인 고아에 대하여는 그 보호시설의 장이 후견인이 된다보호시설에 있는 미성년자의 후견직무에 관한 법률 §3①(부모가 있는 아동에 대해서는 가정법원의 허가를 받아야 한다동법 §3③).

국가 또는 지방자치단체 외의 자가 설치·운영하는 보호시설에 있는 미성년자인 고아에 대하여는 대통령령으로 정하는 바에 따라 그 보호시설의 소재지를 관할하는 시장·군수·구청장이 후견인을 지정한다동법 §3②(부모가 있는 아동에 대해서 후견인을 지정하는 경우에는 가정법원의 허가를 받아야 한다동법 §3③).

## 3. 후견인의 결격·사임·변경

### (1) 후견인의 결격

후견인(미성년후견인과 성년후견인·한정후견인 등을 포함한다)은 피후견인의 보호·교양(미성년후견), 신상보호(성년후견) 및 법률행위의 대리·재산관리

5) 현행 아동복지법 제19조 제1항에는 "시·도지사, 시장·군수·구청장, 아동복지시설의 장 및 학교의 장은 친권자 또는 후견인이 없는 아동을 발견한 경우 그 복지를 위하여 필요하다고 인정할 때에는 법원에 후견인의 선임을 청구하여야 한다"라고 규정되어 있다. 그러나 친권자나 후견인이 없는 아동을 발견한 때에는 당연히 후견인의 선임을 청구하여야 할 것이다. 미성년자에게 친권자나 후견인이 없는 상태는 그 자체로서 아동의 복리에 반하기 때문이다. 그러므로 "그 복지를 위하여 필요하다고 인정할 때에는"이라는 요건은 불필요하다.

등의 중요한 임무를 수행하여야 하므로, 이에 적합한 자질과 능력을 갖추고 있어야 한다. 이런 취지에서 민법은 객관적으로 보아서 후견인에게 요구되는 조건을 갖추지 못한 사람에 대해서는 일률적으로 후견인이 될 수 있는 자격을 부정하고 있다. 결격자를 미성년후견인으로 지정한 유언은 무효이며, 가정법원이 결격자를 후견인으로 선임한 경우 그 심판은 무효라고 보아야 할 것이다. 결격사유가 후견인 취임 후 발생한 때에는 결격사유의 발생과 동시에 후견인의 지위를 잃는다. 그 결과 후견인이 없게 된 때에는 다시 후견인을 선임하여야 한다§932① · 936②.

제937조는 후견인이 될 수 없는 사람을 다음과 같이 열거하고 있다.

(가) 미성년자(혼인에 의하여 성년에 달한 것으로 보는 자§826의2는 제외한다고 해석된다)

(나) 피성년후견인, 피한정후견인, 피특정후견인, 피임의후견인

(다) 회생절차개시결정 또는 파산선고를 받은 자

(라) 자격정지 이상의 형의 선고를 받고 그 형기 중에 있는 자

(마) 법원에서 해임된 법정대리인

친권상실§924 또는 대리권 및 관리권의 상실선고§925를 받은 자, 친권의 일부 제한의 선고§924의2를 받은 자, 후견인이었다가 변경된 자§940, 유언집행자였다가 해임당한 자§1106 등이 여기에 해당할 것이다. 친권자가 친권의 일시 정지의 선고§924를 받은 경우를 법원에서 해임된 것으로 볼 수 있을 것인가에 대해서는 의문이 있으나(친권의 일시 정지 기간이 경과하면 법원으로부터 별도의 심판을 받지 않아도 다시 친권을 행사할 수 있게 되기 때문이다), 친권의 일시 정지 선고의 요건이 친권상실선고의 요건과 동일하다(부 또는 모가 친권을 남용하여 자녀의 복리를 현저히 해치거나 해칠 우려가 있는 경우)는 점에 비추어 보면 후견인의 결격사유에 해당한다고 해석하는 것이 타당하다고 생각된다. 따라서 A의 친권자로서 친권상실선고를 받은 자(또는 친권의 일시 정지 선고를 받은 자)는 B의 후견인이 될 수도 없다.

(바) 법원에서 해임된 성년후견인, 한정후견인, 특정후견인, 임의후견인과 그 감독인

법원에서 해임된 성년후견인, 한정후견인, 특정후견인, 임의후견인과 그 감독인은 후견인이 될 수 없다. 위에서 본 '법원에서 해임된 법정대리인'과는 달리 반드시 법정대리인일 필요는 없으므로, 법원으로부터 대리권을 수여받

지 않은 한정후견인이나 특정후견인도 법원에 의하여 해임된 사실이 있는 경우에는 후견인이 될 수 없다. 가정법원에 의하여 해임된 임의후견인도 후견인이 될 수 없으며, 성년후견감독인, 한정후견감독인, 특정후견감독인, 임의후견감독인도 법원에 의하여 해임된 사실이 있으면 후견인이 될 수 없다. 미성년후견감독인이 해임된 경우에 대해서는 규정하고 있지 않으나, 본호가 유추적용된다고 보아야 할 것이다. 따라서 법원에서 해임된 미성년후견감독인은 후견인으로서 결격이라고 해석된다.

임의후견인의 해임에 관해서는 제959조의17 제2항에서 규정을 하고 있지만, 성년후견인, 한정후견인, 특정후견인과 그 감독인 및 임의후견감독인에 대해서는 별도의 해임 규정을 두고 있지 않다. 현저한 비행이나 그 임무에 관한 부정행위, 그 밖에 그에 준하는 사유로 제940조의 후견인 변경(또는 후견감독인의 변경§940의7)에 의하여 후견인(또는 후견감독인)의 지위에서 물러난 경우에는 법원에서 해임된 것으로 보아야 할 것이다.[6)]

(사) 행방이 불분명한 사람

(아) 피후견인을 상대로 소송을 하였거나 소송을 하고 있는 사람

피후견인을 상대로 과거에 소송을 한 일이 있거나 현재 소송을 하고 있는 사람을 말한다. 이러한 사람들은 피후견인과 이해관계가 대립될 가능성이 높으므로, 후견인으로서 공정한 임무수행을 기대하기 어렵다는 것이 그 이유이다. 이러한 취지에 비추어 본다면 피후견인에 대하여 원고로서 소송을 한 경우뿐만 아니라, 피고로서 피후견인으로부터 소송을 당한 경우도 포함된다고 해석해야 할 것이다. 여기서 말하는 소송은 피후견인과 실질적으로 이해관계가 대립되는 것이어야 하며, 재산상·신분상의 소송이 모두 포함된다. 후견인이 피후견인에 대하여 이와 같은 소송을 하는 경우에는 후견인은 당연히 그 지위를 잃게 된다.

(자) 피후견인을 상대로 소송을 하였거나 소송을 하고 있는 사람의 배우자와 직계혈족. 다만 피후견인의 직계비속은 제외한다.

피후견인을 상대로 소송을 하였거나 소송을 하고 있는 사람의 배우자와 직계혈족은 후견인이 될 수 없다. 이러한 사람들도 역시 피후견인과 이해관계가 대립될 가능성이 높아서 공정한 후견임무의 수행을 기대하기 어렵기 때문이다. 그러나 피후견인의 직계비속은 후견인이 될 수 있다. 예를 들어 A가 B

6) 주해친족법 2권, 1220면.

를 상대로 이혼소송을 하여 혼인이 해소된 후에 B가 성년후견개시심판을 받아 피성년후견인이 된 경우, A와 B 사이에서 출생한 C는 B의 성년후견인이 될 수 있다. 후견인의 배우자나 직계혈족이 피후견인에 대하여 소송을 하는 경우, 후견인은 당연히 그 지위를 잃게 된다고 보아야 할 것이다. 피후견인의 배우자 또는 직계혈족과 소송을 하는 것은 결격사유에 해당하지 않는다.

(2) 후견인의 사임

(가) 후견은 사회적으로 보호가 필요한 사람의 복리를 위하여 임무를 수행하는 것으로서 공익적인 성격을 지니므로 임의로 사임할 수 없는 것이 원칙이다. 그러나 후견인이 임무를 수행할 수 없는 사정이 있는 때에도 사임을 허가하지 않는다면 도리어 피후견인의 복리에 반하는 결과로 이어질 것이다. 이런 이유에서 정당한 사유가 있는 때에는 법원의 허가를 받아 사임할 수 있도록 한 것이다§939 1문, 가소 §2①라류사건 x ix.

정당한 사유란 객관적으로 보아서 후견인의 임무를 수행할 수 없는 사정이 있는 경우를 말한다. 예를 들어 후견인이 고령, 질병 등으로 인하여 후견임무를 수행할 수 없거나 외국으로 이주하는 경우 등에는 정당한 사유가 있는 것으로 인정될 수 있다. 사임이 허가되지 않은 경우에 후견인이 후견임무를 수행하지 않는다면 후견인의 변경사유§940에 해당되는 것은 물론, 이와 별도로 피후견인은 후견인에 대하여 의무위반을 이유로 한 손해배상을 청구할 수 있다§956.

(나) 후견인이 사임청구를 하는 경우에는 이와 동시에 가정법원에 새로운 후견인의 선임을 청구하여야 한다§939 2문. 가정법원은 후견인의 사임을 허가하는 심판을 하면서 동시에 후임 후견인을 선임하여야 할 것이다. 이것은 피후견인에게 후견인이 없는 공백상태를 방지하기 위한 규정이다.

(3) 후견인의 변경§940

(가) 입법취지

2005년 민법개정 전의 제940조는 후견인의 해임에 관하여 규정하고 있었는데, "후견인이 현저한 비행이 있거나 그 임무에 관하여 부정행위(不正行爲) 그 밖에 후견인의 임무를 감당할 수 없는 사유가 있는 때에는 법원은 피후견인 또는 제777조의 규정에 의한 친족의 청구에 의하여 후견인을 해임할 수 있"도록 하고 있었다. 이 규정은 2005년 민법개정에 의하여 후견인의 변경 규정으로 대체되었다. 후견인변경제도의 목적은 피후견인의 복리 실현에 가장 적합한 사람으로 하여금 후견의 임무를 수행하게 하려는 데 있다.

2011년 후견법 개정 전에는 법정후견인제도가 있어서 일정한 범위의 친족은 그의 능력이나 자질과 무관하게 법률규정에 의하여 당연히 후견인이 되었는데, 실제로 후견인으로서 적합하지 않은 경우가 적지 않았다. 이런 경우에 법정후견인에 비하여 후견인으로서 보다 적합한 사람이 있다면, 그를 후견인으로 정하여 후견의 임무를 수행하게 하려는 것이 주된 입법목적이었다.

2011년 후견법 개정에 의하여 법정후견인제도가 폐지되고 선임후견인제도로 대체됨으로써 후견이 개시되어야 할 경우에는 가정법원이 일일이 후견인을 선임하게 되었다(이에 대한 예외로서 지정후견인§931①이 있다). 이로써 후견인의 변경이 필요한 경우는 종전보다 감소할 수도 있겠지만, 피후견인의 복리를 위하여 후견인의 변경이 불가피한 경우는 계속해서 존재할 것이므로, 이 규정의 존재의의가 인정된다.

(나) 후견인의 변경

후견인으로서 임무를 수행하는 데 적당하지 않은 사유가 있는 경우뿐만 아니라 후견인 이외의 제3자가 후견인으로서 보다 적합한 경우도 후견인의 변경 사유가 된다. 후견인의 변경이 필요한가의 여부는 피후견인의 복리라는 관점에서 결정되어야 한다. 즉 현재의 후견인을 유지하는 것과 후견인을 변경하는 것 중에서 어느 쪽이 피후견인의 복리 실현에 보다 유리한가를 비교 형량하여 결정할 필요가 있다. 피후견인의 복리는 장·단기적 관점에서 고려되어야 하며, 피후견인과 후견인,[7] 후견인으로 변경되기를 희망하는 사람 등의 의사도 충분히 고려되어야 한다.

후견인의 변경 사유는 2005년 개정 전 제940조 규정의 후견인해임사유보다 넓은 의미로 이해되므로, 개정 전 제940조가 규정하고 있었던 "현저한 비행, 부정행위, 기타 후견의 임무를 감당할 수 없는 사유" 등은 당연히 후견인의 변경 사유에 포함된다.

지정후견인§931이 후견개시신고를 하기 전에 후견인변경청구를 하는 것도 가능하다. 후견인변경청구가 있는 경우 가정법원은 사전처분으로 후견인의 직무집행을 정지시킬 수 있으며가소 §62①, 이때에는 심판의 확정시까지 후견인

7) 미성년후견인·미성년후견감독인을 변경할 때에는 그 변경이 청구된 미성년후견인·미성년후견감독인을 절차에 참가하게 하여야 한다(가사소송규칙 제65조 제2항).

의 임무를 수행할 수 있는 대행자를 지정하여야 할 것이다가소규 §102①의 준용. 심판이 효력이 발생할 때까지 후견인의 직무집행을 정지하고, 청구인을 그 대행자로 선임하는 내용의 사전처분을 하는 것도 가능할 것이다.

(다) 청구권자

가정법원은 직권으로 또는 피후견인, 친족, 후견감독인, 검사, 지방자치단체의 장의 청구에 의하여 후견인을 변경할 수 있다. 2011년 개정 전에는 피후견인의 친족과 검사만이 청구권자로 규정되어 있었으나, 개정법은 청구권자의 범위를 확대하였다.

## 4 미성년자 후견인의 임무

미성년후견인의 임무는 크게 피후견인(미성년자)의 신분에 관한 사항과 재산에 관한 사항으로 나누어진다. 피후견인의 신분에 관한 사항과 관련하여 미성년후견인은 친권자의 역할을 대신하게 되므로, 피후견인의 보호·교양 등을 비롯한 광범위한 임무를 수행하게 된다. 그러나 친권자의 경우와 달리 미성년후견인의 임무 수행에 관하여는 일정한 제한이 가해진다. 예를 들어서 친권자가 정한 보호·교양의 방법을 변경하는 경우에는 미성년후견감독인의 동의를 받아야 한다(후견감독인이 있는 경우에만 동의가 필요하며, 후견감독인이 없는 경우에는 동의를 받을 필요가 없다. 후견감독인은 필수적으로 반드시 있어야 하는 기관이 아니고, 가정법원이 재량으로 선임할 수 있는 임의기관이므로, 후견인에게 후견감독인이 없는 경우도 있을 수 있다§940의3①·940의4①. 아래에서 후견감독인의 동의를 받도록 규정되어 있는 경우도 모두 이와 같다).

이는 미성년후견인에 대한 감독과 견제이며, 피후견인의 복리를 지키기 위하여 불가피한 제도적 장치라고 이해된다.

피후견인의 재산에 관한 사항과 관련하여 미성년후견인은 미성년자의 재산을 관리하고 법률행위를 대리한다. 엄격하고 적정한 재산관리를 위한 필요에서 미성년후견인은 재산목록을 작성하여야 하며, 중요한 재산행위를 할 때에는 미성년후견감독인의 동의를 얻어야 한다. 이러한 규정들 역시 미성년후견인에 대한 견제장치로서 이해될 수 있으며, 그 목적은 미성년자의 재산을 보호하는 데 있다.

☞ 2011년 개정 후견법에 의해서 친족회구 §960 이하는 폐지되고, 이를 대체하는 기관으로 후견감독인이 도입되었다. 이에 따라 개정 전까지 친족회가 수행하여왔던 기능과 역할은 후견감독인이 맡게 되었다. 예컨대 개정법에 따르면, 미성년후견인이 미성년자를 대리하여 영업 혹은 중요한 재산상의 행위를 하거나 또는 미성년자가 이러한 행위를 하는 것에 동의할 때에는 친족회의 동의가 아니라 미성년후견감독인의 동의를 받아야 한다§950①. 그런데 후견감독인은 필수적으로 반드시 있어야 하는 기관이 아니고, 가정법원이 재량으로 선임할 수 있는 임의기관이므로, 후견인에게 후견감독인이 없는 경우도 있을 수 있다§940의3①·940의4①. 이런 경우에는 후견인은 피후견인을 대리하여 영업 혹은 중요한 재산상의 행위를 하거나 또는 미성년자가 이러한 행위를 하는 것에 동의할 때에 누구의 동의도 필요로 하지 않는다. 결과적으로 후견인에 대한 감독과 견제 기능은 개정 이전보다 더 약화되었다고 볼 수 있다.

## 1. 미성년후견인이 취임하였을 때에 하는 것

### (1) 재산조사와 그 목록작성

미성년후견인은 취임 후 지체 없이 피후견인의 재산을 조사하여 2월 내에 그 목록을 작성하여야 한다§941① 본문. 그러나 정당한 사유가 있는 때에는 가정법원의 허가를 얻어 그 기간을 연장할 수 있다§941① 단서, 가소 §2①라류사건xx. 재산조사와 목록작성은 미성년후견감독인의 참여가 없으면 효력이 없다(미성년후견감독인이 있는 경우에 한한다)§941②. 그리고 미성년후견인은 목록작성을 완료하기까지는 긴급히 필요한 경우(소멸시효의 중단·채권자대위·긴급하게 필요한 가옥의 수선·채무자의 재산의 압류 등)가 아니면 그 재산에 관한 권한을 행사하지 못한다§943 본문. 긴급히 필요하지 않는 행위는 무권대리행위가 되는데, 그 행위가 무효라고 하여 이로써 선의의 제3자에게 대항하지 못한다§943 단서.

### (2) 후견인의 채권·채무의 제시

미성년후견인과 피후견인 사이에 채권·채무의 관계가 있는 때에는 미성년후견인은 재산목록의 작성을 완료하기 전에 그 내용을 미성년후견감독인에게 제시하여야 한다(미성년후견감독인이 있는 경우에 한한다)§942①. 미성년후견인이 피후견인에 대한 채권이 있음을 알고도 이 제시를 게을리 한 때에는 그 채권을 포기한 것으로 본다§942②.

### (3) 미성년후견인 취임 후 피후견인이 포괄적 재산을 취득한 경우

위에서 설명한 내용은 미성년후견인의 취임 당시에 있어서의 의무이나, 그 후에도 피후견인이 포괄적 재산을 취득한 경우 — 예컨대 상속, 포괄적 수증 — 에는 미성년후견인은 그 재산목록을 작성하는 등 위에서 설명한 것과 동일한 의무를 진다§944.

## 2. 미성년자의 신분에 관한 권리 · 의무

### (1) 친권자와 동일한 권리 · 의무

미성년후견은 친권의 연장이므로, 그 당연한 결과로서 피후견인의 신분[8]에 대해서 친권자와 동일한 권리의무가 있다.

(가) 미성년후견인은 피후견인인 미성년자의 신분에 대해서 친권자와 동일한 권리의무를 가지나, 일정한 제한을 받는다§945.

① 보호 · 교양의 권리의무: 피후견인을 보호하고 교양할 권리의무가 있다§945에 의한 §913의 준용. 그러나 친권자가 정한 교양방법(교육방법과 양육방법)을 변경하는 경우에는, 미성년후견감독인의 동의를 받아야 한다(미성년후견감독인이 있는 경우에 한한다. 이하 같다§945 i ).

② 거소지정권: 피후견인의 거소를 지정한다§945에 의한 §914의 준용. 그러나 친권자가 정한 거소를 변경하는 경우에는 교양방법의 변경과 마찬가지로 미성년후견감독인의 동의를 받아야 한다§945 i .

③ 영업허락권§8: 친권자가 허락한 영업을 취소 또는 제한하는 경우에도 미성년후견감독인의 동의를 받아야 한다§945iii.

④ 피후견인의 인도청구권: 친권자와 마찬가지로, 미성년후견인은 피후견인을 부당하게 억류한 자에 대하여 인도청구권이 있다.

⑤ 의료행위에 대한 동의권: 미성년후견인은 친권자와 마찬가지로 미성년자에 대해서 보호 · 교양의 권리의무가 있으므로§945, 미성년자에 대한 의료

---

8) 제945조에서는 미성년자의 '신분'이라는 용어를 사용하고 있으나, 성년후견제도가 신설되면서 피성년후견인 등에 대해서는 '신상'보호라는 개념을 사용하고 있다§938③ · 947 · 947의2① · 959의14①. 이 두 가지 개념은 그 의미에 있어서 본질적으로 차이가 없는 것으로 보이므로, 어느 하나로 통일하여 사용하는 것이 바람직할 것이다. 신분이라는 용어가 원래 친족관계에서의 지위를 의미한다는 점을 고려한다면, 미성년자의 보호 · 양육에 관한 사항에 대해서는 이제 '신분'이라는 용어를 '신상보호'라는 용어로 대체해도 무방할 것으로 생각된다.

행위에 대하여 동의권을 행사할 수 있다고 해석된다.[9] 이와 관련하여 미성년후견인은 친권자와 마찬가지로 아무런 제약 없이 의료행위에 대한 동의권을 행사할 수 있는가의 문제가 제기될 수 있다. 친권자와 달리 미성년후견인에 대해서는 일정한 견제와 감독이 필요하다는 점을 인정한다면, 이 경우에도 성년후견인의 경우와 같은 감독장치가 필요하다고 생각된다. 따라서 미성년후견인이 의료행위에 대한 동의를 하는 경우에는 제947조의2(피성년후견인의 신상결정) 규정을 유추적용하여야 할 것이다. 이에 따라 미성년자의 경우에도 그의 상태가 허락하는 범위에서는 의료행위에 대해서 스스로 동의할 수 있고, 미성년후견인이 피후견인인 미성년자를 정신병원 등에 격리 수용하려는 경우에는 가정법원의 허가를 받아야 한다고 해석된다. 또한 미성년자가 의료행위의 직접적인 결과로 사망하거나 상당한 장애를 입을 위험이 있을 때에도 가정법원의 허가를 받아야 할 것이다.[10]

(나) 미성년후견인이 피후견인을 보호·교양하기 위한 비용은 미성년후견인의 부담이 아니다. 양육비용은 부모 또는 그 밖의 부양의무자의 부담이다 대결 2021. 5. 27, 2019스621.[11] 그러나 미성년후견인 자신이 친족으로서 부양의무를 지는 경우§974 이하가 있을 수 있다. 후견에 대해서는 제681조가 일반적으로 준용되므로§956, 미성년후견인은 피후견인의 신상에 관하여 후견임무를 수행함에 있어서도 선량한 관리자의 주의를 하여야 한다.

### (2) 신분행위의 대리권과 동의권

미성년후견인도 법률이 정하는 일정한 경우에는 피후견인의 신분행위에 대하여 대리권과 동의권을 가진다.

(가) 대리권을 가지는 경우

i) 혼인적령미달자의 혼인에 대한 취소§817, ii) 인지청구의 소§863, iii) 13세 미만의 피후견인의 입양·친양자 입양에 대한 대락§869② · 908의2① v, iv) 미성년자가 양친이 된 입양의 취소§885, v) 미성년자가 동의권자의 동의를 얻지

---

9) 김천수, 환자의 친권자·후견인의 동의권, 민법학논총 2권(1995), 457면 이하.

10) 가사소송법 제45조의3 제9호는 피성년후견인의 경우와 마찬가지로 미성년자(피미성년후견인)에 대한 의료행위의 동의에 대한 허가 심판을 하는 때에도 미성년자(피미성년후견인)의 진술을 들어야 한다고 규정하고 있다. 이는 피후견인이 미성년자인 경우에도 민법 제947조의2 제3항, 제4항이 적용되는 것을 전제로 한 규정이라고 이해할 수 있다.

11) 따라서 부모의 친권 중 양육권만이 제한되어 미성년후견인이 자녀에 대한 양육권을 행사하는 경우, 미성년후견인은 부모인 비양육친을 상대로 양육비를 청구할 수 있다.

않고 양자가 되었을 때의 취소§886, vi) 상속의 승인·포기§1019·1020, vii) 그 밖에 가사소송법의 규정에 의하여 친권자의 경우와 마찬가지로 법정대리인으로서 신분관계의 소송을 제기할 수 있다가소 §23·28·31.

(나) 동의권이 있는 경우

i) 미성년자의 약혼§801, ii) 미성년자의 혼인§808①, iii) 13세 이상의 피후견인의 입양·친양자 입양§869①·908의2①iv 등에 대하여 동의를 할 수 있다.

## 3. 미성년자의 재산에 관한 권리의무

### (1) 대리권과 재산관리권

미성년후견인은 피후견인의 법정대리인이 되어§938①, 피후견인의 재산을 관리하고 그 재산에 관한 법률행위에 대하여 피후견인을 대리한다§949①.[12)]

(가) 피후견인에게 의사능력이 있을 때에는 피후견인의 법률행위에 동의를 할 수도 있다.

(나) 재산관리권에 처분권이 포함되는 것은 친권과 마찬가지다. 그러나 중요한 행위에 대해서는 제950조의 규정에 의한 제한이 있다.

(다) 피후견인의 행위를 목적으로 하는 채무를 부담할 경우에는 피후견인의 동의를 얻어야 한다§949②에 의한 §920 단서의 준용. 친권자와 마찬가지로, 미성년후견인도 피후견인을 대리하여 근로계약을 체결할 수 없다근기 §67①.

(라) 친권자와 달리 미성년후견인은 재임 중 피후견인의 재산을 선량한 관리자의 주의의무를 가지고 관리하여야 한다§956에 의한 §681의 준용. 재산관리비용은 피후견인의 재산으로부터 지급할 수 있으나, 수익권은 인정되지 않는다.

(마) 친권자의 경우와 마찬가지로, 제3자가 미성년후견인의 관리에 반대하는 의사를 표시하여 피후견인에게 수여한 재산에 대해서는 미성년후견인은 관리권을 가지지 못한다§956에 의한 §918의 준용. 이 경우에 피후견인에게 재산을 증여한 제3자가 관리인을 지정하지 않았을 때에는 가정법원이 선임하는 관리인이 그 재산을 관리한다.

### (2) 중요한 행위에 대한 제한

미성년후견인이 피후견인을 대리하여 다음과 같은 행위를 하거나 미성년

12) 피후견인의 재산에 관한 법률행위나 소송행위를 대리할 때에 후견인은 피후견인의 명의로 하여야 한다(대판 1965. 7. 6, 65다919·920, 집 13권 2집, 15면).

자의 다음과 같은 행위에 동의를 할 때에는 미성년후견감독인의 동의를 받아야 한다(미성년후견감독인이 있는 경우에 한한다)§950①.

(가) 영업에 관한 행위§950① i

제8조의 영업과 마찬가지이며, 널리 영리를 목적으로 하는 계속적이며 독립적인 업무를 경영하는 것을 말한다.

(나) 금전을 빌리는 행위§950① ii

개정 전 민법은 '차재(借財)'라는 용어를 사용하고 있어서 금전소비대차에 한하지 않고 준소비대차나 약속어음의 발행, 배서도 포함된다고 해석되었다. 그런데 개정민법은 차재(借財)를 '금전을 빌리는 행위'로 수정하였다. 차재 중에서 현실적으로 가장 중요하고 빈번한 사례인 금전차용행위로 한정해도 충분하다는 취지로 이해된다.[13] 그러나 금전소비대차에 대한 후견감독인의 동의를 회피하기 위하여 사실상 금전소비대차와 같은 결과를 초래하는 탈법행위를 할 가능성도 있으므로, 이러한 행위에 대해서는 '금전을 빌리는 행위'에 준하여 해석할 필요가 있을 것이다.

(다) 의무만을 부담하는 행위§950① iii

채무인수, 연대채무의 부담, 보증, 담보의 제공, 증여를 하는 것과 같이 권리는 취득하지 않고 의무만을 부담하는 행위를 말한다.

(라) 부동산 또는 중요한 재산에 관한 권리의 득실변경을 목적으로 하는 행위§950① iv

증여, 매매 등 직접 권리의 득실을 목적으로 하는 행위뿐만 아니라 권리상실의 위험을 수반하는 소비대차, 소비임치, 저당권설정 등도 포함된다. 저작권·특허권·상표권과 같은 무체재산권 등의 득실을 목적으로 하는 행위도 여기에 포함된다고 보아야 할 것이다.

(마) 소송행위§950① v

피후견인이 민사소송이나 가사소송의 원고가 되어 하는 소송행위를 의미한다.[14] 심급마다 동의를 얻을 필요는 없다. 피고로서 응소하는 것, 증인·감

---

13) 김형석, 민법 개정안에 따른 성년후견법제, 가족법연구 24권 2호(2010), 134.

14) 민사소송에 있어서도 후견인(미성년후견인, 대리권 있는 성년후견인 또는 대리권 있는 한정후견인)이 상대방의 소제기 또는 상소에 관하여 소송행위를 하는 경우에는 그 후견감독인으로부터 특별한 권한을 받을 필요가 없다(민소 제56조 제1항). 그러나 후견인이 소송계속 중에 판결에 기하지 않고 소송을 종료시키는 행위, 즉 소의 취하, 화해, 청구의 포기·인낙 또는 민사소송법 제80조에 따른 탈퇴를 하기 위해서는 후견감독인으로부터 특별

정인으로서 법원에 출석하여 진술하는 것, 행정소송행위, 형사소송행위나 비송사건의 신청은 여기서 말하는 소송행위에 포함되지 않는다.

(바) 상속의 승인, 한정승인 또는 포기 및 상속재산의 분할에 관한 협의§950①vi

미성년후견인은 피후견인을 대리하여 상속의 승인, 한정승인, 포기를 할 수 있으나§1019·1020, 미성년후견인이 피후견인 이외의 공동상속인과 통모하여 피후견인에게 불리한 결정을 할 수 있으므로(예컨대 피후견인을 대리하여 상속포기신고를 함으로써 피후견인의 상속분이 다른 공동상속인에게 귀속하게 할 수 있다), 미성년후견감독인의 동의를 받도록 한 것이다. 또한 미성년후견인이 피후견인을 대리하여 상속재산분할협의를 하는 경우에도 사실상 상속을 포기하면 피후견인은 상속재산으로부터 아무 것도 받을 수 없게 되므로(다른 공동상속인의 상속분은 그만큼 증가하는 결과가 된다), 사전에 미성년후견감독인의 동의를 받도록 하였다.

(사) 후견감독인의 동의 없이 위의 행위를 한 경우

미성년후견감독인이 있는 경우에 미성년후견인이 위와 같은 행위를 그의 동의 없이 하였을 때에는 피후견인 또는 미성년후견감독인이 취소할 수 있다§950③.[15] 그러나 소송행위는 법률행위와는 달라 동의를 얻지 않은 소송행위는 취소할 수 있는 것이 아니라 무효가 되며, 소송행위 중의 동의 또는 추인으로 소급하여 유효가 된다민소 §60.[16]

그리고 이러한 경우에 상대방의 미성년후견감독인에 대한 추인여부의 최고에는 상대방의 최고권(상대방의 확답을 촉구할 권리)§15에 관한 규정이 준용된다§952. 미성년후견감독인의 동의를 필요로 하는 경우에 미성년후견인이 이를 받지 않고 대리행위를 하였는데, 행위의 상대방이 과실 없이 동의를 얻은 것으로 믿고, 더욱이 그렇게 믿을 만한 정당한 이유가 있으면 제126조의 표현대리가 성립한다고 보아야 한다.[17]

---

한 권한을 받아야 한다. 다만, 후견감독인이 없는 경우에는 가정법원으로부터 특별한 권한을 받아야 한다(민소 제56조 제2항).

15) 대판 1993. 7. 27, 92다52795, 신판례체계, 950-1은 재판외의 의사표시로도 취소할 수 있다고 한다.

16) 대판 2001. 7. 27, 2001다5937, 판례공보 2001. 9. 15, 1945면.

17) 대판 1997. 6. 27, 97다3828, 판례공보 1997. 8. 15, 2334면; 판례평석, 윤진수, '친족회의 동의를 얻지 않은 후견인의 법률행위에 대한 表見代理의 성립여부', 아세아여성법학 3호(2000. 6).

(아) 후견감독인의 동의를 갈음하는 허가

미성년후견감독인의 동의가 필요한 행위에 대하여 미성년후견감독인이 피후견인의 이익이 침해될 우려가 있음에도 동의를 하지 않는 경우에는 가정법원은 미성년후견인의 청구에 의하여 미성년후견감독인의 동의를 갈음하는 허가를 할 수 있다§950②, 가소 §2①라류사건xxi의4.

(3) 피후견인에 대한 제3자의 권리양수의 제한

(가) 미성년후견인이 피후견인에 대한 제3자의 권리를 양수하는 경우에는 피후견인은 이를 취소할 수 있다§951①. 제3자가 피후견인에 대하여 가지는 권리를 후견인이 양수하는 것은 그 자체로서 이해상반행위라고는 할 수 없으나, 결과적으로 후견인과 피후견인 사이에 이해의 대립관계가 발생하여 피후견인의 이익을 해칠 염려가 있기 때문이다.

미성년후견인이 피후견인에 대한 제3자의 권리를 양수하는 경우에 미성년후견감독인이 있으면 그의 동의를 받아야 한다. 그러나 미성년후견감독인은 필수기관이 아니므로, 미성년후견인에게 미성년후견감독인이 없는 경우도 있을 수 있는데, 이런 때에는 미성년후견인은 누구의 동의도 받지 않고 피후견인에 대한 제3자의 권리를 양수할 수 있다(예컨대 미성년후견인 A가 피후견인 B에 대한 채권자 C의 채권을 양수하는 경우). 그러나 이러한 행위는 피후견인의 이익을 침해할 수 있으므로, 피후견인이 취소할 수 있게 한 것이다(피후견인은 행위능력자가 되기 전이라도 법정대리인의 대리에 의하지 않고 스스로 이를 취소할 수 있다. 그러나 취소권을 행사할 때 의사능력은 필요하다. 따라서 피후견인이 의사능력이 없는 미성년자인 경우에는 의미가 없는 규정이다).

(나) 미성년후견인이 피후견인에 대한 제3자의 권리를 양수하는 경우에 미성년후견감독인이 있으면 그의 동의를 받아야 한다. 이에 위반한 행위는 피후견인 또는 미성년후견감독인이 취소할 수 있다§951②. 이 경우 최고권에 관한 제15조가 준용된다§952에 의한 §15의 준용. 따라서 후견인 또는 제3자는 후견감독인에 대하여 1월 이상의 기간을 정하여 그 행위의 추인여부의 확답을 최고할 수 있으며, 그 기간 내에 확답하지 않은 때에는 그 행위를 추인한 것으로 본다. 피후견인이 능력자가 된 후에는 피후견인이었던 자에 대해서도 최고를 할 수 있다.

### (4) 미성년후견인과 피후견인의 이해가 상반되는 행위

미성년후견인이 피후견인과 이해가 상반되는 행위를 하는 경우에는 미성년후견감독인이 피후견인을 대리한다§940의6③. 그러나 미성년후견감독인이 없는 경우에는 미성년후견인은 피후견인을 위하여 법원에 특별대리인의 선임을 청구하여야 한다§949의3에 의한 §921의 준용, 가소 §2①라류사건xvi. 예컨대, 미성년후견인이 피후견인 소유의 부동산을 매수하려고 하는 경우에는 미성년후견인이 피후견인을 대리할 수 없으며, 미성년후견감독인이 피후견인을 대리하여야 한다. 미성년후견감독인이 없는 경우에는 법원이 선임한 특별대리인이 피후견인을 대리하여야 한다(즉, 이 경우 미성년후견인은 피후견인의 특별대리인과 계약을 체결하게 된다).

## 4. 소송행위에 관한 권한

미성년후견인은 미성년자의 소송행위도 대리할 수 있으나, 미성년자가 독립하여 법률행위를 할 수 있는 경우에는 그러하지 아니하다민소 §55. 미성년자가 독립하여 법률행위를 할 수 있는 경우에는 그에 관한 소송능력도 인정된다민소 §51. 예컨대, 영업의 허락을 받은 미성년자가 그 영업에 관한 법률행위를 하는 경우§8에는 그 범위 내에서 소송능력도 인정된다. 미성년자는 단독으로 임금을 청구할 수 있으므로, 임금청구에 관하여는 소송능력도 가진다.

## 5. 친권의 대행

미성년후견인도 피후견인에 갈음하여 그 子에 대한 친권을 행사한다§948①(피후견인에게 미성년자가 있는 경우). 그 관계는 친권자가 미성년자인 子에 갈음하여 친권을 행사하는 경우와 마찬가지다§910(미성년자가 혼인외의 子를 낳은 경우 미성년자의 친권자가 그 혼인외의 子에 대한 친권을 대행한다).

다만 이 경우에는 미성년후견인의 임무에 관한 규정을 준용하게 된다§948②. 즉 i) 대행을 개시할 때에 대행되는 친권에 따르는 子(즉 피후견인의 子)의 재산을 조사하고 채권·채무를 제시하여야 한다§941·942. ii) 신상보호에 있어서는 미성년후견인의 취임 전에 피후견인의 친권자가 친권을 대행할 때에 정한 교양방법 또는 거소를 변경하는 경우, 피후견인의 친권자가 친권을 대행할 때에 허락한 영업을 취소 또는 제한하는 경우에는 미성년후견감독인이 있으면 그의 동의를 받아야 한다§945 단서. 그 子의 재산상의 행위의 대리와 동의에 대하여 미성년후견감독인의 동의를 받아야 할 경우가 있으며§950, 그 子에 대한 제3자의 권리를 양수하는 경우에도 역시 미성년후견감독인의 동의를 받아야 한다§951②. 그리고 미성년후견감독인은 그 대행사무에 대해서도 임무수행에 대한 보고와 재산목록의 제출을 요구할 수 있고 그 子의 재산상황을 조사할 수 있다§953. 또 후견인은 그 대행사무에 대해서 보수를 받을 수 있다§955. ⅲ) 요컨대 친권의 대행이지만, 직접 후견인이 된 것과 똑같은 제한을 받는 것이다. 그리고 친권자가 대리권·관리권을 행사할 때에는 주의의무가 경감되지만§922, 미성년후견인이 대행하는 경우에는 선량한 관리자의 주의를 하여야 한다§956에 의한 §681의 준용.

## 6. 친권 중 일부에 한정된 미성년후견

(1) 친권의 일부 제한이 선고되어§924의2 친권자가 친권 중 일부를 행사할 수 없는 경우에 미성년후견인은 친권이 제한된 범위 내에서 후견인의 임무를 수행한다§946. 예컨대 친권 중에서 거소지정권이 제한되었다면 미성년후견인은 친권자를 대신하여 거소지정권을 행사할 수 있으나, 그 밖의 친권은 친권자가 행사하게 된다.[18)]

(2) 친권자가 법률행위의 대리권과 재산관리권을 상실했거나 사퇴한 경우에는 미성년후견인은 재산에 관한 권한, 즉 피후견인의 재산관리·재산행위의 대리 및 동의의 권한만을 가지고, 子의 신분에 관해서는 친권자가 친권을 행사한다§946.

(3) 친권 중 일부에 한정된 권한을 가진 미성년후견인도 제한된 범위 외

---

18) 단독친권자인 모의 친권 중에서 양육권이 제한된 경우라면(이 경우 모에게는 재산관리권과 법정대리권이 남는다), 미성년후견인으로 선임된 조부는 자녀의 양육에 관한 사항(보호·교양권, 거소지정권 등)에 대해서만 후견인의 임무를 수행할 수 있으며, 모에 대하여 양육비를 청구하는 것도 가능하다(대결 2021. 5. 27, 2019스621: 민법 제924조의2에 따른 친권의 일부 제한으로 미성년자녀에 대한 양육권한을 갖게 된 미성년후견인도 민법 제837조를 유추적용하여 비양육친을 상대로 가사소송법 제2조 제1항 제2호 (나)목 3)에 따른 양육비심판을 청구할 수 있다).

의 친권을 행사하는 친권자가 없어지면 당연히 나머지 부분에 대해서도 후견인의 권한을 취득한다고 보아야 한다§931 참조. 예컨대 친권자가 대리권·관리권을 상실한 경우에는 미성년후견인은 피후견인의 재산관리·재산행위의 대리 및 동의의 권한만을 갖지만, 보호·교양권을 행사하는 친권자가 없어지면 보호·교양권도 취득한다. 물론 재산관리에 관한 미성년후견인이 피후견인의 보호·교양에 적합하지 않다고 인정되는 경우에는 후견인변경 사유가 될 수 있다§940.

## 7. 미성년후견감독인·가정법원의 감독

미성년후견감독인은 언제든지 미성년후견인에 대하여 그 임무수행에 관한 보고와 재산목록의 제출을 요구할 수 있고, 피후견인의 재산상황을 조사할 수 있다§953. 또 가정법원은 직권으로 또는 피후견인, 후견감독인, 제777조의 규정에 의한 친족 그 밖의 이해관계인, 검사, 지방자치단체의 장의 청구에 의하여 피후견인의 재산상황을 조사하고, 미성년후견인에게 재산관리 등 후견임무수행에 관하여 필요한 처분을 명할 수 있다§954, 가소 §2①라류사건xxii. 가정법원의 이러한 일반적 감독권은 피후견인의 보호를 위하여 인정된 것이지만, 실제로 얼마나 효과가 있을지는 의문이다.

## 8. 후견인의 보수

후견임무를 수행하는 것은 경우에 따라서는 후견인에게 큰 부담이 될 수 있으므로, 여건이 허락하는 경우에는 적절한 보수를 제공하는 것이 바람직하다. 가정법원은 후견인의 청구에 의하여 피후견인의 재산상태 기타 사정을 참작하여 피후견인의 재산 중에서 상당한 보수를 후견인에게 수여할 수 있다§955, 가소 §2①라류사건xxiii.

# 5 미성년후견의 종료

## 1. 미성년후견이 종료하는 경우

(1) 미성년후견의 종료에는, 후견 그 자체가 종료하는 경우(절대적 종료)와 후견은 종료하지 않으나 현재 후견임무를 수행하는 미성년후견인의 임무가 종료하는 경우(상대적 종료)가 있다.

(2) 절대적으로 종료하는 경우는, ① 첫째, 미성년자 보호의 필요성이 없어지는 경우, 즉 i) 피후견인의 사망, ii) 피후견인이 성년에 달한 경우, iii) 피후견인이 혼인하여 성년에 달한 것으로 의제되는 경우, ② 둘째, 종전의 친권으로 이행하는 경우, 즉 i) 친권자에 대하여 성년후견종료의 심판이 확정된 경우§11, ii) 실권회복의 선고§926, iii) 대리권·관리권의 사퇴와 회복§927 등이며, ③ 셋째, 새로 친권자가 생기는 경우, 즉 i) 피후견인이 양자가 되어서 양친의 친권에 따르는 것, ii) 부모를 알지 못하여 후견이 개시되었던 피후견인의 모가 판명되거나 父에 의하여 인지된 경우, iii) 단독친권자의 사망, 양부모의 사망 등으로 인하여 미성년후견인이 선임되었는데, 그 후 가정법원이 생존친 또는 친생부모를 친권자로 지정한 경우§909의2⑥, iv) 단독친권자에게 소재불명 등 친권을 행사할 수 없는 중대한 사유가 있어서 미성년후견인이 선임되었는데, 그 후 부 또는 모가 다시 친권을 행사할 수 있게 되어(예컨대, 소재불명이었던 부 또는 모가 나타난 경우) 가정법원에서 새로 친권자로 지정한 경우§927의2②iii, V) 유언으로 미성년후견인이 지정되었으나§931① 가정법원이 청구에 의하여 생존친을 친권자로 지정한 경우§931② 등이다.

(3) 상대적으로 종료하는 경우는, 후견인의 사망·사임·변경·결격의 사유가 발생하였을 때 등이다.

(4) 후견종료의 사유는 이를 상대방에게 통지하거나 상대방이 이를 안 때가 아니면 그 종료로써 상대방에게 대항할 수 없다§959에 의한 §692의 준용. 여기서 상대방이란 후견사무처리에 관한 상대방을 의미하며, 피후견인에 대해서는 후견인이 되고, 후견인에 대해서는 피후견인이 된다. 사망에 의한 후견종료의

경우에는 그 상속인이나 법정대리인에게 통지하여야 한다.

## 2. 후견종료 후의 미성년후견인의 임무

절대적이든 상대적이든 관계없이 후견의 종료에 의하여 미성년후견인의 임무는 종료하는 것이 원칙이지만, 이로 인하여 전적으로 의무를 면하는 것은 아니며, 임무 종료 후에도 다음과 같은 정리절차가 남아 있다.

### (1) 관리의 계산

후견종료 후의 가장 중요한 절차로서 미성년후견인 또는 그 상속인은 임무가 종료한 때부터 1개월 내에 피후견인의 재산에 관한 관리의 계산을 하여야 한다. 그러나 정당한 사유가 있는 때에는 가정법원의 허가를 받아 그 기간을 연장할 수 있다§957①, 가소 §2①라류사건xxiv. 그리고 이 계산은 부정이 행하여지지 않고 정확한 것을 필요로 하므로, 미성년후견감독인이 있는 경우에는 그의 참여가 없으면 효력이 없다§957②.

계산의 보고를 누구에게 하여야 할 것인가에 대하여는 규정하는 바 없다. 그러나 일의 성질상, i) 상대적 종료의 경우에는 후임의 미성년후견인에게, ii) 절대적 종료의 경우 중에서, 친권으로 이행하였을 때에는 친권자에게, 피후견인이 성년에 달하였을 때에는 본인에게, 피후견인이 사망한 경우에는 그 상속인에게 각각 보고하여야 한다고 해석하는 것이 타당할 것이다.

미성년후견인이 피후견인에게 지급할 금액이나 피후견인이 미성년후견인에게 지급할 금액에는 계산종료의 날부터 이자를 부가하여야 한다§958①. 또 미성년후견인이 자기를 위하여 피후견인의 금전을 소비한 때에는, 그 소비한 날부터 이자를 부가하고 피후견인에게 손해가 있으면 이를 배상하여야 한다 §958②.

### (2) 후견종료와 긴급처리

후견종료의 경우에 급박한 사정이 있는 때에는 미성년후견인, 그 상속인이나 법정대리인은 피후견인, 그 상속인이나 법정대리인이 스스로 그 사무를 처리할 수 있을 때까지 그 사무의 처리를 계속하여야 한다. 이러한 경우에는 후견의 존속과 동일한 효력이 있다§959에 의한 §691의 준용.

(3) 후견종료의 신고

후견종료의 신고는 등록법이 정하는 바에 따라서 미성년후견인이 1월 이내에 이를 하여야 한다등 §83 본문. 다만, 미성년자가 성년에 달하여(혼인에 의한 성년의제를 포함한다) 후견이 종료되는 경우에는 신고를 할 필요가 없으며, 가족관계등록공무원이 직권으로 후견종료사유를 기록하여야 한다등 §83 단서.

## 6 후견감독기관

미성년후견사무를 감독하는 기관에는 가정법원과 미성년후견감독인이 있다.

### 1. 가정법원

가정법원이 미성년후견사무의 감독과 관련하여 관여하는 사항은 다음과 같다. 즉 i) 미성년후견인의 선임§932, ii) 후견인의 사임허가§939, iii) 후견인의 변경§940, iv) 재산목록작성 기간의 연장허가§941① 단서, v) 후견임무수행에 관한 필요한 처분명령§954, vi) 후견인에 대한 보수 수여§955, vii) 후견사무종료시 관리계산 기간의 연장허가§957① 단서 등이다.

### 2. 미성년후견감독인

(1) 친족회의 폐지와 후견감독인제도의 도입

2011년 개정 후견법에 의해서 친족회구 §960 이하는 폐지되고, 이를 대체하는 기관으로 후견감독인이 도입되었다. 이에 따라 개정법 시행 전까지(2013년 6월 30일까지) 친족회가 수행하여왔던 기능과 역할은 후견감독인이 맡게 되었다. 예컨대 개정법에 따르면, 미성년후견인이 미성년자를 대리하여 영업 혹은 중요한 재산상의 행위를 하거나 또는 미성년자가 이러한 행위를 하는 것에 동의할 때에는 친족회의 동의가 아니라 미성년후견감독인의 동의를 받아야 한다§950①. 그런데 후견감독인은 필수적으로 반드시 있어야 하는 기관이 아니고, 가정법원이 재량으로 선임할 수 있는 임의기관이므로, 후견인에게 후견감독인이 없는 경우도 있을 수 있다§940의3①·940의4①. 이런 경우에는 후견인은 피후견인을 대리하여 영업 혹은 중요한 재산상의 행위를 하거나 또는 미성년자가 이러한 행위를 하는 것에 동의할 때에 누구의 동의도 필요로 하지 않는다. 결과적으로 후견인에 대한 감독과 견제 기능은 개정 이전보다 더 약화되었다고 볼 수 있다.

(2) 미성년후견감독인의 종류

(가) 지정후견감독인

미성년후견인을 지정할 수 있는 사람은 유언으로 미성년후견감독인을 지정할 수 있다(제1순위 미성년후견감독인§940의2). 즉 최후로 친권을 행사하던 부 또는 모§931①는 유언으로 미성년후견인과 미성년후견감독인을 동시에 지정할 수 있다.

(나) 선임후견감독인

가정법원은 지정된 미성년후견감독인이 없는 경우에 '필요하다고 인정하면' 직권으로 또는 미성년자, 친족, 미성년후견인, 검사, 지방자치단체의 장의 청구에 의하여 미성년후견감독인을 선임할 수 있다(제2순위 미성년후견감독인). 가정법원은 미성년후견인을 선임한 후라도 필요하다고 인정하면 미성년후견감독인을 선임할 수 있으므로 미성년후견감독인의 선임이 반드시 미성년후견인의 선임과 동시에 이루어져야 하는 것은 아니다.

가정법원은 미성년후견감독인이 사망, 결격, 그 밖의 사유로 없게 된 경우에는 직권으로 또는 미성년자, 친족, 미성년후견인, 검사, 지방자치단체의 장의 청구에 의하여 미성년후견감독인을 선임한다§940의3②, 가소 §2①라류사건xviii의3. 다른 종류의 후견감독인과 마찬가지로 미성년후견감독인도 가정법원이 필요에 따라 선임할 수 있는 임의기관이지만, 일단 지정 또는 선임에 의한 미성년후견감독인이 존재하다가 사망 등의 사유로 없게 된 경우에는 가정법원은 직권으로 또는 청구에 의하여 후임 미성년후견감독인을 선임하여야 한다. 친권자가 유언으로 미성년후견감독인을 지정한 경우이든 가정법원이 미성년후견감독인을 선임한 경우이든, 모두 미성년후견감독인의 필요성이 인정되었던 사안이라고 할 수 있다. 따라서 이러한 경우에 후견감독인이 사망 등의 이유로 없게 되었다면 후견감독사무의 공백으로 인하여 피후견인의 복리가 침해될 가능성을 배제할 수 없기 때문이다. 다만 그 사이에 후견감독의 필요성이 완전히 소멸되어 더 이상 후견감독인을 선임해야 할 필요가 없게 되었다면, 예외적으로 후임 후견감독인을 선임하지 않아도 무방할 것이다.

미성년후견감독인은 복수로 선임할 수 있고, 법인도 미성년후견인이 될 수 있다.

## 7 보호를 필요로 하는 성년자를 위한 후견제도(성년후견)

### 1. 성년자를 위한 새로운 보호제도의 유형과 개관

2011년 개정 후견법은 금치산자, 한정치산자 제도를 폐지하고, 그 대신 요보호 성인의 보호를 위하여 성년후견, 한정후견, 특정후견, 임의후견 등 새로운 유형의 보호제도를 도입하였다.

개정법에 의하여 새로 도입된 제도를 통칭하여 보통 '성년후견'이라고 부르는데, 이 때 성년후견이란 성년후견, 한정후견, 특정후견, 임의후견 등 새로운 유형의 보호제도를 모두 포괄하는 개념이다(넓은 의미의 성년후견). 반면에 넓은 의미의 성년후견 중에는 특정의 보호유형으로서 '성년후견'이 포함되어 있는데§9~11, 이를 넓은 의미의 성년후견과 구별하여 좁은 의미의 성년후견이라고 정의할 수 있다. 우선 새로운 제도에 대하여 개관해 보면 다음과 같다.[19]

#### (1) 성년후견

성년후견개시의 심판을 받은 사람을 피성년후견인이라고 하는데, 피성년후견인이 한 법률행위는 원칙적으로 취소할 수 있다§10①. 그러나 가정법원은 피성년후견인에게 남은 능력 등을 고려하여 취소할 수 없는 법률행위의 범위를 정할 수 있다§10②(예컨대 피성년후견인 갑이 5만원 이하의 물건을 구입하는 행위는 취소할 수 없도록 하는 것). 그 범위 내에서는 피성년후견인도 독자적으로 유효한 법률행위를 할 수 있다. 또한 가정법원에 의한 별도의 심판이 없더라도 일용품의 구입 등 일상생활에 필요하고 그 대가가 과도하지 않은 피성년후견인의 법률행위는 취소할 수 없다§10④. 성년후견인은 피성년후견인의 법정대리

19) 개정 후견법에 대한 참고자료로는 다음과 같은 문헌이 있다. 김형석, 민법개정안에 따른 성년후견법제, 가족법연구 제24권 제2호(2010); 박인환, 새로운 성년후견제 도입을 위한 민법개정안의 검토, 가족법연구 제24권 제1호(2010); 백승흠, 성년후견제도의 입법방향, 민사법학 제18호(2000); 이진기, 개정민법규정으로 본 성년후견제도의 입법적 검토와 비판, 가족법연구 제26권 제2호(2012); 김상용, 성년후견법안의 문제점, 법률신문 2009년 10월 22일.

인이 된다§938①.

### (2) 한정후견

한정후견개시의 심판을 받은 사람을 피한정후견인이라고 하며, 피한정후견인은 원칙적으로 행위능력을 유지한다(즉 원칙적으로 유효한 법률행위를 할 수 있다). 그러나 가정법원은 피한정후견인의 능력 등을 고려하여 피한정후견인이 한정후견인의 동의를 받아야 하는 법률행위의 범위를 정할 수 있다(이를 '동의유보'라고 한다§13①, 가소 §2①라류사건i의4. 예컨대, 피한정후견인이 부동산거래를 하는 경우에는 한정후견인의 동의를 받아야 한다고 정하는 것). 한정후견인의 동의가 필요한 행위를 피한정후견인이 동의 없이 하였을 때에는 한정후견인 또는 피한정후견인이 이를 취소할 수 있다§13④·140. 또한 가정법원은 일정한 사무의 범위(예컨대 부동산거래)를 정하여 한정후견인에게 대리권을 수여할 수 있으며, 이 경우 한정후견인은 그 범위 내에서 피한정후견인의 법정대리인이 된다§959의4, 가소 §2①라류사건xxⅳ의2.

### (3) 특정후견

특정후견은 정신적 제약으로 인하여 사무를 처리할 능력이 부족한 사람이 당면한 일시적 사무 또는 특정한 사무(예컨대, 피특정후견인이 거주하는 주택의 매매)의 처리를 도와주기 위한 제도이다. 특정후견의 심판을 받은 사람을 피특정후견인이라고 하며, 가정법원이 특정후견의 심판을 하는 경우에는 특정후견의 기간 또는 사무의 범위를 정하여야 한다§14의2③. 예컨대, 가정법원은 피특정후견인이 거주하는 주택을 매매하는 행위를 특정하여 특정후견의 심판을 할 수 있으며, 이 사무의 처리를 위하여 특정후견인을 선임할 수 있다§959의9①. 또한 가정법원은 필요하다고 인정하는 경우에는 사무의 범위를 정하여 특정후견인에게 대리권을 수여하는 심판을 할 수 있다§959의11①, 가소 §2①라류사건xxⅳ의4. 이 경우 특정후견인은 그 한도(예컨대, 피특정후견인의 주택을 매매하는 행위)에서 피특정후견인의 법정대리인이 된다. 피특정후견인의 행위능력은 제한되지 않는다(특정후견인이 피특정후견인의 법정대리인이 되는 특정한 사무에 있어서도 피특정후견인의 행위능력은 제한되지 않는다. 따라서 피특정후견인은 그러한 사무에 있어서도 스스로 유효한 법률행위를 할 수 있다).

성년후견·한정후견·특정후견은 법률에 근거한 보호제도이므로 법정후견이라고 부르는 반면, 후견계약은 계약에 근거한 것이므로 임의후견이라고 한다.

### (4) 임의후견(계약)

임의후견계약은 질병, 장애, 노령, 그 밖의 사유로 인한 정신적 제약으로 사무를 처리할 능력이 부족한 상황에 있거나 부족하게 될 상황에 대비하여 자신의 재산관리 및 신상보호에 관한 사무의 전부 또는 일부를 다른 자에게 위탁하고 그 위탁사무에 대하여 대리권을 수여하는 것을 내용으로 하는 계약이다§959의14①. 임의후견계약은 본인의 행위능력에 대한 제한을 수반하지 않는다(즉 임의후견계약에 따라 임의후견인이 위탁사무에 대하여 본인의 대리인이 되는 때에도 본인은 행위능력을 그대로 유지한다). 임의후견계약은 공정증서로 체결하여야 하며§959의14②, 가정법원이 임의후견감독인을 선임한 때부터 효력이 발생한다§959의14③.

## 2. 성년후견

### (1) 피성년후견인의 의의

질병, 장애, 노령, 그 밖의 사유로 인한 정신적 제약으로 사무를 처리할 능력이 지속적으로 결여되어 있는 사람으로서 가정법원에서 성년후견개시의 심판을 받은 사람이 피성년후견인이다. "정신적 제약으로 사무를 처리할 능력이 지속적으로 결여되어" 있다는 것은 의사능력을 결여한 상태가 지속되고 있음을 의미한다.

### (2) 요 건

성년후견개시 심판의 요건으로는 다음과 같은 두 가지가 있다§9①.

#### (가) 실질적 요건

본인이 질병, 장애, 노령, 그 밖의 사유로 인한 정신적 제약으로 사무를 처리할 능력이 지속적으로 결여되어 있어야 한다. 즉, 의사능력을 결여한 상태가 일반적으로 지속되고 있어야 한다. 상당한 정신적 제약으로 자신의 사무를 스스로 처리할 수 없는 상태가 일반적으로 지속되고 있어야 하지만, 때때로 의사능력을 회복하는 일이 있더라도 성년후견개시의 심판을 받을 수 있다. 신체적 장애는 성년후견개시의 요건에 포함되지 않는다.[20]

---

20) 반대의견. 박인환, 새로운 성년후견제 도입을 위한 민법개정안의 검토, 가족법연구 24권(2010), 43면.

(나) 형식적 요건

성년후견개시의 심판을 받으려면 본인, 배우자, 4촌 이내의 친족, 미성년후견인, 미성년후견감독인, 한정후견인, 한정후견감독인, 특정후견인, 특정후견감독인, 검사 또는 지방자치단체의 장의 청구가 있어야 한다. 본인도 의사능력을 회복하고 있는 동안에는 독자적으로 청구할 수 있다.

성년후견개시 심판의 청구권자로서 미성년후견인과 미성년후견감독인이 포함되어 있는데, 이로부터 미성년자에 대해서도 성년후견을 개시할 수 있는가라는 의문이 제기될 수 있다. 피성년후견인은 미성년자보다 행위능력이 더 강하게 제한되므로, 미성년자가 “질병, 장애, 노령, 그 밖의 사유로 인한 정신적 제약으로 사무를 처리할 능력이 지속적으로 결여”되어 있는 경우에는 성년후견을 개시하는 것이 가능하다는 해석론이 나올 여지가 있다. 그러나 미성년자에 대해서는 굳이 성년후견을 개시하지 않아도 충분히 보호할 수 있는 제도적 장치가 마련되어 있고, ‘성년후견’이란 용어 자체가 그 보호의 대상에서 미성년자는 제외하는 것을 예정하고 있다고 보아야 하기 때문에 미성년자에 대해서 성년후견을 개시하는 것은 허용되지 않는다고 해석하는 것이 타당하다. 그렇다면 미성년후견인과 미성년후견감독인은 어떤 경우에 성년후견개시의 심판을 청구할 필요가 있는가? “질병, 장애, 노령, 그 밖의 사유로 인한 정신적 제약으로 사무를 처리할 능력이 지속적으로 결여”되어 있는 미성년자가 아무런 보호조치 없이 성년자가 되면 보호의 공백상태에 처하게 된다. 이러한 사태를 방지하려면 미성년자가 성년에 이르기 전에 미성년후견인 등이 성년후견개시의 심판을 청구하여 성년기에 도달하였을 때 성년후견이 개시되도록 하는 것이 필요하다. 미성년후견인, 미성년후견감독인이 성년후견개시 심판의 청구권자에 포함되어 있는 것은 이러한 의미로 이해될 수 있다.

(3) 성년후견개시 및 종료의 심판

(가) 성년후견개시의 심판

가정법원은 위의 두 가지 요건이 갖추어져 있다고 판단할 때에는 성년후견개시의 심판을 한다. 이때 가정법원은 본인의 의사를 고려하여야 한다(본인의사 존중의 원칙)§9②. 즉, 가정법원은 성년후견개시에 대한 본인의 의사를 듣고, 심판에서 이를 참고하여야 한다. 예컨대 성년후견개시의 청구가 있어도 가정법원이 본인의 의사 등을 고려하여 이보다 능력제한의 정도가 약한 한정후견개시의 심판을 할 수도 있다대결 2021. 6. 10, 2020스596.

가정법원은 성년후견개시(또는 한정후견개시)의 심판을 할 경우에는 피성년후견인이 될 사람(또는 피한정후견인이 될 사람)의 정신상태에 관하여 의사에게 감정을 시켜야 한다. 다만, 피성년후견인이 될 사람(또는 피한정후견인이 될 사람)의 정신상태를 판단할 만한 다른 충분한 자료가 있는 경우에는 의사의 감정을 거칠 필요가 없다가소 §45의2①.[21]

성년후견개시 및 성년후견인 선임의 심판이 확정되기 전까지는, 진술 청취, 정신감정 등의 절차로 인하여 상당한 시일이 경과하는 경우가 적지 않다. 그 사이에 피성년후견인이 될 사람(사건본인)의 보호에 공백이 생길 수 있으므로, 가정법원은 성년후견인을 선임하기 전이라도 직권 또는 당사자의 신청에 의하여 사전처분으로 임시후견인을 선임할 수 있다가소 §62①.

(나) 성년후견종료의 심판

성년후견개시의 원인이 소멸한 경우에는 본인, 배우자, 4촌 이내의 친족, 성년후견인, 성년후견감독인, 검사 또는 지방자치단체의 장의 청구에 따라 가정법원이 심판을 함으로써 성년후견은 종료한다§11, 가소 §2①라류사건 i. 가정법원은 성년후견 종료(또는 한정후견 종료)의 심판을 할 경우에는 피성년후견인(또는 피한정후견인)의 정신상태에 관하여 의사에게 감정을 시킬 수 있다가소규 §38.[22]

### (4) 피성년후견인의 능력

(가) 피성년후견인은 원칙적으로 행위능력을 상실한다.[23] 따라서 피성년후견인이 한 법률행위는 피성년후견인 또는 성년후견인이 취소할 수 있다§10①·140. 그러나 가정법원은 취소할 수 없는 피성년후견인의 법률행위의 범위를 정할 수 있다§10②, 가소 §2①라류사건i의2, 후견등기법 §25①v가(예컨대 가정법원은 피성년후견인의 5만원 이하의 거래는 취소할 수 없다고 정할 수 있다. 이 경우 피성년후견인은

21) 가정법원의 성년후견개시의 심판이 있는 경우에는 촉탁 또는 성년후견인의 신청에 의하여 가정법원의 후견등기관이 성년후견등기를 작성한다(후견등기법 제20조, 후견등기규칙 제40·45조).

22) 성년후견인이 성년후견의 종료를 알았을 때에는 촉탁에 의한 종료등기가 없는 이상 이를 안 날로부터 3개월 이내에 종료등기를 신청하여야 한다(후견등기법 제29조 제1항, 제25조 제1항 제9호). 후견종료등기는 성년후견인과 성년후견감독인이 신청할 수 있다(후견등기법 제29조 제2항).

23) 헌재결 2022. 12. 22, 2020헌가8은 국가공무원이 피성년후견인이 되면 당연퇴직하는 것으로 정한 국가공무원법 제69조 제1호 중 제33조 제1호에 관한 부분을 위헌으로 판단하였다.

5만원 이하의 거래에 있어서는 행위능력을 보유하는 결과가 된다. 반면에 5만원을 초과하는 거래에서는 행위능력을 갖지 못하므로, 이른바 제한능력자가 되는 것이다).

또한 가정법원은 본인, 배우자, 4촌 이내의 친족, 성년후견인, 성년후견감독인, 검사 또는 지방자치단체의 장의 청구에 의하여 취소할 수 없는 법률행위의 범위를 변경할 수 있다§10③, 가소§2①라류사건i의2, 후견등기법 §25①ⅴ가(예컨대 취소할 수 없는 피성년후견인의 법률행위의 범위를 5만원 이하의 거래로 정하였다가 10만원 이하의 거래로 변경하는 것).[24)]

나아가 가정법원이 취소할 수 없는 피성년후견인의 법률행위의 범위를 정하지 않은 경우에도 일용품의 구입 등 일상생활에 필요하고 그 대가가 과도하지 않은 법률행위는 취소할 수 없다§10④(예컨대 피성년후견인이 식료품을 구입한 경우에 그 매매계약은 취소할 수 없다).

그런데 피성년후견인이 "정신적 제약으로 사무를 처리할 능력이 지속적으로 결여되어 있는 사람"(즉 의사능력을 상시 결여하고 있는 사람)이라는 점을 감안하면, "일용품의 구입 등 일상생활에 필요하고 그 대가가 과도하지 않은 법률행위"의 범위를 넘어서 별도로 행위능력을 인정할 필요가 있는 경우가 얼마나 있을 것인지는 의문이다.

(나) 피성년후견인도 신분행위(가족법상의 법률행위. 예컨대, 약혼§802 · 혼인§808② · 협의이혼§835 · 인지§856 · 입양§873 · 협의파양§902(피성년후견인이 양부모인 경우. 피성년후견인이 양자인 경우에는 협의파양을 할 수 없다))는 부모나 성년후견인의 동의를 받아서 할 수 있다. 이 점은 피성년후견인이 성년후견인의 동의를 받아도 유효한 재산상의 법률행위를 할 수 없는 것과 대비된다. 신분행위는 당사자의 인격과 직접 관련되는 것이므로(예컨대, 배우자의 선택), 본인의 의사를 존중하는 것이 필수적이다. 피성년후견인이 부모나 성년후견인의 동의를 얻어서 스스로 신분행위를 할 수 있게 한 것도 피성년후견인 본인의 의사를 존중하려는 취지이다.

#### (5) 성년후견인

##### (가) 가정법원의 선임과 성년후견인의 권한 행사

① 가정법원의 선임: 가정법원이 성년후견개시의 심판을 하는 경우에는

---

24) 성년후견인이 취소할 수 없는 법률행위의 범위가 변경된 사실을 알았을 때에는 이를 안 날로부터 3개월 이내에 변경등기를 신청하여야 한다(후견등기법 제28조 제1항).

직권으로 성년후견인을 선임한다§936, 가소 §2①라류사건xviii, 후견등기법 §25①iii.[25] 법인도 성년후견인이 될 수 있다§930③(반면에 법인은 미성년후견인이 될 수 없다).[26] 가정법원은 피성년후견인의 신상과 재산에 관한 사항을 고려하여 여러 명의 성년후견인을 둘 수 있다§930②(반면에 미성년후견인은 1인으로 한정된다).

성년후견인 선임 후 성년후견인이 사망, 결격, 그 밖의 사유로 없게 된 경우에도 가정법원은 직권으로 또는 피성년후견인, 친족, 이해관계인, 검사, 지방자치단체의 장의 청구에 의하여 성년후견인을 선임한다§936②. 또한 가정법원은 이미 성년후견인이 선임되어 있는 경우에도 필요하다고 인정하면 직권으로 또는 청구에 의하여 추가로 성년후견인을 선임할 수 있다§936③.

가정법원이 성년후견인을 선임할 때에는 피성년후견인의 의사를 존중하여야 한다. 그 밖에 피성년후견인의 건강, 생활관계, 재산상황, 성년후견인이 될 사람의 직업과 경험, 피성년후견인과의 이해관계 유무(법인이 성년후견인이 될 때에는 사업의 종류와 내용, 법인이나 그 대표자와 피성년후견인 사이의 이해관계의 유무를 말한다) 등의 사정도 고려하여야 한다§936④.

② 성년후견인이 여러 명인 경우의 권한 행사: 가정법원은 직권으로 여러 명의 성년후견인이 공동으로 또는 사무를 분장하여 그 권한을 행사하도록 정할 수 있고§949의2①, 가소 §2①라류사건xxi의3, 후견등기법 §25①viii, 이러한 결정을 변경하거나 취소할 수 있다§949의2②, 가소 §2①라류사건xxi의3. 예컨대 가정법원은 피성년후견인 갑의 신상보호에 관하여는 A성년후견인이, 재산관리에 대하여는 B성년후견인이 권한을 행사하는 것으로 정할 수 있고, 이를 변경하거나 취소할 수도 있다. 복수의 성년후견인 사이의 권한관계에 대하여 가정법원이 아무 것도 정하지 않은 경우에는 민법의 일반원칙§119 참조에 따라 각자 권한을 행사하는 것으로 보아야 할 것이다. 여러 명의 성년후견인이 공동으로 권한을 행사하여야 하는 경우에 어느 성년후견인이 피성년후견인의 이익이 침해될 우려가 있음에도 법률행위의 대리 등 필요한 권한행사에 협력하지 않을 때에는 가정법원은 피성년후견인, 성년후견인, 후견감독인 또는 이해관계인의 청구에 의하여 그 성년후견인의 의사표시를 갈음하는 재판을 할 수 있다§949의2③. 예컨대 피성년후견인 갑의 재산관리와 법률행위의 대리에 대하여 A성년후견인과 B성년

25) 가정법원은 성년후견인을 선임하기 앞서 피성년후견인이 될 사람과 성년후견인이 될 사람의 진술을 들어야 한다(가소 제45조의3 제1항 3호).

26) 법인이 성년후견인으로 선임되는 경우, 후견사무는 법인에 소속된 자연인에 의하여 수행된다.

후견인이 공동으로 권한을 행사하도록 정하여져 있는데, 갑의 치료비 마련을 위하여 갑의 부동산을 매도해야 하는 상황에서 B가 정당한 이유 없이 대리행위를 거부하는 경우에는 A는 가정법원에 B의 의사표시를 갈음하는 재판을 청구할 수 있다.

(나) 성년후견인의 임무

① 임무수행의 원칙(피성년후견인의 복리와 의사존중): 성년후견인은 피성년후견인의 재산관리와 신상보호를 할 때 여러 사정을 고려하여 그의 복리에 부합하는 방법으로 사무를 처리하여야 한다. 이 경우 성년후견인은 피성년후견인의 복리에 반하지 아니하면 피성년후견인의 의사를 존중하여야 한다§947. 이 규정은 성년후견인이 임무를 수행함에 있어서 지켜야 할 기본원칙을 선언한 것이다.

② 재산관리와 법률행위의 대리

㉠ 재산관리권과 법정대리권: 성년후견인은 피성년후견인의 법정대리인으로서 피성년후견인의 재산을 관리하고 재산에 관한 법률행위에 대하여 피성년후견인을 대리한다§949①. 즉 성년후견인은 기본적으로 포괄적인 재산관리권과 법정대리권을 갖는다. 그러나 가정법원은 피성년후견인의 남은 능력(잔존능력) 등을 고려하여 성년후견인이 갖는 법정대리권의 범위를 감축할 수 있고(제938조 제2항은 "가정법원은 성년후견인이 제1항에 따라 가지는 법정대리권의 범위를 정할 수 있다"라고 규정하고 있는데, 성년후견인은 제938조 제1항에 따라 기본적으로 포괄적인 대리권을 가지므로, 제2항에서 가정법원이 성년후견인이 갖는 법정대리권의 범위를 정한다는 것은 그 범위를 축소한다는 의미로 해석된다), 사정에 따라 변경할 수도 있다§938④, 가소 §2①라류사건xviii의2, 후견등기법 §25①v나·28①.

피성년후견인은 원칙적으로 행위능력을 갖지 못하고, 성년후견인의 동의가 있어도 유효한 법률행위를 할 수 없으므로, 권리를 취득하거나 의무를 부담하기 위해서는 성년후견인이 피성년후견인을 대리하여야 한다. 그러나 가정법원의 심판에 따라 피성년후견인이 독립하여 법률행위를 할 수 있는 범위가 인정된 경우에는 피성년후견인은 그 범위 내에서는 행위능력을 보유하게 되므로, 굳이 성년후견인의 대리가 필요하지 않게 된다. 따라서 이러한 범위의 한도에서는 가정법원은 성년후견인의 법정대리권의 범위를 축소할 수 있게 되는 것이다. 이러한 관점에서 보면 성년후견인의 법정대리권은 피성년후견인에게 행위능력이 인정되는 범위(즉 간이하고 액수가 크지 않은 행위)에서 제한될 것이라고 예상할 수 있다. 그러나 다른 한편 성년후견인이 대리권을 남용하여 피성년후견인의 중요한 재산을 처분하는 것을 막기 위하여 성년후견인의 법정대리권을 제한할 필요성도 인정될 수 있다. 이렇게 본다면 성년후견인의 법정대리권을 제한해야 할 필요성은 중요한 재산상의 법률행위에 대해서도 인정될 수 있을 것이다.[27] 따라서 성년후견인의 법정대리권이 제한되는 범위와 피성년후견인에게 행위능력이 인정되는 범위가 반드시 일치하여야 하는 것은 아니다.

㉡ 피성년후견인의 동의권: 피성년후견인은 성년후견인의 동의를 받아도 유효한 법률행위를 할 수 없으므로, 성년후견인은 피성년후견인의 법률행위에 대한 동의권은 없다(그러나 가정법원은 취소할 수 없는 피성년후견인의 법률행위의 범위를 정할 수 있다§10②·③, 가소 §2①라류사건i의2.).

㉢ 법정대리권 행사에 대한 제한

i) 피성년후견인의 행위를 목적으로 하는 채무를 부담하는 경우: 성년후견인이 피성년후견인의 행위를 목적으로 하는 채무를 부담하는 법률행위를 대리하는 경우(예컨대 성년후견인이 피성년후견인을 대리하여 고용계약을 체결하는 경우)에는 본인(피성년후견인)의 동의가 필요하다§949②에 의한 §920 단서의 준용. 이 규정은 미성년후견인에게도 적용되며, 한정후견인과 특정후견인에 대해서 준용된다§959의6·959의12.

ii) 이해상반행위: 성년후견인이 피성년후견인과 이해가 상반되는 행위를 하는 경우에는 후견감독인이 피성년후견인을 대리한다§940의6③. 그러나 후견감독인이 없는 경우에는 성년후견인은 피성년후견인을 위하여 법원에 특별대리인의 선임을 청구하여야 한다§949의3에 의한 §921의 준용, 가소 §2①라류사건xvi. 예컨대, 성년후견인이 피성년후견인 소유의 부동산을 매수하려고 하는 경우에는 성년후견인이 피성년후견인을 대리할 수 없으며, 후견감독인이 피성년후견인을 대리하여야 한다. 후견감독인이 없는 경우에는 법원이 선임한 특별대리인

27) 가정법원이 법정대리권의 범위를 정하는 방식에 대해서는 특별한 제한이 없으므로, 가정법원의 재량에 맡겨져 있다고 해석된다. 대체로 법률행위의 유형이나 가액의 범위 등을 정하여 제한하는 방식을 생각해 볼 수 있을 것이다. 이와 달리 성년후견인의 대리권 행사에 대하여 사전에 가정법원의 허가를 받도록 하는 방식도 가능한가(예컨대 성년후견인이 피성년후견인을 대리하여 금전을 빌리거나 부동산매매를 하는 경우 또는 그의 예금계좌에서 300만원 이상을 인출하는 경우에는 사전에 가정법원의 허가를 받도록 하는 것)? 실무상으로는 이러한 방식의 제한도 인정되고 있으나(법원행정처, 성년후견제도 해설, 32), 현행법의 해석론으로는 의문이 있다.

이 피성년후견인을 대리하여야 한다(즉, 이 경우 성년후견인은 피성년후견인의 특별대리인과 계약을 체결하게 된다).

또한 성년후견인이 그로부터 후견의 보호를 받고 있는 수인의 피성년후견인 사이에 이해가 상반되는 행위를 하는 경우에는 한쪽의 피성년후견인은 후견감독인이 대리하여야 한다. 후견감독인이 없는 경우에는 가정법원이 선임한 특별대리인이 한쪽의 피성년후견인을 대리하여야 한다. 한 사람의 후견감독인이 여러 명의 피성년후견인을 동시에 대리할 수는 없다. 이런 경우에는 후견감독인이 대리하지 못하는 피성년후견인을 위해서 각각 특별대리인을 선임하여야 할 것이다.

이 규정은 미성년후견인에게도 적용되며, 한정후견인에 대해서 준용된다 §959의6.

iii) 중요한 행위에 대한 제한: 성년후견인이 피성년후견인을 대리하여 영업 혹은 중요한 재신상의 행위를 하는 경우(금전을 빌리는 행위, 의무만을 부담하는 행위, 부동산 또는 중요한 재산에 관한 권리의 득실변경을 목적으로 하는 행위, 소송행위, 상속의 승인, 한정승인 또는 포기 및 상속재산의 분할에 관한 협의)에는 후견감독인이 있으면 그의 동의를 받아야 한다§950①. 성년후견인이 피성년후견인을 대리하여 위와 같은 행위를 하는 경우에는 자신의 이익을 실현하기 위하여 피성년후견인을 희생시킬 수 있으므로(예컨대 성년후견인이 피성년후견인을 대리하여 피성년후견인 소유의 부동산을 처분하고, 그 대금을 자기의 사업자금으로 소비하는 경우), 이를 견제하기 위하여 후견감독인의 동의를 받도록 한 것이다(후견감독인의 동의가 필요한 법률행위를 성년후견인이 후견감독인의 동의 없이 하였을 때에는 피성년후견인 또는 후견감독인이 그 행위를 취소할 수 있다 §950③). 그러나 성년후견인에게 후견감독인이 없는 경우도 있을 수 있으므로(가정법원은 필요에 따라 후견감독인을 선임할 수 있으며, 반드시 선임하여야 하는 것은 아니다§940의4①), 피성년후견인의 보호에 공백이 우려된다(예컨대 후견감독인이 없는 경우에는 성년후견인은 아무런 제한 없이 피성년후견인 소유의 부동산을 처분하여 대금을 소비할 수 있다).[28]

만약 후견감독인의 동의가 필요한 행위에 대하여 후견감독인이 피성년후

28) 이런 이유에서 실무상으로는 성년후견인이 제950조에 해당하는 법률행위(금전을 빌리는 행위, 의무만을 부담하는 행위, 부동산매매 등)를 대리하는 때에는 사전에 가정법원의 허가를 받도록 하는 경우가 있다(그 근거규정은 제938조 제2항으로 본다).

견인의 이익이 침해될 우려가 있음에도 동의를 하지 않는 경우에는 가정법원은 성년후견인의 청구에 의하여 후견감독인의 동의를 갈음하는 허가를 할 수 있다§950②, 가소 §2①라류사건xxi의4. 예컨대, 피성년후견인의 치료비 마련을 위하여 피성년후견인 소유의 부동산을 처분해야 하는 상황인데, 후견감독인이 동의를 거부한다면 성년후견인은 가정법원의 허가를 받아 피성년후견인의 부동산을 처분할 수 있다.

이 규정은 미성년후견인에게도 적용되며, 한정후견인에 대해서 준용된다 §959의6.

㉣ 재산조사와 목록작성: 성년후견인은 취임 후 지체 없이 피성년후견인의 재산을 조사하여 2개월 내에 그 목록을 작성하여야 한다. 다만, 정당한 사유가 있는 경우에는 법원의 허가를 받아 그 기간을 연장할 수 있다§941①, 가소 §2①라류사건xx. 후견감독인이 있는 경우에는 재산조사와 목록작성은 후견감독인의 참여가 없으면 효력이 없다§941②. 미성년후견인에게도 동일한 의무가 인정된다.

③ 신분행위(가족법상의 법률행위)에 있어서의 동의와 대리: 재산상의 법률행위에 있어서는 성년후견인은 피성년후견인의 행위에 대한 동의권이 없지만(피성년후견인이 성년후견인의 동의를 받아서 법률행위를 하더라도 취소할 수 있다), 신분행위에 있어서는 동의권이 인정되는 경우가 있다. 즉, 성년후견인은 피성년후견인의 약혼§802, 혼인§808②, 협의이혼§835, 인지§856, 협의파양§902(피성년후견인이 양부모인 경우. 피성년후견인이 양자인 경우에는 협의파양을 할 수 없고, 재판상 파양만이 가능하다) 등에 대하여 동의권이 있다. 그 밖에 혼인취소§817, 인지청구의 소§863, 입양취소§887, 상속의 승인과 포기§1019·1020 등에 대하여 대리권이 인정된다.

④ 소송대리

민사소송법 제51조에 의하여 피성년후견인은 소송능력이 없으므로 원칙적으로 법정대리인인 성년후견인이 피성년후견인의 소송행위를 대리한다민소 §55①.[29] 다만 피성년후견인이 민법 제10조 제2항에 의하여 취소할 수 없는 법률행위를 할 수 있는 경우에는 그 범위 내에서 소송능력이 인정되므로민소 §55①ii, 성년후견인은 그에 관하여는 소송대리권을 갖지 않는다.

29) 성년후견인은 형사소송절차에서 반의사불벌죄의 처벌불원 의사표시를 대리할 수 없다. 대판 2023. 7. 17, 2021도11126 전원합의체.

⑤ 피성년후견인의 신상보호

㉠ 원칙: 피성년후견인은 자신의 신상에 관하여 그 상태가 허락하는 한 단독으로 결정한다§947의2①. 여기서 '신상(身上)'이란 재산에 대비되는 개념으로 이해되며,[30] '신상에 관한 결정'이란 구체적으로 요양, 치료, 거주・이전, 주거, 면접교섭 등에 관한 결정을 말한다. 이러한 결정은 재산에 관한 결정과는 성질을 달리하므로, 이해득실에 따른 계산에 의하기보다는 피성년후견인 본인의 의사를 존중하는 것이 바람직하다. 이러한 취지에서 피성년후견인의 신상에 관한 문제는 피성년후견인이 스스로 결정할 수 있도록 한 것이다. 물론 피성년후견인이 자신의 신상에 관하여 결정할 수 있는 정신 상태에 있을 것이 요구된다. 성년후견의 개시결정에 따라 피성년후견인이 재산적 법률행위에 관한 행위능력을 상실하게 되더라도 신상에 관한 결정능력이 당연히 결여되어 있다고 단정할 수는 없다. 일반적으로 자신의 신상에 관한 결정은 재산적 법률행위에서 요구되는 의사능력이 없더라도 가능할 수 있으며, 행위능력의 제한이 곧바로 신상에 관한 결정능력이 없음을 의미하지는 않는다. 예컨대 피성년후견인이 이사를 할 것인가, 이사를 하는 경우에 어디로 할 것인가의 문제는 피성년후견인의 정신 상태가 허락하는 한 스스로 결정할 수 있으며, 현실적인 법률행위(예컨대 주택임대차계약의 체결)는 성년후견인이 대리할 수 있다. 요컨대 성년후견인이 피성년후견인의 법정대리인이라고 해서 이로부터 당연히 피성년후견인의 신상에 관한 결정권한이 인정되는 것은 아니다(법률행위를 대리할 수 있는 권한과 신상에 관한 결정 권한은 개념상 명확히 구분되어야 한다). 성년후견인이 피성년후견인의 신상에 관하여 결정하려면 가정법원으로부터 그에 관한 별도의 권한을 부여받아야 한다.

㉡ 성년후견인의 보충적 결정: 피성년후견인이 자신의 신상에 관하여 스스로 결정할 수 있는 정신 상태에 있지 않은 경우에는 성년후견인이 그를 대신하여 결정할 수 있다. 성년후견인이 피성년후견인의 신상에 관하여 결정할 수 있는 권한의 범위는 가정법원이 정한다§938③, 가소 §2①라류사건xviii의2, 후견등기법 §25①ⅴ다(또한 가정법원은 그 범위를 변경할 수도 있다§938④).[31] 예컨대, 피성년후견

30) 제938조 제3항의 신설에 따라 처음으로 우리 민법에 신상 또는 신상결정이라는 개념이 도입되었다. 신상에 관한 사항은 개인의 생명, 신체, 건강, 자유, 사생활과 같은 인격권 또는 그와 관련된 일신전속적 법익에 관한 것이다. 구체적인 예로는 주거이전, 의료동의, 면접교섭, 우편통신, 요양간호, 교육재활, 취미여가 등을 들 수 있다.

31) 이 심판을 할 때 가정법원은 피성년후견인(피성년후견인이 될 사람을 포함한다)의

인이 요양원에 가서 돌봄을 받아야 할 상황인데, 치매가 심하여 스스로 결정할 수 없는 상태에 있다면, 이 문제에 대하여 가정법원으로부터 결정 권한을 부여받은 성년후견인이 결정할 수 있다(성년후견인은 피성년후견인을 요양원에 보낼 것인가의 여부를 결정하고 어떤 요양원에 보낼 것인지도 결정할 수 있다).

신상에 관한 결정은 본래 일신전속적인 성질을 갖는 것이지만, 본인 스스로 신상에 관하여 적절한 결정을 할 수 없는 상태에 있는 경우에는 타인에 의한 결정의 대행이 불가피하게 된다. 이러한 경우에도 타인에 의한 신상결정대행을 허용하지 않는다면, 본인의 건강이나 안전 등에 위험이 초래될 수 있기 때문이다. 가정법원이 성년후견인에게 피성년후견인의 신상에 관한 결정권한을 부여할 수 있도록 한 이유는 이러한 취지에서 비롯된 것이다. 그러나 가정법원이 성년후견인에게 신상에 관한 결정 권한을 수여하였더라도 피성년후견인이 스스로 신상에 관한 결정을 할 수 있는 상태에 있는 한, 성년후견인은 피성년후견인의 신상에 관한 결정 권한을 행사할 수 없다. 이런 점에서 성년후견인의 신상결정대행권한은 보충적 성질을 가지는 것이다.

㉢ 가정법원의 허가가 필요한 사안: 피성년후견인이 자신의 신상에 관하여 스스로 결정할 수 없는 상태에 있는 경우에 성년후견인이 피성년후견인을 갈음하여 결정하도록 하는 것은 불가피한 측면이 있지만, 성년후견인이 그 결정 권한을 남용하는 경우에는 피성년후견인의 복리는 회복불가능하게 침해될 수 있다. 그래서 피성년후견인의 복리에 심각한 영향을 미칠 수 있는 중요한 신상 결정에 관한 사안에 대해서는 가정법원의 허가를 받도록 하였다.

i) 격리수용: 성년후견인이 피성년후견인을 치료 등의 목적으로 정신병원이나 그 밖의 다른 장소에 격리하려는 경우에는 가정법원의 허가를 받아야 한다§947의2②, 가소 §2①라류사건xxi. 개정 전 민법에는 "긴급을 요할 상태인 때에는 사후에 허가를 청구할 수 있다"는 규정이 있었으나구 §947② 단서, 개정법에서는 삭제되었다. 따라서 성년후견인이 피성년후견인을 정신병원 등에 격리하려는 경우에는 반드시 사전에 가정법원의 허가를 받아야 하는 것으로 해석된다. 그러나 가정법원의 허가가 있기 전까지의 기간 동안 성년후견인이 피성년후견인을 도저히 감당할 수 없는 경우도 있을 수 있는데(예컨대, 피성년후견인의 정신질환이 심각하여 제어할 수 없는 경우), 이런 경우까지도 예외 없이 사전

---

진술을 들어야 한다(가소 제45조의3 제1항 8호).

에 가정법원의 허가를 받도록 하는 것은 문제의 소지가 있다고 생각된다.[32)]

ii) 의료행위에 대한 동의: ⓐ 피성년후견인의 신체를 침해하는 의료행위에 대하여 피성년후견인이 동의할 수 없는 경우에는 성년후견인이 그를 대신하여 동의할 수 있다§947조의2③.[33)] 이 규정은 피성년후견인의 신상 결정에 관한 개정법의 태도가 '신체를 침해하는 의료행위'와 관련하여 다시 한 번 구현된 것이라고 볼 수 있다(피성년후견인의 신상 결정에 관한 개정법의 태도는 첫째, 피성년후견인은 자신의 신상에 관하여 결정할 수 있는 정신 상태에 있는 한 스스로 결정할 수 있다는 것이고, 둘째, 그렇지 않은 때에는 성년후견인이 보충적으로 결정할 권한을 갖는다는 것이다). 즉, 피성년후견인은 자신의 신체를 침해하는 의료행위(예컨대 수술[34)])에 대하여 정신 상태가 허락하는 한 스스로 동의하는 것이 원칙이다(이와 별도로 성년후견인은 법정대리인으로서 피성년후견인을 대리하여 의료계약을 체결할 수 있다). 그러나 피성년후견인이 동의를 할 수 없는 상태에 있을 때에는 성년후견인이 대신하여 동의를 하게 된다(물론 성년후견인은 사전에 가정법원으로부터 의료행위에 대한 동의 권한을 부여받아야 한다§938③).

동의능력이란 '당해 의료처치의 종류, 의미, 결과를 인식하고 그에 따라 자신의 의사를 결정할 수 있는 능력'이라고 이해되며,[35)] 의사능력이나 행위능력과는 구별되는 개념이다(예컨대 행위능력이 제한된 피성년후견인이라고 해도 불임시술의 의미와 결과를 인식하고, 그에 대해서 결정할 수 있는 능력이 인정될 수 있다).

---

32) 한편 이와 같은 개정법 규정은, 보호의무자 2명 이상의 신청과 정신건강의학과전문의의 진단에 따라 정신병원 입원이 가능하도록 규정하고 있는 정신건강복지법 제43조와도 조화되지 않는다는 문제가 있다(이 경우 가정법원의 허가는 요건으로 규정되어 있지 않다). 가정법원의 허가가 있기 전까지의 기간 동안 성년후견인이 피성년후견인을 도저히 감당할 수 없는 경우(예컨대, 피성년후견인의 정신질환이 심각하여 제어할 수 없는 경우)에는 정신건강복지법 제50조에 의한 응급입원의 방법을 이용할 수 있을 것이다(정신건강복지법상 응급입원은 가정법원의 허가를 요하지 않는다).

33) 연명치료 중단이나 장기이식수술 등은 성년후견인이 동의를 대행할 수 있는 의료행위의 대상에서 제외된 것으로 이해되고 있다(김형석, 민법 개정안에 따른 성년후견법제, 가족법연구 제24권 제2호, 140면 참조). 2017년 8월 4일부터 시행되고 있는 「호스피스·완화의료 및 임종과정에 있는 환자의 연명의료결정에 관한 법률」에 의하면 친권자나 가족(전원)이 연명의료중단을 결정할 수 있으며, 성년후견인에게는 결정권한이 인정되지 않는다. 「장기등 이식에 관한 법률」에 의하면 본인이 뇌사 또는 사망하기 전에 장기등의 적출에 동의하거나 반대한 사실이 확인되지 아니한 경우에는 그 가족 또는 유족이 장기등의 적출에 동의할 수 있으나, 뇌사자의 성년후견인은 동의권이 없다.

34) 신체를 침해하는 의료행위에 관한 자세한 내용은 이재경, 의료분야에서 성년후견제도의 활용에 관한 연구, 성균관법학 제21권 제3호, 264면 이하 참조.

35) 박인환, 새로운 성년후견제도에 있어서 신상보호, 가족법연구 제25권 제2호(2011), 188.

ⓑ 피성년후견인이 의료행위의 직접적인 결과로 사망하거나 상당한 장애를 입을 위험이 있을 때에는 가정법원의 허가를 받아야 한다. 다만, 허가절차로 인하여 의료행위가 지체되어 피성년후견인의 생명에 위험을 초래하거나 심신상의 중대한 장애를 초래할 때에는 사후에 허가를 청구할 수 있다§947의2④, 가소 §2①라류사건xxi.

가정법원으로부터 의료행위에 대한 동의의 권한을 부여받은§938③ 성년후견인은 피성년후견인에 대한 의료행위에 동의할 수 있으나, 그 의료행위가 피성년후견인에게 심각한 위험을 야기할 수 있는 때에는 신중을 기하기 위하여 가정법원의 허가를 받도록 한 것이다. 이 규정은 법문상으로는 문제가 없는 것으로 보이지만, 실제에 있어서 어떤 경우에 "의료행위의 직접적인 결과[36]로 사망하거나 상당한 장애를 입을 위험"이 있는가를 판단하는 것은 매우 어려운 과제라고 생각된다. 이론상으로는, 의사가 성년후견인에게 피성년후견인이 어떤 의료행위(예컨대 수술)를 받을 경우에 사망이나 상당한 장애의 위험이 있다고 설명하면, 성년후견인이 가정법원에 허가를 청구하고, 가정법원이 의사의 설명을 기초로 하여 허가 여부를 결정하는 것이라고 설명될 수 있다. 그러나 의사의 입장에서는 후일에 발생할 수 있는 분쟁에서 책임을 면할 목적으로 약간의 위험이 있는 의료행위에 대해서도 '사망이나 상당한 장애의 위험이 있다'는 설명을 하게 될 가능성도 배제할 수 없다. 이렇게 되는 경우 성년후견인은 피성년후견인에 대한 상당수의 의료행위에 있어서 사전에 가정법원의 허가를 청구해야 하는 사태가 발생할 수도 있다.

어떤 의료행위에 대하여 가정법원의 허가를 받기까지는 상당한 시간이 걸릴 것으로 예상되므로, 긴급하게 의료조치를 취할 필요가 있을 때에는 설령 "피성년후견인이 그 의료행위의 직접적인 결과로 사망하거나 상당한 장애를 입을 위험이 있을 때에도" 우선 성년후견인이 동의를 하고 사후에 가정법원의 허가를 청구할 수 있다§947의2④ 단서.

---

36) 사망하거나 상당한 장애를 입을 위험이 있더라도 그것이 의료행위의 '직접적인 결과'로서 존재하는 경우에만 가정법원의 허가를 받아야 한다. 따라서 의료행위의 합병증에 의한 사망 또는 상당한 장애의 위험이 있는 경우는 일단 배제된다고 해석되지만(현소혜, 의료행위 동의권자의 결정, 홍익법학 제13권 제2호, 204면 이하), 당해 의료행위에 수반된 발생 빈도가 높은 전형적인 합병증에 의한 사망이나 상당한 장애의 위험은 배제할 수 없다는 견해도 있다(이재경, 의료분야에서 성년후견제도의 활용에 관한 연구, 성균관법학 제21권 제3호, 266면).

iii) 거주용 건물의 처분 등: 성년후견인이 피성년후견인을 대리하여 피성년후견인이 거주하고 있는 건물 또는 그 대지에 대하여 매도, 임대, 전세권 설정, 저당권 설정, 임대차의 해지, 전세권의 소멸, 그 밖에 이에 준하는 행위[37]를 하는 경우에는 가정법원의 허가를 받아야 한다§947의2⑤, 가소 §2①라류사건xxi의2. 예컨대, 성년후견인이 피성년후견인을 대리하여 피성년후견인이 거주하고 있는 아파트(피성년후견인 소유의 아파트)를 매도하려는 경우에는 가정법원의 허가가 필요하다(후견감독인이 있는 경우에는 사전에 후견감독인의 동의도 받아야 한다§950①iv). 가정법원의 허가를 받지 않고 피성년후견인의 거주용 부동산을 처분하는 행위는 무효이다(예컨대 매매에 의한 처분의 경우 물권행위만 무효인 것이 아니라, 원인이 되는 채권행위부터 무효가 된다).

이 규정은 피성년후견인의 주거의 안정을 목적으로 하는 것으로서 성년후견인이 위와 같은 법률행위를 대리할 때에도 가정법원의 감독이 필요하다는 취지에서 마련된 것이다(엄격하게 본다면 이 규정은 피성년후견인의 신상결정과 직접적인 관계가 없다고 할 수도 있다. 그러나 주거의 안정이 피성년후견인의 신상에 미치는 영향이 매우 크다는 점을 고려하여 '피성년후견인의 신상결정'에 관한 제947조의2에 규정하고, 가정법원의 사전 허가를 받도록 한 것으로 이해된다).

(다) 성년후견인의 사임 · 변경 · 결격

모두 앞에서 본 미성년후견인의 경우와 동일하다.

① 사 임: 성년후견인은 정당한 사유가 있는 경우에는 가정법원의 허가를 받아 사임할 수 있다. 이 경우 성년후견인은 사임청구와 동시에 가정법원에 새로운 후견인의 선임을 청구하여야 한다§939, 가소 §2①라류사건xix. 이 규정은 한정후견인, 특정후견인에 대해서 준용된다§959의3② · 959의9②.

② 변 경: 가정법원은 피성년후견인의 복리를 위하여 성년후견인을 변경할 필요가 있다고 인정하는 경우에는 직권으로 또는 피후견인, 친족, 후견감독인, 검사, 지방자치단체의 장의 청구에 의하여 성년후견인을 변경할 수 있다§940, 가소 §2①라류사건xviii. 성년후견인의 변경사유를 판단할 때에는 재산관리와 신상보호의 두 가지 측면을 모두 고려하여야 한다. 성년후견인의 임무 수행과 관련하여 단순히 가족 간의 다툼이나 갈등이 있다는 사정만으로는 후견인 변경사유가 있다고 보기 어렵다.[38] 후견인변경심판이 확정되면, 기존의 후견인

---

37) 이에 준하는 행위로는 증여, 교환, 사용대차, 사용대차의 해지, 가등기 담보의 설정 등을 들 수 있다. 법원행정처, 성년후견제도해설, 61.

은 당연히 그 지위를 잃고, 새로운 후견인은 후견인의 지위를 가지게 된다.

이 규정은 한정후견인, 특정후견인에 대해서 준용된다§959의3② · 959의9②.

③ 결 격: 미성년자, 피성년후견인, 피한정후견인, 피특정후견인, 피임의후견인 등 제937조에 열거되어 있는 자는 성년후견인이 될 수 없다. 이 규정은 한정후견인, 특정후견인에 대해서 준용된다§959의3② · 959의9②.

(라) 보수와 비용

이 부분 역시 앞에서 본 미성년후견의 경우와 동일하다.

① 보 수: 법원은 후견인의 청구에 의하여 피후견인의 재산상태 기타 사정을 참작하여 피후견인의 재산 중에서 상당한 보수를 후견인에게 수여할 수 있다§955, 가소 §2①라류사건xxiii. 이 규정은 한정후견인, 특정후견인에 대해서 준용된다§959의6 · 959의12.

② 비 용: 후견인이 후견사무를 수행하는 데 필요한 비용은 피후견인의 재산 중에서 지출한다§955의2. 이 규정은 한정후견인, 특정후견인에 대해서 준용된다§959의6 · 959의12.

(6) 가정법원의 감독

가정법원은 직권으로 또는 피후견인, 후견감독인, 제777조에 따른 친족, 그 밖의 이해관계인, 검사, 지방자치단체의 장의 청구에 의하여 피후견인의 재산상황을 조사하고, 후견인에게 재산관리 등 후견임무 수행에 관하여 필요한 처분을 명할 수 있다§954, 가소 §2①라류사건xxii. 이 규정은 한정후견인과 특정후견인에 대하여 준용된다§959의6 · 959의12.

## 3. 한정후견

(1) 피한정후견인의 의의

질병, 장애, 노령, 그 밖의 사유로 인한 정신적 제약으로 사무를 처리할 능력이 부족한 사람으로서 가정법원에서 한정후견개시의 심판을 받은 사람이 피한정후견인이다. "정신적 제약으로 사무를 처리할 능력이 지속적으로 결여되어" 있을 것을 요건으로 하는 피성년후견인에 비하여는 높은 수준의 판단

38) 피성년후견인의 복리를 위하여 후견인을 변경할 필요가 있다고 인정되는 경우란, 성년후견인이 선량한 관리자의 주의의무를 게을리하여 후견인으로서 그 임무를 수행하는 데 적당하지 않은 사유가 있으며, 이로 인하여 피후견인의 복리에 부정적 영향을 미치는 경우를 의미한다. 대결 2021. 2. 4, 2020스647.

능력을 가지고 있으나, 법률행위를 하는 데 일반적으로 요구되는 정신적 능력을 완전히 갖추지 못한 사람을 말한다.

(2) 요 건

한정후견개시 심판의 요건으로는 다음과 같은 두 가지가 있다§12①.

(가) 실질적 요건

본인이 질병, 장애, 노령, 그 밖의 사유로 인한 정신적 제약으로 사무를 처리할 능력이 부족한 상태에 있어야 한다. 종래 한정치산 선고의 요건이었던 "재산의 낭비"는 직접 규정되어 있지는 않지만, 낭비의 원인이 정신적 제약에 기인한 경우에는 한정후견개시 심판의 요건을 충족시킬 수 있다.

가정법원은 한정후견개시의 심판을 할 경우에는 피한정후견인이 될 사람의 정신상태에 관하여 의사에게 감정을 시켜야 한다. 다만, 피한정후견인이 될 사람의 정신상태를 판단할 만한 다른 충분한 자료가 있는 경우에는 의사의 감정을 거칠 필요가 없다가소 §45의2①.[39]

(나) 형식적 요건

한정후견개시의 심판을 받으려면 본인, 배우자, 4촌 이내의 친족, 미성년후견인, 미성년후견감독인, 성년후견인, 성년후견감독인, 특정후견인, 특정후견감독인, 검사 또는 지방자치단체의 장의 청구가 있어야 한다.

미성년자에 대해서는 한정후견을 개시할 수 없다고 보아야 할 것이다. 미성년자의 행위능력은 일률적으로 제한되는 데 반하여(의사능력 있는 미성년자가 법률행위를 할 때에도 법정대리인의 동의가 필요하다), 피한정후견인은 원칙적으로 행위능력을 보유하므로(피한정후견인은 한정후견인의 동의 없이도 유효한 법률행위를 할 수 있다. 다만 가정법원은 피한정후견인이 일정한 법률행위를 할 때 한정후견인의 동의를 받도록 정할 수 있다), 미성년자에 대해서 한정후견을 개시하는 것은 미성년자 보호제도의 취지와 맞지 않는다. 따라서 미성년후견인, 미성년후견감독인이 한정후견개시의 심판을 청구하는 것은 다음과 같은 경우로 한정된다고 보아야 할 것이다. 즉, 정신적 제약으로 사무를 처리할 능력이 부족한 상태에 있는 미성년자가 아무런 보호조치 없이 성년에 이르게 되면

39) 이 규정의 의미는 의사의 감정에 따라 정신적 제약으로 사무를 처리할 능력이 부족하거나 지속적으로 결여되었는지를 결정하라는 것이 아니라, 의학상으로 본 정신능력을 기초로 하여 성년후견이나 한정후견의 개시 요건이 충족되었는지 여부를 결정하라는 것이다(대결 2021. 6. 10, 2020스596).

보호의 공백상태에 처할 수 있으므로, 이러한 사태를 사전에 방지할 목적으로 성년기에 가까운 시점에서 한정후견개시의 심판을 청구할 수 있다고 보아야 할 것이다(법원이 한정후견개시의 심판을 하는 경우, 미성년자가 성년자가 되었을 때 한정후견이 개시되어야 할 것이다).

### (3) 한정후견개시 및 종료의 심판

#### (가) 한정후견개시의 심판

가정법원은 위의 두 가지 요건이 갖추어져 있다고 판단할 때에는 한정후견개시의 심판을 한다§12①, 가소 §2①라류사건i의3. 이때 가정법원은 본인의 의사를 고려하여야 한다(본인의사 존중의 원칙)§12②에 의한 §9②의 준용. 즉, 가정법원은 한정후견개시에 대한 본인의 의사를 듣고, 심판에서 이를 참고하여야 한다. 가정법원은 한정후견개시의 심판을 할 때 피한정후견인이 한정후견인의 동의를 받아야 하는 법률행위의 범위를 정할 수 있는데, 이때에도 역시 본인의 의사를 고려하여야 할 것이다.[40)]

한정후견개시의 심판을 청구한 경우에 성년후견개시의 심판을 할 수는 없다고 보아야 할 것이다(반면에 성년후견개시의 심판청구가 있더라도 한정후견에 의한 보호로 충분하다면 가정법원은 한정후견개시의 심판을 할 수 있다고 보는 것이 타당하다. 성년후견개시 심판청구의 의사에는 그보다 약화된 보호유형인 한정후견개시 심판청구의 의사가 포함되어 있다고 볼 수 있기 때문이다. 그러나 이와 반대로 한정후견개시 심판청구의 의사에 그보다 폭넓은 보호유형인 성년후견개시 심판청구의 의사가 포함되어 있다고 보기는 어렵다).[41)]

#### (나) 한정후견종료의 심판

한정후견개시의 원인이 소멸한 경우에는 본인, 배우자, 4촌 이내의 친족, 한정후견인, 한정후견감독인, 검사 또는 지방자치단체의 장의 청구에 따라 가정법원이 심판을 함으로써 한정후견은 종료한다§14, 가소 §2①라류사건i의3.

가정법원은 한정후견 종료의 심판을 할 경우에는 피한정후견인의 정신상

---

40) 가정법원의 한정후견개시심판이 있는 경우에는 촉탁 또는 한정후견인의 신청에 의하여 가정법원의 후견등기관이 한정후견등기를 작성한다(후견등기법 제20조, 후견등기규칙 제40조 · 제45조).

41) 한정후견의 개시를 청구한 사건에서 의사의 감정 결과 등에 비추어 성년후견개시의 요건을 충족하고 '본인도 성년후견의 개시를 희망한다면' 법원이 성년후견을 개시할 수 있고, 성년후견개시를 청구하고 있더라도 필요하다면 한정후견을 개시할 수 있다(대결 2021. 6. 10, 2020스596); 윤진수 · 현소혜, 2013년 개정민법해설, 30면, 40면 이하는 한정후견개시의 심판을 청구한 경우에 성년후견개시의 심판을 하는 것도 허용된다고 본다.

태에 관하여 의사에게 감정을 시킬 수 있다가소규 §38.[42)]

### (4) 피한정후견인의 능력

피한정후견인은 원칙적으로 행위능력을 상실하지 않는다. 그러나 가정법원은 피한정후견인이 한정후견인의 동의를 받아야 하는 법률행위의 범위를 정할 수 있다(동의유보)§13①, 후견등기법 §25①ⅵ가. 예컨대, 가정법원은 한정후견개시의 심판을 할 때 피한정후견인이 부동산거래를 하는 경우에는 한정후견인의 동의를 받아야 한다고 정할 수 있다. 어떤 사람의 행위능력을 제한할 필요성이 없다면 한정후견개시의 심판을 할 이유가 거의 없다고 볼 수 있으므로, 가정법원이 한정후견개시의 심판을 하는 경우에 한정후견인의 동의를 받아야 하는 법률행위의 범위를 정하는 것은 일반적이라고 생각된다(이에 대한 예외로서 다음과 같은 경우를 가정해 볼 수 있을 것이다. 예컨대, A는 판단능력이 부족하지만 국민기초생활보장법에 따른 기초생활수급자로서 가진 재산이 거의 없어서 실제로 불이익하거나 무모한 거래를 시도할 가능성이 없는 것으로 보인다. 이런 경우에는 한정후견인에게 기초생활보장급여의 관리에 필요한 재산관리권과 대리권을 부여하는 것으로 충분한 보호가 될 수 있으므로, 굳이 피한정후견인 A의 행위능력을 제한하지 않아도 무방할 것이다). 다만, 피한정후견인이 한정후견인의 동의를 받아야 하는 법률행위의 범위는 피한정후견인에게 남은 정신적 능력에 따라 매우 다양하게 정해질 수 있다(즉, 때로는 광범위하게 또 때로는 매우 제한된 범위에서 정해질 수 있다. 물론 행위능력을 제한해야 하는 범위가 너무 광범위한 경우에는 성년후견의 원인이 있는 것으로 보아서 성년후견을 개시하여야 할 것이다).

한정치산자는 법률행위를 할 때 원칙적으로 법정대리인(후견인)의 동의를 받도록 되어 있어서 일률적으로 행위능력이 제한되는 반면, 피한정후견인이 한정후견인의 동의를 받아야 하는 법률행위의 범위는 탄력적으로 정해질 수 있다는 점에서 차이가 있다.

피한정후견인은 한정후견인의 동의를 받아야 하는 법률행위의 범위 내에서만 행위능력이 제한되고, 그 이외에는 단독으로 유효한 법률행위를 할 수 있다. 즉, 피한정후견인은 한정후견인의 동의를 받아야 하는 법률행위의 범위

42) 한정후견인이 한정후견의 종료를 알았을 때에는 촉탁에 의한 종료등기가 없는 이상 이를 안 날로부터 3개월 이내에 종료등기를 신청하여야 한다(후견등기법 제29조 제1항, 제25조 제1항 제9호). 후견종료등기는 한정후견인과 한정후견감독인이 신청할 수 있다(후견등기법 제29조 제2항).

에서 이른바 '제한능력자'가 된다(예컨대, 가정법원의 심판에 의해서 피한정후견인이 부동산거래를 하는 경우에 한정후견인의 동의를 받도록 정하여졌다면, 피한정후견인은 부동산거래에 있어서만 제한능력자가 된다).

가정법원은 본인, 배우자, 4촌 이내의 친족, 한정후견인, 한정후견감독인, 검사 또는 지방자치단체의 장의 청구에 의하여 한정후견인의 동의를 받아야 하는 행위의 범위를 변경할 수 있다§13②, 가소 §2①라류사건i의4, 후견등기법 §25①vi가·28①·②. 이에 따라 피한정후견인의 정신적 능력이 향상된 경우에는 한정후견인의 동의를 받아야 하는 행위의 범위가 축소될 수 있고, 그 반대의 경우에는 한정후견인의 동의를 받아야 하는 행위의 범위가 확대될 수 있다.

한정후견인의 동의가 필요한 행위에 대하여 한정후견인이 피한정후견인의 이익이 침해될 염려가 있음에도 불구하고 동의하지 않는 경우에는 가정법원은 피한정후견인의 청구에 의하여 한정후견인의 동의를 갈음하는 허가를 할 수 있다§13③, 가소 §2①라류사건i의4. 예컨대, 부동산거래에 있어서 행위능력이 제한되어 있는 피한정후견인(즉 부동산거래를 하는 경우에는 한정후견인의 동의를 받도록 정하여져 있는 경우)이 거주하고 있는 도시의 아파트를 매각처분하고 교외의 단독주택을 매입하여 조용히 살겠다는 계획을 가지고 있는데, 한정후견인이 아파트의 매도와 단독주택의 매수에 동의를 거부하는 경우에는 피한정후견인은 가정법원의 허가를 받아 아파트를 매도하고 단독주택을 매수할 수 있다.

한정후견인의 동의가 필요한 행위를 피한정후견인이 한정후견인의 동의 없이 하였을 때에는 한정후견인과 피한정후견인이 취소할 수 있다§13④ 본문. 예컨대 피한정후견인 갑이 부동산거래에 있어서는 한정후견인 을의 동의를 받아야 하는데, 동의를 받지 않고 병에게 부동산을 매도하는 계약을 체결하였다면 갑과 을은 그 매매계약을 취소할 수 있다.

한정후견인의 동의가 필요한 행위를 피한정후견인이 한정후견인의 동의 없이 하였을 때에는 취소가 가능하지만, 일용품의 구입 등 일상생활에 필요하고 그 대가가 과도하지 않은 법률행위는 취소할 수 없다§13④ 단서. 이 단서 규정은 피한정후견인이 한정후견인의 동의를 받아야 하는 법률행위의 범위가 '일용품의 구입 등 대가가 과도하지 않은 행위'까지 확대되어 있는 것을 전제로 한다. 그런데 피한정후견인이 일용품(예컨대 라면 1박스)의 구입까지 한정후견인의 동의를 받아야 할 정도라면, 한정후견이 아니라 성년후견이 개시되어야 할 것으로 생각된다. 이렇게 본다면 제13조 제4항 단서는 한정후견의 취지와 맞지 않을 뿐 아니라 불필요한 규정이라고 여겨진다.

피한정후견인은 신분행위에 있어서는 완전한 행위능력을 갖는다. 따라서 누구의 동의도 필요 없이 약혼, 혼인 등의 신분행위를 자유롭게 할 수 있다.

☞ **제한능력자**

2013년 7월 1일부터 시행되는 개정법에 따르면 '행위무능력'이라는 개념은 더 이상 쓸 수 없게 된다. 개정법에서는 금치산자나 한정치산자와 같이 행위능력이 획일적으로 제한되는 무능력자는 존재하지 않기 때문이다. 개정법에 의해서 새롭게 도입되는 피성년후견인이나 피한정후견인은 획일적으로 행위능력이 부정되지 않고, 가정법원의 심판에 따라 남아 있는 능력(잔존능력)의 범위 내에서는 법정대리인의 동의 없이 독립하여 법률행위를 할 수 있다§10② · 13①. 따라서 피성년후견인과 피한정후견인은 일정한 범위에서 행위능력이 제한되기는 하지만 완전히 부정되는 것은 아니므로, 무능력자라고 정의하는 것은 적당하지 않으며, 행위능력이 제한되는 한도에서 제한능력자가 되는 것이다§15 17 참조. 예컨대, 가정법원의 심판에 의해서 피성년후견인 갑이 독자적으로 유효하게 할 수 있는 법률행위의 범위가 10만원 이하의 거래로 정하여졌다면, 피성년후견인 갑은 10만원을 초과하는 거래에 있어서만 제한능력자가 되는 것이다. 또한 가정법원의 심판에 의해서 피한정후견인 A가 부동산거래를 하는 경우에는 한정후견인의 동의를 받아야 하는 것으로 정하여졌다면, 피한정후견인 A는 부동산거래에 있어서는 제한능력자가 되지만, 그 이외의 거래에 있어서는 행위능력의 제한을 받지 않는다. 이와 같이 제한능력자의 행위능력이 제한되는 범위는 일률적으로 정하여지는 것이 아니고, 본인(피성년후견인, 피한정후견인)의 남은 능력(잔존능력)에 따라서 탄력적으로 정해진다.

미성년자는 개정법에 의하더라도 종전과 같이 행위능력이 일률적으로 제한되지만(이런 의미에서 미성년자에 대해서는 무능력자라는 용어를 계속 사용해도 무방하다), 개정법은 무능력자라는 개념을 폐기하면서 미성년자도 제한능력자에 포함되는 것으로 하였다.

### (5) 한정후견인

#### (가) 가정법원의 선임

가정법원이 한정후견개시의 심판을 하는 경우에는 직권으로 한정후견인을 선임한다§959의3①, 가소 §2①라류사건xviii, 후견등기법 §25①iii. 법인도 한정후견인이 될 수 있다§959의3②에 의한 §930③의 준용(반면에 법인은 미성년후견인이 될 수 없다). 가정법원은 피한정후견인의 신상과 재산에 관한 사항을 고려하여 여러 명의 한정후견인을 둘 수 있다§959의3②에 의한 §930②의 준용(반면에 미성년후견인은 1인으로 한정된다). 한정후견인이 여러 명인 경우의 권한관계에 대하여는 성년후견인에 관한 규정이 준용된다§959의6에 의한 §949의2의 준용, 가소 §2①라류사건xxi의3.

(나) 한정후견인의 임무

① 임무수행의 원칙(피한정후견인의 복리와 의사존중): 한정후견인은 피한정후견인의 재산관리와 신상보호를 할 때 여러 사정을 고려하여 그의 복리에 부합하는 방법으로 사무를 처리하여야 한다. 이 경우 한정후견인은 피한정후견인의 복리에 반하지 않으면 피한정후견인의 의사를 존중하여야 한다§959의6에 의한 §947의 준용. 이 규정은 한정후견인이 임무를 수행함에 있어서 지켜야 할 기본원칙을 선언한 것이다.

② 동의권과 대리권: ㉠ 가정법원은 한정후견개시의 심판을 할 때 피한정후견인이 한정후견인의 동의를 받아야 하는 법률행위의 범위를 정할 수 있는데, 한정후견인은 그 범위 내에서 피한정후견인의 법률행위에 대하여 동의권과 취소권을 갖는다§13①·④·140.[43] 예컨대, 가정법원의 심판에 의해서 피한정후견인이 부동산거래를 하는 경우에는 한정후견인의 동의를 받도록 정하여졌는데, 피한정후견인이 한정후견인의 동의 없이 거주하고 있는 주택을 매도하는 계약을 체결하였다면, 한정후견인은 그 계약을 취소할 수 있다.[44]

㉡ 가정법원은 일정한 사무의 범위(피한정후견인이 도움을 필요로 하는 사무의 범위. 예컨대 부동산거래)를 정하여 한정후견인에게 대리권을 수여할 수 있으며, 그 범위 내에서 한정후견인은 피한정후견인의 법정대리인이 된다§959의4, 후견등기법 §25①vi나. 즉 선임과 동시에 피성년후견인의 법정대리인이 되는 성년후

---

43) 피한정후견인에게도 취소권이 인정된다. 한편 한정후견인에게 당연히 취소권이 있다고 해석하는 데에는 다소의 문제가 있다. 동의유보된 사항에 대하여 한정후견인에게 대리권이 부여되어 있지 않다면, 동의권이 있더라도 당연히 취소권까지 있다고 보기는 어렵기 때문이다. 민법 제140조는 "취소할 수 있는 법률행위는 제한능력자, 착오로 인하거나 사기·강박에 의하여 의사표시를 한 자, 그의 대리인 또는 승계인만이 취소할 수 있다"고 규정하고 있는데, 위의 경우에 한정후견인은 피한정후견인의 대리인이 아니기 때문이다.

44) 대판 2023. 9. 27, 2020다301308. 가정법원이 갑(피한정후견인)에 대한 한정후견개시 심판을 하면서 갑의 예금 이체·인출에 관하여 30일 합산 금액이 100만 원 이상인 경우에는 한정후견인의 동의를 받도록 결정하였는데, 우정사업본부가 100만 원 미만 거래의 경우 통장, 인감 등을 지참한 후 은행창구를 통해서만, 100만 원 이상 300만 원 미만 거래의 경우에는 한정후견인의 동의서를 지참하더라도 단독으로 거래할 수 없고 한정후견인과 동행하여 은행창구를 통해서만 거래할 수 있도록 제한한 조치는 장애인차별금지법이 금지하고 있는 차별행위에 해당하므로, 국가는 갑에 대하여 위자료를 지급하여야 한다.

견인과는 달리 한정후견인은 당연히 피한정후견인의 법정대리인이 되는 것은 아니다.

피한정후견인은 원칙적으로 유효한 법률행위를 할 수 있고, 한정후견인의 동의를 받도록 정해진 범위에서는 한정후견인의 동의를 받아서 법률행위를 할 수 있다. 그러므로, 성년후견인의 동의를 받아도 유효한 법률행위를 할 수 없는 피성년후견인과는 달리, 피한정후견인은 반드시 한정후견인의 대리에 의해서 법률행위를 하여야 할 이유는 없다(이렇게 본다면 가정법원이 한정후견인에게 피한정후견인을 위하여 반드시 대리권을 수여해야 할 필연적인 이유는 없다고 할 수도 있다). 그러나 한정후견인이 피한정후견인의 법정대리인으로서 피한정후견인을 대리하여 법률행위를 하는 것이 유용한 경우도 생각해 볼 수 있다. 예컨대, 예금거래 등의 사무를 처리하는 능력이 부족한 피한정후견인이 거동도 불편하여 직접 은행을 방문하기 어려운 사정이 있을 때에는 예금거래에 관하여 가정법원으로부터 대리권을 수여받은 한정후견인이 피한정후견인을 대리하여 행위를 하는 것이 편리할 수도 있다. 이렇게 볼 때, 피한정후견인이 한정후견인의 동의를 받아야 하는 법률행위의 범위와 한정후견인의 법정대리권의 범위가 반드시 일치해야 하는 것은 아니라고 생각된다(피한정후견인이 한정후견인의 동의를 받아서 스스로 법률행위를 할 수 있는데, 굳이 한정후견인에 의해서 대리되어야 할 필요는 없기 때문이다).45)

㉢ 성년후견인의 법정대리권 행사에 대한 제한 규정은 한정후견인에 대해서 준용된다. 따라서 한정후견인이 피한정후견인의 행위를 목적으로 하는 채무를 부담하는 법률행위를 대리하는 경우에는 본인(피한정후견인)의 동의가 필요하다§959의6에 의한 §920 단서의 준용. 그리고 한정후견인이 피한정후견인과 이해가 상반되는 행위를 하는 경우에는 한정후견감독인이 피한정후견인을 대리한다§959의6에 의한 §940의6③의 준용. 그러나 한정후견감독인이 없는 경우에는 한정후견인은 피한정후견인을 위하여 법원에 특별대리인의 선임을 청구하여야 한다§959의6에 의한 §949의3의 준용, 가소 §2①라류사건xvi. 나아가 한정후견인이 피한정후견인을 대리하여 영업 혹은 중요한 재산상의 행위를 하거나 피한정후견인이 이와 같은 행위를 하는 것에 동의하는 경우에는 한정후견감독인이 있으면 그의 동의

45) 이와 달리 한정후견인의 대리권의 범위와 동의권의 범위를 일치시키는 것이 타당하다는 견해도 있다. 제철웅, 요보호성인의 인권존중의 관점에서 본 새로운 성년후견제도, 민사법학 제56호(2011), 291.

를 받아야 한다§959의6에 의한 §950의 준용.

㉣ 피한정후견인은 신분행위(가족법상의 법률행위)에 있어서는 완전한 행위능력을 가지므로, 한정후견인의 동의나 대리를 요하지 않는다.

③ 한정후견인의 소송대리권: 피한정후견인은 한정후견인의 동의가 필요한 행위에 관하여는 대리권 있는 한정후견인에 의해서만 소송행위를 할 수 있다민소 §55②.[46] 미성년자 또는 피성년후견인이 원칙적으로 법정대리인에 의해서만 소송행위를 할 수 있는 것과는 다르다.

④ 피한정후견인의 신상보호: 피한정후견인의 신상보호에 관하여는 피성년후견인의 신상보호에 관한 규정이 준용되므로§959의6에 의한 §947의2의 준용. 피성년후견인의 신상보호에 관하여 앞에서 설명한 내용이 피한정후견인의 경우에도 대체로 통용된다. 그러므로 여기서는 앞에서 이미 설명한 부분의 반복을 피하면서 피한정후견인의 신상보호에 관하여 간단하게 해설한다.

㉠ 원칙: 피한정후견인은 자신의 신상에 관하여 그 상태가 허락하는 범위에서 단독으로 결정한다§959의6에 의한 §947의2①의 준용. 즉, 피한정후견인은 자신의 신상(의학적 치료, 요양, 거주·이전, 주거, 면접교섭 등)에 관하여 스스로 결정할 수 있는 정신 상태에 있는 한, 단독으로 결정하는 것이 원칙이다. 예컨대, 피한정후견인이 부동산거래에 있어서 한정후견인의 동의를 받도록 정해져 있다면 이사 갈 주택을 매수하는 계약을 체결할 때에는 한정후견인의 동의를 받아야 하지만, 이사 갈 동네와 주택은 스스로 선택하여 결정할 수 있다.

㉡ 한정후견인의 보충적 결정: 피한정후견인이 자신의 신상에 관하여 스스로 결정할 수 있는 정신 상태에 있지 않을 때에는 한정후견인이 대신하여 결정할 수 있다. 한정후견인이 피한정후견인의 신상에 관하여 결정할 수 있는 권한의 범위는 가정법원이 정한다(또한 가정법원은 그 범위를 변경할 수도 있다§959의4에 의한 §938③·④의 준용, 가소 §2①라류사건xⅷ의2, 후견등기법 §25①ⅵ다).

㉢ 가정법원의 허가가 필요한 사안: 피한정후견인이 자신의 신상에 관하여 스스로 결정할 수 없는 상태에 있는 경우에는 한정후견인이 대신해서 결정을 할 수 있지만, 피한정후견인의 복리에 심각한 영향을 미칠 수 있는 중

46) 대리권 있는 한정후견인이 상대방의 소 또는 상소 제기에 관하여 소송행위를 하는 경우에는 그 후견감독인으로부터 특별한 권한을 받을 필요가 없다(민소 제56조 제1항). 다만, 제1항의 법정대리인이 소의 취하, 화해, 청구의 포기·인낙 또는 제80조에 따른 탈퇴를 하기 위해서는 후견감독인으로부터 특별한 권한을 받아야 한다. 후견감독인이 없는 경우에는 가정법원으로부터 특별한 권한을 받아야 한다(민소 제56조 제2항).

요한 신상 결정에 관한 사안에 대해서는 가정법원의 허가를 받아야 한다.

i) 격리수용: 한정후견인이 피한정후견인을 치료 등의 목적으로 정신병원이나 그 밖의 다른 장소에 격리하려는 경우에는 가정법원의 허가를 받아야 한다§959의6에 의한 §947의2②의 준용, 가소 §2①라류사건xxi. 한정후견인이 피한정후견인을 정신병원 등에 격리하려는 경우에는 반드시 사전에 가정법원의 허가를 받아야 하며, 사후에 허가를 청구하는 것은 규정상 허용되지 않는 것으로 보인다.

ii) 의료행위에 대한 동의: ⓐ 피한정후견인의 신체를 침해하는 의료행위에 대하여 피한정후견인이 동의할 수 없는 경우에는 한정후견인이 그를 대신하여 동의할 수 있다§959의6에 의한 §947의2③의 준용.

ⓑ 피한정후견인이 의료행위의 직접적인 결과로 사망하거나 상당한 장애를 입을 위험이 있을 때에는 가정법원의 허가를 받아야 한다. 다만, 허가절차로 인하여 의료행위가 지체되어 피한정후견인의 생명에 위험을 초래하거나 심신상의 중대한 상애를 초래할 때에는 사후에 허가를 청구할 수 있다§959의6에 의한 §947의2④의 준용, 가소 §2①라류사건xxi.

iii) 거주용 건물의 처분 등: 한정후견인이 피한정후견인을 대리하여 피한정후견인이 거주하고 있는 건물 또는 그 대지에 대하여 매도, 임대, 전세권 설정, 저당권 설정, 임대차의 해지, 전세권의 소멸, 그 밖에 이에 준하는 행위를 하는 경우에는 가정법원의 허가를 받아야 한다§959의6에 의한 §947의2⑤의 준용, 가소 §2①라류사건xxi의2.

## 4. 특정후견

### (1) 피특정후견인의 의의

질병, 장애, 노령, 그 밖의 사유로 인한 정신적 제약으로 일시적 후원 또는 특정한 사무에 관하여 후원이 필요한 사람으로서 가정법원에서 특정후견의 심판을 받은 사람이 피특정후견인이다§14의2①. 피성년후견인과 피한정후견인은 정신적 제약으로 인하여 지속적인 보호를 필요로 하는데 반하여, 피특정후견인은 비록 정신적 제약이 있기는 하지만 일시적인 보호로 충분하다고 판단되는 사람이다. 또한 피성년후견인과 피한정후견인은 사무의 전부 또는 일부에 대해서 포괄적인 보호를 필요로 하는데 반하여, 피특정후견인은 특정한 사무에 대해서만 보호를 필요로 한다(피성년후견인은 원칙적으로 독립하여 법률행위를 할 수 없고, 그 사무 전부에 대하여 성년후견인이 법률행위를 대리하여야 하므로 포괄적인 보호를 받는다고 할 수 있다. 피한정후견인은 원칙적으로 유효한 법률행위를 할 수 있지만, 한정후견인의 동의를 받아야 하는 일부 사무(예컨대 부동산거래)에 대해서는 역시 포괄적인 보호를 받는다고 할 수 있다. 반면에 피특정후견인은 완전한 행위능력을 보유하고, 특정한 사무(예컨대 현재 거주하고 있는 주택의 매도)에 대해서만 보호를 받는다).

### (2) 요 건

특정후견 심판의 요건으로는 다음과 같은 두 가지가 있다.

(가) 실질적 요건

본인이 질병, 장애, 노령, 그 밖의 사유로 인한 정신적 제약으로 인하여 일시적인 후원 또는 특정한 사무에 관한 후원을 필요로 하는 상태에 있어야 한다.

(나) 형식적 요건

특정후견의 심판을 받으려면 본인, 배우자, 4촌 이내의 친족, 미성년후견인, 미성년후견감독인, 검사 또는 지방자치단체의 장의 청구가 있어야 한다.

미성년자는 모든 사무에 있어서 포괄적인 보호를 받으므로(미성년자는 원칙적으로 법정대리인의 동의를 받아서 법률행위를 하거나 법정대리인이 법률행위를 대리하므로, 포괄적인 보호 아래 있다고 할 수 있다), 특별히 특정후견의 보호를 받을 이유는 없다. 따라서 미성년후견인, 미성년후견감독인이 특정후견의 심판을 청구하는 것은 다음과 같은 경우로 한정된다고 보아야 할 것이다. 즉, 정신적 제약으로 일시적인 후원이나 특정사무에 대한 후원이 필요한 미성년자가 아무런 보호조치 없이 성년에 이르게 되면 보호에 차질이 생길 수 있으므로, 이러한 사태를 사전에 방지할 목적으로 성년기에 가까운 시점에서 특정후견의 심판을 청구할 수 있다고 보아야 할 것이다. 예컨대, 정신적 제약으로 판단력이 다소 부족한 미성년자인 갑이 을과의 교섭을 통하여 부모로부터 상속받은 유일한 부동산인 아파트를 성년이 되면 곧 시세의 절반가격으로 매도하려고 하는 경우에 미성년후견인은 특정후견의 심판을 청구할 수 있으며, 가정법원은 특정후견의 심판을 하면서 특정한 사무(갑 소유의 아파트 매도)에 대하여 필요한 처분(처분금지의 명령)을 명할 수 있다.

### (3) 절 차

가정법원은 위의 두 가지 요건이 갖추어져 있다고 판단할 때에는 특정후견의 심판을 한다. 특정후견의 심판은 본인의 의사에 반하여 할 수 없다§14의2②, 가소 §2①라류사건i의5. 가정법원은 성년후견과 한정후견의 심판에 있어서도 본인의 의사를 고려하여야 하지만(본인의사 존중의 원칙)§9②·12②, 특정후견의 심판에 있어서는 이 점이 더욱 강조되어 본인의 의사에 반하여 할 수 없도록 한 것이다. 따라서 가정법원은 심판절차에서 본인이 특정후견에 반대한다는 의사를 표시한 때에는 특정후견의 심판을 하여서는 안 된다(그러나 본인의 적극적인 동의를 요하는 것은 아니다).[47]

특정후견은 피특정후견인을 특정한 사무(예컨대 피특정후견인이 거주하는 주택의 매매)에 관하여 조력하는 보호제도이므로, 가정법원이 심판에서 특정한 사무가 처리되면(예컨대 가정법원이 선임한 특정후견인이 피특정후견인이 거주하는 주택의 매매계약을 체결하고 대금의 수령과 소유권이전등기까지 마친 경우) 당연히 종료한다. 따라서 가정법원은 특정후견의 종료에 관하여 별도로 심판할 필요가 없다(이에 대한 예외로서 제14조의3 및 제959조의20 제2항 본문 참조가소 §2①라류사건 i 의5).[48]

### (4) 피특정후견인의 능력

특정후견은 원칙적으로 피특정후견인의 행위능력에 아무런 영향을 미치지 않는다고 해석된다(즉, 피특정후견인은 완전한 행위능력을 유지한다).[49] 따라서 특정의 사무에 관하여 특정후견인이 선임되고 법원으로부터 법정대리권을 부여받은 경우에도 그 사무에 관한 피특정후견인의 행위능력은 제한되지 않는다. 예컨대, 피특정후견인이 거주하는 주택의 매매에 관하여 특정후견인이 선임되고, 법정대리권을 부여받은 경우에도 피특정후견인은 이와 관계없이 스스로 자신이 거주하는 주택의 매매계약을 체결할 수 있고 소유권이전등기

47) 한편 특정후견의 청구를 받은 가정법원이 성년후견이나 한정후견개시의 심판을 할 수는 없다고 보아야 할 것이다.

48) 가정법원의 특정후견개시심판이 있는 경우에는 촉탁 또는 특정후견인의 신청에 의하여 가정법원의 후견등기관이 특정후견등기를 작성한다(후견등기법 제20조, 후견등기규칙 제40조·제45조).

49) 개정법에 피특정후견인의 행위능력 제한에 관한 규정이 없으므로, 이와 같은 해석이 가능하다. 다만, 가정법원이 피특정후견인의 후원을 위한 처분을 함으로써 사실상 피특정후견인의 행위능력이 제한되는 것과 같은 결과에 이를 가능성은 있다(예컨대, 피특정후견인이 거주하는 주택의 매매가 특정사무로 정해진 경우에 가정법원은 피특정후견인에게 위 주택의 매매를 금지하는 처분을 할 수 있으며, 이 경우 당해 사무에 있어서는 사실상 피특정후견인의 행위능력이 제한되는 것과 같은 결과가 된다).

도 할 수 있다. 그러므로, 경우에 따라서는 특정후견인과 피특정후견인이 각각 그 주택에 대하여 매매계약을 체결하는 사태가 생길 수도 있다. 이런 경우에는 민법의 일반원리에 따라서 이 두 개의 계약은 모두 유효하다. 그리고 특정후견인이나 피특정후견인으로부터 먼저 소유권이전등기를 받은 매수인이 그 주택의 소유권을 취득한다.

이와 같이 피특정후견인은 행위능력의 제한을 받지 않으므로, 능력의 제한을 받는 피성년후견인 및 피한정후견인과 더불어 총칙편 제2장 제1절 '능력'에 규정하는 것은 체계상 어색하다는 비판이 가해질 수 있다.

### (5) 특정후견에 따른 보호조치

가정법원은 피특정후견인의 후원을 위하여 필요한 처분을 명할 수 있다 §959의8, 가소 §2①라류사건xxⅳ의3, 후견등기법 §25①ⅶ나. 가정법원이 특정후견의 심판을 하는 경우에는 특정후견의 기간 또는 사무의 범위를 정하여야 하므로§14의2③, 처분의 내용은 일정한 기간이나 범위를 정한 특정한 사무에 한정된 것이어야 한다. '피특정후견인의 후원을 위하여 필요한 처분'이란 주로 피특정후견인의 재산과 관련된 처분이 될 것이다. 가정법원은 특정 재산의 관리, 보존과 같은 행위는 물론 처분행위를 명할 수도 있고, 처분을 금하는 부작위를 명할 수도 있다(예컨대, 피특정후견인이 자신이 거주하는 주택을 시세보다 현저히 낮은 가격으로 매매하려는 경우에 가정법원은 그 매매를 금지하는 처분을 명할 수 있다). 그러나 재산에 관한 처분으로 한정하여 해석해야 할 이유는 없으므로 피특정후견인의 신상에 관한 처분도 포함된다고 볼 수 있다. 이와 관련하여 가정법원이 피특정후견인의 의료행위에 대한 동의의 의사표시를 갈음하는 심판을 할 수 있는가의 문제가 제기되는데, 긍정할 수 있다고 본다(예컨대 의식불명 상태에 있는 피특정후견인이 스스로 수술에 동의할 수 없는 때에 가정법원이 동의에 갈음하는 처분을 하는 경우 등을 상정할 수 있을 것이다).[50)]

가정법원은 피특정후견인의 후원을 위하여 필요한 처분의 일종으로 특정후견인을 선임할 수 있다§959의9, 가소 §2①라류사건xⅷ. 가정법원이 부재자의 재산관리를 위하여 필요한 처분으로서 재산관리인을 선임하는 경우가 일반적인 것처럼, 피특정후견인의 후원을 위하여 필요한 처분으로서도 특정후견인을 선

---

50) 이에 대해서는 특정후견인을 선임하여 특정후견인으로 하여금 결정을 하도록 하는 것이 타당하다는 반대견해가 있다(김형석, 민법개정안에 따른 성년후견법제, 가족법연구 제24권 2호, 149면).

임하는 경우가 많을 것으로 예상된다.

(6) 특정후견인

(가) 가정법원의 선임

가정법원이 특정후견의 심판을 하는 경우에는 피특정후견인을 위하여 필요한 처분을 할 수 있고, 그 처분의 일종으로 특정후견인을 선임할 수 있다 §959의8 · 959의9①, 가소 §2①라류사건xviii. 따라서 가정법원이 특정후견의 심판을 하는 경우에 반드시 특정후견인을 선임하여야 하는 것은 아니다. 일회적 처분으로 피특정후견인을 보호하는 데 충분한 경우라면 가정법원이 굳이 특정후견인을 선임하지 않고, 직접 그러한 처분을 함으로써 피특정후견인을 보호하고자 하는 취지이다.

법인도 특정후견인이 될 수 있다§959의9②에 의한 §930③의 준용. 가정법원은 피특정후견인의 신상과 재산에 관한 사항을 고려하여 여러 명의 특정후견인을 둘 수 있다§959의9②에 의한 §930②의 준용. 특정후견인이 여러 명인 경우의 권한관계에 대하여는 성년후견인에 관한 규정이 준용된다§959의12에 의한 §949의2의 준용, 가소 §2①라류사건xxi의3, 후견등기법 §25①viii.

(나) 특정후견인의 임무

① 임무수행의 원칙(피특정후견인의 복리와 의사존중): 특정후견인은 피특정후견인의 재산관리와 신상보호를 할 때 여러 사정을 고려하여 그의 복리에 부합하는 방법으로 사무를 처리하여야 한다. 이 경우 특정후견인은 피특정후견인의 복리에 반하지 아니하면 피특정후견인의 의사를 존중하여야 한다 §959의12에 의한 §947의 준용. 이 규정은 특정후견인이 임무를 수행함에 있어서 지켜야 할 기본원칙을 선언한 것이다.

② 특정후견인의 대리권: ㉠ 가정법원은 피특정후견인의 후원을 위하여 필요하다고 인정하면 기간이나 범위를 정하여 특정후견인에게 대리권을 수여하는 심판을 할 수 있다§959의11, 가소 §2①라류사건xxiv의4, 후견등기법 §25①vii다. 그 범위 내에서 특정후견인은 피특정후견인의 법정대리인이 된다. 예컨대, 가정법원은 피특정후견인이 거주하고 있는 주택의 매매에 관하여 특정후견인에게 대리권을 수여할 수 있다. 그러나 위에서 본 바와 같이, 특정후견인에게 대리권이 수여된 사무에 있어서도 피특정후견인의 행위능력은 제한되지 않으므로, 피특정후견인은 스스로 자신이 거주하는 주택의 매매계약을 체결할 수 있다.

㉡ 특정후견인의 대리권에는 피특정후견인을 대리하여 신상에 관한 결정을 할 권한도 포함될 수 있다는 견해가 있다.[51] 예를 들어 의식이 없는 피특정후견인의 중요한 신상결정(예컨대 수술에 대한 동의)을 위하여 가정법원은 특정후견인을 선임하고 그에 관한 결정권한을 부여할 수 있다고 한다. 그러나 수술에 대한 동의는 원칙적으로 본인만이 할 수 있는 일신전속적인 것이므로, 가정법원이 특정후견인에게 수술의 동의에 관한 대리권을 수여할 수는 없다고 보아야 할 것이다(수술에 대한 동의와 특정후견인이 피특정후견인을 대리하여 수술에 관한 의료계약을 체결하는 것은 구별되어야 한다. 전자는 대리될 수 없음에 반하여, 후자는 가정법원으로부터 대리권을 수여받은 특정후견인이 대리할 수 있다). 피특정후견인의 신상에 관하여 결정을 할 필요가 있는 경우에는 가정법원의 처분에 의하도록 하는 것이 개정법의 체계에 보다 부합하는 해석이라고 생각된다(예컨대 의식불명 상태에 있는 피특정후견인이 스스로 수술에 동의할 수 없는 때에 가정법원이 동의에 갈음하는 처분을 하여 문제를 해결하는 것이다).[52]

③ 대리권 행사에 대한 감독: 가정법원은 특정후견인의 대리권 행사에 가정법원이나 특정후견감독인의 동의를 받도록 명할 수 있다§959의11②, 후견등기법 §25①vii라. 예컨대, 가정법원은 피특정후견인이 거주하고 있는 주택의 매매에 관하여 특정후견인에게 대리권을 수여하면서, 매매계약을 체결하기 전에 가정법원이나 특정후견감독인의 동의를 받도록 명할 수 있다. 만약 특정후견인이 이에 위반하여 가정법원 등의 동의 없이 대리행위를 하였다면, 그 행위의 효과는 어떻게 될 것인가? 이에 대해서는 아무런 규정도 없으므로, 매매계약 자체는 유효한 것으로 볼 수밖에 없다고 생각된다. 다만 피특정후견인은 특정후견인에 대하여 그로 인한 손해의 배상을 청구할 수 있고, 이와 별도로 후견인의 변경사유가 될 것이다.[53]

### (7) 심판 사이의 관계

가정법원이 피한정후견인 또는 피특정후견인에 대하여 성년후견개시의 심판을 할 때에는 종전의 한정후견 또는 특정후견의 종료 심판을 한다§14의3①,

---

51) 김형석, 앞의 논문, 150면.

52) 가정법원이 특정후견인에게 피특정후견인의 신상에 관한 결정 권한을 수여할 수 있는 명문의 규정은 없으며, 학설로서는 찬반양론이 있다.

53) 반면에 제950조 제3항을 유추적용하여 피특정후견인, 특정후견감독인 또는 가정법원이 취소할 수 있다는 견해도 있다. 주해친족법 2권, 1401.

가소 §2①라류사건i의3 · i의5. 피성년후견인은 피한정후견인이나 피특정후견인보다 행위능력이 제한되는 범위가 넓고, 또 그만큼 포괄적인 보호를 받게 되므로, 피한정후견인 또는 피특정후견인에 대하여 성년후견이 개시되면 종전의 한정후견 또는 특정후견은 불필요하게 되기 때문이다.

가정법원이 피성년후견인 또는 피특정후견인에 대하여 한정후견개시의 심판을 할 때에는 종전의 성년후견 또는 특정후견의 종료 심판을 한다§14의3②, 가소 §2①라류사건i, i의5. 피성년후견인에 대하여 한정후견개시의 심판을 한다는 것은 피성년후견인의 정신적 능력이 향상되어 독자적으로 행위할 수 있는 범위가 넓어졌다는 의미이므로, 이미 개시되어 있는 성년후견의 종료 심판을 하는 것은 당연하다. 또한 피특정후견인에 대하여 한정후견개시의 심판을 한다는 것은 특정한 사무에 관한 일시적 후원만으로는 충분한 보호가 되지 못하여 지속적이고 포괄적인 보호를 받게 하겠다는 의미이므로, 종전의 특정후견을 더 이상 유지할 필요가 없게 된다.

## 5. 친족회의 폐지와 후견감독인 제도의 도입

### (1) 의 의

(가) 2011년 개정 후견법에 의해서 친족회는 폐지되고, 그 대신 후견감독인 제도가 도입되었다. 친족회의 주된 역할과 기능은 후견인을 견제, 감독하는 것이었다. 예를 들어서, 후견인이 미성년자인 피후견인을 대리하여 영업 혹은 중요한 재산상의 행위를 하거나 또는 피후견인이 이러한 행위를 하는 것에 동의할 때에는 친족회의 동의를 받도록 함으로써 후견인을 견제하는 기능을 하였다구 §950(예컨대 부모가 모두 사망하여 삼촌이 후견인이 되었는데, 조카가 상속한 부동산을 처분하여 자기의 사업자금으로 쓰려고 하는 경우, 개정 전 법에 의하면 후견인이 피후견인의 부동산을 매도하는 계약을 할 때에는 반드시 친족회의 동의가 필요하였기 때문에 어느 정도 견제와 감독을 기대할 수 있었다).

(나) 개정법에 의해서 친족회가 폐지되고 이를 대체하는 기관으로 후견감독인이 도입됨에 따라 이제까지 친족회가 수행하여왔던 기능과 역할은 후견감독인이 맡게 되었다. 예컨대 개정법에 따르면, 미성년후견인이 미성년자를 대리하여 영업 혹은 중요한 재산상의 행위를 하거나 또는 미성년자가 이러한 행위를 하는 것에 동의할 때에는 친족회의 동의가 아니라 미성년후견감독인

의 동의를 받아야 한다.

(다) 그런데 후견감독인은 필수적으로 반드시 있어야 하는 기관이 아니고, 가정법원이 재량으로 선임할 수 있는 임의기관이므로, 후견인에게 후견감독인이 없는 경우도 있을 수 있다§940의3①·940의4①. 이런 경우에는 후견인은 피후견인을 대리하여 영업 혹은 중요한 재산상의 행위를 하거나 또는 미성년자가 이러한 행위를 하는 것에 동의할 때에 누구의 동의도 필요로 하지 않는다. 결과적으로 후견인에 대한 감독과 견제 기능은 개정 이전보다 더 약화되었다고 볼 수 있다(위의 예에서 본 바와 같이, 부모가 모두 사망하여 삼촌이 후견인이 되었는데, 조카가 상속한 부동산을 처분하여 자기의 사업자금으로 쓰려고 하는 경우에 개정 전 법에 의하면 후견인이 피후견인의 부동산을 매도하는 계약을 체결할 때 반드시 친족회의 동의가 필요하였기 때문에 어느 정도 견제가 되었으나, 개정법에 따르면 후견감독인이 없는 경우 후견인인 삼촌은 마음대로 피후견인인 조카의 부동산을 처분하여 사사로이 소비할 수 있다). 이와 같은 개정법의 내용에 대해서는 피후견인의 보호와 관련하여 개정 전보다 오히려 더 퇴보한 것이라는 비판이 가해질 수 있다.

### (2) 후견감독인의 종류

#### (가) 미성년후견감독인

① 지정후견감독인: 미성년후견인을 지정할 수 있는 사람은 유언으로 미성년후견감독인을 지정할 수 있다(제1순위 미성년후견감독인)§940의2. 즉 최후로 친권을 행사하던 부 또는 모§931①는 유언으로 미성년후견인과 미성년후견감독인을 동시에 지정할 수 있다.

② 선임후견감독인: 가정법원은 지정된 미성년후견감독인이 없는 경우에 필요하다고 인정하면 직권으로 또는 미성년자, 친족, 미성년후견인, 검사, 지방자치단체의 장의 청구에 의하여 미성년후견감독인을 선임할 수 있다(제2순위 미성년후견감독인)§940의3①, 가소 §2①xviii의3, 후견등기법 §25①iv.

가정법원은 미성년후견감독인이 사망, 결격, 그 밖의 사유로 없게 된 경우에는 직권으로 또는 미성년자, 친족, 미성년후견인, 검사, 지방자치단체의 장의 청구에 의하여 미성년후견감독인을 선임한다§940의3②, 가소 §2①xviii의3. 다른 종류의 후견감독인과 마찬가지로 미성년후견감독인도 가정법원이 필요에 따라 선임할 수 있는 임의기관이지만, 일단 지정 또는 선임에 의한 미성년후견감독인이 존재하다가 사망 등의 사유로 없게 된 경우에는 가정법원은 직권으로 또는 청구에 의하여 후임 미성년후견감독인을 선임하여야 한다고 해석된다. 친권자가 유언으로 미성년후견감독인을 지정한 경우이든 가정법원이 미성년후견감독인을 선임한 경우이든, 모두 미성년후견감독인의 필요성이 인정되었던 사안이라고 할 수 있다. 따라서 이러한 경우에 후견감독인이 사망 등의 이유로 없게 되었다면 후견감독사무의 공백으로 인하여 피후견인의 복리가 침해될 가능성을 배제할 수 없기 때문이다. 다만 그 사이에 후견감독의 필요성이 완전히 소멸되어 더 이상 후견감독인을 선임해야 할 필요가 없게 되었다면, 예외적으로 후임 후견감독인을 선임하지 않아도 무방할 것이다.

(나) 성년후견감독인

가정법원은 필요하다고 인정하면 직권으로 또는 피성년후견인, 친족, 성년후견인, 검사, 지방자치단체의 장의 청구에 의하여 성년후견감독인을 선임할 수 있다§940의4①, 가소 §2①xviii의3. 가정법원은 성년후견감독인이 사망, 결격, 그 밖의 사유로 없게 된 경우에는 직권으로 또는 피성년후견인, 친족, 성년후견인, 검사, 지방자치단체의 장의 청구에 의하여 성년후견감독인을 선임한다§940의4②, 가소 §2①xviii의3. 미성년후견감독인의 경우와 마찬가지로 일단 성년후견감독인이 선임되었다가 사망 등의 사유로 없게 된 경우에는 가정법원은 직권으로 또는 청구에 의하여 성년후견감독인을 다시 선임하여야 할 것이다.

(다) 한정후견감독인

가정법원은 필요하다고 인정하면 직권으로 또는 피한정후견인, 친족, 한정후견인, 검사, 지방자치단체의 장의 청구에 의하여 한정후견감독인을 선임할 수 있다§959의5①, 가소 §2①xviii의3. 가정법원은 한정후견감독인이 사망, 결격, 그 밖의 사유로 없게 된 경우에는 직권으로 또는 피한정후견인, 친족, 한정후견인, 검사, 지방자치단체의 장의 청구에 의하여 한정후견감독인을 선임한다§959의5②에 의한 §940의3②의 준용, 가소 §2①xviii의3. 미성년후견감독인, 성년후견감독인의 경우와 마찬가지로 일단 한정후견감독인이 선임되었다가 사망 등의 사유로 없게 된 경우에는 가정법원은 직권으로 또는 청구에 의하여 한정후견감독인을 다시 선임하여야 할 것이다.

(라) 특정후견감독인

가정법원은 필요하다고 인정하면 직권으로 또는 피특정후견인, 친족, 특정후견인, 검사, 지방자치단체의 장의 청구에 의하여 특정후견감독인을 선임할 수 있다§959의10①, 가소 §2①xviii의3. 일단 선임된 특정후견감독인이 사망, 결격, 그 밖의 사유로 없게 된 경우에 가정법원이 직권으로 또는 청구에 의하여 다시 특정후견감독인을 선임할 수 있는 근거 규정은 없다§959의10②. 이 점은 위에서 본 다른 종류의 후견감독인과 차이가 있는데, 이러한 차이를 인정할 합리적인 이유를 찾기 어렵다. 입법의 미비라고 생각된다. 미성년후견감독인이 없게 된 경우에 관한 규정§940의3②을 유추적용하여야 할 것이다.

(3) 후견감독인의 수와 자격 등

(가) 후견감독인의 수와 자격

후견감독인은 여러 명을 둘 수 있으며, 법인도 후견감독인이 될 수 있다§940의7 · 959의5 · 959의10에 의한 §930② · ③의 준용. 제940조의7은 미성년후견감독인과 성년후견감독인에게 공통적으로 적용되는 규정이므로, 미성년후견감독인도 여러 명을 둘 수 있고, 법인도 미성년후견감독인이 될 수 있다고 해석된다. 미성년후견인이 1인에 한정되고, 법인은 미성년후견인이 될 수 없는 점에 비추어 미성년후견감독인도 1인에 한정되고, 법인은 미성년후견감독인이 될 수 없는 것이 아닌가라는 의문이 들 수도 있다. 그러나 그와 같이 제한하여 해석할 수 있는 근거가 없을 뿐 아니라, 타당한 이유도 찾기 어렵다.

(나) 후견감독인의 선임 기준

가정법원이 후견감독인을 선임할 때에는 피후견인의 의사를 존중하여야 하며, 그 밖에 피후견인의 건강, 생활관계, 재산상황, 후견감독인이 될 사람의 직업과 경험, 피후견인과의 이해관계의 유무(법인이 후견감독인이 될 때에는 사업의 종류와 내용, 법인이나 그 대표자와 피후견인 사이의 이해관계의 유무를 말한다) 등의 사정도 고려하여야 한다§940의7 · 959의5 · 959의10에 의한 §936④의 준용.

(다) 후견감독인의 추가 선임

가정법원은 필요하다고 인정하는 경우 직권으로 또는 청구에 의하여 후견감독인을 추가로 선임할 수 있다§940의7 · 959의5 · 959의10에 의한 §936③의 준용, 가소 §2①라류사건xviii의3.

(4) 후견감독인의 결격 · 사임 · 변경[54]

(가) 후견감독인의 결격

제937조에 의하여 후견인이 될 수 없는 자[55]와 제779조에 따른 후견인의

54) 후견감독인의 결격 · 사임 · 변경에 관한 규정은 모든 종류의 후견감독인에 대하여 공통적으로 적용된다.

가족은 후견감독인이 될 수 없다§940의7 · 959의5 · 959의10에 의한 §937의 준용, §940의5 · 959의5 · 959의10에 의한 §940의5의 준용.

(나) 후견감독인의 사임

후견감독인은 정당한 사유가 있는 경우에는 가정법원의 허가를 받아 사임할 수 있다. 이 경우 후견감독인은 사임청구와 동시에 가정법원에 새로운 후견감독인의 선임을 청구하여야 한다§940의7 · 959의5 · 959의10에 의한 §939의 준용, 가소 §2①라류사건xix.

(다) 후견감독인의 변경

가정법원은 피후견인의 복리를 위하여 후견감독인을 변경할 필요가 있다고 인정하면 직권으로 또는 피후견인, 친족, 후견인, 검사, 지방자치단체의 장의 청구에 의하여 후견감독인을 변경할 수 있다§940의7 · 959의5 · 959의10에 의한 §940의 준용, 가소 §2①라류사건xviii의3, 후견등기법 §28. 제940조(후견인의 변경)에 의하면 후견감독인이 후견인의 변경을 청구할 수 있게 되어 있는데, 이 규정이 후견감독인의 변경에 준용되는 경우에는 후견인이 후견감독인의 변경을 청구할 수 있는 것으로 해석해야 할 것이다.

(5) 후견감독인의 임무

(가) 후견감독인의 직무 일반§940의6[56]

① 후견감독인은 후견인의 사무를 감독하며, 후견인이 없는 경우 지체 없이 가정법원에 후견인의 선임을 청구하여야 한다§940의6①. 후견인의 사무 감독과 관련하여 후견감독인은 개정법이 시행되기 전까지 친족회가 수행하던 임무를 맡게 된다(자세한 내용은 아래의 (나) 참조).

② 후견감독인은 피후견인의 신상이나 재산에 대하여 급박한 사정이 있는 경우 그의 보호를 위하여 필요한 행위 또는 처분을 할 수 있다§940의6②.[57] 예를

55) 1. 미성년자 2. 피성년후견인, 피한정후견인, 피특정후견인, 피임의후견인 3. 회생절차 개시결정 또는 파산선고를 받은 자 4. 자격정지 이상의 형의 선고를 받고 그 형기(刑期) 중에 있는 사람 5. 법원에서 해임된 법정대리인 6. 법원에서 해임된 성년후견인, 한정후견인, 특정후견인, 임의후견인과 그 감독인 7. 행방이 불분명한 사람 8. 피후견인을 상대로 소송을 하였거나 하고 있는 사람 9. 제8호에서 정한 사람의 배우자와 직계혈족. 다만, 피후견인의 직계비속은 제외한다.

56) 후견감독인의 직무에 관한 제940조의6은 미성년후견감독인과 성년후견감독인에게 공통적으로 적용되는 규정이며, 이 규정은 제959조의5, 제959조의10에 의하여 한정후견감독인과 특정후견감독인에 대하여 준용된다.

57) 행위나 처분은 급박하고 필요한 것에 한한다(따라서 적극적인 처분이나 개량행위보

들어서, 피후견인이 긴급하게 수술을 받아야 하는 상황인데, 후견인이 없거나 수술에 동의를 할 수 없는 상태에 있다면(예컨대 피후견인과 후견인이 동시에 사고를 당하여 둘 다 의식불명인 경우) 후견감독인이 수술에 동의할 수 있다고 해석된다§940의7에 의한 §947의2③의 준용.

③ 후견인과 피후견인 사이에 이해가 상반되는 행위에 관하여는 후견감독인이 피후견인을 대리한다§940의6③. 예컨대, 후견인이 피후견인 소유의 부동산을 매수하는 계약을 체결하려고 하는 경우에는 후견인이 피후견인을 대리할 수 없으며, 후견감독인이 피후견인을 대리하여 후견인과 계약을 체결하여야 한다(후견감독인이 없는 경우에는 법원에 특별대리인의 선임을 청구하여 법원이 선임한 특별대리인이 피후견인을 대리하여야 한다)§949의3에 의한 §921의 준용.

(나) 후견인의 사무 감독

① 재산조사와 재산목록작성에 대한 참여§941②: 후견인(미성년후견인과 성년후견인)이 취임하면 지체 없이 피후견인의 재산을 조사하여 2개월 내에 재산목록을 작성하여야 하는데§941①, 재산조사와 재산목록작성에 후견감독인이 참여하지 않은 경우에는 효력이 없다(후견감독인이 있는 경우를 전제로 한 것이다. 후견감독인이 없는 경우에는 이 규정은 적용될 여지가 없다. 이하의 규정도 모두 후견감독인이 있는 경우를 전제로 한 것이다). 이 규정은 미성년후견감독인과 성년후견감독인에 대해서만 적용된다.

② 후견인과 피후견인 사이의 채권·채무관계 제시§942①: 후견인(미성년후견인과 성년후견인)과 피후견인 사이에 채권·채무 관계가 있는 경우에는 후견인은 재산목록의 작성을 완료하기 전에 그 내용을 후견감독인에게 제시하여야 한다. 후견인이 피후견인에 대한 채권이 있음을 알고도 제시를 하지 않은 때에는 그 채권을 포기한 것으로 본다§942②. 이 규정은 미성년후견감독인과 성년후견감독인에 대해서만 적용된다.

③ 후견인의 취임 후 피후견인이 포괄적 재산을 취득한 경우§944: 이 경우에는 제941와 제942조가 준용되어 후견인(미성년후견인과 성년후견인)은 피후견인이 포괄적으로 취득한 재산(예컨대 상속을 원인으로 취득한 재산)을 조사하고 목록을 작성하여야 하는데, 이 때 후견감독인이 참여하여야 한다. 또한

---

다는 응급한 수선, 보전처분, 시효 중단 등 현상을 보존하거나 피해를 막는 데 치중하는 것이 바람직할 것이다(법원행정처, 성년후견제도 해설, 67). 후견감독인의 처분 기타 법률행위가 급박을 요하지 않거나 필요한 것이 아니었을 때에는 무권대리가 될 것이다.

후견인과 피후견인 사이에 채권·채무 관계가 있는 경우에는(예컨대 피후견인이 채무를 상속하였는데, 후견인이 그 채권자인 경우) 후견인은 재산목록의 작성을 완료하기 전에 그 내용을 후견감독인에게 제시하여야 한다. 이 규정은 미성년후견감독인과 성년후견감독인에 대해서만 적용된다.

④ 친권자가 정한 교육방법 등의 변경에 대한 동의§945 단서: 후견인이, i) 미성년자의 친권자가 정한 교육방법, 양육방법 또는 거소를 변경하는 경우, ii) 미성년자를 감화기관이나 교정기관에 위탁하는 경우, iii) 친권자가 허락한 영업을 취소하거나 제한하는 경우에는 후견감독인의 동의를 받아야 한다. 이 규정은 미성년후견감독인에 대해서만 적용된다.

⑤ 후견인의 대리 등에 대한 동의§950①: 후견인이 피후견인을 대리하여 다음과 같은 행위를 하거나 피후견인의 다음과 같은 행위에 동의를 할 때는 후견감독인의 동의를 받아야 한다. i) 영업에 관한 행위, ii) 금전을 빌리는 행위, iii) 의무부담을 부담하는 행위, iv) 부동산 또는 중요한 재산에 관한 권리의 득실변경을 목적으로 하는 행위, v) 소송행위, vi) 상속의 승인, 한정승인 또는 포기 및 상속재산의 분할에 관한 협의.

이와 같은 법률행위를 후견인이 후견감독인의 동의 없이 한 경우에는 피후견인 또는 후견감독인이 취소할 수 있다§950③. 한편 후견감독인의 동의가 필요한 행위에 대하여 후견감독인이 피후견인의 이익이 침해될 우려가 있음에도 동의를 하지 않는 경우에는 가정법원은 후견인의 청구에 의하여 후견감독인의 동의를 갈음하는 허가를 할 수 있다§950②.

이 규정은 미성년후견감독인, 성년후견감독인, 한정후견감독인에 대해서 적용된다(다만 후견인이 피후견인의 행위에 동의를 할 때 후견감독인의 동의를 받도록 되어 있는 부분은 성년후견감독인에게는 적용될 여지가 없다. 피성년후견인은 성년후견인의 동의를 받아도 유효한 법률행위를 할 수 없기 때문이다). 결과적으로 특정후견인이 피특정후견인을 대리하여 부동산 등 중요한 재산을 처분하는 경우에는 특정후견감독인의 동의를 필요로 하지 않는다고 해석된다(다만 가정법원은 특정후견인의 대리권 행사에 가정법원이나 특정후견감독인의 동의를 받도록 명할 수 있다§959의11②).

⑥ 후견인이 피후견인에 대한 제3자의 권리를 양수하는 경우의 동의§951: 후견인이 피후견인에 대한 제3자의 권리를 양수하는 경우에는(예컨대 후견인 A가 피후견인 B에 대한 채권자 C의 채권을 양수하는 경우) 후견감독인의 동의를

받아야 하며, 그렇지 않은 경우에는 피후견인 또는 후견감독인이 취소할 수 있다. 이 규정은 미성년후견감독인, 성년후견감독인, 한정후견감독인에 대해서 적용된다.

⑦ 후견인의 임무수행에 대한 보고와 재산목록의 제출 요구§953 전단: 후견감독인은 언제든지 후견인에게 임무 수행에 관한 보고와 재산목록의 제출을 요구할 수 있다. 이 규정은 미성년후견감독인, 성년후견감독인, 한정후견감독인, 특정후견감독인에 대해서 적용된다(다만 재산목록은 미성년후견인과 성년후견인만이 작성하므로, 재산목록의 제출은 미성년후견감독인과 성년후견감독인이 각각 미성년후견인과 성년후견인에 대해서 요구할 수 있다고 해석된다).

⑧ 피후견인의 재산상황 조사§953 후단: 후견감독인은 언제든지 피후견인의 재산상황을 조사할 수 있다. 이 규정은 미성년후견감독인, 성년후견감독인, 한정후견감독인, 특정후견감독인에 대해서 적용된다.

⑨ 후견사무종료 시 관리계산에 대한 참여§957②: 후견인(미성년후견인과 성년후견인)은 그 임무가 종료되면 1개월 내에 피후견인의 재산에 관한 계산을 하여야 하는데§957①, 이 계산에는 후견감독인이 참여하지 않으면 효력이 없다. 이 규정은 미성년후견감독인과 성년후견감독인에 대해서만 적용된다.

(다) 피후견인의 신상보호§940의7에 의한 §947의2③·④·⑤의 준용

① 본인결정의 원칙: 피성년후견인과 피한정후견인은 자신의 신체를 침해하는 의료행위에 대하여 그 정신 상태가 허락하는 한 스스로 동의하는 것이 원칙이다§947의2①·959의6에 의한 §947의2①의 준용.

② 성년후견감독인과 한정후견감독인의 보충적 결정: 피성년후견인(피한정후견인)이 자신의 신체를 침해하는 의료행위에 대하여 스스로 동의할 수 없을 때에는 성년후견인(한정후견인)이 대신하여 동의할 수 있다§947의2③·959의6에 의한 §947의2③의 준용. 그러나 성년후견인(한정후견인)이 없거나 어떤 사정으로 인하여(성년후견인, 한정후견인의 의식불명 등) 동의할 수 없는 경우에는 성년후견감독인(한정후견감독인)이 대신하여 동의할 수 있다§940의7·959의5②에 의한 §947의2③의 준용.

③ 가정법원의 허가가 필요한 사안

i) 의료행위에 대한 동의: 피성년후견인(피한정후견인)이 의료행위의 직접적인 결과로 사망하거나 상당한 장애를 입을 위험이 있을 때에는 가정법원의 허가를 받아야 한다. 다만, 허가절차로 인하여 의료행위가 지체되어 피성년후견인(피한정후견인)의 생명에 위험을 초래하거나 심신상의 중대한 장애

를 초래할 때에는 사후에 허가를 청구할 수 있다§940의7 · 959의5②에 의한 §947의2④의 준용, 가소 §2①라류사건xxi. 즉, 성년후견감독인(한정후견감독인)이 성년후견인(한정후견인)을 대신하여 의료행위에 동의하는 경우에도 피성년후견인(피한정후견인)이 의료행위의 직접적인 결과로 사망하거나 상당한 장애를 입을 위험이 있을 때에는 가정법원의 허가를 받아야 한다.

ii) 거주용 건물의 처분 등: 성년후견인(한정후견인)이 피성년후견인(피한정후견인)을 대리하여 피성년후견인(피한정후견인)이 거주하고 있는 건물 또는 그 대지에 대하여 매도, 임대, 전세권 설정, 저당권 설정, 임대차의 해지, 전세권의 소멸, 그 밖에 이에 준하는 행위를 하는 경우에는 가정법원의 허가를 받아야 한다§947의2⑤, 가소 §2①라류사건xxi의2. 이 규정이 성년후견감독인과 한정후견감독인에게 준용되는 결과§940의7 · 959의5②에 의한 §947의2⑤의 준용, 성년후견감독인(한정후견감독인)이 위와 같은 행위를 하는 경우에도 가정법원의 허가를 받아야 하는 것으로 해석된다. 성년후견감독인(한정후견감독인)은 피성년후견인(피한정후견인)의 신상이나 재산에 대하여 급박한 사정이 있는 경우 그의 보호를 위하여 필요한 행위나 처분을 할 수 있으므로§940의6② · 959의5②에 의한 §940의6②의 준용, 예외적인 사정이 있는 경우(예컨대 성년후견인이 갑자기 사망하였는데 피성년후견인이 거주하는 주택의 임대차계약을 해지해야만 하는 급박한 사정이 있는 경우 등)에는 피성년후견인(피한정후견인)을 위하여 위와 같은 행위를 할 수 있는 것으로 해석되는데, 이 경우에도 가정법원의 허가가 필요하다.

### (6) 후견감독인이 여러 명인 경우의 권한관계§940의7에 의한 §949의2의 준용

여러 명의 후견감독인(미성년후견감독인, 성년후견감독인, 한정후견감독인, 특정후견감독인을 포함한다)이 있는 경우 가정법원은 직권으로 그들이 공동으로 또는 사무를 분장하여 그 권한을 행사하도록 정할 수 있고§940의7 · 959의5② · 959의10②에 의한 §949의2①의 준용, 이러한 결정을 변경하거나 취소할 수 있다§940의7 · 959의5② · 959의10②에 의한 §949의2②의 준용, 가소 §2①라류사건xxi의3, 후견등기법 §25①viii. 예컨대, 피성년후견인 갑의 신상보호는 A성년후견인이, 재산관리는 B성년후견인이 맡고 있는 경우에 가정법원은 X성년후견감독인은 A성년후견인의 사무를, Y성년후견감독인은 B성년후견인의 사무를 감독하는 것으로 정할 수 있을 것이다.

가정법원이 복수의 후견감독인 사이의 권한관계에 대하여 아무 것도 정하지 않은 경우에는 민법의 일반원칙§119 참조에 따라 각자 권한을 행사하는 것으로 보아야 할 것이다.

여러 명의 후견감독인이 공동으로 권한을 행사하여야 하는 경우에 어느 후견감독인이 피후견인(미성년자, 피성년후견인, 피한정후견인, 피특정후견인을 포함한다)의 이익이 침해될 우려가 있음에도 필요한 권한행사에 협력하지 않을 때에는 가정법원은 피후견인, 후견인(미성년후견인, 성년후견인, 한정후견인, 특정후견인을 포함한다), 후견감독인 또는 이해관계인의 청구에 의하여 그 후견감독인의 의사표시를 갈음하는 재판을 할 수 있다§940의7 · 959의5② · 959의10②에 의한 §949의2③의 준용, 가소 §2①라류사건xxi의3. 예컨대, 피성년후견인 갑의 치료비를 마련하기 위하여 갑의 부동산을 급하게 매도해야 하는 상황인데, 마침 성년후견인 A가 적절한 가격으로 매수하려고 한다. 이런 경우에는 성년후견인과 피성년후견인 사이에 이해가 상반되므로, 후견감독인이 피성년후견인을 대리하여 매매계약을 체결해야 하는데, 후견감독인 B와 C 중에서 C가 대리행위를 거부하는 경우에는 B는 가정법원에 C의 의사표시를 갈음하는 재판을 청구할 수 있다.

#### (7) 후견감독인에 대한 보수§940의7 · 959의5② · 959의10②에 의한 §955의 준용

법원은 후견감독인(미성년후견감독인, 성년후견감독인, 한정후견감독인, 특정후견감독인을 포함한다)의 청구에 의하여 피후견인(미성년자, 피성년후견인, 피한정후견인, 피특정후견인을 포함한다)의 재산상태 기타 사정을 참작하여 피후견인의 재산 중에서 상당한 보수를 후견감독인에게 수여할 수 있다가소 §2①라류사건xxiii.

#### (8) 후견감독 비용§940의7 · 959의5② · 959의10②에 의한 §955의2의 준용

후견감독인(미성년후견감독인, 성년후견감독인, 한정후견감독인, 특정후견감독인을 포함한다)이 후견감독 사무를 수행하는 데 필요한 비용은 피후견인(미성년자, 피성년후견인, 피한정후견인, 피특정후견인을 포함한다)의 재산 중에서 지출한다.

### 6. 임의후견(계약)

#### (1) 의 의

후견계약은 질병, 장애, 노령, 그 밖의 사유로 인한 정신적 제약으로 사무를 처리할 능력이 부족한 상황에 있거나 부족하게 될 상황에 대비하여(예컨대, 장래에 치매 등으로 의사능력을 상실하게 될 경우에 대비하여) 자신의 재산관리 및 신상보호에 관한 사무의 전부 또는 일부를 다른 자에게 위탁하고 그 위탁사무에 대하여 대리권을 수여하는 것을 내용으로 한다§959의14①.[58] 임의후견은 당사자(본인과 임의후견인) 사이의 계약에 근거하는 것이므로, 당사자의 의사에 따라 다양한 내용으로 정해질 수 있다. 예컨대, 본인은 여러 명의 임의후견인을 선임할 수 있으며(복수의 임의후견인이 있는 경우에는 본인이 특히 공동대리를 원칙으로 정하지 않은 한, 각각의 임의후견인이 각자 본인을 대리한다고 해석된다§119 참조), 법인도 임의후견인이 될 수 있다고 해석된다.

가정법원, 임의후견인, 임의후견감독인 등은 후견계약을 이행·운영할 때 본인의 의사를 최대한 존중하여야 한다§959의14④.

### (2) 성 립

후견계약은 공정증서로 체결하여야 한다(요식행위)§959의14②, 후견등기법 §26① i. 이는 당사자(계약의 당사자는 본인과 임의후견인이 될 자이다)의 신중한 결정을 유도하고, 사후 분쟁을 예방하기 위한 의도라고 할 수 있다. 후견계약을 체결하기 위해서는 본인에게 후견계약의 의미와 내용을 이해할 수 있는 정도의 의사능력이 요구된다고 보아야 할 것이다.[59] 후견계약은 본인이 정신적 제약으로 인하여 사무를 처리할 능력이 이미 부족한 상태에 이른 경우에도 체결할 수 있게 되어 있으므로§959의14①, 계약체결 시 완전한 행위능력을 요구하는 것은 아니라고 해석된다.[60]

### (3) 효력발생

후견계약은 가정법원이 임의후견감독인을 선임한 때부터 효력이 발생한다§959의14③. 이런 의미에서 임의후견감독인의 선임은 후견계약의 효력발생요건이다(성년후견, 한정후견, 특정후견과 같은 법정후견에서는 후견감독인이 임의기관이었지만, 임의후견에 있어서는 후견감독인은 반드시 존재해야 하는 필수적 기관이다). 가정법원은 본인이 사무를 처리할 능력이 부족한 상황(예컨대, 본인이 치매로

58) 후견계약은 본인의 사무처리를 다른 사람에게 위탁하는 것을 내용으로 한다는 점에서 그 법적 성질에 있어서 위임에 해당한다(민법 제680조). 후견계약과 위임계약을 구분하는 특징으로는, 본인의 사무처리능력이 부족한 상황을 전제로 한다는 점, 위탁사무의 내용이 재산관리뿐 아니라 신상보호도 포함한다는 점, 공정증서에 의하여 작성된다는 점, 임의후견감독인의 선임에 의하여 효력이 발생한다는 점, 후견계약은 등기된다는 점 등을 들 수 있다.

59) 만약 본인이 후견계약에 필요한 의사능력을 가지고 있지 않다면 후견계약은 무효가 되므로, 공증인은 공정증서를 작성할 수 없다(공증인법 제25조 제2호 참조).

60) 대리에 의한 후견계약 체결이 허용되는가의 문제가 있는데, 본인의 의사에 의거하지 아니한 대리에 의한 후견계약의 체결은 허용될 수 없다고 보아야 할 것이다. 박인환, 개정 민법상 임의후견제도의 쟁점과 과제, 가족법연구 제26권 제2호(2012), 203 이하.

인하여 의사능력을 상실한 때)에 있는가의 여부를 판단하고, 그렇다고 인정되는 경우에는 임의후견감독인을 선임하여야 한다.

후견계약은 당사자간의 사적인 계약이므로, 후견계약의 효력이 발생하더라도 본인의 행위능력에는 아무런 영향을 미치지 않는다. 즉, 본인은 행위능력을 유지한다.

### (4) 임의후견인의 직무

임의후견인은 후견계약의 내용에 따라 본인의 재산관리 및 신상보호에 관한 사무의 전부 또는 일부를 위탁받아 권한을 행사한다.[61] 직무의 구체적인 내용과 범위는 후견계약의 내용에 따라 매우 다양하게 정해질 수 있다후견등기법 §26①ⅳ. 예를 들어서, 임의후견인은 본인으로부터 포괄적으로 재산관리를 위임받아 그에 필요한 권한을 행사할 수도 있고, 또는 그중 일부의 사무(예컨대 은행관련 사무)만을 위임받아 권한을 행사할 수도 있다. 또한 임의후견인은 계약의 내용에 따라 본인의 신상보호와 관련된 결정 권한을 가질 수도 있다. 예를 들어서, 본인이 임의후견인에게 의료행위에 대한 동의권을 수여하였다면, 임의후견인은 본인이 의료행위에 동의할 수 없을 때 본인을 대신하여 동의권을 행사하게 된다. 또한 본인이 임의후견인에게 요양과 관련된 결정 권한을 수여했다면, 본인이 치매 등으로 인하여 요양을 필요로 하는 상태에 있을 때 임의후견인은 본인을 요양원에 보낼 것인가, 어떤 요양원에 보낼 것인가를 결정할 수 있다(본인을 위하여 요양원과 계약을 체결할 수 있는 권한(대리권)도 인정될 것이다).

임의후견인이 위탁사무에 대하여 법률행위를 대리하거나 신상에 관한 결정을 대행하는 경우에는 본인의 의사를 존중하여야 한다§959의14④.

### (5) 임의후견감독인

#### (가) 임의후견감독인의 선임

① 가정법원은 후견계약이 등기되어 있고,[62] 본인이 사무를 처리할 능력이 부족한 상황에 있다고 인정할 때에는 본인, 배우자, 4촌 이내의 친족, 임의후견인, 검사 또는 지방자치단체의 장의 청구에 의하여 임의후견감독인을 선임하여야 한다§959의15①, 가소 §2①라류사건xxⅳ의5. 가정법원은 여러 명의 임의후견감독

61) 법인을 임의후견인으로 선임하는 것도 가능하다.
62) 후견계약은 후견등기부에 등기한다(후견등기에 관한 법률 제26조).

인을 선임할 수 있고후견등기법 §26①vi, 법인도 임의후견감독인이 될 수 있다§959의16③에 의한 §940의7의 준용 · §940의7에 의한 §930② · ③의 재준용.[63)]

② 본인이 아닌 자의 청구에 의하여 가정법원이 임의후견감독인을 선임할 때에는 본인이 동의할 수 있는 상태에 있는 한 미리 본인의 동의를 받아야 한다§959의15②.

③ 가정법원이 임의후견감독인을 선임할 때에는 본인의 의사를 존중하여야 하며, 그 밖에 본인의 건강, 생활관계, 재산상황, 임의후견감독인이 될 사람의 직업과 경험, 본인과의 이해관계의 유무(법인이 임의후견감독인이 될 때에는 사업의 종류와 내용, 법인이나 그 대표자와 본인 사이의 이해관계의 유무를 말한다) 등의 사정도 고려하여야 한다§959의16③에 의한 §940의7의 준용 · §940의7에 의한 §936④의 재준용.

④ 사망 등의 사유로 임의후견감독인이 없게 된 경우에는 가정법원은 직권으로 또는 본인, 친족, 임의후견인, 검사 또는 지방자치단체의 장의 청구에 의하여 임의후견감독인을 선임하여야 한다§959의15③, 가소 §2①라류사건xxiv의5. 후견계약의 이행에 있어서 임의후견감독인은 임의후견인을 감독하기 위한 필수기관이므로, 임의후견감독인이 없게 된 경우에는 반드시 임의후견감독인을 다시 선임하여야 한다.

⑤ 가정법원은 임의후견감독인이 선임된 경우에도 필요하다고 인정하면 직권으로 또는 본인, 친족, 임의후견인, 검사 또는 지방자치단체의 장의 청구에 의하여 추가로 임의후견감독인을 선임할 수 있다§959의15④ · 959의16③에 의한 §940의7의 준용 · §940의7에 의한 §936③의 재준용,[64)] 가소 §2①라류사건xxiv의5.

⑥ 임의후견인이 후견인 결격사유에 해당하거나 현저한 비행을 한 경우 또는 후견계약에서 정한 임무에 적합하지 않은 사유가 있는 경우에는 가정법원은 임의후견감독인을 선임하지 않는다§959의17①. 위에서 본 바와 같이 가정법원이 임의후견감독인을 선임하지 않으면 후견계약의 효력은 발생하지 않는다. 따라서 가정법원은 본인의 보호를 위하여 필요하다고 판단하는 경우에는 임의후견감독인을 선임하지 않음으로써 후견계약의 효력이 발생하지 않도록 하는 것이다.

---

63) 개정 후견법은 준용 규정을 다시 준용하는 입법기술을 사용하고 있는데, 과연 이런 식의 입법기술이 가능한 것인가에 대해서는 의문이 있다.

64) 재준용에 의해서 준용되는 제936조 제3항은 제959조의15 제4항과 실질적으로 동일한 내용이므로, 재준용의 필요가 없다.

(나) 임의후견감독인의 직무§959의16

① 임의후견감독인은 임의후견인의 사무를 감독하며 그 사무에 관하여 가정법원에 정기적으로 보고하여야 한다§959의16①.

② 임의후견감독인은 성년후견감독인과 마찬가지로 급박한 사정이 있는 경우 본인을 위하여 필요한 처분을 할 수 있고, 임의후견인과 본인의 이해가 상반되는 행위에 있어서 본인을 대리한다§959의16③에 의한 §940의6②·③의 준용.

③ 임의후견감독인은 언제든지 임의후견인에게 임무 수행에 관한 보고와 재산목록의 제출을 요구할 수 있고 본인의 재산상황을 조사할 수 있다§959의16③에 의한 §953의 준용. 다만 임의후견인은 재산목록을 작성할 의무가 없으므로, 임의후견감독인은 임의후견인에게 재산목록의 제출은 요구할 수 없다고 해석된다.

④ 후견계약의 내용에 따라(예컨대 본인이 자신의 신체를 침해하는 의료행위에 대하여 동의할 수 없는 상태에 있는 때에는 임의후견인이 대신 동의할 권한이 있는 것으로 정해둔 경우) 본인이 자신의 신체를 침해하는 의료행위에 대하여 동의할 수 없는 상태에 있는 경우에는 임의후견인이 대신 동의할 수 있을 것이다. 그런데 임의후견인이 없거나 어떤 사정으로 인하여(임의후견인의 의식불명 등) 동의할 수 없는 경우가 생길 수도 있다. 이런 경우에는 임의후견감독인이 대신하여 동의할 수 있다§959의16③에 의한 §940의7 준용·§940의7에 의한 §947의2③의 재준용.

⑤ 임의후견감독인이 임의후견인을 대신하여 의료행위에 동의하는 경우에 본인이 의료행위의 직접적인 결과로 사망하거나 상당한 장애를 입을 위험이 있을 때에는 가정법원의 허가를 받아야 한다. 다만, 허가절차로 의료행위가 지체되어 본인의 생명에 위험을 초래하거나 심신상의 중대한 장애를 초래할 때에는 사후에 허가를 청구할 수 있다§959의16③에 의한 §940의7의 준용·§940의7에 의한 §947의2④의 재준용, 가소 §2①라류사건xxi.

⑥ 후견계약의 내용에 따라 임의후견인이 본인을 대리하여 본인이 거주하고 있는 건물 또는 그 대지에 대하여 매도, 임대, 전세권 설정, 저당권 설정, 임대차의 해지, 전세권의 소멸 등과 같은 행위를 할 수 있는 권한을 가질 수 있을 것이다. 임의후견감독인은 본인의 신상이나 재산에 대하여 급박한 사정이 있는 경우 본인의 보호를 위하여 필요한 행위나 처분을 할 수 있으므로§959의16③에 의한 §940의6②의 준용, 예외적인 사정이 있는 경우(예컨대 임의후견인이 갑자기 사망하였는데 본인이 거주하는 주택의 임대차계약을 해지해야만 하는 급박한 사정이 있는 경우 등)에는 본인을 위하여 위와 같은 행위를 할 수 있는 것으로 해석되

는데, 이 경우에는 가정법원의 허가가 필요하다§959의16③에 의한 §940의7의 준용 · §940의7에 의한 §947의2⑤의 재준용, 가소 §2①라류사건xxi의2.

(다) 가정법원의 감독

가정법원은 필요하다고 인정하면 임의후견감독인에게 감독사무에 관한 보고를 요구할 수 있고 임의후견인의 사무 또는 본인의 재산상황에 대한 조사를 명하거나 그 밖에 임의후견감독인의 직무에 관하여 필요한 처분을 명할 수 있다§959의16②, 가소 §2①라류사건xxiv의6.

(라) 임의후견감독인의 결격사유

후견인이 될 수 없는 자§959의16③에 의한 §940의7의 준용 · §940의7에 의한 §937의 재준용와 제779조에 임의후견인의 가족은 임의후견감독인이 될 수 없다§959의15⑤에 의한 §940의5의 준용.

(마) 임의후견감독인의 사임 · 변경

① 임의후견감독인은 정당한 사유가 있는 경우에는 가정법원의 허가를 받아 사임할 수 있다. 이 경우 그 임의후견감독인은 사임청구와 동시에 가정법원에 새로운 임의후견감독인의 선임을 청구하여야 한다§959의16③에 의한 §940의7의 준용 · §940의7에 의한 §939의 재준용, 가소 §2①라류사건xix.

② 가정법원은 본인의 복리를 위하여 임의후견감독인을 변경할 필요가 있다고 인정하면 직권으로 또는 본인, 친족, 임의후견인, 검사, 지방자치단체의 장의 청구에 의하여 임의후견감독인을 변경할 수 있다§959의16③에 의한 §940의7의 준용 · §940의7에 의한 §940의 재준용, 가소 §2①라류사건xxiv의5.

(바) 임의후견감독인이 여러 명인 경우의 권한 행사

여러 명의 임의후견감독인이 있는 경우 가정법원은 직권으로 그들이 공동으로 또는 사무를 분장하여 그 권한을 행사하도록 정할 수 있고§959의16③에 의한 §940의7의 준용 · §940의7에 의한 §949의2①의 재준용, 가소 §2①라류사건xxi의3, 이러한 결정을 변경하거나 취소할 수 있다§959의16③에 의한 §940의7의 준용 · §940의7에 의한 §949의2②의 재준용, 가소 §2①라류사건xxi의3. 가정법원이 복수의 임의후견감독인 사이의 권한관계에 대하여 아무 것도 정하지 않은 경우에는 민법의 일반원칙§119 참조에 따라 각자 권한을 행사하는 것으로 보아야 할 것이다.

여러 명의 임의후견감독인이 공동으로 권한을 행사하여야 하는 경우에 어느 임의후견감독인이 본인의 이익이 침해될 우려가 있음에도 필요한 권한행사에 협력하지 않을 때에는 가정법원은 본인, 임의후견인, 임의후견감독인 또는 이해관계인의 청구에 의하여 그 임의후견감독인의 의사표시를 갈음하는 재판을 할 수 있다§959의16③에 의한 §940의7의 준용·§940의7에 의한 §949의2③의 재준용, 가소 §2①라류사건xxi의3. 예컨대, 본인 갑의 치료비를 마련하기 위하여 갑의 부동산을 급하게 매도해야 하는 상황인데, 마침 임의후견인 A가 적절한 가격으로 매수하려고 한다. 이런 경우에는 본인과 임의후견인 사이에 이해가 상반되므로, 임의후견감독인이 본인을 대리하여 매매계약을 체결해야 하는데, 임의후견감독인 B와 C 중에서 C가 대리행위를 거부하는 경우에는 B는 가정법원에 C의 의사표시를 갈음하는 재판을 청구할 수 있다.

(사) 임의후견감독인의 보수

법원은 임의후견감독인의 청구에 의하여 본인의 재산상태 기타 사정을 참작하여 본인의 재산 중에서 상당한 보수를 임의후견감독인에게 수여할 수 있다§959의16③에 의한 §940의7의 준용·§940의7에 의한 §955의 재준용, 가소 §2①라류사건xxiii.

(아) 임의후견감독인의 비용지출

임의후견감독인이 후견감독사무를 수행하는 데 필요한 비용은 본인의 재산 중에서 지출한다§959의16③에 의한 §940의7의 준용·§940의7에 의한 §955의2의 재준용.

(6) 후견계약의 종료

(가) 후견계약의 종료 사유

다음과 같은 경우에 후견계약은 종료한다.

① 본인 또는 임의후견인은 임의후견감독인의 선임 전(후견계약의 효력발생 전)에는 언제든지 공증인의 인증을 받은 서면으로 후견계약의 의사표시를 철회할 수 있다§959의18①.

② 임의후견감독인의 선임 후(후견계약의 효력발생 후)에는 본인 또는 임의후견인은 정당한 사유(예컨대 임의후견인의 중병, 해외이주 등)가 있는 때에만 가정법원의 허가를 받아 후견계약을 종료할 수 있다§959의18②, 가소 §2①라류사건xxiv의8.

③ 임의후견감독인을 선임한 이후 임의후견인이 현저한 비행(임의후견인이 본인을 학대한 경우, 임의후견인이 자기의 이익을 위하여 본인의 재산을 소비한 경우 등)을 하거나 그 밖에 그 임무에 적합하지 않은 사유가 있는 경우에는 가정법원은 임의후견감독인, 본인, 친족, 검사 또는 지방자치단체의 장의 청구에 의하여 임의후견인을 해임할 수 있다§959의17②, 가소 §2①라류사건xxiv의7. 임의후견인의 해임에 의하여 후견계약은 종료되고, 본인은 새로운 후견계약을 체결할 수 있

게 된다(물론 후견계약의 체결에 필요한 의사능력이 있어야 한다).[65]

④ 후견계약이 등기되어 있는 경우에는 가정법원은 본인의 이익을 위하여 특별히 필요할 때에만 임의후견인 또는 임의후견감독인의 청구에 의하여 성년후견, 한정후견 또는 특정후견의 심판을 할 수 있다. 이 경우 후견계약은 본인이 성년후견 또는 한정후견개시의 심판을 받은 때 종료된다§959의20①.

(나) 후견계약의 종료와 임의후견인의 대리권 소멸

후견계약이 종료하는 경우 후견계약에 기초하여 본인이 임의후견인에게 수여한 대리권은 소멸한다. 본인은 임의후견계약이 종료하여 대리권이 소멸하였다는 사실을 후견등기부에 등기하여야 하며후견등기법 §29② · 26①vii, 등기하지 않으면 임의후견인의 대리권 소멸은 선의의 제3자에게 대항할 수 없다§959의19. 예를 들어, 본인 갑이 임의후견인 A에게 재산관리권과 법률행위의 대리권을 포괄적으로 수여하였는데, A는 갑의 재산을 횡령한 사실이 밝혀져 해임되었다. 이런 경우에는 A의 해임에 의해서 후견계약은 종료되고, A의 대리권도 소멸한다§128 참조. 그러나 대리권 소멸 후에 A가 갑의 대리인으로서 행세하면서 갑의 부동산을 처분하는 경우가 생길 수 있다. 이런 경우 갑이 임의후견계약의 종료(대리권 소멸) 사실을 후견등기부에 등기하지 않았다면, 갑은 A의 대리권이 소멸하였다는 사실(즉 A가 무권대리인이라는 사실)을 알지 못하는 제3자(예컨대 A와 갑 소유의 부동산 매매계약을 체결한 B)에 대하여 무권대리임을 주장할 수 없다. 반면에 갑이 A의 대리권이 소멸하였다는 사실(후견계약의 종료 사실)을 등기한 경우에는 A와 거래한 제3자는 설령 선의인 경우에도 보호를 받지 못한다(즉 표현대리를 주장할 수 없다).

### (7) 후견계약과 법정후견(성년후견, 한정후견 또는 특정후견)과의 관계

(가) 임의후견 우선의 원칙(법정후견의 보충성)

후견계약이 체결되어 등기되어 있는 경우에는 가정법원은 원칙적으로 법정후견(성년후견, 한정후견 또는 특정후견)을 개시하지 않는다(법정후견의 보충성).[66] 이는 사적 자치의 원칙에 따라 본인의 의사를 존중한다는 취지이다§959

---

65) 가정법원은 임의후견인 해임심판에 앞서 사전처분으로서 직무대행자를 선임할 수 있다(가소 제62조 제1항, 가소규 제32조 제1항).

66) 본인에 대해 성년후견(한정후견 또는 특정후견)개시 심판청구가 제기된 후 그 심판이 확정되기 전에 후견계약이 등기된 경우에도 이 원칙이 적용된다. 따라서 이러한 경우 가정법원은 본인의 이익을 위하여 특별히 필요하다고 인정할 때에만 성년후견(한정후견 또는 특정후견)개시심판을 할 수 있다. 대결 2017. 6. 1, 2017스515; 대결 2021. 7. 15, 2020

의20. 예컨대, 후견계약이 체결되어 등기되어 있으나 아직 효력이 발생하지 않은 경우(임의후견감독인이 선임되지 않은 경우)에 본인이 치매로 인하여 사무를 처리할 수 없는 정신 상태가 되었다면, 가정법원은 성년후견 등 법정후견을 개시하지 않고 임의후견감독인을 선임함으로써 후견계약의 효력을 발생시키는 것이 원칙이다. 또한 가정법원이 임의후견감독인을 선임함으로써 이미 후견계약의 효력이 발생해 있는 경우에는 성년후견 등 법정후견개시의 요건이 갖추어져 있다고 해도 법정후견을 개시하지 않고, 임의후견을 유지하는 것이 원칙이다.

(나) 후견계약의 효력발생과 법정후견의 종료

이미 법정후견이 개시되어 있는 경우에도 본인의 의사에 따라 임의후견으로 이행하는 것이 가능하다. 후견계약의 본인이 피성년후견인, 피한정후견인 또는 피특정후견인인 경우에는(즉, 피성년후견인 등이 후견계약을 체결한 경우) 가정법원은 임의후견감독인을 선임하면서 종전의 성년후견, 한정후견 또는 특정후견의 종료 심판을 하여야 한다. 이로써 후견계약의 효력이 발생함과 동시에 법정후견은 종료한다§959의20②.

(다) 법정후견의 보충성에 대한 예외

본인의 보호를 위하여 법정후견이 임의후견보다 적절한 보호수단이라고 판단되는 경우에는 임의후견 우선의 원칙(법정후견 보충성의 원칙)을 관철시킬 수 없다(임의후견 우선의 원칙은 사적 자치의 원칙에 비추어 볼 때 임의후견이 법정후견보다 적절한 보호수단이라는 전제에서만 인정되는 것이기 때문이다). 따라서 이런 경우 가정법원은 후견계약이 등기되어 있는 경우에도 임의후견 우선의 원칙을 포기하고, 법정후견이 개시되도록 할 수 있다(후견계약이 등기되어 있는 경우에는 가정법원은 본인의 이익을 위하여 특별히 필요할 때에만[67] 임의후견인 또는 임의후견감독인의 청구에 의하여 성년후견, 한정후견 또는 특정후견의 심판을 할 수 있다. 이 경우 후견계약은 본인이 성년후견 또는 한정후견개시의 심판을 받은 때 종료된다§959의20①). 또한 본인을 위하여 이미 법정후견이 개시되어 있는 경우에

으547.

67) 후견계약의 등기에 불구하고 성년후견(한정후견 또는 특정후견)개시심판을 할 수 있는 '본인의 이익을 위하여 특별히 필요할 때'란 후견계약의 내용, 후견계약에서 정한 임의후견인이 그 임무에 적합하지 아니한 사유가 있는지, 본인의 정신적 제약의 정도, 기타 후견계약과 본인을 둘러싼 제반 사정 등을 종합하여, 후견계약에 따른 후견이 본인의 보호에 충분하지 아니하여 법정후견에 의한 보호가 필요하다고 인정되는 경우를 말한다. 대결 2017. 6. 1, 2017스515; 대결 2021. 7. 15, 2020으547.

는 후견계약이 체결되더라도 법정후견이 유지되도록 할 수 있다(피성년후견인, 피한정후견인, 피특정후견인이 후견계약의 본인인 경우 가정법원은 임의후견감독인의 선임청구가 있어도 성년후견 또는 한정후견의 계속이 본인이 이익을 위하여 특별히 필요하다고 인정하면 임의후견감독인을 선임하지 아니한다.[68] §959의20②).

(라) 법정후견과 임의후견의 병존 가능성

후견계약이 등기되어 있는 경우에는(후견계약의 효력이 발생하기 전이든 후이든 불문한다) 가정법원은 본인의 이익을 위하여 특별히 필요한 경우에만 성년후견, 한정후견, 특정후견의 심판을 할 수 있고, 이 경우 후견계약은 본인이 성년후견 또는 한정후견개시의 심판을 받은 때 종료한다. 그렇다면 본인이 특정후견의 심판을 받은 경우에는 후견계약은 계속 유지되는가 하는 의문이 남는다. 법문상으로는 그렇게 해석된다. 즉, 임의후견과 특정후견은 병존이 가능하다고 보아야 한다. 특정후견은 피특정후견인이 당면한 특정한 사무 또는 일시적 사무의 처리를 목적으로 하고, 그 사무처리가 종결되면 당연히 종료하는 것이므로, 임의후견이 유지되고 있다고 해도 본인의 보호를 위하여 특히 필요한 경우에는 이와 병행하여 특정후견을 개시할 수 있다고 보아야 할 것이다.

68) 후견계약의 본인을 위하여 이미 성년후견, 한정후견, 특정후견이 개시되어 있는 경우 가정법원은 임의후견감독인의 선임청구가 있어도 성년후견 또는 한정후견의 계속이 본인을 위하여 특별히 필요하다고 인정하면 임의후견감독인을 선임하지 않음으로써 후견계약의 효력이 발생하지 않도록 한다. 그렇다면 특정후견의 계속이 본인의 이익을 위하여 특별히 필요하다고 인정하는 경우에는 임의후견감독인을 선임할 수 있는가? 법문상으로는 이를 긍정하여야 할 것이다. 특정후견과 임의후견은 병존이 가능하다고 해석되기 때문이다. 이렇게 본다면 후견계약의 본인이 피성년후견인, 피한정후견인, 피특정후견인인 경우에 가정법원이 임의후견감독인을 선임하면서 종전의 성년후견, 한정후견 또는 특정후견의 종료심판을 하여야 한다는 제959조의20 제2항 본문 규정에도 의문이 제기될 수 있다. 일관성을 유지하고자 한다면, 이 경우에도 특정후견과 임의후견의 병존 가능성을 인정하여 가정법원이 본인의 이익을 위하여 특별히 필요하다고 인정하는 경우에는 특정후견의 종료 심판을 하지 않을 수 있는 여지를 남겨 놓아야 할 것이다.

제 **5** 장

# 친족관계

## 제 1 절 서 설

친족관계는 혈연과 혼인에 의하여 성립하는 것으로서 부양·상속 등 일정한 법률관계의 기초가 된다.

민법제정 당시의 친족개념은 가부장제 가족제도에 기초하여 부계혈통중심으로 이루어져 있었다. 따라서 친족의 범위에 있어서도 부계혈족과 모계혈족, 부족인척(夫族姻戚)과 처족인척(妻族姻戚) 사이에는 심각한 차별이 존재했다. 1990년의 민법개정에 의해서 이와 같은 차별은 시정되었으나, 친족의 범위가 너무 넓게 규정되어 있어서 현실과 맞지 않는다는 점이 문제로 지적되고 있다. 친족의 범위를 획일적으로 정하는 것보다는 구체적인 관계에 맞도록 개별적인 법률관계에 대해서 친족관계를 규정하는 편이 바람직할 것이다.

## 제 2 절 친족관계일반

### 1 친족의 종별

#### 1. 혈 족

(1) 자연혈족과 법정혈족

(가) 자연혈족

혈연관계로 연결되어 있는 사람들을 자연혈족이라고 하며, 부모와 자녀, 형제자매, 조손관계 등이 자연혈족의 대표적인 예이다. 8촌 이내의 혈족은 법률상 친족이 된다§777 i 참조.

자연혈족관계는 원칙적으로 출생에 의해서 발생한다. 이에 대한 예외로 혼인외의 출생자를 들 수 있는데, 혼인외의 출생자는 모와의 관계에서는 출생에 의하여 당연히 혈족관계가 발생하지만, 父와의 관계에서는 인지에 의해서 출생시에 소급하여 혈족관계가 발생한다§855·860.

자연혈족관계는 당사자 사이에서는 그중 일방의 사망으로 인하여 소멸한다. 그러나 사망자를 통하여 연결된 생존자 사이의 혈족관계는 이에 영향을 받지 않는다. 그러므로 예를 들어 부모가 사망하더라도 조부모와 손자녀 사이의 혈족관계는 그대로 유지된다. 혼인외의 출생자의 경우에는 인지의 무효·인지에 대한 이의·인지의 취소 등에 의해 부계혈족관계가 소멸한다§861·862, 가소 §26.

(나) 법정혈족

① 의의: 자연적인 혈연관계는 없으나 법률에 의해서 자연혈족과 같은 관계가 인정되는 사람을 법정혈족이라고 한다. 법정혈족관계는 입양에 의해서 발생한다. 과거에는 계모자관계와 적모서자관계도 법정혈족으로 인정되었으나, 1990년 민법개정에 의해서 폐지되어 인척관계로 되었다.

② 양친족관계: 양친족관계란 양친 및 그 혈족과 양자 및 직계비속과의 관계이다§772. 이러한 양친족관계는 입양(여기에서 입양은 일반입양을 말한다)의 성립에 의하여 발생한다§878. 양자의 직계비속은 입양성립 전에 출생하였건 성립 후에 출생하였건 묻지 않고 양친과 그 혈족에 대하여 법정혈족관계가 발생한다고 보아야 한다. 입양 후 양친이 혼인한 경우에는 당사자 사이에 새로 입양신고를 하지 않는 한, 양자와 양친의 배우자 사이에 양친자관계는 생기지 않는다고 해석된다. 왜냐하면 양친자관계는 입양신고에 의해서만 발생하기 때문이다. 그리고 입양 후 양자가 혼인하였을 때에는 그 배우자와 양친 및 그 혈족과의 사이에는 인척관계가 생긴다. 양친자간의 친족관계는 위 범위 내§772에서 발생하기 때문에, 양부모와 양자의 친생부모나 혈족 사이에는 혈족관계가 발생하지 않는다. 그리고 양자는 양친 측과 친족관계가 발생하더라도 친생부모 측과의 친족관계는 소멸하지 않는다§882의2②. 다만 친양자의 경우에는 이와는 달리 친양자가 된 자와 친생부모와의 친족관계는 종료하는 것이 원칙이다§908의3②.

양친족관계도 자연혈족관계와 마찬가지로 양친자 일방의 사망으로 종료한다. 이 경우에도 사망한 사람과의 혈족관계만이 종료할 뿐이며, 사망한 사람을 통하여 발생한 법정혈족관계는 영향을 받지 않는다. 따라서 양자의 직계비속은 양자인 父(또는 모)의 양부모(즉 양조부모)와 그 혈족과의 법정혈족관계로부터 벗어날 길이 없다. 이 점은 입법론으로서 고려하여야 할 점이다. 양친족은 자연혈족과 달리 파양, 입양의 무효·취소로 인하여 법정혈족관계가 종료한다§776. 양자가 양친과 파양하지 않고 다른 사람의 양자가 된 경우에는 원래의 양친족관계는 소멸하지 않는다고 보아야 한다§882의2②.

(2) 직계혈족과 방계혈족§768

(가) 직계혈족

직계혈족이란 혈연이 친자관계, 조손관계 등에 의하여 수직으로 연결되는 혈족으로서 직계존속과 직계비속으로 나누어진다. 직계존속이란 자기의 부모를 비롯하여 부모보다 항렬(行列)이 높은 직계혈족을 말한다(조부모·증조부모 등). 직계비속이란 자기의 자녀를 비롯하여 자녀보다 항렬이 낮은 직계혈족을 말한다(손자녀·증손자녀 등).

(나) 방계혈족

방계혈족이란 공동시조에서 갈라져 나간 혈족을 말한다. 예를 들면 형제자매·조카(형제자매의 직계비속)·삼촌·이모·고모(직계존속의 형제자매)·사촌형제자매(직계존속의 형제자매의 직계비속) 등이 방계혈족에 해당한다. 1990년 민법개정 이전에는 "자기의 형제자매와 형제의 직계비속, 직계존속의 형제자매 및 그 형제의 직계비속"만이 방계혈족으로 규정되어 있었다. 즉 자매의 직계비속과 직계존속의 자매의 직계비속은 혈족의 범위에서 제외되어 있었던 것이다. 그러나 이러한 규정은 여계혈족을 부당하게 차별하는 것이었으므로, 1990년 민법개정에 의해서 현행과 같이 개정되었다.

## 2. 배 우 자

(1) 혼인에 의하여 남녀는 서로 배우자가 되며, 친족의 범위에 속하게 된다§767. 그러나 배우자를 친족으로 하는 것은 실제로 의미가 없다. 배우자 사이에서 발생하는 법률상 효과는 배우자라는 지위에서 생기는 것이며, 친족의 지위에서 발생하는 것이 아니기 때문이다.

(2) 배우자관계는 혼인의 성립§812에 의하여 발생하며, 당사자 일방의 사망, 혼인의 무효·취소 또는 이혼으로 소멸한다.

## 3. 인 척

(1) 인척이란 혈족의 배우자(예를 들어 형의 처, 누나의 남편, 삼촌의 처 등), 배우자의 혈족(예를 들어 배우자의 부모, 형제자매 등), 배우자의 혈족의 배우자(예를 들어 夫의 동생의 妻, 妻의 언니의 夫 등)를 말한다§769. 1990년 민법개정 전에는 혈족의 배우자의 혈족(예를 들어 형제의 처의 형제자매, 부 또는 모가 재혼한 경우 계모나 계부의 자녀 등)도 인척에 포함되었으나, 개정법에 의해서 인척의 범위에서 제외되었다.[1)]

(2) 민법은 4촌 이내의 인척을 친족으로 규정하고 있다§777. 1990년 민법개정 전에는 夫의 8촌 이내의 부계혈족, 夫의 4촌 이내의 모계혈족, 妻의 부모가 친족으로 되어 있었으나, 부부평등의 원칙에 따라 위와 같이 개정되었다.

(3) 인척관계는 혼인에 의해서 발생하며, 혼인의 무효·취소, 이혼 등에 의해 소멸한다. 부부 중 일방이 사망해도 인척관계는 소멸하지 않지만, 생존한 배우자가 재혼하면 인척관계가 종료한다§775. 1990년 민법개정 전에는 夫가 사망한 후 처가 재혼한 경우는 물론, 친가에 복적한 경우에도 인척관계가 소멸하였다구 §775. 반면에 처가 사망한 경우에는 夫가 재혼하더라도 인척관계는 소멸하지 않는 것으로 되어 있었다. 그러나 이 규정은 명백히 부부평등의 원칙에 반하는 것이었으므로, 1990년 민법개정에 의해서 현재와 같은 내용으로 개정되었다.

1) 대판 2011. 4. 28, 2011도2170: 사기죄의 피고인과 피해자가 사돈지간(혈족의 배우자의 혈족)이라고 하더라도 이를 민법상 친족으로 볼 수 없다.

## 2 친계(親系)와 촌수

### 1. 친 계

혈족의 연결관계를 친계라고 한다. 친족관계는 배우자관계를 제외하고 그 혈족의 연결관계에 따라서 여러 가지로 분류된다.

#### (1) 직계친 · 방계친

친족은 배우자를 제외하고 직계친과 방계친으로 구별할 수 있다. 직계친이란 혈족이 직상 직하하는 형태로 연결되는 친족으로서, 예컨대 부모 · 子 · 손 등이다. 방계친이란 혈통이 공동시조에 의하여 갈라져서 연결되는 친족으로서, 형제자매 · 백숙부 · 종형제자매 · 조카 등이다. 인척에 대해서도, 일방 배우자의 직계혈족은 다른 일방의 직계인척이 되며, 일방 배우자의 방계혈족은 다른 일방의 방계인척이 된다.

#### (2) 존속친 · 비속친

친족은 항렬(行列)에 의하여 존속과 비속으로 구분된다. 부모 및 부모와 동일한 항렬 이상에 속하는 친족을 존속이라고 하고, 자녀 및 자녀와 동일한 항렬 이하에 속하는 친족을 비속이라고 한다. 자기와 동일한 항렬에 있는 자, 즉 형제자매나 종형제자매는 존속도 비속도 아니다. 존속에는 직계존속과 방계존속이 있으며, 또 비속에도 직계비속과 방계비속이 있다.

#### (3) 부계친 · 모계친

친족은 父系親과 母系親으로 구별될 수 있다. 부계친이란 父와 그의 혈족을 말하며, 모계친이란 母와 그의 혈족을 말한다.

#### (4) 남계친 · 여계친

혈통이 남자만에 의하여 연결되어 그 사이에 여자를 포함시키지 않는 경우의 친족관계를 남계친이라고 하고, 그렇지 않은 경우를 여계친이라고 한다. 이 구별은 父系와 모계의 구별과는 다르다. 예컨대 父의 자매의 子(내종형제자매)는 부계이지만, 남계는 아니다. 이 구별은 2005년 개정 전 민법 제809조 제

2항에 '남계혈족의 배우자'와의 혼인금지가 규정되어 있어 그 의의가 있었으나, 2005년 민법개정에 의하여 제809조가 개정되었기 때문에 의미가 없어졌다.

### 2. 촌　　수

(1) 촌수란 친족관계의 멀고 가까운 정도를 나타내는 단위를 말한다. 민법은 촌(寸)과 같은 의미로 친등(親等)이라는 용어도 함께 사용하고 있다§1000②. 이 '촌'은 원래 손마디를 의미하는 것이다.

(2) 직계혈족에 있어서는 단순히 그 사이를 연락하는 친자(親子)의 세수(世數)를 계산하면 된다. 부모와 자녀는 1촌이며, 조부모와 손자녀는 2촌, 증조부모와 증손자녀는 3촌, 이하 이에 준한다§770①. 형제자매, 백숙부모와 조카와 같은 방계혈족에 있어서의 촌수는 그 일방으로부터 쌍방의 공동시조에 이르는 세수와 공동시조로부터 다른 일방에 이르는 세수를 통산하여 이를 촌수로 한다§770②. 그러므로 부모를 공동시조로 하는 형제자매는 2촌이며, 조부모를 공동시조로 하는 백숙부와 조카는 3촌, 종형제자매는 4촌, 이하 이에 준한다.

배우자의 혈족에 대하여는 배우자의 그 혈족에 대한 촌수에 따라 계산한다. 즉 처나 夫의 부모는 인척 1촌, 夫의 형제자매는 인척 2촌이며, 또 夫의 백숙부는 인척 3촌이다. 혈족의 배우자에 대하여는 그 혈족에 대한 촌수에 따라 계산한다. 즉 백숙모는 3촌인 백숙부와 같은 촌수의 인척 3촌이며, 종형제수는 4촌인 종형제와 같은 촌수의 인척 4촌이 된다§771.

양자에 대해서는, 양자와 양부모 및 그 혈족, 인척 사이의 촌수는 입양한 때부터 혼인중의 출생자와 동일한 것으로 보므로 자연혈족과 마찬가지로 계산하며§772①, 양자의 배우자, 직계비속과 그 배우자는 양자의 친계를 기준으로 촌수를 정하게 된다§772②.

## 3 친족의 범위

1990년 민법개정에 의하여 민법은 친족의 범위를 ⅰ) 8촌 이내의 혈족, ⅱ) 4촌 이내의 인척, ⅲ) 배우자로 정하고, 친족관계로 인한 법률상 효력은 민법 또는 다른 법률에 특별한 규정이 없는 한, 이에 미치는 것으로 하고 있다§777.

전통적 관습을 고려하여, 혈족은 父系血族과 모계혈족으로 나누고, 모계혈족은 모계의 父系血族만을 의미하며, 인척에 있어서는 부족인척(夫族姻戚)은 父·母계를 포함하지만 처족인척은 처의 부계혈족만을 의미하는 것으로 해석하여야 할 것이다.[2)]

- 친족범위
  - 혈족
    - 8촌 이내의 혈족(父系·모계)
    - 자연혈족
      - 혼인중의 출생 } 출생
      - 혼인외의 출생(父의 경우는 인지) } 출생
    - 법정혈족 — 養親 그 혈족과 양자 ……………… 입양
  - 인척 — 4촌 이내
    - 혈족의 배우자 } 혼인
    - 배우자의 혈족 } 혼인
    - 배우자의 혈족의 배우자 } 혼인
  - 배우자

## 4 친족의 범위와 관련된 판례

### 1. 대결 1982. 1. 19, 자 81스25-29(판례가족법 추록(Ⅰ), 129면)

(1) 이 결정은, 민법 제932조에 있어서 "미성년자의 직계혈족이라 함은 특히 부계혈족으로 제한한 바가 없고, 또 이를 부계직계혈족에 한한다고 해석할 이유도 없으므로, 직계혈족은 父系이거나 모계이거나 관계없이 그 순위의 법정후견인이 된다"고 판시하고 있다(이 판례는 법정후견인이 되는 순위에 관한 것인데, 2011년 후견법 개정에 의해서 법정후견인제도는 폐지되고 선임후견인제로 대체되었다).

(2) 혈족에 대해서는 민법은 제777조에 분명히 '8촌 이내의 혈족'을 친족의 범위로 규정하고 있으므로, '혈족'에 父系血族뿐만 아니라 모계혈족이 포함되는 것은 해석상 당연하다. 따라서 '혈족'이라고 할 때, 그것을 '父系血族'

2) 이와 같이 제한하여 해석할 근거가 없다고 보는 반대 견해가 있다. 주해친족법 1권, 64면.

에 국한해서 해석할 근거는 없다.

**2.** 대판 1975. 1. 14, 74다1503(판례가족법, 705면)

이 판결은 제3순위의 상속인인 형제자매에 대하여 '피상속인의 父系방계혈족을 의미한다'고 해석함으로써 모계의 형제자매를 이에 포함시키지 않았다. 그러나 父系의 형제자매인 경우에는 父만 같으면 母가 달라도 상호간에 상속권을 인정하면서, 모계의 경우에는 父가 다르면 상호간에 상속권을 인정하지 않는다는 것은 법적 근거가 없는 해석이며, 父系家産의 이산을 막기 위한 가부장적인 해석에 지나지 않는다.

**3.** 대판 1997. 11. 28, 96다5421(판례공보 1998. 1. 1, 32면)

(1) 이 판결은 위 판결과는 달리 제3순위의 상속인인 형제자매에 대하여 "피상속인인 형제자매라 함은 민법개정(1990. 1. 13 개정)시 친족의 범위에서 父系와 모계의 차별을 없애고, 상속의 순위나 상속분에 관하여도 남녀간 또는 父系와 모계간에 차별을 없앤 점 등에 비추어 볼 때, 父系 및 모계의 형제자매를 모두 포함하는 것으로 해석하는 것이 상당하고, 따라서 망인과 모친만을 같이 하는 이성동복(異姓同腹: '성은 다르나, 배는 같다'는 의미로서, 아버지는 다르나 어머니는 같은 형제자매를 지칭하는 구시대의 용어임)의 관계에 있는 경우 피상속인의 형제자매에 해당한다"고 판시하였다.

(2) 이 판결은 위의 판결을 변경한 것이며, 위에서 지적한 바와 같은 비판을 받아들인 것으로 타당하다고 본다.

**4.** 대판 1980. 3. 25, 79도2874(판례가족법 추록(Ⅰ), 127면)

피해자인 고종 4촌 형수 측에서 볼 때, 피고인이 자기 夫의 외삼촌의 子이므로, 민법 제777조 제2호에 규정하는 4촌 이내의 인척, 즉 배우자의 혈족에 해당한다. 따라서 친족이 된다.

**5.** 대판 1980. 9. 9, 80도1335(판례가족법 추록(Ⅰ), 127면)

이 판결은 민법 제768조에 직계존속의 자매의 직계비속에 대해서는 규정하는 바 없으므로 직계존속의 자매의 직계비속인 이종형제자매는 혈족에 해당하지 않으며, 따라서 친족이 아니라고 판시하고 있다. 그러나 1990년 민법개정에 의하여 직계존속의 자매의 직계비속이 혈족에 포함되었으므로§768, 이 판결은 민법개정에 의하여 그 효력을 상실하였다.

**6.** 대판 1980. 4. 22, 80도485(판례가족법 추록(Ⅰ) 129면)

(1) 이 판결은 외조모의 친동생을 친족으로 보지 않고 있다.

(2) 외조모는 母의 모이므로 직계존속이라고 보아야 한다. 현행법상 외조모를 직계존속으로 보지 않을 법석 근거는 없다. 그렇다면 지계존속의 친동생은 민법 제786조에서 규정하고 있는 '직계존속의 형제자매'에 해당되고, 민법 제777조 제1호의 '8촌 이내의 혈족'에 포함된다고 볼 수 있다. 그러나 위에서 본 바와 같이 혈속 중에서 모계혈족은 모계의 부계혈족만을 의미하는 것으로 해석하는 것이 전통적인 견해이므로, 친족의 범위내에 포함되지 않는 것으로 본 것이다.

## 5 친족의 호칭

우리나라에는 옛날부터 유복친(有服親: 상복을 입는 친족의 범위)이라는 것이 있었는데, 일제당국은 이 유복친을 법률상의 친족범위로 인정했다. 이에 의하면, 本宗有服親(8촌 이내의 父系혈족), 夫族有服親(7촌 이내의 夫系혈족), 母族有服親(4촌 이내의 모계혈족), 처족유복친(처의 부모)으로 되어 있었다.

이에 입각하여 종래 흔히 관용적으로 사용되어 온 주요 친족의 한문식호칭을 보면 다음과 같다. 1. 父 — 아버지(1寸), 2. 母 — 어머니(1寸), 3. 祖父 — 아버지의 아버지 — (2寸), 4. 祖母 — 아버지의 어머니(2寸), 5. 曾祖父 — 祖父의 아버지(3寸), 6. 曾祖母—祖父의 어머니(3寸), 7. 高祖父—曾祖父의 아버지(4寸), 8. 高祖母— 曾祖父의 어머니(4寸), 9. 夫 — 남편(無寸), 10. 妻 — 아내(無

寸), 11. 子 — 아들(1寸), 12. 女 — 딸(1寸), 13. 子婦 — 아들의 妻(1寸), 14. 孫 — 아들의 아들(2 寸), 15. 孫女 — 아들의 딸(2寸), 16. 孫婦 — 孫의 妻(2寸), 17. 曾孫 — 孫의 아들(3寸), 18. 曾孫女 — 孫의 딸(3寸), 19. 長曾孫婦 — 長曾孫의 妻(3寸), 20. 玄孫 — 曾孫의 아들(4寸), 21. 玄孫女 — 曾孫의 딸(4寸), 22. 長玄孫婦 — 長玄孫의 妻(4寸), 23. 兄弟 — 父를 共同으로 하는(同父) 兄弟(2寸), 24. 姉妹 — 父를 共同으로 하는(同父) 姉妹(2寸), 25. 姪 — 同父兄弟의 아들(3寸), 26. 姪女 — 同父兄弟의 딸(3寸), 27. 姪婦 — 姪의 妻(3寸), 28. 從孫 — 姪의 아들(4寸), 29. 從孫女 — 姪의 딸(4寸), 30. 從孫婦 — 從孫의 妻(4寸), 31. 從曾孫 — 從孫의 아들(5寸), 32. 從曾孫女 — 從孫의 딸(5寸), 33. 伯叔父 — 父의 同父兄弟(3寸), 34. 伯叔母 — 伯叔父의 妻(3寸), 35. 姑 — 父의 同父姉妹(3寸), 36. 從兄弟 — 伯叔父의 아들(4寸), 37. 從姉妹 — 伯叔父의 딸(4寸), 38. 從姪 — 從兄弟의 아들(5寸), 39. 從姪女 — 從兄弟의 딸(5寸), 40. 從姪婦 — 從姪의 妻(5寸), 41. 再從孫— 從姪의 아들(6寸), 42. 再從孫女 — 從姪의 딸(6寸), 43. 從祖父 — 祖父의 同父兄弟(4寸), 44. 從祖母 — 從祖父의 妻(4寸), 45. 大姑 — 祖父의 同父姉妹(4寸), 46. 從伯叔父 — 從祖父의 아들(5寸), 47. 從伯叔母 — 從伯叔父의 妻(5寸), 48. 從姑 — 從祖父의 딸(5寸), 49. 再從兄弟 — 從伯叔父의 아들(6寸), 50. 再從姉妹 — 從伯叔父의 딸(6寸), 51. 再從姪 — 再從兄弟의 아들(7寸), 52. 再從姪女— 再從兄弟의 딸 (7寸), 53. 從曾祖父 — 曾祖父의 同父兄弟(5寸), 54. 從曾祖母— 從曾祖父의 妻(5寸), 55. 曾大姑 — 曾祖父의 同父姉妹(5寸), 56. 再從祖父 —從曾祖父의 아들(6寸), 57. 再從祖母 — 再從祖父의 妻(6寸), 58. 再從大姑 — 從曾祖父의 딸(6寸), 59. 再從伯叔父 — 再從祖父의 아들(7寸), 60. 再從伯叔母 —再從伯叔父의 妻(7寸), 61. 再從姑 — 再從祖父의 딸(7寸), 62. 三從兄弟 — 再從伯叔父의 아들(8寸), 63. 三從姉妹 — 再從伯叔父의 딸(8寸), 64. 外祖父 — 母의 아버지(2寸), 65. 外祖母 — 母의 어머니(2寸), 66. 外叔父 — 母의 同父兄弟(3寸), 67. 外叔母 — 外叔父의 妻(3寸), 68. 姨母 — 母의 同父姉妹(3寸), 69. 外從兄弟 — 外叔父의 아들(4寸), 70. 外從姉妹 — 外叔父의 딸(4寸) 71. 姨從兄弟 —姨母의 아들(4寸), 72. 姨從姉妹 — 姨母의 딸(4寸), 73. 女婿 — 딸의 남편(1寸), 74. 外孫 — 딸의 아들(2寸), 75. 外孫女 — 딸의 딸(2寸), 76. 外孫婦 — 外孫의 妻(2寸), 77. 甥姪 — 姉妹의 아들(3寸), 78. 甥姪女 — 姉妹의 딸(3寸), 79. 甥姪婦 — 甥姪의 妻(3寸), 80. 內從兄弟 — 姑母의 아들(4寸), 81. 內從姉妹 — 姑母의 딸(4寸).

[親族範圍圖解]

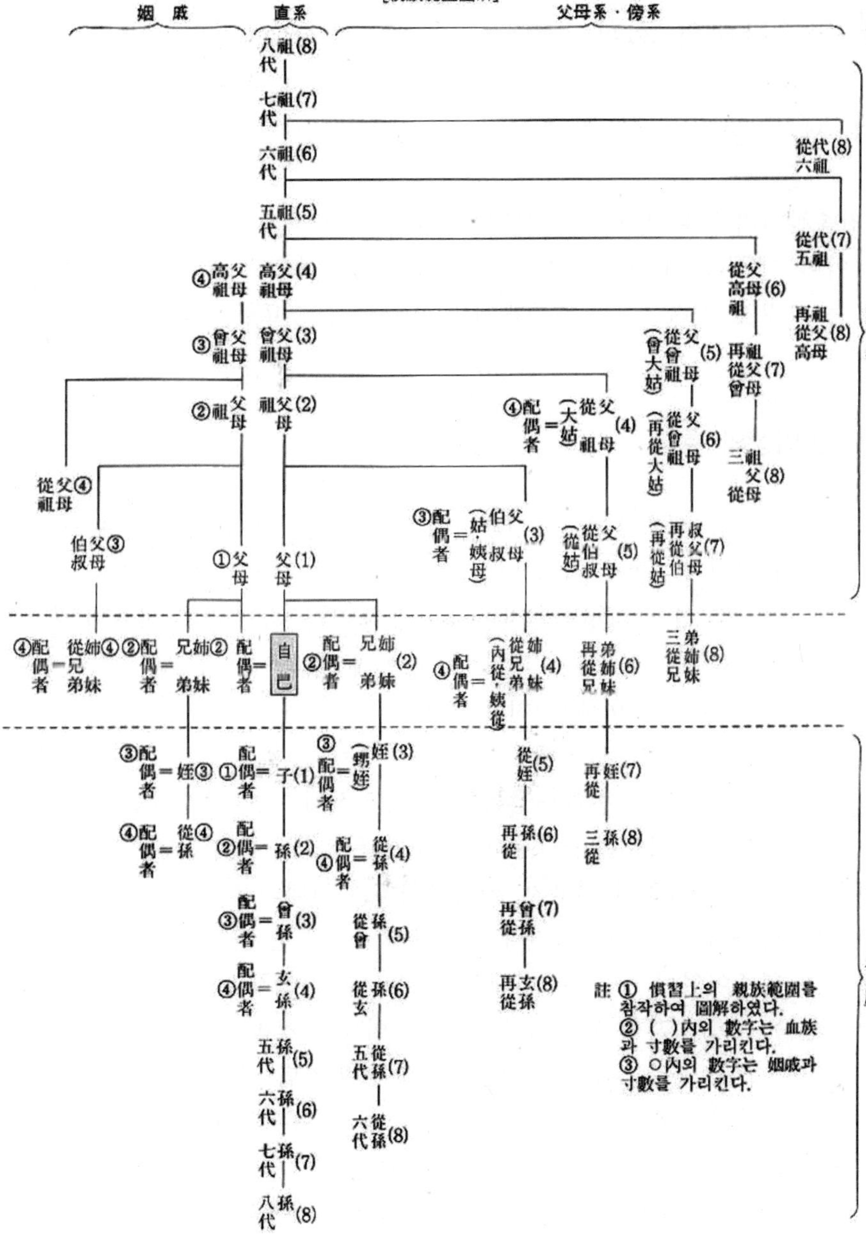


註 ① 慣習上의 親族範圍를 참작하여 圖解하였다.
② ( )內의 數字는 血族과 寸數를 가리킨다.
③ ○內의 數字는 姻戚과 寸數를 가리킨다.

# 6 친족관계의 효과

## 1. 서 설

친족관계의 법률상 효과는 사안에 따라서 개별적으로 인정되는 경우가 대부분이며, 제777조의 규정에 의한 친족에게 획일적으로 권리의무를 인정하는 경우는 그렇게 많지 않다. 친족관계의 효과로서 중요한 것은 부양·상속 등이다.

## 2. 민법상의 효과

① 성년후견·한정후견·특정후견개시의 심판청구권 및 성년후견·한정후견종료의 심판청구권§9·11·12·14·14의2— 배우자, 4촌 이내의 친족

② 취소할 수 없는 피성년후견인의 법률행위의 범위 변경 청구권 및 한정후견인의 동의를 받아야 하는 피한정후견인의 법률행위의 범위 변경 청구권§10③·13②— 배우자, 4촌 이내의 친족

③ 증여계약해제§556① i — 배우자, 직계혈족

④ 생명침해에 대한 손해배상청구권§752 — 직계존속, 직계비속, 배우자

⑤ 친족 사이의 금혼§809 — 8촌 이내의 혈족(친양자의 입양 전의 혈족을 포함) 사이, 6촌 이내의 혈족의 배우자, 배우자의 6촌 이내의 혈족, 배우자의 4촌 이내의 혈족의 배우자인 인척이거나 이러한 인척이었던 자 사이, 6촌 이내의 양부모계의 혈족이었던 자, 4촌 이내의 양부모계의 인척이었던 자 사이

⑥ 친족 사이의 혼인무효§815ii·iii — 8촌 이내의 혈족, 직계인척관계가 있거나 있었던 사이, 양부모계의 직계혈족관계가 있었던 사이

⑦ 친족 사이의 혼인취소§816 i — 친족 사이의 무효혼이 되는 범위 외의 친족 사이

⑧ 친족 사이의 혼인의 취소청구권§817 후단 — 직계존속, 4촌 이내의 방계혈족

⑨ 중혼취소청구권§818 후단 — 배우자, 직계혈족, 4촌 이내의 방계혈족

⑩ 인지이의의 소의 제기권§862 — 子, 이해관계인

⑪ 미성년자의 입양에 대한 입양취소청구권§885 — 양부모, 양자, 법정대리

인, 직계혈족

⑫ 친권자의 동의를 갈음하는 재판의 청구권§922의2 — 친족일반

⑬ 친권의 상실, 일시 정지의 선고청구권§924① — 친족일반

⑭ 친권의 일부 제한의 선고청구권§924의2 — 친족일반

⑮ 미성년인 子에 대한 대리권 및 재산관리권 상실의 선고청구권§925 — 친족일반

⑯ 친권에 대한 실권회복선고청구권§926 — 친족일반

⑰ 미성년후견인의 선임청구권§932① — 친족일반

⑱ 성년후견인의 선임청구권§936② — 친족일반

⑲ 한정후견인의 선임청구권§959의3②에 의한 §936②의 준용 — 친족일반

⑳ 특정후견인의 선임청구권§959의9②에 의한 §936②의 준용 — 친족일반

㉑ 후견인결격§937viii — 피후견인을 상대로 소송을 하였거나 하고 있는 자의 배우자, 직계혈족(다만 피후견인의 직계비속은 제외한다)

㉒ 후견인변경청구권§940 — 친족일반

㉓ 피후견인의 재산상황조사 청구권§954 — 친족일반

㉔ 미성년후견감독인의 선임청구권§940의3 — 친족일반

㉕ 성년후견감독인의 선임청구권§940의4 — 친족일반

㉖ 한정후견감독인의 선임청구권§959의5① — 친족일반

㉗ 특정후견감독인의 선임청구권§959의10① — 친족일반

㉘ 후견감독인의 결격§940의7에 의한 §937viii의 준용 — 피후견인을 상대로 소송을 하였거나 하고 있는 자의 배우자, 직계혈족

㉙ 후견감독인변경청구권§940의7에 의한 §940의 준용 — 친족일반

㉚ 부양의무§974 — 직계혈족 및 그 배우자, 기타 생계를 같이하는 친족일반

㉛ 상속권§1000 · 1003 — 배우자, 직계비속, 직계존속, 형제자매, 4촌 이내의 방계혈족

㉜ 상속인 없는 재산에 대한 관리인선임청구권§1053 — 친족일반

㉝ 유언증인결격§1072①iii — 유언에 의하여 이익을 받을 자의 배우자, 직계혈족

## 3. 형법상의 효과

### (1) 친족관계로 인하여 형벌이 감면되는 경우

① 범인은닉죄형 §151②,[3] 증거인멸죄형 §155④ — 친족일반, 동거가족[4]

② 권리행사방해죄형 §328①, 절도죄형 §329~332 · 344, 사기 · 공갈죄형 §347~352 · 354 전단, 횡령 · 배임죄형 §355~360 · 361 전단, 장물죄형 §362~365 — 직계혈족, 배우자, 동거친족, 동거가족 또는 그 배우자[5]

③ 친고죄형 §328② · 344 · 354 · 361 · 365 — 직계혈족, 배우자, 동거친족, 동거가족 또는 그 배우자

### (2) 친족관계로 인하여 형벌이 가중되는 경우

존속살해죄형 §250②, 존속상해죄형 §257②, 존속중상해죄형 §258③, 존속상해치사죄형 §259②, 존속폭행죄형 §260②, 존속유기죄형 §271② · ④, 존속학대죄형 §273②, 존속체포감금죄형 §276②, 존속중체포감금죄형 §277②, 존속협박죄형 §283② — 자기 또는 배우자의 직계존속

## 4. 소송법상의 효과

### (1) 민사소송법상의 효과

① 법관 또는 법원사무관 등의 제척원인민소 §41ii · 50 — 친족일반

② 증인으로서의 증언거부권민소 §314 i — 친족일반

③ 감정인결격민소 §334② — 친족일반

---

3) 대판 2024. 11. 28, 2022도10272. 인지되지 않은 혼인외의 출생자와 생부는 친족이 아니다.

4) 민법 제779조에 의하여 가족이 되는 사람은 제777조가 규정하는 친족의 범위에 당연히 포함되므로, 친족일반과 동거가족을 별도로 열거하는 것은 무의미하다. 제2항, 제3항에 있어서 동거친족과 동거가족을 함께 열거하는 것도 역시 범위가 중복되므로, 동거친족을 규정하는 것만으로 충분할 것이다.

5) 헌법재판소는 직계혈족, 배우자, 동거친족, 동거가족 또는 그 배우자간의 권리행사방해죄는 그 형을 면제하도록 한 형법 제328조 제1항은 헌법에 합치되지 않는다고 결정하였다(헌재결 2024. 6. 27, 2020헌마468 등). 이에 따라 이 조항이 준용되는 절도죄, 사기 · 공갈죄, 횡령 · 배임죄, 장물죄에 있어서도 직계혈족, 배우자, 동거친족, 동거가족 또는 그 배우자간의 범죄에 대해서 일률적으로 형을 면제하도록 하는 것은 헌법에 합치되지 않는다.

(2) 형사소송법상의 효과

① 법관·법원서기관·서기·통역인의 제척, 기피 또는 회피원인형소 §17ii·18①i·24①·25① — 친족일반

② 증인으로서의 증언거부권형소 §148 — 친족일반

③ 감정, 통역, 번역거부권형소 §177·183 — 친족일반

### 5. 특별법상의 효과

상속세 및 증여세법, 국민연금법, 근로기준법, 소년법, 형사보상 및 명예회복에 관한 법률, 가족관계의 등록 등에 관한 법률, 보호시설에 있는 미성년자의 후견직무에 관한 법률, 아동복지법, 국민기초생활 보장법, 국제사법, 국가유공자 등 예우 및 지원에 관한 법률, 공무원연금법, 병역법, 비송사건절차법, 신탁법, 부재선고 등에 관한 특별조치법, 혼인신고특례법, 국내입양특별법, 주민등록법, 가사소송법, 재외국민의 가족관계등록창설, 가족관계등록부정정 및 가족관계등록부정리에 관한 특례법 등과 그 시행령 중의 관계조문은 친족관계의 특수한 효과를 규정하고 있다.

# 제 3 절 친족적 부양

## 1 부양제도

(1) 사회에는 자기의 노동, 자기의 재산에 의하여 독립하여 생활할 수 없는 사람이 있으며, 이러한 사람을 어떻게 부양하고 생존권을 보장하느냐 하는 것은 중대한 사회문제인 동시에 또한 중요한 법률문제이기도 하다. 자신의 수입이나 재산으로 생활할 수 없는 사람의 부양문제는 1차적으로 가족 또는 친족에게 맡겨져 있으나, 가족이나 친족에게도 부양능력이 없는 경우에는 국가가 개입하여 사회보장의 문제로서 해결하여야 한다.

(2) 민법상 부양에는 이론적으로 다음과 같은 두 가지가 있다. 첫째, 부모

의 미성년자녀에 대한 부양 및 부부간의 부양으로, 이러한 관계에서는 제1차적 부양의무가 인정된다. 제1차적 부양의무란 부부관계·친자관계의 현실적 공동생활에 입각하여 당연히 인정되는 것으로서, 여기에는 "자기가 사는 권리는 다른 사람을 부양할 의무에 우선한다"는 원칙은 적용되지 않는다(즉 부양의무자는 자기의 생활수준을 낮추어서라도 상대방의 생활을 자기와 같은 수준으로 보장해야 한다). 둘째, 친족 사이의 일반적 부양으로(부모와 성년자녀 및 그 배우자 사이의 부양도 여기에 해당된다고 본다[6]), 이러한 관계에서는 제2차적 부양의무가 인정된다(이러한 법리를 따른 판례: 대판 2012. 12. 27, 2011다96932; 대결 2013. 8. 30, 2013스96; 대결 2017. 8. 25, 2017스5). 제2차적 부양의무자는 자신의 사회적 지위에 맞는 생활수준을 유지하면서 여유가 있을 때 비로소 상대방을 부양할 의무가 인정된다(부모가 성년자녀에 대하여 직계혈족으로서 민법 제974조 제1호, 제975조에 따라 부담하는 부양의무는 부양의무자가 자기의 사회적 지위에 상응하는 생활을 하면서 생활에 여유가 있음을 전제로 하여 부양을 받을 자가 자력 또는 근로에 의하여 생활을 유지할 수 없는 경우에 한하여 그의 생활을 지원하는 것을 내용으로 하는 제2차적 부양의무이다. 대결 2017. 8. 25, 2017스5). 민법이 일반적인 친족간의 부양§974 이하과는 별도로 부부 사이의 부양·협조의무§826①를 규정한 것은 위와 같은 부양체계를 전제로 한 것이라고 볼 수 있다. 이러한 점에 비추어 보면 부모의 미성년자녀에 대한 부양의무에 관하여도 일반적인 친족간의 부양과 구별하여 명문의 규정을 두는 것이 바람직하다고 생각된다.

(3) 특히 문제가 되는 것은 성년자녀의 노부모에 대한 부양의무의 성질을 어떻게 볼 것인가이다. 제1차적 부양의무라고 본다면, 자녀는 자기의 생활을 희생해 가면서까지 노부모를 부양할 의무가 있는 것이 된다. 이에 반하여 제2차적 부양의무라고 본다면, 자녀는 자기의 생활을 유지하면서 여유가 있는 경우에 비로소 노부모를 부양할 의무가 있는 것으로 된다. 단적인 예를 들면, 노부모의 병원비를 마련하기 위하여 필요한 경우, 자녀는 자신이 거주하는 주택을 매각처분하여 병원비를 지급할 의무가 있는가 하는 것이다(제1차적 부양의무로 보는 입장에서는 이러한 의무를 긍정한다). 성년자녀의 노부모에 대한 부양의무를 제1차적 부양의무로 보는 것은 전통적인 효도사상과 부합하는 면이

6) 서울가심 2001. 11. 15, 2000느단6731; 부부간의 부양, 부모의 미성년자녀에 대한 부양에 대해서도 구체적인 사정에 따라 민법 제975조부터 제979조까지의 규정이 적용될 수 있다는 반대견해가 있다. 주해친족법 2권, 1466면.

있고, 인도주의적인 측면에서도 바람직하다고 평가할 수 있다. 그러나 이러한 입장은 현실에서 원래 의도했던 것과 반대되는 결과를 낳을 가능성이 매우 높다는 점에서 문제가 있다.

부모에 대한 자녀의 부양의무를 제1차적 부양의무로 볼 경우에는 자녀에게 최소한의 자력이 있는 한, 국가에 의한 공적인 부양은 개입할 여지가 없다. 다른 말로 표현하면, 생활이 어려운 노부모의 입장에서는 자녀에게 부양을 청구하여야 하며, 국가에 대해서는 공적인 부양청구권을 갖지 못한다. 만일 자녀가 스스로 노부모를 부양하지 않는다면, 부모가 부양료를 받기 위해서는 자녀를 상대로 하여 재판상 부양청구를 할 수밖에 없다. 그러나 우리사회의 현실에서 노부모가 자녀를 상대로 하여 재판상 부양청구를 하는 것은 매우 어렵다고 보아야 한다. 그렇다면 자녀가 노부모를 스스로 부양하지 않는 한에서는 자녀의 부모에 대한 부양의무를 제1차적 부양의무로 보는 것은 무의미할 뿐만 아니라, 노부모를 부양이 사각지대에 방치하는 결과로 이어질 수 있다. 왜냐하면, 자녀로부터도 부양을 받지 못하고, 국가에 대해서도 부양을 청구할 수 없는 상태가 발생할 수 있기 때문이다. 이러한 점을 고려해 본다면, 노부모에 대한 자녀의 부양의무를 제2차적 부양의무로 보는 것이 오히려 노인부양의 문제를 합리적으로 해결하는 방법이라고 생각된다.[7] 자녀의 부모에 대한 부양의무를 제2차적 부양의무라고 본다면, 자녀가 자기의 생활을 유지하면서 여유가 있는 때에만 부모에 대한 부양의무를 부담하게 되고, 그렇지 않은 경우(수입이나 재산이 일정한 수준에 미달하는 경우)에는 노부모가 직접 국가에 대해서 공적인 부양을 청구할 수 있게 된다. 성년자녀의 노부모에 대한 부양의무를 이와 같이 제2차적 부양의무로 규정하는 것은 선진국의 일반적인 경향이라고 할 수 있다. 선진국이 공통적으로 자녀의 부모에 대한 부양의무를 제2차적 부양의무로 보게 된 까닭은, 이러한 이론구성이 실제로 노인의 생활안정을 위해서 유리하기 때문이다.

---

7) 대결 2019. 11. 21, 2014스44, 45 전원합의체: "자녀가 부모에 대하여 직계혈족으로서 민법 제974조 제1호, 제975조에 따라 부담하는 부양의무는 부양의무자가 자기의 사회적 지위에 상응하는 생활을 하면서 생활에 여유가 있음을 전제로 부양을 받을 자가 자력 또는 근로에 의하여 생활을 유지할 수 없는 경우에 한하여 그의 생활을 지원하는 것을 내용으로 하는 제2차 부양의무이다." 이 판결은 성년 자녀의 노부모에 대한 부양의무가 제2차적 부양의무임을 판례상 처음으로 인정하였다는 점에서 의미가 있다.

(4) 자녀가 자발적으로 노부모를 부양하는 경우에는 부양의무의 성질을 어떻게 보든지 아무런 문제가 되지 않는다. 문제가 되는 상황은 자녀가 노부모를 스스로 부양하지 않는 경우이다. 자녀의 부모에 대한 부양의무를 제1차적 부양의무로 본다면 이런 경우에 노부모는 국가에 대해서 공적인 부양을 청구할 수 없으므로, 부양료를 지급하지 않는 자녀에 대해서 재판상 부양청구를 하지 않을 수 없다는 결론에 이르게 된다. 그러나 실제로 대부분의 노부모들은 자녀에 대한 재판상 부양청구를 포기하는 것이 보통이므로, 사실상 자녀로부터 부양을 받지 못하는 결과가 된다. 또한 이런 경우 노부모는 국가에 대해서도 부양을 청구할 수 없으므로, 결국 부양의 사각지대에서 빈곤을 감수할 수밖에 없는 상태에 처하게 된다.

(5) 외국의 예를 하나 들어 본다면, 스위스민법은 부모의 미성년자녀에 대한 부양의무와 친족간의 부양의무(자녀의 부모에 대한 부양의무는 여기에 포함된다)를 구별하고 있다. 부모의 미성년자녀에 대한 부양의무는 "일방적이고, 포괄적이며, 무조건적"인 것이다. 부모는 곤궁함 속에서도 미성년자녀와 모든 것을 나누어야 한다. 이에 대하여 친족간의 부양의무는 구체적인 사정에 따라 인정될 수도 있고, 그렇지 않을 수도 있다. 친족 사이에서도 곤궁에 처한 경우에는 상호 경제적으로 부양할 의무가 인정되지만, 부양을 필요로 하는 사람은 자기가 이제껏 누려왔던 생활수준을 보장해 달라는 청구를 할 수는 없다. 또한 부양의 의무가 있는 사람도 자기의 생활수준을 낮추어가면서까지 곤궁에 처한 친족을 부양할 의무는 없다(독일의 판례에서는 부양의무자가 자기의 생활을 유지할 수 있는 재산을 보유하고 여유가 있는 때에 부모를 부양할 의무가 있다는 원칙이 형성되어 왔다. 그리고 성년자녀에게 부모를 부양하기 위하여 자신이 사용하는 대지나 가옥을 매각처분할 것을 요구할 수 없다는 점은 판례상 명확하다). 그리고 부양의무를 결정하는 데에는 당사자 사이의 관계도 상당한 비중으로 고려된다. 자녀에 대한 부양의무를 제대로 이행하지 않았던 부모는 자신이 곤궁한 상태에 처한 경우에도 자녀에 대하여 부양을 청구할 수 없다.

# 2 부양의무, 부양을 받을 권리

## 1. 부양의무의 발생과 소멸

부양의무는 일정한 친족관계에 기초하여 생기는 이른바 가족법상의 의무이며, 그 내용은 주로 경제적인 급부이다. 부양의무는 원칙적으로 부양을 받을 자가 자기의 재산(자력) 또는 근로에 의하여 생활을 유지할 수 없는 경우에 한하여 생긴다§975. 또 한편으로 부양의무자 측에서도 친족적 부양의 본질상 자기의 사회적인 지위·신분에 적합한 생활정도를 낮추지 않고 부양할 수 있을 만큼의 여유가 있어야 부양의무가 생긴다고 보아야 한다. 그리고 위의 2개 요건의 어느 쪽이 소멸하면 부양의무는 소멸한다. 그러나 이 전제는 부양의무를 두 가지로 나누는 입장에서 제2차적 부양의무에만 해당하는 것이다.

## 2. 부양청구권의 일신전속성

부양을 받을 권리는 친족권(가족법상의 권리)의 하나이나, 타인의 행위를 요청하는 것이므로 채권에 유사하며 일종의 재산권이라고도 볼 수 있다. 그러나 이러한 권리의 성질은 신분관계의 한도에서 인정되는 것이므로, 채권에 유사한 일종의 신분적 재산권이라고 보아야 한다.

부양을 받을 권리는 이러한 의미에서 보통의 재산권과 달라서 다음과 같은 특색을 가진다.

① 행사상으로나 귀속상으로나 이른바 '일신전속권'으로서 채권자의 대위행사를 허용하지 않고§404① 단서, 또 상속되지 않는다§1005 단서.

② 타인에게 양도할 수 없고 또 장래에 향하여 포기하지 못한다§979.

③ 강제집행에 있어서는 압류되지 않으며민집 §246① i 파산재단에도 속하지 않는다채무자회생 및 파산 §383.

④ 부양을 받을 권리는 상계되지 않는다§497 이하. 그리고 부양을 받을 권리가 제3자에 의하여 침해되었을 경우에 권리자는 그 제3자에 대하여 손해배상청구를 할 수 있다§750.

# 3 부양당사자

## 1. 부양당사자의 범위

부양의무는 원칙적으로 친족인 직계혈족 및 그 배우자 사이, 기타 생계를 같이하는 친족 사이에 생긴다§974(다만 직계혈족 중에서 미성년인 子에 대한 부모의 부양의무는 제1차적 부양의무이므로 여기서 제외된다). '직계혈족 및 그 배우자 사이'란 며느리와 시부모관계, 사위와 장인·장모관계, 계친자관계(계부와 처의 자녀사이, 계모와 夫의 자녀 사이) 등을 의미한다.[8] 생계를 같이 하는 경우란 공동의 가계 내에서 생활하는 것을 의미한다고 해석될 수 있으므로, 동거하며 생활공동체관계에 있는 경우는 물론, 반드시 동거하지 않더라도 공동의 가계에 속한 때에는 이 범주에 포함될 수 있을 것이다(예를 들어 자녀가 학교 기숙사에 들어가 사는 경우에도 부모와 같은 가계에 속하는 경우, 즉 부모로부터 학비, 용돈 등을 받아서 생활하는 경우에는 '생계를 같이' 한다고 볼 수 있을 것이다).

## 2. 부양당사자의 순위

민법은 부양의 순위에 관하여 다음과 같이 규정하고 있다§976. 부양을 필요로 하는 사람에 대하여 부양의무 있는 사람이 여럿 — 예컨대 자녀 — 인 경우에 부양의무자의 순위에 관하여는, 첫째로 당사자 사이에서 협의로 정한다. 협의의 당사자는 부양의무자의 전원일 필요는 없을 것이다. 그러나 현실적으로 부양의무를 부담하는 의무자를 제외하면 안 될 것이다. 그리고 만약 당사자 사이에서 협의로 정하지 않은 때에는 두 번째 방법으로 가정법원이 당사자의 청구에 의하여 그 순위를 정한다§976① 전단(그러나 제1차적 부양의무자와 제2

8) 아들(직계혈족)이 사망한 경우에 그의 부모(시부모)가 사망한 아들의 배우자(며느리)에 대하여 부양을 청구할 수 있는가의 문제가 제기될 수 있다. 이에 대한 판례의 태도는 다음과 같이 정리할 수 있다(대결 2013. 8. 30, 2013스96). 아들(직계혈족)이 사망함으로써 며느리는 더 이상 아들의 배우자가 아니므로, 제974조 제1호에 의한 부양의무는 인정될 수 없으며, 다만 시부모와 며느리 사이의 인척관계는 존속하므로(며느리가 재혼하지 않은 경우) 제974조 제3호에 의해서 부양의무가 인정될 수 있다(이 경우에는 시부모와 며느리가 생계를 같이 하고 있는 경우에 한하여 부양의무가 인정된다는 제한이 따른다). 서울가결 2007. 6. 29, 2007브28도 같은 입장이다.

차적 부양의무자가 있는 경우에는 제1차적 부양의무자가 우선하여 부양의무를 부담한다. 따라서, 예컨대 부모가 성년자녀 A에 대한 부양료를 지출한 경우에는 A의 배우자에 대하여 부양료의 상환을 청구할 수 있다대판 2012. 12. 27, 2011다96932). 이 경우에 우선 조정에 의하고 조정이 성립되지 않으면 심판에 의하여 정한다가소 §2①마류사건 viii · 50. 이 경우에 반드시 한 사람이 전적으로 부양의무를 부담할 필요는 없다. 동순위자들이 공동으로 부담할 수도 있다. 그런데 이러한 협의를 하지 않고 수인의 부양의무자 중의 한 사람이 전적으로 부양의무를 부담한 경우에, 그 사람이 다른 공동부양의무자를 상대로 자기가 이미 지급한 부양료에 대해서 부당이득으로서 반환청구를 할 수 있을까 하는 것이 문제이다. 다른 부양의무자에게 부양능력이 있음에도 고의로 부양의무를 이행하지 않은 경우에는 부당이득으로서 반환청구를 할 수 있다고 보아야 할 것이다.[9]

부양을 받을 권리자는 여럿인데 부양의무자에게는 부양권리자 전원을 부양할 만한 자력이 없는 경우에도 우선 당사자 사이의 협의로 부양을 받을 권리자의 순위를 정하고, 협의가 되지 않는 경우에는 당사자의 청구에 의하여 가정법원이 정한다§976① 후단. 이 경우에 가정법원은 여러 명의 부양의무자 또는 권리자를 선정할 수 있다§976②.

부양을 할 자 또는 부양을 받을 자의 순위에 관한 당사자의 협정이나 법원의 조정 · 심판이 있은 후, 이에 관한 사정에 변경이 생긴 때에는 법원은 당사자의 청구에 의하여 그 협정이나 조정 · 심판을 취소 또는 변경할 수 있다 §978, 가소 §2①마류사건viii.

---

9) 판례는 이미 지급한 자녀의 양육비, 부양료에 관하여는 상환청구를 인정하지만(대결 1994. 5. 13, 92스21 전원합의체; 대결 1994. 6. 2, 93스11), 그 외의 친족관계(부모와 성년자녀 및 그 배우자 등)에서는 부양의무의 이행청구에도 불구하고 부양의무자가 부양의무를 이행하지 않음으로써 이행지체에 빠진 이후의 것에 한하여 과거의 부양료를 청구할 수 있다는 이원적인 태도를 취한다. 대결 2022. 8. 25, 2018스542는 자녀들 중 1인(청구인)이 모에 대한 부양으로 모의 병원비 등을 지출한 다음 다른 자녀인 형제들(상대방)을 상대로 과거에 지출한 부양료에 대한 구상청구를 한 사안에서, 모나 청구인이 이 사건 심판청구 이전까지 상대방에게 부양의무의 이행을 청구하였다고 볼 만한 자료가 없다는 이유로 청구인이 구상을 청구한 병원비 중 일부 금액에 대하여 부양료 구상청구를 기각하였다.

# 4 부양의 정도와 방법

## 1. 부양의 정도

부양은 앞에서 말한 바와 같이 주로 금전을 지급하는 방식(경제상의 지급)으로 이루어진다. 부양의 정도는 주로 부양료 액수의 문제이다. 민법은 부양의 정도·방법에 관하여 우선 당사자가 협의로 정하고, 협의가 되지 않는 때에는 가정법원이 당사자의 청구에 의하여 부양을 받을 자의 생활정도와 부양의무자의 자력 기타 제반사정을 참작하여 이를 정한다고 하고 있다§977.[10)]

그런데 부양의무자가 부양의무를 부담하는 경우는 부양능력이 있는 때, 바꾸어 말하면 자기의 생활에 여유가 있는 경우이다. 그리고 또 부양권리자가 자기의 자력(재산) 또는 근로에 의하여 생활을 유지할 수 없는 경우에 한한다§975.[11)]

부양의 정도를 결정함에 있어서 부양권리자의 생활정도와 부양의무자의 자력 이외에 고려되어야 할 '제반사정'에는 부양권리자와 부양의무자 사이의 과거의 유대관계, 부양권리자의 생활이 곤궁하게 된 원인 등이 포함될 수 있다. 과실에 의하여 생활이 곤궁하게 된 경우에는 부양의 정도가 가벼워질 가능성이 있다. 당해 친족 사이의 유대관계는 중요한 고려요소의 하나이므로, 부양받을 권리자가 과거에 부양의무자를 학대한 사실이 있다면 의무가 경감되거나, 경우에 따라서는 아예 없다고 볼 수도 있다. 자녀를 고의로 유기하고 학대, 방임한 부모는 자녀로부터의 부양도 기대할 수 없다고 생각되므로, 이러한 부모에 대해서는 자녀의 부양의무가 경감되거나 면제되어야 할 것이다. 그러나 자력이 없기 때문에 부득이 자녀를 부양할 수 없었던 부모의 경우에는 그 사실만으로 자녀에 대한 부양청구권을 상실한다고 볼 수는 없다. 요컨

---

10) 대판 1986. 6. 10, 86므46, 신판례체계, 977-1면은 교육비도 부양료에 포함된다고 한다.

11) 대결 2017. 8. 25, 2017스5. 성년자녀는 자기의 자력 또는 근로에 의하여 생활비를 충당할 수 없는 곤궁한 상태인 경우에 한하여, 부모를 상대로 그 부모가 부양할 수 있을 한도 내에서 생활비에 해당하는 부양료를 청구할 수 있을 뿐이다. 또한 이러한 부양료는 부양을 받을 자의 생활정도와 부양의무자의 자력 기타 제반 사정을 참작하여 부양을 받을 자의 통상적인 생활에 필요한 비용의 범위로 한정되는 것이 원칙이므로, 특별한 사정이 없는 한 통상적인 생활필요비라고 보기 어려운 유학비용의 충당을 위해 성년의 자녀가 부모를 상대로 부양료를 청구할 수는 없다.

대 일반적인 사회생활관계에 비추어 볼 때 그러한 사정하에서 부양의무가 인정될 것인가의 여부가 판단의 기준이 될 것이다.

### 2. 부양의 방법

부양료는 매월 정기금의 형식으로 지급되는 것이 원칙이다. 반년급이나 1년급의 형식도 가능하지만, 장기간에 걸친 일시급은 부양제도의 목적에 비추어 보아 바람직하지 못하다. 부양을 받는 권리자 자신이 일시급으로 받은 부양료를 낭비할 가능성도 배제할 수 없다(특히 이혼 후 부모의 일방이 자녀를 양육하고 있는 경우에 일시급으로 받은 자녀의 양육비를 자기의 이익을 위하여 소비할 가능성도 배제할 수 없다). 금전에 의한 부양 이외에 양식이나 의류 등을 현물로 급여하거나 부양의무자가 부양권리자를 자기 주거에 데리고 와서 동거하며 부양하는 방법도 사정에 따라서는 인정되어야 할 것이다. 금전급부 이외의 부양방법은 원칙적으로 협의나 조정단계에서만 가능하다. 심판의 경우에는 부양의무자가 희망하는 경우에 한하여 양식이나 의류 등의 현물급여가 인정될 수 있을 것이다. 부양의무자가 부양권리자를 자기 주거에 데리고 와서 동거부양하기로 정할 경우에는 부양을 받을 권리자와 부양의무자의 합의 이외에 그 결과로서 부양권리자와 동거하게 될 다른 사람의 의사도 존중할 필요가 있을 것이다.

### 3. 부양의무불이행에 대한 조치

협의나 조정으로 부양방법이 정해지지 않은 경우에는 결국 법원이 심판으로 부양방법을 정한다.[12] 법원은 부양료의 지급을 명하는 심판을 할 때 부양권리자가 담보를 제공하지 않고도 가집행을 할 수 있음을 선고하여야 한다가소 §42.[13] 부양료의 확보는 부양권리자의 생존과 직결된 문제이므로, 그 이행이 신속히 이루어질 필요가 있다. 이를 위하여 가사소송법은 가정법원에 대해서 임시로 필요한 사전처분을 할 수 있는 권한을 인정하고 있다가소 §62. 또 심판

12) 부양에 관한 심판청구가 있는 경우에, 그 심판이 당사자 이외의 부양권리자 또는 부양의무자의 부양의 순위, 정도 및 방법에 직접 관련되는 것인 때에는, 가정법원은 그 부양권리자 또는 부양의무자를 절차에 참가하게 하여야 한다(가사소송규칙 제106조).

13) 대판 2014. 9. 4, 2012므1656.

에서 정해진 방법에 따라서 부양의무자가 의무를 이행하지 않을 때에는 당사자의 신청에 의하여 일정한 기간 내에 그 의무를 이행할 것을 명할 수 있다가소 §64①. 이러한 명령을 함에는 특별한 사정이 없는 한 미리 당사자를 심문하고 의무이행을 권고하여야 하며, 이행명령에 위반한 때에는 1,000만원 이하의 과태료에 처하여질 수 있다는 사실과 금전의 정기적 지급을 명령받은 자가 정당한 이유 없이 3기 이상 그 의무를 이행하지 아니한 때에는 30일의 범위 내에서 그 의무이행이 있을 때까지 의무자를 감치에 처할 수 있다는 사실을 고지하여야 한다가소 §64②·67①·68① 참조.[14)]

가정법원은 부양료(재산분할, 미성년 자녀의 양육비) 청구사건을 위하여 특히 필요하다고 인정하는 때에는 직권 또는 당사자의 신청에 의하여 당사자에게 재산상태를 명시한 재산목록을 제출하도록 명할 수 있다(재산명시)가소 §48의2. 재산명시명령을 받은 당사자는 가정법원이 정한 상당한 기간 이내에 자신이 보유하고 있는 재산과 과거 일정한 기간 동안 처분한 재산의 내역을 명시한 재산목록을 제출하여야 한다가소규 §95의4① 본문. 재산명시명령을 받은 당사자가 정당한 사유 없이 재산목록의 제출을 거부하거나 거짓의 재산목록을 제출한 때에는 1,000만원 이하의 과태료에 처한다가소 §67의3. 또한 가정법원은 재산명시절차를 거쳤음에도 당사자가 재산목록의 제출을 거부하거나 제출된 재산목록만으로는 부양료(재산분할, 미성년 자녀의 양육비) 청구사건의 해결이 어렵다고 인정하는 때에는 직권 또는 당사자의 신청에 의하여 당사자 명의의 재산에 관하여 조회할 수 있다(재산조회)가소 §48의3. 가정법원은 개인의 재산과 신용정보에 관한 전산망을 관리하는 공공기관·금융기관·단체 등에 대하여 당사자 명의의 재산을 조회함으로써 당사자의 자발적 협조 없이도 당사자의 재산내역을 발견·확인할 수 있다. 가정법원으로부터 재산조회를 요구받은 기관 등은 정당한 사유 없이 조회를 거부하지 못한다가소 §48의3②, 민집 §74④. 재산조회를 요구받은 기관·단체의 장이 정당한 사유 없이 거짓자료를 제출하거나 자료제출을 거부한 때에는 1,000만원 이하의 과태료에 처한다가소 §67의4.

14) 대판 1983. 9. 13, 81므78, 신판례체계, 974-1면은 父의 부양의무불이행으로 인한 子의 정신적 고통은 특별손해라고 판시하고 있다.

## 4. 가정법원에 의한 변경

부양당사자의 순위, 부양의 정도 또는 방법이 협정 · 조정 또는 심판에 의하여 정해진 후에 사정변경이 생겼을 때에는, 가정법원은 당사자의 청구에 의하여 그 협정이나 심판을 취소 또는 변경할 수 있으며§978, 이 경우 우선 조정을 하여야 한다가소 §2①마류사건viii · 50·

조정이나 심판의 결과를 존중하고 어느 정도 법적 안정성을 유지하기 위해서는 협정 · 조정 또는 심판을 할 때 당연히 예기된 사정이 생겼다든가 부양의무의 구체적 확정 후 짧은 기간 내에 생긴 가벼운 사정변경 등은 취소나 변경의 대상이 되지 않는다고 보아야 할 것이다. 예컨대 조정이나 심판에 의하여 부양료가 결정된 후 2, 3년간에 있어서의 5% 이내의 물가변동이나 그 정도의 수입의 증감은 특히 조정 등에서 명시된 경우를 제외하고는 고려의 대상이 되지 않을 것이다. 이에 반하여, 부양의 내용을 결정한 후 상당한 기간이 경과하여 물가나 생활수준, 당사자의 수입 등에 큰 변화가 있는 경우나, 당사자의 취직, 실직, 질병 또는 상속에 의한 재산취득 등은 원칙적으로 사정변경에 해당한다. 부양을 필요로 하는 친족 또는 부양할 수 있는 친족이 새로 나타난 경우에도 부양의 순서나 정도에 영향을 미칠 사정의 변경이 있었다고 볼 수 있을 것이다. 그리고 당사자간의 인간관계에 있어서의 심각한 변동도 경우에 따라서는 사정변경에 해당될 수 있을 것이다.

취소 또는 변경의 심판은 장래에 향하여 효력을 가진다. 그런데 사정변경이 생긴 때로부터 조정 · 심판까지의 사이에 부양의무자가 사정변경을 주장하여 부양의무의 이행을 거부할 수 있느냐가 문제이다. 부양의무의 내용은 협정 · 조정 또는 심판으로 확정되는 것이므로, 협정 · 조정 또는 심판에 의하여 그 내용이 취소 또는 변경되기까지는 계속 부양의무를 이행하는 것이 원칙이지만, 사정변경이 현저한 경우에는 협정 · 조정 또는 심판이 있기 전에도 정해진 내용에 따른 이행을 거부할 수 있다고 보아야 할 것이다. 이런 경우에는 부양의무의 본질에 비추어 볼 때 의무를 이행할 필요가 없다는 것이 명백하기 때문이다.

# 5 과거의 부양료 · 체당부양료 및 부양료의 구상청구

## 1. 과거의 부양료

**設 例**

X와 Y는 부부간이며, 그들 사이에는 미성년자인 A가 있다. X와 Y는 사이가 나빠서 협의이혼을 하기로 하고 이혼신고를 마쳤으며, 그 후 X는 A를 양육하여 왔다. 그런데 이혼 후 5년이 지나도록 Y는 한 번도 양육비를 주지 않았다. X는 Y와 협의하여 양육비를 정하려고 시도하였지만, 협의가 이루어지지 않았다. 그래서 X는 가정법원에 과거의 양육비(협의이혼신고가 된 날 이후의 양육비) 및 장래의 양육비를 청구하였다. X의 청구는 받아들여질 수 있는가?

(1) 과거의 부양료도 원칙적으로 청구할 수 있다. 즉 생활의 여유가 있는 친족이 있는데도 부양받을 권리자가 부양을 받지 못하여 빚을 졌거나 또는 건강을 해친 경우와 같은 때에는 부양권리자가 부양청구를 하기 전부터 이미 부양을 필요로 하는 상태에 있었던 것이므로, 부양의 요건이 발생한 때부터 부양의무를 인정하여 과거의 부양료청구를 인용하는 것이 타당하다. 종전의 판례는 과거의 부양료청구를 인정하지 않았지만,[15] 이를 변경하고 과거의 양육비상환청구를 인정하였다.☜

설례의 경우, 다음에 소개하는 판례에 따르면 X의 청구는 인용될 수 있을 것이다.

☞ 대결 1994. 5. 13, 92스21(전원합의체),[16] 법원공보 970호 1693면은 과거의 양육비상환청구를 인정하면서 다음과 같이 판시하고 있다.

"어떠한 사정으로 인하여 부모 중 어느 한 쪽만이 자녀를 양육하게 된 경우에, 그와 같은 일방에 의한 양육이 그 양육자의 일방적이고 이기적인 목적이나 동기에서 비롯한 것이라거나 자녀의 이익을 위하여 도움이 되지 아니하거나 그 양육

15) 대판 1967. 1. 31, 66므40; 대판 1967. 2. 21, 65므5; 대판 1976. 6. 22, 75므17 · 18; 대판 1979. 5. 8, 79므3.

16) 판례연구, 金疇洙, 판례월보 1995년 12월호, 9면 이하.

비를 상대방에게 부담시키는 것이 오히려 형평에 어긋나게 되는 등 특별한 사정이 있는 경우를 제외하고는, 양육하는 일방은 상대방에 대하여 현재 및 장래에 있어서의 양육비 중 적정금액의 분담을 청구할 수 있음은 물론이고, 부모의 자녀양육의무는 특별한 사정이 없는 한 자녀의 출생과 동시에 발생하는 것이므로 과거의 양육비에 대하여도 상대방이 분담함이 상당하다고 인정되는 경우에는 그 비용의 상환을 청구할 수 있다고 보아야 할 것이다.

다만 한쪽의 양육자가 양육비를 청구하기 이전의 과거의 양육비 모두를 상대방에게 부담시키게 되면 상대방은 예상하지 못하였던 양육비를 일시에 부담하게 되어 지나치게 가혹하며 신의성실의 원칙이나 형평의 원칙에 어긋날 수도 있으므로, 이와 같은 경우에는 반드시 이행청구 이후의 양육비와 동일한 기준에서 정할 필요는 없고, 부모 중 한 쪽이 자녀를 양육하게 된 경위와 그에 소요된 비용의 액수, 그 상대방이 부양의무를 인식한 것인지 여부와 그 시기, 그것이 양육에 소요된 통상의 생활비인지 아니면 이례적이고 불가피하게 소요된 다액의 특별한 비용(치료비 등)인지 여부와 당사자들의 재산상황이나 경제적 능력과 부담의 형평성 등 여러 사정을 고려하여 적절하다고 인정되는 부담의 범위를 정할 수 있다."

(2) 양육비상환청구가 민사소송사항이냐 가사심판사항이냐에 대하여 위의 대법원결정에서 의견이 갈리고 있는데, 부양의무의 내용을 판단하고 결정하는 데 가장 적당한 전문기관인 가정법원에서 사건을 통일적으로 처리하는 것이 바람직하다고 생각된다.[17)]

(3) 과거의 부양료를 청구하는 경우에 부양료채권이 소멸시효기간의 경과에 의하여 소멸하는가의 여부가 쟁점이 될 수 있다. 부양료(또는 양육비)채권의 경우에는 당사자의 협의나 법원의 심판에 의하여 구체적인 내용과 범위가 확정될 때까지는 권리를 행사할 수 있는 상태에 있다고 볼 수 없으므로, 소멸시효가 진행되지 않는다고 해석하는 것이 타당하다.[18)] 따라서 자녀가 성년자가 된 이후에도 과거의 양육비청구가 가능하다. 다만 최근에 대법원은 이와 다른 해석론을 전개하여 과거의 양육비청구권의 소멸시효는 자녀가 성년이 된 때부터 진행한다고 판단하였다.[19)] 이 판결에 따르면 과거의 양육비청구

17) 대결 1994. 6. 2, 93스11; 대판 2012. 12. 27, 2011다96932. 부부 사이의 부양료 청구와 친족간의 부양료 청구도 가사비송사건으로서 가정법원의 전속관할에 속한다.

18) 같은 취지, 대결 2011. 7. 29, 2008스67.

19) 대결 2024. 7. 18, 2018스724 전원합의체.

권은 자녀가 성년이 된 때부터 10년이 경과하면 시효로 소멸한다. 따라서 자녀가 성년이 된 후 10년이 지나서 과거의 양육비를 청구하면, 양육비청구권은 이미 시효로 소멸하였으므로 그 청구는 기각될 것이다. 이러한 결론은 법리적으로뿐만 아니라, 윤리적인 차원에서도 납득하기 어렵다.

(4) 한편, 부부의 일방이 상대방 배우자에 대하여 과거의 부양료를 청구한 사건에서 판례는 "부양을 받을 자가 부양의무자에게 부양의무의 이행을 청구하였음에도 불구하고 부양의무자가 부양의무를 이행하지 아니함으로써 이행지체에 빠진 이후의 것에 대하여만 부양료의 지급을 청구할 수 있을 뿐"이라고 하여, 부양권리자가 부양청구를 하기 이전의 과거의 부양료에 대해서는 지급을 청구할 수 없다는 태도를 취하고 있다대결 2008. 6. 12, 2005스50.[20]

미성년자녀의 부모에 대한 관계에서는 과거의 부양료청구를 인정하면서,[21] 부부사이에서는 과거의 부양료청구를 인정하지 않는 것은 합리적인 이유로 설명되기 어렵다. 왜냐하면, 미성년자녀에 대한 부모의 부양의무가 자녀의 출생시부터 당연히 발생하는 것과 마찬가지로, 부부 사이의 부양의무도 특별한 사정이 없는 한 혼인의 성립과 더불어 당연히 발생하는 것이기 때문이다.

### 2. 체당부양료의 구상

체당부양료의 구상문제는 구상권자가 누구냐에 따라서 두 가지 경우가 있다. 하나는 부양의무가 없는 제3자가 본래의 부양의무자에 대하여 구상을 하는 경우이며, 다른 하나는 공동의 부양의무자 중에서 부양료를 지급한 일부가 다른 부양의무자에 대하여 구상을 하는 경우이다.

#### (1) 부양의무가 없는 제3자에 의한 구상

부양의무가 없는 사람이 부양을 필요로 하는 상태에 있는 사람에 대하여 부양을 하였을 경우에는, 부양의무자가 하여야 할 이행사무를 관리한 것이므

---

20) 또한 판례는 부모와 성년의 자녀 및 그 배우자 사이의 부양에 대해서도 이와 동일한 법리를 적용하고 있다(부모와 성년의 자녀 · 그 배우자 사이의 경우에 과거의 부양료에 관하여는 부양의무 이행청구에도 불구하고 그 부양의무자가 부양의무를 이행하지 아니함으로써 이행지체에 빠진 후의 것이거나, 그렇지 않은 경우에는 부양의무의 성질이나 형평의 관념상 이를 허용해야 할 특별한 사정이 있는 경우에 한하여 이행청구 이전의 과거 부양료를 청구할 수 있다. 대결 2013. 8. 30, 2013스96; 대결 2022. 8. 25, 2018스542).

21) 대결 1994. 5. 13, 92스21 전원합의체; 대결 1994. 6. 2, 93스11.

로 사무관리가 성립한다. 따라서 비용상환의 이론에 따라 의무자에게 구상을 할 수 있다§739.[22] 또 하나의 방법으로서는, 법률상의 의무가 없는 급부에 의하여 의무자가 출연을 면하고, 그로 인해 이익을 얻었으므로 부당이득이 성립하며, 따라서 구상을 할 수 있다§741. 이러한 사무관리나 부당이득의 법리에 기초한 구상은 성질상 가정법원의 심판사항으로 보아야 할 것이다. 다만 판례는 순수한 민사소송으로 보아서 민사법원에서 처리해야 한다는 입장을 취한다.[23]

### (2) 부양의무자간의 구상

부양의무는 있으나 실제로 부양능력이 없어서 협정이나 조정·심판에서 제외된 사람은 현실의 부양의무를 지지 않는다고 보아야 한다. 따라서 부양의무의 이행자가 그에 대하여 구상청구를 할 수 없다고 해석된다. 그러나 고의적으로 협정에 응하지 않았거나 협정 또는 심판에 의하여 정해진 부담을 이행하지 않은 부양의무자에 대해서는 구상권이 인정된다고 보아야 할 것이다.[24]

그리고 제1차적 부양의무자(예: 부부의 일방)와 제2차적 부양의무자(예: 부모)가 있는 경우에 제2차적 부양의무자가 부양권리자를 위하여 부양료를 지급하였다면 제1차적 부양의무자에 대하여 구상권을 행사할 수 있다고 보아야 할 것이다(예컨대 갑이 병원에 입원해 있는데 갑의 배우자 을이 병원비를 내지 않아서 갑의 부모 병이 대신 병원비를 지급하였다면 병은 을에 대하여 구상금을 청구할

---

22) 제3자나 후순위 부양의무자가 부양권리자를 부양하고 부양의무자에 대해서 구상청구를 하는 경우, 부양권리자가 부양의무자에 대해서 부양의무의 이행청구를 하기 전의 것에 대해서도, 이미 지급한 부양료의 상환을 청구할 수 있다고 보는 것이 타당하다. 같은 의견, 주해친족법 2권 1519면.

23) 법원실무제요 가사(Ⅱ), 580면; 대판 2012. 12. 27, 2011다96932은 부부간의 부양의무를 이행하지 않은 부부의 일방에 대하여 상대방의 친족이 구하는 부양료의 상환청구는 가사소송법 제2조 제1항 제2호 나. 마류사건의 어디에도 해당하지 아니하여 이를 가사비송사건으로 가정법원의 전속관할에 속하는 것이라고 할 수는 없고, 민사소송사건에 해당한다고 한다.

24) 판례는 자녀의 부모에 대한 관계에서는 과거의 양육비나 부양료 청구를 인정하면서, 그 외의 친족관계(부모와 성년자녀 및 그 배우자 등)에서는 과거의 부양료와 관련하여 원칙적으로 부양의무의 이행청구에도 불구하고 부양의무자가 부양의무를 이행하지 않음으로써 이행지체에 빠진 이후의 것에 한하여 과거의 부양료를 청구할 수 있다는 이원적인 태도를 취한다. 이러한 취지에서 대결 2022. 8. 25, 2018스542는 자녀들 중 1인(청구인)이 모에 대한 부양으로 모의 병원비 등을 지출한 다음 다른 자녀인 형제들(상대방)을 상대로 과거에 지출한 부양료에 대한 구상청구를 한 사안에서, 모나 청구인이 이 사건 심판청구 이전까지 상대방에게 부양의무의 이행을 청구하였다고 볼 만한 자료가 없다는 이유로 청구인이 구상을 청구한 병원비 중 일부 금액에 대하여 부양료 구상청구를 기각하였다.

수 있다).[25] 왜냐하면 제1차적 부양의무자와 제2차적 부양의무자가 동시에 존재하는 경우에는 제1차적 부양의무자가 선순위로 부양의무를 부담하기 때문이다대판 2012. 12. 27, 2011다96932.

25) 그러한 구상권의 침해를 이유로 채권자취소권을 행사하는 경우의 제척기간은 구상권이 구체적인 권리로서 성립한 시기가 아니라 민법 제406조 제2항이 정한 '취소원인을 안 날' 또는 '법률행위가 있은 날'로부터 진행한다(대판 2015. 1. 29. 2013다79870).

## 제 6 장
# 상속제도

## 1 상속제도의 존재이유

다른 모든 사회제도와 마찬가지로 상속제도도 사회와 역사의 발전에 따라 많은 변화를 겪어 왔다. 근대법의 확립 이후 상속은 사람이 사망한 경우에 그의 재산이 다른 일정한 사람에게 이전되는 것이라고 설명되었다. 사람이 사망하였을 때 그의 재산이 국가에 귀속되지 않고 다른 개인에게 이전된다는 것은 사유재산제에서 나오는 당연한 귀결이다. 이러한 의미에서 상속제도는 사유재산제와 분리하여 생각할 수 없는 것이다. 그러나 상속제도의 존재이유[1]에 대한 의문은 끊임없이 제기되어 왔다. 상속제도의 문제점에 대한 비판과 나아가 상속제도 자체에 대한 부정론은 오랜 역사적 전통을 가지고 있다. 루소는 상속제도에서 인간의 불평등을 심화시키는 요소를 보았고, 프랑스의 초기사회주의자들은 국가에 의한 일반적인 상속을 주장하였다. 국가가 거두어들인 상속재산으로 빈민구호 등의 사업을 할 수 있으며, 이를 통하여 사회문제를 해결할 수 있다고 생각했던 것이다.

상속제도는 사유재산제와 불가분의 관계에 있는데, 언뜻 보면 상속제도가 사유재산제보다 더 많은 문제점을 안고 있는 것으로 보인다. 살아있는 사람들 사이에서의 재산취득은 경제질서의 범위 내에서 일정한 노력을 기울인 대가라고 볼 수 있는데 반하여, 상속재산은 불로소득으로서 상속인에게 이전된다고 생각할 수 있기 때문이다. 그러나 이 문제에 대하여 보다 자세히 살펴보면, 중요한 경제적 · 사회정책적 문제는 우선 사유재산제와 관련되며, 상속제도는 단지 이차적이고 부수적인 기능만을 수행한다는 사실을 알 수 있다. 마르크스

1) 金相瑢, 유류분상실제도와 배우자상속분에 관한 입법론적 고찰, 민사법학 36호(2006. 5), 669면 이하 참조.

는 상속제도의 폐지를 주장하였지만, 이 문제에 대해서 분명한 시각을 가지고 있었다. 그에 따르면, 상속법의 폐지는 생산수단에 대한 사적 소유권을 폐지하는 사회변혁의 자연스러운 결과물이다. 그러나 상속법의 폐지 자체가 그러한 사회변혁의 출발점이 될 수는 없다는 것이다.

마르크스가 상속법의 폐지를 주장했을 때, 이는 생산수단에 대한 상속을 폐지해야 한다는 의미로 해석할 수 있다. 토지(농지)나 공장과 같은 생산수단이 상속될 경우 지주와 기업주의 상속인은 불로소득으로 거대한 부를 축적하게 되고, 생산수단을 소유하지 못한 노동자와 농민은 끊임없이 자본가의 착취에 시달릴 수밖에 없다고 본 것이다. 따라서 이와 같이 중요한 생산수단은 개인이 소유하지 못하게 하고, 상속될 수 없도록 함으로써 노동력 착취의 구조를 근본적으로 바꿀 수 있다고 생각했던 것이다. 이렇게 볼 때 마르크스의 이론으로부터 사회주의 사회에서는 어떠한 상속도 인정되어서는 안 된다는 주장을 이끌어내기는 어렵다.

개인적인 소유물에 대한 상속은 사회주의국가에서도 인정되고 있었다. 소련에서는 혁명 직후인 1918년에 상속법을 폐지하였으나, 1922년부터 다시 상속법을 도입하기 시작했다. 동독에서도 개인의 소유물에 대한 상속은 인정되고 있었다. 동독의 법규정은 사회주의적 소유권(생산수단에 대한 사회적 소유)과 개인적 소유권(개인적인 소비와 사용의 대상에 대한 소유)을 구분하여 정의하고 있었다. 상속은 개인적 소유권에 대해서만 인정되었다. 개인적 소유권의 주요대상은 노동에 근거한 소유물, 즉 임금, 저축예금, 개인적인 사용물품, 주택과 대지 및 휴양을 위한 별장 등이었다.

상속제도에 대해서 비판적인 시각을 가지고 있었던 사회주의권과는 달리 자본주의사회는 사유재산제에서 경제생활의 동력을 찾고 있으며, 이러한 체제에서는 상속법이 당연히 보장된다. 자유시장경제질서는 사적 소유를 노동과 이윤획득의 동기로서 보장하고 있으므로, 이러한 동기부여의 연장선상에서 재산의 상속도 당연히 인정되는 것이다. 사유재산의 상속성은 자본의 축적과 장기적인 투자를 촉진하는 측면이 있는데, 이는 사유재산제를 보충하는 기능을 갖는 것이다. 이와 같이 사유재산제를 근간으로 하는 자본주의체제에서는 상속제도 역시 부정될 수 없으며, 이러한 사실은 상속제도가 사유재산제와 불가분의 관계에 있음을 보여주는 것이다.

한편, 현행 민법이 배우자와 직계비속, 직계존속 등 피상속인과 가까운 친족을 법정상속인으로 규정하고 있는 사실에 비추어 상속제도의 존재이유를 유추해 볼 수도 있다. 오늘날의 사회에서 개인은 부부와 자녀로 이루어진 가족공동체를 이루고 공동생활을 하는 경우가 많다. 이전의 농경사회에서와 같이 가족이 공동으로 노동하여 생산하는 생활형태는 더 이상 일반적이라고 할 수 없으나, 오늘날에도 개인의 재산취득은 다른 가족구성원(특히 배우자)의 협력에 근거하는 것이 보통이다. 부모는 양육과 교육을 통하여 자녀가 장래에 직업활동을 할 수 있는 기초를 마련해 주었고, 배우자는 가계유지를 통하여 피상속인의 재산증가에 기여한다. 가족구성원의 절약과 협력은 재산의 형성에 직·간접적으로 기여한다고 볼 수 있다.

살림도구와 주택은 피상속인과 가족이 공동으로 사용하던 것으로서 생활의 중요한 기초가 된다. 이러한 재산이 법정상속을 통하여 가족에게 승계됨으로써 피상속인이 사망한 후에도 이제까지의 생활환경이 최대한 그대로 유지될 수 있다. 이는 생존배우자와 가족의 생활을 경제적인 차원에서뿐만 아니라, 정서적으로 안정시키는 기능을 한다. 또한 사회보장제도가 불충분하여 사적인 부양이 우선되는 사회현실에서 상속재산은 가족의 생활보장을 위하여 절대적으로 필요하다.

이렇게 본다면, 사람이 사망했을 때 가까운 가족(친족)에게 인정되는 상속의 근거는 공동생활의 종료에 따른 잠재적 공유관계의 청산과 생존가족원의 생활보장을 위한 유산의 분배에서 찾을 수 있을 것이다.

법정상속제도가 피상속인의 추측된 의사에 근거한다고 보는 견해도 있을 수 있으나, 이것만으로 법정상속제도의 존재이유가 설명되기는 어렵다. 법정상속이 단지 피상속인의 추측된 의사에만 기인하는 것이라면 법정상속과 다른 내용을 지정한 피상속인의 유언은 절대적인 효력을 가져야만 할 것이다. 그러나 법정상속제도의 존재이유를 단지 피상속인의 의사에서 구하는 견해는 상속인의 유류분권을 인정하는 현행 민법과 조화되기 어렵다. 반면에 피상속인의 가족에 의한 상속에 대해서 독립적인 정당성을 인정한다면, 유언의 자유를 제한하는 유류분제도의 존재이유도 무리 없이 설명될 수 있다.

결국 상속권의 근거[2]는 상속재산에 대한 가족원의 기여분 청산과 피상속인 사후 가족원의 생활보장이라는 점에서 구해질 수 있다. 이러한 목적을 충

2) 상속제도의 헌법적 근거에 관한 논문으로는 윤진수, 상속제도의 헌법적 근거, 헌법논총 제10집(1999년), 173면 이하.

족시키기 위해서는 법정상속이 요구되며, 법정상속제도의 현대적 의의도 여기에서 찾을 수 있을 것이다. 그러나 이러한 이론도 피상속인과 공동생활관계에 있지 않았던 친족에 대해서까지 상속권을 인정하는 민법의 규정에 대하여 설득력 있는 설명을 제공하지는 못한다.

## 2 상속의 형태

상속제도는 역사적 · 사회적으로 규제되는 것이므로, 여러 가지 형태가 있다. 그 형태를 살펴보기로 한다.

### 1. 신분상속 · 재산상속

신분상속이란 호주(가장) 등의 일정한 신분을 승계하는 것을 목적으로 하는 상속형태를 말하며, 재산상속이란 재산관계를 승계의 대상으로 하는 상속형태를 말한다. 우리 민법은 2005년 민법개정 전에 신분상속(호주승계)과 재산상속을 모두 규정하고 있었다. 1990년 민법개정으로 호주승계는 상속편에서 분리되어 친족편에 편입되었으나, 실질적 의미에서는 상속이었다. 그러나 2008년 1월 1일부터 시행되는 개정민법에 의하여 호주승계제도는 폐지되었다.

### 2. 생전상속 · 사망상속

생전상속이란 피상속인의 생존 중에 상속개시를 인정하는 상속형태이며, 사망상속이란 피상속인이 사망했을 때 상속개시를 인정하는 상속형태를 말한다. 근대적 상속제도는 사망상속을 원칙으로 한다. 우리 민법은 과거에 호주상속에 있어서 생전상속을 인정하고 있었다구 §980.

### 3. 법정상속 · 유언상속

법정상속이란 상속인이 될 자의 범위와 순위가 법률상 정해져 있는 상속형태를 말하며, 유언상속이란 피상속인이 유언으로 상속인을 지정하는 상속형태를 말한다. 현행상속법은 법정상속을 기본으로 하면서 유언제도를 인정하고 있지만, 유언으로 상속인을 지정하는 것은 허용되지 않으므로 엄격히 말하면 유언상속을 채용하고 있지 않다고 볼 수도 있다. 그러나 유언에 의해서 유언자의 재산적 지위(또는 권리의무)를 승계시키는 것이 인정되므로(유증), 이를 유언상속이라고 해도 무방할 것이다.[3] 이와 같이 우리 민법은 법정상속과 유언상속을 모두 규정하고 있으나, 유언의 자유를 인정하고 있기 때문에(물론 유류분제도에 의한 제한이 있다), 법정상속에 관한 규정은 유언이 없거나 유언이 무효인 경우에 적용된다§1060 이하 참조.

### 4. 단독상속 · 공동상속

단독상속이란 상속인이 1인으로 한정되어, 피상속인의 가장으로서의 지위나 유산 전부를 단독으로 승계하는 상속형태를 말하며, 공동상속이란 상속인이 여러 명인 경우 그들이 공동으로 상속하는 형태를 말한다. 우리 민법은 과거에 호주상속(승계)에 있어서는 단독상속제를 채택하고 있었으나 2008년에 폐지되었고, 재산상속에 있어서는 민법제정 당시부터 공동상속제를 채택하고 있다.

### 5. 강제상속 · 임의상속

강제상속이란 상속인의 상속포기를 허용하지 않음으로써 상속을 강제하는 상속형태를 말하며, 임의상속이란 상속인의 상속포기를 인정하는 상속형태를 말한다. 우리 민법은 호주상속에 있어서는 강제상속제를 채택하고 있었는데, 1990년 민법개정에 의하여 호주승계권을 포기할 수 있도록 함으로써구 §991, 임의상속제로 전환한 바 있다. 재산상속에 있어서는 민법제정 당시부터 임의상속제를 채택하고 있다.

3) 현행법상 유언상속은 인정되지 않고 있다는 견해가 있다(郭潤直, 상속법, 15면). 그 견해에 의하면, 상속인을 피상속인이 유언으로 지정하는 것이 유언상속의 본질적 요소라고 한다. 연혁적 의미에서는 그렇게 보는 것이 타당하다. 그러나 법률용어는 개념설정에 달려 있는 것이어서 우리 민법이 법정상속 이외에 유언에 의하여 유언자의 재산적 지위(또는 권리의무)의 승계를 인정하고 있기 때문에 이를 유언상속이라고 해서 틀린 것이라고 할 수는 없다. 포괄적 유증의 경우에는 그 수증분을 상속분으로 하는 상속인이 출현하는 것과 다르지 않기 때문이다.

### 6. 균분상속 · 불균분상속

균분상속이란 각 공동상속인에게 귀속하는 상속재산의 비율이 평등한 상속형태를 말하며, 불균분상속이란 그 비율이 평등하지 않은 상속형태를 말한다. 우리 민법은 균분상속을 원칙으로 하고 있지만, 1990년 민법개정 전에는 피상속인과 동일호적내에 있는 여자상속인과 동일호적내에 있지 않은 여자상속인과는 상속분이 평등하지 않았으며구 §1009②, 배우자상속에 있어서는 처가 상속하는 경우와 夫가 상속하는 경우 상속분이 평등하지 않았다구 §1009③. 그러나 1990년 민법개정에 의하여 여자상속인의 상속분은 동일호적내에 있든 없든 관계없이 평등하게 되었으며§1009①, 배우자의 상속분도 평등하게 되었다§1009②.

## 3 현행상속법의 특징

현행상속법은 인간의 존엄과 양성평등의 원칙에 입각하여 구관습법을 크게 개정하였다. 현행상속법의 특징을 살펴보면 다음과 같다.

### 1. 균분공동상속으로의 전환

1960년부터 시행된 제정민법은 호주상속과 재산상속을 분리시켰으며, 호주가 상속재산을 일단 독점 상속하는 구민법상의 단독상속제도를 폐지하고, 공동상속제를 채택하였다. 이는 남자우선의 재산독점상속을 부정하는 것으로서 큰 의의가 있는 것이다. 구민법에서는 호주가 일단 전호주의 재산을 독점상속하였다가 가족인 남동생(당시 딸은 상속에서 제외되었다)이 있을 때에는 그에 대하여 일정한 비율로 분재(分財)하게 되는데, 남동생의 분재청구권은 혼인 후 분가하여야 행사할 수 있었다. 그런데 호주에게 분가동의권이 있었기 때문에 호주가 분가에 동의하지 않는 한, 분재청구는 불가능하게 되어 있었다. 물론 그 동의권을 남용하는 경우에는 소송에 의하여 이를 강제할 수도 있었을 것이나, 남동생은 분재청구권이 있을 뿐이고 상속분을 가지는 것이 아니었으므로, 호주상속인이 상속재산(부동산)을 전부 제3자에게 매도하고 소유권이전등기를 마친 경우에는 남동생은 제3자에 대하여 등기말소청구를 할 수 없었다. 이와 같이, 구민법에서도 장남 이외의 아들에게 재산상속이 인정되기는 하였으나 실제에 있어서는 상속분의 보장이 불완전하였다. 이에 반하여, 제정민법은 피상속인이 호주이건 가족이건 불문하고 공동상속의 원칙을 채택하였으므로, 장남 이외의 자녀도 상속을 포기하지 않는 한 상속분을 확보할 수 있게 되었다. 그러나 민법은 제정 당시 호주상속을 인정하면서 호주상속인에 대해서는 그 고유의 상속분에 5할을 가산하도록 하였는데, 이는 균분공동상속제도에 반하는 것이었다. 1990년 민법개정으로 호주에 대한 5할 가산제는 폐지되었고, 상속분도 완전히 균분으로 되었다.

## 2. 상속인 범위의 축소

구민법은 재산상속인의 범위에 관하여 직계비속・배우자・직계존속 및 호주로서 동일 가적(家籍. 가적은 호적으로 표시되었다)내에 있음을 요하였는데 반하여,[4] 민법은 제정 당시 그 범위를 직계비속・배우자・직계존속・형제자매・근친(8촌 이내의 방계혈족)까지 확대하는 동시에 실제적 정의관계(情誼關係)를 중심으로 한다고 하여 동일가적내의 유무를 불문하였다. 그러나 피상속인의 재산형성에 실제로 기여한 바도 없고, 피상속인과 실제로 가족공동생활을 하고 있지도 않았던 사람이 단지 먼 친척이라는 이유로 상속을 받는다는 것은 부당하다는 비판이 있었다.

1990년 민법개정 당시 이러한 비판이 수용되어, 상속인의 범위는 4촌 이내로 축소되었다.

## 3. 여자상속권의 확립

민법에서 또 하나 특기할 점은 여자의 상속권을 확립한 것이다. 즉 구민법에서는 '출가외인'이라 하여 혼인한 딸에게는 상속권이 인정되지 않았으나, 제정민법은 여자에게도 상속권을 인정하였다. 즉, 1990년 민법개정 전에는 여자는 남자상속분의 4분의 1을 상속할 수 있고, 동일가적내에 있을 때에는 남자와 같은 상속분을 상속하게 되어 있었다구 §1009①・②, (1977년 개정 전의 민법에

4) 대판 1946. 10. 11, 4279민상3233, 판례총람 355면(판례가족법, 948면); 대판 1970. 4. 14, 69다1324, 집 18항 1집 민 324면(판례가족법, 942면) 등.

서는 동일가적내에 있는 여자의 상속분은 남자의 상속분의 2분의 1이었다). 1977년 민법개정 전에는(시행일 1979년 1월 1일) 처의 상속분은 직계비속과 공동으로 상속하는 때에는 남자의 상속분의 2분의 1로 하고, 배우자의 직계존속과 공동으로 하는 때에는 남자의 상속분과 균분으로 하며, 직계존속도 없을 때에는 단독상속을 하도록 되어 있었다구 §1003 · 1009③. 그러나 1977년 민법개정으로 처의 상속분이 많이 늘어났다. 즉 직계비속과 공동으로 상속하는 때에는 동일가적내에 있는 직계비속의 상속분의 5할을 가산하게 되었다구 §1009③. 구민법에서 호주가 상속하는 경우에는 여자에게 분재청구권이 없고, 처는 지녀가 없는 경우에 한하여 상속권이 있었던 것과 비교하면, 1977년 개정민법의 규정은 여자의 상속권을 상당히 강화시킨 것이라고 볼 수 있다. 그러나 동일가적내에 없는 여자에게 상속분에 차등을 두고, 夫의 상속분에 처의 상속분과 같이 5할을 가산하지 않는 것은 헌법정신에 반하는 것이었다. 그래서 1990년 민법개정에 의하여 동일가적내에 없는 여자의 상속분의 차등을 없애고 다른 상속인과 평등하게 하였으며, 夫의 상속분도 처의 상속분과 동등하게 하여 상속분에 있어서의 불평등을 완전히 해소시켰다.

### 4. 혼인중의 자와 혼인외의 자의 상속분의 동등

민법은 또한 혼인중의 출생자와 혼인외의 출생자의 상속분에 차등을 두지 않았다. 사람은 태어날 때 혼인중의 출생자로 태어날 것인지 혼인외의 출생자로 태어날 것인지 자신의 의사로 선택하는 것이 아니므로, 출생시 부모가 혼인중이었는지의 여부에 따라 차별을 받게 하는 것은 부당하다. 따라서 혼인외의 출생자의 상속분을 혼인중의 출생자와 동등하게 한 것은 타당하다(구민법은 이를 차별하고 있었다). 그러나 이에 대하여는 봉건적 가족제도의 유물인 첩제도, 나아가 일부다처제를 조장하는 결과를 초래할 수 있다는 주장도 있다.

### 5. 기여분제도의 신설

민법에는 기여분제도가 없었는데, 1990년 민법개정에 의하여 신설되었다 §1008의2. 기여분제도란 상속인 중에서 피상속인의 재산의 유지나 증가에 대해서 특별히 기여하였거나 피상속인을 특별히 부양한 사람이 있는 경우에 그 사람에게 그 기여한 만큼의 재산을 가산하여 상속분을 인정해 주는 제도이다.

## 6. 특별한정승인제도의 신설

상속인이 중대한 과실 없이 상속채무의 초과사실을 알지 못하고 단순승인을 한 경우에는 상속인에게 다시 한정승인을 할 수 있는 기회를 주는 것이 타당하다. 이러한 취지에서 2002년 민법개정에 의하여 특별한정승인제도가 신설되었다. 이에 따라 상속인이 중대한 과실 없이 상속채무가 적극재산을 초과한다는 사실을 알지 못한 상태에서 단순승인을 한 경우에는 그 사실을 안 날로부터 3개월내에 한정승인을 할 수 있게 되었다§1019③.

## 7. 특별연고자에 대한 분여제도의 신설

1990년 민법개정에 의하여 특별연고자에 대한 분여제도가 신설되었나. 이 제도는 상속인이 없는 경우 피상속인과 생계를 같이 하였거나 피상속인의 요양·간호를 한 자 또는 기타 피상속인과 특별한 연고가 있었던 자에게 상속재산의 전부나 일부를 나누어 줄 수 있는 제도이다§1057의2.

## 8. 유류분제도의 신설

우리나라에는 유류분제도에 관한 관습이 없다는 이유로 민법제정 당시에는 유류분에 관한 규정을 두지 않았으나, 1977년 민법개정으로 유류분제도를 신설하였다.

## 9. 정　　리

위에서 본 바와 같이 현행상속법의 기본 특징은 공동상속제도의 확립, 상속인의 범위의 축소, 여자상속권의 확립, 혼인중의 자와 혼인외의 자의 상속분의 동등, 기여분제도, 특별한정승인제도, 특별연고자에 대한 분여제도 및 유류분제도 등이라고 볼 수 있다. 앞에서 본 바와 같이, 현행상속법은 구상속법과 비교해 볼 때 매우 진전된 내용을 가지고 있다. 그러나 1990년 민법개정

전에는 호주상속제도를 유지하였고, 호주상속인에 대해서는 고유의 상속분에 5할을 가산하였으며, 동일가적내에 없는 여자의 상속분을 차별하는 등 많은 문제점을 안고 있었다. 1990년 민법개정으로 균분상속제가 확립되었으며, '호주상속'은 상속법에서 완전히 분리되어 '호주승계'로서 친족법에 편입되었다. 그 후 2005년 3월 2일 호주승계제도를 폐지하는 민법개정안이 국회에서 통과되었으며, 2008년 1월 1일부터 개정법이 시행되어 호주승계제도는 완전히 폐지되었다.

## 4 상속 · 상속권의 의의

### 1. 상속의 의의

상속은 피상속인의 사망에 의하여 상속인이 피상속인에게 속하였던 모든 재산상의 지위(또는 권리의무)를 포괄적으로 승계하는 것을 말한다.

민법은 "피상속인의 재산에 관한 포괄적 권리의무를 승계한다"고 규정하고 있으나§1005 본문, 여기서 승계되는 것은 매도인이나 매수인의 지위, 대주(貸主)나 차주(借主)로서의 법률관계 혹은 계약성립 전의 청약자로서의 지위 등을 포함한다. 이와 같이 상속에 의해서 승계되는 것은 협의의 권리의무에 한정되지 않으므로, 상속은 재산상의 지위의 승계라고 정의하는 것이 타당하다. 그러나 피상속인의 일신에 전속한 것은 예외이다§1005 단서.

1990년 민법개정 전에는 구민법에서와 마찬가지로, 호주상속에 있어서 생전사유로 인한 상속개시를 인정하고 있었다. 1990년 민법개정 이후에도 생전의 호주승계가 인정되었는데, 호주승계는 본질에 있어서 호주상속, 즉 신분상속이라고 할 수 있다. 그러나 2008년 1월 1일부터 시행되는 개정민법에 의하여 호주승계제도가 폐지되었으므로, 신분상속은 더 이상 존재하지 않게 되었다. 따라서 현행법상의 상속이란, 사람의 사망으로 인하여 일정한 사람이 피상속인의 재산상의 지위(권리의무)를 포괄적으로 승계하는 것이라고 정의할 수 있다.

### 2. 상속권의 의의

상속권은 두 가지의 뜻으로 사용되고 있다. 그 하나는 상속개시 전에 상속인이 기대권으로 가지는 상속권이다. 그런데 이러한 의미의 상속권은 권리라기보다는 오히려 일종의 기대에 불과하다고 볼 수 있다. 다만, 그 희망을 가지는 지위는 일정한 결격사유가 없으면 상실하지 않으며§1004, 유류분을 가지는 상속인에 대해서는 일정한 수준의 보호가 인정된다§1112. 그러나 상속인이 상속권을 취득하는 시기는 피상속인의 사망시점이며, 그 이전에는 어떠한 종류의 실체법적 권리도 취득하지 못하는 것이므로, 상속이 개시되기 전에 권리로서의 '상속권'을 인정하기는 어렵다.

두 번째로, 상속권은 상속개시 후에 상속인이 상속적 효과를 받을 수 있는 권리와 그 지위를 의미한다. 이러한 상속권은 다시 두 가지로 나누어 볼 수 있다. 즉 아직 승인하지 않은 단계의 상속권으로서 승인함으로써 상속재산을 자기의 것으로 할 수 있는 권리(형성권적 상속권)와, 승인에 의하여 상속재산을 구성하는 권리의무를 승인 취득한 상태(기득권적 상속권)이다. 이러한 상속인의 지위는 확정된 것이고, 이를 침해받은 자에게는 이른바 '상속회복청구'가 허용된다§999.[5]

## 5 상속법의 기본개념

### 1. 피상속인과 상속개시

사람의 사망으로 상속이 개시되며, 이 경우에 사망한 사람을 피상속인이라고 한다. 예를 들어서 갑이 사망하면 상속이 개시되어 갑의 배우자와 자녀가 상속인으로서 갑의 재산을 상속하게 되는데, 여기서 갑이 피상속인이다. 자연인만이 피상속인이 될 수 있다.

---

5) 상속권에 대해서는 상속개시로 상속재산을 승계한 상속인의 법적 지위를 의미한다고 하여, 이를 좁게 해석하는 견해가 있다(郭潤直, 상속법, 9면).

## 2. 상속인과 상속능력

피상속인의 사망시에 피상속인의 재산을 승계하는 사람을 상속인이라고 한다. 상속능력이란 상속인이 될 수 있는 자격을 말한다. 권리능력이 있는 사람에게는 모두 상속능력이 인정된다(법인은 권리능력이 있어도 상속능력을 갖지 못한다). 따라서 상속인이 되기 위해서는 일정한 연령에 도달할 필요가 없으며, 출생 직후의 유아도 상속인이 될 수 있다. 상속을 받는 것은 법률행위가 아니므로, 상속인의 행위능력을 필요로 하지 않는다. 그러나 상속인이 되기 위해서는 상속개시시, 즉 피상속인의 사망시에 생존해 있어야 하며, 혹은 이미 포태되어 태아로서 존재하고 있어야 한다. 그러므로 피상속인보다 먼저 사망한 사람은 상속인이 될 수 없다.

## 3. 상속재산

상속재산이란 피상속인이 사망시에 가지고 있던 재산(재산적 권리의무)을 말한다. 상속재산에는 적극재산과 소극재산(채무, 재산상의 의무)이 포함된다.

## 4. 법정상속인

민법은 누가 상속인이 되는가에 대하여 규정하고 있다. 이와 같이 민법규정에 의해서 당연히 상속인이 되는 사람을 법정상속인이라고 한다. 민법은 법정상속인이 되는 순서도 규정하고 있는데, 피상속인의 직계비속(자녀, 손자녀 등)이 제1순위 상속인이며, 직계존속(부모, 조부모 등)이 제2순위 상속인이다. 제2순위 상속인은 제1순위 상속인이 한 사람도 없는 경우에만 상속인이 될 수 있다. 제3순위 상속인은 피상속인의 형제자매이고, 피상속인에게 형제자매도 없는 때에는 4촌 이내의 방계혈족이 상속인이 된다. 피상속인의 배우자는 직계비속과 함께 제1순위 상속인이 되고, 직계비속이 없을 때에는 직계존속과 더불어 공동상속인이 된다. 직계비속도 직계존속도 없을 때에는 배우자는 단독상속인이 되어 모든 상속재산을 상속한다.

## 5. 유증과 유류분

피상속인은 유언에 의하여 자기의 재산을 자유롭게 처분할 수 있다. 예를 들어서 법정상속인을 배제하고 모든 재산을 사회복지재단에 기부한다는 유언을 할 수도 있다. 또는 상속인 중에서 특정의 1인에게 모든 재산을 준다는 유언을 하는 것도 가능하다. 이와 같이 유언에 의해서 재산을 무상으로 수여하는 것을 유증이라고 한다. 유증은 법정상속에 우선하므로, 피상속인은 유언에 의해서 유증받는 사람(수증자 또는 수유자라고 한다)으로 하여금 법정상속인에 우선하여 상속재산을 취득하게 할 수 있다. 그러나 피상속인이 유언에 의해서 자유롭게 재산을 처분하는 경우에는 피상속인의 유족(법정상속인)의 생계가 위태롭게 될 수도 있다. 예를 들어서 피상속인 갑이 자기의 전재산을 종교단체에 유증한 경우 갑의 배우자와 어린 자녀는 당장 거주하던 주택을 양도해야만 할 뿐만 아니라 모든 생존의 기초를 잃게 될 것이다. 그러므로 피상속인에게 유증의 자유를 인정하되, 피상속인 사후 유족의 생활보장을 위하여 일정한 범위에서 제한을 가할 필요가 있다. 이러한 이유에서 인정된 것이 유류분 제도이다. 즉, 상속이 개시되면 일정한 범위의 상속인(피상속인의 배우자 · 직계비속 · 직계존속 · 형제자매)에 대해서는 상속재산 중에서 일정한 비율을 확보할 수 있는 권리가 인정된다. 위의 예에서 피상속인 갑이 전재산을 종교단체에 유증하였다면, 갑의 배우자와 자녀들은 상속재산의 1/2에 대해서는 종교단체를 상대로 반환청구를 할 수 있다. 상속의 근거를, 피상속인의 재산형성에 상속인이 기여하였다는 점, 피상속인과 상속인은 생활공동체를 형성하고 있었으므로 피상속인의 사후에도 부양의 필요성이 있다는 점에서 구한다면, 유류분제도의 존재이유는 자연스럽게 인정될 수 있다. 유류분은 유언자유의 원칙에 대해서 중대한 제한을 가하는 제도이다.

## 6. 포괄승계 · 당연승계의 원칙

피상속인의 재산(재산적 권리의무)은 상속이 개시되는 순간, 즉 피상속인이 사망하는 순간 포괄적으로 상속인에게 이전된다. 즉, 상속인은 상속재산 중에서 어느 재산을 선택하여 승계할 수 없다(예를 들어 상속재산 중에서 채무는 승계하지 않고 적극재산만 상속하는 것은 불가능하다). 이와 같은 포괄승계는 상속인의 의사와 관계없이 당연히 행하여진다(당연승계). 따라서 상속이 개시되기 전에 상속을 받지 않겠다는 상속인의 의사표시는 아무런 의미도 갖지 못한다. 또한 상속인은 상속이 개시되면 상속재산을 받겠다는 의사를 표시할 필요도 없다. 이런 의미에서 상속은 법률행위가 아니다.

포괄승계·당연승계의 원칙에 의해서 상속재산 중에 채무가 더 많은 경우에도 상속재산은 그대로 상속인에게 승계된다. 상속인은 상속이 개시되기 전에 이를 저지할 수 없으며, 다만 상속개시 후에 상속을 포기(또는 한정승인)할 수 있을 뿐이다.

피상속인은 사망하는 순간 권리능력을 상실하게 되므로, 더 이상 권리의무의 주체가 될 수 없다. 따라서 피상속인이 가지고 있던 재산(재산적 권리의무)은 상속개시의 순간 다른 권리능력자, 즉 상속인에게 이전되지 않으면 안된다. 상속인이 피상속인의 사망 사실을 모르고 있었다고 해도 이러한 상속의 효과는 당연히 발생한다.

### 7. 공동상속·상속분

위에서 본 바와 같이 상속에 의한 권리의무의 이전은 피상속인이 사망하는 순간에 당연히 생기므로, 상속인이 여러 명 있는 경우에는 상속인은 일단 상속재산을 공동으로 승계하지 않을 수 없다. 공동상속인은 나중에 협의나 심판을 통하여 상속재산을 분할할 수 있지만, 상속재산의 승계와 분할 사이의 시간적 간격을 없애는 것은 절대적으로 불가능하다. 따라서 상속인이 여러 명인 경우에는 상속인은 일단 상속재산을 공동으로 상속할 수밖에 없다. 이런 경우 공동상속인은 상속재산을 분할할 때까지 각자의 상속분에 따라서 공유하게 된다.

상속인이 여러 명인 경우에 상속분은 민법규정에 의해서 정해진다. 동순위상속인 사이의 상속분은 동일하며, 배우자의 상속분은 직계비속(또는 직계존속)의 상속분에 5할을 가산한다. 예를 들어서 상속인으로서 피상속인의 배우자와 두 자녀가 있다면, 배우자의 상속분은 3/7, 두 자녀의 상속분은 각각 2/7가 된다. 이들 공동상속인은 상속이 개시되면 각자의 상속분에 따라 상속재산을 공유하게 된다.

# 제 7 장
# 상 속

## 제 1 절 상속의 개시

### 1 상속의 개시원인

#### 1. 자연사망

민법에 의하면 사람의 사망만이 상속의 개시원인이 된다§997. ☜

☞ **사망의 개념**

사망은 상식적으로 생명이 소생불가능한 상태에 이른 것을 말하지만, 엄밀히 말하면 생의 징후라고 하는 호흡, 맥박, 뇌파, 심장 중 어느 것이 멎은 상태를 가리키는가가 문제이다. 의학 연구에 기대할 수밖에 없다.

종래의 통설은 '심장의 기능이 회복불가능한 상태로 정지된 때'를 사망의 시기로 보고 있다. 그런데 근래에 와서 심장을 비롯한 장기이식이 이루어지게 되자 의학상으로는 심장은 아직 움직이고 있다고 하더라도 뇌의 기능이 영구적으로 정지된 때를 사망의 시기로 보는 것이 정설화되고 있다. 우리나라에서도 「장기 등 이식에 관한 법률」(1999. 2. 8, 법률 제5858호, 개정 2011. 8. 4, 제11005호)이 제정되어, 장기 등의 이식을 위하여 뇌사판정위원회의 뇌사판정을 받으면 장기 등의 이식이 가능하게 되었다. 이에 따라 법학에서도 뇌파가 정지된 때를 사망시기로 보는 뇌사설Hirntodtheorie이 주장되고 있다. 이에 대하여 유력한 견해는 심장이식수술은 다른 장기의 이식수술과는 달리 그 성공도가 아직도 낮을 뿐만 아니라 사망의 시점은 여러 가지 가능한 것 중에서 가장 늦은 것을 택하는 것이 타당하다며, 그 이유로서 상속개시 후에 소생하면 법률관계가 복잡해지는 것을 들고 있다.[1)]

---

1) 李英俊, 민법총칙, 794면.

장기이식은 죽어가는 사람의 장기에 의해서 다른 사람을 구원하는 긍정적인 면을 갖고 있으므로 부도덕한 사정이 없는 한, 장기이식은 허용되어야 한다는 절충설이 주장되고 있다.[2)]

이와 같이 사망은 상속이라는 중대한 사건의 원인이 되지만, 사망의 사실과 시기를 증명하는 것이 쉽지 않은 경우가 생길 수 있다(선박의 침몰이나 산에서의 조난, 교통사고 등으로 사망할 경우를 생각해 보라). 일반적으로 등록법상의 사망신고☞에 첨부되는 사망진단서 또는 시체검안서('사망의 연·월·일·시·분과 장소'가 기재된다)에 의하여 사망의 시기가 확인되지만, 절대적으로 확정적이라고 할 수는 없다. 등록부의 기록도 그 때에 '사망하였다'는 일단의 추정력이 인정되는 데 지나지 않는다. 또 수재·화재·전쟁 등의 위난에 의하여 사망하였을 경우에, 관공서의 사망보고에 기초하여 등록부상에서 사망으로 취급하는 인정사망에 있어서도 마찬가지다.

민법은 사망의 사실과 시기를 확정하기 어려운 경우를 위하여 실종선고제도§27 이하와 동시사망의 추정규정을 두었다§30.

**☞ 등록법에 의한 신고**

사망의 경우에는 ① 동거하는 친족이 신고의무를 지며, ② 친족·동거자 또는 사망장소를 관리하는 사람, 사망장소의 동장 또는 통·이장도 사망신고를 할 수 있다등 §85. 신고는 사망의 사실을 안 날로부터 1개월 이내에 진단서 또는 검안서를 첨부하여 하여야 한다등 §84·85(부득이한 사정으로 인하여 진단서나 검안서를 얻을 수 없는 때에는 사망의 사실을 증명할 만한 서면으로써 이에 갈음할 수 있다). 신고를 게을리 한 때에는 과태료에 처하여진다등 §122.

## 2. 인정사망

등록부에 사망을 기록하려면 진단서 또는 검안서의 첨부를 필요로 하지만등 §84, 시신이 발견되지 않을 때에는 이를 첨부할 수 없다. 그래서 수난·화재 그 밖의 재난(예컨대 해난·홍수·항공기의 추락·전쟁 등)으로 인하여 사망한 것이 확실한데 시신이 발견되지 않을 경우에는 이를 조사한 관공서가 사망지

2) 李銀榮, 민법총칙, 414면.

의 시·읍·면의 장에게 통보하고, 이에 기초하여 등록부에 사망의 기록을 하게 된다등 §87. 이 경우에도 보통의 사망신고에 의한 등록부의 기록과 마찬가지로 실체상의 효력은 없고, 다만 사망에 관한 기록에 일단의 추정력이 주어지는 데 지나지 않는다. 즉 반증이 없는 한 등록부에 기록된 사망일에 사망한 것으로 인정된다.

### 3. 실종선고

(가) 실종선고는 사망을 의제하므로 실종선고를 받은 자는 실종기간이 만료한 때에 사망한 것으로 보아서§28 상속이 개시된다.[3] 그러나 실종자가 생존한다든가 또는 사망으로 본 시기와 다른 시기에 사망한 것이 증명되면 청구에 의하여 실종선고가 취소된다. 이 경우에는 상속인이라고 생각되었던 자는 상속인이 아닌 것이 되어 선의인 경우에는 그 받은 이익이 현존하는 한도에서 상속재산을 반환하여야 한다. 악의인 경우에는 상속으로 인하여 취득한 재산을 전부 반환하여야 하는 것은 물론, 받은 이익에 이자를 붙여서 반환하고 손해가 있으면 배상하여야 한다§29.

(나) 실종선고의 취소는 실종선고 후 취소 전에 선의로(선고가 사실과 다른 것을 당사자 쌍방이 알지 못하고) 한 행위(잔존배우자의 재혼·상속인의 재산처분)의 효력에 영향을 미치지 않는다§29① 단서. 따라서 A에 대한 실종선고가 사실에 반하는 것을 모르고(선의. 민법 제249조와의 균형상 '무과실'도 필요하다고 보아야 할 것이다) 상속한 B로부터 상속재산을 양수한 선의의 C는 그 권리를 잃지 않는다. 그렇다면 B 또는 C, C로부터 양수한 D 중의 어느 한 사람이 악의였다면 어떻게 되는가. 통설에 의하면 C 또는 D는 권리를 잃고 반환을 하여야 한다. 그러나 이 점은 규정의 외형상으로는 분명하지 않다. 그래서 재산관계에 대해서는 일률적으로 효력을 정할 필요가 없다고 하는 소수설은 실종선고를 직접적 원인으로 하여 재산을 취득한 자는 별개로 하고 선의자와의 관계에서는 유효로 하고, 악의자와의 관계에서는 무효로 하여 개별적·상대적으로 효력을 정하여야 한다고 한다.[4] 이에 의하면 실종자 A는 C나 D가 선의인

3) 1990년 개정민법 시행(1991. 1. 1.) 후 실종선고가 있는 경우에는 실종기간의 만료 시점이 언제인지와 관계없이 실종선고로 인한 상속에 관해서는 개정민법을 적용한다(1990년 개정민법 부칙 제12조 제2항). 대판 2017. 12. 22, 2017다360, 377.

4) 金顯泰, 민법총칙, 140면; 金容漢, 민법총칙, 142면; 黃迪仁, 민법총칙, 82~84면; 李太

한 목적물의 반환을 청구할 수 없으나, D가 악의이고, B・C가 선의이면, D에게 목적물의 반환을 청구하거나 또는 B에게 현존이익의 반환을 청구할 수 있다. 이러한 경우, C는 D에 대하여 담보책임§570 이하 참조을 지게 되므로, 선의자인 C가 보호되지 않는다는 문제가 있다. 이래서는 C를 보호한다는 것이 무의미해진다. 따라서 일단 선의・무과실의 제3자가 출현한 이상 그 후 제3자 D가 악의라도 D는 원칙적으로 보호된다고 해석하는 것이 타당할 것이다(다만 C가 D의 꼭두각시에 지나지 않는 경우에는 별 문제이다).[5] 이렇게 해석하더라도 A는 C에 대하여 상속재산의 반환을 청구할 수 없었던 것이므로 부당하게 해를 입는 것은 아니다.

## 2 상속개시의 시기와 장소

### 1. 상속개시의 시기

상속개시의 시기는 위에서 말한 상속의 원인이 발생한 때이다. 상속개시의 시기를 확정하는 것은 상속에 관하여 생길 각종의 문제를 해결하기 위한 기준을 정하는 것이다. 그중 중요한 것은 다음과 같다.

(가) **상속인의 자격・능력의 결정**: 이론상 동시사망자의 상속 ─ '예컨대 父와 子가 동일한 사고로 조난하여 사망한 경우' ─ 이 문제가 될 수 있는데, 구민법에서는 이러한 경우의 처리에 관하여 아무런 규정도 두지 않았기 때문에, 다툼이 일어난 경우 사실상 먼저 상속을 한 자가 유리하게 되었다. 그러나 민법은 독일민법에 따라서 이러한 경우에 동시에 사망한 것으로 추정하는 규정을 두었다§30. 동시사망의 추정을 받는 경우에는 사망자 상호간에는 상속이 개시되지 않는다. 다만 대습상속의 여지는 있다. 예컨대, A와 그의 子 B, A의 처 C, A의 父 D가 있는데, A와 B가 같이 탔던 선박이 침몰하여 A, B가 동시에 사망한 것으로 추정된다면, B는 A의 상속인이 되지 못하므로, A의 父 D

---

載, 민법총칙, 113면.

5) 동지: 高翔龍, 민법총칙, 83면. 郭潤直교수는 소수설이 통설보다 훨씬 선의자를 보호하는 것이라고 말할 수 없다고 하지만(郭, 민법총칙, 202면), D가 선의이고 C가 악의인 경우에는, 통설에 의하면 목적물이 동산으로서 선의취득(제249조 참조)을 하지 않는 이상 A는 D에게 목적물의 반환을 청구할 수 있으나, 소수설에 의하면 D는 보호를 받게 된다.

와 A의 처 C가 A의 공동상속인이 된다. 다만 B에게 처나 子가 있을 경우에는 그 처나 子가 대습상속을 하게 되므로§1001 · 1003②, A의 父 D는 상속권이 없다. 그러나 사망시기의 선후가 증거에 의하여 명백하게 확정된 경우에는 그 추정이 번복되는 것은 당연하다.

민법은 '2인 이상이 동일한 위난으로 사망한 경우에는 동시에 사망한 것으로 추정한다'라고 규정함으로써 여러 사람이 각각 다른 위난으로 사망하여 그들의 사망 시기를 확정할 수 없게 된 때에는 이 규정의 적용을 배제하는 것 같이 보이지만, 이러한 경우에도 제30조를 유추적용하여 동시에 사망한 것으로 추정하는 것이 타당할 것이다.[6]

(나) 상속에 관한 소권(訴權) · 청구권의 소멸시효 · 제척기간의 진행: 예컨대 유류분반환청구권§1117, 재산분리청구권§1045 등에 있어서 기간 진행의 기산점이 된다.

(다) 상속의 효력 발생: 상속의 효력은 상속개시의 시기에 발생한다. 즉 상속인은 상속개시시에 피상속인의 재산상의 권리의무를 포괄적으로 승계한다 §1005.

(라) 유류분의 산정: 유류분의 산정은 상속개시의 시기를 기준으로 한다. 즉 유류분은 피상속인이 상속개시시에 가지고 있던 재산의 가액에 증여재산의 가액을 가산하고 채무를 공제하여 산정한다§1113.

## 2. 상속개시의 장소

(1) 상속개시의 장소는 피상속인의 주소지이다§998. 이것은 주로 상속사건 민소 §22, 가소 §3①과 상속재산에 관한 파산사건채무자회생 및 파산 §3⑥의 재판관할을 확정하는 데 필요하다. 또 상속세의 부과 · 징수의 경우 상속재산의 가액을 평가하는 표준이 된다상속세 및 증여세법 §1 · 3 · 14 · 18. 그러나 상속사건 중에는 상속개시 전의 사건(유언에 대한 생전 검인§1070②)도 있으므로, 피상속인의 주소란 꼭 피상속인의 상속개시시의 주소에 한정되지 않는다. 따라서 상속사건의 전부를 포괄하는 단일의 재판관할은 존재하지 않는다고 보아야 한다. 그렇다면 상속개시의 장소에 관한 제998조를 규정한 의미는 실질적으로 없다고 보아야 할 것이다. 더구나 상속개시의 장소를 규정한 의의는 상속사건에 관한 재판관할의

6) 김주수 · 김상용, 민법총칙, 2011, 94면 참조.

기본방침을 선언한 것이라고 생각되는데, 관할의 문제는 절차법의 영역에 속하므로, 절차법에서 개별적으로 규정하는 것이 적절하다고 생각된다.

(2) 피상속인의 주소가 복수인 경우에는 관할법원이 여러 개 있는 것이 되는 데, 이러한 경우 가사비송사건에 대해서는 '최초의 사건의 신청을 받은 법원이 그 사건을 관할한다'가소 §34, 비송 §3는 명문규정이 있다(가사소송법에 규정되어 있는 상속관계사건은 전부 가사비송사건이다).

(3) 피상속인의 주소를 알 수 없을 때 또는 국내에 주소가 없을 때에는 그 최후의 거소를 주소로 보고§19 · 20, 거소를 알 수 없을 때에는 그 사망지를 상속개시의 장소로 할 수밖에 없을 것이다(또한 대법원이 있는 곳의 가정법원이 관할법원이 될 수도 있을 것이다가소 §35①).

## 3 상속에 관한 비용

상속재산 —'상속에 의하여 상속인이 승계할 재산'— 에 관한 비용이란 조세 기타의 공과금(公課金) · 관리비용 · 청산비용 · 소송비용 · 재산목록작성비용 · 유언집행비용 등이다. 장례비용은 직접적으로는 상속에 관한 비용이라고는 할 수 없으나, 피상속인을 위한 비용이므로 이에 포함된다고 보아야 한다.[7] 이러한 비용은 모두 상속재산 중에서 지급한다§998의2.

이 규정은 한정승인§1028 이하, 상속포기§1041 이하, 상속재산의 파산채무자회생 및 파산 §389, 재산분리§1045 이하 등의 경우에 실익이 있다. 단순승인의 경우에는 위의 비용은 상속인이 부담하든 상속재산에서 지급하든 결과에 있어서는 큰 차이가 없으나, 그래도 상속인이 여러 명인 때에는 누가 어떤 비율로 부담하느냐의 문제가 생길 수 있으므로, 이 규정의 실익이 없다고는 할 수 없다.

---

7) 대판 2003. 11. 14, 2003다30968; 장례비용에 충당하고 남은 부의금은 특별한 다른 사정이 없는 한 망인의 공동상속인들에게 각자의 상속분에 따라 귀속한다. 대판 1992. 8. 18, 92다2998.

# 4 상속회복청구권[8)]

**設 例**

A가 부동산을 남기고 사망하였다. A에게는 배우자 B와 子 C·D가 있어서 이들이 그 부동산을 상속하여 제3자인 Y에게 그것을 매각처분하였다.

그 후 X가 A의 혼인외의 출생자로서 가정법원에 인지청구를 하여 인지판결을 받은 지 3년이 경과된 후 Y를 상대로 상속권에 기인하여 등기말소청구를 하였다. X의 청구는 받아들여질 수 있는가? 만약 Y에 대한 청구가 인용되지 않을 경우, X는 B·C·D에 대하여 어떤 청구를 할 수 있는가?

## 1. 상속회복청구권의 의의

상속이 개시되었을 때 상속인이 아닌 사람 — 상속인의 자격을 가지고 있으나 정당한 상속순위에 있지 않은 사람도 마찬가지 — 이 고의로 혹은 잘못하여 사실상의 상속을 하고 있는 경우가 있다(이와 같이 타인의 상속권을 침해하는 사람을 참칭상속인이라고 한다). 예를 들어서 갑과 을은 부부인데, 이들 사이에는 딸 병이 있다. 갑은 정과 외도하여 아들 A를 낳은 후 마치 아내인 을과의 사이에서 출산한 것처럼 출생신고를 하여 등록부상 A는 갑과 을 사이의 친생자로 기재되어 있다. 이런 상태에서 후에 을이 사망한다면 A가 등록부상 을의 친생자로 기재되어 있는 점을 이용하여 을의 재산을 상속하는 일이 생길 수 있다. 이런 경우 을의 진정한 상속인 갑과 병은 참칭상속인 A를 상대로 하여 상속재산의 반환을 청구할 수 있다§999①. 이와 같이 상속권이 침해되었을 때 진정한 상속인은 참칭상속인을 상대로 하여 상속권의 회복을 구하는 청구를 할 수 있으며, 이를 상속회복청구권이라고 한다. 민법은 이 청구권에 관하여는 간단한 규정을 두고 있을 뿐이다§999, 연혁적으로는 상속회복청구권은 로마법에 연원을 두고 있다hereditatis petitio.

---

8) 상속회복청구권에 관한 판례의 종합적 연구에 대해서는 金疇洙, '상속회복청구권', 판례월보, 1981년 10월호; 金疇洙, '공동상속인 사이의 상속회복청구권과 제척기간', 판례월보, 1992년 7월호; 제철웅, 상속회복청구권, 한림법학 6권(1997. 11), 93면 이하 참조.

## 2. 입법취지

상속인은 피상속인의 사망과 동시에 당연히 피상속인의 재산에 관한 포괄적 권리의무를 승계하며§1005, 그 효력이 발생하기 위하여 특별한 의사표시나 등기절차도 필요하지 않다§187. 따라서 진정하지 않은 상속인(참칭상속인)이 상속재산을 침해하였을 때에는 상속인은 이에 대하여 개개의 물건에 대한 물권적청구권에 기인하여 그 방해의 배제나 반환을 청구할 수 있는 것은 당연하다. 위에서 든 예에서 A가 을의 상속인이라고 칭하면서 을이 소유하던 부동산에 대하여 상속을 원인으로 하는 등기를 하였다고 가정해 보자. 이런 경우 진정한 상속인 갑과 병은 우선 A를 상대로 하여 소유권에 기한 물권적청구권을 행사하는 방법을 생각해 볼 수 있다. 갑과 병은 을이 사망하여 상속이 개시되는 순간에 그 부동산에 대한 소유권을 상속에 의해서 취득하기 때문이다(포괄승계·당연승계의 원칙§1005). 즉 상속인이 상속에 의해서 취득한 부동산의 소유권을 참칭상속인에 의해서 침해당했다면, 진정한 상속인은 물권적청구권을 행사함으로써 침해당한 권리를 회복할 수 있다. 그럼에도 불구하고 상속회복청구권이 따로 규정된 까닭은 다음과 같은 세 가지 이유가 있기 때문이다.

첫째, 수 년 내지 수십 년 후에 사실상 상속한 자의 재산에 대하여 반환청구를 한다는 것은 당사자간과 제3자에 대한 권리의무관계에 큰 혼란을 가져온다. 그래서 상속회복청구권에는 제척기간을 두었다§999②. 상속회복청구권의 기본적인 입법취지는 제척기간을 통하여 상속으로 인한 법률관계를 조속히 안정시킨다는 데 있다. 따라서 상속회복청구권은 상속인의 보호를 위한 제도라기보다는 거래의 안정을 위한 제도라고 보는 것이 오히려 정확하다. 상속인의 보호를 위해서라면 오히려 물권적청구권을 행사하는 편이 상속인에게 훨씬 유리하다. 상속인은 기간에 관계없이 참칭상속인에 대하여 소유권에 기한 반환청구를 할 수 있기 때문이다. 그러나 상속회복청구권의 경우에는 상속인은 반드시 제척기간 내에 권리를 행사해야만 하며, 제척기간이 경과하면 상속인의 상속권은 소멸하고 참칭상속인이 정당한 권원을 취득하게 된다. 따라서 상속인의 입장에서 보면 제척기간의 적용을 받지 않는 물권적청구권을 행사하는 편이 유리하므로, 선택이 가능하다면 상속회복청구권을 행사하기보다는 물권적청구권을 행사하기를 원할 것이다(특히 이미 상속회복청구권의 제척기간이 경과한 경우). 그러나 현재 판례는, 상속을 원인으로 하여 취득한 소유권 등 재산권이 침해된 경우에 진정한 상속인이 그 회복을 구하는 소의 성질을 상속회복청구권이라고 해석하여 제999조를 적용하는 태도를 취하고 있다. 이와 별도로 물권적청구권을 행사할 수 없다. 그러므로 상속인은 상속회복청구권에 관한 제척기간의 적용을 피할 수 없다(이에 대해 자세한 내용은 후술한다).

둘째, 상속인이 상속재산 전체를 정확하게 파악하는 것이 곤란한 경우가 많으므로, 상속재산을 일일이 열거하지 않고 침해자에 대하여 일괄하여 회복청구를 할 수 있도록 한 것이다(그러나 판결을 받아 집행을 하기 위해서는 대상이 되는 재산을 일일이 열거하여야 한다).

셋째, 개별적인 권리로서 청구할 때에는 그 물건 또는 권리가 피상속인에게 속하고 있었다는 사실을 증명하지 않으면 안 되지만, 상속회복청구에서는 그렇게 할 필요가 없으며, 상속개시 당시에 피상속인의 점유에 속하고 있었다는 사실만 증명하면 된다.

## 3. 상속회복청구권의 성질

### (1) 학설의 개관

상속회복청구권의 성질에 대해서는 학설이 상속자격확정설[9]과 독립권리설[10] 및 집합권리설[11]로 갈려져 있다.

이러한 학설들의 중요한 차이점은 상속회복청구권과 물권적청구권의 경합을 인정할 것인가에 있다. 즉 상속을 원인으로 하여 취득한 소유권 등이 침해당한 경우에 상속인은 물권적청구권과 상속회복청구권을 선택적으로 행사할 수 있는가(상속회복청구권이 제척기간의 경과로 소멸한 경우에 물권적청구권을

9) 상속회복청구권은 참칭상속인의 지위를 부정하고 진정한 상속인의 상속권(또는 상속자격)을 확정하는 것을 목적으로 하는 것이라고 이해한다. 朴英植, '상속회복청구권과 물권적 청구권의 관계', 민사재판의 제문제(제2집), 민사실무연구회(1980), 149면 이하.

10) 상속회복청구권은 개별적 청구권(소유물반환청구권)과는 달리 특별히 독립된 청구권이라고 이해한다. 朴秉濠, '상속회복청구권관견', 곽윤직교수화갑기념 민법학논총(1985), 832면 이하; 신영호, 상속회복청구권의 법적 성질, 가족법연구 제10호(1996), 463면 이하.

11) 상속회복청구권은 단일·독립된 청구권이 아니라 상속재산을 구성하는 개개의 재산에 관하여 생기는 개별적 청구권의 집합에 지나지 않는 것이라고 이해한다. 申性澤, '상속회복청구권에 관하여', 사법론집(제10집)(1979), 284~285면; 金在晋, '상속회복청구권에 관하여', 가정법원사건의 문제점(재판자료 제18집)(1983), 593면; 吳昌洙, '상속회복청구권과 제척기간', 판례월보 1992년 4월호(259호), 22면.

행사할 수 있는가), 아니면 상속회복청구권만을 행사할 수 있으며 이와 별도로 물권적청구권과의 경합을 인정하지 않을 것인가의 문제가 쟁점이 된다. 상속자격확정설과 독립권리설은 물권적청구권과 상속회복청구권의 경합을 인정하는 반면, 집합권리설은 물권적청구권과 상속회복청구권의 경합을 인정하지 않는다. 즉 집합권리설에 의하면 상속을 원인으로 하여 취득한 소유권 등이 침해된 경우 상속인이 그 회복을 구하기 위하여 제기하는 소는 소의 명칭에 관계없이 상속회복청구권으로 본다. 따라서 제999조가 적용되며, 제척기간의 제한을 받게 된다. 상속회복청구권이 제척기간의 경과로 소멸한 후에는 상속인은 물권적청구권을 행사할 수 없다.

### (2) 판례의 태도

판례는 집합권리설의 입장을 취하고 있다.[12] 즉 판례는 "상속재산에 관하여 진정한 상속인임을 전제로 하고 그 상속으로 인한 소유권 또는 지분권, 재산권 등 상속권의 귀속을 주장하고 참칭상속인 또는 자기들만이 재산상속을 하였다는 일부 공동상속인들을 상대로 상속재산인 부동산에 관한 등기의 말소 등을 구하는 경우에도 그 소유권 또는 지분권이 귀속되었다는 주장이 상속을 원인으로 하는 이상, 그 청구원인 여하에 불구하고 이는 민법 제999조 소정의 상속회복청구의 소라고 해석함이 상당하다"라고 판시함으로써[13] 집합권리설의 입장에 따르고 있다.

### (3) 정 리

위에서 본 바와 같이 상속회복청구권의 성질을 어떻게 볼 것인가에 대해서는 학설이 나뉘어 있으나, 진정한 상속인이 그 상속권의 내용의 실현을 방해하고 있는 자에 대하여 상속권을 주장함으로써 그 방해를 배제하고, 현실적으로 상속권의 내용을 실현하는 것을 목적으로 하는 청구권이라고 보아야 할 것이다. 즉 이것에 의하여 진정한 상속인은 자기의 상속권을 확인하는 동시에

12) 판례의 입장을 독립권리설의 입장에 서 있다고 보는 견해가 있는데(郭潤直, 상속법, 281면), 이는 판례의 태도를 오해한 것이라고 생각된다. 판례는 분명히 "소유권 또는 지분권이 귀속되었다는 주장이 상속을 원인으로 하는 이상 그 청구원인 여하에 불구하고, 이는 상속회복청구의 소라고 함이 상당하다"고 함으로써 집합권리설의 입장에 서 있다.

13) 대판 1981. 1. 27, 79다854(판례가족법 추록(Ⅰ), 170면(판례연구, 金疇洙, 법률신문 1384호)). 이후 판례는 이러한 태도를 유지하고 있다(대판 1991. 12. 24, 90다5740(전원합의체), 법원공보 914호, 635면; 대판 2006. 7. 27, 2005다45452; 대판 2009. 10. 15, 2009다42321).

상대방의 상속인의 지위를 부인하며, 자기에게 속하는 상속재산의 반환을 청구할 수 있다. 이는 타인에 의하여 소유권이 침해된 경우에 소유권자가 행사하는 소유권에 기인한 반환청구권과 비슷하다. 상속재산 전체의 인도를 포괄적으로 청구하는 경우이든, 상속재산 중의 특정재산에 대하여 그 인도를 청구하는 경우이든, 자기가 진정상속인이며 상대방이 참칭상속인인 것을 이유로 하여 상속재산의 인도를 청구하는 것이면 모두 상속회복청구이다. 따라서 동일재산에 대하여 이와 별도로 물권적청구권이 경합하지 않는다. 즉 상속회복청구권은 상속한 개개의 재산권의 주체인 지위의 집합이므로, 물권적청구권의 집합에 지나지 않는데, 이것을 한 개의 소로써 행사할 수 있다는 데 그 의미가 있다. 그러므로 물권적청구권과 상속회복청구권은 별개의 것이 아니며, 따라서 양자를 경합적으로 행사할 수 없다. 즉 법조경합에 지나지 않는다. 이 경우에 상속회복청구의 소로써 하여야 하겠지만, 상속재산의 인도 또는 상속등기말소청구 등의 소로 하여도 상관없다. 회복하고자 하는 재산을 열거할 필요는 없으나, 판결의 기판력은 청구된 목적물 이외에는 미치지 않는다.[14] 참칭상속인으로부터 상속재산 중의 특정재산을 양수한 제3자에 대해서 상속회복청구권을 행사할 수 있을 것인가가 문제인데, 진정상속인은 상속재산을 전득한 제3자에 대해서도 상속회복청구권을 행사할 수 있다고 보아야 할 것이다(자세한 내용은 뒤에서 설명한다).

### 4. 상속회복청구권자

#### (1) 상속권자(또는 그 법정대리인), 포괄적 수증자, 상속분의 양수인

상속권이 참칭상속인으로 인하여 침해된 때에는 상속권자 또는 그 법정대리인이 법원에 상속회복청구를 할 수 있다§999.

포괄적 수증자는 민법 제1078조에 의하여 상속인과 동일한 권리의무를 가지므로, 상속회복청구권에 관한 규정도 포괄적 수증의 경우에 유추적용된다는 해석이 가능하다. 그러므로 포괄적 수증자가 자신의 수증분이 침해된 것을 이유로 수증재산의 반환을 청구하는 경우 이 소의 성질은 상속회복청구권으로 해석될 수 있다. 상속회복청구권의 제척기간에 관한 규정도 포괄적 수증의 경우에 유추적용된다대판 2001. 10. 12, 2000다22942.

---

14) 동지: 대판 1980. 4. 22, 79다2141, 판례월보 122호, 9면(판례가족법 추록(Ⅰ), 164면).

여러 사람의 상속인이 공동상속을 하는 경우에는 공동상속인 전원이 상속회복청구를 하는 경우가 있을 것이다. 그러나 공동상속인 전원이 반드시 공동으로 상속회복청구를 할 필요는 없다(상속인 각자는 자신의 상속분이 침해되었을 때 침해된 자신의 상속권을 회복하기 위하여 상속회복청구를 할 수 있다. 그러나 공동상속인 중 1인은 보존행위로서 자신의 지분을 넘어 상속부동산 전체에 대하여 등기말소청구를 할 수도 있다. 공유물의 보존행위는 각자가 단독으로 할 수 있기 때문이다§265 단서. 그러나 지분이전등기청구는 자신의 상속분에 해당하는 부분에 대해서만 가능하다).

진정상속인으로부터 상속분의 양도를 받은 자§1011는 상속인에 준하여 상속회복청구권이 있다고 보아야 할 것이나, 상속인의 특정승계인은 상속회복청구권자로 보기 힘들 것이다. 상속회복청구권은 진정상속인의 일신전속권이라고 보아야 하기 때문이다.

### (2) 상속회복청구권의 상속성

상속권을 침해당한 상속인이 상속회복청구를 하지 않고 사망하였을 때, 그 상속회복청구권이 상속되는가에 대해서는 이를 긍정하는 견해가 있으나,[15] 그 청구권은 당연히 소멸하며, 그 상속인의 상속인이 이를 승계하지 않는다고 해석하여야 할 것이다. 이 경우에, 상속인의 상속인은 자기의 상속권이 침해당한 것을 이유로 하여 상속회복청구를 할 수 있다.

상속회복청구권이 상속된다는 긍정설과 상속되지 않는다는 부정설의 차이는 상속회복청구권의 존속기간에 관하여 생긴다. 즉 긍정설은 존속기간 10년의 기산점을 최초의 상속권의 침해행위시로 해석하지만, 부정설은 존속기간의 기산점을 각각의 상속권의 침해행위시라고 해석하므로, 실질적으로는 최초의 상속권의 침해행위시보다 10년을 초과하게 되는 수가 있다. 어느 쪽이나 상속인이 청구권을 가지는 것은 마찬가지이지만, 전자의 경우에는 제척기간이 통산되는데 반하여, 후자의 경우에는 기간이 새로 진행된다는 점에 차이가 있다. 따라서 이 청구권이 상속성이 있느냐의 문제는 결국 상속회복청구권을 언제까지 존속시켜야 될 것인가의 문제에 귀착한다. 바꾸어 말하면 진정상속인과 참칭상속인 중 어느 쪽의 이익을 보호하는 것이 타당한가의 문제가 되는 것이다. 긍정설에 의하면, 참칭상속인 또는 참칭상속인으로부터 상속재

15) 金容漢, 친족상속법론, 327면.

산을 취득한 자가 두텁게 보호되는데 반하여, 부정설에 의하면 진정상속인이 더욱 두텁게 보호를 받게 된다.

이러한 경우 민법은 어느 쪽을 중시하고 있을까. 비교적 비슷한 사항에 대하여 민법이 직접 규정하고 있는 것을 보면, 그것은 상속인에게 주어진 승인·포기의 선택권이다(포괄승계·당연승계의 원칙에 의해서 상속인은 피상속인의 재산적인 권리의무를 상속이 개시되는 순간 포괄적으로 상속하게 된다. 상속인은 사전의 의사표시에 의해서 이러한 상속의 효과를 저지할 수 없다. 다만 상속인은 상속이 개시된 후 상속을 포기하거나 승인할 수 있을 뿐이다. 예를 들어서 상속재산이 채무초과인 경우에는 상속개시 있음을 안 날로부터 3개월 내에 상속을 포기할 수 있다). 상속인은 상속개시 있음을 안 날로부터 3개월 내에 승인·포기를 선택하도록 되어 있으나§1019, 이 선택을 하지 않고 상속인이 사망하면 그의 상속인이 자기의 상속개시 있음을 안 날로부터 3개월 내에 승인을 하든가 포기를 할 수 있게 되어 있다§1021. 즉 상속인의 상속인이라고 해서 고려기간이 단축되는 것은 아니다.

민법의 이와 같은 취지를 고려한다면, 상속회복청구권의 경우에도 제척기간은 각 상속인에 대하여 계산된다고 해석하는 것이 타당할 것이다. 다만 제척기간의 경과로 상속인의 상속회복청구권이 소멸한 경우에는 그 상속인의 상속인은 상속회복청구권의 소멸로 인하여 상속회복청구를 할 수 없게 된다. 제척기간이 경과한 때에는 참칭상속인이 상속재산에 대하여 정당한 권원을 취득하기 때문이다.

법정대리인은 상속회복청구를 할 수 있으나, 그것은 자신의 권리로서 하는 것이 아니고, 상속인을 갈음하여 청구하는 것이다. 법률이 특히 법정대리인을 청구권자로 한 것은, 신분상의 행위는 특별한 규정이 없으면 대리를 할 수 없기 때문이다. 따라서 청구인이 되는 것은 진정상속인이며, 법정대리인이 아니다.

설례의 경우, 생부 A의 사망 후 인지판결을 받은 혼인외의 출생자 X는 공동상속인인 B·C·D가 상속재산을 분할하지 않았거나 제3자에게 처분하지 않았으면 상속재산분할청구를 할 수 있다§1013 및 §1014의 반대해석. 공동상속인인 B·C·D가 아직 상속재산을 분할하지 않는 경우에는 X의 상속권에 대한 침해가 없는 상태이므로, 이러한 상속재산분할청구는 상속회복청구의 성질을 갖지 않으며, 따라서 제999조에 의한 제척기간의 제한도 받지 않는다.

그러나 설례에서는 상속부동산이 제3자인 Y에게 이미 처분되었는데, 이런 경우에 X가 Y를 상대로 그 부동산에 대하여 등기말소청구를 할 수 있는지가 문제된다. 인지의 소급효는 제3자가 이미 취득한 권리를 침해하지 못하므로 §860 단서, X는 Y에 대하여 등기말소청구를 할 수 없다. 따라서 이런 경우 X는 B·C·D에 대하여 제1014조의 규정에 의하여 상속분에 상당한 가액의 지급을 청구할 수 있는 데 그친다(엄밀하게 따지면, X의 가액지급청구에 의해서 B·C·D는 상속에 의해서 취득한 권리의 일부를 상실하게 된다. 여기서 B·C·D가 제860조 단서가 규정하는 제3자에 해당하는 것이 아닌가하는 의문이 생길 수 있다. 그러나 제1014조의 입법취지에 비추어 볼 때 B·C·D와 같은 X의 공동상속인은 제860조 단서가 규정하는 제3자에 포함되지 않는다는 것이 명백하다).

X가 이러한 권리를 언제까지 행사할 수 있는가의 문제가 있는데, 가액지급청구권의 본질은 상속회복청구권의 일종이므로 제척기간의 적용을 받는다고 보아야 할 것이다대판 1981. 2. 10, 79다2052. 따라서 X의 가액지급청구권이 제척기간에 걸렸는가를 살펴보아야 하는데, 판례는 혼인외의 출생자가 인지청구를 한 경우에는 인지판결의 확정일로부터 침해를 안 것으로 해석하고 있다대판 1977. 2. 22, 76므55. 상속회복청구권은 그 침해를 안 날로부터 3년이 경과하면 소멸하는데§999②, 설례에서는 X가 인지판결의 확정 후 3년이 경과한 시점에서 B·C·D를 상대로 가액지급청구를 하게 될 것이므로, 이미 제척기간의 경과로 인하여 청구권이 소멸된 후이다. 따라서 X의 청구는 인용될 수 없다.

## 5. 상속권의 침해

2002년 개정 전 민법 제999조 제2항에 의하면 상속회복청구권은 상속개시일로부터 10년이 경과하면 소멸하는 것으로 되어 있었다("제1항의 상속회복청구권은 그 침해를 안 날부터 3년, 상속이 개시된 날부터 10년을 경과하면 소멸한다"). 즉 당시에는 상속개시일이 제척기간의 기산점이었다. 그런데 2001년에 헌법재판소가 제999조 제2항 중 '상속이 개시된 날로부터 10년' 부분은 헌법에 위반된다고 결정하였고,[16] 그 후 이 규정은 2002년에 현재와 같이 개정되어("제1항의 상속회복청구권은 그 침해를 안 날부터 3년, 상속권의 침해행위가 있은 날부터

16) 헌재결 2001. 7. 19, 99헌바9·26·84, 2000헌바11, 2000헌가3, 2001헌가23(병합) 전원재판부.

10년을 경과하면 소멸한다"), '상속권의 침해행위가 있은 날'이 제척기간의 기산점이 되었다. 이에 따라 어떤 경우에 '상속권의 침해행위'가 있었다고 볼 것인가에 관한 해석의 문제가 대두되었다. 대법원은 이 문제와 관련하여 "참칭상속인이 상속재산의 전부 또는 일부를 점유하거나 상속재산인 부동산에 관하여 소유권이전등기를 마치는 등의 방법에 의하여 진정한 상속인의 상속권을 침해하는 행위"를 한 때에는 '상속권의 침해행위'가 인정된다는 해석론을 전개하고 있다.[17] 상속재산이 부동산인 경우에 참칭상속인이 소유권이전등기를 마치는 등의 방법으로 등기명의를 침해한 때에 상속권의 침해행위가 인정된다는 점에는 의문의 여지가 없다. 그러나 상속재산에 속한 부동산을 참칭상속인이 점유만 하고 있는 경우에도 '상속권의 침해행위'가 있다고 볼 수 있을 것인가에 대해서는 해석론이 갈릴 수 있다. 참칭상속인이 상속재산인 부동산을 점유하고 있는 경우에는 특별한 사정이 없는 한 이를 타주점유라고 볼 수밖에 없으므로, 설령 20년 이상 점유했다고 해도 점유취득시효의 완성에 의한 소유권취득을 주장할 수 없을 것이다.[18] 이러한 점에 비추어 볼 때, 참칭상속인이 상속부동산을 점유하는 것(점유의 침해)을 '상속권의 침해행위'로 보아서 이 날로부터 10년이 경과하면 상속회복청구권이 소멸한다고 보기는 어려울 것이다. 왜냐하면, 참칭상속인에 의한 점유의 침해상태가 10년간 계속된 경우에 상속회복청구권이 소멸된다고 해석한다면, 그 효과로서 참칭상속인은 상속부동산에 대한 소유권을 취득하게 되는데, 이러한 결과는 위에서 점유취득시효와 관련하여 본 해석론과 모순되기 때문이다. 다만 상속재산이 동산인 경우에는 점유의 침해가 개시된 때에 '상속권의 침해행위'가 있은 것으로 보아도 무방할 것이다. 또한 상속재산에 속하는 채권의 경우에도 동산의 경우에 준하여 채권의 준점유가 개시된 때를 '상속권의 침해행위가 있은 날'로 볼 수 있을 것이다(따라서 참칭상속인이 채권의 준점유자로서 변제를 수령한 때에는 상속권의 침해행위가 있은 것으로 볼 수 있다).

17) 대판 2009. 10. 15, 2009다42321.
18) 대판 2008. 6. 26, 2007다7898.

## 6. 상속회복청구의 상대방

### (1) 참칭상속인

판례는 참칭상속인에 관하여 '상속인인 것을 신뢰시키는 외견을 지니는 자나 상속인이라고 참칭하여 상속재산의 전부 또는 일부를 점유하는 자'라고 정의하고, 이러한 자는 당연히 상속회복청구의 상대방이 된다고 본다.[19] 그런데 참칭상속인에 대한 이러한 개념정의는 충분하지 않을 뿐만 아니라 부정확한 측면도 있다. 예컨대 앞에서 본 바와 같이 상속인 아닌 자가 상속재산에 속하는 부동산을 점유만 하고, 등기는 하지 않고 있다면, 상속권의 침해가 있다고 볼 수 없으므로, 이러한 자는 참칭상속인의 범위에 포함되지 않는다고 보아야 할 것이다.

상속인과 같은 외관을 갖는 자의 전형적인 예로는 夫(갑)가 혼인외의 관계에서 낳은 자(A)를 처(을)와의 관계에서 태어난 혼인중의 자로 출생신고를 한 경우에 있어서 혼인외의 자(A)를 들 수 있다. 이 경우 A의 가족관계등록부(가족관계증명서)에는 을이 모로 기록되어 있으므로, 외견상 A는 을의 친생자인 것처럼 보인다. 그러므로 을이 사망하면 A는 자신이 가족관계등록부(가족관계증명서)에 을의 친생자로 기록되어 있다는 점을 이용하여, 예컨대 을이 남긴 부동산에 대하여 상속을 원인으로 하는 소유권이전등기를 할 수 있다. 이런 경우 진정한 상속인인 을의 동생 병이 참칭상속인 A에 대하여 등기말소청구를 한다면 이는 상속회복청구의 성질을 갖는다(따라서 제척기간의 적용을 받게 된다). 그러나 상속인이 아닌 자가 문서를 위조하는 등의 불법적인 방법으로 상속인과 같은 외관을 창출하여 상속권을 침해한 경우에는 참칭상속인이라고 보지 않는다. 예를 들어서 피상속인 갑에게 상속인으로서 동생 을이 있는데, 제3자인 X가 가족관계증명서 등의 문서를 위조하여 갑의 상속인과 같은 외관(예컨대 위조된 가족관계증명서에 갑의 자녀로 기재함)을 갖춘 다음, 갑이 남긴 부

---

19) 대판 1993. 11. 23, 93다34848, 법원공보 960호, 184면은 '사망자의 상속인이 아닌 자가 상속인인 것처럼 허위기재된 위조의 제적등본, 호적등본 등을 기초로 하여 상속인인 것처럼 꾸며 상속등기가 이루어진 사실만으로는 민법 제999조 소정의 참칭상속인에 해당한다고 할 수 없다'고 판시하고 있다. 이러한 사람을 민법 제999조가 규정하는 참칭상속인으로 인정한다면 제999조의 제척기간이 적용되어, 진정한 상속인이 상속회복청구를 할 수 없게 된다. 따라서 판례는 서류를 위조한 자를 참칭상속인의 범위에 포함시키지 않음으로써, 제999조에 의한 제척기간의 적용을 배제하고 진정한 상속인을 보호하고자 한 취지로 이해된다.

동산에 대하여 상속등기를 하였다면, 이 경우 X는 참칭상속인에 해당하지 않는다. 따라서 진정한 상속인인 을이 X를 상대로 등기말소청구를 한다면, 이는 상속회복청구의 소가 아니므로(소유권에 기한 물권적청구권의 행사로 본다) 제999조가 규정하는 제척기간이 적용되지 않는다.

즉, 진정한 상속인이 아닌 자가 참칭상속인으로 인정되는 경우는 그가 가족관계등록부와 같은 공부상으로 적법한 상속인처럼 보이는 외관이 형성되어 있는 경우이다. 반면에 상속인의 신분을 갖지 않는 자가 적법한 상속인처럼 보이는 외관을 자신이 적극적으로 만들어 낸 경우에는 참칭상속인으로 인정되지 않는다(예컨대 가족관계증명서 등을 위조한 경우). 이와 같이 관계서류를 위조하여 상속인과 같은 외관을 만들어낸 사람을 참칭상속인으로 보게 되면, 진정상속인이 이러한 자를 상대로 등기말소청구의 소를 제기하는 경우에 상속회복청구의 성질을 갖는 것으로 보게 되어 제척기간의 적용을 받게 되고, 이는 결국 위조 등의 수난을 사용하여 적극적으로 상속인과 같은 외관을 만들어낸 자를 보호하는 결과가 되기 때문이다.

### (2) 다른 상속인의 상속분을 침해하는 공동상속인

공동상속인 중의 1인이나 일부가 다른 상속인을 배제하고 상속재산의 전부 또는 일부에 대하여 상속등기를 하거나 혹은 상속재산을 분할하는 경우가 있다(실제로 상속회복청구의 소가 제기되는 가장 흔한 경우이다).[20] 이런 경우에는 배제된 상속인의 상속권(상속분)이 침해되고 있는 것이므로, 배제된 상속인이 상속회복청구를 할 수 있다[21](배제된 상속인이 상속재산분할이나 등기말소를 청

---

20) 헌재결 2006. 2. 23, 2003헌바38, 61(병합): 상속회복청구권에 대하여 단기의 제척기간을 규정하고 있는 민법 제999조 제2항을 적용함에 있어 공동상속인을 상속회복청구의 상대방으로 보는 것은(즉, 참칭상속인의 범위에 포함시키는 것은) 진정상속인의 재산권 및 재판청구권을 침해하지 않는다.

21) 그러나 ① 공동상속인 중의 1인이 피상속인의 생전에 그로부터 토지를 매수한 사실이 없음에도 불구하고, 그러한 이유있음을 이유로 이전등기를 경료하였을 때, 그 등기가 무효라는 사유를 청구원인으로 하여 이전등기의 말소를 구하는 다른 공동상속인의 1인이 제기하는 소는 상속회복의 소가 아니다(대판 1982. 1. 26, 81다851·852, 판례월보 143호, 32면). 공동상속인중의 1인이 매매계약서를 위조하여 피상속인으로부터 직접 토지를 매수한 것처럼 꾸며서 소유권이전등기를 한 경우에 상속분을 침해당한 다른 공동상속인이 그 등기가 무효라는 이유로 이전등기의 말소를 구하는 소는 상속회복청구의 소라고 보지 않는다. 이 소의 성질을 상속회복청구라고 본다면 제척기간이 적용되므로, 매매계약서를 위조하여 다른 공동상속인의 상속분을 침해한 자를 보호하는 결과가 되기 때문이다.

② 피고가 권원없이 임야에 대해 특별조치법에 의한 보존등기를 경료하였는데, 그 등기가 무효라는 사유를 원인으로 하여 보존등기의 말소를 구하는 소는 상속회복청구의 소가

구하면 이는 결국 상속권의 침해를 배제하고 회복을 청구하는 취지이므로, 상속회복청구권의 행사로 해석된다). 즉, 다른 상속인의 상속권(상속분)을 침해하는 공동상속인도 '넓은 의미'에서 제999조가 규정하는 참칭상속인에 해당한다고 볼 수 있다. 예를 들어서, 공동상속인 중의 1인이 문서를 위조하는 등의 불법적인 방법으로 다른 공동상속인들의 상속권을 침해한 때에는 상속권을 침해당한 공동상속인들은 상속회복청구를 할 수 있다. 피상속인 갑에게 자녀 을, 병, 정이 있는데, 그중 을이 등기서류를 위조하여 자신이 단독으로 상속한 것처럼 갑이 남긴 부동산에 대하여 소유권이전등기를 경료한 경우에 병과 정은 을의 상속지분을 초과하는 부분에 대하여 소유권이전등기말소청구를 할 수 있으

---

아니다(대판 1982. 5. 25, 80다1527 · 1553, 판례총람 350-48면).

③ 공동상속인 중의 일부가 상속재산 전부를 타인에게 매도하고 등기서류를 위조하여 피상속인으로부터 직접 피고들 명의로 소유권이전등기를 경료해 준 것에 대하여, 그 등기가 원인무효이므로 말소를 구한다는 소는 상속회복청구의 소가 아니다(대판 1986. 2. 11, 85다카1214, 판례총람 350-53면).

④ 상속부동산에 대하여 공동상속인의 법정상속분에 따라 적법하게 상속등기가 경료된 후, 공동상속인 중 일부가 알지 못하는 사이에 그들의 상속분이 다른 공동상속인에게 매도되어 소유권이전등기가 경료된 사안에서, 자신들의 상속분이 매도된 공동상속인이 상속분을 매수한 다른 공동상속인이나 제3자를 상대로 원인 없이 경료된 이전등기의 말소를 구하는 소의 성질에 대하여, 대법원은 '민법 제999조, 제982조가 정하는 상속회복청구의 소는 진정한 상속인이 참칭상속인 또는 참칭상속인으로부터 상속재산을 양수한 제3자를 상대로 상속재산의 회복을 청구하는 소이므로 적법하게 상속등기가 마쳐진 부동산에 대하여 상속인의 일부가 다른 상속인 또는 제3자를 상대로 원인 없이 마쳐진 이전등기의 말소를 구하는 소는 이에 해당하지 아니하여 민법 제982조 제2항이 정하는 소의 제기에 관한 제척기간의 적용이 없다'(대판 1987. 5. 12, 86다카2443; 대판 2011. 9. 29, 2009다78801)고 판시하였다.

⑤ 등기서류를 위조하여 소유권이전등기를 한 사안에 관하여 대법원은 '청구원인이 갑이 망인의 참칭상속인임을 이유로 갑의 소유권이전등기와 그에 기한 을의 가등기의 말소를 구하는 것이 아니라, 갑이 위 망인의 생전에 그로부터 이 사건 부동산을 매수한 사실이 없는데도 그러한 사유가 있는 것처럼 등기서류를 위조하여 그 앞으로 소유권이전등기를 경료하였음을 이유로 원인무효를 내세워 그 등기의 말소를 구하는 소는 상속회복의 소에 해당하지 아니한다'(대판 1987. 6. 23, 86다카1407, 법원공보 806호, 1208면)고 판시하였다.

⑥ 사후양자나 정식으로 입양되지 아니한 양자가 양자로 행세하면서 양부의 상속재산을 처분한 것에 관하여 대법원은 '갑이 을을 양자로 삼아 그의 집에서 양육하고 족보에 그의 아들로 등재하였으나 법률상의 입양절차를 밟지 아니하고 있던 중 갑의 내외가 사망하자 을이 갑의 사후양자로 선정된 것처럼 갑의 호적부에 사후양자 입양신고를 하였다가 이에 대한 무효심판이 확정되어 위 호적 기재가 말소되었는바, 을은 갑의 사후양자로 등재된 이후 갑의 양자로 행세하면서 미등기로 되어 있던 갑 소유의 부동산을 타인에게 임의로 처분하였다면 을이 사후양자나 정식으로 입양되지 아니한 이상 모두 갑의 유산상속권이 없는 것이 명백하므로 을이 갑의 양자로 행세하였다고 하더라도 민법 제982조의 '참칭'상속인이 될 수 없고, 또한 을의 위와 같은 갑의 상속재산처분행위가 민법 제999조의 이른바 '재산상속권침해'에 해당되지도 아니한다'(대판 1987. 7. 21, 86다카2952, 법원공보 808호, 1382면)고 판시하였다.

며, 이는 상속회복청구의 성질을 갖는다(따라서 제999조의 제척기간이 적용된다).[22] 그러나 상속재산이 피상속인 명의로 남아 있거나 공동상속인 전원의 명의로 공유등기가 되어 있는 상태라면, 단순히 공동상속인의 일부가 상속재산의 전부나 일부를 점유관리하고 있다는 사실만으로는 상속권의 침해가 있다고 볼 수 없다. 따라서 이러한 경우에는 상속재산분할청구의 문제가 되며, 상속회복청구권에 관한 제척기간이 적용되지 않는다('상속권의 침해'란 상속으로 인하여 취득한 소유권(본권)에 대한 침해를 의미하며, 단순한 점유만의 침해는 침해의 개념에 포함되지 않는다). 따라서 상속인이 아닌 자가 상속부동산을 점유만 하고, 그 부동산에 대한 소유권이전등기는 경료하지 않은 경우에는 상속권의 침해가 있다고 볼 수 없다. 이런 경우에 상속인이 상속에 의해서 취득한 소유권에 근거하여 점유의 반환을 청구한다면, 이 소는 상속회복청구권의 성질을 갖는 것으로 보지 않는다. 따라서 제999조에 의한 제척기간이 적용될 여지가 없으므로, 상속인은 언제까지나 점유의 반환을 청구할 수 있다(물론 상속인이 아닌 자가 시효로 인하여 그 부동산에 대한 소유권을 취득하는 경우에는 더 이상 반환을 청구할 수 없다).

### (3) 참칭상속인으로부터 상속재산을 전득한 제3자

참칭상속인(다른 상속인의 상속분을 침해하는 공동상속인을 포함한다)으로부터 상속재산을 전득한 제3자에 대해서 상속인이 상속재산의 반환을 청구하는 경우에 이 소의 성질을 상속회복청구로 볼 것인가의 문제가 있다. 만약 이러한 소의 성질을 상속회복청구로 보지 않는다면 제999조에 의한 제척기간이 적용되지 않으므로, 상속분을 침해당한 상속인은 제3자에 대하여 제척기간에 관계없이 물권적청구권을 행사할 수 있게 될 것이다. 과거의 판례는 상속인이 참칭상속인으로부터 상속재산을 양수한 제3자에 대하여 상속재산의 반환을 구하는 소를 제기하는 경우 이 소의 성질을 상속회복청구로 보지 않았다.[23]

---

22) 갑과 을이 토지를 공동상속받았음에도 불구하고 갑이 을로부터 교부받은 협의분할용 인감증명서와 인감도장을 임의로 사용하여 관계서류를 위조한 후 이로써 갑 단독명의로 협의분할에 의한 단독상속을 원인으로 한 소유권이전등기를 경료한 경우에 갑은 참칭상속인이 된다. 대판 1994. 10. 21, 94다18249 참조; 공동상속인 중 1인이 협의분할에 의한 상속을 원인으로 상속부동산에 관한 소유권이전등기를 마친 경우, 협의분할이 무효라는 이유로 다른 공동상속인이 구하는 소유권이전등기 말소등기청구의 소는 상속회복청구의 소에 해당한다. 대판 2014. 11. 23, 2013다68948; 대판 2011. 3. 10, 2007다17482.

23) 대판 1977. 11. 22, 77다1744(판례가족법, 697면)(판례연구, 金疇洙, 법률신문 1246호).

따라서 상속회복청구에 관한 제척기간이 적용되지 않았으므로, 상속인은 제3전득자에 대하여 제척기간에 관계없이 상속재산의 반환을 청구할 수 있었다(즉 상속인은 제3전득자에 대하여 소유권에 기한 물권적청구권을 행사할 수 있다고 해석되었다). 그러나 이러한 판례의 태도에 대해서는 문제점이 지적되었다: 상속회복청구권의 단기의 제척기간이 참칭상속인에게만 인정되고, 이로부터 상속재산을 양수한 제3자에게 미치지 않는다면 상속으로 인한 법률관계의 조속한 안정을 꾀하는 상속회복청구권 제도의 의미가 없어진다. 또 상속회복청구의 상대방을 참칭상속인에만 한정하면, 이 참칭상속인이 제척기간이 경과됨으로써 상속재산 위에 정당한 권원을 취득한 후에도 이 사람으로부터 상속재산의 일부를 양수한 제3자에 대해서만은 여전히 물권적청구권을 행사할 수 있다는 논리적 모순이 생긴다. 대법원판결은 종전의 판결을 폐기하고 본서의 이러한 견해에 따라 이를 긍정하였다.☞

☞ 공동상속인의 일부가 공동상속인 중의 1인으로부터 상속재산을 양수한 전득자를 상대로 하는 소유권이전등기말소청구사건에 대하여, 대법원은 "민법 제999조, 제982조에 상속회복청구의 소에 관한 제도를 규정하고 있다고 해서 이 제도 때문에 원고들이 본건 상속재산에 관한 물권에 기하여 피고들에게 원인무효등기의 말소를 구하는 본건 소송에 어떤 영향을 미치는 것이라고 할 수는 없고, 또 본건의 경우 위 민법 제982조 제2항 소정의 제척기간이 여기에 적용될 수도 없다 할 것이다"라고 판시하였다(대판 1977. 11. 22, 77다1744(판례가족법, 697면)). 그러나 대판 1981. 1. 27, 79다854(전원합의체)(판례가족법 추록(Ⅰ), 170면)는 본서의 견해에 따라 위의 판결을 폐기하고 다음과 같이 판시하였다.

"법률상 무효로 되는 경우의 이중호적에 등재된 진정상속인이 아닌 사람이 재산상속인으로 끼어든 경우에도 이는 참칭상속인에 해당하는 것이라고 할 것이며, 또 재산상속에 관하여 진정한 상속인임을 전제로 그 상속으로 인한 소유권 또는 지분권, 재산권 등 상속권의 귀속을 주장하고 참칭상속인 또는 자기들만이 재산상속을 하였다는 일부 공동상속인들을 상대로 상속재산인 부동산에 관한 등기의 말소 등을 구하는 경우에도 그 소유권 또는 지분권이 귀속되었다는 주장이 상속을 원인으로 하는 이상, 그 청구원인 여하에 불구하고, 이는 민법 제999조 소정의 상속회복청구의 소라고 해석함이 상당하다고 할 것이므로, 이와 같은 경우에도 민법 제999조에 의하여 준용되는 민법 제982조 제2항 규정의 제척기간의 적용이 있는 것이라고 할 것이며, … 진정상속인이 참칭상속인으로부터 상속재산을 양수한 제3자를 상대로 등기말소청구를 하는 경우에도 상속회복청구권의 단기의 제척기간이 적용되는 것으로 풀이하여야 할 것이다. 왜냐하면, 상속회복청구권의 단기의 제척기간이 참칭상속인에게만 인정되고 참칭상속인으로부터 양수한 제3자에게는 인정되지 않는다면, 거래관계의 조기안정을 의도하는 단기의 제척기간제도가 무의미하게 될 뿐만 아니라 참칭상속인에 대한 관계에 있어서는 제척기간의 경과로 참칭상속인이 상속재산상의 정당한 권원을 취득하였다고 보면서 같은 상속재산을 참칭상속인으로부터 전득한 제3자는 진정상속인의 물권적 청구를 감수하여야 한다는 이론적 모순이 생기기 때문이다"(판례연구, 金疇洙, 법률신문 1384호).

그 후 대법원은 피고적격에 관하여 다시 한 번 전원합의체판결을 하였다(대판 1991. 12. 24, 90다5740(전원합의체). 당시 민법 규정에 의하면 상속회복청구권은 상속이 개시된 날로부터 10년이 경과하면 소멸하는 것으로 되어 있었다. 이 규정은 2002년 1월 14일 개정되어 현행법에 의하면 상속회복청구권은 상속권의 침해행위가 있은 날로부터 10년이 경과하면 소멸된다. 여기서 소개한 판례는 모두 개정되기 이전의 법규정을 대상으로 한 것이다).

(다수의견 요지. 판례연구, 金疇洙, 판례월보 1994년 7월호)

"민법(1990. 1. 13. 법률 제4199호로 개정되기 이전의 것, 이하 같다)이 규정하는 상속회복청구의 소는 호주상속권이나 재산상속권이 참칭호주나 참칭재산상속인으로 인하여 침해된 때에 진정한 상속권자가 그 회복을 청구하는 소를 가리키는 것이나, 재산상속으로 인한 소유권 또는 지분권 등 재산권의 귀속을 주장하고, 참칭상속인 또는 자기들만이 재산상속을 하였다는 일부 공동상속인들을 상대로 상속재산인 부동산에 관한 등기의 말소 등을 청구하는 경우에도, 그 소유권 또는 지분권이 귀속되었다는 주장이 상속을 원인으로 하는 것인 이상 그 청구원인 여하에 불구하고 이는 민법 제999조 소정의 상속회복청구의 소라고 해석함이 상당하다는 것이 당원의 견해이다."

(소수의견1)(요지)

부동산의 진정한 소유자가 원인무효등기의 말소를 청구하는 것은 소유권 그 자체에 터잡아서 방해의 배제나 소유물의 반환을 청구하는 것으로서 소유권이 있는 한 항상 행사할 수 있는 것인데, 그 소유권을 취득하게 된 원인이 상속이라고 하여 그리고 그 상대방이 상속인을 참칭하여 등기를 한 사람이라고 하여, 상속회복의 소라는 이름을 붙이고 그 권리의 행사를 제한하여야 할 이유는 없다고 생각한다.

만일 다수의견과 같이 이와 같은 소도 재산상속회복청구의 소라고 해석하여야 한다면, 그 제척기간은 참칭상속이 개시된 날, 다시 말하면 상속권의 침해가 있었을 때부터 기산하는 것으로 해석하는 것이 상당하다고 생각하고 덧붙인다.

(소수의견2)(요지)

재산상속에 관하여 진정한 상속권자가 상속으로 인하여 피상속인의 재산에 관한 소유권(지분권을 포함한다)을 승계하였음을 주장하여, 참칭상속권자를 상대로 상속재산의 반환을 청구하는 경우에는 그 소유권을 취득하였다고 주장하는 원인이 상속인 이상 그 청구원인이 어떤 것인지에 불구하고 민법 제999조 소정의 상속회복청구라고 보아야 한다는 점에 있어서는 다수의견과 견해를 같이한다.

그러나 상속회복청구의 상대방이 되는 '참칭상속권자'라 함은 상속이 개시될 당시에 정당한 상속권자가 아님에도 불구하고 진정한 상속권자로 믿게 할 만한 외관을 지니고 정당한 상속권자의 상속권을 침해하고 있는 자, 예를 들면 상속이 개시될 당시에 이미 호적부 등에 상속인이 될 자로 기재되어 있지만 사실은 그와 같은 신분관계가 없는 자, 또는 상속을 포기하였거나 결격사유로 상속인이 되지 못할 자 등만을 의미한다고 보아야 한다.

### (4) 상속개시 후에 인지된 혼인외의 출생자 등의 상속회복에 관한 특칙

상속개시 후의 인지 또는 재판의 확정에 의하여 공동상속인이 된 자도 다른 공동상속인에 대하여 상속회복청구를 할 수 있다.[24] 다만 상속재산이 이미 분할되었거나 그 밖에 상속재산이 처분된 후라면 자기의 상속분에 상당한 가액의 지급을 청구할 수 있도록 되어 있다§1014.[25]

---

24) 대판 1978. 12. 13, 78다1682(판례가족법 추록(Ⅰ), 158면)(판례연구, 金疇洙, 법률신문 1310호).

25) 피상속인(생부) 갑이 사망하여 그 배우자와 자녀들이 상속인으로서 상속부동산을 처분하였는데, 그로부터 10년이 경과한 후에 피상속인의 혼인외의 자 A가 인지청구를 하여 판결이 확정된 경우 A는 갑의 배우자와 자녀(혼인중의 자)들을 상대로 제1014조에 의한 가액지급청구를 할 수 있는가. 제1014조의 가액지급청구도 상속회복청구의 성질을 갖는 것으로 보므로, 제999조 제2항의 제척기간이 적용된다. 따라서 A의 가액지급청구권이 제척기간의 경과로 소멸하였는가의 여부가 문제된다. 종전의 판례는 이미 A의 상속권에 대한 침해행위(갑의 배우자와 혼인중의 자들이 상속부동산을 분할, 처분한 날)가 있는 날부터 10년을 경과하였으므로, A의 가액지급청구권은 제척기간의 경과로 인하여 소멸하였다고 보았다(헌재결 2010. 7. 29, 2005헌바89). 그러나 최근에 헌법재판소는 상속개시 후 인지에 의하여 공동상속인이 된 자가 다른 공동상속인에 대해 제1014조에 의한 가액지급청구권을 행사하는 경우에도 상속회복청구권에 관한 10년의 제척기간을 적용하는 것(제999조 제2항 중 '상속권의 침해행위가 있은 날로부터 10년' 부분을 제1014조에 적용하는 것)은 피인지자의 재산권과 재판청구권을 침해한다고 보아 위헌으로 결정하였다(헌재결 2024. 6. 27, 2021헌마1588). 변경된 판례에 따라 이제 위의 사례에서 피인지자(A)는 다른 공동상속인(갑의 배우자와 혼인중의 자)에 대하여 제1014조에 의한 가액지급청구를 할 수 있게 될 것이다.

### (5) 상속권을 주장하지 않고 상속재산을 점유하는 자(者), 특정의 권원을 주장하여 상속재산을 점유하는 자(者)

민법상의 상속회복청구권의 근거를 진정상속인의 상속재산의 회복이라는 점에서 구하고, 그 성질을 개별적 청구권의 집합이라고 이해한다면, 표현상속이나 참칭의 유무는 문제가 아니고, 상속재산이 정당한 권원자에게 귀속하고 있는가의 여부만이 문제가 된다. 따라서 자기의 상속권을 주장하지 않고 청구인의 상속권만을 다투는 상속재산의 점유자는 물론, 아무런 상속권을 다투지 않고 단순히 자기의 점유 하에 있는 재산이 상속재산에 속하지 않는 것만을 주장하는 자도 또한 상속회복청구의 상대방이 된다고 보아야 할 것이다(예를 들어서 갑은 피상속인 을의 생전에 을과 부동산에 대한 매매계약을 체결하고 이를 원인으로 하여 소유권이전등기를 하였으나 매매계약이 무효가 되었다. 을의 상속인 병이 갑에 대하여 매매계약의 무효를 주장하며 소유권이전등기의 말소를 청구하는 경우 이 소의 성질은 상속회복청구의 소라고 본다).[26]

### (6) 상속회복청구의 상대방이 되지 않는 사람(참칭상속인에 해당하지 않는 경우)

(가) 상속인이 아닌 자가 문서를 위조하는 등의 불법적인 방법으로 상속인과 같은 외관을 창출하여 상속권을 침해한 경우에는 참칭상속인이라고 보지 않는다. 예를 들어서 피상속인 갑에게 상속인으로서 동생 을이 있는데, 제3자인 A가 가족관계증명서 등의 문서를 위조하여 갑의 상속인과 같은 외관(예컨대 위조된 가족관계증명서에 갑의 자녀로 기재함)을 갖춘 다음, 갑이 남긴 부동산에 대하여 상속등기를 하였다면, 이 경우 A는 참칭상속인에 해당하지 않는다. 따라서 진정한 상속인인 을이 A를 상대로 등기말소청구를 한다면, 이는 상속회복청구의 소가 아니므로(소유권에 기한 물권적 청구권의 행사로 본다) 제999조가 규정하는 제척기간이 적용되지 않는다. 이런 경우 A를 참칭상속인으로 본다면 진정한 상속인 을이 A를 상대로 제기하는 등기말소청구의 소는 상속회복청구권의 성질을 갖는 것으로 되어 제척기간의 적용을 받게 되는데, 이러한 결과는 A를 보호하는 것이 되어 부당하기 때문이다.

(나) 어느 상속인이 다른 공동상속인들의 상속권을 침해하여 참칭상속인에 해당한다고 하기 위해서는, 상속재산이 부동산인 경우를 예로 들면, 그 상

26) 반대견해, 윤진수, 친족상속법강의, 316면.

속인이 상속재산에 속하는 부동산을 '상속을 원인'으로 하여 소유권이전등기를 한 경우이어야 한다. 이와 달리 등기원인이 매매, 증여 등 다른 원인으로 되어 있는 경우에는(즉 침해행위의 외관이 상속이 아닌 때에는) 다른 공동상속인들의 상속권을 침해한 상속인은 참칭상속인에 해당하지 않는다. 따라서 이런 경우에 상속권을 침해당한 공동상속인들이 상속권을 침해한 상속인을 상대로 제기하는 등기말소청구의 소는 상속회복청구권의 성질을 갖는 것으로 보지 않는다. 예를 들어서, 공동상속인 중의 한사람인 갑이 피상속인의 생전에 그로부터 토지를 매수한 사실이 없음에도 불구하고, 관계서류를 위조하여 매매를 원인으로 하여 소유권이전등기를 마친 경우에 상속분을 침해당한 다른 공동상속인 을이 그 등기가 무효라는 이유로 이전등기의 말소를 구하는 소는 상속회복청구의 소라고 해석하지 않는다(즉 이런 경우 갑은 참칭상속인에 해당하지 않는다대판 1982. 1. 26, 81다851; 대판 1997. 1. 21, 96다4688).

(다) 제3자가 임의로 관계서류를 위조하여 공동상속인 중의 1인의 단독명의로 소유권이전등기(또는 소유권보존등기)를 경료한 경우에는 당해 공동상속인에 의하여 외관이 형성된 것이 아니므로, 그 상속인을 참칭상속인이라고 볼 수 없다대판 1994. 3. 11, 93다24490, 대판 2012. 5. 24, 2010다33392.[27] 예를 들어서 피상속인 갑의 상속인으로 자녀 을, 병이 있는데, 병을 사실상 양육하고 있던 삼촌인 A가 관계서류를 위조하여 갑이 남긴 상속부동산을 병의 단독명의로 소유권이전등기를 하였다면, 병은 참칭상속인이 아니다. 그러므로 이런 경우 을이 병을 상대로 병의 상속지분을 초과하는 부분에 대해서 등기말소청구의 소를 제기한다면, 이 소의 성질은 상속회복청구라고 보지 않는다(따라서 제척기간의 적용을 받지 않는다). 다만 이런 경우에도 제3자가 임의로 관계서류를 위조하여 공동상속인 중 1인의 단독명의로 소유권이전등기를 경료한 것이 당해 상속인의 의사에 기인한 것이라고 인정되는 때에는 그 상속인을 참칭상속인이라고 볼 수 있는 여지가 있다.

---

27) 상속재산인 부동산에 관하여 공동상속인 중 1인 명의로 소유권이전등기가 경료된 경우 그 등기가 상속을 원인으로 경료된 것이라면, 등기명의인의 의사와 무관하게 경료된 것이라는 등의 특별한 사정이 없는 한, 그 등기명의인은 참칭상속인에 해당된다. 대판 1997. 1. 21, 96다4688.

## 7. 상속회복청구권의 행사

### (1) 행사의 방법과 입증책임

(가) 상속회복청구는 반드시 소송에 의할 필요는 없으며, 재판외의 청구도 가능하다. 보통 상속인은 소유권이전등기(상속등기)말소청구나 상속재산의 인도청구를 하게 되지만, 그 실질은 상속회복청구의 소이다. 소송에 의할 때에는, 상속회복청구는 민사소송법에 의한 소로써 한다. 종전에는 상속회복청구는 가정법원에 대한 심판청구로써 하였으나, 1990년 가사소송법의 제정에 의하여 가정법원의 관할사항에서 제외되었다.

회복의 목적이 된 재산을 하나하나 열거할 필요는 없으나, 판결의 기판력은 회복의 목적물로서 구체적으로 지시된 것 이외에는 미치지 않으므로, 강제집행을 하기 위해서는 목적물을 지시하지 않으면 안 된다.

(나) 상속회복청구를 하는 경우에 참칭상속인과 피상속인과의 신분관계에 관한 소송을 경유할 필요가 없다.[28] (예를 들어서 갑과 을은 법률상 부부인데, 갑이 외도하여 병과의 사이에서 낳은 혼인외의 출생자 정을 을과의 사이에서 태어난 혼인중의 출생자로 출생신고한 경우를 생각해 본다. 세월이 흘러 을이 사망하자 정은 등록부상 을의 친생자로 되어있는 것을 이용하여 을의 상속부동산에 대하여 상속등기를 하였다. 이에 대하여 을의 동생이 진정한 상속인으로서 정에 대하여 상속회복청구를 하려고 한다면, 사전에 정을 상대로 친생자관계부존재확인청구를 할 필요가 없다) 상속회복을 청구하는 상속인은 자기가 상속권을 가지는 사실과 청구의 목적물이 상속개시 당시 피상속인의 점유에 속하였던 사실을 입증하여야 한다. 점유의 입증만으로써 충분하며, 소유권이나 그 밖의 권리의 존재를 입증할 필요는 없다. 반대로 상대방이 회복청구를 거절함에는 상속재산에 특정의 권원을 가지는 것을 입증하여야 한다.

### (2) 행사의 효과

(가) 상속재산의 반환

상속회복청구에 관한 재판에서 원고 승소의 판결이 확정된 경우에는, 참칭상속인은 진정상속인에게 그가 점유하는 상속재산을 반환하여야 한다. 상대방이 공동상속인인 경우에는 상속재산의 분할청구에 응하여야 한다. 진정

---

28) 대판 1955. 12. 22, 4288민상399, 판례총람 318면(판례가족법, 690면).

상속인이 여럿일 때에는 이들 상속인의 상속분에 따라서 반환한다. 상속에서 제외된 상속인이 청구한 경우에는 반대로 상속분을 침해한 공동상속인의 상속분에 따라 반환한다. 이 경우에 참칭상속인이 악의이면 취득한 재산의 전부를 반환하여야 하는 동시에 과실(果實)과 사용이득에 대해서도 반환의무를 진다§201②. 선의의 경우에는 실종선고취소의 경우에 준하여 그 받은 이익이 현존하는 한도에서 반환할 의무가 있다고 해석하는 것이 좋을 것이다. 다른 한편, 참칭상속인 또는 공동상속인은 상속재산에 관하여 지출한 비용의 반환을 청구할 수 있다.

(나) 참칭상속인의 양도행위와 제3자에 대한 효과

상속회복의 효과가 제3자에 대한 관계에서도 효력이 발생하는 데 문제가 있다. 만약 참칭상속인으로부터 제3자가 양수한 재산이 동산·지시채권·무기명채권·지명소지인출급채권 또는 유가증권이면 선의취득의 원칙이 인정되므로§249·514·524·525, 어음법 §16, 수표법 §21 이것으로 보호되지만, 부동산의 경우에는 설사 상속등기가 있더라도 등기에 공신력이 없으므로 구제의 길이 없다. 이러한 경우에 상속재산을 양수한 제3자는 참칭상속인에 대하여 담보책임을 물어 손해배상청구를 하거나§570 이하 참조 채무불이행으로 인한 손해배상청구를 할 수 있을 것이다. 입법론으로서는 실종선고취소의 효과에 관한 규정§29②이나 상속재산의 분할의 소급효에 관한 규정§1015 단서과 같은 특별규정을 둘 필요가 있을 것이다.

(3) 참칭상속인에 대한 채무의 변제

피상속인의 채무자가 선의·무과실로 그 채무를 참칭상속인에게 변제하였을 경우에는 그 변제는 채권의 준점유자에 대한 변제로서 유효하며§470, 진정상속인은 참칭상속인에 대하여 부당이득의 반환청구를 할 수 있는 데 그친다(이 청구도 상속회복청구의 성질을 갖는 것으로 해석된다).

## 8. 상속회복청구권의 소멸

(1) 회복청구권의 포기

상속을 포기하는 데에는 아무런 제한이 없으므로, 상속회복청구권을 행사하느냐의 여부 또한 진정상속인의 자유이며, 따라서 이를 포기하는 것도 무방하다고 보아야 할 것이다. 그러나 상속개시 전에 상속회복청구권을 미리 포기할 수 있는가는 문제이다. 상속개시 전의 상속포기와 유류분권의 포기가 인정되지 않는 것과의 균형상 상속개시 전의 상속회복청구권의 포기는 인정되지 않는 것으로 해석하는 것이 타당할 것이다.

### (2) 제척기간의 경과에 의한 소멸

상속회복청구권은 그 침해를 안 날로부터 3년, 상속권의 침해행위가 있은 날로부터 10년을 경과하면 소멸한다§999②.[29] 개정 전의 규정은 상속이 개시된 날로부터 10년을 경과하면 상속회복청구권이 소멸하도록 되어 있었으나, 2002년 민법개정에 의하여 상속권의 침해행위가 있은 날로부터 10년을 경과하면 상속회복청구권이 소멸하도록 하였다. 개정 전 규정의 제척기간이 진정상속인의 권리보호면에서 지나치게 짧다는 비판이 있었기 때문에 이와 같이 개정하였다. 개정 전의 규정에 의하면 상속이 개시된 날로부터 10년이 경과한 시점에서 참칭상속인(또는 공동상속인 중의 일부)이 진정한 상속인의 상속권을 침해하면(예를 들어서 공동상속인 중의 1인이 다른 공동상속인을 배제하고 상속부동산에 대하여 단독등기를 하는 경우), 진정한 상속인은 상속회복청구를 할 수 있는 기회조차 갖지 못한다는 문제가 있었다. 즉, 상속회복청구권이 이미 제척기간의 경과에 의해서 소멸되었으므로, 참칭상속인은 진정한 상속인의 상속권을 침해하는 순간에 이미 정당한 권원을 취득하게 된다는 모순이 있었던 것이다. 이런 이유로, 헌법재판소는 2001년 7월 19일의 결정(헌재결 99헌바9·26·84, 2000헌바11, 2001헌가23(병합))에서, 진정상속인의 상속회복청구권에 관한 권리행사기간을 상속개시일로부터 10년으로 제한한 당시의 민법규정은 "기본권 제한의 입법한계를 일탈한 것으로서, 재산권을 보장한 헌법 제10조

29) 대판 2006. 9. 8, 2006다26694 : 진정상속인이 참칭상속인의 최초의 침해행위가 있은 날로부터 10년의 제척기간이 경과하기 전에 참칭상속인에 대한 상속회복청구소송에서 승소의 확정판결을 받았다고 하더라도 위 제척기간이 경과한 후에는 참칭상속인으로부터 권리를 취득한 제3자를 상대로 상속회복청구소송을 제기하여 상속재산에 대한 등기의 말소 등을 청구할 수 없다; 대판 2006. 7. 27, 2005다45452 : 제사승계의 회복에도 제척기간이 적용된다; 대판 2009. 10. 15, 2009다42321: 제척기간의 준수여부는 상속회복청구의 상대방별로 각각 판단하여야 하므로, 진정한 상속인이 참칭상속인으로부터 상속재산에 대한 권리를 취득한 제3자를 상대로 제척기간 내에 상속회복청구의 소를 제기한 이상 그 제3자에 대하여는 민법 제999조에서 정하는 상속회복청구의 기간이 준수되었으므로, 참칭상속인에 대하여 그 기간 내에 상속회복청구권을 행사한 일이 없다고 하더라도 그것이 진정한 상속인의 제3자에 대한 권리행사에 장애가 될 수는 없다.

제1항, 재판청구권을 보장한 헌법 제27조 제1항, 기본권의 본질적 내용의 침해를 금지한 헌법 제37조 제2항에 위반된다"고 하면서, 이 규정은 "합리적인 이유 없이 상속을 원인으로 재산권을 취득한 사람을 그 밖의 사유를 원인으로 재산권을 취득한 사람에 대하여 차별 취급하는 것으로 헌법 제11조 제1항의 평등의 원칙에 위배된다"라고 판시하고, 제999조 제2항 중 '상속이 개시된 날로부터 10년' 부분은 헌법에 위반된다고 밝힌 바 있다.

상속권의 침해를 안 날이란 사실상 상속권의 침해를 안 날을 말하며[30](혼인외의 출생자가 인지청구를 하였을 때에는 인지판결확정일로부터 침해를 안 것으로 해석한다),[31] 진정상속인이나 그 법정대리인이 침해를 알았다는 사실은, 그것을 주장하는 자가 입증하여야 한다.[32] 이 기간은 소멸시효가 아니고 제척기간이다.[33]

상속회복청구권의 제척기간은 청구의 상대방에 따라 개별적으로 적용된다. 진정한 상속인이 참칭상속인에 대해서는 제척기간 내에 상속회복청구의 소를 제기하여 승소의 확정판결을 받았다고 해도, 제3자(참칭상속인으로부터 상속재산에 관한 권리를 취득하거나 새로운 이해관계를 맺은 제3자)에 대해서 상속회복청구의 소를 제기하는 때에는 이와 별도로 상속회복청구권의 제척기간을 준수해야 한다.[34] 예를 들면, 공동상속인 갑은 상속관계서류를 위조하여 다른 공동상속인 을(원고)을 배제하고, 상속부동산에 대해서 단독등기를 마쳤으며, 그 후 병(피고)과 근저당권설정계약을 체결하고, 이에 따라 근저당권설정등기가 경료되었다. 원고 을은 갑에 대해서 상속회복청구권의 제척기간이 경과하기 전에 등기말소청구를 하여 승소하였으나(갑의 상속지분을 초과하는 지분의 말소를 구함), 병에 대해서 근저당권말소청구의 소를 제기한 것(갑의 상속지분을 초과하는 부분에 대하여 등기말소를 구함)은 갑에 의한 상속권의 침해행위(갑의 명의로 단독등기를 경료한 날)가 있은 날로부터 10년의 제척기간이 경과한

30) 대판 2007. 10. 25, 2007다36223.

31) 대판 1977. 2. 22, 76므55, 판례월보 82호, 33면(판례가족법, 692면)은 혼인외의 출생자가 인지청구를 하였을 때에는 인지심판확정일로부터 침해를 안 것으로 해석한다(동지: 대판 1981. 2. 10, 79다2052, 신판례체계 982-2면; 대판 2007. 7. 26, 2006므2757, 2764).

32) 대판 1962. 6. 21, 62다196, 판례총람 318면(판례가족법, 692면).

33) 鄭光鉉, 신친족상속법요론, 335면 참조.

34) 대판 2006. 9. 8, 2006다26694; 또한 상속재산의 일부에 대해서만 제소하여 제척기간을 준수하였을 때에는 청구의 목적물로 하지 않은 나머지 상속재산에 대해서는 제척기간을 준수한 것으로 볼 수 없다(대판 1980. 4. 22, 79다2141; 대판 2007. 7. 26, 2006므2757, 2764).

시점이었다. 이런 경우 을의 병에 대한 근저당권말소청구는 최초의 침해행위가 있은 날로부터 10년의 제척기간이 경과한 후에 제기되었다는 이유로 기각될 것이다.

피상속인인 남한주민으로부터 상속을 받지 못한 북한주민(또는 북한주민이었던 사람. 북한이탈주민을 의미함)이 상속회복청구를 하는 경우에도 제999조 제2항의 제척기간이 적용된다. 따라서 남한주민과 마찬가지로 북한주민의 경우에도 상속권이 침해된 날부터 10년이 경과하면 제999조 제2항에 따라 상속회복청구권이 소멸한다대판 2016. 10. 19, 2014다46648 전원합의체. 분단상황으로 인하여 상속인인 북한주민이 상속개시의 사실을 알지 못하였거나 또는 알았지만 현실적인 장애로 인하여 상속회복청구를 할 수 없었던 경우에도 결과는 다르지 않다.「남북 주민 사이의 가족관계와 상속 등에 관한 특례법」제11조는 북한주민의 상속회복청구권에 대해서 규정하고 있으나, 제척기간에 대해서는 아무런 규정도 두지 않았다. 따라서 북한주민이 상속회복청구를 하는 경우에도 제999조 제2항의 제척기간이 적용되는가에 대해서는 의견이 갈릴 수 있다. 위의 전원합의체 판결에서 다수의견은 특례법 제11조의 입법취지와 상속으로 인한 법률관계의 안정을 고려하여 북한주민의 상속회복청구에 대해서도 제척기간의 예외를 인정하지 않는다는 결론을 도출한 것이다.

상속회복청구권의 제척기간을 삭제하는 것이 타당하다는 견해가 있으나, 제척기간을 전적으로 삭제하는 것은 상속회복청구제도를 규정한 입법취지를 완전히 상실시키는 결과가 된다. 따라서 상속회복청구권에 관한 제척기간의 삭제를 주장하는 것은 상속회복청구권제도를 폐지하고 물권적 청구권에 의해서 문제를 해결하자는 주장과 다를 바 없다.

### (3) 상속회복청구권 소멸의 효과

상속회복청구권이 소멸하면, 이후 기존의 법률관계가 절대적으로 확정된다. 진정상속인은 상속권을 상실하며, 참칭상속인은 상속개시시로 소급하여 상속재산에 대하여 정당한 권원을 취득한다대판 1998. 3. 27, 96다37398.

# 제2절 상 속 인

## 1 상속의 순위

### 1. 서 론

상속이 개시될 때에 상속인의 자격을 가진 사람이 한 명밖에 없을 경우에는 상속순위의 문제는 일어나지 않지만, 상속인의 자격을 가진 사람이 여럿인 경우에는 상속인의 순위를 정해 둘 필요가 있다. 민법은 상속의 순위를 획일적으로 정하여 이를 변경할 수 없도록 하였으며, 상속인의 지정을 허용하지 않는다.[35] 민법이 정하는 상속순위는 다음과 같다. 선순위 상속인이 1인이라도 존재하는 경우에는 후순위 상속인은 상속을 할 수 없다.

### 2. 제1순위 — 직계비속

제1순위의 상속인은 피상속인의 직계비속이다§1000①i.

(1) 직계비속이 여러 명 있는 경우에 촌수가 같으면 그 직계비속들은 동순위로 상속인이 되고§1000② 후단, 촌수가 다르면 촌수가 가까운 직계비속이 먼저 상속인이 된다§1000② 전단. 따라서 예컨대 자녀가 여럿인 경우에는 이 자녀들은 동순위로 상속인이 되며, 직계비속으로서 자녀와 손자녀가 있을 때에는 자녀는 손자녀보다 우선하여 상속인이 된다. 자녀가 전부 상속개시 전에 상속권을 잃든가 상속개시 후에 상속을 포기하면, 손자녀가 직계비속으로서 상속인이 된다.[36] 따라서 예컨대 직계비속인 자녀 중에서 1인(A)이 상속개시 전에 사망하였는데, 그에게 자녀(B)가 있을 때에는 그 자녀(B)가 대습상속을 하게 되지만, 피상속인의 자녀가 전원사망하거나 결격자가 된 경우에는 손자녀는

35) 피상속인에 의한 상속인지정을 허용하는 법제로는 독일민법, 오스트리아민법, 스위스민법, 그리스민법 등이 있다.

36) 이에 따르는 판례: 대판 1995. 4. 7, 94다11835, 법원공보 992호 1817면; 대판 1995. 9. 26, 95다27769, 법원공보 1003호 3531면.

자녀의 배우자가 있으면 대습상속을 하게 되나, 자녀의 배우자가 없으면 대습상속을 하는 것이 아니라 본위상속을 하게 된다.

손자녀가 본위상속하는 것에 대하여 손자녀 이하의 직계비속은 언제나 대습해서만 상속한다는 견해가 있는데,[37] 이 견해는 제1000조 제2항의 규정을 무시한 해석으로서 부당하다. 동순위의 상속인이 여럿인 때에는 최근친을 선순위로 하므로 자녀가 선순위로 상속인이 되지만, 자녀가 모두 상속을 포기하면 후순위의 손자녀가 직계비속으로 본위상속하는 것은 조문의 해석상 당연하다. 그리고 동견해는 손자녀가 본위상속을 하게 되면 사망한 자녀의 배우자가 상속에서 제외된다고 하고 있는데,[38] 이것은 오해이다. 자녀의 배우자가 있는 경우에는 손자녀가 본위상속을 할 수 없고, 제1003조 제2항의 규정에 의하여 자녀의 배우자와 함께 대습상속을 하게 된다. 그리고 동견해는 자녀가 모두 상속을 포기하면 손자녀가 상속하는 것이 아니라 제2순위의 상속인인 직계존속이 상속인이 된다고 주장하는데,[39] 이것 또한 제1000조 제2항의 규정에 전면 배치되는 해석으로 부당하다(판례도 같은 입장이다. 대판 1995. 9. 26, 95다27769; 대판 2005. 7. 22, 2003다43681 참조).

직계비속에 대해서는 자연혈족이건 법정혈족이건 차별이 없으므로, 친생자이건 양자(허위친생자출생신고에 입양의 효력을 인정하는 문제에 대해서는 '입양의 형식적 요건' 참조)이건, 그리고 혼인중의 출생자이건 혼인외의 출생자이건, 남자이건 여자이건, 또 기혼·미혼이건 그 상속순위에는 아무런 차별이 생기지 않는다. 계모자 사이와 적모서자(嫡母庶子) 사이에도 상속권이 인정되었으나, 1990년 민법개정으로 계모자관계와 적모서자관계가 폐지되었으므로, 상속권이 없다. 그리고 여자로서 동일호적내에 있지 않을 경우에는 남자의 상속분의 4분의 1이었으나구 §1009②, 1990년 민법개정에 의하여 이러한 차별은 폐지되었다.

구민법에서는 혼인중의 출생자와 혼인외의 출생자 사이에 차별을 두었으나, 민법에서는 차별이 없다.

(2) 태아는 상속순위에 관하여는 이미 출생한 것으로 본다§1000③.

(3) 자기의 혼인외의 출생자를 양자로 한 때에는 입양과 동시에 혼인외의

37) 郭潤直, 상속법, 101면.
38) 상게서, 102면.
39) 상게서, 103면.

출생자의 신분을 잃었다고 보아야 하므로, 상속자격의 중복이 생기지 않는다고 해석하여야 할 것이다. 그러나 손자녀가 조부의 양자로 되어 있는 경우에 친생부가 이미 사망하였다면, 조부의 양자로서의 상속권과 친생부의 대습상속권을 중복해서 가지게 된다고 보아야 할 것이다.

### 3. 제2순위 — 직계존속

제2순위의 상속인은 피상속인의 직계존속이다§1000①ii. 직계존속이 여럿인 경우에 그 직계존속들이 촌수가 같으면 동순위이며, 촌수를 달리하면 최근친이 먼저 상속인이 되는 것은 직계비속의 경우와 마찬가지다§1000②. 따라서 예컨대 부모와 조부모가 있으면 부모가 선순위가 된다. 또 직계존속은 부계(父系)이건 모계이건 양가(養家) 측이건 생가(生家) 측이건 묻지 않는다(2008년 1월 1일부터 친양자제도가 시행되어 친양자의 친생부모를 비롯한 생가측 직계존속은 상속인이 되지 못한다. 친양자 입양이 확정되면 기존의 친족관계는 소멸하므로, 친생부모를 비롯한 생가측 혈족은 더 이상 친족에 포함되지 않기 때문이다). 즉 친생부모와 양부모(養父母)가 있을 때에는 함께 동순위로 상속인이 된다.[40] 성별에 따른 차별이 없는 것도 직계비속의 경우와 다를 바 없다. 적모와 계모도 상속권이 있었으나, 1990년 민법개정으로 적모서자관계와 계모자관계가 폐지되었기 때문에 상속권이 없어졌다. 그리고 동일호적내에 있지 않은 직계존속여자에 대해서는 상속분에 차별이 있었으나구 §1009②, 1990년 민법개정으로 폐지되었다.

직계존속에 대해서는 대습상속은 인정되지 않는다. 따라서 피상속인의 모가 이미 사망하고 父만 있을 때에는 父만이 상속하며, 모의 직계존속은 대습상속을 할 수 없다. 그리고 양부모(養父母)가 사망하고 양자가 거액의 유산을 상속한 후 배우자와 직계비속 없이 사망한 경우에, 양자의 상속재산은 전부 친생부모가 상속하며, 양조부모가 생존해 있더라도 상속할 수 없다.

### 4. 제3순위 — 형제자매

제3순위의 상속인은 피상속인의 형제자매이다§1000①iii. 여기서 말하는 형제자매에 대하여, 종전의 판례는 피상속인의 부계(父系)의 방계혈족을 의미한다고

---

40) 이에 따르는 판례: 대결 1995. 1. 20, 94마535, 법원공보 987호, 1116면.

하였는데,[41] 이와 같이 제한하여 해석할 법적 근거가 없으므로 부당한 것이었다. 그런데 그 후에 나온 판례는 이와는 달리 "민법 일부개정에 의하여 친족의 범위에서 부계(父系)와 모계의 차별을 없애고, 상속의 순위나 상속분에 관하여도 남녀간 또는 부계(父系)와 모계간의 차별을 없앤 점에 비추어 볼 때, 부계(父系) 및 모계의 형제자매를 모두 포함하는 것으로 해석하는 것이 상당하다" 고 판시하였다.[42] 따라서 어머니가 같고 아버지가 다른 경우(이 경우를 異姓同腹, 즉 성이 다르고 배가 같은 경우라고 표현하는데, 좋은 표현은 아니라고 생각된다) 및 아버지가 같고 어머니가 다른 형제자매 사이에서도 상속이 이루어진다.

그리고 형제자매 사이의 상속에는 남녀의 성별, 기혼·미혼, 자연혈족·법정혈족에 따른 차별이 없다. 형제자매가 여럿인 경우에는 동순위로 상속인이 된다. 다만 동일호적 내에 있지 않은 여자는 상속분에 있어서 차별이 있었으나구 §1009②, 1990년 민법개정으로 폐지되었다. 그리고 형제자매의 직계비속에 대해서는 대습상속이 인정된다§1001.

## 5. 제4순위 — 4촌이내의 방계혈족

피상속인의 3촌부터 4촌 이내의 방계혈족이다§1000①ⅳ. 1990년 민법개정 전에는 8촌 이내의 방계혈족까지 상속권이 인정되었으나, 개정법은 이를 4촌 이내의 방계혈족으로 축소시켰다.

(1) 이들은 피상속인의 직계비속·직계존속·배우자·형제자매가 없는 경우에만 상속인이 되고, 촌수가 다른 4촌 이내의 방계혈족이 있는 때에는 촌수가 가까운 자가 선순위로 상속인이 되며, 촌수가 같으면 공동상속인이 된다§1000②.

(2) 방계혈족이면 되는 것이고 남녀의 성별, 기혼·미혼, 부계(父系)·모계에 따른 차별은 존재하지 않는다. 그러므로 예컨대 3촌이 되는 방계혈족으로는 백숙부와 고모·외숙부와 이모 및 조카(姪) 등이 있으며, 이들은 모두 공동상속인이 된다. 4촌이 되는 방계혈족으로는 종형제자매·고종형제자매·외종형제자매·이종형제자매 등이 있으며, 이들 모두가 공동상속인이 된다. 그리고 동일호적 안에 있지 않은 여자에 대해서는 상속분에 차별이 있었으나

---

41) 대판 1975. 1. 14, 74다1503, 판례월보 57호, 9면(판례가족법, 705면).
42) 대판 1997. 11. 28, 96다5421, 판례공보 1998. 1. 1, 32면.

구 §1009②, 1990년 민법개정에 의하여 차별이 없어졌다.

## 6. 배 우 자

(1) 1990년 민법개정 전에는 처가 사망한 경우와 夫가 사망한 경우에 따라 차이가 있었다. 즉 처가 피상속인인 경우에는, 夫는 그 직계비속과 동순위로 공동상속인이 되고 그 직계비속이 없는 때에는 단독상속인이 되었다구 §1002. 반면에 夫가 피상속인인 경우에는, 처는 그 직계비속과 동순위로 공동상속인이 되고 직계비속이 없는 경우에는 피상속인의 직계존속과 동순위로 공동상속인이 되었으며, 직계비속도 없고 피상속인의 직계존속도 없는 경우에 비로소 단독상속인이 되었다구 §1003①.

(2) 이와 같은 규정은 부부평등의 원칙에 반하기 때문에, 1990년 개정민법은 부부 평등하게 상속순위를 고쳤다. 즉 배우자는 그 직계비속과 동순위(즉 제1순위)로 공동상속인이 되고, 직계비속이 없는 경우에는 피상속인의 직계존속과 동순위로 공동상속인이 되며, 피상속인의 직계비속도 직계존속도 없는 경우에는 단독상속인이 된다§1003.

(3) 여기서 夫와 妻란 혼인신고를 한 법률상의 배우자를 말한다. 그러나 법률상의 배우자라 할지라도 사망한 배우자와의 혼인이 무효가 된 경우에는 상속권을 잃는다. 부부 일방의 사망 후에 혼인이 취소된 경우에 생존배우자는 상속권을 잃게 되는가의 문제가 있는데, 판례는 혼인 취소의 효력이 기왕에 소급하지 않는다는 민법 제824조를 근거로 하여 상속권을 잃지 않는다고 해석한다.[43] 그러나 사견으로는, 혼인취소의 효력은 소급효가 없지만§824, 배우자 일방이 사망한 후에 혼인이 취소된 경우에는 사망한 때에 혼인이 소멸하는 것으로 보아야 하기 때문에, 상속권을 잃는다고 해석하는 것이 타당하다고 본다.

(4) 부부 일방이 혼인무효의 소를 제기한 후에 그 소송계속(訴訟係屬)중에 사망한 경우에는 소송은 종료하는 것이 원칙이지만, 법률은 소송경제를 위하여 다른 제소권자(4촌 이내의 친족가소 §23)가 원고의 지위를 승계할 수 있게 하였다가소 §16.

(5) 부부 일방이 혼인취소의 소를 제기한 후 그 소송계속중에 사망한 경

---

43) 대판 1996. 12. 23, 95다48308, 법원공보 1034호, 498면.

우에도 소송은 종료하는 것이 원칙이나, 이때에도 역시 소송경제 등을 이유로 다른 제소권자는 원고의 지위를 승계할 수 있다가소 §16. 따라서 중혼·근친혼 등을 이유로 혼인취소청구를 한 당사자가 사망한 때에는 다른 법정청구권자가 원고의 지위를 승계하게 된다. 반면에 사기·강박으로 인한 혼인의 경우에는 혼인당사자만이 취소청구를 할 수 있으므로, 원고가 사망하면 그 지위가 승계될 수 없으며, 결과적으로 그 혼인은 취소할 수 없게 된다.

(6) 부부 일방이 이혼소송을 제기한 후 소송계속중에 사망한 때에는 소송은 당연히 종료된다.[44] 이혼청구권은 일신전속권이므로, 상속의 대상이 되지 않기 때문이다§1005 단서. 따라서 다른 일방의 배우자는 상속권을 취득하게 된다.

독일민법은 이러한 경우를 위하여 '피상속인이 사망한 때에 이혼요건이 존재하고 또한 피상속인이 이혼을 청구하거나 또는 이혼에 동의하고 있었을 경우에는 생존배우자의 상속권과 선취분Voraus에 대한 권리는 배제된다'독민 §1933고 규정하고 있다. 참고할 만한 입법례이다.

(7) 중혼관계에 있는 경우의 배우자의 상속권은 어떻게 될까. 예컨대 A가 B와 협의이혼한 후 C와 재혼하였는데, 협의이혼취소판결에 의하여 후혼(A·C간의 혼인)이 중혼이 되었을 때에, A가 사망하였다면, B·C가 모두 배우자로서 상속권을 가지는가 하는 것이다. 민법이 중혼을 취소원인으로 하여 취소할 때까지 일단 유효로 보고 있는 이상 B·C가 모두 배우자로서 상속권을 갖는다고 해석된다(B·C 각자의 상속분은 배우자 상속분의 1/2이 될 것이다). 그러나 전혼의 배우자 B는 A의 사망 후에도 후혼에 대하여 혼인취소청구의 소를 제기하여 취소판결을 받을 수 있다§818, 가소 §24. 이 경우 중혼의 배우자 C는 상속권을 잃게 되는가의 문제가 있는데, 혼인취소의 효력에는 소급효가 없으므로 C의 상속권에는 영향이 없다는 것이 판례의 태도이다.[45] 위에서 이미 본 바와 같이 배우자 일방이 사망한 후에 혼인이 취소되었을 경우에는 사망한 때에 혼인이 소멸하는 것으로 보아야 하기 때문에, 이 견해와 판례는 부당하다.

(8) 사실상의 이혼 중의 당사자 일방이 사망한 경우에도 다른 일방은 배우자로서의 상속권이 있다고 보는 것이 판례인데,[46] 법문의 해석으로는 무난

44) 대판 1993. 5. 27, 92므143; 이혼소송의 재심소송에서 재심피고인 당사자가 사망한 경우에는 상속인이 아니라, 검사가 그 소송절차를 수계한다. 대판 1992. 5. 26, 90므1135.

45) 朴秉濠, 가족법, 332면; 대판 1996. 12. 23, 95다48308, 판례공보 1997. 2. 15, 498면.

하지만 실제로는 문제가 없는 것이 아니다. 이에 대해서는 사실상 이혼 중의 배우자가 상속권을 주장하는 것은 권리남용으로 보아 배척하여야 한다는 견해가 있다.[47)]

(9) 사실혼의 배우자에 대해서는 상속권이 인정되지 않는다.[48)] 다만 상속인이 없는 경우에 특별연고자로서 상속재산의 전부 또는 일부를 분여받을 수 있는 경우가 있을 뿐이다§1057의2.

### 7. 국 가

상속인이 될 수 있는 자는 위에서 열거한 사람에 한정되며, 이러한 범위에 포함되는 사람이 한 명도 없을 때에는 상속인이 없는 상태(상속인 부존재의 상태)가 된다. 이러한 경우에 특별연고자는 가정법원에 상속재산의 전부 또는 일부에 대한 분여를 청구할 수 있다§1057의2. 특별연고자의 분여청구가 없거나 분여하고 남은 재산이 있을 때에는 그 재산은 결국 국가에 귀속하게 된다(제1058조. 다만 제267조의 예외가 있다).

## 2 대습상속(代襲相續)

**設 例**

피상속인인 A는 처 B, 아들 C, 딸 D, 손자 E · F와 함께 여름휴가를 보내기 위하여 비행기를 타고 외국에 가던 중 추락사고로 전부 사망하였는데, 유가족으로는 딸 D의 남편 G(A의 사위)와 A의 동생 H, I가 있다. A가 남긴 재산을 놓고, G와 H · I가 다투다가 협의가 되지 않은 상태에서 G가 등기소에 상속등기신청을 하여 수리되었다. 이에 대하여 H · I는 G를 상대로 소유권이전등기말소를 청구하였다. 이는 받아들여질 수 있는가?

---

46) 대판 1969. 7. 8, 69다427(판례가족법, 704면).

47) 朴秉濠, 가족법, 331면.

48) 사실혼배우자의 상속과 관련된 문제에 관하여는 윤진수, 사실혼배우자 일방이 사망한 경우의 재산문제, 저스티스 제100호(2007. 10), 5면 이하; 박종용, 사실혼배우자의 보호, 가족법연구 제21권 제3호(2007. 11), 139면 이하; 金相瑢, 사실혼 배우자의 상속권에 관한 시론, 중앙법학 제9집 제2호(2007. 9), 511면 이하.

### 1. 대습상속의 의의

(1) 상속개시 당시 살아 있었다면 상속인이 될 수 있었던 피상속인의 직계비속 또는 형제자매가 상속개시 전에 사망하거나 결격자가 된 경우에, 그 직계비속이 있는 때에는 그 직계비속이 사망하거나 결격된 자의 순위에 갈음하여 상속인이 된다§1001. 상속개시 전에 사망 또는 결격된 자의 배우자도 그 직계비속과 함께 동순위로 공동상속인이 되며, 그 직계비속이 없을 때에는 단독상속인이 된다§1003②. 이를 대습상속이라고 한다. 예를 들어서 A의 사망시 A에게는 유족으로서 배우자 B, 아들 C가 있다. A의 딸 D는 1년 전에 사고로 사망하였는데, D의 남편 E는 재혼하지 않고 D와의 사이에서 태어난 F를 키우며 혼자 살고 있다. 이 경우 A의 상속인이 되는 사람은 B(배우자), C(직계비속), E, F(대습상속인)이다.

(2) 대습상속제도를 인정한 이유는, 본래 선순위의 상속권을 가져야 할 자가 사망·결격 등을 이유로 상속권을 잃은 경우에 그 사람의 직계비속과 배우자로 하여금 그 사람에 갈음하여 동순위로 상속시키는 것이 공평의 이념에 맞는다고 생각되기 때문이다.

대습상속은 상속권을 잃은 상속인의 직계비속과 배우자, 즉 대습상속인이 피대습자(상속개시 당시 생존하고 있었다면 상속인이 될 수 있었던 사람)의 권리를 승계하는 것이 아니고, 자기 고유의 권리로서 직접 피상속인의 재산적 지위를 승계하는 것이다.

### 2. 입법취지

역사적으로 이 제도를 보면, 로마법은 오래 전부터 이 대습상속제도를 인정하고 있었으나 게르만법은 이 제도를 알지 못하였다. 혼인할 때 미리 상속분의 결제를 받고 있었기 때문이다. 우리나라에도 이와 같은 관습(嫡孫承祖의 관습)이 있었다. 오늘날에는 많은 나라들이 이 제도를 인정하고 있다프민 § 729-1, 734, 739, 740, 독민 §1924③, 스민 §457②. 이 제도 채용의 배후에는 상속권의 확립, 상속에 대한 기대의 확립이 있다. 자기의 직계존속이 살아 있었으면 자기도 상속할 수 있었다는 강한 기대가 없는 곳에는 대습상속권이 발생할 여지가 없다. 다만 대습상속이라고 하더라도 1990년 민법개정 전의 호주상속(1990년 민법개정에 의하여 호주승계에 있어서는 대습상속이 폐지되었다)의 경우와 재산상속의 경우는 그 근거가 달랐다. 호주상속에 있어서는 장남이나 장손이 '家'를 계승해야 한다는 嫡子主義思想이 그 근거였다. 따라서 방계친에 대한 대습이란 것은 생각할 수 없었다. 이에 반하여 재산상속의 경우에는 상속에 대한 강한 기대에 형평의 원칙이 적용되는 것이다. 따라서 직계뿐만 아니라 방계(형제자매의 직계비속 및 배우자)에 대해서도 대습상속이 인정된다.

### 3. 대습상속의 성질

대습상속의 성질에 관해서는, 대습상속인은 피대습자의 권리를 승계하는가, 그렇지 않으면 자기 고유의 권리로서 직접 피상속인을 상속하는가가 문제된다. 그러나 상속개시 전의 상속권이란 엄격한 의미에서 본래의 의미의 상속권이 아니고, 단지 기대적 지위에 지나지 않는다. 이 기대적 지위의 승계라는 것은 있을 수 없으므로, 대습상속인의 상속권은 피대습자로부터 승계한 것이 아니고, 당연히 자기 고유의 권리에서 나오는 것이다(예를 들어서 아들 A가 아버지를 살해한 경우 A는 상속결격자가 되므로 상속인이 될 수 없다. 즉 A는 상속이 개시될 때부터 상속권을 가질 수 없다. 그러나 A의 직계비속과 배우자는 대습상속을 하게 된다. A의 직계비속과 배우자가 상속개시 당시부터 어떠한 상속권도 가질 수 없었던 A로부터 상속권을 승계하였다고 해석할 수는 없을 것이다).

### 4. 대습상속의 요건

#### (1) 상속개시 전 상속인의 사망 또는 결격

상속인(피대습자)이 상속개시 전에 사망하거나 결격자가 되어야 한다§1001 · 1003②. 예컨대 상속인이 고의로 피상속인을 살해하여 결격자가 된 경우§1004 i 에도 그 상속인의 직계비속은 대습상속을 하게 된다.

법문에서는 상속의 개시 전에 결격자가 된 경우라고 하고 있으나, 상속개시 후에 결격사유가 발생한 경우§1004도 물론 포함된다.

그런데 민법은 동시사망의 추정에 관한 규정을 두고 있어서§30, 피상속인과 그의 상속인이 동시에 사망한 것으로 추정되는 경우에 그 상속인은 피상속인

보다 먼저 사망한 것이 아니므로 대습상속이 개시되지 않는 것이 아니냐는 의문이 생긴다. 그러나 피상속인이 상속인보다 먼저 사망한 경우에는 상속인에게 일단 상속되었다가 상속인의 직계비속이나 배우자에게 상속될 것이고, 상속인이 될 자가 피상속인보다 먼저 사망한 경우에는 상속인의 직계비속이나 배우자가 대습상속을 하게 되는데§1001·1003②, 피상속인과 상속인이 동시에 사망하면 대습상속이 되지 않는다는 것은 형평에 어긋나므로 대습상속을 한다고 해석할 수밖에 없다.[49]

상속포기는 대습상속의 사유가 되지 않는다.[50] 이는 규정상으로도 명백하다(제1001조는 상속인이 될 수 있었던 직계비속 또는 형제자매가 상속이 개시되기 전에 '사망하거나 결격자가 된 경우에' 한하여 대습상속이 이루어진다고 규정하고 있다).

설례에서 피상속인 A와 처 B, 아들 C, 딸 D, 손자 E, F는 동시에 사망한 것으로 추정되는데, 이런 경우에는 피상속인 A의 사위인 G가 직계비속(딸 D)의 배우자로서 대습상속을 하게 된다.

설례와 같은 사안에 대하여 대법원은 "민법 제1001조의 '상속인이 될 직계비속이 상속개시 전에 사망한 경우'에는 상속인이 될 직계비속이 피상속인과 동시에 사망한 경우도 포함하는 것으로 해석함이 타당하다. 따라서 망인의 직계비속의 배우자인 피고는 특별한 사정이 없는 한 대습상속을 한다"고 판시하였다(대판 2001. 3. 9, 99다13157).

### (2) 대습상속인이 되는 사람 – 피대습자의 직계비속, 배우자

대습상속인은 피대습자의 직계비속이나 배우자이어야 한다.

피대습자가 상속자격을 잃은 때에 직계비속이 이미 존재하고 있어야 하는가(예를 들어서 피대습자가 아버지 갑을 살해하려다가 미수에 그쳐서 상속결격이 된 이후 입양을 하였고, 그로부터 얼마 지나지 않아서 갑이 사망하여 상속이 개시된 경우에 양자는 갑의 대습상속인이 될 수 있는가). 종전 일본의 통설·판례는 이를 적극적으로 해석하고 있었다. 기대가 존재하지 않는 것을 이유로 하여, 그것

---

49) 서울지판 1998. 4. 3, 97가합91172, 법률신문 1998. 4. 27, 11면은 "민법 제1001조의 '상속인이 될 직계비속이 상속개시 전에 사망한 경우'에는 상속인이 될 직계비속이 피상속인과 동시에 사망한 경우도 포함하는 것으로 해석함이 타당하다. 따라서 망인의 직계비속의 배우자인 피고는 특별한 사정이 없는 한 대습상속을 한다"고 판시하고 있다. 대판 2001. 3. 9, 99다13157, 판례공보 2001. 5. 1, 831면도 같은 취지이다.

50) 상속포기도 대습상속의 원인이 된다고 보는 견해가 있다. 朴秉濠, 가족법, 334면; 郭潤直, 상속법, 125면.

도 친생자의 경우라면 어느 정도 수긍이 가나, 양자의 경우를 생각하면 상속인 자격상실 후의 직계비속을 제외하는 이유는 명백하다고 한다. 그러나 대습상속이란 피대습자의 직계비속이 피대습자의 지위를 승계하는 것이 아니고, 자기 고유의 권리로서 상속하는 것이며, 또한 이러한 직계비속을 보호하려는 뜻도 있다. 이러한 입장에 선다면, 직계비속이 피대습자의 결격 후 출생한 것이 대습상속을 막을 사유는 안 된다고 본다. 즉 직계비속은 상속개시시에 존재하고 있든가, 포태되어 있으면 대습상속권을 가진다고 해석할 수 있다.

태아는 대습상속인의 자격이 있는가. 태아는 상속의 순위에 관하여 이미 출생한 것으로 보고 있으므로§1000③, 이의 유추적용이 있어야 할 것이다. 즉, 피대습자의 결격 당시의 태아뿐만 아니라, 결격 후 상속개시 당시에 포태되어 있는 태아에 대해서도 대습상속이 인정되어야 할 것이다.

배우자는 법률상의 혼인을 한 배우자이어야 한다. 이 경우의 배우자는 결격사유가 발생한 때의 배우자에 한하여야 한다는 견해가 있다.[51] 이 견해는 피대습자가 결격자가 된 후에 혼인한 배우자도 대습상속권을 가진다면 결과적으로 결격자가 스스로 상속한 것과 같은 결과를 가져온다는 것을 그 이유로 든다. 그러나 그와 같이 축소해석할 근거가 약할 뿐만 아니라, 우리 민법은 부부별산제를 채택하고 있으므로§830, 결격자가 상속한 것과 같은 결과가 된다는 것은 논리적으로 맞지 않는다. 따라서 직계비속의 경우와 마찬가지로 해석하는 것이 타당하다.

배우자가 사망한 후 재혼한 자는 인척관계가 소멸하므로§775②, 대습상속권이 없다고 해석하여야 할 것이다등예 제694호.

1990년 민법개정 전에는 妻에게만 대습상속권을 인정하였으나, 개정법은 夫에게도 처와 마찬가지로 대습상속권을 인정하여 배우자의 대습상속으로 개정하였다.

### (3) 대습상속인은 결격자가 아닐 것

대습자(대습상속인)는 상속인의 자격을 잃어서는 안 된다. 즉 대습자가 결격자인 경우에는 대습상속권을 갖지 못한다. 왜냐하면 대습자에게는 이미 상속의 기대가 없기 때문이다. 피대습자에 대하여 결격자인 자는 피상속인을 대습상속할 수 있다는 견해가 있는데,[52] 이는 부당하다. 왜냐하면 대습상속의

51) 郭潤直, 상속법, 127면.

입법취지는 상속에 대한 기대의 확립에 있는데, 대습자는 이미 피대습자에 대하여 결격자가 됨으로써 상속의 기대가 없어졌기 때문이다(예를 들어 자신의 처를 살해한 자는 장모나 장인이 사망해도 대습상속을 할 수 없다. 대습상속이 인정되는 이유는 장인이나 장모의 사망으로 상속이 개시되었을 때 처가 생존해 있었다면 처가 상속을 했을 것이고, 그 후 처가 사망하면 夫가 처로부터 상속을 받을 수 있다는 기대(즉 夫는 처를 통하여 처가의 재산을 상속받는 결과가 된다)에 근거하는 것이기 때문이다). 따라서 대습자의 피대습자에 대한 결격이 피상속인에게까지 미친다고 보는 것이 타당하다.

#### (4) 피상속인의 자녀가 전부 상속개시 전에 사망하거나 결격자가 된 경우 피상속인의 손자녀는 본위상속을 하는가, 대습상속을 하는가.

동순위의 공동상속인(예컨대 피상속인의 자녀)이 전부 상속개시 전에 사망하거나 결격자가 된 경우에는 그 상속인의 직계비속에 대해서 대습상속이 인정되는 것은 당연하다. 다만 상속권을 잃은 자가 피상속인의 자녀인 경우에는 자녀의 배우자가 없는 한 그 직계비속은 피상속인의 손자녀로서 본래의 상속(본위상속)을 하게 되므로§1000① i 대습상속의 필요가 없으나(다만, 대판 2001. 3. 9, 99다13157은 "피상속인의 자녀가 상속개시 전에 전부 사망한 경우 피상속인의 손자녀는 본위상속이 아니라 대습상속을 한다고 봄이 상당하다"고 한다. 그러나 이 부분에 대해서는 보다 상세한 검토가 필요하다),[53] 피상속인의 형제자매가 전부 상속개시 전에 사망하거나 결격자가 되었는데 그 형제자매에게 배우자나 직계비속이 있는 경우에는 실익이 있다.

### 5. 재대습상속

피상속인의 자녀에게 대습원인이 발생하면 손자녀가 대습상속을 하게 되는데, 그 손자녀에 대해서도 대습원인이 발생하면 증손자녀가 대습상속하게 되며, 증손 이하의 직계비속에 대해서도 마찬가지다. 이를 재대습상속이라고 한다. 이에 관해서는 명문규정이 없으나, 제1001조 규정이 대습자를 '직계비

---

52) 郭潤直, 상속법, 127면. 郭교수는 상속결격의 효과에서는 이와 반대로 父를 살해하여 결격으로 된 자는 조부모를 대습상속할 자격을 잃는다고 하고 있다(전게서, 92면 참조).

53) 민사판례연구회(편), 2000년대 민사판례의 경향과 흐름, 637면 이하 참조. 한편 郭潤直교수는 孫이하의 직계비속은 子를 대습해서만 상속한다고 주장하면서(郭潤直, 상속법, 102면), 다른 한편 비대습설이 타당하다고 서술하고 있다(전게서, 128면).

속'이라고 규정하고 있기 때문에 당연히 위와 같이 해석될 수 있다. 이 경우 재대습상속은 직계비속의 직계비속뿐만 아니라 형제자매의 직계비속의 경우에도 인정된다고 보아야 한다.

### 6. 대습상속의 효과

대습상속에 의하여 대습상속인은 피대습자에게 예정되어 있는 상속분을 상속한다. 예컨대 피대습자의 상속분이 1/3이라면, 그 배우자 갑과 자녀 을은 각각의 상속분에 따라 갑은 3/15, 을은 2/15의 상속분을 가지게 된다.

## 3 상속인의 자격

### 1. 상속능력

#### (1) 의 의

상속능력이란 상속인이 될 수 있는 자격을 말한다. 현행법에서의 상속은 순수한 재산상속이므로 권리능력이 있는 자는 모두 상속능력이 인정된다. 다만 상속능력은 자연인에 대해서만 인정되며, 법인은 권리능력이 있더라도 상속능력이 없다. 그러나 법인은 포괄적 수증자가 될 수 있는데, 포괄적 수증자는 상속인과 동일한 지위를 가지므로§1078, 법인이 포괄적 수증을 받는 경우에는 실질적으로 상속인이 되는 것과 같은 결과가 된다. 그리고 한국 국적을 상실하여 외국인이 된 경우에도 상속인이 될 능력을 잃지 않는다.

#### (2) 태아의 상속능력

상속능력에서 문제가 되는 것은 상속이 개시될 때에 태아인 자이다. 원래 상속인이 되기 위해서는 '동시존재의 원칙' 또는 '계속의 원칙'에 따라서 상속이 개시될 때에 권리능력자일 필요가 있으나(즉, 출생해 있을 필요가 있으나), 민법은 태아에 대해서는 예외를 인정하여, 태아는 상속에 관해서는 이미 출생한 것으로 본다§1000③.

'이미 출생한 것으로 본다'의 성질에 관해서는 학설이 나누어져 있다. 하나는 출생을 조건으로 하여 상속개시시에 소급하여 상속능력을 취득한다고 하는 설이다. 이를 법정정지조건설 또는 인격소급설이라고 한다. 다른 하나는 제1000조 제3항을 태아에게 상속능력을 인정한 것으로 이해하여 태아인 상태에서 이미 상속능력을 가지며, 만일 태아가 사산되면, 상속개시시에 소급하여 상속능력을 잃는다는 설이다. 이를 법정해제조건설 또는 제한적 인격설이라고 한다. 판례는 앞의 학설을 취하고 있다.[54] 학설로서는 두 번째 견해가 다수설[55]이며, 태아의 보호면에서 볼 때에는 두 번째 견해가 우수하다. 그러나 두 번째 학설을 취하는 경우에는 해석상 어려운 문제가 생길 수 있다. 즉 i) 태아를 언제 포태하였는지는 母 자신도 모르는 경우가 있다. 따라서 모가 포태한 사실을 알지 못하여 태아를 제외하고 상속하면, 결국 태아는 출생 후 상속회복청구를 할 수밖에 없다. ii) 태아는 반드시 夫의 子라고는 볼 수 없다 §844·847 참조. 따라서 이러한 친생자가 아닌 태아가 상속능력을 가지게 되면 상속재산을 분할한 후에 진정상속인이 상속회복청구를 하여야 하므로 번거롭게 된다. iii) 태아는 쌍생아인 경우도 있다. 이런 경우에 母가 태아를 한 명으로 잘못 생각하여 출생 전에 상속재산을 분배하면 다시 상속재산분할을 하여야 한다. iv) 태아가 사산이 될 경우도 있을 것이다. v) 현행법의 해석으로 母에게 태아의 법정대리인의 지위를 인정하기는 어렵다. 이와 같은 견지에서 해석론으로는 법정해제조건설보다 법정정지조건설이 타당하다고 본다. 다만 입법론으로는 태아의 보호를 위하여 태아를 위한 상속재산관리인제도를 두는 것이 바람직하다고 생각된다.

대습상속의 경우에 태아가 상속능력이 있는지에 관하여는 명문의 규정이 없으나, 대습상속도 상속의 일종이므로 태아도 당연히 대습상속인이 될 수 있다고 해석하는 것이 타당하다.

54) 대판 1949. 4. 9, 4281민상197, 판례총람 327면(판례가족법, 702면); 대판 1976. 9. 14, 76다1365, 판례월보 79호, 8면(판례가족법, 703면).

55) 鄭光鉉, 신친족상속법요론, 330면; 金容漢, 친족상속법론, 321면; 李根植·韓琫熙, 신친족상속법, 230면; 李英燮, 신민법총칙, 91면; 金曾漢, 민법총칙, 108면; 郭潤直, 민법총칙, 125면 등.

## 2. 상속의 결격

**設 例**

A에게는 처 B와 전처의 子 C·D가 있으며, C에게는 子 E가 있다. B는 현재 A의 자를 포태하고 있다. 그런데 A는 병을 앓다가 사망하였는데, 사망하기 전에 유언증서를 작성하였다. 이 유언서를 본 C는 그 내용이 자기에게 불리한 것을 알고서 유언서를 파기하였다. 그리고 처 B는 A의 사망 후 아이를 낳아 양육할 자신이 없어서 낙태수술을 받았다. 이러한 경우, B·C·E의 상속권은 어떻게 되는가?

### (1) 상속결격의 의의

상속인에게 법률이 정한 일정한 사유가 발생한 경우에 특별히 재판상의 선고를 기다리지 않고 법률상 당연히 피상속인을 상속하는 자격을 잃는 것을 상속결격이라고 한다.

어떤 사람의 유산을 그 사람과 일정한 신분관계에 있는 사람들에게 상속시키는 것은, 그 사람들 사이에 긴밀한 정서적·경제적 유대관계가 있는 것을 전제로 한다. 따라서 이러한 유대관계를 깨뜨리는 비행이 있는 자에게는 상속권을 인정해서는 안 된다는 것이 이 제도의 존재이유이다.

### (2) 결격사유

피상속인에 대한 패륜행위와 피상속인의 유언에 대한 부정행위(不正行爲)로 나누어진다.[56]☜

결격은 본조에 열거하는 사유가 발생한 때에만 인정된다. 이와 비슷한 중대한 비행이 있더라도 유추해석을 해서는 안 되며, 될 수 있는 한 엄격하게 해석하여야 한다.

결격사유는 다섯 가지인데, 크게 두 종류로 나누어 볼 수 있다. 그중의 하나는 피상속인 등의 생명침해에 관한 사유로서 피상속인에 대한 패륜행위이고 다른 하나는 피상속인의 유언에 대한 부정행위이다. 전자의 경우에는 상속인의 패륜행위 그 자체가 공익적·도덕적 견지에서 제재의 대상이 되는 것이다. 이에 반하여 후자에서는 상속인이 위법하게 이득을 얻거나 또는 이득을

56) 제1004조에 따르면 상속인이 피상속인에 대해서 부양의무를 이행하지 않은 경우는 결격사유에 해당하지 않는데, 헌법재판소는 이러한 규정이 헌법에 위반되지 않는다고 판단하였다(헌재결 2018. 2. 22, 2017헌바59).

얻으려고 하는 것을 제재의 대상으로 하고 있다. 따라서 양자는 별개의 취지에서 해석하여야 한다.

(가) 피상속인에 대한 패륜행위

① 고의로 직계존속, 피상속인, 그 배우자 또는 상속의 선순위자나 동순위자를 살해하거나 살해하려 한 것§1004 i: 고의의 살인인 경우에 한한다. 살인죄라면 기수이건 미수형 §254이건 묻지 않는다. 살인의 예비 또는 음모형 §255와 자살의 교사·방조형 §252②도 이 요건을 충족시킬 수 있다. 선순위자나 동순위자가 태아인 경우에는 형법 제269조와 제270조가 규정하는 낙태죄도 이 요건을 충족시킬 수 있을 것이다.[57] 고의의 범죄이어야 하므로, 과실치사는 이 요건을 충족시키지 않는다. 그리고 피해자가 직계존속, 피상속인, 그 배우자 또는 상속의 선순위자(또는 동순위자)라는 사실을 알고 있어야 한다. 다만, 이와 같은 사람들을 살해함으로써 자기가 상속에 있어서 유리하게 되리라는 인식은 필요하지 않나(예를 들어서 조부를 살해한 손자 갑은 상속결격자가 되므로, 자기의 父가 사망한 경우에 父의 상속인이 될 수 없다. 그러나 父의 사망으로 인한 상속관계에서 조부는 제2순위 상속인이므로, 갑이 조부를 살해한다고 상속에서 유리해질 것은 없다).[58] 따라서 설례의 경우, B는 상속결격자로서 상속권이 없다.

② 고의로 직계존속, 피상속인과 그 배우자에게 상해를 가하여 사망에 이르게 한 것§1004 ii: 고의의 상해로 인한 치사에 한한다. 고의의 살인인 경우에는 전호에 의한다. 피해자는 가해자의 '직계존속, 피상속인과 그 배우자(직계존속의 배우자, 피상속인의 배우자)' 이어야 한다. 상속의 선순위자나 동순위자는 여기서 제외된다. 따라서 상속의 선순위자나 동순위자에 대한 상해치사는 결격사유가 되지 않는다. 상해를 가하여 사망에 이르게 하여야 하므로, 상해만으로는 결격사유가 되지 않는다. 그리고 피해자가 직계존속, 피상속인, 그 배우자라는 사실을 알고 있어야 한다. 다만 상속에 있어서 이익을 받으려는 의사는 없어도 상관없다(피상속인을 살해할 의사는 없었던 것이므로 이렇게 해석하는 것이 당연하다).

57) 이에 따르는 판례: 대판 1992. 5. 22, 92다2127, 판례월보 264호, 98면. 이 판결에 대한 비판적 평석으로는 오종근, 상속 결격사유 — 낙태의 경우, 가족법연구 제7호(1993), 279면 이하.

58) 대판 1992. 5. 22, 92다2127도 같은 취지이다.

(나) 피상속인의 유언에 관한 부정행위

① 사기·강박으로 피상속인의 상속에 관한 유언 또는 그 철회를 방해한 것§1004iii: 상속재산분할방법의 지정 또는 위탁§1012 등과 같이 상속 자체에 관한 것뿐만 아니라, 상속재산의 범위에 영향을 미치는 유증§1074을 포함하는 유언은 물론, 상속인의 범위에 영향을 미치는 친생부인§850 또는 인지§859②를 포함하는 유언과 재단법인의 설립§47②의 유언도 상속에 관한 유언이라고 할 수 있을 것이다. 예를 들어서 유언에 의하여 인지를 하는 경우 인지된 혼인외의 자는 상속권을 가지게 되므로, 다른 공동상속인의 상속분이 감소되는 결과로 이어진다. 따라서 상속과 관계없는 유언은 미성년후견인 지정§931의 유언뿐일 것이다. 비행의 대상이 되는 상속에 관한 유언은 유효한 것이어야 한다. 무효인 유언행위는 방해해도 무의미하며 손해를 생기게 할 여지가 없기 때문이다. 피상속인의 유언에 관한 행위 ― 유언을 하거나 또는 유언을 철회하는 것 ― 를 사기 또는 강박으로 방해하여야 한다. 위의 방해행위를 함에 있어서는 자기에게 상속에 의하여 상속재산을 귀속시키거나 또는 보다 한층 유리하게 귀속시키려는 고의가 있어야 한다. 그러므로 다른 상속인·수증자·피상속인의 이익을 꾀하려고 한 경우에는, 자기의 이익을 위한 고의가 주요한 동기가 아닌 한, 본호는 적용되지 않는다고 해석된다.

사기자에게는 피상속인을 기망하려는 의사와 기망함으로써 특정의 유언행위를 시키지 않으려는 의사가 있어야 한다(2단의 고의). 또 강박자에게는 상대방에게 공포를 일으키게 하려는 의사와 공포로써 특정의 유언행위를 시키지 않으려는 의사가 있어야 한다(2단의 고의). 고의와 관련해서는 피상속인이 어떠한 유언행위를 하려는가 하는 내용을 확실히 알 필요는 없고, 다만 위의 방해행위로써 상속에 관한 자기의 이익이 실현될 수 있을지도 모른다는 사실의 인식이 있으면 충분하다.

방해행위를 함으로써 피상속인으로 하여금 본호의 유언행위를 하지 않게 하여야 한다. 피상속인이 위의 방해에도 불구하고 본호의 유언행위를 하였을 때에는 본호는 적용되지 않는다고 보아야 한다. 방해행위는 어떤 것이든 무방하다. 피상속인이 상속인에게 유언증서를 파기할 것을 위탁한 경우에 상속인이 이를 실행하지 않고, 몰래 보관하는 경우도 철회를 방해하였다고 볼 수 있다.

② 사기 또는 강박으로 피상속인의 상속에 관한 유언을 하게 한 것§1004iv: 주의할 점은 모두 ①의 경우와 같다. 다만 상속에 관한 유언은 사기·강박을

이유로 제110조에 의하여 취소될 수 있다. 그러나 이러한 경우에도 본호는 적용된다. 취소의 유무라는 우연한 사실에 의하여 결격사유의 존부를 좌우하는 것은 적당하지 않으며, 또한 제도의 취지에도 맞지 않기 때문이다.

③ 피상속인의 상속에 관한 유언서를 위조·변조·파기 또는 은닉한 것 §1004 v: 상속에 관한 유언서를 위조·변조·파기 또는 은닉한 행위가 있어야 한다. 여기서 말하는 위조란 상속인이 피상속인의 명의를 마음대로 사용하여 유언서를 작성하는 것이며, 변조란 상속인이 피상속인이 작성한 유언서의 내용을 마음대로 고치는 것을 말한다. 은닉이란 유언서의 소재를 불명하게 하여 그 발견을 방해하는 행위를 말한다.[59] 위의 행위는 고의에 기인하여야 한다. 따라서 과실로 인한 파기의 경우에는 본호는 적용되지 않는다.

상속인이 유언서를 위조·변조·파기 또는 은닉한 후에 피상속인이 그 유언을 철회한 경우에는 본호는 적용되지 않는다고 보아야 한다. 상속에 관하여 영향을 줄 염려가 없기 때문이다.

설례의 경우, 유언서를 파기한 C는 상속결격자로서 상속권이 없다.

☞ 오스트리아민법 제541조는 부모와 자녀 사이에서 발생하는 의무를 심각하게 해태한 경우를 상속결격사유로 규정하고 있다. 이에 따라 상속인이 피상속인에 대하여 친자관계에서 발생하는 가족법상의 의무를 이행하지 않은 경우에는 상속결격의 제재를 받을 수 있다(의무의 위반은 고의에 의한 것이어야 하고 심각한 수준이어야 한다). 주로 문제가 되는 사안은 부모가 미성년자녀에 대하여 양육의무를 이행하지 않은 경우, 재산관리권, 법정대리권을 적절하게 행사하지 않은 경우, 자녀를 학대한 경우 등이다. 물론 자녀가 부모에 대하여 부양의무를 이행하지 않은 경우도 결격사유에 해당한다. 실제로 이 규정에 의해서 상속결격자가 되는 사람들은 대부분 친자관계에서 발생하는 의무를 이행하지 않았던 부모라고 한다.[60]

### (3) 상속결격의 효과

(가) 결격사유가 발생하면 상속인은 당연히[61] 상속할 자격을 잃는다(당연

59) 대판 1998. 6. 12, 97다38510; 대판 2023. 12. 21, 2023다265731. 단순히 유언서의 내용을 적극적으로 고지하지 않았다는 사정만으로는 유언서를 은닉하는 행위를 하였다고 단정할 수 없다.

60) 자세한 내용은 김상용, 변화하는 사회와 상속법－자녀의 유류분을 중심으로－, 민사판례연구 제38권(2016), 996면 이하 참조.

61) 결격사유에 해당하는 사람의 상속자격을 당연히 상실시키는 입법례(즉 상속결격사유가 발생하면 법원의 판결이 없어도 해당 상속인은 자동으로 상속자격을 잃는다. 이러한 입

히 상속할 자격을 잃는다고 하지만, 어떤 상속인에게 결격사유가 있는가의 여부는 대부분의 경우 재판을 통해서 확정될 것이다. 물론 상속결격사유가 있는 경우에는 해당 상속인은 판결이 없어도 당연히 상속자격을 잃게 되므로, 이론상으로는 별도의 판결이 반드시 필요한 것은 아니다. 예를 들어 피상속인의 자녀인 갑이 피상속인을 살해하였다는 의심이 있다고 해서 갑이 당연히 결격자가 되는 것은 아니며(갑이 피상속인을 살해하였다고 다른 공동상속인이 주장한다고 해서 갑이 상속결격자가 되는 것은 아니다), 법원의 재판을 통해서 살인죄의 유죄판결이 확정되어야만 결격자가 되는 것이다. 등기선례 제4-359호 참조). 상속 개시 전에 결격사유가 생기면 그 상속인은 후일에 상속이 개시되더라도 상속을 할 수 없다. 상속개시 후에 결격사유가 생긴 경우에는 일단 유효하게 개시한 상속도 그 개시시에 소급하여 무효가 된다(예를 들어서 피상속인이 사망한 후에 유언서를 파기한 경우). 따라서 결격자가 상속재산을 선의·무과실의 제3자에게 양도한 경우에도 그 양도행위는 처음부터 당연 무효이며, 선의취득의 보호를 받지 않는 한 제3자는 아무런 권리도 취득하지 않는다.[62] 진정한 상속인은 제3자에 대하여 상속재산의 반환을 청구할 수 있으며, 이는 상속회복청구권의 성질을 갖는다. 그러므로 진정상속인의 상속회복청구권이 제척기간의 경과로 소멸하든가 제3자의 취득시효가 완성되지 않는 한, 진정상속인으로부터 반환청구가 있으면 이에 응하지 않으면 안 된다.

(나) 상속결격자는 피상속인에 대하여 상속인이 될 수 없음과 동시에 또한 수증결격자도 되므로§1064, 유증을 받을 수도 없다. 이에 대해서는 제1004조는 유증의 경우의 수증자에게만 준용되어야 하므로(예를 들어서 갑의 유언에 의해서 유증을 받게 되어 있는 갑의 친구 을이 유증을 빨리 받을 목적으로 갑을 살해한 경우 을은 수증결격자가 되어 유증을 받을 수 없다)§1064, 피상속인이 상속결격자에

---

법례에 속하는 나라에서는 법원이 직권으로 상속결격사유를 판단한다)와 일정한 사람의 청구에 따라 법원의 판결에 의해서 상속자격을 상실시키는 입법례가 있다. 전자의 입법례가 일반적이라고 할 수 있으며 프랑스민법, 오스트리아민법, 스위스민법, 벨기에민법, 일본민법, 우리 민법 등이 여기에 속한다. 후자에 속하는 입법례로는 독일민법(프랑스민법 제727조, 제727-1조도 여기에 속한다고 볼 수 있을 것이다)이 있다. 김상용·박인환, 상속권상실선고에 관한 법무부 개정안의 문제점, 중앙법학 제23권 제1호, 2021, 16면 이하; 이동진, 상속결격·상속권상실과 대습상속, 가족법연구, 제35권 제2호(2021), 104면은 필자가 앞의 논문에서 상속결격에는 당연결격만이 있다고 서술했다고 주장하면서, 이는 당연하지도 보편적이지도 않다고 비난하고 있으나, 이는 필자의 논문을 오독(誤讀)하고 비난한 것에 지나지 않는다. 타인의 논문을 비판할 때에는 먼저 논문에 대한 충분한 이해가 선행되어야 할 것이다.

62) 대판 1964. 7. 14, 64다135, 판례총람 319면(판례가족법 추록(Ⅰ), 176면).

게 유효하게 유증할 수 있다는 견해가 있다.[63] 이 견해에 따르면 피상속인이 상속결격자를 용서한 것과 같은 결과가 된다. 피상속인이 상속결격자에게 생전증여하는 것을 막을 수 없기 때문에 실질적으로 위의 준용규정은 실익은 없다고 보아야 할 것이다.

(다) 상속결격의 효과는 특정의 피상속인에 대한 관계에만 미치며, 다른 피상속인에 대한 상속자격에는 영향을 미치지 않는다(예를 들어서 배우자를 살해한 자는 배우자의 사망으로 인한 상속관계에서는 결격자가 되지만, 자기의 부모가 사망한 경우에는 상속인이 될 수 있다). 다만, 고의로 직계존속을 살해하거나 살해하려 한 자 또는 직계존속에게 상해를 가하여 사망에 이르게 한 자는 절대적 결격자로서 예외이다[64](예를 들어서 부나 모를 살해한 자는 모든 상속관계에서 절대적으로 상속결격자가 되므로, 자기의 배우자가 사망했을 때도 상속인이 될 수 없다고 해석된다). 그리고 대습상속의 경우에는 대습상속인의 피대습자에 대한 결격이 피상속인에게까지 미친다. 예컨대, 배우자를 살해한 자는 배우자의 부모로부터 대습상속을 할 수 없다.

(라) 결격의 효과는 결격자의 일신에만 그치므로, 결격자의 직계비속이나 배우자가 대습상속하는 데는 지장이 없다.

따라서 설례의 경우, C의 子 E가 대습상속하는 데에는 아무런 지장이 없다. 결국 D와 E가 상속인이 된다.

(마) 결격의 효과는 법률상 당연히 생기는 것이며, 민법에는 결격자의 상속권 회복에 대한 규정이 없으므로, 피상속인이 상속결격자에 대하여 결격의 용서를 하는 것(또는 결격 효과의 취소 또는 면제를 하는 것)은 허용되지 않는다고 보아야 한다. 그러나 피상속인이 결격자에 대하여 생전증여를 하는 것이 가능하므로 용서를 허용하지 않는다는 것은 실제에 있어서는 별로 의미가 없을 것이다.

63) 郭潤直, 상속법, 92면.

64) 이와 달리 피상속인의 직계존속으로 제한하여 해석하는 것이 타당하다는 견해가 있다. 양창수, 상속결격제도일반 — 우리나라와 프랑스의 경우 —, 민법연구 제5권(1999), 319면 이하; 같은 견해 황경웅, 상속결격에 관한 제반문제, 가족법연구 제20권 2호(2006), 95면.

## 3. 상속권의 상실

### (1) 상속권상실선고의 의의

피상속인이 생존하는 동안 피상속인의 직계존속이 피상속인에 대한 부양의무를 중대하게 위반하거나 피상속인(또는 그 배우자나 직계비속)에게 중대한 범죄행위 등을 한 경우에는 피상속인의 사망 후 법원은 일정한 사람의 청구에 따라 해당 상속인(피상속인의 직계존속)의 상속권을 상실시킬 수 있다. 민법상 상속결격§1004은 일정한 사유가 발생한 경우에 재판상의 선고를 기다리지 않고 당연히 상속자격을 잃는 것을 의미하는 반면, 상속권 상실은 법정사유가 있는 경우 상속개시 이후 일정한 자의 청구에 따라 법원의 선고에 의하여 상속권을 상실시키는 것을 말한다.

세월호, 천안함 사태 이후 자녀에 대한 양육의무를 이행하지 않은 부모들이 나타나 상속인으로서 유족보상금을 수령하는 사례들이 있었고, 유명 연예인의 사망 이후 역시 부모로서 양육의무를 이행하지 않은 모가 나타나 상속권을 주장한 사례가 있었다. 우리 사회에서 이러한 일련의 사례들이 발생하면서 피상속인에 대하여 부양의무를 이행하지 않은 상속인의 상속자격을 제한하여야 한다는 여론이 형성되었으며, 그 결과로 상속권상실선고§1004의2 제도가 도입되었다(법률 제20432호, 2024. 9. 20. 개정. 2026. 1. 1. 시행[65]).☜

### (2) 피상속인의 유언에 따른 상속권상실청구

피상속인의 직계존속(예컨대, 부 또는 모)에게 다음과 같은 사유가 있는 경우에는 피상속인은 공정증서에 의한 유언§1068으로 상속권 상실의 의사를 표시할 수 있으며, 이 경우 유언집행자는 가정법원에 상속권상실선고를 청구하여야 한다.[66]

---

65) 개정민법 부칙 제2조와 제3조에 따라 상속권상실선고에 관한 제1004조의2 규정은 2024. 4. 25. 이후 개시된 상속사건에도 적용된다. 2024. 4. 25. 헌법재판소는 유류분권리자의 유류분상실사유를 별도로 규정하지 않은 제1112조 제1호부터 제3호까지의 규정에 대해서 헌법불합치 결정을 하였다. 소급적용에 관한 부칙규정은 위 헌재 결정을 의식한 것으로 보이는데, 상속권상실선고제도와 유류분상실제도는 본질적으로 다른 제도이므로, 이 두 제도를 연결시키는 것은 적절하지 않다.

66) 피상속인이 상속권상실선고를 청구할 수 있다는 의견이 있으나(윤진수, 친족상속법, 2025, 382면 이하), 이는 법규정에 대한 오해에서 비롯된 것으로 보인다.

(가) 피상속인의 직계존속이 피상속인에 대한 부양의무(미성년자에 대한 부양의무)를 중대하게 위반한 경우§1004의2① i

피상속인이 미성년자일 때 피상속인의 직계존속이 부양의무를 이행하지 않는 경우를 말한다(예를 들어 갑의 출생 직후 부모 A, B 중 A가 가출하여, B가 홀로 갑을 양육하였으며, A는 갑이 성년에 이르기까지 양육비를 지급하지 않은 경우). 피상속인의 직계존속이 부양능력이 있음에도 고의로 부양의무를 이행하지 않은 경우만이 여기에 해당한다. 그러므로 비양육친이 양육비의 지급을 감당할 만한 소득이나 재산이 없어서 양육비를 지급하지 못한 경우는 상속권상실사유에 해당하지 않는다.

어느 정도 부양의무를 이행하지 않아야 부양의무를 '중대하게' 위반한 경우에 해당하는지의 여부는 해석에 달려 있다. 이 문제의 해석과 관련하여서는 입양에 관한 제870조 제2항이 하나의 단서가 될 수 있을 것이다. 이 규정에 따르면 "부모가 3년 이상 자녀에 대한 부양의무를 이행하지 아니한 경우"에는 법원은 부모가 입양에 대한 동의를 거부하더라도 입양의 허가를 할 수 있다(친양자 입양에 관하여도 같은 취지의 규정이 있다. 제908조의2 제2항에 따르면 법원은 "친생부모가 자신에게 책임이 있는 사유로 3년 이상 자녀에 대한 부양의무를 이행하지 아니하고 면접교섭을 하지 아니한 경우" 친생부모의 입양 동의가 없어도 친양자 입양 청구를 인용할 수 있다). 이와 같이 민법은 부모의 동의 거부에도 불구하고 입양을 성립시킬 수 있는 요건으로서 '3년 이상 부양의무를 이행하지 않은 경우'를 들고 있다. 친양자 입양이 성립하면 자녀와 친생부모의 친족관계가 소멸한다는 점(친생부모는 더 이상 법률상 부모의 신분을 갖지 않으므로, 자녀가 사망했을 때 상속인도 될 수 없다)에 비추어 볼 때, 민법이 악의로 부양의무를 이행하지 않은 부모에 대해서 매우 엄중한 제재를 가하고 있음을 알 수 있다. 이러한 민법 규정에 비추어 볼 때 부모가 악의로 3년간 부양의무를 이행하지 않은 경우에는 "피상속인에 대한 부양의무를 중대하게 위반한 경우"에 해당할 수 있을 것으로 보인다. 다만 부모가 과거에 3년 이상 부양의무를 이행하지 않았으나, 그 후 태도를 바꾸어 성실하게 부양의무를 이행하였다면(예를 들어 자녀가 5세가 될 때까지는 양육비를 지급하지 않았으나, 그 후에는 성년에 이를 때까지 성실하게 양육비를 지급한 경우), 이러한 사정을 고려하여 판단하여야 할 것이다(이러한 경우에는 피상속인에 대한 부양의무를 중대하게 위반한 경우에 해당하지 않는다고 판단할 수 있을 것이다).

(나) 피상속인 또는 그 배우자나 피상속인의 직계비속에게 중대한 범죄행위(제1004조의 경우는 제외한다)를 하거나 그 밖에 심히 부당한 대우를 한 경우§1004의2① ii

피상속인의 직계존속이 피상속인 또는 그 배우자나 피상속인의 직계비속에게 중대한 범죄행위를 하거나 심히 부당한 대우를 한 경우를 말한다. 피상속인의 직계존속이 피상속인을 상대로 위와 같은 행위를 한 시기는 문제 되지 않으므로, 피상속인이 미성년자인 동안이든 성년이 된 이후이든 위와 같은 행위가 있었다면 상속권상실선고의 요건이 충족된다. 피상속인의 직계존속이 피상속인의 배우자나 피상속인의 직계비속에게 위와 같은 행위를 한 경우에도 상속권을 상실시킬 수 있다(그런데 피상속인에게 직계비속이 있다면, 피상속인의 직계존속은 상속인이 될 수 없으므로, 상속권을 상실시킬 여지가 없다. 예를 들어 피상속인 갑의 부 또는 모 A가 갑의 자녀 을에 대해서 중대한 범죄행위를 한 경우에 갑은 A의 상속권을 상실시키라는 유언을 할 수 있다. 그런데 갑의 사망 시 상속인으로서 자녀 을이 있다면, 어차피 A는 상속인이 될 수 없으므로, 상속권의 상실을 청구할 필요가 없다. 다만 갑의 사망으로 상속이 개시되기 전에 자녀 을이 사망하였고, 그의 대습상속인도 없는 경우에는 A의 상속권을 상실시킬 실익이 있을 것이다).

여기서 '중대한 범죄행위'가 어떠한 범죄행위를 의미하는지는 역시 해석에 달려 있다. '중대한 범죄행위' 중에서 제1004조에 열거되어 있는 행위는 제외되므로, 살인, 살인미수, 상해치사 등은 제외된다(이러한 행위가 있었던 경우에는 제1004조에 의해서 상속결격이 되므로, 굳이 상속권상실선고를 청구할 필요가 없다). 독일형법은 1년 이상의 자유형에 처해질 수 있는 범죄를 중죄로 정의하므로(독일형법 제12조 제1항), 중대한 범죄라는 용어를 사용해도 그 개념이 명확하지만, 우리 형법에는 이러한 규정이 없으므로 민법에서 막연히 '중대한 범죄'라는 개념을 사용하는 경우 법원에 따라 서로 다른 해석이 나올 가능성을 배제할 수 없다(참고로 오스트리아민법 제539조는 상속인이 피상속인에 대하여 고의로 1년 이상의 자유형에 처해질 수 있는 범죄행위를 한 경우를 상속결격사유로 규정하고 있다). 이러한 외국의 입법례에 비추어 보면, 피상속인의 직계존속(상속인)이 피상속인, 그 배우자, 직계비속 등에 대하여 1년 이상의 징역 또는 금고에 해당하는 범죄행위[67]를 하였다면 '중대한 범죄행위를 한 경우'에 해당한

---

67) 예를 들어 형법 제257조(상해), 제258조(중상해, 존속중상해), 제258조의2(특수상해), 제260조(폭행, 존속폭행), 제271조(유기, 존속유기), 제273조(학대, 존속학대), 제276조(체포, 감금, 존속체포, 존속감금), 제281조(체포・감금등의 치사상), 제283조(협박, 존속협박), 제

다고 해석할 수 있을 것으로 보인다. 피상속인의 직계존속이 이러한 범죄행위로 인하여 실제로 유죄판결을 받을 것을 요하지 않는다고 해석된다. 따라서 피상속인 등의 피해자가 고소를 하지 않아서 형사소추가 되지 않았다고 해도 피상속인은 상속권 상실의 유언을 할 수 있다고 보아야 할 것이다.[68)]

피상속인의 직계존속이 피상속인 또는 그 배우자나 피상속인의 직계비속에게 심히 부당한 대우를 한 경우도 상속권 상실 사유에 해당하는데, 여기서 '심히 부당한 대우'가 구체적으로 무엇을 의미하는지는 역시 해석에 맡겨져 있다. 민법에서 '심히 부당한 대우'라는 표현은 재판상 이혼원인(제840조 제3호, 제4호)과 재판상 파양원인(제905조 제2호)에서 사용되고 있으므로, 이에 준하여 해석할 수 있을 것이다. 즉 신체적, 정신적 학대, 심각한 모욕 등이 있었던 경우에는 '심히 부당한 대우'가 있었던 것으로 해석할 수 있다고 본다. 부모가 자녀를 학대하여 친권상실이나 정지, 일부 제한 등의 선고를 받은 경우에는 '심히 부당한 대우'를 한 경우에 해당하는 것으로 볼 수 있겠지만, 반드시 이러한 선고를 받아야만 하는 것은 아니다.

(다) 유언에 의한 상속권 상실의 의사표시

피상속인은 공정증서에 의한 유언으로 상속권 상실의 의사를 표시하여야 한다. 공정증서에 의한 유언이 아니라 다른 방식의 유언, 예컨대 자필증서에 의한 유언으로 상속권 상실의 의사를 표시한 때에는 효력이 없다고 해석된다(따라서 자필증서에 의한 유언에 따라 유언집행자가 상속권상실청구를 하였다면 법원은 청구를 기각하게 될 것이다).

피상속인이 유언으로 상속권 상실의 의사를 표시한 경우에는 가정법원은 상속권 상실 사유의 존부를 판단함에 있어서 – 제1004조의2 제3항에 따라 공동상속인이 상속권 상실을 청구하는 경우와 비교하여 – 보다 적극적으로 해석을 하는 것이 필요하다고 본다. 피상속인이 자신의 최종 의사라고 할 수 있는 유언으로 상속권 상실의 의사를 표시하였다면, 가능한 범위에서 이를 존중하는 것이 바람직하기 때문이다(최근 헌법재판소는 민법 제1112조부터 제1118조까지 규정되어 있는 유류분제도 중에서 몇 가지 조항에 대하여 위헌 내지 헌법불합치 결정을 선고하였는데,[69)] 이러한 결정의 배경에는 유언자의 의사를 존중하려는 시대

---

350조(공갈) 등이 해당된다.

68) Burandt/Rojahn/Horn, 4. Aufl. 2022, BGB § 2333 Rn. 14 참조.

69) 헌재결 2024. 4. 25, 2020헌가4 등.

의 흐름이 자리 잡고 있다고 볼 수 있다).

한편 17세 미만의 미성년자녀는 유언을 할 수 없으므로§1091, 부모(직계존속)에게 위와 같은 사유가 있더라도 상속권 상실의 유언을 할 수 없다. 자녀가 17세에 이르면 상속권 상실의 유언을 할 수 있으나, 실제로 자녀가 부모의 상속권을 상실시키라는 유언을 하는 경우는 드물 것으로 예상된다. 실제로 우리 사회에서 문제가 된 사례를 보면, 자녀가 젊은 나이에 사고로 사망한 경우가 대부분임을 알 수 있다. 즉 자신의 사망을 예견하고 준비할 겨를이 없었던 경우가 대부분이라는 뜻이다. 이러한 사정에 비추어 볼 때 유언에 의한 상속권상실선고 제도가 현실에서 얼마나 활용될 수 있을지는 의문이다.

(라) 유언집행자에 의한 상속권상실청구

피상속인이 상속권 상실의 유언을 한 경우에는 유언집행자가 가정법원에 상속권상실선고를 청구하여야 하는데, 유언에서 상속권 상실의 상대방으로 지목된 사람은 유언집행자가 될 수 없다§1004의2②. 유언자는 유언으로 유언집행자를 지정할 수도 있고, 제3자에게 지정을 위탁할 수도 있다§1093. 이와 같이 지정에 의한 유언집행자가 없는 경우에는 상속인이 유언집행자가 된다§1095. 예를 들어 피상속인 갑의 공동상속인인 부모 A, B 중 A가 갑의 출생 직후 가출하여 부양의무를 이행하지 않은 경우, 갑이 A의 상속권을 상실시키라는 유언을 하면서 유언집행자를 지정하지 않았다면, 일단 제1095조에 따라 상속인 A, B가 공동으로 유언집행자가 될 수 있는 것으로 보이지만, 제1004조의2 제2항에 따라 A는 유언집행자가 될 수 없다. 따라서 B가 단독으로 유언집행자가 된다. 만약 부모 A, B가 모두 부양의무를 이행하지 않아서 갑이 A, B의 상속권을 상실시키라는 유언을 하였다면, A, B 모두 유언집행자가 될 수 없다. 이런 경우에는 이해관계인(예를 들어 A, B가 상속권을 상실하는 경우, 상속인이 될 수 있는 갑의 형제자매 등)의 청구에 따라 가정법원이 유언집행자를 선임한다§1096①.

(마) 비판

위 규정에 따르면 피상속인의 직계존속(대개의 경우 부모)이 피상속인(자녀)에 대해서 부양의무를 이행하지 않았거나 중대한 범죄행위 등을 한 경우, 자녀가 부모의 상속권을 상실시키라는 유언을 할 수 있다. 반면에 자녀가 부모에 대하여 부양의무를 이행하지 않았거나 중대한 범죄행위 등을 한 경우, 부모는 유언에 의해서 자녀의 상속권을 상실시킬 수 없다. 따라서 자녀가 부모를 지속적으로 학대하거나 중대한 범죄행위를 한 경우에도 제1004조에 의해서 상속결격이 되는 경우 외에는 상속권을 상실하지 않는다. 부모와 자녀 사이의 관계를 파탄에 이르게 한 동일한 사유가 있었음에도 누가 그러한 행위를 하였는가에 따라 어떤 경우에는 상속권 상실의 사유가 되고, 다른 경우에는 상속권을 그대로 유지한다는 것은 형평에 맞지 않는다. 동일한 논리가 부부간에도 적용될 수 있다. A가 배우자 B를 악의로 유기하고, 부양의무도 이행하지 않았으며, 심히 부당한 대우를 하여 혼인관계가 파탄되었다고 해도, 이러한 행위는 상속결격사유에 해당하지 않으므로, B가 사망하는 경우에 A는 B의 상속인이 된다. 부부간에는 제1004조의2 규정이 적용되지 않으므로, B가 유언으로 A의 상속권을 상실시키겠다는 의사를 표시해도 유언집행자는 상속권상실청구를 할 수 없다. 물론 B는 유언으로 A를 상속에서 배제할 수 있으나(예를 들어 B는 자녀 갑과 을에게 상속재산을 1/2씩 유증하는 방법으로 A를 상속에서 배제할 수 있다), 이런 경우에도 A는 유류분반환청구를 할 수 있으므로, 결과적으로 완전히 상속에서 배제되지 않는다. 이는 중대한 입법의 미비라고 할 수 있을 것이다.

### (3) 공동상속인에 의한 상속권상실청구 §1004의2③

#### (가) 청구인

① 피상속인이 유언으로 상속권 상실의 의사를 표시하지 않은 경우에는 공동상속인이 가정법원에 상속권 상실을 청구할 수 있다. 제1004조의2 제1항의 경우와 마찬가지로 상속권 상실 청구의 피고[70]가 되는 사람은 피상속인의 직계존속으로 한정된다. 공동상속인은 각자 상속권상실선고를 청구할 수 있다고 해석된다(대부분의 경우 피상속인의 직계존속으로서 피상속인의 부 또는 모가 상속권 상실의 대상이 될 것이므로, 공동상속인은 1인에 한정될 가능성이 높다. 예를 들어 갑의 부모 A, B 중에서 A는 갑의 출생 직후 가출하여 부양의무를 전혀 이행하지 않았는데, 갑이 20세에 유언 없이 사망하였다면, 상속권 상실을 청구할 수 있는 공동상속인으로는 B가 유일하다. 다만 예외적으로 피상속인이 일반양자로 입양된 경우를 상정해 본다면, 양부모 중 1인에게 상속권 상실의 사유가 있는 경우, 공동상속인으로는 양부모의 다른 일방, 친생부모 쌍방이 있을 수 있다. 이런 경우에는 이들 3인이 공동상속인의 지위에서 각자 상속권상실청구를 할 수 있다). 피상속인에 대하여 부

70) 상속권 상실 선고는 나류 가사소송사건으로 가정법원의 전속관할이다(가사소송법 제2조 제1항 제1호 나류사건 15).

양의무를 중대하게 위반하였거나 중대한 범죄행위 등을 한 피상속인의 직계존속이 상속인이 되었음을 안 날부터 6개월 이내에 가정법원에 상속권 상실을 청구하여야 한다. 예를 들어 갑의 부모 A, B 중에서 A가 갑을 학대하여 친권상실선고를 받았는데, 갑이 25세에 상속권 상실의 유언 없이 사망하였다면, B는 A가 상속인이 되었음을 안 날부터 6개월 이내에 A를 상대로 가정법원에 상속권 상실을 청구할 수 있다. '상속인이 되었음을 안 날'이란 갑의 사망으로 상속이 개시되어 A가 상속인이 되었음을 안 날을 의미한다. 특별한 사정이 없으면 B는 보통 갑의 사망으로 상속이 개시된 날 A가 상속인이 되었음을 알았다고 해석될 것이다.

② 상속권상실청구를 할 수 있는 공동상속인이 없거나 모든 공동상속인에게 제1004조의2 제3항의 상속권 상실 사유가 있는 경우에는 상속권상실판결의 확정에 의하여 상속인 될 사람이 상속권상실청구를 할 수 있다§1004의2④. 예를 들어 갑의 부모 A, B 중에서 A는 갑의 출생 직후 가출하여 부양의무를 전혀 이행하지 않았으며, B는 갑이 5세 때 사망하였는데, 갑이 배우자와 자녀가 없는 상태에서 25세에 사망하였다면, A가 유일한 상속인이 된다. 갑이 상속권 상실의 유언을 남기지 않았다면, 제1004조의2 제3항에 따라 A의 공동상속인이 상속권 상실을 청구할 수 있는데, A에게는 다른 공동상속인이 없으므로, 결과적으로 상속권 상실을 청구할 수 있는 사람이 없다. 이러한 경우에는 A에 대한 상속권상실판결이 확정됨으로써 상속인이 될 사람(차순위 상속인)이 상속권 상실을 청구할 수 있다는 것이 본조의 취지이다. 예를 들어 갑에게 동생 을이 있다면, 을이 A를 상대로 상속권 상실을 청구할 수 있다.

모든 공동상속인에게 제1004조의2 제3항의 상속권 상실 사유가 있는 경우에도 상속권상실판결의 확정에 의하여 상속인 될 사람이 상속권상실청구를 할 수 있다. 예를 들어 갑의 부모 A, B 중에서 A는 갑의 출생 직후 가출하여 부양의무를 전혀 이행하지 않았으며, B는 갑을 학대하여 친권상실선고를 받은 경우이다. A, B 모두에게 상속권 상실 사유가 있으므로, 이런 경우 갑에게 동생 을(A, B에 대한 상속권상실판결이 확정되면 상속인이 될 사람, 즉 차순위 상속인)이 있다면, 을이 A와 B를 상대로 상속권 상실을 청구할 수 있다. A와 B에 대한 상속권상실판결이 확정되면 을이 상속개시 시로 소급하여 갑의 상속인이 된다(상속권상실선고의 효력은 상속개시 시로 소급한다).

(나) 상속권 상실 사유

공동상속인은 다음과 같은 두 가지 사유 중 하나가 있는 경우에 피상속인의 직계존속을 상대로 상속권상실청구를 할 수 있다. i) 피상속인이 미성년자인 동안 그 직계존속이 피상속인에 대한 부양의무를 중대하게 위반한 경우 §1004의2③ i, ii) 피상속인의 직계존속이 피상속인에게 중대한 범죄행위(제1004조의 경우는 제외한다)를 하거나 심히 부당한 대우를 한 경우. '부양의무의 중대한 위반', '중대한 범죄행위', '심히 부당한 대우'의 의의는 위에서 제1항에 관하여 설명한 바와 같다. 다만 제1항에 따르면 피상속인의 직계존속이 피상속인 이외에 그 배우자나 피상속인의 직계비속에게 중대한 범죄행위를 하거나 그밖에 심히 부당한 대우를 한 경우에도 피상속인이 유언으로 상속권 상실의 의사를 표시하면 상속권상실청구가 가능한 반면, 제3항에 따르면 피상속인의 직계존속이 피상속인에게 중대한 범죄행위를 하거나 그밖에 심히 부당한 대우를 한 경우에 한하여 공동상속인이 상속권상실청구를 할 수 있다는 점에서 차이가 있다. 예를 들어 피상속인 갑에게 상속인으로 모 A, 배우자 B가 있는데, A는 갑을 학대하여 친권상실선고를 받은 적이 있다. 이 경우 갑이 상속권 상실의 유언을 하지 않고 사망하였다면, 공동상속인 B는 제1004조의2 제3항 제1호에 따라 가정법원에 A의 상속권 상실을 청구할 수 있다. 반면에 A가 피상속인 갑의 배우자 B에게 중대한 범죄행위를 하거나 심히 부당한 대우를 한 경우에는 – 상속결격 사유에 해당하지 않는 한 – B는 A의 상속권 상실을 청구할 수 없으므로, 결국 A와 B가 공동으로 갑을 상속하게 된다.

(4) 가정법원의 재량에 따른 판결§1004의2⑤

제1004조의2 제5항에 따르면 "가정법원은 상속권 상실을 청구하는 원인이 된 사유의 경위와 정도, 상속인과 피상속인의 관계, 상속재산의 규모와 형성 과정 및 그 밖의 사정을 종합적으로 고려하여 제1항, 제3항 또는 제4항에 따른 청구를 인용하거나 기각할 수 있다." 이 규정에 따라 법원은 상속권상실청구의 인용 여부를 결정하는 데 있어서 상당한 재량을 발휘할 수 있게 된다. 이점에 있어서 상속권상실선고제도는 상속결격제도와 큰 차이가 있다. 제1004조의 상속결격사유에 해당하는 상속인은 당연결격이 되므로, 상속결격사유 중 어느 하나가 존재한다는 사실만 확정되면 상속개시 전후를 가리지 않고 당연히 상속자격을 잃게 된다. 예를 들어 어느 상속인이 피상속인을 살해

하려다 미수에 그쳤다는 사실이나 유언서를 변조하였다는 사실이 확정되면, 그 사실만으로 해당 상속인은 당연히 상속자격을 잃게 되며, 여기에 법원의 재량이 개입할 여지는 없다. 반면에 제1004조의2 제5항에 따르면 상속권 상실 사유가 있는 경우에도 법원은 여러 사정을 고려하여 상속권 상실이 적당하지 않다고 인정하는 경우에는 상속권상실청구를 기각할 수 있다. 그런데 이러한 규정은 판결의 예측가능성을 떨어뜨릴 수 있다는 점에서 문제가 있는 것으로 보인다.[71] 여기에 상속권 상실 사유 자체의 불명확성까지 더해지면(예를 들어 피상속인에 대한 '중대한 범죄행위'가 구체적으로 어느 정도의 범죄행위를 의미하는 것인지는 명확하지 않다. '심히 부당한 대우' 역시 마찬가지이다. 피상속인의 직계존속이 피상속인에게 심히 부당한 대우를 한 경우에는 상속권 상실 사유가 되는데, 어느 정도의 행위가 심히 부당한 대우에 해당하는 것인지는 명확하지 않으며, 법원에 따라 서로 다른 판단이 나올 가능성이 높다) 상속권상실청구의 인용 여부를 예측하기는 더욱 어려울 것으로 예상된다.[72]

### (5) 상속권상실선고의 효력§1004의2⑥

제1004조의2 제6항은 상속권상실선고의 소급효와 제3자 보호에 관하여 규정하고 있다: "상속개시 후에 상속권 상실의 선고가 확정된 경우 그 선고를 받은 사람은 상속이 개시된 때에 소급하여 상속권을 상실한다. 다만, 이로써 해당 선고가 확정되기 전에 취득한 제3자의 권리를 해치지 못한다." 이 규정에 따르면, 예를 들어, 피상속인 갑이 사망하여 상속이 개시된 후 갑의 부 A가 갑의 모 B를 상대로 상속권 상실을 청구하였는데(갑에게는 배우자와 자녀가 없었다), 갑의 사망 후 9개월이 지나서 상속권상실판결이 확정되었다면 B는 갑의 사망시로 소급하여 상속권을 상실하게 된다.[73] 이런 경우 B는 갑이 사망한 때(예를 들어 3월 1일)에 상속권을 취득하지만, 상속권상실판결이 확정되면(예를 들어 12월 1일) 갑의 사망 시(3월 1일)로 소급하여 상속권을 상실하게 되는 것이다. 따라서 만약 B가 갑의 사망 후 상속권상실판결이 확정되기 전

71) 법무부에서 발표한 조문별 개정이유서에 따르면 가정법원이 상속권 상실에 있어서 구체적 타당성을 도모할 수 있도록 사정판결제도를 도입한다고 한다.

72) 일명 '사랑이법'(구 가족관계등록법 제57조 제2항)에 대해서 법원에 따라 서로 다른 해석을 함으로써 미혼부가 자녀의 출생신고를 하지 못한 사례가 속출하였음은 이미 널리 알려진 사실이다. 김상용, 생부(미혼부)의 권리에 관한 소고(小考) – 생부의 출생신고와 친생부인권을 중심으로 –, 중앙법학 제22집 제1호(2020), 161면 이하 참조.

73) 상속권상실선고의 대상이 되는 사람은 피상속인의 직계존속에 한정되므로, 대습상속에 대해서는 논할 여지가 없다.

인 6월 1일에 갑이 소유하고 있던 부동산의 1/2 지분을 X에게 매도하고 소유권이전등기까지 해주었다면 이는 무권리자에 의한 처분으로 무효가 될 것이다(결과적으로 X는 부동산의 소유권을 취득하지 못한다). 그러므로 A가 X를 상대로 등기말소청구(상속회복청구)를 하는 경우, X는 A의 청구를 감수할 수밖에 없을 것이다. 그런데 제1004조의2 제6항은 이런 경우에 X와 같은 제3자를 보호할 목적으로, 상속권 상실의 소급효는 상속권상실판결이 확정되기 전에 취득한 "제3자의 권리를 해하지 못한다"는 단서를 두었다(이 단서에 따라 X를 상대로 한 A의 상속회복청구는 기각될 것이다). 이는 상속인(위의 예에서 B)이 상속권상실선고로 인하여 상속권을 상실하기 전에 그 상속인으로부터 상속부동산을 양수한 자(위의 예에서 X) 등을 보호하기 위하여 마련된 규정이다. 특히 X가 선의인 경우에는 X와 같은 제3자를 보호할 필요가 있으므로, 이와 같은 제3자 보호 규정이 필요하다는 주장을 반영한 것으로 보인다(그러나 제1004조의2 제6항 단서는 신의, 악의를 불문하고 제3자를 보호한다. 제3자가 악의인 경우까지 보호할 이유는 없으므로, 이 규정에는 문제가 있는 것으로 보인다). 물론 이 단서에 따르면 진정한 상속인 A는 상속부동산의 소유권을 회복하지 못하므로, 진정한 상속인은 보호되지 않는다. 진정한 상속인(위의 예에서 A)과 상속권상실선고를 받은 자로부터 상속부동산을 양수한 제3자(위의 예에서 X) 중에서 누구를 보호할 것인가는 입법정책의 문제라고 볼 수 있으며, 이런 경우에 입법자가 제3자를 보호하는 쪽으로 결정하여 위와 같은 규정을 두는 것 자체가 문제라고 할 수는 없다.[74] 그러나 우리 민법체계에 비추어 볼 때 이 단서 조항은 형평성을 결여한 규정이라는 비판을 받을 수 있다.

제1004조에 의한 상속결격에는 상속개시 전에 결격사유가 발생하는 경우(예를 들어 상속인이 될 사람이 피상속인을 살해하려다 미수에 그친 경우)와 상속개시 후에 결격사유가 발생하는 경우(예를 들어 상속인이 상속개시 후 유언서를 위조·변조·파기 또는 은닉한 경우)가 있다. 후자의 경우 상속개시 후 상속결격사유가 생긴 상속인은 상속개시 시로 소급하여 상속권을 상실하게 된다. 예를

74) 그러나 이러한 규정은 실제에 있어서 상속권상실선고 제도의 입법취지를 희석화할 가능성이 높다. 상속권 상실 사유에 해당하는 상속인이 상속개시 후 상속권상실선고를 받기 전에 상속부동산 등을 처분한 경우에는 진정한 상속인이 상속재산을 회복할 길이 없으므로, 이러한 법구조를 아는 상속인이라면 상속개시 후 신속하게(상속권상실선고가 확정되기 전에) 상속재산을 처분할 가능성이 높기 때문이다. 물론 제1004조의2 제7항 규정이 이러한 사태를 막는데 어느 정도 기능을 할 수도 있겠지만, 위와 같은 폐해를 완전히 방지하기에는 한계가 있을 것으로 보인다.

들어 상속인 갑이 상속이 개시된 때부터 몇 달이 지난 후에 유언서를 파기하여 상속결격자가 되었다면, 갑은 상속개시 시로 소급하여 상속권을 상실하게 된다. 그런데 갑이 유언서를 파기함으로써 상속결격자가 되기 전에 상속부동산을 X에게 매도하였고, 이러한 사실을 알게 된 진정한 상속인 을이 X를 상대로 등기말소청구(상속회복청구)를 하였다면, X는 그 청구를 물리칠 수 있는가? 상속결격에 관한 민법 제1004조에는 제1004조의2 제6항과 달리 소급효를 제한하는 규정이 없으므로, X는 진정한 상속인 을의 상속회복청구를 감수하지 않을 수 없다. 상속개시 후 상속결격사유가 발생하여 상속권을 소급적으로 상실하게 된 상속인은 상속개시 후 상속권상실선고에 의해서 상속권을 소급적으로 상실하게 된 상속인과 실질적으로 어떤 차이가 있어서 전자로부터 상속부동산을 매수한 사람은 진정한 상속인의 상속회복청구를 감수할 수밖에 없는 반면, 후자로부터 상속부동산을 매수한 사람은 예외적으로 법의 보호를 받아 부동산의 소유권을 취득할 수 있는 것인가? 실질적으로 동일한 상황에 있는 제3자를 어느 조문에서는 법이 보호하고, 또 다른 조문에서는 법의 보호 밖에 둔다는 것은 합리적인 기준을 결여한 것으로서 형평에 맞지 않는다고 생각된다.

### (6) 상속재산의 보존 및 관리에 필요한 처분§1004의2⑦·⑧

피상속인의 사망으로 상속이 개시되면, 법정상속인이 상속재산을 승계하여 관리, 처분할 수 있게 된다. 법정상속인에게 상속권 상실 사유가 있는 경우라고 해도, 일단 이와 같은 효력이 발생하는 것은 피할 수 없다(당연승계, 포괄승계의 원칙). 따라서 상속권상실선고를 받을 것이 예상되는 상속인(피상속인의 직계존속)이 상속권상실선고를 받기 전에 상속재산을 처분할 가능성을 배제할 수 없다(특히 피상속인의 직계존속이 단독상속인인 경우에는 이러한 가능성이 더욱 높아질 것이다). 이러한 사태를 막기 위하여 가정법원은 "상속권 상실의 청구를 받은 경우 이해관계인 또는 검사의 청구에 따라 상속재산관리인을 선임하거나 그 밖에 상속재산의 보존 및 관리에 필요한 처분을 명할 수 있다." 여기서 '이해관계인'이란 공동상속인, 상속권상실판결의 확정에 의하여 상속인이 될 사람(차순위 상속인) 등 법률상 이해관계가 있는 사람을 말한다. 가정법원은 상속재산의 보존 및 관리를 위하여 상속재산관리인을 선임할 수 있으며, 그밖에 필요한 처분(상속재산에 대한 봉인, 환가, 처분금지, 점유이전금지, 재산목록의 작성 및 제출 등)을 할 수 있다.

가정법원이 상속재산관리인을 선임한 경우에는 부재자의 재산관리에 관한 제24조 내지 제26조의 규정이 준용된다. 이에 따라 상속재산관리인은 상속재산의 목록을 작성하여야 한다§24①. 가정법원은 상속재산관리인에 대하여 상속재산의 보존에 필요한 처분을 명할 수 있다§24②. 상속재산관리인은 보존행위 또는 이용, 개량을 목적으로 하는 행위만을 할 수 있으며, 이러한 권한을 넘는 행위를 할 때에는 가정법원의 허가를 받아야 한다§25. 가정법원은 여러 사정을 고려하여 상속재산관리인에게 상속재산으로 상당한 보수를 지급할 수 있다§26②. 가정법원이 상속재산관리인을 선임하는 경우에는 상속권상실청구의 상대방이 된 상속인(피상속인의 직계존속)이 상속재산을 처분, 관리할 수 없도록 필요한 처분을 병행할 필요가 있을 것이다.

☞ 원래 법무부에서는 일정한 사유가 있는 경우에 피상속인의 청구에 따라 재판을 통해서 상속인이 될 사람의 상속권을 상실시키는 제도의 도입을 추진한 바 있다(법무부 개정안 제1004조의2 제1항). 이 규정은 일본민법 제892조(추정상속인의 폐제)를 모델로 한 것인데(일본 이외의 나라에는 이와 유사한 입법례가 없다), 연혁적으로 살펴보면 일본명치민법의 가독상속제도(호주제도)에서 그 뿌리를 찾을 수 있다.[75] 이 개정안에는 많은 문제점이 있으나, 여기서는 지면의 제약상 한 가지만을 지적해 둔다. 이 규정에 따라 피상속인이 생전에 상속인이 될 사람의 상속권상실선고를 청구하면 상속개시 전(즉 피상속인 사망 전)에 상속권상실선고 판결이 확정될 가능성이 높다. 상속권상실선고 판결이 확정되면 상속인이 될 사람은 그때 상속권을 상실하게 되므로, 그 후 상속이 개시되어도 상속권을 취득할 수 없게 된다. 그러나 상속개시 전에 아직 구체적인 권리로서 발생하지도 않은 상속권을 상실시키는 것이 논리적으로 과연 가능한가. 외국에서와 마찬가지로 우리 상속법에서도 상속권은 상속개시에 의해서 비로소 발생되는 권리로 이해되고 있으므로, 상속개시 전에 아직 구체적인 권리로서 발생하지도 않은 상속권을 상실시킨다는 것은 논리적으로 모순이기 때문이다. 상속개시 전에 상속인이 될 사람이 일종의 기대권으로서 상속권을 갖는다고 보기도 하지만, 이러한 의미의 상속권은 권리라기보다는 일종의 기대 또는 희망적 지위에 불과하다. 상속개시 전에 상속인이 될 사람이 상속권을 처분, 양도할 수 없다는 것도 상속개시 전의 상속권이란 권리

75) 이동진, 상속결격·상속권상실과 대습상속, 가족법연구, 제35권 제2호(2021), 111면은 법무부 개정안이 일본민법의 추정상속인 폐제를 모델로 했다는 것은 근거가 없고 사실이 아니라고 주장하고 있으나, 자신의 주장을 뒷받침할 수 있는 근거를 제시하지 못하고 있다.

로서의 성질을 갖지 못한다는 점을 보여준다(법무부 개정안에 대한 상세한 비판은 김상용·박인환, 상속권상실선고에 관한 법무부 개정안의 문제점, 중앙법학 제23권 제1호, 2021, 7면 이하 참조[76]). 이러한 비판에 따라 피상속인이 생전에 상속인이 될 사람을 상대로 상속권상실선고를 청구할 수 있는 개정안은 결국 국회를 통과하지 못하였다.

# 제 3 절 상속의 효과

**設 例**

A는 B로부터 집을 빌려서 사실혼의 처 C와 거주하고 있다. A에게는 전처와의 사이에서 태어난 子 D가 있으며, D는 A로부터 분가하여 따로 살고 있다. A는 길을 건너다가 E의 운전과실로 즉사하였다.

① B는 C에게 임차주택의 명도를 청구하였다. C는 이 집에 거주할 수 없는가?

② D는 그의 아버지 A가 살고 있던 집이 넓어서 그 집에서 살 생각으로 상속인으로서 C에게 명도청구를 하였다. 이는 받아들여질 수 있는가?

③ D와 C는 각각 E에 대하여 A의 위자료 청구권과 재산상의 손해배상 청구권을 상속하였다고 하여 손해배상을 청구하였다. 이는 받아들여질 수 있는가? 만약 C의 청구가 받아들여지지 않는다면, C는 E에 대하여 고유의 위자료청구와 손해배상청구를 할 수 있는가?

## 1 일반적 효과

### 1. 상속재산의 포괄승계

상속인은 상속개시 시부터 피상속인의 재산에 관한 포괄적 권리의무를 승계한다(포괄승계의 원칙§1005 본문). 상속인은 자신이 승계할 재산이나 권리의무

76) 이에 대한 반론으로는 이동진, 상속결격·상속권상실과 대습상속, 가족법연구 제35권 2호, 2021; 윤진수, 상속권 상실에 관한 정부의 민법개정안, 비교사법 제28권 3호, 2021; 현소혜, 상속권 상실 선고 제도에 대한 입법론적 검토, 가족법연구 제35권 3호, 2021 등이 있다; 이에 대한 재반론으로는 김상용·박인환, 상속권상실선고의 문제점에 대한 재론 - 법무부 개정안에 대한 비판과 반론 -, 중앙법학 제24권 제1호, 2022, 7면 이하 참조.

를 특정하여 선택할 수 없으며, 피상속인에게 속한 모든 재산상의 권리의무를 일률적으로 승계하게 된다. 따라서 피상속인의 채무도 함께 승계한다.[77] 민법은 포괄적 권리의무라고 하고 있으나, 그것은 현실의 권리의무에 한정되지 않고, 예컨대 청약을 받은 지위, 매도인으로서 담보책임을 지는 지위와 같이 아직 권리의무로서 구체적으로 발생하는데 이르지 않은 법률관계를 포함하며, 또한 점유와 같은 사실상의 관계도 포함한다. 다만 피상속인의 일신에 전속한 것은 승계되지 않는다§1005 단서. 일신에 전속하는 권리의무에는 법률상 두 가지가 있는데, 여기서 말하는 일신전속은 이른바 향수상(享受上)의 전속(귀속상의 전속)이다(일신전속권의 대부분은 부모의 권리, 배우자의 권리와 같은 가족법상의 권리이다). 반면에 행사상의 일신전속권은 상속될 수 있다. 예를 들어서, 판례에 따르면, 위자료청구권은 행사상의 일신전속권이지만, 귀속상으로는 일신전속권이 아니므로, 당사자가 사망한 경우에는 상속된다.

상속은 상속인 자신이 알건 모르건 당연히 이루어지며, 따라서 상속인은 상속에 관하여 아무런 의사표시도 할 필요가 없다(당연승계의 원칙). 이런 의미에서 상속은 법률행위가 아니다. 따라서 피상속인이 사망하기 전에, 상속이 개시되어도 상속을 받지 않겠다는 의사표시를 해도 이는 아무런 효력도 갖지 못한다.

아래에서 상속의 효과에 대하여 보다 자세히 설명한다.

## 2. 상속재산의 범위

### (1) 재산적 권리

#### (가) 물 권

① 물권은 원칙적으로 전부 상속된다. 예를 들어서 갑이 을에게 금전을 차용하면서 담보로 자기가 소유하는 A토지에 저당권을 설정해 주었는데, 을이 사망하여 갑이 을의 상속인이 된 경우 을의 저당권은 저당목적물의 소유자인 갑에게 이전된다. 그러므로 을의 저당권은 특별한 사정이 없는 한 혼동으로 인하여 소멸한다(제191조 제1항 본문은 "동일한 물건에 대한 소유권과 다른 물권이 동일한 사람에게 귀속한 때에는 다른 물권은 소멸한다"고 규정하고 있다. 저당권의

77) 헌재결 2004. 10. 28, 2003헌가13; 대판 2005. 7. 22, 2003다43681: 포괄승계의 원칙은 헌법에 반한다고 볼 수 없다.

상속과 혼동으로 인한 소멸에 관한 자세한 내용은 양창수, "저당권의 상속과 혼동으로 인한 소멸" 고시연구 2004년 4월호 참조).

농지에 대해서는 일단 상속에 의하여 그 소유가 인정되지만, 농지는 자기의 농업경영에 이용하거나 이용할 자가 아니면 이를 소유할 수 없기 때문에농지 §6, 농업경영을 하지 않는 자는 농지 소유에 제한을 받는다. 즉, 상속에 의하여 농지를 취득한 자로서 농업경영을 하지 아니하는 자는 그 상속 농지 중에서 1만제곱미터 이내의 것에 한하여 이를 소유할 수 있다농지 §7①.[78]

② 점유권도 상속된다§193. 상속인이 승계하는 점유권은 피상속인의 점유권 그 자체이므로, 그 성질이나 하자도 그대로 승계하는 것이 당연하다. 그래서 판례는 "상속에 의하여 점유권을 취득한 경우에는, 상속인은 새로운 권원에 의하여 자기 고유의 점유를 시작하지 않는 한, 피상속인의 점유의 성질과 하자를 떠나 자기만의 점유를 주장할 수 없다"고 하고 있다.[79] 따라서 피상속인의 점유가 타주점유인 경우 상속인의 점유도 상속 이전과 그 성질 내지 태양을 달리하지 않으므로, 특단의 사정이 없는 한 그 점유가 자주점유가 될 수 없고, 그 점유가 자주점유가 되기 위해서는 점유자가 소유자에 대하여 소유의 의사가 있는 것을 표시하거나 새로운 권원에 의하여 다시 소유의 의사로써 점유를 시작하여야 한다.[80] 그리고 피상속인의 명의로 소유권이전등기가 10년 이상 경료되어 있는 이상 상속인은 부동산등기부시효취득의 요건인 '부동산의 소유자로 등기한 자'에 해당하므로, 이 경우 피상속인과 상속인의 점유기간을 합산하여 10년을 넘을 때에 등기부취득시효기간이 완성된다는 것이 판례의 태도이다.[81]

③ 유체·유해에 대한 권리는 상속인에게 상속되는 것은 아니지만 당연히

78) 대판 2019. 2. 14, 2017두65357: 상속으로 취득한 1만㎡ 이하의 농지에 대해서는 농지법 제10조 제1항 제1호가 적용되지 않으므로 대통령령으로 정하는 정당한 사유 없이 자기의 농업경영에 이용하지 않더라도 처분의무가 있다고 볼 수 없다.

79) 대판 1972. 6. 27, 72다535·536(판례가족법, 711면) 대판 2004. 9. 24, 2004다27273.

80) 대판 1996. 9. 20, 96다25319, 판례공보 1996. 11. 1, 3149면; 대판 1997. 5. 30, 97다2344, 판례공보 1997. 7. 15, 2015면.

81) 대판 1989. 12. 26, 89다카6140, 신판례체계 1005-5면(상속인은 상속의 개시 즉 피상속인의 사망에 의해서 피상속인의 재산에 관한 포괄적 권리의무를 승계하며, 부동산의 경우에도 등기를 거치지 않고 상속에 의하여 곧바로 소유권을 취득한다. 부동산에 관하여 피상속인 명의로 소유권이전등기가 10년 이상 경료되어 있는 이상 상속인은 부동산등기부시효취득의 요건인 '부동산의 소유자로 등기한 자'에 해당한다. 이 경우 피상속인과 상속인의 점유기간을 합산하여 10년을 넘을 때에는 등기부취득시효기간이 완성된다).

상속인에게 귀속되며, 상속인은 이를 관리·매장(또는 화장)할 의무를 진다. 현행 민법의 규정을 고려한다면, 공동상속인 전원의 공유에 속하는 것이 아니고, 제사를 주재하는 자의 소유에 속한다고 보아야 할 것이다. 판례는 공동상속인들 사이에서 협의가 이루어지지 않은 경우, 제사주재자의 지위를 유지할 수 없는 특별한 사정(예를 들어 장기간의 외국거주, 제사거부 등)이 없는 한, 피상속인의 직계비속 중 최근친의 연장자(남녀를 불문하고, 혼인중의 자이든 혼인외의 자이든 관계없다)가 제사주재자가 된다고 본다. 따라서 유체·유해는 이와 같이 결정된 자에게 귀속된다대판 2023. 5. 11, 2018다248626 전원합의체.[82]

④ 일반적으로 부동산물권의 득실변경은 등기를 하여야 그 효력이 발생하나§186, 상속으로 인한 부동산물권의 취득은 등기를 필요로 하지 않는다§187 본문. 동산물권에 관해서도 역시 인도를 요하지 않고 상속인에게 당연히 이전되는 것으로 본다. 이러한 경우에는 상속으로 인하여 혼동(混同)§191이 일어날 수 있다.

(나) 무체재산권

특허권특허 §124·상표권상표 §106·저작권저작권 §49·광업권광업 §11·어업권수산업 §19 등의 무체재산권도 원칙적으로 상속된다.[83] 이러한 권리에 대하여 양도 기타의 처분이 금지 또는 제한되는 경우에도 상속은 할 수 있다고 본다.

(다) 채 권

채권도 원칙적으로 상속된다고 보아야 할 것이나, 일신전속적인 것이 비교적 많은 점에서 물권과 다른 면이 있다. i) 채권자가 변경됨으로써 이행의 내용이 변경되는 것[84]은 상속성이 없다. ii) 부양청구권도 상속성이 없다. 부양청구권은 부양권리자 자신을 부양하는 것을 내용으로 하는 권리이기 때문이다. 다만 연체부양료채권채무는 권리자 또는 의무자의 사망에 의하여 소멸하지 않는다. iii) 이혼시의 재산분할청구권이 상속되는가 하는 것이 문제인데, 청구의 의사표시와 관계없이 당연히 승계되는 것으로 해석하는 견해가 있

---

82) 그러나 실제로 망인의 분묘를 관리해 온 자녀(손자녀) 등은 제사주재자가 아니라고 해도 망인의 유해를 훼손한 자들을 상대로 위자료를 청구할 수 있다. 대판 2025. 3. 27, 2023다283401.

83) 다만 공동광업권자의 지위는 조합계약에서 그 지위를 상속인이 승계하기로 약정하지 않은 이상, 상속인에게 승계되지 않는다(대판 1981. 7. 28, 81다145(판례가족법 추록(Ⅰ), 186면)).

84) 특정한 사람을 교육시키거나, 특정인의 초상을 그리게 하는 채권과 같은 것, 부작위채권도 대체로 이에 속한다.

다.[85] 다만, 재산분할청구권의 요소 중에서 부양적 요소에 해당하는 부분은 상속되지 않는다고 보아야 할 것이다.

판례에 의하면, 이혼소송계속 중에 원고가 사망한 경우에는 재산분할청구권이 상속될 여지가 없다고 한다. 재산분할청구권은 이혼의 성립을 전제로 하는 권리인데, 원고의 사망으로 이혼소송이 종료되었다면 재산분할청구권이 발생하였다고 볼 수 없다는 것이 그 이유이다대판 1994. 10. 28, 94므246.[86]

판례의 논리를 따른다면 이혼 후에 전배우자가 재산분할청구를 한 상태에서 사망한 경우에는 재산분할청구권은 상속된다고 보아야 할 것이다.[87] 나아가 재산분할청구권이 이혼의 성립을 전제로 하여 인정되는 권리라고 한다면 이혼 후에는 권리로서 형성되어 있다고 보아야 할 것이고, 따라서 이혼 후 2년간의 제척기간이 경과하기 전에 당사자가 행사하지 않고 사망하였다면 그 상속인에게 상속된다는 논리도 성립할 수 있을 것이다.[88] 다른 한편, 재산분할청구권은 협의 또는 심판에 의하여 구체적 내용이 형성되기까지는 그 범위 및 내용이 불명확·불확정하기 때문에 구체적인 권리로서 성립된 것이라고 볼 수 없다는 입장대판 1999. 4. 9, 98다58016에서는 이혼 후에 전배우자가 재산분할을 청구하여 심판계속 중에 사망한 경우에도 재산분할청구권은 상속되지 않는다는 결론에 이르게 될 것이다.

재산분할청구권의 상속성과 관련하여서는 위에서 본 바와 같이 다양한 견해가 있을 수 있으나, 다음과 같은 요건이 갖추어진 경우에 그 상속성을 인정하는 것이 합리적이라고 생각한다. 즉, 이혼이 성립한 것을 전제로 하여, 당사자 사이에 재산분할에 관한 협의가 이루어졌거나 재산분할청구를 한 후에 청구권자가 사망한 때에는 재산분할청구권이 상속된다고 보아야 할 것이다.[89]

ⅳ) 특수한 것은 정신적 손해에 관한 배상청구권(위자료 청구권)이다. 침해된 법익이 정신적인 것(신체·자유·정조·명예 등)인 경우에도, 그로 말미암아 생긴 재산적 손해의 배상청구권은 당연히 상속된다.

---

85) 황경웅, 재산분할청구권의 상속성, 중앙법학 제9집 2호(2007), 489면 이하.

86) 이상훈, 이혼에 따른 재산분할청구 사건의 재판실무상 문제점에 대한 고찰, 법조 제42권 6호(1993. 6), 91면 이하; 민유숙, 재산분할청구권의 구체적 범위, 재판자료 제62집: 가정법원사건의 제문제(1993), 450면.

87) 대결 2009. 2. 9, 2008스105 참조.

88) 서울가심 2010. 7. 13, 2009느합289.

89) 대결 2009. 2. 9, 2009스105 참조; 대결 2018. 6. 22, 2018스18(원심 창원지결 2018. 2. 22, 2017브26) 참조.

판례는 정신적 손해의 배상청구권(위자료청구권)도 "피해자가 이를 포기하거나 면제하였다고 볼 수 있는 특별한 사정이 없는 한 생전에 청구의 의사표시를 할 필요 없이 원칙적으로 상속된다"고 하고 있다.[90] 그러나 민법은 약혼해제§806, 혼인의 무효·취소§825에 의한 §806의 준용, 이혼§843에 의한 §806의 준용, 입양의 무효·취소§897에 의한 §806의 준용, 파양§908에 의한 §806의 준용으로 인한 위자료청구권에 대하여는 당사자간에 이미 그 배상에 관한 계약이 성립되거나 소를 제기한 경우가 아니면 상속되지 않는다고 규정하고 있어서§806③, 양자의 관계가 문제될 수 있다. v) 생명침해로 인한 손해배상청구권에 대해서는 항을 달리하여 설명한다.

(라) 생명침해로 인한 손해배상청구권

통상의 손해배상청구권이 상속의 대상이 되는 것은 당연하다§1005. 그러나 생명침해의 경우 피해자가 생존하였더라면 얻을 수 있었을 수입에 관한 손해배상청구권 또는 위자료청구권이 피해자에게 발생하여, 그것이 상속되느냐에 대해서는 견해가 갈리고 있다.

① 재산적 손해의 배상청구권: ㉠ 피해자가 사망하게 되면, 그가 장래 얻을 수 있었을 수입을 잃게 되는데, 그 손해배상청구권은 먼저 피해자에게 발생하고, 그것이 상속인에게 상속되는 것인가(상속설), 아니면 일정한 범위의 사람에게 원시적으로 취득되는 것인가(고유피해설)의 문제가 있다. 이에 대해서는 학설이 갈리고 있으며, 판례는 상속설을 채용하고 있다.

판례를 보면, '사망 당시 6세 된 子의 부양의무자(父)가 그 상속인으로서 피해자의 예상수익손해금을 청구',[91] '망인(미성년자)의 손해배상청구권을 상속한 부모',[92] '타인의 불법행위로 사망한 미성년자의 손해배상청구권을 부양의무자가 상속'[93]이라고 하고 있으므로, 상속설을 취하고 있는 것이 분명하다. 즉 판례는 피상속인이 미성년자인 경우에도 장차 예상되는 수입(도시일용근로자의 수입으로 산정한다)을 계산하여 그것을 손해로 인정하며, 이에 대한 배상청구권을 상속인인 부모가 상속한다는 구조를 취하고 있다. 따라서 미성년자가 사망한 경우에도 상속되는 손해배상청구권의 액수는 상당한 가액에

90) 대판 1966. 10. 18, 66다1335, 집 14권 3집 민 160면; 대판 1967. 5. 23, 66다657, 법률신문 733호; 대판 1967. 5. 23, 66다1025, 집 15권 2집 민 15면; 대판 1969. 4. 15, 69다268, 집 17권 2집 민 17면; 대판 1969. 10. 23, 69다1380, 집 17권 3집 민 208면.

91) 대판 1966. 1. 31, 65다2317, 판례총람 968-2면.

92) 대판 1966. 2. 28, 65다2523, 집 14권 1집 민 108면.

93) 대판 1977. 2. 22, 76다2285, 판례총람 128-836면.

이를 수 있다.

㉡ 피해자가 중상을 입었다가 사망한 경우에는, 중상을 입음으로써 얻을 수 있었을 이익의 상실에 대하여 손해배상청구권을 피해자가 취득한 후에 사망하였으므로, 상속인이 피해자가 취득한 손해배상청구권을 상속하는 것은 당연하다. 문제는 피해자가 즉사한 경우인데, 이러한 경우에는 피해자가 사망 전에 손해배상청구권을 취득한 다음 사망 후 상속인이 그것을 상속한다는 논리적 구성이 될 수 없다. 다시 말하면, 피해자는 사망시에 이미 권리주체가 아니므로 사망에 의한 손해배상청구권을 취득할 수 없으며, 따라서 상속인에 의한 상속도 있을 수 없다는 결과가 되어 중상 후 사망의 경우와는 불균형이 생긴다. 이러한 불균형을 극복하기 위하여 판례와 학설은 '시간적 간격설'을 취하고 있다. 즉 아무리 즉사라 하여도 피해자가 치명상을 입을 때와 사망한 때와의 사이에는 이론상 또는 실제상 시간적 간격이 있는 것이며, 피해자는 치명상을 입었을 때에 곧 손해배상청구권을 취득하고, 피해자의 사망으로 그 청구권이 상속인에게 승계된다는 것이다.[94]

실질적으로 사망과 동일시하여야 할 치명상해로 인한 손해배상청구권을 본인이 취득하고 이를 상속인이 승계한다는 구성이 불가능한 것은 아니기 때문에 시간적 간격설이 불합리하다고는 할 수 없다(이 경우에는 의제가 사용되는 셈인데, 법의 세계에서 의제를 쓰는 경우는 흔히 있는 것이며, 이 정도의 의제는 무방하다고 본다). 그러나 이론적으로는 피해자의 유족이 고유의 손해(예컨대 부양청구권의 상실)에 관하여 배상을 청구할 수 있는 데 지나지 않는다는 비상속적 구성도 성립할 수 있다. 그러나 문제는 이론구성에 있다고 하기보다는, 도리어 상속적 구성과 비상속적 구성의 배후에 있는 가치판단에 있다고 보아야 한다.

㉢ 상속설과 비상속설(고유피해설)의 배경에는 다음과 같은 가치판단의 대립이 있다.

상속적 구성이 직접피해자를 기준으로 손해를 확정시켜야 한다고 생각하는 것은 불법행위의 예방적 기능과 제재적 기능을 강조하기 때문이며(미성년자가 불법행위로 사망한 경우에도 손해배상액수가 상당액에 이르게 되므로, 가해자 측의 부담이 커진다), 또한 '사법정책적인 배려 내지 편의'(① 피상속인의 예상 수입과 근로기간에 따라 손해배상액의 계산이 간명하다 ② 미성년자가 사망한 경우이든 성년자가 사망한 경우이든 사건에 따른 손해배상액의 차이가 상대적으로 적다. ③ 법정

94) 대판 1969. 4. 15, 69다268, 판례총람 934-11면.

상속인이 손해배상청구권을 상속하므로 권리자의 범위가 명확하다 ④ 일반적으로 손해배상의 액수가 커지므로, 피해자 보호에 유리하다 ⑤ 요건의 주장·증명이 간단하다)에 의한 것이다. 이에 대하여 비상속적 구성은 불법행위의 손해전보기능을 중시하고 등가전보(等價塡補)의 원칙(피해자가 입은 손해 이상을 전보해서는 안 된다는 원칙)에 충실하려는 것이다. 예를 들어서 미성년자가 사망한 경우에는 그 부모는 미성년자로부터 부양을 받고 있었던 것이 아니므로, 부양청구권 상실에 따른 손해배상청구권이 발생하지 않는다. 따라서 사망한 미성년자의 부모가 가해자에 대하여 가지는 재산상의 손해배상청구권은 그 액수가 적어질 수밖에 없다. 이런 경우에는 부모에게 충분한 위자료청구권을 인정함으로써 부모가 받은 정신적인 고통에 대하여 배상할 수 있는 대안을 모색할 필요가 있다.

② 위자료청구권: ㉠ 위자료청구권의 상속에 대해서도 앞에서 본 재산적 손해의 경우와 같은 문제가 있다. 이미 앞에서 본 바와 같이, 생명침해의 경우에는 피해자가 생명을 잃음으로써 손해배상을 청구할 권리주체성을 상실하므로, 사망에서 생기는 피해자 자신의 위자료청구권은 논리적으로 성립할 수 없다는 이론이 가능하다. 따라서 피해자 자신이 취득할 수 없는 사망에 대한 위자료청구권을 피해자의 상속인이 상속할 수 없지 않느냐는 문제가 생긴다.

㉡ 판례는 위자료청구권에 관하여, 피해자가 이를 포기하거나 면제하였다고 볼 수 있는 특별한 사정이 없는 한, 원칙적으로 상속된다고 하고,[95] 이는 피해자가 즉사한 경우에도 마찬가지라고 한다.[96]☞ 그리고 판례는 상속성을 인정하는 이론적인 근거로서 '순간적이라고 할지라도 피해자로서의 정신적 고통을 느끼는 순간이 있었다 할 것'이라고 하여,[97] 역시 '시간적 간격설'을 채용하고 있다. 피해자가 사망한 경우에, 그 유족에게는 고유의 위자료청구권이 생기는데§752, 이러한 경우에 판례는 '유족 고유의 위자료청구권과 상속받은 위자료청구권은 함께 행사할 수 있다'고 한다.[98]

학설은 판례의 입장을 지지하는 상속긍정설[99]과 상속부정설[100]로 대립되

95) 대판 1966. 10. 18, 66다1335, 판례총람 366-7면(판례가족법, 719면).

96) 대판 1969. 4. 15, 69다268, 판례총람 366-27면(판례가족법, 722면).

97) 대판 1973. 9. 25, 73다1100, 판례총람 928-482면.

98) 대판 1969. 4. 15, 69다268, 판례총람 266-2면(판례가족법, 722면); 대판 1970. 2. 24, 69다2160, 판례총람 346-2면; 대판 1970. 11. 24, 70다2242, 판례총람 936-17면; 대판 1977. 7. 12, 76다2608, 판례총람 698-290면.

99) 郭潤直, 채권각론, 758면; 金錫宇, 채권법각론, 567면; 李太載, 채권각론, 513면; 鄭光鉉, 신친족상속법요론, 351면; 金容漢, 친족상속법론, 350면; 李根植·韓琫熙, 신친족상속

어 있다.

☞ **위자료청구권의 상속성을 인정한 사례**

대판 1969. 4. 15, 69다268(판례가족법, 722면)은 다음과 같이 판시하고 있다.

"정신적 고통에 대한 피해자의 위자료청구권도 재산상의 손해배상청구권과 구별하여 취급할 근거가 없는 바이므로 그 위자료청구권이 일신전속권이라 할 수 없고 피해자의 사망으로 인하여 상속된다 할 것이며 피해자의 상속인이 민법 제752조 소정의 유족인 경우라 하여도 그 유족이 민법 제752조 소정 고유의 위자료청구권과 피해자로부터 상속받은 위자료청구권을 함께 행사할 수 있다 하여 그것이 부당하다고 할 수 없고, 피해자의 위자료청구권은 감각적인 고통에 대한 것뿐만 아니라 피해자가 불법행위로 인하여 상실한 정신적 이익을 비재산적 손해의 내용으로 할 수 있는 것이어서 피해자가 즉사한 경우라 하여도 피해자가 치명상을 받은 때와 사망 사이에서 이론상 시간적 간격이 인정될 수 있는 것이므로 피해자의 위자료청구권은 상속의 대상이 된다고 해석함이 상당하다."

㉢ 위자료청구권이 상속인에 의하여 승계되는가의 문제점을 해결하기 위해서는 다음과 같은 논점에 대하여 검토를 해보아야 할 것이다.

i) 위자료는 주관적 요소를 포함하는 것이므로, 위자료청구권은 성격적으로 일신전속적인 것이 아닐까.

ii) 생명을 침해당한 경우, 손해가 발생한 순간에 피해자는 사망하여 권리주체가 아니므로 그 손해에 대하여 배상청구권을 취득할 수 없게 되고, 따라서 상속인에게 그 청구권이 승계된다는 것도 생각할 수 없는 것이 아닐까.

iii) 민법은 제752조에 의하여 타인의 생명을 해한 자는 피해자의 직계존속, 직계비속 및 배우자에 대하여 재산상의 손해가 없는 경우에도 정신상의 손해를 준 때에는 그 배상을 하도록, 즉 위자료를 지급하도록 규정하고 있는데, 이 규정은 위자료청구권의 상속성의 문제와 어떻게 관련되는 것일까.

㉣ 위자료청구권이 발생하는 몇 가지 경우를 나누어서 생각해 보기로 한다.

---

법, 241면.

100) 李銀榮, 채권각론, 760면; 朴禹東, '민법 제752조의 의의', 인신사고소송, 244면; 權龍雨, '민법 제752조 소정의 위자료청구권', 법조, 1974년 1월호; 鄭貴鎬, '생명침해로 인한 손해배상청구권에 관하여', 민사판례연구Ⅲ, 1981년; 裵慶淑, '위자료청구권의 상속성에 관한 쟁점과 실질론', 고창현박사화갑기념논문집, 1987년, 850면; 金疇洙, '위자료청구권의 상속성과 민법 제752조', 법정, 1970년 2월호.

i ) 어떤 사람이 불법하게 명예를 침해당하였다고 하자. 그는 위자료를 청구할 수 있는 입장에 있다. 그러나 그는 그것을 모욕으로 생각하지 않을 수도 있고, 또 생각하더라도 위자료를 청구할 수 있을 정도의 명예침해라고 생각하지 않을 수도 있다. 그만큼 정신적 손해란 것은 주관적인 것이라고 할 수 있다. 이러한 데에 위자료청구권의 일신전속적 성격이 있는 것이다. 그래서 그 사람이 모욕을 느끼고 위자료청구의 필요를 생각하였다면, 그 사람은 위자료를 청구할 의사를 표시할 것이다. 이와 같이 피상속인이 그 생전에 위자료청구의 의사를 표시하였으면, 상속인이 그 위자료청구권을 상속할 수 있는 것은 당연한 것이다. 그러나 피상속인이 생전에 명예훼손에 의한 위자료를 청구하고 있지 않았는데, 상속인이 피상속인이 받은 정신적 손해에 대하여 배상을 청구할 수 있다는 것은 불합리하다.

ii ) 신체상해에 대해서도 위와 마찬가지이다. 신체상해에 의한 재산적 손해는 객관적으로 측정할 수 있으므로, 그 배상청구권은 상해에 의하여 당연히 발생하고, 통상의 금전적 채권과 마찬가지로 상속인에게 승계될 것이다. 구태여 피해자가 배상청구의 의사를 표시하였는가의 여부를 문제로 할 필요가 없다. 그러나 그 정신적 손해에 관해서는 그와 마찬가지로 생각할 수 없다. 상해로 인하여 피해자가 정신적 고통을 받았는가의 여부는 객관적으로 측정할 수 없기 때문에, 이러한 것은 역시 일신전속적 성격을 가지는 것으로 생각하는 것이 타당하다.

iii ) 위와 같이 생각하면, 명예훼손이나 신체상해에 대한 위자료청구권 그 자체는 일신전속적 성격을 가지는 것이기 때문에, 상속성을 가지는 것으로 볼 수 없고, 다만 피해자가 생전에 정신적 손해에 대한 배상청구의 의사를 표시하였을 때에는 상속성을 긍정하여도 무방하다(제806조 제3항에서 "정신상 고통에 대한 배상청구권은 양도 또는 승계하지 못한다. 그러나 당사자간에 이미 그 배상에 관한 계약이 성립되거나 소를 제기한 후에는 그러하지 아니하다"라고 하여 약혼해제 등으로 인한 위자료청구권이 원칙적으로 상속되지 않으나, 당사자가 배상에 관한 소를 제기한 후에는 상속될 수 있다고 한 것도 같은 취지로 이해될 수 있다). 왜냐하면 그러한 경우에는 그 청구권은 하나의 금전채권으로 구체화·객체화되었기 때문이다§763에 의한 §394의 준용. 그런데 즉사의 경우와 같이 침해행위와 동시에 혹은 순간적으로 피해자가 사망하였을 때에는 피해자가 생존하고 있었으면 위자료를 청구하였을 것이라고 생각되는데, 그 위자료청구권의 상속성이 부인되는 것은 어딘가 불합리하고 불균형한 것으로 생각된다.

㉤ 생명침해의 경우에는, 우선 침해행위로 인하여 생명을 잃은 피해자 자신이 위자료청구권을 취득할 수 있는가라는 문제가 제기된다. 왜냐하면 피해자인 피상속인이 취득할 수 없는 권리를 상속에 의하여 승계할 수 없기 때문이다. 그런데 피해자가 사망함으로써 성립하는 생명침해로 인한 위자료청구권을 피해자가 생전에 취득한다는 것은 불가능하다. 따라서 피상속인이 생전에 취득하지 못한 권리를 상속인이 상속에 의하여 승계한다는 것은 이론상 무리가 있다고 할 수 있다.

그런데 대법원은 앞에서 본 바와 같이 "정신적 손해에 대한 배상(위자료)청구권은 피해자가 이를 포기하거나 면제하였다고 볼 수 있는 특별한 사정이 없는 한, 생전에 청구의 의사를 표시할 필요없이 원칙적으로 상속되는 것이라고 해석함이 상당할 것이다"라고 판시하고 있다. 학설도 역시 긍정설의 입장에서 있는 것이 있다. 그러나 사망한 자가 자기의 사망을 원인으로 하는 위자료청구권을 생존 중에 취득하지 못한다면 상속인에 의한 승계도 불가능하다. 그래서 논리의 일관성을 구하려면, 상속성 부정설에 기울어질 수밖에 없을 것이다. 그렇다면 타인의 생명을 침해한 가해자는 아무에게도 위자료지급의 의무를 지지 않아도 될 것인가. 이것은 제751조와 제752조의 취지를 명백히 함으로써 해결의 방도가 마련될 것이다. 제751조에서 불법행위자는 피해자가 입은 재산적 손해 이외에 정신적 손해도 배상하지 않으면 안 된다고 하고 있고, 그 불법행위는 타인의 신체·자유 또는 명예를 해한 경우이건 재산권을 침해한 경우이건 불문한다고 규정하고 있으나, 생명을 해한 경우는 규정하지 않고 있다. 생명침해에 대해서는 따로 제752조를 두고, 타인의 생명을 해한 자는 피해자의 직계존속·직계비속 및 배우자에 대하여 재산적·정신적 손해배상을 할 책임이 있다고 규정하고 있다. 이는 신체상해의 피해자는 위자료청구권을 취득할 수 있으나, 생명침해의 피해자, 즉 사망자는 자신이 생명침해로 인한 위자료청구권을 취득할 수 없으므로, 직계존속·직계비속 및 배우자가 당사자에 갈음하여 위자료청구권을 취득한다는 의미 이외로는 해석할 수 없다. 즉 사망한 자는 자기의 사망으로 인한 위자료청구권을 취득할 수 없다. 그러나 제752조는 피해자의 직계존속·직계비속 및 배우자에게 피해자를 대신하여 피해자가 받았을 고통에 대한 배상청구권을 인정하였다. 따라서 피해자의 직계존속·직계비속 및 배우자에게 허용된 제752조의 청구는 사망한 자가 얻을 수 있었던 위자료청구권의 행사이므로, 피해자의 직계존속이나 직계비속 또는 배우자가 자신이 받은 고통의 위자료를 청구하려고 하는 경우에는 제750조 · 제751조로 청구하면 되는 것이다. 그리고 제752조에 열거되어 있지 않은 친족에 대해서도 판례는 제752조에 의한 위자료청구권을 인정하고 있다.[101)]

설례 ③의 경우, A의 위자료청구권과 재산상의 손해배상청구권이 상속인에게 상속되는 것으로 보고 있기 때문에대판 1969. 4. 15, 69다268; 대판 1968. 10. 23, 69다1380 등, 판례에 따르면 A의 子 D는 위와 같은 손해배상청구권을 상속하여 가해자 E에게 배상청구를 할 수 있으며, 또 제752조의 규정에 의하여 피해자의 직계비속으로서 위자료청구를 할 수 있다.

그러나 A의 사실혼의 처 C는 상속권이 없으므로, 상속에 의한 손해배상청구는 인용될 수 없다. 다만 C에게는 판례상 생명침해로 인한 위자료청구권이 인정되므로대판 1969. 7. 22, 69다684, 자기 고유의 위자료청구와 더불어 부양청구권 상실로 인한 손해배상청구를 할 수 있다.

(마) 형성권

취소권 · 해제권 · 해지권 · 환매권 등의 형성권도 일반적으로 상속된다. 이와 같은 형성권은 1회의 행사에 의하여 그 권리가 소멸되므로, 그 성질상 공동상속인 전원에게 불가분적으로 귀속된다고 해석된다. 그러므로 이들 권리는 공동상속인 전원에 의하여 공동으로 행사되어야 한다.[102)]

(바) 생명보험금

생명보험금이 상속재산이 되느냐의 여부는 경우를 나누어 보아야 한다.

① 보험계약에서 피상속인이 피보험자가 되고, 특정의 상속인을 수익자로 하였을 때: 예를 들어 갑(피상속인)이 생전에 자신을 피보험자로, 상속인 A, B, C 중 A를 수익자로 하여 보험계약을 체결한 경우이다. 이 경우에 상속인 A가 보험금을 수령하는 것은 보험계약의 효과이므로, 상속에 의한 것이 아니

101) 대판 1963. 10. 31, 63다558, 판례총람 932면; 대판 1967. 6. 27, 66다1592, 판례총람 934-1면; 대판 1967. 9. 5, 67다1307, 판례총람 936-2면 등.

102) 대판 2013. 11. 28, 2013다22812: 민법 제547조 제1항은 "당사자의 일방 또는 쌍방이 수인인 경우에는 계약의 해지나 해제는 그 전원으로부터 또는 전원에 대하여 하여야 한다"고 규정하고 있다. 따라서 매매계약의 일방 당사자가 사망하였고 그에게 여러 명의 상속인이 있는 경우에 그 상속인들이 계약을 해제하려면, 상대방과 사이에 다른 내용의 특약이 있다는 등의 특별한 사정이 없는 한, 상속인들 전원이 해제의 의사표시를 하여야 한다; 주택공급을 신청할 권리와 분리될 수 없는 청약저축의 가입자가 사망한 경우, 공동상속인들이 청약저축 예금계약을 해지하려면, 공동상속인 전원이 해지의 의사표시를 하여야 한다. 대판 2022. 7. 14, 2021다294674; 대판 2023. 12. 21, 2023다221144.

고 그 상속인 고유의 권리에 의하여 취득하는 것이다. 상속개시 시(즉 피상속인이 사망할 때) 피상속인에게 속해 있었던 재산적인 권리의무가 상속재산이 되는데, 보험금청구권은 상속개시 시 피상속인에게 속해 있었던 재산이 아니고, 피상속인이 사망함으로써 비로소 발생하여 보험수익자로 지정된 자가 원시적으로 취득하는 권리이기 때문이다. 따라서 보험수익자로 지정된 상속인이 보험금청구권을 행사하여 수령하게 되는 생명보험금은 상속재산에 속하지 않는다. 그 결과 그 상속인이 상속포기를 하더라도 보험금을 수령할 수 있다.[103)]

② 피상속인이 수익자를 단지 '상속인'으로만 표시한 때: 피상속인이 어떤 의사로 지정하였는가는 보험계약에 있어서의 피상속인의 의사해석의 문제이다. 즉 상속인 개인을 지정하였다고 볼 것인가 아니면 상속에 의하여 승계된다고 볼 것인가이다. 전자의 경우라면 상속인의 고유재산이 되지만, 후자로 본다면 상속재산이 된다. 기본적으로 피상속인(피보험자) 사망 시 상속인의 지위에 있는 사람을 수익자로 지정한 것으로 보아야 할 것이다(예를 들어 피상속인 갑이 사망할 때 배우자 을과 자녀 병이 있었다면, 을과 병을 수익자로 지정한 것으로 본다). 그러므로 피상속인이 사망했을 때 보험계약에 따라 상속인의 지위에 있는 사람에게 보험금청구권이 발생한다고 해석된다(상속인이 여러 명인 경우, 각 상속인은 자신의 상속분에 따라 보험금을 청구할 수 있다. 대판 2017. 12. 22, 2015다236820, 236837). 따라서 이 경우에도 상속인이 수령하는 생명보험금은 상속인의 고유재산이 되며, 상속재산에 속하지 않는다고 보는 것이 타당하다.[104)] 그 결과 상속인이 상속을 포기한 경우에도 보험금을 수령할 수 있다. 또한 상속인 중 1인이 자신에게 발생한 보험금청구권을 포기하더라도 그 포기한 부분이 다른 상속인에게 귀속되지 않는다.[105)]

보험계약자가 보험수익자를 지정하지 않은 상태에서 피보험자가 사망한 경우에는 법률규정에 의하여 피보험자의 상속인이 보험수익자가 되는데(상법

103) 대판 2001. 12. 24, 2001다65755, 법률신문 2002. 1. 21.

104) 동지: 대판 2001. 12. 28, 2000다31502; 대판 2023. 6. 29, 2019다300934. 생명보험의 보험계약자(피상속인)가 스스로를 피보험자로 하면서 자신이 생존할 때의 보험수익자로 자기 자신을, 자신이 사망할 때의 보험수익자로 상속인을 지정한 후 피보험자가 사망한 경우, 이에 따른 보험금청구권은 상속인들의 고유재산이 되며 상속재산에 속하지 않는다. 따라서 이런 경우에 상속인이 사망보험금을 수령한 행위는 상속재산에 대한 처분행위로 볼 수 없으므로, 제1026조 제1호에 따른 단순승인으로 의제되지 않는다.

105) 대판 2020. 2. 6, 2017다215728. 이러한 법리는 단체보험에서 피보험자의 상속인이 보험수익자로 인정된 경우에도 동일하게 적용된다.

第733条(생명보험), 第739条(상해보험)),[106] 이 경우 보험수익자인 상속인의 보험금청구권은 상속재산이 아니라 상속인의 고유재산이라고 보아야 한다(보험금청구권은 상속개시 당시 피상속인에게 속해있던 권리가 아니며, 보험계약에 따라 피보험자의 사망에 의해서 보험수익자에게 발생하는 권리이기 때문이다). 따라서 상속인이 사망보험금을 수령한 행위는 단순승인 사유§1026 i 에 해당하지 않으므로, 그 후에 상속포기를 할 수 있다.[107]

③ 제3자를 수익자로 지정하였을 때: 이 경우에는 보험계약자가 지정한 보험수익자가 피보험자보다 먼저 사망한 때의 법률관계가 문제가 된다. 생명보험에서 보험계약자는 보험수익자를 지정 · 변경할 권리를 가지고,[108] 지정된 보험수익자가 보험존속 중에 사망한 때에는 보험계약자는 다시 보험수익자를 지정할 수 있다. 그러나 보험계약자가 지정권을 행사하지 않은 채 사망하거나 보험계약자가 지정권을 행사하기 전에 보험사고가 생긴 경우에는 지정된 보험수익자의 상속인이 보험수익자가 된다상 §733. 이 규정에 따라, 지정된 보험수익자가 사망한 경우에는 보험계약자가 다시 보험수익자를 지정하지 않고 사망하거나 보험계약자가 지정권을 행사하기 전에 보험사고가 발생한 때에 비로소 보험수익자의 지위가 그의 상속인에게 이전된다.[109] 이러한 경우

---

106) 단체의 규약으로 피보험자 또는 그 상속인이 아닌 자를 보험수익자로 지정한다는 명시적인 정함이 없음에도 피보험자의 서면 동의 없이 단체보험계약에서 피보험자 또는 그 상속인이 아닌 자를 보험수익자로 지정하였다면 그 보험수익자의 지정은 상법 제735조의3 제3항에 반하는 것으로 효력이 없고, 이후 적법한 보험수익자 지정 전에 보험사고가 발생한 경우에는 피보험자 또는 그 상속인이 보험수익자가 된다. 대판 2020. 2. 6, 2017다215728 참조.

107) 대판 2004. 7. 9, 2003다29463.

108) 보험계약자는 보험수익자를 변경할 권리가 있다(상법 제733조 제1항). 이러한 보험수익자 변경권은 형성권으로서 보험계약자가 보험자나 보험수익자의 동의를 받지 않고 자유로이 행사할 수 있고, 그 행사에 의해 변경의 효력이 즉시 발생한다. 다만 보험계약자는 보험수익자를 변경한 후 보험자에 대하여 이를 통지하지 않으면 보험자에게 대항할 수 없다(상법 제734조 제1항). 대판 2020. 2. 27, 2019다204869; 반면에 생명보험계약에서 보험계약자의 지위를 변경하는 데 보험자의 승낙이 필요하다고 정하고 있는 경우, 보험계약자가 보험자의 승낙이 없는데도 일방적인 의사표시만으로 보험계약상의 지위를 이전할 수는 없다. 따라서 유증에 따라 보험계약자의 지위를 이전하는 데에도 보험자의 승낙이 필요하다. 대판 2018. 7. 12, 2017다235647(보험계약자가 보험자의 승낙 없이 유증과 같은 일방적인 의사표시만으로 연금보험계약자의 지위를 이전할 수는 없으므로, 유증의 목적이 연금보험금으로 되어 있는 경우에는 유언자(보험계약자)가 연금보험계약자의 지위 자체가 아니라 연금보험금 청구권을 유증하려고 한 것으로 보아야 한다).

109) 보험계약자가 제3자를 피보험자로 하고 자신을 보험수익자로 하여 생명보험계약을 체결하였는데, 보험수익자(보험계약자)와 피보험자가 동시에 사망한 경우에는 상법 제733

에 지정 보험수익자의 상속인이 취득하는 보험금청구권은 보험계약의 효과로 보아야 하며, 따라서 수령인의 고유재산이 된다. 지정 보험수익자에게 상속인이 여러 명인 경우에는 법정상속분의 비율로 보험금청구권을 취득한다고 해석된다.

이 경우의 상속인은 어떤 때의 상속인을 말하는가가 문제이다. 즉, 보험수익자 사망시의 상속인이냐, 아니면 보험계약자 사망시의 상속인이냐의 문제가 있는데, 보험수익자 사망시에 있어서의 상속순위에 따라 상속인이 되는 자로 보는 것이 타당할 것이다대판 2025. 2. 20, 2022다306048, 306055, 306062.

지정 보험수익자의 사망 후 보험계약자가 다시 보험수익자를 지정하지 않은 채 사망하였는데, 보험계약자의 사망 당시 지정 보험수익자의 상속인이 생존하고 있지 않은 경우에는 그 상속인의 상속인이 보험수익자가 된다고 해석된다. 예를 들어보면 다음과 같다: 갑이 A 보험회사와 피보험자를 갑, 사망시 보험수익자를 갑과 을 사이에서 출생한 병으로 정하여 보험계약을 체결하였다. 그 후 갑은 을과 이혼하였으며, 병은 사망하고, 곧이어서 갑도 사망하였다(갑은 사망하기 전에 다시 보험수익자를 지정하지 못했다). 이런 경우에는 병의 상속인이 보험수익자가 되는데, 병에게는 배우자와 직계비속이 없으므로, 일단 병의 부모인 갑과 을이 상속인으로서 보험수익자가 된다. 그런데 갑 역시 병의 사망 후 곧이어서 사망하였고, 갑에게도 배우자와 직계비속이 없으므로, 갑의 부모인 정과 무가 상속인으로서 보험수익자가 된다. 결과적으로 병의 상속인 을, 병의 상속인(갑)의 상속인(정, 무)가 보험수익자로 확정되고, 법정상속분에 따라 을이 보험금청구권의 1/2 지분, 정과 무가 각각 보험금청구권의 1/4 지분을 갖는다대판 2025. 2. 20, 2022다306048, 306055, 306062.

④ 피상속인이 자기를 피보험자와 보험수익자로 한 경우: 이 경우에는 보험금청구권은 상속재산에 속하며, 상속인에 의하여 상속된다고 해석된다.[110] 피상속인이 사망하는 순간 보험수익자로서 보험금청구권을 취득하고, 바로 이어

조 제3항 후단에 준하여 보험수익자의 상속인이 보험수익자가 된다. 이러한 경우 보험수익자의 상속인이 가지는 보험금청구권은 상속재산이 아니라 상속인의 고유재산이다. 대판 2007. 11. 30, 2005두5529.

110) 대판 2002. 2. 8, 2000다64502: 대판 2000. 10. 6, 2000다38848: 생명보험에 있어서 보험계약자가 피보험자 중의 1인인 자신을 보험수익자로 지정한 경우에도 그 지정은 유효하고, 따라서 보험수익자의 사망으로 상속인이 보험수익자로 되며 그 보험금은 상속재산이 된다.

서 그 청구권이 상속인에게 승계된다는 해석(일종의 의제)이 가능하기 때문이다.

⑤ 생명보험금과 특별수익과의 관계가 문제된다. 생명보험금이 상속인의 고유재산이 될 경우에 특별수익금이 될 것인가에 대해서는 후술한다.

⑥ 상속세 및 증여세법은 상속인이 취득한 생명보험금을 상속재산으로 보고 있다상속세 및 증여세 §8.[111] 결과적으로 상속을 포기한 자도 생명보험금을 수령할 수 있으나, 상속세 납부의무를 면할 수는 없다상속세 및 증여세 §3.

(사) 사망퇴직금

사망퇴직금은 일반적으로 미지급임금인 동시에 유족의 생활보장에 충당하는 것이라는 성격을 가진다. 법률이나 회사의 내규·취업 규칙에 정해져 있는 사망퇴직금의 수급자의 범위나 순위는 민법의 규정과 다른 것이 보통이며(근로기준법 시행령 제48조, 공무원연금법, 군인연금법 등 참조), 그 지급근거는 미지급임금을 유족에게 직접 지급한다는 사용자·피용자 사이의 제3자를 위한 계약에 순하는 것으로 보고 있으므로 사망퇴직금은 상속재산이 아니고, 수급권자의 고유재산으로 해석된다.[112] 그러나 실질적인 고려에 있어서 특별수익에 해당한다고 볼 것인가의 문제는 남는다.

상속세 및 증여세법은 퇴직금·퇴직수당·공로금·연금 또는 이와 유사한 급여로서 피상속인에게 지급될 것이 피상속인의 사망으로 인하여 지급되는 것에 대하여는 상속재산으로 본다상속세 및 증여세 §10.[113]

### (2) 재산적 의무

(가) 채무 기타 재산적 의무도 일반적으로 상속된다.[114] 상속재산 중에 적극재산이 없고, 채무만 있는 경우에도 당연히 상속된다. 그러나 채무자가 변경됨으로써 이행의 내용이 변경되는 채무는 상속되지 않는다.

---

111) 대판 2007. 11. 30, 2005두5529은 이 규정이 헌법에 반하거나 실질적 조세법률주의에 위배된다고 볼 수 없다고 한다.

112) 산업재해보상보험법에 의한 유족급여의 수급권은 업무상 재해로 인하여 사망한 근로자의 상속재산에 포함되지 않는다. 유족급여의 수급권자는 상속인으로서가 아니라 직접 자기의 고유의 권리로서 유족급여를 받을 권리를 취득한다(대판 2009. 5. 21, 2008다13104 전원합의체); 국민연금법에 따른 유족연금의 수급권도 상속재산에 포함되지 않는다(대판 2014. 11. 27, 2011다57401); 공무원연금법에 따른 유족급여 수급권도 상속재산에 속하지 않는다(대판 1996. 9. 24, 95누9945; 대판 2000. 9. 26, 98다50340).

113) 다만 이에 대해서는 상속세 및 증여세법 제10조 단서가 규정하는 예외가 있다.

114) 서울고판 1974. 9. 25, 74나831, 판례월보 55호, 42면(판례가족법, 725면).

(나) 보증채무

보증채무는 주채무자와 보증인 사이의 신뢰관계에 기초를 두는 것인데, 이 신뢰관계에는 강약이 있으며, 또 보증채무는 주채무에 수반하여 그 성질에 지배되기 때문에, 상속성의 유무는 개별적으로 검토되어야 한다.

① 통상의 보증채무: 소비대차상이나 임대차상의 채무와 같은 통상의 채무에 대한 보증채무는 상속성이 있다고 해석하여야 할 것이다. 이러한 보증채무는 책임의 범위가 확정되어 있고, 보증인의 상속인은 상속이 개시되면 구체적으로 그 액수를 알 수 있어서 예측할 수 없는 손해를 입을 염려가 없기 때문이다. 상속개시 당시 이미 발생한 보증채무는 물론, 아직 구체적으로 보증채무가 발생하지 않은 경우에도 보증계약상의 지위(보증인의 지위)가 상속된다는 점에 주의할 필요가 있다(예컨대 주채무자 갑이 1000만원의 채무를 변제하지 못해서 채권자 A가 보증인 을에게 보증채무의 변제를 청구한 상태에서 을이 사망한 경우에 1000만원의 보증채무가 상속되는 것은 물론, 주채무의 변제기일이 도래하지 않은 상태에서 을이 사망한 때에도 보증계약상의 지위가 상속된다).

② 신원보증: 신원보증계약은 신원보증인의 사망으로 종료한다신원보증 §7. 따라서 신원보증인의 신원보증계약상의 지위는 신원보증인의 사망으로 상속인에게 상속되지 않는다. 신원보증계약은 신원보증인과 피용자 사이의 신용을 기초로 하여 성립하는 것으로서 일신전속적인 채무로 보아야 하기 때문이다. 다만 신원보증인이 사망하기 전에 신원보증계약으로 인하여 이미 발생한 보증채무는 상속인에게 상속된다.[115)]

③ 계속적 보증채무: 계속적 보증채무는 근보증이라고 하여, 이에는 i) 포괄적 신용보증, ii) 임차인의 보증채무, iii) 신원보증이 있는데, 포괄적 신용보증과 같이 그 내용이 불확정한 계속적 보증계약상의 지위는 신원보증과 마찬가지로 그 상속성이 일반적으로 부정된다. 이러한 신용보증은 책임범위가 넓고, 상호간의 신용을 기초로 하는 것이므로, 그 계약상의 지위(보증인의 지위)는 일신전속적인 성질을 갖는 것으로 보아야 하기 때문이다. 다만 이 경우에도 상속개시 전에 이미 발생한 구체적인 보증채무는 상속인에게 상속된다(대판 2001. 6. 12, 2000다47187: 보증기간과 보증한도액의 정함이 없는 계속적 보증계약의 경우에는 보증인이 사망하면 보증인의 지위가 상속인에게 상속된다고 할

---

115) 대판 1967. 4. 18, 66다2240, 집 15권 1집 민 308면; 대판 1972. 2. 29, 71다2747(판례가족법 추록(Ⅰ), 180면).

수 없으나, 기왕에 발생한 보증채무는 상속된다).[116]

다른 한편 신용보증이라도 한도액이 정해져 있는 경우에는, 상속인이 채무의 내용을 알 수 있으므로 특별한 사정이 없는 한 그 계약상의 지위(보증인의 지위)가 상속된다고 보아도 무방할 것이다(대판 1999. 6. 22, 99다19322·19339: 보증한도액이 정해진 계속적 보증계약의 경우 보증인이 사망하였다 하더라도 보증계약이 당연히 종료되는 것은 아니고, 특별한 사정이 없는 한 상속인들이 보증인의 지위를 승계한다고 보아야 한다). 상속개시 전에 이미 발생한 구체적인 보증채무가 상속되는 것은 물론이다.

임대차계약에 의한 임차인의 채무보증은 단순한 보증채무로 보아서 상속성을 긍정하여도 무방할 것이다. 신뢰관계를 기초로 한 광범한 범위에서 책임을 져야 한다는 사정이 없기 때문이다.

④ 연대보증: 연대보증인의 책임은 통상의 보증인의 책임보다 무겁지만, 특정한 채무에 대해서 한 연대보증은 그 범위와 내용이 확정되어 있으므로 통상의 보증채무와 마찬가지로 상속된다고 해석하여야 할 것이다. 상속개시 전에 이미 발생한 구체적 보증채무뿐만 아니라 연대보증계약상의 지위(연대보증인의 지위)가 상속되는 점도 통상의 보증의 경우와 같다.

(다) 기타 채무

① 손해배상채무와 조세납부의무: 이미 발생한 손해배상채무는 그 원인된 사실 여하를 막론하고 그 성질이 재산적 채무이므로 상속이 된다.[117] 그리고 조세납부의무도 상속된다.

② 부양의무: 부양의무는 협의나 심판에 의하여 구체적 내용이 확정된 경우에도 상속되지 않는다. 다만, 구체적 내용이 확정된 부양의무 중에서 이미 이행기가 도래한 지연부양료채무는 상속된다고 보아야 한다(예컨대 피상속인이 생전에 월 50만원의 부양료를 부모에게 지급해야 할 의무가 있었는데, 사망하기 전 1년간 한 번도 지급하지 않았다면 600만원의 지연부양료채무는 상속된다).

③ 재산분할의무: 이혼이 성립한 것을 전제로 하여, 당사자 사이에 재산분할에 관한 협의가 이루어졌거나 재산분할청구가 있은 후에 청구의 상대방이 사망한 때에는 재산분할의무가 상속된다고 보아야 할 것이다. 따라서 이런

116) 다만 2015년 민법일부개정으로 제428조의3이 신설되어 시행일(2016. 2. 4.) 이후 성립한 채무의 최고액을 정하지 않은 계속적 보증계약은 무효이므로, 이러한 경우에는 보증채무가 상속될 여지가 없다.

117) 대판 1959. 11. 26, 4292민상178, 판례총람 364면(판례가족법, 725면).

경우에는 재산분할의무는 피청구인의 상속인에게 승계되므로, 재판상 청구가 이루어진 때에는 상속인에 의한 소송수계가 허용되어야 한다.[118]

### (3) 재산적인 계약상 및 법률상의 지위

#### (가) 계약상의 지위

계약상의 지위는 재산적 계약의 경우에도 대부분은 그 계약특유의 성질을 지닌 권리와 의무를 포함하는 것으로서 당사자간의 신뢰성이 강하다. i) 그 신뢰성이 가장 강한 위임계약에 있어서는 그 지위의 상속이 인정되지 않는다 §690. ii) 고용에 있어서 노무자의 지위가 상속되지 않는 것은 말할 나위도 없다. 사용자의 지위는 노무의 내용이 사용자의 일신에 전속하는 것이거나, 사용자의 노무실현을 지시하는 권능에 중요한 차이를 생기게 하는 경우를 제외하고는 원칙적으로 상속된다고 해석되어 왔다. 그러나 공동상속의 보편화는 그 문제를 간단하게 하지 않고, 오히려 위의 원칙·예외를 전도시켰다고 생각된다. iii) 임대차에 있어서는 임대인의 지위나 임차인의 지위 모두 상속되는 것이 당연시되었다.[119] 그런데 공동상속의 보편화는 복잡한 문제를 생기게 하였으며, 임차권의 상속은 특히 문제이다. 즉 임차명의인 이외의 거주 그 자체를 이유로 하는 임대인의 해지§629 참조, 차임연체를 이유로 하는 해지, 그것을 전제로 하는 가옥 명도소송 등이 그것이다. 그리고 그 다툼 속에서 임대인 대 임차인의 대립 이외에 거주상속인 대 비거주상속인, 거주비상속인 대 비거주상속인의 권원의 관계도 문제가 될 수 있다. 주택임차권의 상속에 대해서는 항을 달리하여 설명하겠다. iv) 제3자에게 피상속인이 부동산을 양도하고 등기하지 않는 동안에 상속이 개시되면, 피상속인이 부동산을 처분하고 아직 등기하지 않은 지위는 상속된다. 따라서 그 제3자에 대한 피상속인의 등기협력의무를 상속인이 승계한다.[120] v) 상속을 원인으로 임차건물의 소유권을 취득한 상속인은 임대인의 지위를 승계한다상가임대차법 §3②·주택임대차법 §3④. 임대인의

118) 대결 2009. 2. 9, 2008스105 참조.

119) 대판 1966. 9. 20, 66다1203, 집 14권 3집 민 59면(판례가족법, 731면); 상속에 의하여 임차건물의 소유권을 취득한 사람은 임차건물의 양수인(상가건물 임대차보호법 제3조 제2항)에 해당하여 임대인의 지위를 승계한다. 임대인 지위를 공동으로 승계한 공동상속인들의 임차보증금 반환채무는 성질상 불가분채무에 해당한다(대판 2021. 1. 28, 2015다59801).

120) 부동산등기법 제27조. 피상속인 갑이 부동산을 을에게 매도하는 계약을 한 후, 소유권이전등기를 마치지 못한 상태에서 사망한 경우, 상속인 병은 상속등기를 거칠 필요 없이 바로 매수인 을 앞으로 소유권이전등기를 신청할 수 있다(등기선례 제6-216호 참조). 그러나 상속인 병은 상속 부동산 취득에 따른 취득세 등의 납부의무를 면할 수 없다.

지위를 공동으로 승계한 공동상속인들의 임차보증금 반환채무는 성질상 불가분채무에 해당하므로, 그중 1인이 임차보증금을 반환한 경우에는 다른 공동상속인들을 상대로 법정상속분에 따라 구상할 수 있다대판 2024. 8. 1, 2023다318857.

그러나 그 밖의 계약에서는 그 계약으로부터 생기는 채권 또는 채무의 양도가 인정되지 않는 경우도§629·657 등 참조 상속은 원칙적으로 인정된다고 보아야 한다.

(나) 주택임차권

① 임차권의 상속을 부정할 법적 근거는 전혀 없다. 따라서 임차인이 사망하면 임차권은 상속된다. 그러므로 동거가족 중에 상속인이 있거나 기타 동거하고 있지 않았던 상속인(예컨대 분가한 자녀)이 있을 때에는 공동상속인간의 상속재산분할의 문제로서 해결하여야 한다§1012 이하 참조. 그 결과 동거하지 않았던 상속인도 거주할 수 있게 되는데, 그러한 경우에 임대인은 이의를 제기할 수 없다. 다만 그로 말미암아 사용·수익 상태가 현저하게 변경될 때에는 계약해지의 정당사유로서 고려되어야 할 것이다.

② 문제가 되는 것은 임차인의 사실혼의 처·사실상의 양자 등과 같이 임차인과 동거하고 있었으나 상속권이 없는 자는 임차권을 상속하지 못하는데(임차인의 사망에 의하여 거주의 법적 근거를 잃게 되는데), 이들을 어떻게 구세하느냐 하는 것이다.

③ 1983년에 주택임대차보호법이 개정되어, 주택임차인이 상속권자 없이 사망한 경우에 그 주택에서 가정공동생활을 하던 사실상의 혼인관계에 있는 자는 임차인의 권리와 의무를 승계하게 되었다동법 §9①. 그리고 임차인이 사망한 경우에 사망 당시 상속권자가 그 주택에서 가정공동생활을 하고 있지 않은 때에는 그 주택에서 가정공동생활을 하던 사실상의 혼인관계에 있는 자와 2촌 이내의 친족은 공동으로 임차인의 권리와 의무를 승계한다동법 §9②. 그러나 위의 경우에 임차인이 사망한 후 1월 이내에 임대인에 대하여 반대의사를 표시한 때에는 예외이다동법 §9③. 그리고 위의 경우에 임대차관계에서 생긴 채권·채무는 임차인의 권리의무를 승계한 자에게 귀속한다동법 §9④.

설례 ①의 경우, 주택임대차보호법에 의하여, 임차인이 사망한 경우에 사망 당시 상속권자가 그 주택에서 가정공동생활을 하고 있지 않은 때에는 그 주택에서 가정공동생활을 하던 사실상의 혼인관계에 있는 자와 2촌 이내의 친족은 공동으로 임차인의 권리와 의무를 승계하게 되어 있다동법 §9②. 그러므로 A가 임차한 가옥에 대해서는 설례에서 C와 D가 임대차계약상의 권리와 의무를 승계한다. 따라서 B의 명도청구는 인용될 수 없으며, C는 그 집에서 계속해서 거주할 수 있다.

설례 ②의 경우, 위에서 본 바와 같이 C와 D가 주택임차권을 공동으로 승계하였으므로, D는 C에 대하여 명도청구를 할 수 없다. 그러나 D가 그 집에서 거주하기를 원하는 경우에는, D는 C와 같이 그 집에 거주할 권리가 있다. 이에 대해서는 임대인인 B는 이의를 제기할 수 없다.

(다) 대리인의 지위

대리인의 지위는 상속되지 않는다§127 ii. 본인의 지위는 민법상의 것은 상속되지 않으나§127 i, 상법상의 것은 상속된다상 §50.

① 무권대리인이 본인을 상속하였을 경우: 무권대리인이 본인을 상속하였을 때에는 무권대리행위는 완전히 유효로 된다고 생각된다.[121] 자신이 한 무권대리행위에 대해서 본인의 자격으로 추인을 거절하는 여지를 인정하는 것은 신의칙에 반하기 때문이다. 다만 무권대리인 이외에 공동상속인이 있는 경우에는 피상속인이 본인으로서 가지는 추인권과 추인거절권은 상속인 전원에게 승계되므로, 전원의 추인이 없으면 무권대리행위는 공동상속인에 대하여 유효로 되지 않는다.

② 본인이 무권대리인을 상속하였을 경우: 본인이 무권대리인을 상속한 경우에는 상속인인 본인이 피상속인의 무권대리행위의 추인을 거절하더라도 신의칙에 반하지 않으므로, 무권대리행위는 당연히 유효로 되지는 않는다고 보아야 한다. 이러한 경우에는 상속인은 본인으로서 추인권과 추인거절권을 보유함과 동시에 추인을 거절하면 지게 될 이행 또는 배상의 의무도 승계한다.

(라) 사원권

사원권, 즉 단체의 구성원의 지위가 상속되는가는 그 단체의 성질에 따라서 다르다. 그 사원권이 공익권적 성질이 강한 것이면 상속되지 않는다. 합명회사의 사원권상 §218iii, 합자회사의 무한책임사원의 사원권상 §269은 상속되지 않으나, 합자회사의 유한책임사원의 사원권은 상속된다상 §283. 주주권이 상속성이 있는 것은 당연하지만상 §335 참조,[122] 주식회사의 감사인 지위는 상속되지

121) 동지: 대판 1994. 9. 27, 94다20617, 법원공보 979호, 107면.

122) 주식은 주식회사의 주주 지위를 표창하는 것으로서 금전채권과 같은 가분채권이 아니므로, 공동상속의 경우 법정상속분에 따라 당연히 분할하여 귀속하는 것이 아니라, 공동상속인들이 준공유하는 법률관계가 형성된다. 대판 2003. 5. 30, 2003다7074; 대판 2023. 12.

않으며,[123] 민법상 조합의 조합원의 지위도 상속되지 않는다§717 i. 다만 조합원이 사망한 때에 그 상속인이 사망조합원의 지위를 승계한다는 특약을 조합계약에서 하고 있는 경우에는 그 계약은 유효하다.[124] 영리를 목적으로 하지 않는 사단법인의 사원권도 상속되지 않는다고 보아야 한다.

### (4) 소송상의 지위

소송은 당사자의 사망에 의하여 중단되나, 상속인·상속재산관리인 기타 법률에 의하여 소송을 속행하여야 할 자는 소송절차를 수계(受繼)하지 않으면 안 된다민소 §233①.[125] 다만 소송의 목적인 권리관계가 피상속인의 일신에 전속하는 것인 경우에는 전체적인 소송은 종료한다(예를 들어 이혼소송 계속중에 원고가 사망한 경우에는 이혼청구권은 일신전속권이므로, 이혼소송은 종료한다). 그러나 이 경우에도 소송비용의 점에 대해서는 재판을 하여야 하므로 상속인들은 역시 수계를 하여야 한다.

### (5) 일신전속권

모든 일신전속권 특히 권리주체의 사망과 동시에 소멸하는 일반적 인격권은 상속되지 않는다. 성명권, 교수계약에서 생기는 권리, 신체·자유 또는 명예의 침해로 인한 위자료청구권(청구의 의사표시가 있어서 재산권이 된 것은 상속된다. 판례는 청구의 의사표시와 관계없이 상속된다는 입장이다), 약혼의 부당파기로 인한 위자료청구권§806③ 본문, 혼인무효·혼인취소§825에 의한 §806의 준용, 이혼§843에 의한 §806의 준용, 입양무효·입양취소§897에 의한 §806의 준용, 파양§908에 의한 §806의 준용으로 인한 위자료청구권은 원칙적으로 상속되지 않는다. 그러나 당사자간에 이미 그 배상에 관한 계약이 성립되거나 소를 제기한 경우에는 예외이다§806③ 단서.[126] 그리고 子의 약혼·혼인·입양에 대한 부모의 동의권§802·808·870·871·908의2 등도 상속되지 않는다. 위임계약으로 생기는 효과는 위임인 또는 수임인

---

21, 2023다221144.

123) 대판 1962. 11. 29, 62다524, 판례총람 365면(판례가족법, 365면).

124) 대판 1987. 6. 23, 86다카2951.

125) 대결 2023. 8. 18, 2022그779. 소송 당사자가 사망하였으나 소송대리인이 있어 소송절차가 중단되지 않는 경우에는 상속인으로 당사자의 표시를 정정하지 않은 채 망인을 그대로 당사자로 표시하여 판결하더라도 그 효력은 망인의 소송상 지위를 당연승계한 상속인들 모두에게 미친다. 따라서 망인의 공동상속인 중 소송수계절차를 밟은 일부만을 당사자로 표시한 판결 역시 수계하지 않은 나머지 공동상속인들에게도 그 효력이 미친다.

126) 대판 1993. 5. 27, 92므143.

의 사망으로 인하여 소멸한다§690·691 참조. 종신정기금계약은 당사자의 사망으로 인하여 소멸하는 것을 원칙으로 한다§725·560·729 참조. 피상속인의 인격에만 연결되어 있는 급여를 내용으로 하는 의무는 성질상 상속될 수 없다. 예컨대 예술가·저작가의 급여의무, 후견인의 임무(후견인 사망은 후견의 개시원인이 되어 후견인이 새로 선임된다), 상속재산관리인§1040 및 유언집행자§1093 이하 참조의 임무는 상속되지 않는다.

특정의 신분이 있는 것을 전제로 하는 것은 — 그 신분의 승계라는 것은 있을 수 없으므로 — 일반적으로 일신전속권이다(예컨대 부양청구권). 그러나 이러한 신분이 있는 것을 전제로 하는 것도 재산적인 것은 상속된다. 예컨대 공동상속인의 1인이 상속재산의 분할 전에 상속분을 양도한 경우의 다른 공동상속인의 양수권§1011, 상속의 승인 또는 포기를 하는 권리§1019 참조 등의 상속에 관한 권리는 그 예이다. 그리고 민법은 채권자대위권의 객체와 관련해서도 일신전속권은 제외한다는 취지를 규정하고 있으나§404, 이것은 권리행사에 있어서의 일신전속을 의미한다(행사상의 일신전속권). 따라서 본조에서 말하는 일신전속(향수상의 일신전속권)과는 그 의미가 다르다. 그러므로 채권자가 대위할 수 없는 채무자의 일신전속권이 반드시 상속불능은 아니다. 예를 들어서 채권자는 채무자의 위자료청구권을 대위행사할 수 없으나, 판례에 따르면 채무자가 사망하는 경우 그 위자료청구권은 상속된다(판례는 불법행위로 인한 위자료청구권의 경우 피해자가 별도의 의사표시를 하지 않아도 당연히 상속된다고 본다). 또한 상속분의 양도인 이외의 공동상속인이 양수권§1011을 행사하지 않고 사망한 경우에는 그 상속인도 또한 이 권리를 행사할 수 있다고 보아야 하나, 양수권자의 채권자는 제404조의 요건을 갖춘 경우에도 양수권의 성질상 이 권리를 대위행사할 수 없다고 보아야 한다.

### 3. 제사의 승계

분묘에 속한 1정보 이내의 금양임야와 600평 이내의 묘토인 농지, 족보와 제구의 소유권은 상속재산과 구별하여 제사를 주재하는 자가 이를 승계한다§1008의3. 1990년 민법개정 전에는 호주상속인이 이를 승계하는 것으로 되어 있었는데, 개정법은 제사를 실제로 주재하는 자가 승계하도록 함으로써 조상에 대한 제사를 호주의 의무로 하지 않고 가족들 중 누구나 제사를 주재할 수 있도록 하였다.

금양임야란 그 안에 분묘가 설치되어 있고, 이를 수호하기 위하여 벌목을 금지하고 나무를 기르는 임야를 말한다.[127)]

묘토는 위토라고 보통 말하며, 제사 또는 이에 관계되는 사항을 집행·처리하기 위하여 설정된 토지를 말한다. 이를 제전(祭田)·묘전(墓田)이라고 하며, 이 토지를 기본재산으로 하여 그 수익으로 경비에 충당한다.[128)] 그 재산의 주체는 혈통을 같이 하는 가족일문이므로, 이를 종중재산·제위(祭位)·묘위(墓位) 등으로 별칭한다. 위토의 설정은 주자가례(朱子家禮)에 기원을 가진다. 이것은 종손일지라도 임의로 처분할 수 없는 것이 구래의 관습이다.[129)]

족보란 일가의 역사를 표시하고 가계의 연속을 실증하기 위한 책부를 말한다. 系譜·譜牒·世牒·世系·世誌·家乘·家牒·家譜·姓譜라고도 한다. 족보는 동족의 여부나 동족간의 소목지서(昭穆之序) 또는 촌수 등을 명확히 하는 것이기 때문에, 상속·혼인 등의 가능 여부를 판별하는 데 이용될 수 있다. 족보는 압류할 수 없다민집 §195ix. 그리고 제구란 조상의 제사에 사용되는 도구를 말한다.

이러한 것은 조상제사를 위하여 필요한 것으로서 일반의 상속재산과 구별되며, 별도의 재산으로서 제사주재자가 승계하도록 하였다. 이것은 일종의 제사상속이라고 볼 수 있다.

여기서 제사를 주재하는 자란 누구인가가 문제가 될 수 있다.[130)] 1990년

---

127) 대판 2011. 1. 27, 2010다78739: 금양임야가 되기 위해서는 그 토지상에 분묘가 설치되어 있다는 사정만으로는 부족하고 선조의 분묘를 수호하기 위하여 벌목을 금지하고 나무를 기르는 임야이어야 한다.

128) '묘토인 농지'란 그 수익으로 분묘관리와 제사의 비용에 충당되는 농지를 말하는 것으로, 단지 그 토지상에 분묘가 설치되어 있다는 사정만으로 이를 묘토인 농지에 해당한다고 할 수는 없다. 제사주재자로서 묘토인 농지를 단독으로 승계하였음을 주장하는 자는, 피승계인의 사망 이전부터 당해 토지가 농지로서 거기에서 경작한 결과 얻은 수익으로 인접한 조상의 분묘의 수호 및 관리와 제사의 비용을 충당하여 왔음을 입증하여야 한다. 대판 2006. 7. 27, 2005다45452.

129) 대판 2006. 7. 27, 2005다45452는 "제사용 재산을 승계한 자는 대외적으로나 상속인간에서나 완전한 소유권을 취득하여 이를 자유로이 처분할 수도 있다"고 설시하고 있으나, 이에 대해서는 찬성하기 어렵다. 정긍식, 제사용 재산의 귀속주체, 민사판례연구XXII(1994), 372면 이하 참조.

130) 대판 2012. 9. 13, 2010다88699는 제사주재자의 지위 확인을 구할 이익이 있는지의 문제에 관하여 다음과 같이 판단하였다: 제사용 재산의 귀속에 관하여 다툼이 있는 등으로 구체적인 권리 또는 법률관계와 관련성이 있는 경우에 그 다툼을 해결하기 위한 전제로서 제사주재자 지위의 확인을 구하는 것은 법률상의 이익이 있다. 그러나 그러한 권리 또는

민법개정 전에 제사주재자란 호주승계인을 가리키므로 호주승계인이 당연히 승계하는 것으로 보아야 한다는 견해가 있으나,[131] 호주제가 폐지되어 호주가 존재하지 않게 된 오늘날의 현실에서는 더 이상 유지될 수 없는 해석론이다. 그러므로 가족[132] 중에서 사실상 제사를 주재하는 자가 분묘 등을 승계하는 것으로 해석하여야 할 것이다.

우리 선조들은 원래 고려시대 이전부터 조선중기에 이르기까지 딸, 아들의 구분 없이 돌아가면서 제사를 모시는 윤회봉사와 분할봉사(아들, 딸, 손자 등 자손들이 그들 선조 제사 가운데 특정 제사를 맡아 제사 준비 및 기타 제반 사항을 선담하는 것)의 전통을 가지고 있었으므로, 이러한 전통정신에 따라서 자손들이 제사에 관한 사항을 협의해서 정하면 되고[133] 승계순위를 법으로 강제할 필요는 없을 것이다.

한편 제사주재자를 정하는 방법에 대한 판례의 태도는 다음과 같다: 종래의 판례는 장남이 우선적으로 제자주재자가 된다는 태도를 취하고 있었다(제사주재자는 우선 공동상속인들이 협의에 의하여 정하며, 협의가 이루어지지 않는 경우에는 제사주재자의 지위를 유지할 수 없는 특별한 사정이 없는 한, 장남 또는 장손자가 제사주재자가 된다. 대판 2008. 11. 20, 2007다27670 전원합의체). 최근 대법원

---

법률관계와 무관하게 공동선조에 대한 제사를 지내는 종중 내에서 단순한 제사주재자의 자격에 관한 시비 또는 제사 절차를 진행할 때에 종중의 종원 중 누가 제사를 주재할 것인지 등과 관련하여 제사주재자 지위의 확인을 구하는 것은 법률상 이익이 없다.

131) 朴秉濠, '개정민법상의 가제도', 고시계, 1990년 5월호, 198면; 신영호, 제사용재산의 상속, 가족법논총 I (박병호교수화갑기념논문집, 1991), 575면 이하.

132) 대판 1994. 10. 14, 94누4059: "금양임야 등의 소유자가 사망한 후 상속인과 그 금양임야로서 수호하는 분묘의 제사를 주재하는 자가 다를 경우에는 그 금양임야 등은 상속인들의 일반상속재산으로 돌아간다고 보아야 할 것이며 상속인이 아닌 제사를 주재하는 자에게 금양임야 등의 승계권이 귀속된다고 할 수는 없다." 그러나 상속을 포기한 자는 상속인이 아니라고 해도 제사용 재산을 승계할 수 있다고 보아야 할 것이다.

133) 대법원은 2005년 7월 21일 그 동안 여성을 배제하고 성인 남성만을 종중원으로 인정해 온 이전의 판례를 뒤집어, 여성에게도 종중원의 지위를 인정하는 판결을 선고하였다(대판 2005. 7. 21, 2002다1178 전원합의체). 종중이란 일차적으로 조상제사를 목적으로 하는 집단이므로(판례에 따르면 선조의 분묘수호, 종중원 상호간의 친목 도모 등도 종중의 목적으로 인정되고 있다), 조선중기까지 존속하였던 윤회봉사, 분할봉사의 전통에 비추어 볼 때 딸도 제사에 참여하게 하고 그에 따른 법률상의 지위를 인정하는 것이 타당하다(정긍식, 韓國近代法史攷(2002), 288면도 같은 취지이다). 또한 자녀를 많이 낳지 않아서 딸만 있는 가정의 수가 늘고 있는 현실을 감안해 본다면 앞으로 제사는 딸·아들, 외손·친손의 구별없이 현실에 맞게 봉행하는 것이 바람직하다. 이 판결은 호주제 폐지를 주된 내용으로 하는 개정민법의 연장선상에서 이해될 수 있는 것으로서, 부계혈연중심의 가족제도에 종지부를 찍고, 남자와 여자, 딸과 아들이 평등하게 가족의 구성원으로 인정되는 새로운 가족제도의 등장을 다시 한 번 판결로써 확인한다는 의미가 있다.

은 종전의 판례를 변경하여 공동상속인들 사이에서 협의가 이루어지지 않은 경우, 제사주재자의 지위를 유지할 수 없는 특별한 사정(예를 들어 장기간의 외국거주, 제사거부 등)이 없는 한, 피상속인의 직계비속 중 최근친의 연장자(남녀를 불문하고, 혼인중의 자이든 혼인외의 자이든 관계없다)가 제사주재자가 된다고 판단하였다대판 2023. 5. 11, 2018다248626 전원합의체.

토지개발이 촉진되고 부동산 가격이 상승하는 현 상황에서 민법상의 분묘 등의 승계에 관한 특별규정은 상속인간의 분쟁의 원인이 되는 경우가 많다. 따라서 분묘에 속한 금양임야와 묘토인 농지 등의 승계규정은 이를 삭제하고 분묘 · 제구 · 족보 등의 승계만을 인정할 필요가 있다.[134)]

분묘 등의 소유권은 상속재산이 아니므로, 상속분 또는 유류분 등의 산정에 있어서 상속재산 속에 산입되지 않으며, 상속포기를 한 자도 승계할 수 있다. 이러한 소유권의 승계는 특별수익이 되지 않으며, 한정승인을 한 경우에도 이를 환가하여 변제에 충당할 필요가 없다§1034 참조. 그리고 재산분리가 된 경우에도 상속재산에서 제외된다§1052. 이와 같이 상속재산에서 제외되므로 분묘 등에 대해서는 상속세가 부과되지 않는다.[135)]

판례는 제사용 재산(예컨대 묘토인 농지)의 승계가 본질적으로 상속에 해당한다고 보고, 제사용 재산을 승계한 자가 그에 관한 권리의 회복을 청구하는 경우에도 상속회복청구§999에 관한 제척기간이 적용된다고 한다.[136)]

---

134) 그래서 법무부 민법개정시안은 제1008조의3의 제1항을 "① 분묘, 제구 및 족보의 소유권은 상속인의 협의에 의하여 그 승계할 자를 정한다. 상속인 사이에 협의가 이루어지지 아니하거나 협의할 수 없는 경우에는 상속인 또는 이해관계인의 청구에 의하여 가정법원이 이를 정한다"라고 바꾸고, 제2항을 신설하여 "② 가정법원이 제1항의 결정을 함에 있어서 제사비용에 관하여는 상속인의 분담에 필요한 처분을 명할 수 있다"라고 하기로 되어 있었다. 그러나 이 개정시안은 법무부에서 채택하지 않음으로써 확정된 개정안에는 채택되지 않았다.

135) 대판 1997. 11. 28, 96누18069, 법률신문 1997. 12. 4, 10면.

136) 대판 2006. 7. 27, 2005다45452.

## 2 공동상속[137]

### 1. 공동상속의 의의

상속에 의한 권리의무의 이전은 피상속인 사망의 순간에 당연히 이루어진다. 즉, 상속재산은 상속개시와 동시에 상속인에게 이전된다. 이 경우에 여러 명의 공동상속인이 있다면, 상속재산의 승계와 분할과의 사이에 시간적인 간격을 없애는 것은 절대로 불가능하다. 따라서 공동상속인은 필연적으로 상속재산을 일단 공동으로 승계할 수밖에 없다. 상속재산이 분할되면 이러한 공동상속상태는 해소되지만, 상속재산분할까지는 적지 않은 시간이 걸리는 것이 보통이므로, 그 사이의 법률관계를 정할 필요가 있다. 이에 대하여 민법은 다음과 같이 규정하고 있다. 공동상속인은 각자의 상속분에 따라 피상속인의 권리의무를 승계하나§1007, 분할을 할 때까지는 상속재산을 공유로 한다§1006. 따라서 공동상속인 중의 1인은 부동산의 공유자로서 협의 없이 공유물인 상속재산을 배타적으로 사용할 수 없다.[138]

### 2. 상속재산공유의 성질

제1006조가 정하는 상속재산의 공유의 성질에 대해서는 종래부터 두 개의 학설이 대립되어 있다. 즉 합유설과 공유설이다.

#### (1) 합유설

상속재산의 공유는 개개의 상속재산(상속재산을 구성하는 개개의 재산. 즉 부동산, 동산, 채권 등)을 물권편이 규정하는 의미에서 공유한다는 것이 아니다. 다만, 상속재산 전체 위에 상속분을 가지는 데 지나지 않는다고 한다. 따라서 이 설에 의하면 공동상속인은 전상속재산에 대하여 가지는 상속분을 처분할 수 있다.[139] 그러나 공동상속인은 개개의 상속재산에 대하여 공유지분을 가지

137) 공동상속에 관한 연구로는 신영호, 공동상속론(1987) 참조.

138) 대판 1982. 12. 28, 81다454, 신판례체계, 1006-1면.

139) 원래 합유지분을 처분하기 위해서는 합유자 전원의 동의가 있어야 한다(제272조 본문, 제273조 제1항). 그러나 제1011조에 따른 상속분의 양도에는 다른 공동상속인의 동의

는 것은 아니므로, 개개의 상속재산에 대한 지분은 처분할 수 없다. 또 채권·채무는 분할될 때까지는 공동상속인에게 불가분적으로나 연대적으로 귀속하게 된다.[140]

### (2) 공유설

공유설에 의하면, 상속재산의 공유는 제262조 이하가 정하는 고유의 의미의 공유와 다를 바 없다고 한다. 즉 각 상속인은 상속개시와 동시에 상속재산을 구성하는 개개의 물건 또는 권리에 대하여 그 상속분(법정상속분)에 따른 공유지분을 취득한다. 이 공유지분은 자유로이 처분될 수 있으므로§263 전단, 공동상속인은 각자 개개의 상속재산에 대하여 갖는 지분을 자유로이 양도할 수 있으며, 또한 지분에 저당권 설정 등 담보설정을 할 수 있다.[141] 상속재산을 구성하는 개개의 물건 또는 권리를 처분하기 위해서는 모든 공동상속인의 동의를 요한다. 개개의 채권·채무가 불가분의 것이면 공유관계(불가분채권·채무관계)가 생기지만, 가분적이면 당연히 공동상속인 사이에서 분할된다.[142]

### (3) 검 토

민법상 상속재산은 공유를 고유의 공유로 보건 혹은 이른바 합유로 보건 결정적인 이론적 설명은 거의 불가능하다.

합유설은 상속재산분할의 소급효를 정하는 제1015조 본문을 하나의 근거로 삼고 있다. 보통의 공유물의 분할에 있어서는 분할을 한 때부터 효력이 생기지만, 상속의 경우에는 이와 달리 상속이 개시된 때부터 상속재산이 분할되어 승계된 것으로 본다. 예를 들어 상속재산인 부동산·동산·채권을 3인의 상속인 갑, 을, 병이 공유하고 있다가 분할에 의하여 갑이 부동산, 을이 동산, 병이 채권을 가지게 되면, 그 결과 상속개시시부터 갑은 부동산, 을은 동산,

---

가 필요하지 않으므로, 엄밀한 의미에서 물권편에 규정되어 있는 합유와 성질을 달리한다.

140) 합유설은 게르만법에 기원을 두며, 독일법에 보존된 것이다. 우리나라에서 합유설로서는 鄭光鉉, 신친족상속법요론, 357면; 李根植·韓琫熙, 신친족상속법, 243면이 있다.

141) 이와 같은 처분행위를 하기 전에 상속등기를 할 필요가 있다. 법정지분에 따른 상속등기는 상속인 중 1인이 단독으로 할 수 있다. 서울고법 2018. 2. 1, 2017나2052963; 대판 2018. 5. 15, 2018다219451 참조; 등기선례 제5-276호(공동상속의 경우 상속인 중 1인이 법정상속분에 의하여 나머지 상속인들의 상속등기까지 신청할 수 있고 이러한 경우 등기신청서에는 상속인 전원을 표시하여야 한다), 등기예규 제535호.

142) 공유설은 로마법으로부터 유래하여 그 후 프랑스에 계수된 것이다. 공유설로서는 金曾漢, 물권법(상), 1970, 164면; 崔栻 물권법·담보물권법, 160면; 張庚鶴, 물권법총론, 612면; 郭潤直, 물권법(전정판), 334면; 金容漢, 친족상속법론, 335면이 있다.

병은 채권을 각각 상속한 것이 된다. 즉 상속재산을 직접 피상속인으로부터 상속한 것이 되어 그 재산에 대한 갑, 을, 병 3인의 공유상태는 존재하지 않았던 것으로 된다. 그러므로 부동산에 대해서는 을, 병은 애초부터 공유자가 아니었던 것으로 되므로, 을 또는 병이 그 부동산에 대한 지분을 매각한 경우에는 그 행위는 무효가 되는 것이다. 합유설은 여기에서 상속인이 개개의 상속재산에 대하여 지분을 취득하고, 이를 자유로이 처분할 수 있다는 공유설의 문제점을 보는 것이다. 즉 상속재산분할은 소급하여 효력이 발생하므로, 상속재산분할 전에 각각의 상속인이 상속재산을 구성하는 개개의 물건이나 권리에 대한 지분을 임의로 양도할 수 없다고 본다. 이 경우에 개개의 상속재산에 대한 지분을 양수한 제3자는 상속재산분할의 소급효에 의하여 그 행위가 무효로 됨으로써 큰 피해를 입게 될 것이다. 이는 각각의 상속인이 개개의 상속재산에 대하여 공유지분을 갖지 않음을 전제로 한 규정이다.

그러나 제1015조는 단서에서 상속재산분할의 소급효는 제3자의 권리를 해하지 못한다고 규정하고 있다. 여기서 말하는 제3자에는 상속재산분할 전에 각각의 상속인으로부터 상속재산에 속하는 개개의 물건 등에 대한 공유지분을 취득한 사람이 당연히 포함된다. 즉 이러한 사람은 상속재산분할의 소급효와 관계없이 공동상속인으로부터 개개의 상속재산에 대한 지분을 유효하게 취득할 수 있다. 이는 상속재산분할 전에 공동상속인이 개개의 상속재산에 대해서 상속분에 따르는 공유지분을 갖는다는 것을 전제로 하는 것이다. 그러므로 제1015조 규정을 단서까지 포함하여 해석하면 공유설이 현행 민법체계와 맞다는 것을 알 수 있다.

또한 합유설에 따르면 제1017조는 채권의 당연분할과 모순된다고 한다. 공유설에 의하면 채권채무는 상속개시와 동시에 각 상속인에게 상속분에 따라 당연히 분할귀속된다고 하는데, 제1017조는 채권이 상속재산분할의 대상이 된다는 것을 전제로 하고 있기 때문이다. 그러나 제1017조는 불가분채권에 대한 규정이라고 보면 가분채권의 당연분할과 모순되지 않는다.

이상에서 본 바와 같이 합유설보다는 공유설이 우리 민법의 체계와 조화를 이룬다고 볼 수 있다. 다만 공유설을 취하는 경우에는 채권자의 보호와 관련하여 문제가 생길 수 있는데, 이 문제에 대해서는 다음에 이어서 설명한다.

## 3. 채권 · 채무의 공동상속

**設 例**

A는 금전채권과 금전채무를 남기고 사망하였는데, A에게는 子 B · C · D가 있다.

① A는 E에 대하여 9,000만원의 채권을 가지고 있다. 한편 B는 E에 대하여 3,000만원의 대금채무를 부담하고 있다. B는 E로부터 변제청구를 받자 자기가 A로부터 상속한 9,000만원의 1/3(3,000만원)을 가지고 자기채무와 상계한다고 주장한다. 인정될 수 있는가?

② A는 F에게 6,000만원의 대금채무를 부담하고 있다. F는 2,000만원의 채권(B의 상속분에 따른 채권액)을 가지고 B의 재산에 대하여 강제집행을 할 수 있는가?

③ A는 G · H와 함께 M에 대하여 900만원의 연대채무를 부담하고 있다. A의 사망에 의하여 A가 부담하는 연대채무는 어떻게 상속되는가?

채권 · 채무의 공동승계에 대해서는 그 특수한 성격으로 보아, 그 해석을 조금 달리하는 것이 타당하다. 상속채권자(피상속인의 채권자)나 상속채무자(피상속인의 채무자)의 보호가 중요한 과제가 되기 때문이다. 채권 · 채무의 공유에 대해서는 처음부터 분할이 가능한 채권 · 채무도 생각될 수 있으므로 문제가 복잡하다.

### (1) 채권의 상속

#### (가) 판례의 입장

상속되는 가분채권은 상속개시와 동시에 원칙적으로 당연히 공동상속인 사이에서 그들의 법정상속분에 따라 분할되어 승계된다는 것이 판례이며,[143] 이에 찬동하는 학설이 있다.[144] 이에 따르면, 각 상속인은 자기의 채권을 행사하여 채무자에 대하여 이행을 청구할 수 있고, 채무자는 상속인 각자에 대하여 별개로 이행하여야 한다.[145] 공동상속인이 분할채권을 취득한다고 해석한

143) 대판 1962. 5. 3, 4294민상1105; 대판 1980. 11. 25, 80다1847(판례가족법 추록 I, 192면). 그러나 이러한 원칙에 대해서는 일정한 경우에 예외가 인정된다. 즉 공동상속인 중에 특별수익자나 기여분 권리자가 있고, 상속재산으로는 금전채권과 같은 가분채권만이 있는 경우에는 상속인간의 공평을 실현하기 위하여 가분채권도 상속재산분할의 대상이 된다(대결 2016. 5. 4, 2014스122).

144) 郭潤直, 상속법, 232면; 梁彰洙, '공동상속재산의 공유', 법정고시, 1996년 9월호, 34면.

다면, 채권자인 공동상속인의 입장은 괜찮다고 하지만, 채무자는 상속인의 1인에게 그 상속분을 초과하여 변제한 경우(예컨대, 상속인이 수십여명에 이르는 경우에는 채무자의 입장에서 상속인과 상속분을 정확하게 파악하는 데 어려움이 있다), 채권의 준점유자에 대한 변제가 되는 경우§470는 별론으로 하고 그렇지 않을 경우에는 다른 공동상속인에게 대항할 수 없게 되어 채무자는 불이익을 보게 된다.

(나) 학 설

상속재산의 분할에 관한 민법의 취지로 보아서§1009 · 1017 참조, 상속재산을 분할할 때까지는 상속재산 전체는 잠정적으로 독립성을 가지고 상속인 전원에 속하므로, 상속재산 중에 있는 채권(가분채권 특히 금전채권)도 피상속인이 생존하고 있던 당시와 같은 형태로 상속재산 중에 존속한다고 보아야 할 것이다. 따라서 상속채무자는 상속인 전원에 대하여만 이행할 수 있고, 각 상속인은 상속인 전원에 대한 이행을 청구할 수 있을 뿐이라고 해석할 수 있다. 이와 같이 새기는 것이 상속채무자와 상속인으로서 볼 때 자연스러운 것이다. 이와 같이 해석하더라도 제1015조 단서가 있으므로 상속인 중의 한 사람이 채권상의 지분권을 제3자에게 양도하거나, 그 상속인이 자기 지분권에 상당하는 금전채권에 대하여 채무자로부터 변제를 받은 때에는 당해의 양수인 내지 채무자에 대한 관계에서는 유효하여 제3자가 해를 받을 염려는 없다. 즉 제3자와의 관계에서는 가분채권은 각 공동상속인에게 각각의 상속분에 따라 분속되어 있다고 보아야 할 것이다. 이렇게 해석하지 않으면 분할을 전제로 한 공동상속인간의 담보책임§1017은 무의미하게 된다.

설례 ①의 경우, 판례에 따르면 금전채권은 상속개시와 동시에 당연히 공동상속인 사이에서 상속분에 따라 분할되어 승계되므로대판 1962. 5. 3, 4294민상1105; 대판 1980. 11. 25, 80다1847, 각 상속인은 상속분에 따라 귀속한 채권을 제3자에게 양도할 수 있으며, 또 그것을 가지고 자기 채무와 상계할 수 있다. 피상속인이 생존하고 있던 당시와 같은 형태로 상속재산 중에 존속하고 있다고 보는 견해에 따르더라도 제1015조 단서가 있으므로 상속분에 상당하는 금액을 가지고 한 상계는 유효하다고 보아야 한다.

---

145) 청약저축의 예금반환채권은 가분채권이 아니므로, 상속인 중 일부가 가분하여 상속지분에 해당하는 예금의 반환을 구할 수 없다. 대판 2022. 7. 14, 2021다294674; 청약권을 공동으로 상속한 경우 공동상속인들은 각자 그 상속지분에 따른 권리를 행사할 수 없고, 전원이 공동으로만 권리를 행사할 수 있다. 대판 2003. 12. 26, 2003다11738.

### (2) 채무의 상속

#### (가) 판례의 입장

채무에 대해서 판례는 금전채무와 같이 가분채무인 경우에는 상속개시와 동시에 당연히 법정상속분에 따라 공동상속인에게 분할되어 귀속하므로, 상속재산분할의 대상이 될 수 없다고 한다.[146] 판례와 같은 당연분할설을 취하는 견해도 있다.[147] 그러나 채무에 대해서 공동상속인이 상속분에 따라 처음부터 분할채무를 부담한다고 해석하면, 상속채권자(피상속인의 채권자)는 상속개시에 의하여 자기의 의사와 관계없이 자기의 채권이 분할되는 불이익을 입게 된다(채무자와의 채무인수계약이 채권자의 승낙이 없으면 그 효력이 생기지 않음을 생각하기 바란다§454). 이렇게 될 경우 각 상속인은 각각 상속분에 따른 변제만 하게 됨으로써 상속인 중에 무자력자가 있는 경우 채권자는 위험을 부담하게 된다.

#### (나) 학 설

피상속인이 상속채권자에 대하여 지고 있던 채무는 상속재산을 분할할 때까지는 피상속인의 사망에 의하여 변하지 않고 피상속인이 생존하고 있었던 당시와 같은 형태로 상속재산 중에 존속한다고 보아서 공동상속인이 불가분채무를 부담한다고 보든가, 그렇지 않으면 한걸음 더 나아가 연대채무를 부담한다고 보는 것이 타당할 것이다. 이렇게 해석할 경우, 상속재산분할 전에는 상속채권자는 공동상속인 전원에 대하여 집행권원을 얻어서 상속재산에 대한 압류가 가능하며, 공동상속인의 상속분율과 상관없이 상속재산 중의 물건에 대하여 집행을 할 수 있다. 그리고 공동상속인이 한정승인신고를 하고 있지 않은 한 그 고유재산에 대해서도 집행이 가능하다.

설례 ②의 경우, 판례에 따르면 금전채무는 상속개시와 동시에 공동상속인 사이에 당연히 분할되므로 각 상속인은 그 상속분에 따라 책임을 지게 된다대판 1997. 6. 24, 97다8809. 따라서 상속채권자는 상속분의 범위 내에서 각 상속인의 고유재산에 대하여 강제집행을 할 수 있다. 그러므로 F는 2,000만원의 채권(B의 상속분 1/3에 따른 채권액)을 가지고 B의 재산에 대하여 강제집행을 할 수 있다.

연대채무는 그 급부가 불가분임을 본질로 하기 때문에, 불가분채무에 관

---

146) 대판 1997. 6. 24, 97다8809; 그러나 임대인의 지위를 승계한 공동상속인들의 임차보증금 반환채무는 성질상 불가분채무이므로, 임대인의 공동상속인들은 임차보증금 반환채무를 각자의 상속지분에 따라 분할하여 부담하는 것이 아니다. 대판 2021. 1. 28, 2015다59801.

147) 梁彰洙, '공동상속재산의 공유', 법정고시, 1996년 10월호, 37면.

하여 말한 것과 마찬가지로 각 공동상속인은 본래의 채무와 같은 연대채무를 부담한다고 보아야 할 것이다.

설례 ③의 경우, 위에서 본 바와 같이 A의 子 B·C·D는 본래의 채무와 같은 연대채무를 부담하고, 피상속인의 부담부분이 각 상속인의 상속분에 따라 분담된다고 보는 것이 타당하다. 따라서 B·C·D는 각각 300만원에 대하여 연대채무를 부담하게 된다.

## 3 상 속 분

### 1. 상속분의 의의

상속분이란 전상속재산의 관념적·분량적인 일부를 말한다. 상속분은 보통, 예컨대 상속재산의 2분의 1, 3분의 1과 같이 상속개시시에 있어서의 상속재산 전체의 가액에 대한 계수적 비율에 의하여 표시된다.

### 2. 상속분의 결정

상속분은 피상속인의 의사 또는 법률의 규정에 의하여 정해진다. 전자를 지정상속분이라고 하고, 후자를 법정상속분이라고 한다.

#### (1) 지정상속분

피상속인은 유언에 의하여 공동상속인의 상속분을 지정할 수 있다(대판 2001. 2. 9, 2000다51797: 공동상속인의 상속분은 그 유류분을 침해하지 않는 한, 피상속인이 유언으로 지정한 때에는 그에 의하고 그러한 유언이 없을 때에는 법정상속분에 의한다).[148] 구체적으로는 피상속인이 생전에 공동상속인에 대하여 포괄적 유증을 하는 방식으로 이루어진다. 예를 들어서 갑, 을, 병 3인의 자녀에 대하여 갑은 상속재산의 1/2, 을과 병은 각각 상속재산의 1/4을 받는다는 취지의 유증

148) 지정상속분에 대한 규정이 없으므로, 유언으로 상속분을 지정함으로써 법정상속분을 변경하지 못한다는 견해가 있다(郭潤直, 상속법, 157면). 그러나 민법에서는 유증의 자유가 인정되고 있으므로, 상속인에게 법정상속과 다른 비율에 의한 상속분을 지정하는 유언을 할 수 있다고 보는 것이 옳다. 郭교수 자신도 상속인에게 포괄적 유증을 한 때에는 마치 상속분을 지정한 것과 같게 된다고 하고 있다(전게서, 410면).

을 하는 것이다. 이러한 포괄적 유증은 실질적으로 상속분의 지정과 다를 바 없다. 민법은 1977년 개정 전까지는 유류분제도를 인정하지 않았으므로 피상속인은 유언에 의하여 유증받는 자로 하여금 법정상속분에 우선하여 일부 또는 전부의 상속재산에 대한 권리를 제한없이 취득하게 할 수 있었다. 그러나 민법의 일부개정으로 유류분제도가 신설되었으므로§1112~1118, 유류분에 반하는 지정을 하였을 경우에는 침해를 받은 유류분권리자는 반환을 청구할 수 있다§1115.

상속채무에 대해서는, 그것을 부담할 비율을 유언으로 지정할 수 없다. 만약 이를 피상속인의 의사로 자유로이 지정할 수 있다면 무자력 내지 변제능력이 없는 상속인이 지정됨으로써 상속채권자를 해할 염려가 있기 때문이다. 따라서 상속채무에 관하여 지정이 있더라도, 채권자는 상속분의 지정에는 구속되지 않으며, 따라서 공동상속인에 대하여 법정상속에 따른 부담을 청구할 수 있다고 해석하여야 할 것이다.

생전행위에 의한 지정은 허용되지 않는다. 민법은 상속분지정에 대하여 직접 명문의 규정을 두지 않고 일반적인 유증규정에 의하게 하였으므로, 상속분의 지정을 제3자에게 위임할 수 없다고 해석하여야 한다.

### (2) 법정상속분

피상속인이 공동상속인의 상속분을 지정하지 않았을 때에는 그 상속분은 민법이 규정하는 바§1009·1010에 따른다. 피상속인이 상속분을 지정하는 경우가 그렇게 많지 않으므로, 대부분의 경우에는 법정상속분에 따른다.

#### (가) 동순위상속인 사이의 상속분

동순위의 상속인이 여러 명인 경우에는 그 상속분은 균분으로 한다§1009①. 민법은 1977년 개정 전까지는 호주상속인과 호주상속인이 아닌 상속인 사이에, 그리고 남자와 여자 사이에 상속분의 차별을 두었다. 그러나 1977년 민법개정에 의해서 상속분에 관한 규정도 개정되었다. 호주상속인과 호주상속인이 아닌 상속인 사이에는 그대로 상속분의 차별이 존속하였지만, 처의 상속분은 다른 상속인의 상속분보다 증가하였다. 남자와 여자 사이의 차별이 부분적으로 제거되었으나, 동일가적(호적)내에 있지 않은 여자의 상속분은 개정 전과 마찬가지로 남자의 1/4에 불과하였다. 그러나 이러한 불균분상속주의는 헌법이념에 반하기 때문에 1990년 민법개정으로 완전한 균분상속주의를 채택하였다. 그리고 혼인중의 출생자와 혼인외의 출생자 사이에도 상속분의 차별이 없다. 이에 대해서는 혼인의 순결에 배치된다는 이유에서 이견이 있으나, 평등의 원칙에 비추어 보면 타당한 규정이라고 생각한다.

(나) 호주상속인의 상속분가산의 폐지

1990년 민법개정 전에는 재산상속인이 동시에 호주상속을 하는 경우에는 그 고유의 상속분에 5할을 가산하였다구 §1009① 단서. 처가 재산상속과 동시에 호주상속을 하는 경우에는, 제1009조 제3항의 규정에 의한 상속분이 처의 상속분이므로, 이 고유상속분에 5할이 가산되어야 할 것으로 해석되었다. 이것은 가계(家系)를 유지하기 위한 방책에서 나온 특권으로서, 호주제도 자체의 비합리성에 비추어 부당한 것이었다. 1990년 개정민법은 호주의 지위를 약화시키는 일환으로 이러한 특별가산제를 삭제하였다.

(다) 동일가적내에 없는 여자의 상속분의 차별폐지

1977년 민법개정 전에는 여자의 상속분은 남자의 상속분의 2분의 1이었는데구 §1009① 단서 후단, 1977년 민법개정으로 이 규정이 삭제됨으로써 여자와 남자의 상속분이 같아졌다. 그러나 동일가적(호적)내에 없는 여자의 상속분은 남자의 상속분의 1/4로 하여 상속분의 차별을 그대로 남겨 놓았다구 §1009②. 여자가 동일가적내에 없다는 것은 호적을 달리하는 경우로서, 상속인인 여자가 혼인하여 夫家에 입적하였거나 분가 또는 입양한 경우를 말하며, 피상속인인 母가 재혼하여 去家하였거나 기타 친가복적한 때 또는 피상속인인 직계비속이 분가하고 있었을 때 등은 포함되지 않는다고 해석되었다.[149] 민법이 동일가적내에 없는 여자에게 이와 같이 상속분상의 차별을 둔 것은 가부장제사상에 입각한 것으로서 남녀평등의 원칙에 반하는 것이었다. 특히 동일가적내에 있는가의 여부에 따라 차별을 둔 것은 이른바 가산(家産)의 분산을 막고자하는 취지에서 비롯된 것으로서, 개인주의 상속제도하에서는 부당한 입법이었다. 이와 같은 비판을 받아온 이 규정은 1990년 민법개정시에 개정되었으며, 그 결과 피상속인과 동일가적내에 없는 여자도 다른 상속인과 동일한 상속분이 보장되었다.

(라) 배우자의 상속분

1977년 민법개정 전까지는 피상속인의 처의 상속분은 직계비속과 공동으로 상속하는 때에는 남자의 상속분의 2분의 1이었으며, 夫의 직계존속과 공동

149) 대판 1979. 11. 17, 79다1332 · 1333(전원합의체)(판례가족법 추록(Ⅰ), 194면)(판례연구, 金疇洙, 법률신문 1357호).

으로 상속하는 때에는 남자의 상속분과 같았다구 §1009③. 그러나 1977년 민법개정으로 처의 상속분이 크게 증가하였다. 즉, 피상속인의 처의 상속분은 직계비속과 공동으로 상속하는 때에는 동일가적내에 있는 직계비속의 상속분의 5할을 가산하고, 배우자의 직계존속과 공동으로 상속하는 때에는 직계존속의 상속분의 5할을 가산하게 되어 있었다구 §1009③.

1990년 민법개정 전에는 재산분할청구권제도와 기여분제도가 없었던 점에 비추어 볼 때에, 처의 상속분을 다른 상속인의 상속분보다 늘린 것은 타당한 개정이었다고 평가된다. 그러나 처가 사망하여 夫가 상속인이 되는 경우에는 처가 상속인이 되는 경우와는 달리 상속분이 가산되지 않았다. 이와 같이 부부간에 상속분의 차등을 둔 것은 타당성이 없었다. 따라서 입법론으로서 부부의 배우자로서의 상속분은 평등하게 하는 것이 바람직하다는 주장이 제기되었다. 그래서 1990년 민법개정으로 상속분을 완전히 평등하게 고쳤다. 즉 피상속인의 배우자의 상속분은 직계비속과 공동으로 상속하는 때에는 직계비속의 상속분의 5할을 가산하고, 배우자의 직계존속과 공동으로 상속하는 때에는 직계존속의 상속분의 5할을 가산한다§1009②.

(마) 대습상속인의 상속분

대습상속인§1001의 상속분은 피대습자 — 사망 또는 결격된 자 — 의 상속분에 의한다§1010①. 그리고 피대습자의 직계비속이 여럿인 때에는 그 상속분은 피대습자의 상속분의 한도에서 앞에서 설명한 법정상속분§1009에 의하여 정한다§1010② 전단. 배우자가 대습상속하는 경우에도 또한 마찬가지다§1010② 후단.

(바) 법정상속분의 비율에 대한 실례

이상 설명한 법정상속분의 비율을 실례를 들어 설명하면 다음과 같다.

(a) 夫가 사망한 경우

상속인 : 처 · 장녀 · 장남 · 차남 · 차녀

상속분 : 1.5=③ · 1=② · 1=② · 1=② · 1=②

분배율 : $\frac{3}{11}$ · $\frac{2}{11}$ · $\frac{2}{11}$ · $\frac{2}{11}$ · $\frac{2}{11}$

(b) 妻가 사망한 경우

상속인 : 夫 · 장녀 · 장남 · 차녀

상속분 : 1.5=③ · 1=② · 1=② · 1=②

분배율 : $\frac{3}{9}$ · $\frac{2}{9}$ · $\frac{2}{9}$ · $\frac{2}{9}$

(c) 혼인한 장남이 사망한 경우

상속인 : 父 · 母 · 처

상속분 : 1=② · 1=② · 1.5=③

분배율 : $\frac{2}{7}$ · $\frac{2}{7}$ · $\frac{3}{7}$

(d) 대습상속의 경우(父가 피상속인인 경우)

상속인 : 모 · 장남(사망…대습…처 · 子) · 장녀

상속분 : 1.5=⑮ · 1=⑩(0.6=⑥ · 0.4=④) · 1=⑩

분배율 : $\frac{3}{7}$ · $\frac{2}{7}$ ( $\frac{6}{35}$ · $\frac{4}{35}$ ) · $\frac{2}{7}$

(e) 대습상속의 경우(母가 피상속인인 경우)

상속인 : 父 · 장남 · 장녀(사망…대습…夫 · 子) · 차녀

상속분 : 1.5=⑮ · 1=⑩ · 1=⑩(0.6=⑥ · 0.4=④) · 1=⑩

분배율 : $\frac{3}{9}$ · $\frac{2}{9}$ · $\frac{2}{9}$ ( $\frac{6}{45}$ · $\frac{4}{45}$ ) · $\frac{2}{9}$

## 3. 증여 또는 유증을 받은 자(者)의 상속분[150)]

### (1) 특별수익자의 상속분의 산정

(가) 공동상속인 중에 피상속인으로부터 재산의 증여 또는 유증을 받은 자(특별수익자)가 있는 경우에 그 수증재산이 자기의 상속분에 달하지 못한 때에는 그 부족한 부분의 한도에서 상속분이 있다§1008. 예를 들어 피상속인 갑(父)에게는 세 명의 자녀 을, 병, 정이 있는데, 갑은 생전에 을이 혼인할 때 결혼자금으로 6,000만원을 증여하였다. 갑은 병과 정이 혼인할 때에도 상속분을 미리 준다고 생각하고 결혼준비자금을 보태줄 생각이었는데, 병과 정이 혼인

150) 특별수익자의 상속분의 반환에 관한 외국의 입법례는 여러 가지다. (a) 이것을 전연 인정하지 않는 것이 있으며(덴마크 · 노르웨이 · 멕시코 등), (b) 단지 특정의 증여에 대해서만 이를 인정하는 것(프랑스 · 스위스 · 오스트리아 등), (c) 특정의 증여 외에 유증에 대해서만 인정하는 것(독일 · 벨기에 · 루마니아 등)이 있다. 그리고 반환방법에 관해서도 현물반환주의에 의한 것과, 충당계산주의에 의하는 것이 있다. 전자는 증여재산을 현실로 반환시키고, 또 유증을 무효로 하여 새로 다시 상속분을 분할하는 것이고, 후자는 증여재산을 반환시키지 않고 그 가액을 상속재산의 가액에 합산하여 그 총액에 기초하여 각 공동상속인의 상속분을 정하여 수익상속인으로 하여금 수익가액을 보상시키는 것이다. 프랑스 민법은 원칙적으로 가액반환을 원칙으로 하고, 예외적으로 증여증서에 약정이 있는 경우에는 현물반환을 허용하고 있다(제858조). 독일민법(제2050조 · 제2055조)은 충당계산주의를 채용하고 있으며, 일본(일민 제903조)과 우리 민법은 충당계산주의에 속한다.

하기 전에 사망하였다. 갑이 남긴 상속재산은 1억 8,000만원이다. 이 경우 을, 병, 정이 을에 대한 생전증여를 고려하지 않고, 상속재산을 법정상속분에 따라 나눈다면 각각 6,000만원씩을 상속하게 될 것이다. 그러나 을은 이미 자기의 상속분에서 미리 6,000만원을 받았으므로, 이 생전증여의 가액을 고려하여 공평의 이념에 맞게 상속분을 조정할 필요가 있다. 을은 이미 생전증여로 6,000만원을 받았으므로(이것은 상속분의 선급이라는 성질을 갖는다) 여기에 더하여 상속재산에서 2,000만원을 더 받으면 병, 정과 같이 8,000만원을 상속한 결과가 된다. 여기서 을은 피상속인으로부터 재산의 증여를 받은 자에 해당하고 그 수증분(6,000만원)이 자기의 상속분(8,000만원)에 달하지 못하므로 그 부족한 부분(2,000만원)의 한도에서 상속분을 가지는 것이다.

이와 같이 피상속인으로부터 증여 또는 유증을 받은 자가 있을 때에 이러한 증여 또는 유증의 가액을 참작하지 않으면 상속인 사이에 불공평한 결과가 되므로, 이러한 증여 또는 유증을 상속분의 선급으로 보고 현실의 상속분의 산정에서 이를 참작하도록 한 것이다. 이것을 수증자 또는 유증받은 자의 반환의무라고 한다. 물론, 수증자는 증여의 가액을 실제로 반환하는 것은 아니다. 그러나 반환하는 것과 같은 효과를 가져오기 위하여 증여의 가액을 상속재산의 가액에 합산한다. 이 합산된 가액을 궁극적인 상속재산으로 보고 상속인의 상속분을 산정하는 것이다. 위의 예에서 을은 생전증여의 가액 6,000만원을 실제로 반환하지는 않지만, 반환한 것과 같은 효과를 가져오기 위해서 그 가액을 상속재산에 합산시킨다. 즉 상속재산 1억 8,000만원에 을이 받은 증여의 가액 6,000만원을 합하여 2억 4,000만원을 상속재산으로 보고 을, 병, 정의 상속분을 계산한다. 을, 병, 정은 공동상속인으로서 균분상속을 하게 되므로, 각각의 상속분은 8,000만원이 된다.

반환의무를 지는 수증자 또는 유증받은 자는 상속을 승인(단순승인이건 한정승인이건 불문)한 공동상속인이다. 따라서 상속을 포기한 자는 반환의무를 지지 않고, 다른 공동상속인의 유류분을 해하지 않는 한, 증여 또는 유증에 의하여 얻은 재산을 완전히 보유할 수 있다. 또한 상속결격사유가 발생한 이후 결격된 자가 피상속인으로부터 증여를 받은 경우에도 상속인의 지위에서 받은 것이 아니므로, 반환의무를 지지 않는다.[151] 그리고 공동상속인인 한, 피상

151) 공동상속인 중 1인인 갑은 2003년에 누나를 살해하려다가 미수에 그쳐 상속결격자가 되었는데, 갑의 父(피상속인)는 그 후(2010년) 갑에게 재산을 증여한 후 사망하였다. 이

속인의 직계비속이건 아니건 묻지 않는다.

또 공동상속인의 반환의무는 공동상속인이 유증 또는 증여를 받은 경우에만 발생하고,[152] 그 공동상속인의 직계비속, 배우자, 직계존속이 유증 또는 증여를 받은 경우에는 그 공동상속인이 반환의무를 지지 않는다(다만, 예외적으로 제반사정을 고려하여 실질적으로 피상속인으로부터 상속인에게 직접 증여된 것과 다르지 않다고 인정되는 경우에는 상속인의 직계비속, 배우자, 직계존속 등에게 이루어진 증여나 유증도 특별수익으로서 고려할 수 있다대결 2007. 8. 28, 2006스3,4. 그러나 이러한 법리는 예외적인 사정이 있을 때에 한하여 제한적으로 적용되어야 하며, 상속인의 직계비속이나 배우자 등에게 이루어진 유증이나 증여가 일반적으로 상속인의 특별수익으로 인정되어서는 안 될 것이다. 제1008조의 특별수익은 '공동상속인'이 피상속인으로부터 증여나 유증을 통해서 받은 재산을 의미하므로, 명문의 규정을 벗어나는 확대해석은 제한된 범위 내에서 엄격한 요건하에 이루어져야 할 것이다. 또한 상속인의 배우자나 직계비속 등에게 이루어진 증여를 상속인에 대한 증여와 동일시하는 것은 민법체계와 맞지 않는다는 점도 고려되어야 할 것이다. 민법은 부부재산관계에 관하여 부부별산제의 원칙을 규정하고 있고, 부모와 자녀의 재산도 엄격히 구분하고 있기 때문이다). 특별수익자의 상속분을 조정하는 제도를 둔 이유는 공동상속인간의 공평을 실현하기 위한 것이기 때문이다.

(나) 대습상속에 의하여 공동상속인이 된 자도 공동상속인간의 공평의 견지에서 반환의무를 진다고 해석하여야 할 것이다. 이에 대해서는 대습상속인이 실제로 공동상속인의 자격을 취득하게 되는 시점(즉 피대습자가 사망한 때 또는 상속권을 상실한 때)을 구별해서 그 이전에 수익이 있는 때에는 반환의무가 없으나, 그 이후에 수익이 있는 때에는 반환하여야 한다는 견해(판례)[153]가 있다(예를 들어 ① 조부가 손자에게 생전증여를 한 후 부가 사망하였고, 그 후 조부가

---

경우 갑이 피상속인으로부터 증여받은 재산은 상속인의 지위에서 받은 것이 아니므로, 특별수익에 해당하지 않는다. 대판 2015. 7. 17, 2014스206, 207.

152) 공동상속인 중에 母와 子가 있는데, 母의 상속포기 신고가 수리되어 결과적으로 子만이 단독상속하게 되었다고 하더라도, 그 子가 상속포기자인 母로부터 그 상속지분을 유증 또는 증여받은 것이라고 볼 수 없다. 대결 2012. 4. 16, 2011스191, 192.

153) 郭潤直, 상속법, 184면; 대판 2014. 5. 29, 2012다31802; 대결 2024. 6. 13, 2024스525, 526: 대습상속인이 대습원인의 발생 이전에 피상속인으로부터 증여를 받은 경우 이는 상속인의 지위에서 받은 것이 아니므로 상속분의 선급으로 볼 수 없으며, 따라서 반환의무가 없다고 한다. 이를 상속분의 선급으로 보게 되면, 피대습자가 사망하기 전에 피상속인이 먼저 사망하여 상속이 이루어진 경우에는 특별수익에 해당하지 않던 것이 피대습자가 피상속인보다 먼저 사망하였다는 우연한 사정으로 인하여 특별수익으로 되는 불합리한 결과가 발생하기 때문이라고 한다.

사망하여 손자가 대습상속인이 되는 경우에는 수증재산은 특별수익이 되지 않으므로, 손자는 반환의무가 없다. ② 부가 사망한 후 조부가 손자에게 증여를 하였고, 그 후 조부가 사망하여 손자가 대습상속인이 되는 경우에는 수증재산은 특별수익이 되므로 반환의무가 있다).[154] 그러나 특별수익자의 반환의무제도는 공동상속인간의 공평을 목적으로 하는 것이므로, 될 수 있는 한 공평한 분배를 실현하는 것이 바람직하며, 따라서 특별수익자가 수익 당시에 상속인의 자격을 가지고 있었느냐를 반환의 기준으로 할 것이 아니라 수익자가 상속개시 당시에 공동상속인이면 자기의 특별수익의 반환의무를 진다고 해석하는 것이 타당하다.

그리고 대습상속의 경우에 피상속인으로부터 피대습자가 특별수익을 받았을 때에 대습상속인은 그 수익을 반환할 의무가 있느냐 하는 것이 문제이다. 대습상속인이 피대습자를 통하여 피대습자의 특별수익에 의하여 현실적으로 경제적 이익을 받고 있는 경우에 한하여(예를 들어서 모가 딸에게 생전증여로 주택을 증여하였는데, 딸은 사망하였고, 손녀가 그 주택을 상속하여 거주하고 있다가 조모의 사망으로 대습상속인이 되는 경우), 대습상속인은 피대습사의 특별수익을 반환할 의무가 있다고 보아야 할 것이다.[155]

(다) 유증을 받을 때나 수증 당시에는 상속인이 될 지위에 있지 않았으나, 그 후 유증자나 증여자의 배우자가 되거나 양자가 된 경우에, 그 유증을 받은 자나 증여를 받은 자는 특별수익의 반환의무가 있는가 하는 문제가 있다.

제1008조는 앞에서 본 대습상속인의 경우와 마찬가지로 증여 또는 유증을 받은 자가 수증 또는 유증을 받을 때에 상속인이 될 지위에 있어야 함을 요구하고 있지 않은 점과 특별수익자의 반환의무제도는 공동상속인 사이의 상속이익의 공평을 목적으로 하고 있는 점에 비추어 반환의무가 있다고 보는 것이 타당하다.[156]

---

154) 대결 2024. 6. 13, 2024스525, 526: 피상속인이 피대습자를 피보험자로 하고 대습상속인을 보험수익자로 지정한 생명보험계약을 체결하고 보험계약자로서 보험료를 납부하다가 피대습자가 사망하여 대습상속인이 생명보험금을 수령한 경우, 대습상속인을 보험수익자로 지정한 때 이미 실질적으로 피상속인의 재산을 감소시키는 증여가 있었다고 본다. 따라서 대습상속인이 대습원인의 발생 전에 증여를 받은 경우에 해당하므로, 그 후에 피대습자가 사망함으로써 생명보험금을 수령하였더라도, 그 보험금은 특별수익으로 볼 수 없다.

155) 판례는 피대습자가 대습원인의 발생 이전에 피상속인으로부터 생전증여로 특별수익을 받은 경우, 그 생전 증여를 대습상속인의 특별수익으로 본다. 대판 2022. 3. 17, 2020다267620.

156) 다만 대습상속인이 대습원인의 발생 이전에 피상속인으로부터 증여를 받은 경우 상속인의 지위에서 받은 것이 아니므로, 특별수익에 해당하지 않는다는 판례(대판 2014. 5.

(라) 공동상속인이 아닌 포괄적 수증자도 반환의무를 진다고 볼 것인가. 민법상 포괄적 수증자는 상속인과 동일한 권리의무가 있다§1078고 되어 있으므로, 포괄적 수증자도 반환의무를 진다는 해석도 나올 수 있다. 그러나 포괄적 수증자에게는 법정상속분이라는 것이 없으므로, 증여의 가액이 자기의 상속분에 부족한 경우 부족한 한도에서 상속분을 갖는다는 제1008조 규정이 적용될 여지가 없다.

(마) 공동상속인의 지위를 취득하기 전에 다른 공동상속인이 피상속인으로부터 증여받은 재산도 특별수익으로 보아야 하는가의 문제가 있다. 예를 들어 피상속인 A가 자녀 B에게 부동산을 증여한 후에 C와 혼인한 경우에 A가 사망하여 상속이 개시되면, B가 A로부터 증여받은 부동산(C가 추정상속인의 지위를 취득하기 전에 증여받은 재산)도 특별수익에 해당한다고 보아야 하는가의 문제이다. 상속인은 상속개시시를 기준으로 하여 정하여지므로, 이러한 경우에도 C가 B와 함께 공동상속인이 된다는 점에는 의문이 여지가 없다. 제1008조가 공동상속인 사이의 공평을 실현하기 위한 규정이라는 점에 비추어 보면, C가 상속인의 지위를 취득하기 전이든 후이든 관계없이 다른 공동상속인이 피상속인으로부터 받은 증여는 특별수익에 해당한다고 보아야 할 것이다.[157]

(2) 특별수익의 범위

(가) 반환의무의 대상이 되는 증여의 범위에 대해서는 민법이 명문의 규정을 두지 않았으나, 혼인을 위하여 혹은 생계의 자본으로서 받은 것은 그 전형적인 예이다. 그 밖에 고등교육을 위한 학자금 같은 것도 이 범위에 들어간다고 볼 수 있다(어떠한 생전 증여가 특별수익에 해당하는지는 피상속인의 생전의 자산, 수입, 생활수준, 가정상황 등을 참작하고 공동상속인들 사이의 형평을 고려하여 당해 생전 증여가 장차 상속인으로 될 자에게 돌아갈 상속재산 중 그의 몫의 일부를 미리 주는 것이라고 볼 수 있는지의 여부에 의하여 결정하여야 한다대판 1998. 12. 8, 97므513; 대판 2011. 12. 8, 2010다66644; 대판 2022. 3. 17, 2021다230083, 230090; 대결 2024. 6. 13, 2024스525, 526).

(나) 상속인 아무개를 수령인으로 한 보험금이 상속재산에 포함되지 않는다는 것은 전술한 바와 같으나, 그것을 특별수익으로서 고려할 것인가의 문제

---

29, 2012다31802)의 취지에 비추어 보면, 증여를 받을 때에는 상속인의 지위에 있지 않았으나, 그 후 혼인 등에 의하여 증여자의 상속인이 된 경우에도, 상속인의 지위에 있지 않을 때(혼인 전에) 받은 증여는 특별수익에 해당하지 않는다는 해석이 나올 여지가 있다.

157) 헌재결 2023. 5. 25, 2019헌바369.

가 있다. 그것은 피상속인인 보험계약자가 그 재산 속에서 보험료를 지급한 대가—실질적으로는 그 사람에 대한 증여라고 보인다—라고 할 수 있으므로 특별수익으로서 고려할 만한 근거는 충분히 있다. 그런데 i) 피상속인인 보험계약자가 실제로 지급한 보험료액을 특별수익으로 볼 것인가, ii) 보험금 수령인이 받은 보험금총액을 특별수익으로 볼 것인가, iii) 피상속인의 사망시의 해약반환액을 특별수익으로 할 것인가, iv) 피상속인이 그의 사망시까지 지급한 보험료의 보험료 전액에 대한 비율을 보험금에 곱하여 얻어진 금액을 특별수익으로 볼 것인가[158]의 문제가 있다. 보험계약자는 생전에 보험계약을 해지하면 해약금을 취득하여 이를 상속재산에 귀속시킬 수 있었으므로, 이 한도에서 보험계약자인 피상속인이 상속재산에서 출연한 것이 되는데, 그 금액은 보험계약자가 사망 직전에 보험계약을 해지하였더라면 취득할 수 있었을 해약금과 같게 되므로 세 번째의 것이 타당할 것으로 생각된다.[159]

(나) 피상속인의 사망에 의하여 상속인 중의 한 사람이 사망퇴직금을 취득한 때에는 앞에서 본 생명보험금의 경우와 본질적으로 다르게 해석할 이유가 없다. 그러나 이를 특별수익으로 볼 경우, 그 전액을 인정할 것인가, 아니면 일부를 인정할 것인가 하는 곤란한 문제가 있다. 확실한 방식이 확립되기까지는 상속재산을 분할할 때에 고려한다는 정도의 방법을 취하는 것이 무난할 것이나.

### (3) 특별수익의 평가시기와 방법

(가) 공동상속인 중에 반환의 대상이 되는 증여 또는 유증을 받은 자가 있는 경우에는 그 증여액을 산정하여야 비로소 상속분의 산정이 가능하다.

그런데 민법은 그 증여재산의 산정시기에 대하여 규정하는 바 없으므로 해석상 문제이다. 이에 대해서는 상속재산분할시설[160]과 이행시설[161]이 있다. 상속재산분할시를 기준으로 하면, 각 공동상속인의 구체적 상속분이 상속개시 후 상속재산을 분할할 때까지 사이에 물가변동에 의하여 불안정하고, 또 제1015조 단서와 제1011조에 의하여 상속재산분할 전에 각 공동상속인이 개개의 상속재산에 대한 지분 또는 전상속재산에 대한 포괄적 지분(상속분)을

158) 상게서, 191면이 타당하다고 하는 견해. 대판 2022. 8. 11, 2020다247428(상속세 및 증여세법 시행령 제4조 제1항 참조).

159) 대판 2016. 9. 23, 2015두49986 참조.

160) 朴秉濠, 가족법, 364면.

161) 郭潤直, 상속법, 192면.

양도할 수 있으므로, 각 공동상속인의 구체적 상속분을 상속개시와 동시에 확정시켜 놓지 않으면 불합리하다. 그리고 이행시 즉 증여시를 표준으로 하는 견해도 일리는 있으나, 동견해도 물가지수에 따라서 상속개시시의 가액 또는 화폐가치로 환산한 가액을 가지고 평가한다고 하고 있으므로, 상속개시시설과 실질적으로 차이가 없다.

사견에 의하면, 상속재산의 평가는 상속개시시를 기준으로 하므로, 역시 증여의 평가도 상속개시시를 기준으로 하는 것이 타당할 것이다.[162] 판례도 상속개시시설에 따르고 있다.[163] ☜

☞ 대결 1997. 3. 21, 96스62, 판례공보 1997. 5. 1, 1228면은 상속개시시설에 입각하여 다음과 같이 판시하고 있다. "공동상속인 중에 피상속인으로부터 재산의 증여 또는 유증 등의 특별수익을 받은 자가 있는 경우에는 이러한 특별수익을 고려하여 상속인별로 고유의 법정상속을 수정하여 구체적인 상속분을 산정하게 되는데, 이러한 구체적 상속분을 산정함에 있어서는 상속개시시를 기준으로 상속재산과 특별수익재산을 평가하여 이를 기초로 하여야 할 것이고, 다만 법원이 실제로 상속재산분할을 함에 있어 분할의 대상이 된 상속재산 중 특정의 재산을 1인 및 수인의 상속인의 소유로 하고 그의 상속분과 그 특정의 재산의 가액과의 차액을 현금으로 정산할 것을 명하는 방법(소위 代償分割의 방법)을 취하는 경우에는, 분할의 대상이 되는 재산을 그 분할시를 기준으로 하여 재평가하여 그 평가액에 의하여 정산을 하여야 할 것이다."

(나) 수증자의 행위(과실을 포함)에 의한 증여물의 멸실·변형이 있을 때에는 원상대로 존재한다고 의제하여 상속개시시의 시세로 평가하여야 할 것이다. 예컨대 수증자의 과실로 피상속인으로부터 받은 가옥을 태웠다든가 매각한 경우(멸실의 경우)나, 받은 건물에 대규모 수리를 하든가 증축을 한 경우(변형의 경우)에는, 그러한 재산이 상속개시의 시점에서 수증자의 행위가 가하여지기 이전의 증여 당시의 상태대로 존재하는 것으로 보고 평가하여야 할 것

162) 증여재산의 가액산정에 관한 입법례를 보면, 로마법에 있어서는 상속재산분할시, 게르만법에서는 증여시가 표준이 되며, 독일민법(제2055조 제2항)은 후자에 따랐으나, 스위스민법은 증여의 가액은 원칙적으로 상속개시시를 표준으로 하여 결정된다고 규정하고 있다(제630조). 프랑스 민법(1971년법)은 가액반환을 원칙으로 하고(제858조), 증여의 평가는 상속재산분할시를 표준으로 한다(제860조·제868조).

163) 대결 1997. 3. 21, 96스62, 판례공보 1997. 5. 1, 1228면.

이다.[164] 그러나 수증자의 행위에 의하지 않고 천재 기타의 불가항력으로 증여물이 멸실된 경우에는, 그 가액을 수증자의 상속분에서 공제하는 것은 상속인에게 가혹하므로, 이 경우에는 수증재산의 가액은 가산되지 않는다고 보아야 할 것이다. 그러나 천재 등이 아니고, 수증물이 자연히 낡아서 멸실된 경우와 같은 때에는 전자와는 달리 수증당시와 같은 상태로 상속개시시에 있는 것으로 평가하여 가산하여야 할 것이다.

(다) 금전이 증여된 경우에는 사정이 다르다. 즉 수증시와 상속개시시의 화폐가치의 변동은 전혀 고려되지 않는 결과, 화폐가치가 폭락된 때에는 금전의 수증자는 부동산의 수증자보다 유리하게 되어 상속인 사이에 불공평이 생기는 것을 부정할 수 없다(예를 들어서 피상속인이 사망하기 10년 전에 1,000만원의 생전증여를 받았는데, 그 사이 물가가 폭등하여 피상속인 사망시, 즉 상속개시시의 1,000만원은 10년 전 100만원의 가치밖에 없는 경우). 그러므로 화폐가치의 변동도 고려하여 금전도 상속개시시의 시가로 환산평가하여야 할 것이다.[165]

(라) 산정이 끝나서 그 수증재산이 수증자의 상속분에 달하지 못한 것으로 판명되면, 그 부족한 부분의 한도에서 상속분을 더 받는다§1008. 1977년의 민법 일부개정 전에는 수증재산이 상속분을 초과할 경우에는 그 초과분을 반환할 필요가 없었다구 §1008 단서. 즉 초과분은 다른 상속인의 부담이 되었다. 그러나 민법의 일부개정으로 제1008조 단서를 삭제함으로써, 수증재산이 상속분을 초과할 경우에는 그 초과분을 반환하여야 한다고 해석된다. 학설로서는 초과분을 반환할 필요가 없다고 보는 견해도 있으며, 판례도 이러한 태도를 취하고 있다.[166] 앞에서 든 예에서 을이 생전증여로 6,000만원이 아니라, 1억

164) 판례는 수증자가 증여재산을 상속개시 전에 처분한 경우(또는 증여재산이 상속개시 전에 수용된 경우) 그 증여재산의 가액은 처분(또는 수용) 당시의 가액을 기준으로 상속개시까지 사이의 물가변동률을 반영하는 방법으로 산정한다. 대판 2023. 5. 18, 2019다222867.

165) 대판 2009. 7. 23, 2006다28126. 화폐가치의 환산은 증여 당시부터 상속개시 당시까지 사이의 물가변동률을 반영하는 방법으로 산정한다.

166) 특별수익자는 초과분을 반환할 필요가 없다고 새기는 견해(朴秉濠, 가족법, 365면; 郭潤直, 상속법, 194면; 尹眞秀, '초과특별수익이 있는 경우 구체적 상속분의 산정방법', 서울대학교 법학, 38권 2호, 100면; 동, '상속재산분할에 있어서 초과특별수익의 취급', 판례월보 333호, 31면)와 판결(서울고판 1991. 1. 18, 89르2400)이 있으나, 이에 찬동할 수 없다. 왜냐하면, 개정 전에는 수증재산이 상속분을 초과할 경우에는 그 초과분을 반환할 필요가 없다는 명문규정이 있었는데, 그 규정이 삭제되었으므로, 당연히 반환하여야 한다고 해석이 되어야 하며, 또 제1008조는 특별수익자는 '그 부족한 부분의 한도에서 상속분이 있다'고 하고 있으므로, 그 상속분을 초과할 때에는 자기 상속분이 될 수 없다는 뜻이 포함되어 있다고 보아야 한다. 다만 판례는 초과특별수익분을 반환할 필요가 없다는 입장을 취하고

2,000만원을 받았다고 생각해 보자. 을은 자기의 상속분 8,000만원보다 4,000만원을 초과하여 증여를 받은 것이다(이 경우 을을 초과특별수익자라고 한다). 이 경우 을은 상속재산(1억 2,000만원. 을에게 1억 2000만원을 생전에 증여한 결과, 상속개시 시 1억 2000만원이 남아있다고 상정한다)에서는 더 이상 받을 것이 없다(구체적 상속분 가액 0). 그러나 자기의 상속분을 초과하여 받은 부분, 즉 4,000만원을 다른 공동상속인 병, 정에게 반환하여야 하는가의 문제가 남는다. 만일 이 경우 을의 반환의무를 인정하지 않는다면 병과 정은 자기들의 상속분(8,000만원)보다 적은 재산(6,000만원)을 받을 수밖에 없다(특별수익자 을의 초과특별수익으로 인하여 발생하는 상속재산의 부족분은 초과특별수익자 을을 제외한 나머지 공동상속인 병과 정이 법정상속분에 따라 안분하여야 한다고 보는 것이 판례의 태도이다). 결국 다른 공동상속인의 상속분을 침해하게 되는데, 이러한 결과가 공동상속인간의 공평한 재산분배를 목적으로 하는 제1008조의 취지에 부합하는가는 의문이다.

그러나 반환의무가 인정된다고 해도 초과특별수익자가 상속을 포기하면 반환을 할 필요가 없으므로, 단서규정을 삭제한 의의는 크지 않다. 다만 초과특별수익자가 상속포기를 함으로써 특별수익이 제1114조의 증여에 해당되어 다른 상속인의 유류분을 침해할 경우에는 유류분반환청구의 문제가 생긴다.[167)]

### (4) 특별수익자가 있는 경우의 공동상속인간의 상속채무의 분담방법

공동상속인 중에 특별수익자가 있는 경우의 공동상속인간에 있어서의 상속채무의 분담방법에 대하여 여러 가지 견해가 나올 수 있다. 즉 i) 제1008조에 의하여 산출된 각 공동상속인의 구체적 상속분에 따라 분담한다. ii) 각 공동상속인이 취득한 상속이익에 따라 분담한다. iii) 상속개시시에 공동상속인이 현실로 취득할 수 있는 재산의 비율에 따라 분담한다는 견해 등이다. 그러나 제1008조는 명백히 권리만에 관한 상속분의 산정기준이며, 다른 데 채무에 관한 상속분 규정이 없는 점으로 보아, 채무는 따로 제1009조의 원칙적인 법정상속분에 따라 승계되어야 한다고 본다.[168)]

---

있다(대결 2016. 5. 4, 2014스122; 대결 2019. 11. 21, 2014스44, 45 전원합의체: 공동상속인 중 이른바 초과특별수익자가 있는 경우 그 초과된 부분은 나머지 상속인들의 부담으로 돌아가게 된다; 대결 2022. 6. 30, 2017스98, 99, 100, 101).

167) 대판 2022. 7. 14, 2022다219465.

168) 이에 따르는 판례: 대판 1995. 3. 10, 94다16571, 법원공보 990호, 1577면; 대판 1996. 2. 9, 95다17885, 판례월보 1996년 6월호, 129면; 대판 2014. 7. 10, 2012다26633: 상속인이

### (5) 특별수익자가 있는 경우의 구체적 상속분의 산정

(가) 공동상속인 중에 특별수익자가 있는 경우, 각 공동상속인의 구체적 상속분의 산정은 상속개시시에 현존하는 상속재산의 가액(상속재산 중 적극재산의 전액: A)에 특별수익인 생전증여의 가액(B)을 가산하며(유증의 가액은 가산하지 않는다. 유증은 상속개시시 상속재산에 포함되어 있기 때문이다), 그것을 각 공동상속인별로 상속분율(C)로 나누어서 각 공동상속인의 상속분을 산출한 후, 이 각 상속분으로부터 특별수익자의 생전증여(B)와 유증(D)의 가액을 각각 뺀 잔액(E)을 합친 총잔액(F)을 가지고 그 총잔액에 대한 특별수익자와 그 밖의 공동상속인의 상속분을 산정한 것이 이른바 구체적인 상속분(G)인 것이다.[169]

- 각 공동상속인의 상속분잔액 : $E=(A+B)\times C-(B+D)$
- 공동상속인의 상속분총액 : $F=E_1+E_2+\cdots+E_n$
- 특별수익자 등의 구체적 상속분 : $G=\frac{E_1}{F}(\frac{E_2}{F}, \cdots, \frac{E_n}{F})$

(나) 구체적인 상속분 산정방법을 예시하여 보기로 한다.

처 M과 3인의 子 X·Y·Z가 공동상속인이고, 상속재산은 1,400만원이며, 子 X에게는 혼인을 위한 증여로서 200만원, 子 Y에게는 생계의 자금으로 200만원, 처 M에게는 유증으로 300만원을 준 경우, 각자의 상속재산분배액과 상속이익은 다음과 같이 된다.

[계산요령]

| 상속인 | E=(A+B)×C−(B+D) | 구체적 상속분 | 상속재산의 분배액 | 상속이익 |
|---|---|---|---|---|
| 처(M) | $(1{,}400+200+200)\times\frac{3}{9}-300=300$ | $\frac{3}{11}$ | $1{,}100\times\frac{3}{11}=300$ | 300+300=600 |
| 子(X) | $(1{,}400+200+200)\times\frac{2}{9}-200=200$ | $\frac{2}{11}$ | $1{,}100\times\frac{2}{11}=200$ | 200+200=400 |
| 子(Y) | $(1{,}400+200+200)\times\frac{2}{9}-200=200$ | $\frac{2}{11}$ | $1{,}100\times\frac{2}{11}=200$ | 200+200=400 |
| 子(Z) | $(1{,}400+200+200)\times\frac{2}{9}-0=400$ | $\frac{4}{11}$ | $1{,}100\times\frac{4}{11}=400$ | 400+0=400 |
| | 計1,100 | | | |

---

승계한 금전채무를 구체적 상속분 산정에 포함시켜서는 안 된다.

169) 이에 따르는 판례: 대판 1995. 3. 10, 94다16571; 대결 2022. 6. 30, 2017스98, 99, 100, 101.

(다) 상속재산은 1,300만원이며, 처 M에 대한 300만원의 유증, 子 Y에 대한 200만원의 증여 대신에 子 X가 500만원의 증여를 받았다고 하면, X는 자기의 법정상속분 400만원을 넘는 증여를 받고 있다. 이와 같은 경우, X는 100만원을 M·Y·Z에게 반환하여야 한다는 문제가 생긴다(반환할 필요가 없다는 학설도 있다. 판례도 초과특별수익분을 반환할 필요가 없다는 태도를 취하고 있다. 대결 2022. 6. 30, 2017스98, 99, 100, 101). 그러나 X가 상속포기를 하게 되면 반환의무를 지지 않고, 증여에 의하여 얻은 재산을 보유할 수 있으므로, 특별수익자인 X를 제외하고 상속분산정을 하면 된다.

(라) 상속재산은 2,700만원이며, X가 1,300만원의 유증을 받았다고 하면, 역시 자기 법정상속분의 초과분 700만원을 반환하여야 하지만(판례는 반환할 필요가 없다는 입장이다. 즉 초과분은 나머지 공동상속인의 부담으로 돌아가게 된다), X가 상속을 포기한 경우에는 반환의무가 없어지므로, 유증에 의하여 얻은 재산은 그대로 보유할 수 있게 된다. 따라서, M·Y·Z의 상속이익은 다음과 같이 된다.

| | | 구체적 상속분 | | | 상속이익 |
|---|---|---|---|---|---|
| 처(M) | : | $\frac{3}{7}$ | $(2,700-1,300)\times\frac{3}{7}$ | = | 600 |
| 子(X) | : | 0 | | | 1,300 |
| 子(Y) | : | $\frac{2}{7}$ | $(2,700-1,300)\times\frac{2}{7}$ | = | 400 |
| 子(Z) | : | $\frac{2}{7}$ | Y와 동일 | | 400 |

☞ 대판 1995. 3. 10, 94다16571, 법원공보 990호, 1577면은 특별수익자가 있는 경우의 구체적 상속분의 산정에 관하여 다음과 같이 판시하고 있다. "민법 제1008조에서 '공동상속인 중에 피상속인으로부터 재산의 증여 또는 유증을 받은 자가 있는 경우에 그 수증재산이 자기의 상속분에 달하지 못한 때에는 그 부족한 부분의 한도에서 상속분이 있다'고 규정하고 있는바, 이는 공동상속인 중에 피상속인으로부터 재산의 증여 또는 유증을 받은 특별수익자가 있는 경우에 공동상속인들 사이의 공평을 기하기 위하여 그 수증재산을 상속분의 선급으로 다루어 구체적인 상속분을 산정함에 있어 이를 참작하도록 하려는 데 그 취지가 있다. 위 규정의 적용에 따라 공동상속인 중에 특별수익자가 있는 경우의 구체적인 상속분의 산정을 위하여는, 피상속인이 상속개시 당시에 가지고 있던 재산의 가액에 생전증여의 가액을 가산한 후, 이 가액에 각 공동상속인별로 법정상속분율을 곱하여 산출된

상속분의 가액으로부터 특별수익자의 수증재산인 증여 또는 유증의 가액을 공제하는 계산방법에 의하여야 할 것이고, 여기서 이러한 재산의 기초가 되는 '피상속인이 상속개시 당시에 가지고 있던 재산의 가액'은 상속재산 가운데 적극재산의 전액을 가리키는 것으로 보아야 옳다."

## 4. 기여상속인의 상속분

**設 例**

A는 1962년 4월 30일 B와 혼인하여 그 사이에 X(딸)와 $Y_1 \cdot Y_2 \cdot Y_3$(아들)을 두었는데, 1983년 5월 13일 A는 B와 협의이혼을 하였다. 그러자 C와 혼인하여 따로 살고 있던 X가 아버지 A의 집에 들어가 그때부터 A로부터 생활비를 받아 집안 살림을 전담하면서 헌신적으로 A를 봉양하고 동생인 $Y_1 \cdot Y_2 \cdot Y_3$을 뒷바라지 하였다. A가 1990년경부터 발병하자 X는 자기 남편과 함께 A가 사망할 때까지 병수발을 도맡아 하였다.

A가 1996년 7월 30일 사망하자, $Y_1 \cdot Y_2 \cdot Y_3$은 X에 대하여 A가 남긴 재산에 대하여 법정상속분에 따라 4등분 할 것을 요구하였다. 그러나 X는 이에 응하지 않음으로써 상속재산분할에 대한 협의가 이루어지지 않았고, X는 $Y_1 \cdot Y_2 \cdot Y_3$을 상대로 가정법원에 상속재산에 대한 기여분을 인정해서 상속재산을 분할해 줄 것을 청구하였다. 이는 인용될 수 있는가?

### (1) 의 의

기여분이란 공동상속인 중에서 상당한 기간 동거, 간호 그 밖의 방법으로 피상속인을 특별히 부양하거나 피상속인의 재산의 유지 또는 증가에 관하여 특별히 기여한 자가 있을 경우에는, 이를 상속분의 산정에 관하여 고려하는 제도이다. 즉 피상속인이 상속개시 당시에 가지고 있던 재산의 가액에서 기여상속인의 기여분을 공제한 것을 상속재산으로 보고 상속분을 산정하여, 이 산정된 상속분에다 기여분을 더한 액을 기여상속인의 상속분으로 하는 것이다 §1008의2①. 예를 들어서 피상속인 갑이 남긴 상속재산이 1억 5,000만원인데, 상속인 을, 병, 정 중에서 을이 상속재산의 유지에 기여한 것이 인정되어 기여분이 3,000만원으로 정하여졌다면, 상속재산 1억 5,000만원에서 기여분 3,000만원을 공제한 1억 2,000만원을 상속재산으로 보고, 을, 병, 정이 각각 4,000만원씩을 상속하는 것이다. 기여상속인 을의 상속분은 결과적으로 7,000만원이 된다. 이는 공동상속인 사이의 실질적 공평을 꾀하려는 제도이다. 특별수익자의 상속분에 관한 제도가 공동상속인 중에서 피상속인으로부터 생전증여 등으로 상속재산을 미리 받은 자가 있는 경우에 이를 참작하여 상속개시시의 상속재산에서 적은 몫을 받게 함으로써 공동상속인간의 공평을 실현하는 제도라면, 기여분제도는 공동상속인 중에서 상속재산의 유지 등에 기여한 상속인에 대하여 더 많은 몫을 인정함으로써 공동상속인간의 공평을 실현하는 제도라고 할 수 있다.

### (2) 입법취지

상속인 중에 피상속인으로부터 이익을 받은 자가 있는 경우에는 상속분산정에서 상속인 사이의 공평을 기하기 위하여 그 사람의 상속분을 감하는 조치가 취해지고 있지만(특별수익자의 상속분§1008), 이와 반대로 유산증가에 기여한 상속인이 있으면 상속분산정에 있어서 그 기여분액을 가산하는 것이 당연하다고 할 수 있다. 그러나 1990년 민법개정 전에는 그러한 기여자의 상속분에 관하여 특별한 고려를 하고 있지 않았다. 그래서 1990년 개정법에서는 기여분제도를 신설하였다§1008의2.

### (3) 기여분권리자의 범위

(가) 기여분권리자는 공동상속인 중에서 상당한 기간 동거, 간호 그 밖의 방법으로 피상속인을 특별히 부양하거나 피상속인의 재산의 유지 또는 증가에 관하여 특별히 기여한 자이다. '상당한 기간 동거, 간호 그 밖의 방법으로 피상속인을 특별히 부양하거나'는 2005년 민법개정에 의하여 신설된 것이다. 이와 같이 기여분권리자는 공동상속인에 한하므로, 공동상속인이 아닌 자는 아무리 상당한 기간 동거, 간호 그 밖의 방법으로 피상속인을 특별히 부양하거나 피상속인의 재산의 유지 또는 증가에 기여하였더라도 기여분의 청구를 할 수 없다. 예컨대 사실혼의 배우자, 포괄적 수증자 등은 상속인이 아니므로, 기여분권리자가 될 수 없다. 공동상속인은 보통 피상속인의 배우자나 직계비속인 경우가 많겠지만, 이론상으로는 직계존속 또는 형제자매도 기여분권리자가 될 수 있다. 그러나 상속결격자나 상속포기를 한 자는 기여분의 권리를 주장할 수 없다. 이러한 자들은 이미 상속인의 지위를 가지고 있지 않기 때문이다.

기여분권리자는 한 사람에 한하지 않는다. 예컨대 남매가 父의 사업에 기여·공헌하여, 그 때문에 父의 재산이 증가하였을 경우에는 남매 두 사람이 모두 기여분권리자가 될 수 있다. 다만 기여분의 액이 동일하다고 할 수는 없다.

(나) 대습상속인도 대습상속원인이 발생하여 상속자격을 취득한 후의 기여이든 그 전의 기여이든 가릴 것 없이 기여분권리자가 될 수 있으며, 피대습자의 기여도 주장할 수 있다고 해석하여야 할 것이다. 예컨대 피상속인 A에게 B라는 子가 있었는데 B가 A의 재산증가에 기여하였으나, A보다 먼저 사망하여 B의 子 C가 A의 대습상속인이 되는 경우에, C는 사망한 父 B의 기여분을 주장할 수 있다. 이렇게 해석하는 것이 기여분의 입법취지인 공동상속인 간의 공평실현에 부합하기 때문이다.

### (4) 기여의 내용과 정도

(가) 개정법은 기여의 내용 및 정도와 관련하여, 두 가지 경우를 열거하고 있다. 첫째, 상당한 기간 동거·간호 그 밖의 방법으로 피상속인을 특별히 부양한 경우이다.[170] 이 경우 상속인의 특별한 부양은 그 자체로서 기여분의 요건을 충족시킨다고 보아야 할 것이다. 따라서 부양을 통하여 피상속인의 재산의 유지나 증가에 기여할 필요는 없다. 즉 부양과 상속재산의 유지, 증가 사이에 인과관계가 있을 필요는 없다. 둘째, 상속인이 피상속인의 재산의 유지나 증가에 특별히 기여한 경우이다. 이 경우에는 상속인의 기여가 상속재산의 유지나 증가로 이어질 것이 요구된다.

기여의 내용을 예시해 보면 다음과 같다.

① 피상속인의 사업에 관한 노무의 제공

i) 子가 급료를 받지 않고 피상속인인 父가 경영하는 점포나 공장에서 父와 함께 일하여 父의 재산증가에 공헌한 경우.

ii) 음식점을 경영하는 夫가 첩과 동거하면서 점포경영을 돌보지 않기 때문에, 처가 아이들을 키우면서 음식점 경영을 열심히 함으로써 점포규모를 2배로 확대시키고 이익을 많이 올려서 夫명의의 재산을 크게 증가시킨 경우.

② 피상속인의 사업에 관한 재산상의 급부: 父가 경영하는 사업을 위해서 子가 父에게 자산을 제공하였기 때문에, 父가 부채를 변제하고 저당권설정등기를 말소할 수 있어서, 토지나 건물이 다른 사람의 손으로 넘어가지 않게 됨으로써, 父의 재산이 유지된 경우.

170) 판례는 성년인 子가 장기간 부모와 동거하면서 생계유지의 수준을 넘는 부양자 자신과 같은 생활수준을 유지하는 부양을 한 경우 특별히 부양한 자로 보고 있다(대판 1998. 12. 8, 97므513·520, 97스12, 판례공보 1999. 1. 15, 123면).

③ 피상속인의 요양간호: 상속인이 상당한 기간 피상속인을 요양간호한 경우. 이 경우에는 상속인의 요양간호로 인하여 피상속인의 재산이 유지되었을 것을 요건으로 하지 않는다. 그러나 상속인이 상당한 기간 피상속인을 요양간호하였다면, 피상속인이 직업적 간호인에게 지급했어야 할 비용이 지출되지 않았을 것이고, 이로 인하여 피상속인의 재산이 감소되지 않고 유지되는 것은 당연히 수반되는 결과라고 할 수 있다.

(나) 기여의 정도는 통상의 기여가 아니라, 특별한 기여가 아니면 안 된다. 특별한 기여로 인정되기 위해서는, 공동상속인이 상속재산을 본래의 상속분에 따라 분할하는 것이 명백히 기여자에게 불공평하다고 인식되는 정도에 이르러야 한다.[171]☜

☞ 부동산의 취득과 유지에 있어 처로서 통상 기대되는 정도를 넘어 특별히 기여한 경우에 해당하지 않는다고 한 사례: 대결 1996. 7. 10, 95스31, 판례공보 1996. 9. 1, 2495면은 "망인은 공무원으로 종사하면서 적으나마 월급을 받아 왔고, 교통사고를 당하여 치료를 받으면서 처로부터 간병을 받았다고 하더라도 이는 부부간의 부양의무 이행의 일환일 뿐, 망인의 상속재산 취득에 특별히 기여한 것으로 볼 수 없으며, 또한 처가 위 망인과는 별도로 쌀 소매업, 잡화상, 여관업 등의 사업을 하여 소득을 얻었다고 하더라도 이는 위 망인의 도움이 있었거나 망인과 공동으로 이를 경영한 것이고, 더욱이 처는 위 망인과의 혼인생활 중인 1976년경부터 1989년경까지 사이에 상속재산인 이 사건 부동산들보다 더 많은 부동산을 취득하여 처 앞으로 소유권이전등기를 마친 점 등에 비추어 보면, 위 부동산의 취득과 유지에 있어 위 망인의 처로서 통상 기대되는 정도를 넘어 특별히 기여한 경우에 해당한다고는 볼 수 없다"고 판시하고 있다.

(다) 피상속인과의 고용계약이나 조합계약에 의하여 상속인이 피상속인의 재산의 유지 또는 증가에 기여한 사정은 여기서 말하는 기여에 해당되지 않

171) 기여분 제도는 공동상속인들 사이의 실질적 공평을 도모하려는 것이므로, 기여분을 인정하기 위해서는 공동상속인들 사이의 공평을 위하여 상속분을 조정하여야 할 필요가 있을 만큼 피상속인을 특별히 부양하였다거나 상속재산의 유지・증가에 특별히 기여하였다는 사실이 인정되어야 한다. 이러한 법리는 피상속인과 상속인 사이의 신분관계에 관계없이 적용된다. 즉 기여분을 주장하는 상속인이 배우자이든 자녀이든 관계없이 위 법리가 적용된다(배우자인 아내가 피상속인인 남편과 장기간 동거하면서 간호한 사례에서, "법률상 부양의무의 범위에서 피상속인을 부양한 행위는 법적 의무의 이행이라고 보아야 할 것이어서 특별한 부양행위에 해당하지 않는다"는 이유로 생존 배우자인 아내의 기여분 청구를 기각한 사례. 대판 2019. 11. 21, 2014스44, 45 전원합의체).

는다. 왜냐하면 이러한 계약이 있는 경우에는 상속인은 그에 상당하는 대가를 받고 있을 터이고, 만약 대가를 아직 받지 않았을 때에는 상속채권으로서 자기의 권리를 행사할 수 있기 때문이다.

(라) 피상속인의 재산에 관한 기여로서 인정되기 위해서는 그 기여와 피상속인의 재산의 유지 또는 증가와의 사이에 인과관계가 존재할 필요가 있다. 그러나 피상속인에 대한 부양이 기여로서 인정될 때에는 부양이 피상속인의 재산의 유지 또는 증가로 이어질 것을 반드시 요하지 않는다.

(5) 기여분의 결정

기여분은 공동상속인의 협의 또는 가정법원의 심판으로 결정한다.

(가) 협 의

기여분을 결정하기 위해서는 우선 전공동상속인이 협의하여야 한다§1008의2①. 기여분 사정에 관한 발의는 기여자만이 할 수 있는 것이 아니고 공동상속인이면 누구나 할 수 있다. 기여분에 대한 협의는 상속재산의 분할을 협의할 때에 하는 것이 보통이겠지만 그 이전에도 할 수 있다. 기여분에 대하여 협의가 되면 기여분을 상속재산에서 공제하고, 남은 상속재산을 가지고 기여자를 포함시킨 전공동상속인이 상속분에 따라 분할하게 된다. 상속재산분할 후에도 기여분을 주장할 수 있는가에 대하여는 해석론이 갈릴 여지가 있으나, 부정적으로 보는 것이 좋을 것이다. 기여분은 일정한 가액으로 결정하는 경우가 많겠지만, 일정한 동산·부동산 등의 재산을 기여분으로 하는 협의도 가능하다.

(나) 심 판

공동상속인 사이에서 기여분에 관한 협의가 되지 않거나 협의할 수 없는 때에는 가정법원은 기여자의 청구에 의하여 기여분을 정한다§1008의2②, 가소 §2①마류사건ⅸ.[172] 기여분을 정하는 심판은 상속재산분할의 심판에 부수하는 것이 아니라, 독립된 심판이어야 한다. 그리고 이 심판에는 조정전치주의가 적용된다가소 §50. 이 심판이 독립된 심판이기는 하지만, 기여분의 청구는 상속재산분할청구가 있는 경우§1013② 또는 상속재산분할 후에 인지 또는 재판의 확정에 의하여 공동

172) 기여분 결정에 관한 심판은 상속인 중의 1인 또는 수인이 나머지 상속인 전원을 상대방으로 하여 청구하여야 한다(가소규 제110조). 상속재산분할청구가 있는 때에는 가정법원은 당사자가 기여분의 결정을 청구할 수 있는 기간을 정하여 고지할 수 있다. 그 기간은 1개월 이상이어야 한다(가소규 제113조 제1항).

상속인이 된 자의 가액지급청구가 있는 경우§1014에만 할 수 있다§1008의2④.[173]

기여분의 결정은 상속재산분할심판의 전제가 되는 문제이기 때문에, 상속재산분할심판의 계속(係屬) 중에 기여분결정의 심판청구를 별도로 할 수도 있지만, 상속재산분할의 심판청구와 기여분결정의 심판청구를 동시에 할 수도 있다.[174] 그러나 유류분반환청구가 있다는 사실만으로는 기여분청구가 허용되지 않는다(그러나 기여분에 관한 제1008조의2를 유류분에 준용하는 규정을 두지 않은 제1118조가 헌법에 위반된다는 헌법재판소의 결정(헌재결 2024. 4. 25, 2020헌가4 등)에 따라 향후 유류분반환청구가 있는 경우에도 기여분의 청구를 할 수 있게 될 전망이다).[175] 또한 기여상속인은 유류분반환청구소송에서 상속재산 중 자신의 기여분을 공제할 것을 주장할 수도 없다.[176]

기여분 결정의 심판에 대해서는 당사자 또는 이해관계인이 즉시항고를 할 수 있다가소규 §116.

### (6) 기여분이 있는 경우의 상속분의 산정

상속재산의 가액에서 공동상속인의 협의나 조정·심판에 의하여 정해진 기여분을 공제한 것을 상속재산으로 보고, 민법 제1009조(법정상속분) 및 제1010조(대습상속분)의 규정에 의하여 산정한 상속분에 기여분을 가산한 가액을 기여상속인의 상속분으로 한다§1008의2①.

### (7) 기여분의 산정방법

(가) 기여분의 산정에 있어서는, 기여의 시기·방법 및 정도와 상속재산의

173) 그러나 기여분에 관한 제1008조의2를 유류분에 준용하는 규정을 두지 않은 제1118조가 헌법에 위반된다는 헌법재판소의 결정(헌재결 2024. 4. 25, 2020헌가4 등)에 따라 향후 유류분반환청구가 있는 경우에도 기여분의 청구를 할 수 있게 될 전망이다.

174) 기여분 결정 청구사건은 동일한 상속재산에 관한 상속재산분할청구사건에 병합하여 심리, 재판하여야 한다(가소규 제112조 제2항).

175) 대결 1999. 8. 24, 99스28, 판례공보 93호, 2211면.

176) 대판 1994. 10. 14, 94다8334; 대판 2015. 10. 29, 2013다60753. 피상속인의 자녀 5명이 공동상속인이 되었는데, 그중 1인인 갑이 피상속인 생전에 1억 6천만원을 증여받았으며, 상속개시 시 남은 재산이 없었던 사안이다. 다른 상속인들이 갑을 상대로 유류분반환청구의 소를 제기하자, 갑은 상속재산분할 및 기여분 심판을 청구하였다. 판례에 따르면 갑의 기여가 인정된다고 해도 유류분반환청구소송에서 기여분을 주장할 수는 없다. 따라서 갑이 증여받은 재산 1억 6천만원은 모두 유류분 산정을 위한 기초재산에 산입되며, 갑은 원고인 다른 상속인들에게 유류분의 비율에 따라 금액을 지급하여야 한다; 같은 취지. 헌재결 2018. 2. 22, 2016헌바86; 대판 2022. 3. 17, 2021다230083, 230090은 유류분반환청구소송에서 기여분을 주장할 수 없는 문제점을 완화하기 위하여, 기여에 대한 보상(대가)의 성질을 갖는 증여를 특별수익에서 제외하는 해석을 시도하고 있다.

액 기타의 사정을 참작하여야 한다§1008의2②.

기여분은 임금채권과 같이 미리 얼마라고 확정되어 있는 것이 아니다. 다른 공동상속인과의 협의에 의하여 상대적인 관계로 정해지는 것이며, 산술적인 계산으로 단순하게 가액이 결정되는 것이 아니다. 말하자면 타협의 산물인 것이다. 기여라는 것은 피상속인의 직업·기능·가족구성·건강상태·연령·학력·자산상태 등에 따라 여러 가지 형태가 있을 것이므로 이러한 요소들을 감안하여 기여분을 산정하여야 한다.

(나) 기여분은 상속이 개시된 때의 피상속인의 재산가액에서 유증의 가액을 공제한 액을 넘지 못한다§1008의2③. 이 제한은 기여분보다는 유증을 우선 시키기 위한 것이다. 예컨대 상속재산이 4,000만원이고 유증이 1,200만원이라고 하는 경우에, 기여분의 가액은 4,000만원에서 1,200만원을 공제한 2,800만원을 넘어서는 안 된다는 것이다. 이 경우에 기여자가 2인이라고 하더라도 이 2인의 기여분의 합계액은 위의 2,800만원을 넘어서는 안 되는 것이다.

(다) 기여상속인과 특별수익자가 병존하는 경우의 상속분은 어떻게 산정할 것인가가 문제이다. 우선 상속재산을 확정하여야 하므로, 먼저 기여분을 산정하여 그것을 공제한 것을 상속재산으로 정한 다음, —즉 제1008조의2를 우선 적용한 다음—, 이를 기초로 하여 특별수익자의 상속분을 산정하여야 할 것이다. 예를 들어서 상속개시시의 상속재산이 1억 5,000만원이고, 상속인 갑의 기여분이 3,000만원으로 결정되었는데, 상속인 을은 상속개시 전에 피상속인으로부터 6,000만원의 생전증여를 받은 경우에 피상속인의 자녀인 상속인 갑, 을, 병의 상속분을 산정해 본다. 먼저 상속재산 1억 5,000만원에서 갑의 기여분 3,000만원을 공제한 다음, 을에 대한 생전증여의 가액 6,000만원을 합산한다. 이렇게 해서 나온 1억 8,000만원에 대해서 상속인의 법정상속분에 따라 나누면 갑, 을, 병의 상속분은 각각 6,000만원이 된다. 갑은 여기에 기여분 3,000만원을 더한 9,000만원의 상속분을 가지게 되며, 을은 자기의 상속분 6,000만원을 피상속인 생전에 이미 받았으므로, 더 이상 상속할 것이 없다. 병은 생전증여를 받은 것도 없고, 기여분도 인정되지 않으므로 그대로 6,000만원을 받게 된다.

설례의 경우에 대하여, 서울가정법원 판결은 "X는 비록 이 사건 상속재산을 형성하는데 직접적으로 기여한 바는 없으나, 출가한 후에 망인 (A)와 B가 이혼하게 되자 친정에 들어가 살면서 B를 대신하여 13년 동안 집안 살림을 돌보고 A와 동생들의 뒷바라지를 함으로써 상속재산의 유지 및 감소방지에 기여하였고, 또한 A가 투병생활을 할 때에도 수년간 지속적으로 간병함으로써 통상 기대되는 수준 이상의 특별한 부양, 간호를 하였다고 할 것이다"라고 하면서 기여분의 액수에 관하여 "이 사건 상속재산의 시가, 이용상황, 기여행위의 내용, 특히 X가 13년 동안 A의 배우자의 역할을 대신하여 왔고, 민법상 피상속인의 배우자의 법정상속분은 직계비속의 5할을 가산하도록 규정되어 있는 점 등 이 사건 심문에 나타난 여러 가지 사정을 참작하면 X의 기여분은 금 150,000,000원(직계비속상속분의 5할)으로 정함이 상당하다"고 판시하였다(서울가판 1998. 9. 24, 97느8349 · 97느8350; 후에 대판 1998. 12. 8, 97므513로 확정됨).

### (8) 기여분과 유류분과의 관계

기여분과 유류분§1112은 서로 관계가 없다. 기여분의 가액이 상속재산의 가액의 7할 또는 8할이 되더라도 다른 공동상속인의 유류분을 침해한 것이 되지 않는다.[177] 기여분제도는 공동상속인간의 실질적 공평을 실현하기 위한 제도이므로, 기여분의 가액이 7할이나 8할의 고액이 되더라도[178] 그렇게 인정하는 것이 공동상속인간의 실질적 공평을 실현하는 것이 되기 때문이다. 유류분제도는 피상속인의 재산처분의 자유를 제한하는 제도이며, 규정상으로 보더라도§1115 기여분은 유류분반환청구의 대상이 되지 않으므로, 양 제도는 그 취지가 다르다. 다만 최근 헌법재판소의 결정헌재결 2024. 4. 25, 2020헌가4 등에 따라 앞으로는 유류분반환청구가 있는 경우에도 기여상속인이 기여분 청구를 할 수 있도록 법이 개정될 예정이므로, 이러한 범위에서는 기여분과 유류분 사이에 연관성이 생겼다고 볼 수 있다.

### (9) 기여분의 승계

기여분은 공동상속인의 협의 또는 가정법원의 심판에 의하여 결정된 후이면 이를 양도하는 것이 가능하며, 또 상속도 된다. 문제는 기여분이 결정되기 전에, 즉 협의 이전이라든가 협의 중에 또는 심판 중에 기여분의 양도 · 상속

177) 대판 2015. 10. 29, 2013다60753: 기여분으로 유류분에 부족이 생겼다고 하여 기여분에 대하여 반환을 청구할 수 없다.

178) 서울가정법원 2017. 5. 1, 2015느합30335, 2016느합29, 30 심판은 자녀들의 기여분을 80%로 인정하였다(남편은 가출하여 따로 살면서 아내에 대한 부양의무를 이행하지 않았고, 아내는 자녀들로부터 부양료를 받아 생활하였다. 아내가 사망하자 남편이 상속재산분할심판청구를 하였고, 이에 대하여 자녀들이 기여분을 청구한 사건이다).

이 인정되는가 하는 것이다.

이 문제는 기여분의 법률적 성질에 관한 문제인데, 기여분은 협의나 심판에 의하여 비로소 결정되는 것이며, 그 이전에는 내용이 불확실한 성질의 것이다. 그러므로 결정전에 기여분의 권리를 타인에게 양도하여 그 타인이 공동상속인의 기여분을 주장하게 하는 것은 타당하지 않다. 따라서 기여분이 결정되기 전에는 그 양도를 인정하지 않는 것이 좋을 것이다.

그러나 상속에 있어서는, 기여분의 결정 전에 그 상속을 인정해도 무방하다.

#### (10) 기여분의 포기

기여분의 포기에 대해서는 명문의 규정이 없으나, 상속개시 후에 상속포기가 가능한 것에 비추어 볼 때에, 기여분의 포기도 가능하다고 보아야 할 것이다. 기여분의 포기에는 요식도 기간도 제한이 없으므로, 상속개시 후라면, 상속재산분할이 종료할 때까지 언제든지 공동상속인 전원에 대한 의사표시로 할 수 있다고 보아야 할 것이다.

#### (11) 기여분과 유언과의 관계

기여분에 관한 사항을 유언으로 정할 수 있느냐가 문제된다. 기여분을 일체 주지 않겠다는 유언이라든가, 반대로 기여분을 주기 위하여 특정의 재산을 유증한다는 유언같은 것이 생각될 수 있다. 유언자의 의사는 될 수 있는 한 존중되어야 하겠지만, 앞에서 본 바와 같이, 기여분을 정하는 방법으로는 공동상속인간의 협의 또는 가정법원의 심판이 있을 뿐이며, 또 기여분은 유언으로 정할 수 있는 사항으로 되어 있지 않으므로, 유언에 의한 기여분의 지정은 법률상 효력이 없다고 보아야 할 것이다.[179]

### 5. 상속분의 양도

#### (1) 의 의

(가) 상속이 개시되어 상속재산분할이 되기까지는 상당한 시간이 걸리는

179) 다만 피상속인이 특정 상속인의 특별한 기여에 대한 보상(대가)으로 유증을 한 경우, 이러한 성질의 유증은 특별수익에서 제외될 가능성도 있다(따라서 유류분반환청구의 대상이 되지 않는다). 대판 2022. 3. 17, 2021다230083, 230090 참조. 또한 최근 헌법재판소의 결정(헌재결 2024. 4. 25, 2020헌가4 등)에 따라 앞으로는 유류분반환청구가 있는 경우에도 기여상속인이 기여분 청구를 할 수 있도록 제1118조가 개정될 예정이다.

것이 보통이다. 그 동안에 공동상속인 중에는 자기의 상속분을 매각하여 금전을 가지고자 하는 사람이 나올 수 있다. 이런 이유에서 민법은 상속분의 양도를 인정하였다§1011. 여기서 상속분이란 적극재산만이 아니고 소극재산까지도 포함하는 포괄적인 상속재산 전체에 대한 상속분을 의미한다.[180)]

(나) 상속분의 양도는 유상・무상을 묻지 않는다. 양도에는 특정한 방식이 필요하지 않으며, 구술이나 서면 중 어느 방법으로 해도 상관없다.

상속분의 일부양도가 인정될 것인가의 문제가 있다. 학설은 이를 긍정하고 있으나,[181)] 공동상속인이 그 상속분을 세분하여 양도하는 것은 상속관계를 복잡하게 만드는 결과를 가져오므로, 일부양도는 인정하지 않는 것이 타당할 것이다. 또한 상속인은 개개의 상속재산에 대해서 가지는 공유지분을 양도할 수 있으므로, 굳이 상속분의 일부양도를 인정할 실익은 크지 않다.

### (2) 상속분의 양수인의 지위

상속분의 양도는 상속인의 지위의 양도이므로, 양수인은 상속인과 같은 지위에 서게 되며, 상속재산의 관리는 물론 상속재산의 분할에도 참여할 수 있다.[182)] 상속분의 양도로 말미암아 양수인이 상속인의 지위를 취득하는 결과, 다른 공동상속인이 상속을 포기할 때에는 양수인의 상속분이 증가하며, 상속분을 양도한 상속인은 포기분을 취득할 수 없다고 보아야 한다.

문제는 이 양도에 의하여 상속인이 상속채무를 면할 수 있는가 하는 것이다. 채권자의 보호를 위하여 병존적으로 채무를 인수한다고 보아야 할 것이다. 그렇게 되면, 채권자는 양도인인 상속인에 대해서나 양수인에 대해서 자유롭게 부담분 상당의 채무이행을 청구할 수 있게 된다.

---

180) 이에 따르는 판례: 대판 2006. 3. 24, 2006다2179, "상속분의 양도란 상속재산분할 전에 적극재산과 소극재산을 모두 포함한 상속재산 전부에 관하여 공동상속인이 가지는 포괄적 상속분, 즉 상속인 지위의 양도를 의미하므로, 상속재산을 구성하는 개개의 물건 또는 권리에 대한 개개의 물권적 양도는 이에 해당하지 아니한다." 따라서 공동상속인들 중 일부가 제3자에게 상속재산인 임야 중 그들의 상속지분을 양도한 것은 민법 제1011조 제1항에 규정된 '상속분의 양도'에 해당하지 않으며, 그들이 상속받은 임야에 관한 공유지분을 양도한 것에 불과하여, 이에 대하여는 다른 상속인들이 상속분의 양수권을 행사할 수 없다.

181) 金容漢, 친족상속법론, 363면; 李根植・韓琫熙, 신친족상속법, 247면; 金疇洙, 친족상속법(제2전정판), 420면; 郭潤直, 상속법, 216면.

182) 대판 2021. 7. 15, 2016다210498.

(3) 대항요건

상속분의 양도에 대항요건을 필요로 하는가에 대해서는 명문의 규정이 없지만, 다른 공동상속인이 알지 못하는 사이에 양수기간§1011②이 경과하여 양수의 기회가 박탈되는 것을 막기 위해서도 채권양도의 대항요건에 관한 규정§450에 준하여 공동상속인에게 통지하여야 한다고 본다.[183)]

## 6. 상속분의 양수

(1) 의 의

앞에서 본 바와 같이 상속인이 수인이 있는 경우 상속재산분할 전에 각자의 상속분을 타인에게 양도하는 것은 자유이나, 이를 무조건으로 허용하면 제3자(양수인)가 상속재산의 분할에 참여하게 되어 다른 공동상속인에게 중대한 영향을 미치게 된다. 그러므로, 민법은 공동상속인 중에 그 상속분을 제3자에게 양도한 자가 있는 때에는 다른 공동상속인이 그 가액과 양도비용을 상환하고 그 상속분을 양수할 수 있도록 하였다§1011①. 이것을 상속분의 양수라고 한다. 공동상속인으로 구성된 일종의 '상속인공동체'에 제3자(상속분의 양수인)가 개입하여 상속재산분할을 협의하는 것은 상속인의 입장에서 보면 부담스러운 일이므로, 이 제3자로부터 상속분을 양수함으로써 그를 '상속인공동체'에서 배제하겠다는 것이 이 제도의 기본취지이다. 그러나 이 제도는 상속재산을 일종의 가산으로 파악하는 것으로서 오늘날의 관념과 맞지 않으며, 실제에 있어서도 이용될 가능성이 적은 것으로서 폐지하는 것이 좋을 것이다.

(2) 양수의 요건

(가) 공동상속인 중의 한 사람이 그 상속분을 무단으로 양도하여야 한다. 양도는 유상이건 무상이건 묻지 않으나, 일부양도는 인정되지 않는다는 것은 전술한 바와 같다. 다른 공동상속인의 승낙도 필요없다. 이 경우에 다른 공동상속인 전원이 그 양도행위를 승낙한 경우에는 양수권을 포기한 것이라고 보아야 할 것이다.

---

183) 이에 대해서는 명문규정이 없다는 이유로 대항요건을 갖출 필요가 없다는 반대견해가 있다(郭潤直, 상속법, 217면). 그러나 상속분의 양수권을 민법이 보장하고 있는 이상 그것을 행사할 수 있는 기회를 주는 것이 타당하며, 그러기 위해서는 공동상속인에게 양도의 사실을 통지하는 것은 필요하다고 보는 것이 타당하다.

(나) 제3자에 대하여 상속분이 양도되어야 한다. 여기서 제3자란 공동상속인 이외의 자를 말한다. 포괄적 수증자가 상속분의 양수권이 있을 것인가는 문제인데, 양수제도의 취지를 상속재산공유 중에 공동상속인 이외의 자를 개입시키는 것을 배제하기 위한 것으로 이해한다면, 공동상속인이 아닌 포괄적 수증자의 양수권은 부정되어야 할 것이다. 상속인 상호간의 양도는 사실상 양수권이 인정될 실익이 없다. 공동상속인의 상속인이 양수한 경우에는 양수권의 행사도 무방하나, 그 사람이 상속재산의 분할 전에 대습상속인이 되었을 때에는 양수권을 행사할 수 없다(결격으로 인한 대습상속의 경우). 그는 이미 상속인의 지위를 취득함으로써 '상속인공동체'의 일원이 되었기 때문이다. 상속분을 양수한 자가 다시 제3자에게 양도한 경우에 그 전득자에 대한 양수권의 행사도 무방하다.

(다) 상속분의 양도가 상속재산분할 전에 있어야 한다. 상속재산분할 후에는 각 공동상속인은 할당받은 상속재산의 단독소유권을 취득하게 되므로, 각자가 자유로이 처분할 수 있는 것은 당연하며, 상속분의 양도란 있을 수 없기 때문이다. 그리고 상속재산분할의 협의로 상속재산을 보통의 공유(물권편이 규정하는 의미의 공유)로 한 경우에도 그 후의 처분은 공유지분의 처분이므로, 양수권은 인정되지 않는다.

### (3) 양수권의 행사

양수권을 행사함에 있어서 공동상속인은 상속분의 양수인 또는 전득자에 대하여 일방적으로 양수의 의사를 표시하면 되며, 제3자의 승낙이나 동의는 필요없다. 따라서 양수권의 성질은 형성권이다. 다만 전술한 바와 같이 가액과 비용을 현실적으로 제공하여야 한다. 또 반드시 공동상속인 전원이 공동으로 행사할 필요는 없으며, 각자 단독으로 행사하는 것도 상관없다. 양도된 상속분의 일부의 양수가 인정될 것인가의 문제가 있다. 일부를 양수하면 나머지가 여전히 양수인에게 남게 되므로 상속재산의 공유로부터 타인을 배제한다는 양수제도의 취지는 달성되지 않는다. 따라서 일부의 양수는 허용되지 않는다고 해석하여야 할 것이다. 양수할 때에는 양도된 상속분의 가액, 즉 상속분을 양수할 당시의 시가와 양수한 제3자가 지출한 비용을 상환하여야 한다(상속분의 양도가 무상이더라도 양수 당시의 시가와 비용을 상환하여야 한다). 그리고 양수권의 성질상 채권자의 대위행사§404는 인정되지 않는다. 상속분을 양도한 것을 안 날로부터 3월, 또는 양도가 있은 날로부터 1년이 경과하면 양수권을 행사할 수 없다§1011②. 이것은 제척기간이다. 이와 같이 단기간으로 한 것은, 양수권의 존속기간을 장기간으로 하면 재산관계를 불확정하게 하며 또한 거래의 안전을 해하기 때문이다.

(4) 양수의 효과

양수권의 행사에 의하여 제3자에게 양도된 상속분은 양도인 이외의 공동상속인 전부에게 그 상속분에 따라 귀속한다. 공동상속인 중 한 사람이 단독으로 행사하더라도 그 사람에게만 귀속하는 것은 아니다. 또 양수권의 행사에 지출한 상속분의 가액과 비용도 상속분에 따라 공동상속인이 부담한다. 그리고 이 양수권의 행사는 양도인과 제3자 사이의 양도행위를 무효로 하는 것은 아니다.

## 4 상속재산의 분할

**設 例**

A는 처 B, 子 C・D・E를 남기고 사망하였다. D는 외국으로 일자리를 찾아 떠난 후 소식이 끊긴 상태이다.

① B・C・E가 D를 제외하고 A가 남긴 재신을 협의하여 분할하였다. D가 뒤늦게 돌아와서 그 상속재산의 분할은 무효라고 주장한다. 타당한가?

② E가 미성년자일 경우, B는 E를 대리하여 분할협의를 할 수 있는가?

### 1. 상속재산분할의 성질

상속인이 여러 명인 경우 상속재산이 일단 공동으로 상속되는 것은 피할 수 없으나, 가능한 한 빠른 시일 내에 상속분에 따라 각 공동상속인에게 배분귀속시키는 것이 바람직하다. 따라서 상속인이 여럿인 경우에 민법이 상속재산을 공유로 한 것은 공유상태를 상속의 통상의 방식으로 인정한 것이 아니고, 최종적으로 각 상속인에게 귀속할 때까지의 과도적 상태를 정한 것이라고 할 수 있다. 그렇기 때문에, 상속재산분할은 상속개시와 동시에 공동상속인 사이에 발생한 법정상속분에 따른 상속재산의 공유관계를 종료시키고, 구체적 상속분에 따라 그 배분귀속을 확정시키는 것을 목적으로 하는 일종의 청산행위라고 할 수 있다.

## 2. 상속재산분할의 요건

(가) 상속재산에 있어서 공유관계가 존재할 것

상속인이 한 사람이면 공유관계가 생길 수 없기 때문에 상속재산분할의 여지가 없다. 공동상속인은 상속개시와 동시에 상속재산을 구성하는 개개의 물건 또는 권리에 대하여 법정상속분에 따른 공유지분을 취득한다§1006 · 1007. 예를 들어 피상속인 A에게 상속인으로 배우자 B와 자녀 C, D가 있다면, A가 소유하던 부동산에 대해서 B, C, D는 상속개시와 동시에 각각 3/7, 2/7, 2/7의 공유지분을 취득하여 공유관계가 발생한다. 이와 같은 잠정적인 공유상태는 상속재산이 분할될 때까지 지속된다. 공동상속인 중에서 특별수익자나 기여분권리자가 있는 경우에도 일단 이와 같이 법정상속분에 따라 공유관계가 성립하며, 상속재산분할 시에 특별수익, 기여분 등을 고려하여 구체적 상속분에 따라 상속재산을 분할하게 되는 것이다. 공동상속인 중에 초과특별수익자가 있는 경우에도 일단 법정상속분에 따른 공유관계가 발생한다는 점에는 차이가 없다. 위의 예에서 C가 생전에 A로부터 자신의 법정상속분을 초과하는 생전증여를 받은 경우에는 상속재산으로부터는 더 이상 받을 것이 없겠지만, 이러한 사정과 무관하게 위와 같이 법정상속분에 따른 공유관계가 일단 발생하며, 법정상속분에 따른 상속등기를 하는 것도 가능하다(C는 단독으로 법정상속분에 따른 상속등기를 할 수 있다등기선례 제5-276호, 등기예규 제535호). 따라서 공동상속인 중에 초과특별수익자가 있는 경우에 법정상속분에 따른 등기가 이루어졌다고 해서, 이러한 상태가 다른 공동상속인의 상속분을 침해한다고 볼 수는 없다. 공동상속인 중에 특별수익자가 있다면 상속재산분할 시에 이를 고려하여 산정된 구체적 상속분에 따라 상속재산을 분할함으로써 문제를 해결할 수 있다.[184)]

(나) 공동상속인이 확정되었을 것

예컨대 공동상속인의 1인 또는 수인이 상속의 승인 또는 포기를 하지 않은 동안은 상속인이 확정되지 않았으므로 분할할 수 없다.

(다) 분할의 금지가 없을 것

① 피상속인은 유언으로 상속개시의 날로부터 5년을 초과하지 않는 기간

---

184) 대판 2023. 4. 27, 2020다292626 참조.

내의 상속재산의 분할을 금지할 수 있다§1012 후단. 분할금지는 절대적인 금지이건 다수결에 의한 분할을 허용하는 상대적 금지이건 묻지 않으며, 또 상속재산의 전부에 대한 금지이건 그 일부에 대한 금지이건 묻지 않는다. 일부금지의 경우에는 금지되지 않는 다른 부분에 대하여 분할을 하는 것은 상관없다. 여기서 일부금지는 상속재산의 일부를 이루는 특정재산에 대한 분할금지를 뜻하는 것이며, 상속재산 총액의 일정비율로 표시된 일부금지는 인정되지 않는다고 새기는 견해가 있다.[185] 그러나 상속재산의 대부분이 토지나 증권으로 되어 있는 경우에 절반은 상속인에게 분할하고, 나머지 절반은 4년간 분할하지 말라는 금지는 충분히 있을 수 있으며, 따라서 이를 굳이 인정하지 않을 이유가 없다. 이러한 경우 구체적으로 어느 재산을 분할하지 않을 것인가는 상속인이 협의하여 결정하면 되는 것이다.

5년을 초과하는 분할금지의 유언이 있었다면 분할금지를 무효로 할 것이 아니라, 5년의 기간 동안 분할을 금지하는 유언으로 보아야 할 것이다.

② 공동상속인이 전원의 협의로써 상속재산의 전부 또는 일부 혹은 특정한 재산에 관하여 불분할계약을 체결하는 것은 무방하다. 다만 그 기간은 5년 이내이다§268① 단서.

③ 유언 또는 협의에 의하여 분할이 금지되었을 경우에, 목적물에 존재하는 공동소유관계는 상속재산공유상태의 계속이냐 아니면 통상의 공유관계(물권편이 규정하는 의미의 공유. 상속개시에 의한 상속재산의 공유와 물권편이 규정하는 공유의 차이는, 첫째, 물권편이 규정하는 공유물의 분할에는 소급효가 없는데 반하여, 상속재산의 분할에는 소급효가 있다는 점, 둘째, 담보책임과 관련하여, 공동상속인 중에 무자력자가 있는 경우에는 구상권자와 다른 공동상속인이 각자의 상속분에 따라 담보책임을 분담하지만, 공유자 사이에는 그와 같은 담보책임이 없다는 것이다)로 이행하는가가 해석상 문제이다. 상속재산의 분할은 그 본질상 통상의 공유물분할과는 다른 특수성을 가지는 것이므로, 분할금지는 다른 말로 표현하면 분할연기이며, 따라서 종래의 상속재산의 공유상태가 그대로 계속된다고 보아야 할 것이다. 그러므로 상속재산의 공유를 통상의 공유관계로 변경하려면, 분할금지에 의할 것이 아니라 '공유로 하는 분할의 협의'의 방법을 써야 할 것이다.

---

185) 郭潤直, 상속법, 243면.

## 3. 분할청구권자

분할을 청구할 수 있는 자는 상속을 승인한 공동상속인이다. 포괄적 수증자도 상속재산의 분할을 청구할 수 있다. 분할청구권은 이른바 일신전속권(행사상의 일신전속)이 아니므로, 공동상속인의 상속인, 상속분을 양수한 제3자는 물론 상속인의 채권자도 상속인을 대위하여§404 분할청구권을 행사할 수 있다.[186]

## 4. 상속재산분할의 방법

분할의 방법으로는 다음의 세 가지가 있다.

### (1) 유언에 의한 분할

피상속인은 유언으로 상속재산의 분할방법을 정하거나, 이를 정할 것을 공동상속인이 아닌 제3자에게 위탁할 수 있다§1012 후단. 분할방법의 지정 또는 지정의 위탁은 유언으로 하여야 하므로, 생전행위로 한 것은 효력이 없다.[187] 피상속인의 분할방법의 지정이나 또는 위탁받은 제3자의 분할방법의 지정은 모두 각 공동상속인의 상속분에 따른 것이 아니면 안 된다(피상속인이 법정상속분과 다른 지정을 한 경우에는 분할방법의 지정과 유증이 결합된 것으로 해석될 수 있으므로, 유효하다고 보아야 한다. 예를 들어서 피상속인이 상속재산을 현물로 분할할 것을 지정하면서, 상속인 갑(子)에게는 부동산(상속재산 전체 가액의 3/5에 상당), 을(子)에게는 동산(상속재산 전체 가액의 2/5에 상당)을 나누어줄 것을 정하였다면, 이는 상속재산분할방법의 지정인 동시에 유증이라고 보아야 한다).[188] 지정할 분할방법에는 제한이 없으므로, 현물분할이건 가액분할이건, 그 밖에 어떠한 방법이건 상관없다. 지정은 반드시 상속재산 전부나 공동상속인 전부에 대해서 할 필요가 없으며, 상속재산 일부 또는 공동상속인 일부에 대해서만 할 수도 있

186) 상속인의 채권자는 상속인을 대위하여 상속등기를 할 수도 있다; 대판 2015. 8. 13, 2015다18367는 상속인의 채권자가 상속인을 대위하여 상속재산분할청구를 할 수 있다는 것을 전제로 하고 있다.

187) 대판 2001. 6. 29, 2001다28299, 판례공보 2001. 8. 15, 1744면.

188) 郭潤直교수는 유언에 의한 상속분의 지정을 인정하지 않는다고 하면서(동, 상속법, 157면), 분할방법의 지정에서는 법정상속분을 넘은 지정을 유효하다고 함으로써 실질적으로 상속분의 지정을 인정하고 있다(동, 상속법, 246면).

다. 분할방법의 지정 또는 지정의 위탁을 한 유언이 무효이든가, 분할방법지정의 위탁을 받은 제3자가 이를 실행하지 않는 경우(위탁을 받은 자가 수락을 하지 않거나 수락을 했어도 이를 지정하지 않을 때에는 명문의 규정이 없으나, 제131조를 유추하여 상속인에게 최고권을 인정하고, 그에 대한 확답이 없으면 수락을 거절한 것으로 보아야 할 것이다)에는 협의에 의한 분할을 하고, 만약 협의가 되지 않을 때에는 가정법원의 조정 또는 심판에 의하여 분할할 수 있다.

### (2) 협의에 의한 분할

공동상속인은 유언에 의한 분할방법의 지정·분할방법지정의 위탁이 없는 경우, 위탁을 받은 자가 지정을 실행하지 않는 경우, 분할방법의 지정·분할방법지정의 위탁을 한 유언이 무효인 경우, 그리고 유언에 의한 분할금지가 없는 경우 등에는, 분할요건이 갖추어지면 언제든지 협의에 의하여 상속재산을 분할할 수 있다§1013①.

#### (가) 협의에 참가하여야 할 자

분할의 협의는 공동상속인간의 일종의 계약이다. 따라서 공동상속인의 전원이 참가하여야 한다. 일부의 상속인만으로 한 협의분할은 무효이다(예를 들이시 父기 사망하여 모와 미성년인 子가 공동상속인이 되었는데, 친권자인 모가 자를 대리하여 상속재산분할협의를 하였다면, 이 협의분할은 무효가 된다. 상속재산분할협의는 친권자인 모와 자 사이에 이해가 상반되는 경우에 해당하므로§921, 친권자인 모는 법원에 특별대리인의 선임을 청구하여야 하며, 법원에서 선임한 특별대리인이 자를 대리하여 분할협의를 하여야 한다. 미성년의 자녀가 여럿인 경우에는 각자마다 특별대리인을 선임하여 그 각 특별대리인이 각 미성년자인 자를 대리하여 상속재산분할협의를 하여야 한다. 이 경우에 대리권이 없는 모가 자를 대리하여 분할협의를 하였다면, 이는 실질적으로 자를 분할협의에 참가시키지 않은 것과 같은 결과가 되므로, 피대리자 전원에 의한 추인이 없는 한, 그 협의분할은 무효가 되는 것이다. 이런 경우 미성년자녀를 대리하여 상속재산분할협의를 함으로써 제921조에 위반되는 행위를 한 친권자인 모가 후에 스스로 상속재산분할협의의 무효를 주장하는 것도 가능하며, 이를 신의칙에 반한다고 볼 수 없다).[189] 상속인이 행방불명이더라도 실종선고를 받지 않은 한 상속인의 신분을 가지고 있기 때문에 행방불명자를 제외하고

---

189) 대판 1987. 3. 10, 85므80, 법원공보 799호, 645면; 대판 1995. 4. 7, 93다54736, 법원공보 992호, 1810면; 대판 2001. 6. 29, 2001다28299, 판례공보 2001. 8. 5, 1744면; 대판 2004. 10. 28, 2003다65438; 대판 2011. 3. 10, 2007다17482; 대판 2010. 2. 25, 2008다96963, 96970; 대판 2016. 3. 5, 2015다51920.

분할협의를 하면 무효가 된다.[190] 이런 경우에는 부재자의 재산관리인을 선임하여§22 분할협의에 참가하도록 하여야 할 것이다. 협의분할에서 제외된 상속인은 재분할을 청구할 수 있으며(이 경우 재분할청구는 상속회복청구의 성질을 갖는다), 손해가 발생한 경우에는 다른 공동상속인에 대하여 불법행위책임을 물을 수 있다.

① 포괄적 수증자: 포괄적 수증자는 공동상속인과 동일한 자격으로 분할에 참가한다§1078. 다만 유언집행자가 지정되거나§1093 또는 선임된§1096 경우에는, 그는 상속재산의 관리, 그 밖에 유언에 필요한 행위를 할 권리의무가 있으므로§1101, 유언이 공동상속인간의 상속재산의 분할에 대해서는 언급하지 않고 단지 포괄적 유증에 대해서만 정하고 있는 경우에는(예를 들어서 피상속인이 친구 갑에게 상속재산의 1/4을 준다는 유증을 한 경우), 수증자 대신에 유언집행자가 협의에 참가하여야 된다고 본다. 유언집행의 범위가 상속재산의 처리 전부에 걸쳐 있는 경우에는(모든 상속재산에 대하여 세세히 처리방법을 정해놓은 경우. 예를 들어서 A 부동산은 갑에게, B 부동산은 을 사회복지재단에, 동산은 병에게, 주식은 정에게 준다는 식으로 상속재산 전체에 대하여 빠짐없이 유언을 한 경우), 상속재산의 분할도 유언집행자가 하는 뜻으로 해석할 경우가 많을 것이다.

② 분할전의 상속분의 양수인: 분할 전의 상속분의 양수인은 다른 공동상속인으로부터 양수권§1011의 행사를 받지 않는 한, 분할의 협의에 참가할 수 있다고 본다.

③ 상속인의 지위 또는 그 기초인 친족관계에 대해서 다툼이 있는 자: 상속인의 지위에 있기는 하지만, 그 지위에 대해서 현재 다투어지고 있는 자는 분할의 협의에 참가할 수 있을 것인가. 예컨대 상속인의 결격사유§1004의 존부가 계쟁중이든가, 친생부인의 소§846(친생부인의 허가청구§854의2) 또는 친생자관계부존재확인의 소§865가 계속(係屬)중이든가, 인지의 효력이 다투어지고 있든가§862, 가소 §26 이하, 입양 또는 혼인무효의 소가 계속중이든가§815·883 하는 경우가 문제이다. 이러한 사람들은 분할의 협의에서 제외할 수 있다는 설, 확정판결시까지 분할을 금지하여야 한다는 설, 이러한 사람들은 제외하지 않고 분할을 진행시킬 수 있다는 설 등이 있다. 그러나 여러 가지 사정이 분할연기를

---

190) 이런 경우 다른 공동상속인들은 신청서에 행방불명인 자를 함께 상속인으로 표시하고 그의 말소된 주민등록표등본을 첨부하여 상속등기를 신청할 수 있을 것이다. 등기선례 제6-200호 참조.

곤란하게 하거나 공동상속인에게 불이익이 되는 특별한 경우가 있을 것이므로, 확정판결시까지 분할을 금지시키는 것도 실제상 곤란한 경우가 있을 것이다. 또한 확정판결이 있기 전까지는 현재 상속인의 지위를 보유하고 있는 사람들을 협의에서 제외할 수는 없을 것이다. 다만 이러한 사람들은 장래 상속인의 지위를 가지고 있지 않았던 것으로 확정될 가능성이 있는 자이므로, 협의할 때 다른 공동상속인은 장래를 위하여 받을 몫의 인도의 보류 또는 담보의 제공을 조건으로 분할을 인정한다고 주장할 수도 있을 것이며, 그 때문에 협의가 되지 않으면, 가정법원에 의한 분할절차를 밟게 될 것이다.

④ 현재 상속인의 지위를 보유하고 있지 않으나, 상속인이라는 것을 주장하여 다투고 있는 자: 이러한 사람들은 일단 상속인 속에 포함되지 않는다. 예컨대 피상속인의 직계비속이라고 주장하여 인지청구의 소를 제기한 자, 피상속인과의 파양무효 또는 이혼무효의 소를 제기한 자, 피상속인을 당사자로 하여 父를 정하는 소를 제기한 자 등이다. 이러한 경우에 대해서는, 민법은 후에 인지 또는 재판의 확정에 의하여 상속인이 된 자가 나타나더라도 이미 이루어진 분할처분은 그 효력을 잃지 않고, 다만 가액으로써 상환하도록 하고 있다§1014. 예를 들어 A의 자녀 갑, 을, 병이 1억 2,000만원 상당의 상속재산을 이미 분할하였는데, 그 후 인지판결을 받은 A의 혼인외의 자 정이 상속재산 분할을 청구하는 경우, 정은 자기의 상속분(1/4)에 상당하는 가액(3,000만원)의 지급을 청구할 수 있을 뿐이다.

⑤ 피상속인의 태아: 친생자의 추정을 받는 태아§844와 피상속인에 의하여 인지된 태아§858는 상속재산분할의 협의에 참가하여야 할 상속인일까. 이 문제는 '태아는 상속순위에 관하여는 이미 출생한 것으로 본다'는 민법 규정의 해석과 관련되는 것이다. 즉 태아는 살아서 태어났을 때 상속개시시로 소급하여 상속능력을 취득한다고 볼 것인가, 아니면 상속이 개시되는 순간에 이미 태아로서 상속능력을 가지고 실제로 피상속인의 재산을 이전 받는다고 볼 것인가의 문제이다. 태아인 상태에서 이미 상속을 받을 수 있다고 본다면 태아의 상속재산을 관리할 재산관리자의 존재도 필요할 것이다. 학설상으로는 이를 부인하는 것(판례의 입장)과 이를 긍정하는 것이 있으나, 이를 긍정하는 데 대해서는 약간의 문제가 있다. 이에 관한 상세한 규정이 없는 것이 큰 이유이나, 태아는 반드시 한 사람에 한한다는 보장이 없으며, 태아 — 실제로는 그 법정대리인 — 를 분할에 참가시킨다고 하는 경우에, 그 母가 보통 법정대

리인이 되겠지만, 혼인중의 자인 경우 모도 배우자로서 상속인이 되기 때문에, 상속재산분할의 협의는 이해상반행위§921가 되어, 태아를 위하여 특별대리인 선임의 절차를 밟지 않으면 안 된다. 그런데 실제에 있어서는 태아를 위한 특별대리인의 선임절차가 인정되지 않으므로, 이 경우에는 태아의 출생시까지 협의를 중지하고 기다려야 한다고 해석하여야 할 것이다.

(나) 협의의 방법

① 상속재산분할협의는 일종의 계약이므로 상속인 전원이 참여하여야 한다. 그러나 반드시 한 자리에서 이루어질 필요는 없고, 순차적으로 이루어질 수도 있으며, 상속인 중 한 사람이 만든 분할원안을 다른 상속인들이 후에 돌아가며 승인을 해도 무방하다.[191] 공동상속인 전원은 상속재산분할협의를 합의해제하고 다시 새로운 분할협의를 할 수 있으나, 이와 같이 상속재산분할협의가 합의해제된 경우에도 민법 제548조 제1항 단서의 규정이 적용되어 제3자의 권리를 해할 수 없다.[192]

② 상속인 중에 미성년자와 친권자가 있는 경우에는, 분할협의는 이른바 이해상반행위가 되므로, 미성년자를 위하여 특별대리인의 선임이 필요하다§921.[193]

③ 구술에 의한 협의도 유효하지만, 분할 후의 사무적 처리에 대처할 필요성에서 '상속재산분할협의서'가 작성되는 것이 일반적이다. 이 협의서를 제출하거나 제시함으로써 부동산의 소유자가 된 자는 상속등기부등규칙 §46를, 주권 등 유가증권의 소유자가 된 자는 명의개서를 각각 단독으로 할 수 있으며, 또 채권을 취득한 자는 채무자에게 통지하여 다른 공동상속인에 대한 변제를 저지시킬 수 있다.

(다) 상속재산분할의 대상

피상속인이 남겨 놓은 재산의 전부가 분할의 대상이 된다. 그러나 실제로는 i) 상속재산에 속하지만 '분할의 대상'이 되는지가 문제되는 것이 있으며,

191) 대판 2004. 10. 28, 2003다65438; 대판 2010. 2. 25, 2008다96963, 96970.

192) 대판 2004. 7. 8, 2002다73203: 상속재산 분할협의는 공동상속인들 사이에 이루어지는 일종의 계약으로서, 공동상속인들은 이미 이루어진 상속재산 분할협의의 전부 또는 일부를 전원의 합의에 의하여 해제한 다음 다시 새로운 분할협의를 할 수 있다. 상속재산 분할협의가 합의해제되면 그 협의에 따른 이행으로 변동이 생겼던 물권은 당연히 그 분할협의가 없었던 원상태로 복귀하지만, 민법 제548조 제1항 단서의 규정상 이러한 합의해제를 가지고서는, 그 해제 전의 분할협의로부터 생긴 법률효과를 기초로 하여 새로운 이해관계를 가지게 되고 등기·인도 등으로 완전한 권리를 취득한 제3자의 권리를 해하지 못한다고 보아야 한다.

193) 대판 1987. 3. 10, 85므80, 신판례체계 921-3면; 대판 1993. 3. 9, 92다18481, 신판례체계 921-6면; 대판 2011. 3. 10, 2007다17482.

또 ii) 피상속인이 사망할 때에 있었던 재산에는 속하지 않지만 '분할의 대상'이 되는 것인지가 문제되는 것이 있다.

① 상속재산에는 속하지만 분할의 대상이 되는가의 여부와 관련하여 문제가 되는 것 중에서 중요한 것은 채권・채무이다.

㉠ 채권: 공유설을 따르는 판례의 입장에 의하면 금전채권과 같은 가분채권은 상속개시와 동시에 법정상속분에 따라 각 상속인에게 분할귀속되므로 분할협의의 대상이 되지 않는 것이 원칙이다.[194) ]그러나 가분채권을 상속재산분할의 대상에서 제외하면 부당한 결과가 발생할 수 있는 경우에는 예외적으로 가분채권도 상속재산분할의 대상이 될 수 있다. 예외에 해당하는 경우로서 우선 공동상속인 중에 초과특별수익자가 있는 때를 들 수 있다. 초과특별수익자는 자기의 상속분을 초과하는 부분을 반환할 의무가 없다고 보는 것이 현재 판례의 태도인바, 초과특별수익자가 초과분은 반환하지 않으면서 가분채권은 법정상속분에 따라 상속받게 된다면 부당한 결과가 될 것이기 때문이다. 예컨대 피상속인 갑에게 자녀 A, B, C가 있는데, 갑은 생전에 A에게 1억 2000만원을 증여하였으며, 상속재산으로는 예금채권 6000만원을 남겼다. 이 경우 A의 특별수익 1억 2000만원은 A의 상속분 6000만원을 초과하는 것이므로, A는 초과특별수익자가 되지만, 현재 판례는 초과분 6000만원을 반환할 의무가 없다고 본다. 이런 경우에 가분채권인 예금채권이 상속개시와 동시에 당연히 법정상속분에 따라 분할되기 때문에 아예 상속재산분할의 대상이 될 수 없다고 하면 A, B, C는 각각 예금채권 2000만원을 상속하게 되는데, 이러한 결과는 상속인간의 공평에 반하는 것으로서 부당하다(A는 1억 4000만원을 상속하는 결과가 된다). 따라서 이런 경우에는 가분채권이라고 해도 예외적으로 상속재산분할의 대상에 포함된다. 상속재산분할 과정에서 B, C는 A를 제외하고 예금채권을 분할할 수 있을 것이다.

나아가 공동상속인 중에 특별수익자나 기여분 권리자가 있는 경우에도 예

194) 대판 1980. 11. 25, 80다1847; 대결 2006. 7. 24, 2005스83; 주식은 주식회사의 주주 지위를 표창하는 것으로서 금전채권과 같은 가분채권이 아니므로, 공동상속의 경우 법정상속분에 따라 당연히 분할하여 귀속하는 것이 아니라, 공동상속인들이 준공유하는 법률관계가 형성된다. 대판 2003. 5. 30, 2003다7074; 자본시장법상 투자신탁 형태 단기금융집합투자기구의 수익권(예컨대 MMF 수익증권)은 특별한 사정이 없는 한 상속개시와 동시에 당연히 법정상속분에 따른 수익증권의 좌수대로 공동상속인들에게 분할하여 귀속한다. 대판 2023. 12. 21, 2023다221144.

외를 인정할 필요가 있다. 공동상속인 중에 특별수익자나 기여분 권리자가 있는 때에는 공동상속인간의 공평을 실현할 목적으로 법정상속분을 수정하여 구체적 상속분을 산정하게 되는데§1008 · 1008의2, 가분채권이 상속재산분할의 대상이 될 수 없다면, 상속재산으로서 가분채권밖에 없는 경우에는 모든 재산이 법정상속분에 따라 승계됨으로써 공동상속인간의 공평에 반하는 결과가 된다. 먼저 공동상속인 중에 특별수익자가 있는 경우의 예를 본다. 피상속인 을에게 자녀 X, Y, Z가 있는데, 을은 생전에 X에게 3000만원을 증여하였으며, 상속재산으로는 예금채권 1억 5000만원을 남겼다. 이 경우 X의 특별수익 3000만원을 고려하여 상속분을 산정하면 X, Y, Z의 상속분은 각각 3/15, 6/15, 6/15이 된다(구체적 상속분). 따라서 X는 예금채권 3000만원, Y, Z는 각각 예금채권 6000만원을 분할 받을 때, 공동상속인간의 공평이 실현된다고 할 수 있다. 그런데 이런 경우에도 예금채권과 같은 가분채권은 상속개시와 동시에 각 상속인에게 법정상속분에 따라 분할귀속될 뿐이며 상속재산분할의 대상이 되지 않는다고 하면, X, Y, Z는 상속개시와 더불어 법정상속분에 따라 각각 5000만원의 예금채권을 분할승계하게 된다. 이는 X의 특별수익(생전증여) 3000만원을 고려하지 않은 것으로서 제1008조의 취지에 반한다(즉 X는 8000만원, Y, Z는 각각 5000만원을 상속한 결과가 된다). 이어서 공동상속인 중에 기여분 권리자가 있는 경우의 예를 본다. 피상속인 병에게 자녀 E, F, G가 있는데, E는 10년 이상 병과 동거하며 부양하여 기여분이 3000만원으로 인정되었으며, 병이 남긴 상속재산으로는 예금채권 1억 5000만원이 있다. 이 경우 E의 기여분을 참작하여 E, F, G의 상속분을 산정하면, E 7/15, F 4/15, G 4/15가 된다. 그런데 이 경우 예금채권 1억 5000만원이 상속개시와 더불어 법정상속분에 따라 분할될 뿐 따로 상속재산분할의 대상이 되지 못한다고 하면, E, F, G는 각각 5000만원의 예금채권을 승계하게 되어 E의 기여분이 실현되지 못하는 결과가 된다. 따라서 이런 경우에는 금전채권과 같은 가분채권도 상속재산분할의 대상이 된다고 해석하여야 한다.

따라서 위에서 본 것과 같은 특별한 사정(즉 공동상속인 중에 초과특별수익자나 특별수익자 또는 기여분 권리자가 있으며, 상속재산으로는 금전채권과 같은 가분채권만 있는 경우)이 있는 때에는 가분채권도 예외적으로 상속재산분할의 대상이 될 수 있다.[195)]

195) 대결 2016. 5. 4, 2014스122. 이와 같이 가분채권이 예외적으로 상속재산분할의 대상

위와 같은 예외적인 사정이 없는데, 공동상속인간의 협의에 의하여 어느 상속인이 자기의 법정상속분을 초과하는 채권을 취득한 때에는 상속인간에 채권양도가 이루어진 것으로 보아야 할 것이다. 따라서 채무자에 대한 통지가 필요하다. 불가분채권에 대해서는 분할협의를 할 수 있다.

학설로서는 협의분할을 함에 있어서 공동상속인이 채권을 분할대상으로 넣어서 종합적인 견지에서 협의를 한 후, 각자의 취득부분을 결정할 수 있다고 해석하는 견해도 있다. 제1016조와 제1017조는 바로 이러한 것을 전제로 한 규정이라고 볼 수 있다. 그리고 이러한 경우에는 채권양도에 준하여 채무자에 대한 통지가 필요하다고 보아야 할 것이다§450.

ⓛ 채무: 공유설을 취하는 판례의 입장에 의하면 금전채무와 같은 가분채무는 상속개시와 동시에 법정상속분에 따라 각 상속인에게 분할하여 귀속되므로, 상속재산분할협의의 대상이 될 여지가 없다.[196] 만약 공동상속인간의 협의에 의하여 어느 상속인이 자기의 상속분을 초과하여 채무를 부담하기로 약정하였다면, 이는 상속재산분할협의가 아니라 면책적 채무인수§454의 실질을 가지는 것이므로 채권자의 승낙이 필요하다. 즉 채권자는 이를 승낙할 수도 있고, 이를 거절하고 각 상속인에 대하여 법정상속분에 따른 채무의 이행을 청구할 수도 있다.

학설로서는 협의에 의하여 상속채무를 적절하게 분할하는 것(정확하게는 채무인수)도 가능하다고 보는 견해가 있다. 이 경우 상속채무의 면책적 인수는 상속채권자에게는 대항할 수 없다. 즉 상속인간에서 자유로운 상속채무의 인수가 되었을 때에는, 상속채권자는 그것을 승낙하고§454 채권을 행사해도 괜찮고, 이를 거부하고 법정상속분율에 의한 책임을 물을 수도 있다(병존적 채무인수). 이와 관련하여, 법정상속분율과 다르게 적극적 상속재산이 분할되었을 경우에는 병존적 채무인수의 이론을 확대하여, 그 취득비율에 따라 상속인의 책임을 물을 수 있다고 보아야 할 것이다. 상속채무는 본래 적극적 상속재산으로 담보되어 있다고 볼 수 있기 때문이다.

② 피상속인이 사망할 때에 상속재산에 속해 있지 않았지만, 분할의 대상

---

이 되는 경우에도 상속개시와 동시에 일단 법정상속분에 따라 각 공동상속인에게 분할귀속된다고 보아야 할 것이다. 따라서 상속재산분할이 이루어지기 전에도 각 공동상속인은 단독으로 자신의 법정상속분에 따른 채권을 행사할 수 있다고 해석된다; 대결 2025. 3. 24, 2024스866, 868.

196) 대판 1997. 6. 24, 97다8809; 대판 2014. 7. 10, 2012다26633.

이 되는가의 여부가 문제되는 것이 있다. 상속개시로부터 상속재산을 분할할 때까지 사이에는 상당한 시일이 경과되는 경우가 보통이므로, 상속재산에 증감이나 변용이 생기는 경우가 있다. 이러한 증감부분이나 변용의 결과가 분할의 대상이 되는가가 검토되어야 한다.

㉠ 대상재산(代償財産): 대상재산이란 상속개시로부터 상속재산분할까지 사이에 상속재산의 매각 · 멸실 등에 의하여 받은 금전 기타의 물건을 말한다. 이러한 대상재산이 상속재산에 포함되어 분할의 대상이 되는가 하는 것이 문제이다. 상속재산분할의 본질은 상속재산이 갖는 경제적 가치를 포괄적 · 종합적으로 파악하여, 이를 공동상속인에게 그 상속분에 따라 공평하고도 합리적으로 배분하려는 것이므로, 대상재산도 상속재산과 동일시하여 분할의 대상으로 하는 것이 타당하며, 그것이 공동상속인간의 공평에 합치할 것이다.[197]

㉡ 상속재산으로부터의 수익: 상속재산 중의 부동산의 차임 · 예금의 이자 등과 같이, 상속개시 후에 상속재산으로부터 생기는 수익도 상속재산분할의 대상이 되는가가 문제된다. 대상재산과 마찬가지로 분할의 대상이 된다고 보아야 할 것이다.[198] 그리고 이와 마찬가지로 상속재산의 관리비(상속개시 이후 상속재산분할 전까지 공동상속인이 법정상속분에 따라 상속재산을 공유하는 동안 부과된 상속재산에 대한 재산세[199])도 분할의 대상이 된다고 보아야 할 것이다.

(라) 분할의 기준

① 분할과 상속분과의 관계: 협의에 의한 분할의 경우에 반드시 각 공동상속인의 상속분에 따라서 분할할 필요는 없다. 따라서 공동상속인의 한 사람이 분할할 때에 그 권리를 다른 공동상속인에게 양도하고, 상속분보다 적은 몫을 받거나 전혀 받지 않는 경우에,[200] 그것은 자기상속분의 사실상 포기라

197) 상속개시 당시에는 상속재산을 구성하던 재산이 그 후 처분되거나 멸실·훼손되어 상속재산을 분할할 때에는 더 이상 남아 있지 않다면 상속재산분할의 대상이 될 여지가 없다. 다만 상속인이 그 대가로 처분대금, 보험금, 보상금 등 대상재산을 취득한 경우에는, 그 대상재산이 상속재산분할의 대상이 될 수 있다. 대결 2016. 5. 4, 2014스122; 대결 2022. 6. 30, 2017스98, 99, 100, 101.

198) 대판 2018. 8. 30, 2015다27132, 27149: 상속개시 후 상속재산분할이 완료되기 전까지 상속재산으로부터 발생하는 과실은, 상속개시 당시를 기준으로 산정되는 '구체적 상속분'의 비율에 따라, 이를 취득한다고 보는 것이 타당하다.

199) 공동상속인들이 법정상속분에 따라 상속재산을 공유하는 동안 상속재산에 부과된 재산세는 공동상속인들이 연대하여 납부할 의무를 진다. 공동상속인 중 1인이 재산세를 납부한 경우에는 다른 공동상속인들을 상대로 각자의 법정상속분에 따라 구상할 수 있다. 대판 2024. 8. 1, 2023다318857.

200) 어느 공동상속인의 취득분을 영(零)으로 하는 상속재산 분할협의도 유효하다(대판

고 볼 수 있으며, 결과적으로 그 포기된 부분은 포기하지 않은 다른 공동상속인에게 귀속하게 된다. 자기상속분보다 많이 받게 되는 공동상속인은 상속분을 포기한 다른 공동상속인으로부터 실질적으로 증여를 받은 것과 같은 결과가 된다. 따라서 일종의 증여라고 볼 수 있는 여지가 있다. 그러한 의미에서 상속분에 따르지 않은 협의분할은 일종의 증여계약과의 혼합계약이라고 볼 수 있는 여지가 있다.

그러나 협의분할과 별도의 증여계약이 있었다고 볼 수는 없다.[201]☜ 이 문제는 상속재산분할의 소급효§1015와 관련하여 이해할 필요가 있다. 공동상속인들이 분할협의에 의해서 상속재산을 취득하는 경우, 각각의 상속인은 상속개시시에 피상속인으로부터 직접 그 상속재산을 승계한 것으로 본다. 그러므로, 예를 들어 상속재산분할협의에 의해서 갑(子)이 부동산(상속재산의 2/3에 해당)을, 을(子)이 동산(상속재산의 1/3에 해당)을 취득한 경우, 갑은 상속개시시에 직접 피상속인으로부터 부동산을 승계취득한 것으로 되며, 을도 역시 상속개시시에 직접 피상속인으로부터 동산을 승계취득한 것으로 된다. 이렇게 본다면 을이 자기의 법정상속분 중에서 일부(1/6)를 갑에게 증여한 결과 갑의 상속분이 증가한 것으로 보기는 어렵다. 왜냐하면 갑은 상속개시시에 직접 피상속인으로부터 부동산을 취득한 것으로 보기 때문이다.[202]

그런데 최근의 판례는 이와 다른 태도를 보이고 있다: "공동상속인간에 이루어진 상속재산분할협의 내용이 어느 공동상속인만 상속재산을 전부 취득하고 다른 공동상속인은 상속재산을 전혀 취득하지 않는 것이라면, 상속재산을 전혀 취득하지 못한 공동상속인은 원래 가지고 있었던 구체적 상속분에 해당하는 재산적 이익을 취득하지 못하고, 상속재산을 전부 취득한 공동상속인은 원래 가지고 있었던 구체적 상속분을 넘는 재산적 이익을 취득하게 된다. 이

---

2003. 8. 22, 2003다27276).

201) 대판 1984. 3. 27, 83누710, 판례총람 381-1015-1면; 대판 1985. 10. 8, 85누70, 판례총람 381-1015-6면; 대판 1985. 12. 10, 85누582, 판례총람 380-1면; 대판 1986. 11. 25, 86누505, 법률신문 1666호<1987. 1. 5>; 서울고판 1986. 5. 28, 86구52, 법률신문 1640호<1986. 6. 16> (판례연구, 金疇洙, 판례월보 193호, 38면); 대판 2001. 11. 27, 2000두9731.

202) 공동상속인 중 일부가 상속포기 신고를 하여 다른 공동상속인의 상속분이 증가한 경우도 마찬가지이다(수인의 상속인 중 1인을 제외한 나머지 상속인들의 상속포기 신고가 수리되어 결과적으로 그 1인만이 단독상속하게 되었다고 하더라도 그 1인의 상속인이 상속포기자로부터 그 상속지분을 유증 또는 증여받은 것이라고 볼 수 없다. 대결 2012. 4. 16, 2011스191, 192).

러한 결과는 실질적인 관점에서 볼 때 공동상속인의 합의에 따라 상속분을 무상으로 양도한 것과 마찬가지이다. 상속재산 분할이 상속이 개시된 때 소급하여 효력이 있다고 해도(민법 제1015조 본문), 위와 같이 해석하는 데 지장이 없다."[203] 이러한 판례의 법리에 의하면, 예를 들어 피상속인 갑의 배우자 A와 자녀 B, C가 공동상속인이 되었는데, 상속재산분할협의의 결과 C가 모든 상속재산을 취득하였다면, 이는 A, B가 C에게 무상으로 상속분을 양도한 결과로 볼 수 있으며, C가 상속개시시부터 직접 갑으로부터 모든 상속재산을 승계취득한 것으로 되지 않는다. 판례는 이러한 법리가 상속재산분할의 소급효와 모순되지 않는다는 입장이지만, 이를 뒷받침할 수 있는 구체적인 논거를 제시하지 않아서 해석론상의 혼란은 피할 수 없을 것으로 보인다. 증여세 부과와 관련된 기존의 판례는 위와 같은 사안에서 상속재산분할의 소급효에 관한 제1015조 본문을 적용하여 A, B가 C에게 증여를 한 것으로 볼 수 없다고 판단했기 때문이다(대판 1996. 2. 9, 95누15087; 대판 2001. 11. 27, 2000두9731: 공동상속인 상호간에 상속재산에 관하여 협의분할이 이루어짐으로써 공동상속인 중 일부가 고유의 상속분을 초과하는 재산을 취득하게 되었다고 하여도 이는 상속개시 당시에 소급하여 피상속인으로부터 승계받은 것으로 보아야 하고 다른 공동상속인으로부터 증여받은 것으로 볼 수 없다. 그 결과 증여세부과처분은 취소된다). 또한 A, B가 C에게 상속분을 일부 양도한 것과 같은 결과가 되는 때에도(즉 A, B가 상속재산분할협의를 통하여 자신의 상속분보다 적은 몫을 취득하고, C가 그만큼 많은 재산을 취득한 경우) 위 판례의 법리가 그대로 적용될 수 있는지의 여부도 명확하지 않은데(위 판결은 상속재산분할협의에 따라 어느 공동상속인만 상속재산을 전부 취득하고 다른 공동상속인은 상속재산을 전혀 취득하지 않은 사안을 전제로 하고 있기 때문이다), 이 점에 대해서도 명확하게 할 필요가 있을 것이다.

☞ 대판 1985. 10. 8, 85누70, 판례총람 381-1015-6면은 "민법 제1015조에 의하면 상속재산의 분할은 상속개시된 때에 소급하여 그 효력이 있다고 규정하고 있는 바, 이는 분할에 의하여 각 공동상속인에게 귀속되는 재산이 상속개시 당시에 이미 피상속인으로부터 직접 분할받은 자에게 승계된 것을 의미하며, 분할에 의하여 공동상속인 상호간에 상속재산에 관하여 민법 제1013조의 규정에 의한 협의분할이 이루어짐으로써 공동상속인 중 1인이 고유의 상속분을 초과하는 재산을 취득하게 되었다고 하여도 이는 상속개시 당시에 피상속인으로부터 승계받은 것으로

203) 대판 2021. 8. 19, 2017다230338.

보아야 하고, 다른 공동상속인으로부터 증여받은 것으로 볼 것이 아니다"라고 판시하고 있다(같은 취지: 대판 1989. 9. 12, 88누9305; 대판 1991. 12. 24, 90누5986).

만약 구체적 상속분에 따르지 않은 상속재산분할협의에 증여계약의 요소가 있다고 본다면, 분할협의가 채권자취소권의 대상이 된다는 결론에 이를 수 있다§406.[204] 예를 들어서 A의 채무자 갑이 채무를 변제할 능력이 없는데도, 상속재산분할협의에 의해서 자기의 상속분을 포기한 결과, 갑이 포기한 상속분이 다른 상속인 을에게 귀속된 경우, 채권자 A는 을을 상대로 채권자취소권을 행사할 수 있다는 결론에 이르게 될 것이다(대판 2001. 2. 9, 2000다51797은 이러한 입장을 취하고 있다[205]). 그러나 이러한 해석에 대해서는 상속재산분할의 소급효를 인정하는 민법의 체계와 모순된다는 비판이 가해질 수 있다.

② 분할방법: 분할방법에 대해서는 아무런 제한이 없다.[206] 분할방법은 크게 나누면 두 가지가 있다. 하나는 상속재산을 상속인이 보유하면서 분할하는 것이고, 다른 하나는 상속재산을 상속인이 보유하지 않고 분할하는 것이다. 전자는 다시 i) 현물분할, ii) 공유로 하는 분할(물권편이 규정하는 의미의 공유로 하는 분할), iii) 채무부담에 의한 분할(대상분할)[207]의 세 가지로 나눌 수 있으며, 후자는 환가분할(경매에 의한 가액분할)이다.[208]

---

204) 대판 2001. 2. 9, 2000다51797은 상속재산의 분할협의가 사해행위취소권 행사의 대상이 된다고 하고 있다; 특별수익자인 채무자의 상속재산 분할협의가 사해행위에 해당하는지를 판단하는 경우에는 구체적 상속분을 기준으로 하여야 한다(대판 2014. 7. 10, 2012다26633).

205) 대판 2007. 7. 26, 2007다29119: 상속재산의 분할협의는 상속이 개시되어 공동상속인 사이에 잠정적 공유가 된 상속재산에 대하여 그 전부 또는 일부를 각 상속인의 단독소유로 하거나 새로운 공유관계로 이행시킴으로써 상속재산의 귀속을 확정시키는 것으로 그 성질상 재산권을 목적으로 하는 법률행위이므로 사해행위취소권 행사의 대상이 될 수 있다. 따라서 이미 채무초과 상태에 있는 채무자가 상속재산의 분할협의를 하면서 자신의 상속분에 관한 권리를 포기함으로써 일반 채권자에 대한 공동담보가 감소된 경우에도 원칙적으로 채권자에 대한 사해행위에 해당한다; 대판 2024. 5. 30, 2024다208315.

206) 상속재산 분할방법은 상속재산의 종류 및 성격, 상속인들의 의사, 상속인들 간의 관계 등 여러 사정을 고려하여 법원이 후견적 재량에 의하여 결정할 수 있다(대결 2014. 11. 25, 2012스156, 157). 상속재산분할 심판사건은 마류 가사비송사건이므로 가정법원은 당사자의 주장에 구애받지 않고 여러 사정을 고려하여 후견적 재량에 따라 판단할 수 있다.

207) 대결 1997. 3. 21, 96스62; 대결 2022. 6. 30, 2017스98, 99, 100, 101.

208) 대결 2014. 11. 25, 2012스156, 157은 A가 B를 상대로 상속재산분할을 청구한 사건에서 A가 상속재산인 부동산을 공유로 하는 분할방식을 주장하였으나, A와 B가 남매지간임에도 오랜 기간 피상속인의 부양이나 상속재산분할 문제로 첨예하게 대립해 왔고 두 사람의 악화된 관계가 다시 회복되기는 매우 어려울 것으로 보이는 점, 이러한 상황에서 청

그중에서 대상분할(代償分割)이 특히 문제가 있다. 대상분할이란, 예컨대 상속재산이 거주용 주택 한 채뿐이며, 상속인으로서 A·B가 있을 때, A가 그 주택을 취득하고 B에 대해서는 그 상속분에 상당하는 금전을 지급하는 방법을 말한다. 이러한 방법은 현물분할이나 환가분할을 피하는 것이 좋을 때에 적당한 방법이므로, 상속재산이 농지·공장·병원·점포와 같은 것으로서 그것들을 그 후계자인 상속인의 소유로 하는 것을 다른 공동상속인들도 원하는 경우에 적절한 방법이다. 그 밖에 여러 개의 부동산이 수인의 공동상속인에 의하여 분할 취득된 경우에 생기는 과부족을 조정하기 위해서는 이 방법을 쓰는 것이 가장 적절하다.

대상분할을 할 경우 가장 문제되는 것은 채무자의 지급능력이다. 일괄지급이 바람직하지만, 지급능력이 부족할 때에는 분할지급도 인정하여야 할 것이다. 분할지급의 경우에는 공동상속인의 일방에게 분할지급의 이익을 주었으므로 다른 일방에게는 이자의 이익을 주어야 하는 것은 당연한데, 이율은 약정에 의하고 약정이율이 없으면 법정이율에 의하게 될 것이다. 그리고 채권자인 공동상속인은 채권담보를 위하여 상속재산을 취득한 상속인의 재산에 대하여 저당권을 설정하는 방법도 가능하다.

대상분할의 방법으로 공동상속인 중의 1인이 임대차의 목적물인 주택이나 상가건물을 취득한 경우에는 그 상속인이 임대차보증금반환채무를 면책적으로 인수하고, 다른 공동상속인들은 임차인에 대한 임대차보증금반환채무를 면하게 된다대판 2024. 8. 1, 2023다318857.[209]

(마) 분할협의의 무효·취소

분할협의에 참가한 상속인이 무자격자이든가, 상속인의 일부를 제외하고 분할협의가 된 경우에는 분할협의는 제1014조의 경우를 제외하고는 무효이다.

---

구인 A의 주장대로 상속지분에 따른 공유방식으로 상속재산인 부동산을 분할하게 되면 그 관리, 처분을 둘러싸고 분쟁이 계속될 것으로 예상되는 사정 등을 고려하여, 부동산을 경매한 후 경매대금을 상속분에 따라 분배하는 것이 상당하다고 판단하였다.

209) 다만 상속재산분할심판에서 임대차보증금반환채무가 분할대상에서 제외되었다면, 임대차보증금반환채무를 면책적으로 인수한 상속인이 과도한 부담을 안게 되어 부당한 결과가 된다. 따라서 이러한 경우에는 공동상속인들 사이에서는 임대차보증금반환채무에 관하여 법정상속분에 따른 내부적 부담부분이 그대로 유지된다고 보고, 그 임대차 목적물을 단독소유하게 된 공동상속인이 임대차보증금을 반환한 때에는 다른 공동상속인들을 상대로 구상할 수 있다고 해석된다.

분할협의의 의사표시에 착오와 사기·강박이 있은 경우에는, 표의자는 민법총칙의 규정§109·110에 의하여 의사표시의 취소를 주장할 수 있다고 본다.

상속인 전원 사이에서 장남명의로 단독상속등기를 하는 합의를 하고, 다른 상속인의 '특별수익증명서(피상속인 생전에 증여를 받았기 때문에 상속재산에 대해서는 상속분이 없다는 증명서)'나 '지분포기증명서'가 등기신청서에 첨부되어 상속등기가 되더라도 어떤 편의(예컨대 다른 데 매각한다든가 저당권설정을 위하여)를 위하여 장남명의로 등기한 데 지나지 않고, 상속인 사이에 후일 분할한다는 내용의 합의가 있다고 인정되는 경우에는, 통정허위표시를 이유로 무효를 주장하여 분할을 청구할 수 있다고 보아야 한다.

분할협의의 무효·취소청구는 지방법원의 관할에 속하지만, 이러한 사유가 분할심판의 전제문제로서 다투어진 경우에는 가정법원은 협의의 유효·무효를 심리판단하고 분할심판을 할 수 있다고 보아야 한다.

분할협의가 무효 또는 취소된 경우에는 상속부동산을 양수한 제3자에게 뜻하지 않은 손해를 줄 염려가 있다(동산에 대해서는 제249조에 의하여 처리된다. 또한 상속부동산을 양수한 제3자가 선의인 경우에는 착오, 사기, 강박으로 인한 취소나 통정허위표시에 의한 무효로써 제3자에게 대항할 수 없다§108·109·110). 그 때문에 거래의 안전이라는 각도에서, 이 경우에도 상속회복청구의 문제로서 처리하는 것이 타당하다(예컨대 분할협의에서 제외된 상속인이 분할협의의 무효를 주장하여, 상속부동산을 양수한 제3자에 대하여 등기말소청구를 하는 경우대판 2011. 3. 10, 2007다17482).[210]

설례 ①의 경우, 상속인이 행방불명이라도 실종선고를 받지 않는 한 상속인으로서의 신분을 가지고 있기 때문에 행방불명자를 제외하고 분할협의를 하게 되면 그것은 무효이다. 이러한 경우에는 부재자재산관리인의 선임절차를 밟아§22 이하 참조, 관재인이 가정법원의 허가를 받아 분할협의를 할 수 있을 것이다. 만약 나중에 행방불명이던 상속인이 상속개시 후 분할 전에 사망한 것이 판명된 경우에는 행방불명자에게 분배한 상속재산은 그의 상속인에게 상속된다. 그러나 행방불명자가 상속개시 전에 사망하였다면 상속인이 아닌 자의 대리인을 참가시켜서 한 분할이므로, 그것은 무효가 된다. 따라서 설례 ①의 경우에는 상속인인 D는 상속재산분할의 무효를 주장하여 재분할을 청구할 수 있다.

210) 대판 2014. 11. 23, 2013다68948: 공동상속인 중 1인이 협의분할에 의한 상속을 원인으로 하여 상속부동산에 관한 소유권이전등기를 마친 경우에 그 협의분할이 다른 공동상속인의 동의 없이 이루어진 것으로 무효라는 이유로 다른 공동상속인이 그 등기의 말소를 청구하는 소는 상속회복청구의 소에 해당한다.

설례 ②의 경우, 미성년자와 친권자가 모두 상속인인 경우에는, 분할협의는 이해상반행위가 되므로§921, 대판 1999. 3. 9, 92다18481, 미성년자를 위하여 특별대리인을 선임하여 분할협의를 하여야 한다. 특별대리인에 의하지 않은 분할협의는 무권대리행위가 된다대판 1964. 8. 31, 63다547.

### (3) 조정 또는 심판에 의한 분할

#### (가) 분할청구

공동상속인 사이에서 상속재산분할의 협의가 성립되지 않는 때에는 각 공동상속인은 가정법원에 분할을 청구할 수 있다§1013②에 의한 §269의 준용(각 상속인은 나머지 상속인 전원을 상대방으로 하여 심판을 청구하여야 한다가소규 §110).[211] 협의가 성립되지 않을 때란 분할방법에 관해서뿐만 아니라, 분할 여부에 대하여 의견이 일치하지 않는 경우도 포함된다. 민법은 협의할 수 없는 경우에 대해서는 규정하지 않으나, 공동상속인의 한 사람이 의사무능력 상태에 있든가 행방불명인 경우에는 가정법원에 분할을 청구할 수 있다고 보아야 한다. 이러한 경우에 각 공동상속인은 가정법원에 대하여 우선 조정을 신청하여야 한다가소 §2①마류사건 x · 50. 조정이 성립되지 않으면 당사자는 심판을 청구할 수 있다.[212]

---

211) 대결 2014. 7. 25, 2011스226: 한정승인에 따른 청산절차가 종료되지 않은 경우에도 상속재산분할청구는 가능하다(민법이 한정승인 절차가 상속재산분할 절차보다 선행하여야 한다는 명문의 규정을 두고 있지 않고, 공동상속인들 중 일부가 한정승인을 하였다고 하여 상속재산분할이 불가능하다거나 분할로 인하여 공동상속인들 사이에 불공평이 발생한다고 보기 어려우며, 상속재산분할의 대상이 되는 상속재산의 범위에 관하여 공동상속인들 사이에 분쟁이 있을 경우에는 한정승인에 따른 청산절차가 제대로 이루어지지 못할 우려가 있는데, 그럴 때에는 상속재산분할청구 절차를 통하여 분할의 대상이 되는 상속재산의 범위를 한꺼번에 확정하는 것이 상속채권자의 보호나 청산절차의 신속한 진행을 위하여 필요하기 때문이다).

212) 공동상속인은 상속재산의 분할에 관하여 공동상속인 사이에 협의가 성립되지 아니하거나 협의할 수 없는 경우에 가사소송법이 정하는 바에 따라 가정법원에 상속재산분할심판을 청구할 수 있을 뿐이고, 그 상속재산에 속하는 개별 재산(예컨대 특정 부동산)에 관하여 민법 제268조의 규정에 의한 공유물분할청구의 소를 제기하는 것은 허용되지 않는다. 즉 상속재산분할절차를 마치지 않은 상태에서는 그 상속재산에 속하는 개별재산에 대한 공유물분할청구도 할 수 없다(예를 들어 공동상속인 사이에 상속재산에 속하는 특정 부동산을 물권법상의 공유로 하는 상속재산분할협의가 성립하였다면, 그 부동산에 대한 공유물분할청구를 할 수 있을 것이나, 상속재산분할절차를 마치지 않은 상태에서는 상속재산에 속하는 특정 부동산에 대한 공유물분할청구를 할 수 없다). 대판 2015. 8. 13, 2015다18367; 상속재산분할심판 절차에서 상대방은 제1심의 절차종결시까지 청구인의 청구와 견련관계에 있는 마류 가사비송사건으로서 금전의 지급이나 물건의 인도, 기타 재산상의 의무이행을 구하는 반대청구를 할 수 있다(가소규 제92조). 대결 2025. 3. 24, 2024스866, 868.

친권자와 여러 명의 미성년자녀가 상속재산분할심판의 당사자가 된 경우에는 미성년자마다 특별대리인을 선임하여 그 특별대리인이 미성년자를 대리하여 소송행위를 하여야 한다. 만약 친권자가 여러 명의 미성년자녀의 법정대리인으로서 소송행위를 하였다면 이는 민법 제921조에 위반되어 자녀들의 적법한 추인(추인은 성년에 달한 자녀 본인이 하는 것이 원칙이다)이 없는 한 무효이다대판 2024. 7. 11, 2023다301941 참조.[213)]

(나) 심판분할의 전제문제

상속재산분할의 실행에 있어서는, 반드시 갖추어져야 할 두 가지의 전제문제가 있다. 하나는 분할당사자, 즉 상속인의 확정이며, 다른 하나는 상속재산의 범위와 그 액의 확정이다.

① 상속인의 확정: 상속인의 확정이란 당해 피상속인의 상속인이 누군가 하는 것이다. 상속인이 누군가 하는 것은 형식상으로는 일단 가족관계등록부에 의하여 정해져 있지만, 실제로는 분명하지 않은 경우가 생긴다.

㉠ 태아가 있을 때: 태아는 반드시 한 사람이라고 말할 수 없고, 또 사산하는 경우도 있을 수 있다. 따라서 태아가 출생할 때까지는 상속인의 수가 확정되지 않은 것을 이유로 분할심판을 연기하여야 할 것이다. 그러나 태아의 출생을 기다릴 수 없는 특별한 사정(생활의 급박 때문에 상속재산의 처분을 필요로 하는 경우)이 있는 경우에는 분할심판을 하여야 할 것이다. 심판분할 후에 출생한 태아에게는 제1014조가 유추적용되어야 할 것이다.

㉡ 상속인이 행방불명 또는 생사불명인 경우: 상속인이 행방불명인 경우[214)]에는 부재자의 재산관리인이 가정법원을 허가를 받아 분할심판청구를 할 수 있다§22.

만약 나중에 행방불명이던 상속인이 상속개시 후 분할 전에 사망한 것으

---

213) 법원은 소송능력·법정대리권 또는 소송행위에 필요한 권한의 수여에 흠이 있는 경우에는 기간을 정하여 이를 보정하도록 명하여야 하고, 소송능력·법정대리권 또는 소송행위에 필요한 권한의 수여에 흠이 있는 사람이 소송행위를 한 뒤에 보정된 당사자나 법정대리인이 이를 추인한 경우에는 그 소송행위는 이를 한 때에 소급하여 효력이 생긴다(민소법 제59조 전단, 제60조).

214) 대판 1982. 12. 28, 81다452·453, 판례월보 151호, 63면은 '직계비속 중의 1인이 이북에 있어서 행방불명이라는 이유만으로는 상속에서 제외할 수 없다'고 판시하고 있다; 서울가심 2004. 5. 20, 98느합1969, 2000느합25는 '원칙적으로 이북에 있어 생사불명이라는 이유만으로 상속인에서 제외될 수는 없다고 할 것이나, 북한에 있는 상속인을 확정할 수 없는 경우라면 이들을 제외하고 상속재산분할을 할 수밖에 없다'고 판시하였다.

로 판명된 경우에는 상속인의 확정에 문제가 있었던 것은 아니므로, 분할의 효력은 부정하지 않고, 행방불명이던 상속인에게 분배한 상속재산에 대하여 재분할을 하면 된다(행방불명의 상속인에게 분할된 재산은 다시 그의 상속인에게 상속되었으므로, 그 상속인들간에 분할을 하면 된다). 그러나 상속인의 사망이 상속개시 이전으로 소급할 경우에는 상속인이 아닌 자를 참가시켜서 한 분할심판이므로(만약 대습상속인이 있으면, 대습상속인을 참가시키지 않은 분할이 된다), 분할심판은 무효라고 하여야 할 것이다.

동시사망의 추정§30의 가능성이 있는 경우에는 사망자 상호간에 상속이 개시되지 않으므로, 피상속인이 먼저 사망한 것이 확인될 수 있는 경우가 아니면 분할심판을 해서는 안 된다.

㉢ 상속인인 신분의 소멸이 다투어지고 있는 경우: 상속인의 결격, 친생부인, 친생자관계부존재, 인지무효, 혼인 또는 입양의 무효 등이 다투어지고 있는 경우에는, 이러한 소송이 계속(係屬)중인 한, 원칙적으로 그 재판이 확정될 때까지 분할을 연기하든가 분할을 금지하여야 할 것이다.[215]

㉣ 상속인인 신분의 발생을 다투고 있는 자가 있을 경우: 피상속인의 사후에 인지청구의 소가 제기된 경우, 이혼 또는 파양의 무효소송이 계속중인 경우, 父를 정하는 소가 제기되어 있는 경우가 이에 속한다. 이러한 경우에는, 가족관계등록부상의 상속인만으로 분할을 하고, 나중에 상속인으로 확정된 자에게는 가액상환청구를 하도록 하면 된다§1014.

② 상속재산의 범위의 확정: 상속재산의 범위내용이 확정되지 않으면 어떤 상속재산을 얼마만큼 상속인에게 배분할 것인가를 결정할 수 없다. 가정법원은 상속재산의 분할심판청구가 있는 경우에, 상속재산의 범위구성에 관하여 상속인 사이에 혹은 제3자 사이에 다툼이 있을 때에는, 상속재산분할의 전제문제로서 그 귀속에 대하여 판단을 내린 다음에 분할심판을 하여야 할 것이다. 이에 대해서는 가정법원은 소송사건인 전제문제의 당부를 심리·판단할 수 없으며, 전제문제가 불확정한 때에는 분할의 심판청구를 부적법한 것으로 각하하여야 한다는 견해가 있다.[216] 그러나 미리 소송에서 상속재산의

215) 다만 상속인의 결격사유의 존부, 혼인 또는 입양의 무효 등은 상속재산분할심판절차에서 선결문제로 심리, 판단할 수 있다는 견해가 있다. 법원실무제요 가사(Ⅱ), 635면 이하.

216) 郭潤直, 상속법, 260면; 실무도 이러한 태도를 취하고 있는 것으로 보인다. 법원실무제요 가사(II), 636면; 대판 2007. 8. 24, 2006다40980 참조.

범위가 확정되어 있지 않으면 분할심판을 할 수 없다고 하게 되면, 분할을 심판사항으로 한 의미는 거의 없어질 것이다. 그래서 상속재산의 범위에 관한 다툼에 대해서는 그 심리판단이 가정법원에 맡겨져 있다고 보아서, 상속재산의 귀속에 대하여 판단을 한 다음 분할심판을 할 수 있다고 보아야 할 것이다.

상속재산에 속하는 것으로 하고 분할심판을 하였는데, 나중에 진정한 소유권자가 있는 것이 밝혀졌을 때에는 담보책임의 문제로 처리하면 된다§1016. 또 다툼이 있는 상속재산을 제외하고 분할심판을 한 후에 그 물건이 상속재산에 속한다는 것이 밝혀진 경우에는 분할 후에 상속재산에 속하는 물건이나 권리가 나타난 경우와 마찬가지로 그 물건에 대해서만 분할을 하면 될 것이다.

③ 상속재산의 평가: 상속재산의 평가는 감정인을 통하여 하면 되므로,[217] 여기서 문제가 되는 것은 상속재산의 평가시점이다. 민법에는 이에 관한 명문의 규정이 없다. 상속재산을 구성하는 재산의 가격이 상속개시시와 분할시 사이에 그다지 변동이 많지 않은 경우에는, 가격의 변동을 고려하지 않고 상속개시시의 평가액으로 각 상속인의 몫을 산정하여도 그다지 불합리할 것은 없다. 이 방법이 분할의 소급효의 이론에 충실한 것이다. 그러나 분할에 의한 각 상속인의 구체적인 상속재산취득의 공평·평등을 꾀하기 위해서는 상속재산의 현실적 취득시점, 즉 분할시를 표준으로 하여 상속재산을 평가하는 것이 합리적이라고 할 수 있다.[218] 이렇게 함으로써 상속개시시와 분할시 사이의 상속재산가액의 변동을 조정할 수 있기 때문이다.

상속재산분할을 위해서는 우선 상속분(구체적 상속분)[219]을 정해야 하는데,

---

217) 대판 2014. 8. 28, 2013두26989: 상속재산인 금전채권의 전부 또는 일부가 상속개시일 현재 회수 불가능한 것으로 인정되지 않더라도, 상속개시일 당시 채권의 회수 가능성을 의심할 만한 중대한 사유가 발생하여 액면금액에 상속개시일까지의 미수이자 상당액을 가산한 금액으로 채권의 가액을 평가하는 것이 현저히 불합리하다고 인정되는 경우, 그 금액을 상속재산의 가액으로 평가할 수 없고, 다른 객관적이고 합리적인 방법에 의하여 평가하여야 할 것이다; 대판 2016. 9. 23, 2015두49986. 상속인이 즉시연금보험의 계약상 권리를 상속한 경우에는 상속개시일에 보험계약을 해지하여 받을 수 있는 보험료 환급금을 기준으로 상속세를 부과하는 것이 타당하다.

218) 이에 따르는 판례: 대결 1997. 3. 21, 96스62, 판례공보 1997. 5. 1, 1228면.

219) 상속재산분할은 법정상속분이 아니라 특별수익이나 기여분에 따라 수정된 구체적 상속분을 기준으로 한다. 대결 2022. 6. 30, 2017스98, 99, 100, 101; 상속이 개시되면 공동상속인은 일단 법정상속분에 따라 상속재산을 공유한다. 공동상속인 중에 특별수익자나 기여분권리자가 있는 경우에도 마찬가지이다. 예를 들어 피상속인 A에게 상속인으로 배우자 B와 자녀 C, D가 있다면, A가 소유하던 부동산에 대해서 B, C, D는 상속개시와 동시에 각각 3/7, 2/7, 2/7의 공유지분을 취득하여 공유관계가 발생한다(이러한 공유지분에 따라 상

상속분은 상속개시시를 기준으로 하여 당시 상속재산의 가액과 반환되어야 할 생전증여의 가액에 의해서 정해진다. 그 다음 분할일에 가장 접근한 시점을 표준으로 하여 분할의 대상이 되는 상속재산을 평가하고, 각 상속인이 분할 취득하여야 할 가액을 확정하게 된다.[220)]

예컨대 A에게 처 B, 子 C・D가 있으며, A의 상속이 개시될 때에 상속재산의 가액이 6,000만원, D에 대한 생전증여가액이 1,000만원이었다. 그런데 5년이 지나서 분할하려고 하니 상속재산의 가액이 1억 2,000만원으로 올라가 있었다.

6,000만원 + 1,000만원 = 7,000만원 …… 간주되는 상속재산
7,000만원 × $\frac{3}{7}$ = 3,000만원($\frac{3}{6}$) …… B의 구체적 상속분
7,000만원 × $\frac{2}{7}$ = 2,000만원($\frac{2}{6}$) …… C의 구체적 상속분
7,000만원 × $\frac{2}{7}$ −1,000만원 = 1,000만원($\frac{1}{6}$) …… D의 구체적 상속분

이 된다. 구체적 상속분에 따라 상속재산 1억 2,000만원을 분할하면 6,000만원의 잉여가 나온다. 그래서 구체적 상속분을 비율로 보고 상속재산 1억 2,000만원을 분할하게 된다.

B : C : D = 3,000 : 2,000 : 1,000

따라서 B가 6,000만원을, C가 4,000만원을, D가 2,000만원을 각각 취득하게 된다.

(다) 분할의 태양

심판분할의 구체적 방법은 현물분할을 원칙으로 하지만, 가정법원은 현물로 분할할 수 없거나 분할로 인해 현저히 그 가액이 감손될 염려가 있는 때에는 물건의 경매를 명할 수 있다§1013②에 의한 §269②의 준용.

---

속등기를 할 수도 있다). 공동상속인 중에 특별수익자가 있다면, 상속재산분할 시에 이를 고려하여 산정한 구체적 상속분에 따라 상속재산을 분할하게 된다(위의 예에서 C가 초과특별수익자라면 C는 상속재산에서 더 이상 받을 것이 없으므로, C를 제외하고 B와 D가 구체적 상속분(3/5, 2/5)에 따라 상속부동산을 분할하게 될 것이다).

220) 상속재산에서 발생한 과실도 기본적으로 이러한 방식으로 분할된다. 대판 2018. 8. 30, 2015다27132, 27149: 상속개시 후 상속재산분할이 완료되기 전까지 상속재산으로부터 발생하는 과실은, 공동상속인들이 상속개시 당시를 기준으로 산정되는 구체적 상속분의 비율에 따라 취득한다고 보는 것이 타당하다.

가사소송규칙 제115조 제2항은 "가정법원은 분할의 대상이 된 상속재산 중 특정의 재산을 1인 또는 수인의 상속인의 소유로 하고, 그의 상속분 및 기여분과 그 특정의 재산의 가액의 차액을 현금으로 정산할 것을 명할 수 있다"고 함으로써 대상분할(가격배상)을 인정하고 있다.

## 5. 상속재산분할의 효과

### (1) 분할의 소급효

#### (가) 소급효

상속재산의 분할은 상속이 개시된 때에 소급하여 그 효력이 생긴다§1015 본문. 보통의 공유물의 분할에 있어서는 분할을 한 때부터 그 효력이 생기므로 이른바 이전주의이지만, 상속의 경우에는 이와 달라 상속이 개시된 때부터 상속재산이 분할되어 승계된 것이 되므로 이른바 선언주의이다. 예컨대 상속재산인 부동산, 동산 및 채권을 3인의 상속인 A・B・C가 공유하고 있다가 분할에 의하여 A가 부동산, B가 동산, C가 채권을 가지게 되면, 그 결과 상속개시의 처음부터 A가 부동산,[221] B가 동산, C가 채권을 각각 상속한 것이 된다. 즉 상속재산을 직접 피상속인으로부터 상속한 것이 되어 그 재산에 대한 A・B・C 3인의 공유상태는 존재하지 않았던 것으로 된다. 그러므로 부동산에 대해서 B・C는 공유자가 아니었던 것이 되기 때문에, B 또는 C가 그 부동산에 대한 공유지분을 매각한 경우에는 그 행위는 무효가 된다는 결론에 이르게 된다. 그러나 분할의 소급효는 제3자의 권리를 해할 수 없다는 단서가 있으므로§1015 단서, B 또는 C가 부동산에 관한 공유지분을 매각한 행위는 결과적으로 유효한 것이 된다. 상속재산분할의 소급효는 현물분할, 즉 상속재산 그 자체를 취득한 경우에만 인정되는 것이며(상속재산을 공유하는 동안에 생긴 상속재산의 과실은 수익을 낳은 상속재산의 취득자에게 당연히 소급하여 귀속하는 것이 아니다. 과실은 상속재산에 포함하여 분할의 대상이 되기 때문이다[222]), 상속재산을 매

221) 상속재산인 부동산의 분할을 내용으로 하는 상속재산분할심판이 확정되면 민법 제187조에 의하여 상속재산분할심판에 따른 등기 없이도 해당 부동산에 관한 물권변동의 효력이 발생한다. 대판 2020. 8. 13, 2019다249312.

222) 대판 2018. 8. 30, 2015다27132, 27149: 분할의 대상이 된 상속재산 중 특정 상속재산(예컨대 건물)을 상속인 중 1인의 단독소유로 하고 그의 구체적 상속분과 그 특정 상속재산의 가액과의 차액을 현금으로 정산하는 방법(이른바 대상분할의 방법)으로 상속재산을 분할한 경우, 그 특정 상속재산을 분할받은 상속인은 민법 제1015조 본문에 따라 상속개

각하여 그 대금을 분배한 경우나 상속재산 자체를 취득하지 않는 대상(代償)으로 상속재산에 속하지 않는 재산을 취득한 경우 등에는 소급효는 생기지 않는다.[223)]

(나) 소급효와 등기

상속재산분할에 의하여 공동상속인 중의 1인이 특정의 부동산을 취득한 경우에 피상속인으로부터 직접 그 상속인에게 이전등기를 하도록 할 것인가, 아니면 공동상속에 의한 공유상태를 반영시켜서 공유명의의 등기를 반드시 거쳐야 하는가의 문제가 있다. 상속재산분할에 의하여 특정의 부동산을 취득한 공동상속인은 소급효에 의하여 피상속인으로부터 직접 승계한 것이 되므로, 공동상속등기가 되어 있지 않을 경우에는 피상속인의 소유명의로부터 직접 이전등기를 할 수 있다. 만약 공동상속인의 공유명의로 이미 등기가 되어 있을 경우에는 분할에 의하여 부동산을 취득하게 된 공동상속인 중의 1인은 공유등기의 말소등기절차를 밟지 않고 다른 공동상속인으로부터 이전등기를 할 수 있다고 보아야 한다. 왜냐하면, 상속재산분할에 소급효가 인정되고 있다고 하지만, 상속개시에 의한 상속재산공유와 상속재산분할에 의한 특정상속인에 대한 소유권이전의 사실을 모두 부정할 수 없기 때문이다.[224)]

(다) 소급효의 제한

상속재산분할의 소급효는 제3자의 권리를 침해할 수 없다§1015 단서. 위에서 본 바와 같이, 선언주의에 의한 소급적 효력은 상속개시부터 분할시 사이에 상속재산에 관하여 이루어진 거래의 안전을 해할 가능성이 있다. 따라서 민법은 소급효를 원칙적으로 인정하되 제3자의 권리를 해하지 못하도록 하여§1015 단서 제3자의 지위를 보호하였다. 분할의 소급효가 제한되는 제3자는 선의·악의를 묻지 않는다고 해석되며, 상속인으로부터 개개의 상속재산(예를 들면 상속재산을 구성하는 특정의 부동산)의 지분을 양수하거나 담보로 제공받은 제3자,

---

시된 때에 소급하여 이를 단독소유한 것으로 보게 되지만, 그 상속재산의 과실(예컨대 상속개시 후 상속재산분할시까지 발생한 차임 수입)까지도 소급하여 그 상속인이 단독으로 차지하게 된다고 볼 수는 없다.

223) 판례에 의하면 피상속인 갑의 공동상속인(A)이 다른 공동상속인(B)에게 상속분을 무상으로 양도하여 양수인 B의 상속분이 증가한 경우에도 소급효는 생기지 않는다고 한다. 따라서 B가 A로부터 양수한 상속분은 피상속인 갑으로부터 직접 승계한 것으로 되지 않으며, A로부터 증여받은 것으로 본다. 그 결과 A의 사망으로 인한 상속관계에서 A가 B에게 무상으로 양도한 상속분은 유류분산정의 기초가 되는 재산에 산입된다. 대판 2021. 7. 15, 2016다210498; 대판 2021. 8. 19, 2017다230338.

224) 대판 2024. 8. 1, 2023다318857 참조.

지분에 대하여 압류를 한 채권자에 한한다.[225] 따라서 상속분의 양수인§1011은 여기서 말하는 제3자가 아니다. 제3자가 권리를 주장하기 위해서는 권리변동의 효력발생요건§186 · 188과 대항요건을 갖추어야 한다.[226] 제3자가 위의 요건을 갖추면, 앞의 예에서 A가 분할에 의하여 부동산을 취득하였더라도 B 또는 C로부터 부동산의 공유지분을 양수한 제3자에 대하여는 그것을 반환시킬 수 없다.

### (2) 분할 후의 피인지자 등의 청구

피상속인의 사망 후 혼인외의 출생자가 인지되는 경우가 있다(사후인지에 의하여 인지된 자§864, 피상속인의 생전에 인지청구의 소가 제기되어 피상속인의 사후 판결에 의하여 인지된 자). 인지의 효력은 출생시에 소급하므로§860, 피인지자도 당연히 상속개시 당시부터 상속인의 지위를 갖는 것으로 된다. 그리고 재판의 확정에 의하여 공동상속인이 된 자(친생자관계존재확인의 소에 의하여 피상속인이 子인 것이 확정된 자,[227] 피상속인과의 파양 또는 이혼에 대하여 무효의 소를 제

---

225) 상속재산분할심판에 따른 등기가 이루어지기 전에 상속재산분할의 효력과 양립하지 않는 법률상 이해관계를 갖고 등기를 마쳤으나 상속재산분할심판이 있었음을 알지 못한 제3자에 대하여는 상속재산분할의 효력을 주장할 수 없다. 이 경우 제3자가 상속재산분할심판이 있었음을 알았다는 점에 관한 주장 · 증명책임은 상속재산분할심판의 효력을 주장하는 자에게 있다(대판 2020. 8. 13, 2019다249312). 예를 들어 피상속인 A에게 상속인으로 자녀 B와 C가 있는데, B가 10억원 상당의 상속부동산을 취득하고, C에게 5억원을 지급하기로 하는 내용의 상속재산분할심판이 확정되었다고 가정해 본다. 이 경우 B가 소유권이전등기를 하기 전에 C가 위 상속부동산에 대한 1/2지분을 X에게 매도하고 지분이전등기까지 마쳤다면, X는 제1015조 단서가 규정하는 제3자로서 보호될 수 있는가. 판례에 따르면 이런 경우 X가 상속재산분할심판이 있었음을 알지 못한 경우에는 보호받을 수 있으나(즉 B는 X를 상대로 상속재산분할의 효력을 주장할 수 없으므로, 등기말소청구를 할 수 없다), 그렇지 않은 때에는 보호될 수 없다. X가 상속재산분할심판이 있었음을 알았다는 점에 관한 주장 · 증명책임은 상속재산분할심판의 효력을 주장하는 자, 즉 B에게 있다.

226) 제1015조 단서에서 말하는 제3자는 상속재산분할의 대상이 된 상속재산에 관하여 상속재산분할 전에 새로운 이해관계를 가졌을 뿐만 아니라 등기, 인도 등으로 권리를 취득한 사람을 말한다(대판 2020. 8. 13, 2019다249312).

227) 판례는 '친생자관계존재확인의 소에 의하여 피상속인(父 또는 母)의 子인 것이 확정된 자'는 제1014조가 규정하는 '재판의 확정에 의하여 공동상속인이 된 자'에 해당하지 않는다고 본다(대판 2018. 6. 19, 2018다1049): 혼인외의 출생자와 생모 사이의 법률상 친자관계는 출산에 의해서 당연히 발생한다. 모자관계의 성립에는 출생신고를 요하지 않으므로, 가족관계등록부에 모자관계가 기재되지 않았다고 해도 법률상 모자관계의 성립에는 아무 문제가 없다. 이와 같이 모자관계는 출산에 의해서 당연히 발생하는 것이므로, 친생자관계존재확인판결의 확정에 의해서 모자관계가 출생시로 소급해서 발생하는 것도 아니다. 이와 달리 혼인외의 자와 생부 사이의 법률상 부자관계는 인지에 의해서 비로소 발생하며, 다만 그 효력이 출생시로 소급하여 발생할 뿐이다. 따라서 인지의 소급효와 그 제한에 관

기하여 승소한 자, 또는 피상속인을 당사자로 父를 정하는 소를 제기하여 승소한 자)도 위와 마찬가지로 상속개시 당시부터 당연히 공동상속인이었던 것으로 된다. 따라서 상속개시 후에 인지 또는 재판의 확정에 의하여 공동상속인이 된 자도 아직 상속재산분할 전이면 당연히 상속인의 한 사람으로서 다른 공동상속인과 함께 상속재산분할에 참가할 권리가 주어진다. 그러나 인지 또는 재판의 확정 이전에 이미 다른 공동상속인이 분할 기타 처분을 한 경우에는 분할을 다시 할 것인가의 문제가 생긴다. 분할에 강한 효력을 인정하고 있는 관계상, 분할을 다시 하는 것은 제3자에게 해를 줄 염려가 크고, 또 인지의 소급효는 '제3자의 취득한 권리를 해하지 못한다'§860 단서라고 되어 있으므로, 분할의 효력은 그대로 유지될 수밖에 없다. 그러나 그렇다고 해서 피인지자 등의 상속권을 실효가 없는 것으로 해서는 안 되므로, 민법은 인지 또는 재판의 확정에 의하여 공동상속인이 된 자에게 다른 공동상속인에 대하여 가액에 의한 지급을 청구할 수 있는 권리를 인정하였다§1014. 이 가액은 상속재산을 사실심변론종결시의 시가로 평가하여 이에 대한 자기의 상속분을 산출하여 이를 각 공동상속인에 안분한 것이다.[228] 상속재산으로부터 발생한 과실은 가액산정대상에 포함되지 않는다는 것이 판례의 태도이다.[229] 같은 맥락에서 피인지자가 인지되기 전에 상속재산을 분할한 공동상속인이 분할받은 상속재산으로부터 발생한 과실을 취득하는 것은 피인지자에 대한 관계에서 부당이득이 되지 않는다.[230] 예를 들어서 A의 상속인(직계비속) 갑, 을, 병이 1억 8,000만원 상당의 상속재산을 균분하여 분할하였는데, 그로부터 2년 후 사후 인지청구에 의하여 상속권을 취득한 A의 혼인외의 자 정이 법원에 대하여 갑, 을, 병을

---

한 제860조는 혼인외의 자와 생모 사이의 모자관계에는 적용되지 않는다. 또한 혼인외의 자와 생모 사이에는 출생시부터 당연히 법률상의 친자관계가 성립하므로, 혼인외의 자는 출생에 의하여 당연히 상속인의 신분을 가지게 되며, 친생자관계존재확인판결의 확정에 의해서 비로소 상속인의 신분을 가지게 되는 것도 아니다. 따라서 이 경우 혼인외의 자는 제1014조의 "재판의 확정에 의하여 공동상속인이 된 자"에 해당하지 않으므로, 공동상속인이 제3자에게 상속부동산을 처분한 경우에도 공동상속인을 상대로 가액지급청구를 할 수 있는 데 그치는 것이 아니라, 제3자를 상대로 상속회복청구(상속지분에 따른 등기말소청구)를 할 수 있다.

228) 이에 따르는 판례: 대판 1993. 8. 24, 93다12, 판례월보 280호, 85면. 상속분에 상당한 가액의 지급을 소송으로 청구하는 경우 상속재산의 가액은 사실심변론종결시의 시가를 기준으로 산정한다(대판 2002. 11. 26, 2002므1398).

229) 대판 2007. 7. 26, 2006므2757, 2764.

230) 대판 2007. 7. 26, 2006다83796.

상대로 상속분에 상당한 가액의 지급청구를 하였다. 사실심변론종결시에는 상속재산의 가액이 2억 4,000만원으로 상승해 있었다. 이 경우 정은 사실심변론종결시 상속재산의 가액 2억 4,000만원의 1/4, 즉 6,000만원의 지급을 청구할 수 있다. 갑, 을, 병은 각각 2,000만원씩을 정에게 지급해야 한다.

그리고 다른 공동상속인에 의한 분할은 협의분할에 한하지 않고 가정법원에 의한 분할도 포함한다. 또 '기타 처분'이란 피상속인이 유언으로 상속재산의 분할방법을 정한 경우§1012, 공동상속인이 공동으로 상속재산을 처분한 경우, 또는 지분의 양도§1015 단서 참조 등을 가리킨다. 또 '분할 기타의 처분'이 상속재산의 일부에 대해서 행하여진 경우에는 잔여부분에 대해서는 피인지자 등은 상속인의 1인으로서 분할에 참가할 수 있다.

그런데 인지 또는 재판의 확정 후, 특히 분할참가자가 악의인 경우(위의 예에서 갑, 을, 병이 정이 인지판결을 받았다는 사실을 알면서도 상속재산을 급히 분할처분한 경우)에도 제1014조가 적용될 것인가의 문제가 있다. 거래의 안전(다른 상속인과 거래한 제3자의 입장)을 위하여 긍정하여야 할 것이다.

그런데 피인지자 등이 청구할 수 있는 가액이 i) 상속재산(적극재산)으로부터 채무(소극재산)를 공제한 순재산액에 대한 자기의 상속분의 비율액이냐, ii) 채무를 공제하지 않은 상속재산의 가액에 대한 자기의 상속분의 비율액이냐가 명백하지 않다. 피인지자 등도 상속인으로서 상속채무를 승계한다고 보아야 하므로 뒤의 입장이 옳다고 생각한다.

이 가액지급청구권의 본질은 상속회복청구권의 일종이므로, 제999조 제2항 소정의 제척기간에 걸린다고 보아야 할 것이다.[231] 다만, 최근에 헌법재판

---

231) 이에 따르는 판례: 대판 1981. 2. 10, 79다2052(판례가족법 추록(Ⅰ), 207면); 대판 2007. 7. 26, 2006므2757, 2764. 혼인외의 자가 인지판결의 확정으로 공동상속인이 된 때에는 그 인지판결이 확정된 날에 상속권의 침해를 안 것으로 본다(인지판결이 확정된 날 피인지자가 자신이 진정상속인이라는 사실과 상속에서 제외된 사실을 안 것으로 볼 수 있기 때문이다). 따라서 인지판결이 확정된 날부터 3년이 경과하면 가액지급청구권은 소멸한다; 상속회복청구권의 경우 상속재산의 일부에 대해서만 제소하여 제척기간을 준수하였을 때에는 청구의 목적물로 하지 않은 나머지 상속재산에 대해서는 제척기간을 준수한 것으로 볼 수 없다. 따라서 제1014조에 의한 가액지급청구권의 경우에도 제999조 제2항의 제척기간 내에 가액의 일부에 대해서만 청구하였다면, 제척기간 경과 후 청구취지를 확장하더라도 그 추가 부분의 청구권은 소멸하는 것이 원칙이다. 그러나 가액지급청구권의 대상 재산을 인지 전에 이미 분할 또는 처분된 상속재산 전부로 삼는다는 뜻과 다만 그 정확한 가액을 알 수 없으므로 추후 감정결과에 따라 청구취지를 확장하겠다는 뜻을 미리 밝히면서 우선 가액의 일부만을 청구한 경우에는, 대상 재산의 가액에 대한 감정결과를 기다리는 동안 제척기간이 경과되고 그 후에 감정결과에 따라 청구취지를 확장하였다고 해도, 청구취

소는 상속개시 후 인지에 의하여 공동상속인이 된 자가 다른 공동상속인에 대해 제1014조에 의한 가액지급청구권을 행사하는 경우에도 상속회복청구권에 관한 10년의 제척기간을 적용하는 것(제999조 제2항 중 '상속권의 침해행위가 있은 날로부터 10년' 부분을 제1014조에 적용하는 것)은 피인지자의 재산권과 재판청구권을 침해한다고 보아 위헌이라고 결정한 바 있다(헌재결 2024. 6. 27, 2021헌마1588. 이는 종전의 결정헌재결 2010. 7. 29, 2005헌바89을 변경한 것이다). 이에 따라, 예를 들어, 피상속인(생부) 갑이 사망하여 그 배우자와 자녀들이 상속부동산을 분할, 처분하였는데,[232] 그로부터 10년이 경과한 후에 피상속인의 혼인외의 자 A가 인지청구를 하여 판결이 확정된 경우, A는 공동상속인(갑의 배우자와 혼인중의 자녀)을 상대로 제1014조에 의한 가액지급청구를 할 수 있게 되었다.

한편 상속회복청구에 대해서는 민사소송절차에 의하도록 하고 있는 데 반하여, 가액지급청구에 대해서는 가사소송절차에 의하도록 하고 있다가소규 §2①ii·②.

문제가 되는 것은, 인지 또는 재판의 확정에 의하여 공동상속인이 된 자보다 후순위상속인인 직계존속이 배우자와 공동상속인으로서, 혹은 직계존속들 사이에서 상속재산을 상속하여 분할하고 있는 경우에는 어떻게 처리할 것인가 하는 것이다(예를 들어서 갑과 사실혼관계에 있던 을이 사망하자 을의 부모인 병과 정이 상속인이 되어 상속재산을 분할처분하였는데, 그 후 갑이 을의 子 무를 낳은 경우를 생각해 볼 수 있다. 무가 사후인지청구를 하여 인지판결이 확정되면, 무는 상속개시시로 소급하여 상속권을 가지게 되므로, 을의 직계비속으로서 제1순위 상속인이 된다. 을의 부모 병과 정은 직계존속으로서 제2순위 상속인이므로, 상속에서 배제된다). 이러한 경우에, 직계존속은 참칭상속인에 불과하므로 상속회복청구가 가능하다고 보아야 하겠지만, 거래의 안전을 고려한다면 제1014조를 유추하여 가액의 지급을 청구할 권리가 있는데 지나지 않는다고 보아야 할 것이다.[233]

---

지의 확장으로 추가된 부분에 대해서도 제척기간은 준수된 것으로 본다. 대판 2007. 7. 26, 2006므2757, 2764.

232) 상속재산의 분할 또는 처분이 있은 후 인지 또는 재판이 확정된 경우 제척기간 10년의 기산점인 '상속권의 침해행위가 있은 날'은 '상속재산의 분할 또는 처분일'로 보는 것이 판례의 태도이다(서울고판 2006. 9. 7, 2005나89423 및 대판 2007. 1. 12, 2006다65927 참조).

233) 대판 1974. 2. 26, 72다1739(판례가족법, 448면)는 이러한 경우 가액의 지급청구나 상속회복청구를 전혀 인정하지 않는데, 이는 잘못된 해석이다(판례연구, 金疇洙, 법률신문 1113호, 8면). 대판 1995. 3. 17, 93다32996(법원공보 991호, 1700면)에 의하면 가해자가 피해자의 표현상속인에 대하여 한 변제는 채권의 준점유자에 대한 변제로서 적법하다고 판시하고 있다.

### (3) 공동상속인의 담보책임

상속재산분할의 소급효에 의해서 상속인이 분할받은 재산은 직접 피상속인으로부터 승계한 것으로 된다. 따라서 공동상속인은 서로 승계인이 아니므로, 본래는 서로 매도인의 매수인에 대한 것과 같은 담보책임은 생기지 않는다. 그러나 민법은 상속인 상호간의 공평을 기하기 위하여 특히 상호적인 담보의무를 규정하였다.

#### (가) 매도인과 동일한 담보책임

공동상속인은 다른 공동상속인이 분할로 인하여 취득한 재산에 대하여 그 상속분에 따라 매도인과 같은 담보책임이 있다§1016. 상속재산분할은 반드시 법정상속분대로 실행되는 것이 아니므로 공평을 기하기 위해서, 여기서 말하는 상속분이란, 법정상속분이 아니라 상속인이 상속재산분할에 의하여 취득한 재산액을 말한다고 보아야 한다.

그리고 각 공동상속인이 담보책임을 지게 되는 사유는 상속개시 전부터 존재하는 사유이건 분할 당시에 존재하였던 사유이건 묻지 않는다. 매도인과 같은 담보책임의 내용으로서는 단지 손해배상의 책임뿐만 아니라 분할계약의 전부 또는 일부의 해제권을 포함한다. 즉 분할의 목적물에 숨은 하자가 있는 경우에는 그것을 취득한 공동상속인은 다른 공동상속인에 대하여 손해배상을 청구할 수 있는 이외에 그 하자 때문에 분할계약의 목적을 달성할 수 없는 때에는 계약해제도 할 수 있다. 해제는 상속재산의 재분할을 의미하므로 제3자의 권리를 해하게 될 수도 있으므로(다만, 이러한 해제로는 그 해제 전의 분할협의에 의해서 발생한 법률효과를 기초로 하여 새로운 이해관계를 가지게 되고, 등기·인도 등으로 완전한 권리를 취득한 제3자의 권리를 해하지 못한다§548① 단서), 광범위하게 인정해서는 안 될 것이다. 그러므로 분할의 목적을 달성할 수 없는 경우에 한하여 재분할을 허용하는 것이 타당할 것이다. 또 분할의 목적물의 일부가 상속재산에 속하지 않기 때문에 이를 취득한 공동상속인 중의 1인에게 다른 공동상속인이 그 목적물을 이전할 수 없는 경우에는, 그 재산을 취득한 공동상속인 중의 1인은 그 부족분의 비율에 응하여 제공한 대상금액(代償金額)의 감액을 청구할 수도 있다(예를 들어서 상속인 갑과 을이 상속재산분할을 협의하여 갑은 A부동산(시가 2억원)을, 을은 B부동산(시가 1억원)을 취득하기로 하고, 갑은 을에게 현금으로 5,000만원을 지급함으로써 을이 취득한 상속분의 부족을 보상하기로 하였는데, 갑이 취득하기로 한 A부동산의 소유자가 나타나는 바람에 갑은 그 부동산에 대하여 상속등기를 하지 못하였다. 이런 경우 갑은 을에게 5,000만원의 대상금액을 지급할 필요가 없다. 반대로 을은 갑에 대하여 담보책임을 지게 되므로, 손해배상으로서 5,000만원을 지급하거나 재분할에 응해야 한다).

그 밖에 매도인의 담보책임에 관한 규정으로서 준용되는 점은 다음과 같다. i) 담보책임의 존속기간은 사실을 안 날로부터 1년 또는 6월이다§573 · 574 · 575③ · 582. ii) 해제에 의하여 재분할하는 경우에는 해제를 한 자도 반환의무를 지고 상호의 반환의무 사이에는 동시이행의 항변권이 인정된다§583. iii) 담보책임을 배제하는 특약은 원칙적으로 유효하지만, 알면서 고지하지 않은 사실 등에 대한 면책은 인정되지 않는다§584.

이 규정은 협의에 의한 분할의 경우뿐만 아니라, 가정법원의 조정 · 심판으로 분할된 경우에도 적용된다.

(나) 상속채무자의 자력에 대한 담보책임

분할에 의하여 채권을 받은 공동상속인이 채무자의 무자력으로 인하여 그 채권을 회수할 수 없을 경우에는, 다른 공동상속인은 그 상속분에 따라 분할 당시의 채무자의 자력을 담보한다§1017①. 예를 들어서 피상속인의 직계비속 갑, 을, 병이 공동상속인으로서 협의분할을 하여 갑은 부동산(시가 6,000만원), 을은 동산(시가 6,000만원), 병은 채권(가액 6,000만원)을 취득하기로 하였는데, 병이 채무자의 무자력으로 인하여 채권을 회수할 수 없었을 때에는 갑과 을은 각각 병에게 손해배상으로 2,000만원을 지급해야 한다. 분할에 의하여 받은 채권은 상속채권인 한, 지명채권이건, 지시채권이건, 또는 유가증권상의 채권이건 묻지 않는다. 또 공동상속인이 담보책임을 지기 위해서는 채무자의 무자력이 채권자인 상속인의 책임에 기인하지 않는 것과 채무자의 자력이 다른 공동상속인 이외의 자에 의하여 담보되고 있지 않은 경우라야 하는 것은 당연하다.

분할 당시 이미 변제기에 달한 채권에 대해서는 분할 당시에 있어서의 채무자의 자력을 담보하면 되나, 분할 당시에 변제기에 달하지 않은 채권이나, 정지조건이 있는 채권에 대해서는 변제를 청구할 수 있는 때의 채무자의 자력을 담보한다§1017②.

공유설을 취하는 판례의 태도에 의하면 금전채권과 같은 가분채권은 상속개시와 동시에 당연히 각 상속인의 상속분에 따라 분할 · 귀속되므로, 원칙적으로 공동상속인 사이에서 분할이 될 여지가 없다(다만 공동상속인 중에 초과특별수익자나 특별수익자 또는 기여분 권리자가 있고, 상속재산으로서 금전채권과 같은 가분채권밖에 없는 경우에는 공동상속인간의 공평을 위하여 예외가 인정된다. '상속재산분할의 대상' 부분 참조). 따라서 불가분채권만이 상속재산분할의 대상이 될 수 있다.

(다) 무자력 공동상속인의 담보책임의 분담

담보책임이 있는 공동상속인 중에 상환의 자력이 없는 자가 있는 때에는 그 부담부분은 구상권자와 자력이 있는 다른 공동상속인이 그 상속분에 응하여 분담한다§1018 본문.

공동상속인의 무자력은 그 고유재산의 채무초과, 상속재산분할 후에 있어서의 자력의 감소로 인하여 생긴다. 그런데 공동상속인 A · B · C 3인 중에서 A가 분할받은 재산의 하자가 600만원이므로, A가 B와 C에게 각 200만원의 손해배상을 청구하였던 바, C가 무자력이었다면, C가 상환할 수 없는 200만원을 구상권자와 자력이 있는 다른 공동상속인 B가 그 상속분에 따라 각 100만원씩 분담하게 되며, 결국 A는 B에게 합계 300만원의 지급을 청구하게 되는 것이다.

다만 구상권자의 과실로 인하여 상환을 받지 못한 때, 즉 담보책임이 있는 자가 자력이 있는 동안에 구상권을 행사하지 않은 데 대하여 구상권자에게 과실이 있는 경우에는 그 손해는 구상권자 자신이 부담하여야 하며, 다른 공동상속인에게 그 분담을 청구하지 못한다§1018 단서.

# 제 4 절 상속의 승인과 포기

## 1 서 설

### 1. 승인 · 포기의 의의

#### (1) 당연승계와 개인의사의 자유

상속의 개시에 의하여 피상속인의 재산상의 모든 권리의무는 일신전속적인 것을 제외하고, 상속인의 의사와 관계없이 또 상속인이 알건 모르건, 법률상 당연히 포괄적으로 상속인에게 승계된다§1005. 그러나 개인주의사회에서 개인의 의사를 무시하고 권리의무의 승계를 강제할 수는 없다. 그래서 상속에 의한 당연포괄승계도 개인의사와의 조정이 요구되는데, 상속의 승인·포기 제도는 바로 이러한 요구에서 나온 것이다. 특히 상속재산에 채무가 많을 때에는 상속은 상속인에게 큰 피해를 줄 수 있다. 상속포기제도는 이와 같은 사정을 고려하여 상속인의 보호를 위하여 만들어진 것이다. 그러나 승계는 하지만 채무에 대해서는 상속재산의 한도에서만 변제의 책임을 진다는 유보부의 승계를 할 수 있다면 상속인에게 매우 편리할 것이다. 이러한 경우를 위하여 만들어진 것이 한정승인이다. 포기도 한정승인도 하지 않고 무한으로 피상속인의 권리의무를 승계하는 것이 단순승인이다.

### (2) 상속채권자 등과의 이해조정

이와 같이 상속인이 선택의 자유를 가지게 되면, 상속인이 어느 쪽을 결정하지 않는 한, 상속관계는 확정되지 않는다. 그래서는 상속채권자 등의 이해관계인이 곤란하게 된다. 그래서 민법은 상속인이 상속개시 있음을 안 날로부터 원칙적으로 3월 이내에 승인·포기를 하도록 하고(제1019조·다만 동조 제3항의 예외가 있다), 그 기간 내에 결정을 하지 않으면 단순승인을 한 것으로 보도록 하였다§1026 ii. 그리고 상속인이 상속재산의 전부 또는 일부를 처분하였을 때와 한정승인 또는 포기를 한 후에 배신행위를 한 때에는 단순승인을 한 것으로 본다§1026 i · iii.

### (3) 단순승인의 원칙성

전술한 바와 같이, 상속의 효과는 원칙적으로 단순승인이며, 상속인이 특히 원하는 경우에 포기 또는 한정승인을 할 수 있도록 되어 있다. 개인주의사회의 거래관계는 개인의 신용 위에 성립하는 것이며, 그 상속인의 신용까지 담보로 하는 것은 아니다. 따라서 채무자가 사망하면 채권자는 그 상속재산의 한도 내에서 변제를 받는 것으로 만족하는 것이 당연하다고 볼 수 있다. 따라서 당연승계주의를 채택하더라도 한정승인을 원칙으로 하고, 상속인이 원하는 경우에 단순승인을 할 수 있다고 하는 것이 이상적이라고 할 수 있다.[234) ] 그러나 한정승인을 하는 경우에는 복잡한 청산절차를 거쳐야 하므로, 한정승인을 원칙으로 한다는 것은 우리사회의 현실에서 무리가 있다고 생각된다.

234) 동지: 鄭光鉉, 신친족상속법요론, 279면; 金容漢, 친족상속법론, 375면.

## 2. 승인 · 포기행위의 성질

### (1) 의사표시로서의 승인 · 포기

상속의 포기는 상속의 효력을 부인하는 것으로서, 피상속인의 권리의무가 자기에게 이전되는 상속의 효력을 소멸시키는 의사표시이다. 반면에 상속의 승인은 상속의 포기를 하지 않겠다는 의사표시이다. 승인에는 단순승인과 한정승인이 있다.

### (2) 승인 · 포기의 시기

상속의 승인 또는 포기는 상속개시 후에 하여야 하며, 개시 전에는 그 의사표시를 할 수 없다.

### (3) 요식행위로서의 승인 · 포기

한정승인과 포기는 가정법원에 대한 신고로써 하여야 한다§1030 · 1041. 그러나 단순승인에 대해서는 민법이나 기타의 법률에도 그 방식에 대하여 정한 바가 없으므로, 무방식의 의사표시로 할 수밖에 없다. 단순승인은 상속의 원칙적 효과를 확정시키는 것뿐인데 대하여, 한정승인과 포기는 원칙적 효과를 한정시키거나 부정하는 절대적 효력을 가지며, 따라서 이해관계인에게 중대한 영향을 미치게 되므로, 가정법원에 대한 신고로써 공증할 필요가 있다고 본 것으로 생각된다.

### (4) 승인 · 포기의 포괄성

상속은 포괄적이므로 그 승인 · 포기도 상속재산에 대하여 포괄적으로 하여야 하며, 특정재산에 대하여 선택적으로 할 수 없다.[235] 한정승인도 상속재산의 포괄적 승계라는 점에서는 단순승인과 다르지 않으며, 다만 상속채무의 변제책임을 한정시킬 뿐이다.

### (5) 승인 · 포기의 확정성

승인 · 포기는 단독행위이므로, 이해관계인을 불안정한 상태에 놓이지 않게 하기 위하여 확정적으로 그 효과를 발생시켜야 한다. 따라서 조건이나 기한을 붙여서 승인 · 포기를 할 수 없다. 한정승인도 뒤에서 말하는 바와 같이,

---

235) 대판 1995. 11. 14, 95다27554, 판례공보 1996. 1. 1, 17면.

단지 변제책임에 대하여 제한을 할 수 있는 데 불과하기 때문에 조건있는 승인이 아니다. 그리고 일단 승인·포기를 한 후에는 이를 변경할 수 없다.

### (6) 승인·포기권의 무제약성

승인·포기는 상속인의 자유의사에 기초하여 이루어져야 하므로, 이를 강제하거나 제한하거나 또는 금지할 수 없다. 이러한 것에 관한 계약은 무효일 뿐만 아니라, 피상속인이 한 유언도 무효이다. 상속의 승인 또는 포기는 상속인만이 할 수 있는 행사상의 일신전속권이며, 따라서 채권자대위권§404의 목적이나 채권자취소권§406의 목적이 될 수 없다(상속포기가 채권자취소권의 대상이 될 수 있는가와 관련해서는 논란이 있다. 위에서 본 바와 같이 판례는 상속재산분할협의에 의한 사실상의 상속포기가 사해행위로서 채권자취소권의 대상이 될 수 있다는 입장을 취하고 있다. 상속인이 법원에 대해서 상속포기신고를 했을 때 상속인의 채권자가 사해행위를 이유로 채권자취소권을 행사할 수 있을 것인가의 문제는 신중한 검토를 필요로 하지만, 부정적인 것으로 보인다).[236] 최근에는 이러한 입장을 취한 대법원판례가 나오기도 했다대판 2011. 6. 9, 2011다29307.

### (7) 법률행위로서의 승인·포기

승인 또는 포기를 하려면 행위능력이 있어야 한다.

미성년자가 승인 또는 포기를 하려면 법정대리인의 동의를 받아야 한다§5. 미성년후견인이 동의를 하는 경우에는 미성년후견감독인이 있으면 그의 동의를 받아야 한다§950①ⅵ.

친권자가 미성년인 子를 대리하여 승인 또는 포기할 수 있으나§920, 예컨대 父가 사망하고 母와 子가 공동상속인인 경우에는 모가 미성년인 子에 갈음하여 승인 또는 포기를 하는 행위는 친권자와 子사이에 이해상반되는 행위가 될 것이므로, 친권자는 자를 위하여 특별대리인의 선임을 가정법원에 청구하여야 한다§921, 가소 §2①라류사건ⅹⅵ.[237]

---

236) 국내의 통설이다. 예를 들면 양창수, 가족법상의 법률행위의 특성, 가족법연구 제19권 제1호; 채권자취소권의 대상이 된다고 보는 견해: 윤진수, 상속법상의 법률행위와 채권자취소권－상속포기 및 상속재산 협의분할을 중심으로－, 사법연구 제6집.

237) 대판 1993. 3. 9, 92다18481, 신판례체계 921-6면. 다만, 대판 1989. 9. 12, 88다카28044는 공동상속인인 친권자가 성년자인 자 1인의 단독명의로 상속부동산을 등기할 목적으로 자신의 상속포기와 동시에 자신의 친권에 따르는 여러 명의 미성년자녀를 대리하여 상속을 포기한 사안에 대하여 "친권자의 친권에 복종하지 아니하는 자와 친권에 복종하는 미성년자인 자 사이에 이해상반이 되는 경우가 있다 하여도 친권자는 미성년자를 위한 법

피한정후견인의 경우에 상속의 승인, 포기가 한정후견인의 동의를 받아야 하는 행위로 정하여져 있다면§13①, 한정후견인의 동의를 받아서 상속의 승인 또는 포기를 할 수 있다. 이 경우에도 한정후견인이 동의를 할 때에는 한정후견감독인이 있으면 그의 동의를 받아야 한다§950①vi. 가정법원이 한정후견인에게 상속의 승인 또는 포기에 대한 대리권을 수여§959의4①한 경우에는 한정후견인은 피한정후견인을 대리하여 승인 또는 포기를 할 수 있다. 이 경우에도 한정후견인이 대리행위를 할 때에는 한정후견감독인이 있으면 그의 동의를 받아야 한다§950①vi.

피성년후견인은 의사능력이 회복되어 있을 때에도 단독으로 승인 또는 포기할 수 없다고 보아야 한다. 이 경우에는 성년후견인이 대리할 수밖에 없다(성년후견감독인이 있으면 그의 동의를 받아야 한다)§950①vi.

## 3. 승인 · 포기의 기간

### (1) 고려기간

(가) 승인과 포기를 할 수 있는 기간은 상속인이 상속개시 있음을 안 날로부터 3월 이내이다§1019①. 상속채권자와 같은 이해관계인을 위해서나 공익상으로 볼 때 어느 쪽으로든 빨리 확정되는 것이 좋겠지만, 다른 한편으로는 상속인을 위해서 상속재산에 대하여 충분히 조사 · 고려한 후에 결정하는 것도 중요하다. 그래서 위와 같은 고려기간을 두었다. 상속인이 이 법정기간 내에 적극적인 선택을 하지 않고 기간이 경과되면 단순승인이 된다§1026ii. 이 기간 중에 상속인은 승인 또는 포기를 하기 전에 상속재산을 조사할 수 있다§1019②.

(나) 2002년 민법일부개정에 의하여, 상속인이 중대한 과실 없이 상속채무의 초과사실을 알지 못하고 단순승인을 한 경우에는 한정승인을 할 수 있는 제도가 신설되었다(소위 특별한정승인제도).[238] 즉, 상속인이 상속채무가 적극재산을 초과하는 사실을 중대한 과실없이 제1019조 제1항의 기간(상속개시 있음을 안 날로부터 3월) 내에 알지 못하고 단순승인(제1026조 제1호 및 제2호에 의

정대리인으로서 그 고유의 권리를 행사할 수 있을 것이므로 그러한 친권자의 법률행위는 이해상반행위에 해당한다 할 수 없다"고 판시하였다.

238) 특별한정승인제도(제1019조 제3항)의 시적 적용 범위에 대하여는 민법 부칙(2002. 1. 14. 개정 법률 부칙 중 2005. 12. 29. 법률 제7765호로 개정된 것) 제3항, 제4항 및 대판 2020. 11. 19, 2019다232918 전원합의체 참조.

하여 단순승인한 것으로 보는 경우를 포함한다)한 경우에는 그 사실을 안 날로부터 3월내에 한정승인을 할 수 있다§1019③.[239] 상속인이 중대한 과실없이 상속채무의 초과사실을 알지 못하였다는 것은 '상속인이 조금만 주의를 기울였다면 상속채무가 상속재산을 초과한다는 사실을 알 수 있었음에도 이를 게을리 함으로써 그러한 사실을 알지 못한 것'을 의미한다.[240] 중대한 과실 없이 알지 못하였다는 점에 대한 입증책임은 상속인에게 있으며,[241] 이 기간은 제척기간이다.[242]

(다) 상속인이 미성년자인 경우에는 그의 법정대리인이 미성년자를 위하여 상속이 개시된 것을 안 날부터 승인·포기의 고려기간을 기산한다§1020. 따라서 상속채무가 적극재산을 초과하는 경우에는 법정대리인이 미성년자인 상속인을 위하여 상속포기나 한정승인(특별한정승인 포함)을 할 수 있으며, 이를 통하여 미성년자녀를 상속채무로부터 보호할 수 있다. 그러나 법정대리인이 미성년자인 상속인을 위하여 이러한 조치를 취하지 않으면, 단순승인이 되어 미성년자녀에게 상속채무가 그대로 승계된다(그 결과 미성년자녀는 평생에 걸쳐 상속채무에 대한 책임을 지고 살아갈 수도 있다). 이러한 경우에 미성년자였던 상속인이 성년에 이르면 스스로 특별한정승인을 할 수 있을 것인가. 이 문제에 대해서 2020년에 대법원은 부정적으로 판단한 바 있다: 상속인이 미성년자인 경우 '상속채무가 상속재산을 초과하는 사실을 중대한 과실 없이 제1019조 제1항의 기간 내에 알지 못하였는지'와 '그 사실을 안 날이 언제인지'를 판단할 때에는 법정대리인의 인식을 기준으로 하여야 한다. 법정대리인의 인식을 기준으로 특별한정승인의 제척기간이 이미 경과한 경우에는 단순승인의 법률관계가 그대로 확정된다. 따라서 이미 이러한 효과가 발생한 후, 미성년자였던 상속인이 성년에 이르더라도 새롭게 특별한정승인을 할 수는 없다대판 2020. 11. 19, 2019다232918 전원합의체.

---

239) 상속인들이 상속재산의 분할협의를 통해서 이미 상속재산을 처분한 후에도 특별한정승인을 할 수 있다(대판 2006. 1. 26, 2003다29562).

240) 대판 2010. 6. 10, 2010다7904; 대판 2021. 1. 28, 2015다59801.

241) 대판 2003. 9. 26, 2003다30517; 대판 2021. 1. 28, 2015다59801; 대결 2006. 2. 13, 2004스74는 "민법 제1019조 제3항에 의한 한정승인신고의 수리 여부를 심판하는 가정법원으로서는 그 신고가 형식적 요건을 구비한 이상 상속채무가 상속재산을 초과하였다거나 상속인이 중대한 과실 없이 이를 알지 못하였다는 등의 실체적 요건에 대하여는 이를 구비하지 아니하였음이 명백한 경우 외에는 이를 문제삼아 한정승인신고를 불수리할 수 없다"고 판시하였다.

242) 대결 2003. 8. 11, 2003스32.

이러한 문제를 해결하기 위하여 2022년에 제1019조 제4항이 신설되었다.[243] 이 규정에 따르면 법정대리인이 미성년자를 위하여 상속포기나 한정승인(특별한정승인 포함)을 하지 않아서 단순승인으로 확정된 경우에도 미성년자였던 상속인은 성년이 된 후 상속채무의 초과 사실을 안 날부터 3개월 내에 새롭게 한정승인을 할 수 있다.

(2) 고려기간의 연장

조사의 필요성 혹은 상속인이 거리가 먼 곳에 있는 경우 등을 예상하여, 민법은 이해관계인 또는 검사의 청구에 의하여 가정법원이 3개월의 고려기간을 연장할 수 있도록 하였다§1019① 단서, 가소 §2①라류사건xxx. 여기서의 이해관계인에는 상속인과 그 법정대리인이 포함된다. 이 기간 중에 천재지변 기타 불가항력으로 기간연장의 청구를 할 수 없는 경우에는, 그러한 사정이 소멸된 후 2주간 내에 한하여 연장청구를 할 수 있다가소 §12, 비송 §10, 민소 §173.

(3) 기간의 기산점

(가) '상속개시 있음을 안 날'이란 상속인이 상속개시의 사실과 자기가 상속인이 된 사실을 인식한 날이란 뜻으로 해석된다.[244] 따라서 사실의 오인 또는 법률의 부지(그러나 대결 1988. 8. 25, 88스10은 법률을 알지 못해서 상속포기를 하지 않았다고 해도 3개월의 고려기간은 그대로 진행된다고 한다)로 인하여 자기가 상속인이 된 사실을 인식하지 못하였을 경우에는 3개월의 기간은 진행하지 않는다. 예를 들어서 갑(父)과 을(子)이 함께 자동차를 타고 가다가 사고를 당하여 갑은 곧 사망하고, 을은 의식불명상태에 있다가 3개월 후에 깨어난 경우, 을은 의식을 회복한 후에 갑의 사망사실을 알게 되고 자신이 상속인이 되었음을 알게 된다. 즉, 상속개시의 날로부터는 이미 3월이 경과했지만, 을은 이와 별도로 상속개시의 사실과 그로 인하여 자신이 상속인이 되었음을 안 날로부터 3개월 동안 승인, 포기를 결정할 수 있게 된다. 또한 제1순위 상속

243) 법률 제19069호. 2022. 12. 13. 시행. 시행일 당시 미성년자인 상속인의 경우와 시행 당시 성년자이나 성년이 되기 전에 단승승인을 하거나 단순승인이 의제되고, 시행 이후 상속채무가 상속재산을 초과하는 사실을 알게 되는 경우에도 제1019조 제4항이 소급 적용될 수 있다(부칙 제2조 제2항).

244) 대판 1969. 4. 22, 69다232, 집17권 2집 민 54면; 대판 1974. 11. 26, 74다163, 판례월보 54호; 대결 1984. 8. 23, 84스17-25, 신판례체계 1019-1면; 대결 1986. 4. 22, 86스10, 신판례체계 1019-1면; 대결 1988. 8. 25, 88스10 · 11 · 12 · 13, 신판례체계 1019-2면; 대결 1991. 6. 11, 91스1; 대판 2005. 7. 22, 2003다43681; 대판 2023. 12. 14, 2023다248903.

인이 전부 상속을 포기하여 제2순위 상속인이 상속인으로 되는 경우, 제2순위 상속인은 제1순위 상속인 전원이 상속을 포기한 결과 자기가 상속인이 되었다는 사실을 안 날(예를 들면 상속채권자의 채무이행청구를 받은 날)로부터 3개월간의 고려기간을 가지게 된다.[245] 이와 같은 해석에 의하여, 3개월의 기간은 상속인이 여러 명 있는 때에는 각 상속인에 대하여 각각 별도로 진행하게 되는 것이다.

☞ 대결 1991. 6. 11, 91스1, 신판례체계 1019-3면은 "민법 제1019조에 의하면 재산상속인은 상속개시 있음을 안 날로부터 3월 이내에 단순승인이나 한정승인 또는 포기를 할 수 있다고 규정하고 있고 여기서 상속개시 있음을 안 날이라 함은 상속개시의 원인이 되는 사실의 발생을 앎으로써 자기가 상속인이 되었음을 안 날을 말하는 것으로 해석되는 것이므로(당원 1984. 8. 23, 84스17-25 결정 참조) 상속재산 또는 상속채무의 존재를 알아야만 위 고려기간이 진행되는 것은 아니라고 할 것이다. 같은 취지에서 원심이 청구인들은 피상속인이 사망한 날에 그 사망사실과 자신들이 상속인이 되었음을 알았다고 볼 것이라고 사실인정을 한 다음 그로부터 3월이 경과한 후에 신고한 이 사건 상속포기신고는 부적법하다고 판단한 것은 옳고 반대의 견해에서 청구인들이 상속채무의 존재를 안 날로부터 위 고려기간이 진행되어야 한다는 전제 아래 원결정을 비난하는 논리는 받아들일 수 없다"라고 판시하고 있다.

판례는 이와 같이 고려기간의 기산점에 관하여 상속인이 상속개시의 사실과 자기가 상속인이 된 사실을 안 날로 하면서 '상속재산이 있음을 안 날'[246] 이나 '상속재산의 유무를 안 날이나 상속포기제도를 안 날'[247] 또는 '상속재산 또는 상속채무의 존재를 안 날'[248]을 말하는 것이 아니라고 해석하고 있다.

---

245) 대판 2005. 7. 22, 2003다43681: 선순위 상속인으로서 피상속인의 처와 자녀들이 모두 상속을 포기한 경우에는 피상속인의 손자녀 등 그 다음의 상속순위에 있는 사람이 상속인이 되지만, 이러한 법리는 상속의 순위에 관한 민법 제1000조 제1항 제1호(1순위 상속인으로 규정된 '피상속인의 직계비속'에는 피상속인의 자녀뿐 아니라 피상속인의 손자녀까지 포함된다)와 상속포기의 효과에 관한 민법 제1042조 내지 제1044조의 규정들을 모두 종합적으로 해석함으로써 비로소 도출되는 것이며, 이에 관한 명시적 규정이 존재하는 것은 아니다. 따라서 일반인의 입장에서는 피상속인의 처와 자녀가 상속을 포기한 경우 피상속인의 손자녀가 상속인이 된다는 사실을 알기는 어렵다. 그러므로 이와 같은 과정에 의해 피상속인의 손자녀가 상속인이 된 경우에는 조부의 사망으로 상속이 개시되었다는 사실뿐만 아니라 제1순위 상속인의 상속포기로 인하여 자신이 상속인이 된 사실을 알게 된 때로부터 상속포기의 고려기간이 진행된다고 보아야 한다;.

246) 대판 1974. 11. 26, 74다163(전게); 대결 1984. 8. 23, 84스17-25, 신판례체계 1019-1면.

247) 대결 1986. 4. 22, 86스10(전게); 대결 1988. 8. 25, 88스10-13(전게).

248) 대결 1991. 6. 11, 91스1(전게).

(나) 위와 같은 3개월의 기간의 기산점에 관해서는 다음의 특칙이 있다.

① 상속인이 제한능력자인 경우에는 그의 친권자 또는 후견인이 상속이 개시된 것을 안 날부터 기산한다§1020. 즉 상속인이 태아인 경우에는 그 태아의 출생 후 법정대리인이 태아를 위하여 상속이 개시된 사실을 안 날로부터, 상속인이 미성년자·피한정후견인(법원의 심판에 의해서 상속의 승인, 포기가 한정후견인의 동의를 받아야 하는 행위로 정하여진 경우를 전제로 한다§13①. 또한 법원이 한정후견인에게 상속의 승인, 포기에 관한 대리권을 수여한 것을 전제로 한다§959의4①)·피성년후견인인 경우에는 그 법정대리인이 제한능력자를 위하여 상속이 개시된 사실을 안 날로부터 각각 기간이 진행된다.[249]

상속이 개시되었으나 법정대리인이 없을 때에는 법정대리인이 정해지고, 그 법정대리인이 그 이전부터 상속개시의 사실을 알고 있었던 경우에는 법정대리인이 취임하였을 때, 또 취임 이후에 그 사실을 알게 되었을 경우에는 그것을 안 때를 기간의 기산점으로 하는 것은 당연하다.

제한능력자의 법정대리인이 이러한 제한능력자를 위하여 상속의 개시가 있는 것을 안 후에 아직 승인 또는 포기를 하지 않고 있다가 실격(결격§937) 혹은 사망하여 법정대리인이 없어졌든가, 상속개시 당시에는 능력자였는데 상속개시를 안 후에 결정하지 않는 동안에 성년후견 또는 한정후견개시의 심판을 받은 경우에는 어떻게 해석할 것인가의 문제가 있다. 법정대리인이 없는 경우에도 3개월의 기간 경과로 곧 제한능력자가 단순승인한 것으로 보는 것은 매우 부당할 뿐만 아니라, 이 규정을 둔 취지에도 어긋난다. 따라서 시효의 정지에 관한 제179조를 유추적용하여 제한능력자가 능력자가 되거나, 또는 새로 법정대리인이 취임하고 또한 제한능력자를 위하여 상속의 개시가 있는 것을 안 때로부터 다시 3개월간은 고려기간이 종료하지 않는다고 해석하는 것이 타당하다.

② 상속인이 승인이나 포기를 하지 않고 위의 3개월의 기간 내에 사망한 때에는 그의 상속인이 자기의 상속개시가 있음을 안 날로부터 3개월을 기산하게 된다§1021. 따라서 제2의 상속인은 자기의 상속의 승인·포기와 자기의 피상속인의 상속의 승인·포기를 각각 별도로 동일기간 내에 할 수 있게 된다. 그러므로 예를 들어서 조부의 상속재산이 채무초과인데, 父가 상속포기를

---

249) 대판 2020. 11. 19, 2019다232918 전원합의체 참조.

하지 않은 상태에서 고려기간 내에 사망한 경우 子는 父의 상속포기권을 상속하여 그때로부터 3개월 내에 행사할 수 있다. 이렇게 함으로써 채무초과상태인 조부의 재산이 父에게 상속되는 것을 막을 수 있다. 다만 제2의 상속(子가 父를 상속하는 것)을 포기하고, 제1의 상속(父가 조부를 상속하는 것)을 승인할 수는 없다. 왜냐하면 제2의 상속을 포기하면 제1의 상속의 승인·포기권을 승계할 근거를 잃기 때문이다. 그러나 제1의 상속과 제2의 상속을 함께 포기할 수는 있을 것이다.

## 4. 상속재산의 관리

상속이 개시됨과 동시에 상속재산은 일단 상속인에게 승계되고 있지만,[250] 상속의 승인 또는 포기가 있기 전까지는 상속인은 아직 확정적으로 그 상속재산의 주체가 된 것이 아니므로, 상속재산은 상속인의 고유재산과는 별개의 특별재단을 구성하고 있다고 생각할 수 있다. 그런데 상속재산은 일단 상속인의 관리하에 놓이므로, 상속인은 승인 또는 포기할 때까지[251] 그 고유재산에 대하는 것과 동일한 주의로 상속재산을 관리하여야 하는 것이다§1022. 즉 상속인은 자기 고유재산과 구별하여 상속재산을 관리 보존하여야 하지만, 통상의 재산관리인보다는 그 주의의무가 경감되고 있다. 상속인이 여러 명인 때에는 상속재산은 공동상속인의 공유에 속하는 것이므로, 공유자로서의 관리방법을 취하여야 할 것이다.

그 후에 단순승인을 하게 되면, 자기의 재산이 되므로 관리의무는 당연히 없어지나(재산분리의 명령이 있으면 동일한 주의의무가 계속된다§1048), 한정승인의 경우에는 자기의 재산이 되지만 상속채권자를 위하여 청산이 끝날 때까지 자기 고유재산에 대하는 것과 동일한 주의의무로 그 재산을 관리할 필요가 있다§1031. 또 상속인이 상속포기를 하였을 때에는 그 상속인의 재산이 되지 않고, 상속포기에 의하여 상속인이 된 자(후순위상속인) 또는 다른 공동상속인

250) 상속인은 상속의 승인, 포기 등으로 상속관계가 확정되지 않은 동안에도 잠정적으로 피상속인의 재산을 당연 취득하고 상속재산을 관리할 의무가 있으므로, 상속채권자는 그 기간 동안 상속인을 상대로 상속재산에 관한 가압류결정을 받아 이를 집행할 수 있다. 대판 2021. 9. 15, 2021다224446.

251) 상속포기의 효력은 상속포기신고를 수리하는 가정법원의 심판이 당사자에게 고지된 때에 발생하므로, 상속인은 가정법원의 상속포기신고 수리 심판을 고지받을 때까지 제1022조에 따른 상속재산 관리의무를 부담한다. 대판 2021. 9. 15, 2021다224446.

(공동상속인 중에서 상속포기를 하지 않은 자)에게 인도하게 되는데, 그 인도시까지, 즉 상속인이 된 자가 상속재산을 관리할 수 있을 때까지 자기 고유재산에 대하는 것과 동일한 주의로 그 재산의 관리를 계속하여야 한다§1044.

## 5. 변제거절권

상속인이 승인이나 포기를 하기 전에 상속채권자로부터 청구를 받은 경우에 상속인은 변제를 거절할 수 있는가 하는 문제가 있다.

상속인이 한정승인을 하였을 때에는 상속재산으로써 상속채권자나 유증받은 자에게 변제하지 않으면 안 되므로, 한정승인자에게 제1032조 제1항의 기간(상속채권자에 대한 공고, 최고기간)이 만료되기 전에는 변제를 거절할 수 있는 권리를 주고 있다§1033. 그러나 상속인이 승인도 포기도 하지 않고 있는 고려기간에 변제를 거절할 수 있는가의 여부에 대해서는 명문의 규정이 없다.

만약 고려기간 중에 상속인이 변제를 거절할 수 없다고 하면, 변제기가 도래한 채무에 대하여 우선 변제를 한 후에 한정승인을 할 수 있게 되는데, 한정승인 이후에는 제1033조에 의하여 변제를 거절할 수 있다. 그러나 이렇게 해석하는 경우에는 제1033조 규정의 취지가 상실되어 상속채권자나 유증받은 자에게 손해를 입히게 된다. 상속인이 한정승인을 한 경우에는 변제기의 선후에 관계없이 상속채권자가 평등하게 변제를 받을 수 있는 기회가 보장되어야 하기 때문이다. 그러므로 피상속인의 채권자 갑이 가진 채권의 변제기가 고려기간(상속인이 상속개시 있음을 안 날로부터 3월) 내에 이미 도래했다고 해도, 고려기간 후에 변제기가 도래하는 채권을 가진 상속채권자 을보다 우선해서 변제를 받을 수 없다. 상속인이 한정승인을 하는 경우, 갑과 을은 상속재산의 범위 내에서 공평하게 변제를 받게 된다. 같은 상속인이 한정승인 전에는 변제를 거절할 수 없고 한정승인 후에는 변제를 거절할 수 있게 해서는 한정승인제도의 취지를 살릴 수 없다. 따라서 상속인이 승인이나 포기를 하지 않는 동안, 즉 상속인이 상속재산을 관리하고 있는 동안§1022에는 상속인은 변제를 거절할 수 있다고 해석하여야 할 것이다. 그러나 만약 상속인이 상속재산관리 중에 채무나 유증의 변제를 한 경우에는 어떠한 효과가 인정될 것인가. 변제로서는 유효하지만, 상속인은 단순승인을 한 것으로 보아야 할 것이다. 상속인이 상속재산을 처분하였을 때에는 단순승인을 한 것으로 보고 있으므로§1026 i,

위의 변제에 대해서도 일종의 처분으로 보고 단순승인의 효과를 주어야 할 것이다.

## 6. 법원에 의한 보존에 필요한 처분

상속재산의 관리비용은 상속재산에서 지출해도 무방하다. 그리고 상속인이 앞에서 설명한 바와 같은 주의의무에 비추어 적당하지 않은 관리로 인하여 손해를 생기게 한 경우에는 그 책임을 지지 않으면 안 된다. 그러나 그로 인한 손해배상이 언제나 반드시 이해관계인을 만족시킨다고는 할 수 없다. 또 공동관리의 경우에는 상당한 불편(상속인의 원거리거주, 소재불명, 관리능력부족, 공동상속인간의 분쟁 등의 이유로)이 따를 수 있으므로, 이러한 경우에는 가정법원이 이해관계인 또는 검사의 청구에 의하여 상속재산의 보존에 필요한 처분을 명할 수 있도록 하였다§1023①. 여기서 '이해관계인'이란 상속채권자, 공동상속인, 상속의 포기에 의하여 상속인이 될 자(차순위 상속인) 등 널리 법률상 이해관계가 있는 자를 가리킨다. '보존에 필요한 처분'이란 상속인에게 재산을 관리시키는 것이 부적당한 경우에 제3자를 상속재산관리인으로 선임하는 것이나, 상속재산에 관한 봉인·환가, 기타의 처분금지·점유이전금지, 때로는 재산목록의 작성·제출 등을 가리킨다. 그리고 이러한 처분의 청구인에 검사를 포함시킨 것은 공익의 대표자이기 때문이다. 이러한 가정법원의 권한은 상속인이 한정승인 또는 상속포기를 할 때까지에 한한다고 해석하여야 한다.[252] 이러한 처분의 한 방법으로서 가정법원이 상속재산관리인을 선임한 경우에는 부재자를 위한 재산관리인에 관한 제24조 내지 제26조의 규정이 준용된다§1023②. 가정법원은 상속인이 상속을 포기한 후에도 위와 같은 처분을 할 수 있다.

## 7. 승인·포기의 취소·무효

### (1) 승인·포기의 취소금지

상속의 승인과 포기를 일단 한 이상은 3개월의 기간 내에도 이를 취소할

252) 대결 1999. 6. 10, 99으1, 판례공보 1999. 7. 15, 1410면은 제1023조 소정의 상속재산 보존에 필요한 처분은 상속개시 후 그 고려기간이 경과되기 전에 한하여 할 수 있고, 그 심판에서 정한 처분의 효력은 심판청구를 할 수 있는 시적한계시(즉 고려기간이 경과하기 전)까지만 존속한다고 판시하고 있다.

수 없다§1024①. 만약 취소를 인정하면 이해관계인의 신뢰를 배반하게 되어 심한 폐해가 생길 염려가 있기 때문이다. 여기서의 취소는 철회의 의미에 가깝다고 할 수 있다. 한정승인과 포기는 가정법원에 신고하여 이것이 수리되었을 때에 그 효력이 생기는 것인데, 수리되기 전까지 상속인이 그 신고를 취하하는 것은 상관없다고 본다.

(2) 승인 · 포기의 취소

(가) 취소원인

승인 또는 포기의 철회는 허용되지 않으나, 총칙편의 규정에 의한 승인 또는 포기의 취소에는 영향을 미치지 않는다§1024② 본문. 즉 미성년자와 피한정후견인(상속의 승인, 포기가 한정후견인의 동의를 받아야 하는 행위로 정하여진 경우를 전제로 한다§13①)이 법정대리인 또는 한정후견인의 동의 없이 한 경우§5 · 13④, 피성년후견인이 한 경우§10①, 사기 · 강박에 의한 경우§110, 착오로 인한 경우§109에는 취소권자가 그 승인 또는 포기를 취소할 수 있다

(나) 취소의 방식

취소의 방법에 대해서는 민법이 규정하는 바 없으나, 한정승인 또는 포기의 신고가 수리된 가정법원에 취소신고를 하여 가정법원이 전에 수리한 신고를 취소하는 심판을 한다가소 §2①라류사건xxxii, 가소규 §76.

그리고 단순승인은 아무런 방식도 필요하지 않으므로, 단순승인의 의사를 특정의 이해관계인에 대해서 표시하였을 때에는 취소도 그 이해관계인에 대해서 하면 된다. 취소권자가 취소 전에 사망하면 그의 상속인이 그 취소권을 승계한다.

특히 고려기간의 경과에 의한 법정단순승인의 경우가 문제이다. 상속인이 승인 또는 포기를 하여야 할 기간 내에 한정승인 또는 포기를 하지 않은 때에는 단순승인을 한 것으로 보게 되는데§1026ii, 그 후에 상속인이 상속채무의 존재를 알게 된 때에 이를 착오에 의한 것으로 보아 법정단순승인을 취소할 수 있느냐 하는 것이 문제이다. 이를 긍정하는 견해가 있는데,[253] 상속인을 보호하기 위하여 타당한 해석이라고 생각되지만, 2002년 민법일부개정에 의하여, 제1019조 제3항이 신설되었으므로, 굳이 위와 같은 해석을 할 필요가 없다.

---

253) 尹眞秀, '상속채무를 뒤늦게 발견한 상속인의 보호', 서울대학교 법학 38권 3 · 4호, 218면.

(다) 취소의 효과

① 착오 또는 사기·강박에 의한 승인 또는 포기의 취소로써 선의의 제3자에게 대항할 수 있을 것이냐가 문제이다. 상속의 승인이나 포기에 대해서는 총칙편의 제109조 제2항, 제110조 제3항의 '선의의 제3자에게 대항하지 못한다'는 규정이 적용된다고 보아, 취소로써 선의의 제3자에게도 대항할 수 없다고 보아야 할 것이다.[254)]

② 승인 또는 포기를 취소한 후의 승인 또는 포기에 대해서는 민법에 규정하는 바 없으므로 해석상 문제이나, 취소 후 지체 없이 승인 또는 포기하여야 한다고 보아야 할 것이다.

(라) 취소권의 소멸

상속에 의한 재산관계를 조속히 안정시키기 위한 필요성에서, 민법은 이 취소기간을 보통의 경우보다 단축시켜서 추인할 수 있는 날로부터 3월, 승인 또는 포기한 날로부터 1년 내에 취소권을 행사하지 않으면 시효로 인하여 소멸하도록 하였다§1024② 단서. 이 취소기간에 대해서는 제척기간으로 해석하는 견해가 있다.[255)]

(3) 승인·포기의 무효

(가) 무효원인

승인·포기의 무효에 대해서는 규정은 없지만, 취소에 대하여 총칙규정의 적용을 인정하므로 무효의 주장을 인정하지 않을 이유는 없다. 무효원인으로서는 다음과 같은 것이 있다.

① 승인·포기가 진의(眞意)에 의하지 않을 때: 위조된 신고서에 의한 것이나 한정승인절차를 위임받은 사람이 잘못하여 전원포기의 절차를 밟은 경우는 무효이다. 상속포기신고서인줄 모르고 이에 서명·날인한 경우와 같이 의사부존재의 신고서에 의한 것은 무효이지만, 상속재산의 내용이나 승인·포기의 결과에 대한 착오 등은 단순한 동기의 착오가 되는 경우가 많을 것이다.

② 승인·포기가 무권대리에 의한 때: 이러한 경우에는 승인·포기는 무효이다.

254) 동지: 郭潤直, 상속법, 302면.
255) 郭潤直, 상속법, 302면.

③ 신고방식에 하자가 있을 때: 한정승인과 포기신고가 법정의 방식을 구비하지 않으면 무효이다. 그러나 신고자의 서명(자서, 自署)이나 기명날인이 없는 신고서라도 그것이 진의에 의한 때에는 유효하다.

④ 상속권확정후의 승인 · 포기: 고려기간이 경과되면 단순승인이 되므로, 기간 경과 후에 한 포기신고는 수리되더라도 무효이다(그러나 상속재산을 공동상속인 중 1인인 A에게 상속시킬 방편으로 나머지 상속인들이 고려기간 경과 후에 상속포기신고를 하여 수리된 경우, 상속포기신고로서는 무효이지만 상속재산에 관하여 공동상속인간에 협의분할이 성립한 것으로 볼 수 있다. 즉 이런 경우에는 A가 상속재산을 단독으로 상속하기로 하는 상속재산분할협의가 성립된 것으로 해석할 수 있다. 대판 1989. 9. 12, 88누9305; 대판 1991. 12. 24, 90누5986; 대판 1996. 3. 26, 95다45545, 45552, 45569[256]). 그 밖에 단순승인사유가 있을 때에도 마찬가지다.

(나) 무효의 주장

무효원인이 있으면 다른 소송의 전제문제로서 승인 · 포기의 무효를 주장할 수 있다. 무효확인의 소를 인정하더라도 그 판결에 대세적 효력이 없기 때문에, 구체적인 재산상의 다툼의 전제문제로서의 무효주장 이외에는 무효확인의 소를 인정할 실익은 없을 것이다.

(다) 무효의 효과

무효인 승인 · 포기에는 효력이 생기지 않음은 당연하지만, 그와는 별도로 법정단순승인사유가 있으면 단순승인의 효과가 생긴다.

### (4) 하자있는 승인 · 포기의 추인

승인 · 포기에 민법총칙편의 규정에 의한 무효 · 취소를 인정하게 되는 결과, 추인에 의한 하자의 치유가 문제된다. 하자있는 승인 · 포기의 신고도 추인에 의하여 그 하자가 치유되면, 신고서 수리시에 소급하여 효력이 확정된다고 해석하여야 할 것이다.

---

256) 상속재산을 공동상속인 1인에게 상속시킬 방편으로 나머지 상속인들이 한 상속포기신고가 제1019조 제1항의 기간을 초과한 후에 신고된 것이어서 상속포기로서의 효력이 없다고 하더라도 공동상속인들 사이에서는 1인이 고유의 상속분을 초과하여 상속재산 전부를 취득하고 나머지 상속인들은 이를 전혀 취득하지 않기로 하는 내용의 상속재산에 관한 협의분할이 이루어진 것으로 보아야 할 것이다.

# 2 단순승인

## 1. 단순승인의 의의

단순승인이란 피상속인의 권리의무를 무제한·무조건으로 승계하는 상속형태 또는 이를 승인하는 상속방법을 말한다. 상속인이 단순승인을 하면 상속의 효력을 전면적으로 승인하는 것이기 때문에, 상속에 의하여 승계한 채무, 즉 피상속인의 채무 전부를 상속재산으로써 변제할 수 없을 경우에는 자기의 고유재산으로 변제하지 않으면 안 된다. 민법은 단순승인을 상속의 본래적 형태로 보고, 상속인이 한정승인도 포기도 하지 않은 상태에서 3개월의 고려기간이 경과하면 모두 단순승인을 한 것으로 보고 있다§1026 ii. 그 결과 단순승인의 의사표시는 불요식으로서 가정법원에 대한 신고를 필요로 하지 않고, 어떤 형식으로든지 상속인이 단순승인을 한다는 의사가 표시되면 되는 것으로 본다. 그러나 실제로는 단순승인의 의사표시는 거의 되는 일이 없고, 뒤에서 말하는 법정단순승인이 되는 경우가 많다. 그래서 사실상 상속개시 후 다른 의사를 표시하지 않는 것이 단순승인을 하는 의사표시라고 볼 수 있다. 그러나 적극적인 승인의 의사표시가 있을 때에는 이를 인정하고 이에 대해서는 원칙적으로 취소할 수 없으며, 다만 총칙편의 규정에 의한 취소만이 인정된다고 보아야 할 것이다.

## 2. 법정단순승인

상속인이 상속재산을 자기의 고유재산과 혼합하거나 상속재산을 처분한 후에 한정승인 또는 포기를 하면 상속채권자와 후순위의 상속인이 손해를 입을 염려가 있으므로, 이러한 사유가 있을 때에는 상속인은 한정승인도 포기도 못하게 함으로써 당연히 단순승인이 된 것으로 한다. 이를 법정단순승인이라고 한다.

다음과 같은 경우에는 상속인이 단순승인을 한 것으로 본다.

### (1) 상속인이 상속재산에 대한 처분행위를 한 때§1026 i

i) 상속인의 통상적 의사의 추정, ii) 처분 후에 한정승인이나 포기를 허용하면 상속채권자나 공동 내지 차순위 상속인이 예측하지 않은 손해를 입을 것이라는 것(예를 들어서 상속재산을 구성하는 재산으로 1억원 상당의 부동산과 5,000만원의 채무가 있는데, 상속인 갑이 부동산을 처분하여 소비한 후 상속을 포기하거나 한정승인을 한다면, 차순위 상속인이나 상속채권자가 피해를 입게 된다), iii) 상속인의 처분행위를 신뢰한 제3자의 보호, iv) 재산의 혼합으로 인한 한정승인절차 실시의 사실상의 곤란 등이 처분행위를 법정단순승인으로 보는 이유이다.

(가) 본호가 적용되는 것은 한정승인 또는 포기를 하기 이전의 처분[257]에 관한 것이며, 그 이후의 처분은 제3호의 문제가 된다. 따라서 한정승인 또는 포기를 한 상속재산에 대하여 처분행위를 하더라도 그것이 제3호의 '부정소비'에 해당되는 경우 이외에는 단순승인을 한 것으로는 보지 않는다. 그러나 그 처분행위에 관하여 상속채권자 또는 공동 내지 차순위 상속인에 대하여 손해배상의 책임을 지게 된다.

(나) 여기에서 처분이란 관리에 대립되는 관념으로서 재산의 현상 또는 그 성질을 변하게 하는 사실적 처분행위(예컨대 고의에 의한 산림의 벌채, 가옥의 파괴) 및 재산의 변동을 생기게 하는 법률적 처분행위(예컨대 산림의 매각, 주식의 질권설정, 대물변제, 채권을 추심하여 변제받는 것,[258] 경제적 가치가 있는 동산의 증여)를 포함한다고 본다. 다만 실화나 과실로 가옥이나 미술품 등을 훼손하였을 경우에는 여기서 말하는 처분이라고 할 수 없다. 상속인의 법정대리인이 상속인에 갈음하여 고려기간 중에 상속재산을 처분한 경우에도 단순승인의 효과가 생긴다.

상속인이 피상속인의 사망사실을 안 후이든가 확실히 사망을 예상하면서

257) 한정승인이나 포기의 효력이 발생하기 이전의 처분을 말한다. 상속인이 한정승인이나 포기를 하려면 가정법원에 신고를 하여야 하는데, 신고만으로는 한정승인이나 포기의 효력이 발생하지 않는다. 가정법원에서 신고를 수리하는 심판을 받아야 하며, 당사자에게 심판이 고지됨으로써 효력이 발생한다. 따라서 상속인이 상속포기신고는 하였으나 아직 효력이 발생하기 전에(즉 가정법원의 심판이 고지되기 전에) 처분행위를 하였다면, 이는 단순승인의 사유가 된다. 대판 2016. 12. 29, 2013다73520.

258) 대판 2010. 4. 29, 2009다84936: 상속인이 피상속인의 손해배상채권을 추심하여 변제받은 행위는 상속재산의 처분행위에 해당하고, 이로써 단순승인을 한 것으로 간주되므로, 그 이후에 한 상속포기는 효력이 없다.

한 처분이어야 한다. 그런데 처분행위가 무효인 경우에는 단순승인이 되지 않으나, 취소할 수 있는 행위인 경우에는 문제가 있다. 8년이나 9년이 경과한 후에 취소된 경우를 생각하면, 이것으로써 단순승인이 소멸한다는 것은 심각한 혼란만 가져올 뿐이다. 그러므로 취소가 있더라도 제1024조 제2항 단서의 단기소멸시효기간을 준용하는 것이 좋을 것이다. 취소권이 있더라도 취소가 없는 한, 단순승인에는 영향이 없는 것은 당연하다. 이에 대해서는 처분행위가 무효이거나 취소가 된 후에도 단순승인의 효과는 변하지 않는다는 견해가 있다.[259)]

(다) 상속인은 3개월의 고려기간 중에도 상속재산을 관리·보존할 의무가 있으므로§1022·1023, 그 이행으로서의 보존행위[260)]는 여기에서 말하는 처분행위가 아니다. 또 유족으로서의 장례비용의 지출이나 또는 차임의 지급과 같은 것도 처분행위가 되지 않는다고 보아야 할 것이다.[261)]

(라) 민법에서는 공동상속이 원칙이므로, 공동상속인 중의 한 사람 또는 수인이 위와 같은 처분행위를 한 때가 문제이다. 이러한 상속인의 행위로 말미암아 다른 상속인까지 단순승인을 한 것으로 보는 것은 불공평하다. 따라서 다른 상속인은 한정승인 또는 상속포기를 할 수 있으며, 한정승인을 한 경우에는 자기의 상속분에 따라 취득한 재산의 한도에서 그 상속분에 따른 피상속인의 채무와 유증을 변제할 책임이 있다§1029 참조. 그리고 재산을 처분함으로써 단순승인을 하게 된 상속인은 다른 공동상속인이 한정승인을 하여 상속재산을 정리한 후에 남은 상속채무에 대하여 자기 상속분에 따라 자기의 고유재산으로 변제의 책임을 진다. 예를 들어 직계비속 갑, 을, 병이 1억 2,000만원 상당의 재산을 상속하였는데, 상속채무는 1억 8,000만원이었다. 갑과 을은 한정승인을 하여 각자의 상속분에 따라 승계한 채무 6,000만원에 대하여 각자 상속으로 인하여 취득한 재산의 한도(4,000만원)에서 변제하였다(결과적으로 갑과 을의 변제 후에는 1억원의 상속채무가 남게 된다). 상속재산에 대한 자신의

---

259) 郭潤直, 상속법, 309면.

260) 등기는 보존행위이다(대판 1964. 4. 3, 63마54, 판례총람 385면).

261) 수인의 상속인 중 1인을 제외한 나머지 상속인들이 상속을 포기하기로 하였으나 상속포기 신고가 수리되기 전에 피상속인 소유의 미등기 부동산에 관하여 상속인들 전원 명의로 법정상속분에 따른 소유권보존등기가 경료되자 위와 같은 상속인들의 상속포기의 취지에 따라 상속을 포기하는 상속인들이 상속을 포기하지 않은 상속인 앞으로 지분이전등기를 하였고 그 후 상속포기 신고가 수리되었다면, 이는 민법 제1026조 제1호에서 정한 '상속재산에 대한 처분행위'로 볼 수 없다. 대결 2012. 4. 16, 2011스191, 192

공유지분을 처분하여 단순승인이 된 병은 자기의 상속분에 따르는 채무 6,000만원 전액을 변제하여야 한다. 즉 상속으로 받은 재산 4,000만원에 자기의 고유재산 2,000만원을 보태서 상속채무를 변제하여야 한다.

### (2) 상속인이 승인 또는 포기를 하여야 할 기간 내에 한정승인 또는 포기를 하지 않은 때§1026ii

이 기간이 연장되어 있는 경우에는§1019① 단서 참조, 연장된 기간이 도과한 때이다. 이 규정은 민법이 단순승인을 상속의 원칙으로 인정한 당연한 결과이다. 따라서 상속인이 단순승인의 의사가 없었다는 것을 입증하더라도 그 효과는 번복할 수 없다. 그러나 상속인이 제한능력자인 경우에도 3개월의 기간이 경과하면 단순승인의 효과가 발생한다는 것은 제한능력자에게 매우 가혹하다. 따라서 이러한 경우에는 상속인의 법정대리인이 정해지고, 그 법정대리인이 상속개시의 사실을 안 날부터 고려기간이 진행된다고 해석하여야 할 것이다.

본조 제2호에 대해서 헌법재판소는 상속인의 재산권과 사적자치권을 제한한다는 이유로 헌법불합치결정을 선고하였다. 또한 헌법재판소는 입법자가 이 규정을 개정할 때까지 이 조항의 적용을 중지하도록 명하였으므로, 이 규정은 선고일(1998년 8월 27일) 이후에는 적용되지 않았고, 2000년 1월 1일 이후에는 효력을 상실하였다.[262] 그러나 2002년 민법일부개정에 의하여, 제1019조 제1항의 규정에 불구하고 상속인이 상속채무가 상속재산을 초과하는 사실을 중대한 과실없이 제1항의 기간 내에 알지 못하고 단순승인(제1026조 제1호 및 제2호에 의하여 단순승인한 것으로 보는 경우를 포함한다)을 한 경우에는 그 사실을 안 날로부터 3월내에 한정승인을 할 수 있게 되었기 때문에§1019③, 동일한 내용의 규정이 신설되어 개정민법 시행 후에는 다시 적용되게 되었다§1026ii.

### (3) 상속인이 한정승인 또는 포기를 한 후에 상속재산을 은닉하거나 부정소비하거나 고의로 재산목록에 기입하지 않은 때§1026iii

(가) 본호는 '은닉하고', '부정소비'하고, '고의로'한 불성실한 행위에 대한 제재로서의 의미를 가지고 있다. '은닉'이란 쉽게 그 재산의 존재를 알 수 없게 만드는 것을 말하며, '부정소비'란 상속채권자의 불이익을 의식하고 상속재

262) 그 사이에 이 규정에 관련된 재판에서 적용법규가 없어서 재판에 지장을 가져온 것에 대해서는, 법률신문 2000. 3. 9. 참조, 그리고 서울지판 2000. 11. 21, 2000가합33206, 법률신문 2000. 12. 4.(판례연구, 金相瑢, 법률신문 2001. 4. 5, 14면) 참조.

산을 소비하는 것을 말한다(판례는 “상속재산의 부정소비란 정당한 사유 없이 상속재산을 써서 없앰으로써 그 재산적 가치를 상실시키는 행위를 의미한다”라고 하면서 상속인이 상속포기를 한 후 상속재산을 처분하여 그 처분대금 전액을 우선변제권자에게 귀속시킨 행위는 상속재산의 부정소비에 해당한다고 할 수 없다고 하였다).[263)]

본호와 관련하여 주로 문제가 되는 것은 다음과 같다.

i) 한정승인 또는 포기 전에 은닉하였더라도 그것이 제1호의 「처분」에 해당하지 않으면 본호가 적용되어야 하는 것은 의심할 바 없다. ii) 관습상 또는 위생상의 견지에서 사망한 사람의 옷이나 이불 같은 것을 소각하는 것과 같은 것은 여기서 말하는 부정소비는 되지 않는다고 보아야 한다. iii) 재산목록은 한정승인의 경우에만 문제가 되는데§1030, 고의로 이에 기입하지 않는다는 것은 재산을 은닉하여 상속채권자를 사해할 의사로써 기입하지 않는다는 의미이다.[264)] 고의가 있으면 되고 과실의 유무는 이를 묻지 않는다. 그러나 예컨대 오늘날 몇 만원 정도의 재산을 기재하지 않았다고 하여 이로써 상속채권자를 사해하려 했다고 단정하는 것은 너무 가혹할 것이다. 그리고 상속인에게 법정대리인이 있는 경우에는 그 법정대리인의 부정행위의 효과도 상속인에게 미쳐서 단순승인을 한 것으로 보게 된다. iv) 공동상속인이 공동으로 적법하게 한정승인을 한 후에, 그중의 일부상속인이 부정행위를 하였을 때에는 부정행위를 한 상속인에 대해서만 단순승인의 효과가 발생한다. 따라서 부정행위를 한 상속인은 청산 후에 남는 채무에 대하여 자기 상속분에 따라 자기의 고유재산으로 책임을 진다.

(나) 상속인이 포기를 한 후에 이로 인하여 상속인이 된 자가 승인을 한 후에는 먼저 상속인이 이상에서 말한 부정행위를 하더라도 단순승인의 효력은 발생하지 않는다§1027. 그것은 제1의 상속인이 승인한 것으로 보아, 제2의 상속인의 승인을 무효로 하는 것은 적당하지 않기 때문이다. 다만 이 경우의 제2의 상속인은 제1의 상속인에 대하여 은닉한 재산의 인도, 소비한 재산의 배상 등을 청구할 수 있다.

263) 대판 2004. 3. 12, 2003다63586, 판례공보 2004. 4. 15, 6220면.

264) 동지: 대판 2003. 11. 14, 2003다30968; 대판 2021. 1. 28, 2015다59801; 대판 2022. 7. 28, 2019다29853. 郭潤直교수는 「재산목록에 기재하여야 할 것임을 알고 있으면서 감히 그 기재를 하지 않는 것을 뜻한다고 하는 것이 정당하다」고 하고 있으나(동 상속법, 312면), 기재하여야 할 상속재산이 있는 것을 알면서 재산목록에 기재하지 않았다는 것은, 결국 상속채권자를 사해할 의사가 있었던 것으로 보아야 하기 때문에, 결과적으로는 차이가 없다고 본다(제1026조 제2호).

### 3. 단순승인의 효과

(1) 법정단순승인이 됨으로써 상속의 원칙적 효과가 확정되고, 그 결과 상속인은 상속채무에 대해서도 무한책임을 지게 되며, 상속채권자(피상속인의 채권자)는 상속인의 고유재산에 대하여, 그리고 상속인의 채권자는 상속재산에 대하여 각각 강제집행을 할 수 있다. 공동상속의 경우에는 법정사유가 있는 상속인에 대해서만 각각 단순승인의 효과가 생기며, 다른 상속인에게는 영향을 미치지 않는다고 해석하여야 한다.

(2) 단순승인의 효과가 확정되면, 설사 그 후에 한정승인 · 포기의 신고가 수리되어도 무효이다.[265)]

## 3 한정승인

### 1. 한정승인의 의의

한정승인이란 상속인이 상속으로 인하여 취득한 재산의 한도에서 피상속인의 채무와 유증을 변제하는 상속 또는 그와 같은 조건으로 상속을 승인하는 것을 말한다§1028. 원래 민법은 단순승인을 원칙으로 하고 있으나, 상속재산이 채무초과인 경우에 단순승인이 되면 상속인이 자기의 고유재산으로 상속채무를 변제해야 하므로, 상속인을 보호할 목적에서 한정승인제도가 마련되었다. 그러나 한정승인은 상속승인의 하나이므로 피상속인의 채무와 유증을 변제한 후에 상속재산이 남았을 때에는 그것은 물론 상속인에 귀속한다.

### 2. 한정승인의 방식

(1) 상속인이 여러 명인 때에는 각 상속인은 그 상속분에 따라 취득할 재산의 한도에서 그 상속분에 따라 피상속인의 채무와 유증을 변제할 것을 조건으로 상속을 승인할 수 있다§1029. 한 사람 한 사람의 상속분에 관한 청산 절

265) 다만 예외적으로 제1019조 제4항에 따라 특별한정승인을 할 수 있다.

차가 상당히 번잡하다는 문제는 있으나, 상속의 개인주의원칙에 비추어 타당한 규정이다.

(2) 상속인이 한정승인을 하려면, 3개월의 고려기간 내에 상속재산의 목록을 첨부하여 가정법원에 한정승인의 신고를 하여야 한다§1030. 2002년 민법 일부개정에 의하여, 상속인이 중대한 과실 없이 상속채무의 초과사실을 알지 못하고 단순승인을 한 경우에는 한정승인을 할 수 있게 되었는데§1019③, 이때에는 상속재산의 목록 이외에 이미 처분한 상속재산의 목록과 가액을 함께 제출하여야 한다§1030②. 또한 법정대리인이 미성년자인 상속인을 위하여 상속포기나 한정승인(특별한정승인 포함)을 하지 않아서 단순승인이 된 경우, 2022년에 신설된 제1019조 제4항에 따라 미성년자였던 상속인은 성년이 된 후 상속채무의 초과 사실을 안 날부터 3개월 내에 새롭게 한정승인을 할 수 있게 되었는데, 이때에도 상속재산의 목록 외에 이미 처분한 상속재산의 목록과 가액을 함께 제출하여야 한다§1030②. 재산목록의 작성은 상속재산의 내용을 명백히 하는 것을 목적으로 한다. 그 형식이나 내용에 대해서는 법률상 아무런 제한이 없으나, 위의 목적에 맞도록 신중하고 정확하게 작성되어야 한다. 상속재산에 포함되는 것은 크건 작건 빠짐없이 기재하도록 하여야 한다. 가격까지 꼭 기재할 필요는 없다고 본다. 재산목록에 기재가 누락된 경우에 상속인에게 고의가 있으면 단순승인으로 보나§1026iii, 고의가 아닌 경우에는 후일 보정을 해도 무방하며, 이해관계인 또는 검사는 다시 완전한 재산목록의 작성을 청구할 수 있다§1023①. 작성자는 상속인 또는 그 대리인으로 해석하는 것이 타당할 것이나, 현실의 작성자는 아무라도 상관없으며, 공증인 그 밖의 사람의 참여를 필요로 하지 않는다.

한정승인의 의사표시는 상속인 또는 그 대리인가소규 §75[266]이 가정법원에 대하여 서면으로 하여야 하며, 그 신고서의 기재사항에 대해서는 가사소송규칙 제75조에 규정되어 있다. 한정승인의 신고를 하여야 할 법원은 상속개시지의 가정법원이다가소 §44vi.

한정승인의 의사표시는 위에서 말한 바와 같이, 일정한 방식을 필요로 하므로, 이 방식에 따르지 않은 한정승인의 의사표시는 한정승인의 효력이 없다. 가정법원은 신고가 요건을 구비하고 있으면 이를 수리하는 심판을 하고가

266) 대결 1965. 5. 31, 64스10, 법률신문 632호<1965. 6. 21.>(판례가족법, 787면).

소 §2①라류사건xxxii, 요건을 갖추고 있지 않으면 이를 각하한다(심판은 당사자에게 고지됨으로써 효력이 발생한다가소 §40). 그러나 경미하여 보정이 가능한 신고서의 하자에 대해서는 이를 각하할 것이 아니라, 보완을 명하여야 할 것이다.267) 한정승인의 신고가 각하되었을 때에는, 상속인은 즉시항고를 할 수 있다가소규 §27.

파산선고 전에 파산자를 위하여 상속이 개시된 경우에는, 파산자가 파산선고 후에 한 단순승인이나 포기도 파산재단에 대해서는 한정승인의 효력이 생긴다고 파산법이 규정하고 있다채무자회생 및 파산 §385·386①. 상속이 개시된 후 상속인에 대하여 파산절차가 개시된 경우에 상속재산이 채무초과상태에 있는데 파산자가 단순승인을 하거나 혹은 반대로 상속재산 중에 적극재산이 더 많음에도 파산자가 상속포기를 한 때에 이를 무조건적으로 인정하게 되면 파산채권자인 상속인의 채권자의 이익을 해치게 된다. 그러므로 파산법은 파산자가 단순승인 또는 포기를 한 경우에도 파산재단에 대해서는 원칙적으로 그 효력을 인정하지 않고 한정승인의 효력이 생기도록 한 것이다. 다만, 상속재산의 채무초과가 명백한 경우에는 파산관재인의 부담을 줄이기 위해 파산관재인은 법원의 허가를 받아 파산자가 한 상속포기의 효력을 인정할 수 있다채무자회생 및 파산 §385·386②.

### 3. 한정승인의 효과

한정승인의 효력은 상속의 효력 그 자체로서는 단순승인과 다르지 않다. 다만, 다음의 두 가지 점에서 단순승인과 다르다.

(1) 한정승인을 한 상속인은 상속에 의하여 취득한 재산의 한도에서만 피상속인의 채무와 유증을 변제하면 된다. 그러나 이는 상속인이 채권자나 유증을 받은 자에 대하여 자기의 고유재산으로 변제할 책임이 없다는 의미일 뿐이며, 채무로서는 전액을 승계하고 있는 것이다. 따라서 채권자는 한정승인자에 대하여 채권의 전액을 청구할 수 있으며, 법원으로서도 상속채무 전액에

267) 대결 1978. 1. 31, 76스3, 판례총람 393-1-2면(판례가족법, 797면)은 '재산상속의 한정승인신고는 민법 제1030조, 가사심판규칙 제91조에 따라 승인서에 의하여 신고하게 되어 있어서, 신고서를 받은 법원은 전연 신고서라고 볼 수 없는 신고가 아닌 한, 다소의 미비한 신고서라 하더라도 이를 수리한 후에 추완시키는 등으로, 될 수 있는 대로 유효하게 해석하여야 할 것이다'라고 판시하고 있다.

대하여 이행판결을 선고하게 되지만, 상속재산의 한도에서만 집행할 수 있다는 취지를 명시하여야 한다. 따라서 한정승인을 한 상속인의 고유재산에 대해서는 강제집행을 할 수 없으며, 만약 강제집행을 한 경우에는 그 배제를 청구할 수 있다[268](반대로 상속인의 채권자는 상속재산에 대하여 집행을 할 수 없다고 보아야 할 것이다).[269] 그러나 한정승인을 한 상속인이 초과부분을 임의로 변제한 때에는 채무자의 변제로서 유효하며 비채변제가 되지 않는다. 한정승인 전에 피상속인의 채무에 대하여 보증을 한 자나 병존적 채무인수를 한 자는 한정승인을 한 후에도 채무의 전액에 대하여 책임을 진다.

한정승인자의 책임경감은 상속인이 피상속인으로부터 승계하거나 또는 그 유언에 의하여 부담한 채무(피상속인이 유증을 한 경우)에 대해서만 생기는 것이며, 상속인이 상속의 효과로서 부담하게 된 모든 의무, 예컨대 임차인의 지위를 승계한 결과 상속의 날 이후 생기는 차임의무 등에 대해서는 상속인 고유의 채무로서 무한책임을 져야 한다.[270]

(2) 한정승인을 하게 되면 상속인이 피상속인에 대하여 가졌던 재산상의 권리의무는 소멸하지 않는다§1031. 한정승인은 상속인의 재산과 피상속인의 재산을 분리하려고 하는 것이므로, 이것은 당연한 것이다(반면에 단순승인을 한 경우에는 상속인은 피상속인의 권리의무를 그대로 승계하게 되므로, 상속인이 피상속인에 대하여 가졌던 재산상의 권리의무는 혼동으로 인하여 소멸한다). 그러므로 예컨대 상속인이 피상속인에 대하여 채권을 가질 때에는 다른 상속채권자와 함께 변제 배당에 참가할 수 있으며, 또 피상속인에 대하여 자기가 부담하는 채무(피상속인의 채권)는 상속채권자로부터 추심을 당하게 되는 것이다.

(3) 한정승인신고가 수리되면 상속재산과 상속인(한정승인자)의 고유재산이 분리되는 효과가 발생하고, 이에 따라 상속채권자는 상속인의 채권자보다 우선

---

268) 대판 2006. 10. 13, 2006다23138 : 채무자가 한정승인을 하고도 채권자가 제기한 상속채무의 이행청구소송의 사실심변론종결시까지 그 사실을 주장하지 않아서 책임의 범위에 관한 유보가 없는 판결이 선고되어 확정되었다고 해도 채무자는 그 후 위의 한정승인 사실을 내세워 청구에 관한 이의의 소를 제기할 수 있다. 그러나 이러한 법리는 채무자가 상속포기를 한 경우에는 적용되지 않는다. 대판 2009. 5. 28, 2008다79876.

269) 대판 2003. 11. 14, 2003다30968, 판례공보 2003. 12. 15, 2346면.

270) 대판 2012. 9. 13, 2010두13630는 한정승인을 한 상속인에 대한 양도소득세의 부과처분을 적법하다고 판단하였다. 또한 대판 2007. 4. 12, 2005두9491은 한정승인을 한 상속인에게 부동산취득세의 납부의무가 있다고 보았다.

하여 상속재산으로부터 변제를 받을 수 있는 권리가 생긴다고 해석된다.[271] 즉, 한정승인자는 상속재산을 관리, 보존하다가 상속채권자에게 우선하여 변제할 의무가 있다. 그러나 한정승인자가 이러한 의무에 위반하여 한정승인자의 채권자에게 먼저 변제하거나(상속재산으로 자기의 채무를 변제하거나) 채무를 담보하기 위하여 저당권을 설정하는 등의 처분행위를 한 경우에 그 행위 자체의 효과가 어떻게 될 것인가에 대해서는 명문의 규정이 없다

현행 민법상으로는 이러한 행위가 부정소비에 해당하는 경우에 한정승인자가 단순승인한 것으로 보거나 또는 한정승인자에게 손해배상의무를 인정하는 것으로 이 문제를 해결할 수밖에 없으며, 그 행위 자체의 효력을 부정할 수는 없다고 생각한다(즉 한정승인을 한 후 상속재산을 처분하더라도 그 행위 자체가 무효라고 할 수는 없다. 예컨대 상속재산으로 5억 상당의 부동산과 채무 10억이 있는데, 상속인 갑은 한정승인을 하였고, 을은 상속포기를 하였다. 갑은 한정승인을 한 후 상속부동산에 관하여 상속을 원인으로 하는 소유권이전등기를 하였다. 갑은 상속이 개시되기 전에 병으로부터 1억을 차용한 일이 있는데, 한정승인을 한 후 채권자 병에 대한 자신의 채무를 담보하기 위하여 상속재산인 부동산에 저당권을 설정해 주었다. 이런 경우에 상속재산인 부동산이 경매되면 병은 피상속인의 채권자 정(정은 일반채권자이다)보다 우선하여 변제를 받는다. 왜냐하면 한정승인을 한 후 갑이 자신의 채무에 관하여 상속부동산에 저당권을 설정한 행위는 유효한 것으로 해석되기 때문이다).[272]

다만, 해석론으로서는 어쩔 수 없다고 하더라도, 이러한 해석론이 상속채권자를 희생시킨다거나 한정승인제도를 형해화한다는 비판에서 완전히 자유로울 수는 없기 때문에, 궁극적으로 이 문제를 해결하기 위해서는 입법론적 대안을 찾을 수밖에 없을 것이다.

(4) 판례의 태도에 의하면 가정법원에서 한정승인신고를 수리하는 심판이

---

271) 한정승인자(상속인)의 채권자는 상속채권자가 상속재산으로부터 그 채권의 만족을 받지 못한 상태에서 상속재산에 대하여 강제집행을 할 수 없다. 이는 한정승인자의 고유채무가 조세채무인 경우에도 마찬가지이다(다만 그것이 상속재산 자체에 대하여 부과된 조세나 가산금, 즉 당해세에 관한 것이라면 예외가 인정된다). 대판 2016. 5. 24, 2015다250574.

272) 대판 2010. 3. 18, 2007다77781 전원합의체; 대판 2016. 5. 24, 2015다250574. 한정승인자의 채권자가 상속재산에 관하여 저당권 등의 담보권을 취득한 경우, 그 담보권을 취득한 한정승인자의 채권자와 상속채권자 사이의 우열관계는 민법상 일반원칙에 따라야 하며, 상속채권자라고 해서 우선적 지위를 주장할 수는 없다.

확정되어도 이는 일단 한정승인의 요건을 구비한 것으로 인정한다는 의미에 지나지 않으며, 한정승인의 효력을 확정하는 것은 아니라고 한다. 한정승인의 효력이 있는지의 여부에 대한 최종적인 판단은 실체법에 따라 민사소송에서 결정될 문제라는 것이다.[273] 예를 들어 피상속인 갑이 상속재산(적극재산) 1억, 상속채무 2억을 남겼는데, 상속인 A가 채무의 존재를 모르고 단순승인을 한 후 상속채권자 X의 청구를 받고서야 비로소 상속채무의 존재를 알게 된 경우를 상정해 본다. 상속채무의 존재를 알게 된 A는 제1019조 제3항에 따라 법원에 한정승인신고를 하여 수리되었다(특별한정승인).[274] 그러나 법원에서 한정승인신고가 수리되었다고 해서 상속인 A가 상속채무를 변제해야 할 책임이 상속재산의 범위 내로 한정되는 효력이 확정되는 것은 아니다. 이러한 한정승인의 효력은 별도의 민사소송에서 결정된다. 위의 예에서 상속채권자 X가 상속인 A를 상대로 2억원의 지급을 청구하는 소를 제기하면 상속채권에 관한 청구를 심리하는 법원은 A의 한정승인이 제1019조 제3항에서 정한 요건을 갖춘 특별한정승인으로서 유효한지의 여부를 심리·판단하여야 한다. A의 한정승인이 제1019조 제3항에서 정한 요건(상속인이 상속채무가 적극재산을 초과하는 사실을 중대한 과실없이 제1019조 제1항의 기간내에 알지 못하였을 것, 상속채무의 초과사실을 안 날부터 3월 내에 한정승인신고를 하였을 것)을 갖추지 못하여 특별한정승인으로서 유효하지 않다는 판단을 받게 되면, A는 단순승인을 한 것으로 확정되므로 상속재산의 범위를 넘어서 상속채무 전액을 변제하여야 한다. 그런데 한정승인의 효력에 관한 이와 같은 판례의 태도는 일반적인 시민의 이해와는 상당한 괴리가 있는 것으로 보인다. 일반시민의 입장에서는 법원에서 한정승인신고가 수리되면 당연히 한정승인의 효력이 발생하여, 상속재산의 범위 내에서 상속채무를 변제하는 것으로 책임이 한정되었다고 믿을 가능성이 높기 때문이다.

---

273) 대판 2002. 11. 8, 2002다21882; 대판 2021. 2. 25, 2017다289651.

274) 가사소송규칙 제75조 제3항은 가정법원의 한정승인신고 수리심판서에 신고일자와 대리인에 관한 사항을 기재하도록 정할 뿐 민법 제1019조 제1항의 한정승인과 동조 제3항의 특별한정승인을 구분하여 사건명이나 근거조문 등을 기재하도록 정하고 있지 않고, 재판실무상으로도 이를 특별히 구분하여 기재하지 않고 있다. 따라서 민법 제1019조 제3항이 신설된 후 상속인이 단순승인을 하거나 단순승인한 것으로 간주된 후에 한정승인신고를 하고 가정법원이 특별한정승인의 요건을 갖추었다는 취지에서 수리심판을 하였다면 상속인이 특별한정승인을 한 것으로 보아야 한다. 대판 2021. 2. 25, 2017다289651.

### 4. 상속재산의 관리

한정승인을 한 경우에, 상속인은 그 고유재산에 대하는 것과 동일한 주의로 상속재산을 관리하여야 한다§1022 본문 참조. 한정승인자가 수인인 경우에는 가정법원은 각 상속인 기타 이해관계인의 청구에 의하여 공동상속인 중에서 상속재산관리인을 선임할 수 있다§1040, 가소 §2①라류사건xxxiv. 그리고 법원이 선임한 관리인은 공동상속인을 대표하여 상속재산의 관리와 채무의 변제에 관한 모든 행위를 할 권리의무가 있다§1040②·③. 따라서 관리인의 지위는 다른 공동상속인으로부터 위임된 것은 아니나, 수임인과 거의 같은 입장에 있으므로 위임에 관한 규정이 유추적용된다고 해석된다. 이와 같이 관리인이 선임되면 다른 상속인은 관리·청산에 관한 권한이나 의무는 없어진다고 해석하여야 한다.

이러한 관리인은 상속채권자와 유증받은 자에 대한 채무변제가 끝날 때까지는 단독상속인이 한정승인을 한 경우와 동일한 입장에 있으므로, 제1022조·제1032조 내지 제1039조가 이러한 관리인에게 준용된다. 제1022조의 관리를 위하여 기울이는 주의의 정도는 공동상속인 중 관리인에 선임된 자가 '그 고유재산에 대하는 것과 동일한 주의로' 하면 되며, 다른 공동상속인이 그 고유재산에 대하는 것과 동일한 주의로 할 필요는 없다.

이 관리인을 한 사람으로 한정할 것이냐가 문제이다. 한정승인자가 몇 개의 그룹으로 나누어져서 다투는 경우에는, 각각의 그룹의 대표로서 여러 사람을 정하는 것이 편리한 경우도 있을 것이다. 관리인은 원래 상속인의 사적(私的)인 대표자에 지나지 않는다는 점을 생각하면, 예외적으로 복수를 인정해도 무방할 것이다.

### 5. 한정승인에 의한 청산절차

#### (1) 채권자에 대한 공고와 최고

한정승인을 한 자는 한정승인을 한 날로부터 5일내에 상속채권자와 유증받은 자에 대하여 한정승인을 하였다는 사실과 2개월 이상이 넘는 일정한 기간을 정하고 그 기간 내에 채권 또는 수증을 신고할 것을 공고하여야 한다§1032①. 그러나 상속인이 수인인 경우에 상속재산관리인이 가정법원에 의하여 선임된 때에는 공고할 5일의 기간은 관리인이 선임을 안 날로부터 기산된다 §1040③ 단서.

공고에는 채권자 또는 수증자가 기간 내에 신고하지 않으면 청산에서 제외된다는 것을 표시하여야 하며§1032②에 의한 §88②의 준용, 공고의 방법은 법원의 등기사항의 공고의 경우와 동일하게 하여야 한다§1032②에 의한 §88③의 준용. 다만 한정승인자가 알고 있는 채권자는 신고가 없더라도 제외할 수 없으며, 이러한 채권자와 유증받은 자에 대해서는 공고 이외에 각각 별도로 신고의 최고를 하여야 한다§1032②에 의한 §89의 준용. 이 공고·최고는 한정승인자의 의무이며, 이 의무를 게을리 함으로써 상속채권자 또는 유증받은 자에게 손해를 입혔을 때에는 그 손해를 배상하여야 한다§1038①. 위의 손해배상청구권은 불법행위의 손해배상청구권과 마찬가지로 손해를 안 날로부터 3년 내에 행사하지 않으면 시효로 인하여 소멸하며, 변제의 날로부터 10년을 경과하면 또한 마찬가지로 소멸한다§1038③에 의한 §766의 준용.

### (2) 변제의 순서와 방법

#### (가) 최고기간 중의 변제거절권

한정승인을 한 자는 신고기간이 만료되기 전에는 상속채권자와 유증받은 자에 대하여 상속채권의 변제를 거절할 수 있다§1033. 그러므로 채권신고기간 중에는 채권자는 상속재산에 대하여 강제집행을 할 수 없다고 본다. 다만 질권·저당권 등의 담보물권을 가지는 채권자는 신고기간만료 전에도 그 담보물권의 실행으로서 목적물의 경매를 할 수 있다고 본다. 왜냐하면 이러한 채권자는 배당변제에 있어서 우선적 취급을 받을 뿐만 아니라§1034① 단서, 상속재산의 액에 관계없이 목적물 위에 독점적 권리를 행사할 수 있기 때문이다§1039 단서. 한정승인자가 만약 기간이 만료하기 전에 변제를 함으로 인하여 다른 상속채권자나 유증받은 자에 대하여 변제할 수 없게 된 때에는 이로 말미암아 생긴 손해를 배상하여야 한다§1038①. 이 경우에 변제를 받지 못한 상속채권자나 유증받은 자는 그 사정을 알고 변제를 받은 상속채권자나 유증을 받은 자에 대하여 구상권을 행사할 수 있다§1038②.

제1019조 제3항에 의하여 특별한정승인을 하는 경우, 그 이전에 상속채무가 상속재산을 초과함을 알지 못한데 과실이 있는 상속인이 상속채권자나 유증 받은 자에게 변제한 경우에도 이로 말미암아 다른 상속채권자나 유증받은

자에게 발생한 손해를 배상하여야 한다§1038① 후단. 그러나 2022년에 신설된 제1019조 제4항에 따라 미성년자였던 상속인이 성년이 된 후 상속채무의 초과사실을 안 날부터 3개월 내에 한정승인을 할 때에는 이러한 손해배상의무가 없다. 예를 들어 갑이 사망하여 갑의 자녀 을(18세)이 상속인이 되었는데, 갑에게는 채권자 A, B, C가 있었다. 갑이 남긴 상속재산(적극재산)은 9,000만원이고, A, B, C는 각각 갑에게 6,000만원의 금전채권을 가지고 있었다. 을의 미성년후견인(법정대리인)은 채권자 B, C의 존재를 알지 못하고 A에게 6,000만원을 변제하였다. 을이 19세가 되었을 때 B, C는 각각 을에게 상속채무 6,000만원을 변제하라고 청구하였다. 이러한 경우 을은 제1019조 제4항에 따라 특별한정승인을 할 수 있는데, 남은 상속재산 3,000만원의 한도에서 B, C에게 각각 1,500만원을 변제하면 된다. 을의 미성년후견인(법정대리인)이 A에게 6,000만원을 변제함으로써 B, C에게는 각각 1,500만원의 손해가 발생하였지만, 제1019조 제4항에 따라 특별한정승인을 하는 을에게는 이러한 손해를 배상할 의무가 없다.

그리고 제1019조 제3항에 의하여 특별한정승인을 하는 경우, 그 이전에 상속채무가 상속재산을 초과하는 사실을 알고 변제받은 상속채권자나 유증받은 자가 있는 때에는 변제를 받지 못한 상속채권자나 유증받은 자는 위의 자에 대하여 구상권을 행사할 수 있다§1038② 후단.

제1019조 제4항에 의하여 특별한정승인을 하는 경우에도 위와 같다§1038② 후단. 위의 예에서 채권자 A가 상속채무의 초과 사실을 알면서 을의 미성년후견인(법정대리인)으로부터 6,000만원을 변제받았다면, B, C는 각각 A에 대하여 1,500만원을 구상할 수 있다.

위의 손해배상청구권과 구상권에는 모두 불법행위의 규정이 적용되어, 손해를 안 날로부터 3년 내에 행사하지 않으면 시효로 인하여 소멸하며, 변제의 날로부터 10년을 경과하면 또한 마찬가지로 소멸한다§1038③에 의한 §766의 준용.

채권신고기간의 만료 후에는 그 기간 내에 신고한 상속채권자와 한정승인자가 알고 있는 상속채권자에 대해서는 즉시 변제하여야 하겠지만, 상속재산이 채무액에 부족한 경우를 예상해서 변제의 비율을 정할 필요가 있다고 생각되므로, 상속재산의 액수 또는 상속채무의 총액을 확정하는 데에 필요한 적당한 기간 동안은 변제를 연기할 수 있다고 보아야 한다.

☞ 2002년 1월에 신설된 민법 제1019조 제3항은 다음과 같이 규정하고 있다. “제1항의 규정(상속인은 상속개시 있음을 안 날로부터 3월내에 단순승인이나 한정승인 또는 포기를 할 수 있다)에 불구하고 상속인이 상속채무가 상속재산을 초과하는 사실을 중대한 과실없이 제1항의 기간내에 알지 못하고 단순승인(제1026조 제1호 및 제2호에 의하여 단순승인한 것으로 보는 경우를 포함한다)을 한 경우에는 그 사실을 안 날로부터 3월내에 한정승인을 할 수 있다.” 상속인이 이 규정을 이용할 수 있는 경우는 크게 다음과 같은 두 가지로 정리될 수 있을 것이다. 첫째 상속인이 3월의 고려기간이 경과하기 전에 상속재산을 처분한 경우이다. 이 경우에는 민법 제1026조 제1호에 의해서 단순승인이 의제되고, 따라서 상속인은 피상속인의 모든 재산적인 권리의무를 승계하게 되는데, 이 경우 상속채무가 적극재산을 초과하고 있다면 상속인은 예측하지 못한 피해를 보게 된다. 그러나 신설된 제1019조 제3항에 의하면 상속인이 상속재산을 처분했을 때 상속채무가 적극재산을 초과하는 사실을 중대한 과실없이 알지 못한 경우, 상속인은 그 사실을 안 날로부터 3월내에 한정승인을 할 수 있게 되어 자신의 고유재산으로 상속채무를 전부 변제해야 하는 사태를 막을 수 있다. 이 경우 상속재산의 처분에는 부동산 등의 상속재산을 매각한 경우뿐만 아니라, 상속채권을 변제한 경우도 포함된다.[275] 그 다음으로 생각할 수 있는 경우는 3월의 고려기간이 경과함으로써 단순승인이 의제된 때이다. 상속인이 상속재산 중 채무가 적극재산을 초과하는 사실을 중대한 과실없이 알지 못하였기 때문에 한정승인이나 포기를 하지 않은 상태에서 고려기간이 도과하여 단순승인의 효과가 발생한 경우에도, 상속인은 그 사실을 안 날로부터 3월내에 한정승인을 하여 자신의 책임을 한정시킬 수 있다. 단순승인으로 의제된 후에 상속인이 상속재산을 매각하거나 상속채무를 변제했다고 하여도 그 후에 상속채무가 적극재산을 초과하는 사실을 알게 되었다면 상속인은 그 때 한정승인을 할 수 있게 된다. 그러나 이와 같은 경우에도 상속인이 아무런 제한없이 한정승인을 할 수 있다면, 상속재산으로부터 변제를 받아야 할 상속채권자는 손해를 볼 수 있다. 그러므로 여기서 상속인의 보호와 상속채권자의 이익이라는 두 가지 법익의 균형을 조율할 필요가 생긴다. 이런 이유에서 개정법 제1030조(한정승인의 방식) 제2항은 “제1019조 제3항의 규정에 의하여 한정승인을 한 경우 상속재산 중 이미 처분한 재산이 있는 때에는 그 목록과 가액을 함께 제출하여야 한다”고 규정하고 있다. 또한 개정법은 제1034조(배당변제) 제2항 본문에서 “제1019조 제3항의 규정에 의하여 한정승인을 한 경우에는 그 상속인은 상속재산 중에서 남

275) 대판 2006. 1. 26, 2003다29562: 상속인들이 상속재산의 협의분할을 통해 이미 상속재산을 처분한 바 있다고 하더라도 상속인들은 여전히 민법 제1019조 제3항의 규정에 의하여 한정승인을 할 수 있다.

아있는 상속재산과 함께 이미 처분한 재산의 가액을 합하여 제1항의 변제(한정승인자는 제1032조 제1항의 기간만료 후에 상속재산으로써 그 기간내에 신고한 채권자와 한정승인자가 알고 있는 채권자에 대하여 각 채권액의 비율로 변제하여야 한다)를 하여야 한다"고 규정하고 있다. 신설된 민법 제1019조 제3항은 상속인을 보호하기 위한 규정이지만, 이 조항에 의하면 상속인이 상속재산을 처분한 후에도 한정승인을 하는 것이 가능하기 때문에 결과적으로 상속채권자가 손해를 볼 수 있게 된다. 그러나 상속인을 보호하기 위하여 상속채권자의 이익을 일방적으로 희생시키는 것은 균형을 상실한 것이므로, 상속인이 상속재산을 처분한 경우에도(처분에 의해서 단순승인이 된 경우와 고려기간의 경과로 단순승인이 된 후 상속재산을 처분한 경우를 포함한다) 한정승인을 할 수 있게 하여 상속인의 보호를 꾀하는 한편(만일 이 경우 상속인이 한정승인을 할 수 없다면, 단순승인의 효과에 따라 모든 상속채무를 변제할 수밖에 없다), 이 경우에도 상속채권자에게 손해가 가지 않도록 하기 위하여 상속인으로 하여금 남아있는 상속재산에 이미 처분한 상속재산의 가액을 합하여 변제하도록 규정한 것이다. 따라서 이 규정에 의하면 상속인이 상속재산을 처분한 후에 한정승인을 하더라도 상속채권자에게는 손해가 발생하지 않게 된다. 예를 들어 상속인 甲은 피상속인 乙로부터 9천만원 상당의 재산을 상속했는데, 상속개시 당시에는 상속채무의 존재를 중대한 과실없이 알지 못했기 때문에 3월의 고려기간이 도과한 후 상속재산 중 3천만원 상당의 주식을 처분하였다고 가정해 본다. 그 후 乙의 채권자 A, B, C가 각각 6천만원의 채권을 가지고 있는 사실이 밝혀졌다면, 甲은 그 때 한정승인을 할 수 있으나, 이 경우 甲은 남아있는 상속재산 6천만원에 이미 처분한 재산 가액 3천만원을 합하여 상속채권자들에게 변제를 하여야 한다. 즉 상속채권자 A, B, C는 甲으로부터 각각 3천만원씩 배당변제를 받게 된다(이 경우에 甲이 한정승인을 할 수 없다면 甲은 1억 8천만원의 상속채무 전부를 변제하여야 할 것이다. 즉 상속인에게 한정승인의 이익을 주지만, 상속채권자는 그로 인하여 손해를 보지 않도록 하는 것이다). 그러나 개정법 제1034조 제2항 단서는 "다만, 한정승인을 하기 전에 상속채권자나 유증받은 자에 대하여 변제한 가액은 이미 처분한 재산의 가액에서 제외한다"고 규정하고 있다. 위에서 든 예에서 상속인 甲이 상속채권자 A를 乙의 유일한 채권자로 믿고 6천만원의 채무전액을 상속재산으로 변제하였다고 가정해 보자. 나중에 피상속인 乙에게 B와 C라는 채권자가 있음을 알게 된 甲은 그 때 한정승인을 할 수 있을 것이나, 개정법 제1034조 제2항 단서에 따르면 이 경우 甲은 남아있는 상속재산에 이미 A에게 변제한 가액 6천만원을 합하여 B와 C에게 변제를 할 필요가 없다. 甲의 A에 대한 변제는 유효한 변제이므로 취소될 수 없으며(甲은 중대한 과실없이 乙에게 B와 C라는 채권자가 있다는 사실을 알지 못하고 A에게 채무를 변제하였으므로, 甲의 행위는 사해행위에 해당되지 않는다. 또한 甲의 A에 대한 변제는 유효한 변제이므로, 甲은 A에 대하여 부당이득반환청구를 할 수도 없다), 이제 甲은 B, C 두 사람의 채권자에 대해서만 변제를 하면 된다. 그러나 이 경우에 甲이 남은 상속재산 3천만원을 가지고 B와 C에게 변제를 한다면, 이들 채권자는 손해를 입게 된다(원래의 상속재산 9천만원으로 A와 더불어 배당변제를 받을 경우 각각 3천만원씩 변제를 받게 되는데, A에게 변제하고 남은 재산만으로 변제를 받는다면 1천5백만원밖에 받을 수 없게 되기 때문이다. 반면에 甲이 A에게 변제한 가액 6천만원을 남은 상속재산 3천만원에 합하여 변제를 하는 경우 B와 C는 각각 4천5백만원씩을 변제받게 되어 원래의 상속재산으로 변제를 받는 경우보다 초과하여 변제를 받는 결과가 된다). 이와 같이 상속채권자에게 손해가 돌아가는 것을 막기 위하여 개정법은 제1038조(부당변제 등으로 인한 책임) 제1항 후단에서 "제1019조 제3항의 규정에 의하여 한정승인을 한 경우 그 이전에 상속채무가 상속재산을 초과함을 알지 못한 데 과실이 있는 상속인이 어느 상속채권자나 유증받은 자에게 변제한 결과 다른 상속채권자나 유증받은 자에 대하여 변제할 수 없게 된 때에는 그 손해를 배상해야 한다"는 취지의 규정을 두었다. 이 규정에 따르면 위의 예에서 甲이 상속재산 중 채무가 적극재산을 초과한다는 사실을 알지 못한 상태에서(이 사실을 알지 못한 데 과실이 요구된다. 이 경우의 과실은 중과실에 해당하지 않는 과실, 즉 경과실을 의미한다. 중과실이 있었던 경우에는 단순승인이 된 후 상속인이 한정승인을 할 수 있는 기회가 없기 때문이다) 상속채권자 중 한 사람인 A에게 채무를 변제한 후 한정승인을 하여 다른 상속채권자 B와 C에게 손해가 발생하였다면 그 손해를 배상해야 한다(甲이 A에 대하여 채무전액을 변제했기 때문에 B와 C는 남은 상속재산으로 배당변제를 받아도 각각 1천5백만원밖에 받을 수 없게 된다. 그러나 甲이 민법 제1019조 제1항에 의해서 한정승인을 했다면 원래의 상속재산으로부터 배당변제를 받게 되어 B와 C는 각각 3천만원씩의 변제를 받았을 것이다. 즉 이 경우 B와 C는 甲이 제1019조 제3항에 의해서 한정승인을 했기 때문에 각각 1천5백만원씩의 손해를 본 셈이다. 甲에게 이와 같은 손해의 배상책임을 인정한 것이 개정법 제1038조 제1항 후단규정이다). 이렇게 함으로써 상속인의 보호와 상속채권자의 이익이라는 두 개의 법익을 조화롭게 실현하고자 한 것이다. 나아가 개정법 제1038조 제2항 후단은 "제1019조 제3항의 규정에 의한 한정승인의 경우 어느 상속채권자가 그 이전에 상속채무가 상속재산을 초과함을 알고 변제를 받은 결과 다른 상속채권자에게 손해가 발생했다면, 손해를 입은 상속채권자는 변제를 받은 상속채권자에 대하여 구상권을 행사할 수 있다"는 취지를 규정하고 있다. 즉 위의 예에서 A가 상속채무가 적극재산을 초과한다는 사실을 알면서 甲으로부터 6천만원의 채무전액을 변제받았고, 그 결과 다른 상속채권자 B와 C가 손해를 입게 되었다면(물론 이 경우 甲에게 과실이 있다면 B와 C는 甲에 대해서 손해배상을 청구할 수도 있겠지만, 甲에게 자력이 없는 경우도 있을 수 있다), B와 C는 A에 대해서 구상권을 행사할 수 있게 된다. 이 규정의 기능은 상속채권자 사이의 형평을 실현하는 것이다.

(나) 채권신고기간만료 후의 변제

신고기간이 만료되었을 때에는 한정승인자는 그 기간 내에 신고한 채권자와 한정승인자가 알고 있는 채권자[276](성명뿐만 아니라 채권액도 알고 있는 것을 의미한다)에 대하여 각 채권액의 비율에 따라 상속재산으로써 배당변제를 하여야 한다(특정물의 인도를 목적으로 하는 채권 등도 비율에 따라 변제하는 경우에는 이를 금액으로 환산하여 변제하게 된다§1034① 본문). 제1019조 제3항 또는 제4항의 규정에 의하여 특별한정승인을 한 경우에는 그 상속인은 상속재산 중에서 남아있는 상속재산과 함께 이미 처분한 재산의 가액을 합하여 배당변제를 하여야 한다§1034② 본문. 다만, 특별한정승인을 하기 전에 상속채권자나 유증받은 자에 대하여 변제한 가액은 이미 처분한 재산의 가액에서 제외된다§1034② 단서. 특별한정승인을 하기 전에 상속인이 특정의 상속채권자나 유증받은 자에 대해서 변제함으로써 다른 상속채권자에게 손해가 발행한 경우에는 그 손해를 배상하도록 함으로써 문제를 해결한다§1038① 후단.

변제방법은 다음 3단계의 순서에 의한다.

① 첫째로는, 우선권이 있는 채권자, 즉 유치권·질권·저당권 등을 가지고 있는 채권자가 그 권리의 목적물가격의 한도에서 우선적으로 변제를 받는다§1034① 단서. 그리고 그 담보재산으로써 채권의 완제를 받지 못하면 그 잔액에 대해서는 일반채권자와 경합하여 비례적으로 변제를 받는다.

② 둘째로는, 일반의 채권자가 변제를 받는다§1034① 본문.

③ 끝으로는, 유증받은 자가 변제를 받는다§1036. 잔여재산이 모든 수증자에게 변제하는 데 부족할 때에는 유언에 다른 정함이 없는 한, 유증의 액에 따라 배당변제한다고 보는 것이 좋을 것이다. 유증을 받은 자에 대한 변제를 상

---

276) '한정승인자가 알고 있는 채권자'에 해당하는지 여부는 한정승인자가 채권신고의 최고를 하는 시점이 아니라 배당변제를 하는 시점을 기준으로 판단하여야 한다. 따라서 한정승인자가 채권신고의 최고를 하는 시점에는 알지 못했더라도 그 이후 실제로 배당변제를 하기 전까지 알게 된 채권자가 있다면 그 채권자는 민법 제1034조 제1항에 따라 배당변제를 받을 수 있는 '한정승인자가 알고 있는 채권자'에 해당한다. 대판 2018. 11. 9, 2015다75308.

속채권자보다 후순위로 한 것은, 만약 이를 동순위로 하면 상속채권자를 사해할 목적으로 유증이 행하여질 우려가 있기 때문이다.

아직 변제기에 이르지 않은 채권도 앞에서 말한 절차에 의하여 변제하여야 하며, 또 조건있는 채권(해제조건 또는 정지조건이 있는 채권)이나 존속기간이 불확정한 채권(예컨대 실업 중에 생활비를 보조한다고 하는 것과 같이 며칠부터 며칠까지로 기간이 확정되지 않은 채권)도 가정법원이 선임한 감정인의 평가에 의하여 변제하여야 한다§1035.

이상에 위반하여 변제를 함으로써, 다른 채권자에게 손해를 입혔을 때에는 한정승인자는 손해를 배상할 책임을 지며, 또 이 경우에 그 사정을 알고 부당하게 변제를 받은 채권자 또는 유증받은 자에 대해서는 다른 채권자 또는 유증받은 자의 구상권이 인정된다. 신고기간만료 전의 변제와 마찬가지로 이러한 청구권에 대해서는 불법행위로 인한 손해배상청구권에 관한 단기소멸시효와 장기소멸시효의 규정이 적용된다§1038.

(다) 신고하지 않은 자에 대한 변제

신고기간 내에 신고하지 않은 상속채권자와 유증받은 자로서 한정승인자가 알지 못한 자의 청구에 대해서는, 앞에서 말한 변제를 완료하고 상속재산의 잔여가 있는 경우에 비로소 변제가 된다§1039 본문. 그런데 그 변제의 순서와 비율에 대하여 규정하는 바가 없으므로, 어떤 채권자에게 먼저 변제하더라도 그것은 유효하다. 다만 채권자가 여러 명이 있는데, 잔여재산이 채권총액보다 부족할 경우에는 신의성실의 원칙상 채권액의 비율에 따라 배당변제를 하여야 한다고 보아야 할 것이다.

그리고 유증받은 자는 어떠한 경우에도 상속채권자보다 우선하여 상속재산으로부터 변제를 받을 수 없으므로, 신고를 한 유증받은 자 또는 한정승인자가 알고 있는 유증받은 자에게 변제하기 전에 신고기간 중에 신고를 하지 않았던 채권자가 변제를 청구한 때에는, 잔여재산이 존재하는 한, 유증받은 자보다 먼저 변제를 하여야 한다. 잔여재산이 없으면 책임을 질 필요가 없다. 남은 재산이 없다는 것에 대한 입증책임이 한정승인자에게 있음은 당연하다.

그리고 신고를 하지 않거나 한정승인자가 알지 못한 상속채권자라 할지라도 상속재산에 대하여 질권·저당권 등의 특별담보권을 가지고 있을 때에는 그 담보가액의 한도에서 변제를 받는다§1039 단서. 이는 담보물권의 효력으로서 당연한 것이며, 본조 단서는 단지 주의규정이라는 의미를 가지는데 지나지 않는다.

(라) 상속재산의 경매

상속재산으로 변제를 하는 경우에 이를 환가할 필요가 생기는 일이 있다. 이러한 경우에는 상속재산의 일부나 전부를 민사집행법에 의하여 경매하여야 한다§1037.[277] 만약 경매에 의하지 않고 상속재산을 매각한 경우, 이 매매의 효력은 어떻게 될까. 민법은 한정승인자의 위반행위에 대하여 한정승인의 이익을 박탈하든가§1026, 그렇지 않으면 손해배상의 책임을 지우든가§1038 하는 것으로써 만족하고 있다고 보아야 할 것이다. 또한 그 매매의 효력을 무효로 한다면 그 사실을 알지 못하는 상대방을 해하게 되어 거래의 안전이 위태롭게 되므로, 매매당사자간에서는 유효한 것으로 보아야 한다. 다만 이 규정의 취지로 보아, 그 환가가 타당하지 않다고 생각되는 경우에는, 한정승인자는 경매에 붙였더라면 얻을 수 있었을 가액과 전술한 임의매각에 의하여 얻은 가액간의 차액에 대하여, 불법행위에 의한 손해배상책임을 지는 것으로 보는 것이 좋을 것이다.

## 4 상속의 포기

**設 例**

A에게는 처 B와 아들 C가 있는데, C는 A를 도와서 A가 경영하는 제과점에서 일을 해 왔다. 그런데 C는 도박벽이 있어서 D에 대하여 많은 빚을 지고 있다. A가 사망한 후 C는 상속포기를 하였다. 이에 대하여 D는 C의 상속포기를 사해행위라고 하여 채권자취소청구를 할 수 있는가?

### 1. 포기의 의의

피상속인의 사망으로 상속이 개시되면 피상속인에게 속한 모든 재산상의 권리의무가 상속인에게 당연히 승계된다. 상속의 포기란 상속재산에 속한 모든 권리의무의 승계를 부인하고 처음부터 상속인이 아니었던 것으로 하려는

277) 민법 제1037조에 근거하여 민사집행법 제274조에 따라 행하여지는 상속재산에 대한 형식적 경매절차에서는 일반채권자인 상속채권자로서는 민사집행법이 아닌 민법 제1034조, 제1035조, 제1036조 등의 규정에 따라 변제받아야 한다(대판 2013. 9. 12, 2012다33709).

단독의 의사표시이다. 민법은 상속재산에 관해서는 종래부터 포기의 자유를 인정하여 왔다(반면에 호주상속에 있어서는 포기를 금지했던 때가 있었다). 상속재산 중에서 적극재산이 더 많으면 포기할 필요가 없으며, 적극재산이 많은지 소극재산이 많은지 의심스러운 경우에는 한정승인을 하면 된다. 그러나 상속재산이 채무초과인 것이 명백한 경우에는 상속포기를 하는 것이 바람직하다. 한정승인은 절차 자체가 상당히 번거롭기 때문에 채무의 승계를 면하려는 사람은 역시 상속포기를 하는 것이 간단하다. 다만 선순위 상속인이 전부 상속을 포기하면 차순위 상속인에게 채무가 상속되므로, 차순위 상속인의 번거로움을 덜어주기 위하여 선순위 상속인 중 1인이 한정승인을 하고, 나머지 상속인은 상속포기를 하는 경우가 있다. 예를 들어 갑이 사망하여 배우자 을과 자녀 병, 정이 상속인이 되었는데, 을이 한정승인을 하고 병, 정은 상속포기 신고를 함으로써 차순위 상속인인 갑의 형제자매에게 채무가 상속되지 않도록 하는 것이다.

## 2. 포기의 방식

포기를 하려는 자는 3개월의 고려기간 중에 가정법원에 포기의 신고를 하여야 한다§1041.[278] 공동상속의 경우에도 각 상속인은 단독으로 포기할 수 있다. 상속인은 고려기간 중에 상속재산의 조사를 할 수 있으나§1019②, 고려기간을 경과하거나 또는 그 기간 중에 상속재산을 처분하면 단순승인으로 보게 되므로, 이러한 경우에는 포기할 수 없다(고려기간이 경과하기 전에 상속인이 상속포기신고를 한 경우에도 아직 포기의 효력이 발생하기 전에 상속재산을 처분하면 단순승인으로 의제된다대판 2016. 12. 29. 2013다73520).[279] 따라서 이런 경우에는 상속포기신고가 수리되더라도 무효이다. 포기는 반드시 가정법원에 대하여 신고로써 하여야 하며, 사인(私人)에 대해서 하는 것은 무효이다. 그리고 포기의 이유를 표시할 필요는 없다. 포기는 신고의 수리라는 심판에 의해서 성립하며가소 §2①라류사건xxxii, 당사자가 심판을 고지받음으로써 효력이 발생한다가소 §40. 따라서 포기신고서를 제출하기만 하고 수리하기 전에 그 당사자가 사망하였을 때

278) 대판 1976. 4. 27, 75다2322, 판례월보 72호(판례가족법, 787면).

279) 상속포기의 효력은 상속포기신고를 수리하는 가정법원의 심판이 당사자에게 고지됨으로써 발생한다.

에는 수리할 수 없다고 보아야 할 것이다(제1021조의 문제가 된다). 그리고 가정법원은 신고서가 형식적 요건을 갖추고 있는가의 여부, 포기가 과연 진의인가의 여부를 확인하기 위한 심사를 할 필요가 있다가소 §45 참조. 공동상속제도가 법률상 확립됨으로써 특히 여자에게도 상속권이 주어진 결과 포기신고서가 제3자에 의하여 자의로 작성되거나 혹은 부당한 압력에 의하여 만들어질 염려가 많기 때문에, 진의 여부의 확인은 매우 중요하다고 생각된다. 그러나 포기신고의 수리로써 포기의 유효·무효가 종국적으로 확정되는 것은 아니다.[280] 일단 포기신고가 수리된 때에는 원칙적으로 취소할 수 없다§1024. 그리고 상속개시 전의 포기는 인정되지 않는다.[281]

### 3. 포기의 효과

#### (1) 포기의 소급효

포기자는 처음부터 상속인이 아니었던 것으로 된다§1042(따라서 상속을 유효하게 포기한 공동상속인 중 한 사람이 그 사실을 숨기고 여전히 공동상속인의 지위에 남아 있는 것처럼 참칭하여 그 상속지분에 따른 소유권이전등기를 한 경우에는 참칭상속인이 된다). 즉 상속재산에 속한 여러 가지 적극재산도, 채무 기타의 소극재산도 모두 승계하지 않았던 것이 된다.[282] 만약 포기한 때부터 효력을 생기게 한다면, 상속개시로부터 그때까지의 사이에는 상속인이냐 하는 의문이 생겨서 포기의 의의에 반하기 때문이다.

---

280) 대판 1972. 11. 14, 72므6(판례가족법, 809면)은 상속포기신고서의 위조를 이유로 상속포기가 무효임을 판시하고 있다. 그 밖에 고려기간의 경과 후에 포기신고가 된 경우에도 무효가 될 것이다.

281) 대판 1994. 10. 14, 94다8334, 법원공보 980호, 2971면; 대판 1998. 7. 24, 98다9021, 판례공보 1998. 9. 1, 2213면.

282) 상속을 포기한 자는 피상속인의 납세의무를 승계하지 않는다(대판 2013. 5. 23, 2013두1041); 상속포기와 혼동에 관하여는 대판 2005. 1. 14, 2003다38573, 38580 참조(이 판례에 관한 연습에 대해서는, 양창수, '자동차사고로 인한 손해배상청구권의 혼동과 상속포기', 고시연구 2005년 5월호, 71면 이하 참조); 상속인은 아직 상속의 승인, 포기 등으로 상속관계가 확정되지 않은 동안에도 잠정적으로 피상속인의 재산을 당연 취득하고 상속재산을 관리할 의무가 있으므로, 상속채권자는 그 기간 동안 상속인을 상대로 상속재산에 관한 가압류결정을 받아 집행할 수 있다. 그 후 상속인이 상속포기를 하여 상속인의 지위를 소급하여 상실한다고 하더라도 이미 발생한 가압류의 효력에 영향을 미치지 않는다. 따라서 상속채권자는 종국적으로 상속인이 된 사람 또는 제1053조에 따라 선임된 상속재산관리인을 채무자로 한 상속재산에 대한 경매절차에서 가압류채권자로서 적법하게 배당을 받을 수 있다. 대판 2021. 9. 15, 2021다224446.

(2) 포기한 상속재산의 귀속

(가) 상속인이 수인인 경우에 어느 상속인이 상속을 포기한 때에는 그 상속분은 다른 상속인의 상속분의 비율로 그 상속인에게 귀속한다§1043. 그런데 이 '다른 상속인의 상속분의 비율'에 대하여 해석상 다소 문제가 있다. 즉,

① 포기한 상속인의 상속인이 그 상속재산을 대습상속하게 되느냐 하는 것이다. 이에 대하여 긍정하는 설이 있으나,283) 이에 찬성할 수 없다. 민법이 인정하는 대습상속의 사유는 '피대습자의 사망 또는 결격'에 국한되어 있으므로, '상속인의 포기'는 대습상속의 사유가 될 수 없다고 해석된다(대판 1995. 9. 26, 95다27769도 같은 취지로 해석하고 있다).

② 상속인 중 1인이 상속을 포기한 경우에 다른 상속인의 상속분은 어떠한 영향을 받을 것인가.

예컨대 2인의 자녀 갑, 을과 배우자를 남겨 놓고 사망한 사람의 재산이 7,000만원 있다고 가정하고, 특별한 사정이 없으면 법정상속에 따라 배우자는 3,000만원, 갑과 을은 각각 2,000만원씩을 상속하게 된다. 그런데 이러한 경우에 갑이 상속을 포기하면 그 상속분은 배우자와 을에게 어떻게 귀속하느냐 하는 것이다.

상속을 포기한 상속인은 상속개시 당시부터 상속인이 아니었던 것으로 되므로, 갑은 상속개시시부터 상속인이 아니었던 것으로 보면 된다. 따라서 상속개시시부터 상속인으로서는 배우자와 을만 있었다고 보고, 상속분을 산정한다. 배우자의 상속분은 3/5, 을의 상속분은 2/5가 되므로, 배우자는 4,200만원, 을은 2,800만원을 상속하게 된다.

③ 상속인인 직계비속이 상속개시 전에 직계비속 A·B를 남겨 놓고 사망함으로써 그 직계비속들이 대습상속을 하였는데, 그중 B가 포기를 하였다면 B의 상속분은 누구에게 귀속할 것이냐가 문제인데, 이 경우에도 처음부터 A밖에 없었던 것으로 하여 A가 B의 상속분 전부를 가진다고 보아야 할 것이다.

(나) 피상속인의 배우자와 직계비속인 자녀가 모두 상속을 포기하게 되면 손자녀가 직계비속으로서 상속하게 된다§1000①·②·1003. 손자녀도 모두 상속을 포기하게 되면 제2순위인 직계존속이 상속하며, 직계존속이 모두 상속을 포기하면 제3순위인 형제자매가 상속을 하는데, 그들도 모두 상속을 포기하여

---

283) 金疇洙·金容漢, 신친족상속법, 1963, 343면(이 부분은 김용한교수의 집필).

차순위자(4촌 이내의 방계혈족)가 없는 때에는 상속인부존재의 상태가 된다. 따라서 상속인부존재의 경우의 상속재산처리방식에 따라 처리된다§1053 이하.

한편 피상속인의 배우자와 자녀 중 자녀만이 상속을 포기하면 누가 상속인이 되는가에 대해서는 견해의 대립이 있다(예를 들어 상속재산이 채무초과이어서 배우자는 한정승인을 하고, 자녀들은 전부 상속포기를 하였는데, 피상속인에게 자녀 이외에 직계비속으로 손자녀가 있는 경우). 첫째, 상속포기의 효력이 소급하는 결과 자녀들만 모두 상속을 포기하면, 이들은 상속개시 시부터 상속인이 아니었던 것으로 되므로, 배우자와 다른 직계비속인 손자녀가 공동상속인이 된다는 견해가 있다. 예를 들어 피상속인 갑에게 배우자 을과 자녀 병, 정이 있는데, 을이 한정승인을 하고 병과 정이 상속포기를 하면, 병과 정의 자녀(갑의 손자녀) A와 B가 을과 더불어 공동상속인이 된다는 것이다(대판 2015. 5. 14, 2013다48852: 피상속인의 배우자와 자녀 중 자녀만이 상속을 포기한 경우에는 피상속인의 배우자와 손자녀가 공동상속인이 된다). 둘째, 제1043조를 근거로 하여 상속을 승인한 을만이 단독상속인이 되고 손자녀 A와 B는 상속인이 되지 않는다는 견해가 있다(대결 2023. 3. 23, 2020그42 전원합의체: 피상속인의 배우자와 자녀 중 자녀만이 상속을 포기한 경우, 배우자가 단독상속인이 된다). 이 견해에 의하면 병과 정이 포기한 상속분이 을에게 귀속하므로, 을이 단독상속인이 되고, 손자녀 A와 B는 상속인이 될 여지가 없다고 한다. 그러나 이 견해에 따르더라도 피상속인의 배우자와 자녀가 모두 상속을 포기하면 제1043조가 적용될 수 없으므로, 손자녀가 상속인이 된다. 즉 위의 예에서 배우자 을과 자녀 병, 정이 모두 상속을 포기하면 A와 B가 상속인이 된다.

우리 민법체계에서 누가 상속인이 되는가는 기본적으로 제1000조 내지 제1004조에 의해서 결정되고(상속인 중에 상속을 포기한 사람이 있는 경우에는 보충적으로 제1042조에 따라 상속인이 결정된다), 제1043조는 일단 이와 같이 결정된 상속인 중에서 일부가 상속을 포기한 경우에 상속분의 귀속을 정하는 규정이라고 생각된다. 이렇게 본다면 위의 사례에서는 상속개시 시 일단 배우자 을과 자녀 병, 정이 제1000조 제1항, 제2항과 제1003조 제1항에 따라 상속인이 되고, 병과 정이 상속을 포기하면 제1042조에 의하여 상속개시 시부터 상속인이 아니었던 것으로 되므로, 배우자 을과 손자녀인 A, B가 상속인이 된다(A와 B는 상속개시 시부터 상속인이었던 것으로 된다). A와 B가 상속을 포기하지 않으면, 을과 A, B로 상속인이 결정되며, 이들 중에 일부가 상속을 포기하지 않는 한, 제1043조는 적용될 여지가 없는 것으로 보인다. 한편 제1003조 제1항은 "피상속인의 배우자는 제1000조 제1항 제1호와 제2호의 규정에 의한 상속인(피상속인의 직계비속과 직계존속)이 있는 경우에는 그 상속인과 동순위로 공동상속인이 되고 그 상속인이 없는 때에는 단독상속인이 된다"고 규정하고 있다. 이 규정에 따르면 피상속인에게 직계비속이 있는 한, 피상속인의 배우자는 단독상속인이 될 수 없으며, 피상속인의 직계비속과 공동상속인이 될 수밖에 없다. 위의 예에서 피상속인 갑에게는 직계비속으로 자녀 병, 정과 손자녀 A, B가 있는데, 자녀 병, 정이 상속을 포기하여 처음부터 상속인이 아닌 것으로 되면, 직계비속으로 손자녀 A, B가 남게 되므로, 피상속인의 배우자 을이 피상속인의 직계비속인 손자녀 A, B와 공동상속인이 되는 것은 법규정상 명백하다. 두 번째 견해는 상속인 중에 일부가 상속을 포기한 경우의 상속분 귀속에 관한 제1043조를 근거로 을이 단독상속인이 된다는 해석론을 펼치고 있는데, 이는 상속인 결정에 관한 기본 규정인 제1000조와 제1003조에 정면으로 배치된다(이 규정에 따르면 피상속인의 배우자는 피상속인의 직계비속과 직계존속이 없는 경우에 한하여 비로소 단독상속인이 될 수 있다). 두 번째 견해가 위와 같은 사례에서 미성년자인 손자녀를 상속채무로부터 보호하려는 해석론적 시도라는 점은 이해가 가지만, 이는 해석론의 범위를 넘어선 것으로 보인다.[284)]

(다) 위에서 적극재산의 귀속에 관하여 말한 것은 그대로 소극재산, 즉 채무의 귀속에도 적용된다.

이와 같은 상속분의 귀속은 법률상 당연히 행하여지며, 귀속을 받는 상속인은 거절할 수 없다. 이와 같이 포기는 공동상속인간의 이해와 직접적으로 관계된다. 특히 상속재산이 채무초과인 경우에는 포기자 이외의 공동상속인은 포기자의 몫까지 채무를 분담하게 되므로, 포기가 되었는가의 여부는 중대한 관심사이다. 그럼에도 불구하고 상속포기의 사실을 공동상속인에게 통지하는 것조차 요구하지 않는 것은 법률상의 불비라고 보지 않을 수 없다. 입법론으로서 고려의 여지가 있다.

설례의 경우, 상속포기가 채권자취소권의 대상이 되는가에 대해서는 의문의 여지가 있으나(위에서 본 바와 같이 이 문제에 관한 학계의 견해는 나누어져 있

284) 이러한 문제는 해석론이 아니라 입법론으로 해결되어야 할 것이다. 2022. 12. 13.부터 시행되고 있는 제1019조 제4항에 의해서 이러한 문제는 어느 정도 해결될 것으로 보이지만, 보다 강력한 입법적 조치가 필요하다는 사회적 공감대가 형성될 수도 있다.

으며, 부정설이 다수설이라고 할 수 있다. 판례는 부정설의 입장을 취하고 있다), 대상이 될 수 없다고 보아야 한다. 왜냐하면 채권자취소권 행사의 대상이 되는 행위는 적극적으로 채무자의 재산을 감소시키는 행위라야 하며, 소극적으로 그 증가를 방해하는 데 지나지 않는 것은 포함되지 않는다고 보아야 하는데, 상속의 포기는 기득재산을 적극적으로 감소시키는 것이 아니라 소극적으로 그 증가를 방해하는 행위에 지나지 않는다고 보아야 하기 때문이다. 그리고 상속의 포기와 같은 신분행위(판례는 상속의 포기가 민법 제406조가 정하는 "재산권에 관한 법률행위"에 해당하지 않는다고 본다)에 대해서는 다른 사람의 의사에 의하여 이를 강제할 수 없는 것으로 보아야 하는데, 만약 상속의 포기를 사해행위로서 취소할 수 있다고 한다면 상속인에 대하여 상속의 승인을 강제하는 결과가 되어 부당하게 된다대판 2011. 6. 9, 2011다29307.

따라서 설례의 경우 D의 사해행위취소청구는 기각된다.

### (3) 특정인을 위한 포기

위에서 말한 상속포기의 효과는 말하자면 일종의 강행규정으로서 당사자의 포기에 대하여 위에서 말한 것과 다른 효과를 주는 것 — 예컨대 공동상속인 중의 특정인을 위하여 포기하는 것 — 은 인정되지 않는다. 자기의 상속분을 특정인에게 수려는 경우에는 상속분의 양도에 의해서 할 수 있을 것이다 §1011 참조. 공동상속인 중의 한 사람에게 양도하면 사실상 포기한 것과 동일한 효과를 가져올 수 있다.[285] 다만, 상속분의 양도에 의해서 상속분을 양도한 상속인이 상속채무를 면할 수는 없다고 해석된다.

### (4) 포기한 상속재산의 관리계속의무

상속을 포기한 자는 그 포기로 인하여 상속인이 된 자가 상속재산을 관리할 수 있을 때까지 그 재산의 관리를 계속하여야 한다§1044①. 관리계속의 목적이 상속인이 된 자가 관리를 시작할 때까지 상속재산의 멸실·훼손을 방지하자는 데 있으므로, 자기의 고유재산에 대하는 것과 동일한 주의로 관리하여야 한다§1044②에 의한 §1022의 준용. 또한 가정법원은 이해관계인 또는 검사의 청구에 의하여 상속재산의 보존에 필요한 처분을 명할 수 있다. 그 처분으로서 관리

---

285) 다만 상속분을 양도받은 상속인은 양도인이 사망하는 경우, 그의 상속인들로부터 유류분반환청구를 받을 수도 있다(대판 2021. 8. 19, 2017다230338 참조)는 점에서 상속포기에 의한 상속분의 귀속과 차이가 있다.

인을 둔 경우의 권한 등은 상속의 승인·포기 이전의 재산관리의 경우와 마찬가지다§1044②에 의한 §1023의 준용.

### (5) 상속포기의 효력이 미치는 범위

상속포기의 효력은 피상속인의 사망으로 개시된 당해 상속관계에만 미친다. 예를 들어 피상속인 A의 사망 후 1순위 상속인인 배우자와 자녀들이 모두 상속을 포기하여 피상속인의 직계존속인 母 B가 상속인이 되었는데, 그 후 B가 사망한 경우 피상속인의 배우자와 자녀들은 B의 대습상속인이 되며, A의 사망으로 인한 상속포기의 효력은 B의 사망으로 개시된 상속에는 미치지 않는다. A의 배우자와 자녀들이 B의 사망으로 인한 상속(대습상속)을 포기하려면 B의 사망으로 상속개시 있음을 안 날로부터 3개월 내에 다시 상속포기신고를 하여야 한다. A의 배우자와 자녀들이 이 기간 내에 상속포기나 한정승인 신고를 하지 않으면 단순승인을 한 것으로 본다(대판 2017. 1. 12, 2014다39824; A가 남긴 채무가 B에게 상속되었다가 B의 사망으로 다시 A의 배우자와 자녀들에게 대습상속된 사례이다. A의 배우자와 자녀들은 제1019조 제3항의 요건을 갖춘 경우 특별한정승인을 할 수 있을 것이다).

## 4. 사실상의 상속포기

(1) 상속인 중 한 사람에게 상속재산을 집중시킬 경우에, 포기의 절차를 밟지 않고 하는 경우가 적지 않다. 즉 형식상으로는 공동상속을 하고 있지만, 실제로는 상속인 중 한 사람이 상속재산을 독점하고, 나머지 공동상속인은 상속재산분할청구를 하지 않는 방법이다.[286] 이러한 경우 부동산의 상속등기 기타 재산의 명의변경을 할 때에는 다음과 같은 방법으로 상속분의 포기 내지 양도가 이루어진다(상속개시 전에 한 사실상의 상속포기약정은 효력이 없다).

### (가) 특별수익증명서에 의하는 것

사실상 상속분을 포기하는 상속인이 '자기는 피상속인으로부터 생전증여

---

286) 상속재산을 공동상속인 중 1인인 A에게 상속시킬 방편으로 나머지 상속인들이 고려기간 경과 후에 상속포기신고를 하여 수리된 경우, 상속포기신고로서는 무효이지만 상속재산에 관하여 공동상속인간에 협의분할이 성립한 것으로 볼 수 있다. 즉 이런 경우에는 A가 상속재산을 단독으로 상속하기로 하는 상속재산분할협의가 성립된 것으로 해석할 수 있다. 대판 1989. 9. 12, 88누9305; 대판 1991. 12. 24, 90누5986; 대판 1996. 3. 26, 95다45545, 45552, 45569.

를 받았으므로 상속재산으로부터는 받을 것이 없다'는 내용의 진술서를 작성하여 상속등기신청서에 첨부하는 것이다. 수증의 내용을 구체적으로 적을 필요가 없고, 또 공동상속인과의 협의없이 상속인 각자가 작성하면 되므로, 사실상의 상속포기절차로서는 간단한 방법이다.

(나) 상속재산분할협의서에 의하는 것

상속재산분할이 된 형식을 취하면서, 사실상은 상속인 중의 한 사람에게 상속재산의 전부를 취득시키는 분할협의서를 작성하여, 이에 의하여 상속등기를 하는 것이다. 법정상속분을 무시한 상속재산분할협의서도 공동상속인 전원의 협의에 의한 것인 한, 유효하다.

(2) 상속재산분할협의서 또는 특별수익증명서의 내용이 사실에 반한 것이더라도, 현실적으로 상속재산의 귀속에 관하여 공동상속인간에 의견의 일치가 있었을 경우에는, 그것에 의한 등기는 위법이거나 무효가 아니라고 하여야 할 것이므로, 적극재산의 귀속 자체에 대해서는 문제가 없다. 다만, 사실상의 상속포기의 경우에도 사해행위가 성립할 수 있는가의 문제가 있다. 예를 들어서 공동상속인 갑, 을 중에서 갑은 A에게 채무를 지고 있는데, 상속재산이외에는 재산이 없는 상태에 있다. 그런데 갑은 사실상 상속을 포기하였으므로 (을과의 상속재산분할협의에서 상속재산을 받지 않는 것으로 협의하였다), A는 갑에게서 채권을 변제받을 수 없게 되었다. 이런 경우 A는 갑의 사실상의 상속포기가 사해행위에 해당한다고 주장하여 채권자취소청구의 소를 제기할 수 있는가의 문제이다. 판례는 이를 긍정하고 있으나,[287] 상속재산분할의 소급효와 관련하여 해석상 문제가 없는 것은 아니다.

그러나 사실상의 포기는 법률상으로는 취득한 상속분의 포기 내지 양도이므로, 상속채무에 대해서는 채권자의 승낙 없이는 책임을 면할 수 없으며§454, 따라서 상속채무를 면하기 위해서는 상속채권자와 사실상 상속포기를 받은 상속인과의 사이에 채무인수§453 또는 경개(更改)§501가 행하여질 필요가 있다. 판례는 공동상속인 사이에서 법정상속분과 다르게 채무가 분담된 경우, 이를

287) 대판 2001. 2. 9, 2000다51797; 대판 2001. 5. 29, 2001다7797; 대판 2007. 7. 26, 2007다29119는 "상속재산의 분할협의는 상속이 개시되어 공동상속인 사이에 잠재적 공유가 된 상속재산에 대하여 그 전부 또는 일부를 각 상속인의 단독소유로 하거나 새로운 공유관계로 이행시킴으로써 상속재산의 귀속을 확정시키는 것으로 그 성질상 재산권을 목적으로 하는 법률행위이므로 사해행위취소권 행사의 대상이 될 수 있다"고 한다.

면책적 채무인수의 실질을 갖는 것으로 보고 있다.[288] 따라서 채권자는 이를 승낙하고 채무를 인수한 상속인에 대하여 이행을 청구할 수도 있고§454, 또는 이를 거절하고 각각의 공동상속인에 대하여 법정상속분에 따른 채무의 분담액을 청구할 수도 있다.

# 제 5 절 재산의 분리

## 1 서 설

### 1. 의의와 존재이유

재산분리란 상속개시 후에 상속채권자나 유증받은 자 또는 상속인의 채권자의 청구에 의하여 상속재산과 상속인의 고유재산을 분리시키는 가정법원의 처분을 말한다. 상속에 의하여 상속재산과 상속인의 고유재산이 혼합되는 경우 상속재산이 채무 초과이면 상속인의 채권자가 불이익을 입게 되고, 상속인의 고유재산이 채무 초과이면 상속채권자가 불이익을 입게 된다. 본래 피상속인 또는 상속인 각각의 고유재산을 믿고 거래한 채권자가 상속으로 인한 양 재산의 혼합으로 인하여 불이익을 입어서는 곤란하다. 그래서 양 재산의 관계를 각각 별도로 해 달라는 것이 이 제도가 인정되는 근거이다.

이 제도는 앞에서 설명한 한정승인 및 상속포기의 제도와 대비되는 것이다. 즉 한정승인과 포기의 제도는 상속재산이 채무초과인 때에 상속인을 보호하는 제도이다. 그러나 이 제도는 어떤 의미에서는 상속채권자를 희생시켜 가면서 상속인을 보호하는 제도이다. 그렇지만 상속채권자나 유증받은 자라고 해서 상속인보다 덜 보호해도 좋다는 이유는 없다. 상속재산이 채무초과인 경우에 상속인에게 한정승인 또는 상속포기라는 무기를 주었다면, 상속인의 고유재산이 채무초과인 경우에는 상속채권자나 유증받은 자에게도 이와 동일한 권리를 주어야 할 것이다. 그래서 인정한 것이 바로 재산분리제도이다. 이와 같이, 상속재산과 상속인의 고유재산을 혼합시키지 않고 상속채권자나 유증

288) 대판 1997. 6. 24, 97다8809.

받은 자가 상속인의 채권자보다 우선하여 변제를 받을 수 있도록 하는 재산분리를 제1형의 재산분리라고 해둔다.

상속채권자가 이와 같이 보호된다면, 상속인의 채권자도 마찬가지로 보호를 받아야 하는 것은 너무나 당연하다. 물론 상속재산이 채무 초과인 경우에는 상속인 자신이 한정승인을 함으로써 상속인 자신도 보호되고, 따라서 상속인의 채권자도 보호될 수 있다. 그러나 상속인의 채권자가 상속인의 처분만 기다리고 있어야 한다면, 상속인의 채권자는 충분히 보호될 수 없다. 그래서 상속인의 채권자에게도 재산분리의 청구를 허용함으로써 상속인의 고유재산에 대해서는 상속채권자나 유증받은 자보다 상속인의 채권자가 우선하여 변제를 받을 수 있도록 한 것이다. 이것을 제2형의 재산분리라고 해둔다.

제1형, 제2형의 어느 재산분리도 한정승인과는 성질이 다르다. 상속재산과 상속인의 고유재산을 일단 분리하여 변제의 우선순위를 정하는 것뿐이므로, 한정승인과 같이 배당변제를 받음으로써 채권이 소멸하는 것은 아니다. 우선직으로 일방의 재산으로부터 변제를 받는 자도 완전변제가 안 되면 그 잔여의 권리로써 다른 일방의 재산으로부터 변제를 받을 수 있는 것이다(상속채권자는 상속재산으로부터 상속인의 채권자보다 우선 변제를 받지만, 완전변제가 되지 않은 경우 나머지 채권에 대해서는 상속인의 고유재산으로부터 변제를 받을 수 있다). 다만 다른 일방의 재산에 대해서는 다른 일방의 채권자에게 우선당하는 것은 당연하다.

### 2. 다른 제도와의 관계

재산분리는 상속인의 단순승인에 의하여 상속재산과 상속인의 고유재산이 혼합되는 것을 막는 데 그 목적이 있으므로, 한정승인이 된 경우에는 그 필요성이 없다. 또 포기에 의하여 상속인에 변동이 생겨서 재산분리의 필요가 없어지는 경우도 생길 수 있다. 다만 한정승인이나 포기가 나중에 무효가 되는 경우가 있을 수 있으므로§1026iii, 상속인이 이러한 절차를 밟고 있는 경우에도 이와 관계없이 재산분리의 청구를 할 수 있다고 본다. 이와 반대로, 재산분리가 있은 후에도 3개월의 고려기간 내이면 상속인이 한정승인이나 포기를 하는 것은 상관없다. 이 경우에는 재산분리의 절차는 정지된다. 상속인 또는 상속재산의 파산의 경우에도 위와 마찬가지다채무자회생 및 파산 §346 · 385 · 386 · 389 · 437 · 438 · 307 · 308·

## 2 재산분리의 청구

### 1. 청구권자

재산분리의 청구권자는 상속채권자나 유증받은 자 또는 상속인의 채권자(상속개시 당시의 채권자에 한하지 않고 상속개시 후에 새로 채권을 취득한 자도 포함된다. 이것은 채권자평등의 원칙에서 당연하다)이다§1045. 채권자는 일반의 채권자이건 우선권을 가지는 특별채권자이건, 조건있는 채권이거나 또는 기한있는 채권 혹은 존속기간이 불확정한 채권의 소유자이건 묻지 않는다. 그리고 유증받은 자 중에서 포괄적 유증은 상속인과 동일한 지위에 있는 자로 생각되므로, 재산분리청구권이 없다고 보아야 할 것이다.

### 2. 상 대 방

청구의 상대방에 대해서는 규정하는 바 없으나, 상속인 또는 상속재산의 관리인, 파산관재인, 유언집행자라고 보아야 할 것이다. 상속인이 여러 명 있으면 공동으로 상대방이 된다. 설사 그중에서 한 사람 또는 수인이 한정승인을 하고 있더라도 마찬가지다.

### 3. 청구기간

청구기간은 상속이 개시된 날로부터 3월내이다§1045①. 상속의 승인 또는 포기의 경우와 달라서 상속이 개시된 날, 즉 피상속인의 사망의 날로부터 3월의 기간이 기산된다. 그러나 상속인이 상속의 승인이나 포기를 하지 않은 동안은 3개월의 기간이 경과한 후라도 재산분리가 허용된다§1045②.

### 4. 심 판

재산분리의 청구가 있으면 가정법원은 상속재산과 상속인의 고유재산의 상태 기타의 사정을 종합하여 그 필요성을 판단한 후에 재산분리를 명하는 심판을 하여야 한다가소 §2①라류사건xxxv.

## 3 재산분리의 효과

### 1. 재산분리의 공고와 최고

가정법원이 재산분리를 명하는 심판을 하면, 청구자는 5일 내에 일반상속채권자와 유증받은 자에 대하여 재산분리의 명령이 있은 사실과, 2개월 이상의 일정한 기간을 정하고 그 기간 내에 그 채권 또는 수증을 신고할 것을 공고하여야 한다§1046①.

재산분리의 공고절차에 있어서는 비영리법인의 해산에 관한 규정이 준용되므로§1046②, 분리공고는 법원의 등기사항의 공고와 동일한 방법으로 하여야 하며§1046②에 의한 §88③의 준용, 일반상속채권자나 유증받은 자는 소정의 신고기간 내에 신고하지 않으면 배당변제에서 제외된다는 것을 공고 중에 표시하여야 한다§1046②에 의한 §88②의 준용. 그리고 분리청구자는 알고 있는 상속채권자 또는 유증받은 자에 대해서는 각각 별도로 채권신고를 최고하여야 한다§1046②에 의한 §89의 준용.

배당가입의 신고는 공고를 한 자에 대해서 하는 것이 아니고, 상속인에 대해서 하여야 한다§1051② 참조.

### 2. 상속인의 권리의무의 계속

가정법원이 재산의 분리를 명한 때에는 피상속인에 대한 상속인의 재산상 권리의무는 소멸하지 않는다§1050. 한정승인의 경우와 마찬가지로, 재산의 분리는 상속재산과 상속인의 고유재산을 분리시키는 효과를 가져오므로, 상속인이 피상속인에 대해서 가지는 권리의무는 혼동에 의하여 소멸하지 않는다.

### 3. 상속재산의 관리

가정법원이 재산의 분리를 명한 때에는 재산분리를 청구한 자는 상속재산

보전을 위한 가처분신청을 할 수 있다민집 §300 이하. 이와 별도로 가정법원은 상속재산의 관리에 관한 처분을 명할 수 있다§1047①, 가소 §2①라류사건xxxvi. 재산분리청구의 목적이 상속인의 재산과 상속재산을 분리하여 그것을 상속채권자나 유증을 받은 자 또는 상속인의 채권자에게 변제하자는 것이므로, 여기에서 말하는 '관리에 관한 처분'도 그 목적에 따르는 처분이어야 한다. 예컨대 관리인을 선임하여 관리시킨다든가, 재산목록의 작성, 상속재산의 봉인, 파손되기 쉬운 물건의 환가와 같은 것이다.

재산관리의 한 방법으로서 법원이 재산관리인을 선임한 경우에는 부재자의 재산관리에 관한 제24조 내지 제26조의 규정이 준용된다§1047②.

### 4. 상속인의 관리의무

상속인이 단순승인을 한 후에도 재산분리의 명령이 있는 때에는 상속재산에 대하여 자기의 고유재산과 동일한 주의로 관리하여야 한다§1048①. 따라서 상속인은 재산분리명령의 통지가 도달한 후로는 상속재산의 관리의무를 지므로, 그 후에는 상속재산의 처분행위가 금지된다고 보아야 한다.

이 경우의 상속인의 관리의무는 위임에 의한 수임인의 관리의무와 비슷하므로 수임인의 권리의무에 관한 제683조 내지 제685조 및 제688조 제1항·제2항의 규정이 준용된다§1048②.

### 5. 재산분리의 대항요건

재산의 분리는 상속재산인 부동산에 관해서는 이를 등기하지 않으면 제3자에게 대항하지 못한다§1049. 재산분리의 명령이 있은 후에는 상속인은 상속재산의 처분행위를 할 수 없으므로, 처분행위를 하면 원칙적으로 무효로 보아야 한다. 이 경우에 제3자를 보호하기 위하여 동산에 대해서는 선의취득의 원칙§249이 적용되나, 부동산에 관해서는 제3자를 보호할 필요가 있다. 이 경우에 부동산에 대하여 처분제한의 등기부등 §3를 하지 않으면 가령 상속인이 그것을 제3자에게 양도한 경우에도 그 사람에게 대항할 수 없도록 하였다. 여기서 제3자란 상속인의 채권자뿐만 아니라 모든 제3자를 포함한다고 보아야 한다.

## 6. 변제의 거절과 배당변제

### (1) 변제거절권

상속인은 상속재산의 분리청구기간§1045과 상속채권자와 유증받은 자에 대한 공고기간§1046이 만료하기 전에는 상속채권자와 유증받은 자에 대하여 변제를 거절할 수 있다§1051①. 이는 상속채권자 또는 유증받은 자의 일부에게 변제하면 다른 상속채권자 또는 유증받은 자에 변제할 수 없게 되어 불공평하게 될 염려가 있기 때문이다.

### (2) 배당변제

재산분리의 청구기간과 상속채권자와 유증받은 자에 대한 공고기간이 만료한 후에는 상속인은 상속재산으로써 재산의 분리를 청구하였거나 또는 그 기간 내에 신고한 상속채권자, 유증받은 자와 상속인이 알고 있는 상속채권자, 유증받은 자에 대하여 각 채권액 또는 수증액의 비율로 변제하여야 한다§1051② 본문. 그러나 질권·저당권 등의 우선권 있는 채권자에 대해서는 상속재산으로 우선적으로 변제하여야 한다§1051② 단서. 상속재산관리인, 유언집행자, 또는 상속인이 상속재산으로써 상속채권자와 유증받은 자에 대한 채무를 완제할 수 없는 때에는 법원은 신청에 의하여 결정으로 파산을 선고한다채무자회생 및 파산 §307.

그리고 배당변제의 절차는 한정승인의 경우의 변제방법과 비슷하므로, 한정승인의 경우의 변제에 관한 제1035조 내지 제1038조의 규정이 준용된다§1051③.

## 7. 고유재산으로부터의 변제

(1) 재산의 분리를 청구하였거나 신고기간 내에 신고한 상속채권자, 유증받은 자와 상속인이 알고 있는 상속채권자, 유증받은 자는 상속재산으로 전액의 변제를 받을 수 없는 경우에 한하여, 상속인의 고유재산으로부터 변제를 받을 수 있다§1052①. 다만 상속인의 고유재산으로부터는 상속인의 채권자가 상속채권자와 유증받은 자보다 우선하여 변제를 받는다§1052②. 물론 이와 같은 효과는 상속인이 한정승인을 하지 않는 경우에 한한다(상속인이 한정승인을 한 경우에는 상속채권자는 상속재산에서 완전변제가 되지 않은 경우에도 상속인의 고유

재산으로부터 변제를 받을 수 없다). 그러나 상속인이 파산선고를 받은 경우에는 재산의 분리가 있을 때라도 상속채권자와 유증받은 자는 그 채권의 전액에 관하여 파산채권자로서 그 권리를 행사할 수 있다채무자회생 및 파산 §434. 다만 상속인이 고유의 채무를 변제해도 재산에 잔여가 있을 정도라면 재산분리를 청구할 필요가 없으므로 이 규정은 별로 실익이 없다.

(2) 상속인의 채권자는 상속인의 고유재산으로부터 우선변제를 받을 권리가 있다§1052②. 상속인의 채권자의 우선권은 재산분리 당시의 채권자뿐만 아니라 그 후에 채권을 취득한 모든 채권자가 행사할 수 있다. 그렇지 않으면 채권자평등의 원칙에 반하기 때문이다.

상속인의 채권자는 상속채권자와 유증받은 자에 우선하여 변제를 받을 수 있으나, 상속인의 채무가 변제기에 이르지 않은 때에는 상속인은 변제기에 이르지 않은 채무를 변제할 의무가 없으며, 따라서 상속인의 채권자는 변제를 받지 못하게 된다. 그러므로 변제기에 이르지 않은 채무를 변제할 만한 재산을 남겨 놓도록 하여야 할 것이다.

## 제 6 절 상속인의 부존재

**設 例**

A는 남편과 사별하였고 자녀나 형제도 없으며, 노후에는 병을 앓아 5촌 조카인 B가 병수발을 해 주었다. 사망하기 1년 전에는 양로원에 들어가서 살다가 사망하였다.

① A에게는 상속인이 없는 것이 확실한데, 이러한 경우에도 상속인 수색절차를 밟아야 하는가?

② 만약 A에게 아들이 하나 있는데, 7년 전에 히말라야 등반을 간다고 떠난 후 소식이 끊겼다면, 이런 경우에도 상속인의 존부가 분명하지 않은 경우에 해당한다고 하여 상속인부존재의 절차를 밟아야 하는가?

③ B는 특별연고자에 해당하는가? 그리고 양로원도 특별연고자로 재산분여를 청구할 수 있는가?

# 1 서 설

## 1. 의 의

상속인의 부존재란 상속인의 존부가 분명하지 않은 것을 말한다. 즉 우선은 상속인 또는 이와 동일시되어야 할 포괄적 수증자가 한 사람도 나타나지 않으나, 어디인가에 상속인이 있을지도 모르는 상태를 말한다(상속인의 존재여부는 보통 가족관계등록부에 의해서 정해지는데, 현재 가족관계등록부상으로는 상속인이 될 수 있는 사람이 없는 것으로 보이지만, 가족관계등록부에 기록되어 있지 않은 상속인이 있을 수도 있다. 예를 들어 피상속인의 가족관계등록부에 기록되어 있지 않은 혼인중의 자도 상속인이 되고, 피상속인이 여성인 경우에는 가족관계등록부에 기록되어 있지 않은 혼인외의 자도 상속인이 된다. 이러한 사람들은 상속개시 후에 친생자관계존재확인청구를 하여 상속인의 지위를 확인받을 수 있을 것이다). 따라서 상속인이 있는 것이 명백하면서 그 소재가 분명하지 않은 것과는 다르다(이 경우에는 부재자의 재산관리의 문제가 일어난다). 상속인 또는 포괄적 수증자가 없다는 것이 확정되어 있는 경우에는 상속인의 존부가 분명하지 않은 때에 해당하지 않겠지만, 이러한 경우에도 역시 상속재산을 청산하는 절차가 필요하므로 상속인부존재의 경우에 포함시켜 절차를 진행할 필요가 있다. 특히 1990년 민법개정으로 특별연고자에 대한 상속재산의 분여제도§1057의2가 신설되었기 때문에, 그 필요성이 더 커졌다고 할 수 있다. 민법이 상속인부존재의 제도를 둔 것은, 한편으로는 상속인을 수색하거나 또는 그 확정을 구하는 동시에, 다른 한편으로는 상속재산을 관리하고 상속채권자와 유증받은 자에게 변제하는 등의 처리를 하기 위해서이다.

그런데 민법에서는 공동상속인이 법정되어 있으므로 상속인의 존부가 분명하지 않은 경우는 별로 생기지 않을 것이며, 도리어 공동상속인 중의 어떤 사람이 행방불명인 경우가 많을 것이다. 물론 상속인 전부가 상속을 포기하면 이 제도가 이용될 것이다.

## 2. 상속인의 존부가 분명하지 않은 경우

(1) 신원불명의 자가 사망한 경우와 같이 명실공히 상속인의 존부가 분명하지 않은 경우뿐만 아니라, 가족관계등록부상 상속인이 없는 것이 명백한 경우도 포함된다. 사람의 신분관계는 가족관계등록부에 의해서만 결정되는 것이 아니므로, 상속인을 수색하여 절차상 상속인부존재를 확정하여 상속재산의 청산을 할 필요가 있다. 유일한 상속인이 상속결격자이거나 피상속인과 동시사망의 추정을 받고 있는 때 또는 상속인이 전부 상속포기를 한 경우도 마찬가지다.

(2) 상속인이 없고 포괄적 수증자만 있는 경우에 상속인부존재의 절차를 밟아야 하는가의 문제가 있다. 전 상속재산의 유증을 받은 포괄적 수증자가 있으면 상속인부존재의 절차를 밟을 필요가 없으나, 포괄적 수증자가 일부분의 유증만 받은 경우(예를 들어 갑에게 상속재산의 1/2을 준다는 유증이 있는 경우)에는 부존재절차를 밟아야 할 것이다(나머지 1/2의 상속재산에 대해서는 상속인이 없는 상태가 되기 때문이다). 이에 대해서는 포괄적 수증자가 있는 경우에도 상속인부존재의 절차를 밟아야 한다는 견해가 있다.[289] 그러나 이러한 견해에 대해서는 찬성하기 어렵다. 포괄적 수증자는 상속인과 동일한 권리의무가 있기 때문에§1078, 상속인이 있는 것과 동일하며, 따라서 상속채권자의 보호에는 아무 지장이 없다. 예를 들어서 전 상속재산을 유증받은 포괄적 수증자는 단독상속인과 동일한 지위에 있으므로, 피상속인의 모든 권리의무를 승계한 것이 되고, 따라서 상속채무를 변제할 의무를 부담하게 된다. 그러므로 번거로운 상속인부존재의 절차를 밟을 필요가 없다.

(3) 가족관계등록부상 유일한 상속인이 참칭상속인인 경우나 무효인 유언에 의한 포괄적 수증자가 있는데, 다른 상속인이 없는 경우에도 상속인부존재의 절차를 밟아야 할 것이다. 이 경우 선임된 상속재산관리인은 참칭상속인이나 무효인 유언에 의한 포괄적 수증자를 상대로 하여 부당이득을 이유로 상속재산의 반환을 청구하게 될 것이다. 이러한 경우 선임된 관리인이 상속회복청구를 할 수 있다고 하는 견해가 있는데,[290] 이는 타당하지 않다. 왜냐하면

---

289) 郭潤直, 상속법, 340면.

상속회복청구는 상속권자 또는 그 법정대리인만이 할 수 있기 때문이다§999. 이러한 견해를 주장하는 학자 자신도 상속회복청구권이 일신전속적 권리임을 인정하고 있어서[291] 이와도 모순된다.

(4) 현재는 상속인이 없으나, 피상속인 사후에 인지청구의 소를 제기하고 있거나 기타 상속권이 인정되는 신분관계확인의 소(이혼무효의 소·파양무효의 소·父를 정하는 소 등)를 제기하고 있는 자가 있는 경우에는 문제이다. 현재 상속재산의 귀속주체인 자가 존재하지 않으므로 상속재산관리는 필요하다. 그러나 상속인의 존부가 미확정일 뿐 그 출현의 가능성이 크므로, 상속재산의 청산절차를 밟는 것은 타당하지 않다. 따라서 상속재산관리인의 선임절차를 밟되, 공고절차를 늦추는 것이 타당할 것이다. 이에 대해서는 판결의 확정을 기다려야 하며 그동안의 상속재산관리는 제1022조를 유추적용하는 것이 타당하다는 견해[292]와, 판결확정 전에 청산절차가 종료되는 일이 없도록 가정법원이 상속재산의 보존에 필요한 처분으로 적당한 조치를 하여야 한다는 견해가 있다.[293]

설례 ①의 경우, 상속인 또는 포괄적 수증자의 부존재가 확정되어 있는 경우에는 상속인의 존부가 분명하지 않은 때에 해당하지 않겠지만, 이러한 경우에도 상속재산을 청산하는 절차가 필요하므로 상속인부존재의 경우에 포함시킬 필요가 있다. 특히 1990년 민법개정으로 특별연고자에 대한 상속재산의 분여제도§1057의2가 신설되었기 때문에, 그 필요성이 더 커졌다고 볼 수 있다.

설례 ②의 경우, 상속인의 부존재란 상속인의 존부가 분명하지 않은 것을 말하기 때문에, 상속인이 있는 것이 명백하면서 그 소재가 분명하지 않은 것과는 다르며, 이러한 경우에는 부재자의 재산관리§22 이하 또는 실종선고§27 이하의 절차를 밟는 것이 필요하다.

---

290) 郭潤直, 상속법, 340면.
291) 동 상게서, 285면.
292) 朴秉濠, 가족법, 414면.
293) 郭潤直, 상속법, 339면.

# 2 상속재산의 관리와 청산

## 1. 상속재산의 관리

### (1) 관리인의 선임

상속인의 존부가 분명하지 않을 때에는 가정법원은 제777조의 규정에 의한 피상속인의 친족 기타 이해관계인 또는 검사의 청구에 의하여 상속재산관리인을 선임한다§1053① 전단.[294] 선임은 가정법원의 심판에 의하여야 한다가소 §2①라류사건xxxvii. 관리할 재산이 없을 때에는 가정법원은 관리인을 선임할 여지가 없다. 관리인을 선임한 후 상속재산이 없는 것을 발견하였을 때에는 가정법원은 관리인선임의 심판을 취소하여야 한다비송 §19. 그리고 관리인을 선임하였을 때에는 가정법원은 지체 없이 이를 공고하여야 한다§1053① 후단, 가소 §2①라류사건xxxvii, 가소규 §79. 여기서 이해관계인이란 상속채권자, 상속재산 위에 담보권을 가지는 자, 특별연고자§1057의2, 피상속인에 대하여 구상권을 가지고 있는 피상속인의 채무의 보증인 또는 유증받은 자 등을 말한다. 이 공고는 채권자에 대한 통고인 동시에 상속인의 수색을 위한 기능도 한다.

### (2) 관리인의 권리의무

관리인은 원칙적으로 부재자의 재산관리인과 동일한 권리의무를 가진다§1053②에 의한 §24~26의 준용.[295] 그리고 상속채권자나 유증받은 자의 청구가 있을 때에는 언제든지 상속재산의 목록을 제시하고 그 상황을 보고하여야 한다§1054.

상속인의 존재가 분명해지면 상속재산관리인의 임무는 종료하나, 상속인이 나타남으로써 바로 종료하는 것이 아니고, 그 상속인이 상속의 승인을 한 때에 비로소 종료한다§1055①. 이는 상속인이 포기함으로써 다시 상속인의 부존재상태가 일어나지 않도록 하기 위한 것이다. 상속인이 승인하면 관리인은 지

---

294) 대판 1977. 1. 11, 76다184·185, 판례월보 83호, 10면은 '상속재산관리인은 피상속인의 상속인임을 요하지 않는다'라고 판시하고 있으나 상속재산관리인은 상속인의 존부가 분명하지 않을 경우에 선임되는 것이므로, 상속인일 수가 없다.

295) 상속재산관리인은 상속재산에 관한 소송에서 정당한 당사자적격이 있다(대판 1976. 12. 28, 76다797, 판례월보 83호, 41면)(판례가족법, 817면).

체없이 그 상속인에 대하여 관리의 계산을 하여야 한다§1055②.

## 2. 상속재산의 청산절차

### (1) 청산을 위한 공고

가정법원이 상속재산관리인의 선임을 공고한 날로부터 3월내에 상속인의 존부를 알 수 없는 때에는 관리인은 지체 없이 일반상속채권자와 유증받은 자에 대하여 2개월 이상의 일정한 기간을 정하고 그 기간 내에 그 채권 또는 수증을 신고할 것을 공고하여야 한다§1056①. 공고에는 상속채권자 또는 유증받은 자가 소정의 신고기간 내에 신고하지 않으면 그 권리가 제외된다는 것을 표시하여야 하며§1056②에 의한 §88②의 준용, 공고방법은 법원의 등기사항의 공고와 동일한 방법에 의하여야 한다§1056②에 의한 §88③의 준용. 그리고 관리인은 알고 있는 채권자와 유증 받은 자에 대해서는 각각 그 채권과 수증액을 신고할 것을 죄고하여야 하며, 알고 있는 채권자와 유증받은 자는 청산에서 제외하지 못한다§1056②에 의한 §89의 준용.

### (2) 변제의 순서 · 방법

이상의 공고를 제1단계로 해서 다음에는 상속채권자와 유증받은 자에 대하여 변제를 하게 되는데, 변제에 있어서 그 순서와 방법은 한정승인의 경우에 있어서의 변제의 순서와 방법에 관한 제1033조 내지 제1039조의 규정이 준용된다§1056②.

### (3) 상속인수색의 공고

관리인선임의 제1회 공고와 상속채권자와 유증받은 자에 대한 신고를 최고하는 제2회 공고를 하여 청산을 마친 후에도 남은 상속재산이 있는 경우에는 가정법원은 관리인의 청구에 의하여 1년 이상의 일정한 기간을 정하고 상속인이 있으면 그 기간 내에 그 권리를 주장할 것을 공고하여야 한다§1057, 가소 §2①라류사건xxxviii. 다만 이 공고는 관리인이 상속재산을 청산한 후 잔여재산이 있는 경우에만 하여야 할 것이며, 상속채권자나 유증받은 자에게 변제한 후 잔여재산이 없을 때에는 할 필요가 없다. 2005년 민법개정에 의하여, 공고기간을 2년에서 1년으로 단축하였다.

### 3. 상속재산의 국가귀속

(1) 가정법원에 의한 상속인수색의 공고에 정해진 기간 내에 상속권을 주장하는 자가 없고 상속인수색의 공고기간이 경과된 후 2월이 지나도 특별연고자가 상속재산분여의 청구를 하지 않는 경우(특별연고자에 대한 상속재산분여에 대해서는 항을 달리하여 설명한다)와, 재산분여의 청구가 있었으나 각하 또는 일부분여를 인정하는 심판이 있은 경우에는, 상속재산, 즉 청산종료 후의 잔여재산은 국가에 귀속한다(제1058조 제1항. 다만 제267조의 예외가 있다).[296] 이 경우에 관리인은 지체 없이 관할국가기관에 대하여 관리의 계산을 하여야 한다§1058②에 의한 §1055②의 준용.

잔여재산의 국가귀속은 국가가 잔여재산을 상속하는 것이 아니며, 또 무주물로서 선점하는 것도 아니다. 법률의 규정에 의하여 당연히 또한 원시적으로 이를 취득한다고 보아야 할 것이다.[297] 따라서 국가는 적극재산만을 취득하며 채무는 부담하지 않는다. 적극재산이라도 특허권이나 저작권과 같은 무체재산권은 상속인이 없이 사망하면 소멸하므로, 국가에 귀속하지 않는다특허 §124, 저작권 §49. 일단 국가에 귀속되면 상속재산으로 변제를 받지 못한 상속채권자나 유증을 받은 자가 있더라도 국가에 대하여 변제를 청구하지 못한다§1059. 다만 상속채권자나 유증받은 자의 권리는 소멸하는 것은 아니므로, 보증인 등이 있는 경우에는 이에 대하여 변제를 청구할 수 있다.

(2) 잔여재산의 국가귀속시기에 대하여는 몇 가지 해석론이 나올 수 있다. 우선 특별연고자의 분여청구가 없는 경우에는 분여청구기간이 만료한 때, 특별연고자가 분여청구를 한 경우에는 분여심판이 확정된 때에 잔여재산이 국가에 귀속한다고 해석할 수 있다. 이렇게 해석하는 경우 국가귀속의 시기가 획일적으로 결정되어 명확한 점은 있지만, 국가에 현실적으로 인도할 때까지 공백기간이 생겨서 잔여재산에 대한 권리자(예를 들어 임차인)의 보호에 문제가 있다. 그러므로 잔여재산이 관리인에 의하여 국가에 인계되었을 때를 국가

---

296) 2005년 민법일부개정에 의하여, 제1058조 제1항은 '제1057조의2의 규정에 의하여 분여되지 아니한 때에는 상속재산은 국가에 귀속한다'로 개정되었다.

297) 이에 대해서는 잔여재산의 국가귀속을 포괄승계라고 하는 견해가 있는데(郭潤直, 상속법, 357면), 국가는 상속인이 아니며 또한 적극재산만 취득하기 때문에 포괄승계로 보는 것은 부당하다.

귀속시기로 보는 것이 우리 민법의 물권변동의 형식주의에 비추어 보더라도 타당하다고 본다. 이에 대해서는 상속재산의 국가귀속시기가 상속개시시이며 상속재산관리인이 국가의 대리인으로서 청산을 한다는 견해가 있다.[298] 그러나 이러한 견해는 제1058조의 규정에 정면으로 배치되므로 부당하다.[299] 그뿐만 아니라 상속인수색공고에 의하여 상속인이 나타난 경우, 그 상속인은 피상속인의 상속재산을 직접 상속하게 되는데, 위의 견해와 같이 해석하게 되면 국가에 대하여 반환청구를 하여야 한다는 해석이 된다. 더구나 국가에 일단 귀속되면 어느 누구도 변제청구를 할 수 없다는 규정§1059은 국가에 일단 상속재산이 귀속되면 어느 누구도 반환청구를 할 수 없다는 취지이므로 이 규정과도 어긋난다. 따라서 상속재산이 국가에 귀속될 때까지는 권리능력이 없는 재단[300]으로서 잠정적으로 관리인에 의하여 관리된다고 볼 수밖에 없는 것이다.

상속인의 존부가 분명하지 않은 때부터 상속재산이 국가에 귀속할 때까지 사이의 귀속주체에 관한 공백을 메우기 위하여 일본민법은 상속재산을 법인으로 하고 있다일민 §951. 이는 청산을 위하여 고안된 법기술상의 의제라고 설명되고 있다. 우리 민법에는 이와 같은 규정이 없기 때문에 이 공백을 어떻게 설명할 것인가가 문제인데, 입법자는 굳이 일본민법과 같은 의제규정을 둘 필요가 없다고 생각한 것으로 보인다. 따라서 상속재산은 권리능력이 없는 재단으로서 상속재산관리인을 통하여 관리되다가 국가에 귀속하는 것으로 보는 것이 타당할 것이다국가에 귀속하는 상속재산 이전에 관한 법률.

## 3 특별연고자에 대한 상속재산의 분여

### (1) 입법취지

1990년 민법개정 전에는, 상속인수색공고가 있은 후 공고기간 내에 상속

298) 郭潤直, 상속법, 358면. 郭교수는 다른 면에서는 특별연고자에 대한 분여가 있은 후에 나머지가 국가에 귀속하는 것으로 설명하고 있어서(347면), 국가귀속시기에 대한 설명이 전후 모순된다.

299) 판례도 부동산소유자가 행방불명된 경우, 국가가 그의 사망 및 상속인의 부존재에 대한 입증없이 단순히 국유재산법 제8조에 따른 무주부동산의 공고절차만을 거쳐 그 부동산을 국가의 소유로는 할 수 없다고 하고 있다(대판 1997. 11. 28, 97다23860, 판례공보 1998. 1. 1, 57면).

300) 李英燮, 신민법총칙, 177면; 金曾漢, 민법총칙, 176면; 金疇洙, 민법총칙, 199면 참조.

권을 주장하는 자가 없는 때에는 상속재산이 국가에 귀속되도록 하고 있었다 구 §1057 · 1058. 그러므로 사실혼의 배우자나 사실상의 양자와 같이, 피상속인과 생계를 같이하였거나 피상속인을 요양간호한 자, 기타 피상속인과 특별한 연고가 있었던 자라고 해도 법률상 상속인이 아니기 때문에, 피상속인의 재산을 받을 수 있는 길이 없었다. 이러한 경우에 국가에 귀속되는 상속재산은 대개의 경우 그다지 크지 않으며, 따라서 국가로서도 관리면에서 볼 때 번거로운 경우가 많을 것이다. 한편 피상속인의 사실상 배우자와 같이 실질적으로 피상속인과 가까우면서도 법률상으로 상속권이 없다는 이유만으로 상속인이 없는 경우까지 상속재산에서 아무 것도 받을 수 없다는 것은 가혹하다고 할 수 있다. 그래서 1990년 개정법은 제1057조의2를 신설하여 위와 같은 특별연고자에 대한 분여를 인정하였다. "① 제1057조의 기간 내에 상속권을 주장하는 자가 없는 때에는 가정법원은 피상속인과 생계를 같이 하고 있던 자, 피상속인의 요양간호를 한 자, 기타 피상속인과 특별한 연고가 있던 자의 청구에 의하여 상속재산의 전부 또는 일부를 분여할 수 있다. ② 제1항의 청구는 제1057조의 기간의 만료 후 2월 이내에 하여야 한다."

### (2) 재산분여의 법적 성격

특별연고자가 재산분여를 받는 지위가 권리인가 아니면 은혜적 성격인가 하는 것이 문제인데, 특별연고자가 가정법원에 재산분여청구를 한 경우에, 법원은 상속재산이 남아 있고 특별연고자에게 상속결격자에 준하는 사유가 없을 때에는 재산분여심판을 하지 않을 수 없다고 생각되므로, 그 한도에서는 특별연고자에게 기대권이 있다고 보는 것이 좋을 것이다.

### (3) 특별연고자의 범위

(가) 개정법은 특별연고자로서, '피상속인과 생계를 같이 하고 있던 자', '피상속인의 요양간호를 한 자', '기타 피상속인과 특별한 연고가 있던 자'를 들고 있다. 앞의 두 가지는 예시이며, 어떤 자가 특별연고자인가를 결정하는 것은 가정법원의 재량에 맡겨져 있다. 그러나 '기타 피상속인과 특별한 연고가 있던 자'라는 것은 추상적인 표현이므로, 보다 구체적인 기준을 제시할 필요가 있다. 위의 두 가지 예시와 관련해서 볼 때에, 특별연고자는 추상적인 친족관계의 원근이 아니라, 실질적 · 구체적인 관계에 의해서 결정되어야 할 것이다.

i ) 피상속인이 유언을 했다면 아마도 그 사람에게 유증하였을 것이라고 생각되는 생활관계에 있었던 자, ii) 혈족관계나 인척관계로서 가까운 자, iii) 피상속인과 동거하고 있던 자, iv) 친밀한 관계에 있었던 자 등은 특별연고자로서 인정될 수 있는 하나의 자료가 될 것이다. 구체적으로 보면, 사실혼의 배우자·사실상의 양자·장기간 피상속인의 요양간호에 종사한 자 등이 이 범주에 들어갈 것이지만, 그 밖에도 먼 친척이나 친구의 자식으로서 피상속인이 각별히 돌보던 사람도 포함될 수 있을 것이다. 그리고 재산분여는 상속이 아니므로 법인이나 권리능력 없는 사단도 이를 받을 수 있다고 보며, 따라서 피상속인이 장기간에 걸쳐서 신세를 진 요양소나 양로원도 특별연고자가 될 수 있을 것이다.

(나) 어떤 사람이 형식적으로는 위와 같은 범주에 속한다고 해도, 가정법원이 상당하다고 인정하지 않으면 재산분여를 받지 못한다. 즉 가정법원이 특별연고자라고 인정하였을 때에 비로소 특별연고자가 출현하는 것이며, 미리 특별연고자로 정해진 자는 없다. 따라서 사실혼의 배우자라든가 사실상의 양자라고 할지라도 당연히 특별연고자로 인정되어 재산분여를 받을 권리가 있는 것은 아니며, 또 자기는 특별연고자에 해당한다고 생각하더라도 가정법원에 대하여 분여심판청구를 하지 않으면 특별연고자로 인정될 수 없다. 즉 특별연고자의 지위는 가정법원의 자유재량에 의한 심판에 의하여 비로소 형성되는 것이다. 이 점에서 상속인이 갖는 상속권이 일정한 기본적인 신분에 기인하여 당연히 권리로서 미리 인정되고 있는 것과 근본적으로 다르다.

(다) 과거의 어떤 시기에 피상속인과 긴밀한 실질적·구체적인 생활관계를 가진 자를 특별연고자로 볼 수 있는가의 문제가 있는데, 피상속인의 사망시에 현실적으로 생계를 같이하고 있어야 한다든가 또는 요양간호를 하고 있어야 한다고 좁게 해석할 이유는 없으므로, 과거에 연고가 있던 자도 특별연고자로 볼 수 있을 것이다.

(라) 피상속인의 사후에 출생한 청구인도 특별연고자가 될 수 있는가에 대하여 이를 긍정하는 견해가 있으나,[301] 찬성하기 어렵다. 왜냐하면 조문 자체가 '피상속인과 특별한 연고가 있던 자'로 되어 있어서 피상속인과 청구인 사이에 피상속인의 생존 중에 연고가 있음을 전제로 하고 있기 때문이다.

301) 郭潤直, 상속법, 351면.

(마) 피상속인의 사망 후에 연고관계를 가진 자도 특별연고자에 포함시킬 수 있는가에 대하여는 피상속인의 생전에 피상속인과 특별한 연고관계가 있었던 자라면 몰라도 피상속인의 사망 후에만 연고가 생겼다면 이 제도의 취지에 비추어 특별한 연고가 있던 자로 볼 수 없을 것이다.

설례 ③의 경우, B는 '피상속인의 요양간호를 한 자'에 해당하며, 과거에 연고가 있던 자도 특별연고자로 보아야 하므로, 재산분여청구권이 있다고 보아야 한다. 그리고 양로원과 같은 법인이나 권리능력이 없는 사단도 특별연고자가 될 수 있으므로 분여청구권이 있다.

### (4) 재산분여의 상당성

우선 가정법원이 청구인을 특별연고자로 인정하여 재산분여를 하는 것이 상당하다고 판단하여야 한다가소 §2①라류사건xxxix. 민법규정에는 그 기준이 없으나, 연고관계의 내용・정도・특별연고자의 성별・직업・연령・상속재산의 종류・액수・내용・소재 기타 모든 사정을 참작하여 결정하게 될 것이다. 상당한가의 여부의 판단은 가정법원의 자유로운 판단에 맡겨진다.

### (5) 청구절차

재산분여를 원하는 자는 제1057조의 기간이 만료된 후 2월 이내에 가정법원에 재산분여청구를 하여야 한다§1057의2②.

### (6) 특별연고자에 대한 상속재산의 분여규정과 피상속인의 공유지분과의 관계

상속재산이 공유인 경우에 그 공유지분이 분여대상이 되는가 하는 것이 문제이다. 즉, 제267조는 '공유자가 상속인이 없이 사망한 때에는 그 지분은 다른 공유자에게 각 지분의 비율로 귀속한다'고 규정하고 있는데, 이 규정과의 관련을 어떻게 해석할 것인가의 문제이다. 제267조가 우선한다고 해석하게 되면, 상속인의 부존재가 확정된 때에 피상속인의 공유지분은 당연히 다른 공유자에게 각 지분의 비율로 이전하고, 따라서 그 공유지분권은 분여의 대상이 되지 않게 된다. 이에 반하여 제1057조의2가 우선한다고 해석하게 되면, 피상속인의 공유지분은 분여의 대상이 된다. 피상속인의 공유지분권을 분여대상에서 제외시킬 합리적 근거가 없을 뿐만 아니라, 공유자를 특별연고자보다 우선시킬 합리적 이유도 없기 때문에, 제1057조의2를 우선 적용하는 것이 타당하다고 본다.

(7) 재산분여의 효과

재산분여의 청구가 인용되면 청구인에게 상속재산의 전부 또는 일부가 분여된다. 상속재산 중 현물이 분여되는 것이 보통이겠지만, 이를 환가하여 그 대금을 분여하는 것도 가능할 것이다. 그리고 특별연고자는 상속인이 아니므로 상속채무 등의 의무는 승계하지 않는다. 어떤 경우에 전부를 분여하고, 또 어떤 경우에 일부를 분여하는가는 상당성에 비추어 가정법원의 자유로운 판단에 의하여 결정된다.

(8) 특별연고자의 지위의 승계

특별연고자가 될 수 있는 사람이 분여심판을 청구하지 않고 사망한 경우에는, 특별연고자로서의 지위가 심판에 의하여 인정되고 있는 것이 아니므로 특별연고자가 아니며, 따라서 상속의 대상이 되는 지위나 권리가 존재하지 않으므로 그 상속이라는 것은 생각할 여지가 없다.

# 제 8 장
# 유　　언

## 제 1 절 서　　설

### 1 유언제도

(1) 상속제도가 재산제도와 밀접한 관계를 가지고 발전한 것과 마찬가지로, 유언제도도 재산제도와 매우 깊은 관련성을 가지고 있다. 유언은 비교적 고대부터 행하여진 제도이나, 사유재산제도가 상당히 발달한 사회에서 생긴 것이라고 볼 수 있다. 그래서 고대사회에서는 로마 이외에는 유언이 없었다고 해도 과언이 아니다. 로마는 유언상속이 원칙이며, 그 기원도 상당히 오래되어 이미 십이표법에 이에 관한 규정을 두고 있었다. 로마가 위와 같이 그 역사의 시초부터 유언제도를 인정한 데 반하여, 게르만법은 이러한 제도를 알지 못했다. 타키투스는 "각인에게 상속인이고 승계자인 것은 그 비속이며, 유언이라는 것은 없다"라고 기술하였다. 일반적으로 유럽에 유언이 나타나기 시작한 것은 12세기 이후이며, 다만 예외로서 서고트와 랑고바르트에서는 그 이전부터 인정되고 있었으나, 그것도 입법상으로는 말기에 와서 인정된데 불과하다. 독일에서는 12세기 말부터, 프랑스에서는 12세기 중엽 이래 일반적으로 유언이 나타났다.

유언제도가 상속제도 중에서 차지하는 지위는 동양사회에서보다 서양사회에서 더욱 비중이 크다고 할 수 있다. 특히 영국법은 유언상속을 원칙으로 하며, 1938년 개정까지는 상속인의 유류분은 인정되지 않았고, 피상속인이 유언에 의하여 재산을 자유로이 처분할 수 있었으며, 법정상속은 유언이 없는 경우라든가 또는 유언이 무효인 경우에 적용되는 데 불과하다.

(2) 우리나라에서도 유언제도가 일찍부터 있었다. 즉 경국대전 刑典私賤條에는 '用祖父母以下遺書'(조부모와 부모의 유서만이 효력을 갖는다)라 하고, 그 註에 '祖及父母則須手書, 祖母及母則須族親中顯官證筆, 衆所共知未手書者, 疾病者, 竝依婦人例'(조부모와 父는 文字를 아는 자는 반드시 자필할 것. 조모와 母는 언제나 친족 중의 顯官의 증인과 서명을 필요로 한다. 文字를 모르는 것이 두루 알려진 자와 질병에 걸린 자에 한하여, 조모와 母의 예에 따라 증인과 집필자의 서명을 갖추어 타인에게 집필시킬 수 있다)라고 하고 있어서, 조부모와 부모의 유언만이 효력이 있었다. 그러나 그 후 續大典 刑典 文記條에는 '外祖父母遺書, 竝皆通用'(외조부모의 유서도 마찬가지로 효력이 있다)이라고 규정함으로써, 외조부모도 유서를 쓸 수 있었다. 그 밖에 양부모도 유서를 쓸 수 있었으나, 계모와 의자녀(계자), 적모와 첩자녀(혼인외의 출생자) 및 첩과 적자녀(본처의 혼인중의 출생자) 사이에는 인척관계만이 있으므로 유서는 쓸 수 없었다. 즉 속대전 형전 문기조에 '繼母傳, 繼文記用官署'(계모의 재산처분 문서에는 官의 인증이 없으면 효력이 없다)라고 하고 그 주에 '嫡母庶母同'(적모와 서모도 마찬가지이다)이라고 하고 있다.

그리고 유언은 문서에 의한 요식행위였다. 즉 '按開元禮, 有疾遺言, 則書之文, 卽時遺書(常變通攷一卷)'(조선조 창건의 규칙에 의하여 질병시의 유언은 반드시 문서에 의하여야 한다. 따라서 이를 유서라고 한다)라고 하여 그 문서는 白文記에 의하였다.

유언이 신분에 관한 법규에 위배한 것은 亂命이라고 하여 그 효력을 인정하지 않았다. 그 밖에 유언의 효력을 부정하는 것에 「불효」 또는 「恩義衰薄」이 있었다.

이와 같이 유언제도가 인정되었으나, 가산을 혈족간에 유지하려는 사상은 유언의 자유에 커다란 제한을 가하였다. 즉 가산을 승계하는 자는 상속인에 국한되어 있으며, 유언으로써 타인을 상속인으로 지정하려면 유언에 의한 立後(제사를 계승하여 家系를 잇는 繼後子를 세우는 것) 또는 양자에 의하지 않으면 안 되었다. 그리고 상속인에 대한 분재가 공평하지 않은 것을 이유로 그 효력을 부정하는 경우가 적지 않았다. 즉 분배가 계후자에게 적고 妾子에게 과다한 것을 문제삼아 법정상속분에 의하려는 사건이 있었으며, 또 유언에 의한 불공평한 분배가 부모의 사후에 형제·숙질간의 다툼이 되는 것을 이유로 유언의 자유를 부정하고 항상 법정상속에 의하려는 제의도 있었다.[1] 이상과 같이, 주로 조선시대의 유언제도는 요식행위였는데도 불구하고 일제당국은 우리나라의 유언에 요식을 요구하지 않고, 구술에 의한 유언도 그 효력을 인정하였다.[2] 그리고 유류분도 인정하지 않았다.[3] 그러나 우리나라에서는 재산처분에 관한 유언이 혈족상속인에 대한 분재의 내용에 국한되었으므로, 유류분제도가 발달할 여지가 없었다고 본다.

민법은 이러한 일제강점기의 관습을 버리고 유언을 요식행위로 하였다. 그리고 1977년 민법개정 전에는 우리나라의 관습에 유류분이 없다는 것을 이유로 유류분제도를 인정하지 않았으나, 민법에서는 유언의 자유가 인정된 이상 상속제도의 본질상 유류분제도는 필요하기 때문에 민법개정에 의해서 유류분제도가 신설되었다.[4]

(3) 위에서 본 바와 같이 유언제도는 널리 내외에 걸쳐 인정되었는데, 그러한 여러 가지 유언제도를 일관하면서 유언제도의 근거로서 중심이 되는 것은 사람의 최종의사의 존중이라는 것이다. 그러나 이러한 정신적 요소를 법률의 단계로 높이기 위해서는 그것을 가능하게 하는 사회적 기초가 존재하여야 한다. 그것이 즉 의사자치의 허용과 사유재산제도이다.

## 2 유언의 성질

### 1. 유언의 의의

유언은 유언자의 사망과 동시에 일정한 법률효과를 발생시키는 것을 목적으로 일정한 방식에 따라서 하는 상대방이 없는 단독행위이다. 유언의 효력은 유언자의 사후에 발생하지만, 유언이 법률행위로서 성립하는 것은 일반의 단독행위와 마찬가지로 그 표시행위가 완료하였을 때이다.

---

1) 喜頭兵一, 李朝の財産相續法, 89～170면.
2) 관습조사보고서, 365면 등.
3) 관습조사보고서, 367면.
4) 유류분의 비교법적 연구에 대해서는 김상용, 변화하는 사회와 상속법－자녀의 유류분을 중심으로, 민사판례연구 38권, 989면 이하 참조.

## 2. 유언의 법적 성질

유언은 피상속인의 자유로운 최종적 의사를 존중하기 위한 제도이므로 그 법적 성질도 그에 준하여 생각할 필요가 있다. 그 특질로서는 다음과 같은 것을 들 수 있다.

(가) 유언은 요식행위이다§1060

죽은 사람에게는 말이 없으므로, 유언이 과연 본인의 최종적인 진의인지 아닌지를 확인하려고 해도 곤란한 경우가 생긴다. 유언의 요식성은 이와 같은 난점을 방지하기 위하여 채용된 것이며, 유언자로 하여금 신중하게 의사표시를 하도록 하고, 또 타인의 위조·변조를 막는 것을 목적으로 하는 것이다. 방식에 위반하는 유언은 무효가 된다.

(나) 유언은 상대방이 없는 단독행위이다

따라서 유증(유언에 의한 재산의 무상수여)을 받을 자의 승낙은 물론 유증을 받을 자 등에 대하여 의사표시를 하는 것도 필요없다. 다만 유증을 받을 자는 유언의 효력이 발생한 후 그 효력을 받는 것을 거절할 수 있다§1074 참조. 이와 같이 유언은 상대방이 없는 단독행위인 점에서 사인증여와 다르다. 사인증여는 증여자의 사망으로 효력이 발생하지만, 생전에 증여자의 청약과 수증자의 승낙에 의한 의사의 합치로 성립하는 계약이라는 점에서 유증과 구별된다.[5)]

(다) 유언은 반드시 유언자 본인의 독립된 의사에 의하여 이루어져야 하는 행위이다

따라서 대리는 허용하지 않는다. 그리고 제한능력자의 유언이라 할지라도 법정대리인의 동의는 필요없다.

(라) 유언은 유언자가 언제든지 철회할 수 있는 행위이다§1108~1111

유언철회의 자유는 유언자의 최종의사를 존중하기 위해서 필요하다.

(마) 유언은 이른바 사후행위이다

유언에 의하여 이익을 받는 자는 유언의 효력이 발생되기 전까지는 아무런 법률상의 권리(조건부 권리)도 취득하지 않는다. 따라서 유언자가 유증의

---

5) 대판 2001. 9. 14, 2000다66430, 66447. 민법 제562조는 사인증여에 관하여는 유증에 관한 규정을 준용하도록 하고 있지만, 유증의 방식에 관한 민법 제1065조 내지 제1072조는 단독행위를 전제로 하는 것이므로 계약인 사인증여에는 적용되지 않는다; 대판 2023. 9. 27, 2022다302237.

목적인 부동산을 유증받을 자 이외의 사람에게 매각하거나 저당권을 설정한 경우, 유증받을 자가 매매나 저당권설정에 관하여 무효확인이나 등기말소청구의 소를 제기하더라도 이는 인정되지 않는다.

(바) 유언은 법정사항에 한하여 할 수 있는 행위이다

따라서 도덕적인 의미를 가진 유훈 같은 것은 민법상의 유언이 아니다. 민법이 인정하는 유언사항은 i) 재단법인의 설립§47②, ii) 친생부인§850, iii) 인지§859②, iv) 미성년후견인의 지정§931①, v) 상속재산분할방법의 지정 또는 위탁§1012 전단, vi) 상속재산 분할금지§1012 후단, vii) 유언집행자의 지정 또는 위탁§1093, viii) 유증§1074 이하, ix) 신탁신탁 §3 등이다. 1990년 민법개정으로 유언에 의한 입양구 §880은 삭제되었다.

이러한 사항에 해당하지 않는 내용의 유언은 무효라고 보아야 한다.

### 3. 유언능력

(1) 유언도 일종의 의사표시이므로, 의사능력이 없는 자가 한 유언은 설사 형식을 갖추고 있더라도 무효이다. 그러나 유언의 효력이 생길 때에는 유언자는 이미 사망하였으므로, 행위자 자신을 보호하는 것이 목적인 제한능력자제도를 그대로 엄격하게 유언에 적용할 필요가 없다. 유언은 사망한 사람의 최종의사를 존중하려는 데에 그 존재의의가 있다고 볼 수 있으므로, 오히려 제한능력자제도의 취지를 완화하여, 본인의 최종의사를 존중하는 것이 타당하다. 만약 일반의 제한능력자제도를 엄격히 적용하여 법정대리인에 의한 유언을 인정하거나, 유언의 효력이 발생한 후에 상속인 또는 법정대리인에게 취소권을 인정한다면 그것은 도리어 유언제도의 취지에 어긋나는 것이다. 그래서 민법은 미성년자에 관한 제5조, 피성년후견인에 관한 제10조, 피한정후견인에 관한 제13조의 규정은 유언에는 적용하지 않도록 하였다§1062. 그러나 유언도 효력이 인정되기 위해서는 그것이 본인의 정상적인 의사에 기초할 필요가 있다. 그래서 민법은 미성년자에 대해서는 만 17세를 능력의 표준으로 하고, 그 미만인 자의 유언은 무효로 하며§1061, 또 피성년후견인이 의사능력을 회복한 때에 유언을 하려면 의사가 심신회복의 상태를 유언서에 부기하고 서명·날인할 것을 요구하고 있다§1063.[6] 피한정후견인도 의사능력이 있는 한 단독으로

---

6) 성년후견개시 심판이 청구된 후 사전처분으로 임시후견인이 선임된 경우에도 의사능

유언을 할 수 있다고 해석된다.

(2) 유언능력이 필요한 시기에 대해서는 민법이 규정하는 바 없으나, 유언의 효력이 발생하는 것은 유언하는 시기와 다르므로, 유언할 때에 유언능력이 있으면 된다고 해석된다.

(3) 유언은 본인의 의사를 존중하는 것이므로, 대리는 허용되지 않는다. 따라서 법정대리인이라고 하더라도 미성년자나 피성년후견인을 갈음하여 유언을 할 수 없다. 또한 미성년자(또는 피한정후견인)가 유언을 하는 데 동의를 할 수도 없다.

# 제 2 절 유언의 방식

## 1 서 설

### 1. 유언의 요식성

유언은 이미 말한 바와 같이 유언자의 사망 후에 그 효력이 발생하기 때문에, 그 내용이 유언자의 진의인가 아닌가 또 유언이 있었는가 없었는가의 여부를 확인하는 것이 곤란하다. 따라서 형식을 엄격히 하여, 진정으로 유언을 하려는 자에게 이 형식을 밟도록 요구하는 것이다. 이와 같이 유언에 일정한 방식을 요구하는 것은 여러 나라들의 공통된 입법례이다. 그래서 민법도 "유언은 본법(민법)의 정한 바에 의하지 아니하면 효력이 생기지 아니한다" §1060고 규정하여 일정한 방식을 요구하고, 이 방식에 따르지 않은 유언은 무효로 한다.[7] 이와 같은 엄격형식주의는 유언을 하려는 자에게는 다소 불편할

---

력이 있는 한, 단독으로 유언을 할 수 있다. 또한 아직 성년후견이 개시되지 않은 상태이므로, 의사가 유언서에 심신회복의 상태를 부기하고 서명·날인할 것을 요구한 민법 제1063조 제2항은 적용되지 않는다. 대판 2022. 12. 1, 2022다261237.

7) 대판 2006. 3. 9, 2005다57899: 민법 제1065조 내지 제1070조가 유언의 방식을 엄격하게 규정한 것은 유언자의 진의를 명확히 하고 그로 인한 법적 분쟁과 혼란을 예방하기 위한 것이므로, 법정된 요건과 방식에 어긋난 유언은 그것이 유언자의 진정한 의사에 합치하더라도 무효이다.

것이지만, 표의자의 진의를 명확히 하고 분쟁과 혼란을 피하기 위해서는 부득이한 것이다.

### 2. 유언방식의 종별

민법이 인정하는 유언방식에는 다섯 가지가 있다§1065. 즉 통상의 경우에는 자필증서·녹음·공정증서·비밀증서 중에서 어느 하나의 형식을 밟아서 유언서를 작성하여야 한다. 이 보통방식에 의할 수 없는 경우, 즉 질병 기타의 급박한 사유로 인하여 위의 4가지 방식에 의할 수 없는 경우에는 간이한 방식에 의한 유언, 즉 구수증서에 의한 유언을 허용하고 있다. 그렇게 하지 않으면 결과적으로 유언의 자유를 박탈하는 것이 되기 때문이다.

보통방식 중 어느 것에 의하는가는 유언자의 자유이므로, 유언자는 그 방식의 득실을 생각하여 선택하여야 한다. 자필증서에 의한 유언은 혼자서 할 수 있고, 비용도 들지 않으며, 장소 여하를 묻지 않고 비교적 간이하게 작성할 수 있다는 점에서 편리하다. 또 유언의 내용뿐만 아니라 존재도 비밀로 할 수 있다는 것도 장점이다. 그러나 문자를 쓸 줄 모르는 사람은 그 방식을 이용할 수 없으며, 법률을 잘 모르는 경우에는 방식의 불비, 내용의 불명확을 가져와서 그 효력에 대해서 다툼이 일어날 위험성이 있다. 또 분실·은닉·변개의 우려도 있다. 녹음에 의한 유언은 녹음기만 있으면 간편하게 할 수 있다는 장점이 있으나, 녹음된 것이 잘못하면 소멸될 수 있는 위험이 있다는 것이 단점이다. 공정증서에 의한 유언은 글을 쓰지 못하는 사람도 구수(口授)할 수 있는 한 할 수 있고, 공증인이 관여하므로 방식의 불비가 생길 가능성이 적다. 따라서 유언의 효력이 부인될 가능성도 낮고, 공증인이 보관하므로 분실·은닉·변개될 일이 없다는 것이 장점이다. 그러나 방식이 매우 엄격하고 또한 비용이 드는 점이 단점이다. 비밀증서에 의한 유언은 비밀이 새는 것을 막을 수 있고, 또 문자를 쓸 수 없는 자도 서명·날인만 할 수 있으면 스스로 유언할 수 있다는 것이 장점이나, 유언의 내용에 대해서 다툼이 일어날 우려가 있는 것이나, 검인절차가 필요한 것은 단점이라고 할 수 있다. 구수증서에 의한 유언은 급박한 경우에 간단한 형식으로 할 수 있다는 것이 장점이나, 가정법원의 검인절차를 반드시 밟아야 한다는 것이 단점이다.

### 3. 유언의 증인의 결격

#### (1) 증인의 결격사유

##### (가) 법정결격사유

자필증서에 의한 유언을 제외하고는 녹음에 의한 유언·공정증서에 의한 유언·비밀증서에 의한 유언·구수증서에 의한 유언의 경우 모두 증인의 참여가 필요하다. 이러한 증인은 유언의 성립의 진정성과 방식준수의 확실성을 증명하는 자이며, 이러한 사람의 서명 또는 기명날인 혹은 구술(녹음에 의한 경우)은 직접적으로 유언의 유효·무효를 판단하는 자료가 되는 것이다. 그러므로 아무라도 증인이 될 수 있도록 하면, 쉽게 사기가 행하여질 위험이 다분히 있다. 그래서 민법은 제1072조에 증인 결격자에 관하여 규정하고 있다.

① 미성년자: 미성년자는 법정대리인의 동의를 얻더라도 증인이 될 수 없다. 절대적 결격자이다.

② 피성년후견인과 피한정후견인: 피성년후견인은 의사능력을 회복하고 있을 때에도 증인이 될 수 없다. 피한정후견인은 한정후견인의 동의를 얻은 경우라도 증인이 될 수 없다. 절대적 결격자이다.

③ 유언으로 이익을 받을 사람, 그의 배우자와 직계혈족: 이러한 사람들은 유언에 의하여 이익을 얻을 자이므로, 증인이 되는 것을 허용하면 자기의 이익을 꾀할 우려가 있다. 따라서 증인이 될 자격에서 배제한 것이다.

④ 공정증서에 의한 유언의 경우에는 공증인법에 의한 결격자: 공증인법에 규정한 결격자는 ⅰ) 미성년자, ⅱ) 시각장애인이거나 문자를 해득하지 못하는 사람, ⅲ) 서명할 수 없는 사람, ⅳ) 촉탁 사항에 관하여 이해관계가 있는 사람, ⅴ) 촉탁 사항에 관하여 대리인 또는 보조인이거나 대리인 또는 보조인이었던 사람,[8] ⅵ) 공증인의 친족, 피고용인 또는 동거인, ⅶ) 공증인의 보조자 등이다공증인 §33③.

본조의 결격자의 열거는 한정적 열거이므로, 이 열거에 해당하지 않는 자는 누구라도 유언의 증인이 될 자격이 있다. 따라서 유언집행자는 증인으로서 참여할 수 있다.

---

8) 대결 2014. 7. 25, 2011스226: 공증인이나 촉탁인의 피용자 또는 공증인의 보조자는 촉탁인이 증인으로 참여시킬 것을 청구한 경우를 제외하고는 공정증서에 의한 유언에서 증인이 될 수 없다.

(나) 사실상의 결격사유

법률규정에는 결격사유로 되어 있지 않지만, 사실상 유언의 방식에서 정하고 있는 증인으로서 역할을 할 수 없는 경우가 있다.

① 서명을 할 수 없는 자: 유언에 대한 증인은 녹음에 의한 경우를 제외하고는 서명 또는 기명날인이 필요한데, 서명이 필요한 유언의 경우 서명을 할 수 없는 자는 사실상 증인이 될 수 없다(공정증서에 의한 유언의 경우에는 공증인법에 의하여 결격자가 된다).

② 유언자의 구수를 이해할 수 없는 자: 구수증서의 경우에는 증인이 유언자의 구수를 필기·낭독하여야 하므로, 구수를 이해하지 못하는 자는 증인이 될 수 없다. 예컨대, 성년후견개시나 한정후견개시의 심판을 받지 않은 정신장애인, 유언자가 말하는 언어를 이해할 수 없는 자, 청취불능자 등이다. 이러한 것은 녹음유언의 경우에도 해당된다.

③ 필기가 정확한 것임을 승인할 능력이 없는 자: 공정증서에 의한 유언과 구수증서에 의한 유언의 경우에는 증인이 필기의 정확함을 승인하여야 하므로, 이러한 능력이 없는 자는 증인이 될 수 없다.

(2) 결격자가 참여한 유언의 효력

유언의 증인으로서 자격을 결여하는 자가 참여한 유언은 그 유언 전체가 무효가 된다. 결격자가 한 사람이라도 참여한 경우에는 반드시 유언은 무효가 되는가, 혹은 결격자를 제외하더라도 소정의 증인수에 달하고 있으면 유언의 효력에는 영향을 미치지 않는가. 대륙법은 전자로, 영미법은 후자로 해석한다. 이 점은 후자로 해석하는 것이 타당하다고 생각한다. 다만 결격자인 증인이 기타의 증인에게 실질적인 영향력 내지 지배력을 가지는 것이 외견상 명백한 경우에는, 그 유언은 무효라고 보아야 할 것이다.

## 2 자필증서에 의한 유언

(1) 요 건

자필증서에 의한 유언의 요건은 유언자가 그 전문과 연월일, 주소, 성명을 스스로 쓰고(自書) 날인하는 것이다§1066①.

(가) 유언자가 전문(全文)을 자서(自書)할 것

자필증서에 의한 유언은 자서하는 것(스스로 쓰는 것)이 절대적 요건이므로, 타인에게 구수·필기시킨 것, 타자기나 컴퓨터 또는 점자기를 사용한 유언은 자필증서로 인정되지 않으며, 따라서 무효이다. 다만 본문의 일부에 대하여 이러한 사정이 있을 때에는 대서(代書) 등이 유언의 부수적·첨가적 부분에 그치는 한, 유효로 보아야 할 것이다. 타인의 손에 의지하여 쓴 유언이나 어느 정도 문자를 이해하고 쓸 수 있는 자가 타인이 쓴 것을 그대로 베낀 유언은 자서로 보아도 상관없다. 외국어에 의한 유언, 약자·약호를 사용한 유언, 속기문자에 의한 유언 등도 모두 유효하다. 유언자는 유언서 전문을 한 장의 용지에 쓸 필요는 없다. 용지가 여러 장이 되더라도 그것이 한 개의 유언서인 것이 확인되면 충분하다. 즉 계인이나 편철(編綴)이 없더라도 한 통의 유언서인 것이 확인될 수 있는 한 유효하다고 보아야 한다.

(나) 연월일을 자서할 것

연월일은 매우 중요한 요건이다. 유언의 성립 시기는 유언능력의 유무를 판단하는 기준시가 될 뿐만 아니라, 내용이 서로 저촉되는 여러 개의 유언증서가 있는 경우에 그 효력을 결정하는 기준이 되기 때문이다. 연월일이 없는 유언서는 무효이다.[9] 그러나 연월일은 반드시 정확하게 기입할 필요는 없으며, 요컨대 유언 작성의 날이 명백하면 되는 것이므로, '만 60세의 생일'이라든가 '몇 년의 조부 제사일에'라는 식으로 기입해도 상관없다. 연월일은 유언서의 어디에 쓰여 있어도 무방하며, 또 유언서에는 없더라도 봉투에 있어도 상관없다고 본다. 다만 연월일이 봉투에 적혀 있을 때에는 봉투의 위조·변조가 쉽다는 것을 고려하여, 유언의 유효·무효를 신중하게 판단하여야 할 것이다. 연월일이 숫자로 쓰여도 상관없다. 그리고 하나의 유언서에 두 개 이상의 연월일이 있을 때에는 후의 일자에 완결된 것으로 다루어야 할 것이다.

(다) 주소를 자서할 것

주소는 유언자의 생활의 근거가 되는 곳이면 되며§18①, 반드시 주민등록법에 의하여 등록된 곳일 필요는 없다. 주소는 유언증서를 담은 봉투에 기재해도 무방하다.[10] 주소를 자서하지 않은 유언은 무효이다.[11]

---

9) 대판 2009. 5. 14, 2009다9768: 연·월만 기재하고 일(日)의 기재가 없는 자필유언증서는 그 작성일을 특정할 수 없으므로 효력이 없다.

10) 대판 1998. 5. 29, 97다38503; 헌재결 2008. 12. 26, 2007헌바128. 자필증서에 의한 유언에 '주소의 자서'와 '날인'을 요구하는 것은 헌법에 위반되지 않는다.

(라) 성명을 자서할 것

성명의 기재는 그 유언자가 누구인가를 알 수 있는 정도이면 되며, 호나 字 또는 예명 등을 사용해도 상관없다고 본다. 그리고 이름만 쓰더라도 유언서의 내용 기타에 의하여 유언자 본인의 동일성을 알 수 있는 경우에는, 성과 이름을 다 쓰지 않아도 유효라고 보아야 할 것이다. 그러나 성명의 자서 대신에 자서를 기호로 하여 만든 인형(印形: 도장) 같은 것을 날인한 것은 안 된다.

(마) 날인할 것

날인은 타인이 대신하여 해도 괜찮다. 그리고 날인은 반드시 인장으로 할 필요가 없고, 무인(拇印)도 상관없다(대판 2006. 9. 8, 2006다25103, 25110: 유언자의 날인이 없는 유언장은 자필증서에 의한 유언으로서의 효력이 없다).

(2) 가제 · 변경

자필증서에 문자의 삽입, 삭제, 또는 변경을 할 때에는 유언자가 이를 자서하고 날인하여야 한다§1066②. 증서의 기재 자체로 보아 명백한 오기(誤記)를 정정함에 지나지 않는 경우에는 그 정정부분에 날인을 하지 않았다고 하더라도 그 효력에 영향이 없다대판 1998. 5. 29, 97다38503.

(3) 단 점

자필증서에 의한 유언은 가장 간편하기는 하나, 문자를 모르는 사람은 이 방법을 쓸 수 없는 것, 유언증서의 무효가 유언자의 사후에 쉽게 판명되지 않는 것, 또 위조 · 변조의 위험이 많은 것이 단점이다.

## 3 녹음에 의한 유언

(1) 이것은 과학의 발달로 인하여 발명된 문명의 이기를 사용하는 유언의 방식으로서, 유언자의 육성을 사후에도 그대로 보존할 수 있다는 점과 녹음기만 있으면 간편하게 할 수 있다는 점 등이 장점이다. 그러나 녹음된 것이 잘

---

11) 대판 2014. 9. 26, 2012다71688: 유언자가 주소를 자서하지 않았다면 이는 법정된 요건과 방식에 어긋난 유언으로서 그 효력을 부정하지 않을 수 없으며, 유언자의 특정에 지장이 없다고 하여 달리 볼 수 없다. 주소는 반드시 주민등록법에 의하여 등록된 곳일 필요는 없으나, 적어도 민법 제18조에서 정한 생활의 근거되는 곳으로서 다른 장소와 구별되는 정도의 표시를 갖추어야 한다.

못하면 소멸되어 버리는 흠이 있는 것이 단점이라 하겠다.

(2) 녹음에 의한 유언의 요건은 유언자가 유언의 취지, 그 성명과 연월일을 구술하고, 이에 참여한 증인이 유언의 정확함과 그 성명을 구술하는 것이다§1067. 피성년후견인이 의사능력이 회복되어 녹음에 의한 유언을 할 때에는 의사는 심신회복의 상태를 녹음기에 구술하는 방법으로 하여야 할 것이다.

## 4 공정증서에 의한 유언

(1) 공정증서에 의한 유언은 자기가 유언증서를 작성하지 않아도 할 수 있는 유언의 방식이며, 또한 유언의 존재를 명확히 하고 내용을 확보할 수 있는 점이 특징이라고 할 수 있다. 유언의 확실성을 확보할 수 있다는 점에서 유용한 방식이다.

(2) 공정증서에 의한 유언의 요건은 다음과 같다§1068.

(가) 증인 2인의 참여가 있을 것

증인이 한 사람밖에 참여하지 않았을 때에는 그 유언은 무효이다. 증인의 결격사유에 대해서는 앞에서 설명하였다.

(나) 유언자가 공증인의 면전에서 유언의 취지를 구수할 것

여기서 '구수'란 원칙적으로 말을 하여 그 취지를 전달하는 것을 의미하므로, 질병 등으로 언어능력을 상실한 사람은 유언의 취지를 구수할 수가 없어서 사실상 공정증서에 의한 유언을 할 수 없다는 문제가 있다(이는 유언의 자유가 제한된다는 점에서 문제가 있다). 이러한 문제를 해결하기 위하여 '구수'의 의미를 완화하여 해석하는 방법을 생각해 볼 수 있다. 예를 들어서, 언어능력을 거의 상실한 사람이 스스로 유언의 취지를 미리 서면으로 작성하여 공증인에게 교부하고, 공증인이 이에 따라 질문하면 유언자가 간단하게 답변한 경우에도 유언의 취지를 구수한 것으로 인정한다면, 언어능력을 상실한 사람도 공정증서에 의한 유언을 할 수 있게 된다.[12] 유언은 그 사람의 최종의 의사라

12) 입법론으로서 서면방식의 공정증서에 의한 유언에 관한 규정을 신설하는 것이 바람직하다는 견해가 있다. 현소혜, 유언방식의 개선방향에 관한 연구, 가족법연구 제23권 2호, 32면.

고 할 수 있으므로, 가능한 범위에서 유언의 자유를 넓게 인정해 주는 것이 바람직하다고 생각된다. 이런 점에서 볼 때, 위와 같이 구수의 의미를 완화하여 해석하려는 입장은 충분히 수긍할 수 있다. 한편, 유언자가 언어능력을 거의 상실하였을 뿐만 아니라, 스스로 문서를 작성할 수도 없는 경우에 공증인이 사전에 '제3자'(예컨대 유언자의 자녀 중 일부)로부터 전달받은 유언자의 의사에 따라 유언의 취지를 작성한 다음, 그 서면에 따라 질문하면 유언자가 간단하게 답변(예컨대 '그렇게 하라')하는 경우에도 구수에 갈음하는 것으로 볼 수 있을 것인가의 문제가 있다. 될 수 있는 대로 유언의 자유를 넓게 인정하려는 입장에서는, 이런 경우에도 구수에 갈음하는 것으로 볼 수 있다는 해석이 나올 수 있다대판 2008. 2. 28, 2005다75019, 75026. 그러나 이런 경우에는 제3자가 공증인에게 유언자의 진의를 정확하게 전달하였다는 점을 증명하는 것이 사실상 쉽지 않을 것이다. 판례는 이런 경우에 "제3자에 의하여 미리 작성된 유언의 취지가 적혀 있는 서면에 따라 유언자에게 질문을 하고 유언자가 동작이나 한두 마디의 간략한 답변으로 긍정하는 경우에는 원칙적으로 유언 취지의 구수라고 보기 어렵지만, (중략) 유언자의 의사능력이나 유언의 내용, 유언의 전체 경위 등으로 보아 그 답변을 통하여 인정되는 유언 취지가 유언자의 진정한 의사에 기한 것으로 인정할 수 있는 경우에는, 유언취지의 구수 요건을 갖추었다고 볼 수 있을 것"이라는 법리를 전개하고 있다. 즉, 유언자가 유언의 취지를 이해할 수 있고, 유언이 이루어지는 전 과정을 주도적으로 지배할 수 있는 능력이 남아 있는 때에는, 제3자에 의해서 유언의 취지가 전달된 때에도 구수의 요건이 충족된 것으로 보아서 유언의 효력을 인정할 수 있다는 것이다. 그런데, 유언자의 의사능력에 따라서 실질적으로 구수가 이루어졌는가의 여부를 판단하는 법리에 의하면, 제3자가 유언의 취지를 전달하고 이에 기초하여 유언이 성립한 경우에 그 유언의 유효 여부를 일률적으로 정할 수 없으며, 개별적인 사안마다 유언자의 의사식별능력을 비롯한 여러 사정을 고려하여 유언의 유효 여부를 판단할 수밖에 없다. 판례가 "실질적으로 구수가 이루어졌다고 보기 위하여 어느 정도의 진술이 필요한지는 획일적으로 정하기 어렵고 구체적인 사안에 따라 판단하여야 한다"고 설시한 것은 바로 이러한 맥락에서 이해할 수 있다대판 2008. 2. 28, 2005다75019, 75026.

(다) 공증인이 유언자의 구술을 필기하여, 이를 유언자와 증인 앞에서 낭독할 것

필기는 반드시 공증인 자신이 할 필요가 없으며, 사무원에게 집필시켜도 무방하다. 또 공증인이 미리 유언자가 작성한 문안(文案)을 받고 유언자가 구수하는 것을 들은 다음 이것으로써 필기에 갈음하는 것과 같이, 구술과 필기가 앞뒤로 바뀌어도 상관없다고 본다대판 2007. 10. 25, 2007다51550, 51567. 다만 판례는 유언자의 의식이 명료하지 않은 상태에서 "유언의 내용을 친족 중의 한 사람이 공증인에게 말하면, 공증인이 유언자에게 그 취지를 말하여 주고 '그렇습니까?' 라고 물으면 유언자는 말은 하지 않고 고개만 끄덕끄덕하여, 이 내용을 공증인의 사무원이 필기하고 공증인이 낭독하는 방식으로 작성한 것은 유언자가 공증인에게 구수한 것으로 볼 수 없다"고 판시하고 있다.[13] 필기는 반드시 유언자의 면전에서 할 필요는 없다고 본다. 그리고 공정증서는 국어로 작성되어야 한다공증인 §26.

(라) 유언자와 증인이 필기가 정확함을 승인한 후 각자 서명 또는 기명·날인할 것

서명이나 기명·날인의 어느 한 쪽을 하면 된다. 서명은 부호, 예명, 호 같은 것도 상관없을 것이다. 그리고 기명·날인은 반드시 유언자나 증인 자신이 할 필요가 없다고 본다.[14] 이것은 유언자 자신이 서명할 수 없는 경우에 특히 필요하다.

(마) 공정증서에 의한 유언의 작성절차 도중에 유언자가 사망하면 유언은 성립하고 있지 않으므로 효력이 생기지 않는다. 그러나 유언자가 공증인의 필기가 정확함을 승인한 후 서명 또는 기명·날인한 경우에는 그 뒤의 절차가 그 장소에서 완결되었으면 유효하다고 보아야 할 것이다.

(3) 공증인은 그 사무소에서 직무를 행하는 것이 원칙이지만공증인 §17, 유언의 경우에는 그 적용이 없으며공증인 §56, 따라서 공정증서에 의한 유언을 작성할 경우에는 출장을 요구할 수도 있다.

---

13) 대판 1980. 12. 23, 80므18, 판례총람 419-1068-1면; 대판 1993. 6. 8, 92다8750, 신판례체계 1068-1면; 대판 2002. 9. 24, 2002다35386, 판례공보 2002. 11. 15, 2537면; 대판 2002. 10. 25, 2000다21802, 판례공보 2002. 12. 15, 2810면.

14) 대판 2016. 6. 23, 2015다231511. 유언자의 기명날인은 유언자의 의사에 따라 기명날인한 것으로 볼 수 있는 경우 반드시 유언자 자신이 할 필요는 없다.

## 5 비밀증서에 의한 유언

(1) 유언의 존재는 명확히 해 두고 싶으나, 그 내용을 자기의 생전에는 비밀로 해 두고 싶은 경우에는 비밀증서의 방식에 의할 수 있다. 비밀증서는 다른 사람이 쓴 것도 괜찮으므로, 유언자가 문자는 쓸 수 없으나 읽을 수만 있는 때에도 서명을 할 수 있으면 이 방식을 이용할 수 있다. 그러나 비밀증서의 성립에 대하여 다툼이 일어나기 쉽고 분실·훼손의 염려가 있다. 자필증서에 의한 유언도 마찬가지지만 공적인 보관을 할 수 있는 입법적인 조치가 요망된다.

(2) 비밀증서에 의한 유언의 요건은 다음과 같다§1069.

(가) 유언자가 필자의 성명을 기입한 증서를 엄봉·날인할 것

유언자는 증서 그 자체를 자서할 필요가 없으며, 연월일·주소의 기재도 필요없다. 다만 증서의 전문과 연월일, 주소, 성명도 자서하고 날인함으로써 자필증서의 방식에 적합한 때에는 비밀증서로서의 방식에 흠결이 있는 경우라도 자필증서로서 유효하게 된다§1071. 증서에는 필자의 성명을 반드시 기입하여야 한다. 그리고 본인이 엄봉(타인이 볼 수 없게 봉투를 붙인다는 뜻)을 하여야 한다고 해석되나, 날인은 반드시 본인이 할 필요가 없다고 본다.

(나) 엄봉한 날인증서를 2인 이상의 증인의 면전에 제출하여, 자기의 유언서임을 표시할 것

표시방법은 반드시 말로 하여야 한다고는 해석되지 않는다. 따라서 말을 할 수 없는 사람은 글을 써서 표시하여도 상관없다고 본다. 증인이 1인밖에 참여하지 않을 때에는 그 유언은 무효이다. 증인의 결격사유에 대해서는 기술하였다.

(다) 봉서표면에 유언서의 제출연월일을 기재하고, 유언자와 증인이 각자 서명 또는 기명·날인할 것

유언자가 피성년후견인인 경우에는 참여한 의사가 봉서(봉투)표면에 심신회복의 상태를 부기하고 서명·날인하여야 한다고 해석된다.

(라) 비밀증서에 의한 유언봉서는 그 표면에 기재된 날로부터 5일 내에 공증인 또는 가정법원서기에게 제출하여 그 봉인상(엄봉한 봉투에 날인한 것을 의미함)에 확정일자인을 받을 것

## 6 구수증서에 의한 유언

**設 例**

A는 병환으로 사망이 임박하였음을 알고, 이웃에 사는 두 사람을 증인으로 하여 구수증서에 의한 유언을 하였다. 그 구수를 받아 필기한 자는 연필로 쓴 원문을 정서하여, 이를 증인에게 가지고 가서 서명·날인을 받은 다음, 가정법원에서 그 유언서의 검인을 받았다. 이렇게 가정법원의 검인을 받은 후에 A의 子 B는 유언의 무효를 주장할 수 있는가?

(1) 이것은 질병 기타 급박한 사유로 인하여 앞에서 말한 유언의 방식에 의하여 유언을 할 수 없는 특별한 경우에만 인정되는 방식이다. 형식이 간단한 것이 특징이다. 구수증서에 의한 유언은 다른 보통방식에 의한 유언과 실질에 있어서 다르다고 보아야 하므로, 유언요건을 완화하여 해석하는 것이 타당할 것이다. 다만 최근의 판례는 '구수증서에 의한 유언에 있어서도 법정의 요건과 방식에 어긋난 유언은 그것이 유언자의 진정한 의사에 합치하더라도 무효라고 보아야 한다'는 법리를 전개함으로써 구수증서에 의한 유언의 경우에도 다른 종류의 유언과 마찬가지로 엄격한 방식의 준수를 요구하고 있다.[15]

(2) 구수증서에 의한 유언의 요건은 다음과 같다§1070.

(가) 질병 기타 급박한 사유로 인하여 다른 방식에 의한 유언을 할 수 없을 것

여기서 '기타 급박한 사유'란 부상한 경우, 재해 또는 전염병 등으로 교통이 차단된 장소에 있는 경우, 조난한 선박 중에 있는 경우 등을 말한다.

(나) 2인 이상의 증인의 참여로 그 1인에게 유언의 취지를 구수하여야 할 것

증인이 1인밖에 참여하지 않을 때에는 그 유언은 무효이다. 증인의 결격사

15) 구수증서에 의한 유언은 민법상 다른 보통방식의 유언과 실질에 있어 다르므로, 유언요건을 완화하여 해석하여야 한다는 것이 종래 판례의 입장이다(대판 1977. 11. 8, 76므15: 이는 유언서에 '증인'의 표시를 누락한 사안에서 유언의 효력을 인정한 판결이다). 그러나 대판 2006. 3. 9, 2005다57899은 "민법 제1065조 내지 제1070조가 유언의 방식을 엄격하게 규정한 것은 유언자의 진의를 명확히 하고 그로 인한 법적 분쟁과 혼란을 예방하기 위한 것이므로, 법정된 요건과 방식에 어긋난 유언은 그것이 유언자의 진정한 의사에 합치하더라도 무효라고 하지 않을 수 없다"고 하여 구수증서에 의한 유언의 경우에도 엄격한 방식의 준수를 요구하고 있다.

유에 대해서는 앞에서 설명하였다. 여기서 '유언취지의 구수'란 공정증서에 의한 유언에 있어서의 '유언취지의 구수'와 본질적으로 다르지 않다. 그러므로, 여기서도 '유언취지의 구수'란 원칙적으로 말을 하여 그 취지를 전달하는 것을 의미한다. 공정증서에 의한 유언에서와 마찬가지로 구수증서에 의한 유언의 경우에도 제3자가 유언의 취지를 미리 서면으로 증인에게 전달하고, 증인이 이에 따라 질문을 하면 유언자가 간략하게 답변한 경우에 유언취지의 '구수'를 인정할 것인가의 문제가 있다. 판례는 이런 경우에 "유언 당시 유언자의 의사능력이나 유언에 이르게 된 경위 등에 비추어 그 서면이 유언자의 진의에 따라 작성되었음이 분명하다고 인정되는 등의 특별한 사정이 없는 한 유언취지의 구수에 해당한다고 볼 수 없다"고 설시함으로써 원칙적으로 유언의 효력을 부정하고 있다.[16] 다만, 판례는 제3자가 유언의 취지를 서면으로 작성한 때에도 예외적으로 '구수'로서 인정될 수 있는 사안이 있을 수 있다는 견해를 보이고 있는데, 이런 예외적인 경우는 그 서면이 유언자의 진의에 따라 작성되었음이 분명하다고 인정되는 특별한 사정이 있는 때에 한하여 인정된다. 즉, 유언자가 유언의 취지를 이해할 수 있고, 유언이 이루어지는 전 과정을 주도적으로 지배할 수 있는 능력이 남아 있는 때에는, 제3자에 의해서 유언의 취지가 전달된 때에도 구수의 요건이 충족된 것으로 보아서 유언의 효력을 인정할 수 있다는 것이다.

(다) 구수를 받은 자가 이를 필기·낭독하여 유언자와 증인이 그 정확함을 승인한 후, 각자가 서명 또는 기명·날인할 것

증인의 서명 또는 기명·날인도 유언자의 생존 중에 하여야 하겠지만, 유언자가 필기가 정확함을 승인하고 서명한 직후에 사망하여 증인들이 그 자리에서 서명 또는 기명·날인한 경우에는 유언의 성립을 인정해도 무방할 것이다.

(라) 구수증서에 의한 유언은 그 증인 또는 이해관계인이 급박한 사유가 종료한 날로부터 7일내에 가정법원에 그 검인을 신청할 것

여기서 말하는 이해관계인은 상속인, 유증받은 자, 유언집행자로 지정된 자 등 그 유언에 의하여 법률적으로 영향을 받는 자이다.[17] 가정법원은 이 검

16) 대판 2006. 3. 9, 2005다57899: 유언 당시에 자신의 의사를 제대로 말로 표현할 수 없는 유언자가 그 처가 미리 서면으로 작성한 유언취지를 전달받은 변호사의 질문에 대하여 고개를 끄덕이거나 "음", "어"라고 말한 것만으로는 민법 제1070조가 정한 유언의 취지를 구수한 것으로 볼 수 없다.

17) 대결 1990. 2. 9, 89스19, 법원공보 869호, 642면.

인을 심판으로써 한다가소 §2①라류사건xl. 검인은 유언증서의 형식·태양 등 유언의 방식에 관한 모든 사실을 조사·확인하고, 그 위조·변조를 방지하며, 또한 보존을 확실히 하기 위한 일종의 검증절차·증거보전절차로서,[18] 유언이 유언자의 진의에 의한 것인가, 적법인가의 여부를 심사하는 것이 아님은 물론, 직접 유언의 유효 여부를 판단하는 심판이 아니다. 따라서 검인을 거친 유언의 무효확인을 청구할 수 있는 것은 물론, 법원은 검인을 거친 유언에 대하여 자유로이 그 진부와 효력을 판단할 수 있다. 검인에 관한 심판은 유언자의 주소지나 상속개시지의 가정법원의 관할로 한다가소 §44vii 단서. 검인신청기간인 7일을 도과한 검인신청은 부적법한 것으로서 무효이다.[19] 검인신청을 기각한 심판에 대해서는 즉시항고를 할 수 있다가소규 §85②.

(마) 피성년후견인이 구수증서에 의한 유언을 하는 경우에는 의사능력이 회복되어 있어야 한다§1063①

의사가 심신회복의 상태를 유언증서에 부기하고 서명·날인할 필요는 없다§1070③. 구수증서에 의한 유언은 급박한 상황에서 하게 되므로, 사실상 의사의 참여가 거의 불가능한 경우가 많기 때문이다.

설례의 경우, 위에서 본 바와 같이 가정법원의 검인은 유언이 유언자의 진의에 의한 것인가 적법인가의 여부를 조사하는 것이 아닐 뿐만 아니라, 직접 유언의 유효 여부를 판단하는 심판이 아니기 때문에, B는 일단 유언자의 의사능력의 부존재나 유언서 작성방식위반을 이유로 유언의 무효를 주장할 수 있다. 구수증서의 경우, 2인 이상의 증인의 참여로 구수를 받은 증인이 이를 필기 낭독하면 유언자와 증인이 그 정확함을 승인한 후 각자가 서명 또는 기명·날인하여야 하는데, 설례에서는 구수를 받은 자가 아닌 증인은 유언자가 구수할 때에 그 장소에서 참여하지 않았고, 필기한 증인이 이를 증인에게 가지고 가서 서명·날인을 받았다. 이러한 사정을 이유로 하여 그 유언의 무효를 주장할 수 있는가가 문제이다. 종래의 판례에 의하면, 구수증서의 경우 유언요건을 완화하여 해석하는 것이 타당하다고 하므로대판 1977. 11. 8, 76므15, 무효 주장은 어려울 것으로 보인다. 그러나 최근에 나온 판례의 태도(대판 2006. 3. 9, 2005다57899: "민법 제1065조 내지 제1070조가 유언의 방식을 엄격하게 규정한 것

18) 가정법원은 유언을 검인함에 있어서 유언방식에 관한 모든 사실을 조사하여야 한다(가소규 제85조 제1항).

19) 대결 1986. 10. 11, 86스18, 신판례체계 1070-1면; 대결 1994. 11. 3, 94스16, 법원공보 983호, 109면은 7일의 기간을 도과한 검인신청은 부적법하다고 판시하고 있다.

은 유언자의 진의를 명확히 하고 그로 인한 법적 분쟁과 혼란을 예방하기 위한 것이므로, 법정된 요건과 방식에 어긋난 유언은 그것이 유언자의 진정한 의사에 합치하더라도 무효라고 하지 않을 수 없다"고 하여 구수증서에 의한 유언의 경우에도 엄격한 방식의 준수를 요구하고 있다)를 고려해 보면, 이런 경우에도 유언이 무효라는 주장이 가능할 수 있을 것이다.

# 제3절 유언의 철회

## 1 유언철회의 의의

유언은 사람의 최종의 의사를 존중하는 제도이므로, 유언자가 유효한 유언을 한 후라도 생전에는 언제든지 아무런 특별한 이유가 없더라도 자유로이 그 전부 또는 일부를 철회할 수 있다§1108①. 효력이 발생하지 않는 동안의 의사표시의 철회는 원칙적으로 자유이지만, 유언의 경우에는 특히 그 자유가 강조되어 유언자는 그 철회권을 포기할 수 없도록 하였다§1108②. 따라서 유언자가 유언을 철회하지 않는다는 계약을 체결하더라도 그 계약은 무효이다. 유언은 유언자의 최종의 의사를 존중하는 제도이므로 이것은 당연한 것이다.

## 2 유언철회의 방식

### 1. 임의철회

유언자는 유언 또는 생전행위로써 유언을 철회할 수 있다§1108. 철회는 반드시 유언으로 할 필요가 없으며 생전행위로도 할 수 있다. 여기서 생전행위란 제1109조의 생전행위보다 더 넓은 개념으로 이해된다. 제1109조의 생전행위와 동일한 개념이라면 굳이 제1108조에서 중첩하여 규정할 필요가 없기 때문이다(제1109조에 따르면 피상속인이 전의 유언과 저촉되는 생전행위를 한 때에는 전의 유언은 당연히 철회된 것으로 본다. 따라서 제1108조의 생전행위가 제1109조의 생전행위와 동일한 개념이라면 굳이 중복하여 별도로 규정할 필요가 없을 것이다).

따라서 유언자가 유언을 철회한다는 명시 또는 묵시의 의사표시를 한 경우에는 유언은 철회되어 효력을 잃는다고 보아야 할 것이다. 명시적으로 철회라는 표현을 사용하지 않더라도 유언을 실효시키겠다는 의사가 객관적으로 분명하게 드러나는 경우에는 철회의 의사표시로 볼 수 있다. 예를 들어 유언자가 유증의 목적물인 부동산의 매각을 위하여 공인중개사에게 중개를 위임하였다면, 이는 유언을 철회하겠다는 의사로 해석될 수 있을 것이다.[20] 유언의 철회에 관한 해석에 있어서 가장 중요한 요소는 유언자의 의사이므로, 유언자의 의사를 객관적으로 탐구하여 이를 존중하는 방향으로 해석을 할 필요가 있다.

유언철회의 의사표시가 일정한 방식을 갖추어야 하는가의 문제가 있는데, 제1108조의 문언상 굳이 그렇게 좁혀서 해석할 근거가 없다(일정한 방식을 필요로 한다고 규정되어 있는 경우 이외의 법률행위는 원칙적으로 불요식행위라고 보아야 한다). 원래 철회는 상대방 있는 단독행위이지만, 유언이 상대방 없는 단독행위라는 점에 비추어 볼 때, 유언의 철회 역시 상대방 없는 단독행위라고 보아야 할 것이다. 따라서 객관적으로 철회의 의사표시로 인정될 수 있는 행위가 있으면 효력이 발생한다고 해석된다(유언으로 전의 유언을 철회하는 행위는 당연히 상대방 없는 단독행위이고, 제1109조, 제1110조에 따라 법정철회로 의제되는 경우에도 수증자에게 통지할 의무는 없다). 유언을 철회할 권리는 유언자의 일신전속적인 권리로서 포기할 수 없으며, 가능한 한 그 자유가 넓게 인정되어야 할 것이므로, 위와 같이 해석하는 것이 타당하다고 본다.

유언으로 하는 경우에도 그 방식은 반드시 전에 한 유언과 동일한 방식으로 하지 않아도 상관없다. 철회의 의사표시를 하지 않고 유언증서를 파훼해 버리면 유언은 철회된 것으로 본다§1110. 다만 공정증서에 의한 유언은 유언자가 정본을 파훼하더라도 원본이 공증인사무소에 보존되고 있으므로, 정본을 없애는 것만으로는 유언의 철회가 되지 않는다고 본다. 그러므로 공정증서에 의한 유언을 철회하려면 유언이나 생전행위로써 하여야 할 것이다.

## 2. 법정철회

민법은 위의 임의철회 이외에 다음과 같은 경우에는 법률상 유언의 철회가 있는 것으로 보고 있다. 유언자의 최종의 의사실현을 기하며, 또한 미리

20) 의정부지판 2021. 12. 21, 2021가단125136 참조.

다툼을 피하려는 취지이다.

### (1) 전후의 유언이 저촉되는 경우

전후의 유언이 저촉되는 경우에는 그 저촉된 부분의 전유언은 철회한 것으로 본다§1109 전단. 전후의 유언이 저촉되는 경우란 동일인에 의한 전후 두 개의 유언이 있어서 그 내용이 서로 모순되며, 양립하기 어려운 사항을 포함하고 있는 경우를 말한다. 예를 들어서 갑에게 A부동산을 준다고 유언한 후, 다시 을에게 A부동산을 준다고 유언한 경우이다. 이 경우 갑에게 A부동산을 준다고 한 유언은 철회한 것으로 본다. 유언의 어떤 부분이 전후 저촉되는가 하는 것은 유언의 해석에 의하여 판정할 문제이다. 그러나 철회의 의제는 전후 양 유언의 내용이 객관적으로 양립되지 않는 경우에 한하므로, 뒤의 유언이 앞의 유언에 조건을 붙인 것에 지나지 않는다고 볼 수 있는 경우에는 철회의 문제는 생기지 않는다. 예컨대 전유언에서 A에게 유증한 부동산 위에 후유언으로 B를 위한 저당권을 설정한 경우에는, A에 대한 유증이 철회되었다고 볼 것이 아니라 A는 저당권부부동산을 취득한다고 해석하여야 할 것이다.

유언을 작성한 시간의 기재는 유언증서의 요건이 아니므로, 같은 연월일이 기재된 2통의 유언증서가 있는 경우에는 모든 사정을 참작하여 그 전후를 결정하여야 할 것이지만, 아무리 해도 이를 결정할 수 없는 경우에는 동시에 모순되는 의사표시가 있는 것으로 하여 쌍방이 모두 무효인 것으로 볼 수밖에 없다.

철회의 효과는 유언자가 전후 양 유언의 내용이 저촉되는 것을 알았든 몰랐든, 또 유언자가 전유언의 철회를 바라고 있었든 아니든 관계없이 발생한다.

### (2) 유언후의 생전행위가 유언과 저촉되는 경우

유언후의 생전행위가 유언과 저촉되는 경우에는 그 저촉된 부분의 전유언은 이를 철회한 것으로 본다§1109 후단. 여기서 생전행위란 일반적으로 처분행위를 말한다고 해석되어 왔다. 그러나 생전행위의 개념을 반드시 처분행위로 한정할 이유는 없으며, 그 외의 법률행위(예컨대 매매, 증여 등의 채권계약, 법률행위의 요건을 갖추어 권리의무관계를 발생시키는 양해각서 등)도 포함된다고 해석하여야 할 것이다(민법상 행위란 일반적으로 법률행위를 의미한다).[21] 예를 들어,

---

21) 판례도 같은 취지이다. 대판 1998. 6. 12, 97다38510: "여기서 말하는 '저촉'이라 함은 전의 유언을 실효시키지 않고서는 유언 후의 생전행위가 유효로 될 수 없음을 가리키되

유언자가 유언 후 유증의 목적물인 부동산을 매도하고 소유권이전등기를 마친 경우뿐만 아니라, 매매계약을 체결하였으나 아직 소유권이전등기를 하지 않은 경우에도 유언을 철회한 것으로 볼 수 있다. 이러한 해석이 유언자의 의사를 추측하여 일정한 행위가 있는 경우 유언의 철회를 의제하려는 제1109조의 취지와 부합한다. 생전행위로 인하여 철회된 것으로 보는 유언은 특정재산에 관한 유언에 국한되며, 포괄적 유증의 경우에는 그 유증 속에 포함되는 개개의 물건이나 권리에 대하여 채권계약을 맺거나 처분하였다고 하더라도, 그것으로 인하여 그 유증이 철회된 것으로 보아서는 안 될 것이다.[22] 예를 들어서 갑에게 전재산을 준다고 유언한 후 재산의 일부인 A부동산을 매도하는 계약을 체결하거나 매각한 경우에는 유증이 철회된 것으로 볼 수 없다. 그리고 유증의 목적물에 저당권 기타의 물권을 설정하는 경우와 같이, 소유권의 제한을 받는 데 불과한 경우에는, 그 물건의 소유권을 양도하는 유증과 양립할 수 없는 것이 아니므로 철회된 것으로 보아서는 안 될 것이다.

유언이 철회된 것으로 보는 이유가 유언자의 의사를 추측한 결과에 지나지 않으므로, 생전행위가 유언자의 의사에 의하지 않는 경우, 예컨대 유언자의 법정대리인이 유언과 저촉되는 생전행위를 한 경우에는 유언이 철회된 것으로 보아서는 안 된다.

### (3) 유언자가 유언증서 또는 유증의 목적물을 파훼한 경우

(가) 유언자가 고의로 유언증서나 유증의 목적물을 파훼한 때에는 그 파훼한 부분에 관한 유언은 철회한 것으로 본다§1110. 여기서 파훼란 물건의 형체 또는 효용을 잃게 하는 모든 행위를 말한다. 선을 그어서 문자를 지운 경우에 이를 유언증서의 파훼라고 볼 수 있는가는 문제이다. 원문을 판독할 수 있다면 유언의 철회가 아니고 수정 또는 변경이라고 보아야 할 것이다. 그러나 유언자나 증인의 서명이 두 줄로 그어져 있을 경우에는 유언증서의 파훼라고 보는 것이 타당할 것이다. 고의로 파훼한다는 것은 파훼할 의사를 가지고 파훼한다는 뜻이며, 파훼의 이유는 묻지 않는다. 따라서 현실로 유언을 철회할

---

법률상 또는 물리적인 집행불능만을 뜻하는 것이 아니라 후의 행위가 전의 유언과 양립될 수 없는 취지로 행하여졌음이 명백하면 족하다."

22) 대판 1998. 5. 29, 97다38503, 판례월보 337호, 125면은 '망인이 이 사건 유언증서를 작성한 후 재혼하였다거나, 이 사건 유언증서에서 피고에게 유증하기로 한 소외 한일여객운송주식회사의 주식을 처분한 사실이 있다고 하여 이 사건 제1토지에 관한 유언을 철회한 것으로 볼 수 없다'고 판시하고 있다.

의사 없이 다른 사유로 유언증서를 파훼하더라도 철회로 본다(공정증서인 경우에는 자기 수중에 있는 정본만을 파훼해서는 철회가 안 된다). 철회의 효과는 파훼 또는 말소된 부분에 한한다. 그러므로 유언증서의 어떤 조항만이 파훼 또는 말소된 때에는 다른 사항은 그대로 유효하다. 다만 파훼 또는 말소된 일부가 다른 부분과 불가분의 관계에 있을 때에는 전부가 철회된 것으로 본다. 그리고 유언자가 비밀증서에 의한 유언을 한 후에 그 봉인을 파훼하더라도, 그 유언이 자필증서에 의한 유언의 방식을 갖추고 있을 때에는 자필증서유언으로서 효력을 가지며, 철회된 것으로 보지 않는다.

유언자가 과실로 인하여 유언증서를 파훼한 경우나, 제3자 또는 불가항력에 의하여 유언증서가 파훼된 경우에는, 이해관계인은 유언증서의 내용을 입증하여 유언의 유효를 주장할 수 있다. 유언증서가 제3자에 의하여 파훼된 경우에 그 내용을 입증할 수 없으면 결국 유효한 유언은 없는 것이 되므로, 이해관계인은 그 제3자에 대하여 현실적으로 손해배상을 청구할 수 없다. 그러나 유인의 목석물이 제3자에 의하여 파훼된 경우에는, 이해관계인은 유언증서에 의하여 그 제3자에 대하여 손해배상을 청구할 수 있다.

(나) 유언증서의 멸실이나 분실로서는 유언이 실효되지 않는다.[23] 이 경우 이해관계인은 유언증서의 내용을 입증하여 유언의 유효를 주장할 수 있다.[24]

## 3 유언철회의 효과

유언이 철회되었을 때에는 유언은 처음부터 없었던 것과 마찬가지의 결과가 되어 유언자의 사망에 의해서도 아무런 효력이 생기지 않는다. 그런데 유언의 철회가 있은 후에 그 철회를 다시 철회하는 경우에 처음의 유언의 효력이 부활하느냐가 문제이다. 이에 관해서는 두 가지의 입법례가 있다. 즉 처음의 유언의 효력의 부활을 인정하는 입법례독민 §2257 · 2258와 그 효력의 부활을 인정하지 않는 입법례일민 §1025가 있다. 민법은 이에 관하여 아무런 규정을 두고 있지 않으므로, 부활시킬 수 있다고 보는 것이 타당할 것이다.

유언의 철회가 사기 또는 강박에 의한 경우에는, 그 내용이 신분상의 것일

23) 대판 1996. 9. 20, 96다21119, 법원공보 1996. 11. 1, 3129면.

24) 대판 2023. 6. 1, 2023다217534. 녹음에 의한 유언이 성립한 후에 원본 녹음파일이 멸실 또는 분실된 경우에도 같다.

때에는 인지취소§861의 규정이 유추적용되어야 할 것이며, 재산상의 것일 때에는 민법총칙상의 일반원칙에 의하여 취소할 수 있을 것이다.

# 제 4 절 유언의 효력

## 1 유언의 효력발생시기

유언은 유언자가 사망한 때로부터 그 효력이 생긴다§1073①. 유언 그 자체의 성립은 유언하였을 때이지만, 그 효력이 사망하였을 때에 발생하는 것은 유언의 성질상 당연하다. 따라서 유언에 의하여 이익을 받는 자도 유언자가 사망할 때까지는 아무런 권리도 취득하지 못한다. 또 유언은 유언자가 사망하였을 때에 특별한 조치 없이 효력이 생기는데, 유언이 상대방이 없는 의사표시라는 점을 생각하면 이것 또한 당연하다.

### (1) 유언에 의한 인지

유언에 의한 인지의 경우§859② 전단에도 그 효력이 생기는 것은 유언자가 사망한 때이며, 등록법에 정한 바에 의하여 신고한 때가 아니라고 해석하여야 할 것이다.[25] 따라서 이 경우의 신고는 보고적 신고로 보아야 한다.[26] 인지의 효력은 혼인외의 출생자의 출생시에 소급한다§860.

### (2) 유언에 의한 재단법인의 설립

재단법인의 설립행위는 유언으로도 할 수 있다§43 · 44 · 47② 참조. 그러나 재단법인은 주무관청의 설립허가를 얻어서 설립등기를 한 때에 성립하므로§33 참조, 유언자가 사망하여 유언의 효력이 발생하여도 즉시 재단법인이 성립되는 것이 아니라, 유언집행자 또는 상속인이 설립허가의 신청을 하여야만 된다. 그리하여 재단법인이 설립되면 출연재산은 유언의 효력이 발생한 때, 즉 유언자가 사망한 때(실질적으로는 법인성립시)에 소급하여 그때부터 법인에게 귀속한

25) 유언집행자가 호적법(2008년 1월 1일부터 등록법으로 대체됨)에 정한 바에 의하여 신고함으로써 효력이 생긴다는 반대견해가 있다(鄭光鉉, 신친족상속법요론, 425면; 權逸, 한국친족상속법, 241면).

26) 동지: 金容漢, 친족상속법론, 423면; 李根植 · 韓琫熙, 신친족상속법, 288면.

것으로 본다§48② 참조. 출연재산이 부동산인 경우에도 법인에 그 부동산이 귀속되기 위해서 별도의 등기를 필요로 하지 않는다. 다만, 제3자에 대한 관계에서는 법인에 그 부동산이 귀속되기 위해서는 법인의 설립 외에 등기를 필요로 하므로, 재단법인이 등기를 마치지 않았다면 유언자의 상속인의 한 사람으로부터 부동산의 지분을 취득하여 이전등기를 마친 선의의 제3자에 대하여 대항할 수 없다대판 1993. 9. 14, 93다8054.

### (3) 유언에 의한 친생부인

夫 또는 처가 유언으로 친생부인의 의사를 표시한 때에는 유언집행자가 부인의 소를 제기하여야 한다§850.

### (4) 조건이 있는 유언 또는 기한이 있는 유언

유언은 그 내용이 신분에 관한 행위 — 예컨대 인지의 유언에는 조건도 기한도 붙일 수 없다 — 인 경우와 같이, 그 성질이 허용하지 않는 경우를 제외하고는 조건이나 기한이 있어도 무방하다.

#### (가) 정지조건이 있는 유언

민법은 '유언에 정지조건이 있는 경우에 그 조건이 유언자의 사망 후에 성취한 때에는 그 조건성취한 때로부터 유언의 효력이 생긴다'고 규정하고 있다§1073②. 당연한 이유를 명언한 것에 지나지 않는다. 다만 제1항과의 관계상 주의적으로 규정한 것이라고 본다.

정지조건이 있는 유언이란, 예컨대 아무개가 혼인할 때에는 특정의 부동산을 준다는 것과 같은 경우이다. 이러한 경우에는 유언자의 사망 후에 그 조건이 성취되면, 즉 혼인하면 그 때 수증자(유증을 받는 사람. 증여계약에 있어서의 수증자와 구별하여 '수유자'라고도 한다)에게 그 부동산의 소유권이전등기청구권이 생기는 것이다. 그러나 이것은 '유언자가 사망한 때로부터'라고 하는 유언의 효력발생시기에 대한 예외는 아니다. 유언은 유언자가 사망한 때에 효력이 생기지만, 정지조건이 있는 유증의 효력이 발생하는 것이다. 그러므로 수증자는 조건이 성취될 때까지 완전한 소유권이전등기청구권을 취득할 수는 없으나, 조건이 있는 소유권이전등기청구권을 취득한다는 유언의 효력은 사망과 동시에 발생하고 있는 것이다. 따라서 수증자는 유증의 목적물에 관해서는 일체의 보존행위를 할 수 있다. 예컨대 유증의무자에 대하여 담보책임을 물을 수 있으며§1082, 재산의 분리를 청구할 수도 있다§1045. 효력의 발생은 사망한 때로 소급시키지 않는 것이 원칙이나, 유언자가 유언 중에서 조건성취의 효력을 그 성취 전에 소급하게 할 의사를 표시한 때에는 사망시에 소급하여 효력을 발생시킬 수 있다§147③. 조건이 유언자의 사망 전에 성취되면 그 유언은 조건이 없는 것으로 된다..

(나) 해제조건이 있는 유언

민법에는 명문의 규정이 없으나, 유언에 해제조건을 붙이면 유언은 유언자가 사망한 때로부터 그 효력이 생기며, 그 조건이 사망 후에 성취되었을 때에는 조건이 성취된 때부터 효력을 잃는다고 보아야 한다§147②. 예를 들어서 갑이 취직할 때까지 매달 50만원을 지원한다는 유언을 한 경우, 갑이 취직하면 그때부터 유언은 효력을 잃는다. 유언자의 사망 전에 조건이 성취된 때에는 유언이 목적으로 하는 효과는 발생하지 않는다. 또 유언자가 조건성취의 효과를 그 이전에 소급시키는 의사를 표시하였을 때에는 그 의사에 의한다§147③.

(다) 기한이 있는 유언

① 시기(始期)가 있는 유언: 유언에 시기(始期)를 붙였을 경우에는 유언은 유언자가 사망한 때로부터 효력이 생기나, 그 이행은 기한이 도래한 때에 비로소 청구할 수 있게 된다고 본다§152①. 그러나 그 시기가 유언의 효력발생을 정지시키는 취지일 때에는 유언은 그 시기가 도래한 때로부터 효력이 생긴다.

② 종기(終期)가 있는 유언: 유언에 종기§152②를 붙일 수도 있다. 이 경우 유언은 유언자가 사망한 때로부터 그 효력이 생기며, 기한의 도래에 의하여 그 효력을 잃는다. 예컨대 상속재산분할금지의 유언은 5년 내의 종기가 있는 것이 아니면 안 된다§1012. 유언자의 사망 전에 기한이 도래한 때에는 유언이 목적으로 하는 효력이 발생하지 않는 것은 당연하다.

## 2 유언의 무효와 취소

유언자는 그 생존 중에 유언의 효력을 잃게 하려면 무효·취소를 주장할 필요없이 철회할 수 있으며, 유효로 하고 싶으면 다시 하면 된다. 따라서 유언의 무효·취소가 문제가 되는 것은 주로 유언자가 사망한 후의 일이다.

유언에는 가족법적 의사표시를 내용으로 하는 것과 재산법적 의사표시를 내용으로 하는 것이 있는데, 가족법적 의사표시를 내용으로 하는 유언에 대해서는 민법총칙의 규정이 적용되지 않으나, 재산법적 의사표시를 내용으로 하는 유언에는 민법총칙의 규정이 적용된다. 따라서 보통의 의사표시의 무효와 취소에 관한 규정이 유언의 성질에 의하여 대체로 다음과 같이 적용된다.

(가) 방식이 흠결된 유언은 무효이다.

(나) 유언능력이 없는 자, 즉 만 17세 미달자와 의사능력이 없는 자의 유언은 무효이다§1061 · 1063. 일반적으로 제한능력자의 행위는 취소할 수 있는데 그치며 무효가 되지 않으나, 그러한 규정은 유언에는 적용되지 않는다§1062.

(다) 수증결격자에 대한 유언은 무효이다§1064.

(라) 선량한 풍속 기타 사회질서에 위반되는 사항을 내용으로 하는 유언은 무효이다§103.

(마) 진의 아닌 의사표시§107와 통정허위표시§108에 관한 규정은 — 유언은 상대방이 없는 단독행위이므로 — 적용될 여지가 없으나, 제109조의 중요한 부분의 착오로 인한 취소는 적용된다. 그러나 이 경우도 착오의 유무는 유언증서 자체만으로 판단하는 것이므로, 인정되는 경우는 매우 적을 것이다.

(바) 강행규정에 위반되는 유언은 무효이다.

(사) 유언은 법률로 정해진 사항(예를 들어 재단법인 설립, 인지, 유증 등)에 대해서만 할 수 있으므로, 법정사항 이외의 사항을 내용으로 하는 유언은 무효이다.

(아) 유언자의 생전행위에 의하여 이미 실현되었거나, 유언자의 사망 전에 실현된 것을 내용으로 하는 유언은 무효이다.

(자) 사기 · 강박에 의한 취소의 규정§110①은 적용된다. 유언자의 생전에는 유언자가 언제든지 유언을 철회할 수 있으므로, 이 규정이 적용될 경우는 사실상 거의 없을 것 같이 보인다. 그러나 철회권은 일신전속적이나, 사기 · 강박으로 인한 취소권은 유언자의 사망 후 그 상속인에게 상속되어 상속인에 의한 행사가 가능하므로 역시 필요하다.

# 제5절 유　증

## 1 서　설

### 1. 유증의 의의

#### (1) 유증의 자유

유증이란 유언에 의하여 재산을 무상으로 주는 행위를 말한다. 사인행위(死因行爲)라는 점에서 성립과 동시에 효력이 생기는 생전증여와 다른 것은 물론, 증여자의 사망에 의하여 효력이 생기지만 단독행위가 아니고 계약인 사인증여와도 다르다. 다만 기타의 점에서는 유증과 사인증여는 매우 비슷하므로 유증에 관한 규정이 사인증여에도 준용된다§562.

그러나 그 가운데에서 능력§1061~1063 · 방식§1065 이하 · 승인과 포기§1074~1077 등에 관한 규정은 준용되지 않으며,[27] 주로 유증의 효력에 관한 규정§1073 이하이 준용된다. 다만 유증의 철회에 관한 규정§1108 이하은 사인증여가 계약이라는 점을 고려하여 준용되지 않는다고 해석한다. 다만 판례는 이와 달리 유증의 철회에 관한 규정이 사인증여에 준용된다고 본다.[28]

유증은 '타인'에게 이익을 주는 행위이기 때문에 이익을 받는 타인이 별개로 존재할 필요가 있다. 따라서 이익공여 자체에 의하여 타인이 생겨나는 경우, 즉 유언에 의한 재단법인설립과 같은 것은 유증이 아니다. 다만 유증과 매우 흡사하므로 민법은 이 경우에 유증의 규정을 준용하며§47②, 또한 출연재산은 유언의 효력이 발생한 때로부터 법인에 귀속하는 것으로 보고 있다§48②.

그러나 그 준용범위는 유언의 방식에 관한 규정§1060 · 1065~1072, 유언집행자의 권리의무에 관한 규정§1099 이하 등이 그 주요부분일 것이며, 유증포기에 관한 규정§1074~1077은 재단법인설립에 대해서 주무관청의 허가를 얻을 수 없는 경우에만 준용될 것이다.

---

27) 대판 2001. 9. 14, 2000다66430, 66447: 민법 제562조는 사인증여에 관하여는 유증에 관한 규정을 준용하도록 규정하고 있지만, 유증의 방식에 관한 민법 제1065조 내지 제1072조는 그것이 단독행위임을 전제로 하는 것이어서 계약인 사인증여에는 적용되지 않는다.

28) 대판 2022. 7. 28, 2017다245330.

유증의 주요한 내용은 상속재산에 대하여 그 전부나 일부를 비율에 의하여 포괄적으로 주거나(예를 들면 상속재산의 절반) 또는 구체적인 재산을 특정하여 주는 것이지만(예를 들면 A부동산을 갑에게 준다), 반드시 상속재산에 관해서만 유증을 하여야 하는 것은 아니며§1087, 적극재산을 주는 것뿐만 아니라 채무를 면제시키는 것도 유증의 하나이다. 그러나 유증은 반드시 재산을 목적으로 한 것이 아니면 안 된다. 유증은 상속재산의 자유로운 처분을 인정하는 것이기 때문에 유언의 자유란 유증의 자유라고 할 수 있다. 따라서 민법은 유증의 효력과 관련하여 유언자의 의사를 존중하는 규정을 두고 있는 경우가 많다. 그 결과 많은 경우에 유언자는 자기의 의사에 의해서 규정과 다른 것을 정할 수 있다§1076 · 1079 · 1083 · 1084 · 1085 · 1087 · 1090. 예를 들어서 갑이 을에게 부동산을 유증하였는데, 을이 갑보다 먼저 사망하였다면 유증의 효력은 발생하지 않으며§1089①, 을의 직계비속이나 배우자가 대습하여 유증을 받을 수 없다. 그러나 만일 갑이 이와 다른 의사를 표시한 경우, 즉 을이 갑보다 먼저 사망하면 을의 직계비속이 그 부동산을 받는다고 유증한 경우에는 유언자인 갑의 의사에 따라 효력이 발생한다. 바꾸어 말하면, 유증에 관한 규정에는 임의규정, 특히 해석규정이 매우 많다. 이는 강행규정이 많은 가족법에서는 하나의 특색이라고 할 수 있다.

### (2) 유증의 자유의 제한

피상속인의 의사에 의한 상속재산의 처분은 무제한으로 인정되는 것은 아닙니다. 제한 중에서 가장 중요한 것은 유류분제도이다(유류분에 관해서는 제9장 참조).

유증으로 인하여 피상속인이 채무초과상태가 되거나 그 상태가 더욱 악화된 경우에는 상속채권자는 수증자를 상대로 채권자취소권을 행사할 수 있다.

## 2. 유증의 종류

유증은 포괄적 유증과 특정적 유증으로 구별된다. 포괄적 유증은 적극·소극의 재산을 포괄하는 상속재산의 전부 또는 그 분수적 부분 내지 비율에 의한 유증 — 예컨대 상속재산의 3분의 1 또는 2할 — 이다. 이에 반하여, 특정적 유증은 하나하나의 재산상의 이익을 구체적으로 특정하여 유증의 내용으로 하는 것 — 예컨대 어떤 부동산, 즉 몇 번지의 택지를 준다든가, 현금 몇백만원을 준다든가, 어떤 채권을 양도한다든가 하는 것 — 이다. 어떤 유증이 포괄적 유증인가, 특정적 유증인가에 대하여 의문이 일어나는 경우가 있으나, 상속재산에 대한 비율로서 표시되어 있는 경우에는 포괄적 유증으로 보아야 할 것이다.[29] 포괄적 유증과 특정적 유증은 효력면에서 크게 다르다는 점을 주의하여야 한다.

유증에는 이 밖에 조건있는 유증, 기한있는 유증 및 부담있는 유증과 그러한 조건, 기한 및 부담이 없는 단순유증이 있다.

## 3. 수증자와 유증의무자

### (1) 유증을 받는 자

유증을 받는 자로서 유언 중에 지정되고 있는 자를 수증자(또는 수유자)라고 한다. 자연인뿐만 아니라 법인도 수증자가 될 수 있으며, 또 유언자의 상속인도 수증자가 될 수 있다. 수증자는 상속의 경우와 마찬가지로 원칙적으로 유언자가 사망할 때에, 즉 유언의 효력이 발생할 때에 생존하고 있지 않으면 안 된다(동시존재의 원칙). 다만 태아는 유증에 관해서도 이미 출생한 것으로 보므로§1064에 의한 §1000③의 준용, 태아에게는 유증할 수 있다. 그러나 유언자가 사망하였을 때에 포태하고 있지 않은 자를 수증자로 할 수는 없다고 보아야 한다. 그것은 유증의무자의 지위를 장기간 불안정하게 하기 때문이다. 설립중의 법인에게도 자연인의 태아에 관한 규정을 준용하여 유증할 수 있다고 보아야 할 것이다. 그러나 정관이 작성되어 있지 않은 설립중의 법인은 포태되어 있지 않은 장래의 子와 마찬가지로 수증능력을 부정하여야 할 것이다. 유증을 둘러싼 법률관계를 장기간 불안정하게 하기 때문이다. 설립중의 법인에게 유증을 하였는데, 법인이 설립되지 않고 끝나면 태아가 사산된 경우와 같이 다루어야 할 것이다. 유언자의 사망 전에 수증자가 사망한 경우에는 수증자의 지위는 승계(일종의 대습수증)되지 않으므로, 결국 유증은 효력이 생기지 않는다§1089. 유언자와 유증을 받는 자가 동시에 사망하였을 때에 유증의 효력이 생

---

29) 대판 2003. 5. 27, 2000다73445, 유증한 재산이 유언서에 개별적으로 표시되었다는 사실만으로는 특정유증이라고 단정할 수 없고, 상속재산이 모두 얼마나 되는지를 심리하여 다른 재산이 없다고 인정되는 경우에는 이를 포괄적 유증이라고 볼 수 있다.

기느냐 하는 것이 문제인데, 유언자가 사망하였을 때에 유증을 받는 자도 사망하였으므로 동시존재의 원칙에 의하여 유증의 효력은 생기지 않는다고 보아야 한다. 다만 유언 중에 특히 수증자의 상속인에게 승계를 인정하는 의사를 표시한 때에는(보충유증이라고 한다) 이에 의한다§1090 단서. 그리고 조건이 있는 유증이나 기한이 있는 유증의 경우에는 수증자가 그 조건이 성취되거나 또는 기한이 도래하였을 때에 존재하면 된다.

상속결격의 원인은 수증자에게도 결격의 원인이 된다§1064에 의한 §1004의 준용.

### (2) 유증의무자

유증을 실행할 의무를 지는 자를 유증의무자라고 한다. 보통은 상속인이지만, 유언집행자§1101, 포괄적 수증자§1078, 또는 상속인 없는 재산의 관리인§1053·1056이 이를 담당하는 경우도 있다.

## 4. 유증의 효력

유증의 효력은 포괄적 유증과 특정적 유증이 각각 상당히 다르므로 뒤에서 개별적으로 설명하기로 한다. 다만 유증의 효력발생 시기에 관해서는 일반적인 원칙이 있다. 즉 유증이 단순유증인 때에는 그 효력은 유언자가 사망한 때로부터 발생하며, 정지조건이 있는 유증이면 그 효력은 조건이 성취한 때부터 발생한다§1073.

수증자가 유언자의 사망 전에 사망한 경우에는 유증의 효력은 생기지 않는다§1089①. 유언자와 수증자가 동시에 사망한 경우에도 마찬가지라고 보아야 한다. 유증은 수증자 그 자신에 대한 것이므로, 유증의 효력발생 전에 수증자가 사망하면 그 상속인은 대습상속의 경우와 달라 수증자가 될 수 없다. 다만 유언자의 의사에 의하여 수증자의 상속인을 보충수증자로 지정할 수 있다§1090 단서. 또 정지조건 있는 유증에 있어서도 수증자가 그 조건성취 전에 사망한 경우에는 유증의 효력은 생기지 않는다§1089②. 그러나 유언자는 이와 다른 의사를 표시해 둘 수 있다§1090 단서.

# 2 포괄적 유증

## 1. 포괄적 유증의 의의

포괄적 유증이란 이미 설명한 바와 같이, 상속재산의 전부 또는 일정한 비율에 의한 유증이다. 사실혼의 배우자에게 상속재산의 4분의 1을 준다든가, 배우자의 자녀에게 자기의 자녀와 동일한 비율의 재산을 준다든가 하는 것이 그 예이다.

## 2. 포괄적 유증의 효과

(1) 재산의 일부 혹은 전부를 포괄적으로 유증받은 포괄적 수증자는 실질적으로 상속인과 거의 다르지 않다. 민법은 '포괄적 유증을 받은 자는 상속인과 동일한 권리의무가 있다'§1078고 규정함으로써, 이점을 명백히 하고 있다. 따라서 유언으로 정해진 비율의 상속분을 가지는 상속인이 한 사람 늘었다고 생각하면 된다. 그러므로 i) 포괄적 수증자는 상속인과 마찬가지로 유언자의 일신에 전속한 권리의무를 제외하고, 포괄적 권리의무를 승계한다§1005. 그리고 ii) 포괄적 수증자와 상속인이 있을 때, 혹은 포괄적 수증자만이 수인이 있을 때 이러한 자 사이에는 공동상속인 사이에서의 공동상속관계와 같은 관계가 생긴다. 즉 상속재산의 공유관계가 생기며§1006·1007, 분할의 협의를 하게 된다§1013.

(2) 포괄적 유증의 승인과 포기에는 상속의 승인 또는 포기에 관한 제1019조 내지 제1044조의 규정이 적용되며(따라서 한정승인도 할 수 있다), 유증의 승인·포기에 관한 제1074조 내지 제1077조는 특정적 유증에만 적용된다고 해석하는 것이 타당하다. 즉 포괄적 수증자는 유증의 효력이 발생한 것을 안 날로부터 3월내에 단순승인이나 한정승인 또는 포기를 하여야 되며§1019①, 3월내에 한정승인 또는 포기를 하지 않을 때에는 포괄적 유증의 단순승인이 있는 것으로 보는 것이다. 다만 제1019조 제1항의 규정에 불구하고 포괄적 수증자가 상속채무가 상속재산을 초과하는 사실을 중대한 과실없이 제1항의 기

간 내에 알지 못하고 단순승인(제1026조 제1호 및 제2호의 규정에 의하여 단순승인한 것으로 보는 경우를 포함한다)을 한 경우에는 그 사실을 안 날로부터 3월내에 한정승인을 할 수 있다동조③. 그런데 이 점은 상속의 경우보다 더욱 입법론으로서 문제가 되는 것이다. 이러한 경우에는 포기한 것으로 보도록 하는 입법적 조치가 필요할 것이다.

제한능력자가 포괄적 유증을 승인 또는 포기할 때에는 상속의 승인·포기의 경우와 마찬가지로 당해 조항에 의한 제한을 받는다§5·10·13·950. 또한 법정대리인도 포괄적 수증자를 대리하여 포괄적 유증을 승인 또는 포기할 수 있다.

판례에 따르면 포괄적 유증의 포기는 사해행위취소의 대상이 되지 않는다고 해석된다(대판 2011. 6. 9, 2011다29307; 대판 2019. 1. 17, 2018다260855[30] 참조).

(3) 위에서 본 바와 같이, 포괄적 수증자는 그 권리의무의 내용에 있어서 상속인과 거의 차이가 없다. 따라서 포괄적 유증에 기인한 청구권에는 상속회복청구권의 제척기간이 적용된다고 해석하여야 할 것이다.[31]

(4) 다만 유증에는 조건이나 부담을 붙일 수 있다는 점(부담있는 유증§1088·1111)에서 상속과 다르다. 그리고 수증자가 상속개시 전에 사망한 경우에는 원칙적으로 유증의 효력이 생기지 않는 점도 대습상속이 인정되는 상속과 다른 점이라고 할 수 있을 것이다. 그 밖에 법인은 상속인이 되지 못하지만 수증자는 될 수 있는 점과 포괄적 수증자는 유류분을 가지지 않는 점 그리고 상속분의 양수권§1011을 가지지 못하는 점이 상속과 다른 점이다.

(5) 포괄적 유증의 효력이 생기지 않는 때, 즉 유언능력이 없는 자가 유증을 한 때, 수증자가 유언자의 사망 전 또는 정지조건성취 전에 사망하거나 혹은 결격자가 된 때, 또는 수증자가 포기함으로써 그 효력이 없어졌을 때에는 유증의 목적물인 재산은 상속인에게 귀속한다§1090 본문. 그러나 상속인과 포괄적 수증자가 있을 경우와, 포괄적 수증자가 수인일 경우에는 수증자가 받을 수 있었던 부분은 상속인과 다른 포괄적 수증자의 상속분 또는 수증분의 비율로 이에 귀속하는 것이다§1043. 예를 들어서 피상속인 갑이 수증자 A와 B에게 각각 재산의 1/4을 준다는 유증을 한 경우에 갑의 직계비속인 을과 병의

---

30) 이 판례는 특정적 유증의 포기에 관한 것이다.
31) 이에 따르는 판례: 대판 2001. 10. 12, 2000다22942, 판례공보 2001. 12. 1, 2448면.

상속분은 각각 1/4이 된다. 그러나 A가 갑보다 먼저 사망한 경우에는 A가 받을 수 있었던 부분은 B와 을, 병에게 각각의 수증분 내지 상속분의 비율에 따라 귀속한다. 즉, B의 수증분은 1/3이 되고, 을과 병의 상속분도 각각 1/3이 된다. 이에 대해서는 포기된 몫은 상속인에게만 각자의 상속분에 따라서 귀속된다는 견해가 있다.[32] 그러나 포괄적 수증자는 상속인과 동일한 권리의무가 있으므로§1078 상속인과 차별을 할 이유가 없다고 본다. 다만 유증자가 유언으로 이와는 다른 의사를 표시한 때 — 예컨대 유증자가 수증자인 A가 사망하거나 포기하였을 때에는 유증의 목적을 B에게 귀속시킨다는 의사를 표시한 때 — 에는 그 의사에 의하게 된다§1090 단서.

(6) 기타의 사항에 있어서는 상속의 경우와 동일하므로, 유증의 이행을 필요로 하지 않고 유증받은 재산은 수증자에게 귀속한다. 즉 물권적 효력이 생기는 것이다. 따라서 부동산에 있어서는 등기, 동산에 있어서는 인수의 절차를 거치지 않고 소유권을 취득하게 된다대판 2003. 5. 27, 2000다73445.

## 3 특정적 유증

### 1. 특정적 유증의 의의

특정적 유증은 포괄적 유증과 달라서 구체적인 재산을 유증의 목적으로 하는 것이다. 예컨대 특정의 부동산을 장녀에게 준다든가, 1,000만원을 차남에게 준다든가 하는 것이다. 특정물을 목적으로 하는 경우와 불특정물을 목적으로 하는 경우가 있으며, 그 효력이 다르다는 것에 주의하여야 한다.

특정적 수증자는 특정의 재산권에 관하여 증여계약에 있어서의 수증자와 동일한 지위에 선다. 그래서 첫째로, 목적인 재산권은 언제 수증자에게 이전하는가, 둘째로, 유증의무자가 수증자에게 목적재산을 인도할 때까지의 양자의 관계는 어떠한가, 그리고 유증의무자는 어느 정도의 담보책임을 지는가, 셋째로, 목적재산이 다른 것으로 변형된 경우의 물상대위성(物上代位性)은 어떠한가 등이 문제가 된다. 이러한 문제들에 대해서 민법은 각각 규정을 두고 있다.

32) 郭潤直, 상속법, 412면.

그리고 특정적 유증의 포기·승인은 포괄적 유증이나 상속의 포기·승인과 그 성질을 달리하기 때문에 민법은 이에 대하여 특별히 규정을 두고 있다.

## 2. 특정적 유증의 효과

### (1) 유증목적물의 귀속시기

특정적 유증의 경우에는 포괄적 유증의 경우와는 달리, 민법이 물권변동에 있어서 형식주의를 채용하고 있다는 점§186·188과 특정적 유증에 관한 규정 중에 '유증의무자'§1077·1080·1081 또는 '유증의 이행을 청구할 수 있는 때'§1079 등의 문구가 있는 것으로 보아, 특정유증물은 상속재산으로서 일단 상속인에게 귀속되며, 수증자는 상속인에 대하여 유증의 이행을 청구할 수 있는 권리가 있다고 본다.[33] 따라서 유증의 목적물인 특정의 재산권은 그 이행에 의하여 비로소 이전된다고 해석하여야 할 것이다. 따라서 동산의 경우에는 인도, 부동산의 경우에는 이전등기를 하였을 때에 소유권이 수증자에게 이전된다§186·188 참조. 지명채권이 유증의 목적인 때에는 채권양도에 의하여 채권이 이전되지만, 양도인이 채무자에게 통지하거나 채무자가 승낙하지 않으면 채무자 기타 제3자에게 대항할 수 없다§450. 증권적 채권의 경우에는 증서에 배서하여 이를 양수인인 수증자에게 교부하여야 한다§508.

### (2) 유증이행청구권

특정적 유증의 수증자는 유증의무자에 대하여 유증의 내용에 따른 이행청구의 권리를 가진다(유증의무자에게 유증의무의 이행을 구하는 소송은 유증의무자 전원을 피고로 하는 고유필수적 공동소송이다대판 2011. 6. 24, 2009다8345). 이러한 경우에 특정적 수증자와 유증의무자의 권리의무에 관해서는 다음과 같은 특칙이 있다.

#### (가) 과실취득권

수증자는 유증의 이행을 청구할 수 있는 때로부터 그 목적물의 과실을 취득한다§1079 본문. 유증의 이행을 청구할 수 있는 때란 단순유증의 경우에는 유언자가 사망하였을 때이며, 조건이 있는 유증의 경우에는 조건이 성취된 때, 시기가 있는 유증의 경우에는 기한이 도래하였을 때이다.

---

33) 이에 따르는 판례: 대판 2003. 5. 27, 2000다73445; 대판 2010. 12. 23, 2007다22859. 이 경우 수증자가 상속인에게 유증의무의 이행을 구하는 소송은 상속인 전원을 피고로 하는 고유필수적 공동소송이다. 대판 2011. 6. 24, 2009다8345.

청구할 수 있는 때로부터 과실의 취득권을 얻는 것이며, 현실로 이행을 청구하였느냐의 여부를 따지는 것은 아니다. 그러므로 이때부터 이후에 있어서는 유증의무자가 유증 목적물의 과실을 수취하였을 때에는 수증자에게 인도할 채무를 지며, 이에 대하여는 제387조에 의하여 지체의 책임을 진다. 유증의무자가 유증의 존재를 고의·과실 없이 모르고 수취하여 과실을 소비하거나 수취를 게을리 한 경우에도, 수취한 과실 혹은 수취할 과실을 반환하게 하는 것은 가혹하므로, 적어도 수증자가 유증을 알고도 청구하지 않은 경우에는 채권자의 과실(過失)을 고려하여 현존이익의 인도로써 족한 것으로 해석하는 것이 타당할 것이다. 그러나 유증의무자가 유언을 숨겼든가 수증자에게 귀책시킬 수 없는 이유로 청구할 수 없었을 경우에는, 받았거나 받을 수 있었을 과실 전부를 반환시켜야 할 것이다.

과실은 천연과실§101①이건, 법정과실§101②(예컨대 예금이자·토지나 물건의 차임·주식의 배당 등)이건 묻지 않는다. 그러나 유언자가 유언으로 이와는 다른 의사를 표시한 때에는 그 의사에 의한다§1079 단서. '다른 의사'란 예컨대 시기가 있는 유증의 경우에 유언자가 사망한 때로부터 과실을 취득시킨다든가, 혹은 단순유증의 경우에 유증의 목적물을 점유한 때로부터 과실을 취득시킨다는 등의 의사를 가리킨다.

(나) 비용상환청구권

① 유증의무자가 유언자의 사망 후에 그 목적물의 과실을 수취하기 위하여 필요비를 지출한 때에는 그 과실의 가액의 한도에서 과실을 취득한 수증자에게 상환을 청구할 수 있다§1080.

② 유증의무자가 유언자의 사망 후에 그 목적물에 대하여 비용을 지출한 때에는 유치권자의 비용상환청구권에 관한 제325조의 규정이 준용된다§1081. 유증의 목적물에 대하여 지출한 비용이란 필요비, 즉 본래의 이용방법에 적당한 상태에서 물건을 유지하기 위하여 필요한 비용과 유익비, 즉 개량 기타 물건의 경제상의 가치를 증가시키는데 필요한 비용을 말한다. 제325조의 규정이 준용되는 결과, 유증의무자가 필요비를 지출한 경우에는 수증자에 대하여 그 전액을, 또 유익비를 지출한 경우에는 그 가액의 증가가 현존한 경우에 한하여, 수증자[34)]의 선택에 좇아 그 지출한 금액이나 증가액의 상환을 청구할

34) 준용규정인 유치권자의 비용상환청구권에 관한 제325조의 규정에는 '소유자의 선택에 좇아'라고 되어 있다. 그러므로 이 경우에는 소유권이 아직 유증의무자에게 있다고 해

수 있다. 이 경우에 가정법원은 수증자의 청구에 의하여 상당한 상환기간을 허여할 수 있다.

조건부 또는 기한부 유증에 있어서 유언자가 사망한 후 조건이 성취되기 전 또는 기한이 도래하기 전에 지출한 비용의 상환을 청구할 수 있는가 하는 문제가 있다. 조건성취 전 또는 기한도래 전의 유증목적물이 상속인에 속하는 것은 의심할 여지가 없고, 따라서 그동안의 과실취득권도 수증자에게 속하지 않는다§1079는 것을 생각할 때에, 본조가 '유언자의 사망 후'라고 규정한 것은 유증의 효력이 발생하는 통상의 경우를 예상한 데 지나지 않는 것이고, 조건성취 전 또는 기한도래 전의 비용의 상환청구까지 인정하는 취지는 아니라고 해석하여야 할 것이다.

### (3) 상속재산에 속하지 않은 권리의 유증

특정적 유증의 내용에 관하여 유증의 목적이 된 권리가 유언자의 사망 당시에 상속재산에 속하지 않은 때에는 그 유증은 효력이 없다§1087① 본문. 즉 유증의 내용은 유언의 효력이 발생할 때를 기준으로 하여 그 범위가 확정되는 것을 원칙으로 하는 것이다. 따라서 유언자가 유언 당시에는 사망할 때까지 취득하여 유증하려는 의사를 가지고 타인이 소유하는 동산 또는 부동산을 유증의 목적으로 하였으나, 사망할 때까지 목적물을 취득할 수 없었을 경우나, 유언 당시에는 틀림없이 유언자의 소유에 속하고 있었으나 그 후 권리의 변동이 있어서 유증의 효력이 발생한 때에는 타인의 소유에 속하고 있는 경우, 혹은 자기의 소유로 믿었으나 사실은 타인이 소유하는 물건을 유증의 목적으로 한 경우 등에는 모두 유증의 목적물의 인도가 불가능하므로, 유증의 효력이 생기지 않는다. 그러나 유증자의 진의가 이 원칙 밖에 있을 수도 있을 것이다. 따라서 다음과 같은 특별규정이 있다.

#### (가) 상속재산에 속하지 않은 권리의 유증의 예외

유언자가 자기의 사망 당시에 그 목적물이 상속재산에 속하지 않은 경우에도 유언의 효력이 있게 할 의사인 때에는 그 유증은 유효하다.

예컨대 유언자가 제3자 A에게 속하는 토지를 B에게 주는 뜻을 유언하고 상속인 또는 유언집행자에 대하여 A의 토지를 매수하여 B에게 인도하도록 지시한 경

석되므로 '소유자'를 유증의무자로 보아야 하겠지만, 여기에 준용하는 경우에 있어서는 유치권의 규정의 '소유자'는 '수증자'에 해당된다.

우가 여기에 해당한다. 그렇지만 단순히 'A의 토지를 B에게 준다'는 것만으로는 유증을 관철하려는 의사가 있었는지의 여부가 의심스러우므로, 그 유증은 무효라고 보아야 할 것이다. 여기에서는 여러 가지 사정을 고려하여 유언자의 진의를 파악하여 그 유언의 유효·무효를 결정하여야 한다. 유언 당시 자기에게 속하지 않는 권리를 유증한 유언자가 생전에 그 권리를 취득하지 않았으나, 이에 갈음하는 물건을 취득하였을 때, 예컨대 공유지(共有地)가 다른 공유자에게 귀속하여 유언의 목적이 되고 있었던 토지를 취득할 수 없었으나, 그 지분에 상당하는 금액을 취득하였을 경우에는 유언자의 명백한 의사표시가 없는 한, 그 유증에는 제1087조 제1항 본문의 적용이 있는 것으로 보고(즉 그 유증은 효력이 없다), 명백한 의사가 있는 때에는 제1항 단서가 적용된다고 보아야 할 것이다.

이러한 경우에는 유증의무자는 그 권리를 취득하여 수증자에게 이전할 의무가 있다§1087① 단서. 그러나 이러한 경우에 그 권리를 취득할 수 없거나 그 취득에 과다한 비용을 요할 때에는 그 가액으로 변상할 수 있다§1087②. 이 경우의 가액은 시가인데, 상속개시 당시의 시가가 아니고, 유증받은 자가 변상청구를 한 때의 시가라고 보아야 한다.

(나) 권리소멸청구권의 부인

유증의 목적인 물건이나 권리가 유언자의 사망 당시에 제3자의 권리의 목적인 경우에는, 수증자는 유증의무자에 대하여 그 제3자의 권리를 소멸시킬 것을 청구하지 못한다§1085.

유증은 유언자가 다른 의사를 표시하지 않는 한, 유증의 목적인 물건 또는 권리를 유언자의 사망 당시의 상태로 수증자에게 주려고 한 것이므로 이것은 당연한 규정이다.[35] 여기서 '제3자의 권리'란 용익물권이건 담보물권이건, 또는 임차권과 같은 채권[36]이건 묻지 않는다. 제3자의 권리의 목적이 된 시기는

---

35) 대판 2018. 7. 26, 2017다289040: 유언자가 다른 의사를 표시하지 않는 한 수증자는 유증의 목적물을 유언의 효력발생 당시의 상태대로 취득하는 것이 원칙이다. 그러므로 유증의 목적물이 유언자의 사망 당시에 제3자의 권리의 목적인 경우에는 그와 같은 제3자의 권리는 특별한 사정이 없는 한 유증의 목적물이 수증자에게 귀속된 후에도 그대로 존속한다.

36) 대판 2018. 7. 26, 2017다289040은 유증의 목적물인 토지에 대한 사용차주로서의 권리도 여기서 말하는 제3자의 권리에 해당한다고 본다. 따라서 수증자가 유증의 목적물인 토지에 대한 소유권을 취득한 후에도 그대로 존속하는 것으로 본다(유언자 A와 B(제3자) 사이에 A 소유의 토지에 대한 사용대차관계가 성립하여 B가 A의 토지를 무상으로 사용·수익하여 왔는데, A가 그 토지를 C에게 유증하여 C 앞으로 유증을 원인으로 하는 소유권이전등기가 마쳐진 경우, 유증의 목적물인 토지에 대한 B의 사용차주로서의 권리는 수증자 C가 토지에 대한 소유권을 취득한 후에도 그대로 존속한다).

유언의 성립 전이건 후이건 묻지 않는다. 또한 그 목적물에 관하여 제3자가 권리를 가지고 있다는 사실을 유언자가 알고 있었는지의 여부와 관계없다. 그러나 유언자가 타인에 대하여 유증의 목적물 위에 존재하는 제3자의 권리를 소멸시키도록 청구할 권리를 가질 때에는, 이 권리는 종된 권리로서 수증자에게 이전한다고 보아야 한다. 예컨대 유언자가 저당권이 있는 부동산을 매입하여, 매도인에 대하여 그 저당권의 말소를 청구할 권리를 가지고 있는 상태에서 그 부동산을 유증하였다면, 수증자는 그 부동산의 매도인에 대하여 저당권의 말소를 청구할 수 있다독민 §2165 참조.

이 규정도 유언자의 의사를 추측한 것이므로, 유언자가 유언으로 이와 다른 의사를 표시한 때에는 그 의사에 의한다§1086. 예컨대 유언자가 유증의무자에 대하여 유증의 목적물에 관하여 제3자가 가지는 모든 권리를 제거하여 완전한 권리로서 수증자에게 인도하도록 유언한 경우에는 그 의사에 의한다.

(다) 유증의무자의 담보책임

불특정물을 유증의 목적으로 한 경우에는 유증의무자는 그 목적물에 대하여 매도인과 같은 담보책임이 있다§1082①. 불특정물을 유증의 목적으로 한 경우에 유언자의 의사를 추측해 본다면, 유언자는 유증의무자가 수증자에게 완전한 권리를 가지는 물건을 주는 것을 기대하였을 것이다. 따라서 자기의 권리에 속하지 않는 물건을 준 경우에는 의무를 다한 것이라고 할 수 없다. 그러므로 예컨대 인도된 물건이 상속재산에 속하지 않고 타인의 권리의 목적이기 때문에, 수증자가 추탈당한 경우에는 유증의무자는 수증자에 대하여 담보의 책임을 지는 것은 당연하다. 매도인과 같은 담보책임이란 계약의 해제와 손해배상을 가리키나§570·571, 유증에 관해서는 계약해제의 문제는 일어나지 않으므로, 결국 손해배상의 책임뿐이다(목적물이 동산인 경우에는, 그것이 제3자의 소유에 속하고 있더라도 수증자는 선의취득§249으로 소유권을 취득하게 될 것이다).[37]

---

37) 불특정물 유증의무자의 담보책임에 대하여 제1082조의 규정이 불특정물에 관한 것이므로 불특정물에 대한 매도인의 하자담보책임에 관한 제581조에 의한 책임만이 문제되며 따라서 제1082조 제2항의 규정은 '입법상의 과오'라고 주장하면서 본서의 견해를 비판하는 학자가 있다(郭潤直, 상속법, 420면). 그러나 이러한 주장에 대해서는 다음과 같은 비판이 가해질 수 있다. 제1082조 제1항은 분명히 '매도인과 같은 담보책임이 있다'고 했지, 하자담보책임을 진다고 규정하고 있지 않다. 만약 유증의무자에게 하자담보책임만을 지우게 하려면, 동조 제2항에 하자담보책임의 규정을 두지 않았을 것이다. 제1082조 제1항을 규정한 취지는 유증의무자로부터 받은 물건이 상속재산에 속하지 않고 타인의 권리에 속하기 때문에 추탈당했을 경우 추탈당한 것과 같은 물건을 다시 이행하는 것이 마땅하겠지만, 본

입법론으로서는 추탈당한 것과 동일한 물건이 상속재산에 있으면 그것을 이행하도록 하고, 동일한 물건이 없으면 손해배상책임을 지우도록 하는 것이 좋을 것이다.

불특정물을 유증의 목적으로 한 경우에 목적물에 하자가 있는 때에는 유증의무자는 하자없는 물건으로 인도하여야 한다§1082②. 하자없는 물건으로 인도할 수 없는 때에는 유증의무자는 손해배상의 책임이 있다(다만 상속재산 중의 다른 물건도 다 하자가 있는 경우에는 담보책임이 없으나, 하자없는 물건을 처분해 버렸을 때에는 손해배상의 책임을 진다). 그러나 유증이 특정물을 내용으로 할 때에는 유증의무자는 이러한 담보책임이 없다.

(라) 유증의 물상대위성

유증목적물의 멸실, 훼손 또는 점유의 침해로 인하여 유증자가 제3자에 대하여 손해배상청구권을 취득한 때에는 그 권리를 유증의 목적으로 한 것으로 본다§1083. 목적물의 멸실에는 목적물에 대한 소유권의 소멸을 포함한다. 유증의 목적물이 유언 당시에 이미 멸실·훼손되어 있는 경우에는 유증자가 제3자에 대하여 손해배상청구권을 가지고 있더라도 이 규정은 적용되지 않는다. 또 유증의 목적인 특정물이 불가항력으로 멸실된 경우에는 그 손실은 수증자의 부담이 되는 것은 당연하다. 유언자가 손해배상청구권을 가지게 된 원인은 묻지 않는다. 제3자의 불법행위(예컨대 제3자가 고의 또는 과실로 유증의 목적물을 멸실한 경우) 또는 부당이득에 의한 경우이건, 보험계약에 기인하는 것이건, 법률의 직접규정(부합, 혼화, 가공에 의하여 법률상 그 물건이 멸실하고, 새로 생긴 것이 타인의 소유로 귀속하기 때문에 보상청구권을 취득한 경우§256~259)에 의한 경우이건 묻지 않는다. 유언자가 손해배상청구권을 제3자에게 양도하였을 때나 또는 유언자가 배상을 받은 결과 손해배상청구권이 소멸하였을 때에는, 수증자를 위하여 아무런 권리도 생기지 않는다§1109.

그러나 유언자가 유언으로 다른 의사를 표시한 때에는 그 의사에 의한다§1086.

(마) 채권의 유증의 물상대위성

① 금전 이외의 채권을 유증의 목적으로 한 경우에, 유언자가 그 변제를 받은 물건이 상속재산 중에 있는 때에는 유언자의 다른 의사표시가 없는 이상 그 물건을 유증의 목적으로 한 것으로 본다§1084①. 물론 유언자의 의사해석이므로, 유언자가 유언으로 이와 다른 의사를 표시한 때에는 그 의사에 의한

---

조에 의하여 담보책임 즉 손해배상책임을 지도록 하기 위한 것이다.

다§1086. 예컨대 유언자가 이미 변제를 받은 이상 유증은 철회된 것으로서 효력을 잃는다고 한 경우와 같은 것이다.

유증의 목적으로 되어 있던 채권이 변제되어 그 목적물이 상속재산 중에 있지 않은 경우, 예컨대 유언자가 목적물을 소비하거나 또는 다른 데 양도한 경우에는, 유증은 그 목적을 잃어 '유언 후의 생전행위가 유언과 저촉되는 경우'에 해당하므로, 그 유언은 철회된 것으로서 효력을 잃는다. 설사 제3자에게 양도한 대가로서 물건 혹은 금전을 취득한 경우에도, 그 물건 또는 금전에 대하여 수증자는 아무런 권리도 가지지 않는다. 물론 이 경우에도 그 대가를 수증자에게 준다는 유언은 유효하다.

② 금전을 목적으로 하는 채권을 유증의 목적으로 할 경우에는, 그 변제받은 채권액에 상당한 금전이 상속재산 중에 없는 때에도 그 금액을 유증의 목적으로 한 것으로 본다§1084②. 채권의 목적이 판별하기 쉬울 때에는 유언자가 채권의 변제로서 받은 물건이 상속재산 중에 있는지 여부를 아는 것이 쉽지만, 금전의 경우에는 변제된 것이 상속재산 중에 있는지 여부를 판별하는 것이 쉽지 않으며, 도리어 불가능하다. 이 경우에는 불특정물인 금전 그 자체를 유증의 목적물로 한 것과 마찬가지로 생각해도 상관없을 것이다. 금전이 유증의 목적이 된 경우에는, 설사 그 금전이 상속재산 중에 없는 경우에도 다른 재산의 환가처분 또는 융통에 의하여 취득할 수 있으며, 유증자가 환가하여 금전을 얻을 수 없는 경우에도 일단 유효하다고 보아야 한다. 다만 A은행에 대한 예금과 같이 증감하는 것을 예정한 금전채권을 유증한 때에는, 유언이 성립한 때의 금액을 기준으로 하는 것이 아니라, 유언의 효력이 발생한 때의 금액이 기준이 된다고 보아야 할 것이다. 따라서 유언의 효력이 발생한 때에 잔액이 없는 경우에는 수증자는 청구할 금액이 없게 된다. 이 경우에도 유언자의 의사해석이므로 유언자가 이와 다른 의사를 표시한 때에는 그 의사에 의한다§1086. 예컨대 상속재산 중에 있는 금전을 한도로 하여 유증을 유효로 한다든가, 유언자가 생전에 변제를 받았을 때에는 그 금전채권을 목적으로 하는 유증은 효력을 잃는다고 하는 유언이 있은 경우가 그러한 것이다.

### 3. 특정적 유증의 승인과 포기

특정적 유증의 승인과 포기에 관해서는 제1074조 이하에 특히 규정되어 있다. 특정적 유증은 포괄적 유증과 성질이 다르므로, 상속의 승인·포기에 관한 규정이 그대로 적용되지 않는다.

### (1) 승인·포기의 자유

유증을 받을 자는 유언자의 사망 후에 언제든지 유증을 승인 또는 포기할 수 있으며§1074①, 그 효력은 유언자가 사망한 때에 소급한다§1074②.

유증은 그 자체가 완전한 법률행위이며 유증의 청약이 아니므로 수증자의 의사와 관계없이 당연히 효력이 생기지만, 그 의사에 반해서까지 권리의 취득을 강제해서는 안 된다. 그래서 법정상속에서 상속인의 승인·포기의 자유가 인정되는 것과 같은 취지에서 특정적 수증자에게 유증의 이익을 포기하는 것을 인정하였다(다만 채무면제의 유언은 생전의 채무면제가 단독행위이므로, 그것과의 균형상 포기가 허용되지 않는다고 보아야 한다).

특정적 유증을 포기하는 시기에는 아무런 제한이 없다. 이 점이 상속포기의 경우와 다른 것이다. 그리고 특정적 유증의 포기에는 아무런 방식을 필요로 하지 않는다. 유증의무자에 대하여 포기의 의사를 표시하면 되나, 유언집행자에 대한 포기의 의사표시도 유효하다고 보아야 할 것이다.

포괄적 유증의 승인·포기는 상속포기와 마찬가지로 무조건이고 또한 무기한으로 하여야 하며, 불가분의 원칙이 적용되므로 일부포기가 인정되지 않지만, 특정적 유증에 대해서는 그 내용이 가분인 경우에는 일부만의 포기를 인정해도 상관없을 것이다. 유증의 포기는 법률상의 이익의 포기이므로 그 능력과 권한에 제한이 있다. 즉 미성년자·피성년후견인·피한정후견인 등의 제한능력자가 유증의 포기를 하는 때에는 당해 조항에 의한 제한에 따라야 한다§5·10·13·950. 특정적 유증의 승인·포기는 법정대리인도 유효하게 할 수 있다. 또 채권자대위권·채권자취소권·추인권의 객체도 된다(채무자회생 및 파산에 관한 법률 제388조는 파산과 특정적 유증의 관계에서 파산관재인이 수증자에 갈음하여 승인·포기할 수 있다고 규정하고 있다). 다만 판례는 특정적 유증의 포기가 사해행위취소의 대상이 되지 않는다고 본다.[38] 이러한 판례의 태도에 따

38) 대판 2019. 1. 17, 2018다260855: 유증을 받을 자는 유언자의 사망 후에 언제든지 유증을 승인 또는 포기할 수 있고, 그 효력은 유언자가 사망한 때에 소급하여 발생하므로(민법 제1074조), 채무초과 상태에 있는 채무자라도 자유롭게 유증을 받을 것을 포기할 수 있다. 또한 채무자의 유증 포기가 직접적으로 채무자의 일반재산을 감소시켜 채무자의 재산을 유증 이전의 상태보다 악화시킨다고 볼 수도 없다. 따라서 유증을 받을 자가 이를 포기하는 것은 사해행위 취소의 대상이 되지 않는다. 이러한 해석론은 상속포기가 채권자취소

르면 특정적 유증의 승인·포기는 채권자대위권의 객체도 되지 않는다고 해석될 것이다.

### (2) 유증의무자의 최고권

유증의무자나 이해관계인(보충유증의 후순위수증자·상속인의 채권자 등)은 상당한 기간을 정하여 그 기간 내에 승인 또는 포기를 확답할 것을 수증자 또는 그 상속인에게 최고할 수 있다§1077①. 그리고 그 기간 내에 수증자 또는 그 상속인이 유증의무자에 대하여 최고에 대한 확답을 하지 않을 때에는 유증을 승인한 것으로 본다§1077②.

특정적 수증자가 유언의 효력발생 후에 언제든지 그 유증을 승인 또는 포기할 수 있다는 것은 이미 위에서 설명하였지만, 이와 같이 기간에 제한 없이 선택권을 행사할 수 있다는 것은 유증의무자는 물론, 기타 이해관계인(후순위수증자, 상속인의 채권자 등)에게 매우 곤란한 일이다. 그래서 민법은 이해관계인의 권리의무를 조속히 확정시키기 위하여 최고의 방법을 이용할 수 있게 하였다. 여기서 상당한 기간이란 수증자가 유증의무자에 대하여 하는 승인·포기의 의사표시가 도달하는 데 필요한 기간이 아니면 안 된다. 최고의 방식에 대해서는 별다른 규정이 없다. 최고는 수증자에게 도달함으로써 그 효력이 생긴다§111①. 수증자가 미성년사, 피성년후견인인 경우에는 그 법정대리인이 최고의 사실을 알지 않는 한, 최고로써 수증자에게 대항할 수 없다§112(수증자가 피한정후견인인 경우에 유증의 승인, 포기가 한정후견인의 동의를 받아야 하는 행위로 정하여져 있다면§13①, 한정후견인이 최고의 사실을 알지 않는 한, 최고로써 수증자에게 대항할 수 없다고 해석하여야 할 것이다). 최고에 대한 의사표시는 유증의무자에 대해서 한 경우에만 유효하다. 최고에 대하여 수증자가 의사표시를 하는 데에는 별다른 방식이 요구되지 않는다. 그리고 승인의 의사표시는 명시이건 묵시이건, 또 직접이건 간접이건 묻지 않는다. 수증자가 유증의무자에 대하여 유증의 이행을 청구하는 것이나, 타인에 대하여 유증을 승인한 사실을 밝히는 것 등은 모두 승인으로 본다.

---

권의 대상이 되지 않는다고 보는 판례(대판 2011. 6. 9, 2011다29307)와 맥락을 같이 하는 것이다. 나아가 유류분반환청구권이 원칙적으로 채권자대위권의 목적이 될 수 없다고 보는 판례(대판 2013. 4. 25, 2012다80200)의 태도에 비추어 보면, 특정적 유증의 승인·포기가 채권자대위권의 객체가 되지 않는다는 해석도 나올 수 있다.

### (3) 유증의 승인 · 포기의 취소금지

유증의 승인이나 포기는 취소하지 못한다§1075①. 이는 상속인이 상속의 승인 · 포기에 관하여 일단 적법하고 유효하게 표시를 한 이상 취소할 수 없는 것과 마찬가지의 취지이다.

그러나 취소할 수 없는 것은 적법하고도 유효한 의사표시에 한하며, 사기 · 강박에 의하여 한 승인 · 포기 혹은 미성년자나 피성년후견인이 단독으로 한 승인 · 포기(수증자가 피한정후견인인 경우에 유증의 승인, 포기가 한정후견인의 동의를 받아야 하는 행위로 정하여져 있다면§13①, 피한정후견인이 한정후견인의 동의를 받지 않고 승인 · 포기를 한 때에도 취소할 수 있다) 등과 같이 의사표시에 하자가 있는 경우에는 민법총칙편의 규정에 의하여 취소할 수 있다§1075②에 의한 §1024② 본문의 준용. 그 취소권은 추인할 수 있는 날로부터 3월, 승인 또는 포기한 날로부터 1년 내에 행사하지 않으면 소멸한다§1075②에 의한 §1024② 단서의 준용.

### (4) 수증자의 상속인의 승인 · 포기

수증자가 승인이나 포기를 하지 않고 사망한 때에는 그 상속인은 상속분의 한도에서 승인 또는 포기할 수 있다§1076 본문. 따라서 상속인이 다수일 때에는 각자가 그 상속분에 따라 승인이나 포기를 할 수 있는 것이다. 예를 들어서 A(유언자)가 갑(수증자)에게 1,000만원을 준다고 유증하였는데, 갑이 이 특정적 유증을 승인 또는 포기하지 않고 사망하였다면, 갑의 상속인 을, 병(갑의 직계비속)은 각각의 상속분에 따라 각자 승인이나 포기를 할 수 있다. 즉 을과 병은 각각 500만원에 대하여 승인이나 포기를 할 수 있다. 수증자의 상속인이 유증의 승인 또는 포기를 하는 경우의 최고기간은 상속의 승인 · 포기권의 기간규정§1019①에 준하여, 그 상속인이 자기를 위하여 상속이 개시된 사실을 알고 또한 승인 · 포기에 대한 최고가 있는 것을 안 날로부터 이를 기산하여야 할 것이다. 이렇게 해석하지 않으면 자기를 위하여 상속이 개시된 사실을 알고 있었더라도 상속인이 최고가 있었다는 사실을 알지 못하는 때에는 제1074조 제1항의 규정에 의하여 언제든지 유증을 포기할 수 있다고 생각하기 쉽고, 따라서 자기도 모르는 사이에 최고기간이 경과됨으로써 자신의 의사와 관계없이 유증을 승인하는 결과가 되기 때문이다. 이 경우에 유언자가 유언으로 다른 의사를 표시한 때에는 그 의사에 의한다§1076 단서. 예컨대 수증자가 사망한 경우에는 수증자의 상속인은 그 승인 또는 포기를 할 수 없다든가, 상속인

중 특정한 자만이 승인 또는 포기할 수 있다고 정하는 것과 같은 것이다.

### 4. 유증의 무효 · 실효의 효과

유증의 효력이 생기지 않거나, 수증자가 이를 포기한 때에는 유증의 목적인 재산은 상속인에게 귀속한다§1090 본문. 즉 유언능력이 없는 자가 유증을 한 때, 수증자가 유언의 효력발생 시에 결격자인 때, 수증자가 유언자의 사망 전 또는 정지조건성취 전에 사망하였을 때나, 수증자가 이를 포기한 때에는 유증의 목적인 재산은 상속인에게 귀속한다. 그러나 유언자가 유언으로 다른 의사를 표시한 때, 즉 무효로 되는 유증의 목적물을 다른 수증자에게 귀속하는 것으로 정한다든가, 혹은 특정의 제3자에게 귀속하는 것으로 정하였을 때에는 그 의사에 의한다§1090 단서.

## 4 부담있는 유증

**設 例**

A는 자기가 소유하는 건물에 첩인 B를 거주하게 하고 B에게 증여계약서를 교부하였으나, 소유권이전등기는 하지 않았다. A는 그 건물을 다시 그의 장남인 C에게 B를 평생 동안 부양한다는 부담부로 유증을 하였다. A가 사망한 경우에, B와 C는 어떤 권리를 갖는가?

### 1. 부담있는 유증의 의의 · 성질

부담있는 유증이란 유언자가 유언증서 중에서 수증자에게 자기, 그 상속인 또는 제3자를 위하여 일정한 의무를 이행하는 부담을 부과한 유증이다. 예컨대 상속재산을 주는 동시에 아무개가 성년에 달할 때까지 돌보아 달라고 하는 것과 같은 것이다. 부담있는 유증은 수증자에 대하여 한편으로는 이익을 주지만, 다른 한편으로는 부담의 구속을 받게 하는 것이다. 그러나 부담있는 유증은 부담의 이행을 정지조건으로 하는 조건 있는 유증은 아니므로, 부담의 이행을 기다리지 않고 유증의 효력이 생긴다. 또 부담의 불이행을 해제조건으로 하는 조건있는 유증도 아니므로, 부담의 불이행이 있더라도 유증이 당연히 효력을 잃는 것은 아니다.

부담있는 유증은 포괄·특정의 구별없이 인정되며, 부담은 유증의 목적물과 전혀 관계가 없는 사항이라도 괜찮다. 유언자로부터 수증자가 포괄적으로 승계한 것 중에 존재하는 의무는 유증의 부담은 아니지만, 유언자가 별도로 수증자에게 새로운 의무를 부담시키는 의사를 유언 중에 명시하였을 때에는 그 의무는 포괄적 유증의 목적으로 볼 것이 아니라, 포괄적 유증에 붙여진 부담으로 보아야 한다.

## 2. 부담의 내용

부담의 내용은 반드시 금전적 가치가 있는 것이 아니라도 상관없다. 그러나 도덕적 유훈 같은 것은 여기서 말하는 부담이 아니며, 유증의 목적물에 대한 단순한 사용방법의 지정도 부담이라고 할 수 없다. 유언자 자신의 이익이 되는가, 제3자의 이익이 되는가는 묻지 않으며, 또 적극적이냐 소극적이냐 하는 것도 묻지 않는다.[39)]

## 3. 부담의 무효

부담이 불능이든가, 또는 선량한 풍속 기타 사회질서에 반하는 사항을 목적으로 하는 것인 때에는 그 부담은 무효이다. 부담의 무효가 부담있는 유증 그 자체의 무효를 가져오는가의 여부에 대해서는 규정이 없으나, 그 부담이 없었으면 유증이 없었을 것이라는 유언자의 의사가 추측되는 경우에만 부담있는 유증도 무효로 된다고 보아야 할 것이다.

39) 유언자가 임차권 또는 근저당권이 설정된 목적물을 유증하였다면, 특별한 사정이 없는 한 수증자가 임대차보증금반환채무 또는 피담보채무를 인수할 것을 부담으로 하여 유증하였다고 볼 수 있다. 대판 2022. 1. 27, 2017다265884.

### 4. 부담있는 유증의 효력

(1) 부담의 이행의무자

부담의 의무를 이행하는 자는 수증자인 것은 물론이나, 수증자의 상속인도 그 유증을 승인하는 경우에는 그 상속분의 범위 내에서 이행의 책임이 있다. 수증자가 유증의 승인 또는 포기를 하지 않고 사망한 때에는 그 상속인은 상속분의 한도에서 승인 또는 포기를 할 수 있다§1076 본문.

(2) 부담의 청구권자

유증의 부담인 채무의 이행을 수증자에 대하여 청구할 권리가 있는 자는 상속인·유언집행자·부담의 이행청구권자로 지정된 자 및 수익자이다.

(가) 상속인·유언집행자

유언자는 부담의 이행에 대하여 이익을 가지기 때문에 부담있는 유증을 한 것이므로, 부담의 이행청구권은 유언자의 이익대표로 인정될 상속인과 유언집행자에 속한다. 이는 수증자가 부담을 이행하지 않을 때에 상속인이 최고한 후에 유증의 취소를 청구할 수 있다는 것§1111을 볼 때에 명백하다.

(나) 유언에서 이행청구권자로 지정된 자

유언자가 유언에서 특히 부담의 이행을 청구할 자를 지정하였을 때에는 그 사람이 부담의 이행을 청구할 수 있다고 본다.

(다) 수익자

부담의 이익을 받을 제3자가 수증자에 대하여 부담의 이행을 청구할 수 있는 것인가에 대하여 이를 부정하는 견해가 있으나,[40] 찬성하기 어렵다. 부담있는 유증에 있어서 수증자의 의무는 유언자의 의사표시상의 효과에 기초한다는 점, 그리고 유언자는 이 의무가 수익자에 대하여 직접 이행되는 것을 원한다는 점에 비추어 볼 때, 이는 마치 제3자를 위한 계약에서 낙약자의 의무가 수익자에 대하여 직접 발생하는 것을 당사자가 원하는 것과 같다. 그러므로 유언자의 다른 의사표시가 없는 한, 수익자는 수증자에 대하여 직접 부담의 이행을 청구할 수 있는 권리가 있다고 보아야 할 것이다.

---

40) 金容漢, 친족상속법론, 446면.

(3) 부담의 한도

원래 유증은 수증자에게 은혜를 베푸는 유언자의 의도에서 나온 것이므로, 유증의 부담이 유증의 이익보다 무거울 때에는 유증이라고 할 수 없다. 따라서 부담있는 유증을 받는 자는 유증의 목적의 가액을 초과하지 않는 한도에서 부담한 의무를 이행할 책임이 있다§1088①. 부담이 유증의 목적의 가액을 초과한 때에는 그 초과한 부분만 무효가 된다. 따라서 부담있는 수증자는 그 부분의 이행을 거절할 수 있고, 이미 초과하여 이행한 것의 반환을 청구할 수 있다. 유증의 가액과 부담이 동일한 때에는 유증은 수증자에게 이익이 없는 것 같이 보이나, 금전 이외의 이익인 경우도 있으므로, 수증자가 포기하지 않고 부담을 이행하려고 할 때에는 그 유증은 유효하다. 유증의 가액은 부담을 이행하는 때의 시가를 기준으로 하여 산정하여야 한다. 다툼이 있는 때에는 가정법원이 결정하여야 할 것이다.

유증의 목적의 가액이 한정승인 또는 재산분리로 인하여 감소된 때에는 수증자는 그 감소된 한도에서 부담할 의무를 면한다§1088②. 유증의 목적의 가액이 유류분반환청구로 인하여 감소된 때에도 위와 마찬가지로 해석하여야 할 것이다. 상속인이 한정승인을 하거나 상속채권자 등이 재산분리를 청구하면, 수증자는 상속채권자에게 변제된 후가 아니면 변제를 받을 수 없으므로 완전한 변제를 받는 것은 대개의 경우 불가능하다.

## 5. 부담있는 유증의 취소

부담있는 유증을 받은 자가 그 부담의무를 이행하지 않은 때에는 상속인 또는 유언집행자는 상당한 기간을 정하여 이행할 것을 최고하고, 그 기간 내에 이행하지 않을 때에는 가정법원에 유언의 취소를 청구할 수 있다§1111 본문, 가소 §2①라류사건 xlviii. 가정법원은 수증자에게 부담의 불이행이 있었는가의 여부, 최고기간이 상당하였는가의 여부를 심리한 후에 유언을 취소할 것인가의 여부를 결정한다.[41)]

수증자가 부담의 일부만 이행하지 않을 때에는 어떻게 될 것인가. 수증자가 부

41) 가정법원이 부담있는 유증의 취소의 심판을 할 때에는 수증자를 절차에 참가하게 하여야 한다(가소규 제89조 제1항).

담의무를 전혀 이행하지 않을 때에는 취소하는 데 문제가 없다. 그러나 그 일부만 이행하고 다른 부분을 이행하지 않을 경우에는 취소여부가 문제될 수 있다. 특히 그 부담의 내용이 계속적인 급여의 지급인 경우에는, 상속인이나 유언집행자가 유증의 취소 청구를 할 수 있는가 하는 것이 문제이다. 부담의 일부 이행만으로는 목적이 달성될 수 없는 경우에는 취소를 인정해도 좋을 것이다. 다만 일부의 이행은 되어 있으므로, 상속인이나 유언집행자가 유증의 목적물의 반환을 청구할 때에 그 액에 대해서는 고려하지 않으면 안 될 것이다.

부담의 내용이 정기행위인 때에 유언자가 정한 기한까지 이행이 없는 경우에는 그것만으로써 이행이 없었던 것으로 볼 수 있다.

취소심판에 의해서 유증은 상속개시시에 소급하여 그 효력을 잃으며, 따라서 청구권자는 수증자에 대하여 유증의 목적물의 반환을 청구할 수 있다. 그러나 제3자가 이미 수증자로부터 전득한 이익을 해하지 못한다§1111 단서. 유언의 취소를 가정법원에 청구하도록 한 이유는 부담있는 유증의 수익자를 보호하려는 데 있다. 부담있는 유증의 취소는 부담행위에 의한 수익자의 이익을 잃게 하므로, 상속인 등과 부담있는 수증자가 공모하여 수익자를 사해할 가능성이 있기 때문이다.

설례에 대해서 보기로 하자.

설례의 경우, A가 B와의 부첩관계를 유지하기 위한 목적으로 건물에 대한 증여계약을 체결하였다면 제103조의 선량한 풍속 기타 사회질서에 반하는 법률행위로서 무효인데, 만약 A가 B와의 관계를 해소하는 조건으로 이별금조로 그 집을 증여한다는 계약을 체결한 것이라면 그 계약은 유효하다대판 1980. 6. 24, 80다458. 그러나 설례에서는 A가 B와의 부첩관계를 유지하는 조건으로 건물을 증여하였다고 보이기 때문에, A·B간의 증여계약은 무효로 보는 것이 타당할 것이다. 따라서 A의 C에 대한 유증은 유효하다. 만약 A가 B와의 관계를 그만두는 조건으로 이별금조로 증여하는 계약이었다면 그 계약은 유효하므로, A의 C에 대한 유언의 효력은 어떻게 되는가가 문제이다. B는 A의 상속인인 C에 대하여 A와의 증여계약에 기인하여 건물에 대한 소유권이전등기청구를 할 수 있을 것이다.

A의 C에 대한 유증이 유효한 경우에 C에 대한 부담있는 유증의 부담은 A의 첩 B를 평생 부양한다는 것인데, A·B간의 관계가 불륜관계이므로 그 유효성이 문제된다. 유증은 단독행위인데다 유언에 의한 재산처분의 자유와 관

련하여 본다면 유언은 유효하다고 보아도 무방할 것이다. 그리고 부담의 내용인 부양에 대해서 그 급부내용이 금액으로 특정되어 있지 않으므로, 부담이 불확정하여 무효가 아니냐는 의문이 생기지만, 사안의 성질에 비추어 유효하다고 보는 것이 타당할 것이다.

# 제6절 유언의 집행

## 1 유언의 검인·개봉

(1) 유언의 검인과 개봉은 유언을 집행하는 준비절차이다. 유언의 증서나 녹음을 보관한 자 또는 이를 발견한 자는 유언자의 사망 후 지체 없이 가정법원에 제출하여 그 검인을 청구하여야 한다§1091①, 가소 §2①라류사건 xli.

검인은 유언증서의 형식·태양 등 유언의 방식에 관한 모든 사실을 조사·확인하고, 그 위조·변조를 방지하며, 또한 보존을 확실히 하기 위한 일종의 검증절차·증거보전절차로서, 유언이 유언자의 진의에 의한 것인가 적법한가의 여부를 심사하는 것이 아님은 물론, 직접 유언의 유효 여부를 판단하는 심판이 아니다.[42] 따라서 검인을 거친 유언의 무효확인을 청구할 수 있는 것은 물론, 법원은 검인을 거친 유언에 대하여 자유로이 그 진부와 효력을 판단할 수 있다. 이와 같이 검인은 유언증서나 녹음의 외형을 검증하여 그 성립·존재를 확보하는 절차에 지나지 않기 때문에, 공정증서나 구수증서에 의한 유언에는 검인이 필요 없다§1091②.

(2) 가정법원이 봉인된 유언증서를 개봉할 때에는 유언자의 상속인, 그 대리인 기타 이해관계인의 참여가 있어야 한다§1092, 가소규 §86②. 이는 검인과 동일한 취지에 의한 것이며, 유언증서의 봉인을 엄중하게 보호하려는 것이다. 그러나 가정법원이 개봉기일에 상속인, 그 대리인 기타 이해관계인을 소환하였는데도 출석하지 않는 경우에는 이러한 자들의 참여 없이 개봉할 수 있다고 보며(이는 가사소송규칙 제88조가 '출석하지 아니한 상속인 기타 유언의 내용에 관계

42) 대결 1980. 11. 19, 80스23, 판례총람 419-1066-1면(판례가족법 추록(Ⅰ), 222면); 대판 1998. 5. 29, 97다38503, 판례월보 337호, 125면.

있는 자에게 그 사실을 고지하여야 한다'는 것으로 명백하다), 또 상속인의 유무가 불명한 경우에는 소환을 하지 않고 개봉할 수 있다고 해석된다. 적법한 유언은 검인이나 개봉절차를 거치지 않더라도 유언자의 사망에 의하여 바로 효력이 발생하며, 검인이나 개봉절차를 거치지 않았다고 해서 그 유언이 무효가 되는 것은 아니다대판 1998. 6. 12, 97다38510.

개봉에 관하여는 조서를 작성하여야 하며가소규 §87, 출석하지 않은 상속인 기타 유언의 내용에 관계있는 자에게 그 사실을 고지하여야 한다가소규 §88. 개봉에 관한 비용은 상속재산의 부담으로 한다가소규 §90①.

## 2 유언집행자

### 1. 유언의 집행

유언의 집행이란 유언의 효력이 발생한 후 그 내용을 실현하는 행위를 말한다. 유언은 그 내용이 상속인의 이익에 반하는 경우도 있고(예를 들어서 유언에 의한 인지의 경우 인지된 혼인외의 자가 상속인의 지위를 가지게 되므로, 기존의 상속인에게는 상속분이 줄어드는 결과가 된다), 또 상속인이 제한능력자 등일 때에는 스스로 유언을 집행할 수 없다. 이런 이유에서 민법은 유언집행자 제도를 두고, 상속인 이외의 자로 하여금 유언을 집행할 수 있게 한 것이다. 그러나 유언의 내용에 따라서는 예컨대 상속분의 지정과 같이, 특히 유언집행자를 필요로 하지 않는 것도 있으며, 상속인 자신이 집행해도 무방한 것도 있다. 예컨대 유언 중에서 집행자를 두어 집행할 필요가 있는 것은 i) 친생부인§850, ii) 인지§859②이며, 상속인 자신이 집행해도 무방한 것은 i) 특정적 유증, ii) 재단법인의 설립, iii) 신탁, iv) 상속권상실청구(제1004조의2 제2항에 해당하지 않는 경우) 등이다.

### 2. 유언집행자의 결정

유언집행자는 1인에 한하지 않고 수인이라도 좋으며, 그것은 다음과 같이 결정된다.

### (1) 유언자의 지정

(가) 유언자는 유언으로 유언집행자를 지정할 수 있고, 그 지정을 제3자에게 위탁할 수 있다§1093. 지정을 위탁받은 제3자는 그 위탁 있음을 안 후 지체없이 유언집행자를 지정하여 상속인에게 통지하여야 하며, 그 위탁을 사퇴할 때에는 이를 상속인에게 통지하여야 한다§1094①. 여기서 제3자란 집행되어야 할 유언의 효과로서 발생하는 법률관계의 당사자가 아닌 자를 가리킨다고 보아야 하므로, 상속인과 수증자 이외의 자일 필요가 있다. 그리고 유언집행자의 지정을 위탁받은 자는, 당해 유언에서 지정될 유언집행자의 수를 1인에 한정하지 않는 한, 2인 이상의 유언집행자를 지정할 수도 있다고 본다.

(나) 유언집행자가 지정되지 않고 그대로 시일이 경과되면, 상속인 기타의 이해관계인은 매우 곤란하므로, 상당한 기간을 정하여 그 기간 내에 유언 집행자의 지정을 위탁받은 자에게 최고할 수 있으며, 그 기간 내에 지정의 통지를 받지 못한 때에는 그 지정의 위탁을 사퇴한 것으로 본다§1094②. 여기서 이해관계인이란 상속인 이외에 상속채권자, 수증자, 수증자의 채권자 등 유언의 집행에 관하여 이해관계를 가진 자를 말한다. 그리고 상당한 기간이란 유언집행자의 지정을 위탁받은 제3자가 회답하는 데 필요한 기간이다.

(다) 유언자 또는 위탁받은 제3자에 의하여 지정된 유언집행자는 유언자의 사망 후 지체 없이 이를 승낙하거나 사퇴할 것을 상속인에게 통지하여야 한다§1097①. 그리고 유언집행자가 미정인 채 수일을 경과하면 상속인 기타 이해관계인은 지장이 많으므로, 상당한 기간을 정하여 그 기간 내에 승낙 여부를 확답할 것을 지정에 의한 유언집행자에게 최고할 수 있다. 그 기간 내에 최고에 대한 확답을 받지 못한 때에는 유언집행자가 그 취임을 승낙한 것으로 본다§1097③. 유언집행자의 승낙 여부의 회답은 상속인에 대해서 하는 것이 원칙이겠으나, 지정을 위탁받은 제3자에게 해도 상관없을 것이다.

### (2) 지정유언집행자가 없는 경우

유언자 또는 유언자의 위탁을 받은 제3자의 지정에 의한 유언집행자가 없는 때에는 상속인이 유언집행자가 된다§1095. 지정유언집행자가 없는 때란 유언자가 유언집행자를 지정하지 않았든가 그 지정을 제3자에게 위탁하지 않은 경우§1093 참조, 제3자에게 위탁하였더라도 지정을 위탁받은 제3자가 사퇴한 경우§1094①, 상속인 기타 이해관계인으로부터 최고를 받고도 최고기간 내에 유언집행자지정의 통지를 하지 않은 경우§1094② 후단 등이다. 그러나 친생부인이나 인지 등과 같이 상속인과 그 관계자 사이에 이해가 상반되는 경우에는 지정에 의한 유언집행자가 없다면 실제로 유언의 집행이 어려울 것이다(예를 들어서 피상속인이 자신의 전 재산을 사회복지법인에 귀속시킨다는 유언을 하였는데, 상속인이 이 유언을 무시하고 집행하지 않을 수도 있다). 따라서 입법론으로서 이런 경우에는 가정법원이 유언집행자를 선임하도록 할 필요가 있다.[43)]

### (3) 가정법원의 선임

유언집행자가 없거나, 사망, 결격 기타 사유로 인하여 없게 된 때에는 가정법원은 이해관계인의 청구에 의하여 유언집행자를 선임한다§1096①.[44)] 유언자가 유언집행자를 지정하지 않거나 유언자로부터 유언집행자의 지정을 위탁받은 제3자가 사퇴한 경우에는 상속인이 당연히 유언집행자가 되므로, 이 경우에 유언집행자가 없다는 것은 상속인이 없는 경우이다. 그러나 일단 유언자가 유언집행자를 지정하거나 또는 제3자에게 유언집행자의 지정을 위탁하여 유언집행자가 지정된 경우에는 그 유언집행자가 사망·결격 그 밖의 사유로 자격을 상실하였다고 하더라도 상속인은 민법 제1095조에 의하여 유언집행자가 될 수 없다(유언자가 유언집행자를 지정하거나 그 지정을 제3자에게 위탁한 경우는 상속인을 유언의 집행에서 배제하려는 의도가 있다고 보아야 하므로, 일단 유언집행자로 지정된 자가 자격을 상실한 때에 상속인이 유언집행자가 된다고 해석한다면, 이는 유언자의 의사에 반하는 결과가 되어 부당하다. 또한 이런 경우에 상속인이 유언집행자가 된다고 해석한다면 유언의 집행에 차질이 생길 우려가 높다). 이런 경우에는 상속인이 있더라도 유언집행자를 새롭게 선임하여야 한다.[45)] 그 밖의

---

43) 친생부인과 인지가 유언의 내용으로 되어 있을 때 상속인은 유언집행자가 되지 못한다고 해석하는 견해가 있으나(郭潤直, 상속법, 434면), 이러한 해석은 제1095조의 규정이 있는 이상 입법론으로는 몰라도 해석론으로는 무리이다.

44) 대결 1987. 2. 29, 86스11, 신판례체계 1096-1면은 "유언집행자가 2인인 경우 그중 1인이 나머지 유언집행자의 찬성 내지 의견을 청취하지 아니하고도 단독으로 법원에 공동유언집행자의 추가선임을 신청할 수 있다 할 것이므로, 이러한 단독신청행위가 공동유언집행방법에 위배되었다거나 기회균등의 헌법정신에 위배되었다고 볼 수 없다"고 판시하고 있다. 대결 1995. 12. 4, 95스32, 판례공보 1996. 2. 1, 387면은 "민법 제1096조에 의한 법원의 유언집행자 선임은 유언집행자가 전혀 없게 된 경우뿐만 아니라 유언집행자의 사망·사임·해임 등의 사유로 공동유언집행자에게 결원이 생긴 경우와 나아가 결원이 없어도 법원이 유언집행자의 추가선임이 필요하다고 판단한 경우에 이를 할 수 있는 것이고, 이때 누구를 유언집행자로 선임하느냐의 문제는 민법 제1098조 소정의 유언집행자의 결격사유에 해당하지 않는 한 당해 법원의 재량에 속할 것이다"라고 판시하고 있다.

45) 대판 2010. 10. 28, 2009다20840; 대결 2007. 10. 18, 2007스31: 유언집행자로 지정된

사유로서는 유언집행자가 임무종료 전에 사퇴하거나 해임된 경우를 들 수 있다.[46)]

이 선임은 가정법원의 심판에 의하여 한다가소 §2①라류사건xliii. 심판에 있어서 유언이 무효인 것이 일견하여 명백한 경우에는 이를 이유로 유언집행자의 선임청구를 각하할 수 있다고 본다.

가정법원의 선임에 의한 유언집행자는 선임의 통지를 받은 후 지체 없이 이를 승낙하거나 사퇴할 것을 가정법원에 통지하여야 한다§1097②. 이 경우에 유언집행자가 미정인 채로 있으면 이해관계인은 지장이 많으므로, 상당한 기간을 정하여 그 기간 내에 승낙 여부를 확답할 것을 선임에 의한 유언집행자에게 최고할 수 있다. 그 기간 내에 최고에 대한 확답을 받지 못한 때에는 유언집행자가 그 취임을 승낙한 것으로 본다§1097③.

가정법원이 이와 같이 유언집행자를 선임한 경우에는 그 임무에 관하여 필요한 처분을 명할 수 있다§1096②. 필요한 처분이란 유언집행자가 그 임무를 수행하는 데 필요한 처분을 말한다.

### (4) 유언집행자의 결격

제한능력자 — 즉 미성년자 · 피성년후견인 · 피한정후견인 — 와 파산선고를 받은 자는 유언집행자가 되지 못한다§1098. 이러한 자를 유언집행자로 지정하더라도 무효이며, 가정법원도 이러한 자를 유언집행자로 선임할 수 없다. 또 유언집행자가 적법하게 취임한 후에 성년후견개시 또는 한정후견개시의 심판을 받은 때에는 당연히 유언집행자의 지위를 잃는다. 그리고 제한능력자가 아니더라도 의사능력이 없는 자는 유언집행자가 되지 못한다고 본다.

유언집행의 결격자는 이상과 같은 자이므로, 그 밖에는 누구라도 유언집행자가 될 수 있다. 따라서 i ) 상속인§1095, ii ) 유언집행자의 지정을 위탁받은 자(유언집행자의 지정을 위탁받은 자는 특히 자기를 지정하는 것이 금지되고 있지 않은 한, 자기를 유언집행자로 지정하더라도 상관없다) 등은 유언집행결격자가 아니다.

---

자가 취임의 승낙을 하지 않은 채 사망 · 결격 기타 사유로 유언집행자의 자격을 상실한 경우에도 상속인이 유언집행자가 될 수는 없으며, 이 경우 이해관계인은 법원에 유언집행자의 선임을 청구할 수 있다.

46) 친생부인과 인지가 유언의 내용인 경우 지정유언집행자가 없어서 상속인이 유언집행자로 되는 때에는 '기타 사유'에 해당되어 가정법원의 선임사유가 된다는 견해가 있으나(郭潤直, 상속법, 435면), 제1096조는 분명히 유언집행자가 없는 때에만 가정법원이 유언집행자를 선임하도록 되어 있기 때문에 해석론상 무리이다.

### 3. 유언집행자의 지위

유언집행자의 법률상의 지위에 대해서는 학설이 갈리고 있다.[47] 이와 같이 학설상의 다툼이 있다는 것은 유언집행자의 성질을 획일적인 추상적 관념에 의하여 설명하는 것이 어렵다는 것을 말해 주는 것이다. 민법은 '지정 또는 선임에 의한 유언집행자는 상속인의 대리인으로 본다'§1103①고 규정하고 있다. 유언의 집행은 보통 상속재산을 목적으로 하고, 상속재산은 상속개시에 의하여 상속인에게 귀속하는 것이므로, 유언집행자의 행위는 상속재산의 주체인 상속인을 갈음하여 하는 것이다. 또한 유언집행자의 행위는 상속인의 이익·불이익과는 무관하게 효력이 생긴다. 이러한 점에서 보면, 상속인의 대리인으로 보는 것이 간명하다. 그러나 유언집행자는 상속인으로부터 수권을 받은 것도 아니고, 구체적인 사안에 따라서는 상속인의 의사에 반하여 유언을 집행해야 하는 경우도 있다. 따라서 단지 상속인의 대리인이라고 보는 것만으로는 유언집행자의 지위가 충분히 설명되지 못하는 한계가 있다. 유언집행자는 상속인의 의사에 반하는 경우에도 유언을 집행할 의무가 있다는 점에서 유언자의 정당한 의사를 실현할 임무를 수행하는 지위에 있는 자라고 정리할 수 있을 것이다.

민법은 유언집행자를 상속인의 대리인으로 보는 동시에 유언집행자의 관리처분권 또는 상속인과의 법률관계에 대해서는 위임관계의 규정, 즉 수임인의 선관의무에 관한 제681조, 수임인의 복임권의 제한에 관한 제682조 및 수임인의 보고의무에 관한 제683조, 수임인의 취득물 등의 인도의무에 관한 제684조, 수임인의 금전소비에 관한 제685조, 수임인의 비용선급청구권에 관한 제687조, 위임종료시의 긴급처리에 관한 제691조 및 위임종료의 대항 요건에 관한 제692조의 규정을 유언집행자에 준용한다§1103②.

### 4. 유언집행자의 임무

유언집행자가 취임을 승낙한 때에는 지체 없이 그 임무를 이행하여야 한

47) 학설로는 민법이 의제한 대리인이라는 견해와(李根植·韓琫熙, 신친족상속법, 308면) 독립적으로 유언내용을 실현할 사적(私的)직무를 담당하는 자로 파악하는 견해(郭潤直, 상속법, 437면)가 있다.

다§1099. 그 임무의 내용은 다음과 같다.

### (1) 재산목록의 작성

유언이 재산에 관한 것인 때에는 지정 또는 선임에 의한 유언집행자는 지체 없이 그 재산목록을 작성하여 상속인에게 교부하여야 한다§1100①. 상속인의 청구가 있을 때에는 재산목록작성에 상속인을 참여하게 하여야 한다§1100②.

재산목록에는 적극재산 또는 소극재산의 어느 쪽이건 묻지 않고 상속재산에 관하여 그 종류·수량·상황을 명백히 하고, 작성의 연월일을 기재한 후 유언집행자가 이에 서명하여야 한다독민 §2215 참조. 재산목록작성의 의무는 그 의무의 성질상 유언자의 의사로 면제할 수 없다고 본다(독민 제2220조는 이것을 명언한다).

### (2) 유언집행자의 권리의무 일반

(가) 유언집행자는 유증의 목적인 재산의 관리 기타 유언의 집행에 필요한 행위를 할 권리의무가 있다§1101. 재산관리의 의무에 관해서는 위임의 경우의 수임인에 관한 규정이 준용된다. 유언집행자는 그 임무와 관련하여 재판상의 행위와 재판외의 행위를 할 수 있다.

유언집행자의 권리의무의 범위는 유언의 취지 여하에 따라서 정해지는 것이며, 유언자는 이에 대하여 제한을 둘 수 있다. 일반적으로 유언집행자의 임무는 유언자의 최종의사의 집행을 감독하는데 그치지 않고, 유언의 집행을 보장하는 데 있다. 따라서 유언집행자는 유언을 집행하는 데 필요한 모든 행위를 할 수 있어야 한다. 예를 들어서 유언의 내용이 재산에 관한 것인 경우 상속재산을 관리함에 있어서 유언집행자는 관리하여야 할 상속재산을 자기 점유 하에 두고, 점유에 부수하는 모든 권리를 행사할 수 있다. 유언집행자의 처분권은 상속인을 배제하고 상속재산의 전부에 미친다.[48]

(나) 상속인이 유언집행자의 관리 하에 있는 상속재산을 함부로 처분한

---

48) 대판 2010. 10. 28, 2009다20840: 유언집행자는 유증의 목적인 재산의 관리 기타 유언의 집행에 필요한 모든 행위를 할 권리의무가 있으므로, 유증 목적물에 관하여 경료된, 유언의 집행에 방해가 되는 다른 등기의 말소를 구하는 소송에 있어서는 유언집행자가 이른바 법정소송담당으로서 원고적격을 가지고, 유언집행자는 유언의 집행에 필요한 범위 내에서는 상속인과 이해상반되는 사항에 관하여도 중립적 입장에서 직무를 수행하여야 하므로, 유언집행자가 있는 경우 그의 유언집행에 필요한 한도에서 상속인의 상속재산에 대한 처분권은 제한되며 그 제한 범위 내에서 상속인은 원고적격이 없다.

경우에 그 효력이 어떻게 될 것인가가 문제이다. 이에 대해서는 명문의 규정이 없으므로 해석상 문제이다. 위에서 본 바와 같이 유언집행자의 처분권은 상속인을 배제하는 것이므로, 상속인은 처분권이 제한된다고 보아야 할 것이다. 그러나 상속인이 이에 위반하여 유증의 목적물을 다른 데 처분한 경우에는 그것을 무효로 할 법적 근거가 없다. 따라서 수증자는 상속인에 대하여 손해배상을 청구할 수밖에 없을 것이다.

[유언집행에 필요한 행위]

유언집행에 필요한 행위는 유언의 내용에 따라서 다르다.

(가) 친생부인을 하는 유언의 집행은 친생부인의 소를 제기하는 것이다 §850. 그리고 인지를 하는 유언§859②은 일반적으로 등록법상의 신고를 하는 것뿐이다등 §59. 재단법인의 설립을 목적으로 하는 유언에 있어서는 재단법인설립에 필요한 행위를 하는 것이다§47②. 상속권 상실의 유언의 집행은 상속권 상실을 청구하는 것이다§1004의2①.

(나) 단순한 포괄적 유증 — 전 상속재산의 일정한 비율액을 유증하는 것 —에 있어서는, 수증자는 상속인과 동일한 지위를 가지므로§1078, 수증자가 상속재산 중의 어떤 재산을 취득하는가는 유언집행자가 결정할 수 있는 사항이 아니다. 만약 다른 포괄적 수증자가 있든가 또는 상속인이 있을 때에는 상속재산의 귀속은 공동상속의 규정에 의해서 정해진다. 즉 우선 '공유'가 되며 §1006 · 1007, 이어서 공동상속인(포괄적 수증자를 포함) 사이에서 분할§1012 이하하게 된다. 또한 피상속인이 한 사람의 포괄적 수증자에 대해서 재산의 전부를 유증한 경우에는 그 사람에게 상속재산의 전부가 귀속하게 되므로(다만 상속인이 있는 경우에는 유류분반환청구를 할 수 있을 것이다), 단순한 포괄적 유증에 있어서는 유언집행자가 집행할 여지가 없을 것으로 보이기도 한다. 그러나 상속재산 중에 부동산이 있는 경우에 유언집행자는 유언집행을 위한 등기의무자로서 등기권리자인 포괄적 수증자와 함께 유증을 원인으로 하는 소유권이전등기를 공동으로 신청하여야 하므로대판 2014. 2. 13, 2011다74277,[49] 단순한 포괄적 유증의 경우에도 유언집행자의 역할이 없는 것은 아니다.

그러나 예컨대 상속재산 중의 적극재산을 처분하여 채무를 완제하고 잔여

---

49) 등기예규 제1512호(유증을 받은 자의 소유권보존(이전)등기신청절차 등에 관한 사무처리지침).

재산을 일정한 비율로 배분할 것을 내용으로 하는 포괄적 유증을 한 경우 또는 포괄적 수증자간의 상속재산의 분할방법을 지정한 경우 등에는 유언집행자는 원칙적으로 상속재산 전부를 관리, 처분하고, 이를 유언의 취지에 따라서 포괄적 수증자간에 분배하여야 한다.

뿐만 아니라, 공동상속인 사이의 상속분과 상속재산 분할의 방법을 지정한 경우에도 — 법정상속분보다 큰 상속분의 지정을 받는 자는 마치 그만큼의 포괄적 유증을 받은 것과 마찬가지의 결과가 되므로 — 유언집행자로 하여금 이를 실현시킬 수 있다고 해석될 때에는, 이 유언집행자는 위의 포괄적 유증의 유언집행자와 마찬가지의 권한을 가지게 된다§1012 참조.

(다) 특정의 물건 또는 재산을 목적으로 하는 특정적 유증에 있어서는, 유언집행자는 수증자가 완전히 그 물건 또는 권리를 이전받을 수 있도록 목적물의 인도나 등기 등 모든 행위를 하여야 한다. 그것은 유언의 집행을 완성시키는 데 필요한 행위이기 때문이다. 또 유증의 목적인 특정의 부동산이 임대되고 있는 때에는, 그 차임을 추심하는 것도 그의 권리인 동시에 의무이다§1079.

(라) 불특정물 또는 금전을 목적으로 하는 유증에 있어서는, 유언집행자는 그 목적물을 조달하여 이를 수증자에게 교부하여야 한다. 따라서 만약 필요하다면 상속재산을 처분하여 금전으로 바꿀 수도 있다. 다만 유언의 내용이 상속인이 수증자에 대하여 매월 일정액의 용돈을 급여하라고 하는 것과 같이, 수증자로 하여금 일정한 채권을 취득시킬 뿐이고 그 집행을 완료시킬 취지도 아니고, 또 그 때문에 일정한 기본재산을 설정하는 취지도 아닌 때에는 유언의 다른 부분의 집행이 끝날 때까지만 유언집행자로 하여금 급여시킬 취지로 해석하여야 할 것이다. 따라서 다른 부분의 집행이 끝난 후에는 유언집행자는 그 이행에 관하여 권리도 의무도 없다고 보아야 한다(그 이후에는 상속인이 이행하여야 할 것이다).

(마) 이상에서 설명한 유언집행자의 권리의무의 범위 내에서, 유언집행자는 소송의 당사자도 될 수 있다(법정소송담당). 즉 목적물이 제3자의 점유에 있을 때에는, 이에 대하여 인도청구의 소를 제기할 수 있다.

### (3) 공동유언집행자

유언집행자가 수인인 경우에는 임무의 집행은 그 과반수의 찬성으로써 결정한다§1102 본문. 가부동수로서 과반수를 얻을 수 없는 경우에는 유언집행자를 해임하여 새로 유언집행자를 선임하거나 유언집행자를 추가 선임할 수밖에 없을 것이다§1106 · 1096 참조.[50] 그러나 보존행위는 각자가 할 수 있다§1102 단서. 여기서 보존행위란 재산의 멸실 · 훼손을 방지하고 그 현상을 유지하기 위하여 필요한 사실상 및 법률상 행위를 말하며, 물건의 수선, 시효에 의하여 소멸하려는 권리에 관하여 시효중단을 위한 행위를 하는 것 등이 이에 해당한다. 이러한 행위는 이를 유예하면 구제할 수 없는 손해가 생길 염려가 있으므로 각자 단독으로 할 수 있도록 한 것이다.

수증자가 유언집행자에 대하여 유증의무의 이행을 구하는 소송을 제기할 때에는 유언집행자 전원을 피고로 하여야 한다(유언집행자가 수인인 경우 유언집행자에게 유증의무의 이행을 구하는 소송은, 특별한 사정이 없는 한, 유언집행자 전원을 피고로 하는 고유필수적 공동소송으로 보아야 한다).[51]

### (4) 보 수

유언자가 유언으로 그 집행자의 보수를 정하지 않은 경우에는, 가정법원은 상속재산의 상황 기타 사정을 참작하여 지정 또는 선임에 의한 유언집행자의 보수를 정할 수 있다§1104①, 가소 §2①라류사건xlv. 위의 보수에 관해서는 위임의 경우의 수임인의 보수에 관한 규정이 준용되어§1104②, 유언집행자는 유언집행의 사무를 종료한 후가 아니면 보수를 청구하지 못하며, 기간으로 보수를 정한 때에는 그 기간이 경과한 후에 이를 청구할 수 있다§686②의 준용. 그리고 유언집행자가 사무를 처리하는 중에 유언집행자에게 책임이 없는 사유로 인하여 사무가 종료된 때에는 유언집행자는 이미 처리한 사무의 비율로 보수를

50) 가부동수로서 과반수를 얻을 수 없는 경우, 당해 사항을 집행할 유언집행자를 새로 선임하면 된다는 견해가 있다(郭潤直, 상속법, 442면). 제1096조에 의하면, 유언집행자가 없거나 사망 · 결격 기타 사유로 없게 된 때에만, 가정법원이 이해관계인의 청구에 의하여 유언집행자를 선임하게 되어 있는데, 이를 유언을 집행할 수 없다는 이유로 유언집행자를 새로 선임하는 데까지 확대시킬 수 있을지는 의문이다.

51) 상속인이 유언집행자가 되는 경우를 포함하여 유언집행자가 수인인 경우에는, 유언집행자를 지정하거나 지정위탁한 유언자나 유언집행자를 선임한 법원에 의한 임무의 분장이 있었다는 등의 특별한 사정이 없는 한, 유증목적물에 대한 관리처분권은 유언의 본지에 따른 유언의 집행이라는 공동의 임무를 가진 유언집행자에게 합유적으로 귀속되고, 그 관리처분권의 행사는 과반수의 찬성으로써 합일하여 결정하여야 하므로, 유언집행자가 수인인 경우, 유언집행자에게 유증의무의 이행을 구하는 소송은, 특별한 사정이 없는 한, 유언집행자 전원을 피고로 하는 고유필수적 공동소송으로 보아야 한다(대판 2011. 6. 24, 2009다8345).

청구할 수 있다§686③의 준용.

### (5) 비 용

유언의 집행에 관한 비용은 상속재산 중에서 이를 지급한다§1107. 비용으로서는 유언증서의 검인청구비용§1091, 상속재산목록 작성비용§1100, 상속재산의 관리비용§1101, 유언집행자의 보수§1104, 권리이전을 위한 등기·등록비용·유언의 집행에 관하여 생긴 소송비용 등을 들 수 있다.

**☞ 상속인이 자필 유언증서상 유언자의 자서와 날인의 진정성에 관하여 다투는 경우 유언집행자가 취할 수 있는 조치**

대판 2014. 2. 13, 2011다74277: 포괄적 수증자는 상속인과 동일한 권리의무가 있고§1078, 포괄적 유증은 조건이나 기한이 붙어 있다는 등의 특별한 사정이 없는 한 유언자가 사망한 때로부터 그 효력이 생긴다§1073. 그리고 유언집행자는 유증의 목적인 재산의 관리 기타 유언의 집행에 필요한 행위를 할 권리의무가 있고§1101, 상속인의 대리인으로 보게 되며§1103, 유언의 집행에 필요한 한도에서 상속인의 상속재산에 대한 처분권은 제한된다. 따라서 유언집행자는 유언집행을 위한 등기의 무자로서 등기권리자인 포괄적 수증자와 함께 유증을 원인으로 하는 소유권이전등기를 공동으로 신청할 수 있고, 그러한 등기를 마치는 것에 관하여 다른 상속인들의 동의나 승낙을 받아야 하는 것은 아니다. 다만 상속인들이 자필 유언증서상 유언자의 자서와 날인의 진정성에 관하여 다투는 경우에는[52] 유언집행자는 그 상속인들을 상대로 유언효력확인의 소나 포괄적 수증자 지위 확인의 소 등을 제기하여 승소 확정판결을 받은 다음, 이를 첨부정보(부동산등기규칙 제46조 제1항 제1호 및 제5호)로 제출하여 유증을 원인으로 하는 소유권이전등기를 신청할 수 있을 것이다.

## 5. 유언집행자의 임무종료

유언집행자의 임무는 i) 유언집행의 종료, ii) 유언집행자의 사망, iii) 결

52) 유언집행자는 등기신청을 할 때 자필 유언증서에 관한 검인조서를 첨부해야 하는데, 검인조서에 검인기일에 출석한 상속인들이 "유언자의 자필이 아니고 날인도 유언자의 인장이 아니라고 생각한다"는 등 자필 유언증서의 진정성에 관하여 다투는 사실이 기재되어 있는 경우에는 유언 내용에 따른 등기신청에 이의가 없다는 상속인들의 진술서(인감증명서 첨부) 또는 상속인들을 상대로 한 유언유효확인의 소나 수증자 지위 확인의 소의 승소 확정판결문을 첨부하여 제출하여야 한다(등기예규 제1512호).

격사유의 발생 이외에 ⅳ) 사퇴와 ⅴ) 해임에 의하여 종료한다.

### (1) 사 퇴

지정 또는 선임에 의한 유언집행자는 정당한 사유가 있는 때에는 가정법원의 허가를 얻어 그 임무를 사퇴할 수 있다§1105. 사퇴의 정당한 사유로서는 질병, 공무, 외국여행, 원거리에 있는 곳으로 이전하여 유언집행의 임무를 수행할 수 없게 된 경우 등을 들 수 있다. 가정법원은 이를 심판으로써 하며가소 §2①라류사건xlvi, 사퇴의 효력은 허가심판의 고지에 의하여 생긴다가소 §40.

### (2) 해 임

지정 또는 선임에 의한 유언집행자가 임무를 게을리 하거나 그 밖에 임무에 적당하지 않은 사유가 있는 때에는 가정법원은 상속인 기타 이해관계인의 청구에 의하여 유언집행자를 해임할 수 있다§1106. 예컨대 상속재산인 가옥의 차임지급을 최고하는 의무가 있을 때 이를 게을리 하거나, 유언집행자가 유언이 강박에 의한 것이라고 주장하면서 임무 수행을 거절하는 경우, 또는 상속재산에 관하여 상속인과 수증자 사이에 분쟁이 있는 경우에, 그 분쟁에 개입하여 상속재산의 처리에 착수하지 않고 도리어 분쟁을 격화시킬 염려가 있을 경우 등에는 해임사유가 될 것이다. 또한 일부 상속인에게만 유리하게 편파적인 집행을 하여 공정한 유언의 실현을 기대하기 어렵다고 판단되는 경우에도 해임사유가 될 수 있다. 이에 반하여 유언집행자가 유언의 해석에 관하여 상속인과 해석을 달리하거나 유언을 충실하게 집행하는 과정에서 상속인과 갈등이 발생한 경우 등은 해임사유에 해당한다고 보기 어렵다.[53] 왜냐하면 유언집행자는 유언의 집행에 필요한 범위 내에서는 상속인과 이해상반되는 사항에 대해서도 중립적인 입장에서 임무를 수행하여야 하기 때문이다대판 2001. 3. 27, 2000다26920.

여기서 이해관계인이란 상속채권자, 수증자, 수증자의 채권자 등 유언의

---

53) 대결 2011. 10. 27, 2011스108: 유언집행자가 유언의 해석에 관하여 상속인과 의견을 달리한다거나 혹은 유언집행자가 유언의 집행에 방해되는 상태를 야기하고 있는 상속인을 상대로 유언의 충실한 집행을 위하여 자신의 직무권한 범위에서 가압류신청 또는 본안소송을 제기하고 이로 인해 일부 상속인들과 유언집행자 사이에 갈등이 초래되었다는 사정만으로는 유언집행자의 해임사유인 '적당하지 아니한 사유'가 있다고 할 수 없으며, 일부 상속인에게만 유리하게 편파적인 집행을 하는 등으로 공정한 유언의 실현을 기대하기 어려워 상속인 전원의 신뢰를 얻을 수 없음이 명백하다는 등 유언집행자로서의 임무수행에 적당하지 아니한 구체적 사정이 소명되어야 한다.

집행에 대하여 이해관계가 있는 사람을 말한다.

해임은 가정법원의 심판으로써 하며가소 §2①라류사건xlvii, 해임의 효력은 심판의 고지에 의하여 생긴다가소 §40.

이리하여 유언집행자가 없게 된 때에는 가정법원은 이해관계인의 청구에 의하여 새로운 유언집행자를 선임한다§1096①. 유언집행자의 임무가 종료하는 경우에 위임종료에 관한 규정이 준용되는 것은 앞에서 말한 바와 같다.

제 **9** 장

# 유 류 분

## 1 유류분제도

### 1. 유류분제도의 근거

민법은 사적 자치의 원칙의 연장선상에서 유언의 자유를 인정하고 있는데, 이에 따라 피상속인은 법정상속(법정상속인, 법정상속분)과 다르게 자유로이 자신의 재산을 처분할 수 있다. 유언에 의하여 법정상속인이 상속에서 배제될 수도 있고, 상속인의 범위에 속하지 않은 사람이 상속재산을 수여받을 수도 있다(유증은 법정상속에 우선한다). 피상속인에게 유언의 자유가 인정되는 결과, 법정상속인이 모두 상속에서 배제되는 경우도 생길 수 있다. 그러나 이러한 결과는 법정상속제도를 인정한 취지에 정면으로 반하는 것이다. 피상속인의 배우자와 가까운 친족에게 상속권을 인정한 이유는 무엇보다도 피상속인 사후에 이들에 대한 부양을 보장하기 위한 것인데, 피상속인이 유언에 의하여 자유로이 재산을 처분한 결과 유족들에게 아무런 재산도 남지 않게 된다면 이들의 생계가 위협을 받을 수 있기 때문이다. 이런 경우 유족에 대한 부양기능을 첫 번째로 내세우는 법정상속제도의 취지는 상실되지 않을 수 없다.

유언자유의 원칙과 법정상속 사이에 존재하는 이와 같은 모순을 해결하기 위하여 도입된 제도가 바로 유류분제도이며, 이러한 의미에서 유류분제도는 유언자유의 원칙과 법정상속제도의 절충안이라고 정의될 수 있다.[1] 이렇게 볼 때 유류분제도의 근거는 상속제도의 근거와 본질적으로 차이가 없다고 할 수 있다. 즉, 일정한 범위의 상속인에 대해서는 피상속인의 재산 중 일정한 비

1) Frank, Erbrecht(2005), S. 270.

율을 확보할 수 있게 함으로써 피상속인의 사후에도 생계의 기초를 유지할 수 있도록 배려하는 것이다.[2)]

## 2. 우리나라의 유류분제도

우리민법에는 1977년 민법개정 전까지는 유류분제도가 없었다(유류분제도는 1977년 민법개정으로 도입되어 1979년 1월 1일부터 시행되었다). 이는 아마도 우리나라에 전통적으로 유류분제도가 없었다는 데에 기인하는 것 같지만, 종전의 유언제도(특히 조선시대의 유언제도)에서는 유증을 받는 자의 범위를 혈족에 국한하고 있었기 때문에, 실제에 있어서 유류분제도가 필요하지 않았다고 할 수 있다. 그러나 현행민법에서는 유언의 자유가 보장되었기 때문에 유류분 규정이 필요하게 되었다. 그래서 민법의 일부개정으로 유류분제도가 새로 마련된 것이다.

민법의 유류분제도는 개인재산처분의 자유, 거래의 안전과 가족생활의 안정, 가족재산의 공평한 분배라고 하는 서로 대립하는 요구의 타협 · 조정 위에 성립하고 있다. 그 결과 다음과 같은 성격을 지니게 된다.

(가) 피상속인이 자유로이 처분할 수 있는 재산과 그렇지 않은 재산이 미리 구분되어 있는 것은 아니다. 또 자유로이 처분할 수 있는 재산의 비율이 미리 정해져 있는 것도 아니다. 따라서 생전의 피상속인의 재산처분을 직접 그 시점에서 제한하지 않는다. 단지 상속개시시를 기준으로 하여 피상속인이 한 유증 또는 증여를 일정한 한도에서 반환시키는 권리를 유류분권리자가 가지는 데 지나지 않는다.

(나) 상속개시 이전에는 피상속인에게 재산처분의 자유가 보장되어 있다. 따라서 피상속인 생전의 재산처분이 만약 상속이 개시되면 유류분을 침해한

---

2) 1977년 민법개정 당시 국회의 법안심사과정에서도 "현행법상 유언절대자유의 원칙에 따른 무사려한 유증으로 부양가족의 생활을 곤란케 할 위험이 있다"는 점을 들어 유류분제도의 도입필요성을 인정하고 있다. 제98회 국회 제28차 본회의 1977년 12월 17일 회의록 제23호 부록, 30~46면 참조. 1977년 민법개정안의 초안 작성에 참여했던 金疇洙 교수(당시 민법개정안 초안 작성에는 이태영 변호사, 김주수 교수, 김용한 교수, 박병호 교수, 한봉희 교수가 참여하였다)도 "유족들의 공헌의 산물이라고 볼 수 있는 상속재산의 일부에 대하여 상속인이 취득하여야 할 권리를 인정하여야 하며, 피상속인의 자력으로 생계를 유지하여 오던 생계능력이 없는 유족에 대한 사회정책적인 혜택이 인정되어야 한다는 점에서 유류분제도의 신설은 타당하다고 본다"는 의견을 제시하였다. 家族法의 改正私案과 立法 · 改正의 경과, 한국가족법과 과제(1993), 970면.

다는 것이 분명하더라도 유류분을 가지는 추정상속인이 상속개시 전에 이를 제한할 수 없다. 그리고 유류분을 미리 보전할 수도 없다. 유류분 침해의 유무는 상속개시시를 기준으로 하여 비로소 결정된다§1113.

(다) 상속이 개시되더라도 유류분을 침해하는 피상속인의 처분이 당연히 무효로 되는 것은 아니다. 상속인이 원한다면 반환을 청구할 수 있는 데 그친다§1115. 만약 반환을 청구하지 않고 일정한 기간이 경과되면 그 상속인의 권리는 소멸한다§1117.

### 3. 유류분제도에 대한 비판

유류분제도의 존재 이유에 비추어 보면, 오늘날 자녀의 유류분에 대해서는 몇 가지 의문을 제기할 수 있다. 우선 평균수명의 연장[3]으로 인하여 부모의 사망으로 상속이 개시될 때 자녀는 이미 경제적으로 독립된 생활을 하고 있는 경우가 많아졌는데, 이런 경우에는 피상속인 사후 상속재산으로 자녀를 부양해야 할 필요성은 더 이상 존재하지 않는다. 따라서 피상속인의 사망 후 자녀들의 부양을 위하여 유류분이 인정되어야 한다는 논거는 많은 경우에 있어서 더 이상 타당하지 않게 되었다. 다음으로 현대사회에서 가족 간의 유대관계가 점차 약화되는 현상이 나타나면서,[4] 가족관계 그 자체로부터 유류분제도의 정당성을 구하는 논거에 대해서도 의문이 제기되고 있다. 자녀에게 유류분이 인정되는 이유가 부모와 자녀 사이의 친자관계에 상응하는 유대관계가 존재하였음을 전제로 하는 것이라면, 이러한 전제가 충족되지 않은 경우에는 자녀의 유류분을 부정할 수 있는 가능성이 열려 있어야 할 것이다. 그러나 부모와 자녀 사이에 최소한의 유대관계가 존재하지 않았던 경우(부모와 자녀의 관계가 심각하게 파탄된 경우)라고 해도 자녀는 그와 관계없이 유류분을 보장받는 것이 원칙이다(설령 자녀가 오랜 기간 부모를 방임하거나 정신적, 신체적으

3) 1960년 민법 시행 당시의 평균수명은 여자 53.7세, 남자 51.1세(평균 52.4세)에 지나지 않았으나, 2019년에는 여자 86.3세, 남자 80.3세(평균 83.3세)로 크게 증가하였다.

4) 2020년 기준 통계를 보면 부모의 부양책임과 관련하여 부모 스스로 해결하거나(12.9%), 가족과 정부·사회가 공동으로 부담해야 한다는 견해(61.6%)와 비교해 볼 때 가족이 전적으로 부담해야 한다는 견해는 22%에 불과하다. 통계청(kosis.nso.go.kr), 사회조사: 부모 부양에 대한 견해(2020년); 반면에 1998년에 실시된 조사에서는 자녀가 부모의 부양을 전적으로 책임져야 한다고 응답한 비율이 89%에 이르고 있었다. 통계청, 2012년 사회조사: 노인 자녀 동거율.

로 학대해 왔다고 해도, 상속결격 사유에 이르지 않는다면 유류분을 받을 수 있다). 이와 같이 부모와 자녀 사이에 일반적으로 존재할 것으로 기대되는 최소한의 유대관계가 있었는가를 고려하지 않고 – 상속결격 사유가 있는 경우를 제외하면 – 예외 없이 자녀에게 유류분을 인정하는 것은 가족 간의 유대관계가 약화되고 있는 우리 사회의 현실과 맞지 않는다는 비판을 받을 수 있다.

헌법재판소는 이러한 점에서 현행 유류분제도에 문제가 있다고 판단하고, 일정한 사유(예컨대 피상속인을 장기간 유기, 학대한 경우 등)가 있는 경우에는 유류분을 상실시킬 수 있는 규정을 도입할 필요가 있다고 판단하였다("민법 제1112조의 경우 (중략) 유류분상실사유를 별도로 정하고 있지 않는 부분(제1호부터 제3호)은 불합리하고 자의적이어서 헌법 제37조 제2항의 기본권 제한의 입법한계를 일탈하여 재산권을 침해하므로 헌법에 위반된다." 헌법불합치 결정. 2025년 12월 31일까지 개선입법이 이루어지지 않으면 효력상실).[5]

유류분상실제도는 유럽에서 보편적으로 받아들여지고 있는 제도로서 다음과 같이 정의할 수 있다: 피상속인이 생전증여 또는 유언을 통해서 특정 상속인을 상속에서 배제한 경우에도 그 상속인이 유류분반환청구를 할 수 있으므로, 유언으로 유류분마저 박탈함으로써 상속재산으로부터 아무런 이익도 받을 수 없도록 하는 제도이다.[6]

## 2 유류분의 포기

### 1. 유류분권

상속이 개시되면 일정한 범위의 상속인은 상속재산에 대해서 일정한 비율을 확보할 수 있는 지위를 가진다. 이를 유류분권이라고 한다. 이로부터 유류분을 침해하는 유증·증여의 효력을 상실시키는 반환청구권이라는 구체적·파생적인 권리가 생긴다.

유류분권 내지 유류분권리자로서의 지위는 상속이 개시됨으로써 비로소

5) 헌재결 2024. 4. 25, 2020헌가4 등.

6) 자세한 내용은 김상용, 자녀의 유류분과 배우자 상속분에 관한 입법론적 고찰 – 유류분상실제도의 신설과 배우자 상속분의 증가 문제를 중심으로 –, 민사법학 특별호(제36호, 2007), 669면 이하; 김상용·박인환, 상속권상실선고의 문제점에 관한 재론 – 법무부 개정안에 대한 비판과 반론 –, 중앙법학 제24집 제1호(2022), 7면 이하 참조.

고정화되며, 구체적인 권리, 구체적인 권리자로서의 지위가 확정된다. 그 때까지는 일종의 기대권 내지 기대적 지위이며, 권리로서 적극적으로 주장할 수 있는 성질의 것이 아니다. 그러므로 예컨대 피상속인의 생전증여가 유류분을 침해하는 것이 명백한 경우에도 피상속인의 생전에, 즉 상속개시 전에 장래의 유류분반환청구권을 보전하기 위하여 증여부동산에 가등기를 할 수는 없다.

### 2. 상속개시후의 포기

하나하나의 유류분반환청구권은 개인적 재산권이므로, 이를 포기하는 것은 자유이다(예를 들어 피상속인 A가 남긴 상속재산이 10억이고 상속인으로는 자녀 B가 있는데, A가 C와 D에게 각각 5억원을 유증을 한 경우에 B는 유류분권리자로서 C와 D를 상대로 각각 2억 5천만원의 유류분반환청구를 할 수 있을 것이나, B의 선택에 따라 C에 대해서만 유류분반환청구를 하고 D에 대한 유류분반환청구권은 포기하는 것도 가능하다). 또 이를 일괄하여 유류분권 전체를 포기하는 것도 가능할 것이다(위의 예에서 B가 유류분권 전체를 포기하면 그로부터 파생되는 각각의 유류분반환청구권도 소멸하므로, C와 D 누구에 대해서도 유류분반환청구를 할 수 없게 된다). 그런데 누구에 대하여 포기의 의사표시를 할 것인가는 명확하지 않으나, 반환청구의 각 상대방에 대한 의사표시를 필요로 한다고 보아야 할 것이다.

### 3. 상속개시전의 포기

유류분권은 개인적인 재산권이므로, 사전에 이를 포기하는 것도 불가능한 것은 아니다. 그러나 무제한적으로 포기를 허용하면, 피상속인이 상속인에게 포기를 강요하는 일이 생길 우려가 있고, 또 상속법의 이념, 특히 배우자상속권의 확립과 자녀균분상속의 이념을 훼손할 위험이 있다. 따라서 유류분권의 사전포기는 인정하지 않는 것이 바람직하다. 이는 사전의 상속포기를 인정하지 않는 것과도 균형이 맞는 것이다 대판 2011. 4. 28, 2010다29409.

### 4. 포기의 효과

유류분의 포기가 다른 상속인의 유류분에 영향을 미치는가에 대하여는 명문의 규정이 없으나, 원칙적으로 영향을 미치지 않는다고 해석하여야 할 것이다(예컨대 피상속인 갑이 전 재산을 사회복지재단에 유증하였고 상속인으로는 자녀 A, B가 있다면, A와 B의 유류분은 각각 1/4이 된다. 그런데 A가 유류분을 포기한 경우에도 B의 유류분은 증가하지 않고 그대로 1/4로 유지된다). 다만 유류분권리자가 상속을 포기한 경우§1041 이하에는 처음부터 그 유류분권리자는 없었던 것으로 하여 유류분을 산정하여야 한다.

## 3 유류분의 범위

**設 例**

A는 적극재산 5000만원과 채무 4000만원을 남기고 2010년 5월 18일 사망하였다. A의 상속인으로는 자녀 B, C가 있는데, A는 2000년 4월 19일에 B에게 5억원을 증여하였고, 2001년 12월 12일에 사실혼의 배우자 D에게 3억을 증여하였다(A가 D에게 증여를 할 때 A와 D는 유류분권리자에게 손해를 가할 것을 알지 못했다). 그 후 A는 2005년 7월 27일 C에게 5000만원을 증여하였다. C는 누구에 대하여 얼마의 유류분반환청구를 할 수 있는가?

### 1. 유류분권자

(1) 유류분을 가지는 자는 피상속인의 직계비속·배우자·직계존속이다 §1112. 형제자매도 유류분권리자로 규정되어 있었으나, 유류분제도의 존재이유와 맞지 않는다는 이유로 위헌결정을 받고 효력을 상실하였다.[7] 유류분권을 행사할 수 있는 자는 재산상속의 순위상 상속권이 있는 자이어야 한다. 그러므로 예컨대 제1순위 상속인인 직계비속과 배우자가 있는 경우에는 제2순위 상속인인 직계존속은 유류분권을 행사할 수 없다.

(2) 태아도 살아서 출생하면 직계비속으로서 유류분을 가진다. 대습상속인도 피대습자의 상속분의 범위 내에서 유류분을 가진다§1118에 의한 §1001·1010의 준용.

7) 헌재결 2024. 4. 25, 2020헌가4 등. "피상속인의 형제자매의 유류분을 규정한 민법 제1112조 제4호는 헌법 제37조 제2항에 따른 기본권제한의 입법한계를 일탈하여 피상속인 및 유류분반환청구의 상대방인 수증자 및 수유자의 재산권을 침해하므로 헌법에 위반된다"고 판단하였다(이에 따라 피상속인의 형제자매의 유류분을 규정한 제1112조 제4호는 즉시 효력을 상실하게 되었다).

(3) 유류분은 법정상속권에 기초하고 있는 것이므로, 상속권의 상실원인인 상속인의 결격·상속포기에 의하여 상속권을 잃은 자는 유류분권도 당연히 잃는다대결 2012. 4. 16, 2011스191, 192.

## 2. 유 류 분

상속인의 유류분은 다음과 같다§1112. 즉 i) 피상속인의 직계비속은 그 법정상속분의 2분의 1, ii) 피상속인의 배우자는 그 법정상속분의 2분의 1, iii) 피상속인의 직계존속은 그 법정상속분의 3분의 1이다.

## 3. 유류분의 산정

### (1) 유류분산정의 기초가 되는 재산

유류분의 액을 산출하기 위해서는 우선 산정의 기초가 되는 피상속인의 재산의 액을 확정하여야 한다. 그것은 '피상속인의 상속개시시에 있어서 가진 재산의 가액에 증여재산의 가액을 가산하고 채무의 전액을 공제하여 이를 산정한다'§1113①. 이 산출방법은 특별수익자가 있는 경우의 상속분 산정방법과 비슷하지만, 상속인 이외의 자에 대하여 한 증여가 포함되는 점에서 상속분산정의 기초가 되는 재산보다 넓고, 상속채무를 공제하여 순재산액으로 하는 점에서는 좁다.

재산평가의 방법은 상속분의 산정과 같지만, 조건부의 권리 또는 존속기간이 불확정한 권리는 가정법원이 선임한 감정인의 평가에 의하여 그 가격을 정한다§1113②.

산정되는 재산에 대해서는 다음과 같은 점이 문제가 된다.

(가) 상속개시시에 가진 재산

상속개시시에 있어서 가진 재산이란 상속재산 중의 적극재산을 의미한다. 그리고 증여계약이 이행되지 않아서 상속개시 당시에 소유권이 피상속인에게 남아 있는 재산은 당연히 '피상속인이 상속개시시에 있어서 가진 재산'에 포함되는 것이므로 수증자가 공동상속인이든 제3자이든 가리지 않고 모두 유류분산정의 기초가 되는 재산을 구성한다.[8] 다만 분묘에 속한 1정보 이내의 금

---

8) 대판 1996. 8. 20, 96다13682, 판례공보 1996. 10. 1, 2786면.

양임야와 600평 이내의 묘토인 농지, 족보와 제구의 소유권은 상속재산을 구성하지 않으므로 여기서 제외된다§1008의3.

유증의 목적인 재산은 상속개시시에 현존하는 재산으로 취급한다.

사인증여(死因贈與)에 관해서는 민법이 유증에 관한 규정을 준용하고 있으므로§562, 이것도 유증과 마찬가지로 취급하여야 한다.

(나) 증여재산

산입되는 증여는 다음과 같은 것이다.[9)]

① 오래전에 한 증여가 무한정으로 산입되고 반환청구의 대상이 되면 거래의 안전을 해하므로, 상속개시전의 1년간에 행하여진 것에 한하여 그 가액을 산정한다§1114 전단.[10)] 이것은 증여계약이 체결된 때(상속재산으로부터 떨어져 나가는 것이 확정된 때)를 기준으로 하며, 이행이 상속개시 전 1년간에 행하여진 것을 의미하는 것이 아니다. 그리고 증여란 널리 모든 무상처분을 의미하며, 법인설립을 의한 출연행위, 무상의 채무면제, 무상의 인적 또는 물적 담보의 제공 등도 이 증여에 포함된다고 보아야 할 것이다.[11)] 그러나 일상적으로 행하여지는 예의상의 증여와 같은 것은 여기서 말하는 증여에 포함되지 않는다고 보아야 한다독민 §2330.

② 당사자 쌍방이 유류분권리자에게 손해를 가할 것을 알고 증여를 한 때에는 1년 전에 한 것도 산입한다§1114 후단. '손해를 가할 것을 알고'란 객관적으로 손해를 가할 가능성이 있다는 사실을 인식하고 있으면 되며, 가해의 의도까지는 필요하지 않다고 보아야 할 것이다.[12)] 예컨대 90세가 넘은 노인이 전

9) 유류분 제도 시행 전에 피상속인이 상속인이나 제3자에게 재산을 증여하고 그 이행을 완료하여 소유권이 수증자에게 이전된 때에는 피상속인이 개정민법 시행 이후(1979. 1. 1. 이후)에 사망하여 상속이 개시되더라도 소급하여 그 증여재산이 유류분 제도에 의한 반환청구의 대상이 되지는 않는다. 대판 2012. 12. 13, 2010다78722; 유류분제도 시행 전에 피상속인으로부터 어느 상속인에게 증여되어 이미 이행이 완료된 재산은 유류분산정을 위한 기초재산에 산입되지 않는다. 대판 2018. 7. 12, 2017다278422.

10) 대판 2005. 6. 23, 2004다51887 : 유류분액을 산정함에 있어 반환의무자가 증여받은 재산의 시가는 상속개시 당시를 기준으로 산정하여야 하고, 당해 반환의무자에 대하여 반환하여야 할 재산의 범위를 확정한 다음 그 원물반환이 불가능하여 가액반환을 명하는 경우에는 그 가액은 사실심 변론종결시를 기준으로 산정하여야 한다.

11) 유류분 산정의 기초재산에 산입되는 증여에 해당하는지의 여부는 피상속인의 재산처분행위가 실질적으로 피상속인의 재산을 감소시키는 무상처분에 해당하는지에 따라 판단하여야 한다. 대판 2024. 6. 13, 2023다304568.

12) 대판 2012. 5. 24, 2010다50809; 대판 2022. 8. 11, 2020다247428: 증여 당시 법정상속분의 2분의 1을 유류분으로 갖는 직계비속들이 공동상속인으로서 유류분권리자가 되리라고 예상할 수 있는 경우에, 제3자에 대한 증여가 유류분권리자에게 손해를 가할 것을 알고

재산을 다른 사람에게 증여하였다고 하면, 사망할 때까지 그것을 회복한다는 것은 거의 가망이 없는 것이지만, 40여세의 정력 왕성한 남자가 위와 같은 일을 하였다고 할 때에는 그가 사망할 때까지 그 몇 배의 재산을 만들 수 있는 가능성을 가지고 있다. 그렇다면 이러한 경우에는 주는 쪽이나 받는 쪽이나 모두 유류분권리자에게 손해를 가한다고 생각하지 않는 것이 보통일 것이다. 장차 재산의 증가가 불가능할 것이라고 생각되는 특별한 사정이 있다면 문제가 되겠지만, 만약 그러한 사정이 있다면 그 증명은 반환청구권을 행사하는 유류분권리자가 하여야 할 것이다. 그리고 부담이 있는 증여는 그 목적의 가액 중에서 부담의 가액을 공제하고 산입하여야 할 것이다.

③ 상속인의 특별수익분은 1년보다 먼저 것이라도 모두 산입한다(특별수익반환의무)§1118에 의한 §1008의 준용. 상속인에 대한 생전증여는 상속분의 선급, 즉 상속재산을 미리 준 것이라고 보기 때문에, 공동상속인간의 공평을 위해서 전액 산입되는 것이 당연하다.[13] 그러나 생전증여를 받은 상속인이 상속을 포기한 경우에는 상속개시 시부터 상속인이 아니었던 것으로 되므로, 제1114조가 적용되어 그 증여가 상속개시 전 1년간에 행한 것이거나 당사자 쌍방이 유류분권리자에 손해를 가할 것을 알고 한 경우에만 유류분 산정을 위한 기초재산에 산입된다대판 2022. 7. 14, 2022다219465.

피상속인이 상속인의 특별한 기여에 대한 보상의 의미로 증여를 하였다면, 이러한 생전증여는 특별수익에서 제외하는 것이 가능하다.[14] 이는 공동상속인들 사이에서 실질적인 공평을 실현하는 동시에 유류분반환청구소송에서

---

행해진 것이라고 보기 위해서는, 당사자 쌍방이 증여 당시 증여재산의 가액이 증여하고 남은 재산의 가액을 초과한다는 점을 알았던 사정뿐만 아니라, 장래 상속개시일에 이르기까지 피상속인의 재산이 증가하지 않으리라는 점까지 예견하고 증여를 행한 사정이 인정되어야 하고, 이러한 당사자 쌍방의 가해의 인식은 증여 당시를 기준으로 판단하여야 한다.

13) 대판 1996. 2. 9, 95다17885; 대판 2021. 7. 15, 2016다210498; 대판 2021. 8. 19, 2017다230338; 헌재결 2010. 4. 29, 2007헌바144 전원재판부; 판례에 반대하는 견해, 윤진수, 친족상속법강의, 524면; 한편 대판 2014. 5. 29, 2012다31802는 대습상속인이 대습원인의 발생 이전에 피상속인으로부터 증여를 받은 경우 이는 상속인의 지위에서 받은 것이 아니므로 상속분의 선급으로 볼 수 없다는 입장이다. 따라서 상속인의 특별수익분에 해당하지 않으므로, 제1114조의 증여에 해당하지 않는 한, 유류분산정의 기초가 되는 재산에서 제외된다.

14) 대판 2022. 3. 17, 2021다230083, 2021다230090: 공동상속인 중의 한명인 자녀 갑(피고)이 모(피상속인)와 34년간 동거하며 부양하였고(그 동안 모의 치료비로 약 1억 2000만원을 지출하였다), 과거에 父의 보증채무를 대신 변제한 적이 있는데, 모가 그에 대한 보답으로 갑에게 토지를 증여한 사안에서 갑이 증여받은 토지를 특별수익에서 제외하였다(갑의 형제자매들이 유류분반환청구를 하였으나 기각된 사례).

기여분을 주장할 수 없는 현행법의 한계를 극복하기 위한 해석론이라고 볼 수 있다(다만 최근 헌법재판소의 결정(헌재결 2024. 4. 25, 2020헌가4 등)에 따라 앞으로는 유류분반환청구가 있는 경우에도 기여상속인이 기여분 청구를 할 수 있도록 제1118조가 개정될 예정이므로, 이 문제는 입법적으로 해결될 전망이다). 특히 배우자에 대한 생전증여의 경우에는 실질적인 공동재산의 청산, 피상속인 사후 배우자 부양 등의 의미가 포함되어 있으므로, 이러한 한도 내에서는 배우자에 대한 생전증여를 특별수익에서 제외하더라도, 다른 공동상속인(예컨대 자녀)에 대한 관계에서 공평을 해친다고 볼 수 없다.[15)]

④ 증여재산의 가액은 상속개시 당시를 기준으로 하여 산정한다대판 2011. 4. 28, 2010다29409.[16)] 증여재산이 금전인 경우에는 증여받은 금액을 상속개시 당시의 화폐가치로 환산한다(화폐가치의 환산은 증여 당시부터 상속개시 당시까지 사이의 물가변동률을 반영하는 방법으로 산정한다대판 2009. 7. 23, 2006다28126). 증여재산이 상속개시 전에 처분 또는 수용된 경우 그 증여재산의 가액은 처분(또는 수용) 당시의 가액을 기준으로 상속개시까지 사이의 물가변동률을 반영하는 방법으로 산정한다대판 2023. 5. 18, 2019다222867. 즉 처분(또는 수용) 가액을 금전으로 증여받은 경우와 다르지 않다.

⑤ 증여와 같은 실질을 가지는 제3자를 위한 무상의 사인처분(死因處分)도 산입되어야 할 것이다. 예컨대 매매계약에서 매도인이 매수인과의 특약으로 대금을 매도인 사망시에 제3자에게 이행하도록 약정을 한 경우이다. 피상속인이 자신을 피보험자로 한 생명보험계약에서 제3자를 보험수익자로 지정한 행위도 마찬가지이다. 피상속인이 보험료를 납입하던 중에 사망하여 보험수익자가 생명보험금을 수령한 경우, 피상속인은 보험수익자인 제3자에게 유류분 산정의 기초재산에 포함되는 증여를 한 것으로 볼 수 있다(공동상속인이 아닌 제3자가 보험수익자인 경우, 제1114조에 따라 제3자를 보험수익자로 지정 또는 변경한 것이 상속개시 전 1년간에 이루어졌거나 당사자 쌍방이 그 당시 유류분권리자에

---

15) 대판 2011. 12. 8, 2010다66644.

16) 다만 증여 이후 수증자나 수증자로부터 증여재산을 양수받은 자가 자기의 비용으로 증여재산의 성상(性狀) 등을 변경하여 상속개시 당시 그 가액이 증가되어 있는 경우, 이와 같이 변경된 성상 등을 기준으로 상속개시 당시의 가액을 산정하면 유류분권리자에게 부당한 이익을 주게 되므로, 이러한 경우에는 그와 같은 변경을 고려하지 않고 증여 당시의 성상 등을 기준으로 상속개시 당시의 가액을 산정하여야 한다. 대판 2015. 11. 12, 2010다104768(피상속인으로부터 생전에 토지를 증여받은 수증자가 제3자에게 그 토지를 매각하였고, 제3자가 그 토지의 지목을 변경하여 토지가액이 상승한 사안).

게 손해를 가할 것을 알고 이루어졌어야 한다).[17)]

공동상속인이 다른 공동상속인에게 무상으로 자신의 상속분을 양도한 경우, 그 상속분은 양도인의 사망으로 인한 상속관계에서 유류분 산정을 위한 기초재산에 산입된다.[18)] 또한 공동상속인간에 상속재산분할협의를 하면서 어느 공동상속인이 다른 공동상속인에게 자신의 상속분을 무상으로 양도한 것과 같은 결과가 된 경우에도(예를 들어 피상속인 갑의 배우자 A와 자녀 B, C가 공동상속인이 되었는데, 상속재산분할협의의 결과, A와 B가 자신의 몫을 사실상 포기하여 C가 모든 상속재산을 취득한 경우) 그 상속분은 양도인의 사망으로 인한 상속관계에서 유류분 산정을 위한 기초재산에 포함된다.[19)]

⑥ 유상행위라도 상당하지 않은 대가로 한 경우에 실질적 증여액을 산입할 것인가의 문제가 있다. 명문의 규정이 없으나, 당사자 쌍방이 유류분권리자를 해하는 것을 알고 한 경우에는 제1114조 후단을 유추하여 이를 증여로 보고, 실질적 증여액을 산입하여야 할 것이다.[20)]

(다) 공제되어야 할 채무

채무를 공제하는 것은 상속인의 순취득분을 산정하기 위한 것이므로, 여기서 채무란 상속채무를 말한다. 사법상의 채무뿐만 아니라 상속인의 부담이 되는 채무는 공법상의 채무, 즉 세금도 포함된다. 상속재산에 관한 비용(상속세 · 관리비용 · 소송비용 등)이나 유언집행에 관한 비용(유언 등의 검인신청비용 · 상속재산목록 작성비용 등) 등이 여기에 포함될 것인가가 문제이나, 이러한 것들은 포함되지 않는다고 보아야 할 것이다.[21)] 제1113조 제1항이 규정하는 채무는 피상속인이 상속개시 시에 부담하고 있었던 채무를 의미하는 것으로 해석되기 때문이다.

---

17) 따라서 피상속인 사망시에 있어서의 보험금청구권의 환매가격을 산입하여야 할 것이다. 다만 판례는 이미 납입된 보험료 총액 중 피상속인이 납입한 보험료가 차지하는 비율을 산정하여 이를 보험금액에 곱하여 산출한 금액으로 본다. 대판 2022. 8. 11, 2020다247428(상속세 및 증여세법 시행령 제4조 제1항 참조). 이 방식에 따르면, 예를 들어 이미 납입된 보험료 총액 1억을 피상속인이 전부 납부한 경우, 보험금 전액(3억)이 유류분 산정의 기초재산에 포함되는 증여가 된다.

18) 대판 2021. 7. 15, 2016다210498.

19) 대판 2021. 8. 19, 2017다230338.

20) 신탁법상 유언대용신탁 또는 수익자연속신탁은 생전신탁으로서 신탁재산의 법률상 소유권은 수탁자에게 이전되므로, 신탁재산은 피상속인이 '상속개시시에 있어서 가진 재산'에 해당하지 않는다. 그러나 유언대용신탁 또는 수익자연속신탁은 증여와 같은 실질을 가지는 것으로서 유류분의 침해시 반환의 대상이 될 수 있다고 해석된다.

21) 반대: 郭潤直, 상속법, 458면.

### (2) 유류분액의 계산

상속인 각자의 계산상의 유류분의 액은 유류분산정의 기초가 되는 재산액(상속재산 중 적극재산+증여재산−상속채무)에 그 상속인의 유류분의 비율(예컨대 배우자, 직계비속의 경우에는 법정상속분의 1/2)을 곱한 것이다.

### (3) 유류분권리자의 특별수익액 및 당해 상속에서 받은 재산액

유류분권리자가 실제로 반환청구를 할 수 있는 유류분 부족액(침해액)은 유류분액에서 유류분권리자의 특별수익액 및 당해 상속으로 받은 이익을 공제하여 산정한다. 유류분제도의 목적은 상속인에게 일정한 상속의 이익을 확보하여 주는 데 있으므로, 상속인이 피상속인으로부터 생전증여(또는 유증)을 받았거나 유류분에는 미치지 못하지만 상속재산에서 일부를 받은 경우에는 이를 참작하여 유류분 부족액을 산정하는 것이 타당하다.[22] 예를 들어, 갑의 유류분액이 3500만원인데, 갑이 피상속인으로부터 생전에 500만원을 증여받았고(특별수익), 상속재산에서 2000만원을 받았다면(당해 상속에서 받은 재산액) 갑의 유류분 부족액은 1000만원이 된다.

### (4) 상속채무 분담액

유류분권리자도 상속을 승인한 상속인이므로, 상속채무를 승계한다. 금전채무와 같은 가분채무는 상속개시와 동시에 법정상속분에 따라 당연히 분할승계된다는 것이 판례의 태도[23]이므로, 상속채무가 금전채무인 경우 유류분

---

22) 유류분 제도 시행(1979. 1. 1.) 전에 이행이 완료된 증여 재산은 유류분 산정을 위한 기초재산에서는 제외되지만, 유류분 반환청구자의 유류분 부족액 산정 시 특별수익으로 공제되어야 한다(민법 제1008조는 유류분 제도 시행 이전부터 존재하던 규정이며, 민법 제1118조에서 제1008조를 준용하고 있으므로, 유류분 부족액 산정을 위한 특별수익에는 그 시기의 제한이 없는 것으로 해석된다). 대판 2018. 7. 12, 2017다278422. 예를 들어 자녀 A가 1975년에 피상속인(모) B로부터 10억 상당의 부동산을 증여받았고, 자녀 C는 2015년에 B로부터 현금 10억을 증여받았는데, 상속이 개시되었을 때 다른 재산은 없었다고 가정해 본다. 이 경우 A가 유류분제도 시행 전에 증여받아 이행이 완료된 재산은 유류분반환의 대상이 되지 않고, 유류분 산정을 위한 기초재산에서도 제외된다. 반면에 C가 B로부터 증여받은 재산은 유류분산정을 위한 기초재산에 산입되고 유류분반환청구의 대상이 된다. 따라서 이 사안에서 A는 B를 상대로 유류분반환청구를 할 수 있을 것으로 보인다(B가 증여받은 현금 10억의 1/4인 2억 5천만원의 지급을 청구할 수 있을 것이다). 그러나 A가 B로부터 유류분제도 시행 전에 증여받은 재산은 A의 유류분 부족액 산정 시 특별수익으로 공제되어야 한다. A가 증여받은 부동산의 상속개시 시의 가액은 10억에 이르므로, A의 유류분 부족액은 없는 것이 된다. 따라서 A의 C에 대한 유류분반환청구는 기각되어야 한다.

23) 다만 공동상속인 중에 초과특별수익자나 특별수익자 또는 기여분 권리자가 있고, 상속재산으로서 금전채권밖에 없는 경우에는 공동상속인간의 공평을 위하여 예외가 인정된

권리자도 자신의 법정상속분에 따라 상속채무를 승계한다. 예를 들어 자녀 A, B가 공동상속인인데, A가 피상속인 Y로부터 생전에 10억원을 증여받았고, 상속개시 당시 남은 적극재산은 없었으며, 상속채무가 2억원이었다고 가정해 본다. 이 경우 B의 유류분액{(10억−2억)×1/4}은 2억원이고, 법정상속분에 따라 1억원의 상속채무를 분담한다. 따라서 유류분권리자 B가 유류분으로 2억원을 반환받아 1억원의 상속채무를 변제하면 사실상 B가 받은 상속의 이익은 1억원에 그치는 결과가 된다. 유류분제도의 목적은 상속인에게 일정한 비율의 상속분(유류분)을 확보하여 주는 데 있으므로, 이런 경우에는 B의 유류분 2억원에 상속채무 분담액 1억원을 더하여 유류분 부족액을 산정하여야 한다.[24] 즉 B는 A에 대하여 유류분 부족액 3억원의 반환을 청구할 수 있다. 만약 유류분 부족액을 계산할 때 상속채무 분담액을 가산하지 않는다면, 상속채무 분담액이 유류분액을 초과하는 경우에는 유류분제도의 목적 자체가 상실될 것이다. 위의 예에서 상속채무가 4억이라고 가정해 본다면, B의 유류분액은 1억 5000만원이 되는데{(10억−4억)×1/4)}, 상속채무 분담액은 2억원이 되므로, 유류분액으로는 상속채무 분담액을 완제할 수도 없다. 따라서 이런 경우에 B는 A를 상대로 유류분액 1억 5000만원에 상속채무 분담액 2억원을 더하여 유류분 부족액 3억 5000만원의 반환을 청구할 수 있어야 한다(대판 2022. 1. 27, 2017다265884 참조).

### (5) 유류분 부족액(침해액)의 산정

위에서 본 바에 따라 유류분 부족액을 산정하는 방법을 정리해 보면 다음과 같다. i) 상속개시 시의 상속재산 중 적극재산의 가액에 증여재산의 가액을 합산한 다음 상속채무를 공제하여 유류분산정의 기초가 되는 재산액을 산정한다. ii) 유류분산정의 기초가 되는 재산액에 유류분의 비율을 곱하여 유류분액을 정한다. iii) 유류분권리자에게 특별수익이 있는 경우에는 유류분액

---

다. '상속재산분할의 대상' 부분 참조.

24) 대판 2013. 3. 14, 2010다42624, 42631. 공동상속인 중 1인이 자신의 법정상속분 상당의 상속채무 분담액을 초과하여 유류분권리자의 상속채무 분담액까지 변제한 경우에는 그 유류분권리자를 상대로 별도로 구상권을 행사하여 지급받거나 상계를 하는 등의 방법으로 만족을 얻을 수 있을 뿐이고, 그러한 사정을 유류분권리자의 유류분 부족액 산정 시 고려할 것은 아니다. 위의 예에서 A가 B의 상속채무 분담액까지 상속채무 전액(2억원)을 변제한 경우에는 B를 상대로 구상권을 행사하여 1억원을 지급받거나, B가 3억원의 유류분 부족액의 반환을 청구하는 경우 1억원에 대해서 상계할 수 있을 것이다.

에서 특별수익을 공제한다. ⅳ) 유류분권리자가 그 상속에 의하여 받은 재산이 있는 경우에는 그 액을 공제하고, 상속채무가 있는 경우에는 그 액을 가산한다(이를 순상속분액이라고 한다. 즉 순상속분액은 유류분권리자가 상속에 의하여 받은 재산액에서 상속채무 분담액을 공제한 금액이다. 순상속분액은 당해 유류분권리자의 특별수익을 고려한 구체적 상속분에 기초하여 산정하여야 한다.[25] 대판 2021. 8. 19, 2017다235791). 이를 공식화하면 다음과 같다.

유류분 부족액=유류분액(유류분 산정의 기초가 되는 재산×당해 유류분권리자의 유류분 비율)－당해 유류분권리자의 특별수익액(유류분권리자가 피상속인으로부터 받은 증여와 유증의 가액)－당해 유류분권리자가 상속에 의하여 받은 재산액＋상속채무 분담액[26]

설례에 대해서 보기로 하자.

설례의 경우, A의 B와 C에 대한 증여는 특별수익에 해당한다§1008. 피상속인이 상속개시 전의 1년간에 행한 증여에 한하여 유류분산정의 기초가 되는 재산에 포함시키는데§1114 전단, 상속인에 대한 증여는 1년 전에 한 것이라도 모두 산입한다§1118에 의한 §1008의 준용. 따라서 B와 C에 대한 증여는 당연히 산입된다. 그리고 사실혼의 배우자 D에 대한 증여는 상속개시 1년 전에 한 것이므로, 당사자 쌍방(A와 D)이 유류분권리자에게 손해를 가할 것을 알았던 경우에 한하여 유류분산정의 기초가 되는 재산에 산입된다. 설례에서는 A와 D가 증

25) 구체적 상속분에 따라 순상속분액을 산정하는 방법의 예를 들어 본다: A에게는 자녀 B, C, D가 있는데, 생전에 B에게 19억원을, C에게 1억원을, D에게 3억원을 증여하였고 그로부터 2년 후 4억원의 재산을 남기고 사망하였다. 1. 유류분 산정의 기초재산: 27억원(A의 상속개시 당시 재산 가액 4억원+B의 특별수익액 19억원+C의 특별수익액 1억원+D의 특별수익액 3억원) 2. 자녀 3인의 유류분 비율: 각 1/6(1/3×1/2) 3. 자녀 3인의 유류분액: 4.5억원(27억원×1/6) 4. C 및 D의 특별수익액: C 1억원, D 3억원 5. C 및 D의 유류분 부족액(구체적 상속분에 의하는 경우) (1) C: C 유류분액 4.5억원－C의 특별수익액 1억원－순상속분액 3억원(4억원×3/4(구체적 상속분))=5천만원 (2) D: D 유류분액 4.5억원－D의 특별수익액 3억원－순상속분액 1억원(4억원×1/4(구체적 상속분))=5천만원. 따라서 C와 D는 B에 대하여 각 유류분부족분 5천만원을 청구할 수 있다.

26) 일반적으로 당해 유류분권리자가 상속에 의하여 받은 재산액에서 상속채무 분담액을 공제한 액을 당해 '유류분권리자의 순상속분액'이라고 표현하기도 한다. 이러한 견해에 따르면 유류분 부족액을 산정하는 공식은 다음과 같이 된다. 유류분 부족액=유류분액(유류분 산정의 기초가 되는 재산×당해 유류분권리자의 유류분 비율)－당해 유류분권리자의 특별수익액(유류분권리자가 피상속인으로부터 받은 증여와 유증의 가액)－당해 유류분권리자의 순상속분액(유류분권리자가 상속에 의하여 받은 재산액－상속채무 분담액).

여계약을 체결할 때 유류분권리자에게 손해를 가할 것을 알지 못하였으므로, D에 대한 증여의 가액은 유류분산정의 기초가 되는 재산에서 제외된다(따라서 D는 유류분반환청구의 상대방이 되지 않는다).

유류분 산정의 기초재산: 5000만원(상속개시 당시의 적극재산)+B에 대한 증여액(5억원)+C에 대한 증여액(5000만원)−상속채무(4천만원)=5억 6000만원

유류분액: 5억 6000만원(유류분 산정의 기초재산)×1/4(유류분의 비율)=1억 4000만원

C는 생전증여로 5000만원(특별수익. 이는 상속분의 선급이라고 볼 수 있다)을 받았고, 상속재산에서 5000만원을 받게 될 것이므로, 유류분 부족액을 산정할 때 유류분액(1억 4000만원)에서 증여액(5000만원)과 상속에 의해서 받는 재산액(5000만원)을 공제하여야 한다. B는 생전증여(5억원)를 통하여 이미 자신의 상속분(3억원)을 초과하는 재산을 취득하였으므로(초과특별수익자), 상속개시 시의 상속재산으로부터는 더 이상 받을 것이 없다. 따라서 C가 상속개시 시의 상속재산(5000만원)을 전부 받게 되는 것이다.[27]

금전채무는 법정상속분에 따라 공동상속인에게 분할승계되므로, B와 C는 각각 2000만원의 상속채무를 승계한다. 유류분 부족액을 산정할 때에는 유류분권리자가 부담하는 상속채무 분담액을 가산하여야 하므로, C의 상속채무 분담액 2000만원을 합산한다.

유류분 부족액: 1억 4000만원(유류분액)−5000만원(C가 A로부터 받은 증여액)−5000만원(C가 상속에 의하여 받은 재산액)+2000만원(C의 상속채무 분담액) =6000만원

따라서 C는 B에 대하여 6000만원의 유류분반환청구권을 가진다.

추가로 상속재산이 채무초과인 상태에서 단순승인 또는 한정승인을 한 상속인의 유류분에 대한 사례를 살펴보기로 한다.

『피상속인 A는 배우자 B에게 현금 1억원을 증여하고 가출한 후 C와 동거

27) 만약 B의 생전증여를 고려하지 않고, 5000만원의 상속재산을 법정상속분에 따라 나눈다면 C가 상속에 의해서 받는 재산은 2500만원이 될 것이다. 그러나 특별수익을 통하여 이미 자신의 상속분을 초과하여 상속의 이익을 받은 B에게 남은 상속재산을 다시 법정상속분에 따라 귀속시킨다는 것은 타당하지 않다.

하면서 2022년 5월 1일 C에게 17억원을 증여하였다. 그 후 A는 2억원의 예금과 8억원의 대출금 채무를 남기고 2022년 9월 15일에 사망하였다. 이 경우 B가 단순승인을 하였다면 C에 대하여 얼마의 유류분반환청구를 할 수 있는가? 만약 B가 한정승인을 하였다면 B에게 인정되는 유류분반환액은 얼마인가?』

먼저 B가 단순승인을 한 경우에 인정되는 유류분반환액에 대해서 살펴본다.

유류분 산정의 기초재산: 2억원(상속개시 당시의 적극재산)+C에 대한 증여액(17억원)+B에 대한 증여액(B의 특별수익액 1억원)−상속채무액(8억)=12억원

배우자 B의 유류분액: 12억원(유류분 산정의 기초재산)×$\frac{1}{2}$(유류분의 비율)=6억원

배우자 B의 유류분 부족액: 유류분액 6억원−B의 특별수익액 1억원−B의 순상속분액(B가 상속에 의하여 받은 재산액 2억원−B의 상속채무분담액 8억원=−6억원)=11억원

B는 C에 대하여 유류분 부족액 11억원의 반환을 청구할 수 있다. 이렇게 되면 B는 특별수익액 1억원과 상속에 의하여 받은 재산액 2억원에 더하여 11억원을 받게 되므로, 합계 14억을 받은 것이 되지만, 상속채무 8억을 변제해야 하므로, 궁극적으로 B에게 남는 액수는 유류분액인 6억원이 된다.

이어서 B가 한정승인을 한 경우의 유류분반환액에 대해서 알아본다.

유류분 산정의 기초재산과 배우자 B의 유류분액은 단순승인을 한 경우와 같다. 그러나 배우자 B의 유류분 부족액에 있어서는 차이가 나는데, 그 이유는 B의 순상속분액이 달라지기 때문이다. B가 한정승인을 한 경우에는 B는 상속재산(2억원)의 범위에서 상속채무(8억원)를 변제할 책임을 지게 된다. B가 상속재산 2억원으로 상속채무 8억원을 변제하면, 6억원의 채무가 남게 되지만 B는 이 채무를 변제할 책임이 없다. 결과적으로 B는 상속에 의하여 받을 재산액이 없는 반면, 더 이상 부담해야 할 상속채무도 없는 상태가 된다. 즉 B의 순상속분액(상속에 의하여 받은 재산액 0원−상속채무분담액 0원)은 0이 된다대판 2022. 8. 11, 2020다247428 참조. 이에 따라 B의 유류분 부족액을 산정해 보면 다음과 같다.

배우자 B의 유류분 부족액: 유류분액 6억원−B의 특별수익액 1억원−B의 순상속분액(B가 상속에 의하여 받은 재산액 0원−B의 상속채무분담액 0원=0원)=

5억원

따라서 B는 C에 대하여 유류분 부족액 5억원의 반환을 청구할 수 있다. 한편 피상속인 A에 대하여 대여금채권을 가지고 있던 상속채권자는 C를 상대로 채권자취소권을 행사할 수 있을 것이다.

위의 사례를 다소 변형하여 A가 C에게 부담있는 유증을 한 경우를 상정해 본다.

『피상속인 A는 배우자 B에게 현금 1억원을 증여하고 가출한 후 C와 동거하면서 2022년 5월 1일 C에게 시가 17억원의 부동산을 양도한다는 유언을 하였다. 그 후 A는 2022년 9월 15일에 사망하였다(A에게는 이외에 남은 재산이 없었다). A의 사망 당시 그 부동산은 D에게 임대되어 있었는데, 임대차보증금은 8억원이었다.』

유언자가 임차권이나 근저당권이 설정된 목적물을 유증하였다면(특정적 유증), 원칙적으로 수증자가 그 임대차보증금반환채무나 피담보채무를 인수할 것을 부담으로 하여 유증한 것으로 볼 수 있다대판 2022. 1. 27, 2017다265884. 특정적 유증의 경우 유증의 목적물은 상속개시 시 일단 상속인에게 귀속하고, 수증자는 유증의무자(상속인)에게 유증의 이행을 청구할 수 있는 채권을 가지게 된다. 따라서 유류분산정의 기초재산 중 유증의 목적물은 상속개시 당시의 적극재산으로, 임대차보증금반환채무는 상속채무액으로 산정하여야 한다.

유류분 산정의 기초재산: 17억원(상속개시 당시의 적극재산. 부동산 17억원)+B에 대한 증여액(B의 특별수익액 1억원)−상속채무액(8억)=10억원

배우자 B의 유류분액: 10억원(유류분 산정의 기초재산)×$\frac{1}{2}$(유류분의 비율)=5억원

B의 유류분 부족액을 산정하려면 B의 순상속분액(B가 상속에 의하여 받은 재산액−B의 상속채무분담액)을 공제해야 하는데, B가 상속에 의하여 받은 재산액은 17억원(부동산 가액)이고 부담할 채무액은 8억원(임대차보증금반환채무)이지만, 이는 전부 유증의 이행으로 수증자 C에게 이전되어야 하므로, 결과적으로 B에게 순상속분액으로 남는 것은 없게 된다(순상속분액 0).

이에 따라 B의 유류분 부족액을 산정해 보면 다음과 같다.

B의 유류분 부족액: 유류분액 5억원－B의 특별수익액 1억원－B의 순상속분액 0원＝4억원

B는 C에 대하여 유류분 부족액 4억원의 반환을 청구할 수 있다. C는 임차인 D에게 임대차보증금 8억을 지급해야 하므로, 유증에 의해서 실제로 받은 이익은 5억원에 그친다.

## 4 유류분의 보전

### 1. 유류분 반환청구권

유류분을 침해하는 유증 또는 증여로 인하여 유류분권리자가 유류분에 미치지 못하는 상속재산을 받게 된 때에는, 민법 규정에 의해서 자기의 유류분을 보전할 수 있다. 즉 유류분권은 구체적으로는 반환청구권으로 나타나며, 유류분권리자는 유류분에 부족한 한도에서 유증 또는 증여된 재산(증여된 재산을 수증재산, 유증된 재산을 수유재산이라고 구별하여 표현하기도 한다)의 반환을 청구할 수 있다§1115①. 그러나 이 반환청구권은 반드시 행사하여야 하는 것은 아니며, 유류분의 보전은 유류분권리자의 의사에 달려 있다. 유류분을 침해하는 피상속인의 유증과 증여가 무효가 아닌 것은 당연하다.

### 2. 반환청구권의 성질

(1) 반환청구권은 법률상으로는 일견 청구권과 같이 보이지만, 형성권이라고 보는 것이 타당할 것이다(판례도 같은 태도를 취하고 있는 것으로 해석된다. 대판 1995. 6. 30, 93다11715 등 참조).[28] 따라서 반환청구권을 행사하면 유증 또는 증여계약은 유류분을 침해하는 한도에서 실효하고, 그 유증·증여가 아직 이행되지 않았을 때에는 반환청구권자는 그 이행의 의무를 면하며, 이미 이행되었을 때에는 반환을 청구할 수 있게 된다.☜

☞ 유류분반환청구권의 법적 성질에 대해서는 본서와 같이 형성권으로 보는

28) 반대견해, 윤진수, 친족상속법강의, 539면.

견해[29]와 청구권으로 보는 견해[30]가 있다. 유류분반환청구권이라고 하여 '청구권'이라는 말을 쓰고 있으므로 그 법적 성질을 '청구권'으로 볼 수도 있다. 그러나 유류분반환청구권은 유증이나 증여가 이미 이행되었을 때에만 행사되는 것이 아니라 유증이나 증여가 아직 이행되지 않았을 때에도 행사하게 된다. 아직 이행되지 않았을 경우에 유류분권자가 유증을 받은 자나 증여를 받은 자에 대하여 반환을 요구하는 '청구권'을 가진다는 것은 어색하다. 따라서 이미 이행된 경우이든 아직 이행되지 않은 경우이든 통틀어서 유류분권자가 유증을 받은 자와 증여를 받은 자에 대하여 유증이나 증여계약의 실효를 주장하면, 다시 말하면 유류분반환청구의 의사표시를 하면, 유류분을 침해하는 한도에서, 그들의 의사와 관계없이 유증이나 증여계약의 효력이 소멸되어, 아직 이행되지 않은 유증이나 증여계약에 대해서는 반환청구권자가 이행을 거절할 수 있으며, 이미 이행되었을 때에는 반환을 청구할 수 있다고 보는 것이 자연스럽다.

지상권자나 임차인이 가지는 매수청구권§283·643이나 임대차계약의 당사자가 가지는 차임증감청구권이 '청구권'이라고 되어 있음에도 불구하고 '형성권'이라고 보는 이유는 지상권설정자나 임대인 또는 임차인의 의사와 관계없이 지상권자나 임차인 또는 임대인의 권리를 실현시키려는 데 있다. 그러한 점에서는 유류분반환청구권도 위의 청구권과 마찬가지라고 보아야 한다. 그러므로 유류분반환청구권을 형성권으로 보는데 아무런 지장이 없다고 생각된다. 다만 청구권설을 주장하는 입장에서는 우리 민법이 거래의 안전을 고려한 규정을 두고 있지 않기 때문에, 유류분을 침해하는 증여나 유증의 목적물이 부동산인 경우(동산은 제249조에 의한 보호가 가능하므로 제외)에 반환청구권을 형성권으로 본다면, 유류분권자는 제3취득자가 선의이더라도 회복할 수 있게 되어 거래의 안전이 크게 위협을 받게 되므로 부당하다는 주장을 한다. 그러나 이러한 경우에는 제1014조의 규정을 유추하여 유류분권리자는 증여를 받은 자에 대하여 가액의 반환을 청구할 수 있는 데 그친다고 해석함으로써 문제를 해결할 수 있다.

(2) 유류분반환청구권은 귀속상에 있어서뿐만 아니라 행사상에 있어서도 일신전속권으로 볼 필요가 없다. 그러므로 유류분권리자의 승계인, 즉 상속인·포괄적 수증자·상속분의 양수인·반환청구권의 양수인도 반환청구권을 행사할 수 있다고 보아야 하며, 채권자대위권의 객체도 된다고 해석할 수 있다. 그러나 판례는 이와 다소 다른 태도를 취하고 있다. 즉, 판례에 의하면 유

29) 金容漢, 친족상속법론, 476면; 朴秉濠, 가족법, 479면.
30) 郭潤直, 상속법, 469면.

류분반환청구권은 귀속상으로는 일신전속권이 아니므로 양도나 상속 등 승계가 가능하지만, 행사상으로는 일신전속권이라고 보아야 하므로 채권자대위권의 목적이 될 수 없다고 한다. ☞

따라서 유류분권리자에게 유류분반환청구권을 행사할 의사가 있다고 인정되는 경우에는 채권자대위권의 목적이 될 수 있으나, 그렇지 않은 때에는 채권자대위권의 목적이 될 수 없다고 한다.[31]

☞ "유류분반환청구권은 그 행사 여부가 유류분권리자의 인격적 이익을 위하여 그의 자유로운 의사결정에 맡겨진 권리로서 행사상의 일신전속성을 가진다고 보아야 하지만, 그렇다고 하여 양도나 상속 등의 승계까지 부정해야 할 아무런 이유가 없으므로 귀속상의 일신전속성까지 가지는 것은 아니라고 할 것이다. 따라서 유류분권리자의 상속인은 포괄승계인으로서 유류분권리자의 유류분반환청구권을 별다른 제한 없이 행사할 수 있다."(대판 2013. 4. 25, 2012다80200)

### 3. 반환청구의 방법

(1) 반환청구는 유류분권리자가 유증받은 자와 증여받은 자에 대한 의사표시로 한다. 즉 상대방 있는 단독행위이다. 반환청구권이 재판상 행사되는 경우에도 상대방에 대하여 의사표시를 하여야 한다(유류분반환청구권은 재판상 또는 재판외에서 행사될 수 있다).[32] 이 경우 유류분권리자는 유류분을 침해하는 유증 또는 증여행위를 지정하여 이에 대한 반환청구의 의사를 표시하면 되며, 그 목적물을 구체적으로 특정할 필요는 없다.[33]

---

31) 대판 2010. 5. 27, 2009다93992; 대판 2013. 4. 25, 2012다80200. 같은 의견 정구태, 유류분제도의 법적 구조에 관한 연구(2010), 99면 이하.

32) 대판 2012. 5. 24, 2010다50809: 상속인이 유증 또는 증여행위가 무효임을 주장하여 상속 내지는 법정상속분에 기초한 반환을 주장하는 경우에는 그와 양립할 수 없는 유류분반환청구권을 행사한 것으로 볼 수 없을 것이나, 상속인이 유증 또는 증여행위의 효력을 명확히 다투지 아니하고 수증자에 대하여 재산의 분배나 반환을 청구하는 경우에는 유류분반환의 방법에 의할 수밖에 없을 것이므로 비록 유류분의 반환을 명시적으로 주장하지 않는다고 하더라도 그 청구 속에는 유류분반환청구권을 행사하는 의사표시가 포함되어 있다고 해석함이 상당하다.

33) 대판 2001. 9. 14, 2000다66430, 66447; 대판 2002. 4. 26, 2000다8878: 다만 유류분권리자가 반환의무자를 상대로 유류분반환청구권을 행사하고 이로 인하여 생긴 목적물의 이전등기의무나 인도의무 등의 이행을 소로써 구하는 경우에는 그 대상과 범위를 특정하여야 하고, 법원은 처분권주의의 원칙상 유류분권리자가 특정한 대상과 범위를 넘어서 그 청구

(2) 반환청구를 받는 상대방은 유증을 받은 자 또는 증여를 받은 자 및 그 상속인이다. 다만 유언집행자가 있는 경우에는 유증에 대한 반환의 의사표시를 유언집행자에 대해서 하여도 무방할 것이다. 그리고 유증받은 자 또는 증여받은 자로부터 유증 또는 증여의 목적물을 양수한 자가 악의인 경우에는 이 제3자에 대해서도 반환청구를 할 수 있다고 보아야 할 것이다.[34)]

(3) 유류분의 보전은 유류분에 부족한 한도에서 하여야 한다§1115①. 따라서 증여의 일부만이 유류분을 침해하였을 때에는 그 침해한 한도에서 반환을 청구할 수 있을 뿐이다. 그런데 목적물이 불가분인데, 유류분권리자가 그 일부에 대해서만 반환청구를 할 수 있을 경우에는 문제가 있다. 이러한 경우에는 상대방과 유류분권리자와의 공유관계를 성립시키는 방법이 생각될 수 있다. 판례는 원물반환이 불가능하여 가액반환을 명하는 경우에는 그 가액은 사실심 변론종결시를 기준으로 하여 상환하여야 한다고 한다.[35)]

(4) 유류분권리자가 수인 있을 때에는 각자가 가지는 반환청구권은 각각 독립된 것이므로 따로따로 행사하여야 하며, 한 사람이 행사하더라도 다른 사람에게 영향을 미치지 않는다.

(5) 증여의 목적이 조건부 또는 기한이 불확정한 권리인 경우에는, 제1113조 제2항의 규정을 유추하여 가정법원이 선임한 감정인이 평가한 가격에 의하여 반환을 청구할 수 있다고 보아야 할 것이다.

## 4. 반환청구의 순서

반환청구를 받게 되는 증여 또는 유증이 복수인 경우에는, 반환청구는 다음과 같은 순서에 따라야 한다. 이는 반환청구에 의하여 거래의 안전을 될 수 있는 한 해하지 않기 위한 것이다.

---

를 인용할 수 없다. 대판 2013. 3. 14, 2010다42624, 42631.

34) 동지: 대판 2002. 4. 26, 2000다8878, 판례공보 2002. 6. 15, 1220면.

35) 대판 2005. 6. 23, 2004다51887. 이 판결은 또한 피고가 반환하여야 할 대상이 대체물인 경우, 이를 제3자로부터 취득하여 반환할 수 없다는 등의 특별한 사정이 없는 한, 이를 조달하여 원고에게 양도함으로써 원물반환의무를 이행할 수 있다고 판시하고 있다.

(1) 우선 유증에 대해서 반환청구를 한 후에 부족한 부분이 있으면 증여에 대해서 반환청구를 하여야 한다§1116.[36] 사인증여도 유증에 준하는 것으로 보아서 증여보다 먼저 반환을 받게 된다고 해석하여야 할 것이다.

(2) 유증을 받은 자가 수인인 경우에는 각자가 받은 유증가액의 비례로 반환하여야 한다§1115②. 이 규정은 유증에 준하는 사인처분이 여러 개 있는 경우에도 적용된다.

(3) 증여를 받은 자가 수인인 경우에도 유증과 마찬가지로 각자가 받은 증여가액의 비례로 반환하여야 한다§1115②.

### 5. 반환청구권행사의 효력

(1) 유류분에 부족한 한도에서 유증과 증여의 효력이 소멸된다. 따라서 이미 이행된 증여의 목적물이 특정물인 경우에는 증여를 받은 자는 소유권을 유류분권리자에게 이전할 채무를 지게 된다.[37]

(2) 반환청구를 받은 수증자는 반환하여야 할 재산 이외에 반환청구를 받은 날 이후에 생긴 과실도 반환하여야 할 것이다.[38] 본래는 반환하여야 할 재산과 함께 그것으로부터 생긴 과실 전부가 당연히 유류분권리자에게 반환되어야 하겠지만(유류분을 침해하는 증여 또는 유증은 상속개시시로 소급하여 효력을 상실하기 때문이다), 그래서는 증여받은 자에게 너무 가혹하게 되므로, 반환청구를 한 날 이후의 과실을 반환하도록 하는 것이 공평할 것이다. 유증의 경우에도 이미 이행되었을 때에는 위와 같이 해석하는 것이 타당할 것이다. 다만 판례는 제197조와 제201조 규정에 근거하여, 반환의무자가 악의의 점유자라는 점이 증명된 경우에는 악의의 점유자로 인정된 시점부터, 그렇지 않다고

36) 대판 2001. 11. 30, 2001다6947; 대판 2010. 3. 25, 2009다94643, 2009다94650: 민법 제1116조에 의하면, 유류분반환청구의 목적인 증여나 유증이 병존하고 있는 경우에는 유류분권리자는 먼저 유증을 받은 자를 상대로 유류분침해액의 반환을 구하여야 하고, 그 이후에도 여전히 유류분침해액이 남아 있는 경우에 한하여 증여를 받은 자에 대하여 그 부족분을 청구할 수 있다.

37) 유류분반환청구권의 행사로 인하여 생기는 원물반환의무 또는 가액반환의무는 이행기한의 정함이 없는 채무이므로, 반환의무자는 그 의무에 대한 이행청구를 받은 때에 비로소 지체책임을 진다. 대판 2013. 3. 14, 2010다42624, 42631.

38) 반대: 곽윤직, 상속법, 473면.

하더라도 유류분반환청구소송에서 패소한 경우에는 그 소가 제기된 때로부터 악의의 점유자로 의제되어 그때부터 유류분권리자에게 그 목적물의 과실 중 유류분권리자에게 귀속되었어야 할 부분을 부당이득으로 반환할 의무가 있다고 본다대판 2013. 3. 14, 2010다42624, 42531 참조.

예를 들어 공동상속인인 자녀 A, B 중에서 A가 피상속인 갑으로부터 상속개시 1개월 전에 전 재산에 해당하는 부동산을 증여받았기 때문에 상속개시 시 남은 상속재산이 없었다면, B는 부동산의 1/4 지분에 대하여 유류분반환을 원인으로 한 소유권이전등기청구를 할 수 있을 뿐 아니라, A가 악의의 점유자라는 점이 증명되면 그때부터(예컨대 A가 이미 상속개시 당시부터 위의 증여로 인하여 B의 유류분이 침해되었음을 알고 있었다는 점을 B가 증명하였다면, 상속개시 시부터) 그 부동산에서 발생한 과실(임대 수익)의 1/4을 부당이득으로 B에게 반환하여야 한다. 또한 A가 악의의 점유자라는 점이 증명되지 않았더라도 A가 유류분반환청구소송에서 패소한 경우에는 B가 유류분반환청구의 소를 제기한 때부터 악의의 점유자로 의제되어 그때부터 그 부동산에서 발생한 과실의 1/4을 부당이득으로 B에게 반환하여야 한다.

(3) 상당하지 않은 대가로 하였기 때문에 증여로 보아야 할 유상행위에 대하여 반환청구를 하는 경우에는 유류분권리자는 상대방에게 그 대가를 상환하여야 할 것이다.

(4) 반환청구를 받은 증여받은 자가 증여의 목적물을 다른 사람에게 이미 양도하였을 때에는 제3자를 보호하기 위하여 유류분권리자는 증여를 받은 자에 대하여 그 가액을 청구할 수 있는데 그친다고 보아야 할 것이다§1014 참조. 그러나 증여를 받은 자로부터 양수한 자가 양도 당시 유류분권리자에게 손해를 가하는 것을 알고 양도를 받은 때에는 이러한 양수인은 보호할 필요가 없으므로, 유류분권리자는 양수인에 대하여 현물반환을 청구할 수 있다고 보아야 할 것이다.[39]

증여를 받은 자가 그 증여의 목적물 위에 지상권이나 저당권 같은 권리를 설정한 경우에도 위와 같이 해석하여야 할 것이다.[40]

---

39) 동지: 대판 2002. 4. 26, 2000다8878, 판례공보 2002. 6. 15, 1220면.

40) 증여나 유증 후 그 목적물에 관하여 제3자가 저당권이나 지상권 등의 권리를 취득한 경우에는 유류분권리자는 반환의무자를 상대로 원물반환 대신 그 가액의 반환을 구할 수 있다. 그러나 유류분권리자가 스스로 위험과 불이익을 감수하면서 원물반환을 구하는 경

(5) 증여를 받은 자와 유증을 받은 자는 원칙적으로 원물을 반환하여야 하며,[41] 원물을 반환할 수 없는 때에는(예컨대, 원물이 선의의 제3자에게 양도된 경우) 그 가액을 반환하여야 한다. 원물반환이 불가능하여 가액반환을 명하는 경우에는 그 가액은 사실심 변론종결시를 기준으로 산정하여야 한다는 것이 판례의 태도이다.[42]

(6) 반환청구를 받은 증여받은 자가 무자력인 경우, 그로 인하여 생긴 손실은 유류분권리자의 부담이 될 수밖에 없을 것이다. 왜냐하면 다른 증여받은 자의 부담을 증가시킬 수는 없기 때문이다.

**☞ 유류분반환의무자의 과실수취권과 부당이득반환의무에 관한 법리**

대판 2013. 3. 14, 2010다42624, 42631: "유류분권리자가 반환의무자를 상대로 유류분반환청구권을 행사하는 경우 그의 유류분을 침해하는 증여 또는 유증은 소급적으로 효력을 상실하므로, 반환의무자는 유류분권리자의 유류분을 침해하는 범위 내에서 그와 같이 실효된 증여 또는 유증의 목적물을 사용·수익할 권리를 상실하게 되고, 유류분권리자의 그 목적물에 대한 사용·수익권은 상속개시의 시점에 소급하여 반환의무자에 의하여 침해당한 것이 된다. 그러나 민법 제201조 제1항은 "선의의 점유자는 점유물의 과실을 취득한다"고 규정하고 있고, 점유자는 민법 제197조에 의하여 선의로 점유한 것으로 추정되므로, 반환의무자가 악의의 점유자라는 사정이 증명되지 않는 한 반환의무자는 그 목적물에 대하여 과실수취

---

우에는 법원은 유류분권리자가 청구하는 방법에 따라 원물반환을 명하여야 한다. 대판 2014. 2. 13, 2013다65963.

41) 대판 2006. 5. 26, 2005다71949: "증여 또는 유증 대상 재산 그 자체를 반환하는 것이 통상적인 반환방법이라고 할 것이므로, 유류분권리자가 원물반환의 방법에 의하여 유류분의 반환을 청구하고, 그와 같은 원물반환이 가능하다면 달리 특별한 사정이 없는 이상 법원은 원물반환을 명하여야 한다."; 대판 2013. 3. 14, 2010다42624, 42631: "원물반환이 가능하더라도 유류분권리자와 반환의무자 사이에 가액으로 이를 반환하기로 협의가 이루어지거나 유류분권리자의 가액반환청구에 대하여 반환의무자가 이를 다투지 않은 경우에는 법원은 그 가액반환을 명할 수 있지만, 유류분권리자의 가액반환청구에 대하여 반환의무자가 원물반환을 주장하며 가액반환에 반대하는 의사를 표시한 경우에는 반환의무자의 의사에 반하여 원물반환이 가능한 재산에 대하여 가액반환을 명할 수 없다."; 대판 2014. 2. 13, 2013다65963: 증여나 유증 후 그 목적물에 관하여 제3자가 저당권이나 지상권 등의 권리를 취득한 경우에도 유류분권리자가 스스로 위험이나 불이익을 감수하면서 원물반환을 구한다면 법원은 유류분권리자가 청구하는 방법에 따라 원물반환을 명하여야 한다.

42) 대판 2005. 6. 23, 2004다51887: 반환의무자는 통상적으로 증여 또는 유증대상 재산 그 자체를 반환하면 될 것이나 원물반환이 불가능한 경우에는 그 가액 상당액을 반환할 수밖에 없을 것이다.

권이 있다고 할 것이어서 유류분권리자에게 그 목적물의 사용이익 중 유류분권리자에게 귀속되었어야 할 부분을 부당이득으로 반환할 의무가 없다. 다만 민법 제197조 제2항은"선의의 점유자라도 본권에 관한 소에 패소한 때에는 그 소가 제기된 때로부터 악의의 점유자로 본다"고 규정하고 있고, 민법 제201조 제2항은"악의의 점유자는 수취한 과실을 반환하여야 하며 소비하였거나 과실로 인하여 훼손 또는 수취하지 못한 경우에는 그 과실의 대가를 보상하여야 한다"고 규정하고 있으므로, 반환의무자가 악의의 점유자라는 점이 증명된 경우에는 그 악의의 점유자로 인정된 시점부터, 그렇지 않다고 하더라도 본권에 관한 소에서 종국판결에 의하여 패소로 확정된 경우에는 그 소가 제기된 때로부터 악의의 점유자로 의제되어 각 그때부터 유류분권리자에게 그 목적물의 사용이익 중 유류분권리자에게 귀속되었어야 할 부분을 부당이득으로 반환할 의무가 있다."

## 6. 공동상속인 상호간의 유류분반환청구

공동상속의 경우에 상속인의 한 사람이 피상속인의 재산을 너무 많이 증여(또는 유증) 받았기 때문에 다른 상속인의 유류분을 침해하는 경우가 생길 수 있다. 이와 같은 경우에도 원칙은 앞에서 본 바와 같다. 주의할 것은 다음과 같다.

### (1) 상속분지정에 의한 유류분침해

피상속인이 유언에 의하여 공동상속인 중의 한 사람의 상속분을 과대하게 지정하면, 이로 말미암아 다른 상속인의 유류분이 침해를 받게 된다. 이 경우에는 반환청구의 의사표시에 의하여 유류분을 침해한 한도에서 상속분의 지정이 실효한다.

### (2) 반환청구의 범위

(가) 다른 공동상속인의 유류분을 침해하는 유증·증여는 그것을 받은 상속인의 유류분의 액을 넘은 한도에서 반환청구의 대상이 된다고 해석된다.[43] 예를 들어 피상속인 A가 자녀 갑, 을, 병 중에서 갑에게 1억 2,000만원, 을에게 6,000만원을 생전에 증여하였는데, 사망 당시에는 남은 재산이 없었다. 이 경우 병의 유류분은 3,000만원(1억 8,000만원×1/6)이 되는데, 상속재산에서는

43) 대판 1995. 6. 30, 93다11715; 대판 2006. 11. 10, 2006다46346; 대판 2013. 3. 14, 2010다42624, 42631(이러한 입장을 '유류분초과비율설'이라고 한다).

아무 것도 받을 수 없으므로, 갑과 을에게 유류분 3,000만원 전액의 반환을 청구할 수 있다. 이 때 갑은 9,000만원(1억 2,000만원－3,000만원)의 한도에서, 을은 3,000만원(6,000만원－3,000만원) 한도에서 비율에 의하여 반환하여야 한다(3 : 1). 즉, 갑은 2,250만원을, 을은 750만원을 각각 병에게 반환하여야 한다.

한편, 유류분을 침해하는 유증·증여를 받은 공동상속인과 공동상속인이 아닌 제3자를 상대로 하여 유류분권리자가 유류분의 반환을 청구하는 경우에는, 그 제3자에게는 유류분이 없으므로 공동상속인에 대하여는 자기 고유의 유류분액을 초과한 가액을 기준으로 하여, 제3자에 대하여는 그 증여 또는 유증받은 재산의 가액을 기준으로 하여 그 각 가액의 비율에 따라 반환청구를 할 수 있다.[44] 예를 들어, 피상속인 갑에게 자녀 을, 병, 정이 있는데, 갑은 생전에 을과 병에게 각각 8,000만원을 증여하고, 제3자 A에게도 생전에 8,000만원을 증여하였다. 갑이 사망했을 때 남은 재산이 전혀 없었다면, 정의 유류분은 4,000만원이 되는데(2억 4,000만원×1/6), 이 경우 을과 병은 각각 4,000만원(8,000만원－4,000만원)을 기준으로 하여 비율에 의하여 반환하여야 하며, A는 8,000만원을 기준으로 하여 비율에 따라 반환하여야 한다. 결과적으로 을, 병은 정에게 각각 1,000만원을, A는 정에게 2,000만원을 반환하여야 한다.

(나) 공동상속인의 일부(여러 명)가 피상속인으로부터 유증·증여를 받은 결과 다른 공동상속인의 유류분이 침해된 경우에는 다음과 같은 방법으로 반환의 비율과 순서를 정한다대판 2013. 3. 14, 2010다42624, 42631. ☜

우선 위에서 본 바와 같이 다른 공동상속인의 유류분을 침해하는 유증·증여는 그것을 받은 상속인의 유류분액을 넘은 한도에서 반환청구의 대상이 되므로, 각 공동상속인이 증여받은 재산(수증재산)과 유증받은 재산(수유재산)에서 유류분액을 뺀 가액에 따라 반환의 비율이 정해진다. 예를 들어 자녀 A, B, C가 피상속인 갑으로부터 생전에 각각 9억, 10억, 11억을 증여받았고, 유증으로 각각 3억, 2억, 1억을 받았는데, 자녀 D는 아무 것도 받지 못했다고 가정해 본다(이 외에 남은 상속재산은 없다). 이 경우 D의 유류분은 4억 5천이 되는데(36억×1/8), A, B, C는 각각 동일한 비율(1 : 1 : 1)로 반환의무를 부담한다(각자 받은 생전증여의 가액＋각자 받은 유증의 가액－유류분액: 12억－4억 5천＝7억 5천). 그 다음에 반환의 순서가 문제가 되는데, 우선 유증받은 재산으로 반환

44) 대판 1995. 6. 30, 93다11715; 대판 1996. 2. 9, 95다17885; 대판 2006. 11. 10, 2006다46346.

하고, 부족한 경우에는 증여받은 재산으로 반환한다. 이에 따라 A는 유증받은 재산 3억에서 1억 5천만원을, B는 유증받은 재산 2억에서 1억 5천만원을 반환한다. 그런데 C는 유증받은 재산이 1억이므로, 자신이 반환하여야 할 액수인 1억 5천만원에 미치지 못한다. 이런 경우에 C가 자신이 증여받은 재산 11억 중에서 5천만을 반환하면 자신의 분담액을 모두 반환할 수 있을 것이다. 그러나 위의 판례는 이런 경우에도 제1116조에 따라 유증받은 재산으로 우선 반환을 하여야 한다고 본다. 따라서 유증받는 재산의 가액(A: 3억, B: 2억)이 자신의 분담액(1억 5천)을 초과하는 다른 공동상속인(A와 B)가 C의 분담액 중 부족분 5천만원을 각자의 분담비율(위에서 본 유류분반환의 비율을 말한다. 즉 A와 B의 분담율은 1 : 1이다)에 따라 다시 안분하여 반환하여야 한다. 즉, A와 B는 각각 2천 5백만원을 추가로 D에게 반환하여야 한다(결과적으로 A에게는 유증으로 받은 재산에서 1억 2천 5백만원이 남고, B에게는 2천 5백만원이 남는다. 반면에 C는 유증받은 재산 1억으로 자신의 분담분 1억 5천을 완전히 반환하지 못하였지만, 증여받은 재산으로 부족분 5천만원을 반환하지 않아도 된다. 결과적으로 C는 수증재산을 전부 보유할 수 있게 된다). 이는 제1116조를 엄격하게 해석한 결과라고 볼 수 있는데, 생전증여를 많이 받은 상속인(사례에서 C)에게는 유리한 해석론이지만, 공동상속인간의 공평이라는 관점에서 보면 비판을 받을 여지가 있다.

### (3) 반환청구권행사의 효과

반환청구에 의하여 상대방인 상속인이 유류분액 이상으로 취득하게 된 원인이 된 유증·증여가 유류분침해의 한도에서 그 효력을 잃는다.[45)]

### (4) 반환청구의 실현

공동상속인 상호간의 유류분반환청구권의 행사는 상속재산의 분할절차와 별도로 할 수 있지만, 그 결과의 구체적 실현은 상속재산분할절차와 함께 이루어져야 할 것이다.[46)]

---

45) 대판 1995. 6. 30, 93다11715; 대판 2013. 3. 14, 2010다42624, 42631: 유류분권리자가 반환의무자를 상대로 유류분반환청구권을 행사하는 경우 유류분을 침해하는 증여 또는 유증은 상속개시의 시점으로 소급하여 효력을 상실한다.

46) 유류분반환청구는 민사사건으로 지방법원관할이고, 상속재산분할심판은 가사비송사건으로 가정법원관할이다. 유류분반환청구소송과 상속재산분할심판이 동시에 계속 중인 경우, 상속재산분할심판에 의해서 구체적 상속분이 확정되어야 유류분 부족액을 산정할 수 있다(대판 2021. 8. 19, 2017다235791 참조)는 점에 비추어 보면, 상속재산분할심판이 확

상속재산분할종료 이전에는 공동상속인 상호간의 유류분반환청구권은 증여·유증이 이미 이행된 경우를 제외하고는 제1117조의 기간과 관계없이 소멸하지 않는다고 해석하여야 할 것이다. 왜냐하면 상속재산분할 전에는 반환청구권자는 공동상속인의 한 사람으로서 증여·유증의 목적물을 부분적으로 지배하고 있으며, 유증받은 자와 증여받은 자가 유증·증여의 효력을 주장하여 그 이행을 상속재산분할절차에서 청구할 때에 반환청구권을 행사하는 것은 바로 이 권리의 방어적 행사이므로, 이러한 행사는 영구적으로 허용된다(항변권의 영구성)고 보아야 할 것이기 때문이다.

(5) 기여분과 유류분의 관계

1990년 민법개정에 의하여 기여분 규정§1008의2이 신설되었기 때문에, 기여분 규정의 신설이 유류분에 어떤 영향을 주는가 하는 것이 문제된다. 이는 공동상속의 경우에만 문제된다.

(가) 민법의 규정에 따르면 다음과 같이 된다.

① 유류분의 산정에 있어서 기여분의 공제가 없으므로(제1118조에 의해서 제1008조의2가 준용되지 않으므로), 기여분의 유무에 의하여 유류분액은 달라지지 않는다.[47]

② 기여분은 상속재산의 가액에서 유증의 가액을 공제한 액의 범위 내가 아니면 안 되므로§1008의2③, 유증과 생전증여가 기여분에 우선한다. 따라서 피상속인이 전 재산을 유증하였다면, 피상속인의 재산증가에 특별히 기여한 상속인이 있다고 해도 기여분은 인정되지 않는다.

③ 기여분은 유류분에 의한 반환청구의 대상이 되지 않으므로§1115, 공동상속인 중의 1인에게 다액의 기여분이 인정됨으로써 다른 상속인의 취득액이 그 유류분액에 미달하더라도 기여분은 반환청구의 대상이 되지 않는다.[48] 이 점에서 기여분은 유류분에 우선한다. 다만 공동상속인의 협의에 의하여 기여분이 결정되었다면 그것은 유류분의 포기로 볼 수 있을 것이다.

(나) 유류분과 기여분의 관계는 위에서 본 바와 같기 때문에, 다음과 같은

---

정된 후에 유류분에 관한 판결을 하게 될 것이다.

47) 대판 2015. 10. 29, 2013다60753: 공동상속인의 협의 또는 가정법원의 심판으로 기여분이 결정되었다고 하더라도 유류분을 산정함에 있어 기여분을 공제할 수 없다.

48) 대판 2015. 10. 29, 2013다60753: 기여분으로 인하여 유류분에 부족이 생겼다고 하여 기여분에 대하여 반환을 청구할 수 없다.

불통일과 불공평이 생기는 것을 피할 수 없게 된다.

① 기여상속인이 상속재산의 분할에서 기여분으로서 다액의 상속재산을 취득하였기 때문에 다른 상속인의 취득액이 그 유류분액을 훨씬 밑돌더라도 그 부족분을 기여분으로부터 반환청구를 할 수 없는데 반하여, 기여상속인이 기여의 청산으로서 다액의 증여·유증을 받았기 때문에 다른 상속인의 취득액이 유류분에 미달된 때에는 그 부족분을 증여 또는 유증에서 반환청구를 할 수 있다. 이러한 모순을 해결하려면 유류분반환청구소송에서 기여분을 주장할 수 있는 길을 열어주는 것이 필요하다. 예를 들어 피상속인 A에게 자녀 B와 C가 있는데, B는 A의 생전에 20년간 A의 부양, 요양, 간호를 전담하고 A의 채무 3억까지 대신 변제하였으나, C는 그 동안 A를 한 번도 찾아오지 않았다. A는 B의 기여에 대한 보답으로 유일한 재산인 주택(시가 5억 원 상당)을 생전에 B에게 증여하였다. A가 사망하자 C는 B에 대하여 유류분(상속재산의 4분의 1)의 반환을 청구하였다. 이런 경우 현행법상 B는 유류분반환청구소송에서 자신의 기여분을 주장할 수 없으므로, C의 유류분(1억 2천 5백만원)을 반환하여야 한다.[49] 헌법재판소는 제1118조가 "기여분에 관한 제1008조의2를 준용하는 규정을 두지 않아서 결과적으로 기여분과 유류분의 관계를 단절하고 있는 것은 현저히 불합리하고 자의적이어서 헌법 제37조 제2항에 따른 기본권제한의 입법한계를 일탈하여 재산권을 침해하므로 헌법에 위반된다"고 판단하였다(헌법불합치 결정. 2025년 12월 31일까지 개선입법이 이루어지지 않으면 효력상실).[50] 향후 기여분에 관한 제1008조의2를 유류분에 준용하는 규정이 신설되면, 앞으로 유류분반환청구가 있는 경우에도 기여분의 청구가 가능하게 될 전망이다(현행법상 기여분의 청구는 상속재산분할청구가 있는 경우§1013② 또는 상속재산분할 후에 인지 또는 재판의 확정에 의하여 공동상속인이 된 자의 가액지급청구가 있는 경우§1014에만 할 수 있다§1008의2④).

49) 대판 1994. 10. 14, 94다8334; 다만 최근에 판례는 이러한 불균형을 해소하기 위하여 다음과 같은 법리를 전개한 바 있다: 피상속인이 상속인의 특별한 부양이나 기여에 대한 보상의 의미로 증여나 유증을 한 것으로 인정되는 경우에는 이러한 증여나 유증은 예외적으로 특별수익에서 제외할 수 있다. 따라서 이러한 재산에 대해서는 유류분반환청구를 할 수 없다(대판 2022. 3. 17, 2021다230083, 2021다230090). 그러나 헌법재판소는 이 판결만으로는 기여분에 관한 민법 제1008조의2를 유류분에 준용하는 효과를 거두고 있다고 평가하기는 어렵다고 보았다. 따라서 이 판결에도 불구하고 기여분과 유류분의 단절로 인하여 기여상속인의 정당한 이익이 침해되는 불합리한 문제는 여전히 남게 된다고 판단하였다.

50) 헌재결 2024. 4. 25, 2020헌가4 등.

② 제3자 또는 기여가 없는 상속인이 다액의 증여 또는 유증을 받았기 때문에 기여상속인을 포함하는 다른 공동상속인의 유류분이 침해된 경우에 분할할 상속재산이 남아 있으면 기여상속인의 기여분이 인정될 수 있지만, 분할될 재산이 남아 있지 않으면 기여분은 인정될 여지가 없으며, 다른 공동상속인과 동일하게 유류분반환청구를 할 수밖에 없다.

위와 같은 불통일과 불공평을 해소하기 위해서는 기여분의 가액을 결정할 때 협의에 의하는 경우이든 심판에 의하는 경우이든 다른 공동상속인의 유류분을 참작하여 결정하는 것이 바람직할 것이다.

☞ **유류분반환의 비율과 순서에 관한 해석**

대판 2013. 3. 14, 2010다42624, 42631: 증여 또는 유증을 받은 재산 등의 가액이 자기 고유의 유류분액을 초과하는 수인의 공동상속인이 유류분권리자에게 반환하여야 할 재산과 그 범위를 정함에 있어서, 수인의 공동상속인이 유증받은 재산의 총 가액이 유류분권리자의 유류분 부족액을 초과하는 경우에는 그 유류분 부족액의 범위 내에서 각자의 수유재산(유증받은 재산)을 반환하면 되는 것이지 이를 놓아두고 수증재산(증여받은 재산)을 반환할 것은 아니다. 이 경우 수인의 공동상속인이 유류분권리자의 유류분 부족액을 각자의 수유재산으로 반환함에 있어서 분담하여야 할 액은 각자 증여 또는 유증을 받은 재산 등의 가액이 자기 고유의 유류분액을 초과하는 가액의 비율에 따라 안분하여 정하되, 그중 어느 공동상속인의 수유재산의 가액이 그의 분담액에 미치지 못하여 분담액 부족분이 발생하더라도 이를 그의 수증재산으로 반환할 것이 아니라, 자신의 수유재산의 가액이 자신의 분담액을 초과하는 다른 공동상속인들이 위 분담액 부족분을 위 비율에 따라 다시 안분하여 그들의 수유재산으로 반환하여야 한다.

## 7. 반환청구권의 소멸

### (1) 단기소멸시효

유류분반환청구권은 유류분권리자가 상속의 개시와 반환하여야 할 증여 또는 유증의 사실을 안 때로부터 1년 이내에 행사하지 않으면 시효에 의하여 소멸한다§1117 전단. 유류분권리자가 유류분반환청구를 하는 경우에는 피상속인이 생전에 한 증여도 유류분을 침해하는 한도에서 그 효력을 잃게 되므로, 수증자는 예측하지 못한 피해를 입을 수도 있다. 이런 점을 고려하여 민법은 유류분반환청구권에 대해서 1년이란 단기간의 소멸시효를 규정한 것이다.[51] 이 경우 소멸시효의 기산점에 관하여는 두 가지 견해가 있는데, 유류분권리자가 상속개시와 유증·증여의 사실을 안 때로부터 소멸시효가 진행된다고 보는 견해와 상속개시와 유증·증여의 사실을 알았을 뿐만 아니라 그 유증·증여가 유류분을 침해하여 반환청구를 할 수 있음을 안 때로부터 소멸시효가 진행한다고 보는 견해가 그것이다. 판례는 후자의 견해를 취하고 있는데,[52] 이는 유류분권리자의 보호에 중점을 둔 해석론이라고 평가할 수 있다. 그리고 반환청구의 의사표시를 기간 내에 하면 되며, 그 결과 생기는 반환청구권의 행사는 기간경과 후라도 상관없다고 보아야 한다.[53] 유류분권리자가 유류분을 침해하는 유증의 사실을 알고 있었으나 유증을 받은 자가 이행을 청구하지 않아서 지켜보고 있었는데, 1년 이상이 경과 된 후 유증을 받은 자가 그 이행을

51) 따라서 유류분 반환청구의 의사표시가 있으면 소멸시효의 진행은 중단된다(대판 2012. 5. 24, 2010다50809: 유류분권리자가 반환의무자에 대하여 유류분의 반환을 명시적으로 주장하지 않았더라도 재산의 분배나 반환을 구하는 의사표시에 유류분반환청구권을 행사하는 의사표시가 포함되어 있었다고 볼 수 있는 경우에는 이를 소멸시효의 중단사유로 인정할 수 있다.

52) 대판 2001. 9. 14, 2000다66430·66447; 민법 제1117조는 유류분반환청구권은 유류분권리자가 상속의 개시와 반환하여야 할 증여 또는 유증을 한 사실을 안 때로부터 1년 내에 하지 아니하면 시효에 의하여 소멸한다고 규정하고 있는바, 여기서 '반환하여야 할 증여 등을 한 사실을 안 때'라 함은 증여 등의 사실 및 이것이 반환하여야 할 것임을 안 때라고 해석하여야 한다. 따라서 유류분권리자가 증여 등이 무효라고 믿고 소송상 항쟁하고 있는 경우에는 증여 등의 사실을 안 것만으로 곧바로 반환하여야 할 증여가 있었다는 것까지 알고 있다고 단정할 수는 없을 것이다. 그러나 민법이 유류분반환청구권에 관하여 특별히 단기소멸시효를 규정한 취지에 비추어 보면 유류분권리자가 소송상 무효를 주장하기만 하면 그것이 근거 없는 구실에 지나지 아니한 경우에도 시효는 진행하지 않는다는 것은 부당하므로, 특별한 사정이 없는 한 유류분권리자가 증여의 무효를 주장하는 소송을 제기한 경우에는 그 증여가 반환될 수 있는 것임을 알고 있었다고 추인(推認)함이 상당하다; 대판 2006. 11. 10, 2006다46346: 해외에 거주하다가 피상속인의 사망사실을 뒤늦게 알게 된 상속인이 유증사실 등을 제대로 알 수 없는 상태에서 다른 공동상속인이 교부한 피상속인의 자필유언증서 사본을 보았다는 사정만으로는 자기의 유류분을 침해하는 유증이 있었음을 알았다고 볼 수 없고, 그 후 유언의 검인을 받으면서 자필유언증서의 원본을 확인한 시점에 그러한 유증이 있었음을 알았다고 보아야 한다; 대판 2023. 6. 15, 2023다203894. 유류분권리자가 피상속인으로부터 그 소유 부동산의 등기를 이전받은 제3자를 상대로 등기의 무효 사유(명의신탁)를 주장하며 소유권이전등기의 말소를 구하는 소를 제기하였으나, 오히려 증여(피고는 피상속인과의 매매계약을 원인으로 부동산의 소유권이전등기를 마쳤으나 실제로 대금을 지급하지 않았다)된 것으로 인정되어 무효 주장이 배척된 판결이 선고, 확정된 경우라면, 그러한 판결이 확정된 때에 비로소 증여가 있었다는 사실 및 그것이 반환하여야 할 것임을 알았다고 보아야 한다.

53) 동지: 위의 판례 및 대판 2002. 4. 26, 2000다8878, 판례공보 2002. 6. 15, 1220면.

청구해 왔을 때에는 어떻게 될 것인가의 문제가 있다. 이러한 경우에는 항변권의 영구성의 법리에 의하여 유류분권리자를 보호하는 것이 타당할 것이다.

### (2) 10년의 제척기간

상속이 개시된 때로부터 10년을 경과하면 반환청구권은 소멸한다§1117 후단. 이것은 소멸시효가 아니고, 제척기간이라고 해석하여야 할 것이다.[54] 다만, 판례는 소멸시효라고 보고 있으며,[55] 소멸시효의 진행도 그 의사표시로 중단된다고 한다.[56] 이 경우 유류분권리자는 유류분을 침해한 유증 또는 증여를 지정하여 이에 대한 반환청구의 의사를 표시하면 되고, 그 목적물을 구체적으로 특정할 필요는 없다. 이 의사표시는 재판상 또는 재판외에서 행사할 수 있다.

---

54) 소멸시효로 보는 견해가 있다(郭潤直, 상속법, 473면).

55) 대판 1993. 4. 13, 92다3595, 법원공보 945호, 1370면.

56) 대판 2002. 4. 26, 2000다8878: "유류분반환청구권의 행사는 재판상 또는 재판 외에서 상대방에 대한 의사표시의 방법으로 할 수 있고, 이 경우 그 의사표시는 침해를 받은 유증 또는 증여행위를 지정하여 이에 대한 반환청구의 의사를 표시하면 그것으로 족하며, 그로 인하여 생긴 목적물의 이전등기청구권이나 인도청구권 등을 행사하는 것과는 달리 그 목적물을 구체적으로 특정하여야 하는 것은 아니고, 민법 제1117조에 정한 소멸시효의 진행도 그 의사표시로 중단된다."; 대판 2002. 4. 26, 2000다8878은 이외에도 "상속재산분할심판절차에서 종전에 하였던 유류분반환 주장을 철회한 것이 유류분반환청구가 가정법원의 관할에 속하지 않는 점을 고려한 데서 비롯된 법원에 대한 의사표시일 뿐 사법상의 유류분반환청구의 의사표시를 취소하거나 철회한 것으로 볼 수는 없다"고 판시하여 시효중단의 효력이 유지된다고 보았다.

# 제 10 장
# 구관습법상의 상속제도

민법부칙 제25조에 의하면, 민법시행일(1960년 1월 1일) 전에 개시된 상속에 관해서는 민법시행일 후에도 구법을 적용하게 되어 있기 때문에, 아직도 구법이 적용될 여지가 있다. 그러나 구법은 관습법이기 때문에 모호한 점이 적지 않으므로, 여기서 그 내용을 정리하여 두기로 한다. 이것은 상속에 관한 구관습법과 현행민법규정을 비교하는 데도 도움이 될 것이다.

## 1 서 설

구법시대의 상속에는 호주상속과 재산상속의 두 가지 종류가 있었다. 종래의 관습법은 신분상속으로서 제사상속까지 인정하였으나, 1933년 3월 3일 조선고등법원이 "제사상속의 개념은 선대를 봉사하며 또 조상의 제사를 봉사하는 도의상의 지위를 계승함에 불과하다"고 판시함으로써,[1] 제사상속은 법영역외의 관습이 되었다.

구관습법에서는 호주상속에 재산상속이 수반되었다. 그러나 제정민법은 호주상속과 재산상속을 분리하여 그 개시원인을 달리하였다. 즉 호주상속에 있어서는 구법과 같이 생전상속이 인정되었으나구 §980, 재산상속에 있어서는 사망만이 상속개시의 원인이 되었다§997.

1) 鄭光鉉, '상속관습법에 대한 입법론적 고찰', 한국가족법연구, 413~414면 참조.

# 2 구관습법상의 호주상속

## 1. 구관습법상의 호주상속개시원인

구관습법상의 호주상속개시원인으로는 i) 호주의 사망, ii) 호주의 국적상실, iii) 남호주의 출계(분가호주가 종가상속을 하기 위하여 분가를 떠나는 것), iv) 여호주의 친가복적, v) 여자가 호주인 家에 양자가 선정되어 그 가에 입적하였을 때, vi) 여호주의 가에 남자가 출생한 때, vii) 여호주의 출가,[2] viii) 서자가 호주인 가에 유복적출자가 출생한 때, ix) 사후양자가 호주인 가에 유복적출남자가 출생한 때, x) 弟가 호주인 가에 서자가 입적한 때, xi) 호주인 양자의 입양취소가 있다.[3]

## 2. 구관습법상의 호주상속의 순위

### (1) 기혼남호주가 사망한 때

#### (가) 제1순위 - 피상속인의 적출장남

적출장남이 미혼자로서 사망하였을 때에는 兄亡弟及의 법칙에 의하여 次第 이하 및 庶子男이 그 長幼의 순서에 따라 호주상속을 한다.[4] 그리고 적출장남일지라도 본가상속을 위하여 출계한 자는 피상속인의 가족이 아니므로 파양하여 복적하지 않으면 생가의 호주상속인이 되지 못한다.[5]

#### (나) 제2순위 - 피상속인의 생전양자 또는 유언양자

서자남이 있어도 생전양자 또는 유언양자로 하여금 호주상속을 하게 할 수 있으나, 사후양자는 안 된다. 생전양자는 입양신고일에 적출자의 신분을 취득하므로조선민사령 §11② 본문, 입양 후 유복남이 출생하더라도 양자가 호주상속인이 된다.[6] 유언양자인 경우에는 양부의 사망시에 적출자의 신분을 취득하

---

2) 대판 1974. 1. 15, 73다941(판례가족법, 928면).

3) 이에 대한 상세한 해설은 鄭光鉉, 전게서, 436면 참조.

4) 兄亡弟及의 원칙은 망호주와 그 장손 및 차손 사이에도 적용된다(대판 2000. 6. 9, 2000다8359, 판례공보 2000. 8. 1, 1635면).

5) 대판 1948. ○○. ○○, 민판집 2집 37면.

6) 韓戶例 제447항.

고조선민사령 §11② 단서, 유복남은 상속개시시에 출생한 것으로 보므로 순위가 같으나, 장유의 순에 의하여 유언양자가 선순위가 된다.[7)]

(다) 제3순위 - 유복남

(라) 제4순위 - 피상속인의 서자

서자가 수인 있을 때에는 인지의 선후로 그 순위가 결정된다는 견해가 있으나,[8)] 인지의 효력은 출생시에 소급하므로 장유의 순에 따라 호주상속을 한다.[9)]

(마) 제5순위 - 피상속인의 사후양자 또는 次養子

사후양자를 선정할 것인가 또는 차양자를 선정할 것인가는 양자선정권자가 임의로 정한다.[10)]

(바) 제6순위 - 여자상속인

존비의 서와 장유의 순에 따라 조모, 모, 유처, 여식(딸)의 순서로 호주승계인이 된다.[11)] 그리고 호주가 사망한 경우에 그전에 사망한 장남의 유처가 있더라도 그 가에 망 장남의 증조모, 조모, 모가 있는 때에는, 그 사람들이 순차로 상속하며, 그 사람들이 없는 경우에 비로소 장남의 유처는 호주상속을 할 수 있다.[12)] 그러나 이것은 남호주가 출현할 때까지의 일시적 상속권이다.

(사) 대습상속

호주상속을 할 직계비속인 남자가 상속개시 전에 사망하거나 결격자가 된 경우에는, 그 직계비속인 남자가 있으면 그 직계비속이 대습한다.[13)] 즉 미혼남일지라도 서자가 있을 때에는 서자가 상속인이 된다.[14)] 이 경우에 서자가 사망한 때에는 망 호주의 사후양자를 선정할 때까지 모가 호주가 된다.

### (2) 미혼남호주가 사망한 때

미혼남호주가 사망한 때에, 그에게 서자가 있으면 서자가 호주상속인이 된다.[15)] 그러나 서자가 없을 때에는 형망제급(兄亡弟及)의 법칙에 의하여 차제

---

7) 昭和17(1942). 3. 7, 司法協會決議.

8) 金安鎭, 친족상속법, 204면.

9) 韓戶例 제703항.

10) 대판 1966. 1. 13, 65다2213(판례가족법, 922면).

11) 대판 1971. 6. 22, 71다786(판례가족법, 922면); 대판 2000. 4. 25, 2000다9970, 판례공보 2000. 6. 15, 1289면.

12) 1923. 12. 26, 法務局長 回答.

13) 대판 1967. 12. 29, 67다2386, 집 15권 3집 민 476면.

14) 大正15(1926). 1. 16, 判例調査委決議(司協決議回答集錄, 301면).

15) 大正15(1926). 12. 22, 判例調査委決議(前揭書, 305면).

(次弟)가 호주상속인이 된다.[16] 차제가 없고 차제의 子가 있는 경우에는 그 자(즉 호주의 姪)가 호주상속을 하며, 질녀만이 있을 때에는 그 질녀가 호주상속을 한다.[17]

(3) 여호주가 사망한 때

(가) 승계여호주가 사망한 때에는 전술한 바와 같이 동일가적 내에 있는 조모, 모, 유처, 여식의 순위로 남호주가 출현할 때까지 호주상속인이 된다.[18] 이들은 전남호주의 사후양자를 선정할 수 있다.

(나) 일가창립한 여호주가 사망한 때에는 無後家가 된다.

## 3 구관습법상의 재산상속

### 1. 구관습법상의 재산상속의 특색

구관습법상의 재산상속의 특색으로는 다음과 같은 것을 들 수 있다.

(1) 호주상속에는 재산상속이 수반되나 재산상속에는 반드시 호주상속이 따르지는 않는다.

(2) 호주인 장남이 일단 독점상속하지만, 차남 이하 서자들까지도 일정한 비율에 따른 분재청구권이 있다.

(3) 가족사망과 호주의 사망 이외에 호주의 여러 가지 생전사유(① 호주의 출계, ② 호주의 경질, ③ 여호주의 출가, ④ 여호주의 去家, ⑤ 호주의 입양취소)로 재산상속이 개시되는 것이다.

### 2. 재산상속의 순위

구관습법에서 재산상속은 호주가 피상속인일 때와 가족이 사망하였을 때에 따라 그 상속인이 다르다.

16) 大正13(1924). 1. 26, 判例調査委決議(前揭書, 301면); 대판 1969. 12. 23, 69다1527(판례가족법, 927면).

17) 大正15(1926). 3. 22, 判例調査委決議(前揭書, 305면).

18) 대판 1972. 6. 27, 72다320 · 321(판례가족법, 927면).

### (1) 피상속인이 호주인 때

피상속인이 호주인 때에는 재산상속은 호주상속에 수반되므로, 당연히 호주상속의 순위에 따라 재산상속이 된다. 전술한 바와 같이 여호주의 재산상속은 일시적인 것이므로, 사후양자가 선정되면 호주상속개시와 동시에 사후양자에게 재산이 상속된다.[19] 호주를 상속할 여호주도 없고 또한 피상속인이 사망한 지 3년이 경과하도록 사후양자의 선정도 없을 때에는 그 가는 무후가가 된다.[20] 여호주가 사망하거나 출가하여 호주상속인 없이 무후가가 된 경우, 그 재산은 무후가 된 가의 가족이 이를 계승하고,[21] 가족이 없을 때에는 피상속인의 직계비속인 출가녀들이 균분상속한다.[22] 亡夫의 혈족이 아닌 여호주의 직계비속에게는 상속권이 없다.[23]

### (2) 피상속인이 가족인 때

#### (가) 가족인 기혼남자가 사망한 때

① 大正 12년(1923년) 7월 21일자 중추원의장회답에 의하면 "가족인 기혼남자가 사망한 경우의 재산상속인은 장남 및 차남 이하의 남자손이 이를 승계하고, 이상의 자가 없고 사자가 장남인 경우에는 父가 이를 승계하며, 차남 이하의 衆子인 때에는 그 처가 이를 승계한다"고 하였다.[24] 그러나 그 후 조선고법은 "가족인 장남이 사망한 경우에 동일가에 있건 없건 불문하고 그 직계비속인 자녀가 공동하여 유산을 상속하는 것이 관습이다"라고 판시하였다.[25] 그 후 대법원은 "신민법시행 이전에 있어서의 아국의 관습은 호주 아닌 가족이 사망한 때에는 그 유산은 동일가적 내에 있는 직계비속이 평등하게

---

19) 朝高判 昭和6(1931). 2. 6, 민집 18권 24면; 대판 1991. 11. 26, 91다32350; 대판 1995. 4. 11, 94다46411, 법원공보 992호, 1837면.

20) 韓戶例 제738항 · 제838항; 대판 1996. 8. 23, 96다20567, 판례공보 1956. 10. 1, 2858면.

21) 대판 1992. 3. 10, 91다24311; 대판 2012. 3. 15, 2010다53952.

22) 朝高判 昭和6(1931). 2. 6, 민집 18권 24면; 대판 1978. 11. 28, 78다1308; 판례월보 150호, 29면; 동 1979. 2. 27, 78다1979, 판례월보 109호, 14면; 헌재결 2016. 4. 28, 2013헌바396: 구 관습법 중 "여호주가 사망하거나 출가하여 호주상속인 없이 절가된 경우, 유산은 그 절가된 가(家)의 가족이 승계하고 가족이 없을 때는 출가녀(出家女)가 승계한다"는 부분은 헌법에 위반되지 아니한다.

23) 대판 1972. 2. 29, 71므2307(판례가족법, 933면)은 "여호주가 사망하고 무후가가 된 경우 그 상속재산은 망부의 혈족이 아닌 여호주의 직계비속에게는 상속되지 않으며, 망부의 출가녀에게 상속된다"고 판시하고 있다.

24) 民事慣習回答彙集, 427면.

25) 朝高判 昭和14(1939). 4. 16, 司法協會雜誌, 18권 8호, 71면; 南雲幸吉, 現行朝鮮親族相續法類集追錄, 23면.

공동상속하게 되어 있다"고 판시하였다.[26] 따라서 출가여식을 제외한다.[27]

② 피상속인에게 직계비속이 없을 때에는 유처가 제2순위로 단독상속한다.[28]

③ 피상속인에게 자녀와 유처가 없을 때에는 호주인 父가 단독상속한다.[29]

(나) 가족인 처가 사망한 때

① 조선고법은 "피상속인의 직계비속인 남녀가 동일가적 내의 유무를 막론하고 제1순위로 상속한다. 그 직계비속은 친생자는 물론이고 양자, 양녀 또는 서자녀도 포함한다"[30]고 판시하였으나, 대법원은 1946년 10월 11일 판결4279민상3233과 1947년 5월 13일 판결4280민상52에서 "모의 유산은 동일가적 내의 자녀에게 한하여 평등한 비율로 상속하고 서출자녀는 적출자녀의 반분을 상속하고 출가녀는 상속권이 없는 것이 우리나라의 관습이다"라고 판시하였다.[31]

그러나 그 후 태도를 바꾸어 대법원은 1957년 5월 4일 판결4290민상64과 1957년 12월 9일4290민상51의 판결에서 "우리나라의 관습은 모의 유산은 남녀를 불문하고 그 子가 이를 상속하고 동일가적 내에 있고 없고를 구별하지 않는 것이다"라고 판시하였다.[32]

그 후 대법원은 다시 태도를 변경하여 전원합의체판결로 다음과 같이 판시하였다. "호주 아닌 가족이 사망한 경우에 그 재산은 배우자인 남편이나 처가 아니라 동일호적 내에 있는 직계비속인 자녀들에게 균등하게 상속된다대판

---

26) 대판 1960. 4. 21, 4292민상55, 판례총람 355면(판례가족법, 939면); 동 1973. 5. 24, 72다1897(판례가족법, 942면); 대판 1990. 2. 27, 88다카33619(전원합의체).

27) 朝高判 大正2(1913). 4. 15, 민집 2권 190면; 대판 1946. 10. 11, 4279민상3233, 판례총람 354~355면(판례가족법, 948면); 동 1947. 5. 13, 4280민상52, 판례총람 355면(판례가족법, 953면); 동 1967. 2. 28, 66다492, 집 15권 1집 민 156면(판례가족법, 947면); 동 1970. 4. 14, 69다1324, 집 18권 1집 민 324면(판례가족법, 942면); 대판 2014. 8. 20, 2012다52588: 현행 민법이 시행되기 전에 호주 아닌 남자가 사망한 경우 그 재산은 그 직계비속이 평등하게 공동상속하며, 그 직계비속이 피상속인과 동일 호적 내에 있지 않은 여자일 경우에는 상속권이 없다는 것이 우리나라의 관습이었다.

28) 처음에는 "기혼의 장남이 남자 없이 사망한 때에는 유산은 호주인 父가 승계한다"(前掲 民事慣習回答彙集, 427면)고 하였으나, 그 후 변경하여 피상속인이 장남, 衆子인 경우를 막론하고 유처가 제2순위가 되었다(朝高判 大正15(1926년). 10. 26, 민집 13권 329면, 司法協會應答, 司法協會雜誌, 11권 7호, 97면); 대판 2015. 1. 29, 2014다205683.

29) 司法協會應答, 사법협회잡지, 11권 5호, 111면.

30) 朝高判 1933. 12. 8, 민집 20권 461면; 司法協會決議, 司法協會雜誌, 9권 3호, 50면.

31) 판례총람 55면(판례가족법, 948면).

32) 판례총람 354면(판례가족법, 953면); 동지의 판결: 대판 1976. 3. 9, 75다1792(판례가족법, 954면).

1990. 2. 27, 88다카33619 전원합의체."

② 피상속인에게 자녀가 없을 때에는 피상속인의 특유재산은 그의 본족(친가 측의 근친자)에게 귀속하고, 피상속인이 亡夫로부터 상속한 재산은 망부의 본족이 상속한다.33)

(다) 미혼의 가족이 사망한 때

중추원의장회답은 "가족인 미혼자가 사망한 때에는 i) 父, ii) 모, iii) 형제자매, iv) 질·질녀, v) 종손·종손녀, vi) 조부, vii) 조모, viii) 백숙부·姑, ix) 종형제·자매의 순서에 따라 유산을 승계한다. 동일순위에 있는 자가 2인 이상인 때에는 균일한 비율로 공동승계한다"34)고 하였으나, 그 후 총감통첩은 "가족인 미혼자가 사망한 때에는 동일가에 있는 父, 父가 없을 때에는 모, 모가 없을 때에는 호주가 그 유산을 승계한다"35)고 하였다.

(3) 재산상속인이 없는 경우

호주 또는 가족이 사망하고 그 상속인이 없는 경우에는 그 유산은 근친사에게 귀속한다.36) 그러한 자가 없을 때에는 피상속인이 거주하던 里洞에 귀속한다.37)

## 3. 상 속 분

(1) 피상속인이 남호주일 때

(가) 재산상속인이 2인 이상 있는 경우에 있어서의 각자의 상속분은 다음과 같다.

① 호주상속인과 기타의 상속인이 2인인 경우에는 호주상속인은 유산의 3분의 2를 승계하는 것을 통례로 한다.

② 상속인이 3인 이상인 경우에는 호주상속인이 그 2분의 1을 승계하고, 다른 상속인은 그 나머지를 승계하는 것을 통례로 한다.38)

33) 民事慣習回答彙集, 481~484면 참조; 대판 1971. 8. 31, 71다1792(판례가족법, 935면).

34) 前揭 彙集, 481면.

35) 昭和13(1938). 3. 11, 總監通牒, 雜誌, 17권 4호, 69면.

36) 대판 1962. 3. 22, 4294민상833(판례가족법, 956면); 대판 1989. 6. 27, 89다카5123, 신판례체계 1000-13면(출가녀 포함); 대판 1996. 8. 23, 96다20567, 판례공보 1996. 10. 1, 2858면.

37) 대판 1979. 2. 27, 78다1979, 판례월보 109호, 14면.

38) 慣習調査報告書, 171문 360면; 民事慣習回答彙集, 428~433면; 昭和19(1935). 5. 27, 中

③ 적남과 서남이 각 1인 있을 때에는 호주의 유산은 적남이 3분의 2 이상, 서남이 3분의 1 이하를 상속하는 것이 관례이다.[39] 상속인이 2인 이상인 경우에 있어서의 서남의 상속분에 대해서는 다소 그 비율을 감하는 것이 통례이다.[40] 그 차등에 관해서는 확실한 판례가 없다.

(나) 상속분은 위와 같으나, 호주상속을 한 장남은 호주상속과 동시에 일단 전호주의 유산 전부를 승계한 후 자기 상속분을 가지고 나머지 차남 이하의 중자에게 분재한다. 분재를 받아야 할 중자는 상속개시 당시 피상속인과 동일한 가적에 있었던 자이어야 함을 통례로 하나, 전호주의 사망 전에 분가한 중자로서 전호주 생존 중에 이와 생계를 같이 하고, 따로 분재를 받지 않은 자는 전호주의 유산에 대하여 분재를 받을 권리가 있다. 전호주의 유산 전부를 승계한 장남이 까닭없이 중자에 대하여 분재를 하지 않을 때에는 중자는 장남에 대하여 분재의 청구를 할 수 있으나, 자신이 목적인 재산을 지정하여 그 인도 또는 소유권이전등기절차를 구하지 못한다.[41] 이러한 분재청구권은 성혼 후 분가하여야 행사할 수 있었다. 그리고 이 분재청구권은 일반적인 민사채권과 같이 권리자가 분가한 날로부터 10년이 경과하면 소멸시효가 완성한다는 것이 판례의 태도이다.[42] 弟는 이와 같이 분재청구권이 있을 뿐이고 그 상속분을 직접 상속한 것이 아니므로, 호주상속인이 그 상속재산을 전부 제3자에게 매도하였을 경우에 그 제3자가 부동산등기를 끝냈을 때에는 제(弟)는 그 제3자에 대하여 그 상속재산의 반환은 물론 그 등기의 말소청구도 할 수 없었다.[43]

### (2) 그 밖의 자가 피상속인일 때

피상속인이 남호주인 경우를 제외하고는 모든 상속인이 공동으로 균분상속하는 것이 원칙이다.[44] 다만 서자는 적출자의 2분의 1의 비율로 상속한다.[45]

---

樞院議長回答, 雜誌, 14권 7호, 91면; 대판 1969. 11. 25, 67므25, 집17권 4집 민 108면(판례가족법, 963면).

39) 民事慣習回答彙集, 133면.

40) 民事慣習回答彙集, 135면 및 141면; 昭和10(1935). 5. 27, 中樞院議長回答, 雜誌, 14권 7호, 91면.

41) 前揭 中樞院議長回答; 대판 1975. 12. 23, 75다38(판례가족법, 961면).

42) 대판 2007. 1. 25, 2005다26284.

43) 대판 1988. 1. 19, 87다카1877, 법원공보 820호, 452면.

44) 대판 1981. 11. 24, 80다2346, 신판례체계 1000-2면.

45) 朝高判 昭和14(1939). 4. 16, 雜誌, 18권 8호, 71면; 대판 1946. 10. 11, 4279민상3233,

### (3) 상속회복청구권

상속회복청구권은 상속개시일로부터 20년이 경과하면 소멸된다는 관습은 그 효력을 인정할 수 없다는 것이 판례의 태도이다.[46)]

## 4 민법시행 이후 사후양자가 선정된 경우 상속에 있어서 구법적용 여부

(1) 대법원은 "구법하에서 남호주가 사망하고, 그 호주상속을 할 남자가 없어서 여호주가 일시 호주상속을 하게 되었는데, 그 뒤 사후양자의 선정이 없는 동안에 신법(민법)의 시행으로 원래의 호주상속인의 딸이 호주상속을 할 수 있게 된 경우와 같은 때에는 본조(제867조) 제1항은 적용된다"고 판시하고 있다.[47)] 다시 말하면, 사후양자를 선정할 수 있다는 것이다. 그러나 대법원행정처장은 "구법시행당시 사망한 호주라 할지라도 그 직계비속여자가 호주상속을 한 후에는 망호주의 사후양자를 선정할 수 없다"고 회답하였는데, 위의 대법원판결과 모순되기 때문에 그 후에 폐지되었다.[48)] 그리고 "구민법 시행당시에 호주상속한 여호주(유처)는 직계비속자녀가 있는 경우에도 신민법시행 후에 전호주(망부)의 사후양자를 선정할 수 있다"는 것이 대법원예규이다.[49)]

(2) 대법원은 "여호주가 신민법시행 이전에 다른 남자와 혼인하여 그 친가호적으로부터 제적되고 그 뒤 그 친가의 친족회에서 여호주의 亡父인 전호주의 사후양자를 선정하여 신민법시행 이후에 비로소 위 출가녀의 친가에 입적되어 호주가 되었음과 같은 경우에도, 위 여호주의 출가로 인한 상속은 본조(부칙 제25조)의 소위 '(민법) 시행 전에 개시된 상속'에 포함되어야 할 것이 분명하므로, 위의 상속에 관하여는 구관습법의 적용을 받아야 할 것"이라고 판시하고 있다.[50)]

---

판례총람 355면(판례가족법, 948면); 동 1960. 4. 21, 4292민상55, 판례총람 355면(판례가족법, 939면).

46) 대판 2003. 7. 24, 2001다48781, 판례공보 2003. 9. 1, 1785면.

47) 대판 1962. 1. 31, 4294민상738, 판례총람 465면.

48) 구 호예 제491항. 이에 관하여는 김주수, '부칙 25조 1항과 사후양자', 사법행정, 1963년 11월호 참조.

49) 1962. 7. 31, 법행법 제1378호.

50) 대판 1962. 9. 20, 62다343, 판례총람 465~466면(판례가족법, 935면).

(3) 대법원은 “신민법시행 전인 1957년 8월 13일 호주상속 하는 동시에 재산상속을 한 유처 A녀가 신민법시행 후인 1960년 12월 3일 사후양자를 선정하였을 경우에 사후양자로 선정된 자는 그와 동시에 양모 A녀의 호주상속을 한 것이며, 그 일자가 신민법시행일 이후이므로 본조(부칙 제25조) 제1항의 적용이 없고, 따라서 민법규정에 의하여 양모 A녀의 재산은 상속하는 것이 아니다”라고 판시하고 있다.[51)]

---

51) 대판 1963. 1. 31, 62다653, 판례총람 466면; 동 1967. 9. 29, 67다1707, 집 15권 3집 민 172면(판례가족법, 677면).

# 조문색인

### 〈민　　법〉

## 〈가족관계의 등록 등에 관한 법률〉

〈가족관계의 등록 등에 관한 규칙〉

〈가족관계등록예규〉



〈가사소송법〉

〈가사소송규칙〉

〈후견등기에 관한 법률〉



〈후견등기에 관한 규칙〉



〈등기예규〉



〈민사소송법〉



〈남북 주민 사이의 가족관계와 상속 등에 관한 특례법〉



〈국제사법〉



〈군인연금법〉



〈상속세 및 증여세법 시행령〉



〈민사집행법〉

# 판례색인

[하급심]

# 사항색인

## ㅇ

ㅈ

ㅊ

## ㅌ



## ㅍ

[저자 약력]

**김주수(金疇洙)**

서울대학교 법과대학 졸업
동대학원 민사법전공 수료(법학석사)
법학박사
제3회 한국법률문화상 수상
법무부 가족법개정위원회 위원장(1993-1999)
연세대학교 법과대학 교수
경희대학교 객원교수 역임
2021년 12월 귀천(歸天)

〈주요 저서〉

민법개론(제9판)
민법총칙(제7판)
채권총론(제3판 보정판)
채권각론(제2판)
주석 친족상속법(제2전정판)
주석 판례가족법
주석민법(친족편 I, II, III, IV, 상속편 I, II)
혼인법연구
한국가족법과 과제
韓國民事法의 現代的諸問題(공저)(일본 慶應大學)
註釋 大韓民國 相續法(일본 加除出版)
註釋 大韓民國 親族法(공저, 일본 加除出版) 등

**김상용(金相瑢)**

연세대학교 법과대학 졸업
동대학원 석사 및 박사과정 수료
포스코 제철장학회 해외유학장학생 제7기로 독일유학
법학박사(Freiburg 대학)
부산대학교 법과대학 교수
법무부 가족법개정위원회 위원(2003-2006, 2010-2011)
법무부 신분등록제도개선위원회 위원
법무부 남북주민 사이의 가족관계 및 상속에 관한 특례법 제정위원
법무부 민법(상속편)개정위원회 위원장
여성가족부 정책평가위원
중앙입양원 이사
중앙아동보호전문기관 자문위원
중앙가정위탁지원센터 전문위원
한국가정법률상담소 가족법개정위원회 위원장
현재 중앙대학교 법학전문대학원 교수

〈주요 저서〉

가족법연구 I(2002)
가족법연구 II(2006)
가족법연구 III(2010)
가족법연구 IV(2014)
가족법연구 V(2019)
가족법연구 VI(2025)
註釋 大韓民國 親族法(공저, 일본 加除出版)
주석민법(공저, 친족편 I, II, III, IV, 상속편 I, II)
민법총칙(공저)

친족 · 상속법[제21판]


1964년 2월 28일 초판 발행
2011년 8월 31일 제10판 1쇄 발행
2012년 2월 29일 제10판 2쇄 발행
2013년 2월 25일 제10판 3쇄 발행
2013년 8월 25일 제11판 1쇄 발행
2014년 2월 15일 제11판 2쇄 발행
2015년 8월 25일 제12판 1쇄 발행
2016년 8월 25일 제13판 1쇄 발행
2017년 8월 20일 제14판 1쇄 발행
2018년 8월 20일 제15판 1쇄 발행
2019년 7월 15일 제16판 1쇄 발행
2020년 8월 25일 제17판 1쇄 발행
2022년 2월 25일 제18판 1쇄 발행
2023년 8월 10일 제19판 1쇄 발행
2024년 8월 25일 제20판 1쇄 발행
2025년 8월 25일 제21판 1쇄 발행

저 자 김 주 수 · 김 상 용
발행인 배 효 선

검 인
BUM MOON SA

발행처 도서출판 法 文 社

주 소 10881 경기도 파주시 회동길 37-29
등 록 1957년 12월 12일 제2-76호(윤)
전 화 031-955-6500~6, 팩 스 031-955-6525
e-mail(영업) : bms@bobmunsa.co.kr
(편집) : edit66@bobmunsa.co.kr
홈페이지 http ://www.bobmunsa.co.kr
조 판 법 문 사 전 산 실

정가 50,000원 ISBN 978-89-18-91614-9